사회 · 문화편

사상통제(2)

사상통제의 실제: 사찰과 탄압 양상

사회·문화편

일제침탈사
자료총서 55

사상통제(2)

-사상통제의 실제: 사찰과 탄압 양상

동북아역사재단 일제침탈사 편찬위원회 기획
홍선영·윤소영·박미경·복보경 편역

동북아역사재단
NORTHEAST ASIAN HISTORY FOUNDATION

| 발간사

일본이 한국을 침탈한 지 100년이 지나고 한국이 일본의 지배로부터 벗어난 지 70년이 넘었건만, 식민 지배에 대한 청산은 이루어지지 못하고 있다. 일본의 독도영유권 주장은 도를 넘어섰다. 일본은 일본군'위안부', 강제동원 등 인적 수탈의 강제성도 인정하지 않고 있다. 일본군'위안부'와 강제동원의 피해를 해결하는 방안을 놓고 한·일 간의 갈등은 최고조에 이르고 있다. 역사문제를 벗어나 무역분쟁, 안보위기 등 현실문제가 위기국면을 맞고 있다.

한·일 간의 갈등은 식민 지배의 역사를 어떻게 볼 것인가 하는 역사인식에서 기인한다. 역사는 현재와 과거의 대화이며 이를 기반으로 미래로 나아갈 수 있다. 과거 침략의 역사를 미화하면서 평화로운 미래를 말하는 것은 불가능하다. 식민 지배와 전쟁발발의 책임을 인정하지 않고 반성하지 않으면 다시 군국주의가 부활할 수 있고 전쟁이 일어날 위험성도 배제할 수 없다. 미래지향적 한일관계를 형성하고 나아가 동아시아의 평화와 번영의 기틀을 조성하기 위해 일본은 식민 지배의 책임을 인정하고 그 청산을 위해 노력해야 할 것이다.

식민 지배의 역사를 청산하기 위해서는 식민 지배는 어떻게 이루어졌는지 그 실상을 명확하게 규명하는 일이 긴요하다. 그동안 일본제국주의에 맞서 조국의 독립을 위해 헌신한 독립운동가들의 활동을 찾아내고 역사적으로 평가하는 일에는 상당한 성과를 거두었다. 반면 일제 식민침탈의 구체적인 실상을 규명하는 일에는 충분한 노력을 기울이지 못했다. 제국주의가 식민지를 침탈했다는 것은 너무나 당연한 사실로 여겨졌기 때문에, 굳이 식민 지배에서 비롯된 수탈과 억압, 인권유린을 낱낱이 확인할 필요가 없었는지도 모른다. 그러는 사이 일본은 식민 지배가 오히려 한국에 은혜를 베푼 것이라고 미화하고, 참혹한 인권유린을 부인하는 역사부정의 인식을 보이는 데까지 이르고 있다. 일제의 통치와 침탈, 그리고 그 피해를 종합적으로 조사하고 편찬할 필요성이 여기에 있다.

일제침탈사를 체계적으로 정리하는 일은 개인이 감당하기 어렵다. 이에 우리 재단은 한국학계의 힘을 모아 일제침탈사 편찬위원회를 꾸렸다. 편찬위원회가 중심이 되어 일제의 식민지 침탈사를 정치·경제·사회·문화 모든 방면에 걸쳐 체계적으로 집대성하기로 했다. 일제 식민침탈의 실체를 파악하기 위해 2020년부터 세 가지 방면으로 사업을 추진하고 있다. 하나는 일제침탈의 실상을 구체적이고 생생한 자료를 통해서 제공하는 일로서 〈일제침탈사 자료총서〉로 편찬한다. 다른 하나는 이들 자료들을 바탕으로 연구한 결과물을 〈일제침탈사 연구총서〉로 간행한다. 그리고 연구의 결과를 대중들이 이해하기 쉽게 〈일제침탈사 교양총서〉를 바로알기 시리즈로 간행한다. 자료총서 100권, 연구총서 50권, 교양총서 70권을 기본목표로 삼아 진행하고 있다.

〈일제침탈사 자료총서〉에서는 정치·경제·사회·문화 모든 방면에 걸쳐 침탈의 역사를 자료적 차원에서 종합했다. 침략과 수탈의 역사를 또렷하게 직시할 수 있도록 생생한 자료를 제공하는데 목표를 두었다. 그동안 관련 자료집도 여러 방면에서 편찬되었지만 원자료를 그대로 간행한 경우가 많았다. 이번에 발간되는 자료총서는 해당 주제에 대한 침탈의 실상을 체계적으로 이해할 수 있는 구성방식을 취했으며, 지배자의 언어로 기록되어 있는 자료들을 독자들이 쉽게 읽을 수 있도록 모두 번역했다. 자료총서를 통해 일제 식민 지배의 실체와 침탈의 실상을 있는 그대로 이해할 수 있게 되기를 기대한다.

2022년

동북아역사재단 이사장

| 편찬사

1945년 한국이 일제 지배로부터 해방된 지 77년의 세월이 지났다. 그럼에도 불구하고 일본 사회 일각에서는 여전히 일제의 한국 지배를 합리화하고 미화하는 주장이 나오고 있으며, 최근에는 한국 사회 일각에서도 일제 지배를 왜곡하고 옹호하는 주장이 나오고 있다. 이는 한국과 일본 사회, 한일 관계와 동아시아 국제관계의 미래를 위해서도 결코 바람직하지 않은 일이다.

이에 동북아역사재단은 일제의 한국 침략과 식민 지배에 대한 학계의 연구 성과를 총정리한 〈일제침탈사 연구총서〉를 발간하기로 하였다. 이에 따라 2019년 9월 학계의 전문가를 중심으로 편찬위원회를 구성하였으며, 편찬위원회는 학계의 연구 성과를 토대로 정치·경제·사회·문화 부문에서 일제의 침탈이 어떻게 이루어졌는지 정리하여 연구총서 50권을 발간하기로 하였다.

주지하듯이 1905년 일제는 러일전쟁에서 승리한 뒤, 한국에 군대를 주둔시키면서 한국의 외교권을 빼앗고 통감부를 두어 내정에 간섭하였다. 1910년 일제는 군사력으로 한국 정부를 강압하여 마침내 한국을 강제 병합하였다. 이후 35년간 한국은 일제의 식민 통치를 받았다.

일제는 한국의 영토와 주권을 침탈하였을 뿐만 아니라, 군사력과 경찰력으로 한국을 지배하면서, 정치·경제·사회·문화의 모든 부문에서 한국인의 권리와 자유, 기회와 이익을 박탈하거나 제한하였다. 정치적으로는 군사력과 경찰력, 각종 악법을 동원하여 독립운동을 탄압하고, 한국인의 정치활동을 억압하고 참정권을 박탈하였으며, 집회와 결사의 자유를 억압하였다. 경제적으로는 일본자본이 경제의 주도권을 장악하고, 일본인 위주의 경제정책을 수행했으며, 식량과 공업원료, 지하자원 등을 헐값으로 빼앗아 갔고, 농민과 노동자 등 대다수 한국인의 경제생활을 어렵게 하였다. 사회적으로는 한국인들을 차별적으로 대우하고, 한국인의 교육의 기회를 제한하고, 한국인으로서의 정체성을 박탈하여 결국은 일본의 2등 국민으로 만들고자 하였다. 문화적으로는 표현과 창작의 자유, 종교와 사상의 자유를 억압하고,

한글 대신 일본어를 주로 가르치고, 언론과 대중문화를 통제하였다. 중일전쟁, 아시아태평양전쟁을 도발한 뒤에는 인적·물적 자원을 전쟁에 강제동원하고, 많은 이들을 전장에 징집하여 생명까지 희생시켰다.

〈일제침탈사 연구총서〉는 침탈, 억압, 차별, 동화, 수탈, 통제, 동원 등의 단어로 요약되는 일제의 침략과 식민 지배의 실상과 그 기제를 명확히 밝히고자 하였다. 이를 통해 일제의 강제 병합을 정당화하거나 식민 지배를 미화하는 논리들을 비판 극복하고, 더 나아가 일제 식민 지배의 특성이 무엇이었는지, 식민 통치의 부정적 유산이 해방 이후에 어떤 영향을 미쳤는지를 밝히고자 하였다.

편찬위원회는 연구총서와 함께 침탈사와 관련된 중요한 주제들에 관하여 각종 법령과 신문·잡지 기사 등 자료들을 정리하여 〈일제침탈사 자료총서〉도 발간하기로 하였다. 아울러 일반인과 학생들이 보다 쉽게 읽을 수 있는 〈일제침탈사 교양총서〉를 바로알기 시리즈로 발간하기로 하였다.

일제의 한국 침략과 식민 지배의 역사는 광복 후 서둘러 정리해냈어야 했지만, 학계의 연구가 미흡하여 엄두를 내기 어려웠다. 이제 학계의 연구가 어느 정도 축적되어 광복 80주년을 맞기 전에 이와 같은 작업을 할 수 있게 된 것을 다행으로 생각한다. 한일 양국 국민이 과거사에 대한 올바른 역사인식을 갖고 성찰을 통해 미래를 향해 함께 나아갈 수 있기를 기대하면서 삼가 이 책들을 펴낸다.

2022년

동북아역사재단 일제침탈사 편찬위원회

| 차례

Ⅷ 각종 통계

| 일러두기

1. 일제침탈사 자료총서는 될 수 있는 한 일반 시민들이 읽고 이해할 수 있는 현대적인 문장과 내용으로 구성했다.
2. 인명 및 지명 등 고유명사는 처음 등장할 때 원어를 병기하고 이후에는 한글만 표기했다. 한글 표기는 국립국어원 외래어표기법에 따랐다.
3. 연도는 서력 표기를 원칙으로 하고 관련 연호는 병기했다. 날짜는 원문 그대로 하고 음력과 양력 여부를 알 수 있는 경우에만 '(음)', 또는 '(양)'으로 기재했다.
4. 숫자는 천 단위까지 아라비아 숫자로 표기하고 만 단위 이상은 '만' 자를 넣어 표기했다. 도표 안의 숫자는 가급적 그대로 표기했다.
5. 국한문혼용체와 같이 탈초만으로 문장을 이해하기 힘든 경우 현대어에 가깝게 윤문했다. 단 풀어쓰기 어려운 낱말이나 문구는 원문을 병기하거나 편역자 주를 이용했다.
6. 낱말이나 문구에 대한 설명이 필요한 경우, 또는 편찬사업의 취지에 따라 자료 해설이 필요한 경우 편역자 적극 활용했다. 단 편역자 주는 1), 2) 등으로 표기하고, 원 자료의 주석이 있는 경우는 *, ** 등으로 표기했다.
7. 판독이 불가한 글자의 경우 ■로 표기했다. 단, 원문에 ○, ×의 표기가 있는 경우에는 원문 그대로 남겼다.
8. 일본지명 및 인명은 일본어 발음대로, 중국지명 및 인명은 한자 발음대로 표기하고 원문에 수록된 한자를 괄호 병기하였다. 단, 도쿄일월회와 같은 단체의 고유명, 또 자료에서 일본어음을 따르지 않고 한국어 발음을 표기한 경우에는 원문에 따라 표기했다.
9. 번역문의 글자 크기와 줄 바꾸기는 원문의 방식에 따르지 않은 것도 있다.
10. 한자의 경우, 일본식 간자(簡字)는 정자(正字)로 바꾸었다.
11. 취체(取締)는 단속으로 통일하고 법령의 경우에만 취체법(取締法)으로 남겼다.
12. 사건명은 고등학교 한국사 교과서에서 채택한 명칭을 준용했다.
    예) 일지사변, 지나사변 → 중일전쟁 / 일한합방, 한일합방 → 한국 강제병합

| 편역자 서문

이 책은 일제침탈사 자료총서 『사상통제』 총 세 권 구성 중 두 번째에 해당한다. 각 권의 주제는 다음과 같다.

『사상통제(1): 사상통제 관련 법규와 통제 주체』
『사상통제(2): 사상통제의 실제』
『사상통제(3): 사상전향 정책과 천황제 이데올로기의 붕괴』(가제)

『사상통제(2)』에는 일제강점기 일제 사법당국과 경찰이 자행한 사상통제의 '실제'가 어떠했는지, 그 전개 과정을 추적하여 실태와 양상을 보여줄 수 있는 자료를 수합하고 주제별로 분류, 번역, 편집했다.

편역자들이 무엇보다 중요시한 것은 '사상 탄압의 실제'라는 주제를 보다 입체적으로 드러낼 수 있는 자료를 선정하는 일이었다. 요컨대 일반적으로 일제강점기 식민통치의 불법성과 잔학상에 대해서는 그것이 은밀하게 이루어졌기 때문에 일본 우익의 식민통치 미화론자들은 이러한 점이 작용하여 사상 탄압을 부인하거나 눈에 보이는 근대화의 표징을 '선정(善政)'으로 포장하는 경향이 있었다. 이러한 식민지근대화론자의 논리를 반박하기 위해서도 '구체적인' 실제 사례를 제시하는 일이 무엇보다 중요하다는 것이 편역자들의 문제의식이었다.

이 관점에서 이 자료집에는 각 시기를 대표하는 사상 사건을 선별하고 일제 측이 생산한 각종 자료를 배치함으로써 이들이 어떻게 대응했는지의 과정을 단계별로 보여주고 실제 일어난 사건의 일화를 함께 섞으면서 그 사상 탄압의 전모가 드러날 수 있도록 의도하였다.

우선, 사상 탄압의 대상은 일제강점기의 독립운동을 중심으로 하여 각 시기별·운동 계열별 대표적 사건을 선별하였다. 그 결과 한국강점 직후 일제당국이 '본보기'식으로 조작한 사상 탄압 사건이었던 105인사건을 포함시켰다. 그 대표적 자료인 경무총감부 고등경찰과 경시(警視) 구니토모 쇼켄(國友尙謙, 1876~1951)의 「불령사건에 의해 얻은 조선인의 측면관」(1911) 전문을 번역하여 수록했다. 이 자료의 의미는 구니토모가 이 사건에 실제로 관여한 인물이며, 1909년에 한국통감부 경시로 부임한 이래 1919년까지 조선총독부 경무국에 재직했기 때문에 일제강점 초기 사상 탄압의 성격을 단적으로 알 수 있다는 점이다.

1919년 3·1운동은 관련 자료가 워낙 방대하고, 이미 자료집으로 공간되어 있기 때문에 이 자료집에는 제외하였다. 3·1운동 이후부터 1925년 치안유지법 제정 이전 시기의 사건으로는 민족주의 계열의 독립운동을 위한 군자금 모금사건 외에 사회주의 계열의《신생활》필화사건, 무정부주의 계열의 의열투쟁으로 이종암 사건을 다루었다.

1925년 치안유지법 시행 이후부터 1928년 치안유지법 부분개정 이전까지의 사건으로는 조선공산당 사건과 간도공산당 사건 등 공산주의 계열의 사건을 주목했다. 1928년 이후 1930년대 중일전쟁 이전까지는 독립운동이 가장 왕성하게 전개된 시기다. 민족주의 계열의 안창호, 이유필, 남궁억, 조용하 사건을 소개하였고, 공산주의 계열에서는 정재달·이재복의 고려공산당 사건과 제5차 간도공산당 사건, 1930년 상해에서 검거되어 공산주의 혐의를 받은 여운형 사건 외에 지역사회의 사상 사건으로 회령공산청년동맹 사건 등을 선별했다. 나아가 무정부주의 계열 사건으로는 이정규, 엄순봉 사건을 다루었다. 그 외에 국내에서 일어난 재조 일본인 사상 사건도 소개하여 토요연구회 사건과 신흥교육연구회 사건도 대상 주제에 포함시켰다.

위의 사건을 기본 축으로 하면서 이러한 동향이 일제에 노출, 검거되고 재판에 회부되는 과정을 세심히 살펴보고자 하였다. 구체적으로는 경찰과 사법당국의 사찰에서부터 검거, 취조, 고문, 경찰 조사 종료 후 검사국에 송치, 예심, 예심종결, 공판 회부, 판결 등 계기적으로 일어난 일련의 과정을 독자들이 쉽게 이해할 수 있도록 자료를 배치했다. 또한 그 과정에서 경찰과 사법당국의 사상 탄압 지침은 어떤 것이었는지, 사상검사들의 협의 내용, 검거 현장에서의 경찰 측 에피소드, 고문(拷問)에 의한 증언 등을 소개하여 사상 탄압의 실상을 구체적으로 파악할 수 있도록 도모했다.

고문(拷問)은 취조실에서 은밀하게 이루어지고, 외견상 두드러지지 않도록 자행되어 재판정에서 피고인이 고문을 주장했을 때 재판장이 이를 인정하는 경우는 거의 없었다. 따라서 관계자의 '증언'이 무엇보다 중요한 분야이다. 이에 이 자료집에는 고문사(拷問死)한 고바야시 다키지(小林多喜二)가 생전에 완성한 고문 고발소설『1928년 3월 15일』의 일부를 실었고, 김구, 장지락 등이 자신의 고문 체험을 고발한 글 외에 해방 후 일제로부터 당한 고문을 그림으로 남긴 김주석 자서전에 수록된 고문 그림을 인용하여 그 실상을 독자들이 생생하게 파악할 수 있도록 하였다.

이 자료집의 집필과 번역을 한 편역자들은 일본에서 박사학위를 받고 국내에서 활동하는 연구자들로 근대 시기 일본어 자료 해독에 강점을 갖고 있다고 자부한다. 의욕이 앞서 자료를 추가하다 보니 분량이 많아지고 자문위원들의 지적을 보완하느라 더욱 지면이 늘어나게 되었다. 그간 사상통제 관련 자료는 일본어 문어체 자료가 대부분이기 때문에 해독하는 데 어려움이 있었고 또 일부 연구에서는 번역문의 오독이 확인되었다. 편역자 일동은 이를 바로잡고 정확한 국문 번역을 위해 애썼지만 그래도 부족한 점이 있을지 모르겠다. 독자들의 질정을 바라며 이 자료집이 일제의 사상 탄압의 실상을 파악하는 데 도움이 되기를 기대해 본다.

편역자

홍선영, 윤소영, 박미경, 복보경 씀

전체 해제

이 자료집은 일제강점기 일제사법당국과 경찰이 각종 법령과 탄압시스템을 기반으로 하여 실제로 사상 탄압이 어떻게 이루어졌는지 사례를 중심으로 구체적으로 살펴보았다. 단, 향후 편찬될 『사상통제(3)』의 주제가 1930년대 일제 사법당국의 교묘한 회유책으로 추진된 사상전향 문제와 1937년 중일전쟁 이후의 사상 상황과 탄압을 대상으로 하고 있기 때문에 이와 관련된 본격적인 내용은 제외했다.

이 자료집에서 다루고 있는 각 시기의 특징을 개관해 보면 다음과 같다. 먼저 제1기는 일제의 한국강점 전후부터 3·1운동기까지다. 1912년 조선형사령, 경찰범 처벌규칙과 함께 대한제국기 탄압법령을 함께 운용하면서 이를 보완하여 「정치에 관한 범죄 처벌의 건」, 이른바 제령 7호로 통제하던 시기이다. 이 시기에는 식민통치를 본격화하면서 사상 탄압에 관한 법령을 정비하고 일본, 간도 등 국경지방의 한인 거주 및 독립운동 거점지역, 국내를 잇는 연결망에 대한 사찰과 감시를 강화하는 한편, 각 학교의 교사 및 생도들의 동태를 일상적으로 사찰하며 '불온'한 사상적 동향을 적발하고 대응했다. 그럼에도 불구하고 독립운동 측에서는 이러한 상황을 교묘히 이용하면서 비밀리에 3·1운동을 준비, 단행했다. 전국적인 3·1운동에 부딪혀 일제 측은 긴급히 제령 7호를 통해 보안법을 보완하여 대응했다.

제2기는 3·1운동 후 1925년 치안유지법 제정 이전의 시기다. 일제 측의 입장에서는 3·1운동으로 인해 표면적으로라도 유화책을 구사할 수밖에 없었던 상황이었지만, 독립운동 측에서는 3·1운동 후 중국 상해에서 대한민국임시정부 수립을 기반으로, 1920년에는 임시정부가 독립전쟁 원년을 선포하면서 국경지대의 무장투쟁이 가열되고, 국내에서는 이른바 연통제를 통해 각지에서 임시정부를 도와 독립전쟁을 수행하려는 움직임이 전국을 무대로 발생했다. 한편 3·1운동 전후로 제1차 세계대전과 러시아혁명을 겪으면서 사회주의 사상이 가장 첨단사상으로 각광받았다. 이에 따라 국내의 사상지형도 급격하게 변모하여, 1920년 초부터 무산자동지회 등 사회주의 단체가 출현하였고, 이들 단체는 사회주의 사상을 독립운동의 이념으로 받아들였다. 이러한 상황 속에서 《조선일보》, 《동아일보》 등의 국문신문 및 잡지 발행이 허가되면서 일제 측은 탄압법령을 강화할 필요성을 절감했다. 1922년 잡지 《신생활》 필화사건을 이어, 1923년 일본공산당사건이 발생하자 이를 빌미로 1925년 3월 7일 제50회 일본 제국의회에서 치안유지법이 성립되고 4월 22일 공포되었다.

제3기는 1925년 5월 치안유지법이 조선에도 확대 시행된 후부터 1928년 치안유지법이 부분개정되기까지다. 1925년 법률 46호로 일본에서 제정된 치안유지법을 조선에도 확대 적용하기로 하면서 본격적인 사상 탄압의 법적 토대가 구축되었다. 주요 규정은 "제1조 국체를 변혁하거나 사유재산제도를 부인할 목적으로 결사를 조직하거나 취지를 알고서 이에 가입한 자는 10년 이하의 징역 또는 금고에 처한다", "제2조 위의 목적 실행을 협의한 자에게 7년 이하 징역 또는 금고형을, 제3조 위의 사항을 선동한 자에게 7년 이하 징역 또는 금고형에 처한다"는 것이다. 1922년에 제정된 '형사소송법' 제13조는 "피고인에 대하여 사법경찰관이 신문한 후 금고 이상의 형에 해당한다고 판단될 때는 14일 이내 유치할 수 있다"[1]고 하였던 것을, 치안유지법 제정과 함께 "10일을 넘지 않는다"고 개정[2]했다. 표면만을 보면, 얼핏 사상 탄압이 완화된 것 같은 인상을 준다. 하지만 이는 검사 구류 권한이 10일인 점을 보완하기 위해 검사국이 공판에 직접 회부하지 않고 예심판사에게 인계하여 사건의 증거 확보와 취조 시간을 좀 더 벌기 위한 술책이었다.[3] 실제로는 예심에서 미결 구류기간이 일본에서는 2개월로, 1개월마다 갱신할 수 있었지만 조선에서는 이보다 1개월씩 구류기간이 길었다. 이 시기의 치안유지법은 일본에서 운용되던 법의 취지를 준용하여 주로 사회주의, 공산주의 운동 단속과 처벌에 집중되었고, 독립운동에 대한 탄압은 주로 제령 7호, 보안법 등이 적용되는 특징을 보인다.

제4기는 1928년 치안유지법 부분개정부터 1930년대 말까지이다. 1928년의 치안유지법 부분개정의 가장 큰 특징은 형량이 강화되어 '사형'에 처할 수 있도록 한 것이다. 또한 치안유지법이 독립운동 탄압에 본격적으로 적용되기 시작한다. 당시 신문에 따르면 이 시기의 피의자 구류기간이 3~4년이 되는 경우도 많았을 정도로[4] 치안유지법은 무소불위의 탄압법으로 위용을 과시하여 공산주의 사상뿐 아니라 민족주의 사상에도 폭넓게 적용되었다.

이러한 각 시기의 특징을 유념하면서 전체의 장에 수록된 기사의 순서를 배열하였다. 그 가운데 '사상 탄압의 실제'라는 주제가 좀 더 입체적으로 드러날 수 있도록 경찰과 사법당국의 사찰에서부터 재판까지 일제 측의 사상 탄압 지침, 경험담에 입각한 조언, 사상검사들의

---

1 「형사소송법」, 『조선법령집람』, 제국지방행정학회, 1920.11.

2 「형사소송법」, 『조선법령집람』, 제국지방행정학회, 1926.11.

3 〈금년도 사상범(思想犯) 격증(激增)〉, 《매일신보》, 1930.11.28.

4 〈(사설)치안유지법개정안(治安維持法改正案)〉, 《동아일보》, 1935.3.9.

고민 공유와 협의내용, 검거 현장에 대한 경찰 측의 에피소드, 고문(拷問) 증언과 그 이미지의 소개, 그리고 일제 측의 고문 실태를 고발한 동시대의 문학작품 등을 소개했다. 독자들이 좀 더 피부에 와닿게 당시의 양상을 이해할 수 있도록 하는 데 중점을 두었다.

제1장은 일제강점 전후 사상 탄압이 1910년 8월 29일 이후부터 시작된 것이 아니라 을사늑약 후 한국통감부 설치기에도 존재했다는 것을 드러내기 위하여 『한국병합기 경찰자료』 제1권에 수록된 「1909년(융희 3) 1월부터 6월까지 압수신문기사 적요」[5]를 번역하여 소개했다. 또한 일제강점 직후의 대표적 사상 탄압은 105인 사건이라 판단하고, 이와 관련된 신문과 잡지기사뿐 아니라 제3장 제1절에 105인 사건에 직접 관여한 경무총감부 고등경찰과 경시(警視) 구니토모 쇼켄(國友尙謙, 1876~1951)의 「불령사건에 의해 얻은 조선인의 측면관」(1911)을 번역하여 실었다. 이 자료는 고등경찰 구니토모 경시가 105인 사건 관련자 125명의 나이, 직업, 교육, 종교 등을 조사한 후 이를 통계표로 작성하고 통계결과에 입각한 특징을 서술하여 외무성과 조선총독에게 보고한 내용이다. 105인 사건은 일제의 한국병합에 반감을 품거나 저항할 우려가 있는 지식인을 대상으로 향후 식민통치에 복종하지 않을 때에는 이와 같은 지경에 처하게 될 것임을 미리 경고하는 조작 사건이었다. 다른 한편으로는 일제강점기에 향후 전개될 사상 탄압의 양상을 예고하는 것이기도 했다.

여기에 수록한 신문 기사는 《매일신보》 외에 1920년에 창간된 《조선일보》와 《동아일보》, 1924년에 창간하고 이후 제호를 변경해 나간 《시대일보》, 《중외일보》, 《중앙일보》, 《조선중앙일보》의 기사를 시기별로 나누어 배치했다. 그 외에 일본어 신문으로 《경성일보》와 《조선신문》의 기사를 부분적으로 살펴보았다. 《경성일보》는 1910년 조선총독부가 발간한 어용 일본어신문이며, 《조선신문》은 1908년 《조선신보》의 기자 출신인 하기타니 가즈오(萩谷籌夫)가 인천에서 창간한 일본어신문이다.

신문의 논조 변화를 살펴보면, 1920년대 전반에는 사상 탄압과 관련하여 비판적 논평을 하는 편이었지만 1930년대가 되면 사실만을 보도하고 논평을 자제하는 경향으로 바뀐다. 이것은 그만큼 언론 검열이 강화되고 있었음을 엿보게 하는 부분이다. 그러면서도 사상범

---

5 松田利彦, 2003, 「內部警務局, 押收 新聞記事 摘要」, 『韓國「併合」期警察資料』 제1권, 마쓰이 시게루(松井茂) 박사 기념 문고 소장, ゆまに書房.

으로 체포된 이들의 가족에 대한 동정 어린 기사를 게재함으로써 우회적으로 식민사법당국의 가혹한 처사를 비판하려는 의도를 담고자 노력한 모습도 읽힌다.

제2장의 잡지 기사는 《개벽》, 《삼천리》, 《별건곤》, 《동광》 등에 수록된 사상 탄압 관련 기사를 시기별로 나누어 수록했다. 출판물 검열을 포함한 사상 탄압이 가중되는 상황에서 제령 및 치안유지법 등 법령에 대한 이해를 도모하려는 기사와 조선공산당 사건, 간도공산당 사건, 1930년의 경성여학생시위운동, 국외에서 체포되어 국내로 압송되고 재판을 받은 독립운동가 관련 기사, 기자의 현장 취재를 토대로 한 기사를 소개했다. 마지막으로 일제강점기에는 제대로 알릴 수 없었던 옥중에서의 근황을 회고한 해방 후의 글도 소개했다. 이러한 기사는 일제강점기에는 널리 알릴 수 없었던 이들이 겪은 고초를 공개하고 탄압정책을 고발하는 기사라는 점에서 그 특징을 찾을 수 있다.

제3장부터 제7장까지는 이 자료집의 중심 내용이라고 할 수 있다.

제3장은 일제강점 직후부터 1930년대 말까지 일제 경찰과 사법당국의 조선인에 대한 사상 분석과 그 대책에 대한 자료를 모았다. 일제강점 초기의 자료로 구니토모 쇼켄의 「불령사건에 의해 얻은 조선인의 측면관」(1911)을 번역 소개했다. 이 글에서 구니토모는 '불령한' 뜻을 품은 자 중에 중류 이상의 신학문을 배운 자가 많고, 이 중 대부분이 기독교도이며 청년층이 그들을 따르고 있다는 점을 주의해야 한다고 진단했다. 그러나 조선인은 궁극적으로 의심이 많고 교만하고 경박하며 부화뇌동하는 버릇이 있으니 이 점을 잘 이해하고 다뤄야 한다고 하였다. 이어 조선총독부 고등법원 검사국 사상부 편, 《사상월보》와 《사상휘보》에 수록된 조선의 사상운동, 조선의 좌익운동을 분석한 글을 소개하였다. 주로 사회주의·공산주의 사상운동에 대한 분석이 주를 이루고 있는데, 이러한 운동이 "마르크시즘을 이용하여 조선민족의 자주해방(독립)을 기도하고 있다"고 하여 근본적인 지향점이 독립에 있음을 인식하고 있었음을 알 수 있다.

경찰 측의 사상운동 관련 분석을 알 수 있는 자료로 오다가와 쇼조(小田川松造)가 저술한 『사상경찰통론(思想警察通論)』(1933)을 번역 소개했다. 이 책은 경찰 대상 교육자료로, 경찰이란 평시 국내에서 치안유지 방위를 위한 조직적 제1선 부대[6]라 정의하고 일본사회운

6 小田川松造, 1933, 『사상경찰통론(思想警察通論)』, 日本警察社, 1쪽.

동 연혁, 무정부주의, 공산주의, 소비에트러시아의 세계적화운동, 학생좌익사상, 조선에서의 좌익운동, 대만에서의 좌익운동 등으로 장을 나누어 사상문제에 대해 개설하고 있다. 그중 「극좌운동의 조직원리」는 사상 단체의 조직원리를 분석한 것이다. 좌익 단체는 상부조직이 전부 검거되어 궤멸되어도 잔류자에 의해 다시 활동이 개시되는데, 그 이유는 하부조직이 궤멸되지 않기 때문이며, 이들은 최고통제조직 아래 중간통제조직, 그 밑에 최저조직으로 체계화되어 있어서 동지 부원이 검거되어도 순차적으로 통제 지도 임무를 맡을 수 있도록 준비하였다고 그 특성을 분석하고 있다.

다음으로는 이러한 사상 동향 분석을 토대로 이른바 '대책'은 어떻게 강구하고 있었는지에 대한 자료를 모았다. 「사회운동 단속의 기본원칙」은 경찰연구회에서 펴낸 경찰 교육자료 『사회운동에 직면하여(社会運動の直面して)』(1931)에 수록된 내용이다. 검거할 때는 체포하는 이유를 명료하게 밝혀야 한다는 점, 범죄 검거 주무관은 검사이고 사법경찰관리는 보좌관이지만 경찰이 적극적으로 직책을 수행해야 한다는 등 실무 위주로 지침을 가르치고 있다. 그 외에 사상범죄는 헌법 및 사회질서에 대한 혁명적 음모와 선동이고 사회생활에 위해를 가하는 것이므로 반드시 엄벌주의로 다스려야 한다는 점, 제국주의는 강대민족의 국민주의이며 반제국주의는 약소민족의 국민주의라고 일반화시켜 독립운동이 제국주의 국가를 중심으로 한 세계질서를 거스르고 있다고 세뇌교육을 하는 내용이 담겨 있다. 자칫 일선 경찰이 국권을 상실한 조선인의 입장에서 사유하지 않도록 주의를 기울인 모습을 확인할 수 있다.

조선인의 사상운동에 대한 대책을 강구하기 위해 정기적으로 전국의 고등경찰과장이 전체회의를 개최하여 사상 관련 현안을 공유, 대책을 협의했으며, 일본 내각에도 사상대책협의위원회가 조직되어 지휘본부의 역할을 했다. 전자의 자료인 「전조선고등경찰과장회의」(《思想月報》 1권 2호)는 1931년 5월에 열린 전 조선 고등경찰 과장 회의에서 논의한 대책을 수록한 것이다. 여기에서 논의한 항목만 봐도 민심 동향에서부터 학생 사상 경향 및 요주의 인물에 대한 사찰 논의, 좌익운동 단속, 사상 단체 단속, 국외 민족운동 영향 관련 등이 망라되어 있음을 알 수 있다.

그 외에 도쿄형사지방재판소 판사 요시다 하지메(吉田肇)가 1938년 12월 일본 사법성의 명으로 조선에 출장하여 제출한 보고서 「조선에서의 사상범 과형(科刑)과 누범 상황」을 번역하여 실었다. 이 보고서에는 일본보다 조선이 과형이 무거운 이유에 대해 조선의 경우 독립운동과 공산주의 운동이 함께 이루어지고 있는 점, 조선의 사상범은 형법과 치안유지법을 위반하는 복합죄의 형태라는 점, 또한 일본공산당의 경우 목적 수행죄에만 저촉되는데 조선에서는 목적 수행 외에 결사조직 가입죄로 처벌되는 경우가 많기 때문이라고 분석했다. 또한 조선에서는 전향자가 극히 적어 이 점도 과형을 무겁게 한다고 보았다. 이 자료는 치안유지법이 도입된 후 조선에서 구체적으로 어떻게 운용되었는지를 알 수 있어서 이 분야 연구자들이 자주 이용해 온 자료이다. 이를 번역 수록함으로써 일반인도 그 실상을 이해할 수 있도록 하였다.

제4장에서는 일제경찰에 의한 사상운동 관련 사찰과 검거가 실제로 어떻게 이루어졌는지 각 시기별 자료를 모아 배치했다. 일제강점기 사상운동은 '조선'이라는 공간에서만 일어나지 않고 국권 상실 후 국외로 떠난 조선인사회로 확장되었기 때문에 국외 사상 사건 관계자가 국내로 압송되어 취조와 재판이 이루어지는 경우가 많았다. 그래서 3·1운동 이전 시기의 경계를 넘나드는 '불령한' 한인에 대한 단속실태를 보여주는 자료로서 「조선인 왕래의 건」, 「내지 거주 조선인으로 배일사상을 갖는 자 시찰단속방법」을 소개했다. 사찰과 감시는 조선 내에서도 예외는 아니었다. 1918년 「학교 교사의 불온 교수와 처분」은 강원도 이천의 한 서당에서 이면석 교사가 불온창가를 교수했다고 하여 보안법 위반 등으로 체포했다는 내용이다.

치안유지법 시행 이후 사상 사건에 대처하기 위한 경찰의 지침을 이해할 수 있는 자료로 경찰연구회 편, 『사회운동에 직면하여』 중 「사회운동의 취체방법」, 「취조와 수배 및 공조 연락」과 함께 『사상경찰통론』 중 「사상경찰활동의 요체」를 각각 번역 소개했다. 그중 「검거요령」에 대해서는 구체적으로 수상한 자에 대한 불심검문 방법과 체포 방법, 가택수색, 무기 사용, 검속, 구류 등의 방법에 대해 명시한 지침을 추출하여 번역했다.

다음으로 이러한 지침에 따라 단속과 검거가 이루어진 실제현장에 대한 기록으로 1933년 경남교육노동조합사건, 조선공산당재건 전남동맹 증거자료 압수 내용, 1933년 강원도 홍천 남궁억 등 십자가당 사건의 사찰과 검거 과정에 대한 회고담, 1939년의 조선악극단 순회공연 단속, 1936년 조선공산당의 이재유 〈체포견문기〉를 수록했다. 또한 일본에서 이루어진 검거 사례로 극좌조선인 활동에 대한 검거 과정에 대한 기록을 소개했다.

제5장은 경찰서에 체포되어 어떤 취조와 고문을 당했는지 실화를 중심으로 구성했다.

첫 번째 소개 자료는 『사상경찰통론』에 수록된 특고경찰이 신문하는 법을 번역 소개했다.

사상 관련 혐의자에게는 본적, 주소, 성명을 정확히 질문하고, 자백에 대한 실증 확보가 중요하다고 지적한다. 중점사항을 일부러 회피하여 외곽적 신문을 자세히 함으로써 혐의자가 모순을 드러내도록 유도하라고 조언하고 있다. 그리하여 애매하고 모순된 부분을 강하게 압박하여 중심목적을 관철하라는 것이다. 또한 처음에는 피신문자가 경계하지 않도록 분위기를 조성하는 것도 하나의 기술이라고 일러준다. 또한 공산주의자의 경우, 경찰의 신문이나 비공개재판에서는 엉터리로 진술하고 공개재판이 되면 대중 앞에서 당당하게 공개투쟁을 하는 것이 이들의 철칙임을 명심하고 대처해야 한다고 하였다.

한편 1932년 당시 경성복심법원 부장인 고마쓰 히로미(小松博美)가 쓴 「고문과 자백」(『警務彙報』, 309, 1932)을 번역 수록했다. 이 글에는 신문자가 자백을 받아내기 위해 폭행과 구타로 자백을 강요하기 쉬운데 이는 '산을 보지 못하고 사슴을 쫓는 사냥꾼과 같다'고 경계하는 내용이 담겨 있다. 그러나 실제 재판정에서 피의자가 취조 과정에서 고문이 있다고 고발해도 담당판사는 '그것을 인정할 만한 형적이 없다'고 하여 눈앞에 고문 흔적을 보여주어도 이를 수용한 경우가 전혀 없는 것이 식민지 법정의 현실이었다. 이 글은 이러한 점을 감안하여 독해해야 할 것이다.

일제강점기에 고문의 실태를 소개하기 위해 직접 고문을 당한 이들의 체험담과 고문을 당한 이에게 직접 전해들은 전문(傳文)을 소개했다. 먼저 1911년 데라우치 총독 암살미수 사건에 연루되어 투옥되었던 김구의 회고를 소개했다. 그리고 3·1운동 당시 서대문형무소에 투옥되었던 김성숙(金星淑)의 회고, 3·1운동 당시 매티 윌콕스 노블(Mattie Wilcox Noble, 1872~1956) 선교사의 증언, 독립운동가 이회영의 아들로 1935년 의열투쟁 미수로 국내로 송환되어 옥고를 치른 이규창의 회고담, 무정부주의 운동가 정화암의 회고, 제2차 조선공산당 사건(1927) 당시 송덕만이 법정에서 한 고문 증언, 화가 김주석이 자서전에 묘사한 고문 장면 그림을 수록했다.

고문은 워낙 내밀하게 또한 신체의 표면에 드러나지 않도록 주의했기 때문에 재판정에서 피의자의 주장은 무시되기 일쑤였다. 그래서 그 실상을 파악하기가 더욱 어려운 게 사실이다. 그런데 일본의 프롤레타리아문학가 고바야시 다키지(小林多喜二)가 1928년 《전기(戰旗)》 11월호와 12월호에 〈1928년 3월 15일〉이라는 소설을 실었다. 이 소설은 일본공산당 제1차 검거사건 당시 홋카이도에서 있었던 고문장면을 생생하게 그려냈다. 실제 체험에 바탕을 둔 이 소설의 내용이 당시의 고문 상황을 잘 전달하고 있다고 판단되어 소개했다. 고바야시 다키지는 1933년 2월 20일 교바시(京橋) 쓰키지경찰서에 체포되었고, 그날 밤 모진 고문 끝에 사망하고 말았다. 그의 시신에는 고문의 흔적이 역력했고 양쪽 허벅지는 검게 변했으며 바늘로 찔린 자국이 무수히 많았다. 무고한 죽음의 사인을 밝히고자 검속을 피한 문인들이 부검을 실시하려 했지만 특고경찰의 압력으로 인해 어떤 의사도 응하지 않았다고 한다. 이러한 자료는 일제강점기 사상 탄압이 조선뿐 아니라 일본에서도 자행되었고, '일본제국' 운영이 정신과 육체에 더할 수 없는 고통과 모멸을 가하는 압제로 점철되었음을 폭로하고 있다.

제6장은 사상검사의 사상 사건 대응 관련 자료를 모았다. 경찰에서 검사국으로 송국된 이후 사상검사가 사건을 다시 조사하고 예심청구서를 작성하기까지의 과정을 다루었다. 그중 사상검사의 업무 매뉴얼이라고 할 수 있는 자료인 『조선사상검찰제요』 제1책을 중점적으로 번역 소개했다. 이 책은 1928년 고등법원 검사국에 사상검사가 도입된 직후에 펴낸 것이다. 시가현립대학 박경식문고에 소장되었던 것을 국사편찬위원회가 기증받아 보존하고 있는 귀중한 자료이다. 이 자료에 따르면, 사상계 검사가 담당할 사건은 치안유지법 위반, 1919년(大正 8) 제령 7호 위반, 보안법 위반, 황실에 대한 죄, 내란에 관한 죄, 소요죄, 신문지법 위반, 출판법 위반, 폭력행위 등 처벌에 관한 건, 폭발물취체벌칙, 그 외 사상운동에 관한 범죄라 하였다.[7] 사상계 검사는 사상문제에 대한 기본적 연구를 함과 동시에 관내의 사상 단체 계통을 정밀 조사하고 특히 그 운동의 방향에 주의해야 하며, 형무소를 순시하고 수감 중인 사상범의 행형 상황을 관찰하고 그 사상의 추이를 주의해야 한다고 하였다. 그뿐 아니라 사상계 검사는 관내 요시찰인, 단체, 신문, 잡지 등에 대한 명부 작성과 그 관리를 담당해야 했으며, 연말에는 관내 사상 단체에 대한 계통도, 통계표, 명부 등을 작성하여 보고해야 한다고 명시되어 있다. 그 외에 사상 동향을 알 수 있는 국내외 발간 신문과 잡지, 관계기관의 각종 보고서를 분석하는 일도 중요했다. 또한 이른바 '주의자'들이 애독하는 사상도서에 대한 윤독회를 통해 관련 지식 함양에도 힘을 쏟아야 했다. 이 자료를 통해 사상운동(독립운동)을 단속하기 위해 사상검사제도 도입 직후에 얼마나 체계적으로 정보를 수집하고 분석했으며 관련 자료를 비치하여 대응했는지를 알 수 있다. 그 외에 《사상월보》에 소개된 〈사상범죄

7 고등법원 검사국, 1928, 「지방법원 사상 사건 검찰사무 장정」, 『조선사상검찰제요』 제1책.

의 검거 실무〉와 사상검사끼리 정보를 교류한 〈사상범의 심리와 과형에 대한 실무자의 견해〉(《思想月報》 2권 6호, 1932.9)와 〈최근의 사상운동 정세에 비추어 재판 및 검찰상 고려할 점, 그 외〉(《思想彙報》 12호, 1937.9) 등을 번역하여 검사들이 사상 사건에 대해 검찰과 재판 과정에서 부딪치는 현안에 대해 설문과 자문을 구한 내용을 모았다.

경찰에서 송국을 받은 피의자를 대상으로 검사국 단계의 취조와 예심 종결까지의 과정을 보여주는 사례로 남궁억의 십자가당 사건을 예시로 들어 상세히 살펴보았다. 그 흐름을 따라가다 보면, 독립운동이 치열했던 만큼 이를 도려내기 위해 사상검사들이 얼마나 치열하게 대응했는지의 과정도 좀 더 사실적으로 이해할 수 있을 것으로 생각한다.

제7장은 주요 사상 사건의 공판 기록 중 1925년 치안유지법 시행 이후의 사상 사건을 중심으로 구성하되, 재판의 적용 법률이 어떻게 변화하는지를 유념하면서 공산주의 계열과 민족주의 계열, 무정부주의 계열로 나누어 대표적 재판기록을 소개하였다. 그리고 일제강점기 연구에서 자칫 소홀해지기 쉬운 재조 일본인 관련 사상 사건도 별도로 소개하여 일제강점기의 특수성을 독자들이 알 수 있도록 도모했다.

먼저 공산주의 계열 사건으로는 조선에서 치안유지법 적용을 최초로 논의한 사건으로 평가되는 정재달·이재복의 고려공산당 사건 외에 충남 최초의 치안유지법 사건으로 알려진 이영재의 적혈결사대 사건, 치안유지법으로 사형선고까지 받은 간도공산당 사건을 중심으로 소개했다. 또한 《사상월보》에 실린 〈최근 전 조선 치안유지법 위반사건 확정판결집〉에 수록된 조선공산당 사건 판결문과 1930년 상해에서 검거되어 공산주의 혐의를 받은 여운형의 판결문을 소개했다. 그 외에 지역사회의 사상 사건으로 회령공산청년동맹 사건과 홍남적색노동조합 사건, 남해공산주의자 전위동맹 사건 판결문을 실어 1930년대 사상지형의 특징을 아울러 살펴볼 수 있도록 하였다.

민족주의 계열 사상 사건으로는 좌우합작의 민족협동전선운동 계열이지만 민족주의 좌파가 주도했다는 의미에서 신간회 사건 판결문을 수록했으며, 윤봉길 의거 후 상해에서 체포되어 국내로 압송되어 재판을 받은 안창호, 이유필 사건, 하와이에서 상해로 가던 도중 고베에서 체포되어 역시 국내로 압송되어 재판을 받은 조용하 사건을 소개했다. 그리고 재조 일본인 사상 사건으로는 조선총독부 일본인 직원들이 주축이 되고 조선총독부에 급사로 일하던 조선인이 함께 참여한 토요연구회 사건, 재조 일본인 교사로 조선인 학생들의 참교사로 알려진 죠코 요네타로(上甲米太郎)의 신흥교육연구회 사건 판결문을 소개했다.

무정부주의 계열 사상 사건으로는 1920년대 국내의 의열투쟁을 주도했던 이종암과 상해에서 무정부주의 사상 활동을 벌이다가 국내로 압송되어 재판을 받은 이정규, 상해에서 아리요시 아키라(有吉明) 주중공사 암살 및 밀정 처단 등을 주도하여 국내로 압송되어 재판을 받은 엄순봉의 판결문을 실었다. 특히 엄순봉은 치안유지법 위반으로 사형 판결을 받아 치안유지법 적용의 가혹함을 여과없이 보여준 사건으로 기록되고 있다. 엄순봉은 재판결과에 불복하여 복심법원, 고등법원에까지 항소했지만 결과는 달라지지 않았다. 치안유지법 개정 후, 1930년대에는 치안유지법에 의한 형량 적용이 매우 무거워져 간도공산당 사건 18명에 대한 사형 선고 외에 엄순봉에 대한 사형 선고 등 사형 판결이 번번이 이루어지고 있었다.

제8장에는 관련 통계를 수록했다. 3·1운동 및 보안법, 제령 7호, 치안유지법 관련 판결 인원과 검사국 통계, 여자 치안유지법 위반자 통계 등을 실어 일제강점기 사상 탄압의 양상을 표로 살펴볼 수 있도록 하였다.

무엇보다 사상 탄압의 실제를 다루는 이 자료집에서는 일제 경찰과 검사국 측이 현장에서 사상운동가들을 식별하고, 사찰하는 방법, 적발·구인 방법, 가택수색 방법, 취조 방법, 자백을 이끌어 내는 기술, 청취서 작성요령 등의 실무를 어떻게 정비하고 관계자들에게 전수했는지를 보여주는 자료를 다수 발굴하여 수록하고자 힘썼다. 또한 일제 측이 자신들이 원하는 자백을 받아내려고 자행한 갖가지 고문에 대해서는 그동안 생존자들의 부분적인 증언이 있었지만, 그 구체적인 양상을 문헌으로 입증하지는 못했던 감이 있다. 이 부분을 보완하고자 관련 자료를 될 수 있는 한 발굴하려 한 점도 이 자료집의 특징이라고 생각한다.

끝으로 치안유지법이 전면 개정되는 것은 1941년이다. 이 시기에 대해서는 『사상통제(3)』에서 이른바 '사상전향 문제'와 함께 다루고자 한다. 이 시기는 일제 사법당국의 전향정책과 사상운동가의 보호관찰제도가 본격화되는 한편, 이른바 유사종교(신종교) 및 소규모 독서회에 대한 탄압 등 사상 탄압의 범위가 확장되고 밀도가 심화되는 시기이므로 향후 별도로 정리하도록 하겠다.

윤소영

I

신문 기사로 보는 사상 탄압

해제

일제강점기 신문에는 사상 탄압 관련 기사가 어떻게 나타나고 있는지 살펴보기 위해 다음과 같은 관점에서 자료를 수록했다. 먼저 1910년 일제강점기의 사상 탄압은 1905년 을사늑약 후 설치된 한국통감부에서부터 그 기원을 살펴보아야 한다고 판단하여 한국통감부 시기의 사상 탄압 기사를 소개하였다. 다음으로 대한제국 시기의 《대한매일신보》를 인수하여 일제강점 직후 어용한글신문으로 전환한 《매일신보》를 통해 3·1운동까지의 관련 기사를 선별했다. 그리고 3·1운동 후 간행된 신문을 통해 사상 탄압 관련 기사를 추출했다.

여기에서 소개하는 한글신문은 1920년에 창간된 《조선일보》와 《동아일보》, 1924년에 창간하고 이후 제호를 변경해 나간 《시대일보》, 《중외일보》, 《중앙일보》, 《조선중앙일보》이다. 그 외에 일본어 신문으로 《경성일보》와 《조선신문》의 기사를 부분적으로 살펴보았다. 《경성일보》는 1910년 조선총독부가 발간한 어용 일본어신문이며, 《조선신문》은 1908년 《조선신보》 기자 출신인 하기타니 가즈오(萩谷籌夫)가 인천에서 창간한 신문이다. 이후 조선공론사 사장 마키야마 고조(牧山耕藏)가 인수하여 1919년 12월 20일 발행지를 서울로 옮겼으며, 1942년 2월 28일까지 간행된 식민지 조선의 대표적 일본어신문이다.[1]

첫 번째로 소개한 자료는 『한국병합기 경찰자료』 제1권에 수록된 「1909년(융희 3) 1월부터 6월까지 압수신문기사 적요」[2]를 국문으로 번역하여 소개했다. 이것은 1907년 대한제국 내부 경무국장으로 재직한 마쓰이 시게루(松井茂)[3]가 소장한 자료로 원래 일본 경찰대학

1 장신, 2018, 「연세대 소장 『조선신문』 '한글판' 해제」, 『근대서지』 18, 117쪽.

2 松田利彦, 2003, 「內部警務局, 押收 新聞記事 摘要」, 『韓國「併合」期警察資料』 제1권, 마쓰이 시게루(松井茂) 박사 기념 문고 소장, ゆまに書房.

3 마쓰이 시게루(松井茂 1866~1945)는 도쿄제국대학 법과를 졸업하고 경찰법을 연구했으며 일본근대경찰제도 정비에 기여하고, 1910년에는 법학박사 학위를 취득했다. 그와 관련한 자료로 「功績調書(松井茂)」, 『警保局長決裁書類』(1939) 등이 있다.

마쓰이 시게루 박사 기념 문고에 있다가 현재는 일본국립공문서관에 이관하였다. 내용은 1908년 당시 국내외 발간 한글신문을 압수하고 이른바 '불온한' 기사를 일본어로 번역하여 보고한 것이다. 이 보고서에 등장하는 압수 신문은《대동공보》(1908.6 창간, 주2회, 블라디보스토크),《공립신보》(1905.11 창간, 샌프란시스코),《해조신문(海朝新聞)》(1908.2.26 창간, 5.26 폐간, 블라디보스토크),《합성신보(合成新報)》(1907.10, 주간, 하와이),《신한국보》(1909.2, 국민회하와이지방총회 창간),《신한민보》(1909.2 창간, 국민회 기관지, 샌프란시스코),《대한매일신보》(1904 창간)이다. 이 책에는 이들 압수 기사 가운데 사상 탄압과 관련된 기사를 뽑아 국문으로 번역하여 수록했다. 구체적으로 다룬 기사는 스티븐스 암살사건(1908), 한국통감 이토 히로부미의 정책 비판, 국권회복운동 고취와 관련된 기사다.

한국통감부가 신문, 잡지를 압수하는 근거는 신문지법(1907, 광무신문지법)이었다. 이 법령에는 내부대신이 신문지가 안녕질서를 방해하거나 풍속을 교란시켰다고 인정할 때는 발매, 반포를 금지하고 압수 발행 정지, 금지할 수 있도록(21조) 규정하고 있다. 또한 1908년에는 이를 다시 개정하여 외국 발행 신문지(국문 혹은 국한문, 한문)에 대해서도 21조와 동일하게 발매, 반포 금지 압수 권한을 명시했다.(34조) 이러한 법령 자체는 일제강점을 앞두고 국내외의 항일언론을 탄압할 수 있는 근거를 마련하기 위해 제정한 것이다. 게다가 일본의 신문지법이 사후납본제도인 것과 달리, 광무신문지법은 사전납본제도로서 일본보다 규제가 훨씬 강하게 작동했다.[4]

한국통감부 측은 을사늑약 이후 자행되는 일제의 탄압에 대해 국외의 한인들이 필봉으로 이를 규탄하는 언설을 신문지상에 발표하고 이것이 다시 국내로 유입됨으로써 국내 민중의 항일의식을 고취시키고 있는 상황을 차단하고자 한 것이다. 여기에서 소개하는 자료는 일

4 한영학, 2011.12,「광무신문지법과 일본 신문지법의 비교」,『한국언론학보』55-1 참조.

제강점 직전에 어떠한 기사가 압수대상이 되었는지 그 사례를 보여주는 한편, 일제강점기 사상 탄압의 근간이 일제에 대한 비판과 항일의식임을 확인할 수 있다.

1910년 8월 29일 일제강점 직후 1919년까지 종래 발간되던 신문과 잡지는 모두 폐간 처분을 받았고, 어용신문으로 한글《매일신보》, 일본어《경성일보》, 영어《서울프레스》만을 허가했다. 이 시기《매일신보》에는 조선인의 범죄 관련 기사가 많고 조선인의 열등성과 '제국'의 우월성, '근대성'을 강조하는 기사가 주류를 이룬다.[5] 그 가운데 1910년대 대표적인 사상 탄압 사건은 이른바 105인 사건이라고 할 수 있다. 그 이유는 '데라우치총독 암살 미수'라는 거창한 사건명과는 달리 그 실체가 없는 상황에서 일제식민통치를 반대할 만한 지식인들을 겨냥한 사상범 예방구금의 성격을 띤 사건이었기 때문이다.

윤치호 등 서북지방 지식인을 중심으로 총 105명을 기소하여 105인 사건이라 불리는 이 사건은 1913년 2월 25일 총 99명에게 무죄 선고를 내려 '태산명동, 서일필(太山鳴動 鼠一匹)'의 형국을 띠었다. 그러나 이에 대한 신문보도는 "후일에 이러한 죄에 걸린 자가 있다면 사실의 진위와 범죄 상황의 크고 작음을 변론할 여가가 없이 사형을 불면(不免)할 것"이며 "신법률의 공평 관대함을 누가 감읍(感泣)치 아니하리요"[6]라고 하는가 하면, "오늘날 제군이 입은 혜택을 무엇으로 보답하리오. 99명의 제군은 열심히 면려(勉勵)할지로다"라며 한인(韓人)의 '중대범죄'에 대해 일제 당국이 관용을 베풀었다고 치하하는 내용으로 마무리하는 논조이다. 그야말로 일제강점까지 치열했던 한인의 항일운동과 항일의식을 억누르고, 향후 식민통치에 복종하지 않을 때는 이와 같은 지경에 처하게 될 것임을 미리 경고하는 의미의 사건이었다.《매일신보》 1914년 12월 9일 자 〈조선민족관〉도 그 연장선상에 위치한다. 즉, 서북

5 황민호, 2002, 「1910년대 조선총독부의 언론정책과 매일신보」, 『식민지조선과 매일신보(1910년대)』, 신서원.

6 〈음모사건(陰謀事件) 판결〉, 《매일신보》, 1913.3.23.

인의 치열한 항일운동을 '암살 전염병'이라 매도하고 '신정(新政)의 소독제에 세균이 자연히 박멸되어 없어지게 될 것'이라며 독립운동이 무모하고 어리석은 시도라고 비웃었다.

그러나 이러한 일제의 일방통행적인 강압적 식민통치는 1919년 3·1운동으로 난관에 봉착하게 된다. 3·1운동에 대한 공식 보고 자료만 봐도 일제당국은 1만 2천여 명의 조선인을 투옥시키고 태형으로 다스렸다. 이 자료집의 8장 각종 통계 중 「3·1운동 형사사건 피고인 출입 통계(1919.3.1~ 5.10)」에 따르면 1919년 5월 10일 현재 전국에서 수감된 인원은 7,972명이고 석방 인원은 1,391명, 형을 받은 사람(집행유예나 태형 등)은 790명, 예심 중인 자는 655명, 검사국에서 취조 중인 자는 1,109명이다. 이를 다 합하면, 1만 1,887명이다.[7] 1920년 2월 9일 자《매일신보》는 3·1운동 관련 투옥자 통계를 보도했다. 이에 따르면 1919년 9월 말까지 '망동사건'의 입감자 총수는 9,788명[8]이라고 하니 5월 10일 기준 수감자와 석방자, 예심 중인 자와 취조 중인 자를 모두 합한 인원보다 52명이 더 많다. 이들에 대한 법령 적용은 보안법과 신문지법, 출판법이 대부분이며, 이 중 보안법을 위반한 자가 가장 많았는데, 남자가 1,141명, 여자가 52명이었다.[9]

보안법 7조는 "정치에 관하여 불온한 언동 동작 또는 타인을 선동 교사 또는 사용하고 또는 타인의 행위에 간섭하여 이로 인해 치안을 방해한 자는 50 이상의 태형, 10개월 이하의 금고, 또는 2개년 이하의 징역에 처한다"는 것이다. 또한 형사령 42조에 따라 태형은 "20일 이하의 구류 또는 과료" 금고는 "유기금고"의 형에 상당한다[10]고 하였다.

일제당국은 이러한 법령이 형량이 가볍다고 하여 4월에는 1919년 제령 제7호를 총독부

---

7 조선총독부 법무국, 1920.1,『妄動事件處分表』

8 〈작년의 조선-총독부 조사(사법)〉,《매일신보》, 1920.2.9.

9 조선총독부 법무국, 1920.1, 위의 책.

10 我妻 榮 외, 1969,『日本政治裁判史錄(大正)』第一法規, 208쪽.

령으로 반포했다. 제1조 1항은 "정치의 변혁을 목적으로 하여 다수 공동하여 안녕질서를 방해하고 또한 방해하려는 자는 10년 이하 징역 또는 금고에 처한다"고 한 것이다. 이에 대한 1920년 2월 9일 자《매일신보》의 보도는 다음과 같다.

종래 정치에 관하여 불온 언론 또는 동작을 하여 치안을 방해하는 자에 대하여는 구한국 시대에 제정된 보안법 제7조에 의하여 처벌하였으나 그 적용 범위는 겨우 조선인뿐에 국한되므로 조선인 이외의 자의 이런 종류의 범죄에 대해서는 이를 처벌할 길이 없고 또 조선 외 거주자의 범죄에 대해서는 이를 벌할 방도가 없고 또 법규에 결(缺)한 바가 있어서 치안 유지상에 유감스러운 점이 있을 뿐 아니라 보안법 소정의 형은 최중형(最重刑)이 징역 2년으로 범정(犯情)의 여하에 의하여는 죄형의 균형을 얻을 수 없는 감이 있어서 형정상 지장이 적지 않았으므로 1919년(大正 8) 4월 제령 제7호로써 정치에 관한 범죄 처벌의 건을 공포하였더라.

이에 따르면 제령 7호가 국외 한인의 불온한 행동=독립운동을 처벌함과 아울러 형량이 가벼운 보안법을 보완하기 위해 제정되었음을 우회적으로 밝혔다. 이 법령은 1920년대에 보안법과 함께 독립운동을 탄압하는 법령으로 작동했다.

1920년대 이후 한글신문이 발간됨으로써 사상 탄압과 관련한 기사를 신문에서 확인할 수 있다. 먼저 취조 과정의 고문에 대해서는 일찍이 3·1운동 당시부터 보고되었지만 1920년《동아일보》와《조선일보》,《중외일보》등은 기회 있을 때마다 이를 문제 삼았다. 1921년 11월 27일 자《동아일보》는〈고문 문제에 대하여 사법당국과 변호사계에 바라노라〉라는 기사를 통해 "죄수도 사람이오 피고도 사람"이라며, 당국의 무자비한 처사에 대해 항의했다. 그러나 1924년 7월 11일 자《동아일보》의〈푸른 하늘이 파사의 칼이 될 뿐〉이 보여주듯이 고문사건은 끊이지 않았다. 또한 이른바 요시찰인에 대해 경찰부 고등과에서 요시찰인 명부책을 뒤적이며 도쿄유학생 등을 미행하고 사찰하는 행태를 고발하기도 했다(《동아일보》 1922.7.10). 강압적이고 폭력적인 경찰의 행태에 대한 비판은 1921년 5월 27일과 28일의 〈조선경찰의 자격과 직권(職權)〉에서 확인해 볼 수 있다. 1920년대 후반의 기사에서는 조선공산당 사건으로 구속된 자에 대한 종로경찰서의 고문에 대해 후세 다쓰지(布施辰治)가 발표한 항의성명서 기사(1927.10.18)도 눈에 띈다. 이로 인해 종로경찰서 미와(三輪) 경부는 1928년 초에 종로경찰서를 떠나 경무국으로 전임되었지만 이후의 신문 기사에도 고문과 관련한 내용은 끊이지 않는다.

1920년대는 제1차 세계대전과 러시아혁명 이후 사회주의에 대한 관심이 폭발한 시기였다. 사회주의는 독립운동의 이념으로 한인 청년들에게 각광을 받았으며, 이와 관련된 사상사건이 발생하기 시작했다. 이 장에서는 이러한 흐름을 알 수 있는 자료로, 1923년 이른바 《신생활》 필화사건, 동아공산당사건 등 제령 7호 위반을 적용하여 처벌된 사회주의 사상 사건 관련 보도와 이에 대해 경찰당국이 사상 단체를 강력히 단속할 방침이라는 기사를 소개했다.

1925년 치안유지법 제정으로 사상 탄압은 한층 가속화되었다. 1924년 말에 체포된 정재달 등에 대한 재판은 1925년 9월에 개정(開廷)했는데, 당초에는 제령 7호 위반사건으로 진행되다가 예심 진행 과정에서 법령 적용이 치안유지법 적용으로 변경되었다.[11]

1920년대 후반의 사상 탄압은 주로 치안유지법이 적용되어 비약적으로 증가했다. 이 자료집 8장의 통계를 보면, 1928년에 1,420명, 1929년에는 1,348명이다.[12] 이와 같은 경향은 당시 신문기사에서도 확인할 수 있다. 1926년 12월 3일 자 《동아일보》는 사상범의 증가로

11 오기노 후지오 저, 윤소영 역, 2022, 『일제강점기 치안유지법 운용의 역사』, 역사공간, 51쪽.

12 이 자료집 8장 「사상 사건 통계」 참조.

독감방을 백여 개 증설했다는 기사를 실었고, 1927년 5월 17일 자《조선일보》는 고등요시찰인의 카드가 6만 2,000여 매에 달한다고 보도했다. 이를 통해 전국에 일제히 수배가 가능하게 되어 '전 조선의 경찰망이 더욱 민속하게 되었다'는 것이다. 일제의 식민지배가 경과할수록 사상 탄압도 더욱 촘촘해지던 상황을 보여준다.

1920년대부터 1930년대 전반까지 주요 사상 사건으로는 조선공산당 관련 검거와 재판, 광주학생운동 관련 재판이 이어졌다. 1930년대 중반이 되면 민족주의 계열의 독립운동가 안창호, 남궁억에 이어, 이광수까지 사상 탄압을 피해 가지 못했다. 1936년 간도공산당 사건 재판 보도는 재판정에서 고문으로 인한 억지 자백이 폭로되는 등의 파란을 겪었지만, 주현갑에게 조선 최초로 치안유지법 적용, 사형이 선고되는 등 조선인에게 혹독하게 치안유지법이 적용되었음을 신문은 보도했다.《조선일보》는 간도공산당 사건에 대해 상세히 보도하며 이러한 점을 비판하였다. 즉, 1936년 2월 21일 자 사설에서 간도공산당 사건에서 20여 명에게 대량사형을 구형한 것에 대해 일본공산당사건에서는 한 명의 사형자도 없었다는 점을 들어 그 가혹함을 지적했다. 또한 1936년 7월 25일 자에 치안유지법 위반으로 사형집행을 당한 유해를 가족들이 찾으러 가는 이야기를 담담하게 실었다. 아무런 논평을 하지 않았으나, 남겨진 유족들의 모습을 전함으로써 치안유지법의 악법성에 대해 독자들이 분노했을 것이다. 이를 전후하여 1934년 1월 7일 자《동아일보》는 사상범의 급격한 증가로 판검사를 증원한다고 보도했으며 1935년 1월 13일 자에는 경성과 함흥지방법원 형사부에 사상부를 별도로 설치하여 대응한다는 보도가 이어졌다.

《시대일보》,《중외일보》,《중앙일보》,《조선중앙일보》에도 위와 유사한 기사가 게재되었다. 특히《조선중앙일보》는 여운형이 인수하여 거듭난 후 정재달 등 조선공산당 사건 외에 남궁억의 십자가당사건을 자세히 보도하는 등 항일논조를 이어갔다. 또한 간도공산당 사건 판결 이후 1936년 6월 27일 자에는 사형판결이 격증하고 있는 상황을 비판적으로 보도했다.

이러한 한글신문 외에 식민지조선에서 발간된 일본어신문인《경성일보》와《조선신문》의 관련 기사도 일부 번역하여 소개했다. 이들 신문의 특징은 한글신문에 비해 판사와 검사의 입장에서 사상 사건을 보도하는 경향을 띠었다는 점이다.

이와 같이 제1장에는 일제강점기 각종 신문에 보안법, 제령 7호, 치안유지법으로 이어지는 사상 탄압법령의 개편에 따라 어떤 사건이 어떻게 다루어졌는지를 알 수 있는 기사를 선별, 수록하여 이 시기의 사상 탄압 양상을 직관적으로 이해할 수 있도록 도모했다. 1920년대 전반에 신문의 논조는 사상 탄압과 관련하여 비판적인 논평을 하는 편이었지만 1930년대가 되면 사실만을 보도하고 논평을 자제하는 모습을 보였다. 이것은 그만큼 언론 검열이 강화되고 있었음을 엿보게 하는 부분이다. 그런 가운데 이 시기의 신문은 사상범으로 체포된 이들의 가족에 대한 동정 어린 기사를 게재함으로써 식민사법당국의 가혹한 처사를 우회적으로 비판하는 함의를 담고자 하는 모습이 있었음도 발견할 수 있다.

윤소영

1. 3·1운동 이전

⊙ 한국병합 직전 내부(內部) 경무국의 스티븐스 암살 미수 관련 기사[13]

〈자료 01〉 《대동공보》 제2권 제13호[1908년(융희 2) 4월 20일 압수]

(논지 적요) 〈의로워라, 장(張) 전(全)[14] 두 사람의 대의(大義)〉라는 제목으로 우선 정부고문 미국인 스티븐스 씨의 이야기를 게재했다. 그를 무고하게 세계의 공적(公敵)이라 하고 흉악한(凶惡漢)이라 매도하며 일본의 뇌물을 받아 세계의 이목을 덮으려 하는 자라고 규탄한다. 나아가 장인환과 전명운 두 흉행자를 용자(勇者)와 의자(義者)라 부른다. 마지막에는 "실로 아한(我韓) 4천 년 초유의 열사이자 2천만 민족의 광영이다. 두 사람은 자신의 신명을 희생하여 한국의 공적(公敵)이자 세계의 공적을 죽였다. 장하도다, 의의(意義) 있도다, 통쾌하도다, 이러한 소식의 용감한 행동에 의해 우리 이천만 동포는 두 사람의 의기를 배워 두 사람의 애국 적성(赤誠)에 따른다면, 우리 독립은 결코 멀지 않았을 것이다. 아아!"라고 격렬한 어조로 맺었다.

〈자료 02〉 《공립신보》 제75호[1908년(융희 2) 4월 20일 압수]

(논지 적요) 〈정적(政敵) 조난(遭難)〉이라는 제목으로 스티븐이 화를 입은 것은 자신의 죄악의 결과라고 한다. 한국정부의 봉급을 받으면서 반대로 일본의 종복(從僕)이 되어 조약체결 때 책사가 되었을 뿐 아니라 미국인의 눈을 차단하려 했으니 공리(公理)를 배반한 적(敵)이자 한국의 원수에 대해 자유를 흠모하고 독립을 사랑하는 열혈이 끓는 우리 한국인사가 어

---

13 〈자료 09〉까지의 3·1운동 이전 시기의 신문기사는 모두 경무국이 신문을 압수하여 일본어로 번역한 자료를 다시 한글로 번역하여 수록하였다. 松田利彦, 2003, 「내부경무국 압수 신문기사 적요(內部警務局, 押收 新聞記事摘要)」, 『韓國「併合」期警察資料』 제1권, ゆまに書房, 35~48쪽.

14 장인환(張仁煥)과 전명운(田明雲).

찌 가만 있을 수 있겠는가, 오늘 스티븐스의 암살은 올바르고 순수한 애국 혈성(血誠)에서 나온 것이라고 한다. '문명은 폭동이 지난 후 도래한다'는 마티니의 말을 인용하며 애국자의 비결이라고 했다. 또 금일 한국인은 18세기의 구미 사상을 가져야 한다고 은근히 선동한다. 마지막에는 "오호, 동포여, 이 포성(砲聲)의 정신을 권장하나니 매국이 넘치고 나라 안에 원수가 가득하매 만일 의협심이 있는 자라면 애국의사 장인환, 전명운 두 사람을 배워 우리 나라를 해치려는 자, 우리 동포를 학살하는 자를 공격해도 좋다. 응징해도 좋다. 베어버려도 좋다"라고 감히 말했다.

〈자료 03〉《공립신보》 제76호[1908년(융희 2) 4월 30일 압수]

(논지 적요) 〈일본은 자유의 도적이며 스티븐스는 공리의 적(賊)이다(지사 송종익이 샌프란시스코 크로니클에 기고한 글)〉라는 제목으로 모두가 자유를 얻지 못한다면 죽는 편이 낫다는 서양 속담을 인용한다. 그리고 한국민의 자유를 빼앗은 자는 첫째, 일본이며 둘째, 스티븐스라고 한다. 하늘을 찌르는 통한이 2천만 국민의 가슴에 가득 찼다고 주장하며 장인환·전명운의 흉행을 자유전쟁이라고 일컫는다. 나아가 스티븐스는 '2천만에게 자유를 주려고 했다'는 거짓을 말한다고 하고, "만약 진정 공평무사한 천제(天帝)가 심판한다면 전과 장 두 사람을 치하하고 천국에 보낼 것이며 스티븐은 지옥으로 보낼 것"이라고 조롱했다.

아울러 〈화를 불러온 원인〉이라는 또 다른 기사를 샌프란시스코 주간 영자신문《아코노트》에 번역하여 실었는데, 스티븐스 씨 조난의 원인을 다음과 같이 논한다. 일본이 40년 동안 한국병탄의 야심을 품도록 만들었다고 한다. 또 일본이 한국의 위임으로 전신, 전화, 우편 등의 사무를 관리하는 것을 횡탈(橫奪)이라는 표현을 사용한다. 조약체결에 관해서는 한국을 억압한다고 기술한다. 일본의 행동을 모두 자신의 이익을 도모하는 것이라고 모함하고, 한국지사의 통분을 당연하다고 한다. 스티븐스 씨의 행동을 지탄하며 "조금이라도 애국심을 갖는 자라면 적어도 그 사람을 미워하지 않을 수 없고 하물며 서양인의 애국심을 품은 샌프란시스코의 청년이라면 오죽하겠는가"라고 은근히 암살을 칭송한다. 또 흉행을 '윌리엄 텔'과 비교하기를 "러시아, 이탈리아, 포르투갈 등에서 일어나는 일을 보건대 결국 압제자는 인민의 공격을 받는다는 것을 잘 알 수 있다"고 마무리하여 상당히 선동적인 의미를 담고 있다.

〈자료 04〉《해조신문(海朝新聞)》 제47호[1908년(융희 2) 5월 5일 압수]

(논지 적요) 〈스티븐스 씨 총살에 대한 상보(詳報)〉라는 제목으로 당시의 상황을 서술하고 장, 전 두 흉행자를 가리켜 스티븐스 씨를 총포로 처형한 의사(義士)라고 칭한다. 미국의 각 신문이 흉행을 장쾌한 일이라고 칭찬한다고 하고, 또 미국인들이 이로써 일본의 속박에서 벗어나 한국 독립의 기상을 볼 수 있다고 말했다고 기술함으로써 흉행을 칭송하고 선동하는 논조를 띠고 있다.

〈자료 05〉《합성신보(合成新報)》 제14호[1908년(융희 2) 5월 5일 압수]

(논지 적요) 〈한국에 해(害)를 입힌 스티븐스에 해(害)를 가한 건에 관한 전보(電報)〉라는 제목으로 "음험하고 교활한 마음으로 일본인과 교류하고", "간교한 불법행위로 한국의 정략을 교란시켰으며", "교활한 계략으로 한국에서의 일본의 망행(妄行)을 덮으려 했다", "미국의 역적이자 한국의 원수"라는 등의 표현으로 스티븐스를 극렬 비난한다. 고평(高平) 대사, 이등(伊藤) 통감 등의 흉변에 대하여 경악스러운 보도를 게재하고 "실로 우리 마음에 장쾌함을 금할 길이 없다"고 하고 또 "아름답구나. 이번 거사야말로 우리 2천만 가운데 전에 없던 사건으로 우리 독립의 선봉을 이룬 것"이라 하고 "우리 일반 동포는 독립의 선봉인 그 동포를 배워 부단히 전진을 도모해야 한다"고 기술하고 있다. (하략)

⊙ 한국병합 직전 이토 히로부미(伊藤博文) 및 친일대신 처단 및 국권회복 선동 관련 압수 기사[15]

〈자료 06〉《신한국보》 제1호, 제2호(3월 20일 압수)

(논지 적요) 〈신한국보의 출세〉라는 제목으로 제1호, 제2호에 걸쳐 장문의 논문을 게재했다. 제1호의 《신한국보》는 새롭게 세상으로 나가는(出世) 한국이라는 뜻이다. 여기서 출세(出世)의 목적이란 동포와 더불어 산하를 뒤흔드는 벼락이 되어 망량(魍魎)의 모습을 하고 숨어 있는 요괴를 사라지게 하는 것이다. "그런데 이 나라 금수강산을 돌아보매, 좀벌레 같은 이들이 활보하고 진흙탕이 밝은 빛을 차단하니 음풍(陰風)은 조야를 덮고, 행정, 외교, 경찰, 재정의 권한은 적의 수중으로 들어갔다. 이에 충분(忠憤)을 드러내 의로운 깃발을 들어 회복을 꾀하고자 하나, 때가 이롭지 못하여 패배하거나 반동(反動)으로 힘을 떨칠 수 없으니 더욱 강도들이 창궐하게 되었다"고 개탄한다. 해외동포들은 천애(天涯)의 떠돌이가 되어 이민족의 학대를 감수하는데 나라의 몰락과 동포의 고단한 삶을 차마 볼 수 없을 지경이니 나라의 흙을 밟지 않겠노라 맹세하고 강도들의 능욕에서 벗어나고자 한 이들이라고 한다.

제2호에서는 개국 4천 년의 문화와 구만리의 강산을 가진 동방 대제국이 왜적에 침략당하여 완전히 왜적의 말발굽에 짓밟혀 버렸다고 한탄한다. 심기일전하여 국보(國報)를 발간하는 것을 유현덕의 제갈공명에 비유하여 야만적인 원수 왜적을 현해탄 너머로 몰아내고 동포를 도탄에서 구하여 국권을 회복할 것을 고취하는 등 극악한 글을 사용하여 일본을 매도했다.

---

15 여기에서 다룬 신문에 대해 참고란에는 각 신문의 특성을 아래와 같이 설명했다. "《신한민보》(미국 샌프란시스코 공립신보 개칭), 《대동공보》(러시아 블라디보스토크), 《신한국보》(미국령 하와이 합성신보 개칭), 《대한매일신보》(한국 경성)" 또한 각 개념을 설명하여 (1) 국교 방해: 일본의 보호에 반대하고 음양으로 반기를 들고 고취하는 것, 일본의 보호를 지목하여 한국을 병탄하려는 것이라고 무고하여 일반 한국인의 반감을 일으키는 것, (2) 폭도 선동: 폭도를 지목하여 국가에 충성하는 자라 하고 이를 성원하는 자, (3) 질서문란: 근거 없은 소문을 전해 인심을 어지럽히고 혹은 사안을 과대하게 이야기하여 국민을 분개시켜 관의 시설을 방해하고 사회질서를 어지럽히는 것, (4) 국권회복: 국권회복에는 국민의 공동일치를 요한다고 하고 단체의 조직을 장려하는 것, 국권회복에는 국민의 문명개화가 필요하다고 하여 신교육의 보급을 창도(唱導)하는 것"이라 했다. 松田利彦, 2003, 「內部警務局, 押收 新聞記事 摘要」, 『韓國「併合」期警察資料』 제1권, ゆまに書房.

〈자료 07〉《신한민보》제122호[1909년(융희 3) 3월 30일 압수]

(논지 적요) 〈서적 구람(購覽)의 필요〉라는 제목으로 "삼천리강산 한국을 떠나와 광산, 산림, 어업의 권한은 적(敵)의 수중에 들어갔지만, 한국은 권선징악의 법률을 가지지 못하였다. 황실은 적국의 조종(朝宗)으로 변하고 정부는 적국의 기관이 되었으니 이제 남은 것은 이천만 동포뿐이다. 그런데 이등박문(伊藤博文)의 교활한 명령과 대구보(大久保)의 포악한 호령은 민족조차 멸망시키려 한다"고 비분한다. 나아가 한국의 옛 위인이 왜적을 막은 사례와 이탈리아의 마티니가 하나의 신문으로 의사(義士)를 양성하고 고무한 사례를 들어 지식을 연마하는 것은 신문잡지의 구입과 열람하는 것이라고 주장한다. 2,000만 동포는 원수의 학대에 맞서 저항하는 독립과 문명의 국민이 되어야 한다고 역설한다. "장차 원수를 무찌르고 대한제국의 만세를 주창하려 한다. 한국민의 영혼이 있다면 성찰하라. 눈이 있다면 보라. 귀가 있다면 들으라. 한국의 국내와 해외에서 신문의 주필로서 말과 글을 통해 몸이 부서지고 백골이 진토가 되도록 지식개발에 온몸을 바치겠다"고 주장했다. (하략)

〈자료 08〉《대한매일신보》(국한문 제1008호, 국문 제485호, 1909년 1월 27일 압수)

(기사 적요) 〈국기 문제를 변론함〉이란 제목으로 일본 각 신문은 ○○의 때에 일본 국기를 게양하지 않음을 비난하지만 일본 국기를 게양하지 않는 것은 애국정신을 갖는 것으로 정당한 행위이다. "하늘에 두 해가 없고 국가에 두 깃발이 없다. 타국의 국기를 게양하는 것은 불경불충이다. 어떤 공갈을 당하더라도 따라서는 안 된다. 일본인이 한인을 모욕하는 것이 심하다"고 단정하고 "통감의 행로에 일본 국기를 게양하는 것은 한인에게 대황제와 동등하게 대우하라고 강요하는 것이다. 이등 씨가 지나는 통로에 일본 국기를 게양하면 일왕의 행로에는 무엇을 게양해야 하는지, 이 이치를 깨닫지 못하는 일본인은 일왕과 이등 통감을 동일하게 대우해야 한다고 하는 것이다. 한인의 모욕을 따질 것 없이 스스로 그 황실을 모욕하는 것"이라고 논하였다. 또 "일본인은 일본의 부용국인 한국이 종주국의 국기를 게양하지 않는 것은 불가하다고 하지만, 한국민은 아직 부용(附庸)의 칭호를 승낙한 적이 없다. 또 일본민은 학부의 훈령, 국기 중에는 한일(日韓) 양 국기를 포함하여 광의(廣義)로 해석해야 한다고 한다. 과연 그렇다면 만국 국기를 포함하여 해석하는 것이 지당하다. 왜 오로지 일

본 국기만을 게양할 필요가 있는가? 자국 황제의 행로에 자국의 국기를 게양하는 것은 삼척 동자도 이를 안다. 일본인은 공리공론을 버리고 오히려 타인으로부터 모욕을 자초하는 것" 이라고 매도했다.

〈자료 09〉《대한매일신보》(국한문 제1031호, 국문 제508호, 1909년 2월 24일 압수)[16]

(논지 적요) 〈일본은 무엇을 했는가〉라는 제목으로 이등 후작은 한국 태황제와 내각의 관료를 압박하여 5조약을 체결한 후 다시 부임하여 3, 4년이 지나고 이제 귀임한 의미도 없이 한국을 떠나려 하니 한마디 하지 않을 수 없다고 조소하며 일본이 한국 통치의 뜻은 오래전에 드러냈다고 단정한다. 공사 임권조(林權助) 씨는 아무런 보상을 부여하지 않고 통신권 전부를 획득하였고 거만하면서 존대하여 한국 내각의 관료 임명을 멋대로 하였다. 5조약 성립 후에는 이등 후작이 한국의 사장(司長)이 되어 일본 황제폐하의 신임을 얻어 과거 3년 동안 전제적인 권한을 행사했다고 주장한다. 러일전쟁 후 형세를 말하기를, 한일 양국이 평등권을 갖고 상호이익의 보전을 목적으로 수차례의 협약을 체결하였는데 일본군은 압록강을 건너 그로부터 한국을 전쟁의 승리로 얻은 영토라 한다. 그런데 한국의 위치는 청국이 십여 년 전에 독립을 인정하고 러시아는 단순히 일본의 우월권을 인정한 데 불과하므로 이 5조약 조성의 참극을 연출하였다고 매도했다. 이등 공이 만약 한국정부의 고문으로 왔다면 시정개선의 결실을 거둘 수 있었겠지만, 오히려 무식한 일본인밖에는 속지 않을 조약을 체결하고 관료의 알력을 초래하였다. 경시청 재판소는 무명의 체포를 하여 과거의 학정과 전혀 다르지 않았으며, 학교는 편협하게 확장하여 강제로 일어를 학습하도록 했으며, 재정정리는 오히려 질서를 해쳤다는 점을 열거한다. "이등 공은, 불량한 개혁은 나쁜 결과를 초래한다는 이치를 망각하고 한인의 뜻에 부합하는지 여부를 묻지 않은 채, 시정을 추진함으로써 한국을 비참한 상태에 처하게 했다. 한국을 떠나면서 참으로 마음이 꺼림칙하여 편안하지 않을 것이다"라고 기사를 맺었다.

---

16 이 기사는 논설 〈일본이 何爲乎아〉, 《대한매일신보》, 1909.2.24이다.

⊙ 1910년대 사상 탄압 기사

《매일신보(每日申報)》

〈자료 10〉 윤치호(尹致昊)의 월교(越交)-재판소로 넘어갔어(《매일신보》, 1912.3.3)

종로기독교청년회 부회장 윤치호는 무슨 중대사건으로 인하여 경무총감부 보안과로 피착하였다더니 해당 보안과에서 심사를 마치고 재작일 오전에 경성지방재판소 검사국으로 압송하였다더라.

〈자료 11〉 중대범의 전 기소, 총계 124인(《매일신보》, 1912.6.6)

남작 윤치호 등의 중대사건은 더욱 취조를 마치고 피고 윤치호 등 82명은 임의 기소하였으며 그 나머지 42명은 지난 3일 일자로 기소하였는데 총계 124인이라더라.

〈자료 12〉 중대사건 공판의 설비(《매일신보》, 1912.6.28)

중대사건의 공판은 기보(旣報)와 같이 본 28일 오전 9시부터 개정할 터인데 당일은 피고인 123명과 담당 변호인 16명 및 내외의 신문기자 20명인데 방청인도 비상히 다(多)할지라. 고로 경성지방법원에서는 차(此)에 충당하기 위하여 특히 법정을 신축하였는데 변호인 신문기자석 외에 보통에 방청인은 약 150명을 입(入)할 설비가 유(有)하나 도저히 전부를 수용키 불능한 고로 지방법원에서는 당일 혼잡을 예상하야 작 27일부터 철조망을 설(設)하고 그 취체책(取締策)을 강구 중이라더라.

〈자료 13〉 조선의 정치범(《매일신보》, 1912.9.7)

조선의 정치범자(政治犯者)로 목하 구금 중의 죄인은 145명이라는데, 예(例)의 음모사건 연루자로 경성지방법원에 계속(繫屬) 중인 안태국(安泰國), 옥관빈(玉觀彬), 양기탁(梁起鐸) 및 임치정(林蚩正) 등도 이 안에 입(入)할지라. 이들은 정치범자로 목(目)할 자는 보안법 제7조의 정치에 관하여 불온한 언동과 동작 또는 타인을 선동 교사 혹은 사용하고 또는 타인의 행동에 간섭하여 치안을 방해한 자는 50 이상의 태형, 10개월 이하의 금옥 또는 2개년 이내의 징역에 처함이라는 조문에 해당 범죄에 한(限)하는 자이라는데, 이 보안법은 광무 11년 7월 법률 제2호로 발포(發布)한 자(者)이라더라.

〈자료 14〉 음모사건(陰謀事件) 판결(《매일신보》, 1913.3.23)

재작년 이래로 세계의 이목을 용동(聳動)하던 총독암살 음모사건에 관한 윤치호(尹致昊) 이하 104명은 올해 2월 25일 제51회의 변론을 종결하고, 판결 언도의 공판은 지난 20일 오전 11시에 개정(開廷)하였는데, 그날에 방청인이 답지(踏至)하여 입추의 여지가 무(無)하여 판결의 여하(如何)를 기다릴 새 우려하는 기색을 띤 자도 있으며 비량(悲凉)하는 자도 있다더라.

당시 재판장이 판결을 언도할 새 만장(滿場)이 일치정숙(一致靜肅)하여 한마디를 불발케 하고 엄중한 태도로 원 판결은 취소한 후 다음과 같이 언도하되, 윤치호 이하 5명은 징역 6년, 옥관빈(玉觀彬)은 징역 5년, 임경엽(林冏燁) 이하 99명은 무죄로 판결하야 즉시 백방한지라.

언도를 종료한 후에 호방자(豪放者)의 답무(踏舞)는 물론이요, 일반 방청자도 의외의 환색(歡色)이 만안(滿顔)하야, 옥촉(玉燭)이 비추는 것과 같아 개개 법률의 공평함을 자복(自服)지 아니하는 자가 무(無)하였도다.

오호라, 후일에 이러한 죄에 걸린 자가 있다면 사실의 진위와 범죄 상황의 크고 작음을 변론할 여가가 없이 사형을 불면(不免)함으로 그 가련한 생령(生靈)이, 법률을 두려워하기를 호낭(虎狼)보다 심하게 한지라. 조선 수백 년 역사를 보더라도 소위 사형자가 모두 실죄가 있다고 하기 어려울지라.

고로 이번 총독 모살 미수사건에 대하여도 조선인의 억측으로는 죄과의 유무는 물론이고 그 사실이 중대하니 필연적으로 무거운 법률을 면할 수 없다고 하였더니 이와 같은 광전(曠典)이 내려 그들 99명의 옥수여혼(獄囚餘魂)으로 하여금 하늘과 해를 다시 보게 하니 신법률의 공평 관대함을 누가 감읍(感泣)치 아니하리요.

사실의 유사함(疑似)과 죄과의 경중을 아주 잘게 나누어(毫分縷析) 필경 무죄자로 하여금 무죄에 귀(歸)케 하니, 자연히 시일의 헛된 비용(曠費)이 든다고 할지라. 지난번과 같이 일시 재판자의 주된 의견으로 마음대로 망결(忘決)하였으면 그들 99명 중에도 몇 명의 원망하는 자가(含寃者) 없지 않았다고 하였을지니 시일의 헛된 비용(曠費)이야 어찌 원망하리오.

법률이 공명할수록, 법률의 권능이 더욱 강하여 조금(一分)의 대차(貸借)가 없는지라. 이 사건으로 말할지라도 주자(朱紫)가 복잡하고 흑백이 뒤섞인(渾混) 가운데 무죄한 자로 하여금 무죄한 진상을 노출케 하니 그 심리의 밝고 상세함이 과년 어떠하뇨.

무죄자로 하여금 무죄에 귀(歸)케 하며, 유죄자로 하여금 유죄에 귀(歸)케 할지니 어찌 신법률을 두려워하지 않으며 어찌 복종하지 않으리오, 그러한즉 일반 인민은 법률의 공명함을 두려워하고 복종하야 유죄 도주(有罪逃走)의 후회가 없도록 할지로다.

더욱이 호방(豪放)한 99명에 대하여 한마디를 덧붙이니 제군들 중에는 실업자(失業者)도 있을 것이오, 교육자도 있을 것이오, 청년, 총명한 자도 있을지니, 일시의 뜻밖의 재앙(橫罹)으로 그 뜻을 스스로 포기하지 말고 성대하고 넓은 은혜를 입고 귀가한 후에 각각 원래 사업을 계속하여 선량한 국민으로 스스로 기약할지라. 만약 제군이 쓸데없이 세월을 보내고 상당한 사업이 없어 소위 불우한 환경에 슬퍼하고 한탄(慷慨落拓)으로 일생을 잘못하면 오늘날 제군이 입은 혜택을 무엇으로 보답하리오. 99명의 제군은 열심히 노력(勉勵)할지로다.

〈자료 15〉 총독 음모사건 방면자를 훈계함(《매일신보》, 1913.10.5)

이전에 보도한 바와 같이 데라우치(寺內) 총독 일행은 예정대로 3일 오전 7시 신의주를 출발하여 연도(沿道) 각 역에서 수많은 일본 조선 관민의 환영과 환송을 받으면서 선천(宣川)에 도착하야 정거장에 송영(환송 환영)키 위하여 정렬한 일본 조선 관민 및 선교사 대표자 수백 명 중에 음모사건에 관한 혐의를 받아 구인되었던 유(劉) 모 씨가 있었는데, 유(劉)는 제2심에서 방면된 자이다. 총독은 하차하여 마중 나온 자에게 일일이 답례한 후 특히 앞에서 언급한 유(劉)를 불러 후지나미(藤波) 통역자를 통해 들어보니 즉 너는 음모 사건에 관한 혐의로 두 번이나 심문을 받아 구속되었으나 결국 무죄 방면되어 오늘에는 종전과 같이 가업에 종사함은 가히 기뻐할 것이라. 너는 다행히 해당 사건에 관계가 없어 방면된 사실에 따른 것은 명백하나 너와 함께 구인된 자 중에는 유죄의 선고를 받아 아직도 공소 중에 있는 자도 있으니 그들은 모두 너와 고향이 같은 자이라. 즉 너의 고향 지방에서는 불행히 잘못된 사상을 가진 자가 나왔은즉 지방 민중에는 이와 같이 잘못된 사상의 감화를 받은 자가 전혀 없다고는 하기 어렵다. 너는 해당 사건에 관계가 없음이 증명된 오늘에 가업에 열심히 노력하는 동시에 능히 지방민을 지도하여 잘못된 사상을 안고 이로 인하여 일신일가(一身一家)를 멸망시킬 뿐 아니라 향당(鄕黨)에까지 해독(害毒)을 널리 만연(流延)케 하여 공중(公衆)의 안녕 행복을 문란(紊亂)함이 없도록 주의할 지어다라고 극히 간절히 훈시를 하였더라. 당초 유(劉) 모씨는 총독 면전에 호출되야 대관(大官)이 연립한 가운데에서 어떠한 심문이 있을는지. 조금 떨어진 거리에서 머리를 두드리며 총독이 더 앞으로 나오라 하니 안색이 창백하여 두려워 어찌할 바를 몰라 다가감에 총독은 의외로 간절한 훈시를 줌으로 유(劉)는 고개를 떨어뜨리고 감읍하였는데 이러한 광경을 목격한 조선인은 이구동성으로 깜짝 놀란 소리(驚愕之聲)를 예기치 않게 연호하고 선교사의 단체도 줄서서 고개를 빼들며 그 실황을 바라보며 모두 감격하였더라. 그렇게 정주(定州)에 도착한즉 그곳에도 해당 사건 관계의 혐의를 받고 방면된 자 23명이 환영인파 속에 있었는데 정차 시간이 짧아 총독은 친히 훈시할 기회가 없어 즉시 출발하야 연도는 극히 조용하였다. 오후 1시에 사리원(沙里院)에 도착한 후 일행은 자동차로 나누어 타고 도중 두세 개의 군아(郡衙) 그 외를 순시하고 저녁 무렵에 해주(海州)에 도착할 예정이더라(특파원 사리원발).

〈자료 16〉 조선민족관(朝鮮民族觀)(12) 전염병의 유행(《매일신보》, 1914.12.9)

본 문제는 저자가 병합일 5년을 지나 다소 총독정치를 오해하는 자를 경계하고 살피고자 기초(草)함이러니 이 문제를 발표할 기회를 얻지 못하여 또 이번 책상 위에 먼지가 쌓였으나 아직도 신정(新政)을 오해하는 자가 있었든지 또는 기왕에 오해하다가 회오각성(悔悟覺省)한 자도 반드시 일독할 가치가 있을 것 같아.

(12) 전염병의 유행

기혈(氣血)이 부족하고 섭양(攝養)이 충분치 못하면 악질병의 전염이 쉬우며, 심지(心志)가 안정되지 못하고 주의(主義)가 확실하지 않으면 악사상(惡思想)의 전염이 쉬우니, 악질병의 전염은 오히려 의약으로써 가히 치료예방을 할 수 있으나 악사상의 전염은 능히 예방할 방도가 없으니 그 무서운 두렵고 위험한 악질병보다 처참하고 또한 잔인하도다.

조선민족은 불행히 이러한 참혹한 악사상에 전염되어 유행이 만연함이 콜레라(虎列剌)나 흑사병(黑死病)보다 더욱 심하니, 즉 암살병(暗殺病)의 유행이 이와 같다.

지난 89년부터 암살병의 조짐이 발생하야 최초에는 전 한국 당로대신(當路大臣) 이근택(李根澤) 씨의 자상(自傷), 권중현(權重顯) 씨의 저격, 박용화(朴鏞和) 씨의 암살이 발생하더니 얼마 되지 않아 장인환(張仁煥), 전명운(田明雲) 등이 미국 샌프란시스코(玉蘭市) 정거장에서 스티븐슨(須知分) 씨를 암살한 일이 있은 후 점차 만연하야 안중근(安重根) 등의 이토 공(伊藤公) 암살과 이재명(李在明) 등의 이완용(李完用) 백작 저격과 윤치호(尹致昊) 등의 데라우치(寺內) 총독 암살음모가 끊임없이 일어나 일어탁수(一魚濁水: 한 마리의 미꾸라지가 물을 흐린다) 하니 이는 실로 조선민족의 큰 불행이라 할지로다.

범인(凡人)이 낙심 실망하는 지경을 당하면 자연 염세적인 생각이 들고 염세적인 생각이 들면 목숨을 버릴 곳을 찾으며 사후에 이름을 남기고자 함도 보편적인 인정(人情)이오, 또한 허욕과 공상으로 세상을 살아가던 자가 장래의 욕망을 만족시킬 점이 없으면 점점 비관에 빠져 이 세상을 과감하게 하고자 하나니 이미 이 세상을 과감하게는 이상에는 일사(一死)의 가치가 있게 하려고 함도 또한 보편적인 인정이라. 고로 얕은 견해나 짧은 생각(淺見短慮)을 가진 자가 사상이 이에 다다르면 크게는 즉 동포의 안위를 살피지 못하고 작게는 즉 일신의 영욕을 돌아보지 아니하거늘 죽음을 결심함으로써 흉악하고 참혹(凶慘)한 거동(擧動)으로 나와 도덕상, 법률상의 일대 죄인 됨을 원망하지 못할 뿐 아니라 그 남아 있는 해독(遺毒)을 받지 않는 곳이 없으니 어찌 통탄할 바가 아니리오.

장인환(張仁煥), 안중근(安重根) 무리 또한 허욕공상(虛慾空想)으로 세상을 살아가다가 낙심 실망한 자라. 비관한 나머지 염세적인 생각이 들어 마지막에는 죽음을 결심하고 사후의 명예를 구하려고 도덕과 법률에 위배됨에도 불구하고 감히 흉참비열(凶慘鄙劣)한 행동으로 나오니 그들은 즉 인류사회에 유독(流毒)함이 막대한 자이라. 이를 배척하고 엄하게 꾸짖을(擯

斥誅責) 수 있거늘 몰각(沒覺)한 무리배와 윤리가 없는 신문지는 그를 찬양 숭배하야 심지(心志)가 바르지 않고 주의(主義)가 확실하지 않아 이름을 탐하고 죽음을 가볍게 여기는(嗜名輕死) 얕은 견해나 짧은 생각(淺見短慮)을 가진 자들을 고취 선동하여 전염이 만연하도록 끝이 없도록(靡有底止) 함에 이르게 하였으니 안타까운 사람(悲夫)이라. 혹시 스티븐슨 씨를 암살했을 때 장인환, 전명운으로 하여금 곧바로 세상 사람의 빈척주책(擯斥誅責)을 받게 하였으면 어찌 또 안중근, 이재명 등 흉악한 놈들이 속출하였겠는가. 심각하구나, 악사상의 전염됨이여. 그 피해를 낳고 독을 유포함이 사람의 생명을 빼앗는 데 그치지 않을 뿐 아니라 족히 종족을 절멸시키는 재난이 될 것이니 그들은 비록 만천하에 그 죄를 피하고자 할지라도 가히 얻지 못하리로다.

하지만 이러한 암살병의 유행이 서북인민(西北人民)에게 더욱 심함은 무엇 때문인가. 대체로 조선인민이 애국이라는 두 글자의 뜻을 깨달음은 청일전쟁 이후에 있었던 일인데 유독 서북은 용왕매진(勇往邁進)하는 기풍이 많을 뿐 아니라 또 애국사상의 발흥함을 이용하는 낭인배(浪人輩)의 고취 선동이 타지역보다 용이함에 있기 때문이니 병합 이전의 사립학교의 통계로써 말하더라도 서북이 가장 많은 사례이어서 가히 명백하다 할 것이다. 그러나 서북은 일종의 불규칙적인 애국열의 지배를 받았음이 결코 개국 5백 년 이래로 국민을 중히 여기지 아니하고 출중한 재능과 발군의 능력이 있을지라도 배척하고 벼슬에 등용하지 않던(擯斥禁錮) 이조(李朝)의 통치권 포기에 대하여 불평을 창(唱)함은 아니로다.

보아라, 그들 낭인(浪人)의 우두머리라 칭할 만한 자들이 서북에 가장 많다는 것을, 몸은 옷과 음식(衣食)의 가치가 없고 눈은 틀리기 쉬운 글자(魚魯)를 불변하되 해외에 표류함과 구변(口辯)의 편서(便棲)함을 이용하여 서북 각지로 주행(周行)하며 국사의 일비(日非)함을 논함이 말로는 애국이라고 칭하고 속으로는 옳지 못한 수단이나 방법(傍蹊曲徑)의 추악한 행동이 한 번도 아니고 여러 번 계속하나 표면으로는 우국지사의 행동을 가장하여 못마땅한 사상으로써 우매한 인민을 고취 선동함이 혹시 대문 안의 뜰(門庭)로 들어가(趨) 설법을 경청하는 자가 있으면 그는 능히 그 간교한 지혜(奸智)를 모아서 필경 시기가 좋지 않음을 보아 간교한 지혜를 펼칠 여지가 없음에 이르러서는 해외로 종적을 감추고 선동된 인민은 아직도 깨닫지 못하여 선천(宣川)음모사건 발생에 이르는 경우 떨어지게 되었으니 낭인배의 세상에 퍼진 해독(流毒)을 받음이 과연 어떠한가.

그러나 이러한 암살병의 유행은 모두 합병 이전에 시작하여 오늘에 이른 것이다. 즉 지금부터 이후로는 신정(新政)의 소독제에 세균이 자연히 박멸되어 없어져 좋고 나쁜 것 가릴 것 없이 모두 멸망하는(玉石俱焚) 화(禍)를 면할 것이오. 또 조선민족의 불규칙적인 애국열을 신정체제를 칭송하는 노래(新政謳歌)로 옮길 시기가 도달하였다고 할지니 서북 인민은 더욱 남은 병을 고치기(病餘攝養)를 게을리하지 말지어다.

〈자료 17〉 선인(鮮人) 비밀결사(《매일신보》, 1918.6.5)

(북경 발) 내무총장 장국■(張國■) 씨는 각 성에 통전하여 왈 봉천독군(奉天督軍)의 보고를 의한즉 최근 사하(沙河)에서 조선인의 불온한 비밀결사를 조직한 일이 발각되어 동지(同地) 경찰은 이를 금지하였는데 이들 결사가 각지에 만연하면 사회의 안정을 해할 뿐 아니라 일지(日支) 국교를 해할지니 각 성은 엄중히 취체하라 하였더라.

2. 3·1운동 이후

1) 《매일신보》

〈자료 18〉 작년의 조선(사법)(《매일신보》, 1920.2.9)

재판소 및 검사국에서 민형사에 관한 각종 사건은 해마다 증가 추세에 있어 1919년(大正 8)의 각종 사건도 역시 대개 증가하였도다. 그리고 각종 사건에 대하여 상세 전년과 비교하면 다소 장감한 자도 있도다. (중략) 1919년(大正 8) 3월 이래 전선 각지에 걸쳐 발발한 망동사건은 동 10월까지 검사국에 수리한 것이 총건수 3,029건, 인원 1만 9,295명의 다수에 미치고, 1심재판소에서 수리한 건수 1,919건, 인원 8,457명, 2심 재판소에서 수리한 건수 1,285건, 인원 4,795명, 3심 재판소에서 수리한 건수 901건, 인원 2,774명인데 기왕 10월 말까지 재판 확정한 인원은 6,689명을 산(算)함에 이르러 그 대부분은 처리를 종료하였으므로 일시 본 사건을 위하여 망살된 각 재판소 및 검사국도 점차 평정 상태로 돌아가게 되었다더라. (중략) 종래 정치에 관하여 불온 언론 또는 동작을 하여 치안을 방해하는 자에 대하여는 구한국시대에 제정된 보안법 제7조에 의하여 처벌하였으나 그 적용 범위는 겨우 조선인뿐에 국한됨으로 조선인 이외의 자의 이런 종류의 범죄에 대해서는 이를 처벌할 길이 없고 또 조선 외 거주자의 범죄에 대해서는 이를 벌한 방도가 없고 또 법규에 결한 바가 있어서 치안 유지상에 유감스러운 점이 있을 뿐 아니라 보안법 소정의 형은 최중형이 징역 2년으로 범정(犯情)의 여하에 의하여는 죄형의 균형을 얻을 수 없는 감이 있어서 형정상 지장이 적지 않았으므로 1919년(大正 8) 4월 제령 제7호로써 정치에 관한 범죄 처벌의 건을 공포하였더라.

감옥의 재감자는 해마다 증가 추세를 보였으므로 이에 동반하여 감방 공장의 증축 및 그 외 시설개선에 유의하여 얼마 전에 본부 직영하에 죄수를 사역하여 신축공사 중에 있는 해주 및 함흥 양 감옥은 대체적으로 건축을 완료하고 재감자의 수용에 지장이 없게 되었으므로 죄수의 일부를 나누어 이에 수용하고 구금의 완화를 꾀하고 1919년(大正 8)에 새롭게 대전에 감옥을 설치하고 이 건축에 대하여 역시 본부의 직영으로 하여 점차 임시 감방의 건설을 종료하였으므로 11월 개청식을 거행하여 경성, 서대문, 대구, 평양 그 외 감옥에서 건축에 필요한 죄수 237명을 이감 수용하여 거듭 공사를 승인하는 중이라.

1919년(大正 8) 2월 말에 현재 재감인원은 1만 1,715명이었는데. 3월 조선 각지에서 망동사건이 발발한 이래로 갑자기 재감자의 격증을 가져와 9월 말까지 망동사건 입감자의 총수는 실로 9,788명에 달하여 도저히 기존의 감방에 수용함이 불능하고 각 감옥은 모두 공장 교회당(教誨堂) 및 무술 도장 등에 응급의 시설을 위하여 일시 이에 수용하는 부득이한 상태에 빠졌으므로 경성감옥 외 60개소에 임시 감방 공장 등의 급조를 계획 시행하여 준공을 기다려 재감자를 이에 옮겨 구금의 완화와 처우의 적실(適實)을 도모하였더라. 이에 망동사건의 수형자에 대하여는 처우상 특히 의(意)를 용(用)하여 그들의 오해를 석명키에 노력한 결과 점차 그 잘못을 깨달아 개전(改悛)의 정을 보게 이르렀다. (하략)

〈자료 19〉 불온사상 선전, 필경 잡혀 처형(《매일신보》, 1921.3.24)

함경북도 경흥군 웅기면 백학동 김하련(金河鍊, 26)과 강진빈(康鎭彬) 외 다섯 사람은 상해 가정부의 명령에 따라 이동휘가 수령이 되어 흑룡성 요하현 농평리에 조직되어 있는 독립중로(獨立中露) 선전부에 1919년(大正 8) 10월에 가입하여 독립사상을 선전하기 위하여 건너와서 각지로 배회하면서 흑룡성에 있는 조선인 동포들은 조선독립운동에 노력할 뿐만 아니라 총기와 탄약을 매입하며 전투할 단원을 모집하는 중이라 하여 단원을 모집하기에 노력하였으며 또 단으로 가입한 사람에게는 단원증을 한 장씩 분배하였는데 필경은 당국의 손에 걸리어 청진지청에서 유죄판결을 받고 경성복심법원으로 공소하였다더라.

〈자료 20〉 불온사상 고취, 교사가 생도에게 그리하다가 해직(《매일신보》, 1921.3.27)

황해도 옹진군 북면 화산동리(花山東里) 43번지 류경숙(劉敬淑, 25)은 야소교회당 교사를 봉직 중이던 바 그 생도들에게 불온사상을 항상 말해들이며 또 작년 10월 25일에 온당치 못한 일이 있었다 하여 해직되었다더라.

〈자료 21〉 불온사상 고취, 정치변혁을 목적으로 하고 군중을 선동(《매일신보》, 1921.4.16)

함경북도 길주군 동해면(東海面) 불로동(不老洞) 466번지 한장덕(韓長德, 38)은 성진(城津) 지청에서 1919년(大正 8) 제령 제7호 위반으로 징역 2년을 언도받고 불복하여 경성복심법원으로 넘어왔는데 한장덕은 1919년(大正 8) 8월 8일에 경성복심법원에서 보안법 위반으로 징역 10개월의 처분을 받고 2년간 집행유예로 되었던바 1920년(大正 9) 은사로 인하여 징역 5개월로 감형되었었는데 이번이 다시 정치변혁을 목적하여 다수가 공동으로 안녕질서를 방해케 할 목적으로써 작년 1월 중으로부터 약 한 달 동안 전기 자기 집에서 김창석(金昌碩)에 대하여 《대한흥학보》라는 잡지와 《대한협회보》라는 잡지 중에서 조선독립 준비와 기타의 불온문구를 적발하여 조선독립사상을 가지게 하여 선동한 것이라는데 공판일은 오는 29일이라더라.

〈자료 22〉 사회주의, 조선은 즉 사회주의를 모르는 터-야마구치(山口) 경찰과장 담(談) (《매일신보》, 1921.6.3)

내지의 사회주의동맹이 해산되어 사회주의자에게 관헌의 압박이 혹독한 모양인데 요사이 하관(下關)에서 모 계통의 사회주의 운동의 음모가 발견되어 조선에 연락이 있다고 전하는데, 이에 관하여 경무국의 산구(山口) 고등경찰과장은 말하되, "하관의 사건은 잘 알지 못하나 조선과는 전혀 관계가 없으며 조선에 있는 내선인 중에서 특히 색채가 농후한 사회주의자는 없는 듯하며 내지의 사회주의 운동은 거의 조선에 파급되지는 않았다. 최근 경기도 경찰부에서 체포한 이중혁 일파의 사람은 일종의 노동운동인 듯한 경향이 있는데 적화운동이던지, 과격파 선전이란 것은 없다. 조선에서는 아직 사회주의를 받아넣을 만한 것을 가지지 않아서 신문과 잡지로 종종 사회의 주의선전을 받지만 충분히 잘 알지 못하며 내지와 같이 운동이 일어날 것은 만무한 줄로 생각하오. 그런데 신문잡지 중에도 사회주의로부터 사회주의 운동의 경향을 가진 자는 자꾸 처분을 하는 터이다. 조선인 청년 간에는 확실히 민주적, 사회적인 사상이 있는 것이 틀림없는 바 우선 국력과 실력의 충실을 도모한 후에 자유, 민권을 부르짖는 것과 마찬가지 민주적인 해방적인 운동이 일어날 줄로 생각한다"고 말하더라.

〈자료 23〉 '만필(漫筆)' 사회주의의 해부(최영택)(《매일신보》, 1921.6.29)

산업도 민중화, 정치도 민중화, 그 외 누구를 막론하고 오직 민중화를 주장하였음에 따라 급진적으로 사회주의를 제창하고자 하는 자가 도처에 산재하여 위정가에게 적지 않은 고통을 부여하는 중이다. 그러나 사회주의라는 표어의 내용과 실질은 어떤 것인가 함을 일차 고구(考究)할 필요가 있다 하노니, 사회주의자를 위험인물이라 하여 더욱 감시를 불태(不怠)하는 것은 러시아가 적화된 이후로 더욱 한층 심하였도다. 최근 일본에서 러시아의 유명한 맹인(盲人) 시인을 국외로 방축(放逐)한 것도, 그를 위험인물로서 관찰하였던 것이로다. 그러나 사회주의를 대개 양 방면으로 해석할 수 있다. 즉 교육상으로 관찰하는 것과 경제상으로 관찰하는 것이 이것이니, 양방의 주장은 물론 평등을 주안으로 함에 있는 것이지만, 경제상 사회주의라는 것은 현금 사회제도를 변경하는 동시에 빈부의 현격을 없이 한 후 일반의 부력(富力)을 각 개인이 평균이 공향(共享)하자는 것이다. 그러나 이에 관해서는 학자의 사이에 의견이 구구한 것이지만, 여하간 생산의 수단을 공유하자 하는 것은 동일한 의견이 되었으며 교육상으로 관찰한바 사회주의라는 것은 개인과 사회의 조화를 보(保)하기 위하여 공공의 정신을 계발하며 독립의 품성을 양성하자는 주의이므로 경제상 사회주의와는 다소간 상위(相違)되는 점이 불무(不無)하나 종국에는 경제상 사회주의와 같이 각 개인은 일절의 권리를 공유하자는 주장에 귀착되고 말 것이로다.

〈자료 24〉 불온문서 배포, 종로서에 잡힌 홍영전의 취조(《매일신보》, 1921.9.23)

1920년(大正 9)에 대한독립단의 대검거를 하였을 때 종적을 감추어 도망하였던 부내 가회동 1번지에 사는 홍영전(洪永傳, 37)은 종로경찰서에 검거되어 엄중한 취조를 받았는데 홍영전은 독립단의 수령되는 김교석(金敎奭)의 의뢰를 받아 각처로 출몰하여 비밀히 불온문서 등을 배부하며 여러 가지 중대한 음모를 하였다더라.

〈자료 25〉 월성단(月星團) 박창수(朴昌壽) 등 체포, 종로경찰서의 대활동으로 체포해

(《매일신보》, 1921.9.23)

경성 종로경찰서 고등계에서는 수일 전부터 대활동을 개시하여 낙원동 가회동 방면에서 박창수(19), 류기종(柳基宗, 33), 이 두 명을 검거하여 엄중히 취조 중인바, 이 사람들은 월성단이란 비밀결사를 조직하여 음모를 계획하였다더라.

〈자료 26〉 사회주의자 이시일(李時一) 체포, 조선으로 건너오다가 연락선에서

(《매일신보》, 1921.9.23)

지난 20일 밤 8시 25분에 도착하는 열차로 하관(下關)에서 차에 내려 창황히 그날 저녁에 출범하는 관부연락선을 탄 조도전대학 정복 정모를 쓴 수상한 학생이 있으므로 수상서(水上署)에서는 즉시 인치하고 취조한즉 그 학생은 이전에 검거되었던 사회주의 고진(高津) 일파의 사회주의자인 경상북도 사람으로 지금 조도전대학생인 이시일(李時一)임이 판명되어 목하 엄중히 취조 중인바 그 학생은 고진 일파의 검거가 준엄함으로 드디어 조선으로 도주하고자 하는 것을 체포한 것으로 즉시 경시청으로부터 온 순사에게 인도하였더라.

〈자료 27〉 박동근(朴東根)의 종적(踪跡), 불온사상을 품은 자, 돌연히 부내에 잠입

(《매일신보》, 1922.5.4)

황해도 서흥군(瑞興郡) 서흥면 명의리(明義里) 사는 서흥청년회 부회장 박동근(29)은 야소교를 몇 해 동안 열심히 믿어 오던 독신자로서 항상 불온한 말을 하며 배일사상을 품어 본디부터 당국의 주의인물이 되었는데 지난달 22일 오전 9시쯤 되어 갑자기 종적을 감추어 거처를 알 수 없게 되었으므로 당국에서는 이때 만일을 염려하여 동인이 부내에 몰래 들어와 있는 것을 탐지하고 부내 각서에 대하여 잡아 달라고 통지한 때문에 목하 엄중히 그 있는 곳을 수색 중이라는데 아직 무슨 그루터기가 없다더라.

〈자료 28〉 의용결사대 공소(控訴), 이전 안중근과도 단지동맹자, 고려공산당에도 가맹하였다(《매일신보》, 1922.5.4)

함남 갑산군(甲山郡) 회사면(會社面) 도화리(桃花里) 조응순(趙應順, 38), 동도 안변군(安邊郡) 아익면(衙益面) 죽근리(竹根里) 계준호(桂俊昊, 24) 등 두 명은 얼마 전 경성지방법원에서 제령위반죄로 조응순은 징역 3년, 계준호는 징역 2년의 판결을 받고 즉시 동 복심법원에 공소하여 지난달 2일에 공소공판이 개정하였다는데 일심판결석에 나타난 그들의 죄상을 보면 피고 조응순은 한국합병 때에 불평을 품고 북만주로 건너가 안중근 일파와 단지 맹약을 하고 배일사상을 선전하다가 조선 각지에 독립소요가 발발하자 또한 하얼빈으로 가서 독립단에 가입하고 그의 부단장이 된 후에 일본군대와 싸움을 하려 하였으나 재정과 병기가 넉넉지 못한고로 일시 표면행동을 중지하고 다시 한지로 방황하며 고려공산당 간부 박돈하(朴敦夏) 등과 회견하고 배일사상에 감염되어 그 이듬해에는 독립운동을 원조하고 지나상해로 건너와 임시정부 외교총장 손정도(孫貞道)의 손을 거쳐 군자금 모집으로 하얼빈에 파견되는 사령서를 받고 그 목적을 달성코자 진력하여 치안을 방해함이라 하였더라.

〈자료 29〉 검사, 서기의 활동으로 박희도 씨 집을 수색한 후에 그 부인을 불러 장시간 심문, 《신생활》 사건의 점점 확대(益擴大)(《매일신보》, 1922.12.3)

《신생활》 사건에 대한 경성지방법원 검사국의 활동은 더욱 확대되는 모양인데 그제 1일에는 그동안 있는 곳을 탐색하던 김사민(金思民)의 형 김사국(金思國) 씨를 검거하고자 대원(大原) 검사 이하 두 사람의 서기가 각처로 활동하였으되 일향 소재를 판명치 못하여 《신생활》사를 거쳐 박희도 씨의 자택을 또다시 수색한 후 어제 2일에는 박희도 씨의 부인을 검사국으로 호출하여 오후 2시 반부터 제5호 법정에서 역시 대원 검사가 장시간 심문하였는데 내용은 여전히 비밀에 부침으로 자세히는 알 수 없으나 모처에서 탐문한 바에 따르면 필화사건 이외에 김시현(金始顯)이란 사람이 모처로부터 적화 선전비로 30여만 환의 돈을 받아서 그것을 분배한 조건이라는 말도 있으며 《신생활》 기자로 있는 이성태(李星泰) 씨도 소환되어 내일 4일에 출두하라 하였다더라.

〈자료 30〉 전례에 없는 심야의 심문(審問), 《신생활》 사건 오후 심문 8시 반까지 심문한 일, 판결은 오는 16일 언도(《매일신보》, 1923.1.10)

《신생활》 사건의 공판은 어제 보도한 바와 같이 8일 오후 12시 40분까지 전회에 계속된 사실을 심리하고 대원 검사의 논고로부터 일반 방청을 금지하였는데 검사의 논고가 한 시간 동안이나 되었었고 변호사 4인의 변론이 역시 한 시간씩 되었으며 그다음은 피고들 각자의 변론이 있었는데 범이 부르짖는 듯한 형세였으며 대변론은 무던히 시간 지남도 깨닫지 못하였던지 해가 져서 법정이 어두워지고 전등불이 들어온 후 8시 반까지 행하였다는데 밤이 깊어가도록 그런 일이 있었음은 1919년(大正 8) 만세소요 이전은 고사하고 그 후에 도무지 예가 없는 일로 검사의 구형은 박희도, 이항발은 징역 3년, 신일용, 유진희는 각 1년 반으로 하였으며 판결언도기일은 오는 16일이라더라.

〈자료 31〉 《신생활》 판결 언도, 박희도 이시우 양인은 징역 2년 6개월, 기타는 2년에 (《매일신보》, 1923.1.17)

경성지방법원 제7호 법정 밖에는 이른 아침부터 다수의 방청자가 모여 서서 기다리고 있다가 10시 반에 겨우 100여 명의 방청자가 입추의 여지가 없이 수용되며 시간이 지나감을 따라서 《신생활》 사건의 피고 6명은 피고석이 착석하자 11시 20분경에 이미 보도한 바와 같이 《신생활》 필화사건에 대한 판결언도가 있었더라. 야촌(野村) 재판장은 대원(大原) 검사의 입회 아래에 먼저 형기를 언도하는데, 피고들은 사회질서를 문란한 것으로만 해석하고 벌금형에나 처할 줄 알았던 것이 조헌(朝憲) 문란이란 소이(所以)로 《신생활》 발행 겸 편집인이었던 박희도(朴熙道), 이시우(李時雨), 양인은 각각 징역 2년 6개월, 《신생활》 주필이던 김명식(金明植), 김사민(金思民) 양인은 각각 징역 2년으로 신일용(辛日鎔), 유진희(兪鎭熙) 양인은 각각 징역 1년 6개월로 언도되었다. 그리고 야촌 판사는 계속하여 그 이유를 약 한 시간쯤 낭독하고 그다음에 법률 적용으로 들어갔는데, (1) 피고 박희도, 김명식, 신일용, 유진희의 소위(所爲)인 《신생활》 제11호와 제12호에 국헌문란의 기사를 게재하였음은 1919년(大正 8) 제령 7호 제1조 제1항에 위반하며, 또 박희도, 신일용은 신문지법 제25조와 11조에 해당하며, (2) 이시우, 김사민은 자유노동자조합이라고 하는 하급노동단체를 조직하여 공산주의를 본령으로 한 동 조합의 취지서를 선전한 소이로 역시 1919년(大正 8) 제령 7호 제1항에 해당하며 또 김사민은 전기 취지서를 《신생활》에 게재하였고, (3) 김사민, 이시우는 전기 조합취지서를 허가 없이 500장을 인쇄한 소이로 출판법 제11조 제1호에 해당하며, (4) 피고 김사민이 책 한 권을 절도한 것은 형법 제235조에 해당하므로 전기와 같은 형기로 판결언도한 것이라 하였더라.

〈자료 32〉 일망 검거된 동아공산당, 전율할 적화선전의 음모, 경기도 경찰부의 대활동으로 한 그물에 검거한 중대범인들의 범죄한 내막은 이와 같은 것이다.

(《매일신보》, 1923.5.1)

이하에 기록한 피고들은 동아공산당이란 단체 이름과 암살단이란 이름을 만들어 경성시내에 출몰하다가 경기도 경찰부에 발각되어 지난 20일 아침에 수괴자 황돈을 체포하자 당일 내로 이상 피고들을 일망타진으로 검거한바, 21일 오후 3시에 이달용 후작의 집에 가택수색을 하는 동시에 황정철을 검거한 것도 이 사건의 일단이었더라. 그런데 당국에서는 사건을 비밀에 부치고 그동안 취조를 마친 후 어제 30일에 피고들은 천여 페이지의 일건기록(一件記錄)과 함께 경성지방법원 검사국으로 송치하는 동시에 마야 경찰부장으로부터 발표한 바를 보면 사건의 내용은 아래와 같더라. (하략)

〈자료 33〉 동아공산당원 기소, 공판에 부친 것은 황돈과 김대선 두 명이오, 다른 피고는 불기소로(《매일신보》, 1923.5.6)

경북도 명천군(明川郡) 상장동(上場洞) 사람으로 북간도 왕청현 나자구(羅子溝)에 자기 부친과 함께 이거하여 자기는 동지 태흥학교(泰興學校) 고등과를 졸업하고 부친은 1920년(大正 9)에 간도 군정서(軍政署)에 가맹하였다가 필경 그 부친이 토벌대에 사살되었으므로 이에 반감이 생겨 자기 부친의 원수를 갚고저 '모스코'공산당에 가맹하려고 가다가 중도에서 적기단장(赤旗團長) 김계립(金溪立)을 만나 조선 내지에 적화주의 선전의 부탁을 받아 육혈포를 휴대하여 조선으로 건너와 시내 소격동 26번지에 잠입하여 동아공산당이니, 암살단이니 하는 명칭을 만들고 동지 다수를 모으는 동시에 군자금도 모집하였던 황돈(黃燉) 일파의 사건은 경기도 경찰부로부터 지난 2일에 경성지방법원 검사국에 넘기었는데 황돈과 김대선(金大先) 두 명만 제령위반 강도 총기취체위반으로 기소되어 동 법원 공판으로 넘어가고 함께 넘어갔던 안명순(安明淳), 주동혁(朱東爀), 황정철(黃程哲), 홍완표(洪完杓), 김낙선(金樂善), 김광수(金光秀), 황두성(黃斗性) 등은 증거불충분으로 불기소가 되었다더라.

〈자료 34〉 동아공산당 언도, 지난 16일에 황돈은 8년, 김대선은 6년에 각각 언도 (《매일신보》, 1923.5.17)

어제 16일에 판결언도될 예정이었던 황돈, 김대선 두 명에 대한 제령 위반, 강도총포화약취체규칙위반사건은 어제 16일 오후 2시에 언도되었는데 황돈은 징역 8년, 김대선은 징역 6년으로 판결 언도되었더라.

〈자료 35〉 사회주의 취체(《매일신보》, 1923.7.16)

아카이케(赤池) 경시총감은 13일의 각의에 열석하여 최근 주의자의 조헌(朝憲) 문란 염려가 있는 운동을 하는 자가 증가하는 경향이 있고 이 비밀출판에 부화뇌동하는 자가 많음으로 차제에 철저히 취체방법의 필요를 보고했다. 협의한 결과 정부로서도 구체적 수단을 찾기로 의견이 일치하였더라.(도쿄전보)

〈자료 36〉 사회주의자 검속-경시청 고등계에서 경계 엄중(《매일신보》, 1923.9.3)

도쿄에 강진이 일어나 큰 혼잡한 것을 기회로 사회주의자가 모임을 개최하려 하므로 경시청 고등계에서는 크게 경계 중이며 중요한 두목을 검속하였더라.

〈자료 37〉 정재달 씨 등 검사국에 송치, 22일에(《매일신보》, 1923.10.23)

공산당사건의 관계로 그동안 시내 종로서 고등계에 구금되어 계속 취조를 받던 정재달, 신백우(申伯雨), 원우관(元友觀), 이봉수(李鳳洙)의 네 명은 어제 22일에 드디어 검사국으로 넘어갔다더라.

2) 《동아일보》

〈자료 38〉 고문(拷問)을 비난하여 편지를 써서 가지고 다니다가 잡혀 닷새 동안을 구류(《동아일보》, 1920.9.8)

평북 강계군 동부 최문하(崔文夏)는 지난달 이십칠일 강계경찰서에 검거되어 엄중히 취조를 받고 일일에 방면되었는데 그 내용의 자세한 바를 들은즉 앞에 기록한 최문하는 요사이 강계 지방에서 모 중대사건으로 체포된 수십 명의 청년에 대하여 취조할 때마다 거꾸로 달고 코에 물을 몹시 붓는다는 말에 매우 분개하여 동 서장에게 보낼 목적으로 "죄인을 심문함에 무슨 방법이 없어 포악무도하고 차마 사람이 못할 악형을 취하여 이같이 코에 물을 부어 기절케 하느냐" 하며 일본의 법률을 무시하는 행위를 한다고 흥분된 마음으로 과격한 문구를 기재한 글을 몸에 가지고 있다가 발각되어 앞에 기록한 바와 같이 구류를 당하였다더라. (강계)

〈자료 39〉 고문 중 사망한 남편의 앙갚음으로 주재소를 습격한 여자 허만적 외 여덟 명은 불법 체포죄로 각각 징역(《동아일보》, 1920.9.8)

충청북도 괴산군 불정면 목도리 여자 허만적(許萬積)(44세) 외에 8명은 모두 불법체포죄로 공주지방법원에서 아래와 같은 판결 언도를 받은바 피고 고승준(高承畯)만 불복하고 경성복심법원에 항소하였는데 그 내용을 보건대 앞에 기록한 허만적은 항소하였는데, 그의 남편 이용형(李用烱)이 작년 12월 30일에 괴산군 목도 주재소에서 범죄 사실로 취조를 받는데 이 주재소 순사 대협문치(大脇文治) 외 조선인 순사 2명이 이용형을 사무실 대들보에 매달고 몹시 때려 죽게 된 것을 보고 그 생명을 염려하여 순사들에게 좀 보게 해달라고 했으나 허락지 아니함으로 더욱 염려가 되어 죽은 시체라도 좀 보게 해 달라고 하였으나 이것도 허락하지 않아 할 수 없이 자기 집에 돌아가서 그 이튿날 즉 금년 1월 1일에 그 동리에 사는 고성준(高性俊)을 찾아보고 그 말을 하였더니 고성준의 말이 이왕 그렇게 되었으면 동리 사람들에게 그리 그 이야기를 하여 동정을 얻어 주재소를 부수고라도 시체를 찾아오지 않으면 안 되겠다고 하기에 허만적은 동리 사람에게 울며 부르짖어 우리 남편이 경찰서에서 맞아 죽었으니 시체라도 찾게 해달라고 애걸했더니 동리 사람들은 매우 분개하여 그날 밤 열두 시에 죽은 용형의 맏아들 이재원(李在元)과 종제되는 이귀형(李貴炯)으로 앞장을 세우고 동리 백성 수십여 명이 뒤를 따라서 주재소를 습격하여 허만적은 대협문치의 팔을 붙들고 사람을 살려내라고 폭행을 하고 종제 되는 이귀형은 그 일본인 순사를 끌고 주재소 안 소사실(小使室)로 가서 잔뜩 결박하여 가지고 허만적의 집으로 갔다가 다시 끌고 주재소에 와서 이용형의 시체 옆에서 그 밤을 그대로 새던 중 흥분된 군중은 밤이 새도록 주재소의 창을 때려 부수고 허만적은 이용형의 시체를 꺼내기 위하여 유치장문을 큰돌로 깨뜨렸으며 장봉원(張奉元)은 그곳에 있던 조선 순사 이준호, 김한응(金漢應) 두 명까지 포박하라고 소리를 지르면서 밤새도록 야단을 친 것이라더라.

▲허만적(여) 징역 8개월 3개년간 집행유예 ▲이재원 징역 6개월 3개년간 집행유예 ▲고성준, 유종로, 권모 징역 각 10개월 ▲이귀형 징역 8개월 ▲엄봉석 징역 6개월 ▲장봉원 징역 5개월

〈자료 40〉 고문 문제에 대하여 사법당국과 변호사계에 바라노라(《동아일보》, 1921.11.27)

죄수도 사람이오 피고도 사람인 것은 물론이다. 사람인 이상에는 그 취급에 당하여 상당한 대우와 상당한 보호를 해주어야 하는 것도 역시 물론이다. 조선의 폐습은 죄수라면 '죽일 놈'으로 인정하며 피고라 하면 '악한 놈'으로 인정하여 죄수에 상당한 대우를 허락하지 않았고, 피고에 상당한 편의를 제공하지 않고 일수 있으면 '죽일 놈'으로 대접하려 하고 될 수 있는 대로 '악한'에 적합한 학대를 하려 하는 것이니 우리가 친히 경험한 바를 열거할지라도

어떠한 경찰관리는 일찍이 말하길 '피고는 악한이니 될 수 있는 대로 고통을 주어 징계함이 좋다'하는 것을 들었다. 피고는 죄수가 아니라 그러면 그 죄의 유무가 아직 판결되지 못했음에 따라 이를 악한으로 인정하기 어렵고 더욱이 비록 악한이라 할지라도 이에 대하여 고통을 주는 것이 형(刑)의 목적이 아니라 그 개전(改悛)을 재촉함이 형의 목적이오 또한 경찰 당국은 그 죄상을 조사하여 이를 사법당국에 제출할 따름이오 그 징계 여부에 대해서는 특별한 권한이 없거늘 그 임무를 담당하는 관리가 상술한 바와 같은 잘못된 생각을 품고 피고를 대하니 어찌 우리의 유감이 아니며 국가의 견지에서 보더라도 어찌 또한 통탄할 바가 아니리오. 이러한 불상사가 사회에 끊이지 않는 이유는 물론 그 임무를 담당하는 관리의 지식과 수양이 부족함에도 있겠지만 한편으로 관찰하면 대체로 국가에 대한 관념과 관리의 임무에 대한 관념이 일반적으로 잘못된 것에도 있다고 인정할 수 있으니 종래 조선관리는 국가를 인정하되 인민 이상의 것이라 하였으며 관리를 인정하되 정부의 관리를 국가의 기관이라 하고 인민의 공복이라는 관념이 결핍되었다. 이러므로 경찰관리는 국가의 기관으로서 범죄 수색에는 충실했으나 인민의 권리를 보호함에는 충실하지 못했으며 그 죄상을 규탄함에는 국가의 기관으로서 엄준할 줄 알았으나 인민의 권리를 존중함에도 국가의 기관으로 보호 임무가 중한 줄을 깨닫지 못했다. 이는 모두 국가지상주의 혹은 전제무단정치로 인하여 발생한 폐단이니 물론 일조일석에 개선하거나 폐하기 쉽지 않은 것이다. 그러나 당국자는 특히 이에 유념하여 언제나 조심해야 할 것이다.

상술한 바는 대체론이거니와 총독부당국에 대한 목하 조선민중의 원망하고 탄식하는 소리는 대부분이 경찰당국의 횡폭에 대한 원성이며 더욱이 고문에 대한 불평이니 고문의 유무는 빈번하게 세평에 오르는 바이며, 더욱이 당국이 힘써 변명하는 바이나 여하튼 아니 땐 굴뚝에 연기가 날 리 없다 하면 전혀 사실이 없는 곳에 소문이 생길 리 없으며 또한 중론이 이를 증명함에 일치하는 것을 보건대 그 사실이 존재하는 것은 도저히 부인하지 못하는 사실이다.

그러나 우리는 추상론으로 이를 증명하지 아니하랴 하며 추상론을 근거하여 경찰 당국을 공격하고자 하지 아니하노라. 이제 구체적 실시의 문제를 제출하여 당국의 성의를 물으며 민간의 분기 즉 변화사계의 활동을 요구하고자 하노니 그는 무엇인고 하면 보합단공판(普合團公判)에 피고가 '경찰의 고문'을 증명함에 일치하는 것이라 물론 우리는 피고의 진술이 어느 정도까지 사실인지는 알지 못한다. 그러나 '경찰의 고문'이라는 네 글자를 보고 '경찰의 고문'이라는 발음만 들어도 우리의 양심은 발노(發怒)하며 우리의 충정은 격동하여 그 사실 여부를 조사하지 않고서는 도저히 그만두기 어렵다. 피고의 진술을 어찌 다 신용할 수 있으리오마는 우리는 이 쉽지 않은 진술에 대하여 귀를 가리고 눈을 감지 못하겠도다.

사법당국은 죄를 규탄하는 것이 유일한 목적이 아니라 그 인민의 권리를 보호함이 또한 중대한 책임이며 변호사는 소송을 이용하여 사리를 도모함이 그 유일한 목적이 아니라 역시 인민의 권리를 보호함이 그 중대한 책임인즉 이번의 이 문제를 사법당국과 변호사계가 상호협력하여 철저히 조사하여 그 신성한 책임을 다하는 동시에 인민의 권리를 신장하여 한편으로는 당국의 부당한 행동을 징계하고 다른 한편으로는 인민의 억울한 감정을 설명하기를 바라노라.

〈자료 41〉 경찰의 2대 두통, 과격 선전원의 잠입설과 도쿄 유학생의 귀국으로

(《동아일보》, 1922.7.10)

경찰 당국자 중에도 고등경찰에 속한 경관들은 요사이 목전에 핍박한 급한 사건이 없어 조석을 편히 먹으며 종종걸음을 치며 분망하게 눈알을 놀릴 필요가 없지만 그 대신에 또 한 가지 성가신 사건이 발생했다고 한다.

국경 방면에서 과격 선전하러 들어온 몇 명의 청년이 시내에 잠복해 있다는 말은 이미 오래부터 그들의 문자로 소위 '탐문 수사'로 소문을 들었지만 죽도록 애를 쓰고 돌아다녀야 지금까지 어느 곳에 근거지를 두고 어떠한 비밀 중에서 무슨 일을 하는지를 발견하지 못하여 주야로 애를 쓰고 돌아다니며 경기도 고등과(高等課)에서는 요사이 또 한 가지 두통거리가 생겨 볕이 쨍쨍한 날이라도 손에는 우산을 들고 우비까지 준비하고 꽁무니를 좇아다니지 않으면 위험한 이른바 요시찰인(要視察人)이라는 불온한 사상을 가진 도쿄 유학생이 여름방학을 이용하여 경성으로 뒤를 이어 돌아오는 까닭에 요사이 경찰부 고등과에서는 요시찰인의 명부책이 쉴 새 없이 뒤적거려지며 요시찰인 박 모를 잃어버렸다느니 부산에서부터 미행을 하던 김모가 경성에 들어와서 형적을 감추었다느니 하는 전화가 끊임없어 고등계 사복 경관들은 다시 눈코 뜰 새 없이 분망하게 되었다. 이에 대해 백상(白上) 부장의 취체 방침을 들으니 도쿄 유학생 중에는 학생의 신분을 완전히 져버리고 순전히 정치 운동을 하는 사람이 많고 또 아직 철저히 연구도 하지 않은 사회주의니 공산주의니 하여 매우 위험한 사상을 가지고 있는 학생이 많은 까닭에 어쩔 수 없이 이러한 사람들에게는 다소간 주의를 할 필요가 있으나 열심히 공부하다가 여가에 일 년에 한 번씩 고향에 돌아오는 것을 경찰 당국이 성가시게 간섭을 하는 것은 도리어 감정을 상하게 할 뿐이므로 금년 경찰부장회의 때에도 경남경찰부장은 일본 조선 간의 여행권제도를 폐지하자는 제의까지도 있던 터라 금년에는 아무쪼록 취체를 수월하게 할 것이라며 강연 단체에 대해서도 학술강연은 심한 취체를 하지 않을 것이나 정치 색채를 띤 강연은 역시 취체를 할 수밖에 없다고 한다. 원래 학생들의 강연으로 정치를 말한다는 것부터 위험한 일인데 더욱 근저가 탄탄하지 못한 지식을 가지고 공연히 인심을 선동하는 어구(語句)로만 환영을 받으려고 하는 강연 같은 것은 단연 취체할 수밖에 없다고 자기변명에는 매우 열심이더라.

〈자료 42〉 고문을 당한 동맹휴학 학생, 유혈 낭자한 경중상, 성천보교(成川普校)의 불상사 (《동아일보》, 1924.6.22)

평안남도 성천군 공립보통학교 5학년생은 담임 교원 마승낙(馬承洛)의 교수 불충분과 무성의하다는 조건 아래 지난 6월 1일부터 동맹휴학을 단행코자 결의하고 평남도 학무국에까지 진정서를 송부하였다가 그 사건이 발각되어 학생들은 고문을 당하고 결국 희생자까지 발생하였다는데 이제 그 자세한 내용을 조사해 보면 5학년 생도 급장 외 수십 명의 발의로 담임 교원의 불충분, 무성의함을 배척하기 위해 최후의 수단으로 6월 1일부터 동맹휴학을 단행하게 되는 동시에 도학무국(道學務局)에 진정서를 발송하는데 성천우편소에서 발송하면 학교 당국에게 발각될 것을 염려하여 대표로 자전거 선수 박병관(朴炳觀) 이승희(李昇熙) 두 사람을 선정하여 5월 31일에 강동우편소에 가서 등기로 발송하였는데 앞서 기록한 두 학생은 당초 동맹 휴업에 참가하지 않은 사람으로 강서(江西)로부터 돌아와서 비로소 그 사실의 내용을 알고 즉시 학교 교원에게 밀고한 결과 교원들은 5학년 생도 67명을 전부 산으로 데리고 가서 초심후(初審後)에 주무자 급장 외 10여 명을 사무실에 구금하고 뺨을 때리며 발길로 차며 고문을 시작하여 어린 학생들은 유혈이 낭자하도록 중경상을 당해 소리 내어 슬프게 우는데 교원들은 교대해 가며 저녁밥까지 먹으면서 생도들은 저녁밥을 굶고 고문을 당했으며 그중 박병관이라는 학생은 경찰서에까지 가서 취조를 당한 후 주무자 홍군길(洪君吉), 홍수남(洪壽男), 이승희(李昇熙), 박병관(朴炳觀) 4명은 퇴학을 당하고 그 외에 7명은 1주일씩 정학을 당했는데 정학을 당했던 생도들은 그 기간 후에 등교하자 다시 또 학교 당국은 1개월씩 정학을 시켰는데 향후 어떻게 해결될지는 일반이 매우 주목한다고 한다.(성천)

〈자료 43〉 푸른 하늘이 파사의 칼이 될 뿐(《동아일보》, 1924.7.11)

◇ 세상의 이목을 놀라게 하고 가슴을 서늘하게 하다가 마침내 참으려 해도 참을 수 없는 의분(義憤)을 일으키게 한 희천서(熙川署) 고문사건이 아직도 끝이 나지 않은 이때 대구경찰의 고문사건이 또다시 '경북사건'의 공판정에서 세상에 알려지게 되었다.

◇ 고문의 정도가 어떠한지는 세상에 널리 알릴 자유를 가지지 못한 우리로는 다만 가슴속에 파묻어 둘뿐이나 원래 고문이란 조선경찰과 떠날 수 없는 관계를 가진 '경찰의 근본정책'인 듯한 느낌을 주는 조선의 현재에 있어서 늘 언제나 하는 일이라 우리는 구태여 귀중한 시간과 노력을 허비하여 새삼스럽게 논란을 일으키고 싶지 않은데 이른바 '경찰 사건'과 '고문'이란 분리되는 경우가 드물었다는 전례 하에서 '경북사건'이란 소식을 듣고 이미 그 당시에 가슴이 아팠던 까닭이다.

◇ 조선의 경찰아! 마음대로 하여라. 무슨 짓이든지 그대들의 천부(天賦)한 능력대로 재주대로 마음껏 하여라. 그리하여 약한 몸에서 나오는 신음소리를 마음껏 들어보아라. 이런다 하더라도 사람 이상의 권능을 가지지 아니한 우리는 그대들에게 죄를 주지 아니할 터이다. 다만 아무것도 없는 듯한 푸른 하늘의 권능이 파사(破邪)의 칼보다도 날카로울 줄을 믿을 뿐이다.

3)《조선일보》

〈자료 44〉 혁명적 조합주의, 4천의 신문과 2만의 잡지(《조선일보》, 1920.6.22)

보선문제(普選問題)에 대해 전국 4천 종의 신문과 2만 부의 잡지가 이것을 논하지 않은 것이 없는 모양이므로, 당국은 엄중하게 이를 취체하는 중이다. 또한 노동운동 같은 것이 혁명적 조합주의로 향하는 것 같아 당국은 취체를 한층 더 엄하게 한다더라.[도쿄전보(東京電報)]

〈자료 45〉 조선경찰의 자격과 직권(職權)(상)(《조선일보》, 1921.5.27)

데라우치(寺內) 조선총독 시대부터 조선은 경찰만능이라는 숙어가 있었지만, 그때는 이른바 헌병경찰이라는 것이 보통경찰과 대치하여 서로 알력 다툼을 하며 기선을 제압하고, 공적을 다투며 몰두하던 바, 한쪽이 완화된 수단을 취하면 한쪽은 가혹한 수단으로 나서고, 한쪽이 압박책을 사용하면 한쪽은 회유책을 사용하는 등, 상급이나 하급을 불문하고 헌병과 경찰이 서로 화합하지 않는 적습(積習)이 있었다. 정신이나 생명, 재산의 보호는 대략 도외시하며 특히 지방에 산재한 소위 헌병보의 폭행에 대한 비난은 당시 우리의 귀를 떠들썩하게 하였다. 따라서 그때 조선민중은 경찰을 신뢰하는 방향으로 미혹되어 오히려 호소할 곳이 없게 되는 이상한 현상이 드러났다. 즉, '경찰만능'은 이중경찰(二重警察)의 알력 사이에 끼어 만능이므로, 만능도 거의 철저한 폭위(暴威)를 단속하지 못한 때가 많았다. 폭위를 단속하지 못한 만능 아래 조선의 민중이 다소 불행을 면하였는지도 알 수 없다.

이것이 경찰제도개정의 초점이 되어 제3세 총독의 문화정치를 표방하는 동시에 국경 방면을 빼고는 전 조선 내의 경찰배치를 보통경찰로 하고, 이전의 헌병경찰의 적폐를 없애버렸다고 한다. 지금에 이르기까지 우리의 기억에 남아 있는 것은 경찰 관리의 채용에 있어 인원 부족으로 일부는 종래의 헌병보조원에게 경찰 관리의 복장을 ■■하게 하였으니, 그런 겉껍질만 바꾸고, 그 사람과 마음은 바꾸지 못한 것이다. 또한 일선인(日鮮人)을 불문하고, 무자격자와 무식자가 많은 모양인데, 따라서 경찰 관리로서 본분을 지키지 못하고, 궤도를 일탈하여 상식을 벗어난 경찰만능을 진심으로 바로잡으려고 노력하지 않고, 만능의 위력을 여지없이 발휘하는 중이다.

이중경찰(二重警察)에 끼어 쟁탈전의 요점이 되던 만능을 독점한 경찰을 신뢰할 자가 어디 있겠는가. 목숨과 재산의 보호를 믿을 것인가, 이포역포(以暴易暴)[17]라 함이 혹은 이것에 어울리지 않겠는가. 지금 조선경찰의 조선민중에 대한 태도와 조선민중의 경찰에 대한 태도를 약거(略擧)하면

우선, 동양인의 뇌리에 아직도 관존민비(官尊民卑)의 고습(痼習)을 없애지 못하여 경찰 관리도 민중을 대할 때는 관장(官長)으로 자처하고 민중을 비천 시하여, 자기보다 한 단계 아래로 간주한다. 이것이 조선에서 더욱 심하다.

두 번째로 일본은 조선을 식민지로 간주한다. 따라서 식민지에 거주하는 조선인은 미개한 사람(土人)으로 취급하므로 일본에서는 삼척동자도 조선인을 경멸시하는 제2의 습성을 양성하는 이상, 정치 주뇌자(主腦者)가 조선에 파견한 경찰 관리는 조선 같은 식민지에는 자격 없고, 지식 없고, 학문 없는 저능자라도 무방하겠지라는 견해에서 채용한 일본경리(警吏)이다.

일례를 들면 재작년 조선에 파견할 일본인 경리(警吏)를 모집하는 시험에 응모자 수천 명 중에 시험문제의 크레만소를 가성소다 라고 답한 자가 겨우 두 사람이고, 그 나머지는 백지로 냈다고 모 일본신문에 게재된 것을 보았으니 그 인격 여하는 알 수 있을 것이다. 조선 경리(警吏)도 그렇다. 일반 민중에 대한 태도가 노예와 죄인같이 여기며 의식 있는 동물 같이 취급한다. 그 눈은 자격의 유무도, 학문의 유무도, 지식의 유무도, 기술의 유무도 전혀 변별하지 못하고, 무리한 압박과 구속, 매도, 질책, 구타 등을 가하는 것이 전문이니 민중의 나쁜 감정을 살 뿐이다. 게다가 때로는 민중과의 접촉에서 다소 잘못된 점이 있어도 무슨 일이든지 경찰의 권한이라 하고 경찰의 위신이라 칭하니, 시비곡직(是非曲直)의 변별을 회피하고, 민중을 아끼고 보호하거나 지도할 능력과 지능이 없으니 이것이 특히 조선에 대한 경찰의 근본방침이오, 정신인지도 모르겠다.

모름지기 민중과의 관계가 밀접하고 다대한 것은 경찰인데, 이와 같은 경찰로는 항상 민

17 횡포한 사람을 횡포한 사람으로 바꾼다는 뜻으로, 성질이나 행동이 몹시 사납고 거친 사람을 바꾼다면서 다시 다른 나쁜 사람을 들여앉힘을 이르는 말

중으로 하여금 불안한 마음을 가지게 하고, 불평하는 마음을 가지게 하니 민중은 경리(警吏)를 뱀과 전갈같이 여기고, 원수와 같이 보니 소위 목숨과 재산의 보호와 신뢰는 고사하고 틀림없이 경찰과 ■■주의의 기괴한 심리로 변해 간다.

〈자료 46〉 조선경찰의 자격과 직권(職權)(하)(《조선일보》, 1921.5.28)

경찰은 민중을 보호하는 것이 직무고 민중은 경찰을 신뢰하는 것이 원칙이건만, 경찰과 민중의 지식 정도가 균등을 잃어 완연하게 15세기의 경찰이 20세기의 민중을 대하는 것과 같다.

경찰은 관민계급(官民階級)의 견해 아래 민중을 지도하며 보호한다고는 하지만, 민중은 무자격과 무능력한 경찰로 간주함으로써 경찰과 민중 사이에는 점차 소격(疎隔)한 장벽을 쌓을 뿐이다. 의사소격(意思疎隔)의 폐해는 경찰이 경찰의 위력으로 민중을 굴복하려 하고, 독립소요 이후 경찰의 민중에 대한 태도가 일변하여 조선인을 바라봄에 원망과 의심의 눈초리로 보고 있고, 조선인을 미움과 증오의 마음으로 접하고 있다. 마치 적국인을 대하듯이 하고 있어 민중의 반감은 더욱 앙등하고 이런 반감을 억압하기 위하여 직권을 남용하고 경찰이 하지 못할 것을 감행하는 폐해가 한두 번이 아니다. 지금에 있어 각 지방경찰 관리의 비행에 대해 각 신문에 게재된 것을 다음에 적기(摘記)하니,

일(一), 올해 음력 1월 26일 황해도(黃海道) 황주군(黃州郡) 도치면(都峙面) 가와리(加瓦里)에서 사리원경찰서(沙里院警察署)에 근무하는 고미네(小峰) 순사가 같은 마을 윤치만(尹致萬)의 처를 권총으로 위협하고 강간한 사실이 있어, 윤치만 부처는 황주경찰서에 고발하여 엄중한 처분을 요구하는 중이라 한다.

일(一), 이달 5일에 평북(平北) 용천군(龍川郡) 외하면(外下面) 인봉동(仁峰洞)에 거주하는 이세중(李世重)이라는 학생이 의주 고성면 연하동(義州 古城面 烟下洞)에 있는 순사주재소 앞을 통과하다가, 서적의 임시검열을 받았다. 그러던 중, 작문 연습장에 불온한 문구가 있다고 주장하고, 그 학생을 난타하여 부상을 입혔다고 한다.

일(一), 4월 26일 의주 다지동(義州 多智洞) 경찰관출장소에 근무하는 가와무라(河村淸三郎)

순사는 그 부근 음식점의 매춘녀인 김연화(金蓮花)와 추행을 나누던 것이 동료에게 발각되어 드러나자, 이것을 분개하여 보복하려고 하다가 후루타니(古谷幸三郎)라는 자를 잘못 쏴 생명을 위태롭게 하였다고 한다.

일(一), 이달 13일에 신의주경찰서 순사인 가도마루(門丸增一)는 신의주우편국의 전신 기술자인 미카미(三上秀次郎)의 부인과 처와 딸을 강간하려다가 미수하였다고 한다.

일(一), 이달 20일에는 황해도 봉산군 기천면 냉정리(黃海道 鳳山郡 岐川面 冷井里) 주재소에 있는 일본인 순사 모씨는 그 부근의 주점에서 음주하다가 취하여 난폭한 행동을 하였다. 해당 순사는 술만 마시면 술주정을 여지없이 하여 그 관내의 인민은 안심할 수가 없다고 한다.

이상은 최근에 발생한 실례의 일부분을 나타낸 것으로, 조선의 네다섯 지역에 한정된 것이니 만약 조선 전체를 대상으로 조사해 보면 반드시 우리가 예상한 것보다 더욱 나올 것이라고 단언해 마지않는다.

그 사건의 내용을 찾아보면 열에 여덟아홉은 거의 독립단과 배일자(獨立團排日者)의 취체라느니, 수색이라느니 체포라는 구실로 난폭한 행동에 나서는 것이 많다. 그러던 중 만약 부정행위를 저지르고 경찰 관리의 복무규율에 위배되는 것이 있더라도 감독경관은 다소 이것을 엄호하고 묵인하는 형적이 있다. 그러므로 조선에 경찰관리를 배치한 이유는 단순히 독립단과 배일자의 취체, 수색, 체포 등이 본위이고, 조선의 계발이나 조선 민중의 안녕과 행복을 계도하는 것은 털끝만치도 뜻을 두지 않고 있다. 무릇 국가에서 경찰제도를 실시하는 본의(本意)는 무엇에 있는가, 대략 국가의 안녕질서를 유치하고 민중의 생명과 재산을 보호하기 위함인 것은 지금의 일종의 상투여구가 되었으니, 내가 다시 부연할 필요가 없거니와, 이런 원리로 하면 경찰은 민중을 애호하지 않을 수 없다.

그러나 위에 나열한 바와 같이 교만, 난폭, 위협하고 방자, 잔인한 태도와 행동으로 민중을 대하는 그들에게서 어찌 신뢰하는 마음을 가질 수 있겠는가. 최고기관에 있는 경찰당국자는 충분히 납득하여 지식과 학문과 자격이 있는 경리, 도덕성과 자애심(慈愛心)이 풍부한 경리, 민중의 심리를 양해할만한 경리, 어떤 방침이 있으면 그 방침의 정신을 잃지 않을 만한 경리, 일부라도 민중보다 낙후되지 않을 만한 경리, 민중을 충분히 유액지도(誘掖指導) 할 만한 경리를 채택하여 성의 있는 경찰제도를 실시하라.

조선의 민중은 벌써 19세기의 민중이란 것을 이해하라. 어쩔 수 없이 경찰권 확장의 필요성을 인정한다고 하면 경찰에게 민중화, 사회화가 되게 하는 방침을 취하라. 조선의 민중은 무능력하고 자격 없는 경찰의 유린(蹂躪)하에 있을 민중이 아닌 것을 어찌 모르느냐.

〈자료 47〉 경찰 당국의 사상 단체 취체설(《조선일보》, 1923.5.12)

경기도 경찰부에서는 사상을 단속하기 위하여 조금이라도 독립의 의미가 포함되었거나, 적화(赤化)를 선전하는 혐의가 있다고 가정되면 단연히 용서하지 않고 해산을 명령할 방침이라고 한다. 그 이유는 조선인의 각 단체가 주의(主義)와 강령(綱領)을 표시하고 안 하고를 떠나 그 이면에는 반드시 사상적으로 관련된 방법과 수단을 취하여 조선의 독립을 희망하는 자가 많다.

최근 한때 이목을 깜짝 놀라게 하던 의열단(義列團)도 외지(外地)에 있는 사상 단체와 계통적인 연락을 취하여 조선의 인심을 동요시키고 주의를 선전하려고 한 것이 분명하니, 앞으로는 학술을 연구할 목적으로 조직된 단체라도 철저하게 조사하여 조금이라도 의심스러운 점이 있으면 그에 상응한 처분을 할 거라고 한다.

이제까지 당국에서 우리의 어떤 단체에 너그러운 처치와 관대한 감독을 하였는가. 우리에게 환소비가(歡笑悲歌)를 마음대로 못 하게 한 것에 불평하는 것은 아니지만, 새롭게 엄중한 취체를 행한다고 하는 이야기를 처음 들으니 유쾌하지는 않다. 실제로는 아마 과거의 상태를 계속할 것이고 무슨 특별한 작위(作爲)가 없을 것이 사실이겠지만, 엄밀했던 방법을 바꿔 느슨하고 너그럽게 한다 할지라도 기쁠 것이 없고, 느슨하고 너그러웠던 방법을 바꿔 엄밀하게 한다고 할지라도 무섭지 않다. 학술사상을 연구하기 위하여 조직된 단체에 대해서도 주시하는 정도가 더욱 까다로워질 것은 분명하니, 이것이 좋은 소식이 아닌 것은 말이 필요 없을 정도이다.

그러나 취체를 더한다는 범위가 두드러지게 드러나는 것은, 사실을 표준(標準)으로 하는 것이 아니라 잠복하고 있는 사상을 압박할 방침이라고 하니 어떤 방법으로 사람의 은미(隱微)한 심리를 적발하여 장차 실제로 일어날 것을 미연에 방지하려고 한다는 것인지, 내가 경찰당국이 아니니 도저히 추단(推斷)하지 못하겠다. 그렇지만 공연히 실제로는 효력이 없고 몰골만 어지럽히는, 솥뚜껑을 자라대신 잡는 것과 다를 바가 없는 방법으로 소위 요시찰적 인물(要視察的人物)을 구속하려는 경찰의 책략이 아닌지 의심스럽다. 만일 그렇지 않다고 하면 폐일언(蔽一言)하고 독립사상과 과격주의로 가득 차 터질 지경인 자라 해도 아무 행동이 없는 자를 무슨 이유와 무슨 법조로 그를 취체할 것인가. 당국의 정책은 뿌리를 벗어나 가지를 다스리며, 본(本)을 피하고 말(末)을 취하는 느낌이 없지 않다.

무릇 인간사회에 움직이는 생물인 사람의 심리작용을 감금하여 목우석상(木偶石像)과 같고 고목사회(枯木死灰)와 같이 심기(心機)의 활동을 없게 할 수 있다는 것은 지우(知愚)를 불문하고 인정하기 어려운 사실이다. 요컨대 사람의 마음은 물과 같아서 그것을 끌어와 둑이 무너져 터지는 것 같은 폐단이 없게 하는 것은 가능하더라도, 그것을 막아 원천(源泉)이 고갈되고 파류(派流)가 멈추게 하지는 못한다. 오늘날 조선인에게 그것을 희망하고 구가(謳歌)하는 입장이 어떻다, 주장이 어떻다는 것을 오히려 말하지 말라. 그 불평이 우리보다 대수롭지 않고 생활이 우리보다 부요하여 오늘날 우리의 경우와 형세로 비교하면 이미 참고 용서하여 아무 파란이 없던 사람도 기어이 그 주장을 관철하려고 생명을 희생하고 재산을 던져 정해진 위치에 도착하기 전까지 노력을 계속하는 것은 옛날부터 지금까지 실증이 ■■■■■■■■■ 오늘날 조선인의 환경이 ■■■ 당국의 방침이 너무나 알지 못하는 것 같다. 당국에서 어떤 방침을 생각해 내 사상 단체에 엄중한 취체를 가하거나 해산 및 금지까지 단행하는지, 오늘날 어떤 위험한 단체와 그와 같은 뜻을 안고 있는 단체가 모두 타격을 받아 그림자도 없게 되는 것은 물어보나 마나 손바닥 뒤집기보다도 쉬울 것이다. 그러나 그 취체로 인해 사상이 근절되는 것은 도저히 의문이니, 그렇다면 공공연히 집회결사하여 각 개인의 가슴에 수균반결(輪囷盤結)[18]한 사상을 다소 발표하는 한편, 과격한 자를 조율할 수도 있고 결렬할 자를 보합하는 효력이 있을 터인데 모두 금지한다고 하면 형식상의 금지로 인해 마음으로 깊이 품고 있는 자를 없애지 못하는 결과가 되고, 그 의사를 발표한다고 마주 앉아 시작하여 비밀스러운 속에서 단결을 꾀하는 것 외에 아무런 방법이 없으니 결국에는 당연히 어떤 현상을 연출하겠는가. 유언비어는 오히려 두 번째 문제가 되고 극단행동이 배가 되어 격증할 것이니 그 생각을 다시 하는 것이 어떻겠는지 당국에 간하노라.

---

18 크게 똬리를 틀고 서리서리 얽혀 있다는 뜻이다.

만일 그 사상과 주의가 조선인에게 유리하고 당국에 유해하다고 가정할지라도 외부타격으로 내부 결속이 공고해지는 전례도 있는바, 설령 즉석에서 해산을 명령한다고 하더라도 조선인에게 고통을 주는 것보다 당국의 불합리한 정책을 선전하는 소문만 좋지 않을 것이니, 사상주의가 일어나고 발전하는 동기와 근본을 고찰하여 착오가 없도록 깊이 생각하여 선처(善處)하는 것이 좋을 것이다.

4)《시대일보》

〈자료 48〉 시내에 출장 활동, 종로 고등계원이 변장을 하고(《시대일보》, 1924.10.15)

시내 종로경찰서 고등계에서는 기보한 바와 같이 정재달과 이성(李聖) 등 두 명을 검거한 후 지금껏 계속 취조중인 바, 아직도 그의 연루자 두 명을 검거치 못하여 사실의 내용을 발표치 않는다는데, 이삼일 전부터는 동서고등계원이 변장을 하고 인천 방면으로 출장을 하여 활동 중인바 금명간 범인을 체포하게 되리라고 한다.

〈자료 49〉 공산당사건 4명 기소, 예심에 넘어와(《시대일보》, 1924.11.5)

공산당사건에 잡힌 이봉수(李鳳洙), 신백우(申伯雨), 정재달(鄭在達), 이성(李聖) 등 4인은 종로경찰서에 잡히어 오랫동안 취조를 받다가 검사국에 압송하였다는 것은 이미 본보에 보도한 바와 같거니와, 사전(寺田) 검사의 손에 많은 취조를 받던 그들은 마침내 기소하기로 결정되어 재작 3일에 일건 서류가 태재(太宰) 예심판사의 손으로 넘어갔다고 한다.

5) 《일본어신문》

〈자료 50〉 불온사상 선전으로 징역 8개월(《朝鮮新聞》, 1924.12.9)

함북 경성군(鏡城郡) 이운혁(李雲赫, 30)은 불온사상 선전 그 외의 죄명으로 3개년의 징역에 처해진 전과자인데 지난 8월 동지 고등보통학교에서 다수의 생도를 모아놓고 불온사상의 선동을 시도하여 검사국에 송치되어 있었는데 요즘 청진지방법원에서 징역 8개월에 처해졌다.(羅南)

3. 치안유지법 시행 이후

1) 《매일신보》

〈자료 51〉 음모 중 발각 체포된 공산당원 공판, 방청석은 주의자로 만원, 정사복 경관대가 법정을 옹위(《매일신보》, 1925.9.2)

제3인터내셔널 대회의 내명(內命)을 받아 조선에 적화운동을 선전하고자 러시아로부터 비밀히 조선에 침입하여 음모를 계획하던 중 사실이 발각 체포되어 서대문형무소 미결감에 수감 중이던 공산당원 정재달(31), 이재복(李載馥, 38) 두 명에 관한 제령위반사건은 요즈음에 예심이 종결되어 작 1일 경성지방법원 제7호 법정에서 궁본(宮本) 재판장의 손에 공판이 개정되었는데 방청석은 주의자로 만원이 되었고 다수의 사복경관이 주위를 경계하여 매우 긴장 분위기를 드리웠더라.

〈자료 52〉 공산당원 판결, 정재달, 이재복 두 명은 모두 징역 3년에 언도 (《매일신보》, 1925.9.13)

충북 진천군 진천면 읍재리에 본적을 두고 부내 창신동 120번지에 거주하는 정재달(31)과 러시아 블라디보스토크 신한촌에 주소를 둔 신문기자 이재복(38) 두 명은 1922년(大正 11) 9월부터 러시아에 가서 공산당 수령 이동휘, 한명서(韓明瑞) 등과 같이 모스크바 제3국국제공산당대회의 내명을 받아 조선인 주의자를 통일하여 조선을 적화시킬 목적으로 고려공산당을 조직하고 러시아령과 조선 내지로 빈번히 출입하며 공산주의를 선전하고 조선총독정치의 변혁을 도모하던 범죄 사실로 지난 1일에 경성지방법원에서 제1회 공판을 하고 이래 궁본(宮本) 재판장의 손에 심리를 받아오더니 작 12일에 단순한 제령 위반 제7호 제1조 위반죄로 각 징역 3년 판결 언도를 받았다는데, 정재달은 당장에 상고 또는 공소권을 포기하고 복역하겠다 말하였다더라.

〈자료 53〉 전중(田中) 대장을 저격하던 의열단사건 공판, 산같이 밀리는 방청객, 장내 장외는 인산인해, 수범(首犯)에게 무기징역형 구형(《매일신보》, 1926.12.20)

[대구] 조선독립운동 목적으로 폭발물을 사용하여 조선 내의 관공서 건물을 파괴하며 총독정치를 파괴하고 상해에서 전중(田中) 대장을 암살하고자 하여 세인의 이목을 놀라게 한 의열단사건의 일파 이종암(李鍾巖), 배중세(裵重世), 한봉인(韓鳳仁), 고인덕(高仁德)[19] 등 네 명에 대한 제1심 공판은 지난 18일 오후 0시 5분부터 대구지방법원 제1호 대법정에서 개정되었다. 피고 중 고인덕은 병으로 인하여 당일에 출정하지 못하였으므로 나머지 세 명에 대하여 심리를 계속한바, 피고들은 조금도 굴함이 없이 각각 그 범죄 사실을 진술하여 일사천리로 동 2시 반까지에 심리를 마친 후 입회검사로부터, 피고 이종암은 폭발물 취체규칙 위반과 전중 대장 암살사건에 공모한 살인공범으로 보아 무기징역에, 배중세는 1919년(大正 8) 제령 제7호 위반으로 경성복심법원에서 징역 2년에 처한 전과가 있다 하여 징역 2년에, 한봉인은 징역 1년에 처해달라는 준열한 논고가 있은 후 각 변호사의 변론이 있었다.

경형(輕刑)을 주장한 변호사의 열변, 조선통치의 결함에서 나온 사실이라고 변론, 판결 언도는 25일

심리를 마치고 검사의 구형이 있었다 함은 별항과 같거니와, 각 변호사들은 검사의 논고가 끝나자 변론을 시작하였다. 피고들의 범행은 조선 통치의 결함이 이 사건을 발생하게 한 동기요, 또 피고들이 경찰부에서 진술한 것은 사법경찰관의 고문에 견디지 못하여 허위의 사실을 자백한 것이라는 열렬한 변론이 있은 후, 재판장으로부터 판결은 오는 25일 오전 10시에 언도하겠다고 선언 후 폐정하였으니 오후 5시경이었다.

헌병과 경관의 철통 같은 경계, 장내 장외에서 살기 등등 방청객 신체검사

[대구] 의열단사건의 제1회 공판이 18일 낮 12시 15분에 대구지방법원 제2호 법정에서 개정되었다 함은 별항 보도한 바이어니와, 이 사건은 오래전부터 세상 사람의 이목을 놀라게 한 대사건이므로 대구 시내는 물론이고 멀리 안동, 예안, 밀양, 부산, 경성 등지에서까지 수백 명

---

19 원문에는 吳仁德이라고 되어 있으나 바로잡음.

의 방청객이 모여들어서 새벽부터 법원 부근은 인산인해로 큰 혼잡을 이루었는데, 대구서에서는 경부 이하 수십 명의 경관을 파견하여 경계를 엄밀히 하고 일변으로 거동이 수상한 자에게는 신체검사를 하였으며 대구헌병대에서도 헌병이 다수 출동하여 경관과 한가지로 경계를 철통같이 하여 살기가 한층 더하였다더라.

〈자료 54〉 요시찰인(要視察人) 이(李) 씨 조사, 즉시 돌아가(《매일신보》, 1927.9.22)

종로서 고등계에서는 지난 20일 오후에 시내 공평동(公平洞) 모 여관에서 이동재(李東宰)라는 사람을 소환하여다가 취조하고 즉시 돌려보냈는데 그는 수일 전 도쿄에서 나온 사람으로 신간회에도 관계가 있는 듯싶고 또 경찰의 주의를 받는 요시찰(要視察) 인물이므로 요새 공산당사건 공판 관계로 경계를 게을리 하지 않는 때이므로 만일을 염려하여 그와 같이 소환취조한 모양이더라.

〈자료 55〉 공산당공판(共産黨公判) 변호사단에 일언(一言) 함(《매일신보》, 1927.12.7)

현재 공판 중인 조선공산당 사건은 그 내용의 성질 여하를 막론하고 이에 연좌(連坐)된 피고가 101명 다수에 달함과 그 기록이 방대하다는 점으로만 보아도 실로 조선의 역사 이래의 사건이라 아니할 수 없다. 그리고 이 공판의 내용도 매우 복잡할 것이므로 그것이 순리로 진행된다고 할지라도 상당한 시일을 요할 것은 누구나 예상하는 바이다. 그러한데 이 공판이 개정되던 벽두부터 변호사단과 재판 당국 사이에 의사의 충돌을 보게 되어 3개월에 가까운 장구한 시일이 경과함에 사실심리에 대하여는 아무런 진척을 보지 못하고 심리절차에 대한 문제만 속출하여 사건은 사건 자체보다 공판 중의 부수적인 문제로 인하여 더욱 중대성이 가중되어 어지러운 세상을 더욱 어지럽게 하였다. 그리하여 이 같은 상태로 계속 급등하는 이 공판이 며칠에나 종료를 예고할는지 실로 전도가 암담함을 남기게 되었다.

×

최근 증인 각하(却下) 문제로 인하여 변호사단이 분기(憤起)하고 재판관 기피신청으로 공판에 일대 균열을 발생케 하는 문제도 지난 3일에 마침내 각하되어 결국 아무런 소득이 없이 다수 피고인의 참담한 고통만 증대하게 할 따름이었다. 변호사의 직무가 어디까지나 법리를 규명하여 그 공평을 보장함으로써 피고인에게 억울한 원통함(抑冤)이 없게 하고자 함이라. 만일 공판 진행의 정황에 비추어 피고에게 불리함을 예고할 때는 모든 어려움을 배제하고 소신을 향하여 용감하게 나아가야 할 것이라. 이번 기피신청과 억울함도 이러한 사정이 여기에 있다 할 것인즉 그 결과에 따른 불량(不良)과 피고인의 재감일(在監日) 연장을 이유로 변호사단의 행위를 비난하고자 아니한다.

×

그러나 변호사의 직무를 실제적 방면으로 보면 법의 공평을 꾀함으로써 피고를 보호함보다 오히려 법의 공평을 초월하여 다시 말하면 법의 권위를 중심으로 하더라도 단지 피고의 이익을 꾀하는 점에 있나니 이는 법정에 선 변호사는 누구를 막론하고 무죄경형(無罪輕刑)으로써 피고를 옹호코자 함을 보아 명확히 알 것이다. 그러나 이번의 공산당 공판에 대한 일부 변호사의 태도가 이와 같음은 피고의 이해는 도외시하고 천하의 주목이 집중된 기회를 이용하여 재판당국과 논세(論勢)를 장악함으로써 자가의 명리를 전하고자 하는 감이 없지 않으니 개정 벽두에 신의주(新義州)로부터 옮겨온 피고인의 분리 심리를 주장하며 방청 금지에 저항하여 대중의 관심을 사고자 하는 등 피고 옹호에 아무런 이익이 되지 않는 헛소동으로 공판의 진행에 장애가 생기게 하여 피고인의 불리함만을 초래하였고 최종으로 기피신청과 같은 것도 도저히 소기의 목적을 달성하지 못할 것을 예상하면서도 변호사단 자체의 체면에 의하여 부득이한 사정에서 나온 감이 있으니 이 모든 것을 종합하여 이번과 같이 피고 등의 이익 보장에 친절성이 결여(缺)된 변호사의 태도는 전례를 보지 못하는 바이다. 변호사단 여러분이 이에 모순점을 발견하지 못한다면 이 공판의 향후 진행에 대하여 우리는 한층 우려를 깊고 절박하게(深切) 할 것이라 한다.

〈자료 56〉 작년 겨울 간도폭동사건 주현갑 일파 기소, 44명 중에 두 명은 불기소, 42명 예심 회부(《매일신보》, 1931.3.1)

러시아혁명기념일인 작년 11월 7일에 간도 각지에 봉기하여 과격한 데모를 행한 간도공산당원의 일부 주현갑 외 43명은 총영사관에 검거되어 약 한 달 전에 경성지방법원에 이송되어 이래 동 법원 검사국 삼포(森浦)검사의 손에서 취조를 받던 바, 28일에 기소 결정되었다. 주현갑 외 42명은 죄상이 명백하여 치안유지법 적용이 되어 동 법원 제1예심으로 회부되었고 나머지 박성근(朴成根)과 이승학(李承學) 두 명은 기소할 범죄혐의가 불충분하여 불기소처분이 되어 동일 오후에 서대문형무소 미결감으로 출옥하였다. 일파는 간도 각지의 '야체이카'에 가입한 공산당원이고 김명원(金明源) 외 5명은 특히 방화살인죄의 무서운 죄명을 가졌다.

〈자료 57〉 상해폭탄사건 전후 진상 판명, 범죄내용 - 해금부(解禁部)(《매일신보》, 1932.5.8)

지난 4월 29일 천장절(天長節) 당일에 상해(上海) 신공원(新公園)에서 축하식이 열렸을 때 발생한 폭탄 사건은 범인의 신원과 기타 일부 사건만이 지난 6일 오후에 신문게재 금지가 해제되어 이제야 그 대략의 내용을 발표하게 되었다.

〈자료 58〉 안창호 이하 12명, 사변 후 계속 검거, 6일 육군성 발표(《매일신보》, 1932.5.8)

[도쿄 6일 전보] 육군성(陸軍省)에서는 6일 오후 4시에 상해 폭탄 사건의 범인에 관하여 다음과 같이 발표하였다.

범인의 본적은 조선 충청남도 예산군 덕산(德山)면 시량(柿梁)리 139번지요. 현주소는 상해 불조계(佛租界) 빠이료로 30번지 윤봉길(尹奉吉) 1907년(明治 40) 5월 18일생이다.

본인은 4월 29일 오전 7시 45분에 홍구(紅口)공원에 들어가서 당시에 열렸던 관민 합동의 축하회가 막 끝나려 하던 오전 11시 40분경에 식장 뒤 군중 가운데에 섞여서 폭탄을 식대(式臺)에 던지자 그때 그곳에 참석하였던 백천(白川) 대장, 야촌(野村) 중장, 식전(植田) 중장, 중광(重光) 공사, 촌정(村井) 총영사, 하단(河端) 민단장 등에게 중경상을 입게 하여 그 중 하단(河端) 민단장은 죽고 말았다.

범인은 현장에 있던 헌병대에게 체포되어 즉시 유치한 후 심문을 마친 후 군법회의(軍法會議)에 예심을 청구하였다.

그 당시에 사용한 폭탄은 전부 2개인데 한 개는 수통(水筒)형이요. 또 한 개는 도시락 상자(辨當箱) 같은 것인 바, 제일 먼저 투척한 폭탄은 수통형이었으며, 도시락 상자 같은 것은 땅에 놓고 채 던지지 못하였다.

범인의 공술에 따르면 불조계에 거주하는 다수의 조선사람의 단체적 배경이 있는 듯 하므로 곧 불조계 경찰 당국에 수배하여 29일부터 30일까지 대 수사를 한 결과, 그 용의자로 안창호(安昌浩) 이하 12명을 체포한 후 엄중한 조사를 거듭하는 중이다.

〈자료 59〉 심리 거절하던 피고 등 갱신결정을 청구, 주현갑 등 네 명은 아직도 거절, 간도공산당 공판 속행(《매일신보》, 1933.10.27)

간도공산당 폭동 사건의 공판은 25일의 속행 공판으로 사실심리를 마치고 검사의 구형에 들어가려고 하였으나 26일에 일찍이 심리를 거절하였던 박문익 외 49명이 돌연히 심리를 받겠다는 갱신결정을 청구하여 공판은 다시 심리를 계속하게 되었다. 이 50명을 심리하려면 적어도 3일간은 소비할 것으로 결심은 이번 달 내로 되지 않고 다음 달로 넘어가게 되었다. 그리고 주현갑 외 4명은 아직까지 심리를 받지 않겠다고 고집을 부리고 있는데 재판소 측에서는 불일간 동 인을 호출하여 심리 수리 가부를 따지리라고 한다.

〈자료 60〉 간도사건 공판, 15일 속개, 주현갑의 태도를 따진 후 사실심리 종료 결정(《매일신보》, 1933.11.15)

산하(山下) 재판장의 간도 출장으로 일시 중지되었던 간도공산당 폭동사건의 대공판은 15일 오전 9시 반에 속행하기로 되었다. 이날의 공판은 주현갑 외 4명이 심리거절을 하는 까닭에 이 다섯 명만 불러다가 심리를 받겠는지 아니 받겠는지를 최후로 따진 후에 사실심리 종료를 결정하겠고, 14일 오후에는 병감에 있는 7명의 피고의 병상을 재판장이 친히 방문하여 조서한 후에 분리 여부를 결정케 되었다. 이 일을 결재지은 뒤에는 다시 공판을 개정하고 증거품 조사를 하고 이로써 검사의 구형에 들어 가리라는데 증거품 조사공판은 다음 주 중에 열리리라고 한다.

〈자료 61〉 간도사건의 첫 구형, 3명 중 1명 사형, 심리를 완강히 거절하여 오던 주현갑(사형) 외의 2명(《매일신보》, 1933.11.18)

범죄사상에 일대 기록을 남긴 간도공산당 폭동사건의 속행 공판은 17일 오전 10시 반에 경성지방법원에서 산하(山下) 재판장의 담임으로 개정하였다. 이날 공판은 병으로 심리를 받지 못하던 배동건 외 4명의 피고의 심리를 어디까지 거절한 피고 세 명은 그대로 결심을 하고, 곧 구형에 들어갔다. 좌좌목(佐々木) 검사는 엄연히 일어나 간도공산당 폭동사건의 주모자인 주현갑에게 사형 구형을 하고 이어서 이병훈에게 징역 5년, 이배섬에게 징역 4년을 구형하였다. 이어서 배동건 외 4명의 문서 강탈 위조 등에 대하여 동일 오후 1시 반부터 공개리에 심리를 계속하였다. 이날의 사실 심리가 끝나면 전 피고의 심리는 이로써 일단락을 짓고 오는 20일에는 변호인 측으로 증인과 증거물 신청 등이 없으면 그대로 전 피고의 구형에 들어갈 예정이다.

〈자료 62〉 간공(間共) 최후 판결, 오는 18일에 언도, 고등법원에서 열릴 예정, 사형수의 운명 어떻게?(《매일신보》, 1936.6.17)

간도공산당 사건의 피고 24명 중 2심에서 18명 사형수를 내인데 피고 측으로부터 불복하고 경성고등법원에 상고하여 동 법원 검사로부터 상고 기각 의견을 말한 사건 주현갑, 이동선 등 24명의 피고에 대한 상고심 판결은 18일 희두(喜頭) 재판장으로부터 최후의 판결이 있을 터라는데, 이 사건은 과연 사형수를 얼마나 줄이게 될는지 그렇지 않으면 2심 판결과 동 법원 검사의 의견대로 언도될는지 매우 주목을 끈다고 한다.

〈자료 63〉 간공사건 최후심, 상고기각 언도, 사형 18명 무기 2명 유기 2명, 신 재판제도 후 초유사(《매일신보》, 1936.6.19)

한시에 사형수 18명이란 다수를 내고 세인의 이목을 충동하게 하던 간도공산당 사건 피고 이동선(32), 주현갑(33) 등 22명에 관한 상고 언도 공판은 18일 오전 11시 10분 정각 경성고등법원 법정에서 희두(喜頭) 재판장, 촌전(村田) 검사의 관여로 개정되었다.

정각 전부터 몰려온 친지, 법정 공기는 극도 긴장

본 사건은 세간의 이목을 충동시키던 사건이니만치 정각 전부터 몰려온 친지들로 만정(滿廷)이 된 특별법정에 희두(喜頭) 재판장, 오전 10시 10분 착석하자 정내는 음산한 분위기로 살기가 등등하였다. 피고들은 전부 자취를 보이지 않아 정막을 느끼게 하였으며 변호사석에는 사설 변호사 소완규 씨만이 적적이 앉아있었다. 13분이 되자 희두 재판장이 이동선, 주현갑 등 22명에 관한 치안유지법 위반, 살인강도, 방화, 살인, 살인미수에 관한 상고피고 사건은 상고의 이유 없음을 인정하고 전부 기각한다고 언도하고 약 50초간의 요지를 설명하였는데, 즉 2심 판결대로 확정되었다.

이리하여 7년 동안 철창에서 신음 생사의 기로에서 헤매던 이동선, 주현갑 등 18명의 사형수 등은 급기야 교수대의 이슬이 되게 되었다.

◇ 판결 확정

- 사형 18명

이동선(32), 주현갑(33), 박기섭(31), 김광묵(32), 김동필(28), 유태순(31), 고하경(28), 김응수(34), 김봉석(25), 박금철(31), 권태산(34), 조동률(29), 김용진(30), 이은립(28), 노창호(28), 박동필(29), 민창식(32), 지운호(31)

- 무기 2명

차병철(27), 안응손(35)

- 유기 2명

이창서(35) 15년, 김성손(40) 3년

검거 후 7년 만에 사건 대단원

과연 생사의 기로에서 헤매다가 급기야 최후의 판결을 받은 전기 이동선, 주현갑 등 22명의 피고는 1930년(昭和 5) 간도 일대를 본거로 ××운동을 계속하고 과격한 직접행동을 취하다가 체포되어 경찰의 손을 경유, 1933년(昭和 8) 12월 20일 경성지방법원에서 형을 받고 1936년(昭和 11) 2월 24일 경성복심법원에서 사형 18명 무기징역 1명 3년 징역의 2심판결을 받고 불복 상고하였던 것인데 비로소 검거된 이래 7년 만에 별항과 같이 종결을 고하게 되었다.

〈자료 64〉 간도공산당 사형수 18명 전부 형 집행(《매일신보》, 1936.7.24)

6월 18일 고등법원에서 사형의 최후판결을 받은 중국공산당 간도총국 사건은 그 후 사형수 18명 중에서 16명의 수가 재심청구까지 하였다가 마침내 증거서류의 불비로 재심청구 기각의 선언을 받은 주현갑 등 사형수 18명은 22일 부내 서대문형무소에서 모두 사형의 집행을 당하였다고 한다.

주현갑(33), 고하경(27), 김광묵(31), 김봉석(24), 유태순(30), 노창호(27), 권태산(33), 이동선(31), 박차필(28), 민창식(31), 박금철(31), 이건립(27), 김응수(34), 조동률(28), 박기섭(34), 김용진(29), 김동필(27), 지연호(31)

〈자료 65〉 극히 대량의 중형수(重刑囚)를 내어, 법원 공전(空前)의 살벌한 모습, 재판소 창시 후 희유의 사실, 11년 송연(悚然)한 통계(《매일신보》, 1936.12.13)

이달도 이제 사흘만 지나가면 선보름이 지나가서 금년 일 년도 이제 2주일만 지나면 괘력(掛曆)의 마지막장을 뜯어서 제야의 종소리를 들을 시기가 닥쳐오게 되었다. 1935년(昭和 6)은 국가의 비상시라 하여 조야를 들어서 대내외로 가장 긴장한 해라고 한다면, 경성재판소도 동 소가 생긴 이래 처음 보는 다수 사형수의 언도를 내린 해라고 볼 수가 있다. 경성고등법원에서 언도를 받아서 이제는 다시 어찌할 도리가 없이 된 최후의 확정판결을 받은 사형수가 이달 10일 현재로 39명이어서 작년의 16명보다 23명이 더 많고 무기징역을 언도받은 자는 작년의 7명보다 1명의 증가로 8명이고, 10년 징역에 처한 자가 작년의 19명보다 훨씬 15명이나 줄어서 단 4명이 된다.

그런데 이같이 다수의 사형수 가운데는 간도공산당 관계자가 한꺼번에 18명이나 되는 것을 비롯하여 치안유지법 위반 사형수가 절대 다수이다. 이것이 조선에서는 사상범으로 최후의 다수 사형수를 낸 '레코드(기록)'가 될지도 모를 것이라는 것이 일반의 추측인데 이제 죄명과 피고들 성명을 소개하면 아래와 같다. 금후 25일까지 접수되는 것은 얼마나 될는지 알지 못할 바이어니와, 10일 현재 미제(未濟) 그대로 동 고등법원의 판결을 기다리며 이 해를 넘기리라고 짐작되는 것이 2심 판결에 사형을 받고 상고하여 온 것이 6명 무기가 2명, 10년 징역 이상의 것이 1명이다.(이하 명단 생략)

〈자료 66〉 이재유(李載裕)에 6년 선고, 구형보다 모두 관대(《매일신보》, 1938.7.13)

조선공산당 재건 공작사건의 피고들로 경기도 경찰부에 검거되었던 이재유 등 7명에 관한 선고는 예정과 같이 12일 경성지방법원 제4법정에서 황권(荒卷)재판장으로부터 다음과 같이 판결 선고가 있었다. 전기(前記)한 이재유와 변우식(邊雨植) 2인만 체형을 받게 되고, 서구원(徐球源) 외 4명은 전부 집행유예가 되었다. 그리고 피고들에 대한 선고는 다음과 같다.

징역 6년 이재유(34) (구형 8년)

징역 1년 6개월 변우식(24) (구형 2년 6개월)

이상 미결구류 150일 통산

징역 2년 (집행유예 5년) 서구원(26) (구형 2년 6개월)

징역 2년 (집행유예 5년) 최호극(崔浩極)(24) (구형 2년 6개월)

징역 1년 6개월 (집행유예 4년) 양성기(梁成基)(23) (구형 1년 6개월)

징역 1년 6개월 (집행유예 4년) 고병득(高柄得)(28) (구형 1년 6개월)

징역 1년 (집행유예 3년) 민태복(閔泰福)(29) (구형 1년)

〈자료 67〉 이재유 복역(《매일신보》, 1938.7.21)

조선공산당 재건 공작 괴수로서 지난 11일에 경성지방법원에서 징역 6년에 미결구류 150일 통산의 판결을 받은 이재유(李載裕)(34)는 그 후 공소를 할지 그의 심경을 일반이 주목하였었는데 공소기간인 19일에 이르러 공소권을 포기하여 결국 징역 6년에 복역하기로 되었다 한다.

〈자료 68〉 최고 5년을 구형, 오늘 수양동우회(修養同友會) 사건 논고(論告) (《매일신보》, 1941. 10.8)

수양동우회 사건인 이광수(50) 외 5명에 관한 치안유지법 피고 사건 3심 제4회 공판은

7일 오전 9시 50분부터 고등법원 법정에서 고교(高橋) 재판장, 주심 등본(藤本), 주전(舟田), 지전(池田), 증촌(增村) 배심판사 열석, 미원(米原) 검사 입회로 전 피고와 영목(鈴木) 변호사 등 변호인 출정 아래 개정하였는데 특별방청석에는 전번 재판장으로서 원판결을 파훼(破毁) 시킨 원(原) 고등법원장의 얼굴도 보이고 일반 방청석에는 피고들의 가족 친지 등이 정각 전부터 몰려들어 입추의 여지가 없이 초만원을 이루었다. 벽두 미원 검사의 논고로 들어가

사실 심리에서 보아도 피고들에게 유리한 점은 볼 수 없다. 상고 이유가 없다고 생각한다고 전제하고 1심에서는 외형적 증거만으로는 진상을 알 수 없고 범죄증명이 없다고 무죄판결을 내린 모양이다. 이 사건은 외형적 증거나 예심까지의 자백만으로 판단할 것이 아니라 본질적 문제를 구명할 필요가 있다고 한 후 본 사건의 발단 자초지종을 역사적으로 논하고 해박한 지식으로 본건과 관계있는 조선사상운동사의 일면을 예리한 '메스'로 해부한 다음, 교묘한 방법적 결사이나 결국은 불온한 것을 목적으로 한 결사에 해당한다. 증서상 틀림없는 사건이고 사회에 대한 영향도 크므로 개정치안유지법에 의하여 처벌하여야 한다 하고 2심 판결과 같은 구형을 하였다. 오후 0시 반에 일단 휴게하고 동 1시 반부터 속개하여 길전(吉田), 영목(鈴木), 정(鄭) 변호인의 순서로 변론이 있은 다음 동 5시경 폐정하였다. 다음 변론은 9일 오전 9시 30분부터이다. (후략)

〈자료 69〉 전 피고 무죄 언도, 오늘 수양동우회 사건 종심 언도(《매일신보》, 1941.11.18)

수양동우회 사건 피고 이광수(50) 외 35명에 관한 치안유지법 위반 피고사건의 최종심 언도 공판은 17일 오전 10시 26분부터 고등법원 법정에서 고교(高橋) 재판장, 주심 등본(藤本), 주전(舟田), 지전(池田), 증촌(增村) 배석판사, 미원(米原) 검사 입회 아래 피고 전부가 출정하여 개정되었는데 정각 전부터 일반 방청석에는 피고들의 가족과 친족들의 근심스러운 얼굴도 보이어 방청석은 입추의 여지도 없이 초만원을 이루었다. 제1심에서 무죄, 제2심에서 유죄, 제3심의 최종 언도는 어떨까 하고 재판정은 극히 긴장된 가운데 고교 재판장의 일언 일구에 주목하고 있었는데 이윽고 재판장으로부터는 전 피고에게 무죄를 언도한다는 온정의 판결이 내리어 피고들의 얼굴에는 숨길 수 없는 기쁨이 얼굴에 넘쳤다.

이 사건은 1937년(昭和 12) 8월 10일 경성지방법원 검사국에 송국된 이후 제1심(1939년(昭

和 14) 12월 8일)에 무죄의 판결을 받아 검사가 상고, 제2심(1940년(昭和 15) 8월 21일)에서 유죄의 언도를 받고서 피고들이 상고하여 공판을 거듭하기 실로 6회였는데 제3심에서도 검사는 다음과 같이 유죄를 구형하여 그 언도가 주목되어 온 것이 이번에 무죄가 되었다.

▲징역 5년 이광수(李光洙)(50), ▲징역 4년 김종덕(金鍾德)(55), 박현환(朴賢煥)(50), 김윤경(金允經)(48), 주요한(朱耀翰)(42), ▲징역 2년 6월 조병옥[趙炳玉(48)], ▲징역 2년, 3년간 집행유예 유기준(劉基俊)(48), 이영학(李英學)(38), 김하현(金夏鉉)(45), ▲징역 2년 오봉빈(吳鳳彬)(49), ▲징역 3년 김동원(金東元)(58), 김성업(金性業)(56), 김병연(金炳淵)(49), 조명식(趙明植)(48), ▲징역 2년, 3년간 집행유예 이대위(李大偉)(46), 장이욱(張利郁)(47), 주현칙(朱賢則)(59), 오정은(吳正殷)(51), 오정수(吳禎洙)(53), 신현모(申鉉謨)(48), 한승인(韓昇寅)(39), 허용성(許龍成)(45), ▲징역 2년 백영엽(白永燁), ▲징역 2년, 3년간 집행유예 이대위(李大偉)(46), 석봉련(石鳳鍊)(53), ▲징역 2년 최능진(崔能珍)(44), ▲징역 2년, 3년간 집행유예 문명상(文明相)(52), 오익은(吳翊殷)(42), 한승곤(韓承坤)(61), 김배혁(金培赫)(55), ▲징역 2년 송창근(宋昌根)(44), 김봉성(金鳳性)(42), ▲징역 2년, 3년간 집행유예 이윤재(李允宰)(54), 징역 2년 김찬종(金粲鍾)(50), 징역 2년, 3년간 집행유예 김항복(金恒福)(50), ▲징역 2년 조종원(趙鍾元)(51), ▲징역 2년, 3년간 집행유예 백응현(白應賢)(52).

피고 3명은 면소(免訴)

그런데 35명의 피고 중 이광수, 유기준, 주요한 3명은 수양동우회 사건에는 무죄로 되었으나 상해(上海)의 ○○단 사건에도 관계되었으므로 당연 유죄이나 시효가 지났으므로 드디어 면소한다는 언도를 하고 동 10시 50분에 폐정하여 전후 3년 동안 세상의 이목을 끌고 있던 이 사건도 종막을 고하였다.

2)《동아일보》

〈자료 70〉 고문에 대한 엄중한 처벌, 우리는 이러한 것을 알아두자(《동아일보》, 1925.10.10)

◇ 법률이란 인명 재산을 보호하며 안녕질서를 유지하기 위하여 사람의 손으로 세워 놓은 것이다. 그러므로 인권에 대하여 저해를 하거나 남의 소유를 침해할 때, 활동을 하며 여러 사람이 모여 사는 한 사회의 안녕과 질서를 어지럽힐 때 법률의 절제를 받는 것이다. 그러므로 법률은 죄를 지은 사람을 징치하기 위하여 세워 놓은 것이오, 사람을 죄에 끌어넣기 위해 생긴 것이 아니다.

◇ 경찰 관리나 사법관은 법인즉 법률의 한낱 사도(使徒)이다. 법률을 늘 등에 업고 다니며 그것이 부리는 대로 활동하는 것이다. 만일 경관이나 사법관으로서 법률이 시키는 일 이외의 일을 행한다면 이는 법관으로서의 활동이 아니오, 보통인민으로서의 활동이 되고 마는 것이다. 그러므로 법관이 법률에 어긋나는 일을 하거나 법 이상의 일을 행한다면 역시 보통인민과 똑같이 법률의 제재를 받게 되는 것이다

◇ 이 까닭으로 경찰관이나 사법관으로서 범죄인이나 피의자에 대하여 죄상을 자백하게 하기 위하여 형벌을 하거나 때리며 고문을 하는 것은 물론이요 어떠한 술책을 써서 고문하는 것은 그 행동이 법률 그것을 떠난 다시 말하자면 보통 인민의 한 사람으로서의 행동으로 보는 까닭에 법률은 그를 또한 처벌하게 되는 것이다.

◇ 어제 날짜의 신문에 보도한 파주군 김모는 그곳 경찰에서 절도혐의자로 취조를 받다가 상해를 당하고 검사국에 고소를 제기하여 그 공판이 불원 개정되리라고 한다. 이것이 비로소 알게 된 것이 아니며 이와 같은 고소를 처음 보는 것이 아니거늘 조선의 경관은 여지없이 고문을 행하며 그를 당한 사람은 뒷일을 염려하거나 또는 알지 못하여 묵과하는 일이 있으나 법률은 이를 절대로 용서하지 않으며 더욱이 조선에는 이러한 폐단이 많이 있는 것을 거울삼아 이제부터는 털끝만치라도 용서 없이 처벌하기로 되었다고 한다.

〈자료 71〉 의열단원 '양건호(梁建鎬)' 경북 경찰부에 피착(被捉), 모모 중대한 계획을 실행하려던 중에 필경 대구부 외 달서면에서 잡혔다, 무기도 압수, 사건 확대

(《동아일보》, 1925.11.11)

수일 전부터 경북 경찰부 고등과에서 어떤 가장 중대한 사건을 발각하고 팔방으로 수색의 손을 뻗치어 극비밀리에 자못 대 활동을 계속하는 중이라 함은 기보한 바이어니와, 사건의 내용은 의연히 비밀에 부치나, 탐문한 바에 따르면 지난 6일 새벽에 십여 명의 형사대가 자동차를 몰아 대구부 하(下) 달서면 노곡동 이기양(李起陽)의 산정에 가 배중세(裵中世)라는 사람 외 한 명을 검거하였다는데, 그 한 명은 상해 의열단원으로 얼마 전부터 여러 번 대구지방에 잠입하였다고 전하던 양건호(梁建鎬)라는 사람으로 그 본명은 대구 출생 이종순(李鍾淳)이라는데, 그는 지금으로부터 약 두 달 전에 교묘하게 고향인 대구에 들어온 것이라 하며 그는 지금으로부터 약 십 년 전에 대구은행원으로 있다가 은행 돈 일만 원을 가지고 교묘히 압록강을 건너가서 각 방면으로 신출귀몰하게 활동을 하던 중 한동안 세상 사람의 이목을 놀라게 하던 상해(上海) 전중(田中) 대장 저격사건의 한 사람이라는데 요즈음 와서 또다시 일본으로 가만히 건너가려고 계획하던 중에 그와 같이 잡힌 것이라 하며, 동시에 무기까지 압수한 모양인데 그는 경성을 비롯하여 조선 각지에서 잠복하였다는 정보를 받고 체포하고자 고심하던 사람이라 하며 그가 조선 안에 침입한 것은 모모 중대사건을 음모하고 들어왔던 것이므로 사건은 의외의 방면으로 크게 확대될 모양이오, 또한 그의 관계 연루자들도 상당히 있을 듯하다 하여 동 경찰부에서는 계속하여 의연히 활동하는 중이라더라.

〈자료 72〉 사상범 독감방 백여 개 증설, 주의자 중범은 감옥에서도 선전, 서대문 부근에 독거방을 증설해(《동아일보》, 1926.12.3)

형무소 적화(赤化)를 염려한 결과

조선의 공산주의자(共產主義者)와 무정부주의자(無政府主義者)들이 법률의 접촉을 받아 형무소에서 철창의 신산한 날을 보내는 사람이 경성을 비롯하여 현재 조선 각지에 약 300명가량이나 된다는데 그들이 주의 선전에 있어서는 형무소 안에서도 충실하여 그 기회 있는 대로 일반 수인(囚人)들을 적화시키는 모양이라고 당국에서는 이것을 몹시 염려하여 특히 사상범의 수용에 대해서는 깊은 주의를 가지고 일반 잡범들과 접촉하지 못하도록 독방에 수용한 후 공동작업 같은 데도 보내지 않는다고 한다. 조선의 행형(行刑) 현상으로는 각지의 형무소를 통하여 독거방이 약 500개밖에 안 되어 당국이 심려하는 바와 같이 사상범을 필두로 기타 중대범 등이 약 2,000명이나 되는 그들을 도저히 격리하여 수용할 수가 없다고 총독부 행형과에서는 그 근본방침을 연구하기에 머리를 썩이며 고도(孤島) 형무소나 혹은 특종의 형무소를 설치하겠다는 계획도 종종 있어 온 모양이나 하나도 구체화되지는 못하고 내년도에는 약 이만 원의 경비를 계상하여 서대문형무소에 독거방 약 100개를 증설하기로 되었다더라.

〈자료 73〉 의열단 이종암 13년 언도, 어제 대구법원의 판결(《동아일보》, 1926.12.19)

의열단사건은 28일 오후 0시 40분 대구지방법원 2호 법정에서 금천(金川) 재판장으로부터 이종암(李鍾岩)에게 징역 13년, 배중세(裵中世) 1년, 한봉인(韓鳳仁)에게 8개월에 2년간 집행유예에 처하되, 미결기한 200일간으로 본형(本刑)에 가산한다는 판결 언도가 있었는데 법정에는 방청인이 만원이었고, 경관의 엄중한 경계가 있었더라.(대구지국 전보)

〈자료 74〉 의열단 공범 고인덕(高仁德)은 옥사(獄死), 재작일 밤중에 돌연 죽어, 재작일 밤 대구형무소에서(《동아일보》, 1926.12.23)

경북의열단 사건 이종암(李鍾岩)의 공범자로 폭발물 취체벌칙 위반으로 예심의 결정을 받아 대구지방법원 공판에 부쳤으나 병으로 인하여 지난 18일 공판에도 출정치 못하고 분리하여 심리하게 되었던 경남 밀양군 밀양면 가곡동(駕谷洞) 고인덕(高仁德 40)은 그동안 병세가 더욱 침중하여진 모양이더니, 지난 20일 밤 대구형무소 병감에서 사망하였는데 상세한 것은 아직 미상(未詳)하다더라.(대구지국 전화)

〈자료 75〉 전조선 옥중에 독방 수감 수 오백, 이것도 부족하다 하여 독방을 증설, 간수 더 늘려서 배치(《동아일보》, 1927.10.10)

법무당국에서는 이번에 열렸던 형무소장 회의 결과를 들어 독거 감방을 증설할 것과 간수도 더 느릴 것이라는데 독감방을 증설하는 이유는 사상범을 잡거방(雜居房)에 넣어 두면 사상을 전파시키므로 사상범은 독방에 두어야만 맘을 놓을 수 있으니 전 조선 내의 형무소의 독거방은 600개가량으로 독립소요사건과 사회주의 공산주의 사건의 범인 중 현재 500여 명만 독방에 있고 그 외의 사상범은 다른 죄수와 같이 있기 때문에 형무 당국이 매우 두통으로 여기며 앞으로 300여 명가량의 간수를 더 둔다더라.

〈자료 76〉 고문 경관 사건【고소 이유는 충분히 성립】(《동아일보》, 1927.10.18)

포시 신치(布施 辰治) 씨 성명서

고소 대리인의 한 사람인 포시(布施) 변호사는 아래와 같은 성명서를 보냈더라.

관헌 횡포가 심한 조선에서 형무소의 피고로부터 그 피고를 형무소에 집어넣은 사법경찰관을 상대로 폭행능학독직죄(暴行凌虐瀆職罪)의 고소를 한 것은 조선 공전의 큰 사실일지 모른다. 그러나 법률은 결코 지배계급 관헌이 피지배 계급 민중을 단속하거나 탄압하는 편의만을 위하여 존재하는 것은 아니다. 지배계급 관헌이나 피지배 계급 민중이 법률 앞에서는 평등하고 공정한 보호를 받는 동시에 부정을 처리해야만 하기 때문에 지배계급 관헌이라 해도 법률 위반의 부정이 있으면 당연히 그 제재에 처해져야 할 뿐만 아니라 지배계급 관헌의 법률 위반은 피지배 계급 민중의 법률 위반보다 정상이 중하게 되어 있다. 이번 우리들이 대리인이 되어 공산당 사건의 피고가 그 취조의 책임을 진 사법경찰관 중 가장 횡포를 심하게 부린 종로서 삼륜(三輪), 길야(吉野), 대삼(大森), 김면규(金冕圭) 등의 경찰관을 고소한 사실은 그 증거가 역력하여 의심할 바 없는 것을 보아 당연한 것이다. 만일에도 이와 같은 고소 사건이 성립되지 못하면 중대문제라고 하겠다. 나는 떠나기 전에 장미(長尾) 검사정과 원(原) 지방법원장을 만나보고 자세히 설명하였더니 두■이다. 그런 문제가 자주 일어나므로 특별히 계고(戒告)하여 주었는데 이번 공산당 피고가 나에게 보낸 변호 참고조서에 그런 사실이 쓰여 있었으므로 더욱 엄중히 취조하겠다고 대답하였다. 증거는 충분하니 반드시 고소가 성립되리라고 믿으며 일반사회와 더불어 법률의 위신을 위하여 이 사건의 취조를 감시하여 조선의 형사재판의 폐단인 고문 경관의 단호한 처치를 기다린다.

〈자료 77〉 고문(拷問) 경관 고소로 경찰 측 물의 분분, 괄목할 이 사건의 전개 여하, 사회 각 방면 주목 환기(《동아일보》, 1927.10.18)

<그림 1> 문제의 중심인물

상단: 고소한 피고인 권오설(좌), 강달영(우),

중단: 고소장을 제출하고 나오는 변호사

하단: 고소당한 삼륜 경부(좌), 길야 경부(우)

◇고소당한 경찰을 내인 종로경찰서◇

공산당사건으로 방금 심리 중에 있는 피고 중 다섯 명이 일곱 변호사를 대리인으로 하여 종로경찰서 고등계 주임 삼륜(三輪) 경부 외 세 명을 폭행능학독직죄(暴行凌虐瀆職罪)로 고소하였다 함은 어제 보도와 같거니와 조선경찰에서도 가장 중요한 위치를 차지하고 있는 종로경찰서의 가장 중요한 직분을 맡아 보는 고등계 주임 삼륜(三輪) 경부 등을 고문죄로 고소하였으리만큼 또한 원고들이 공산당사건이라는 조선역사 상에 중요한 페이지를 차지하는 대공판에 관련된 사람인만큼 종래에 있는 고문사건으로는 비길 수도 없는 큰 주목을 받았고, 그 고소가 검사국에 제출되었다는 기사가 한번 보도되자 일반 민간은 물론 각 경찰 관계자 사이에서도 이것이 이야깃거리가 되어 아직 그 고소장이 검사국 숙직실에 쌓여 있던 벌써부터 그것이 어떻게 진행되겠는가 하는 물의가 분분한데 과연 이 사건이 원고의 고소 이유대로 고문 사실이 성립되어 고문하였다는 경찰이 죄를 입게 될는지 혹은 사회가 지금보다 어둡던 옛날대로 어떻게 반복되는 진현상(珍現象)을 나타낼는지 이 문제의 진행은 매우 큰 주목을 받는 초점이 되었더라.

"등청하는 즉시로 피소 경관을 취조"

◇ 취급 여하는 취조해야 할 일 ◇

책임자 장미(長尾) 검사정 담화

이에 대하여 그 사건을 취급하여야 될 책임을 가진 장미(長尾) 검사정은 "그 고소장이 감사국에 제출되었다는 말은 들었소이다마는 제출된 날과 오늘(17일)이 연이어 휴일이므로 아직 보지는 못하였소. 그 사건을 어떻게 취급하겠느냐하는 말씀에 대하여는 아직 그 고소장을 보지 못하였으므로 말할 수 없습니다마는 등청하는 즉시 한번 고소당한 경관을 취조하여 볼 작정이외다. 보기 전인 지금에 어떻다고 말할 수가 없소이다마는 법대로 처치할 것은 다시 말할 필요가 없지요"라고 하더라.

"고문했다면 범죄는 확실"

다만 문제는 증거에 있다.

◇ 모 서(署) 사법주임 담화

시내 모 경찰서 사법주임 모씨는 "현대 경찰이 피고를 취조하는 때에 고문을 못한다는 법이 있는 이상 고문하였다 하면 확실히 죄이지요. 이번 사건은 신문에서 알았을 뿐으로 고문하였다는 내용이 어떠하며 증거는 어떠한 것이 있는지 알 수 없으되 고문을 받았을지라도 증거가 분명치 못하면 성립되지 못하겠지요. 가령 권오설의 앞니 두 개가 부러졌다고 하더라도 경관이 때려서 그렇게 된 것인지 혹은 자기가 스스로 넘어져 그리된 것인지 그것을 분명히 하여야 되겠지요. 이것은 나 일개인의 생각이외다마는 우리는 그 사건이 어떻게 진행되는가 크게 흥미와 주의를 가지고 있습니다"라고 말하더라.

〈자료 78〉 천하의 이목을 집중시킨 고문경관 고소 사건의 전개, 도로 돌려받은 피고 의복 중 내의와 양말에 혈흔【(증인)으로 신문을 받은 강형순 씨 이야기】, 2차, 3차 증인 신청(《동아일보》, 1927.11.12)

목하 공판 개정 중에 있는 조선공산당 사건의 피고 중 권오설(權五卨) 외 네 사람이 경성 종로경찰서 삼륜(三輪) 고등계 주임 이하 경관 네 명을 걸어 폭행능학독직죄(暴行凌虐瀆職罪)로 고소한 일로 경성지방법원 검사국 원교(元橋) 검사가 그동안 고소인을 불러다가 증거 보충 취조를 하고 지난 9일에는 고소인들이 경찰에 잡혀 취조를 받을 때 피고소인인 경관들에게 고문을 당하는 것을 보았다는 증인으로 강형순(姜亨順), 김영희(金暎熙) 두 사람을 불러 증인 취조를 하였다 함은 이미 보도한 바인데, 취조를 당하고 나온 강형순 씨의 말을 들으면 원교 검사는 여러 가지로 고문 사실에 증거가 될 만한 점을 심문하고 고소인 중 홍덕유(洪悳裕)가 경찰에 잡혀 있을 때 그의 부인이 그의 의복을 도로 돌려받았을 때 양말과 내복에 피가 많이 묻어 있던 것이 사실이며, 그 피 묻은 양말과 내복은 어떻게 하였느냐고 장시간 심문을 하였다는데 이 고소 문제가 장차 어떻게 전개될지는 검사의 취조가 끝나기 전에는 알 수가 없으나 고소인의 대리로서 목하 여러 가지의 활동을 하는 변호사 측에서는 제2차, 제3차의 증인 신청을 하여 기어이 이 사실을 청천백일하에 드러내겠다고 한다.

〈자료 79〉 종로서를 떠난다는 삼륜(三輪), 길야(吉野) 두 사람, 삼륜 경부는 경무국으로 가게 되고, 길야 경부보는 재판소 통역생으로, 요로(要路) 경관의 대이동 (《동아일보》, 1928.3.7)

김상옥(金相玉)을 비롯하여 수많은 사상범과 ■■운동자가 그 안에서 심문을 받던 종로경찰서를 중심으로 하여 경성시내 일부 경찰서 간부급에 이동이 있을 것이라고 하는데 그 소문을 들으면 종로서 고등계 주임 삼륜(三輪) 경부는 종로서 모 사건이 끝나는 대로 총독부 경무국으로 들어가고 그 밑에서 삼륜 경부 이상으로 활약하던 길야(吉野) 경부보는 경성지방법원의 유일한 조선어 통역생 식산(植山) 씨가 이번에 복심법원 통역관으로 승진하여 그 뒤를 이어 재판소 통역생으로 임명될 것이라고 한다. 삼륜 주임 후임으로는 서대문경찰서 고등계 주임 흑소(黑沼) 경부보가 승임될 것이라고 하는데 삼륜 경부의 이번 전임의 이유는 부호와 귀족과 너무 가까운 교제를 하여 자만심이 많은 동시에 상관들을 도외시하는 듯한 태도를 가지고 만사를 전횡한다는 의심을 받게 된 것이 가장 큰 원인이라는 말이 있다. 길야 경부보는 조선 여자를 아내로 하여 살림을 하는 만큼 조선어에 유창하기가 조선 내의 일본인 중에 제일이라는 평판이 있어 1923년(大正 12)에도 한번 교섭이 있었던 터라 이번이 기회가 좋은 까닭이라 한다. 흑소 경부보가 종로 고등계 주임으로 오는 것은 승격이라고 볼 수 있는데 이는 경기도 경찰부장으로 임명될 것이라는 전중 무웅(田中武雄) 씨의 특별한 후원이 있는 까닭이라 전하더라.

〈자료 80〉 사상 단체 집회금지 과연 득책일까?(《동아일보》, 1928.7.17)

一

경찰당국의 말이라고 하여 전하는 바에 따르면 오랫동안 금지하여 온 조선청총(朝鮮青總)[20], 농총(農總)[21], 노총(勞總)[22] 등의 집회를 허가하지 않는 것은 물론 순전한 주의자들로

20 조선청년총동맹. 1924년 220여 개의 사회주의 계열 청년단체가 중심이 되어 결성한 연합회.

21 조선농민총동맹. 1927년 조선노농총동맹에서 노동총동맹과 분리하여 결성된 농민운동단체.

22 조선노동총동맹. 1927년 결성한 전국적인 노동운동단체.

만 조직하는 단체는 절대로 허가하지 아니할 방침이라고 한다. 사상경찰을 더욱 엄밀히 하기 위해 특고과(特高課)를 설치하고 비상한 경계망을 치게 된 조선에 있어서 그도 또한 괴이하게 여겨질 여지는 있다. 그러나 집회를 허가하지 않아 주의자들의 공연한 집회를 근절시킨다는 것은 그저 어느 정도까지 표면에 나타나는 행동을 제지하는 데 불과한 것이니 그 반면의 영향은 과연 어떠할까. 그들의 내부적 행동까지 당국이 금지하는 집회의 상태와 같이 된다면 당국자의 방침으로 보아 무엇보다 다행한 일일 것이지만 공연한 행동을 금지함에 따라 그 이상의 좋지 못한 수확이 있지 아니할까 의문이다.

二

이러한 당국의 소극적 방침은 삼총(三總)[23] 집회금지(集會禁止)에만 그치지 않는다. 좌경파를 이전보다 엄벌한다는 것과 사상범을 독방에 가두어 그 전파를 방지한다는 등의 안(案)이 실행되는 모양이나 그 효과는 얼마나 될지 실로 의문이다. 비단 조선이라는 동서양을 풍미하다시피 하는 사상문제를 단순히 표면적 대책으로 해결하고자 한다는 것은 예를 들면 수원(水源)의 장단(長短)을 모르고 제방공사에만 주력하는 것과 같은 느낌이 든다. 약간의 행동은 표면에 나타나는 것이니 엄혹(嚴酷)한 단속이 있다면 얼마간은 감소될지는 모르나 행동의 원천이 되는 사상을 저지하는 도리(道理)가 있을까. 집회를 금지하여 표면의 무사만을 바라는 것은 아무리 생각해도 당국자의 좁은 도량으로 생각되며 한 걸음 나아가 사회의 결함만은 개선할 줄을 모르고 그 결함에서 원인(原因)한 주의(主義)만을 박멸하고자 하는 것이 원체가 본말을 전도한 정책의 하나이니 오히려 어느 한도에서 그들의 공연한 집회를 허락함으로써 합법화 할 곳을 만들어주는 것이 득책(得策)이라고 생각한다.

三

그러므로 사상분자의 활동이 완전히 근절되어 버리면 모를까 그렇지 않은 동안에는 무슨 형식으로나 서로 연락을 취하고자 하는 기도가 있을 터이므로 당국의 경계가 엄중한 데에 따라 그들의 행동이 내밀해질 것도 추측하기가 어렵지 않을 것이며 이에 따라 비밀 행동도

23 삼총(三總)은 조선청년총동맹, 조선농민총동맹, 조선노동총동맹의 세 단체를 말함.

없으라는 것을 누가 보증하겠는가. 이와 같은 당국의 표면적 억제는 도리어 비밀회합을 조장시키지 않을까 한다. 이러한 의미에서 삼총 집회금지 문제뿐만 아니라 사상문제에 대한 모든 신규적 방침은 너무나 대국(大局)의 관찰이 부족한 듯하다. 위정당국자는 모름지기 좀 더 높은 곳에서 조선을 대관(大觀)하고 조선인의 처지가 어느 경우에 있는지, 또는 조선인의 사상적 전환이 어떠한 경로를 밟아나가는지를 충분히 고찰할 필요가 있을 것이다. 나는 당국자가 실행하는 방침이 앞으로 어떠한 효과를 나타낼지 그 결과를 보고자 한다.

〈자료 81〉 독방 수감 늘리고 판정은 축소, 법원 안 구치감의 독방을 늘리고 공판정 줄여 방청을 적게 시킬 것, 낙성된 법원 신청사(《동아일보》, 1928.10.7)

60만 원의 공사로 재작년 겨울부터 공사에 착수하여 지난 8월 30일에 준공이 된 경성 고등복심 지방법원의 신청사 낙성식은 이미 보도한 바와 같이 오늘 7일 오전 11시부터 본 청사에서 거행되기로 되었다. 신축된 청사의 구조는 철근 콘크리트의 3층(지하실을 합하면 4층)으로 청 내 각실 배치는 1층에 지방민형사실(地方民刑事室), 예심실(豫審室), 변호사공소실(辯護士控訴室), 신문기자실, 회계실, 호적계실(戶籍係室)과 제1호 법정, 제4호 법정의 대법정을 비롯하여 2, 3, 5, 6의 법정이 있고, 2층에는 지방검사국, 검사실을 제한 외에는 복심합의실(覆審合議室) 1호, 2호의 법정도서실, 지방서기과실(地方書記課室), 소회의실 등이며 3층에는 대회의실을 비롯하여 복심민형사부(民刑事部), 동검사실(同檢事室) 검사정 복심, 동서기과 복심, 고등원장실 등인데 소위 지방법원의 대법정이란 1호, 4호 법정은 본래 구청사의 제3호 법정에 비해도 협착한 감이 있어 보는 이마다 유감으로 생각하는데 대건물 옆으로 구치장은 형무소에 속한 피고의 구치장으로 독방이 26실, 잡방 4실, 경찰에 속한 독방 10실, 잡방 2실, 모두 독방 36실, 잡방 6실로 독방을 전보다 많이 만든 것은 사상범의 증가로 말미암은 것이라더라.

〈자료 82〉 고문의 악습을 근절하라, 경무당국에 한마디(《동아일보》, 1929.7.21)

一

평남 대동군(大同郡)에서 일어난 일 부녀(婦女)에 대한 관계 모 경찰의 고문(拷問) 사건은 제1심의 6년 구형에 대한 무죄 언도로 판명되었다. 경찰의 고문에 못 이겨 경찰서에 사실을 시인했다가 사법의 손에 들어가 마침내 사실이 판명된 것이 금번(今番)의 전말(顚末)이니, 이러한 무리한 고문에 못 이겨 무사실(無事實)을 사실로 시인했다가 사법의 손에 건너가 그 무사실이 판명되어 무죄로 방면된 예는 조선에서 이미 무수한 전례가 있는 것으로, 이것도 능히 추단(推斷)할 수 있다. 무리한 고문에 의하여 무사실(無事實)을 사실로 시인하고 일시의 생명 위독을 피하려는 심사가 그 얼마나 참담하며, 이 참담무극(慘澹無極)한 비문명 사태가 그 얼마나 조선에 허다한가? 우리는 이런 현실을 직관할 때 조선이 얼마나 정의와 인도에 위반되고 법률상으로도 얼마나 혜택을 입지 못함에 놀라지 않을 수 없나니, 이 악풍(惡風)은 단연 근절하지 않으면 안 된다.

二

원래 형법상에도 고문 취조를 하는 것은 절대 금지하여있고, 또 이것을 감행한 자는 엄벌하는 조목이 있다. 그러함에도 이러한 법규를 무시하고 인간으로 차마 못할 비인도적 수단을 감행하는 것은 법치 당사자의 무책임을 말하는 동시에 도리어 인민의 원한의 부(府)가 되는 것이다. 피의자를 취조할 때 이 의사를 존중하여 그의 진술에 의하고, 그 사정을 예탐(豫探)한 후에 증거를 들어 이에 임하는 것은 취조자가 취할 태도일지니, 취조자가 주관적 억측 밑에 자신의 뜻을 기어이 통과시키기 위하여 고문까지 불사하는 것은 경찰의 무능을 의미한다. 이 경찰 자신으로서도 고문의 악습을 근절할 이유가 있지 않은가?

三

하물며 인간이 인간을 대할 때 인간으로 차마 못할 고문으로 대한다는 것은 옛날 야만시대는 모르겠거니와, 현대 인류의 자유는 권리를 존중하는 20세기에 있어서는 도저히 있을 수 없는 풍습이다. 인간이 만물의 영장이라 함도, 조야(粗野)한 만성(蠻性)이 없고 이지(理知)와 인정이 있음으로써 그 종류를 달리 한다 할 것이니, 그렇지 않은 만성(蠻性)을 아직까지

상속(相續)해 둔다면, 인간의 수치다. 피의자도 인간인 이상 당연히 이에 대한 태도로 인간을 대해야 할지니, 마치 이것을 금수(禽獸)나 마찬가지로 대함은 자기의 인간성을 잃어버린 자가 아니겠는가? 사람을 사람으로 대하지 않는지라 그 사실 문답에 있어 본인의 의사를 존중할 리가 있으랴? 자기의 억측을 타인에게 강요할 것은 당연한 사세(事勢)일 것이다.

四

오인(吾人)은 이상의 예를 오직 평남 대동군에서 볼 뿐 아니라 조선 전체에 이것이 공공연히 혹은 은연(隱然)하게 행하고 있는 것을 볼 때 도저히 묵시(默視)할 수 없나니, 이것은 인류된 양심상으로 이것을 허락지 않는 까닭이다. 정의와 인도에 모순되고 법치국 법률에도 위반되는 고문의 악습은 단연 폐지되지 않으면 안 되겠다. 이것을 은연히 묵인 또는 근절할 의사를 보이지 않는 것은 통치자의 심사를 의심하게 될지니, 경무당국은 특히 이 기회에 그 악습 근절에 엄정한 단속이 있기를 바란다.

〈자료 83〉 호송된 여운형은 경찰부에서 신문(取調)하기로. 십 일간 유치명령을 하고, 다나베(田邊) 경부의 주임으로(《동아일보》, 1929.7.20)

지난 17일에 호송되어온 여운형(呂運亨)을 경기도 경찰부에서 신문을 할까, 검사국에서 직접 신문을 할까 하는 것은 18일 오후가 되지 아니하면 정확히 알 수 없다 함은 기보하였다. 동일(同日) 오후 4시경에 경기도에 2호 자동차로 경기도 부원이 경성지방법원 검사국으로 호송하여 잠깐 동안 동(同) 검사국 삼포(森浦) 검사에게 신문을 받았다. 그 후 6시경에야 경찰부에서 신문하기로 결정하고 해당 경찰부로 돌아와서 10일간 유치명령을 하여 놓았다. 지난 19일 아침부터 경찰부 다나베(田邊) 경부가 담임하여 신문에 착수하였다는 바 혹은 경찰의 고등정책이 나오지 않을까 한다더라.

원정(遠程)의 피로로 여운형 발병

10일간 유치처분을 당한 여운형은 수륙만리(水陸萬里)의 장거리에 지쳤음인지 경기도 경찰부 유치장에서 소화불량(消化不良)과 신경이 몹시 약하여 음식도 잘 먹지 못하고 잠도 충분히 자지 못하는 중이라는 바 의복과 음식은 그의 제 씨(弟氏)인 여운홍(呂運弘) 씨가 19일부터 차입시킨다더라.

〈자료 84〉 사상범을 격리하고자 천여 개의 독방 증축 계획, 주의를 선전할까봐 사상범은 격리, 비용 문제로 우선 백여 개의 독방을 신축 중, 비용 문제로 두통 중

(《동아일보》, 1929.9.28)

많은 사람과 같이 둘 수 없는 사상범(思想犯) 같은 죄수를 격리하기 위하여 독방 증설이 필요하다 함은 연래의 현안으로 되어 내려오던 것인데, 사법당국의 조사에 따르면 격리해야 할 수효가 현재 700개의 독방에 수용한 사람 외에 아직도 1,000명은 되고, 기타 사상범이 아니라도 정신병자의 죄수격리에도 상당한 수효가 필요하여 우선 법무국에서는 독방 1,000개의 증설계획을 세우고 예산을 요구했으나, 원체 거대한 비용이 들므로 일시에 실현을 볼 수 없어 우선 신의주, 대전, 김천의 세 형무소 안에 120개의 독방을 방금 건축 중에 있다. 1,000개의 독방을 이 재정 상태로 건축하자면 적어도 5~6년은 걸릴 터이오, 과연 5~6년을 지나고 보면 그때에는 다시 수없는 독방이 필요하게 될 모양이므로, 방금 형무당국에서는 독방문제에 두통을 앓고 있는 중이라 한다. 그리고 당장 독방에 넣어야만 할 치안유지법 위반 같은 사상범이 적어도 500은 있다고 한다.

〈자료 85〉 다시 경찰 고문(拷問)에 대하여(《동아일보》, 1929.10.18)

一

인권을 존중하는 의미에서 고문(拷問)은 법이 허락하지 않는 바가 되었을 뿐 아니라 국가배상법안이 운위(云謂)되는 금일에 고문을 공연한 비밀로 행하게 된다면 이 세상을 가장 합리적으로 직관하는 사람은 이것을 신빙(信憑)하지 않으리라. 그러나 국법이 불허하는 인권유린의 최심(最甚)한 고문이 여전히 문제를 일으키는 현실을 가짐에야 어찌하오. 최근 평양에서 문제 된 방화사건 같은 것은 진정 그 일례라 할 것이다. 그뿐 아니라 형사 피고들의 경찰 조서(調書)와 법정 공술(供述)이 불일치되는 경향이 다대하여 법정에서는 범죄를 부인하고 그 이유로는 고문에 견디지 못하였던 것을 반드시 들게 된다. 경찰에서의 자백이 허위인지 이것은 공정한 법이 판정할 바이지만, 고문이 법정에서 문제 되는 만큼 조선에서의 인권의 지위가 어떠하다는 것을 가히 알 수 있다.

二

우선 평양방화사건으로 말해도 경찰의 고문이 피고로 하여금 범죄를 구성함이라 아니 할 수 없으니, 이것은 제1심의 판결이 무엇보다도 명료하게 증거 한 이유인 것과 같이 고문의 증거가 역력한 경우는 결백을 표증(表證)할 수 있거니와 그렇지 못한 경우에는 아무리 무실(無實)의 원죄(寃罪)라도 그대로 당하지 않을 수 없는 것이 현대의 제도이다. 이러한 원죄(寃罪)에 우는 사람이 없기를 기대하는 것이 법의 이상이지만, 현금의 우리 생활이 이 이상대로 되었는가? 이상실현은 법 자체에 있는 것이 아니오 이것을 운용하는 사람에게 있는 것이니, 공정한 법이 공정한 공(功)을 인류생활에 번듯하게 세우지 못한다면, 이 책임은 법을 운용하는 그 사람이 져야 할 것은 말할 것도 없도다.

생리적 조건을 벗어나서 생활할 수 없는 의식이 약한 인류는 자기의 말 하나로 범죄자가 될 가능성을 충분히 가지고 있는 것이 아닌가? 말 하나로써 범죄 사실을 전부 인정한다는 것은 속단(速斷)이라 아니할 수 없다. 참으로 생각하여야 할 일이다.

三

고문(拷問)으로써 경리(警吏)의 공명을 천양(闡揚)할 때가 없을 것도 아니오, 개인의 수완을 발휘할 유일한 기회가 될는지는 알 수 없는 일이다. 실제로 이러한 방법에 의하여 공명을 천양하고 그 수완을 발휘하는 것이라고 일보를 양보하여 단정한다 할지라도, 만일 사건 취급의 당사자가 법을 준수하여 인권을 보호하는 요직에 있는 자기네의 사명을 자각한다면, 소극적이며 또한 법이 불허하는 음험(陰險), 참악(慘惡), 신랄(辛辣)한 고문 방법을 결코 취하지 않을 것은 물론이다.

인권을 부인하는 고문은 봉건시대의 유물 중에 가장 추악한 것의 하나인 것을 알라. 고문의 효과 문제는 법치국 이외의 지배계급의 두뇌에서만 발효할 부패의 존재이다. 고문이 문제될 때 이것은 형사피고의 인권문제만으로 알아서는 안 된다. 즉 법치의 존엄문제이다. 태형(笞刑)을 비문화적이라 하여 폐지한 조선에서 고문을 행한다는 것은 무슨 모순이냐. 공리심(功利心)에 팔린 하급 경리(警吏)의 법과 괴리된 행위를 마땅히 근절시키라.

〈자료 86〉 격증한 사상범 사건, 부지하시(不知何時)의 공판기(公判期)(《동아일보》, 1930.2.2)

진행 중의 사건도 처결이 곤란하니 밀린 사건은 어느 때 개정될지 몰라 사건 적체로 당국도 두통, 현재 인원으론 완화 불능, 인원 증가 외엔 도리 없다

◇ 재판소 모 판사 이야기

검거 이후 수년 동안 갑갑하고 지리한 예심(豫審)의 된 고비를 지내고 지냈어도, 오히려 공판기일을 갑갑하게 기다리고 있는 피고들의 심리는 물론 그 가족들의 궁금증은 가히 당한 그 사람이 아니면 상상도 못할 바이거니와 오늘, 내일 공판 기일 지정으로 끌어오는 경성지방법원 형사합의부의 사건만 해도 제3차 조선공산당(일명 ML당) 사건의 김준연(金俊淵) 이하 16명과 이와 관련한 김남수(金南洙), 박자갑(朴自甲), 송언필(宋彥弼), 한림(韓林) 등의 치안유지법 위반사건을 비롯하여 박유덕(朴有德) 외 7명, 권오순(權五淳) 외 6명, 박경호 외 12명, 박은양(朴殷陽), 이은송(李殷松) 외 2명, 김순조(金淳照) 등 64명에 대한 치안유지법 위반사건과 이수탁 외 1명, 조만산(趙萬山) 외 1명, 최응상(崔應相) 등 5명의 보통 사건이 공판에 회부된 이래 수개월이 되도록 공판기일이 결정되지 못한 것이라는 바, 현재도 합의부에는 이미 기일이 지정되어 공판을 진행하고 있는 사건도 관계 피고 20명에 7~8건이나 되므로, 전기(前記) 기일 미정의 사건은 조만간 공판 개정은 곤란하리라는데 그 원인은 최근에 폭주하는 사상 관계 사건이 격증하는 반면에 재판소의 인원은 이전과 같이 그대로 두고 인원을 증가하지 않은 까닭으로, 유한한 사람의 능률로써는 도저히 감당할 수 없다는 것이라 한다.

얼마 전에 신임한 동 합의부 금천(金川) 재판장은 연일(連日), 연야(連夜) 사상범에 대한 사건기록을 열람하고 공판 준비를 급히 하는 중이나 사상관계의 사건 대부분이 조직적 비밀결사 사건이요, 관계자가 많으니만큼 그 사건기록도 도저히 하루 이틀에 다 볼 수 없는 관계상 그 준비로도 상당한 시일을 요하는 외에 사상관계 사건이 현재 동 합의부 공판에 회부된 사건도 별항과 같이 밀려있는 중에 아직도 뒤를 이어 속속 예심종결 결정이 되어 직접 검사

의 기소로 들어 밀리는 사건이 종전에 비하야 몇 배를 더하여 폭주하므로, 현재의 인원(금천 재판장 이하 배석판사 4명)으로서는 사건의 공판 천연(遷延)을 완화시킬 수 없는 현상인데 이에 대하여 재판소 모 판사의 말을 들으면 문제는 인원 증가를 시키는 외에는 다른 별 도리가 없는 바, 이는 예산 관계상 조선총독부가 이 같은 정세를 살펴, 사상 전문의 판사를 따로 두어 관계 사건을 따로 취급하여야 사상 사건과 잡범의 사건의 완화를 얻게 될 터라 한다.

〈자료 87〉 감옥 확장비 60만 원 계상, 사상범 등 격증 관계로, 서대문형무소만 반액(半額)

(《동아일보》, 1930.9.5)

최근 매년 해가 감에 따라 증가하는 특히 사상범의 격증으로 인하야 정원을 초과하던 전 조선 각지의 형무소는 더욱 협착하게 되어 죄의 있고 없음이 판결되지 않은 미결수(未决囚)는 정원의 2배 이상 이미 죄가 결정되어 복역 중에 있는 기결수(既决囚)는 정원의 약 2배가량이나 되어 그나마 구차한 철창에서도 고단한 몸을 펴지 못하여 그들 건강에도 중대한 문제가 되어 있는 작금에, 그 같은 현상을 아는 총독부 법무국에서는 긴축 절약하는 긴축 제일주의인 이 시대에도 불구하고 본년도 예산에 형무소 확장비로 60만 원의 예산을 계상하였다. 그것이 원안대로 통과될 여부는 아직 미상이나 동 예산의 내용을 보면 그 반액은 정원의 2배에 가까운 기결수와 정원의 2배 이상이나 되는 미결수가 수용되어 있는 시내 서대문형무소에, 그 밖에 반액은 전 조선 각지의 형무소 증축에 쓰리라는 바, 지금의 현상으로 보면 그 같은 60만 원의 확장 예산으로는 새 발에 피와 같은 것으로 어느 정도의 협착으로 완화될지는 자못 의문이라 한다.

〈자료 88〉 요시찰인 등 행동을 감시, 경찰수뇌부에서 밀의, 3월 1일 경계

(《동아일보》, 1931. 2.28)

3월 1일을 앞에 두고 경찰은 만일을 염려하여 엄밀한 경계를 하는 중이다.

경기도 경찰부에서는 상내(上內) 경찰부장이 지난 26일 오후 6시부터 시내 조선호텔에서 좌백(佐伯) 고등과장을 필두로 시내 5개 경찰서 고등계 주임과 경부보급의 고등경찰 관계자

20여 명을 소집하고 장시간에 걸쳐 간담한 바 있었다

동 간담회의 내용은 신임 경찰부장의 간곡한 훈화도 있었고 때가 때이므로 고등경찰에 관한 협의도 있었다고 전한다.

3월 1일의 경계로는 각 관내에 있는 요시찰인 주의 인물 등의 행동을 감시하는 동시에 지방과 외지에서 왕래하는 인물의 유무도 엄밀 탐색한다고 한다.

〈자료 89〉 메이데이 경계, 사상 단체와 주의 인물 감시, 시내 각 서(署)에서 활동 (《동아일보》, 1931.5.1)

오는 5월 1일은 메이데이이다. 그래서 시내에서는 경기도 경찰부를 위시하여 시내 각 경찰서 고등계에서는 각 관내의 사상 단체와 노동단체며 청년단체 등을 엄밀 경계 중이다.

그 외에도 주의자(主義者)와 노동운동자 요시찰인 요주의 인물 등의 행동도 엄밀 감시 중이오, 그 외에는 외지에서 모종의 격문이 들어오지 않을까 하여 우편 통신망도 경계 중이라 한다.

〈자료 90〉 출옥 후 재투족(再投足) 염려, 사상범엔 중형 방침? 경찰, 사법당국에 유력한 의견, 더욱 준엄한 사상 탄압(《동아일보》, 1932.11.6)

작년 중 사상범으로 출옥하고 나온 사람 974명 중 572명이 다시 사상운동 선상으로 나아가고 겨우 375명이 물러선 상태에 있으나 이 역시 확실성을 띠지 않은 것으로 볼 수 있어서 사상범은 출옥 후 그 대부분이 다시 사상운동에 몸을 던져 일시적 탄압의 효과는 있지만, 사상범 징치(懲治)의 효과가 별로 없으므로 경무당국과 사법당국에서는 사상범의 수형 기한을 법에 규정된 기한의 최장기를 과함이 득책이라는 의견이 유력하게 되어 장차 공산당 관계자는 극형에 처하게 되리라고 관측된다.

이렇게 하여 사상범을 장기간 감옥에 넣어 두면 시대의 추이로 신인물이 운동선을 리드하게 되고 이리하여 일반으로부터 떨어져 있는 사상범은 운동선상에서 물러나게 되리라는 견해를 가지고 있다.

〈자료 91〉 사상수(思想囚)와 보통수(普通囚)의 분리 집형(執刑)을 결정. 도산 안창호 이하 사상수 속속 이감, 사상수 감옥은 대전형무소로(《동아일보》, 1933.3.28)

최근 사상범의 복역기의 처형 문제는 각 관계 방면에서 엄중히 심의해 왔는데 이것은 사상범과 기타 잡범을 동일한 장소에서 복역하게 한다면 그 결과가 어떻게 되느냐는 점이었다. 이에 대하여 각 방면의 의견이 보통 죄수와 사상범을 같이 둔다면 결국 보통 죄수의 사상이 사상범의 사상에 감염되는 사실을 긍정하고 사상범을 격리시켜 복역을 하게 하는 것을 원칙으로 형무 행정을 하기로 결정하고 동시에 이 사상범의 감옥으로는 대전형무소로 결정하여 최근 서대문형무소에서도 안도산(安昌浩), 구연흠(具然欽), 최익한(崔益翰) 등 유수한 사상범 32명을 대전형무소에 이감하여 현재 대전형무소에는 사상수가 500여 명이 복역을 하고 있다고 한다.

〈자료 92〉 두 명 압송(《동아일보》, 1933.10.17)

[웅기] 작년에 나남경찰서에서 검거한 함북 공산당재건사건의 중요인물의 한 사람인 장순명(張順明)은 작년 12월 중순에 경성(鏡城)주재소를 탈주하여 이래 철옹성같은 경계망을 피하여 다니다가 지난달 24일 웅기 하송현(下松峴)에서 동 사건으로 역시 피해있는 전홍면(全弘勉)과 같이 웅기경찰서 경찰 6~7명과 더불어 자기 숙소에서 대격투를 하였으나 드디어 체포되었다. 그간 엄중한 취조를 받다가 금월 13일 선편으로 두 사람을 나남경찰서로 압송하였는데 앞의 장순명은 제1차 조선공산당 사건으로 4년간 복역하고 재작년 청진 수성천(輸城川)수리조합 반대 비라사건으로 청진형무소에서 1년형을 복역하고 만기 출옥하는 즉시로 앞의 사건 협의로 나남경찰서 형사의 손에 검속되어 경성주재소에 유치 중 앞서 말한 바와 같이 탈주하였던 것이라 한다.

〈자료 93〉 사상범 격증으로 전임 판검사 증원, 15명 예산이 7명으로, 총독부의 사상단속 대책(《동아일보》, 1934.1.7)

매년 증가되는 경향을 보이고 있는 사상범의 대책으로 총독부 경무국에서는 사상전임 판검사를 증원할 계획을 세우고 있었으나 예산 관계로 그 실현을 보지 못했는데 우선 최소한도로 판검사 15명의 증원을 요구했으나 대장성 사정 결과 7명의 증원을 승인하게 되었다고 한다.

따라서 내년도부터는 7명의 증원을 실행하고 이 판검사를 사상 담임으로 충당하여 사상 재판을 담당하게 되었다고 한다.

〈자료 94〉 장순명(張淳明) 사건, 최고 5년 언도(《동아일보》, 1934.3.16)

지난 6월 청진지방법원에서 5년의 구형을 받은 장순명(35)과 2년 구형을 받은 전홍면(24)의 치안유지법 위반사건의 판결 언도는 13일 오전 11시 50분 청진지방법원에서 열렸는데 호전(戶田) 재판장으로부터 다음과 같이 언도하였다 한다.

징역 5개년 (미결구류 40일 통산) 장순명

징역 2개년 (5년간 집행유예) 전홍면

〈자료 95〉 사상부 신설(《동아일보》, 1935.1.13)

사상범 심판이 격증함에 따라 총독부 사법당국은 경성, 함흥 두 지방법원에 형사부에 독립 사상부를 설치하게 되었는데 판검사 4명을 증원하여 내년도부터 실시할 것이라고 한다.

〈자료 96〉 수양동우(修養同友) 사건 확대, 이광수(李光洙) 등 7명을 인치 (《동아일보》, 1937. 6.9)

◇ 취조에 따라 검거는 광범위 ◇

얼마 전에 조선장로교 교육부 총무 정인과(鄭仁果)에게 미국선교부라는 명칭으로 거액의 돈이 부쳐 왔는데 부내 종로경찰서에서는 이는 단순한 선교비가 아니라 미국에 거주하는 조선인단체에서 모종의 목적으로 부친 것이라는 혐의로 즉시 활동을 개시하여 정인과와 전

조선면려청년회(全朝鮮勉勵青年會) 총무 이대위(李大偉) 두 명을 검거하려다가 이래 극비밀리에 취조 중이던 바 7일 아침에는 종로서 고등계원이 총출동하여 긴장감 속에서 이광수, 박현환(朴玄環), 김윤경(金允經), 신윤국(申允局), 한승인(韓昇寅) 등 5명을 인치하여 유치시키고 직접 재하(齋賀) 고등계 차석이 비밀실에서 취조 중이다.

이들 유치된 사람들이 수양동우회의 중요 멤버인 만큼 사건은 앞으로 더욱 확대되리라 한다.

〈자료 97〉 사상범죄 취체 구체적 방책(《동아일보》, 1938.3.16)

【도쿄전화동맹】 사법성(司法省)에서는 중일전쟁에 따라 사상범죄 단속대책이 필요하다는 것을 인정하고 1938년도 추가 예산으로 40여만 원을 계상하여 대장성의 승인을 얻었는데 그 구체적 방책은 다음과 같다.

▲형사국 소관

1. 종래 사상범죄는 좌우익 양측 모두 제5과(第五課)에서 처리하고 있던 것을 서기관 1명을 증원하여 제6과(第六課)를 신설, 좌익 및 우익 사건의 처리를 분관(分管)함.
2. 종래 사상계 판검사의 실무가 회동을 연 2회에 걸쳐 개최하였는데 이 외에 사상연락회동을 소집함.
3. 새로 항소원 관내에 따로 사상계 판검사 회동을 개최함.

▲보호과(保護課) 소관

1. 사상범 전향자를 보호 옹립하기 위하여 사무관 1명을 증원.
2. 사상범 전향자 보호사업 장려금을 10만 원 증액.

〈자료 98〉 고문은 진저리가 난다, 황애덕(黃愛德)(53세) 씨 이야기(《동아일보》, 1946.3.3)

나는 기미년 3월 초순 대구에서 만세를 부르고 전국적으로 벌어지는 애국부인운동 때문에 서울에 올라왔습니다. 아직 만세 소리는 경향 각지에 그치지 않고 일어나고 애국부인들은 적극적으로 운동에 참가하여 결국 왜놈에게 잡혀 서대문 감옥에 들어갔다가 8월에 일시적으로 나왔는데, 운동주모자라는 죄명으로 또다시 11월에 수감되었습니다. 그들은 다만 고문으로서 죄를 만들려고만 하였으나 우리들은 종래 토설하지 않았습니다. 그러나 억울하게도 4년 언도를 받아 고생하다가 나왔습니다.

3) 《조선신보》

〈자료 99〉 옥중에서 영면한 의열단원 고인덕, 40세를 일기로 삼아 지장명단(志長命短)한 그 일생(《조선일보》, 1926.12.24)

작보(昨報)=만주에 있는 ■■운동자들과 합력하여 의열단을 조직하여가지고, 다년 상해(上海)와 만주에서 여러 가지로 직접행동을 하여 천하의 이목을 놀라게 한 후 다시 국내에 있는 동지들을 규합하여 폭탄과 권총 등을 밀수입한 후 중요한 건물과 요로의 대관을 암살하려다가 중도에 발각되어 오랫동안 예심 중에 있다가 지난 18일에 대구지방법원에서 제1심의 공판을 개정하였던 이종암(李鍾岩)의 공범 고인덕(高仁德, 40)은 신병(身病)으로 당일 출정치 못하였다가 지난 21일 오후 8시 35분에 대구형무소에서 40세를 일기로 한 많은 세상을 떠났다 함은 이미 누차 보도하였거니와,

파란 많은 일생, 감옥행도 2회

고인덕은 본래 경상남도 밀양군 밀양면 내이동(內二洞)에서 출생하여 스물두 살 때 대구 계성학교에 입학하여 공부한 후 1918년(大正 7) 11월에 세사(世事)의 그릇됨을 보고 몹시 분하게 여겨 고향을 떠나 만주로 가서 상해와 길림(吉林) 등지로 돌아다니며 ■■운동을 맹렬히 하다가 기미년에 조선 내지에서 삼일운동이 일어남을 보고 동지 이종암, 김원봉 등과 모의한 후 동년 3월경 다수한 폭탄을 밀양으로 밀수입하였다가 폭과(원문 그대로임)의 봉화를 밀양에서부터 들고자 하다가 일이 ■간에 발각되어 그것으로 대구지방법원에서 징역 3년

의 판결을 받고 복역하다가 1년 7개월 만에 가출옥이 된 후,

전후(前後) **운동비**(運動費)**로 가산**(家産) **전부 탕진**(蕩盡)

얼마 아니 되어 그는 또한 ■■사건으로 해외에 특파원을 보낼 때 여비가 없음을 보고 가산을 방매하여 삼천 원을 만들어 제공하였으며, 그 후 또한 이번 의열단사건이 발각되매 또한 그의 연루인 관계로 그와 같이 오랫동안 영어(囹圄)의 고초를 받다가 드디어 옥중에서 신병을 얻어 심장마비를 일으켜 그와 같이 영면하였다는 바, 밀양 그의 본집에서 그의 부인 이복수(李福壽 39세) 씨와 그의 장남 요옥(要沃 13세)과 차남 종규(鍾圭 3세)와 딸들이 있다 한다. 그의 흉보가 한번 들리매, 밀양에 있는 그의 가족은 물론이오, 밀양 청년 수십 명이 일부러 대구까지 와서 망인 유해를 받아가지고 돌아갔는데, 그 부인 이 씨와 그의 실제(實弟) 금식(禽植)군의 애처로운 울음소리는 멀리 구천에 사무쳤으며 유해를 마중하러 온 그의 친우들도 눈물을 금치 못하여 대구형무소 앞은 실로 울음과 눈물에 싸였었다.

영구(靈柩)**는 고향에, 백여 동지 마중 나옴**

영구(靈柩)는 22일 오후 6시 30분에 대구를 출발하는 열차로 고향인 밀양에 수송하였는데, 열차가 밀양역에 도착하였을 때는 밤중임에도 불구하고 남녀 학생을 비롯하여 그의 친우 백여 명이 마중하여 밀양정거장은 일시 매우 혼잡을 이루었더라.[대구지국 특파원 여규진(呂圭鎭) 발신]

모호한 사인(死因)

고인덕의 죽음에 대하여는 여러 가지 말들이 있는 바 심장마비로 죽었다는 말도 있으며, 또 일방으로는 대구형무소에서 간수들이 너무 혹독한 대우를 가하여 왔으므로 이에 불평을 가진 고인덕은 항상 자살을 기도하여오던 중에 이것을 알게 된 형무소 당국에서는 그에게 항상 수갑을 채우고 장갑을 끼워 수족을 놀릴 수가 없게 하여 오던 터인데 돌연 21일에 사망하였으므로 그 원인이 모호하다하여 여러 가지 말이 많은 중이며 그 죽은 원인에 대하여는 방금 세밀히 조사하는 중이라더라.(대구)

〈자료 100〉 〈평단 만필〉 양구 고문사건(《조선일보》, 1927.3.1)

근래 조선의 고문사건이라는 것이 감추고 감춘 비밀의 밑바닥으로부터 찔끔찔끔 그 일부가 노출되고 있다. 이런 일은 당연하다고 생각해 온 조선의 현 사정에 정통한 인사들도 너무 가혹한 것이 아니냐며 분노를 일으켰고 일본인 측에서도 잔인한 폭행이라는 데 통석하는 경향이 있다.

그중에서도 강원도 양구경찰서 만대주재소 강언일랑(岡彦一郎)이라는 순사의 고문사건이야말로 일반의 주목의 초점이다.

사건이 이미 고문치사로까지 벌어져 경성지방법원 형사부 공판정에서 사건 전말이 공개되게 되었다. 앞의 강언은 1926년 12월 10일 관내에서 곡류 수점의 도난사고가 있었을 때 만대리의 김홍건을 그 용의자로 체포해 주재소 안에서 조사 중, 김이 사실 진상을 쉬 자백하지 않는다며 김을 벌거벗겨 결박하고 널빤지에 엎어 묶은 뒤 몽둥이로 머리, 어깨, 등허리 할 것 없이 전신을 40~50회 난타하고 가슴을 몽둥이로 냅다 지르며 온몸에 발길질을 가하고 토벽에 내동댕이쳐서 쓰러지는 등 참혹한 고문을 가한 것이다.

이는 피고인 강언이 법관의 심문에 대한 진술이기 때문에 여기에 더 추측을 보탤 것 없이 이 정도가 최저한도의 정확한 사실인 것은 누구나 단정해서 틀리지 않을 것이다. 그러나 강언의 고문행위는 앞의 진술 정도로 끝난 것이 아니었다. 그 고문으로 한때 혼수상태에 빠진 김을 주재소 숙직실에 가두고서 의식이 조금 회복되자 다시 폭력의 고문을 반복하여 가하였다. 김은 끝내 과도한 동통으로 말미암아 허탈 상태에 빠졌다가 그날 밤 죽었다. 이는 즉 극도의 참학한 고문으로 죽은 것이다. 전율할 일이다. 이를 항용 말하듯 트집이라고만 할 것인가. 무릇 고문을 당했을 때 혼절하기 몇 번을 거듭해도 그래도 목숨을 보전하는 조선인 남녀는 많다. 우리는 지금 이에 대해서 논평을 가할 생각은 없지만 세상 사람들이 이 사실들을 들었을 때 어떤 감상을 가질까. 조선통치 당로자나 일본인 제군들의 감상은 어떠한가.

〈자료 101〉 고등요시찰인(高等要視察人), 사진표 5,000여 장, 한 시간에 100여 장을 구워내는 정교한 사진기계 노코작구 제작【나날이 면밀해지는 경계망】
(《조선일보》, 1927.5.17)

경기도 형사과에서는 벌써부터 수집하던 지문(指紋)이 완성되어 금번은 이것을 더욱 밀접한 관계로 범죄수사 상 가장 유효한 자료인 사진 컷과 이름표 제작에 착수하여 사진 컷은 벌써 5,200수십 장에 달하며 이름표는 6만 2,000여 장에 달한다고 한다. 사진 컷 중에 고등요시찰인의 것도 2,000여 장이나 수집되어 범죄 발생과 동시에 이름표와 사진 컷으로 시간을 어기지 않고 전국에 일제히 수배를 하게 되었다. 또 2,000여 원을 들여서 구입한 사진기, 인화기, 확대기(擴大機) 등은 놀랄 만큼 정묘한 기계로 인화는 한 시간에 백오십 장의 사진을 구워낼 수가 있으며, 사진을 베껴서 구워 확대하는 데까지 불과 삼십 분밖에 걸리지 않는다고 하니 이로써 전조선의 경찰망은 더더욱 민첩해질 것이라고 한다.

〈자료 102〉 보석지연의 희생, 공산당사건의 실제 사례를 보고(《조선일보》, 1928.1.21)

一

1925년 12월 공산당원의 검거가 신의주에서 비롯하여 이번 공판의 결심을 보기까지 2년 2개월의 지루한 세월을 끌고 내려왔다. 백단일(百單一)의 많은 피고 중에 체질이 섬약한 사람이 한둘이 아니겠으며, 이런 장구한 기간에 가혹한 고형(拷刑)과 음산한 철창의 기거(起居)는 참으로 견디기에 너무나 지쳤을 것이다. 그동안의 피고들 희생이야말로 정도의 차는 있을지언정 얼마나 많을는지. 옥사(獄死)가 2명에 이르며 불구(不救)의 고질(痼疾)을 얻어 보석출옥을 하였다고 하더라도 출옥 후에 불과 1개월 내외로 별세한 피고 또는 정신이상에 걸려 옥리(獄裡)의 악몽을 놓지 못하고 몸서리치며 부르짖는 피고 등 그들의 정경이야말로 애달파 하지 않을 사람이 없을 것이다.

二

이렇듯이 미결기중(未決期中)에 다수의 희생자를 낸 것은 피고의 체질 여하에도 관계함이 적지 않겠지만, 여기서 우리는 신문고형(訊問拷刑)이 어느 정도까지였다는 것을 상상하기 어렵지 않다. 또 한편, 병에 걸린 피고에 대해 너무나 비인간적인 대우를 하였음을 의심스럽고 이상하게 여기지 않을 수 없다. 감방 안이 바로 형대(刑臺)가 아닌 이상, 그리고 판결 여하를 예단할 수 없는 미결기간 중에 있는 이상, 피고에 대한 인간적인 동정이 있다면 뻔히 생명이 경각에 달린 피고에게 보석청원이 거듭됨에도 옥사를 볼 때까지 보석을 지연시키고, 비록 보석이 된다고 하여도 사망, 불구의 결과를 보게 할 심사가 어디 있을까! 우리는 지난 보도를 통해 18일에 또 피고 박길양(朴吉陽)의 옥사(獄死)를 듣게 되었다.

三

형(刑)은 엄한 것이 적합하다. 그러나 이것이 결코 복수라는 동기에서 출발하는 게 아니라는 것이 오늘날의 정론(正論)이다. 피고의 범죄가 판명되기는 최후의 판결을 기다려야 하겠지만 어떠한 범죄 사실을 막론하고 단순한 지배군의 편견으로 잔인한 학대에 생명까지 단축시키는 것은 정당하다고 볼 수 없다. 하물며 미결 기간 중의 피고에 대해서는 더욱 그렇다!

오늘날의 감옥시설은 비록 건강한 자라도 그 건강함을 유지할 만큼의 적당한 시설(施設)을 하는 것이 원칙이며, 그 정도 여하에 따라 그 나라의 문화정도를 추측할 수도 있는 것이다. 더욱이 병든 죄수에게 오히려 구호(救護)를 더욱 꼼꼼하게 하는 것을 볼 수 있고, 또는 보석제도까지도 펴놓게 되었다.

四

그러나 돌이켜 조선의 감옥을 살피고 미루어 재판 태도, 경찰 간섭 등을 생각해 보아라!

이번 공산당 공판 미결 기간 중의 희생이 이렇게 많고 참혹하니, 무엇보다도 그 진상(眞狀)을 표명하는 바이다. 우리는 여기서 감옥제도의 개선이라든지 기타 정부기관에 대한 공박(攻駁) 운운할 자리를 가지려는 것이 아니고, 기왕의 규정된 보석제도라도 편견과 수속에 얽매이지 않고 적절하게 활용하여 이 이상 희생자를 내지 않기를 바라는 바이다. 다음에 변호인으로 말하면 그동안 여러 가지 고투(苦鬪)한 바가 적지 않았지만, 이번 기회에 안으로는 피고를 돕고 아니 인■■■하여 법정 내의 항쟁을 이 방면으로 더욱 발휘하기를 바라는 동시에 밖으로는 법정과 감옥에 숨겨진 이면(裡面)을 사회에 드러냄으로써 여론의 환기를 꾀해야 한다고 생각한다.

〈자료 103〉 2차, 3차 압송된 재감자가 또 60명, 24명 불기소 중에 우선 15명만 출옥해, 향후 삼포(森浦) 검사의 태도 여하(《조선일보》, 1928.12.3)

이 사건의 검거 단서는 작년 9월 2일 첫 일요일(국제청년제) 아침 미명을 비롯하여 10월 16일까지 4차로 동만주와과 간도(間島)를 중심으로 간도총영사관경찰서(間島總領事舘署)원이 총동원하여 조선인 각 단체[동만조선노농총동맹(東滿朝鮮勞農總同盟), 환성회(桓省會), 재만조선청년총동맹(在滿朝鮮青年總同盟)]를 일제히 대수색하였다. 그와 동시에 그 전위분자로 인정되는 백여 명을 검거하여 취조를 마치는 대로 76명의 다수를 경성지방법원검사국 사상전문계(思想專門係)로 압송한 이래 만 3개월 내지 2개월 이상을 사상전문검사인 삼포 씨의 손으로 취조를 마쳤다.

지난달 10일경에 76명 중 우선 48명을 사상예심판사인 오정(五井) 씨의 손에 회부하고, 나머지 24명은 곧 출옥하리라는 것은 당시에 보도한 바이다. 그동안 삼포 사상검사는 다시 더욱 세밀한 취조를 마치고 엊그제 밤 10시 10분에 15명이 출옥하여 시내의 수표정(水標町)에 있는 조선교육협회(朝鮮教育協會)에서 하룻밤을 지냈는데, 2차, 3차 압송한 사람으로 재감자는 61명이더라.

〈자료 104〉 검거와 불기소(《조선일보》, 1929.8.20)

一

빈궁(貧窮)은 죄악을 낳는다. 개인과 사회를 막론하고 빈궁한 환경 속에서 정상적인 발달을 약속할 수 없기도 하거니와 한 시대, 한 사회에서 해악(害惡)이라는 것이 당시 사회의 지배계급의 이해에 비추어 결정되는 것이니, 궁(窮)은 또한 죄의 유혹을 담당하는 것이라고도 하겠다. 빈부격차는 나날이 격심해지고 따라서 여러 가지의 죄악이 산출되어 가는 중, 사회에 대한 자각이 늘어날수록 사상에 관한 범죄가 현저하게 증가하는 것을 볼 수 있다.

돌이켜 조선의 현실을 살펴보자. 조선과 같이 개인으로나 사회로나 빈궁에 쪼들리는 데는 현대문화사회에서 그 유례를 보기 어려우니 그 원인을 찾아 생각하면 멀고 먼 과거에까지 미치겠지만, 가까운 2, 30년간 더욱 그 빈궁이 고정되고 침투된 것이 예전에 비할 바가 아니다. 전에 없던 사회시설이며 산업규모가 우리의 눈을 현혹시키는 바가 많다. 그러나 파산하여 떨어져 나간 자가 오늘날같이 쏟아져 나온 적도 없을 것이다.

二

수인(囚人)이 격증(激增)한다. 10년 전 기미년 당시에 수인(囚人)의 홍수를 일으켰던 사실은 우리의 기억에 새롭거니와 그 영향으로 두 해가 지난 8년 전을 절정으로 점차 감소하는 경향이더니, 재작년과 작년에는 1만 3,000명대로 거의 평형을 유지하였었다. 그런데 금년에 들어서는 다달이 격증하여 지난 3월 하순 경에는 약 1만 6,000명대를 돌파하였다. 이처럼 놀라운 현상이 어찌하여 야기되었는지, 그것은 물론 그 이면에 조선사회의 빈궁이 증대한 것과 이 빈궁에서 어떤 자각이 앙양(昂揚)된 것, 그리고 이에 대한 단속이 엄혹해진 것 등에 귀착된다.

산리((山梨) 총독이 오고부터 특고경찰망과 그 외 사상단속시설에 한층 힘을 쏟은 것만 보아도 수긍되는 바가 있지 아니한가. 오늘날의 진보된 법률이 형벌의 목적을 보복에 두지 않고 감화에 둔다든가, 또는 경찰의 임무가 공안유지라는 소극적 견지에서 사회의 해악을 미연에 방지함에 있다든가 라는 이야기는 귀에 익은 터이지만 실제는 지배자에 대한 피지배자의 대립을 강조할 뿐이다. 형벌은 엄벌주의를 목적하고 있고, 경찰은 범죄 구성에 급급하다는 혐의를 갖게 한다.

三

예를 들면 경성지방법원검사국에서 올해 1월부터 6월에 이르는 상반기에 관할 각 경찰서에서 수리한 범죄건수가 8,078건, 인원이 1만 1,770명으로 불기소처분이 4,326명이라 하니 경찰서에서 유죄라고 인정하는 사건의 과반수가 불기소되는 그것이 과연 검사국의 형벌을 아끼는 관대한 태도 때문인가. 그렇지 않으면 경찰서의 범죄구성에 대한 표준이 가혹하기 때문인가. 그러면 우리는 이상의 2가지 추론 중에서 어떤 것을 취할 것인가. 그러나 우리는 불행히도 후자의 추론을 따라가지 않을 수 없는 재료를 많이 가지고 있다.

또한 최근 경찰의 태도가 범죄사건의 구성을 많이 하여 그 공적을 다투는 경향이 있음은 사상단속의 가혹한 시설과 함께 고유하게 조선경찰이 가지고 있는 무제한적인 권한으로 인해 조성되는 바가 많다.

이 밖에 경찰이 유죄로 인정하기까지 또 얼마나 많은 인원이 단순한 혐의로 구속되고 신문을 받고 있는가를 생각하면 더욱 놀라지 않을 수 없다.

四

번연히 무죄한 자가 장기간 옥리에서 신음하거나 혹은 몇 달 내지 몇 년간 원죄(冤罪)를 받게 되는 것은 조선경찰의 권한이 무제한인 것과 사법의 결함에 있으니, 이에 상응한 민중에 대한 보장이 없이는 민중의 생활은 언제든 위협될 뿐이다.

그러므로 경찰만능을 규정한 법규의 개정과 철폐는 물론이오, 부당한 행정처분에 대한 구제 수단의 확립을 위해 우리는 이미 여러 차례 역설한 바 있다. 그러나 이에 대한 대처가 있기는 고사하고 도리어 반동적으로 점점 그 경향이 심해갈 뿐이니 이 어째 의심스럽지 않겠는가.

최근 박람회기를 앞두고 이동경찰이 다시 시작되었으며, 또 예비검속을 실행하려는 등 무서운 경계 선풍(旋風)이 불게 되었다. 우리는 무용한 희생이 많이 나올 것이라고 이미 추측하는 동시에 조선사회는 이런 불안정한 가운데에서 진전되어 가는 것을 더 깊이 느끼게 되는 바이다.

〈자료 105〉 광주학생 사건의 심리(審理)(《조선일보》, 1930.2.23)

一

작년 11월 3일 광주에서 갑자기 발생된 광주고보생(光州高普生)과 광주 중학생 간의 충돌 사건은 지난 19일부터 광주지방법원에서 공판심리를 진행하여 20일에 종결되었다. 이 사건이 발단으로 전 조선학계를 중심으로 한 기타 각 방면에 중대한 파동을 일으킨 것은 모두가 다 아는 바이다. 따라서 이 사건의 심리 여하가 중대한 관계를 가진 것은 두말할 필요가 없다. 이 사건에 관한 검거주임자의 하나인 주정(酒井) 검사의 논고에 따르면, 형의 최고는 10개월로 1명, 8개월이 9명, 6개월이 17명, 최저가 4개월로 집행유예를 청구하게 된 자가 22명이라고 한다. 이 문제는 누구나 진지하게 고려할 필요가 있다.

二

당시 두 학교의 학생 충돌은 처음에는 우연히 된 것으로, 어떤 예정된 계획이 고보교(高普校) 학생 측에 있을 수가 없다. 이 사건이 그처럼 확대하게 된 것은 차라리 중학생 측에 직접으로 간접으로 간여한 비슷한 감정을 가진 자들의 사고가 결여된 언동에 의한 것일 것이다.

이것과 관계하여 여러 가지로 보도되고 서술된 바도 있으나, 이제 와 이것을 지적하고 논술하는 것은 상당히 곤란하다는 것을 알고 있으니 그 심리(審理)에 대해 한마디로 판단하자면 청소년 학생들이 점점 격동하게 된 것은 대부분이 직감적이고 또 피동적인 경로를 지나서 온 것이 하나이다. 조선인의 감정과 사상, 기분 및 정치적, 경제적인 모든 지위에 대해 평소에 너무 자기중심적으로 몰이해한 언동과 행동을 하는 것이 드디어 그들을 실망상태로 빠지게 한 것 때문일 것이다.

三

사람은 사회적 동물이라 학창(學窓)에 있는 동안 학생회, 반우회(班友會), 독서회(讀書會), 동연회(同研會), 소녀회(少女會) 등의 집회와 일정한 형식의 결사는 있기 쉬운 일이다. 현대 학생으로서 독서에 관계하는 자, 사회과학에 관련된 서적을 두는 것쯤은 이미 다반사로 되었고, 또 일정한 집회가 있어 그 교우 선배와 다소 접촉이 있다고 하면 의견 교환, 난의문답쯤은 반드시 있을 일이다. 이러한 때 가장 유의할 것은 오직 법문의 문자적인 해석으로 중대한 비밀결사에 해당하는 조문을 적용하느냐 안 하느냐의 분기점, 바로 그것이다.

그것은 사법자로서 자신의 처지도 문자적인 해석과 적용하는 것뿐 아니라 정치의 대국적 견지에서 이해하지 않으면 안 된다는 것은 명백하다. 다만 최근 몇 년 동안 도쿄와 교토, 기타 각지의 학생들의 계획적인 비밀결사사건에 대해 문정(文政)을 베푼다는 방침에 따라 소위 엄벌주의와 엄폐주의(掩蔽主義) 등을 폐기하고 되도록 진보적인 정책을 취한 것이 현재 상태이다. 조선과 같은 특수한 관계에서 신중하지 못한 처치는 금물일 것이다.

四

이 사건은 그 관계가 중대한 점으로 보아 사법행정상 당연히 신중한 고려가 있을 것으로 추측한다. 무릇 사직(司直)이 당파와 종족, 혹은 그 외의 선입견적인 좁은 견해에 이끌리면 안 된다는 것은 나의 이야기를 기다릴 필요도 없다. 이렇게 냉정하고 공정함이 필요하다는 점에서 모 변호인이 관할 이관을 주장하는 것은 조선 문제의 중대성과 그 현실에 관해 관심이 있는 자라면 누구나 음미할 만한 점이다.

현재 햇수로 3년, 달수로 18개월에 걸쳐 비로소 예심이 종결된 수원고농학생(水原高農學生)의 조선개척사(朝鮮開拓社)사건이란 것도 사실 내용은 농림학도의 친목기관으로 아무런 중대한 경향을 가진 바가 전혀 아니다. 조선의 문제는 어찌 지나치게 꼼꼼하게 살펴서 쓸데없이 문제시하고 지나치게 확대해석해서 책임을 지우니 어찌 앞날의 광명을 가져올 수 있겠는가. 이것은 실로 내외가 주목하는 초점이 될 것임을 부인하지 못할 것이다.

〈자료 106〉 형사범 증가의 사회상(社會相)(《조선일보》, 1930.4.8)

一

나는 이미 경성지방법원 검사국의 통계를 들어 작년 일 년 동안 해당 국(局)에서 취급한 사건 중 건수로 5할 4분(五割四分) 남짓과 6할 2분 5리(六割二分五厘)가 넘게 해당하는 숫자가 불기소처분된 것을 지적하며 검거 남발의 불가함에 대해 논한 바 있다.

그런데 이제 또 지난번 일본에서 보도된 경성복심법원의 작년 일 년 동안 취급한 형사사건의 통계를 살펴보니, 4개소 지방법원과 19개소 지청에서 수리한 건수만 1만 2,051건으로 전년도보다 757건이 증가하였고, 그중에도 일반형사범보다 특별형사범이 합계 8,501건이 되어 전년보다 406건의 급격한 증가를 보였다고 하니 이 얼마나 놀라운 사실인가.

더욱이 경성복심법원 관하의 각처 검사국이 발동한 범위에서 수리한 건수는 3만 8,451건(작년에 비해 2,659건 증가) 중, 불기소된 것이 2만 3,675건(작년에 비해 1,381건 증가)이라고 하니 나로 하여금 무엇을 말해야 좋을지 말과 글이 눌려 막히는 것을 느끼는 바이다.

二

게다가 그 통계는 민사 건수에서 제1심의 수리가 작년과 비교해 208건 감소세를 보여 전체로 볼 때는 민사소송이 점차 감소하고, 형사사건이 급격하게 증가하는 현상을 여실하게 설명하고 있으니 이상의 숫자를 현실 사회의 반영으로 보자면 나는 그 무엇을 찾을 수 있을 것인가.

수삼 년 이래 많은 금액의 예산으로 움직이는 특고경찰망을 중심으로 연거푸 일어나는 대규모의 검거 사실과 아울러 조선 사회가 얼마나 불안정한 속에서 헤매고 있는가를 짐작할 수 있다. 그와 동시에 경찰의 무책임한 검거 태도를 다시 엿볼 수 있으니 남북 각지에서의 여러 종류 사건같이 지나간 예는 그만두고 최근 함경남도의 문천협동조합사건(文川協組事件)이라는 것만 보아도 이제까지의 사실을 확증시키기 어렵지 않다.

三

형사범이 격증하는 원인이 무엇보다 사회적인 결함에 있다는 것은 두말할 필요도 없지만, 한편으로는 주로 사상범인 소위 특별형사범의 격증은 엄밀한 의미에서 범죄 사실의 과다보다 거의 무제한으로 부여된 경찰 권력의 남용에 있는 것도 사실이다. 인민이 부당한 행정처분을 받더라도 정부로서 그에 대한 옹호와 구제 수단이 조금도 규정되지 않았다는 지금까지의 법적사실이 이것을 증명하고도 남는다.

그러나 민중의 사상적 동요나 생활상의 불안 및 사회적, 정치적인 고민은 경찰의 활약이나 사법권의 발동으로 이것을 제거할 수는 도저히 없으니 권력적인 강압은 오히려 사태의 반발적 현상이나 잠행(潛行)을 조장하는 경우가 많은 바이다.

당국자는 모름지기 그것의 근본적인 개선에 한 걸음이라도 접근하려는 노력이 있어야 할 것이라고 믿는다.

〈자료 107〉 의열단원이던 이종암은 장서(長逝), 형의 집행을 정지한 중 대구에서 요양 중에(《조선일보》, 1930.6.1)

지금으로부터 십수 년 전 시국(時局)에 대한 불평을 가슴에 품고 멀리 해외로 돌아다니다가 상해 부두에서 전중(田中) 대장(大將)을 저격한 후 의열단원으로 활동하던 이종암(李鍾岩)은 검거된 이래 제령 위반으로 징역 13년의 장기의 언도를 받은 후 대전형무소에서 복역 중이던 바, 급성폐렴과 위장병으로 형의 집행정지로 가출옥되어 대구 남산정 자택에서 치료 중이라 함은 기보한 바, 지난 29일 오후 6시경에 약석의 효과도 없이 드디어 세상을 떠나고

말았다는데 가세가 극빈하여 장례식의 진행까지 곤란한 현상이라 한다.(대구)

〈자료 108〉 전쟁유발혐의 불온출판물 단속, 승낙 없이 기사 작성한 서책 등도, 육군과 관계 당국의 방침(《조선일보》, 1934.1.25)

【도쿄전화】 23일의 귀족원 본회의에서는 문제가 된 전쟁을 유발하는 것 같은 출판물 또는 기사, 소설 등에 관해 일찍이 육군에서도 조사하고 있던 바, 그 결과의 이런 종류의 출판물과 기사, 소설 등에서 도발적인 것이 예상 이상으로 다수에 달하여 있을 뿐 아니라,

일, 본인의 승낙을 구하지 않고 군부 최고 수뇌부의 추천문 또는 대신(大臣)의 서문(序文) 등을 붙인 것.

일, 1, 2분간 회견하였을 뿐인데 당당히 회견자 이름으로 전쟁불가피론, 기타 도발적인 기사를 작성하여 게재한 것.

일, 좌담회에서 군부 출석자가 발언하지 않은 도발적인 언사를 삽입한 것.

일, 좌담회에 전혀 출석하지 않은 본인의 이름으로 전쟁필래(戰爭必來)를 예언한 것.

등 극히 악랄한 자가 적지 않고, 위와 같은 것은 단순히 국민을 현혹시킬 뿐 아니라 나아가서는 국제관계를 자극하여 도리어 다른 나라에 기승될 우려가 있으므로 육군 당국에서도 이와 같은 비상시를 맞아 이것을 악용하여 자기의 이익을 꾀하는 비국민적 태도는 단연코 묵허할 수 없다고 하여 군부의 사무 당국 및 관계 당국을 격려하여 이런 도발적인 출판물에 대해서는 단호하게 단속할 방침이다.

〈자료 109〉 사상범의 취조방식과 검찰당국의 '딜레마', 검거 독려로 고문사건이 거듭 나타나고 고문으로 독직(瀆職) 사건이 빈발함(《조선일보》, 1934.4.13)

최근에 경찰관의 여러 가지 독직사건이 자주 일어나는 경향이 있어 일반 사회의 비상한 주목을 끌고 있다. 동시에 경찰 당국 내부에서는 경찰의 위신에 관계되며 민심에 동요를 주

는 문제라고 하여 경찰계의 강■ 숙청과 경찰 방면의 인사, 행정 개혁 등 여러 쇄신 문제가 일어나고 있다. 3월 말에 함경남도에서 열렸던 사상경찰과 기타 고등경찰 사무협의회에서 사상반 형사의 피의자고문치사 사건 문제를 중심으로 경찰 간부 측과 제일선의 경관 사이에 재미없는 공기가 흐르게 되어 이 문제를 과연 어떻게 낙착을 지을는지 매우 주목된다.

문제는 경관이 사상관계의 피의자를 취조할 때 고문을 하기 때문에 상해죄 또는 상해치사, 기타 독직죄 등으로 검찰 당국에 경찰관리의 비행이 적발된 것이 최근 일 년 동안에 함경남도에서만 7건이나 되는 상태이다. 이것은 경찰의 간부 측에서 경찰의 위신을 지키기 위해 조그만 일에 거리끼지 말고 검거 성적을 나타내라고 함부로 격려하고 있어 제일선에서 움직이고 있는 경관은 너무 공명심에 불타올라 피의자를 고문하며 취조하는 일도 생겼다. 이럴 때마다 검찰당국의 감찰이 심하면 소위 그 직무를 수행할 수 없다고 말하여 분규를 일으키게 되었다고 한다. 그러나 조선과 같은 사상관계 검거가 많은 곳에서 그 취조를 할 때 경찰간부와 하급경찰관 사이에서 이와 같은 '딜레마'가 생기는 것은 경찰이 사상관계 피의자를 취조하는 방법에 중대한 결함이 있다는 것을, 즉 비합법적인 방법을 쓰고 있다는 것을 반영하는 것으로 경찰계 상하간의 취조 방법에 큰 모순이 있는 것을 말하는 것이니만큼 경찰계의 깊은 반성을 촉진하는 중요한 문제라고 한다.

〈자료 110〉 사상단속의 전환, 차라리 그 근원을 개선하라(《조선일보》, 1935.11.29)

一

당국은 최근 사상단속에 대해 종래 탄압, 엄벌주의를 쓰던 것을 버리고 회유, 전향주의를 쓴다고 한다. 따라서 일단 법망에 걸린 자라도 전향 의사가 충분하다면 투옥하지 않고 석방하여 사상선도단체에 넘겨 지도하게 하고, 형기를 마치고 출옥한 자도 요시찰인으로 감시를 엄중하게 하여 반발심을 일으키던 방침을 버리고 되도록 방임하여 저절로 전향하도록 도모한다고 한다.

당국의 이번 방침 전환은 많은 폐해를 동반하던 종래의 방침에 비해 일단 진보된 정책이라 할 수 있다. 그렇지만 나는 이것과 겸하여 그 사상문제를 일으키는 근본적인 문제를 철저히 개선할 것을 주장하는 바이다.

二

무릇 사상은 그 시대의 세상을 반영하는 것이다. 기근이 있는 곳에 도적이 성하고, 한가한 사회에 방탕함과 퇴폐풍조가 유행한다. 희망이 많은 곳에 근면과 역작(力作)이 있고, 절망스런 곳에 자포자기가 있다. 왕정의 폭압 밑에서 자유민권주의가 일어나고 근대 자본가의 횡포에 사회주의 사상이 일어났다. 그러므로 사상은 덮어두고 탄압이나 엄벌로만 해결될 것이 아니고 사회의 근원을 개선하여 사상을 선도할 것이니, 진시황의 분서갱유나 제정러시아의 전제정치도 능히 사상을 선도하지 못하지 않았는가. 어찌 프랑스와 러시아와 중국뿐이리오, 동서양과 역사의 고금을 막론하고 이 원리는 어느 역사와 사회에도 적용될 것이다.

三

종래 조선에는 사상적인 범인이 많다는 일종의 특징을 가지고 있었다. 이것은 당국에서 발행되는 간행물의 범죄자의 내용을 보아도 짐작할 수 있는 일이다. 당국에서는 이것을 단순한 부화뇌동으로 취급하며 혹은 심기미정(心氣未定)한 철없는 이의 놀이로 치부한 것이 많았다. 그러나 과거 그와 같은 탄압과 엄벌이 있었음에도 범죄자의 수효를 감축시키지 못한 것은 이런 사상을 유발할만한 모종의 사회적인 결함이 존재했던 것은 아닐까.

농촌의 몰락, 지식계급의 희망 없음 등은 모두 이런 사상을 유발할 근원이 되지 않았을까. 그러므로 과거 일부 조선의 청년 사상이 격앙되었다면 이에 기인한 것이지 결코 조선청년의 호기심 어린 심리에서 비롯된 것이라고만은 해석하기 어렵다.

四

그러므로 사상단속에 대해 탄압과 엄벌주의 대신 회유와 전향주의를 쓰는 것은 종래의 잘못을 고쳐 더한다는 점에서 한걸음 진보라고 할지는 모르지만, 당국은 조금 더 사상의 근원이 되는 모든 결함을 개선하기 위해 노력해야 한다. 조선인에게 자유를 주고 풍족하게 하고 희망을 가지도록 하는 것은 조선인이 하고자 하는 바를 충족시키는 것이다. 무력으로 강제하는 강압과 엄벌이 부당한 것과 같이 사회의 결함을 방치한 모든 사상 선도 정책은 아주 완전한 효과를 나타내지 못할 것이다.

〈자료 111〉 간도공산당 사건 공판, 인도적인 면에서 본 대량 사형(《조선일보》, 1936.2.21)

一

만 2년이나 각 독감(獨監)에서 예심과 공판의 날을 보내는 피고 260여 명에 관한 간도공산당 공소 공판은 작년 12월 중에 경성복심법원에서 검사의 논고를 받고 이번 2월 말경에 다시 동 법원 재판장의 판결을 받게 되었다. 피고 인원이 많은 것이라든지 예심에서 공판에 이르는 시일이 장구한 것이라든지 모두 조선에서 드물게 보는 사건이니만큼 세인의 주목을 끄는 바가 크지만, 그보다도 세인의 한층 주의를 끌게 된 것은 피고 중에 20여 명의 사형과 2명의 무기징역, 2명의 15년 징역과 1명의 13년 징역이라는 다량의 중형을 받은 것이다. 아마 조선은 말할 것 없이 일본 내지에서조차 최근의 범죄 역사에서 보지 못할 대략의 중형(重刑) 구형이라고 하지 않을 수 없다.

二

이 사건에 관해 나는 그 관계자의 범죄행동의 유무를 변명하거나 그 범죄에 대해 형법에 의한 처형의 경중을 논하려는 것이 아니다. 대략 이것은 법적 변호인의 임무에 속하기 때문이다. 내가 한마디 하고자 하는 바는 대량 사형에 대한 인도상의 견해이다.

원래 사형제도에는 반대가 많다. 첫째, 범죄 정도는 어떻든 간에 일차에 사형을 집행하면 회복할 수 없게 된다. 집행 후에는 설사 범죄 사실이 없거나 가벼워져도 수습할 도리가 없다.

둘째, 사형이란 극형은 범죄예방 상 하는 것이라고 하는데 그 효과는 학술적 통계로 보아 거의 무효하다.

셋째, 형벌은 범죄에 대한 인격의 응징인데 사형은 인격주의에 위반된다. 이와 같이 사형제도에는 결함이 많아 세계는 사형폐지의 경향에 있으니, 한 사건에 20명이라는 대량의 사형자를 내는 것은 법이론을 떠나 인도적으로도 잠시 생각할 문제가 아닐까.

三

세계의 사형에 대한 경향을 보면 18세기의 이탈리아인인 베카리를 위시하여 프랑스혁명 당시의 로베스피에르(Robespierre) 같은 사형폐지론자가 나서 결국 길로틴(guillotin 단두대)의 적용에 의한 집행 완화가 성취되었다. 19세기에 이르러서는 사형폐지의 사상과 운동이 맹렬하여 독일은 1848년에 일시적으로 일부 이것을 실시하였으며, 이탈리아는 1889년에 사형이 폐지되었다가 1926년에 부활되었다. 루마니아는 1867년에, 네덜란드는 1870년에, 노르웨이는 1902년에, 스웨덴은 1921년에, 덴마크는 1930년에 폐지되었다. 미국의 모든 주도 사형이 폐지되고 멕시코의 모든 주에서, 그리고 베네수엘라는 1864년, 코스타리카는 1880년, 과테말라는 1889년, 브라질은 1880년에, 니카라과는 1893년에, 온두라스는 1894년에, 에콰도르는 1895년에, 우루과이는 1907년, 콜롬비아는 1910년, 아르헨티나는 1921년에 각각 사형이 폐지되었다. 일본도 점차로 사형폐지 경향에 있는 것은 누구나 주지하고 있는 바이다.

四

이와 같이 사형은 세계형벌사의 대세로 보나 법이론으로 보나 또는 인도적인 입장으로 보나 폐지 경향에 있는 것이 사실이다. 그러므로 결국에는 일본에서도 사형이 폐지될 날이 있을 것을 기대하고 있다. 이전 일본공산당사건에서 한 명의 사형자를 내지 않은 것도 이제까지 이야기한 것을 한 부분을 말하는 것이 아니겠는가. 이번 간도공산당 사건의 관계자를 보면 그것이 조선 국내가 아니라 당시의 만주에서 생겼다는 점과 사형을 구형받은 이가 20명으로 다수라는 점은 특히 고려할 여지가 있지 않겠는가. 사법당국의 관용어린 판결을 바라는 바이다.

〈자료 112〉 한 명씩 호출 선고, 피고 소동, 간수 6, 7명이 합력하여 겨우 제지, 방청인도 도중에서 눈물을 흘리며 퇴정[24](《조선일보》, 1936.2.25)

간도공산당 사건의 피고 26명에 대한 판결은 보통 사건과 달리 피고를 유치장에서 한 명씩 법정의 남쪽 문에서 불러들여 재판장이 판결을 언도하면 법정의 북문에서 나와 그곳에서 기다리고 있는 형무소의 자동차 2대로 교대 즉시 서대문형무소로 호송하기 때문에 사형

24 〈朝鮮出版警察月報 第90號, 朝鮮文 新聞紙 差押 記事要旨〉, 《朝鮮日報》, 1936.2.25, 석간, 국사편찬위원회 한국사데이터베이스(국문을 일문으로 번역한 것을 다시 번역함)

판결을 받은 피고 등에 대해서는 15분 내지 20분마다 1명씩 판결을 언도하게 되었다. 사형 판결을 받은 피고 중에 박동필(朴東弼)은 재판장의 언도를 듣고 '이 자리에서 죽여라'라고 외치면서 데굴데굴 굴렀다. 주현갑은 사형 언도를 듣고 고소(苦笑)하면서 "××운동자를 사형에 처해도 ××운동은 사라지지 않는다"라고 하여 중국공산당××를 외친다. 김광묵(金光黙)은 극형자가 몇 명 정도인지 여기서 알려달라고 말하면 재판장은 그다음에 판결문을 전해줄테니 그것을 보면 알 것이라고 대답한다. 민창식(閔昌植)은 사형 언도를 받자 목이 멘 목소리로 "×××!"를 외치면서 나갔고 지연호(池蓮浩)는 "이것이 공판인가, ××가"라고 코민테른과 중국공산당××를 외치며 자동차에 태워질 때까지 여러 번 조선××××××를 연호한다. 피고 가운데 공판마다 가장 소란을 피운 권태산(權泰山)은 언도를 듣자 신고 있던 짚신을 벗고 재판장에게 던지며 중국공산당××를 외치며 되돌아갔다. 이상과 같이 소란스러운 피고는 모두 간수 6, 7명이 제지하여 겨우 자동차를 타고 혹은 자동차에 태워지면서(중략) 남자 4명, 여자 2명의 방청인이 있었지만 사형판결을 받자 소란을 피우는 피고들을 보고 눈물을 흘리며 도중에 퇴장했다.

〈자료 113〉 사형수의 최후 소원, 착오 투성이인 조서 부인, 우선 7명 피고는 재심을 청구

(《조선일보》, 1936.6.27)

지난 18일 고등법원에서 상고 기각 판결을 받아 원심형대로 사형이 확정되어 방금 서대문형무소에서 교수대의 이슬이 될 날만 기다리고 있게 된 간도공산당 사건 사형피고 김응수 등 18명 중 주현갑 등 7명은 26일 경성복심법원 형사부에 재심청구서를 정식으로 제출하였는데, 청구서 내용을 보면 대개 이구동성으로 그것이 증거가 되어 그들에게 사형판결을 내리게 된 조서에 기재된 범죄 사실이 그들이 실제로 행한 사실과 틀림이 많다는 것으로, 다시 한 번 충분히 조사하여 사실을 밝혀 그들의 억울한 죽음을 면하게 하여달라는 것이다. 사형 피고들의 이 최후의 희망인 재심청구가 과연 수리될는지 어떠할지는 자못 일반의 관심을 끌고 있다. 오늘까지 재심청구서를 제출한 피고는 다음 7명이나 나머지 피고들도 뒤이어 재심을 청구할 것으로 보인다. 그리고 노창호는 판결등본은 청구하였으나 아직 재심청구서는 정식으로 제출하지 않았다 한다.

〈자료 114〉 사형수 유해, 고향에 운반(《조선일보》, 1936.7.25.)

22일 사형집행이 끝난 간도공산당 사건 관계자 김광묵, 지연호 등 두 명의 유족들은 사형집행하였다는 말을 듣고 곧 시체를 찾으러 멀리 함북 경성(鏡城)으로부터 상경하여 방금 부내 견지정 55번지 삼광의원에 머물러 있는 중인데, 그들은 유해를 앞의 고향으로 운반할 예정이라고 한다. 주현갑, 이동선 등 가족도 유해를 찾으러 오겠다는 전보가 왔다 한다.

4) 《시대일보》

〈자료 115〉 치안유지법 최초 적용, 정재달 외 1명 예심종결, 내월 1일에 공판 개정해 (《시대일보》, 1925.8.25)

이미 예심(豫審)을 마치고 공판에 부치게 된 후 오랫동안을 미루어 내려오던 정재달 외 1명에게 대한 공산당사건의 공판은 마침내 오는 1일(다음 달)에 열기로 하였다는데, 치안유지법이 실시된 이후로 조선에서는 처음 이 사건에 적용하게 되리라고 한다.

5) 《중외일보》

〈자료 116〉 공산당 공판 보고 연설, 이동재 씨가 도쿄에 가서(《중외일보》, 1927.11.16)

재일본조선노동동맹 대표로 경성에 와서 공산당사건 공판을 기회로 여러 가지로 활동하던 신내천현(神奈川縣) 조선노동조합 이동재(李東宰)[25] 씨는 도쿄로 돌아가는 즉시 지난 10일 오후 일곱 시에 앞서 기재한 신내천현 조선노동조합회관 안에서 조선공산당 사건 공판에 관한 일에 대해 보고연설을 하였다더라.

---

25 이달(李達)

〈자료 117〉 형사 요시찰인 취체내규, 경무국에서 제정 중이다(《중외일보》, 1927.12.23)

형사 요시찰인의 단속에 대하여 종래에는 그 표준이 구구하였으므로 금년 경무과에서는 일정한 표준을 세우고 이에 해당한 요시찰인만을 감시할 방침으로 세우기 위하여 내규를 제정 중이라더라.

〈자료 118〉 사상취체(思想取締)에 따른 요시찰인 정리안, 정치, 보통, 노동 등의 3종으로 분류하여 사회, 민족을 다시 세분해서 분리, 정치 쪽에 한층 치중함 (《중외일보》, 1928.8.4)

나날이 변화해 가는 사상을 단속하고자 사상취체의 전속 경관(警官)을 두고 매년 35만 원의 거액을 소비하는 조선 경찰은 최근에 이르러 경찰관을 증치한다, 정보망을 증설한다, 요시찰인을 정리한다, 경찰관에게 노중어(露中語)를 교수하는 등 여러 가지 새 시험에 몰두하는 중인데 이제 요시찰인의 정리 방법을 보면 정치, 보통, 노동 등 3종으로 나누어 이전의 갑, 을, 병 종을 폐지하고 대개 사상운동자와 정치운동자 중 전일 특종에 속한 사람을 정치에 편입하고 기타 민족주의자 중 다소 온건한 사람을 보통에 편입하고 노동조합의 리더격의 인물은 전부 노동부에 편입하여 정리하였다는데, 앞에서 언급된 정치에는 다시 갑과 을, 두 가지 종을 분간하여 사회주의자로 정치에 편입된 인물은 정치 갑종에, 민족주의자로 정치에 편입된 인물은 정치 을종에 편입하여 정리하였더라.

〈자료 119〉 요시찰인 행동을 조사하란 비밀통첩(秘密通牒)(《중외일보》, 1929.4.11)

금년 가을에 열리는 조선박람회에 도쿄로부터 각 궁(宮) 전하의 행차와 귀빈들이 참석차 많이들 조선에 올 터인데 경무국에서는 이러한 경계를 엄중히 하기 위하여 목하 고려중이며 당국에서는 우선 전 조선에 있는 요시찰인의 최근 행동을 엄중히 조사하라고 각 도지사에게 통첩을 발하였더라.

〈자료 120〉 요시찰 인물의 사진 수집, 사진첩을 만들어 둔다, 박람회 경계 일단 (《중외일보》, 1929.8.3)

경무국에서는 박람회 경계에 대하여 모든 준비가 착착 준비되어 가는 중인데, 이 일에는 경기도 경찰부 고등과에 명하여 경성에 있는 현재 요시찰인의 사진을 수집하여 사진첩을 만들어 각서에 배부하여 비치해 두라고 하였더라.

〈자료 121〉 집회금지와 신간회 대책, 철저한 해결을 얻고자, 집행위원 김병로(金炳魯) 씨 이야기(《중외일보》, 1929.9.7)

근래 집회금지에 대한 당국의 태도는 점차 가혹하여 간다. 하여 일반의 여론이 비등한 중 근자에 신간회 본부에 대한 집회금지도 역시 그러하여 중앙집행위원회도 누차 금지되어 동회에서는 금후 철저한 방책을 강구중이라 함은 어제 보도한 바와 같거니와 신간회 본부로서는 그 후 회무 처리 또는 운동 진행이 거의 중절 될 형편이라 하여 이번은 최우선 대책을 세워 가지고 어느 정도까지의 철저한 해결을 보도록 하리라는데 이에 대하여 신간회 본부 중앙집행위원 김병로 씨는 아래와 같이 말하더라.

제2회의 중앙집행위원회도 금지를 당하였는데 이유는 치안을 방해하였다는 것이나 신간회로서는 표현 단체로서 탄생 이래 치안을 방해한 사실이 없었다고 생각합니다. 경찰은 한갓 구실을 삼아 어디까지든지 우리를 속박하여서 자유스럽게 하는 것을 거부하는 것밖에 없는 것으로 생각합니다.

집회를 못 하니 말할 수도 없음은 우리의 현 상황이겠지만 이 같은 상태를 장구히 계속한다면 우리는 사선(死線)에 방황하는 결과에 이르고 말게 될 것이니 여기에 있어서 무리해 당국의 반성을 요구하고자 합니다.

〈자료 122〉 통신문(通信文) 검사하며 요시찰인을 감시, 새 학기 개학 임박으로 만일을 염려하여 초조(《중외일보》, 1930.1.2)

제2차 격문 사건을 발견 검거한 종로서에서는 1일 아침부터 더한층 긴장한 빛을 띠고 관내의 각 우편국을 엄중 감시할 뿐 아니라 각 학교 등과 단체에 배달된 연하장(年賀狀) 등도 일일이 조사할 뿐 아니라 소재 불명한 요시찰인에 대하여는 급히 각지 경찰에 수배를 발하였는데 앞으로 경찰 측에서 경계하고 염려하는 것은 각 학교 개학일에 학생이 전과 같이 등교할는지가 의문이며 또한 어떠한 사건이나 돌발되지나 않을까 하여 벌써부터 마음을 졸이고 있다더라.

〈자료 123〉 〈성격은 호방 진실한 사람〉, 여운형을 담임 취조한 오정(五井) 예심판사 담화(《중외일보》, 1930.3.12)

사건을 담임 취조한 경성지방법원 오정(五井) 예심판사는 아래와 같이 말하더라.

"취조한 예심판사로서는 그에 관하여 길게 말할 수 없으나 취조하는 동안의 태도를 보면 결코 적은 일에 구애치 않고 있는 마음을 그대로 하고 싶은 말을 다 말하며 끝끝내 말하는데 대단히 진실한 사람이라고 말하겠습니다. 취조 결과로 보아 조선의 사상운동의 최근 조선역사에 대하여 아직 모르던 바를 알게 된 바도 많습니다. 인물은 항상 세계적으로 관찰을 하고 있는 이만큼 생각하는 바로 독특한 바도 있었습니다. 하여간 피고에 대하여 여러 가지 말할 수 없으나 예심판사로 최초로 당하여 본 인물이요 금후에도 다시 그런 인물을 예심정에서 대할 수 없을 듯합니다. 물론 개인으로는 그에 대한 소감과 말할 바도 많습니다."

〈자료 124〉 전북경찰 돌연 긴장, 각지 요시찰인 검거, 남원, 운봉, 김제, 익산 각지에서 형사대(刑事隊) 출장 맹활동(《중외일보》, 1930.5.22)

전북전주경찰부 고등과에서는 지난 13일부터 돌연 긴장감을 띠고 전북 각지로 수배하여 남으로 남원, 운봉에서 요시찰인물 여러 명을 검거하여 전주서로 압송함과 동시에 이어서 서북으로 김제, 익산 등지에 등원(藤原), 양(梁) 형사대가 출장하여 현지 경찰의 응원을 얻어 활동 중이라는데 사건의 내용은 절대 비밀에 부치고 발설하지 아니하므로 상세한 내막은 알 수 없으나 이제 모처로 듣는 바에 의하건대 2개월 전에 익산군 왕궁면에서 검거되어 전주서로 압송하여 취조 중에 있는 송병희 사건의 관계인 듯하다 하며 모 사건의 관련된 사건이 발각되었다는 말도 있으므로 알 수 없으나 사건은 앞으로 확대될 듯하다더라.【전주】

〈자료 125〉 의열단 이종암 폐병으로 형 중지(《중외일보》, 1930.5.24)

경북 의열단사건으로 대구법원에서 징역 13년의 언도를 받고 이래 대전형무소에서 복역 중이던 대구 출신의 이종암은 옥중에서 폐결핵으로 오랫동안 신음하던 중 병세는 날을 달라 더하여져서 점점 고향에 들림으로 형무소당국에서도 어찌할 수 없어 재판소 당국과 협의한 결과 수 일전에 형의 집행정지를 받아 고향인 대구에 돌아와 방금 남산정 그 백 씨 되는 이종윤(李鍾允) 씨의 집에서 치료 중이다.

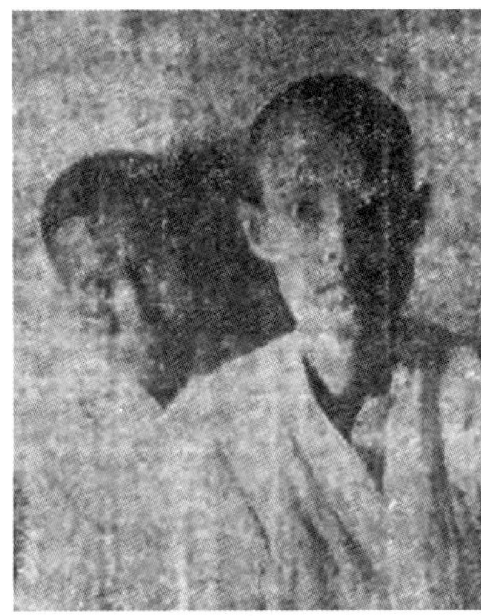

<그림 2> 병상의 이종암과 부축하는 노모

6)《중앙일보》

〈자료 126〉 수배 카드제 전조선에 실시, 행위불명 신요시찰인과 미체포 범인 카드를 작성, 5월 1일부터 실시(《중앙일보》, 1932.4.27)

최근 경무국에서는 오는 5월 1일부터 전 조선에 일제히 범죄수사에 대한 수배 카드를 분배하기로 하였다. 이것은 전 조선을 통하여 미체포된 지명 범인과 소재불명의 형사 요시찰인과 전과자의 수사에 대하여 연령별 또 성별에 따라 각 도로부터 카드를 제작하여 이것을 경기도 형사과에 집중하게 한 후 경기도에서는 각 도로부터 취합해 온 지문 원지에 대조하여 과학적 수색을 행할 방침인데, 이 외에 같이 모은 카드 중에 범인이 체포될 동시에는 카드를 해제하여 점차 정리할 예정이라고 한다.

〈자료 127〉 죄수 급증(《중앙일보》, 1932.11.18)

×

언론, 집회, 결사의 자유가 극단으로 제한되어 있는 조선에 있어서 좌익운동은 표면으로 나서지 못하고 대개 잠행적으로 진행하여 가는 모양이다. 그러므로 조선의 좌익운동의 실정이란 누구나 다 정확히 모르는 것이지만 이에 대한 검거 상태를 보아 그 일단을 추측할 수 있다. 금년에 들어서 10월 말까지 좌익운동에 관한 검거 상태를 보면 건수로 900여 건, 인원으로 3,000여 명의 다수를 돌파하여 조선 사회운동 역사상 처음 보는 기록을 만들었다. 그리하여 경찰 측의 유치장에나 형무소의 감방에나 현재의 상태로는 이루 다 수용할 길이 없는 것 같다. 9월 말 현재의 각지 형무소의 수용인원은 1만 9,042명으로 작년 말의 그것에 비하여 1,683명이 증가하였다. 예심 중에 있는 간도공산당 사건만 하여도 400여 명의 다수로 서대문형무소 미결감에 수용되어 있고, 기타 적색노조(赤色勞組), 태평양노조(太平洋勞組) 등의 관계자들은 미처 형무소에 수용할 길이 없어 각 경찰서마다 100여 명의 인원이 그대로 적체되어 있는 형편이다.

×

이와 같이 사상범의 급증으로 인하여 형무소 확장 계획이 실현되려 한다. 현재의 형무소로는 심하면 1평에 7~8인 식으로 수용하는 터이니 인도적으로 보아도 상당히 개선해야 할 것이나 이보다도 행형(行刑)의 요체는 이와 같은 범죄를 미연에 구성시키지 않는 데 있다. 그러면 이것은 어찌하여 실현될 것인가? 원래 법망이란 구형(構刑)에 있지 않고 방죄(防罪)에 그 목적이 있는 것일뿐더러 사상에 대하여는 이로써 제지할 능력이 없는 것이다. 연래(年來)에 사상단속에 대한 법령이 해를 거듭할수록 준엄해짐에도 불구하고 사상범은 도리어 급증하는 현상은 무엇보다도 이 점을 웅변으로 증명하지 않는가? 언론, 집회, 결사의 자유는 문화인으로서는 필연적으로 요구하는 것이다. 이러한 필연적 충동은 인력으로 억압되지 못하는 것이니 억압에 대한 반동은 법령의 힘이 미덥지 못하는 중대한 결과를 초래한다. 아무리 맹수라고 해도 총탄이 바로만 맞으면 거꾸러지는 것이지만 소위 사상범 단속이란 맹수 사냥 이상의 모험이다. 사상으로써 일단 성립한 이상에는 개인을 떠나서 사회적으로 어떠한 타당성이 있는 것이며, 또 유형한 것이 아니오 무형한 것인 만큼 여기에는 강한 탄력성이 갖추어 있다. 그럼으로써 사상은 사상으로써 극복하는 것 이외에 다른 길이 없는 것이다.

×

사상단속의 법령 속에도 국가와 시대를 달리함에 따라 그 내용이 각각 다르다. 혹은 열거주의를 써서 그 단속의 조건을 명백히 획정(劃定)한 것도 있고 혹은 법령 운용자의 자유재량에 맡기어 그의 사상 여하에 따라 단속의 범위가 결정되기도 한다. 전자는 법치국가에 있어서 취하는 것이오 후자는 전제국가에서 보는 것이다. 그런데 조선의 법령 중에는 불행히도 왕왕히 후자에 속한 흔적을 발견하게 된다. 요컨대 조선에 이와 같이 사상범이 급증한다는 것은 첫째 사상단속 법령이 너무나 준엄한데 있고 그중에도 검거자의 자유재량의 범위가 광범하여 요공적(要功的) 폐해까지도 따르기 쉬운 데 있는 것이다. 시대는 바뀌었다. 광무(光武) 연대에 행하던 법령까지 남아 있기에는 너무나 시대의 걸음이 빠르다. 조선의 특수사정을 말하지 말라. 특수사정이란 막연한 것이 아니다. 그리고 또 조선에는 조선의 특수사정이 있는 반면에 세계의 한 연환(連環)으로 있는 조선에는 세계에 공유한 문화적 요소도 있는 것을 잊어서는 안 된다.

〈자료 128〉 도산 안창호에게 구형대로 4년 선고, 26일 경성지방법원에서, 이른 아침부터 방청객 운집하다(《중앙일보》, 1932.12.27)

도산 안창호에 대한 치안유지법 위반사건은 26일 오전 11시 45분 경성지방법원 제4호 법정에서 산하(山下) 재판장, 좌좌목(佐々木) 검사 입회하에 징역 4년 미결구류 50일 통산의 판결이 있었다. 이날도 피고인의 친지 200인가량은 이른 아침부터 모여들기 시작하여 소관 서대문서에서는 길야(吉野) 고등계 주임 이하 사복 경관 10여 명이 법정 내외를 엄중히 경계하였다. 동 45분 재판장은 피고를 앞에 불러 세우고 별항과 같은 판결문의 내용을 15분간 상세히 들려주고 12시 정각에 폐정을 선언하였다. 그러자 변호사석으로부터 김용무(金用茂) 씨가 일어나 공소 여부에 대하여 피고에게 물어볼 말이 있다고 재판장에게 청하매 재판장도 이를 승낙하였기에 김 변호사로부터 피고에게

"공소를 어떻게 하시겠습니까?"

묻자 안창호는 얼굴에 미소를 띠고 적이 우렁찬 음성으로

"지금 말 못 하겠소. 가족들과 의논해 말하겠소."

하고 방청석을 휘 한번 둘러보다가 간수에게 끌려 퇴정하였다.

〈자료 129〉 형사대 동분서주, 학생 하숙 대수사, 중앙고보생(中央高普生) 16명 검거, 검거 바람 점차 확대(《중앙일보》, 1933.2.8)

시국이 긴장한 6일 새벽 시내 계동 중앙고등보통학교(中央高普)를 비롯하여 시내 모 학교에 반제(反帝), 반전(反戰)의 격문을 다수 산포한 사건이 발생한 이래 종로경찰서 고등계에서는 즉시 경기도 경찰부와 헌병대 등과 연락하여 그 응원을 얻어 대활동을 개시하고 각처에 뿌린 그 격문을 손이 미치는 데까지 압수하며, 이어서 그 혐의자를 대검거하는 중인데 6일 밤까지 종로경찰서에서만 중앙고등보통학교 4학년 학생 정■모, 조■근 등 7명을 검거하여 흑소(黑沼) 고등계 주임이 직접 취조한 결과 조모 한 사람은 석방하였다. 7일에 때 아닌 봄눈, 비 섞여 뿌리는 새벽부터 형사대는 자동차 경122호와 오토바이를 몰아 목촌(木村) 종로서장과 흑소 고등주임의 지휘로 가회동(嘉會洞)과 기타 각처에서 학생의 하숙을 수색하는 동시에 다시 고(高) 모 등 10여 명을 검거하였다. 7일 오전 정오까지 종로경찰서에 검속된 사람은 전부 16명에 달하였다. 검거 선풍은 각처에 확대하는 중이다.

〈자료 130〉 심각해지는 사상범의 취체정책(取締政策)에 대변환, 적극 탄압책(彈壓策)이 효과가 적어 기소유보정책 적용을 준비, 효과 여하가 주목할 대목 (《중앙일보》, 1933.2.15)

조선의 사상관계의 범죄 사건에 대하여 종래 경무 당국에서는 적극적 탄압정책을 쓰고 있음에도 불구하고, 이미 보도한 바와 같이 작년 1월부터 11월 말일까지 전조선 각지에서 발생 검거한 좌익 운동은 525건, 관계 인원으로는 5,880여 명, 월평균 48건, 관계 검거 인원 135인의 엄청난 숫자를 내고 있으니 이는 과연 조선사상운동이 있은 후 처음 보는 기록이다. 이와 같이 경무 당국의 탄압정책은 그 효과를 보지 못한 것으로 최근에 이르러 총독부 당국에서는 그 전후 대책을 연구하던 중 경무국과 법무국의 수뇌자들 사이에 종종 협의한 결과, 금후 사상범 단속과 취급에 대한 정책에 일대 전환을 보게 될 모양이다. 그것은 즉, 일본에서 작년 5월부터 검찰 당국이 고안 연구하며 일부 실시하고 있는 기소유보처분 정책에 좇아 조선에서도 그 정책을 인용하면 어떨까 하는 것이다. 이제까지 사용해 오던 적극적 탄압정책만으로는 도무지 효과를 보지 못할 뿐만 아니라 오히려 장래 일반 사상계에 악영향을 미치게 할 뿐이므로 다소 그 정책을 완화하고 또는 주위의 정세와 그 개인의 가정의 형편이라든지를 먼저 연구해야 소위 사상선도(思想善導)라는 의미의 정책을 가미할 것과 장래 개전의 희망이 있으리라고 인정하는 자는 기소유보처분이라는 안을 적용할 터라 한다.

이것이 과연 오늘날 조선 일반 정세와 사상적 추이에 비추어 얼마만한 효과를 보게 될는지 그 장래는 매우 주목할 바이다.

〈자료 131〉 원동(遠東) 소식 이유필 씨 체포설(《중앙일보》, 1933.4.27)

작년 4월 29일 상해 홍구공원에서 윤봉길 의사가 작탄을 던져 왜적의 괴수 몇 명을 죽여 세계를 진동하게 만들 때 왜경 관헌은 당시 한인 교민단장 출신 이유필 씨를 체포하려고 프랑스 조계에 침입하여 이춘산의 집을 포위하고 대수색을 하였으나 때마침 춘산은 집에 있지 않고 출타한 중 도산 안창호 씨가 그 집에 가셨다가 적의 망에 걸렸다.

그 주부터 왜 영사관 경관대는 인원은 증가하고 이춘산과 기타 독립운동가들을 잡으려고 계속 활동한다함은 기보한 바 있거니와 최근 믿을만한 통신에 따르면 이춘산이 어디로 갔는지 종적이 망연한지 퍽 오래되었는데 필시 왜적의 경계망에 걸려 들어갔다고 함이 왜경은 극비밀을 지키나 그러나 춘산의 체포됨이 확실하다는 소식이 전파되었다더라.

7) 《조선중앙일보》

〈자료 132〉 국제당과 연락 활동한 정재달 등 사건 내용, 적색노조 조직이 사명 (《조선중앙일보》, 1933.4.16)

[부산] 기보=검거된 후 4개월 동안이나 극비밀리에서 엄중 취조를 거듭하다가 지난

11일 오전 11시경에 경남경찰부에서 부산지방법원 검사국으로 송치한 전우(田友) 정재달(鄭在達) 사건에 관련자는

<그림 3> 정재달, 《조선중앙일보》, 1933.4.16

원적: 충북 진천군 진천면 읍내리 421
현주소: 남해군 삼동면 송정리
정재달(39)

원적: 경남 진주군 진주면 읍서봉정 388
현주소: 통영군 통영읍 조일정
일명 남홍(南洪), 남해룡(南海龍, 41)

원적: 간도 혼춘현
현주소: 진주군 진주읍 봉산정 1014의 3
일명 지탁(智鐸), 이인호(李仁浩, 35)

원적: 진주군 진주읍 수정정 9
현주소: 동상 소화정 189
김장환(金長煥, 35)

등으로서 정재달, 김장환은 치안유지법 위반, 남해룡, 이인호는 범인 장닉죄로 함께 송치되었는데 이 사건의 주인공인 정재달은 1922년(大正 11) 니혼대학(日本大) 재학 당시부터 사상문제를 연구하다가 동년 10월 코민테른의 주최로 러시아 베르흐네우딘스크(Verkhneudinsk)[26]에서 개최된 고려공산당대회에 조선대표로 출석하였으며, 그 뒤에 계속하여 동 지역에서 노동 체험과 이론적 연구에 몰두하였다. 그리하여 1924년에 가만히 조선에 들어와서 조선공산당 조직운동에 종사하다가 경기도 경찰부에 체포되어 서대문 형무소에

26 현재의 울란우데(Ulan-Udé). 러시아 동부 부랴트 공화국의 수도. 1934년까지 베르흐네우딘스크.

서 3년간 복역하고 출옥한 뒤 1927년(昭和 2) 말에 활동을 재개하였으나 마침 어대전(御大典) 특별경계 관계로 활동이 불편한 것을 알고 1929년(昭和 4) 9월에 두 번째로 러시아로 건너가서 모스크바공산대학에 입학하여 전문으로 연구하다가 1931년(昭和 6) 11월에 코민테른(Comintern)으로부터 '조선에 가서 적색노동조합을 조직하여 일반 농민노동자들에게 공산사상을 주입하라'는 중대한 지령을 맡기므로 즉시 모스크바를 출발하여 청진 경성을 경유하여 동 12월 그믐에 경남 진주에 들어와 조선공산당 사건의 관계되었던 동지 이인호, 남해룡 두 사람을 만나 자기의 생활상 알선을 의뢰한 후 조선 안에 운동정세를 정관하여 그리하여 남해 노량진에 남해룡이 경영하는 어장에 선부(船夫) 감독으로 들어가서 해상생활을 해가면서 적색운동의 계획을 진행하고 있던 중 작년 12월 14일 밤에 동 어장에서 경남경찰부 고등과 횡산금길(橫山金吉) 순사부장의 손에 검거되었고 남해룡은 지난 2월 16일에 이인호, 김장환은 3월 23일에 경남경찰부에 검거된 것이라 한다.

〈자료 133〉 ○○운동하던 이유필 예심종결(《조선중앙일보》, 1933.10.23)

[신의주] 시국에 불평을 품고 지금으로부터 13년 전 먼 상해로 건너가 상해임시정부(■■정부)와 노병회(勞兵會)의 중요 간부로 조선 ■■운동에 활동하던 본적 평북 의주군 의주면 서부동에 둔 이유필(49)은 금년 3월 상해 영사관 경찰의 손에 체포되어 장기서(長崎署)에서 잠깐 조사를 받은 후 평북경찰부에 호송되어 조사를 받다가 일시 석방되었다. 그러나 지난 4월 다시 신의주 헌병대에 체포되어 지방법원예심에 회부되어 이래 수개월 동안 소전창(小田倉) 심판사의 손에 조사를 거듭 받다가 지난 20일 예심이 종결되어 치안유지법 위반으로 공판에 회부되었다 한다.

〈자료 134〉 전(前) 황성신문 사장 남궁억 씨 피검, 모곡(牟谷)학교장으로서 '육영사업에 종사하던 중'(《조선중앙일보》, 1933.11.8)

[홍천지국전화] 지난 4일에 홍천(洪川)경찰서에서는 돌연히 활동을 개시하여 홍천군 서면 모곡리에서 모곡학교장(牟谷學校長)으로 있는 남궁억(南宮檍) 씨를 검거하는 동시에 동 교

(校) 관계자 2명도 함께 검거하였다. 남궁억 씨는 구한국시대에 《황성신문(皇城新聞)》 사장으로 활동하다가 전기한 모곡리에서 모곡학교를 설립하고 육영사업에 힘을 쓰던 중 이번에 그와 같이 검거되었다.

〈자료 135〉 심리 거부한 세 명 중 주현갑은 사형 구형, 나머지 두 명은 5년과 4년, 간도 공산당 구형 개시(《조선중앙일보》, 1933.11.18)

간도공산당 사건의 최후공판 심리는 17일 오전 10시부터 방청금지리에 제26회 공판이 개정되었던 바, 지금까지 심리를 거부한 주현갑(周現甲), 이배섬(李培暹), 이병훈(李秉勳) 등 세 명 피고에게는 동일 오전 10시 반에 좌좌목(佐々木) 검사로부터 다음과 같은 구형 논고가 있었으며 나머지 5명의 피고에게는 심리를 진행 중이라 한다.

주현갑(35) 사형

이병훈(29) 5년

이배섬(22) 4년

〈자료 136〉 남궁억 등 사건 경성법원으로 송국, 관계자 11명이 서류와 함께 14일 홍천을 출발(《조선중앙일보》, 1933.12.15)

[홍천지국전화] 지난 11월 상순부터 강원도 홍천경찰서에서는 극비밀리에 동군 서면(西面) 모곡리 모곡학교 교장 전(前) 황성신문 사장이던 남궁억을 비롯하여 교원, 면서기, 목사 등 각층 청년 20여 명을 춘천, 양평, 화천 등 각지에서 검거하여 모종의 비밀결사 사건으로 엄중한 취조 중이라함은 기보(旣報)한 바이다. 이 사건은 경찰조사도 일단락을 마치고 앞의 남궁억 등 11명은 관계 서류 와 함께 강원도 제122호 자동차로 14일 오전 7시에 홍천을 출발하여 경성지방법원 검사국으로 송치되었다고 한다.

〈자료 137〉 남해 청년 중심 공산전위동맹 사건[관계자 8명 송국 눈앞에(在眉)]

(《조선중앙일보》, 1933.12.15)

[부산] 경남 도내 주요 공립보통학교 현직 교원을 중심으로 비밀결사 교육노동조합사건이 탄로하여 지난 10월 4일을 기하여 경남도 경찰부 고등과의 활동으로 동 조합 책임비서 김두영(金斗英, 24)을 체포할 때 함께 합천군 대양면 정양리 모 주막에서 체포한 남해군 고현면 도마리 한인식(韓麟植, 24)을 취조하던 중 의외에 동 교육노조사건과 별개로 조직된 남해읍 모(某) 신문 남해지국장 박태권(朴泰權, 30)을 중심으로 한 남해공산주의전위동맹이란 결사가 발각되어 지난 10월 28일 이래 동 사건 관계자 박태권, 박종환(朴鍾丸) 외 다수 청년을 검거하고 경남도 고등과 신(愼) 경부(警部)가 엄중한 취조를 하다가 기보(旣報)한 바와 같이 교육노조사건 송국과 동시에 근근(近近) 취조도 끝났으므로 며칠 내로 관계 서류와 함께 8명만은 부산지방법원 검사국으로 송치하리라한다. ◇ 송국된 자 박태권, 최봉기(崔鳳基), 유한주(柳漢柱) 등 외 5인

사건 내용은 반전반제(反戰反帝) 선전

이 사건은 전기(前記) 박태권을 책임자로 하고 지난봄 이래 조선공산당 재건지지, 반전반제(反戰反帝) 사상에 대한 선전 등의 목표 밑에서 농촌농민노동자로부터 동지를 획득하여 동 동맹의 진영을 확대 강화하는 동시에 공산주의자 전위부로서의 앞으로 활약하기로 수삼 차 한인식의 집에서 협의를 거듭하다가 한인식의 검거를 통해 미연 발각으로 그들의 결사 전모가 밝혀진 것인 듯하다.

〈자료 138〉 정재달의 공판, 징역 5년을 구형, 21일 부산지방법원에서, 언도는 오는 28일

(부산)(《조선중앙일보》, 1933.12.23)

지난 8월 11일에 예심종결로 공판에 회부된 정재달(39)에 대한 치안유지법 위반사건 공판은 연기에 연기를 거듭하다가 지난 21일 오후 1시 30분부터 부산지방법원 제2호 형사법정에서 경(鏡) 재판장 주심과 하합(河合) 배석판사, 원교(元橋) 검사의 입회와 안무(安武) 관선변호사 참석으로 개정되었다. 피고 정재달은 1년여의 음침한 철창생활에 지친 창백한 얼굴

로 출정하여 경 재판장의 준엄한 심문에 원기 있게 답변이 있은 뒤, 동 2시 30분 원교 검사의 논고로 치안유지법 제1조에 적용될 범죄로 인정하고 징역 5년을 구형하였는데 참석 변호사로부터 집행유예에 처분하여 달라는 반론이 있은 후 동 3시에 폐정한 바 판결 언도는 오는 20일이라 한다.

〈자료 139〉 정재달에게 징역 4년을 언도, 예정대로 28일에 공판 열고 부산지방법원에서 (《조선중앙일보》, 1933.12.30)

[부산] 기보=지난 21일 부산지방법원 제2호 형사법정에서 징역 5년의 구형을 받은 치안유지법 위반사건에 대한 충북 진천군 진천읍 내리 ■■■■■ (중략) 정재달(39)의 판결 언도는 예정대로 금 28일 오후 2시부터 경(鏡) 재판장으로부터 징역 4년을 언도하였다 한다.

〈자료 140〉 십자가당 남궁억 등 최고 1년 반 구형, 판결선고는 31일 (《조선중앙일보》, 1935. 1.19)

십자가당사건의 관계자 남궁억 등 4명의 공판은 18일 오후 4시경에 이르러 심리를 끝내고 다음과 같이 구형하였는데 판결선고는 오는 31일이라 한다.

◇ 구형

징역 10개월 남궁억

징역 1년 6개월 남천우(南天祐) 유복석(劉福錫)

징역 6개월 김복동(金福童)

〈자료 141〉 간공(間共) 사건 계속 공판 제3일엔 7명 심리, 중국공산당 가입 동기를 신문, 심리 불응 피고가 문제(《조선중앙일보》, 1935.12.6)

개정 첫날부터 파란을 거듭하여 오던 간도공산당 사건의 수령급 피고 주현갑 등 26명에 관한 공소공판은 금 5일도 제3회로 경성복심법원 제3호 법정에서 여전히 방청 금지리에 오전 11시 10분부터 계속 개정되었는데, 어제 법정에서 소란을 일으키고 퇴정당한 피고 권태산 등 수 명은 제하고 이동선, 원용학, 김성손, 차병철, 노창호, 안응손, 류태순의 7명만 다시 분리되어 출정한 바, 오기(荻) 재판장은 오전 중에 출정 피고 전부에 관하여 우선 그들이 어디서 누구의 권고를 받아 언제 어떠한 동기로 중국공산당에 가입하게 되었는지를 심문하였을 뿐이고, 구체적 사실심리는 오후에야 시작할 모양이라는데, 피고 이동선 등은 어제는 심문에 응하지 않겠다고 주장하였으므로 누구부터 심문을 착수할는지는 매우 주목되는 바이다.

치유위반 사형선고는 발령 이래에 효시, 관계 법관도 의론 분분

또 지금까지 심문을 일단 끝낸 피고는 오직 주현갑 한 명뿐인데, 다른 사형 피고들은 모두 그들이 평소 주목하여 오던 밀정이나 고리대금업자 등을 살해한 탓으로 치안유지법 위반 외에도 살인 방화, 철도 파괴 등 수 개의 죄명을 각각 가지게 되었으나 전기 주현갑만은 이러한 직접행위는 하나도 한 사실은 없고, 다만 이 대폭동 당시 조직상 최고 지위에 있었다는 이유로 치안유지법 제1조 위반만으로 1심 사형을 언도 당하였던 것인데, 이같이 치안유지법 위반만으로 사형을 언도한 일은 동 법이 발포된 이래 일본 전국을 통하여 최초의 중형이라 하여 재판관계자 간에도 의론이 분분한 모양이라 한다.

〈자료 142〉 사형수 20명의 '간공(間共)' 복심판결일 오는 24일로 결정

(《조선중앙일보》, 1936.2.23)

중국공산당 간도총국사건의 중요 피고 주현갑 등 26명에 대한 경성복심법원의 공소공판은 기보와 같이 작년 11월 중순부터 적(狄) 재판장의 주심으로 개정되어 전후 7회의 계속 공판에 벽두부터 법정 소동을 일으켜 세상의 주목을 끌어오다가 동월 30일에 피고 전부에 대하여 1심판결과 다름없는 구형이 있었는데, 그중 사형수 20명에 대한 복심판결의 여하가 더한층 세인의 주시하는 바가 되어 있는바 그 복심판결의 언도는 오는 24일로 결정되었다 한다.

〈자료 143〉 사형 받은 간공(間共) 피고 18명, 생을 단념? 재심청구는 아직 한 명도 없다. 우울한 침묵이 계속(《조선중앙일보》, 1936.6.26)

지난 18일 경성고등법원에서 사형의 최후 판결을 받은 간도공산당 사건의 중요 피고 주현갑 등 18명의 운명은 실로 풍전등화와 같이 되어 있는바 생의 희망을 붙일 수 있는 한줄기 혈로(血路)라고는 오직 재심을 청구하여 보는 길밖에 없을 것이나, 오늘까지 재심청구를 정식으로 제기한 사람은 한 명도 없고 다만 판결문의 등본을 청구한 사람이 3, 4명 있을 뿐이라 하니 그들은 대개 생을 완전히 단념하고 만 모양이다.

사형집행의 날짜는 물론 결정되지 않았으며 다만 조선총독의 사형명령이 있은 후 5일 내에 집행하는 것이 법률상의 원칙이므로 언제 그 무서운 명령이 내릴지 죽음을 앞둔 그들은 이 순간만을 초조 암담하게 기다리고 있는 형편이라 한다.

〈자료 144〉 주현갑(周現甲) 등 7명이 일제히 재심을 청구, 26일 경성복심법원에, 간도 사형 피고의 동정(《조선중앙일보》, 1936.6.27)

지난 18일 고등법원에서 사형의 최후 판결을 받은 간도공산당 사건의 중요 피고 주현갑 등 18명에 관해서는 어제 보도한 바와 같이 판결이 결정된 그날부터 어제까지 일주일 동안이나 우울한 침묵이 서대문형무소 철장 속에서 계속되어 올 뿐으로 그들은 모두 완전히 생을 단념하고 있는 것으로만 추측되어 오던 바, 금 26일에 이르러 이미 사형 피고 18명 중 주현갑, 김응수, 민창식, 권태산, 고하경, 노창호, 조동률 등 7명은 일제히 재심청구서를 정식으로 경성복심법원에 제출하였다. 주목되는 이 재심청구의 이유를 본다면,

> 공산당이란 것은 일정한 규율을 가진 중앙집권적 조직체이다. 그러므로 우리의 행동이란 것은 언제든지 공산당의 결의와 명령에 따라 행한 것이니 법률로써 이것을 제재한다 할지라도 책임을 개인에게만 돌리는 것은 매우 부당한 일이며 더구나 사형이란 것은 너무나 심혹한 극형이다.
>
> 우리는 중국공산당원이다. 그런데 중국공산당이란 것은 다시 말할 것도 없이 중국의 영토 내에서 공산주의 운동을 하는 단체이니 아무리 당원이 조선인이라 할지라도 이것을 치안유

지법이란 일본 법률로 재판하는 것은 당초부터 부당하다

는 등 조건이다. 물론 재심청구 가서는 정식으로 수리될 것만은 사실이나, 이러한 이유는 그들이 1심에서 3심에 이르기까지 몇 번이나 반복하여 왔으나 재판관은 한 번도 귀를 기울이지 않은 주장이므로 대개는 재심청구가 기각될 것으로 관측된다 한다.

〈자료 145〉 사형판결이 격증, 작년에 비해 벌써 두 배(《조선중앙일보》, 1936.6.27)

금년도 이제 거의 절반을 보냈으나 그동안 법정에 나타난 사실에 비추어 이 땅의 사회정세의 일단을 엿본다면, 예년에 비하여 사형판결을 받은 불운한 사람들의 수효가 놀랄 만큼 증가하였다는 것을 알 수 있다. 작년 1년 동안에는 고등법원에서 사형의 최후 판결을 받고 상고를 기각당한 사람의 수가 전부 합하여 13명에 불과하였으나, 금년에는 이제 겨우 반년이 지났음에 불구하고 역시 동 법원에서 사형판결을 받은 사람의 수가 간도공산당 사건의 18명을 비롯하여 26명이나 되어 작년도 전체와 비교하더라도 벌써 배나 된다고 한다. 그리고 지금 상고 중에 있는 사형 피고만으로도 유길(有吉) 대사 암살미수 사건의 엄순봉(嚴舜奉)을 위시하여 다섯 명이나 된다고 하니 이처럼 해마다 사형수가 증가해가는 현상은 매우 주목되는 일이라 할 것이다.

〈자료 146〉 김광묵 등 3명도 재심청구서 제출, 간공(間共) 사형판결 후문 (《조선중앙일보》, 1936.6.28)

사형의 최후 판결을 받은 간도공산당 사건의 중요 피고 18명은 재심청구를 속속 제기하여 작 26일에도 주현갑 등 7명이 경성복심법원에로 청구서를 제기하였다 함은 기보와 같거니와, 금일 27일 아침에도 유태순, 박금철, 김광묵 등 3명이 각각 작일의 7명과 거의 동일한 이유로 재심청구서를 정식으로 제출하였다.

8) 《경성일보》(일본어신문)

〈자료 147〉 하루에 신문(訊問) 25명, 여하튼 대사건이었다. 이쓰이(五井) 예심판사 담화 (《경성일보》, 1927.9.13)

1921년(大正 10) 이래 예심판사를 하고 있는데 이번 공산당사건만큼 큰 사건은 처음입니다. 1926년(大正 15) 10월 9일부터 3월 31일 종결까지 6개월이 걸린 셈인데, 공산당사건 사이에 다른 예심을 해야 해서 공산당만 신문한 것은 불과 만 3개월 정도일 것입니다. 그런 날은 매일 자동차로 오전 8시부터 자루 가득 담은 조서를 싣고 서대문형무소로 나가서 오후 11시경까지도 계속 신문을 했던 날이 많았습니다. 하루에 피고 25명을 신문한 날도 있었는데, 사건이 사건이니 만큼 그러했습니다. 몇 번이고 거듭 동일 피고에 대하여 신문을 한 것도 상당히 많습니다. 제가 심리한 사건인데다가 더욱이 공판 전에 고생담 같은 것을 말하면 자랑이 될 수도 있으니 하지 않겠습니다. 다만 예심판사로 일하는 중에 처음으로 심리한 대사건인 것만은 확실합니다.

〈자료 148〉 거두(巨頭)를 한 덩어리로 하여 중대 음모를 획책, 미연에 발각 검거한 수완, 경찰부가 대활약(《경성일보》, 1928.10.23)

종로서 고등계에서는 지난 20일 이래, 경기도 경찰부 고등과에서 검거한 김한(金翰), 정재달 및 신간회 간부 홍명희 3인을 이송하여 무언가 비밀리에 취조했는데 22일에 다시 이 피의자를 경찰부로 반송했다. 이 세 명은 수일 전 황해도의 중대사건 관계 피의자를 경기도 경찰부에서 검거했을 때 동시에 인치한 일부이며, 경찰부에서는 이들을 취조한 결과 무언가 확증을 얻은 듯 갑자기 대활약을 펼치게 되었다. 사건의 내용은 극비에 부쳐지고 있는데, 풍문으로 들으니, 어대전(御大典)[27]을 앞두고 복역 출옥한 주의자 및 그 외 주의단체의 지도자

---

27 원문에는 ○○○○○의 복자(伏字)로 되어 있으나, 어대전(御大典)이다. 1928년 11월 10일 쇼와(昭和) 일왕의 즉위식을 의미함.

로 활약하고 있는 인물을 망라한 단체를 만들어 세상을 놀라게 할 일대 ○○○○○운동을 일으키고자 음모를 기도한 것이 미연에 발각된 것 같은데, 경찰부 및 종로서에서는 극비리에 증거 수집에 전력을 집중하고 있으니 조만간 진상이 판명될 것이다.

9) 《조선시보(朝鮮時報)》(일본어신문)

〈자료 149〉 조선공산운동 거괴 정재달 자백, 마침내 전모를 파악(《조선시보》, 1933.3.19)

남해에서 체포된 거괴들 송국(送局)

조선공산당의 수괴 정재달은 남해서에서 압송된 이래 부산 수상서(水上署)에 유치되어 남(南) 경찰부 고등과 신(愼) 경부의 손으로 엄중 취조 중인 바, 이러저러한 변명으로 골치를 앓게 했는데, 요즘 마침내 조선공산운동 ○○○○○○의 전모를 자백하게 되었으므로 조만간 관계 서류와 함께 부산지방법원 검사국으로 송국될 것이다.

10) 《조선신문(朝鮮新聞)》(일본어신문)

〈자료 150〉 여운형 송국(送局)되다(《조선신문》, 1929.7.30)

경기도 고등과에서 신문 중인 중국한인공산당 수령 여운형은 거의 조사를 끝냈기 때문에 치안유지법 위반과 그 외로 29일 오전 11시 경성지방법원 검사국으로 송치되었다. 이날은 특히 이발이 허락되고 동생인 여운홍 씨와 그 외 친척 가족들은 송국 전에 신문실에서 조선에 온 후 처음으로 면회를 허가받아 육친끼리 뒷일과 다른 일 등으로 이야기가 길었던 모양이다.

〈자료 151〉 안창호 체포의 순간(《조선신문》, 1932.5.8)

[상해발 전보] 불조계의 조선○○참칭정부의 총리라고 칭하는 안창호가 29일 밤부터 30일 새벽에 걸친 우리 헌병대와 총영사관 경관대와의 단속으로 체포되었다. 즉, 조사에 의해 불조계 ■강리(■康里) 27호가 범인 윤을 사주한 범인인 이춘산(李春山)의 은둔처인 것을 안 당국은 30일 오전 3시 불조계 경찰과 협력하여 그곳에 뛰어들었지만 이(李)가 부재였기에 잠복하던 중 이(李)를 방문한 한 조선인을 불문곡직하고 체포하였다.

같은 날 오후 불조계 경찰로부터 일본 총영사관 경찰에게 인수하였는데 이 자가 일찍이 ○○참칭정부의 총리라고 칭한 ○○○○의 거두 안창호(53)인 것이 판명되었다. 안창호는 참칭정부의 원로이고 최근 그 정부를 좌지우지하고 있는 김구, 조소앙 등의 대선배이다. 안의 체포는 폭탄 사건의 진상 규명에 일대 광명을 밝힐 것으로 보인다.

〈자료 152〉 18명에게 사형집행, 반도 희유의 사건, 간도공산당 사건 최후의 막, 어제 서대문형무소(《조선신문》, 1936.7.24)

지난 1930년(昭和 5) 5월부터 1933년(昭和 8)에 걸쳐 전 간도를 뒤흔든 소위 간도공산당 사건 피고 주현갑(33) 외 17명은 앞서 경성고등법원에서 치안유지법 위반, 강도살인방화, 총포화약취체규칙위반 등의 죄명하에 사형 언도를 받은 이래 서대문형무소에 수용 중이었는데, 마침내 22일 오전 10시부터 동 형무소에서 전부 사형이 집행되었다. 성명은 다음과 같다.

주현갑(33), 이동선(31), 김응수(34), 고하경(27), 박차필(28), 조동률(28), 김광묵(31), 민창식(31), 박기변[28](34), 김봉석(24), 박금철(31), 김용진(29), 유태순(30), 이종립(27), 노창호(27), 지연호(31), 권태산(33)

28 박기섭의 오자.

〈자료 153〉 이재유(李載裕) 일당 1일 오전 송국(送局)(《조선신문》, 1937.5.2)

공산당 재건운동의 거두인 이재유 일당 21명이 30일 도경찰부의 취조를 마치고 1일 오전 10시 고등과 직원에 인도되어 일건서류(一件書類)[29]와 함께 21명의 신병은 경성지방법원 검사국으로 송치되었다.

29 법률용어로 하나의 소송 사건에 관한 각종 조서, 판결서, 소송 관계인이 제출한 서류 따위를 묶어서 철한 장부를 말한다.

II

잡지 기사로 보는 사상 탄압

해제

제2장에서는 일제강점기 사상 탄압의 실상을 보도한 잡지 기사를 선별하여 수록하였다. 시기는 크게 3·1운동 이전과 3·1운동 이후, 그리고 치안유지법 시행 이후로 나누었다.

일제강점 직후 대표적 사상 탄압사례인 105인 사건과 관련하여 일제강점 직후 종교잡지를 제외한 한글신문과 잡지는 모두 발간 금지되어 관련 기사를 찾을 수 없었기 때문에 재조 일본인 샤쿠오 슌조(釋尾春芿)가 1908년에 창간한《조선급만주》[1]에 실린 〈105인 공판기〉를 번역 소개했다. 이 기사는 〈데라우치 총독 암살음모단 공판 방청기〉라는 제목으로《조선급만주》(제54호, 1912.8)에 실렸는데, 1912년 6월 28일 경성지방재판소에서 열린 제1회 공판과 다음 날의 제2회 공판을 방청한 소회를 적은 것이다. 윤치호, 안태국, 옥관빈 등 123명이 기소된 가운데 재판 측의 인선과 경찰 헌병대의 관계자가 임석한 모습을 소개하였다. 쓰카하라(塚原友太郎)[2] 재판장, 사카이(境長三郎)[3] 검사, 마쓰데라(松寺竹雄)[4] 검사정, 가마타 유타카(鎌田裕) 배석판사, 오타(尾田) 통역관 외에, 구라토미(倉富勇一郎) 사법부장관, 나카야마 가쓰노스케(中山勝之助)[5] 지방법원장, 경무총감부의 아카시 모토지로(明石元二郎) 경무총장, 야마가

---

1 《조선급만주》는 1908년 3월 경성에서 창간하여 1941년 1월까지 총 398호가 발행된 일본어잡지이다. 윤소영, 2010,「일본어 잡지《조선급만주》에 나타난 1910년대 경성」,《지방사와 지방문화》9권 1호, 164쪽.

2 쓰카하라 도모타로(1871~ ?)는 야마나시(山梨)현 출신으로 1892년 메이지법률학교를 졸업했다. 1899년 판사에 임명되어 하코다테재판소 등 검사 역임, 1908년 6월 한국에 건너와 인천구재판소, 경성지방재판소 판사 등을 역임한 후 경성지방법원 부장 등을 역임했다. 국사편찬위원회 한국사데이터베이스 한국근현대인물자료 참조.

3 사카이 나가사부로(1871~ ?)는 사가(佐賀) 출신으로 1901년 도쿄제국대학 법과대학을 졸업했다. 1903년 나고야구재판소 판사 등을 역임하고 1911년 경성지방법원 검사에 임명되어 한국에 왔다. 1932년 경성고등법원 검사장을 끝으로 1934년 퇴임했다.

4 마쓰데라 다케오(1870~ ?)는 가나자와(金澤) 출신으로 1903년 도쿄제국대학 영법과를 졸업했다. 도쿄공소원 검사를 역임했다. 1906년 통감부 법무원 검찰관으로 부임했고 평양복심법원 검사장 등을 역임했다. 국사편찬위원회 한국사데이터베이스 한국근현대인물자료 참조.

5 나카야마 가쓰노스케(1865~ ?)는 이바라기(茨城)현 출신으로 1888년 도쿄제국대학 법과대학을 졸업했다. 우쓰노미야지방재판소 부장 등을 거쳐 1907년 한국에 왔다. 고등법원 부장, 경성지방법원장을 역임했다. 국사편

타 칸(山形閑) 헌병대좌, 구니토모 쇼켄(國友尙謙) 기밀주임, 고마쓰 미도리(小松綠)[6] 외사국장 등 조선총독부의 고위층이 모두 재판을 지켜보았던 정황을 살펴볼 수 있다. 아울러 변호사로 오가와 쇼헤이(小川平吉), 미야케(三宅長策) 외에 20여 명의 신문기자, 외국인 선교사들이 방청함으로써 일제강점 초기 이 사건에 대한 관심이 높았음을 엿보게 한다.

3·1운동 이후의 기사는 잡지《개벽》에서 선별하여 2편을 수록했다. 〈현 사회의 성적 전람-작년 중 전(全) 조선의 죄인 통계를 보고-〉는 1923년의 투옥된 이들의 통계를 들어 빈곤으로 인한 범죄가 많은 것은 무산자의 생활고가 극심하기 때문이라고 지적하고 관동대지진 사태가 겹치면서 더욱 조선총독부에 대한 반감이 고조되는 상황임을 지적하면서, 당국자가 이를 소수의 사람들이나 몇몇 기관의 책동으로 생각하지만 세계개변의 기운이 작동한 결과임을 알아야 할 것이라고 경고한 내용이다. 기사 〈언론집회압박보고〉(《개벽》 제49호, 1924.7)는 1924년 1월부터 6월 20일까지의 압수된 신문 잡지 통계를 소개하며 조선총독부의 사상탄압을 비판한 내용이다.

치안유지법 시행 후의 잡지 기사는《개벽》,《별건곤》,《삼천리》,《동광》등의 잡지에 수록된 총 16편의 기사를 소개했다. 먼저 〈국궁진췌할 뿐(鞠躬盡瘁而已)〉(《개벽》 제60호, 1925.6)은 치안유지법 조선 시행에 대한 기사이다. 보안법과 제령 제7호도 모자라 더욱 가혹한 법을 도입한다고 토로하고, 치안유지법을 포함하여 3대악법이라고 진단했다. 전자의 두 법령이 민족운동을 탄압하고자 한 법령이라면 치안유지법은 사회운동과 주의자를 탄압하기 위한 법령이라고 지적했다. 그렇지만 새옹지마(塞翁之馬)의 고사(古事)를 들어, 시운의 변화를 알

찬위원회 한국사데이터베이스 한국근현대인물자료 참조.

6 고마쓰 미도리(1887~?)는 1887년 게이오대학 졸업, 미국 예일대와 프린스턴대학에서 정치학을 전공한 법학박사이다. 한국통감부 시절에 이토 히로부미 통감의 측근으로 활약했다. 한국 강제병합 후 외사과장, 중추원 서기관장 등을 역임했다. 국사편찬위원회 한국사데이터베이스 한국근현대인물자료 참조.

수 없어 오늘의 화가 내일의 복이 될지도 모르니 그저 국궁진췌할 뿐이라고 마무리한 글이다. 3·1운동 후 잠시 완화되는 듯 보인 일제의 통치술이 치안유지법으로 다시 강력한 압제로 조선인을 옥죄게 될 현실에 대한 우려를 에둘러 비유한 글이다.

1928년 치안유지법 개정 후의 기사인 〈우리와 세 가지 법령〉(《삼천리》 제6호, 1930.5)은 치안유지법과 제령 제7호, 보안법에 대해 해설한 기사이다. 기자가 묻고 변호사 이인과 한국종, 권승렬이 대답하는 형식으로 구성했다. 치안유지법에 대해서는 국체가 무엇인지, 사유재산제도를 부인한 결사가 무슨 뜻인지를 해설했고, 제령 제7호는 제령 위반과 내란죄가 어떻게 다른지를 풀이했다. 보안법에 대해서는 제정 이유와 저촉 사례를 소개했다. 이와 함께 집회단속령의 경우, 몇 사람 이상이 모여야 집회인지를 묻자 2인 이상이라고 대답하고 있으며, 출판법은 불온한 내용이면 등사판이든 인쇄든 모두 해당한다고 설명하고 있다. 식민지민의 일상의 삶 속에서 이러한 법령을 잘 숙지하여 자기규율을 해나갔던 당시 상황을 알 수 있는 내용이다.

치안유지법이 시행된 후 조선공산당 사건 등 많은 인원이 연루된 각종 사상 사건이 빈발함에 따라 감옥도 만원이 되었다. 《별건곤》 제32호(1930.9)에 실린 〈옥중만총(獄中滿悤)〉은 제1차 조선공산당 사건으로 수감되어 있는 유진희, 강달영, 김약수, 김재봉, 이준태, 진병기, 박형병, 이병의, 서태석, 이영, 전일, 허헌, 김준연 등의 근황을 전한 내용이다. 《동광》 제21호(1931.5)에 실린 〈철창리(鐵窓裡)의 거물들〉은 중국에서 압송되어 재판을 받고 투옥된 유명한 독립운동가들의 감옥에서의 근황을 소개했다. 여운형은 1929년 상해에서 체포되어 압송되어 치안유지법 위반으로 수감되었다. 오동진은 김좌진, 김동삼과 함께 일제강점기 3대 맹장으로 불린 인물로, 1927년 장춘에서 친일경찰 김덕기에게 체포되어 신의주지방법원에서 무기징역을 선고받았다. 만주에서 무장독립운동을 하던 이응서는 1928년 길림에서 체포되어 신의주지방법원에서 사형을 선고받고 1932년 경성고등법원에서 무기징역으로 감형되어 수감 중이던 인물이다. 최창식은 상해 대한민국임시정부에서 활동하다 1930년 상해에서 체포되어 국내로 압송, 치안유지법 위반으로 3년 형을 선고받고 서대문형무소에 투옥되었다. 치안유지법 위반 등으로 투옥된 이들을 면회하고 근황을 전한 기사로, 〈눈물의 감옥 면회실〉(《삼천리》 제3권 제9호, 1931.9)을 소개했다.

《삼천리》 제8호(1930.9)에 게재된 〈여러분 아십니까, '조선의 현실' 연구실〉도 이와 유사하여 조선의 경찰서와 경관의 숫자, 감옥에 수감된 인원, 일제강점 무렵부터 1920년대의 이른바 테러리스트로 지목된 사건을 소개하였다. 이러한 보도를 통해서 외형은 문화통치라 하면서도 조선인의 끊임없는 저항을 탄압한 일본의 양상이 암묵적으로 독자들에게 전해졌을 것이다.

〈언론집회, 결사자유 확장운동〉(《삼천리》 제13호, 1931.3)은 안재홍이 현 상황에서 이를 타개할 실천적 방도가 없다고 한 소극론에 대해 이주연(李周淵)이 언론, 출판, 결사의 자유를 위한 투쟁은 계급투쟁의 최후단계까지 계속될 것이라고 지적하며 대중운동을 통해 노력해야 한다고 역설한 글이다. 이 기사에는 개정치안유지법의 엄혹함이 드러난다. 즉, 3·1운동 직후에 나타났던 사회주의 사상에 대한 급진적인 논조는 퇴색하였고, 이주연의 글은 복자(伏字) 투성이이며, 단지 대중운동이라는 당위성을 천명하는 정도에서 머무를 수밖에 없었던 국내 운동의 상황이 엿보인다.

이러한 상황 속에서 일제강점기 신문기자들은 현지에서 직접 취재하여 사상 탄압에 대한 생생한 현장을 보도하고자 힘썼다. 제2장에는 동아일보사 김동진[7] 기자가 ML당 사건을 취

7 김동진(金東進)은 1902년 평양에서 태어났다. 14세에 블라디보스토크로 건너가 하바로스크중학을 졸업하고, 극동대학에서 수학했다. 1923년에 조선으로 와 1924년 1월 이광수의 소개로《동아일보》사회부 기자가 되었다. 〈신문기자 10년 파란사〉,《삼천리》 제4권 제8호, 1932.7; 국사편찬위원회 한국사데이터베이스 한국근현대인물자료 참조

재한 취재노트(《삼천리》 제16호, 1931.6)와 1927년 좌우합작 단체로 출범한 신간회가 1931년 해소를 맞이한 즈음에 신간회의 역사를 조명한 기사, 거물 독립운동가 여운형 사건을 취재한 〈명탐정과 신문기자 경쟁기〉를 수록했다.

그 외에 〈이수흥(李壽興) 사형집행일의 탐보-검사국에서 알기까지의 고심 경쟁기-〉는 《중앙일보》 박윤석 기자가 1929년 경성지방법원 검사국을 취재하면서 사형선고를 받고 서대문형무소에 수감 중인 이수흥의 사형집행 당일을 취재하고 작성한 글이다. 이수흥은 경기도 이천 출신으로 1923년 만주로 건너가 대한통의부에 가입하여 1926년 5월 군자금 모집을 위해 국내에 들어와 활동하다가 체포되어 1928년 7월 10일 경성지방법원에서 치안유지법 위반과 강도살인 혐의로 사형선고를 받고 서대문형무소에서 순국한 인물이다. 이수흥에 대해서는 채만식도 특별한 기억을 글로 남겼다. 〈이수흥(李壽興) 사건의 기억〉(《제일선》 제2권 제5호)은 이수흥이 동대문경찰서에 체포되었을 당시의 모습을 회고한 글이다.

1929년 11월에 시작된 광주학생운동은 1930년 초까지 전국으로 확대되었다. 이러한 분위기 속에서 경성의 여학생들도 시위운동을 계획하여 1930년 1월 15일 거리 시위를 단행했다. 〈법정에서 본 그들, 무언의 최윤숙〉(《동광》 제26호, 1931.10)은 바로 이 사건을 다룬 기사로, 여학생들의 공판기를 취재한 것이다. 이 여학생들의 조사를 맡은 검사는 경성지방법원 검사국 사상검사로 부임한 이토 노리오(伊藤憲郎)였다. 이 글에서 다룬 최윤숙은 1913년생으로 당시 이화여자고등보통학교 4년생으로 경성의 시위에 참여하여 보안법 위반으로 재판을 받았다.[8]

치안유지법 위반으로 수십 명의 사형선고를 낳은 간도공산당 사건은 당시 큰 충격을 던

8 「최윤숙 신문조서」, 「최윤숙 소행조서」, 『한민족독립운동사자료집』 5 (동맹휴교사건 재판기록 3), 국사편찬위원회 참조.

졌다. 그러나 당시의 분위기 속에서 사건 발생 직후에 이를 취재하는 것은 불가능했다. 간도 5·30사건이 발생한 지 3년 3개월 만에 1933년 9월《동아일보》는 김정실[9] 기자를 간도에 파견하여 이를 취재하도록 했다. 그 기사는《동아일보》1933년 9월 22일부터 24일까지 특집 기사로 보도되었다. 그리고 그 이면에 대해 작성한 글이 〈간도공산당 사건 활동 이면기〉(《별건곤》 제73호, 1934.6)이다. 또한 간도공산당 사건과 관련한 기사로 〈간도공산당 24명 대량 사형설과 사형대 실견기〉(《삼천리》 제6권 제5호, 1934.5)를 수록했다.

이러한 사상 탄압의 중심에서 활동한 것은 말할 것도 없이 경찰이다. 동아일보사 기자 김동진의 〈조선경찰의 해부-연간 3천만 엔의 용도 검찰〉(《동광》 제30호)은 조선경찰의 조직과 활동내용을 세심하게 소개한 글이다. 1937년 중일전쟁 이후가 되면 일제 측은 사회주의뿐 아니라 민족주의운동이나 문화운동에 대해서도 대대적인 탄압을 가하기 시작한다. 〈기밀실, 우리 사회의 제 내막〉(《삼천리》 제12권 제8호, 1940.9)은 이러한 상황을 담았다.

일제강점기에 수많은 이들이 사상 탄압을 받고 옥고를 치렀다. 당시에는 이들의 일화를 인쇄매체에 자유롭게 담을 수 없었다. 1945년 해방 직후가 되면 일제강점기에 차마 할 수 없었던 이야기들이 각종 잡지를 장식한다. 그중 〈[실화]옥중의 계명성(鷄鳴聲)-왜정시(倭政時) 혁명가의 옥중생활(淸烈)〉(《신천지》, 1947.9)은 일제강점기에 옥중에서 필자가 본 이야기, 또한 들은 이야기를 전한 글이다. 다룬 인물은 간도공산당 사건으로 사형을 당한 권태산과 안창호, 여운형이다. 이 글의 마지막 대목에는 여운형이 대전형무소를 출옥한 후의 연설을 인용했다.

---

9 김정실(金正實)은 1904년 서울에서 태어났다. 도쿄중앙대학 법학부를 졸업했고, 동아일보사에서 기자생활을 했다. 해방 후 단국대 총장 등을 역임했다.

"바깥에는 눈이 내리고 한없이 차가운 겨울밤 싸늘한 독방에서 모진 잠이 깨이어 다시는 잠을 이루지 못하고 있을 때 (중략) 담 너머로 은은히 흘러오는 그 계명(鷄鳴)은 우리 조선이 암흑에서 광명의 길을 맞이할 날이 머지 않다는 예고로 들리게 될 때에 용기백배하였었던 것이다."[10]

여운형의 이야기는 일제강점기의 온갖 사상 탄압 가운데에도 희망을 포기하지 않았던 이들의 모습을 주마등처럼 스치게 한다.

윤소영

10 淸烈, 1947.9, 〈[실화]옥중의 鷄鳴聲- 倭政時 혁명가의 옥중생활〉, 《신천지》.

1. 3·1운동 이전

〈자료 154〉 데라우치 총독 암살음모단 공판 방청기

(一記者, 〈寺内総督暗殺陰謀団の公判傍聴記〉, 《朝鮮及滿洲》 54호, 1912.8)

나태한 기운으로 가득한 경성의 단조로움을 깨뜨린 데라우치 총독 암살음모단의 제1회 공판이 6월 28일 경성지방재판소(이 공판을 위해 새로 세웠다고 함)의 신축 공판정에서 첫 막을 열었다.

123명이라는 다수의 피고는 대개 간수와 헌병 순사의 감시 아래 열 명씩 의자에 따뜻하게 앉아있다. 전원 5부 모양의 머리로 깎은 채 두루마기를 벗고 한복을 입고 있다. 그중에는 붉은 감옥 수의를 입고 있는 이도 있다. 이들은 양기탁, 안태국, 임치정, 옥관빈 4명이다. 그들은 연래 배일주의를 품고 여러 가지 불온한 음모를 꾀하고 있던 자로, 작년 치안 방해 혐의로 형을 받아 징역에 처해져 현재 옥에 갇혀 있다. 이 중에 양기탁의 경우는 1년 이상 수감되었음에도 원기 왕성하여 조금도 쇠약한 기색이 없다. 이 4명의 수인과 같은 자리에 윤치호, 이승훈, 유동열 3인이 있다. 윤치호는 마흔 남짓의 나이로 인품이 좋고 연약한 사람이다. 대체로 오랫동안 미결수로 있어서 매우 초췌한 모습이다. 이승훈은 오십 정도이며 흰 머리가 섞인 머리카락을 길게 드리우고 있다. 침착 과묵한 장정이다. 유동열은 서른 남짓이고 짙고 헝클어진 머리카락을 독일식으로 빗어 올려 용모가 수려하며 차분하고 건장한 장정이다. 이 세 사람은 양기탁, 안태국과 마찬가지로 이 음모단 중의 세력가로 수령으로 지목된 남자들이다. 그중 윤치호는 음모단 중의 명망가이다. 이 외에 120여 명의 어중이떠중이 피고를 조망하면, 20세부터 30세 정도의 장년이 가장 많고 직업별로 보면 목사, 교사, 학생이 많으며, 그 외 농상공에 종사하는 자로 부랑인이라고 할 사람은 적다. 따라서 그중에는 성질이 고약해 보이는 ○혼(魂)을 가진 사람도 있겠지만, 대개는 인상도 나쁘지 않고 인품도 비루하지 않은, 사람을 죽일 수 있는 자라고 생각되지 않는다. 그렇다고 해서 비분강개의 지사 같은 인물로도 보이지 않는다. 대개 이런 사람들이 암살이라는 무서운 음모를 세운 것이므로 사람은 보기와는 다르다고 생각된다.

이들 120여 명이라는 다수의 피고를 상대로 쓰카하라(塚原) 재판장, 사카이(境) 검사, 마쓰데라(松寺) 검사정, 이토(伊藤), 가마타(鎌田) 배석판사, 오타(尾田) 통역 등이 준엄하게 상단에 앉아 있다. 배후에는 구라토미(倉富) 장관, 나카야마(中山) 지방법원장, 검사장 등이 임석하여 앉아 있으므로, 이로부터 총감부에서 아카시(明石) 경무총장, 야마가타(山形) 헌병대좌, 구니토모(國友) 기밀주임 등이라는 면면이 임석하고 있다. 고마쓰(小松) 외사국장 등도 보인다. 변호사석에는 오가와(小川), 미야케(三宅)를 비롯한 10명 정도가 의자에 앉아 있다. 신문기자석에는 20명 정도가 연필을 깎고 있다. 머리색이 다른 기자로 보리안이 앉아 있었다.

방청석에는 피고의 친척과 관계자에 한정하여 백여 명이 있는데, 이들로 방청석은 가득 차 있다. 이 중에는 부인들이 많이 있다. 피고의 아내나 노모가 구석구석이 남편과 아들의 신변을 걱정하며 선천 지방에서 상경했을 것이다. 젊고 아름다운 여성도 보인다. 방청석 일각에는 이색적인 용모의 미국인이 10명 정도 앉아 있다. 모두 선교사뿐이다. 평양의 선교사 모펫[11], 선천의 선교사 휘트모어[12] 등이다. 윌슨이라는 목사도 일본 내지에서 방청을 하러 왔다.

9시 종이 울리고 재판이 시작되었다. 쓰카하라 재판장은 피고를 일일이 기립시켜 형식대로 주소, 성명과 생년월일 등을 신문했다. 피고들은 모두 근신하면서 정중하게 예를 갖추는 형식으로 대답했다. 123명이라는 다수에게 일일이 통역이 필요하기 때문에 약 2시간 이상이 걸렸다. 만장이 지루한 분위기이다. 단조로운 주소, 성명 신문이 겨우 끝나자 피고 전부에게 기립을 명하고, 마쓰데라 검사정은 일어나 기소장의 대요를 진술하고 피고 123명이 데라우치 총독을 경의선 연선의 각 역에서 세 차례 암살하고자 했는데, 결국 경위가 엄중하여 수행할 수 없었지만 모살미수의 증거가 충분하므로 피고들에게 공명한 심의를 해달라고 말하고 이는 조선어로 통역되었다. 이 또한 1시간 이상 걸렸다. 이로써 1시간 휴게를 알리고 모두 오찬을 위해 퇴장했다.

오후 2시부터 다시 개정되었다. 이때부터 드디어 사실 심문(審問)에 들어갔다. 우선 신효

---

11 새뮤얼 오스틴 모펫(Samuel Austin Moffett, 1864.1.25~1939.10.24)은 미국의 장로교 선교사·교육자다. 한국이름은 마포삼열(馬布三悅)이다. 숭실전문학교 창설에 중심적인 인물이 되었고, 1911년 조선의 독립운동가를 체포한 105인 사건 때는 미국 장로회 본부 전도국에 보고하여 국제적인 여론을 일으켰다. 1934년 일제의 탄압 때문에 활동할 수 없음을 깨닫고 1936년 미국으로 돌아갔다.

12 휘트모어(Rev. Norman C. Whitmore, 1870~1952)의 한국이름은 위대모(魏大模)이다. 평안북도 일대의 교회를 세운 개척선교사였다. 그는 1896년 10월 26일 내한하여 1897년 처음으로 선천을 방문한 후, 선천을 중심으로한 평북 일대의 구령 운동에 투신하였다.

범(申孝範)이라는 30세가량의 건장한 사람이 불리고 사실 신문(訊問)을 받았다. 그는 총감부나 예심정에서 취조서를 모두 부인하였는데, 암살을 목적으로 한 신민회라는 이름은 들은 적도 없고 더구나 데라우치 총독암살이라니 꿈에도 생각한 적이 없다고 하였다. 재판관이 그러면 왜 경무총감부나 예심정(豫審廷)에서 이 음모에 관여했다고 자백했는가라고 추궁하자 그는 호소하는 모습으로 이것은 고문(拷問)의 고통과 협박이 두려워서 담당관이 시키는 대로 그렇게 대답을 한 것이며 사실이 아니라고 한다. 재판관이 그대는 꽤 교육을 받은 자인데, 고문과 협박 정도로 대사건에 관계했다고 대답하다니 도저히 믿을 수 없다. 그것은 진실한 자백일 것이라고 급소를 찌르자 그는 당황하는 기색이 없이 태연하게 그렇지 않다, 지금 말하는 것이 진실이다. 나는 음모에 대해서는 모른다고 교묘하게도 하나부터 열까지 모른다는 답으로 일관했다. 이어서 이봉조(李鳳朝), 김창환(金昌煥), 노효욱(魯孝郁) 등이 취조를 받았는데, 그들 모두 신효범에게 배운 것처럼 모른다고 주장했다. 그중에는 피스톨을 넣은 상자를 면전에 보여도 모른다고 버티며 태연했다. 이리하여 제1회 공판은 평범하고 지루한 가운데 폐정했다.

다음 날 29일 제2회 공판이 열렸다. 우선 윤치호가 호출되었다. 음모단 중의 수령이므로 모두 마른침을 삼키며, 그의 태도와 답변에 이목이 쏠렸다. 그는 일본어로 재판관의 신문에 하나하나 명석하고 숙연하게 대답했다. 그는 조선의 병합에 반대했다. 그래서 청년의 지기(志氣)를 고무하여 할 수 있는 한 국권을 회복하고 싶다고 생각하지 않은 것은 아니나 지금은 어떻게 할 수도 없다고 포기하고 있다. 더구나 총독암살음모라는 무모한 일을 기도할 정도로 멍청하지는 않다고 부인했다. 다음으로는 김일준(金一濬)이라는 30세 정도의 남자가 재판관 앞에 섰다. 그는 정주(定州)의 농민이다. 재판관의 신문에 대해 어느 정도까지는 신문조서의 사항을 인정하고 자신은 배일단과 관계가 있고 죽은 안중근도 관계가 있다고 했다. 데라우치 암살에도 나갔으며 최후의 단계까지 갔지만 무엇 때문에 데라우치 총독을 죽일 필요가 있을까 라는 의문이 생겨 피스톨 방아쇠를 당기는 것을 그만두고 도망쳤다고 하였다. 이렇게 제2회 공판정은 꽤 술렁거렸다.

2. 3 · 1운동 이후

〈자료 155〉 현 사회의 성적 전람 - 작년 중 전(全) 조선의 죄인 통계를 보고 -

[〈조선고(朝鮮苦)〉, 《개벽》 제49호, 1924.7.1]

현 사회의 성적 전람 - 작년 중 전 조선의 죄수 통계를 보고 -

금년 5월 말 법무국 감옥과의 조사에 따르면 작년 중 전 조선 29개소의 형무본지소(刑務本支所)에 수감된 집행을 받은 수인은 일본인이 537인, 조선인이 8,298인 외국인이 143인, 합계 8,970인인 바, 범죄의 내용을 보면 절도 3,207인을 필두로 하여 사기횡령이 1,176인 강도횡령이 그다음이며, 모르핀 · 코카인 등의 특별범죄는 전년보다 증가하고 정치범은 100인으로 감소했으며 (독립단 군자금 모집원은 모두 강도사기횡령으로 몰았으니까) 범죄의 동기로 관찰하면 재리(財利)로 인한 자가 2,929인, 빈곤자가 728인 병고로 인한 자가 해마다 그 숫자가 증가하며(습관으로 인한 자 1,800여 인) 연령별로 보면 30세 이상 40세 미만이 최다이고 25세 이상 30세 미만이 그다음이며 20세 이상 25세 미만이 또 그다음이며 형기로 말하면 6개월 이상 1년 미만의 징역이 4천여 인 1년 이상 3년 미만이 2천여 인이라 한다.

사람들아, 이것이 오늘 세상이다. 오늘 세상의 성적이다. 범죄의 동기로 보면 재리, 빈곤과 병(貧病)으로 인한 죄가 제일 크고, 범죄의 연령으로 보면 30세 이상 40세 이상 즉 세상의 현실을 알만한 때의 장정 사람이 제일 많고, 징역의 연한 수로 보면 6개월 이상 1년 이하의 소소한 죄수가 제일 많은 것 이것이 오늘 세상이다. 여기에 만일 경제문제를 해결하고 본다 하면 그 나머지의 죄인이 대개 몇 사람이나 될 것이냐. 있는 자의 집에는 곡식이 썩고 돈이 녹슬고 옷이 퇴색되며 주황야음(晝荒夜淫)에 가진 지랄을 다 부려도, 조석을 어렵게 이어가는(難繼) 무산자는 일하려 해도 일거리가 없고 일해도 남는 것이 없는 그 사람들이 썩어나는 곡식이나 돈에 대하여 단 한 되 한 푼일지라도 가만히 가져오면 절도, 억지로 가져오면 강도, 속여서 가져오면 횡령이 되겠지. 과연 얼마나 잘된 이치(理法)냐. 의하여 묻나니 현재 징역을 사는 사람이 죄인이냐, 또는 이 징역꾼으로 하여금 절도, 강도하지 않을 수 없게 한 유산유권자(有産有權者)인 그들이 죄인이냐. 이야말로 천지개벽의 불신이 아니고는 아무도 모를 일이겠지.

(중략)

언론집회 압박 -수옹이궤(水甕而潰) 상인필다(傷人必多)[13]-

지난 7일이다. 조선노동총동맹과 청년총동맹의 발기로 서울에 있는 25개의 단체가 회합하여 언론집회압박탄핵회(言論集會壓迫彈劾會)[14]를 조직하고 언론 및 집회에 대한 당국의 무리한 압박에 대하여 공고한 결속으로써 적극적으로 항거할 건을 결의하고 실행위원 13인을 선정하여 그야말로 무리 압박의 실상을 조사하며 이어서 시민대회를 열어 열의 있는 민중의 분기를 촉구하리라 한다.

우리의 눈으로써 보건대 기미운동 이후 적이 새로운 공기로써 조성된 조선총독부 당국은 당시 경내에 있는 조선사람의 대부분 경향이 문화운동, 달리 말하면 실력양성주의에 귀의하여 가까운 장래에는 무슨 현저한 변이가 없을 것을 간취하였다. 또는 자기네가 스스로 생각할지라도 옛사람을 대신하여 새로운 판국을 만들고 앉은 이상, 스스로 성적을 위해서라도 전에 없던 무슨 새로운 일을 꾸밀 필요가 있고 또 그렇게 함이 실제로 조선사람의 식자층을 회유하는 방책이 되리라 하여 몇 종의 신문 잡지를 허가하고, 어느 정도까지의 집회 결사를 허가하여 되어가는 바를 주시하고 있었다. 그러던 차에 다수의 조선사람들이 어느덧 이러한 상황에서의 문화운동, 실력양성의 성과가 얼마나 미미하고 불철저한 것임을 깨닫고 다시 한번 새로운 걸음을 옮기기로 하매, 예전의 당국은 사회운동이 일종 부랑파 종류의 선전물에 지나지 않을 것이라 믿었지만, 재작년과 작년 이래 거의 일반적으로 대두하게 되어버려 당국은 이즈음 태도를 일변하여 이에 대한 적극적인 위압 정책을 쓰게 되었으니 이것은 대개 재작년 겨울부터 작년 7월까지의 사이에 일관되게 구체화한 방침이라 볼 수가 있다.

그래 오던 중 작년 9월의 대지진이 일어나 6만 여 인명의 사상은 고사하고 전 국부의 4분의 1이 소탕되매 일본인 이외의 사람이 일본의 위신을 경시한다기보다 일본사람 자신이 한층 더 그에 대한 자벽(自癖)[15]의 감정을 가지게 되며 이어서 미국의 배일(排日)이 사실로 되매 그들 특히 식민지를 지배하고 있는 그들의 신경이 예민하게 된 중 조선사람 측의 운동이 역

---

13 물은 갈 데로 가고 사람만 다친다는 뜻.

14 1924년 6월 21일 서울 천도교회당에서 23개 사회단체가 연합하여 모였다. 총독부 당국의 언론집회 탄압에 항거하여 부당성을 경고하고 폭로하기 위함이었다.

15 自是之癖: 언제나 자기의 뜻이 옳다고 생각하여 남의 말을 듣지 않는 편벽된 고집을 뜻한다.

시 그리하여 기세가 올랐다고 할 수는 없으나 줄어들 리는 만무한 즉, 이에 그들은 정말 적안(赤眼)이 되어서 조선사람의 일거수일투족을 경계하게 되며 그 동정의 유일한 표시인 언론집회결사에 대하여 할 수 있는 대로의 압박을 가하는 금일에 이르렀다. 그런데 우리는 이 탄핵회의 출생을 맞아 당국자 및 일반 민중에게 일언할 것이 있다.

관청 당국자는 일반 사상의 변동 혹은 사회의 동요가 몇 사람 혹 몇 기관의 선전으로 기인한 것인 양 생각하나, 지금 조선사람의 사상 및 행위의 변동은 자기가 가진 환경의 교사 또는 세계 대세의 사주, 달리 말하면 세계 개변의 기운의 작용이 그러함인 바 이를 차라리 선도(관변에 항상 쓰는 말)할지언정 무리로 억제할 수 없는 것이며 만일 억제한다 하면 수옹이궤(水甕而潰) 상인필다(傷人必多) 즉, 물은 결국 갈 데로 가고 사람만 상할 것인 즉 아무리 근시안이요 신경질인 당국이라 할지라도 이런 경위쯤은 시인할 필요가 있을 바이며,

다음 탄핵회의 주관하는 쪽에서 보면, 이번 이 일을 반드시 목전의 어떤 성과를 보기 위하여 했다기보다 일반 민중에게 압박의 실제가 이와 같음을 피눈물과 아울러 보고하여 세상의 여론을 높게 하는 동시에, 한편으로 자체의 결속을 굳건히 하여 위무불굴의 고의(高義)를 수립하기 위함에 있었을 듯싶다. 만일 그렇다 할진대 그 상세하게 조사한 꾸밈없는 사실을 한번 시민대회에 훌훌 날려 보내거나 또는 어떤 문서로써 한번 살포하고 말뿐이 아니라 25개라는 기본단체가 있은 즉, 그 단체들의 성원 각자에게 이 탄핵의 의의로 다시금 철저하게 할 필요가 있을까 한다. 이것은 우리에 앞서 집사자(執事者)가 먼저 생각했을 일이나 말하는 참이니 하는 것이고, 맨 나중으로 일반 민중에 전위해서 한마디 할 것은,

가령 근래와 같이 신문 잡지 같은 것이 연일 또는 달마다 압수당하고 집회가 절대로 불허되면 관변 또는 관변에 직영 혹은 간접 경영하는 기관지 같은 것은 이를 뒤집어 선전하되 신문 잡지와 같은 것은 경영자가 그 경영책을 위하여 그리하며, 집회의 연사는 경관의 주의나 또는 결국에 구속될 것을 도리어 자신의 광고로 삼아 그리한다는 극히 야박한 중상의 선전을 하고 있다.

이런 선전에 대하여는 적어도 조선사람 된 이는 다른 것은 다 그만둔다 할지라도 각각 자기가 받고 당하고 있는 처지 심사로써 추측하여, 언론집회의 단속에 봉착한 조선사람으로서 당하는 고충이 어떠할 것을 무엇보다 잘 알 것이니 다시 바꿔 말할 것이 없거니와, 대개 지방에 있어 언론계의 실정을 미처 잘 알지 못하는 일부의 사람은 생각건대 이런 생각쯤은

가지고 있는 듯싶다. 즉, "이미 저들 치하에서 간행 또는 집회하는 것임을 각오하고 하는 이상, 될 수 있는 대로 하루에 갈 길을 이틀에 가고 한 번에 할 것을 두 번에 논하여 근래와 같은 박해는 받지 않도록 하면 좋을 것인데…" 하는 우려를 가지고 있다.

과연 해야 할 우려이다. 그러나 이것을 우려하는 이는 먼저 이것만은 생각해줘야 할 것이 있다. 즉, "실제로 그런 압박을 당하는 우리는 여러분보다 일층 더 그편에 대한 우려를 가졌다"는 것을 생각해 줘야 할 것이다. 슬프다. 민중의 각성이 오히려 철저하지 못하고 집권자의 행사가 지금과 같은데 우리가 어찌 생각 없이 절도를 잃고 업적을 급하게 얻으려는 무모함에 나설 수 있을까. 하물며 어찌 이런 일을 영업 방책으로 하겠는가. 다 못한 말로써 더 일반에게 부탁할 것은 언론의 발전, 그것이 결코 민중의 옹호를 떠나서 따로 발전될 수 없다는 것이다. 이 점에 있어 이번 탄핵회의 출생에 대한 일반 민중의 직접 옹호를 구해 마지않는 바이다.

〈자료 156〉 언론집회 압박 보고

(조선인, 〈언론집회 압박 보고〉, 《개벽》 제49호, 1924.7.1)

소위 문화정치를 표방하는 총독부 당국에서 우리의 언론 집회에 대하야 압박이 심한 것은 다시 말하지 않아도 누구나 알 것이다. 특히 지난 가을 도쿄진재(東京震災) 이후로는 압박이 한층 고도에 달하여 우리의 자유는 여지없이 박해를 당하였다. 이것을 통절히 여긴 경성 내 31개 단체의 대표자 100여 인은 당국의 부당한 처치를 탄핵하기 위하여 6월 7일에 조선교육회 내에 회집하여 '언론집회압박탄핵회'를 조직하고 "1. 우리의 언론 및 집회에 대한 당국의 무리한 압박을 공고한 결속으로 적극적 대항할 일, 2. 언론 및 집회의 압박에 대한 항거 방법은 실행위원에게 일임함"이란 결의문을 통과하고 실행위원 13인을 선정한 후 동월 20일에 제일성(第一聲)으로 경운동 천도교당 내에서 시민대회를 개최하려다가 이것도 또한 압박을 당하여 해산되고 위원 중 서정희(徐廷禧), 이종린(李鍾麟), 한신교(韓愼敎), 신명균(申明均) 네 명은 2일간 검속이 되었다. 이제 그 문제가 또 어찌 진전될지 알 수 없으나 근간 당국에서 언론, 집회에 대하여 어떻게 압박을 가했나 라는 것은 별 표를 보면 알겠고, 나아가 금년 1월부터 6월 20일까지에 압수된 신문잡지의 개황을 들면 다음과 같다.

《동아일보》

발행월일	압수 이유
3월 11일	러시아(露國) 공산당이 본 조선
3월 20일	산업권의 이동
4월 8일	김상옥(金相玉) 사진 및 묘지 기사
4월 15일	노동대회의 개최를 축하함
4월 23일	자유와 단결
4월 28일	치안경찰령에 대하여
5월 2일	사이비적 아시아연맹
5월 4일	약소민족은 단결하라
5월 7일	만화 가치 없는 목숨
5월 12일	재러(在露) 공산당의 신계획
5월 28일	기쿠치(菊池)의 패언, 미국 영관에 협박장
6월 4일	폭발탄 휴대한 독립단
6월 6일	외래인 계획과 향토
6월 8일	사설 일부 무책임한 순사
6월 14일	자유종 최후의 선상에 선 형제들아

《조선일보》

발행월일	압수 이유
3월 19일	사설 〈치자(治者) 강자와 피치자의 참혹〉
4월 8일	사설 〈인도 독립당 서고문(誓告文)을 보고〉
4월 27일	3면 기사 〈하얼빈에서 전사한 김만수(金萬秀)의 가도(家道)〉
5월 5일	3면 기사 〈웰치[16]의 변명〉
5월 6일	3면 기사 〈의열단의 비밀회의〉
5월 12일	3면 기사 〈임시정부 신내각〉
5월 23일	〈산업권의 회복을 위하여〉

---

16 허버트 웰치(Herbert Welch, 1862~1969)는 미국 뉴욕 출신 선교사이다. 1916년 감리교회의 감독으로 선임된 후 12년 동안 한국과 일본 주재 감독으로 재임하며 아시아에서 선교를 하는 등 한국감리교회와 인연이 깊다.

5월 27일	사설 〈도일 노동자를 위하여〉
6월 4일	3면 기사 〈후창(厚昌) 군에서 순사 2명 또 총살〉
6월 7일	사설 〈함축과 반의〉(노농청년 양 단의 분기)
6월 13일	사설 〈일미문제와 일본의 굴욕〉
6월 18일	사설 〈소위 공직자대회에 대하여〉

《시대일보》

발행월일	압수 이유
4월 18일	사설
4월 26일	사설
4월 30일	사설
5월 4일	사설
5월 5일	〈웰치 박사 사건〉
5월 6일	〈분화구는 왔다〉
5월 8일	〈약소민족 단결〉
5월 22일	사설
6월 8일	사설

《개벽》(압수된 문제)

발행월일	압수 이유
2월호	〈산업의 발전과 무산계급의 해방 ▲원편을 밟고〉
3월호	〈사상의 추세와 운동의 방향 ▲해방의 목표〉
4월호	〈세계 사회주의 운동의 현세 ▲적색조합과 황색조합 ▲러시아의 공산당 ▲카를 리프크네히트[17]와 로자 룩셈부르크[18]를 추억함 ▲노농운동과 그 단결방법 ▲조선청년총동맹에 대하여〉
5월호	〈▲일미(日米) 반목의 금석(今昔) ▲미소의 혁명〉

---

17 카를 리프크네히트(Karl Liebknecht, 1871~1919)는 독일의 사회주의자이다. 독일공산당을 결성하고 독일혁명과의 쿠데타에 참가하였다가 학살당했다. 기사 원문에는 '칼 리북네히트'로 되어 있다.

18 로자 룩셈부르크(Rosa Luxemburg, 1871~1919)는 독일에서 활동한 폴란드 출신의 사회주의 이론가이다. 폴란드사회민주당과 독일공산당 조직에서 핵심적인 역할을 했다. 1919년 1월 2차 독일혁명 때 체포되어 처형되었다. 기사 원문에는 '로샤 룩셈뿌르그'라고 되어 있다.

3. 치안유지법 시행 이후

〈자료 157〉 국궁진췌(鞠躬盡瘁)[19]할 뿐

(〈鞠躬盡瘁而已〉,《개벽》제60호, 1925.6.1)

1925년(大正 14) 5월 12일이라. 대일본제국의 치안유지법을 조선에까지 실시하다. 이에 앞서 1919년 4월에는 제령(制令) 제7호를, 1907년(光武 11) 7월에는 보안법을 반포, 실시하다.

1907년의 보안법, 1919년의 제령 제7호, 1925년의 치안유지법, 이 세 가지 법령이 마치 탈놀음에 이놈 저놈 나오는 격으로 잇달아 조선 민중의 위에 덧씌워지는 것을 볼 때, 우리는 법령 그것에 얽히고 눌릴 생각 이전에 보다 즉각적으로 이상한 감회가 일어남을 금할 길 없다.

돌아보건대, 멀리 20년 전의 구한국 시절에 있어 저들이 조선합병을 단행하려 할 때 이에 대한 제반 단속을 강행하기 위하여 조선인의 행동을 절대 구속하는 보안법이라는 것을 안출(案出)함으로써 소기의 목적을 도달 또는 유지하였다. 그런데 이것이 웬일이냐.

1919년에는 만세운동이 폭발되어 조선 전토가 물 끓듯 동요되었다. 칼도 있고 총도 있고, 포승, 유치장, 감옥 -없는 것이 없다- 이 구비되었으니 무슨 염려할 것도 없겠지만, 먹는 떡에 도판을 박는 격으로 갖은 억지를 쓰는 데에도 절차가 필요한데, 종래의 보안법만으로는 그 과중한 강제를 행할 절차를 할 수가 없었다. 이만하면 넉넉하겠지 하고 또 한 번 안출한 것이 이른바 제령 제7호였다. 조선의 민심이 점점 악화함이냐 혹은 당국의 법령이 해마다 진취함이냐, 여하간 조선의 실제는 종래의 보안법을 요구하는 외에 제령 제7호를 다시 요구하는 형편으로 몰게 되었다.

다시 말하면 병합 당시를 단속하던 이상의 가중한 법령을 안출하지 않고는 못 견딜 형편에 빠졌다.

진실로 민중의 복리 증진을 전제로 한 질서유지를 위하는 것이 이 법령이라 하면, 또 때리면 맞는 체를 하는 것이 백성이라 하면, 이만한 가혹한 법이 이만큼 일중 이중으로 실시되었으면 다시는 문제가 없을 듯싶은데, 최근의 사실을 보면 어떠한가. 그것으로도 또 부족 -

19 마음과 몸을 다하여 나랏일에 이바지한다는 뜻. 제갈량(諸葛亮)의 출사표(出師表)에 나오는 말이다.

아니, 또 불능하여 치안유지법이라는 가혹한 법을 또 실시하는 오늘날을 맞았다. 일중, 이중 아니, 일차, 이차, 삼차, 이 삼차로 부족- 아니, 불능하면 또 그다음에 올 것은 무엇이냐. 백척간두에 또 한 걸음, 올라갈 데로는 다 올라간 듯싶은데, 이제 또 한 걸음만 더 내디디면, 이번 치안유지법이 실시됨에 있어 더욱이 이상한 느낌을 갖게 된 것은, 지금까지 층층이 발생한 소위 3대 악법의 가운데 보안법과 제령 제7호는 그 입법의 본의로부터 시행의 실제에 이르기까지 순 조선인 측의 민족운동자를 단속하기 위한 법령임에 대하여 이번의 치안유지법은 적이 조선의 사회운동 또는 주의자를 단속하기 위함인 동시에 조선인 측보다도 먼저 일본 민중 전체에 적용한 것이다. 바꿔 말하면 이번 치안유지법이 대상으로 한 바 법익(法益) -일본 금일의 국체 또는 사유재산제도- 을 침해할 자는 조선사람만이 아니라 일본사람도, 일본사람만이 아니라 조선사람도 마찬가지라는 것을 법문으로써 증명한 것이며, 또 말하면 한국병합 십 수 년에 조선사람과 일본사람은 이상하게도 어떤 방면에서 동일 보조를 취하는 동시에, 일본 당국자로서는 뜻하지 않은 국내 법익의 새 침해자를 얻어놓은 것이다. 세상의 전륜(轉輪)이란 대체로 기묘한 것이 아니냐.

북방에 한 늙은이가 있어 아들 하나를 두었는데 그 하나 되는 아들이 말 한 필을 먹이고 있었다. 그런데 하루는 그 단 한 필 되는 말이 어디 갔는지를 모르게 없어지고 말았다. 동네 사람들이 그 늙은이를 향하여 "그것 참 안 됐습니다"라고 한 즉, 늙은이의 대답이 "그것이 어찌 복이 되지 않을지를 알겠소"하더니 며칠 후에 잃어버린 말이 수십 필의 벗 말을 데리고 들어와서 하루아침에 부자가 되었다. 이 일을 안 동네 사람들이 "그것 참 다행한 일입니다"라고 한 즉, 그 늙은이는 "그것이 어찌 화가 되지 않을 줄을 알리오" 하더니, 아들 녀석이 갑자기 말 부자가 된 김에 기쁘다고 말달리기만 하다가 그만 말에서 떨어져 한편 팔이 뚝 부러졌다. 이 일을 안 동네 사람이 "그것 참 불행한 일입니다"라고 한 즉, 늙은이는 "그것이 어찌 복이 되지 않을 줄 알겠소" 하더니, 그 후 며칠 못 되어 나라에 난이 나서 젊은 장정이란 장정은 모두 군병으로 뽑혀 나가 모조리 죽어버리는데, 이 늙은이의 아들만 팔이 부러진 탓으로 해서 죽지 않고 잘 살았다는 말이 있다(세상에서 보통 말하는 세옹득실(塞翁得失)이라는 것).

그렇다. 정말 그렇다. 세상의 변태(變態)란, 시운의 전환이란 도무지 알 수가 없는 것이다. 오늘의 화가 어찌 내일의 복이 아닐 줄을 알며 동시에 오늘의 복이 내일의 화가 아닌 줄을 어찌 알리오. 하물며 인간 역사의 전륜(轉輪)이란, 하나, 둘, 셋, 넷의 수학급수적으로 진전되는 것이 원칙이라 하지만, 때로는 둘, 넷, 여덟, 열여섯의 기하급수적으로 약진하는 수가 없지 않음이요. 자못 우리는 사회진화의 필연한 법칙을 정관(正觀)하여 한 민족으로서 또는 한 인간으로서 의의 있는 활동을 위하여 진취할 뿐이오. 결국의 성패와 이둔(利鈍)에 이르러는 우리의 묻고자 하는 바가 아니다.

〈자료 158〉 우리와 세 가지 법령(我等과 三法令)

(이인, 한국종, 권승렬, 〈我等과 三法令〉, 《삼천리》 제6호, 1930.5.1)

치안유지법에 대하여

변호사 이인(李仁)

1. 치안유지법이란 어떤 것인가.

기자 근래 우리들 사이에 '법'을 잘 이해하지 못하고 또는 그 조문을 오해하는 까닭에 뜻하지 않는 형벌을 받는 일이 빈번한 줄 압니다. 그러기에 이제 우리는 이미 발포되어 있는 온갖 법령에 대하여 누구든지 알아두도록 자세하고 또 쉬운 해석을 들어둘 필요가 있는 줄을 알고 우선 치안유지법에 대하여 묻습니다. 치안유지법의 제1조에 '국체를 변혁함을 목적하고 결사를 조직한 자나…' 운운한 것이 있는바 거기에 명기된 '국체'라는 것은 어떠한 것을 가리키는 것입니까.

이 그 '국체'에 대하여 설명하지요. 국체라는 것은 그 나라의 성립 형태로 가령 미국이나 독일 불란서 등은 민주공화국체인데, 그 뜻은 인민이 국가의 통치자가 되는 한편 또 피치자가 되어 있습니다. 민주공화국체 이외에도 러시아 같은 나라는 소비에트연방조직이지요. 그러나 일본의 국체는 헌법 제3조에 명시된 바와 같이 만세일계(萬世一系)의 천황의 통치로 되어 있습니다. 즉, 천황 이상의 권력 잡은 이가 없어서 일반인민은 천황에 모두 예속이 되어 있습니다. 이러한 국체를 입헌군주체라 하지 않습니까.

기자 그러니 그 국체를 변혁한다 하면?

이 현재 있는 입헌군주국체를 가령 미, 독, 불 등과 같이 민주공화제로 변혁한다든지 또는 러시아 모양으로 변혁하는 것을 가리키는 것입니다.

기자 그러면 이 법은 국체의 변혁에만 적용되었지 정체(政體)의 변혁에는 관계가 없습니까.

이 '정체의 변혁'이라하면 아주 뜻이 달라지지요. 현재 일본의 정체는 이원제가 아닙니까. 즉, 그 나라에서 쓰는 법을 제정하는 입법부는 귀족원과 중의원의 두 곳이 있는데. 그것을 일원(一院) 조직으로 고친다든지 또는 삼원(三院) 조직으로 고치자는 운동 같은 것은 그 행동이 합법적인 이상 아무 관계가 없습니다. 현재 일본의 여러 정당이나 학자들 사이에 이원제에 대하여 여러 가지 의논이 있지 않습니까. 그렇지만 그러한 정체의 변경에 대하여는 치안유지법은 아무 죄도 주지 못합니다. 그 밖에 행정제도의 변경 같은 것도 예컨대 각 성의 국무대신을 없애고 내각 안에 통괄시킨다 하는 것 같은 운동도 아무 일이 없습니다.

기자 그다음 '사유재산제도를 부인함을 목적하고 결사를 조직한 자나 정(情)을 알고 결사에 가입한 자 혹은 결사의 목적을 수행하려고 행위한 자는…' 운운하였는데, 그 사유재산제도를 부인한다는 뜻은?

이 사유재산제도를 부인한다는 말은 현재의 '자본주의제도와 그 주의'를 부인한다는 말인데 그것도 부분적 부인이 아니고 전체적 부인이 되어야 합니다. 즉 인민의 토지 기타 재산의 소유권을 전체적으로 부인하여야 이 법에 걸립니다.

기자 인민뿐 아니라 국가도 사유재산을 가지고 있지 않습니까.

이 가지고 있지요. 우선 철도라든지 전신전화 등의 우편이라든지 도로, 교량, 연초 같은 것을 가지고 있고말고요. 그러기에 토지 같은 것의 민유를 금하고 국유로 하자고 하여도 그는 전체적 부인이 안 되니까 관계없습니다.

기자 최근 민정당(民政黨) 같은 정당에서 부르짖는 자작농창정안(自作農創定案) 같은 것이 그와 유사하겠습니다그려.

이 그렇지요. 자작농창정안이라는 것이 경지를 소작인도 다 가지도록 국가에서 특수기관을 시켜 돈을 빌려주어 사게 하는 것이 아닙니까. 또 토지소유가 고르지 못하여 농업정책상 또는 사회정책상 일단 국가에서 인민의 토지를 약 50억 원으로 매수한 뒤에 다시 그것을 인구별로 나눠 갈아 먹도록 하자는 그런 의논도 있지 않습니까. 이것은 토지의 소유권만의 부분적 부인이 되니 이런 의론도 괜찮습니다.

기자 그 밖에도 사회민주당(社會民主黨)의 아베 이소(安部磯雄)[20] 같은 사람이 현재 역설하고 있는 전기의 국영론 같은 것도 그것이겠습니다그려.

이 그도 그렇지요. 전기도 물과 같이 인간생활에 필수품인데 그것을 한두 사람이 영리적으로 경영한다기보다 국가에서 인민을 위하여 직접 경영하는 것이 좋을 듯 하니까 주창하는 것인데. 그 또한 근본적 전체적으로 사유재산제도를 부인하는 것이 아닌즉 관계없는 것입니다. 더욱 이에 대하여는 치안유지법이 1928년(昭和 3) 4월 29일에 긴급칙령으로 개정될 때 당시의 국무대신이 근본적 전체적 부인이어야 한다고 특히 언명한 바 있으니까 그에 비추어 보아도 분명한 일 일줄 압니다.

2. 사상의 연구와 실행관계

기자 조문 속에 사유재산제도를 부인함을 목적하고 결사를 조직한 자나(생략-원문) 또 조직하려 한 자라 운운하였는데 그러면 그러한 사상을 가지고도 결사만 조직을 안 하면 상관없습니까.

이 사상은 자유니까 그러한 사상을 가졌다고 벌은 못 합니다. 그 사상을 실행하기 위하여 한 걸음 나가서 결사를 조직하여야하는 것인즉 그러기에 그러한 목적까지 가졌더라도 혼자 떠들어서는 또한 아무 탈이 없습니다. 가령 누가 종로 바닥에 뛰어나가 그런 사상에 대한 연설을 하였다고 하여도 그는 혹 다른 죄 가령 보안법 같은 것에 걸릴는지 모르지만 치안유지법에는 걸리지 않습니다.

기자 그러니까 비록 사유재산 부인의 사상만 가졌더라도 소용없고 한 걸음 더 나아가 목적까지 하였더라도 그 위에 결사를 조직하며 또는 조직하려한 것이 아니었으면 치안유지법 위반에는 들지 않겠습니다그려.

이 그렇습니다. 그 점은 '제령위반'과 같은 성질을 가졌으니 제령 위반도 정치의 변혁을 목적하되 다수 공동하지 않으면 소용없고 다수 공동하되 안녕질서를 방해하지

---

20 아베 이소(安部磯雄, 1865~1949)는 근대시기 일본의 정치가, 경제학자, 사회주의자로, 사회민중당 대표를 역임했다. 〈水力電気國有論〉(《太陽》, 1911년) 등의 글을 통해 전기사업 공영론 등의 정책을 주장하였다.

않으면 상관없는 것과 같습니다. 선동은 별문제이나.

기자 그런데 아까 치안유지법에 말한 국체의 변혁과 제령 위반에 말하는 정치의 변혁은 어떻게 다릅니까.

이 그야 다르지요. 제령위반의 정치의 변혁이라 함은 그 국체 밑에서 통치권에 대한 부분적 부인이라야 하겠지요. 가령 타이완이나 가라후토(樺太 사할린)가 일본의 통치권을 이탈한다하면 그는 지역적으로 또 부분적으로 그 통치권을 부인하는 것이 되지 않겠습니까. 예를 들면 태양광선이 어디든지 다 비칠 것이로되 그 광선을 받지 않는 어느 방이 있다고 태양 그 물건이야 변하지 않는 것이 아닙니까. 그 모양으로 국체는 그냥 있되 다만 일본의 영토가 다소 축소되는 일에 대한 행동이 제령위반에 걸리는 것이외다.

기자 그렇다면 현재와 같이 소위 자문기관을 결의기관으로 고치자고 하는 운동도 정치의 변혁이 되겠습니까.

이 물론이지요. 그러나 종래의 그것은 합법적이었지요.

3. 기타

기자: 조선에서 치안유지법에 맨 처음 걸린 사람이 누구입니까. 김약수(金若水), 강달영(姜達永) 등의 제1차공산당 관계 인물들입니까.

이 아니에요. 그 사람들은 치유법이 개정되기 전이었으므로 글쎄요…, 치유법의 맨 처음 적용을 받은 사람은 아마 정재달(鄭在達) 사건인 줄 기억합니다.

기자: 치유법에 걸린 사람 수효가 오늘까지 얼마나 되는 것 같습니까.

이: 자세히는 조사한 것이 없어서 잘 모르겠으나 대략 3,000명 내외가 되는 줄 압니다.

4. 조문 일람(생략)

제령위반에 대하여

변호사 한국종(韓國鍾)

제령위반과 내란죄의 차이

기자 제령위반과 내란죄와는 어떻게 다릅니까.

한 조문에 있는 바와 같이 제령위반은 정치의 변혁을 목적하고 또 목적하되 다수가 공동하여 하고 또 공동하여 하되 안녕질서를 방해한 자 또는 하려 하는 자를 벌하는 것이고, 내란죄란 것은 '정부를 전복하고 또는 방토(邦土)를 참절(僭竊)하고 기타 조헌(朝憲)을 문란할 것을 목적으로 하고서 폭동을 한 자'를 벌하기로 된 것입니다.

기자 그러면 제령위반에 있는 정치의 변혁이란 뜻은?

한 정치에는 여러 가지가 있지 않습니까. 즉, 전제정치 입헌정치 공화정치 등 그런데 현재 있는 그 정치제도를 변경하려 하는 것을 가리키는 것이외다. 가령 예를 들면 조선에 총독정치가 있지 않습니까. 그런데 가령 어떤 운동자가 나서서 그것을 없애 버린다 하면 그때는 새로운 다른 정치가 설 터이니까 이러한 운동을 하는 자를 제령위반으로 벌하게 되었습니다.

기자 말씀대로 가령 총독정치의 변혁을 한다 하면 그는 벌써 방토(邦土)의 참절(僭竊)을 의미하는 것이 되는 터인즉 제 생각 같아서는 제령위반보다도 내란죄에 더 많이 걸릴 듯한데요.

한 아니지요. 내란죄에는 해당하지 않습니다. 어찌 그러냐 하면 조선은 일본 방토의 일부분입니다. 그 일부분의 영토 변경에는 내란죄를 구성하지 않는 것이니 그 까닭은 가령 조선이나 화태(華太) 같은 땅이 없어진다고 할지라도 일본 국토는 다소 적어질 뿐으로 전체적으로 없어지지는 않는 것이니까 만일 적어지는 것을 벌한다면 그 반대로 합병 같은 영토가 도로 커지는 것도 벌해야 옳게 되는 모순이 생기지 않겠어요.

기자 손병희(孫秉熙) 등 33인이 내란죄 운운하다가 결국 보안법으로 된 것도 역시 그러한 해석으로 입니까.

한 그렇지요. 그때의 33인에 대한 사건은 정부의 전복도 아니고 조헌의 문란이 될 것도 없고 방토를 참절(僭竊)한 것도 아니라 하여 다만 보안법 제7조에 있는 '정치에 관하여 불온한 언어동작을 운운'하는 조문으로 썼지요.

기자 네 알겠습니다. 그러면 제령위반은 조선에 한한 모종의 운동자를 벌하기 위하여 된 것입니다그려. 그런즉 그것은 개인에 치중한 것입니까. 단체 혹 결사의 처벌에 치중한 것입니까.

한 이 법은 다수체를 벌하기 위하는 점에 그 주요 목적이 있습니다. 즉, 다수가 공동하여 일하지 않으면(단, 선동을 한 자는 제하고) 이 법에는 걸리지 않습니다. 즉 어떤 사람이 조선은 다 어찌해야 한다고 깊은 무인 산골에 들어가서 부르짖어도 여기 걸리지는 않습니다.

기자 그 아래 안녕질서를 방해하거나… 운운하였는데 그 안녕질서라는 것은 어떤 것을 가리킵니까.

한 안녕질서라 함은 일반민중의 시청(視聽)에 접촉하는 안전한 상태를 가리키는 것으로 그러기에 그 안전한 상태에 파란을 일으키는 것을 모두 '치안의 방해'라고 하지요. 군중의 이목에 걸리는 행사를 하면 일체가 안 되는 터인즉 마치 물 가운데 돌을 던져 고요하던 그 냇물에 파란을 일으키는 것 같은 상태를 모두 벌한다는 뜻이외다.

기자 이 법은 외국에 가서 한 일에 대하여서도 벌하게 된 듯한데 어떻게 생각하세요.

한 그렇습니다. 중국이나 러시아에 가서 한 일이라도 벌하게 되었으므로 이것이 법조계에 문제가 된 적도 있었습니다. 원래 제령이란 것은 조선에 대한 통치의 임무만 맡은 총독이 발할 권한을 가진 것으로 이미 총독이 일 지방행정관인 이상 그 명령도 통치구역 안에 한할 것이 옳을 줄 압니다. 예를 들면 경기도지사는 도령(道令)을 발할 수 있으되 그 령(令)은 오직 경기도민에만 한할 것이요. 충청도나 경상도 도민에게는 있지 못할 것과 마찬가지외다. (생략-원문)

기자 조선에서 제령위반에 걸린 자가 많습니까.

한 아마 보안법이나 치안유지법보다는 적겠으나 그래도 수천 명이 될 줄을 압니다.

기자 타국 그중에도 조선과 유사한 다른 곳곳에 이와 유사한 법률이 있습니까.

한 아마 이렇게 엄격한 법률이 있는 것 같지는 않습니다. 조선이야 이 법 외에도 오죽 여러 가지가 있습니까.

(이하 제령 제7호 조문 생략)

보안법에 대하여

변호사 권승렬(權承烈)

합법과 비합법

기자 보안법은 어떤 뜻으로 또는 어떤 필요로 제정된 법률입니까.

권 그 법이 된 것이 1907년(光武 11) 7월인 것으로 보아 대강 짐작하려니와 좌우간 일본의 치안경찰법과 비슷한 성질의 것이외다. 치경(治警) 제17조가 악법이라고 하여 지난해에 의회에서 삭제가 되지 않았습니까. 어쨌든 정치상으로 조선 내의 평정을 도모하기 위하여 만들어진 법이라 합니다.

기자 평정이라니 무슨 말입니까.

권 현상대로 가만히 또 고요히 있는 것을 가리키는 것이지요. 즉, 제도 기타의 변경을 즐기지 않는 까닭입니다.

기자 제7조에 정치에 관하여 불온한 언어동작 운운하였는데 가령 어떤 사람이 군수의 비행을 적발하여 규탄한다고 하면 그것도 여기에 해당합니까.

권 그렇지요. 조선은 아직 인민에게 그러할 권리가 없으니까 욕을 하면 걸리지요. 벌써 남조선 어디선가 그런 실례가 있지 않았습니까. 흔히 이러한 주의할 만한 일이 있으니 그것은 가령 군수의 행동이 도덕상으로는 나무랄 것이 있으나 법률상에는 괜찮은 것, 즉 법령에 위반이 안 되는 도덕적 문제를 들고서 군수를 규탄한다면 이 법에 걸리기 쉬운 터이외다.

기자 그러면 면민(面民)들이 공공단체인 면의 면장을 잘못한다고 규탄한다면 어떻게 되겠어요.

권 그는 괜찮지요. 면민이 자기 면의 이익을 위하여, 즉 공공단체의 이익을 위하여 하는 것이면 상관없을 줄 압니다. 좌우간 현 법률이 명하는 데 반하는 일을 하는 것은 모조리 깡그리 알뜰히 살뜰히 치안방해에 해당하고 이 법에 걸리기 쉬운 줄 아세요. 그 때문에 보안법 제7조를 없애기 위하여 매년 조선변호사대회에서 이를 부르짖는 것이 아닙니까.

기자 그러면 정치상으로 현상 밖에 일을 하는 것을 모두 이 법으로 다스린다면 가령 근일 말이 많은 소위 자치운동을 놓고 말할 지라도 그것도 이 법에 걸리게 생기지 않았습니까.

권 그런데 법률은 그 사람의 주의를 벌하지는 못합니다. 또 목적도 관계없고 오직 행동만을 가지고 벌하게 되었지요. 그래서 그가 취한 행동이 합법적일진대 걸릴 까닭이 없겠지요.

기자 자치운동만 말고 한 걸음 더 나아가서 어떤 운동자가 중대운동을 일으킨다 할 지라도요?

권 그렇지요. 합법적이기만 하면 괜찮습니다.

기자 합법적이라 하면?

권 가령 청원령에 의하여 의회에 청원을 제출하는 그러한 방법을 취하거나 또 총독에게 진정 등을 하는 것들을 가리키겠지요.

기자 이렇게도 해석되고 저렇게도 해석되는구먼요.

권 물론이지요. 국가를 위한 법률이니까. 아무튼 조선에 치안유지법을 아비라 하면 제령위반은 형이고 보안법은 동생이라 하리만치 불가분의 세 법령이 있어서 경중장단(輕重長短)이 대단히 자유자재로 쓰도록 되었지요.

기자 삼총(三總)의 집회금지도 보안법이지요?

권 그렇지요. 제2조로 한 것이지요.

(이하 보안법 조문 생략)

집회단속령(集會取締令)

기자 집회라 하면 몇 사람 이상을 가리킵니까.

권 동일, 동 장소에 부정다수인이 모이는 것을 집회라고 하는데 그러면 부정다수인은 몇 사람부터 되느냐 하면 2인 이상부터 되기로 되었습니다.

기자 1910년(明治 43) 8월에 제정할 때 '당분간'이라고 하였는데 당분간이 20년에 미친다는 것은 너무 오랜 듯합니다.

권 그렇지요. 원래 이것은 합병 당시에 경무총감부령(警務總監部令)으로 발포된 것인데 잠정적 성질을 가진 것이 너무 오래되었습니다.

기자 가끔 지방 같은 데서 청년회의 대회 끝난 뒤 모아서 간담을 하는 것을 벌하는 일이 있는데요. 집회와 간담회는 어떻게 다릅니까.

권 정치상 문제를 간담하는 것이 아니면 괜찮을 줄 압니다마는 그런 것은 그때의 경우에 달렸겠지요.

(이하 집회단속령 조문 생략)

출판법

기자 운동회의 뉴스 같은 것도 출판법에 걸립니까.

권 출판법 제10조에 서간, 통신, 보고 등은 출판법에 요(要)하지 않는다 하였으므로 내용이 불온한 것이 아닌 이상 통신 등에 해당한다 할 수 있어 관계없을 줄 압니다.

기자 등사판(謄寫版)으로 인쇄하여도 인쇄로 돌립니까.

권 마찬가지외다. 더욱 손병희(孫秉熙) 씨 등 일파도 이 출판법에 걸렸던 것이외다.

(이하 출판법 조문 생략)

〈자료 159〉 옥중만총(獄中滿悤)

(〈옥중만총〉,《별건곤》 제32호, 1930.9.1)

유진희(兪鎭熙)

제1차 공산당 사건으로 4년 중형을 받은 이래 철창생활을 하는 유진희. 밖에 있는 우리의 상상 이외로 신체가 매우 건강하여 초강어부(楚江漁父) 모양으로 날마다 그물만 뜨더니, 요새에는 또 그물 공장의 잡역이 되었다 한다. 잡역은 밥도 잘 얻어먹거니와 일도 편하고 공장 내의 여러 죄수를 감독하다시피 하는 복역인 까닭에 감옥 죄수로서는 바깥 사회에서 은행 회사 중역보다 더 좋게 여기는 노역이다. 그런 중에 그는 감옥 관리의 선출 즉, 관선(官選)이 아니오, 공장 내 일반 정치범 및 사상범인의 공선(公選)에 의하여 피선되었으므로 일반 간수와 죄수들은 그를 별명으로 말하기를 감옥 소비에트 그물부 위원장이라고 한단다. 독서는 미결(未決) 때에는 경제학 서류를 많이 읽더니 근래에는 자연과학을 많이 읽던 중 특히 천문

지리학 같은 것에 치중한다고 하고, 안경은 밖에 있을 때보다도 더 잘 써서 간수들이 '메가네'[21] 선생이라고 칭호를 지었다 한다. 만기는 명년 2월 중순경.

강달영(姜達永)

역시 그 당(黨) 사건에 총비서로 6년 장기형을 받은 그는 미결기 6개월 통산을 하여도 다다음 해 1932년(昭和 7) 9월에야 겨우 이 세상의 광명한 일월을 보게 된다. 그는 미결 시부터 신경병으로 신음하다가 기결(旣決)에는 더욱 심하게 되어 한때는 정신에 이상까지 생겨서 누구와 말을 하다가는 픽 웃고는 '별유천지비인간(別有天地非人間)'이란 소리를 잘하며 또 자기 머릿속에는 귀신이 있는데 그 귀신을 잡아내야만 되겠다는 등, 여러 가지의 황당한 소리를 하므로 병감(病監)에 들어가 한동안 치료를 받게 되었었다. 그러나 역시 효과가 없으므로 감옥에서도 최후 집행정지를 결정하고 그의 가족에게 통지하여 부인이 상경까지 하였더니 행인지 불행인지 그의 병이 의외로 차도가 있으므로 다시 정지 처분을 중지시키고 그냥 재감(在監)하게 되었다 한다. 지금은 전에 비하여 좀 나은 듯하나 여간 치료가 아니고서는 비록 출옥을 한다 하여도 전일과 같은 활동을 다시 하기는 어려울 듯하다고 한다. 그의 하는 일도 예의 그물뜨기요, 독서는 한문 이외 불교 및 기독교 서적류라 한다.

김약수(金若水)

그는 밖에 있을 때도 약삭빠르고 매사에 약은 만큼 감옥생활도 또한 눈치 빠르게 잘한다. 언제나 간수를 잘 놀리기로 유명하지만 동지의 죄수를 만날 때에도 남처럼 눈짓이나 입짓만으로 하지 않고 반드시 거수경례를 한다. 그래도 어찌 눈치 있게 잘하는지 한 번도 간수에게 들키지를 않는다고 한다. 그도 일은 역시 그물뜨기요, 독서는 경제학이나 정치학보다 자연과학을 많이 읽고 얼굴은 밖에 있을 때나 별로 다를 것이 없으나 앞니가 모두 허물어져 금치(金齒)를 새로 박은 것이 전과 딴판의 일입니다. 그의 출옥 시기를 알고 싶으면 누구나 6자 석자만 잘 기억하면 될 터이니 즉, 1931년(昭和 6) 6월 6일이다. 그의 입감 후 갖은 정성을 다하여 의복, 기타 물품 차입을 잘하던 우봉운(禹鳳雲) 씨야 누구보다도 잘 기억하겠지.

---

21 메가네는 일본어의 'めがね', 즉 안경이라는 뜻이다.

김재봉(金在鳳)

그는 6년의 형을 받은 까닭에 다다음 해 1932년(昭和 7) 4월에나 다시 이 세상 봄 구경을 할 것이다. 날마다 공장에 들어가서 괴로운 일을 하면서도[망사(網絲)] 한학자인 구풍(舊風)이 그저 남아서 한시를 짓노라고 홍얼홍얼한다고 한다. 그의 시를 아직 발표하지 못함이 유감이나 가작(佳作)도 많이 있다고 한다. 신체는 별 고장이 없으나 감정이 너무 예민하게 되어 밖에 있는 친지간에 편지 한 장이나 서적 한 권 차입시켜주지 않는 것을 퍽이나 섭섭하게 생각하고 있던 때에는 흥분이 되어 혼자 성질을 내다가 또 슬퍼한다고 한다. 평소에 그와 친한 이들은 물론이고 다른 동지간이라도 일자 위문편지라도 하는 것이 그에 대하여 퍽이나 위안이 될 듯하다.

이준태(李準泰)

평소에도 과묵한 그는 재감 중에도 역시 마찬가지인 까닭에 누구와 무슨 이야기하는 일도 별로 없다고 한다. 독서도 별로 하는 것이 없고 일은 예의 그물뜨기라는데 형기 5년에 미결 6개월 통산을 하고 은사(賜)까지 먹고 보니 출감 시기는 명년 5월 중순경인 듯.

진병기(陳秉基)

그는 입감 초부터 목공장에 들어가서 소제부(掃除夫)가 된 까닭에 감옥생활을 편히 잘하기로는 그 사건 입감자 중에 제일이라고 한다. 따라서 신체도 건강하니까 형기 4년간 무사히 잘 지내리라고.

박형병(朴衡秉)

은 4년의 역(役)을 받고 평양감옥에 있는데 미결 1년 반 통산을 제하면 1932년 11월경에 출감된다. 원래 성격이 원만하고 유(柔)한 까닭에 고역도 잘 견디며 건강하다고 한다. 독서는 『세계문화사대계(世界文化史大系)』란 영문책 한 권을 미결 때부터 이 잡듯이 한 자도 빼지 않고 정독하며 하는 일은 직조(織造=가스리 공장).

이병의(李丙儀)

는 동년 10월경에 출감된다고 한다. 신체가 건강하지 않은 중 목에 종기(腫處)가 나서 이 더위 중에 고생이 적지 않고 폐가 또한 약하여 복약(服藥) 중이란다. 글은 천도교의 수운(水雲) 심법강의(心法講義)와 서양철학사를 탐독하고 하는 일은 박 씨와 같음.

서태석(徐邰錫)

건강은 양호하고 공부는 노어(露語), 출옥은 명년 10월.

이영(李英)

명년 7월에 나오는데, 신체는 밖에 있을 때보다도 건강하고 독서는 별로 없고 일은 역시 직조란다.

전일(全一)

그는 1935년(昭和 10)이라야 겨우 나오게 되는데 전날 감옥 경험이 있는 만큼 안심하고 잘 지내며 신체도 건강하고 공부는 노어(露語)라고,

허헌(許憲)

신체는 매우 건강하여 차입의 식사도 항상 잘하며 옥중에서도 신간회(新幹會) 일을 걱정하는 동시에 대회를 소집하여 자기 책임을 면하여 달라고 면회하는 사람에게나 또는 서면으로 부탁 운운.

김준연(金俊淵)

은 판결도 멀지 않았으므로 장편 서적은 차입할 수가 없어 단편 책인 『가정매일』을 본다고 하며 신체는 작년보다 매우 건강하고 다른 사람들은 차입하는 사식을 신병이나 기타 입맛 관계로 10일 20일씩 끊기도 하지만, 씨는 하루도 빼지 않고 한결같이 식사를 한다고 한다.

이 밖에 홍명희(洪命熹), 조병옥(趙炳玉), 이원혁(李源赫), 이권용(李灌鎔)도 신체는 모두 건강하다고 한다.

〈자료 160〉 여러분 아십니까, '조선의 현실' 연구실

(〈여러분 아십니까, '조선의 현실' 연구실〉, 《삼천리》 제8호, 1930.9.1)

우리들은 제가 살고 있는 이 조선의 현실을 잘 아는 듯하면서도 피차 모르고 지나는 일이 많습니다. 그러기에 이 란(欄)을 특설하였으니 자, 이제부터 매월 피차 함께 우리의 모든 운동의 산출 기초가 되는 이 현실을 연구하여 보기로 합시다.

조선에 던져진 국고금

통감부가 있던 1905년(明治 40) 시대부터 최근까지 조선에 군대를 주둔시킨다, 행정관청을 만든다 하여 일본 국고에서 조선 안에 던져진 돈을 조사해 보면 (그 반대는 잠깐 불문에 붙이고)

1, 군사비	2억 9,205만 원
2, 행정비	8,598만 8,000원
3, 조선재정보충금	2억 618만 5,000원
총계	5억 8,422만 3,000원 (1907년부터 1928년 분)

경찰서와 경관 수

간데 온데 경찰서 없는 곳이 있습디까. 또 요시찰인을 용하게도 알아내고 따라다니는 순사 없는 곳이 있습디까. 그러면 대체 그네가 얼마나 되기에 그렇게도 경찰망이 거미줄같이 벌어졌는가.

전조선의 경찰서 250개, 주재소 2,301개, 파출소 171개, 출장소 179개.

1개 경찰관서가 소관 하는 면적이 4방리(方里)[22] 93.

전조선경찰사 경시 52명, 경부 428명, 경부보 794명, 순사 1만 7,383명.

순사 1명에 대한 인구수 1,103명.

(중략)

22 방리(方里)는 사방으로 1리가 되는 넓이.

테러리스트

정치적 의미를 띤 '테러리스트'의 이름을 적어보면

1. 이재명(李在明) 1909년(隆熙 3)에 경성 명동에서 이완용(李元用)을 사살미수.
2. 안중근(安重根) 1909년(明治 42) 가을에 하얼빈(哈爾賓)에서 이토 히로부미(伊藤博文)를 사살하고 체포되어 사형.
3. 오성륜(吳成崙) 1921년(大正 10) 여름에 상해 부두에서 필리핀(比律賓)으로 가는 다나카 대장(田中大將)을 사살미수.
4. 김익상(金益相) 1921년 총독부에 폭탄을 던졌고 또한 상해에서 다나카 대장을 사살미수.
5. 나석주(羅錫疇) 1926년에 경성 동양척식회사(東拓)와 식산은행(殖銀)에 포탄을 투척, 여러 명을 사살하고 자살함.
6. 송학선(宋學先) 순종효황제(純宗孝皇帝) 돌아가신 직후 창덕궁 금호문(金虎門) 앞에서 총독으로 오인하고 사토(佐藤) 모(某)를 살해 미수.
7. 김지섭(金趾燮) 1925년에 도쿄에서 (생략-원문)
8. 김상옥(金相玉) 권총을 들고 연전에 경성 시가에 나타나 일경과 교전하여 1명 사살 후 총탄 자살.
9. 강우규(姜宇奎) 기미(己未) 직후에 남대문역두에서 사이토(齋藤) 총독 투탄 후 체포 사형.
10. 양근환(梁槿煥) 1921년 도쿄정거장 호텔에서 민원식(閔元植) 사살.
11. 박열(朴烈) (생략-원문)
12. 이수흥(李壽興) 1926년에 경성에 출현하여 일경 기타 2명 사살.
13. 최양옥(崔養玉) 김정련(金正連) 기타 제 인은 조사가 아직 끝나지 않아 생략함.

(중략)

감옥수와 수인(囚人)

뭐라고 하던 형무소에 대한 지식도 필요하지요. 서울 현저(峴底)[23] 101번지가 어디냐 하

23 서대문 형무소가 위치한 지명.

여서 대답 못 하는 친구는 바보라고까지는 할 수 없으나 상식(當識)이 있는 사람이라고는 할 수 없으니까 그러면 얼마나 죄수와 감옥이 이 땅 안에 있는가.

연대	형무소	형무지소	재감죄수수	인구 만 명에 대한 재감지
1919년 말	10	13	15,176	8.38
1923년 말	16	13	13,726	7.67
1928년 말	16	10	14,264	7.43

〈자료 161〉 언론집회, 결사자유 확장운동

(안재홍·이주연, 〈언론집회, 결사자유 확장운동〉, 《삼천리》 제13호, 1931.3.1)

운동의 필요와 그 방략(方略)

안재홍(安在鴻)

집회 결사 언론 등 자유의 확장문제는 쉬운 듯 매우 어려운 것입니다. 파인(巴人)[24] 형이 이것을 꼭 쓰라고 하시지만 내가 꼭 적임자인 줄로 생각되지 않습니다. 지금 조선에서 적용되는 이 방면의 법규로 한말(韓末) 1907년(光武 11) 7월에 통감정치 아래에서 발표된 보안법(保安法)이 있습니다. 제1조에 '내부대신(內部大臣)'이 안녕질서를 보전하기 때문에 필요한 경우에는 결사의 해산을 명함을 얻을 것은 물론, 경찰관은 안녕질서를 보전하기 때문에 필요할 경우에 집회 또는 다중의 운동 혹은 군집을 제한, 금지 또는 해산할 수도 있고, (제2조) 가로 기타 공개한 장소에서 문서, 도화의 게시 및 공포, 낭독 또는 기타 언어형용 등의 행위를 금지할 수 있고 기타에 준하여 적용하는 형의 표준이 있습니다.

그리고 1910년(明治 43) 8월 경령(警令) 제3호[25]로 "당분간 국내 정치에 관한 집회 혹은 옥

---

24 이 기사가 실린 잡지 《삼천리》의 발행인 김동환(金東煥)의 호.

25 원문에 2호라고 되어 있으나 바로잡음.

외에서의 다중 집회를 금지함"의 주문(主文)으로 된 집회취체령이 있어 그것이 오늘날까지 적용되는 것입니다.

이 외에 모든 법령은 이루 다 말하지 않아도 이 문제에 관심가질 만한 분은 다 알 것입니다.

출판에 있어서도 1910년(明治 43) 5월 혹은 1909년(隆熙 3) 2월 신문지에 관하여는 1907년(光武 11) 7월 신문지법(1908년(隆熙 2) 개정)에 의하여 지금까지 그대로 행사되는 것인데 그 법규에 있어서 이미 시대에 맞지 않는다 하려니와 무엇보다도 운용에 있어 그 가멸(加減)이 퍽은 다른 것입니다. 이상 제 사항에 관하여 혹은 그 개정을 요구하고 따라서 집회, 결사, 언론의 자유를 요구하는 소리가 높은 터입니다.

그런데 가장 긴요한 자유확장 문제에 관하여 '조선의 현실운동을 통하여 가능할 정도의 구체적 방략'이라 주문하시지만 이것은 나 자신이 온갖 지장에도 불구하고 스스로 그 선두에라도 나설 결심 및 준비도 없이는 이러니저러니 빈말만 앞설 필요가 없습니다.

벌써 몇 해 전부터 3대 자유의 획득이 신문기자단과 기타 사회운동단체의 결의와 요망으로 지상에서 선전된 바 없지 않고, 나 자신으로도 기자로서 그 의사를 표시하며 혹은 운동단체를 통하여 그러한 주장을 할 것이라고 주장도 하여 보았으나 말뿐이었지 누구 하나 어떻게 구체화하여 볼 기획은 없었습니다. 잠행적으로 돌발시키는 사건에 이 슬로건을 걸은 데가 수년 이래 더러 있었으나 기타에는 그저 다만 지상 선전뿐이었습니다.

왜 그런가. 여기에는 용이치 않은 난관이 있는 까닭입니다. 첫째, 이 자유 확장을 하는 데에는 두 가지 길이 있음에, 그들 모두가 매우 어려운 일입니다. 하나는 이러한 자유를 확장하지 아니할 수 없다는 것은 인민 측의 대중적 성장이 강대한 힘의 표현으로서의 확장하는 것보다는 일정한 한도까지 확장시키는 것이 도리어 ■■하다고 믿을 만큼 되어야 할 것이니 그는 요망으로는 될 수 없는 것입니다. 그런데 그러한 인민의 대중적 성장에 의한 힘으로서의 표현은 용이하게 될 수 없는 바입니다.

또 하나는 인민의 의식 및 감정의 상태가 어느 한편에 대하여 매우 유순 또 충실하여서 집회, 결사, 언론의 자유를 확장한다 하더라도 그 자동적 작용에서 어느 한편에 인하여 아무 소위 안녕질서를 해칠 정도의 일이 없으리라고 믿을 만큼 되어야 할 것입니다.

(하략-원문)

오인(吾人)과 집회 결사 및 언론

이주연(李周淵)

1

언론, 출판, 집회, 결사의 자유는 인간의 사회생활을 부정하지 않는 한 부정하지 못한다.

노동을 하지 아니하면 살 수 없고 고립한 노동관계는 가질 수 없는 인간이 말하는 자유, 글 쓰는 자유, 모이는 자유, 조직하는 자유가 없고서야 어떻게 사회적으로 생존해 낼 도리가 있을 것이냐. 더욱이 자본가적 상품생산을 특징으로 하는 금일과 같은 사회에서는 이에 대한 고도의 자유가 보장되지 아니하고서는 인간은 노동할 수 없고 생명은 부정을 당하는 수밖에 없게 된다. 개성의 자유, 인권의 자유평등은 부르주아 민주주의의 최대한 내용이오, 부르주아 민주주의는 금일 자본가사회의 존립, 발전의 이론적 기초이다. 이들의 자유를 고조하고 보장하는 것밖에는 자본주의사회는 생길 수 없었던 것이니 현재 어떠한 부르주아 국가라고 하더라도 국민에 대하여 언론, 출판, 집회, 결사의 자유를 원칙으로 거부한 국가는 없는 것이다. 그럼에도 ××가적(家的)[26] 지배 권력을 확립한 부르주아는 전일의 역사적 ××적 성질을 완전히 잃어버리고 ××적 ××자가 되어 언론, 출판, 집회, 결사의 자유를 ××하지 아니하고는 만족하지 아니한다. 이것이 또한 자본주의의 내포한 모순의 부분적 발로로 자본주의 자신을 ××하는 자신이 가진 ××이다. 지배자의 ××적 권력 아래 언론, 출판, 집회, 결사의 자유는 전혀 (생략-원문) 을 당하고 금지, 해산, 발행 금지, 압수, 정간(停刊), 검거하는 금일 사회현상의 (생략-원문) 이것이 결코 지배계급에 대한 설교 문제가 아니요, 또 애원과 외교로 해결될 성질의 문제도 아니요, 오직 계급지배의 역량 관계인 것을 알아야 한다. 그뿐만 아니라. 지×관계가 있는 사회에서는 우리에게는 아무런 진정한 (생략-원문) 한다. 그러므로 언론, 출판, 집회, 결사의 자유를 ××하기 위한 ××은 계급투쟁의 가장 중요한 당면 부분 ××이 되는 동시에 계급투쟁의 최후의 단계까지 계속될 것이다. (2행 생략-원문) 우리는 어떠한 방법으로 면할 것인가. 대중적 압력으로 ××자(者)를 할 수 없이 양×퇴×(讓×退×)하게 하는 오직 한 가지 방법이 있을 뿐이다. 이런 결론에서 우리는 당장

26 ××은 복자(伏字)이고 원문 그대로 표기했다.

에 과거의 집회 해금 방법의 과오를 알게 된다. 아니 방법의 과오라고 하기보다도 차라리 과거에는 집회자유의 욕구만은 격렬하게 있었어도 자유획득××은 거의 없었다고 보는 것이 타당할 줄 안다. 왜 그런가 하니 과거 수년 동안 조선의 그래도 많은 집회에서 언론, 출판, 집회, 결사의 자유획득 건, 삼총집회(三總集會)[27] 해금 건이 의안으로 상정하지 않은 때가 없을 만큼 해왔지만 이제는 의안으로 상정할 자유까지도 없어지고 언론, 집회의 (생략-원문) 는 가×(加×)할 뿐이오, 삼총(三總)은 언제나 집회금지 중에 있으니 이것이 무슨 자유획득이냐. 주의자의 (생략-원문) 원인이려니와 공포사격과 같은 이런 의안운동으로서는 언론, 집회 등의 자유는 털끝만큼도 획득되지 않는다는 사실상의 명명백백한 증좌이다. 천 병사의 공포(空砲)는 일 졸병의 실탄(實彈)만 못한 것이다.

2

××적 대중의 압력을 가지지 않은 지도자의 소리는 밤낮 공포(空砲)이다. 어찌 한갓 언론, 집회 등의 자유획득××만이 그렇겠는가. 일체 우리 운동에 있어 그렇지 않은 것이 없다. 그러니 금후의 언론, 집회 등의 자유획득××을 어떻게 전개할 것인가. 언론, 집회 등의 자유획득××도 물론 다른 모든 운동의 진전과 상호관계를 가지는 것이오, 결코 이 운동만이 독립하여 초월하게 진전되지는 못할 것이다. 특히 보안법, 제령(制令), 치안유지법, 출판법 등의 (생략-원문) 운동과 동맹파업의 ×× 시위운동의 ××획득운동과 (중략-원문) 폐지 등 운동과는 진전을 같이해야 할 것이다. 탄압을 자행하는 법률적 근거를 (생략-원문) 하지 아니하고 언론, 집회 등의 자유를 획득할 수 없는 것이오, 우리의 유일한 무기인 단결에 대한 권리를 확립하지 아니하고는 ××을 ××할 ××가 없는 것이다. 아지테이션(선동)과 프로파간다(선전)로 광범하게 대중으로 하여금 계급의식을 확고히 ×취케 하고 당면 이해를 인식하게 한 후, 당면한 이익을 획득하기 위한 강렬한 욕구가 불처럼 일어나도록 하여야 할 것이다. 불같은 욕구를 관철하기 위하여 말하고 싶어 하고 글 쓰고 싶어 하고 동지끼리 모이고 싶어 할 때 그럴 때 우리는 그들에게 언론, 출판, 집회, 결사의 자유획득의 슬로건을 제시하고 대중적 ×원(員)을 조직할 것이다. 그리하여 농촌에서, 어촌에서, 공장에서, 직장에서

27 여기서 삼총이란, 조선농민총동맹(농총 農總), 조선노동총동맹(노총 勞總), 조선청년총동맹(청총 青總)을 뜻한다.

(4행 생략-원문)의 유일한 방법인 것을 인식하는 때에는 구체적 세밀한 실행방법은 획득하기 곤란한 일이 아니다.

그렇다고 해서 나는 전혀 지배당국자에 대한 항의제출, ××연설회 개최, 언론, 출판, 집회, 결사의 자유획득의 건, 삼총집회해금의 건을 의안으로 상정 토론하는 것을 또는 언론, 출판, 집회, 결사, 자유획득, 동맹조직 등을 그만둔다는 것은 아니요, 표면에 강대한 자유획득운동이 전개되기 위해서는 위에서 말한 것과 같은 ×술(術)이어야만 된다는 것이다. 간부들끼리 모여앉아 언론, 집회 등의 자유를 획득해야 한다고 기개 있게 떠들기만 해서는 영원토록 자유는 한 걸음도 못 얻을 것이오, 진정한 자유획득×쟁도 (생략-원문) 정치조직의 확립강화, 조합조직의 확대, 충실로만 활발하게 전개되고 정당하게 지도될 것을 또 잊어서는 안 된다. 대중에게로! 대중에게로! 라는 표어는 언제든지 어떤 곳에서든지 정당하다. 대중에게서 ×에게서 ×쟁 욕구가 나오게 하고 대중으로 ××하게 하기 전에는 자유는 ××되지 못할 것이오, ××적 대중은 노동자 농민이 주력부대이다. 지도자 총×원하여 노동자 농민을 ×원(×員)에로 ×취(×取)하기 위하여 나가자! (끝)

〈자료 162〉 철창리(鐵窓裡)의 거물들

[김두백(金枓白), 〈철창리의 거물들〉, 《동광》 제21호, 1931.5.1]

최근 계속적으로 해외에서 잡혀 오는 사람들이 많다. 공산당원이란 혐의로 간도지방에서 수없는 청년이 수갑을 차고 들어온 것은 새삼스럽게 말할 것도 없거니와, 수 삼년 전 만하여도 거의 안전지대로 알던 길림(吉林), 상해(上海) 등지에서까지 혹은 밀정의 계략에 빠져서 혹은 국제적으로 착잡(錯雜)한 관계로 남의 손에 잡힌 몸이 되어 몽매(夢寐)에도 의희(依稀)[28] 하던 고국을 밟는 사람이 많다. 좁은 조선인들 그들을 용납할 만한 곳이야 없었으랴마는 소망과 주사(做事)[29]가 남과 달라서 해외에 표랑하여 망명객의 찬 꿈을 맺으면서도 행동의 자유를 얻음에 만족하던 그들이 하루아침에 누설(縲絏)[30]에 걸려 영어(囹圄)의 몸이 되니 그 소

---

28 원문에 蒙昧는 夢寐의 오자이며, 衣稀는 依稀의 오자로 보임. 꿈에도 아련하다는 뜻.

29 일을 꾸려 나가는 것을 의미함.

30 죄인을 묶는 오라, 밧줄.

회 또한 남다른 점이 있을 것이다.

그중에는 수하에 수많은 부하를 거느리고 머릿속에 세계일을 요리하던 거두급의 인물로 세인의 이야기에 오르던 사람도 없지 않으니 음산한 철창 속에 갇혀 앉은 이 거물들의 과거와 현재를 써보려는 것이나 발이 넓지 못한 필자 –기왕에 그들 전부를 만나보지 못하였었고 벌써 7, 8년 전에 한두 사람 대면한 일이 있었으나 연소한 학생 때의 일이라 지금에는 기억조차 희미하다. 할 수 없이 신문기사로 취급하던 재료를 들추어 생각나는 대로 몇 사람의 것을 적어보기로 한다.

여운형(呂運亨)

상해 대마로(大碼路) 야구장에서 재작년(1929년) 7월에 잡혀 경성복심법원에서 3년 징역을 받고, 목하 대전형무소에서 그물을 뜨고 있는 그는 '임연선어 불여퇴이결망(臨淵羨魚 不如退而結網)'[31]이라는 맹자의 일구(一句)를 써서 그의 최근 심경을 그 계 씨(季氏)[32]에게 알렸다 한다.

기독교도로 최초의 출세를 한 그는 최근에 와서 공산주의자로의 여러 가지 활동을 하였거니와 그가 1919년(己未) 전 해이던 1918년(戊午) 8월 하순경에 상해에서 장덕수(張德秀), 조동우(趙東祐) 등과 같이 신한청년당을 조직하여 가지고 파리강화회의에 청원서를 제출하고 대표를 파견한 것을 비롯하여 혹은 의정원(議政院) 의원으로, 혹은 임시정부 외무부 위원장으로 여러 가지 활동을 하였다. 그러나 그가 세인을 가장 놀라게 한 것은 1919년, 일본 척식국장관 고가(古賀) 씨의 초청을 받아 도쿄 정계에 나타난 때니 그의 유창한 영어와 현하(懸河)[33]의 웅변이 우선 일본 신문기자들을 탄복케 하고, 그의 개결(介潔 성품이 깨끗하고 굳음)한 행동과 견고한 의지가 정계 요인에게 깊은 인상을 주었으니, 동대(東大) 교수 요시노 사쿠조(吉野作造) 씨로 하여금 '일본서도 드물게 볼 인물이다'라고 격찬을 아끼지 않게 했다는 풍평도 그때의 일이었다.

'돈은 필요하지만 지조와 교환한 돈은 쓸 수가 없다'고 제출된 30만 원 조건을 일언지하에

---

31 임연선어 불여퇴이결망(臨淵羨魚 不如退而結網). 연못에 앉아 물고기를 부러워할 것이 아니라 돌아가서 그물을 짜는 것이 낫다는 뜻.

32 상대의 '아우'를 높여 부르는 표현임.

33 급한 경사를 세차게 흐르는 물줄기. 거침없는 웅변을 비유함.

거절했다는 말도 있고, "청도 총영사의 종신직보다는 종신토록 하여야 할 딴 직분이 있다" 고 단연히 도쿄를 떠났다는 말도 있다. 그 후에 여운형은 1923년 1월 중순경 러시아의 도시 모스크바(莫斯科)에서 개최된 원동민족대회에 참석하야 기염을 토한 일도 있었고, 필리핀(比律賓), 남양(南洋) 등지로 돌아다니며 세계의 현황과 약소민족의 장래에 대하여 열변을 토한 일도 있었다 한다. 그의 해외활동이 전후 15년에 걸쳐있으니 그의 관계한 일이 어찌 이에 그치랴마는, 그가 잡혀오는 기차 중에서 기자단에게 말한 바와 같이 소성(所成)은 없었으나 해외의 여러 가지 운동에 그가 참가하지 않은 일이 거의 없었으니 촉진회, 노병회, 대표회 등등에도 그의 족적이 없는 곳이 없다. 당년 46세인 그는 지금 형무소에서 주는 콩밥 세 덩이로 장신위구의 건강을 지탱하고 있으니 반도 산하에 양춘(陽春 음력 정월, 따뜻한 봄)의 엄히 틈을 철창 속에서 내다보는 그의 감회는 그가 아니고는 모를 일이다.

오동진(吳東振)

평양 대성학교 출신으로 기독교 독신자인 그는 기미년에 만주로 건너가 수천 명 부하를 거느리고 전후 10년 동안을 활동하다가 지금으로부터 4년 전에 밀정 김(金) 아무개의 계책에 떨어져 장춘(長春)에서 잡혀 온 사람이다. 신의주 형무소에서 50여 일의 절식을 계속하여 세인을 놀라게 하던 그는 재작년(1929년) 12월 6일에 예심이 결정되어 제령위반, 치안유지법 위반, 살인, 방화, 강도 등등 죄명으로 신의주 지방법원 공판에 붙게 된 지 벌써 1년여의 시일이 지났으나 아직 1회의 개정도 없었다. 옥중의 그를 빼내려고 그의 부하 김여영(金汝英) 등이 철통같은 경계를 뚫고 신의주에 잠입하여 파옥을 계획 중 그들마저 잡혔지만 이 한 가지 일로도 그의 만주운동에 대한 지위를 엿볼 수 있거니와, 그를 맡아 만 2년간이나 취조하던 우에노(上野) 예심판사까지도 그가 위대한 감화력을 가지고 남의 두령이 될 자격을 구비한 점에 경탄한 일이 있다고 한다. 이 까닭인지 그가 ○○청년연합회를 비롯하여 광복군, 통의부, 정의부, 고려○○군 등 5개 단체로써 전후 10년 동안 수천의 부하를 지휘 활동하였으나 그 부하 중에서 한 번도 그를 배척한 사람이 없었다 한다. 미국의원단의 조선 통과를 기회로 장덕수(張德震), 안경신(安敬信), 정인복(鄭仁福), 임용일(林龍日) 등을 조선 내에 파견하여 평양, 선천, 신의주 등지의 폭탄사건, 경관사살사건을 일으키게 한 것도 그의 일이라고 하며, 1922년에는 만주에 산재한 각 단체 대표자를 모아 양기탁(梁起鐸) 등과 같이 통일회의를 개최하는 주역을 맡은 일도 있었고, 1926년에는 천도교, 형평사, 정의부 등의 삼각동맹으로 고려○○당을 조직하고자 분주한 일도 있었다 한다. 조만간 열리게 될 그의 공판정에서는 그의 10년간 활동사가 전개될 것이다. 그는 금년 43세.

이응서(李應瑞)

흑선풍(黑旋風)이란 별명을 가지고 국경 일대에 신출귀몰하며 주민과 경관의 간담을 서늘하게 하던 그는 재작년 신의주 서원의 손에 잡혀 일 년 반여의 예심취조를 받은 후 작년 11월 24일에 신의주 지방법원 공판으로 넘어가서 단조로운 철창 소일을 계속하고 있다. 그가 평북 강계(江界)에서 병원을 경영하며 청림교(青林教) 강계 지부장을 겸무하고 있다가 1922년에 중국으로 건너간 후 10년 동안을 두고 혹은 참의부(參議府) 소대장으로, 혹은 통의부(統義府) 중대장으로 또 혹은 한국○○군사령으로 전후 10년 동안에 직접행동을 하여 법률에 저촉된 사건이 실로 327건에 달하니 제령위반, 치안유지법 위반, 강도, 살인, 폭발물취체규칙위반, 상해, 방화 등이라는 그의 죄명만 보아도 그가 얼마나 무서운 직접 행동파인 것을 알 수가 있다. 강계를 중심으로 평북 일대에서 밀정과 ○○파는 만나는 대로 죽이던 그는 한번 평북의 경찰부의 손으로 재작년 4월 22일 신의주 중진 여관에서 잡힌 후로는 옥중의 신산한 묵상으로 지루한 세월을 보내더니 수개월 전에 평북경찰부 김덕기(金德基) 고등과장을 절도죄로 고소하여 또 한 가지 세상의 이야깃거리를 만들어냈다. 예심결정서에 나타난 그의 범죄 사실 중에 살인 사건만 하여도 43건의 다수에 달하니 당년 42세의 그의 여생이 옥리의 초노로 바뀌지나 않을는지… 미구에 개정될 그의 공판이 혹 공개 금지가 안 된다면 법정에 남기는 그의 최후의 말이 각 신문지를 통하여 독자의 귀에 전하도록 하게 될 것을 믿는다.

최창식(崔昌植)

상해임시정부 내무총장으로 의정원의장으로 활동하던 그는 1922년 1월 국제공산당 주체의 원동 민족대회에 조선대표로 김규식(金奎植), 여운형(呂運亨) 등과 같이 참석하였다가 상해로 돌아가서 100만 원 이상의 자금으로 10년 동안에 1만인 이상의 노병을 양성하려는 계획 하에 조직된 한국노병회에 참가하야 자금을 조달하고 회원을 모집한 일도 있었고

1927년 홍진(洪震) 등의 주창에 의하여 한국 유일 ○○당 상해 촉성회가 조직됨에 그는 그에 가입하여 그 간부로 활동한 일도 있었다 한다. 그는 수년 전부터 상해 모처에서 삼일인쇄소를 경영하며 과격한 선전문 등을 인쇄해 내다가, 작년 4월경 프랑스(佛蘭西) 조계 그의 근거지(寓居)에서 일본 경관에게 포위되어 체포되는 동시에 다수의 선전문서까지 압수를 당하고, 경성으로 호송되어 와서 징역 3년의 판결을 작년 11월 5일에 받고 목하 서대문형무소에서 역시 그물을 뜨고 있다 한다.

〈자료 163〉 대사건의 발각 단서, ML당의 검거 선풍

[김동진(金東進), 〈대사건의 발각 단서, ML당의 검거 선풍〉, 《삼천리》 제16호, 1931.6.1]

조선역사상의 일대 사실인 조선공산당과 공산청년회의 비밀결사가 1925년 11월 및 1926년 6월 중에 신의주와 경성에서 전부 검거되어 세상의 이목을 떠들썩하게 한 이래 공산주의라는 것이 계급사상에 눈이 깨이지 못한 조선인에 일대 충동을 준 것은 사실이다.

신의주와 경성에서의 제1차 제2차의 공산당원 검거 이후 1년여를 두고 신문지상에 공산당으로서 말미암아 생긴 뉴스라고는 아무것도 없었다. 오직 이 방면의 기사라고는 이미 체포된 당원의 일신상 옥중소식에 그쳤을 뿐. 그러나 그도 ○○사건이라는 부호 밑에 기록되었을 뿐이었다.

경찰의 준열한 검속에 조선의 사회주의적 운동은 아주 침식하고 말았을까 하는 의심을 품을 만큼, 1927년이 거의 다 가도록 다시 세상을 놀라게 할 만한 사건이 없었다.

그러나 도쿄일월회(東京一月會)의 활동과 이에 기인한 정우회(正友會)의 선언, 서울청년회의 신구 양파의 분립, 조선사회단체중앙협의회의 발기 등 모든 움직임이 비록 표면적 동향이라 하나 이 방면에 유의하는 사람이면 그 추세가 반드시 어떤 계획을 목표로 하여 진전됨이라고 연상할 수가 있을 것이다. 더욱 나는 공산당은 그 조직이 반드시 당원이 체포되더라도 후보당원으로 다시 조직하게 한다는 것을 알고 있었으므로 제1차, 제2차의 대검거가 있은 직후에 후계당이 조직되었으리라는 생각을 가지고 있었다. 나뿐 아니라 아마 조선사회의 변천에 주의하는 많은 사람은 나와 한가지로 이 방면에 흥미를 가지고 바라보았을 것이다.

자세히 생각나지 않는다. 벌써 4년 전이니까… 매일 수많은 신 사실을 응대하기에 겨를이 없는 신문기자의 두뇌인 만큼 귀로 들은 것을 손으로 흘러 보내기를 몇 천 몇 만 번을 거듭하는 사이에 극히 무겁고 두터운 몇 가지 중의 한 가지인 이 사건이 어슴푸레하게 그 윤곽만이 기억에 남아 있다.

ML당사건!

1927년도 이미 저물어가는 11월의 어느 날 나는 매일 다니는 도청 경찰부를 한 바퀴 빙 돌고 돌아서려다가 무슨 생각이 났던지 간에 다시 ××실에 들어갔다. ××실에는 조선사찰경찰에 유명한 ×× 씨가 혼자 앉아 그가 부리는 수많은 밀정의 보고서를 열독하고 있었다. 그는 이 밀정들의 보고서를 종합하여 자기의 관찰과 의견을 붙여 마지막 판단을 내리는 것이다. 그리고 그는 인품이 비교적 활달하여 신문기자의 출입을 일반 경관과 같이 그리 꺼리지 않는 성격의 소유자이다.

그는 그때 서류 몇 장을 책상에 펴놓고 또 관용 괘지에 무슨 초안을 만들고 있다가 내가 그 가까이로 걸음을 옮겨놓되 본 듯 만 듯 여전히 사무에만 열중하였다. 혹은 어떤 긴장 때문에 나의 침입을 인식하지 못하였을는지도 모른다.

하여튼 나는 그의 책상 위에서 어떤 중대한 사실이 백지 위에 쓰여 있는 것을 보았다. 가장 많이 쓰인 글자는 '후계공산당'이란 말과 'L당'이란 글자와 '김철수(金綴洙)'라는 성명이었다. 나는 슬그머니 실외로 나와 복도를 배회하면서 그가 나오기를 기다렸다. 10분, 20분, 거의 30분이나 되었을까 오후 한 시가 지나서 겨우 나오는 것을 맞아 이말 저말 세상이야기를 바꾸면서 비각(碑閣) 앞까지 같이 걸어왔다. 그동안 나는 그에게 대해 아까 그 책상 위에서 발견한 사건에 대해서는 아무 이야기도 하지 않았다. 그러나 나는 상식으로 알고 육감으로 기억해 두었다. '후계공산당'의 연상이 섬광같이 내 두뇌에 번쩍인 것을 그대로 참아둘 수가 없어서 그와 담화할 기회를 포착하고자 그와 접근하고자 애를 썼다.

D사 앞에 거의 다 왔다. 이젠 더 말하려야 핑계거리가 없었다. 마침 체신국 옆에 있는 양식당(그 뒤 소실되어 지금은 빈터로 남아 있다)을 발견하고 점심을 같이 하지 않겠느냐고 하였더니 그도 사양하지 않으므로 몇 글라스의 위스키를 나눴다. 이 동안에 나는 아까 그 사무실에서 발견한 문자보다 좀 더 자세한 내용을 알아들었다.

이날 D보 사회면 웃머리엔 ML당 조직과 김철수의 신출귀몰한 내외지 출입을 보도하였다. 이러한 기사가 3단으로 실렸다. 요새는 4단을 남발하지만 그때만 해도 좀처럼 4단 제목은 쓰지를 않았다.

이 기사는 실로 큰 충동을 조선사회에 던졌다. 사(社)의 최고 간부도 기사 이상의 좀 더 자세한 보고를 듣고 싶어 하였으며 동인(同人)들도 또 안면이 있는 사상운동의 관계자며 경무국(警務局)의 속(屬)인 아무개(某)까지 그 기사의 출처를 좀 알려주었으면 하고 여러 번 내사하였다.

나는 이 기사를 쓴 탓으로 귀찮은 일을 많이 당하였다.

그는 이미 세상이 다 아는 바이지만 D사 편집국장으로 있던 김준연(金俊淵)이, 이 ML당 사건에 간부였던 관계로 외문(外聞)은 김(金)이 어떤 방편으로 이 기사를 주출(做出)[34]해 낸 것이라느니 아직 경찰은 알지 못하는 사건을 한갓 신문기자의 공명 다툼으로 그 비밀결사에 해를 끼치는 결과가 되는 줄도 모르고 함부로 붓장난을 하였다느니 별의별 비난이 다 많았다.

기사를 쓰기 바로 며칠 전 풍설은 김준연이 있던 비밀결사 때문에 그 반대파에게 습격을 당하여 다리 부분이 부상당했다고 전하였다. 이 때문인지 아닌지는 모르되 김은 그 수일간을 병 때문이라고 출근하지 않았다.

이 기사를 쓴 이튿날은 동짓날이다. 병석에 있던 김은 사원 수 명과 더불어 나를 그 사저로 초대하였다. 그 석상에서 씨는 기사의 내용이 어떠냐고 기사 이외의 소식을 묻기에 나는 아는 데까지 모두 이야기하였더니 그는 오직 미소를 띨 뿐이었다.

수일 후 사의 최고 간부는 ML당 기사를 잠시 중지하고 좀 더 자세히 조사하도록 명령한다. 그 이유는 세간의 오해를 사기 쉬운 것과 그 기사의 근거가 박약하다는 것이었다.

그러나 며칠이 못 되어 종로서에서는 박응칠(朴應七)을 검거하였다. 나는 직각적으로 필경 ML당과 어떤 연락 관계를 가지고 잠입하였다가 체포된 것이나 아닌가 하고 알만한 주의자에게 물어보고 또 경찰의 경중도 떠보았다. 그러나 ML당 관계에 대해서는 별 신통한 정보를 얻을 수 없었다. 박응칠이 잡힌 것을 전후하여 동대문서에서는 김영만(金榮萬)을 체포하고 한 달 여를 두고 취조하였으나 역시 확증을 얻지 못한 채 내놓았다.(실상 박과 김이 모두 국제당의 사명을 받아가지고 들어왔었다는 것이 결국에 판명되었다.) 그럭저럭 12월도 다 가고 1928년이 되도록 ML당에 대하여 하등 소식이 없었다. 신문기사에 흥미를 가진 사람은 그 전 해 11월 어느 날에 D보에 보도된 ML당 기사를 홀로 한 신문기자의 심심풀이 장난으로 알만큼 되었다.

34 없는 사실을 꾸며서 만들어 낸다는 뜻이다.

2월에 들어서도 별 소식은 없었다. 나도 그 기사를 그리 유의하지도 않을 만큼 되었는데 어느 날 몇 군데를 둘러 오후 1시 경 사에 출동하니 사에 전화 잘해 주는 어떤 우인으로부터 오늘 새벽부터 종로경찰서에서는 무수한 사람을 잡아들인다는 통지가 왔다. 나는 즉시 종로서로 달려가니 과연 중심인물 몇 명이 붙들려 왔으며 형사들은 눈에 핏줄을 켜가지고 번개같이 달려 다닌다.

이날 저녁 D보 사회면에는 아래와 같은 전문 4호 4단 기사가 실렸었다.

ML당을 중심으로

종로서 돌연 검거에 착수

시내 종로경찰서에서 블라디보스토크로부터 비밀히 입국한 국제공산당원 박응칠(朴應七)을 체포하고 또한 ML당 관계의 혐의자를 수색하여 그 증거를 수집한다 함은 기보한 바이거니와 그 후 일시 잠잠하던 종로서에서는 2일 미명부터 요시노(吉野) 경부보 이하 형사 다수가 시내 모처에 출동하여 사회주의자 여섯 명을 체포하여 넓은 훈계실을 철폐하고 정복 경관 경위 밑에 취조를 시작하는데 요시노 경부보 등은 오후 네 시 경까지 밥도 못 먹고 형사 전부가 이에 활동하는 것을 보아 사건은 매우 중대한 듯하다. 검거된 사람은 최창익(崔昌益), 조원숙(趙元淑), 김병일(金炳一), 김아무개(金某) 등이라 하며 계속 검거 중이므로 앞으로 사건은 더욱 확대될 모양이더라.

이 기사가 소위 '특종' 기사였음은 물론이다. 검거되는 사람은 날로 많아져 D사 편집국장 김준연도 들어가고 김세연(金世淵), 안광천(安光泉)(그럭저럭 달아났다), 최창익, 하필원(河弼源), 김철(金哲), 김강(金剛), 김병일 등을 비롯하여 3월 8일에 28명은 신체구속, 미체포 10명, 불구속 3명은 서류만을 치안유지법으로 송국(送局)하게 되는 동시에 도쿄일월회파가 주동이 되고 다른 유식계급의 동지를 종합하여 ML당을 조직하여 제3차공산당 결성에 핵심이 된 것이 판명되었다. 검사국에 넘어가기 바로 전부터 연루자 수색에 방해된다고 게재 금지의 명령이 있었으므로 예심 종결되어 해금되기까지는 쓰지를 못하였다.

ML당 기사를 쓰게 된 동기가 이상과 같거니와 ML당 관계자들이 비밀대회를 하느니 혹은 어떤 연락사가 왕래하는 것을 경찰은 종로서와 경찰부가 똑같이 수중에 든 것같이 알고 있었던 것이다. 그러나 충분한 증거를 얻기까지 키워서 잡을 생각을 하고 감시만 하고 있는 것을 이쪽에선 그런 줄 모르고 비밀이거니 하고 진행하다가 마침내 붙잡히고 만 것이다. 그리고 중요간부 4, 5인만 모여 한 밀담이 그대로 경찰의 귀에 보고가 되었으니 조선의 경찰은 반드시 귀신의 조화 같은 '안테나'를 가지고 있는 모양이 아닌가.

이 사건에 대해서는 후일 다른 기회에 좀 더 숨은 흥미 있는 사실을 기록해 보려고 한다. (다음 호는 다른 사건 계속)

〈자료 164〉 신간회 해소와 운동선의 전망

[황강(黃崗), 〈新幹會解消와 運動線의 望展〉, 《동광》 제23호, 1931.7.5]

신간회는 5월 16일 그 대표대회 석상에서 해소 결의를 절대다수로 통과했다. 해소론자와 비해소론자 간에 상당한 이론의 전개가 있으리라고는 예상되었으나 그와 같이 간단하게 해소 결의가 통과된 것은 의외의 일이라고 할 수 있었다.

그 의외성은 해소안 체결에 있어서 찬성 40여 표, 반대 근 4표, 기권 30여 표라는 분야를 보아 소위 비해소파가 아무런 통제된 행동이 없고 확고한 신념이 없이 오로지 해소파의 결속적 행동에 그저 복종한 것이라고 볼 수밖에 없다.

처음이자 마지막 대표대회

이번의 신간회의 전국대표대회는 동회가 창립된 이래로 처음 소집된 대표대회였다. 그동안에 대표대회는 당국에서 집회를 불허하므로 개최하지 못하고 한번은 복대표회(複代表會)로, 그다음은 중앙집감위원(中央執監委員) 전체대회로 대표대회의 직권을 대행한 일이 있었다. 그러다가 금년에는 당국과의 누차 교섭에 의하여 처음 개회함을 얻은 것인데 해소의 가결은 그 대표대회를 마지막을 겸하도록 만들었다.

2월 15일 오전 10시에 중앙청년회관에서 개막한 동 대회는 회원 자격 심사로서 첫날의 시간을 다 보냈다. 이에 앞서 동회 중앙간부는 전날 밤에 중앙위원회를 열고 저간 분규(紛糾) 중에 있던 경성지회 문제를 토의한 결과, 그 정지권 처분을 무조건 해소하기로 결의한 바 있었으니 이는 해당 지회에서 선출한 대표를 대회에 참석시킬 준비라고 볼 수밖에 없었다.

이리하여 15일 대회에 참집한 대표 약 70명, 그중에서 문제가 된 것은 평양 및 경성 양 지회 해소위원회에서 선출된 대표들이었다. 중앙위원회의 의견으로는 그들을 인정하지 않으려 함에 있어 개회 벽두부터 이 문제로 장시간의 시비가 있었으나 해소파의 압도적 세력은 임시집행부의 선거에서, 또는 대표자격 심사위원의 선거 및 해당 위원의 보고에 의하여 전기 양 지회 대표의 대표권 획득으로 판연히 알게 되었다.

제2일의 회의장도 벽두부터 해소파의 완전한 승리였다. 신임 중앙간부는 전임 간부를 거의 전부 청산하고 새로운 얼굴로 채웠으며 더욱이 목하 영어(囹圄)에 있는 강기덕(康基德)을 중앙집행위원장으로 선임하였음은 대세의 향하는 바를 지실(知悉)하도록 하는 것이었다.

해소안을 건의한 지회는 인천, 부산, 양양(襄陽), 통영(統營), 도쿄, 경성 등의 각 지회였다. 본부 중앙집행위원장 김병로(金炳魯) 씨는 본부의 태도로서 해소반대임을 언명하고 제안 설명으로 경성지부 대표 임화(林和) 씨의 연설은 중지가 되었다. 해소 동의가 있고 보류의 개의(改議)가 있어 취결(取決)하니 해소론이 다수 가결되었다. 때는 오후 네 시.

이내 중앙위원을 해소위원으로 하자는 동의가 경관에게 중지를 당하고 여타의 의안도 해소결의 통과를 이유로 금지되매 대의원은 퇴장하는 자 속출하고 의장은 부득이 폐회를 선언하니, 만 4년 여 조선사회에 존재하던 신간회는 이렇게 그 최후를 지었다.

4년간의 역사

신간회는 1927년 2월 15일에 '우리는 정치적, 경제적, 사회적 각성을 촉진함', '우리는 단결을 공고히 함', '우리는 일절 기회주의를 부인함'이라는 3대 강령 하에서 탄생되어 금일까지 140의 지회의 3만 9,000여의 회원을 포함한 단체가 되었다. 그리하여 혹은 민족단일당으로 혹은 협동전선당으로, 또는 단일당의 매개체로 규정되어 온바 그 현저한 영향으로 논하면 민족주의와 사회주의의 항쟁을 완화해 온 것 및 민족적 좌익사상을 보지해 온 것 등이라고 할 것이다. 그러나 그 조직된 대중이 아직 훈련의 초기를 벗어나지 못함으로 인하여 조선의 엄격한 경찰정치 밑에서 활발한 실제 활동을 하지 못한 것을 자타가 인정하는 바다. 더구나 저간에 그 간부의 경질이 빈번하였으니 회장(혹 위원장)으로 말하더라도 이상재(李商在), 권동진(權東鎭), 허헌(許憲), 김병로(金炳魯)의 4대를 변했으며 또 중요간부도 출입이 빈번했으니, 즉 제3차 공산당의 검거로, 또는《조선일보》의 정간에 관련되어 광주학생 사건에 관련되어 주요간부가 직을 버리게 된 것도 사실이다.

해소론은 일본에서 노동당해소운동이 있은 후, 그 문자를 수입하여 지난해 7월 부산지회에서 먼저 기별하여 전조선에 퍼진 것이다. 그 이론하는 바는 현재 조선의 운동이 부진한 이유가 신간회의 조직상 과오에 있다 하여 그 조직상 질곡을 타파하고 농민 및 노동공의 독자적 운동을 전개하게 함이 금후 운동진전을 꾀하는 도리라 함에 있는 듯하다.

금후의 전망

신간회는 해소되었다. 그러면 금후는 어떻게 되나.

여기 대하여 금일까지 대가의 토론에 표현된 문제는 세 가지가 있는 것 같다.

첫째는 해소파에게 있어서 어떻게 해소를 실천할까 하는 것이다. 해소는 해체가 아니다. 해소는 "신간회라는 구 형태가 다른 신 형태로 지양하는 순간에 완성될 것이며 그때까지는 해소운동이 지속될 것"[한홍정(韓鴻廷)]이라 하는 것이다. 이에 대하여 소극론자는 그 해소의 금후 실천이 관념상으로 가능하되 실천 상에서는 불가능하다는 점을 말하고 해소결의의 가결이 전술상으로 부득이하다는 것을 말한다. "해소를 즉석에서 가결하여 금후의 신간회의 일체 집회 봉쇄의 구실을 지어 준 것은 실수 가운데 가장 큰 실수였다고 생각"하는 것이다[송봉우(宋琫禹)].

해소결의 가결 후 임석경관은 해소 즉, 해체라는 견해 하에서 일체 다른 사건의 토의를 금지했고 그 후에 신임간부가 위원회를 개최하려 함에 대해서도 '전 집행위회'이라는 명의로 '잔무처리'만을 행하라는 제한을 주어 위원회는 유회되고 재경위원 6명에게 해소에 관한 일체 사항을 일임하였다고 한다. 이것이 이상의 비관설의 근거를 주는 사실이거니와 이에 대하여 해소파 간부의 의견은 "집회가 봉쇄되었다고 그것을 비관하는 견해가 있으나 그것은 대회만능주의자의 헛된 걱정"에 지나지 않는다 함에 있고 금후의 운동은 신임중앙집행위원회를 해소위원으로 인정하여 해소를 실천하는 동시에 "침체되었던 각 조합은 다시 소생되는 것 같이 운동이 활발하게 전개될 것"[김수(金秀)]이라 한다.

과연 해소운동이 금후에 있어서 이상의 소론과 같이 집회봉쇄 기타의 경찰의 단속을 극복하고(혹은 그 단속에는 불구하고) 해소과정을 밟아갈 수 있을는지, 또는 해소에 의하여 노동농민운동이 침체에서 신생으로 나갈는지 그것이 금후에 남겨진 과제다. 따라서 조선운동의 부진이 주로 그 운동단체의 조직형태의 결함에 원인했는지 그렇지 않으면 달리 연고가 있었는지도 금후의 활동을 보아 판단될 것이다.

재조직 문제

둘째로 논의되는 문제는 신간회를 재조직할 여부에 관한 것이다. 즉 비해소파라고 지목되는 민족주의자가 -계급별로 본다면 급진적 소부르주아 계급의 대변자들이- 순연한 민족좌익당으로서의 재조직을 꾀하지 않을까 하는 문제다.

현재 신간회 내에 있는 비해소파가 적극적으로 신간회를 사수하여 순수한 민족당으로 그 생명을 연장하려는 노력은 아직은 보이지 않는다고 함이 합당하다. 대표대회 석상에서의 비해소파의 묵종(黙從)은 이를 증명하고 남음이 있다. "해소가결이란 것을 전 신간회 대중의 의사로 보느냐 하는 점에 대하여 보면 해소를 가결한 지회보다 부결한 지회 수가 많고 또 연구나 보류하기로 한 곳이 많습니다. 그뿐 아니라 해소를 가결한 지회 내에도 해소반대의 태도를 가진 회원도 있을 것입니다. 그러므로 금번의 해소는 신간회 대중으로서는 해소 즉 해체라고 본다는 것보다도 한 분해 작용으로 볼 수도 있겠지요. 따라 앞으로 비해소론자로의 어떤 집단적 결성도 필연적으로 생길 것이라고 봅니다"라는 전 위원장 김병로 씨의 의견은 이를 대표하는 의사다. 그 결성에 대하여는 "신간회는 결국 앞으로 다른 형식으로 존속할 것"이라는 신조직설[한용운(韓龍雲)]과 "해소에 반대하는 지회는 지회끼리 해소가결한 지회 회원 중에도 여기 반대하는 회원은 회원끼리 따로 자연결성하고야 말 것인즉, 해소파만이 신간회에서 물러나가서 완전히 전야(戰野)가 분화될 것"이라는 일종의 연장설이 있다[이종린(李鍾麟)].

이에 대하여도 비관론이 없지 아니하니 "비해소파를 중심으로 민족주의 좌익의 결성이 있으리라고 하는 재조직설이 있으나 내 생각에는 엄정한 의미의 민족주의 좌익은 앞으로 있을 것 같지 않고 마침내는 우경화할 것이 아닌가 합니다"라는 설태희(薛泰熙) 씨의 근심이다.

민족좌익에 있어서 금후에 짊어진 과제는 독자적 집단의 결성여부 및 그 결성에 있어서 재래와 같이 양 본위로 하지 않고 질 본위로 그 전위적 결성을 우선으로 할 여부에 있다고 볼 것이 아닐는지.

협동기관 재현인가

셋째로 해소에 있어서 협동전선기관의 재출현은 누구나 다 시인하는 문제인 것 같다. 문제는 다만 민족주의자가 우선 독자적 재조직이 있고 그 뒤에 각파 협의회의 형식으로 이 협의기관이 출현될 것인지 그렇지 않고 소위 급진적 소부르주아가 뿔뿔이 계급운동자의 영도하에서 그 운동에 혹은 협동하고 혹은 퇴각하는 형식으로 될는지 그것이라 하겠다.

"앞으로 신간회에 대체할 새 협동전선은 노동자 농민을 맹주로 하고 급진적 소부르주아를 그 세력 아래 영도하는 그러한 형태를 가지고 나오리라 생각합니다."[김정원(金貞媛)]

이러한 주장에 대하여 "해소파의 주장과 같이 앞으로 잠정적 협동기관이 생긴다 하여도 그것은 아무 생명과 힘이 없는 것 밖에 되지 않겠지요"라는 비관론이 있다(한용운).

요컨대 금후의 전망은 해소에 의한 계급운동의 독자적 발전이 기대한 대로 되겠느냐 하는 것과 민족적 급진파의 독자적 결성이 있겠느냐 하는 것 및 그 협동적 기관이 어떠한 형태로 출현하겠느냐 하는 삼자가 가장 중요한 표본들이라고 하겠다.

(부기. 상기 기사 중 제 씨의 의견이라고 인용한 것은 그 담화에서 인용한 것이며 본 의사와 다른 점이 없으리라고 할 수 없으니 문책(文責)은 전혀 기자에게 있는 것임을 명언해 둔다. 물론 대체로 어느 개인이 그런 말을 하고 안한 것이 큰 문제될 것이 없고 그러한 의견이 있을 수 있다는 것은 사실이며 개인의 서명을 다 빼더라도 무방한 것이다).

〈자료 165〉 눈물의 감옥 면회실

(여운홍 외, 〈눈물의 감옥 면회실〉, 《삼천리》 제3권 제9호, 1931.9.1)

대전 감방의 형 여운형(呂運亨), 그물 뜨며 소화불량을 앓아

여운홍(呂運弘)

나는 약 한 달 전에 대전형무소에 내려가서 사백(舍伯) 여운형을 만나고 올라왔습니다. 형님은 요사이 소화불량증으로 말미암아 고생하고 있는 모양으로 두 볼에 붙었던 살이 눈에 띌 만큼 홀쭉하게 빠지고 광대뼈조차 조금 내민 것이 알려집디다.

날마다 하는 일이라고는 그물뜨기, 아마 이와 같이 아침부터 저녁때까지 한곳에 가만히 앉아서 가는 실오리로 어망(漁網)을 이리저리 엮고 앉아 있는 가느다란 일을 하고 있으므로 병도 소화불량 같은 것에 걸리는 듯합디다.

여러 달 만에 만나 뵙는 같은 부모의 피를 나눈 동기의 이 부자유한 몸과 얼굴! 여기에는 남들이 추측하기 어려운 쓰라리고 괴로운 공기가 있어 면회 갔던 나의 가슴은 저절로 눈물지어지더이다.

우리는 면회실 구멍으로 간수와 간수장이 지키고 서 있는 그 자리에서 되도록 많은 말을, 그리고 되도록 긴요하고 좋은 말을 많이 하려고 애를 썼습니다. 그러나 그 쇠약한 얼굴을 대할 때 눈물이 앞서지더이다. 이 경우에 무슨 말을 하오리까. 가슴은 답답하고 숨은 오직 저절로 가빠질 따름이더이다.

생각건대 이 면회실 난간 위에는 몇 백 몇 천의 젊은 남녀들이 매일같이 아침저녁 수심 낀 걸음으로 와서 참기 어려운 눈물을 흘렸던고.

혹은 아들을 옥에 넣은 늙은 어머니, 혹은 사랑하는 사람을 이곳에 넣은 젊은 여인, 그 밖에 다정한 친구, 사랑하는 형제를 넣은 사람 사람들이 아침부터 저녁까지 10년 전부터 몇 십 년 전부터 자꾸자꾸 몰려와서 흘리고 있었던 것일꼬.

우리 형제는 겨우 어린아이들이 모두 잘 자라고 있다는 말과 집안에 별고 없으니 안심하란 말밖에 더한 말이 없었습니다.

나는 눈치로 보아서 그동안에 상해에서 잡혀 온 구연흠(具然欽)[35] 사건으로 형이 증인이 되어 신문을 받은 듯함을 추측할 수 있었습니다.

5월의 훈풍이 삼남옥야에 나부끼는 이 좋은 계절에 형을 다시 감방에 보내고 나오는 내 가슴은 아팠다고 할까요, 슬펐다고 할까요. 오히려 형용할 말이 없다고 함이 옳지 않으리까.

---

35 구연흠(1883~1937)은 일제강점기 전조선민중운동자대회 준비위원으로, 국제모플 제2차 조선대표 등을 역임한 사회주의 운동가. 독립운동가이다.

재감 중 어머니 병보(病報)를 듣고

송봉우(宋奉瑀)

조선공산당의 제1차사건 때의 일이다. 지루하던 예심이 끝난 뒤부터는 재감한 나에게 세인(世人)과 면회를 시켜주는데 그것도 아주 거북살스러운 수속이 많았다. 나를 면회하고자 하는 사람은 우리 사건을 담당한 재판장의 허가를 맡아가지고 형무소에다가 그 허가장과 면회 신청서를 제출하여야만 비로소 면회가 되는 것이다. 나를 면회 온 세인은 이러한 모든 수속을 다한 뒤에도 하루종일을 기다리다시피 하다가 겨우 면회를 하게 되는 것이다. 재감인에게 면회하고자 하는 것이 얼마나 까다로운 일이냐.

어떤 날 한 평이 조금 넘는 독방에서 나는 병구를 눕히고 감방 천정을 쳐다보기도 하고 눈을 감기도 뜨기도 하면서 지나간 옛일, 장래 나가서 어떻게 하겠다는 일들을 두서없이 이리저리 천 갈래 만 갈래로 상념의 실마리를 풀고 있었다. 이것은 그날뿐만 아니라 재감 중에는 의례히 매일 되풀이하는 일과 중의 하나다.

'쩔그럭'하는 자물쇠 여는 소리가 나자마자 내가 있는 감방문이 선뜻 열린다. 나는 튀어 나갔다. 멀리 서 있는 간수. 나를 데리러 온 간수를 보니 감옥 내에서 '잡무' 보는 간수다. 범칙을 하다가 발각되면 이 종류의 간수가 데려가는 것이다. 나는 이 간수를 보고는 "근일은 내가 범칙하다가 발각된 일이 없는데 왜 또 나를 데려내나" 하였다. 나는 '용수'를 쓰고 천천히 걸어갔다. 그리하여 나를 데리러 온 간수를 보고 독기가 잔뜩 쌓인 어조로 "뭐 하러 데려가오" 하였다. 그는 "어서 가 가보면 알지" 한다. 감옥은 1분 뒤에 알 일이라도 미리 가르쳐 주지 않는 것이 통례이다. 그런 줄 잘 알고 있으면서도 언제든지 재감인들은 그들을 데리고 가는 간수에게 반드시 묻는 것이다. 어리석은 일이지만 이도 또한 재감인에게 공통된 일반적 심리다.

나는 면회실 -실이라는 것보다는 궤짝이라는 것이 타당할 것이다.- 에 섰다. 조금 있더니 앞에 가린 커튼이 짜르륵 소리를 내면서 열린다. 세인이 서는 곳에는 재감인과 세인과의 근접을 막기 위하여 기다란 난목(欄木)이 놓여 있다. 이 난목 위에 손을 짚고 C 여사가 서 있다.

C 여사는 세상 소식을 그 빠른 어조로 눈치 있게 영(影)[36]만 따서 건듯건듯 이야기를 한다.

36 그림자, 자취.

나도 고개만 끄덕끄덕하면서 '응응' 대답만 하고 서 있었다.

C 여사의 화두는 나의 친족과 지인들의 근황에로 돌린다.

"어머니가 지금 병환이 위중하시오"한다. 나는 깜짝 놀랐다. "그래서 늘 봉우는 왜 아니 오느냐고 자꾸자꾸 찾으시기만 한대요." 나는 알지 못하는 중에 "아" 하였다. 그리고 내 눈에 눈물이 고이더니 그대로 눈물이 줄줄 흘러내린다. 얼빠진 것처럼 우두커니 서서 어머니의 병환 쾌차를 빌었다. 문이 짜르륵 하면서 내려진다. C 여사와 나와는 딴 세상 사람이 되어 버렸다. 나는 그때부터는 흑흑 흐느끼면서 울었다.

감방에 돌아와서는 약간의 소리를 내면서 울었다. 몇 해 동안 눈물조차 가둬 보았던 눈물이라 터지기 시작하더니 걷잡을 수 없이 흐른다. 나는 자꾸 울었다. "어머니! 어머니!" 하면서 자꾸 울었다.

김병로(金炳魯) 씨와의 5분간

김항규(金恒圭)

나는 신간회 대전지회의 사건으로 서울서 잡혀 대전감옥에 간힌 것이 작년 11월 어느 눈바람 뿌리는 추운 날이었다. 예심판사가 붙인 죄명은 치안유지법 위반이요, 검사의 구형은 1년 징역이었고 공범이라는 대전의 여섯 청년은 3년부터 1년 반까지의 구형이 있었다.

그러다가 예심이 끝나고 공판의 결과는 별반 범죄 구성할 거리가 없다하여 석방이 되어 나온 것이 바로 조선 각처에서 중국 사람과 충돌이 생기던 7월 초순이었다. 그동안 약 9개월의 옥중생활 가운데서 나는 꼭 한번 면회실에서 끝없는 적막을 느낀 때가 있었다.

정월달이라면 반도의 땅덩이를 얼리는 찬바람이 벽돌집 속에 간힌 사람들을 정말 괴롭게 구는 때이다. 추워서 떨면서도 독방에서 외로이 천사만념(千思萬念)에 잠겨 있을 때 간수가 부른다. 따라가 보니 면회실에 김병로 씨가 앉아 있다. 서울서 나의 변호 문제를 상의하려고 일부러 찾아와준 것이었다.

대전형무소의 면회실은 어느 감옥에도 다 있는 것같이 아무 장식이 없는 그러면서 이상스럽게 차디찬 바람이 도는 그리 넓지 않은 방이었다. 나는 나무 책상을 건너 김병로 씨와 마주 앉았다. 곁에는 간수부장과 간수가 앉고 면회의 시간은 겨우 5분간. 그러나 5분도 다

허락이 되는가 싶으리만치 그사이는 짧은 것이 통례였다. 김병로 씨와 나는

몸은 무사하였소.

네. 무사하였소.

그러고는

사식을 시켰으니 오늘부터 자시오.

고맙소.

그러고는

재판 때에 변호는 내가 하겠소.

고맙소.

그러고는

서울에 있는 집안사람과 사회 여러분도 다 잘 있소.

안심하였소.

이 밖에 두어 마디나 서로 언어를 교환하였을까. 우리는 그만 시간이 다 되었다고 갈라지고 말았다.

그때 적적하게 혼자 돌아서 나가는 김병로 씨의 자태를 보자 내 자신이 어쩐지 참을 수 없는 적막 속에 싸이는 듯 간수에게 끌려 긴 복도를 걸어오면서 하마터면 울 뻔했다. 그것이 70일 만에 처음 이 천지에서 지기(知己)를 대한 순간의 불멸의 인상이었다.

그날 밤 독방에서 나는 더 많은 고독을 느꼈던 것도 오늘까지 기억된다.

신간회 서기장의 현직을 그때 면회실에서 사면할까 하다가 참았다. 고독은 필경 사람의 마음을 약하게 만들기 쉬운 것을 깨달았다.

부자 상회(相會)의 슬픔

서정희(徐廷禧)

1927년의 깊은 겨울은 춥기도 하더니 그때 나는 제1차공산당사건으로 신의주경찰서에 잡혀서 다시 국경의 감옥으로 넘어가서 그 추운 겨울을 널마루 바닥 위에서 났다.

신의주에 한번 발을 들여놓은 이는 누구나 다 상상할 일이지만 압록강을 넘어 기어드는

찬바람은 실로 사람의 뼈를 깎고 살을 에어낸다. 감방 안에 외로이 앉으면 처음은 발이 얼고 그다음은 손이 얼고 그다음은 전신의 오장육부로 흘러내리는 뜨거운 혈관이 고드름에 찬 수차 통같이 얼린다.

이렇게 추운 어느 날 생각건대 11월에 잡혀 4개월 만이었으니 아마 그 이듬해 2월 초순쯤이 되는 듯 하루는 간수가 부르기에 나갔더니 면회실 문이 딸각하고 열린다. 손바닥만 한 문쪽 저편에 아들 범석이 와 서 있었다.

나는 얼른 그의 손을 쥐고 싶은 충동에 견딜 수 없었다. 악수라는 것은 비단 우리같이 부자 상회하는 이 마당이 아닐지라도 그저 친우끼리라도 서로 손을 잡았더라면 어떻게나 마음이 상쾌하고 피가 끓어오는지 모른다.

그러나 감옥 안에서 그리할 자유가 어디 있으랴.

범석이 얼굴을 보매 나 역시 할 말 없고, 그 역시 할 말 없는 듯 서로 물끄러미 쳐다볼 뿐.

한참 만에 나는 겨우

"집에서는 다 잘 있느냐?"

"네. 잘 있습니다."

어느새 시간인가 널조각문은 딸각하고 닫혀버릴 뿐.

범석이가 눈에 쌓인 그 감옥 문 앞을 머리 숙이고 혼자 터벅터벅 걸어 나갈 생각을 하매, 어쩐지 간수에게 끌려 독방으로 돌아오는 내 마음은 무한히 쓰리고 춥다.

감옥의 면회실! 그는 얼마나 슬픈 기록을 이 땅 사람들에게 날마다 끼쳐주는가.

〈자료 166〉 여운형(呂運亨) 사건과 검사와 나, 예심결정서(豫審決定書) 얻으려 쓰레기통에

[홍종인(洪鐘仁), 〈명탐정과 신문기자 경쟁기〉, 《삼천리》 제3권 제10호, 1931.10.1]

신문기자 직업도 이럭저럭 몇 해 간 했으나 그동안은 수박 겉핥기로 일을 일같이 마음껏 골수(骨髓)에 파고들어가 해본 듯한 감이 없고 이제부터 겨우 일을 찾아 들어가려는 듯하다. 겸하여 나이도 아직 젊다고 생각하고 있는 나로서는 (나는 늙어간다는 것은 꿈에만 생각해도 무서운 생각을 가진다.) 지난 일 중에서 공명담(功名談)이나 실패담을 들추어 쓰기에는 너무도 거북한 일이다. 본의(本意)는 아니나 남도 다 한 마디씩 쓴다니 써보기로 하자.

이것은 내가《중외일보(中外日報)》에 있을 때였다. 바로 작년(1930년) 3월 ■일 여운형(呂運亨)이 예심종결결정이 되던 날, 중외(中外)에서는 〈극동국제정국(極東國際政局)의 측면사(側面史)〉라는 문구의 특호(特號) 5단의 표제로 전 2면의 본지불재록(本紙不再錄) 호외를 아침 10시에 돌렸다. 밤을 새워서 호외를 만들던 생각을 하면 좀 기구하였다. 그때는 벌써 주식회사《중외일보》가 재정상 파탄을 일으켰고 지리멸렬의 상태에 들어갔을 때였다. 이미 공개된 비밀이니 말이지 그 전날 공장에서는 월급 미불로 파업이랄지 태업이랄지 저녁 여섯 시, 일곱 시가 되도록 석간이 못 나가고 있었다. 조간까지 내보내자면 일이 산 같이 쌓인 감이 없지 않았다. 그때 재판소 담당으로 명일에 여운형 예심결정을 앞둔 나로서는 초조하기 짝이 없었다. 중외의 파탄은 내 생명을 재촉하는 듯 속이 클클하였다. 석간을 내보내고 다시 조간을 내보내고 언제 2면의 호외를 내보내겠느냐 하는 것을 생각할 때 중외를 탓하며 중외 같은 곳에서 말하게 되는 자신을 탓하고 싶었다. 탓도 하였다.

호외를 못하면 다음 날 본지 석간에 썼으면 안 될 일이 있던가 라고 물을는지 모른다. 그러나 나는 여운형 사건의 호외를 그전부터 계획하고 있었다. 사건은 여운형이란 일개의 인물로서도 크거니와 그 인물을 통하여 우리가 이때까지 공개 못해 본 중대 사실을 만천하 독자에게 알리겠다는 생각이 있었다. 즉, 기미운동 이후 국내, 해외에서 생기는 독립운동의 여러 상은 단편적으로 많이 전하여 온 바도 있으나 상해를 중심으로 한 ○○운동의 첫 계획으로부터 임시정부가 성립되고 또 창조파(創造派)와 개조파(改造派)의 알력이 생기기까지 조선공산당의 조직 전, 러시아령(露領) 이동휘(李東輝)파의 활동이며 모스크바의 원동(遠東) 약소민족대회, 그다음 조선공산당 조직 후, 제3국제당과의 연락 과정 등이 체계 있게 나타나지 못했었다. 이러한 큰 무대의 움직임을 여운형을 통하여 넉넉히 말할 수 있었다. 그뿐이랴. 여(呂)가 무대의 표리(表裏)에서 활동하는 외에 중국 국민혁명의 배후에서 당시 남방정부의 고문으로 괴완(怪腕)을 휘두르던 러인(露人) '보르딘'과 어깨를 같이하여 활동하던 것 등 실로 그 활동을 극동 국제 정국의 측면을 말하는 것이라 하지 않을 수 없다.

이러한 여운형 사건의 내용은 그전에도 어느 정도까지 다소는 짐작해 왔었으나 예심결정서의 내용으로 나타날 ○○조서를 손에 넣었을 때 나는 혼자 흥분하여 작약(雀躍)했다. 옳다. 이것은 호외이다. 세상이 한번 놀라게 감쪽같이 이 사실을 내놓아야 한다는 생각이 가슴에 무럭무럭 불길 같았다. 이것은 대단히 결말 같으나 그때의 중외가 조석, 간 8면을 해 가지고

《동아》,《조선》에서 코웃음을 받다가 마침내 그 코웃음대로 재정난에 빠져 중외의 몰락 도정과 같이 기자인 우리들도 안색이 없어져 가던 때였으므로, 나는 은연히 기자의 편협한 경쟁 심리나마《동아》,《조선》에게도 한 번 놀라게 선수(先手)를 쓰겠다는 생각도 가졌고, 또 그보다도 호외를 어떻게 하면 만일의 정도를 넘지 않게 순조롭게 시외 배달을 하게 하느냐 하는 생각이었었다.

물론 호외 발행을 일개 말석 기자인 내 마음대로 하는 것은 아니었으나 사건이 그만하고 내 주장 쯤이라 해도 간부가 안 들을 리 없었다. 예심결정 수일 전 사건의 일반을 사회부장 김기진(金基鎭) 군과 편집국장대리 이시목(李時穆) 군에게 말하여 승낙을 얻어놓았었다.

그러나 최후의 그날, 호외 준비를 해야 된다는 하루 밖에 안 남은 그날 저녁에 파업이 일어나 조간판이 넘어갈 시각까지 석간 착수도 반이 못 되고 일이 막혔으니 딱하기 짝이 없었다. 반쯤 써 놓았던 호외 원고가 보기만 해도 원망스러웠다. 그러는 동안에 이럭저럭 파업은 해결되었다. 그러나 밤이 늦어가니 호외는 언제 만드나 하는 것이다. 일부에서는 호외 중지설이 있었다. 그때 나를 필두로 사회부에서는 호외를 역설하지 않을 수 없었다. 구실로는 금방 보고 온 듯이《동아》,《조선》도 호외를 한다. 침체해 가는 우리《중외》에서 이런 대사건에 참패한다면 전 사내의 공기는 다시 사기가 떨어져 거둘 길이 없을 것이니 이 기회에 마력을 내어 '카무플라주'(위장) 주사를 하나 한다는 것이었다. 요행히 주장은 통과되었다. 공장에서도 "원고만 척척 내보내시오!" 한다.

밤을 꼬박 새워서 호외는 다 되었다. 신경순(申敬淳) 군이 일부 도와, 태반 내가 기사를 만들고 김기진 군이 편집을 하여 두 면(面) 판을 다 짜고 나올 때는 아침 8시 반 경이었다. 연판(鉛版)까지 만들어 기계에 걸어 놓으라고 명하고 나올 때 조간을 돌린 배달들은 호외를 돌리려고 들어오기 시작하였다. 만사는 이만하면 되었거니 하고 마음이 든든하였다.

팔봉(八峰)[37]과 나는 불면의 피로를 씻기 위하여 장곡천정(長谷川町) 청탕(淸湯)으로 갔다. 유유히 청탕에 몸을 담그고 '마탕'으로 배를 채운 후 나는 곧 재판소로 가고 팔봉은 다시 사(社)로 들어갔다. 그때 관청은 10시 출근이었다. 담당 고이(五井) 예심판사에게는 전부터 그날 오전 열 시에는 무위결정 발표(유죄무죄만) 한다는 굳은 언명을 들어 왔었다. 그래도 조급

---

37 김기진(金基鎭)의 호.

하여 나는 재판소에 가서 다시 고이 판사 관사에 전화까지 걸어 그의 출근 여부를 물었더니 벌써 출근했다고 한다. 과연 10시, 아직 판검사가 몇 사람 등청도 하지 않았을 때 그는 예심실에 들어섰다. 외투도 벗기 전에 물어가지고 사(社)에 전화로 죄명 중 '치안유지법 위반'만을 깎고 곧 기계를 돌리라고 명했다. 호외는 절렁절렁 기운차게 아침 거리에 돌았다. 다른 기자들은 호외를 보고 재판소에 나온 모양이었다.

호외는 상당히 자세한 것이었다. 전 항(項)의 이야기는 물론 그가 하라 다카시(原敬) 내각 때 도쿄(東京)에 가던 이야기며 사진은 '보르딘'이며 상해 임시정부의 중추인물 안도산(安島山), 이동휘(李東輝), 김규식(金奎植) 등 8, 9매에 상해 부두 사진까지 넣어 여유작작한 품을 보였다. 그러나 시외는 다 무사히 돌았으나 한번 압수에 한 번 삭제처분을 당하여 지방에 가는 것은 제3호외로 인물사진과 중요한 기사 몇 토막은 부득이 깎였다.

우선 호외는 성공이었다. 그러나 기자의 활동으로는 다시 중요한 것이 남았다. 예심결정서를 손에 넣는 것이다. 그만한 대사건, 대인물에 예심에서는 어느 정도의 사실을 인정하였는가, 이것이 사건을 좌우하는 요점이 되는 것이다. 호외에 실패라면 실패 당한 편인《동아》와《조선》에서도 최후의 일전을 예심결정서 먼저 얻기에 착안하지 않을 수 없었다. 피고가 여러 사람이면 문제없이 종래의 방법대로 형무소에 가서 피고에게 무난히 얻을 수도 있으나 피고가 단 한 명이 되고 보니 3사에서 쟁탈전을 글자대로 하게 되지 않을 수 없었다.《동아》에서는 그 아침 즉시로 결정서가 도달되기도 전에 결정서 취하원을 접수시키고 '이것만은 내 해다'하고 비치고 있었다. 형무소에 가서까지 추하게 싸움 같은 경쟁은 하고 싶지 않았다. 재판소 구내에서 어떻게 해서든지 그날로 결정서를 손에 넣어 보겠다는 생각을 가지고 이 방 저 방으로 속이 들떠서 돌아다니고 있었다(재판소에서 예심결정된 그날로 결정서를 손에 넣는다는 것은 종래도 그렇고 앞으로도 좀처럼 경성법원에서는 안 될 일이다). 헛일 같은 야망을 품고 사건에 대한 남은 재료를 모으며 재판소 안을 돌아다니고 있었다(물론 형무소 피고에게는 그날 늦게야 송달되어 익일에나 얻어낼 수 있으리라고 짐작이 갔다). 이 모양으로 전신은 그 예심결정서 한 벌을 두고 열이 올라서 저마다 눈이 벌겋게 돌아다니고 있었다. 그러고 있을 때 시간은 두 시가 가까워졌다. 석간 마감 시간도 거의 다 되어서 우연히 제1 (고이) 예심실 앞에 섰을 때 문을 열고 나오는 급사에게 예심실 서기가 "이게 그거 웬 오자투성이냐"고 꾸짖듯이 이르는 것이 귀에 명확하게 머물렀다. 급사는 서기과 서무에 있는 급사였다. 여기서 판결문이며 결정서의 타이프라이터도 하고 등사도 한다. 여(呂)의 결정서는 타이프라이터로 한 등사물이었다. "오자투성이…? 옳다, 어제 백인 결정서 말이다" 하고 머리를 두드리는 듯이 생각이 들었다. 곧 급사의 뒤를 따라 어름어름 등사 원지를 어디다 버렸냐고 물었다. 그는 정정(廷丁)이다 소제(掃除)하다가 청결통(淸潔筒)에 버렸으리라 한다. 청결통? 한 일이나 되는 연와제의 청결통에는 중간쯤 올라오도록 안 들어있는 것이 없었다. 악취가 코를 쏜다. 그러나 요만한 악취쯤이야…사람 안 보는 틈을 타서 통 안에 뛰어들었다. 새 양복도 문제가 아니었다. 거기서 남이 볼세라 머리도 못 들고 밑까지 들추고 들추는 약 30분간 동안 원지가 몇 장 나왔으나 결정서 원지만 좀처럼 안 나오더니 나중에 나오기는 나왔다. 그러나 다섯 장 중에 중요한 첫 장과 중간 장이 암만해도 안 나왔다. 시간이 촉박하여 하는 수 없이 나왔다. 그러고 나와서 최후의 수단 한 가지를 다시 택하였다. 전부터 가깝게 이야기하던 ××사(事)에게 검은 묵에 젖은 원지를 내놓았다. 그는 그게 뭐냐고 보더니 깜짝 놀라며 그러면 성공이 아니냐고 한다. 그러나 두 장이 없어 어쩔 수 없다. 내가 가진 원지로 만일의 증거를 삼을 터이니 그 결정서의 일부만 보여 달라고 졸라보았다. 그러나 시종 듣지 않았다. 돌아와 어느 정도까지 서두의 결정서를 내 손으로 만들어 '예심결정서 전문 1'이라고 그날 석간에 넣어놓았다. 고이 판사의 결정서는 꼭 하나의 식(式)이므로 어느 정도까지 틀림없이 본 대로 만들 수 있었다.

물론《동아》,《조선》에는 사건의 대략뿐이었고 결정서가 있을 리 만무하였다. 나 혼자 결정서 전문이라고 하고 조금 한 끝을 낸 것이 말하자면 우스웠을 것이나, 그러나 나는 다음 날이면 꼭 손에 넣을 자신이 있었다. 다음 날 아침 우선 서대문형무소로 나섰으나《동아》와 싸워도 도로 창피할 것 같아서 곧 재판소로 가서 못 찾은 원지를 다시 찾든지 딴 방법을 써볼까 했다. 생각다 못해 다시 청결통 앞으로 자석에 끌리는 바늘처럼 걸어갔다. 부근에 날아가는 종잇조각이라고는 거의 다 쥐어보고 무심히 석탄재 쌓아둔 곳 앞까지 가니 석탄재 속에서 원지 한끝이 보였다. 설마 이것일까 하고 뒤적여 보았더니 과연 그 한 장이었다. 여기서 용기를 얻어가지고 다시 청결통에 들어가서 한 10분 들추노라니 어제는 그처럼 성심껏 들추어도 안 나오던 원지가 그리 쉽게 나오리라고 누가 알았을까. 다 모아들고 나오니 기쁘기도 하였으나 적이 환멸을 느끼지 않을 수 없었다.

사에 들어가서 마음껏 10 여벌을 박아냈다.《동아》가 청결통 냄새도 안 맡고 편히 혼자 잘 얻었을 생각을 하니 수두룩하게 박아 놓은 결정서가 무의미하게 남아돌아가는 것이 아까웠다.

에라! 이왕이면 선심이나 써보자 하는 생각으로 조선문, 일문 할 것 없이 돌아가면서 전화를 걸어 놓았다. "여운형 예심결정서 필요하다면 누구든지 와서 한 벌씩 가져가라"고 불러댔다.

그날의 《동아》는 《중외》가 《동아》의 석간을 보고 결정서를 조간에 베껴 넣을 염려도 있었겠지, 여유 있는 편집으로 절반만 냈다. 그중에서는 그럴 듯도 해서 이것도 이왕이면 하고 '우등본야(右騰本也)'라고 까지 한꺼번에 안 낼 수 없었었다.

생각하면 그것도 꿈같다.

(이하 생략)

〈자료 167〉 이수흥(李壽興) 사형집행일의 탐보 - 검사국에서 알기까지의 고심 경쟁기 -

(박윤석, 〈명탐정과 신문기자 경쟁기〉, 《삼천리》 제3권 제10호, 1931.10.1)

천편일률의 비애와 고민상의 병적 사회의 뉴스나마 그 보도를 빨리하여 다른 사보다 하루 먼저 발표하게 되는 소위 '특종' 재료를 어느 신문사에서든지 존중하고 또 기자를 독려하는 것은 사실이다. 언론의 자유가 없고 정치와 경제 방면에 임의로 필봉을 운전할 수 없고 그 본능을 다 발휘할 수 없는 조선의 신문은 항상 시대적 불우와 제도 결함의 일면상(一面相)인 암흑가를 향하여 범죄상만 탐색 취재하고 그것을 기사로 발표하기까지에는 실로 적지 않은 고심과 노력을 하고 있는 것이다.

각 사의 기자들이 매일 외근처의 기자실에서나 경쟁선에서 회합하면 서로서로 그 민완과 지능을 뽐내고 또 각자 사명과 공명적 호기심에 끌려서 더욱 백열한 경쟁이 비롯한다. 그리하여 일 사건을 다른 신문보다 먼저 쓰게 되면 필자 자신이 유쾌한 것도 사실이나 다른 경쟁사의 기자와 개인 간의 정의상으로는 다소 미안한 적도 없지 않은 것이다.

경우에 따라서는 전혀 다른 류(異流)의 신문(《오사카아사히신문(大阪朝日新聞)》, 《오사카마이니치신문(大阪每日新聞)》기자)과 피차 연락을 취하는 바도 있으나 우리는 금일 조선의 특수정세를 여실히 보도하느니만큼 언제든지 독립, 독보로 나 자신의 실력과 수단의 미치는 곳까지 활동하고 또 한 걸음 나아가 일주일에 평균 3건 이상 특종의 재료를 탐색하지 못하면 독자 대중에게 미안할 뿐 아니라 불쾌하기 짝이 없는 것이다. 언제든지 학교의 시험 보듯 하는 긴장된 기분으로 고심 초려하던 가지가지 회고담을 쓰기로 하자.

어떠한 사건에든 크나큰 실패는 없었다고 생각한다. 경찰서, 재판소, 경무국 등 기사 중 그 주요한 부분을 차지하고 있는 범죄상의 취재라든지 탐색처럼 어려운 것은 없다. 외근기자로서 그들 관헌을 상대로 하여 활동하는 수완 여하로 소위 기자적 재능을 발휘할 수 있다고 하고, 또 사실상 어려운 때와 쓰라린 노고를 직접 음미하고 있는 것이다.

일자리 재판소를 담당 구역으로 맡아 출입할 때 가장 인상 깊게 남은 것은 일시 조선 삼천리강산을 경악하게 한 권총사건의 주인공 이수흥 등의 최종막을 닫는 이야기다.

나는 당시 C사 사회부의 일원으로 사건의 자초종말을 담당, 탐색하였다. 어언 세상사는 변천되고 덧없이 흐르는 세월은 그 사건 있은 지 4, 5년의 세월이라. 그 관계자도 또한 청산의 한주먹 흙으로 고요히 잠들어 있는 그들[이수흥, 유택수(柳澤秀)]의 원한 깊은 원혼을 새삼스레 흥분하게 하는 느낌도 없지 않은 것 같다.

1심에서 사형의 판결을 받은 그대로 (유택수는 공소만 하고 상고까지 안 함.) 공소나 재심을 더 요구하지 않고 태연히 앞날의 짧은 운명을 쇠사슬 찬 그대로 무서운 교수대 위에 아침 이슬같이 사라지게 할 바에야 예사로 생각할 수 없을 뿐 아니라 사형수로 전무후무한 대담한 일이다. 당시 모 신문지에는 '어대전(御大典) 특사로 사형수 이수흥은 감형될 것'이라고 대자특서(大字特書)로 기사를 취급하여 바야흐로 세인의 주목은 거의 초점에 달하였다. 이것을 취급 안한 나도 그들이 정치적 범죄이니까 그리되기를 기대하고 싶었다.

그러나 아무리 생각하고 조사 연구해 보아도 그들의 사형은 결정적인 듯하고 행여나 살아나올 것 같지 않았다. 그리하여 문제의 시비에 대하여 기자실에서도 늘 논쟁이 계속되었으나 나는 최초 직감한 그래도 오직 시기만 기다리며 추측되는 방면으로 경계를 게을리하지 않았다. 당시 사회부장 R형도 이번 기사(감형설)의 실수만을 힐난하여 나 자신의 입장을 오로지 곤란하게 하였으나 때가 이르기까지 무엇으로도 변명할 수가 없었다.

법무국을 비롯하여 고등, 복심, 지방의 세 검사국에서 기회 있는 대로 은전(恩典) 범위 여하를 탐색하였으나 그들은 의연 시침을 뚝 따면서 "혹은 면사(免死) 될는지도 알 수 없지요" 한다. 생사의 기로에서 배회하는 그들의 전도는 결정적으로 좌우를 속단할 수 없고 또 재판소를 매일 출입하는 관헌의 고등 탐정들도 이 문제만은 정확을 잘 알지 못하는 모양 같았다. 미지의 앞날 운명은 과연 어떻게 결정될 것인지. 신이 아니면 누가 판단할 수 있었으랴.

아직도 기억에 새로운 1929년 2월 27일. 인왕산 저편에서 사정없이 불어오는 겨울 삭풍은 완연히 살을 엘 듯하고 매연 실은 검은 연기는 저기압과 아울러 사람의 기분조차 몹시 탁하게 한다. 전일이나 다름없이 침울한 재판소 3층 위에 복심검사국을 향하여 층계 위에 발길을 옮기는 나는 이날 이상하게도 무슨 사건이 있으리라 예감이 떠돈다. 굳게 닫힌 이 세상 염라국 같은 검사국 문을 '노크'하고 들어서면 까닭 없이 얼굴을 찌푸리던 집행계 M 서기와 검사실의 W 검사는 모두 간 곳이 없고 그들 '테이블' 위에는 '치안유지법 위반 및 살인 등 죄명 하에 이수홍, 유택수 외 1인'.

표지에 쓰인 8천여 장을 넘는 7, 8권의 대기록이 놓여있다. 이미 재판과 사형의 선고를 받은 미지수(다행히 감형의 특전도 있을 듯함)의 앞날만 기다리는 그들의 기록이 어찌하여 나왔는가. 무슨 까닭일까. 나는 의심이 더욱 깊어진다.

바야흐로 긴장된 검사국 공기에 나의 육감도 흔들리기 시작한다. 오늘에야 이, 유의 두 사람은 아침에 교수대 위에서 사라지는 것이 아닌가 하였다.

누구나 신문기자의 질문이라면 까닭 없이 싫어하는 N 서기장에 대하여

"오늘 M 집행계 서기와 W 검사는 어디로 갔습니까" 날카로운 질문에 그는 태연히 "모르겠소" 라고 한다. 나는 말을 이어 "서대문형무소에 갔겠지요?" 그래도 의연히 그들의 거취를 비밀에 부치며 "자기들의 볼일이 있어 일찍들 나간 것이지요" 부인하는 데는 더 알 길이 없었다. 하는 수 없이 얼른 화제를 바꿔 "문제의 이수홍, 유택수 등은 정치범이니까 다른 사형수도 감형되는 자가 있을 터인즉 그들도 혹 사형쯤은 면하지 않을까요" 이에서 그의 안색은 돌연 변해지며 우물쭈물한다. 다시 테이블 위에 놓인 방대한 기록을 지시하며 "혹 감형 청원이나 수속을 하였습니까"라고 묻는 말에는 "아… 무슨 참고할 바 좀 있었소" 하며 급사에게 그 기록을 치우라는 벼락같은 소리로 호령한다.

재판소 검사국에서 사형집행처럼 극비밀에 부치는 것은 더 없을 것이다(보통은 집행 후 일주일 만에 자연 알게 되는 것). 이날 N 서기장의 전후 태도를 종합해 보아서 그들 두 사람은 30세 미만을 일기로 이날 천후조차 흐린 인왕산 아래 교수대 위에 사라지는 것을 민감하게 되었다. 그러나 확답을 얻지 못한 나는 다시 형무소에 전화 걸고 W검사의 유무를 물었더니 방금 와서 있다고 하므로 사회부장 R형에 급보하야 이, 유 두 사람의 살아있던 날의 면영(面影)과 필적 등을 찾게 하고 해외로부터 국경의 철옹성 같은 경계망을 돌파하여 조선 내지에 들어와서 전후 7, 8회로 대담무적한 행동과 권총으로 부호 등을 습격하여 많은 혈흔을 남기고 이

천읍(利川邑)인 그들의 향촌에서 범인 수색 상황을 전망하며 마침내 체포되어 공판과 극형의 선고를 받을 때까지 행동의 개요를 비롯하여 사형언도 받은 지 근 8개월여 짧지 않은 동안 옥중에서는 '음시독자오(吟詩獨自娛)'[38] 하던 근황까지 써 보내고 집행 갔던 검사와 서기가 돌아오기를 기다렸다.

편집시간(오후 2시)은 이미 지났고 다른 사의 기자들은 한 번 돌아 귀사한지 오래이다. 할 일 없이 상하층 검사국과 사상검사실, 예심정 등 문 앞으로 배회하던 헌병대 사상계 고등탐정 Y 특무군조는 나의 이상한 기색에 까닭 없이 긴장되어 재료 교환을 간원한다. 이것은 벌써 결정적 사실이므로 그에게 개요를 알려주고 W 검사와 N 서기의 귀청을 기다려 그들 뒤를 추격하며

"오늘은 어디들 갔다 오십니까."

예의 검사투로 무엇 좀 볼일이 있어 잠시 어디 좀 다녀오는 길이라고 하며 우물쭈물한다.

"서대문형무소에 갔었다는 말을 들었는데…"

하고 묻는 말에는 그들도 피할 길이 없었던지 어찌 알았느냐고 반문한다.

"그래서 이, 유의 사형집행은 몇 시부터 시작되었습니까."

단도직입적으로 추궁하자 검사는 그제야 말문이 터지며

이는 2시 10분경부터, 유는 동 30분경부터 각각 집행하였는데 입회자는 법무국에서도 오고 소장과 예의 교회사 등이 열석하였다고 솔직하게 대답한다.

"그러면 대개 몇 분 만에 절명하든가요."

묻는 말에 자기의 입으로 선고하고 또 집행하고 돌아온 W 검사도 기자와 같이 은연히 슬픈 안색을 띠며

"그저 14분 내외였소."

"그들이 집행하려는 때에 무슨 비명이 없었나요."

"그런 사람들이야 이미 죽을 것을 각오한 사람들이니까 다른 강도살인 등 죄에 걸린 사형수와는 다른 것이다."

오직 최후까지 태연자약하여 운명하였다고 말한다.

---

38 시를 읊으며 홀로 즐김.

감형면사설(減刑免死說)로 세인의 화두에 오르내리던 이, 유 두 중죄수는 이날로 최종 막을 교수대 위에서 마쳤다. 눈물을 자아내는 이 비장한 기사의 궁금해하던 그들 사건은 처음부터 끝까지 다른 사에 지지 않은 것을 자신한다. (끝)

〈자료 168〉 법정에서 본 그들, 무언의 최윤숙(崔允淑)

(홍종인, 〈법정에서 본 그들, 무언의 최윤숙〉, 《동광》 제26호, 1931.10.4)

광주학생 사건의 뒤를 이어 작년 1월 14일인가 경성의 남학생(중학)들보다 하루 앞서 전 경성의 여학생 데모를 일으킬 계획을 하여 남자 측 학생단에서 하루만 연기하여 같은 날에 남녀 학생이 동시에 데모를 일으키자고 청하였을 때 가회동 모처에 모였던 여학생단에서는 이것을 거절하였다. 남학생 측에서는 이 계획에 놀라 그 밤으로 바삐 계획을 진행시켜 15일 오전 9시를 기하여 전 경성 남녀 등 학생층은 제2차 학생만세사건을 일으켰다.

이때의 시내 여학생 측 데모의 전위분자 중 여섯 명이 3월 초순엔가 경성법원 공판정에 서게 되었다. 공판 전부터 여섯 명 나이 어린 여학생(나이 든 허정숙(許貞淑) 한 명도 있지만)에 대한 이야기가 높았다. 누구는 용모가 어떻고 누구는 운동선수고, 누구는 말 잘하고… 등등, 그때 여학생 사건을 맡아 취조한 S 서의 A 형사는 이런 이야기를 하였다. "누구누구라 하지만 물론 인물도 얌전한 색시가 있다. 그러나 그중에도 무서운 여자가 한 명 있다. 그것은 최(崔)○○이다. 취조하는 때면 사람의 품을 다 알 수 있는데 그중에 묻는 말을 덥석덥석 잘 대답하되 안 해도 좋을 말까지 하는 것은 문제도 안 되지만 전혀 말을 안 하는 것같이 괴로운 것은 없다. 이러이러하지 않느냐고 사건의 전례를 들어 물어야 겨우 응 이라던가, 아니요 라던가 하는 사람 그 사람에게만은 참 괴롭다. 손을 댈 도리가 없다. 그 최만은 참 곤란했다. 체격도 야무지지 않더냐? 그 모양으로 그 여자에게는 빈틈이 별로 없다. 이후라도 주의할 여자는 그 여자밖에 없다. 반드시 한 사람 구실할 것…" 이런 말을 들을 때 그때는 무심히 들었었다.

과연 이 말을 다시 생각할 때가 왔다. 바로 지난달 8월 말 어떤 일로 그때의 그 형사가 일하는 S서 고등계에 갔었다. 문득 형사실 문을 열었더니 빈방 한 모퉁이에 젊은 여자 한 명이 헝클어진 머리에 손을 대고 창밖을 내다보고 있었다. 무언가 생각하고 있는 듯한 그는 한번 흘끔 돌아보고는 천연스럽게 또 창밖을 내다보고 있었다. 언젠가 본 듯한 그 여자, 그는 며칠 전에 공산당재건사건의 '레포'(연락원)로 함남북 등지로 다녔다는 최윤숙에 틀림없었다.

작년 3월 초순의 여학생 사건의 공판에 맨 첫 번 신문에 나섰던 김 아무개(金某)는 전후 사건의 경과를 잘 알아듣게 이야기하였다. 또 이 아무개(李某)는 "붉은 깃발은 빛깔이 고와서 만들었었지요. 다시는 안 그러마요…" 또 안 아무개(宋某)는 천연한 태도로 말하다가 끝으로 어떤 적막이 솟았던지 눈물을 억지로 막는 듯 보였다. 허 아무개(許某)는 사회운동에도 많이 단련되었을 만큼 역시 탈선이 없었다. 그중에 최윤숙은 과연 그 형사의 말대로 말이 없었다. '네', '아니오' 두 말뿐. 자기의 가졌다는 뜻을 말하지 않았다. 그때의 무언의 침착한 태도는 확실히 무게를 보였다. '무언의 최'의 인상은 최근 있는 그의 사건을 생각할 때 다시금 머리에 떠오르게 된다.

〈자료 169〉 조선경찰의 해부, 연 3천만 원의 용도를 검찰(檢察)행정 전반에 관여 절대한 역량 발휘

(김동진, 〈朝鮮警察의 解剖, 年 3千萬圓의 用途 檢察〉, 《동광》 제30호, 1932.1.25)

식민지통치에 군대와 경찰력이 절대적인 역할을 발휘함은 조선만 아니겠지마는, 조선은 겨우 헌병경찰시대를 벗어나서 경찰정치시대의 초기에든지 얼마 되지 못하므로 조선의 경찰은 다른 데에 비하여 보다 많은 힘을 가지고 있다.

'조선은 경찰정치'라고 부르는 데 대하여 당국은 이의를 제창하고 또 노여워하기도 하지만 현하의 사실이 경찰정치시대를 면치 못하였다고 변증할 많은 재료가 있음에야 어쩔 수 없다. 예를 들면 필자의 기억에 남아 있는 것만 하더라도

1. 경찰범취체규칙이 일반으로 준엄한 것.
2. 유치 검속 기간이 장구한 것.
3. 경찰서장의 검사사무를 취급하는 것.
4. 민사, 쟁송조정 사무를 취급하는 것.
5. 집달리(執達吏) 사무를 취급하는 것.

6. 순사(순사부장이 아니라도)가 사법경찰관 사무를 보는 것.

7. 각종 행정의 원조 사무를 보는 것.

등이다. 조선의 경찰범취체규칙이라는 것은 일본내지의 '경찰범취체령'보다 준엄한 것은 두말 할 필요도 없거니와 검속, 유치, 구류 기간의 장구는 경찰의 최대 무기다. 이 때문에 인민은 경찰관리의 비위를 맞추게 하고 따라서 일부 철없는 경관의 자긍을 증장시키게 되어 조선은 '경찰정치'라고 비난을 발하게 하는 중대한 이유가 되게 한다. 또 제7항의 '각종 행정의 원조 사무'라는 것은 조선은 교통, 민지(民知), 행정기관의 발달 정도 등이 모두 미흡한 탓도 없지 않겠으나, 경관은 도로수축, 임야보호, 국경지방의 관세사무, 징세, 해충구제, 어업취체, 전매령(專賣令) 위반감시, 기부행위 등에는 물론, 산업, 부업, 저금의 장려에 까지 경찰관이 관계한다. 이러한 행정관청의 사무에 경관이 일일이 관계하니 이만하면 '조선은 경찰정치'라 함에 무엇이 부족할까. 경찰관은 군청의 재무계 일도 보고 서무계 사무도 보며 전매국 일, 세관사무 총독부 산림부 일, 식산국 수산과 농무과 일, 체신국 일, 내무국 일, 면장 일, 구장 일, 하여튼 모든 행정사무에 경찰의 힘이 발동한다. 이와 같은 경찰권의 발동은 그 본질에 있어 간섭이 목적이 아니요, 미비한 행정기관을 원조하기 위함에 있으나 권력 가진 자의 원조적 간섭은 항상 일방을 억압하는 결함을 수반하게 되나니 조선경찰의 행정원조사무도 총독통치에 유리한 점이 있는 반면에 민중에 공포를 느끼게 하며 또 원한을 사는 경향이 많다.

경찰사무 분장과 각 기관 조직 내용

그러면 이와 같은 절대적인 권한을 가진 경찰기관의 조직은 어떻게 되었으며 각 기관의 사무분장은 어떻게 되어 있을까. 경찰서 위에 경찰부가 있고 경찰부 위에 경무국이 있으며 경찰서 밑에 주재소, 출장소, 파출소가 있다는 것은 누구나 다 아는 것이지만, 그 각 기관이 각기 어떤 사무를 맡아 보며 또 경찰의 인원은 몇 명이며 경찰비는 얼마나 되는가 하는 것은 일반 상식문제로 흥미 있는 것이겠으므로 가장 알기 쉽게 써보려고 한다.

최고기관으로 경무국이 있다. 경무국에는 칙임관의 국장이 있어 총독 총감의 령(令)을 받아 전 경찰사무를 관리한다. 경무국내의 조직은 국장 밑에 경무, 보안, 도서, 위생의 4과로

나뉘어 있고 또 경찰관강습소가 따로 설립되었다. 각 과의 사무분장을 보면,

경무과 – 행정경찰에 관한 사항, 경찰구역 및 경찰직원의 배치 및 복무에 관한 건, 경위 및 경비에 관한 건, 경찰의 피복 및 총기탄약 부속품에 관한 사항, 경찰관리 및 소방관리의 공로기장에 관한 사항, 국경경비, 경찰직원 및 유족 일시금에 관한 사항, 병사에 관한 건, 국내 타과의 주관에 속하지 않은 것.

보안과 – 고등경찰에 관한 사항, 노동자 모집에 관한 사항, 외사경찰에 관한 사항.

도서과 – 신문지, 잡지 및 출판물에 관한 사항, 저작권에 관한 사항, 검열한 신문지, 잡지 및 출판물 보유에 관한 사항, 활동사진 검열에 관한 사항.

위생과 – 공중위생에 관한 전반 사무, 의사, 의생, 약제사, 간호부, 조산부, 매약업자에 대한 임면 및 취체, 묘지에 관한 것.

경찰관강습소 – 일본인순사교습 및 경부 이하 일반 경찰관 강습.

각 도에는 도지사 밑에 경찰부장이 있고 그 밑에 경무, 고등, 보안, 위생, 형사(경기도에만) 등 각 과로 나뉘어 있다. 사무의 분장은 경무국과 큰 차가 없으나 경무국 보안과의 사무를 고등과에서 분장하였고 도 보안과는 도 고등과의 소속이 아닌 보안경찰과 소방사무와 사법경찰의 사무만 전담한다. 그러나 경기도에만 형사과가 설치되어 있어 각 도의 사법경찰사무와 전조선 범죄자 과학수색, 지문수집의 총본부가 되어 있다. 또 각 도에 순사교습소가 있으니 이는 오로지 조선인 경찰관 교습양성기관이다.

경찰서의 사무분담은 경찰부와 마찬가지로 경무, 고등, 사법, 위생, 보안의 5계로 나뉘었다. 고등계는 각 서마다 설치되어 있기는 하나 고등경찰사무가 한산한 서는 그 주임을 고급서료(署僚) 또는 서장이 겸무하는 예도 있다. 경찰서 밑에 주재소, 파출소, 출장소가 있다. 주재소는 경찰서 소재지 외의 면 소재지, 또는 중요 향촌에 설치하고 파출소는 경찰서 소재지 내의 중요 지점에 설치하며 출장소는 국경경비를 위하여 또는 긴급한 사정으로 임시로 설치하는 것이다. 이밖에 순사 감시소(見張所)라는 것이 어떤 도시에 임시로 설치되기로 하였으나 지금은 대개 철폐되었다. 주재소와 출장소는 사법경찰관 사무를 보는 권한이 부흥되어 있으되 파출소순사는 이 권한의 행사를 제한하였다.

경찰의 조직은 이상과 같다. 각 도 경찰행정은 조선총독부 지방관제 제13조에

경찰부장은 경찰 및 위생사무의 집행에 관하야 지사의 명을 받들어 부하의 경시경부, 경부보, 순사 및 소방수를 지휘 감독함.

에 따라 지사의 권한이되 조선총독부 위임사항 규정 제8조에 '경무국장은 다음의 사항을 전행함'이라는 조문 밑에 만반 경찰에 대한 지휘감독권이 위임되었다.

지방관제 제13조에 의하여 지사에게도 권한이 부여되어 있으므로 지휘명령을 임의로 할 수 있게 되었으되 실제 경찰사무는 오로지 총독부 위임사항 제8조에 의하여 경무국장의 권한으로 되어 있다. 이 때문에 양자의 관계가 미묘하여 어떤 때에는 우스운 사태를 연출하기도 하니 일례를 들면 충남지사이던 유진순(劉鎮淳) 씨가 진청(進廳) 이전 사건 당시 소동의 책임을 지고 계관(桂冠)한 것 같은 것이다. 지사가 경찰권을 가진 것은 법문의 보장된 바이로되 지사의 종류에 따라 좀처럼 간섭을 못하는 것이 당연한 예이다. 그러나 그 책임은 져야 되는 법이다. 또 이 일례로는 평남지사이던 소노다(園田) 씨가 중국인에 대한 폭행사건으로 퇴직(반드시 이 이유뿐만은 아니지만)한 것 같은 것도 있다.

경비시설은 1 부군(府郡)에 1 경찰서를 설치하는 것이 원칙으로 되어 있으나 지방의 사정에 의하여 2 경찰서 이상도 있다. 최근 현재 경찰서 수효는 251개소로 부군도(府郡島) 수를 초월하여 19개소이다. 주재소 수효는 2,299개소, 파출소는 183개소이며, 출장소는 138개소이다. 이밖에 경비선으로 기선 5척, 발동기선 16척이 있고 경비 전화선이 연장 2,576리 30정에 달하여 13도 중 함북, 전남을 제하고는 전부 직접 경무국과 통화를 할 수 있게 되었다. 경비 전화선 연장 2,576여리는 공중전화선 646리보다 약 4배에 달한다.

이밖에 자동차 및 자동자전차가 50대에 달하여 마필이 70여 두 (중략) 이 밖에 사진기, 지문기가 각서에 1개 또는 2개가 설비되었으니 위용이 당당하다.

조선인 간부 점멸

경찰관의 수효는 정원은 1만 8,700여 명이나 현 인원은 1만 7,726명이다. 이것을 구분하면 경찰부장 13인, 경시 일본인 47인, 조선인 8인, 경부 일본인 330인, 조선인 716인, 경부보 일본인 558인, 조선인 118인, 순사부장 일본인 2,751인, 조선인 312인, 순사 일본인 7,072인, 조선인 6,443인, 계 일본인 1만 769인, 조선인 6,957인이다.

1919년(大正 8) 경찰제도 개정 직후와 현재의 경찰 현 인원 증감을 보면 조선인은 순사만 제하고는 전부가 감소하고 일본인은 전부가 증가하였는데, 특히 눈에 띄는 것은 경시 경부 경부보 등 조선인간부 경관이 현저히 감소한 것이다.

경찰비는 1930년도(昭和 5) 예산이 2,912만 5,308원이다. 그중 중요한 지출이 봉급인데 1931년도(昭和 6) 봉급을 일별하면, 경찰부장 6만 2,972원, 경시 13만 1,360원, 경부 59만 7,600원, 경부보 67만 9,698원, 순사 1,222만 7,544원, 합계 1,371만 9,174원이다. 그중 조선인 소득은 436만여 원에 불과하다.

봉급 외의 중요한 지출은 사무비이다. 이중에 눈에 띄는 항목은 총기 150종, 신조비(新調費) 2만 2,700원, 순사도 200정, 신조비 1,800원, 총기보수비 2,700원, 탄약비 7,000원 등이 있다. 그리고 순사피복비는 1인 별 평균 15원 60전이며 사복순사에 급여하는 피복비는 316원 50전 턱이다. 요새 늘어가는 형사에게 주는 형사수당은 4만 원이다.

유치장 비용 및 범인체포단 경관 출장비용 범인압송대 비용은 얼마나 드는가 하면 예산 총액이 56만 8,605원이다. 이 예산은 유치장에서 밥 얻어먹을 사람의 연인원을 72만 9,123인으로 잡고 1인 1일 평균 식비 27전과 이 합계 19만 6,864원하고 혐의자 및 범인압송 순사 및 범인여비, 식비, 유치장 기구비, 잡비 등을 계산한 것이다. 사람 잡고 잡히고 하는 데 57만 원 돈이 든다. (중략)

범죄검거 23만

경찰에 검거되는 사람은 몇 명이나 될까. 일시검속까지 합하면 몇 10만명에 달할는지 모르되 《통계연보》에 따르면 1929년(昭和 4)에 범죄검거상황이 건수 23만 5,608건, 인원 27만 9,573인이나 조선인구에 비하면 70분의 1, 즉 70인 중 1인이 범죄혐의 또는 범죄로 경찰에 검거를 당한 셈이다.

전술한 바와 같이 조선은 법규가 너무 상세하고 준엄하기 때문에 경찰에 붙들리는 사람이 많다는 증례로 경찰서에서 검사국에 송치한 범죄피의자 중 기소되는 사람의 수효가 적다는 것을 들 수 있다. 즉 1930년(昭和 5)의 통계에 검사국 수리 사건 12만 4,356건에 19만 380인 중, 그해에 처리된 사건이 12만 3,585건, 18만 8,708인인데, 이 처리결과가 검사기소는 불과 4만 6,915건에 5만 4,289인이오 여타는 기소중지, 불기소, 기소유예, 무죄 등으로 석방된 것을 보아 이 방면의 소식을 대개 짐작할 수 있지 않을까.

경찰범취체규칙과 제반 인권을 존중하지 않은 법령의 개정이 시급함은 누누이 주창할 필요도 없겠거니와, 이 규칙 외의 각종 법령 중에도 조선의 민도가 적당치 않은 자가 많다. 일례를 들면 삼림령, 전매령 등이니 수년래 이 법령의 시행을 힘써 행한 결과 범죄자가 격증하여 1924년(大正 13)엔 특별법범(特別法犯) 건수가 1만 5,960건에 불과하던 것이 1930년에는 3만 9,894건에 달하였다. 자고로 궁벽한 농촌의 만족스럽지 못한 농민은 막걸리와 엽초 때문에 소비하는 금액이 별로 없었다. 더욱 막걸리는 술이라기보다는 일종의 식량이라고 할 수 있는 필수품이나 다름없다. 으레 막걸리 걸러 마시고 뜰 앞 한 모퉁이에 엽초 심어 피우던 것이 지금은 담배 한 대 얼마 막걸리 한 잔에 몇 리씩의 세금 붙은 것을 꼭꼭 사서 먹게 만들었으니 아직 원시적 자급자족의 경지를 완전히 벗어나지 못한 농민에겐 시기상조의 경향이 없지 않을까. 이런 급격한 법령이 경찰의 준엄함과 아울러 조선에 범죄자를 보다 많이 만들게 하는 이유가 되는가 한다.

벌금징수 호성적

말이 엉뚱한 정책론으로 뻗어졌으니 이런 이야기는 그만두고 평범한 중에 알아둘만한 이야기 두어 마디로 맺어버리자.

경찰범취체규칙에 의하여 사소한 죄과는 경찰서에서 벌금과 과료를 징수할 수 있는데 그 금액이 상당한 거액에 달한다. 1930년(昭和 5) 분 벌금이 조선인 2만 1,869인에 금액이 514만 639원, 일본인 434인에 1만 1,755원, 외국인 657인에 1만 1,474원, 도합 2만 2,968인에 58만 3,868원이요 과료는 조선인 6만 810인에 25만 6,043원 30전, 일본인 2,018인에 7,750원 50전, 외국인 741인에 5,709원 50전이니 벌금과 과료를 합하면 8만 6,529인에 83만 3,571원이라는 막대한 금액에 달하여 경찰도 장사라 하면 조선서는 넘버원이다.

또 경찰의 체형집행 상황은 구류가 1만 5,560인, 유기징역이 1,059인, 유기금고가 193인, 도합 1만 6,812인이다. 이 숫자는 일본인 300인, 중국인 71인을 제하고 나머지는 전부 조선인이다.

집회결사의 단속

조선인의 집회결사는 1910년(明治 43) 이래 금지 상태에 있던 것을 사이토(齋藤) 씨의 문화 정치 덕에 '공안을 방해하지 않는' 조건부로 자유로워졌다. 그러나 그 '공안방해'가 까닭이 붙어 아직도 비상한 제한을 받고 있으니 이것을 숫자로 표시하면 허가를 얻어 개최된 집회가 5,490, 참가한 인원이 52만 197인, 금지 혹은 제한을 당한 것이 1,040건에 달한다.

전과자 48만

벌금 이상의 형을 받으면 전과자라고 한다. 이 전과자가 상당히 많아 1930년(昭和 5)에 조선인 47만 4,241인, 일본인 6,350인, 중국인 1,939인, 도합 48만 2,531인이다. 전과자는 전과자 명부가 있어, 한번 등록만 되면 죽도록 이름이 그 명부에서 사라지지 않는다(은사를 입어 복권되면 다행이지만). (끝)

〈자료 170〉 이수흥(李壽興) 사건의 기억

(채만식, 〈이수흥 사건의 기억〉, 《제일선》 제2권 제5호, 1932.5.2)

그해는 벌써 7, 8년 전 일이라 기억이 몹시 희미하다. 사건의 줄거리도 그러하려니와 연대나 시일 같은 것은 더구나 도무지 잘 생각이 나지 않는다.

매우 무책임한 말이나 지금 갑자기 당시의 신문 같은 것을 참고할 수도 없는 일이고(이 원고가 그 사건을 그대로 줄거리 잡아 써야 한다는 것도 아니니까) 다만 남은 기억의 토막토막을 여기에 주워 모아 보려 한다.

지금의 《동아일보》가 전 화동(花洞)의 구사옥으로부터 옮겨오기 그 전 해인 듯싶다. 계절로는 편집실에서 그대로 잠을 잘만 한 때니까 봄이라고 하기보다는 웬만한 여름이요, 가을이라기보다는 늦은 여름일 것이다.

무슨 일이 있었던지 하숙에 돌아가지 아니하고 동료 한 사람과 편집국 머리방에 있는 명색만의 조사부에서 의자를 늘어놓고 잠이 들었는데 잠결에 전화벨 소리가 요란스럽게 울렸다.

전화가 온 줄은 알았지만 잠이 곤했던지 얼른 깨지 않을 뿐 아니라 속으로 그저 신문 안

왔다고 독자가 꾸지람하는 전화이거니 하고 그대로 늦장을 부리는데 그럴수록 벨은 자지러지게 더욱 울렸다. 하는 수 없이 눈을 비비고 전화통을 집어 드니 바로 저편 숙직실에서 자고 있던 영업국의 P군이다.

'지금 동대문서에 돌발사건이 생겼으니 곧 가보라고 사회부장 집에서 전화가 왔다'는 것이 전화의 내용이었다.

나는 P군이 장난을 하는가 하고 다시 소오(小梧)[39]에게도 전화를 걸어보니까 사실은 사실이다.

비로소 놀라서 인력거를 잡아타고 동대문서로 달리면서 궁금한 것은 무슨 사건인가 하는 것이었다.

대사건이라면 응원도 있어야 할 터인데 아무 예비지식도 없이 혼자서 가는 것이 매우 한심하였다.(가는 도중에 마침 P군을 만나 곧 오란 말을 부탁하였고 또 나중에 C군도 와주었고 했지만)

헐떡거리고 동대문서에 들어서니까 누구보다도 가득 모였을 신문기자는 하나도 보이지 아니하고 미상불 경찰서 서원(署員)들만이 약간 모여 있으나 어쩐지 아무런 긴장감도 보이지 아니하였다. 그리고는 이편에서 묻기도 전에 "권총 범인이 동소문 파출소에서 순사에게 권총을 난사하여 중상을 입히고 종적을 숨기고 부상당한 순사는 방금 의전병원(醫專病院) (당시)에 입원하여 응급수속을 하는 중이라는 말을 하여주고 끝으로 다른 회사에서는 벌써 와서 사건을 알아가지고 현장과 병원으로 갔다고 (그런데 너희는 왜 이렇게 늦게 왔느냐고 하는 듯이) 말해 주었다.

이 말에 정신이 확 들어 K군, C군과 협력하여 줄거리를 걷어 모아 가지고 그대로 남보다 뒤지지 않게 호외를 냈다.

이 사건이 있기 얼마 전 수은동(授恩洞) 전당포에 권총 청년 2명이 나타나 금품을 빼앗아 가지고 번개같이 사라진 사건이 있어 그날 밤에 1,500여 명의 경관을 동원시킨 것은 물론이요 줄곧 계속하여 범인의 행방을 찾았으나 아무런 단서도 얻지 못하고 있을 때였다.

그리하던 끝에 다시 동소문(東小門) 사건이 일어남에 경찰은 더욱 긴장하며 활동을 하였

---

39 설의식(薛義植, 1900~1954)의 호. 1922년《동아일보》사회부기자를 거쳐 주일 특파원과 편집국장을 거쳤다.

으나 역시 이렇다는 효과도 보지 못하고, 또 전후사건 사이에 어떠한 관련이 있다는 것까지도 확실히는 알지 못하였다.

이 두 사건을 치르고도 범인을 잡지 못한 경찰이 '이제는 벌써 해외로 뛰었기가 쉽지'라고 낙심을 하는 판인데 이번에는 서울서 좀 나가 용인(龍仁)에 동소문 파출소 습격 범인과 일파의 상통하는 점이 있는 듯싶은 권총 범인이 나타났다.

면사무소, 동척(東拓)출장소를 습격하였으나 아무런 소득은 없었고 보통학교장을 등 뒤로 쏘려하였으나 발사가 안 되어 그대로 행방을 감추고 말았다.

일이 이렇게 되고 보니 경찰의 활동은 불이 나는 듯하였다. 이러한 불나듯 하는 경찰의 활동을 요리조리 피하다가 마침내 주범 이수흥(李壽興)과 공범 유택수(柳澤壽) 두 사람이 잡히고 말았는데 물론 수은동 전당포 사건, 동소문 파출소 사건, 용인 사건이 전부 그들이 저지른 일이었다.

그 뒤 이수흥은 사형의 처벌을 받았고 유택수는 출옥하였는데 필자도 한번 만나 본 일이 있었으나 자세히 이야기 같은 것을 할 여유는 없었다.

〈자료 171〉 간도공산당 24명 대량 사형설과 사형대 실견기(實見記)

(백구학인, 〈간도공산당 24명 대량 사형설과 사형대 실견기〉, 《삼천리》 제6권 제5호, 1934.5.1)

오늘 서울 시내에 요란스럽게 들리는 신문사 호외를 주워 본 즉, 간도공산당원 주현갑(周峴甲) 이상 22명에 대하여 사형에 처한다는 판결 언도의 보도였다.

재판장은 결심 언도하고 나서 만일 일심 판결에 불복이든 다시 공소의 수속을 취하라고 선언하고 폐정하였다. 그러니 피고들은 공소하고 제3심의 상고까지 할는지. 세상사람 생각에는 어차피 죽는 몸이나 하루라도 세상의 공기를 더 마시고 싶은 욕망에 아마 공소와 상고를 할 것 같이 추측한다.

그런다면 이럭저럭 아직 시일이 걸릴지니 상고에 가서 다시 사형으로 되어 형의 집행을 받는다 하여도 몇 달 후의 일이 될 것이다.

어쨌든 이렇게 대량의 사형선고를 내린 일은 아마 조선 사법사상 초유의 일이 될 것이다.

도쿄에 고도쿠(幸德)[40] 일파의 사건이 있었으나 그때는 사형 4, 5인이요, 강도살인 이외의 법으로 22명의 사형수를 낸 사건은 아마 전일본사상에도 초유의 일일는지 모른다.

좌우간 이러한 대량 사형수를 목전에 가지고 있으면서 우리들은 형무소의 단속(斷俗)의 문이라 하는 사형대를 구경한 이야기나 적으리라.

내가 서울 S형무소를 견학하기는 4, 5년 전 일이 된다. 당시 사법관청인 총독부 법무국과 고등법원, 복심법원, 지방법원에 출입하는 신문기자로 조직한 사법기자단에서 특별한 교섭을 하여 S형무소 전반을 구경하였고, 더구나 숨겨둔 교수대까지 일일이 샅샅이 구경할 수 있었다.

그때 일행이 《오사카마이니치(大阪每日)》, 《오사카아사히(大阪朝日)》, 《경성일보》, 《조선신문》, 《동아일보》, 《조선일보》, 《시대일보》, 《경성일일(京城日日)》, 《제국통신》, 《전보통신》, 《매일신보》의 11사 기자들이었다. 이제 당일 구경한 실제를 조금도 꾸밈없이 기술하리라.

자동차를 몰아 형무소에 당도하기는 오후 3시 바야흐로 백화가 피려고 하는 봄날, 일기가 퍽이나 화창하여 봄 외투를 벗게 한다. 소장에게 명함(刺)을 통하니 미리 약속했던 터라 곧 안내를 받아 우리 일행은 소장실에서 계호(戒護) 주임 이하 간수장들과 인사를 교환하고 별실에서 수인들이 만든 여러 가지 수제품을 참관한 뒤 제복 패검한 계호 주임의 안내로 처음 감방부터 보기 시작하였다.

떠날 때 계호 주임은 "여러분에게 주의할 말이 있소이다. 감옥에 들어 온 이상 절대로 담화하지 말고, 혹 아는 수인이 있을지라도 목례라도 말아 주시오" 합니다. 그만한 규칙은 상식으로 지킬 줄 알았지만 이제 다시 다지는 주의가 있으므로 우리는 벙어리가 되어 그저 따라 섰다.

처음 들어간 곳이 일익(一翼) 이익(二翼) 삼익(三翼)[41]이 짝 붙은 독방이었다. 나는 사실 형무소 내의 감방 구경은 처음이다. 보기 전에는 퍽이나 불결하고 토굴 같고 일광도 아니 쬐이는 그런 음산한 곳인 줄 알았더니 목제 2층의 새로운 건물에 마치 학교 교실 안 같이 퍽이나

---

40 고도쿠 슈스이(幸德秋水, 1871~1911)는 일본의 근대 사상가, 무정부주의자로 1911년 대역사건으로 검거되어 처형되었다.

41 감시초소를 중심으로 부채꼴 모양으로 배치된 옥사를 일익, 이익, 삼익이라고 부르는데 적은 수의 간수가 다수의 죄수를 감시할 수 있도록 함.

깨끗하고 청소가 잘 되어 복도에 티끌 하나 떨어진 것이 없다.

계호주임은 담당간수를 옆에 세우고 일부러 독방 문까지 여러 내부를 보인다. 깨끗하다. 일광도 공기도 잘 들어온다. 그러고 한쪽에 이불을 말아 놓았고, 세숫대야 등이 놓여있다.

여기서 조석으로 일정한 시간에 자고 일어나고 또 일정한 음식을 먹고 절제 있게 있다면 여러 해는 몰라도 몇 달 동안은 있음직하다고 동료가 이야기하는 바람에 계호주임 이하 모두 실소하였다. 외부에서 상상하던 것보다는 훨씬 깨끗한 것을 발견하고 우리들은 발을 옮겨 공장으로 갔다.

공장도 세상에 있는 보통 공장과 같았다. 거기서는 수십의 수인들이 다만 묵묵히 작업을 하고 있을 뿐.

그러나 이러한 사실을 적는 것이 이 붓을 든 목적이 아니기에 모두 생략하고 본론에 들어가 사형대를 본 기록을 적자.

S형무소의 서남쪽으로 가노라면 벽돌담장으로 높이 올려쌓은 수인들의 운동장이 있고 그리로 조금 더 구석진 데로 들어가면 서른 남자의 키만큼 될 만하게 높이가 된 검은 칠 한 판장이 나선다. 여러 해 전에 칠한 모양으로 군데군데 퇴색하였으나 어쨌든 그 검은 널판장의 네 귀를 짜 세운 것이 이상한 감각을 준다. 우리는 어릴 때 검은빛은 불길한 것으로 보아 왔다. 첫째 관은 검은 칠로 칠하는 법이고 죽음을 상징하는 새라는 까마귀도 검은 새이다. 그러기에 검은 판장을 보자 번개같이 머리 위로 불길한 섬광이 지나가는 것을 막을 길이 없었다.

아니나 다를까. 계호주임은 싱긋 웃으며 가운데 있는 조그마한 문(그 문은 실로 허리를 조금 구부리고야 들어갈 만하게 낮고 또 겨우 혼자나 출입하게 폭이 좁다)을 열쇠 꾸러미를 내어 열어 제치며 "여기 사형장이올시다. 어서 들어오시지요" 한다. 이것이 늘 그로테스크하게 상상만 하여 오던 사형장인가 하매 등허리로 찬바람이 확 지나감을 느꼈다.

이 조그마한 문 이것이 인간 세상과 인연을 끊는 무서운 공포의 문이요 절망의 문인 것이다.

이 문을 드나든 인생이 과연 얼마나 되는가. 본부를 독살한 미인들도 이 문을 드나들었을 것이요, 강도 살인한 흉악한 죄인들도 이 문을 드나들었을 것이며 또는 사상범이나 정치범들도 드나들었을 것이다. 그리고 이 중에는 백발이 성성한 칠팔십 노인도 있거니와 이팔의 젊은 부녀도 있었겠고 삼사십의 억센 장정들도 있었을 것이다. 사람들도 조선사람, 중국사람, 일본사람, 시절도 꽃피는 아침, 달 솟는 저녁, 봄바람 부는 삼춘가절(三春佳節)[42], 눈발이 날리는 엄동설한에 몇십 몇백의 생령(生靈)이 이 문을 드나들었는가. 들어만 가면 다시는 영원히 다시는 돌아 못 나오는 문.

시성(詩聖) 단테의 지옥 편을 보는 것 같은 이 문이 주는 두려운 감촉!

어떤 경우든지 떠들고 웃기를 좋아하던 신문기자들도 이 문 안에 발을 들어놓으면서부터는 갑자기 침묵하고 긴장하게 된다.

판장막은 안의 면적은 상당히 넓고 뜰에는 백사(白沙)를 깔았고 한쪽 편에는 저절로 난 꽃인지 화초가 반지레하게 적막하게 피어 있다. 그 안에는 네모진 마치 여덟 칸 집 한 채나 될 듯한 목제가옥 한 동이 있다. 나무 판장으로 올려쌓은 집으로 그렇게 높지도 않고 그렇다고 그렇게 낮지도 않은데 지은 지 칠팔 년은 되었을까 중고의 집이었다.

그 안에 정말 교수대가 있었다.

장내의 구조는 너른 실내에 한쪽에는 널마루로 하였고 한쪽은 콘크리트로 다졌는데 말발굽 모양으로 의자 대여섯 개가 콘크리트 위에 놓였다.

계호주임의 설명으로 이것이 사형집행 시 판검사와 전옥(典獄) 등이 앉는 자리인 줄 알았다.

그리고 남쪽 벽 위에 남산(南山) 고산(高山)하는 불상을 모신 분향위비(焚香位碑)가 있다. 집행할 때 사형수를 극락세계로 가라고 마지막 예배를 하는 곳인 듯 그리고 아까 말한 한편 쪽 널마루 가운데쯤 해서 천정에서 손가락 셋을 묶었을 만한 줄 바가 동동 드리워 있다. 집행한 죄수를 이 널마루 위에 눈을 싸매고 앉힌 뒤 목에다가 이 줄 바를 걸치고 앉았던 그 널마루를 길게 틀어 허공 다리가 되게 한 뒤 그 네모난 널빤지가 아래로 탁 떨어지면서 죄수는 허공에 둥둥 달리게 되어 이리하여 절명을 시키는 것이다.

계호주임이 철커덕하고 기계를 트는 서슬에 과연 지금까지 그냥 널마루를 깔아놓은 줄 알았던 널빤지가 사방 한 평쯤 되게 쑥 꺼지며 그 아래는 서너 길 되게 콘크리트로 다진 큰 지하 공실이 놓였다. 집행 후 시체를 그 아래에 떨구면 송장(屍軀) 문이 있어 그리로 시체를

---

42 삼춘의 아름다운 계절이라는 뜻으로 좋은 날씨가 이어지는 봄을 이르는 말. 삼춘(三春)은 봄에 해당되는 음력 1월, 2월, 3월의 세 달을 가리킨다.

도로 꺼내오는 것이다.

계호주임은 웃으면서 "자, 누구든 원한다면 어디 한번(さあ誰方でも御望みでしたら何卒御随意に)" 하며 교수대 줄을 쩔렁쩔렁 흔든다. 모두 그 말에 쓴웃음을 하였다.

그리고 이야기를 들으니 대개 사형수들은 벌써 아까 이 문을 들어설 때 거지반 의식을 잃는 것이 예라 한다. 몹시 완강한 의지의 사람이 아니면 대개는 널빤지에 앉기 전에 두려움에 정신을 잃고 만다고 한다.

'대개 몇 분이면 절명하느냐' 하는 물음에 대하여

그는 "오륙 분, 많이 가야 십 이삼 분" 이렇게 대답한다.

또 그전에는 대개 죄수가 먹고 싶다는 것은 모두 먹인다는데 참말 그러냐고 물으니까

"그런 일이 없다" 고 대답한다.

또 죄수들이 죽지 않겠다고 광란한 동작을 하지 않는가 하니 "미리 그러지 못하게 수갑 족쇄가 있고 곁에는 집행하는 간수가 있어 그러지 못한다" 고 대답한다.

마지막에 사형 때의 절차를 물으니 사형수를 그 널빤지 위에 앉히고 집행관리인 검사가 무슨 죄로 이제는 사형 집행한다고 선언한 뒤 교회사가 아무쪼록 저세상에 가서나 극락세계를 가라고 마지막 설교와 독경을 한 뒤 곧 기계를 틀어 철거덕 소리가 일어난 뒤 절명할 때까지 기다려 섰다가 감옥의의 검시가 있어 확실하게 죽은 것이 판명된 뒤 수 시간 만에 도로 그 시체를 송장 출입문으로 반출하여 일체를 종료한다고 답한다.

그 말을 들으면서 불상을 놓은 곳을 보니 양쪽 편에 꽂아놓은 양초 두 개는 반쯤 타다 말았는데 금시에 집행하고 불을 꺼버린 듯도 하다.

이상한 느낌을 가슴에 가득 안으면서 아까 나오는 단속문(斷俗門)을 나오려니 뒤에서 귀곡(鬼哭) 소리가 들리든 듯 두세 번 돌아다보았다.

〈자료 172〉 간도공산당 사건 활동 이면기

(김정실, 〈간도공산당 사건 활동 이면기〉, 《별건곤》 제73호, 1934.6.1)

'발단'

간도에 갔다 오라는 명령을 받은 날이 9월 14일이다.

1930년(昭和 5) 5월 31일을 기하여 간도 일대를 중심으로 발발된 대폭동의 뒤를 이어 일어난 추수폭동[43], ○○기념폭동, 광동(廣東)○○기념폭동 등 대소 100회의 소위 간도공산당 사건으로 피검되어 경성지방법원 신축 대법정에서 264명의 피고가 공판을 받게 된 것은 양과 질로 보아 일본은 물론 세계 공판사상에도 그 유례를 구하기 어려울 만큼 대사건이다.

"1 폭동의 원인, 2 피검상황, 3 피검자의 가족상황, 4 면소자(免訴者)의 그 후 상황, 5 관계 인물 및 건물장소 사진 수집, 6 그 후 간도 사상계의 일별(一瞥) 등의 조사를 목적하고" 라는 목적 아래 5일이라는 여정을 가지고 오후 5시 25분 경성발 상삼봉행 급행열차를 청량리역에서 탔을 때는 해가 서산을 넘으려는 때였다.

가방을 들고 2등차실로 들어서자 텅 빈 좌석에서 뜻밖에 같은 업(業)을 하는 《중앙》의 어(魚) 군을 만났다. 쉬쉬하고 출장은 가면서도 비밀을 지켜야 하는 신문도(新聞道)에 있어서 나는 즉각적으로 "옳지! 어 군도 역시 간도행이로구나" 하였다. 어 군 역시 나를 만난 것이 의외였던지 반갑게 맞아 한 자리에서 소정의 목적지를 서로 교환하였다.

어 군의 행정이 함흥법원에서 열리는 영흥농민조합사건 공판 기사를 쓸 책임을 지고 함흥까지인 것을 알 때 나는 친한 어 군에게까지 나의 간도행을 숨길 필요를 느꼈었다.

공판을 앞두고 사에서 주을(朱乙) 온천에 5, 6일 정양하고 오라는 팔자 좋은 여행이라는 어물쩍 한 것으로 당장을 흐리고는 자리에 앉으나 원래 먼 곳에 가는 맘 가라앉지 못하는 사람이고 보매 좌불안석 격으로 가슴은 잠잠할 수 없었다.

---

43 추수폭동(秋收暴動): 1927년 9월, 중국 공산당이 호북, 호남, 광동, 강서 4개 성에서 동시다발적으로 일으킨 폭동. 농민과 노동자들을 조직하여 혁명의 고조화를 노렸으나 압도적인 국민혁명군의 반격과 노동자, 농민의 호응 부재로 인해 실패로 돌아갔다. 추수기의(秋收起義), 추수봉기 등의 표현도 사용한다. 제일 유명한 것은 마오쩌둥이 1927년 9월 9일 호남성에서 일으킨 호남 추수폭동이다.

이 걸음이 어떻게 되나. 가는 길에나 답사하는 동안에도 몸을 특별히 조심하라는 재삼 당부를 들었지마는 호기심과 욕심이 가득 찬 성미라 그래도 넓은 세계에 가서 무시무시한 불콩알 떼를 실지로 당하지는 못할지언정 실감에 가까운 것은 좀 상미해 보았으면 하는 충동이 가슴에서 치밀어 오르기는 하지마는 염려되는 것은 기실 한둘이 아니었다.

지나놓고 보매 그까짓 것 하는 소리를 공중에다 방송을 하지마는 당한 그때는 까마득한 것이 첫째 몸이 완전해 가지고 돌아올지가 문제고, 둘째로는 신문으로서 부끄럽지 않고 보람이 있음직한 재료를 구해올지가 의문이다.

일은 고약하게 되는 모양이다. 마침 경원선(京元線)에 기차 탈선으로 시간은 예정이 전부 거꾸로 되고 말 지경이다. 연천(漣川)에서 한두 시간 지체하고는 대광리(大光里)에 닿아서는 앞에 탈선 현장이 있다 한다.

터벅터벅 걸어가면서 투덜거리는 사람은 비단 우리뿐 아니라. 간도는 갈망정 이것도 그대로 놓칠 것은 없다하고 조사해 가지고서 전보지에다 썼었다. 그러나 기차 연락은 그리 쉽게 되지 않았다. 안타까운 가슴으로 철원(鐵原)에 닿으매 벌써 11시 반이다. 전보 취급시간이 늦었고 부근에 우편소 문을 부서져라 하고 두들겨도 종무소식이라. 끙끙 앓으면서 북행(北行) 차에 몸을 실었다.

새벽인지 아침인지 자다가 일어나매 어 군이 내리는 함흥역을 지난다. 아침 해가 드문드문 선 백사(白沙)에 송림(松林) 사이로 동해에 붉게 물들이고 솟아오르는 것을 보는 느낌은 만일에 내가 좀 더 자유스러웠더라면 시를 생각하고 휘파람 노래를 부르면서 관북(關北)의 정취를 느꼈을 것이나 유감이다. 솥뚜껑같이 내리누르는 짐이 맘을 끌고 멀리 광야 만주벌로 옮기게 한다.

(중략)

'영사관의 지하실'

264명의 피고의 사진을 구해야 한다. 영사관에는 있을 것이다. 용정(龍井) 내려서는 지국장 한(韓) 군을 만나던 길로 곳 물어 이게 만일에 뜻대로 되지 못한다면 일이 글렀다는 생각을 하였으므로 좌우간 영사관에 찾아가 보라고 주장을 세웠다.

좀 까다로운 것으로 알았기에 나 역시 중임을 지고 간만큼 호의에 거스를까 조심하는 수밖에 없었다. 마침 승낙은 났다. 100여 명의 사진을 구할 수 있다는 것을 알 적에 적지 않은 기쁨이 났다. 천리이역에 이 사건을 위해서 일부러 왔으니 재료를 모을 수 있는 데까지 모아보자 하였다.

피검 당시의 상황은 물론 공비들이 활동하던 방법, 연락, 격화해진 경로 등을 물었다. 그러고는 머리에 새기고 기억할 수 있는 데까지 옮겨 적었다.

사진 대장을 빌렸다. 사진관의 후원을 얻어 암실로 쓸 수 있게 된 영사관 지하실로 들어갔다. 꽉 하고 잠그는 날이면 고혼(孤魂)이 되어 별도리가 없을 것은 더 말할 것이 없다. 굵은 쇠창살이 덜컥하고 닫히는 문과 컴컴한 빛에 무거운 침묵이 마치 암굴고(暗窟庫)에 나오는 장면 같았다.

당시 검거할 때는 1,200여 명이었다니 트럭으로 실어 다 나르는 판에 이 방에서도 여러 사람이 지냈을 것으로 생각이 났다. 여기서도 간도 기분이 난다. 한 장 두 장 박는 동안에 밤은 초조하면서도 호기심에 움직였다. 맘은 쉴 새 없이 물결치고 있었다. 국경은 무사히 넘었으나 여기서 다시 한번 채워지면 그만인가 하는 생각도 났다.

이날도 험상궂은 사람을 두서넛 데려왔다. 그들이 무엇을 하다가 불려왔는지는 모르지만 매우 걸걸하고 거친 성격을 가질 것만은 더 말할 것 없다.

용정, 국자가(局子街), 노도구(老道溝), 전등공사(電燈公司), 철교(鐵橋), 학교, 민회(民會)를 불지르고 파괴하던 당시를 생각하여 보았다. 그리고는 총 끝에 칼을 꽂은 중국 병정이 지나가는 사람을 상관 같이 보아서 그런지 뚫어지게 보는 것이 어쩐지 좋지 못하였다. 더욱이 밤거리를 거닐면서 마주치면 전선에서 보는 처참한 느낌을 일으킨다. "습격당하던 집이 바로 저 집입니다. 저기 들창이 그 폭탄 맞은 자리입니다. 해란강(海蘭江) 철교라는 것은 저것입니다. 여기서 모여서 용정 습격을 계획하였고 불지를 꾀를 냈다고 하오" 하는 한 군의 말을 듣고 영사관으로 들어오는 정보를 들으면서 사진이 어찌 되었나 하고 굴 안 같은 지하실에 들어가면 머리끝이 하늘을 가리키곤 했다.

'내피구(來皮溝) 앞마을'

자동차 한 대를 세내 가지고 사진반과 한가지로 출발하였다. 서속과 기장들이 누렇게 된 벼이삭과 함께 풍년임을 고하고 있는데 간도 명물로 보이는 마차에 실려 가고 오는 호인들의 얼굴에는 하나도 정든 맛이 떠오르지 않았다. 저 무리들이 텃세를 하고서 우리네 동포를 못살게 굴었거니 하는 생각도 떠오르나 저들이 만일에 우리 일행을 보고서 덤벼들면 어쩌나 하는 어림없는 생각도 해 보았다. 비암촌(琵岩村)에서 제일 많이 붙들려 갔다기에 찾아다니면서 정황을 물었다. 그들의 잠행운동을 하던 이른바 사실상의 지하운동은 나에게 이양(異樣)의 소리가 되었음은 물론이다.

"저기가 영경(領警) 단원 10여 명이 밤을 새면서 파수 보던 곳이오."

"바로 저 마을 앞 언덕진 데가 지하 굴을 파고 잠복했다가 아침 김 연기로 발각되어 체포되던 지점입니다."

하는 소리를 듣고 보매 평화한 듯한 가을별에 혀선 농촌의 과거가 험상궂은 얼굴로 환영을 보이는 것 같다. 쫓고 쫓기고 숨고 숨기고 하던 당시를 회상하면서 천애(天涯) 일방에 자제를 보내고 또는 남편을 옥중에 생각하는 사람들이 행여나 서울 소식을 듣고 싶어 해서 내달아 모여들었다.

자동차는 덜덜거리면서 산비탈 길로 달렸다. 길가에 흙벽만이 높게 담 친 듯이 들려 있는 것을 지적하면서 (2字 생략-원문) 토호들이 (9字 생략-원문) 불에 태워지고만 집터라고 한다. 돼지를 몰고서 국사당(國師堂) 뒤로 지나가는 이국(異國) 무리들이 그 당시를 말하는 것 같다.

길가에 비가 서고 철책이 둘렀다. 세 용사가 있다더니 전란에 학살당한 병사의 영혼을 기념한다는 곳이다. 부근 일대가 불바다로 화하고 포격, 탄격(彈擊)이 소란을 곡(哭)하던 당시를 회상해 보고 또다시 아니 언제 그런 격난이 이 땅을 방문하지 않을지 의문이다.

우리 길보다 연길로 긴 군경을 실은 자동차 두 대가 전속력을 놓아 북으로 달린다. 들으매 무장공비 5인 일당이 권총으로 위협하고 행인의 소지품을 빼앗아갔다는 급보를 접하고 출동하는 모양인데 그 지점이 20리 남짓하다고 한다. 듣고 보매 정신이 아득해지나 기자의 호기심으로 뒤를 추격해 볼 생각도 났으나 원래 사명(?)이 다르고 보니 내 길로 발을 돌렸다.

얼마 전에 운전수가 바로 이 자동차에 손님을 태우고 가다가 노도구(老道溝)에서 한 10리

되는데 강을 조그마한 다리로 건너려는데 앞에 보매 밀가루를 가득히 실은 구루마 세 채를 붙잡고 하나는 지키고 5, 6명은 실어다가 산중으로 옮기는 광경을 보고 손에 맥이 없어지고 정신이 아득했으나 오는 자동차를 보고 군경이 이 소식을 듣고 무장해 가지고 달려오는 것으로 알아채고 산중으로 달려가서 세 사람과 말이 생명을 보전해 갔다는데 얼마 아니면 그곳이 보일 것이라고 한다. 어떻게 되는 모양인지 점점 위험지대를 들어가는 것도 같았다.

산에는 나무를 베고 들에는 수숫대를 심지 못하게 해서 그다지 으슥한 곳은 없으나 신당(神堂) 부근에는 잡나무 7, 8그룹이 서서 바람에 어슬렁하니 그렇지 않아도 놀란 가슴이라 선뜻해진다.

2도구(道溝), 3도구를 지나서 내피구(內皮溝)를 저기에 바라보았다. 최후까지 동해지방의 대소동을 지휘하던 총본부가 있던 곳이라 한다. 지하에 굴을 파고 등사판으로 삐라를 박히고 중요분자들이 각지의 정보를 받고 연락을 취하면서 여러 가지 비밀 획책을 했다는 것이다. 기어이 가보리라고 서두는 통에 같이 동반하는 이는 얼굴을 잃었다.

제일 가까운 곳 말하자면 첫 잠행운동지라는 곳을 찾아보았다. 나무 사이에 북으로 뚫어지고 동으로 면한 굴이 7, 8명은 넉넉히 수용하고도 남았다. 외부와의 교통을 끊기에는 문짝 하나이면 묘하게 보인다. 지금이라도 어디서 뛰어나오는 것 같은 느낌을 주는데 몰려 온 주민들이 구사일생을 한 회고기담을 제가끔 이야기해 준다. 더 있고 싶지 않았다.

앞마을에는 반 넘어 불타고 죽은 사람도 적지 않다. 참변은 여기가 중심지는 아니라 하더라도 상당한 모양이다. 요새 지나가는 행인들을 납치해 가는 일이 예사라고 하며 더 갈 용기보다 뒤로 물러갈 생각이 간절했다. 저기가 내피구 산골이다. 말을 달린즉 훈련한 공비들이 곤봉, 석유, 권총, 도끼, 대창 등으로 습격해 들어오자 이에 응전하는 자위단원, 순경 등으로 전장이 된 당시에 도망질치던 사내들과 부녀자들이 겨우 모진 목숨을 건져 그래도 쫓겨 갔다가 지금 다시 와서 임시로 의거하고 목숨을 보전해 가는 중이라 한다.

아들 잃은 사람, 애비 타 죽은 사람 등 무수하다. 요사이도 밤으로 도망갈 준비를 해가지고서 문을 잠그고 허리를 새우 등 같이 오그린다고 한다. 이역만리에서 생명선을 개척해 가는 무리들의 용기도 가상스러웠던 것이다.

'두만강 도선장(豆滿江渡船場)'

영사관에서 각 처에 들어온 정보를 들으매 만주사변 2주년 기념으로 소동을 일으키려는 테러운동이 적지 않게 일어나고 있는 모양이다. 두만강 도선장에는 2명의 권총 공비가 도선객을 위협하고 또 순사 한 명을 총살하고는 산중으로 잠적했다는 소식이다. 돌아가는 길에서 난 사실이다. 앞으로 뒤로 좌우에 일어나는 사건이 그리 심상치 않다. 여러 곳에서 재료는 수집했고 보고 들은 것은 독자에게 알려야 되겠다고 하루가 여삼추이나 과연 이 난관을 돌파할 수가 있을 것인가 문제이다.

보호병을 붙이고 싶지 않고 불행히 당하고서 다시 살면 중요 재료도 나오겠고 해서 우기고 전진하는 수밖에 없다. 국자가에 갔다가 신여(新興) 국제도시 회막동(灰幕洞)을 보고 가자는 권고를 곱게 사절하고서 자동차로 용정을 하직하였다.

걱정은 세관의 검사에서 수집한 재료가 압수는 당하지 않을까 하는 것이다. 사진도 있고 원판도 있다. 계통도는 물론 필적 등 지점 약도도 들었다. 이것을 빼앗기는 날에는 목숨만 살아가서는 본의의 반 너머를 잃은 것이다. 담배 열 갑을 압수당했기로 그야 문제될 것이 아니었다. 세관은 과연 엄중하였다.

그러나 여기서는 조선경찰의 비상한 경계가 시작된다. 앞서 말한 무장단이 지나가고 난 후이므로 행인의 신체를 일일이 수색하려고 든다. 경성서 갔다는 것과 사건의 탐방을 간 동기 등을 이번에는 재판소 이야기로 어물쩍대고 겨우 면했다.

오후 5시에 상삼봉(上三峰)의 동행차(東行車)에 몸을 실으니 모두가 한바탕 악몽 같았다. 삼방(三防)의 청류벽(淸流壁)도 보는 듯 마는 듯하고 청량리에 내렸다. 20일 정오였다.

〈자료 173〉 기밀실, 우리 사회의 제 내막

(〈기밀실, 우리 사회의 제 내막〉, 《삼천리》 제12권 제8호, 1940.9.1)

삼십 년 만에 흥사단이 해산

재산 10만 원은 조선인 교육에 제공

최근에 상해에 있는 조선인의 사상 단체로 고 안창호(安昌浩)를 중심으로 조직된 흥사단(興士團)은 해산의 성명을 발표하였는데 전기 흥사단은 지금으로부터 20여 년 전인 1920년(大正 9)에 원동지부(遠東支部)가 조직되어 불조계 하비로 대덕리(佛租界 霞飛路 大德里) 30호에 본부를 두고 사상운동을 계속하다가 1932년 4월에 그 간부 수명이 검거되자 그런대로 지속하여 내려오던 중, 1937년 가을에 그 자매단체인 수양동우회가 해산되고 말았다는 소식을 듣고 해산의 기회를 찾다가 마침 지난 7월 16일에 해산하고 말았다고 한다.

그러는 한편 그 단체의 소유로 남경에 있는 1,800평가량의 토지 시가 10만 원을 기본으로 하여 동명학원(東明學院)이란 소학 정도의 학교를 경영하여 왔던 것이 지도기관인 흥사단이 해소되게 되자 그 토지를 지난 7월 8일 지나총군사령부(支那總軍司令部) 상해기관에 헌납하고 이어서 7월 16일에는 그 단체의 서류 전부와 현금 300원까지도 헌납하는 동시에 흥사단원 동 지부 해소 성명을 발표하였다는 것이다. 그리하여 지나총군사령부 상해기관에서는 조선총독부 상해 출장소 하라타(原田) 사무관에게 이 일을 일임하여 반도 동포 교육기금으로 써달라고 부탁하게 되었으므로 방금 그 구체적인 방법을 고려중이라 한다.

흥사단 원동지부 해소성명서

1920년경에 고 안창호의 주동으로 민족주의단체인 흥사단 원동지부가 조직되어 사무소를 상해 프랑스조계 패회오로(貝稀鏖路)[44] 미인리(美仁里) 10호에 두었다가 그 후에 하비로 대덕리 30호로 이전 시무하여 오다가 1932년 4월에 안창호가 피착된 후에는 회무가 정체되어 유야무야로 3, 4년간 경과하던 중 1937년 가을에 조선에서 본 단의 자매단체인 수양동우회가 해산되었다는 소식을 듣고 우리도 또한 흥사단원동지부를 자행 해소키로 하였다.

---

44 원문의 貝締鏖路는 貝稀鏖路의 오자임. 이곳은 프랑스조계가 아니라 영국조계지임. 현재지명은 成都南路

따라서 과거에 그릇된 사상을 일소 자각하고 대일본제국의 신민인 것을 재인식하며 황국신민의 참다운 길로 매진하여 오던 중 지금에 우(右) 단원 사상의 갱신과 그 단체가 명실이 완전 해소되었음을 문자로써 공적으로 성명하는 바이다.

1940년 7월 16일

상해

흥사단 원동지부

위원장　　장덕로(張德櫓)

위 원　　나우(羅愚)

홍재형(洪在衡)

반장　　선우혁(鮮于爀)

박규찬(朴奎燦)

유정우(劉正宇)

외 흥사단 단우(團友) 일동

〈자료 174〉 [실화]옥중의 계명성(鷄鳴聲)-왜정시(倭政時) 혁명가의 옥중생활(淸烈)

(《신천지》, 1947.9)

권태산(權泰山) 씨

왜정(倭政)의 폭압에 구박과 굶주림을 참다못하여 하는 수 없이 그리운 고향 산천을 등지고 정설은 간도 벽지에 가서 유랑고초하던 동포들이 지금으로부터 18년 전에 일제 봉기하여 왜놈들의 등덜미를 서늘케 한 소위 간도공산당 사건의 주모자의 한사람이다.

내가 처음으로 씨(氏)를 뵈인 것은 1935년 6월 초순 서대문형무소 구치감 2동 13방이었다. 1심에서 사형언도를 받은 그 동지 17명과 같이 수갑을 채워 쇠사슬로 허리에 졸라 매여 있었다. 햇볕을 쪼이지 못한 창백한 얼굴에 마점산(馬占山)을 방불하는 팔자형 수염이 채 깍지 않았던 탓이었던지 보기에 매우 숭했다.

씨는 첫눈에 나를 어떻게 보았는지 정답게 인사를 하고 부드러운 어조로 이야기를 해주었다. 이것이 기연(機緣)이 되어 그 후 자주 간도이야기를 들을 수가 있었고 사람이란 수전노처럼 금전을 많이 가질 필요는 없지만 일가를 유지해 나갈 만한 것은 항상 마련하지 않으면 안 된다는 것과 월급만 받아가지고는 장래에 꼭 시켜야 할 자녀교육도 변변히 시키지 못할 뿐만 아니라 질병으로 고생할 때는 의례히 빚을 지게 된다는 것과, 돈이란 단번에 뭉치로 생기는 일은 없으니, 양계, 양돈, 양잠, 과수원 같은 것을 다각적으로 부업삼아 경영하는 것이 가장 효과적인 방도라는 것과 그러한 일은 손쉽게 될 수 있는 고로 재미도 있고 저축도 된다는 것 등을 수차 권고받았다. 그 외에도 여러 가지 이로운 말을 많이 들을 수가 있었던 것이다.

씨의 이상적인 한마디 한마디의 논지에 귀가 솔깃해졌던 것은 내가 감수성이 풍부한 22세 청년이었던 탓이었을런지도 모른다.

씨의 성격을 한마디로 말하자면 성이 날 때는 호랑이 같고 평소에는 좋은 형님 같았다.

손목에 수갑을 채워져 있는 고로 그 일거일동이 서투르고 부자유함을 동정하는 동방자(同房者)들이 모든 일을 보살펴 주려고 했으나 그것은 도리어 건강을 해롭게 한다 해서 쇠사슬을 잘그랑거리며 식기를 씻고 유리창을 닦고 비질, 걸레질을 하며 내의를 빨곤 했다. 1935년 7월 경성복심법원 제2호 법정에서 재차 사형이 언도되었을 때 신었던 짚신을 하기(萩) 재판장에게 던졌으나 그 대가는 징벌밖에 없었다.

씨는 그 이듬해 8월 달에 그 동지 15명과 같이 원통하게도 교수대의 이슬로 사라지고 말았다. 그 순간에 있어서도 형장에 임했던 나의 동료를 통하여 최후의 안부를 전해 왔던 것이다. 씨는 정의(情誼)가 깊은 사람이었다. 나는 그 말을 듣고 떨리는 입술을 악물고 형장(刑場)을 향하여 눈물의 묵례(默禮)를 드렸던 것이다.

이 사건의 사형집행은 하루에 못 다하고 양일(兩日)에 걸쳐서 시행되었다. 첫날에는 주현갑 씨, 이동선 씨, 권태산 씨 등 8명이었고 그 익일에는 나머지 8명이 집행되었다.

첫날에 집행당한 유해는 사형장 지하실에서 무더운 여름밤을 새웠다. 과거의 동지 여덟 분은 좁은 지하실에서 나란히 끼어 누워 있었건만 이제는 말 한마디 없이 참혹한 하룻밤을 보냈던 것이다. 취기(臭氣)가 난다 해서 다량의 얼음을 쟁이고 왜인(倭人) 도이 세이조(土居清造) 외 완력 있는 자들이 철야 엄중 경계하고 조선사람 직원의 접근을 불허했었다.

언제나 과언묵묵(寡言默默)한 이동선, 주현갑, 양씨도 마지막으로 남기는 유서만은 자필로

썼다. 죽음을 초간(秒間)에 두고 지필(紙筆)을 요구하여 태연자약한 태도로 묵흔(墨痕)도 검게 유언을 쓰는 그 씩씩한 표정을 연상이나 해보자. 안중근열사가 여순감옥 교수대에서 사라질 때의 장엄한 광경이 재연되어 민족적 의분을 북돋았던 것이다.

나는 유서의 내용을 직접 보지는 못했으나 임석했던 자의 말에 따르면 한문시로 되었는데 그 뜻은 "이 몸은 비록 교수대에 가치 없는 죽음을 감수하되 우리 조선공산당만은 영원히 일관불변하여 살아 있으리라. 조선공산당 만세! 중국공산당 만세!"였다는 것이다.

(중략)

안창호 씨

1937년 중일전쟁이 일어나자 당시에 총독부에서는 민심의 동정에 대한 사찰을 게을리하지 않고 있었던바, 드디어 민족진영의 거물들을 격리함으로써 전쟁으로 하여금 배태하는 독립사상의 확대강화를 억압하려는 정책에 나왔다. 즉 흥사단을 그 모체로 하는 동우회의 주간급(主幹級)을 전국적으로 대량 검거하여 투옥한 것이 이 사건의 전모이다. 안창호 씨를 비롯하여 정인과 씨, 백남운 씨, 조병옥 씨, 이윤재 씨, 이광수 씨 등 우리나라 사상계 경제계 문화계를 망라하여 당초에는 구류장이 집행된 분이 놀랍게도 백여 명에 달하였다.

사건은 이미 경성지방법원 예심에 회부되어 고바야시(小林長藏) 판사의 취조를 받게 되었는데 시국이 일본에 유리하게 되던 정세에 감(鑑)하여 취조의 진전에 따라서 제1심 공판이 개시될 때까지는 거의 다 보석 출감되었었다.

도산선생은 머리에 백발을 얹은 노객으로 항상 건강이 좋지 못한 편이었다. 쇠약한 수구(瘦軀)에는 오랜 혁명투쟁으로 오는 피로가 역력히 나타났으나, 그러나 그 강직한 성격과 사람을 쏘는 듯한 영롱한 안광은 젊은이의 정열을 능가할만한 것이 보이어 옥내 청년들에게 큰 힘을 주었던 것이다.

씨는 고령하신데다가 병약한 탓이었는지 약간 신경질인 편이었다. 독방생활의 고적함을 풀려는 심정인지 더러는 우리들을 붙들고 보통 이상의 이야기를 했었다.

하루 걸러서 의무실로 진단하러 갈 때마다 바싹 마른 팔뚝을 힘껏 추켜붙들고 반행(伴行)하는 나에게 씨는 비틀거리면서도 "번번이 이처럼 친절히 간호해 주니 진실로 고맙소. 감옥

살이도 수차 했지만 이제 외부에서 보살펴주려는 사람도 경찰의 이목이 무서워 점차 꺼리게 되고 보니 그저 당신네들의 친절만이 여간 고맙지 않소. 당신은 일본말을 썩 잘하오. 가장 발음이 좋은 것 같소. 아직 젊으니 부디 공부 많이 하기를 힘쓰오"라며 격려하기를 잊지 않았다. 그러나 노(老) 투사의 어조에는 어쩐지 적적함이 품어있는 것을 부인할 수 없었다. 일본말을 잘한다는 바람에 나는 이처럼 유명하고 훌륭한 선생께 칭찬받는 것이 퍽 기뻤었다. 나는 이만큼 어리석은 자였다.

그 후 씨의 병환은 좀처럼 회복되지 않고 오히려 구금생활의 신고(辛苦)가 박차를 가하여 감옥의로서는 완치할 수 없을 만큼 악화되어 친지가 차입하는 사식도 드는 둥 마는 둥 할 지경에 이르렀다. 1937년이 저물어가는 12월 말에 보석이 허가되어 대학병원에 입원 가료하였으나 4개월 만에 애처롭게도 서거하고 말았다.

오늘날처럼 해방된 천지에서 씨의 혁명생활이 종말을 지었던들, 그 장의는 성대했을 것이며 국민의 애도는 깊었을 것이다. 그러나 당시에는 한마디의 말인들 조심하지 않고는 할 수 없는 시절이었고 똑똑한 책까지도 안심하고 읽을 수 없을 만큼 왜정(倭政)의 폭압은 극도에 달하고 있었는지라 씨의 장례에 참례하는 자는 곧 그 사상을 의심받아야 하고, 과거의 민족운동자로서는 피검(被檢)의 기회를 주는 것이기 때문에 전전긍긍하는 인사들이 여기에 나타나지를 못했던 것이다.

오호라, 일생을 조국광복운동에 바친 도산선생은 세인이 모르는 사이에 쓸쓸한 최후를 맞이하고 말았다.

(중략)

여운형 씨

1943년 초두 씨는 육해군법 위반이라는 어마어마한 피고사건으로 재차 투옥을 당했다. 도쿄에 있을 때 친히 목격한 B29의 도쿄공습의 실정과 B29의 성능이 일본기에 비하여 극히 우수하다는 것을 모 씨에게 이야기한 것이 조언비어(造言飛語)가 되었던 것이다. 피고사건은 곧 기소되어 경성지방법원 공판에 들렸는데, 이 공판은 비공개리에 개정되었었다.

공판의 내용에 언급하기를 원치 않으나 재판장의 "대동아전쟁은 일본이 승리할 것이냐,

미국이 승리할 것이냐"는 질문에 대하여 "남방의 자원지대의 확보 여하에 승패는 달렸다. 일본이 이 지대를 제압하고 있지 못하는 한 전쟁은 미국의 승리로 돌아갈 것이라"고 언명하였다. 씨의 놀라운 선견지명은 이 공판이 끝난 후 2년 만에 역사적 사실이 증명하였다. 씨가 미결감에 있는 동안 그 조카되는 분이 자주 면회를 왔었는데 그는 도쿄에 주재하여 씨의 민족운동의 반려자가 되어 음양으로 활약하는 모양이었다. 면회를 할 때마다 용건이 끝나면 "모모 공작은 무사하고", "모모 남작은 평안하냐"고 연해 물어보기도 하고 "모모 자작에게 안부나 전해두라"는 등 예절을 차리기에 조심했었다.

그들은 민족의 원수들이요, 정적(政敵)의 으뜸가는 자들이었건만 역시 개인적으로는 그들 정객과의 친분이 있어야 ■의(■議)가 될 것이라는 것을 깨달았던 것이다.

내가 씨를 처음 뵈인 것은 씨가 대전형무소에서 2년의 징역을 마치고 출옥한지 얼마 아니 되어 대전 경심관(警心館)에서 강연을 하던 날이었다. 열광하는 청중이 관내에서 삐져나와 관외에까지 벅차서 실로 성황이었다. 연단 좌우에는 기자가 여러 명 말 한마디를 놓치지 않으려고 조심스럽게 앉아있고, 왜경(倭警)의 금테 들어간 이가 즐비하게 늘어앉은 가운데서 씨의 웅변은 토해졌던 것이다.

민족정신을 북돋우며 청년들의 각성을 채찍질하는 구절에 이르자 입회관이 난데없는 "중지!" 명령이 내리었다. 씨는 잠자코 흥분한 청중을 흘겨볼 뿐 계원에게 이끌려 공실(控室)로 들어간다. 잠시 있다가 다시 나타난 씨는 "전언(前言) 몇 구절은 당국의 명령에 의하여 취소하겠다"고 선언한 후 뒤를 이었다.

그러나 얼마 아니 되어 또 중지가 된다. 약 세 시간가량의 강연에 중지, 전언 취소가 일곱 번이나 되풀이되었다.

나는 씨의 강연 중에서 단 한마디만은 아직까지 기억에서 사라지지 않고 있다. "바깥에는 눈이 내리고 한없이 차가운 겨울밤 싸늘한 독방에서 모진 잠이 깨이어 다시는 잠을 이루지 못하고 있을 때 이웃마을에서 들어오는 몇 줄기 닭의 울음소리는 고적한 심정에 다시없는 위안이 되었던 것이다. 나는 담 너머로 은은히 흘러오는 그 계명(鷄鳴)은 우리 조선이 암흑에서 광명의 길을 맞이할 날이 머지않다는 예고로 들리게 될 때에 용기백배하였었던 것이다." 힘있게 외치는 바람에 청중은 벽력같은 박수를 보내었건만, 입회관은 이때도 씨를 공실(控室)로 인도했던 것이다. (끝)

III

경찰 · 사법당국의 사상 분석과 대책

해제

일제강점 초기 항일운동이 국권 회복 자체에 집중해 있었다면 3·1운동과 러시아혁명을 겪으면서 국권 회복 이후의 정체(政體)에 대해서도 구체적으로 구상하게 되었다. 그러한 상황 속에서 국내의 사상지형도 급격하게 변모했다. 1920년 초부터 무산자동지회 등 사회주의 단체가 출현하였고, 이들 단체는 사회주의 사상을 독립운동의 이념으로 받아들였다. 일제 당국은 이러한 동향을 깊이 주시하면서 1923년 일본공산당사건이 발생하자 1925년 3월 7일 제50회 제국의회에서는 이를 빌미로 치안유지법을 성립하고 4월 22일 공포하였다. 조선총독부는 이 법령이 공포되자 조선에서도 신속히 적용할 수 있길 기대했다. 마침내 1925년 5월 8일 칙령 제175호로 치안유지법이 조선과 대만, 가라후토에서도 시행됨이 반포되었고 5월 12일부터 조선에서도 적용되었다.[1] 이러한 법령 공포에도 불구하고 1925년 11월 제1차 조선공산당 사건과 1926년 6·10만세운동, 제2차 조선공산당 사건, 1928년 제3차 조선공산당 사건 등 조선에서의 사회주의 사상에 기반을 둔 독립운동의 열기는 고조되었다. 일제 측은 주로 치안유지법을 적용하여 이러한 독립운동을 탄압했다. 한편 일제강점기 독립운동의 지형은 조선에 국한되지 않고 조선을 둘러싼 인접국가로 확대되어 중국과 러시아, 미국, 일본 등지에서도 전개되었다. 일제당국은 해외한인의 사상 동향에 대해서도 주의를 기울이며 그 대책을 강구해야만 했다.

제3장에서는 이와 같은 시대상황 속에서 이루어진 조선총독부 경찰과 사법당국의 사상상황 분석과 그 대책을 보여주는 사료를 중심으로 소개하고자 한다. 먼저 제1절과 제2절에는 일제강점기 한인(韓人) 사상운동에 대한 일제 경찰 및 사법당국자의 인식을 알 수 있는 자료를 모았다. 첫 번째 자료는 일제강점 초기의 자료로 경무총감부 고등경찰과 경시(警視) 구니토모 쇼켄(國友尙謙, 1876~1951)의 〈불령사건에 의해 얻은 조선인의 측면관〉(1911)이다.

1 오기노 후지오 지음, 윤소영 역, 2022, 『일제강점기 치안유지법 운용의 역사』, 역사공간, 32~33쪽.

구니토모 쇼켄은 1901년 호세(法政)대학을 졸업하고 1903년 경시청에 입사하여 1905년 3월 외무성 경부 경성영사관 경찰서 근무로 조선에 건너왔다. 그 후 1909년 12월 경무총감부 경시에 임명되고 일제강점 직후 평양경찰서장이 되었다. 105인 사건에 직접 관여한 일제 측 인물이기도 하다. 이 글에서 구니토모는 '불령한' 뜻을 품은 자에는 중류 이상으로 신학문을 배운 자가 많고, 이 중 대부분이 기독교도이며 청년층이 이에 따르고 있다는 점을 주의해야 한다고 진단했다. 또한 조선인은 궁극적으로 의심이 많고 교만하고 경박하며 부화뇌동하는 버릇이 있으니 이 점을 잘 이해하고 다뤄야 한다고 하였다.

두 번째 자료는 젠쇼 에이스케(善生永助)[2]가 분석한 〈조선의 사상운동〉(《思想月報》 1권 2호, 1931.5)이다. 젠쇼 에이스케는 조선총독부 촉탁으로 조사자료 편찬에 종사한 인물이다. 조선총독부 발간 잡지《조선》과《조선급만주》,《경무휘보》,《문교의 조선》 등에 많은 조사자료를 기고했다. 그는 위의 글에서 1920년대 조선 내외에서 벌어진 독립운동이 큰 영향력을 행사하지 못했다고 일축하면서도 1919년 광주학생운동과 그 파장에 대해서는 "조선의 학생운동이야말로 장차 가장 경계해야 하는 사상운동"이라는 위기감을 드러내고 있다. 무엇보다 청년 학생에 잠재된 불온사상을 근절하기가 쉽지 않다며 경찰과 관헌의 대응이 중요하다고 하였다.

「조선에서의 좌익운동」은 오다가와 쇼조(小田川松造)가 저술한 『사상경찰통론』의 일부로 독립운동과 좌익운동 관계를 분석한 것이다. 저자에 대한 정확한 인적사항은 확인되지 않지만 일본경찰사(日本警察社)에서 『사상경찰신어사전(思想警察新語辭典)』을 저술·출판했으며,

---

2 젠쇼 에이스케(善生永助, 1885~1971)는 조선총독부 촉탁으로 조선총독부 간행 조사자료 편찬에 종사한 인물이다. 1910년 와세다 대학 전문부를 졸업한 후 잡지기자 등을 거쳐 1923년 7월부터 조선총독부 관방조사과 촉탁이 되어 1935년까지 조사 활동에 종사했다. 『朝鮮の人口研究』(1925), 『朝鮮の契』(1926), 『朝鮮の市場經濟』(1929) 등의 저작이 있다.

1940년에는 『사상경찰통론』의 증보판을 간행한 것으로 보아 일본경찰교육에 관계한 인물로 보인다.

『사상경찰통론』은 경찰 대상 교육자료이다. 이 책에서는 경찰이란 평시 국내에서 치안유지 방위를 위한 조직적 제1선 부대[3]라 정의하고 일본사회운동 연혁, 무정부주의, 공산주의, 소비에트러시아 세계적화운동, 학생좌익사상, 조선에서의 좌익운동, 대만에서의 좌익운동 등으로 장을 나누어 사상문제에 대해 개설하였다. 「조선에서의 좌익운동」에서는 "마르크스 시즘을 이용하여 조선민족의 자주해방(독립)을 기도하고 있다"고 지적하여 그 대응을 촉구하였다.

1937년 중일전쟁 이후 사상동향을 분석한 〈조선의 사상운동〉은 《사상월보》를 재편한 《사상휘보》(1934년 12월부터 발간) 13호에 수록된 것인데, 1937년 11월 20일 기준으로 각 지방법원 검사정이 보낸 보고를 모아 펴낸 것이다. 전국의 사상 상황을 민족주의 계열과 공산주의 계열로 나누어 보고했다. 먼저 민족주의 계열의 경우 함흥은 겉으로 드러난 불온한 언동은 보이지 않지만 '마음깊이 잠재한 민족의식은 한꺼번에 쉽게 벗어버릴 수 없다'며 주의를 기울여야 한다고 하였다. 이 점에 대해서는 대구의 보고에도 비슷한 지적을 하고 있다. 한편 신의주는 중국에 거주하는 각종 불령단 관계자 중 급진적 분자가 이곳 출신이 대부분이라며 만주와 남북중국 전선에 직접 적군에 참가하여 과감한 투쟁을 벌이는 이들이어서 국제정세 변화에 따라 더욱 주의를 기울여야 한다고 보고했다. 광주의 경우도 뿌리 깊은 민족적 편견을 갖고 있어서 전향하기를 기대하기 어렵다고 보고했다. 공산주의 계열에서는 이번 전쟁이 일본제국주의와 코민테른의 결전을 위한 서막이라고 보고 은밀하게 반전사상을 유지하면서 사태를 관망하고 있다고 하였다. 대구의 경우는 과거 수많은 사상 사건이 있

3 小田川松造, 『思想警察通論』, 日本警察社, 1쪽.

었지만 당국의 탄압으로 점차 몰락하고 있다며 공산주의자 박태흠이나 정칠성 등이 전향을 하는 모양이라고 보고했다.

그 외에 1937년 중일전쟁 이후 사상동향을 분석한 〈중일전쟁에 대한 주의자의 동정에 관한 조사(支那事変に対する主義者の動静に関する調査)〉(《사상휘보》13. 1937.12)와 《사상월보》에 수록된 해외한인의 동향에 대한 분석기사를 수록했다

또한 사상 사건을 다루려면 국내뿐 아니라 중국, 미국, 러시아, 일본 등지에서 이루어지는 해외 한인의 사상동향에 대해서도 파악해야 했다. 그래서 제2절에는 해외한인사상운동에 대해 중국, 만주, 일본, 미국에 거주하는 한인의 사상운동을 분석한《사상월보》의 기사를 번역하여 수록했다.

치안유지법이 시행된 이후 특별히 주의를 기울이고 거세하고자 한 사상운동은 사회주의와 공산주의 운동이다. 그래서 제3절에는 사회주의와 공산주의 운동에 대한 경찰 교육자료에 수록된 내용을 발췌하여 소개했다. 먼저 오다가와 쇼조의『사상경찰통론』에 수록된「극좌운동의 조직원리」를 번역 소개했다. 좌익 단체는 상부조직이 전부 검거되어 궤멸되어도 하부조직이 궤멸되지 않기 때문에 잔류자가 다시 활동을 개시할 수 있으며, 이들은 최고통제조직 아래 중간통제조직, 그 밑에 최저조직으로 체계화되어 있어서 동지 부원이 검거되더라도 순차적으로 통제 지도 임무를 맡을 수 있도록 준비하고 있다고 그 특성을 분석하고 있다.

좌익조직의 활동방법에 대해서도 구체적으로 예시했다. 마르크스가 공산당선언 서두에서 '공산당은 유럽 천지를 요괴처럼 배회한다'고 한 대로 공산당 조직은 누가 주체이며 당원인지, 당의 범위가 어디까지인지 실체를 파악하기 어렵다고 토로했다. 그들은 동일조직에 있어도 서로에 대해 깊이 있게 질문하는 것이 금지되어 있을 정도로 보안에 철저하다고 하였다. 또한 운동자들은 비밀을 엄수하기 위해 평소에도 세심히 훈련하고 있다고 예시를 들

었다. 1934년 2월에 간행한 《사상월보》는 청소년의 좌경 원인을 분석한 글을 실었다. 광주 학생운동 이후 학생들의 독립운동 참여에 주의를 기울이던 상황에서 도출된 보고이다.

다음으로는 이러한 사상 동향 분석을 토대로 이른바 '대책'은 어떻게 강구하고 있었는지에 대한 자료를 모아 제4절을 구성했다. 먼저 「사회운동 단속의 기본원칙」은 경찰연구회에서 펴낸 경찰 교육자료 『사회운동에 직면하여(社会運動の直面して)』에 수록된 내용이다. 이 책의 서문에는 "경찰이 사회운동과 지도정신, 취체 법규에 정통함과 아울러 취체방법에 대해 나날이 새로운 전문적 지식과 기능을 연마하는 것이 필요하며, 이 책은 실무를 본위로 하고 사회운동 이론, 연혁 및 형태는 집무상 필수사항이므로 그 지식과 경험을 소개한다"[4]고 밝히고 있다. 그 가운데 검거할 때는 체포하는 이유를 명료하게 밝혀야 한다는 점, 범죄 검거 주무관은 검사이고 사법경찰관리는 보좌관이지만 경찰이 적극적으로 직책을 수행해야 한다고 하였다. 또한 임무를 수행할 때는 "경찰은 조직상 하급자는 보고, 지휘를 받은 후에 활동해야 하고, 상급자는 각 기관과 협의하여 사태 판단과 사무 통제를 과오가 없도록 하기 위해 적절하고 타당한 훈시와 지휘를 해야 한다"고 하여 일사분란한 위계체계 속에서 단속에 임해야 한다고 강조했다. 그 외에 사상범죄는 헌법 및 사회질서에 대한 혁명적 음모와 선동이고 사회생활에 위해를 가하는 것이므로 반드시 엄벌주의로 다스려야 함을 명심하도록 교육했다. 또한 제국주의는 강대민족의 국민주의이며 반제국주의는 약소민족의 국민주의라고 일반화시켜 독립운동이 제국주의 질서의 세계화 대세를 거스르고 있는 것처럼 경찰을 교육하여 국권을 상실한 조선인의 입장에서 사유하지 않도록 방향을 잡고 있다.

조선인 사상범을 지도하는 방침(《사상휘보》 12호)에 대해서는 조선민족의 특이성을 충분히 이해해야 한다고 강조한다. 그 특이성이란 은애(恩愛)를 당연시 여겨 버릇없어지기 쉽다는

4 警察研究會 편, 1932, 『社会運動の直面して』, 松華堂書店, 1쪽

점. 사대주의 사상, 의뢰성과 의존성, 공리적 경향이 강한 점, 민족적 편견이 강하다는 것을 들었다.

조선인의 사상운동에 대한 대책을 강구하기 위해 정기적으로 전국의 고등경찰 과장이 전체회의를 개최하여 사상 관련 현안을 공유, 대책을 협의했으며, 일본의 내각에도 사상대책 협의위원회가 조직되어 지휘본부의 역할을 했다. 전자의 자료인 〈전조선고등경찰과장회의(全朝鮮高等警察課長會議)〉(《사상월보》 1권 2호)는 1931년 5월에 열린 전 조선 고등경찰 과장 회의에서 논의된 대책을 수록한 것이다. 여기에서 논의된 항목만 봐도 민심 동향에서부터 학생 사상 경향 및 요주의인물 사찰에 대한 논의, 좌익운동 단속, 사상 단체 단속, 국외 민족운동 영향 관련 등이 망라되어 있음을 알 수 있다.

후자의 경우는《사상월보》3권 8호에 실린 〈사상대책의 구체안(思想對策の具體案)〉(1933.11)이다. 여기에서는 국민이 불온사상에 빠지지 않도록 '일본정신'을 천명(闡明)하여 사회 각층에 철저히 보급할 것과 불온사상에 대한 인적, 물적 단속을 철저히 할 것, 교육을 통한 사상 선도방책을 수립했다.

마지막으로 5절에서는 도쿄형사지방재판소 판사 요시다 하지메(吉田肇)가 1938년 12월 일본 사법성의 명으로 조선에 출장하여 제출한 보고서인「조선에서의 사상범 과형과 누범 상황」을 번역하여 실었다. 이 보고서에는 일본보다 조선이 과형이 무거운 이유에 대해 조선의 경우 독립운동과 공산주의 운동이 함께 이루어지고 있는 점, 조선의 사상범은 형법과 치안유지법을 위반하는 복합죄의 형태라는 점, 또한 일본공산당의 경우 목적 수행죄에만 저촉되는데 조선에서는 목적 수행 외에 결사 조직 가입죄로 처벌되는 경우가 많기 때문이라고 분석했다. 또한 조선에서는 전향자가 극히 적어 이 점도 과형을 무겁게 한다고 보았다. 이 자료는 치안유지법이 도입된 후 조선에서 구체적으로 어떻게 운용되었는지를 알 수 있는 자료로 이 분야 연구자들이 주목하고 있는 중요 자료이다.

이러한 자료를 통하여 3·1운동 이후부터 1930년대 후반까지 일제강점하의 조선에서 겉으로 평온한 모습을 보이더라도 일제 사법당국은 이를 액면 그대로 받아들이지 못하고 한인(韓人) 독립운동의 표출에 대해 끊임없이 긴장하면서 그 대응책을 강구해 나가고 있던 모습을 확인해 볼 수 있다.

윤소영

1. 한인 사상운동에 대한 인식

1) 일제 강점 직후 조선의 사상 상황

〈자료 175〉 불령사건에 의해 얻은 조선인의 측면관(1911년)[5]

[구니토모 쇼켄(國友尙謙), 1911, 「본부 경무총감부 조사의 불령사건에 의해 얻은 조선인의 측면관(本府警務總監部調査ニ係ル不逞事件ニ依テ得タル朝鮮人ノ側面觀), 총독관방 송제59호 수제18727호(總督官房 送第59號 受第18727號)」, 『불령단 관계 잡건 조선인의 부 재내지 1(不逞團關係雜件 朝鮮人ノ部 在內地一)』]

1911년 7월 24일
수신: 고무라 주타로(小村壽太郎) 외무대신
발신: 데라우치(寺內) 조선총독
작성자: 고등경찰과 구니토모(國友) 경시(警視)
작성일: 1911년(明治 44) 7월 7일

이씨(왕실)가 민심을 잃은 지 오래다. 양반 유생이 세력을 잃은 것은 더욱 심각하다. 요즘 불령사건이 발각되어 취조를 받고 있는 인원이 실로 125명에 달하여 그 숫자가 결코 적지 않다고 할 수 있다. 그러나 이 125명이 국사(國事)를 진술하는 데 있어서 이씨를 거론하는 자는 겨우 안명근(安明根) 한 명에 불과하다. 게다가 말하는 내용은 한국병합조약이 조선인 2천만의 의지에 반하는 것은 물론, 한국 황제의 뜻이 아닌 부당한 조약이라고 하는 정도

---

5 아카시 모토지로(明石元二郎) 경무총감이 이른바 105인 사건 관계자 조사를 맡은 고등경찰과 구니토모 쇼켄(國友尙謙) 경시에게 명하여 105인 사건의 사상적 배경과 조선인의 각 계층별 특성과 동향을 분석한 보고서이다. 결재선은 데라우치 총독을 거쳐 고무라 주타로 외무대신에게 보고한 것이다. 구니토모는 1876년 이바라키현에서 출생했으며 1901년 호세이(法政)대학을 졸업한 후 경시청 순사를 거쳐, 1903년 경시청 경부로 승진했다. 1905년 외무성 경부 경성영사관 경찰서 담당으로 조선에 건너와 1909년 12월 경무총감부 경무과장에 임명되었다. 1927년 고등관 2등으로 퇴직했다. 1911년 '한국병합'의 공으로 훈6등 훈장을 받았다.

이다. 단지 조약의 불법을 말하는 정도에 그친다. 또한 한 사람의 이씨를 왕위에서 퇴위시킨 것을 슬퍼하는 자도 없다. 또한 양반 유생의 경우는 지난 1905년 11월 보호조약 체결 때의 광경과 비교해서 금석지감이 없지 않다. 실로 당시의 민중사상의 중심은 완전히 양반, 유생의 권위에 지배되어 보호조약이 체결되자 분노하여 그 부당함을 절규하고 궁궐 앞에 모여 조약 파기를 강요한 수천 명의 무리는 모두 이러한 양반, 유생이었다. 이근명(李根命), 민영환(閔泳煥), 조병세(趙秉世), 심상훈(沈相薰) 등 이른바 노론 중의 대 양반이 지휘하였고, 상민은 겨우 눈살을 찌푸리는 데에 불과한 정도였다. 그런데 1907년 보호조약 체결에 이르러서는 양반 유생의 성망이 점차 땅에 떨어지고 곳곳마다 봉기한 폭도의 대부분은 이른바 상민에 속했다. 더욱 이번의 불령사건에 이르러서는 4~5명의 양반 유생이 개재한 것을 보는 정도이며 다수는 상민일 뿐 아니라 그 수령으로 지목된 자는 모두 상민에 속한다. 지난날 함부로 국사에 분개하여 흉모를 도모한 이른바 양반, 유생들은 병합의 은전을 입고 사면되고, 지난날 언론으로 제국을 비난한 양기탁(梁起鐸) 등의 상민들이 오히려 감옥에서 신음하지 않을 수 없게 되었다. 시세의 급변이 크다고 하지 않을 수 없다. 다음의 표를 보면, 조선 민간세력의 중심이 상민 게다가 청장년으로 이동하고 있는 현상이라고 간주해도 크게 지장이 없을 것이다.

〈표 1〉 신분과 연령별

연령 신분	20 이하	21~25	26~30	31~35	36~40	41~45	46~50	51~55	56~60	61~65	계
평민	6	31	27	21	9	9	8	1	1	2	115
양반	-	4	3	-	1	-	-	2	-	-	10
계	6	35	30	21	10	9	8	3	1	2	125

이를 보면 상민이 다수이고, 또한 연령이 40세 이하, 특히 21세에서 25세의 청년이 가장 다수를 차지하는 것을 볼 수 있다. 이에 대해 그 학업 상황을 살펴볼 필요가 있다.

〈표 2〉 학교와 연령별

연령 학교	20 이하	21~25	26~30	31~35	36~40	41~45	46~50	51~55	56~60	61~65	계
서당	-	7	14	10	7	9	6	3	1	2	59
사립	6	28	14	11	2	1	2	-	-	-	64
공립	-	2	-	-	-	-	-	-	-	-	2
관립	-	-	-	-	-	-	-	-	-	-	-
계	6	25	30	21	9	10	8	3	1	2	125

〈표 3〉 학문의 신구(新舊)와 연령별

연령 수학	20 이하	21~25	26~30	31~35	36~40	41~45	46~50	51~55	56~60	61~65	계
서당에서 한학	-	6	14	10	8	8	6	3	1	2	58
소학	1	6	-	-	-	-	-	-	-	-	7
중학	4	18	14	8	2	1	2	-	-	-	49
일어	1	3	1	1	-	-	-	-	-	-	6
대학	-	-	1	-	-	-	-	-	-	-	1
외국학교	-	-	-	1	-	-	-	-	-	-	1
의학	-	2	-	1	-	-	-	-	-	-	3
계	6	35	30	21	10	9	8	3	1	2	125

이 표를 보면 불령한 뜻을 품은 자는 청장년 사이에 많고, 동시에 신학문을 배운 자가 가장 많다. 이는 극히 주의해야 할 현상이라고 하겠다. 특히 공립보통학교 출신자 중에서 이러한 불령자가 나오는 것은 실로 맹성(猛省)할 필요가 있다. 지금 만약 표 속의 신학문을 배운 66명 중 공립학교 생도는 겨우 2명에 불과하다 하여 개의하기에는 부족하다고 아직 괜찮다고 생각해서는 안 된다. 지난날 국권회복의 목소리가 사방에서 왕성했을 때 그 준비는 신학

문에 있다고 하여 한때는 산간벽촌의 작은 마을도 사립학교를 설치하지 않은 것을 수치로 여기는 풍조가 발흥했다. 현재에도 역시 다수의 사립학교가 존재한다. 그런데 이번 흉도가 다수 출현한 지방에 공립보통학교가 설치된 것은 겨우 안악읍 1개소뿐인데, 다수의 사립학교 출신자 중에서 64명의 흉도를 배출한 것에 대해 생도수도 적은 1개의 공립보통학교에서 2명을 배출한 것은 오히려 비례 상 다수라고 판단할 수밖에 없다고 해야 할 것이다.

이와 같이 신사상을 품은 자들 사이에 다수의 흉도를 배출하는 원인은 여러 가지가 있다고 하더라도 여기저기 사립학교 및 그 교사의 주택에서 국사에 관한 과격한 수십 수의 한국독립가가 발견되었다. 교사가 이미 국가부흥을 주창하여 생도를 고취하는데, 생도가 어찌 안락함만 추구할 수 있겠는가? 더욱이 그 수학한 곳을 살펴보면 도쿄, 경성 등에 유학하고 대략 대세를 숙지한 자가 있음에도 불구하고 감히 이러한 불령한 흉모를 꾀하고 전혀 각성하지 못하는 자가 있을 뿐 아니라 지금 한번 직업별로 보면 125명 중 50명이 신학교 교사인 점을 볼 때 이들이 생도들에게 해독을 끼칠 수 있는 불온한 사상을 얼마나 주입하는지는 충분히 알 수 있을 것이다. 교사가 지금까지 제대로 교육하지 못하고 있는데 어찌 오로지 창가(唱歌)의 불온함만을 탓할 수 있겠는가?

〈표 4〉 수학한 지명과 연령별

지명＼연령	20 이하	21~25	26~30	31~35	36~40	41~45	46~50	51~55	56~60	61~65	계
경성	3	8	8	5	1	1	-	-	-	-	26
평양	-	3	1	-	-	-	-	-	-	-	4
안악	1	5	2	3	1	-	1	-	-	-	13
송화	-	3	-	-	-	-	-	-	-	-	3
진남포	-	-	1	-	-	-	-	-	-	-	1
용강	-	-	1	-	-	-	-	-	-	-	1
재령	-	1	1	-	-	-	-	-	-	-	2
장련	-	-	1	1	-	-	1	-	-	-	3
거촌	1	12	13	10	8	8	6	3	1	2	64

안동현	1	-	1	-	-	-	-	-	-	-	2
도쿄	-	3	2	-	-	-	-	-	-	-	5
미국	-	-	-	1	-	-	-	-	-	-	1
계	6	35	30	21	10	9	8	3	1	2	125

〈표 5〉 직업과 연령별

연령 직업	20 이하	21~25	26~30	31~35	36~40	41~45	46~50	51~55	56~60	61~65	계
농업	2	8	3	4	1	1	-	2	1	1	23
교사	1	11	17	9	4	1	7	-	-	-	50
생도	1	2	-	-	-	-	-	-	-	-	3
무직	2	5	2	-	-	1	-	-	-	-	10
상업	-	8	4	3	4	2	-	1	-	-	22
일용직	-	1	1	-	-	-	-	-	-	-	2
리원(吏員)	-	-	3	3	-	2	-	-	-	-	8
신문기자	-	-	-	1	-	1	-	-	-	-	2
의사	-	-	-	1	-	1	1	-	-	-	3
야소교 전도	-	-	-	-	1	-	-	-	-	1	2
계	6	35	30	21	10	9	8	3	1	2	125

신학문을 배운 청장년 사이에 불온한 사상을 품은 자가 다수를 차지하는 것은 부정할 수 없는 사실이다. 이는 대개 신학문을 배움에 따라 자신의 존재를 확인하게 되는 것은 자연의 이치이며 그 존재 확인의 결과는 국가사상을 품게 되는 것 같다. 그렇지만 이러한 이들이 만연하여 독립을 주장하고 국권회복을 외치게 되는 원인(遠因)은 기독교에 그 뿌리를 발한다고 간주하는 것도 과도하지는 않을 것이다. 다음 표를 통해서도 125명 중 102명이 기독교에

속하므로 기독교도의 선량하지 않음을 추찰하기에 족하다. 이하 항을 별도로 하여 기술할 것이다.

〈표 6〉 종교와 연령별

연령 / 종교	20 이하	21~25	26~30	31~35	36~40	41~45	46~50	51~55	56~60	61~65	계
기독 장로	5	26	20	17	10	6	7	-	1	-	92
천주교	-	2	3	2	-	1	-	1	-	1	10
유교	-	1	-	-	-	-	1	-	-	-	2
없음	1	6	7	2	-	2	-	2	1	2	21
계	6	35	30	21	10	9	8	3	1	2	125

(1) 양반 유생

양반 유생이 급변 추락한 것은 몇 년 되지 않으며, 그 세력을 잃고 거의 사회적 생명의 존재를 인정할 수 없게 된 것은 애당초 오랫동안에 걸쳐 추락한 결과임은 말할 것도 없다.

① 양반은 인민의 재산을 자신의 재산으로 하여 재산이 있으면 방문객이 3천으로 위세를 펴고, 재산이 다하면 주구(誅求)를 일삼으니 일부러 축재할 필요가 없다. 오히려 양반은 이른바 많은 금전을 소지하지 않는 것이 좋다고 하는 풍조가 있다. 조상이 한번 대신이면 무위무관의 자손도 또한 판서의 집안이라는 명예를 뽐내고 일부러 문필을 배울 필요가 없다. 또한 사회에 달려나갈 필요도 없다. 이로써 대부분의 자손은 아무것도 하지 않는 인민이 되었다. 조선이 존재하는 한 양반의 태평도 역시 영원히 무너질 리 없다고 생각하고 함부로 음주, 배척에 미쳐 날뛰고 후일에 대해서는 조금도 염려하지 않는다. 이때 즈음하여 정령이 날로 새로워지자 망량이 모습을 감추고 그들은 몽상에도 예기하지 않던 이 변고를 당하여 겨우 그 문벌에 의해 망량의 괴뢰인 원기가 소모된 양반들이 어찌 사회적 존재를 유지할 수 있는 이치가 있겠는가?

② 유생은 청국의 중화문화를 배워 조선을 대동국이라고 과시하고 함부로 의관속대, 문물제도를 겸비하고 4천 년 종사와 선현 선왕 당우(唐虞)[6] 3대 문화를 향유하는 것은 조선 외에 어디에도 없다고 자부하고 지금도 완고한 자 사이에는 명나라의 홍무[7] 연호를 사용하는 자가 있다고 한다. 그 몽매함은 도저히 따를 자가 없다. 이로써 생각이 있는 유생은 병합에 대한 분개는 이 국가를 어떻게 하려는 밑바닥부터의 적극적인 것이 아니고 그의 백이숙제를 모방하여 주나라의 음식을 먹지 않고 혹은 고려시대의 유신 길야은(吉冶隱)[8]을 모방하여 소극적 강개를 보일 뿐이다. 현재 조선 제1의 유생으로 존경받는 전우(田愚)[9]의 경우가 즉 이러한 좋은 예이다. 그 외 유생이라고 하여 사방으로 분주하고, 어제는 합방반대를 표방하고 오늘은 총독정치를 칭송하는 조변석개의 무리는 조선인 사이에서도 배척당하는 원래부터 가치 없는 무리로, 늘 사상계에서 싸워대며 기생하여 의식주를 얻으려는 것에 불과하다.

상류 지위를 차지하고 자기 자신을 아는 진정한 유생은 은퇴하고자 하여 세상일에서 멀리하려고 하고, 몸 바쳐 망동하려는 기개가 있는 자가 거의 없다. 제국의 메이지유신 이후 유학(儒學)을 숭배하던 무리가 혹은 시골 유지가 되거나 혹은 신학교(新學校)에서 교편을 잡아 육영사업에 종사하였다는 것과는 천양지차가 있다고 해야 할 것이다.

양반 유생의 권세는 이미 오래전에 완전히 과거의 꿈으로 변했으며, 이와 같이 권세의 망실(亡失)이 신속한 것은 그 권세의 근저가 없고, 양반은 오로지 이 왕조에 접근하여 그 위세를 빌린 것에 불과하기 때문이다. 이에 반해 유생은 원래 민론(民論)의 대표자라 하여 이씨(왕조)가 가장 두려워한 강고한 단체였지만, 하루아침에 붕당정치의 와중에 빠져 유생이 마치 사회적 계급과 같이 간주되기에 이르자 그 근저가 붕괴·와해되었다. 남의 권세를 등에 업고 위세를 부리던 양반과 조금도 다를 바가 없게 되자 결국 유생도 양반과 마찬가지로 민중의 원성을 사서 전혀 민중의 뜻과 소통하지 못하게 되기에 이르렀다.

그런데 이 양자가 지금 여전히 사회의 한 세력으로 인정받고 있는 것은 실로 대세를 따르

---

6 중국의 요순시대

7 홍무(洪武)는 명나라 태조 홍무제의 연호로 명나라 최초의 연호이다. 1368~1398년까지 31년간 쓰였다.

8 길야은(吉冶隱)은 고려 말 조선 초의 유학자이자 문신으로, 본명은 길재(吉再, 1353~1419)이다. 목은 이색, 포은 정몽주와 함께 고려 말의 삼은으로 불린다.

9 전우(田愚, 1841~1922)는 조선 후기의 학자이다.

는 데서 나온 것으로 아직 그 진상을 살필 수 있는 지경에 도달하지 못함에서 오는 것일까. 대략 조선인에게 대항의 요소는 권세에 있다, 권세에 동반되는 것이 없다면 아직 양반 유생이라고 말할 수 없다. 조선인이 권세를 생명보다 중하게 생각하여 그 앞에서는 아부하고 굴복하며 차마 볼 수 없는 추태를 연출하고 함부로 결사하는 버릇이 있는 것도 실로 이에 바탕을 둔다고 봐야 한다. 그런데 시세의 변천은 수년 동안 그 계급이 무엇인지를 따지지 않고 우선 신지식자를 요구하는 추세가 되었고 양반 유생의 무리가 이에 올라탈 자격이 결여되고, 장차 지탱할 수 없는 세력 쇠퇴에 빠지게 되었다, 병합의 성전(盛典)을 당하고 완전히 권세에서 이탈하지 않을 수 없는 지경에 이른 양반 유생이 위기에 처한 것을 본 상민은 국가를 멸망시킨 자는 이씨와 양반 유생이라 하며 오히려 그 궁상스런 모습을 보고 쾌재를 외치는 것 같다. 이로 인해 병합 후 상민 중에는 양반 유생의 두터운 보호는 사라졌다고 하고 그 중에는 일시동인(一視同仁)을 주창하는 총독정치가 자손대대로 수백 년간 적악(積惡)의 중심이었던 양반, 유생에게는 수산장(授産場)을 설치하고 기로(耆老)의 은전을 받게 하거나 또는 그 나라를 판 자와 망하게 한 자에게 작위를 내려 우대 보호한 것에 반해 오히려 수백 년간 학정에 괴롭힘을 당하고 호소할 데 없는 상민은 조금도 병합의 은전을 받지 못하였다. 과연 그렇다면 결코 공평한 정치가 아니라고 주창하는 설도 있다. 실제로 안윤재(安允在), 김구(金龜)[10] 등은 이러한 취지로 답변하여 전혀 시정의 풍설만이 아님을 알 수 있다. 즉 양반, 유생은 이제 사회적 존재를 인정받지 못하게 되었다고 해도 과언이 아닐 것이다. 대략 경성 남부 다동의 거주민이 내지인과 서로 어깨를 나란히 하고 대항하며 활동하고 있는데 그중에 양반이나 유생이 한 명도 없는 것을 보면 양반 유생의 몰락이 오히려 가련해질 정도다. 최근 경성 5부의 부장에 상민 출신자가 많은 것도 그 한 예이고, 조선인 상민 중에 병합 덕을 본 것은 다동 사람들이라는 말이 있는데 일리 있는 말이라고 해야 할 것이다. 생각해 보면 다동은 부호 상인의 거주지로 예전에는 양반 주구(誅求)[11]의 커다란 재원지였지만 지금은 주구를 면하고 오히려 항상 양반 위에 군림하는 내선인(內鮮人) 사교의 선도자가 되었기 때문일 것이다.

---

10 일제강점기 독립운동가이자 정치가인 김구(金九)의 이칭 중 하나이다. 그 밖의 이칭에 백범(白凡), 김창수(金昌洙), 원종(圓宗) 등이 있다.

11 주구(誅求)는 관청에서 백성의 재물을 강제로 빼앗는 것을 말한다.

(2) 기독교도

조선에서 종교는 거의 기독교가 독점하고 있다고 해야 할 것이다. 그중 기독교 장로교가 가장 왕성하다. 그리고 이번 불령사건 관계자 125명 중 장로교도 92명, 천주교도 10명을 보면, 거듭 고려할 필요가 있는 사건이다. 대개 현재 신지식을 갖고 뜻이 굳건한 자는 기독교에 특히 장로교에 투신하는 경향이 많다. 만약 조선인 다수의 인물을 포용하는 단체를 요구한다면 먼저 기독교를 손꼽지 않을 수 없는 것은 어쩔 수 없는 현상이다. 그리고 기독교는 선교를 하면서 학교를 일으키고, 병원을 설립하며 착착 그 근거를 형성함으로써 근저가 단단하여 제거할 수 없다. 그러므로 조선인을 착하게도 악하게도 할 수 있는 것이 기독교와 같은 것이다. 따라서 그 문에 들어가는 자들은 친구를 모아 불평한 무리를 이루는 모습이 있다. 이로써 교도가 되려는 자의 다수는 다소 개화된 사람에 속하고, 그 입교자는 배우지 않고도 지식을 증진하는 자인 것 같다. 근래 기독교 감소설이 있지만 아직 믿기에는 부족하다. 가령 감소의 징후가 있어도 잡초를 제거하는 정도에 불과하다. 이것이 오히려 단체를 공고하게 하고 하급 무지한 무리 혹은 이익을 얻지 못해서 탈교하는 자가 없지 않다고 해도 국가의 독립을 생각하고 진실로 지사(志士)를 자임하는 자는 기독교로 통일을 꾀하고자 기도하는 모습이 있다. 실제로 양기탁은 구류장에서 같은 감옥에 있는 자에게 사건의 발각을 개탄하며 탄식하길 "오랜 계획이 지금 파탄되어 천도(天道)의 옳고 그름(是非)이 설령 사려가 주밀하지 않아서 실패했다고는 하나 이 뜻은 굽혀서는 안 된다. 장차 기독교를 통해 오히려 이 사상을 배양하는 길로 나가야 한다. 동포 대부분이 기독교도가 되는 그때가 바로 국권부흥의 때이다"라고 주장하여 불신자가 빨리 입교해야 한다고 하였다. 또 안명근(安明根), 고정화(高貞華)는 자객 모집에 응하여 평안북도 선천에서 온 이응점(李應漸)을 보고 그 기량이 아님을 보자, 때를 달리 하여 모두 이응점에 대해 "앞으로 한층 신학문을 닦고 기독교로 심신을 연마하라"라고 알림으로써 안명근과 고정화 두 사람의 의사가 우연히 합치한 사실이 있다. 또 황해도 서흥읍(瑞興邑) 중부 삼리 장덕상(張德尙)이 그 스승인 재령 거주 장로교 선교사 미국인 윌리엄 헌트와 친구 김구영(金龜泳)에게 보낸 편지의 일부에는 "특히 말씀드리고 싶은 것은 서흥읍 중에는 나마교(羅馬教)[12], 천

12 가톨릭 '로마교'의 음역어이다. 로마교, 천주교의 유의어이다.

도교(天道教), 시천교(侍天教)가 있다. 그 외는 지극히 지혜로운 자와 무척 어리석은 자가 있다. 일본 순사는 교인을 만나면 합방에 대하여 가부(可否)를 문답하고자 하여 미친개처럼 날뛰어, 교인 등은 부딪치지 않도록 주의하고 있다. 기생충 같은 나라의 무리가 날로 날뛰고, 우민은 방황하여 애석하고 안타깝다. 그대는 고상한 의견을 보여주기 바란다. 교인이 모이면 180명이다. 교우 등은 비방에 견딜 수 없는 상황이다. 부디 많은 기도를 해주시길 바란다. 아멘" 이러한 사례는 일일이 들 수 없을 정도이다. 더욱 신도의 기독교에 대한 신념의 후박(厚薄)을 보면, 10중 7, 8은 그 무죄의 증거로 먼저 어머니를 부르고, 나아가 예수를 부른다. 심지어 신문소(訊問所)에 들어가면 즉시 "하늘에 계신 아버지여, 주님은 왜 이 무죄자를 감옥 속에 던지셨나요? 조만간 무죄가 밝혀져 하늘에 계신 아버지의 은혜를 입고 싶습니다"라고 기도하는 자가 있다. 거주를 제한당한 이동휘(李東輝)는 "유배소의 달을 바라보면 이것이 천부(天父)의 명인바, 무엇을 걱정하며, 무엇을 원망하랴. 유배의 명도 천부가 명하는 것이다"라고 말하며 조금도 개과천선할 모습을 기대할 수 없다. 오히려 그 신념이 굳건한 증거로 삼고자 한다. (중략)

(3) 학교

지금 불령사건의 다수가 사립학교에서 협의되었음은 자명한 사실이다. 즉 교사 고정화(高貞華), 최중호(崔重鎬), 유문형(柳文馨)이 안명근(安明根), 박만준(朴晩俊)의 무리와 황해도 신천 여성학교(麗成學校) 사무실에서 여러 번 불온한 협의를 거듭하여 안명근과 고정화는 동교에서 자객 이응점과 만났고 또 신효범(申孝範)은 그 모집에 응하였다. 자객 이응점과 평안북도 선천 대명학교(大明學校) 교실에서 회견하고 또 안악 양산학교(楊山學校)에서는 안명근이 흉모에 가담하고자 대집회를 열어 자금조달의 방법으로 안악읍내 자산가를 습격할 것을 협의하고 또 송화(松禾)의 창동학교(彰東學校)에서는 서간도 이주 유세장에 간 김도희(金道熙)를 맞이하여 숙박시키고 동지 서로 만나 그 협의를 한 사실이 있다. 이에 더하여 여러 학교 및 교사 가택에서 수십 수의 불온한 창가를 발견하지 않은 곳이 없다. 지금 그 중요한 한두 수의 창가를 옮겨보면.

(一)

만나서 생각한다.

① 사랑하는 우리 청년들아. 오늘 만나 보니 기쁜 마음 많은 가운데 나라의 뜻은 더욱 크다.
언제냐, 언제냐 독립축하연을 하게 될 날이
② 청년이여 진실로 신중하라, 원수에게 분노해야 한다.
적을 몰아내는 것이 우리가 진정으로 바라는 바이다.
언제냐, 언제냐 개선가를 높이 부를 날이
③ 청년이여 실로 고단하다, 사람의 속박 실로 고단하다.
이 속박을 벗어버리는 것이 우리가 진정 바라는 바이다.
언제냐, 언제냐 자유종을 크게 울리는 날이
④ 청년이여 실로 슬프구나. 강제병합 실로 슬프구나.
우리 국권을 회복하는 것은 우리가 진정 바라는 바이다.
언제냐, 언제냐 독립기를 높이 올리는 날이
⑤ 청년이여 조국을 보전하는 것은 누구의 책무냐
낙담하지 말고 실로 분발하여 국사(國事)에 힘을 쏟자
소원을, 소원을 성취할 날은 멀지 않다.

(二)

정신가

(중략)

각 사립학교의 창가 수십 수는 대개 위와 같고, 아직 판별력이 없는 아동에게 이런 사상을 고취시키는 것을 간과할 수는 없다는 점은 말할 것도 없다. (중략)

봉산군(鳳山郡) 유동(楡洞)의 세력가 이태건(李台健)은 국권회복에 일조하고자 혼자 힘으로 조양학교(朝陽學校)를 경영하고, 그 규칙서의 권두에 다음 인체 그림을 넣어 청년을 고무하는 재료로 하게 하였다. 그뿐 아니라 병합 이래 기독교에 귀의하지 않으면 자유교육에 전념할 수 없다고 하여 일가족을 이끌고 올해 2월 기독교 장로교에 투신하여 자신이 경영하는 조양학교를 기독교로 이관시켰다. 이는 현재 조선인 사조(思潮)의 한 증좌가 아닐 수 없다.

그 외 학교의 나무판자 혹은 종이에 대한국독립 혹은 국권회복 등의 문자를 낙서한 것은 거의 일일이 들 수 없을 정도이다. (중략) 올해도 역시 이미 경성 상동기독교청년학원 및 이번 다수의 불령자를 배출한 경신학교(儆新學校) 및 대구 기독학교의 경우는 사범강습소 설립이 내정되었다. 그러나 사범강습소에 입소할 다수의 무리는 이른바 독립주의자에 속하고, 일면 강습을 함과 동시에 종래 무지한 불평자들과 서로 만나 의기투합하는 한 기관으로 만들 수 있으니 주의를 기울여야 한다.

불령사건 관계자의 다수는 경성장로교 경신학교 출신자로 이 학교 출신자의 다수는 졸업 후 지방에 가 교편을 잡는 경향이 있다. 이는 주의해야 할 현상이다. 경신학교는 종래부터 배일학교의 중심으로 작년 여름 교장 게일이 학과 중에 일본어를 가하자 생도는 그 조치에 반항하여 동맹퇴교를 기도하여 할 수 없이 게일이 물러나고 언더우드에게 교장직을 위임했다. 언더우드 역시 배일파의 거두로 지목되는 자로 생도도 교장의 후임이 언더우드가 되자 기뻐하며 학교로 되돌아와 그 휘하에 운집했다. (중략)

(4) 청년 및 학생

(중략)

청년학생들이 점차 기독교를 따르는 경향은 무엇보다 주의할 필요가 있다. 병합 후 그들의 편지에도 또한 한국으로 인정하며 다수 조선인의 뇌리에는 아직 한국이라는 것이 존재한다. 조선이 제국영토의 일부가 된 것을 즉각적으로 느끼지 못하는 것으로 추찰할 수 있다. 이것은 단순히 편지에서뿐 아니라 신문(訊問) 공술에서는 모두 한국이 존재하는 것처럼 사유하고 있어 그 불령한 행동과 모순하는 언동임을 분명히 알 수 있다. (중략) 자객으로서는 우선 안중근이 있고, 이재명이 있다. 그리고 이들 두 사람 중에 전자는 청년 학생의 뇌리에 깊고 심각하게 각인되었고, 후자는 그들에게 아직 등한시되는 것 같다. 실로 안중근의 그림엽서는 곳곳에서 불평자의 가택에서 발견되지 않는 곳이 없고, 저명한 배일자, 안태국 등의 무리도 안중근의 모습을 사진으로 복사하여 벽에 걸어두고 존숭의 뜻을 나타냈다. 불평자

사이의 선구자들이 이와 같은 상황이니 그 나머지 사람들이야 오죽하겠는가. 게다가 그 존숭은 남자만이 아니고 경신학교 내 정신여학교 졸업생 홍은희(洪恩喜)라는 여자는 안중근의 초상을 명함 크기로 새겨 매일 가슴에 품고 다녔다. 실제로 불령자 사이에 불리는 안중근의 창가가 있다.

노국(露國)과 청국 두 나라를 지날 때 설 때나 앉을 때나
기도하는 것을 보시오, 주 예수 이를 보시오
동반도의 대제국을 우리 소원대로 구해 주시오
오호 간악한 늙은 도둑이여, 우리 이천만을 멸망시키고
금수강산 삼천리를 목소리를 내지도 못하게 하고 빼앗아
흉악한 수단을 부렸지만 지금은 너의 목숨 끊어져
너도 역시 한스럽겠지, 갑오독립을 선언하고
을사체약 후 금일 네가 북으로 향할 줄은
너도 역시 몰랐겠지. 덕을 닦으면 덕이 오고
죄를 지으면 죄가 온다. 너뿐이라고 생각하지 마라
너의 동포 오천만을 한 명 한 명 이와 같이
우리 손으로 죽여주리.

(중략)

김기준(金基俊)의 경우는 고향 평안북도 용천에 속하여 이번 불령자 고일청(高一淸), 김용규(金容奎) 등과 친분이 있다. 올해 1월 초순 고일청 등은 동지 감익룡(甘益龍), 이태주(李泰周) 등이 동지 권유의 목적으로 상경하여 우연히 김기준(金基俊)과 동거하여 서로 알게 되자, 이태주로부터 서간도 이주를 듣고 찬동하는 한편 이를 관헌에게 밀고하고, 다른 한편으로 사람을 시켜 세상에 이를 알리도록 하여 자신은 결백하고 신정(新政)을 구가하는 것처럼 위장했다. 김기준이 관헌에 밀고하는 행동 및 이태주의 유도에 찬동한 것은 사실의 진상을 확인하기 위해서라고 한다면 원래 오히려 동정할 가치가 있다 할 것이다. 그런데 이것은 단지 김기준이 표면만을 파악한 사실에 지나지 않고 그 속마음을 엿보게 되면 설령 하루 저녁의 지

인이라고 해도 국사에 분개하여 의도를 고백한 지인을 팔고, 나아가 친분이 있는 고일청과 김용규를 감옥으로 던져 그 관직까지도 상실하도록 한 추한 행동은 오히려 증오할 만하다. 대개 조선인 사이에 표리 있는 행동은 감히 의심하기에 부족하지 않으니, 이로써 조선인을 신용하는 것이 얼마나 힘든 일인지를 알 수 있다. (중략)

(5) 곡해

(중략)

불령사건의 관계자는 모두 중류 이상으로 다소 신학문을 배운 자에 속한다. 양기탁의 경우, 김홍량의 경우, 임치정의 경우, 이승훈의 경우, 그 외 안명근, 김도희를 비롯하여 세계의 대세에서 조선의 지위를 논하게 했더니, 이에 대해서는 흠잡을 데 없이 그 추세를 알고 있었다. 그중 김구(金龜)의 경우는 한번 입을 열면 그의 장점인 웅변을 떨쳐 도도하게 천하의 대세에서부터 일본, 조선, 청국의 위치를 논하고 서간도 지형부터 러시아 시베리아까지 말하는 바는 손바닥에서 물건을 찾는 것처럼 매우 정치하고 조금도 오해하는 부분이 없다. 그런데도 함부로 분규를 일으키려는 태도로 대세에 저항하니 그 이유가 무엇인지 알기 어렵다. 대개 이와같이 대세의 추세를 알면서도 불령한 행동을 감행하려는 것은 자신을 지사(志士)로 자임하는 결과의 연장선상이라고 해야 할 것이다. 즉 불령배가 망국을 분개하고 사상의 고취를 꾀하기 위해서는 우선 제국의 정치에 대해 비난을 가할 필요가 있다. 따라서 총독정치에 대한 모든 것을 비난 공격할 재료로 하고자 노력하고 항상 곡해하는 눈으로 바라본다. 시기심이 많은 성품과 섞여서 금방 우민을 혼란스럽게 할 곡해의 주장을 만들어내는 것이다. 제국 시정 중 불령자에게 우민을 혹하게 할 수 있는 최량의 재료가 동양척식회사 같은 것이다. (중략)

실제로 조사한 125명 중 태반이 '총독정치는 조선인의 자유를 빼앗고 압제를 가하는 것이다. 나라가 망하여 민족이 장차 멸망하려고 한다. 누가 분개하지 않겠는가?'를 주장하지 않는 자가 없다. 실로 이 현상은 주의를 필요로 하며 또한 조선 거주 내지인은 관민을 불문하고 모름지기 조선인에게 빈틈을 노릴 기회를 주지 않도록 노력해야 한다.

이상은 불령사건 조사를 하면서 이면에 보이는 것에 대한 서술로, 일개 사건을 관찰한 데에 그친다. 관계자의 범위는 경기, 충남, 강원, 함경남북, 평안남북, 황해의 팔도인일 뿐 아니라 아직 전 지역의 사상을 적발한 것이 아님은 물론이거니와 조선인의 결함만을 열거한 것이어서 그 이면에 선량한 것도 많을 것이다. 요컨대 조선인은 궁극적으로 의심이 많고 결국 불가해한 인물이라고 하지 않을 수 없다. 대개 조선인은 상하 모두 교만하고 경박한데 무엇보다 부화뇌동하여 지조가 없다. 마치 용기를 거세당한 내지인의 성격을 방불케 한다. 즉 불가해한 이유이다. 현재 조선인은 거취를 정하지 못하고 가장 방황할 때이므로 이 불가해한 성격을 잘 이용해야 한다. 그렇지 않으면 동화의 결실을 얻기 어려울 것이다. (하략)

2) 조선의 사상운동

〈자료 176〉 조선의 사상운동

[젠쇼 에이스케(善生永助), 〈朝鮮の思想運動〉, 《思想月報》 1권 2호, 조선총독부 고등법원 검사국, 1931.5, 59~65쪽]

유럽 전란 발발 당시 조선 내에서는 때때로 아무런 근거도 없이 독일의 우세를 단정하며 국권회복의 시기가 도래한 것처럼 소문을 퍼뜨리는 자가 있었다. 특히 1917년(大正 6)[13] 러시아 제2혁명 후 독일이 점점 세력을 동쪽으로 넓혀 갈 즈음과 제국 및 여러 외국의 시베리아 출병 시에는 황당무계한 풍설을 전하는 자도 있었다.

그러나 다행스럽게도 아직 이것으로 민심이 동요하는 정도는 아니고, 일부 재외조선인 등은 최근 빈번하게 조선의 독립운동에 분주한데, 애초 문제 있는 민족자결주의를 따라서 조선의 독립을 위해 먼저 민족을 규합하고 내외가 서로 호응하여 그 의사를 세계에 표명해야 한다면서 1919년(大正 8) 1월 사람을 은밀히 도쿄 및 조선으로 파견하여 주로 학생과 기독교도 중의 불평분자에 선전을 시도했다.

큰일에 사리 분별없이 남을 따르는 습성이 있는 조선 민족 사이에는 자주 유언비어가 나

13 원문에는 1918년으로 되어 있으나 바로잡음.

도는데, 특히 대전 종국 전후부터 세계 사상의 변동에 자극을 받았고, 일부 조선인들 사이에서는 세계 대세를 분간하지 못하고 쉽게 독립이 실현될 것이라는 생각을 품는 자가 적지 않았다. 이로 인해 자연히 민심이 움직이며 동요가 야기되어 간혹 천도교도 중에 이 미묘한 민심의 움직임을 간파하고 독립이라는 이루어질 수 없는 희망을 도모하는 자가 있으니, 기독교, 불교 두 교도가 뜻을 함께하는 자들과 함께 공모하여 결국 1919년 3월 1일에 독립 소요 사건을 야기하기에 이르렀다. 이 독립 소요 사건은 한때 조선 전역 각지에서 일어났으나 약 2개월 만에 진압되어 집단적인 시위운동은 사라졌지만, 당시의 민심은 소요 여파로 인해 일반적으로 평정을 잃어 상하를 불문하고 모두가 불안한 상태가 만연했다. 그 결과, 이 시기를 틈탄 불온분자의 선동, 협박 등이 빈번히 일어났다.

1919년 8월 대대적인 경찰제도 개혁이 이루어지며 경찰력이 충실해짐과 함께 서서히 인민이 각성하게 되어 불령한 기획이 미연에 적발되고 큰 사건으로 발전하지 않은 것은 무엇보다 다행스런 일이다.

이들 불령한 무리들의 대부분은 함부로 양민을 협박하고 독립자금이라고 칭하여 금품을 강탈하고 이를 사리사욕을 채우는 데 유용하여 쓸데없이 국민의 원성을 사는 자가 있다. 또한 시간이 경과함에 따라 독립운동이 무모한 것임을 지식계급부터 점차 일반인으로 널리 알려지게 되자 불령운동에 부화뇌동한 무지한 자들도 대부분은 잘못을 뉘우치고 깨달은 듯하다. 더욱이 이러한 불령 계획의 대부분은 그 근거지를 해외에 두고 있는데 상해임시정부를 비롯하여 그 밖의 불령단은 멀리 조선 밖에서 헛되이 준동을 하고 있는 것에 불과하다.

1920년(大正 9) 및 1921년(大正 10)까지는 국경 3도(함경남도, 함경북도, 평안북도)에 크고 작은 불령단의 침입에 의한 피해가 있었으나 1922년(大正 11) 이후에는 현저하게 그 수가 감소하여 겨우 강 주변에서 초목이 무성한 기간에 삼삼오오 관헌의 눈을 피해 침입하여 강도 행위를 하는 자가 있을 뿐이다.

일부 조선인 중에는 1921년에 있었던 워싱턴회의를 이용하여 독립이라는 헛된 희망을 이루고자 도모한 자들도 있었으나 결국 실패로 끝났기 때문에 외국의 원조 또는 국제회의를 이용하여 그 목적을 달성하고자 하는 염원은 일소되었고, 민중은 무모하고 공허한 운동으로는 소기의 효과를 거둘 수 없다는 것을 자각하였다. 이후 문필계, 종교 방면 관계자 및 청년학도 등의 유식계급은 종래의 운동에서 전환하여 교육 진흥과 산업 발달에 전력을 기울이고 민족문화 향상을 촉진하여 민족자립의 기초적 발전을 이룩하고자 하는 이른바 실력양성론이 대두하게 되었다. 즉, 폭력적인 직접 행동에 의한 독립운동은 거의 모습을 감추어 현재 이들 중에 기관이라고 인정할 만한 것은 거의 없는 상황이다. 1926년(大正 15) 고 이왕 전하의 국장 당시 일부 소수의 불량학생이 독립만세를 큰소리로 외치며 독립 정신을 환기시키기 위해 힘썼는데 이에 찬동하여 망동하는 자가 없었던 것은 이 동안의 소식을 분명히 이야기해 주는 것이리라.

다만 재외 한인의 독립운동으로는 미국 본토, 하와이(布哇), 러시아(露領), 상해 및 서북간도의 소수 세력이 여전히 명맥을 유지하고 있는 것에 불과하다. 그러나 이들 세력은 거의 조선 내에 아무런 영향을 주지 못할 정도로 미력한 것이다. 이들은 장래에 일이 성취될 것을 예기하여 운동을 계속 이어가는 것이 아니라 오직 독립이라는 미명을 빌려 자기의 생계를 꾸려 나가는 대단히 교활한 수단으로 민심을 현혹하고 있다. 상해에 있는 이른바 임시정부, 의열단, 병인의용대(丙寅義勇隊) 등의 폭력 단체 및 북만 혹은 압록강 대안에 근거지를 확보하여 세력을 떨치고 있는 불령단은 지금도 여전히 국경지대에 출몰하여 금품을 약탈하는 경우가 있으나 조선 내로 침입하여 흉폭한 행위를 감행하는 자는 적다.

1926년(昭和 1) 10월 의열단원 나석주(羅錫疇, 1892~1926)가 경성 동양척식회사에 난입하여 살상을 행하고, 또한 이듬해 1927년 대구 조선은행 지점 폭파 사건 등이 있었으나 이와 같은 망동은 조선 내의 민심을 좌지우지하지 못했고, 일반인들은 그 어리석음을 비웃는 상황이었다. 1928년(昭和 3)의 즉위식(御大典) 전후와 1929년(昭和 4)에 개최된 조선박람회에 즈음하여 재외 불령배들이 빈번하게 조선내 동지와 연락하여 일대 소요를 기획하고자 하는 정황이 있었으나 경계 사찰이 엄중했기 때문에 극히 일부 학생 등의 격문 산포 및 동맹 휴교가 있었을 뿐, 지극히 평온무사하게 경과했다.

그런데 1929년 11월 3일 전라남도 광주에서 이 지역 중학교 생도와 고등보통학교 생도와의 사소한 말다툼이 원인이 되어 두 학교 생도들이 서로 여기에 참여하여 집단 충돌이 일자, 이 지역 공산주의자들은 주의(主義)를 실현할 절호의 기회라고 열심히 책동하여, 같은 달 12일 이 지역 조선인학생이 일제히 시위운동을 감행하게 하였다. 아울러 이들 주의자는 경성에 있는 동지와 모의하여 학생을 사주하여 폭동을 기도하고 다른 민족주의자, 사회주의자의 책동도 있어 12월 9일부터 여러 날에 걸쳐 경성부 내 각 조선인 남녀 중등학교의 소요사건이 발생하기에 이르렀다. 그 결과 지방 각지에도 이 운동이 파급되어 1930년(昭和 5) 2월에 이르기까지 조선내 각지에서 이른바 광주사건에 동조한 학생의 동요 사건을 야기했으나 경찰이 주모자, 선동자를 검거함에 따라 3월 들어 사건은 종식되었다. 좌경분자 등이 조선 전역에서 발발한 이 학생 사건을 하나의 시험 과 단련으로 여기고 앞으로 일이 생길 때마다 폭동을 일으킬 수도 있기 때문에 경찰당국은 특히 이 방면에 주의를 하고 있는 듯한데, 조선의 학생운동이야말로 장차 가장 경계해야 할 사상운동임이 분명하다.

오늘날에도 이른바 민족운동은 재외불령자 등의 운동과 함께 은밀하게 사상을 온양(醞釀) 하고자 하여 특히 일반 조선인 학생, 유식청년계급 등에 이러한 소견을 품고 있는 자가 많은 것은 말할 필요가 없다. 언문 신문, 잡지 등의 논설을 보아도 이들의 소식을 저절로 엿볼 수 있고, 중등 이상의 학생 중에 일이 있을 때마다 동맹휴업을 일으키고 있는 경우는 분명히 제국의 통치에 대하여 성의를 가지고 있지 않은 태도로 보아야 한다. 특히 근래에는 교육이 진보하고, 권리 사상이 발달함에 따라 이런 종류의 사상을 품고 있는 자들은 더욱 증가하는 추세이다.

한편으로는 교육을 받은 이 청년들이 적절한 취업을 하지 못하고, 즉 뜻을 이루지 못한 못마땅한 결과에 저절로 좌경적 사상을 띠게 된 자가 상당히 많다. 또한 전술한 독립운동이 좌절됨에 따라 자포자기에 빠진 무뢰 불량한 청년, 혹은 시정 또는 사회에 불평, 반감을 품고 있는 무리들은 실망과 반감에서 과격 사상에 투합하고, 국제공산당으로부터 적화선전비를 손에 넣으려고 하는 자도 있다.

1922년(大正 11)에 들어 조선노농총동맹, 조선청년총동맹의 전조선 통일기관이 조직되어 세포 단체도 각지에 생겨났다. 1925년(大正 14)에는 조선공산당 및 고려공산청년회와 같은 비밀결사가 조직되는 등 차츰 주의운동이 진행됐으나 관헌의 검거로 의해 이들의 음모는 좌절되고 말았다. 즉, 제1차 공산당 조직 및 고 이왕 전하의 국장 당시 국제공산당의 지시에 근거하여 제2차 공산당 관계자의 불온 계획을 검거한 이후로는 주의운동의 방향이 현저하게 전환되었다. 즉, 종래에는 민족운동과 제휴하지 않았으나 향후의 운동은 민족주의자와 제휴하여 공동전선을 펼치지 않고서는 도저히 그 목적을 달성할 수 없다고 보고 특히 내지의 주의운동자 등이 무산정당을 수립하고 정치운동으로 방향을 전환하게 된 것에 자극을 받아 조선의 사상 단체가 연달아 방향 전환을 선언하거나 혹은 해체 또는 조직을 변경하며 대세에 순응하게 되었다.

이처럼 조선의 사회운동은 종래의 부분적인 경제활동에서 전민족적인 정치운동으로 방향을 전환하였고 그 결과, 민족·사회 두 주의자가 합동하여 민족단일당 결속을 외치고 이에 공명하는 자도 결코 적지않다. 물론 그 이면에는 공산당의 책동이 있는 것은 분명하여 이미 제4차 공산당사건을 검거하게 되었으나 이런 부류의 불온사상을 품는 자를 절멸시키는 것은 용이한 일이 아닐 것이다.

요컨대 조선의 사상운동이 이미 표면적으로는 거대한 세력이 되었음을 인정하지 않을 수 없는데, 청년 학생의 사상적 내면에 파고 들어가 운동 속에 깊이 잠재하고 있기 때문에 이를 근절하는 것은 실로 불가능하며, 교육의 보급과 진보, 사회 상태의 추이 여하에 따라서는 무서운 기세로 퍼져가는 세력으로 나타날 수 있다. 그러므로 정치·경제적으로 사회와 민심의 조화를 해치지 않는 정책을 펼치고, 또 경찰과 관헌은 청년 학생들의 과격한 사상 움직임에 주의하여 미연에 방지하려는 마음가짐이 중요하다고 믿는다.

◆ 의열단

〈자료 177〉 의열단 행동, 부(附) 김원봉

(朝鮮事情硏究會, 1924.7.5,「不逞團關係雜件朝鮮人ノ部-別冊 義烈團行動 附 金元鳳」,『極秘朝鮮事情』, 日本外務省外交史料館 소장)

목차

1. 의열단의 기원 연혁
2. 의열단의 주의 목적
3. 의열단의 조직 내용
4. 김원봉의 품행과 경력
5. 의열단의 행동 개요

1. 의열단의 기원 연혁

1919년(大正 8) 3월 조선 전도에 걸쳐 이른바 만세소요사건이 발발하자 어떤 백면황취(白面黃嘴)[14]의 두 청년은 마음 깊이 생각하는 바가 있어 서로 협력하여 고향인 경상남도를 탈출하여 멀리 중국 길림으로 건너갔다. 당시 재외불령선인 사이에 상당한 명망이 있던 이곳 군정사(軍政司)에 투신한 이 단체의 경리과장 황상규(黃尙奎) 및 같은 고향 선배 김대지(金大池)[15] 등은 크게 그 의기를 상찬했지만 나이가 아직 어리므로 이 단체의 임원으로 받아들이

14 노란 담뱃대를 물고 있는 세상 물정 모르는 조선 젊은이를 비유함.

15 김대지(金大池, 1891~1942)의 이명은 일봉(一峰), 김치환(金致煥), 김인식(金仁植) 등이다. 1917년 만주의 길림 등지와 국내를 왕래하며 독립운동 비밀결사를 조직하려다 발각되어 1918년 평양복심법원에서 징역 4개월형을 받았다. 1919년 4월 상해 대한민국임시정부 수립 후 11월 국내조사원으로 임명되어 경남 밀양 책임자가 되었다. 1920년 프랑스 조계지 내 자신의 집에서 곽재기, 김원봉 등과 함께 폭탄 무기를 국내로 반입, 1923년 이

는 것을 피하고 오로지 모험가로 시종일관할 것을 설득했다. 이에 두 청년은 중국 남방의 혁명가 손문(孫文)의 부하로 폭탄 제조에 경험이 있는 어떤 중국인을 초빙하여 길림으로 맞이하는 한편 동지를 규합하여 대규모로 폭탄을 제조했다. 이 두 청년이야말로 후일 의열단장으로, 동지 사이에 경외심의 존재가 된 김원봉(金元鳳)과 조선인 사상 단체의 중심인 북성회의 중진 김약수(金若水)이었던 것이다. 김원봉 역시 별호를 약산(若山)이라고 한 것은 실로 이때의 일이며, 약수(若水)와 함께 산수(山水)의 두 글자를 나누어 칭한 것은 대개 그 관계가 매우 굳건하다는 의미임에 틀림없다. 당시 김약수가 고향을 떠날 때 약 4만 원을 갖고 있는 것을 우연히 군정사원이 알게 되어 억지로 이를 탈취하려 하자 그들 두 명은 극력 그와 항쟁하여 일단 그 돈을 탈환했지만, 김약산(김원봉)은 다시 독립자금 명의로 약 1만 원을 떼어 마음대로 이를 군정사에 기증했다. 김약수는 이를 깊이 불쾌히 여기고 화를 내며 일본으로 떠났다. 이래 두 사람은 결국 옛정을 회복하지는 못했다고 한다.

한편 그들 동지의 계획은 착착 진행되어 의열단이라는 명칭을 붙이게는 되었지만, 별도로 통솔자를 정하지 않고 오로지 선배의 지도를 받으며 동지가 서로 협력하여 조선혁명에 노력하기로 하고 우선 최초의 시금석으로 동지 곽경(郭敬) 즉 곽재기(郭在驥) 등 십여 명은 폭탄 십여 개를 갖고 1920년 봄에서 여름으로 바뀔 무렵에 조선으로 잠입하였다. 하지만 끝내 관헌에게 발견되어 일당은 전부 체포되었으므로 이 단체의 사업으로서는 실패의 첫 페이지를 남기게 되었다. 그렇지만, 당시 길림에 잔류한 김원봉은 오히려 김대지(金大池) 등의 지도로 그 자질을 발휘하여 큰 담력과 주도면밀한 사려로 모범적으로 단원 사이에 두각을 나타내 스스로 단장이 되어 일반의 인정을 받게 되었다. 이러한 여러 연고로 김원봉은 지금 역시 김대지에게 지도를 받으며 일이 있을 때마다 그의 의견을 구하고 있다고 한다.

원래 상해에서는 1919년(大正 8) 4월 이른바 임시정부 조직 이래 동 정부의 부속기관으로 김성근(金聲根), 임득산(林得山) 등이 주재한 구국모험단이라는 것이 있는데, 이것은 폭탄 제조 및 사용법을 습득하여 조선 내 각 관공서의 파괴, 대관 및 친일조선인 암살 등의 직접행동을 목적으로 하여 조직되었다. 하지만, 가정부의 쇠망에 따라 이 또한 세력을 잃게 되어 아직 아무런 하는 바도 없이 설립 후 1여 년이 지나고 마침내 폐멸에 이르게 되었다. 의열단

후 의열단의 주요간부로 활약했다. 1980년 건국훈장 독립장에 추서되었다.

은 이를 전후하여 그 근거지를 북경으로 옮기었으나 구국모험단의 쇠퇴와 함께 다시 세력을 상해로 확장하여 이래 오늘에 이른 것이다.

2. 의열단의 주의(主義) 목적

본 단의 설립 당초, 주의와 강령에 희생적으로 조선의 독립을 도모하자는 내용의 신조로 선언, 단칙 등의 성명이 이루어졌다는 것은 듣지 못했다. 그런데 그 후 해가 지남에 따라 그 명성이 드러나게 되자 혁명선언서라는 것을 공표했다. 그 방법은 결전(決戰)이 아니며, 외교가 아니며 오로지 부단한 폭력 파괴 암살 폭동으로 조선혁명 목적을 달성하려는 것이다. 단장 김원봉은 평소 사람들에게 말하길, 우리 동포가 조국 광복운동을 개시한 이래 혹은 가정부를 조직하고 혹은 광복군대를 조직하고, 또는 공산당과 제휴하고, 혹은 국민대표회의를 개최하는 등 여러 가지 궁여지책을 강구한 것이 이미 수년이 지났지만 그동안 뭐라도 얻은 것이 있는가? 돌이켜보면 실로 떠들썩하기만 할 뿐 모두 한때의 허무한 소란에 그쳤다. 본디, 혁명이라는 것은 정규군 또는 공허한 선전으로 목적을 달성하는 것이 아니다. 모름지기 죽음을 각오한 지사와 폭탄의 위력에 기대하는 것 외에 방도가 없는 것은 모름지기 혁명의 역사가 증명하는 바로, 상해 또는 만주지방에서 아무리 망동을 벌여도 도저히 우리의 목적에 한걸음도 나아갈 수 없다. 우리 단이 지향하는 바는 도쿄, 경성 두 군데에서 우선 조선총독을 죽이는 것, 계속해서 5~6명에 이르게 되면, 반드시 그 후계자가 되려는 자가 없게 될 것이며, 도쿄 시민을 놀라게 하는 일을 매년 2회 벌인다면, 조선독립문제는 반드시 그들 사이에서 제창되고, 결국 일본 국민 스스로 조선통치를 포기하게 될 것은 크게 보아도 명백하다. 조국을 위해 이 대임을 맡을 수 있는 자는 우리 의열단을 제외하고는 단연코 다른 데에서 이를 구할 수 없다. 동포는 모두 명심하여 방도를 그르치는 일이 없도록 하라는 등 대개 그 포부와 인물이 어떠한지 헤아리기에 족할 것이다.

3. 의열단의 조직 내용

의열단은 현재 참모부와 제1, 제2종의 단원으로 구별하여 단원은 보통 이를 동지라 칭한다. 이른바 참모부원은 다음과 같다.

김원봉[金元鳳, 별명 약산(若山)], 경남 밀양

김옥(金玉, 본명 金相潤), 同

한봉근(韓奉根, 본명), 同

양권호[梁權鎬, 본명 이종순(李鐘淳)], 경북 대구[변명 양달호(梁達浩), 양건호(梁建浩), 양근호(楊根浩)]

윤자영(尹滋英, 본명), 경북

그 외 단원은 거의 확실한 것을 알 수 없다. 원래 동 단(의열단)의 조직은 철두철미 김원봉 중심의 몽롱주의(曚曨主義)로 단체의 결합, 그 자체는 매우 공고한 것 같지만, 범위가 확대함에 따라 그 결속은 오히려 취약해져, 오는 자는 막지 않고 가는 자는 쫓지 않는다는 태도를 갖고 있어 단원의 한계가 아직 명료하지 않다. 보기에 따라서 재중국 불령선인들은 거의 전부 의열단원인 것으로 보인다. 또한 다른 한편으로는 김원봉 한 사람의 의열단이라고도 할 수 있다. 요컨대 의열단이란 김원봉이라는 인물을 중심으로 의도하지 않게 모인 결사적 불평분자의 집합단체로 그 주변을 따라다니는 분자는 이합(離合)이 일상적이며 하나둘의 중심 인력(引力)이 작용하여 모여드는 것이라고 할 수 있다. 따라서 동 단의 진상을 아는 자는 단장 김원봉 한사람이며 보통 단원의 경우는 자신이 담당한 사항 이외에 아무것도 알지 못한다. 단지 동 단의 간부위원으로 기밀회의에 참석하는 자는 대체적 방침 정도를 알고 있는 것 같다. 이조차도 만주 조선 일본 내지의 세 개 반으로 나누어 될 수 있는 한, 한 명이 여러 개 반의 사항에 관여하도록 하는 방침인 것 같다. 덧붙여서 그들은 장소가 달라질 때마다 다른 이름을 사용하여 심하게는 한 사람이 여러 개의 변명(變名)을 갖고 있어서 사진 이외에 의거하여 본인임을 심문하는 것은 극히 곤란하다. 게다가 이 단의 간부라 칭하는 인물은 쉽게 사진을 찍지 않고 우연히 기념으로 촬영한 것도 원판과 함께 자신의 수중에 장악하여 결코 복사당하는 어리석은 행위를 하지 않는다고 한다. 따라서 단원은 서로 과연 몇 명이 단원인지도 전혀 알지 못한다. 우연히 단원 1명을 검거할 경우에도 자신 이외에 속하는 것을 절대로 말하지 않을 뿐 아니라 오히려 실제로 이를 모르는 일이 많은 것 같다. 그 외의 내부사정을 파악하는 것은 극히 곤란하다.

4. 김원봉의 품행과 경력

김원봉은 어릴 때 고향의 공립보통학교를 졸업하고 사립동화(同化)학교에서 배우고 경성중앙학교를 졸업한 후 중국 천진 남개(南開)대학에 유학한 적이 있다. 1919년 3월 소요사건이 발발하자 시국에 깊이 자극을 받고, 이래 헌신적으로 독립운동에 종사할 것을 결의하고 김약수와 함께 길림으로 건너간 자이다. 일견 우유부단한 것 같지만, 성격이 극히 용맹스럽고 치밀하며 오만하고 대적할 수 없는 기백을 갖고 있으며, 행동 역시 매우 민첩하여 신출귀몰의 특기를 갖고 있다. 부하를 위해 재산을 베풀며 아끼지 않는다. 매우 염담(恬淡)[16]한 풍모가 있다. 우연히 부하가 궁핍한 것을 알게 되면 자신의 옷을 벗어 전당포에 맡긴다고 한다. 따라서 부하가 그를 대하길 의백(義伯)이라 칭하고 신망이 매우 두텁다고 한다. 출신지인 밀양에는 예부터 이러한 유형의 인물이 배출되어 한 마을의 기풍을 이루었다, 지난날 전홍표(全鴻杓)라는 자가 깊이 시국에 분개한 결과 향당(鄕黨)을 지도하였는데, 늘 이 기백을 주입한 것에 기인한다고 한다.

현재 그와 같은 고향 출신자인 한봉근(韓奉根), 김상윤(金相潤), 김대지(金大地), 김천(金泉) 등도 모두 의열단의 중요간부 또는 고문으로 김원봉을 보좌하고 동 단의 존립 상 빼놓을 수 없는 인물이라고 한다.

5. 의열단의 행동 개요

의열단의 일본 내지에서의 책동은 종래 거의 들은 바가 없으며 주로 조선에 대한 직접행동을 계획하고, 그 실행을 기도했다. 생각건대, 일본 내지에 대한 것은 종래 적당한 연락기관을 갖고 있지 않아서 일시 손을 쓰지 못한 것에 불과하며, 일부러 이를 목적 외에 둔 것은 아님은 그의 호언에 비추어 그 진의를 엿볼 수 있다. 우연히 1923년(大正 12) 1월경부터 점차 일본 내지와의 연락기관을 얻었고, 당시부터 도쿄에서의 흉포한 계획을 세우고 귀족원 중의원 양원 도쿄정거장 그 외 관공서를 파괴하고 대관을 암살하고자 특히 동궁전하 결혼식

16 이익을 탐내는 욕심이 없고 담백함을 뜻한다.

에 즈음하여 한층 그 기회를 엿보았던 것은 상상하기 어렵지 않다. 그런데 아직 준비가 미흡하여 먼저 단원 김지섭의 경솔한 행동으로 예정된 계획 수행이 저해되고 이에 더하여 조선에 밀파한 자금모집원이 검거됨으로써 사기가 매우 떨어졌다. 최근은 오로지 형세를 관망하고 있지만, 정보에 따르면 다시 그는 권토중래를 기하고 있다고 한다. 특히 엄밀한 시찰이 필요해 보이는 1920년(大正 9) 이래 조선 내외 각지의 의열단의 흉포한 행동을 기록하면 다음과 같다.

1) 1920년(大正 9)

(1) 7월 7일 경상남도 밀양에서 폭탄 3개를 소장하고 비밀리에 실행의 기회를 엿보던 곽재기 이하 6명을 체포하고 폭탄을 압수함. 또한 9월 20일 경상남도 진영에서 전기한 연루자 7명이 폭탄 13개 및 화약류를 숨겨놓은 것을 발견 압수하고 범인을 체포함.

(2) 9월 14일 의열단원 박재혁은 부산경찰서 사무실로 서장을 방문하여 폭탄을 투하하여 도주하려다가 오히려 스스로 중상을 입고 공범자 3명 체포했는데 서장은 경상을 입은 데에 불과함.

(3) 12월 27일 경상남도 밀양경찰서 사무실에 폭탄 2개를 투하하여 그중 1개는 폭발했지만 사상자가 발생하지 않은 사건이 있음. 범인은 의열단원 최경학(崔敬鶴), 김상윤(金相潤), 김원석(金元錫)의 세 명이며 즉시 체포함.

2) 1921년(大正 10)

9월 12일 의열단원 김익상(金益相)은 조선총독부 청사 내에 침입하여 폭탄 2개를 투하하고, 1개는 불발로 끝났지만 1개는 마루 및 기기 약간을 파손시킴. 범인은 당시 도주했지만 1922년(大正 11) 3월 상해에서 다나카 대장 저격사건 때 마침내 체포됨.

3) 1922년(大正 11)

3월 28일 의열단원 김익상(金益相), 오성륜(吳成崙), 양건호(梁健浩) 3명은 당일 마닐라에서 귀국 도중인 다나카 기이치(田中義一) 육군대장이 상해 세관 부두 통행 중 폭탄 및 권총으로 동 대장을 암살하고자 저격했지만 미수에 그침. 그 옆에 있던 미국부인 1명을 죽이고 이어 체포하기 위해 추적한 중국인 순사 1명, 영국인 톰슨 및 중국인 쿨리[17] 2명에게 부상을 입혔지만 김익상과 오성륜은 마침내 체포함.

4) 1923년(大正 12)

(1) 1월 12일 오후 8시 10분 경성 종로경찰서 구내에 폭탄을 투척하여 동서 게시장(揭示場)의 지붕을 파괴한 자가 있음. 당시 범인은 도주하여 행적불명이었으나 동월 17일에 해당 범인으로 인정되는 김상옥이라는 자가 경성부 내에 잠복한 것을 확인하고 십여 명의 경찰관이 체포하려 향하던 중 그는 권총을 발사하여 순사 1명을 죽이고 경부 경부보 1명에게 중상을 입히고 도주함. 다시 같은 달 23일 그의 잠복 장소를 확인하고 다시 체포하러 가던 중 그는 다시 권총을 난사하여 경부 1명에게 중상을 입히고 또한 죽음을 각오하고 저항함으로써 마침내 사살함.

(2) 의열단장 김원봉은 조선 내에서 대규모의 파괴 암살을 단행하고자, 올해 초 이래 차근히 준비를 진행하여 비밀리에 폭탄, 권총, 실탄, 불온문서 등 다수의 반입을 기도하여 2월 25일 이래 꾸준히 실행하던 중, 관헌이 탐지하여 3월 14, 15일 양일에 걸쳐 김시현(金始顯) 이하 12명의 범인을 체포하였다. 폭탄 36개(그중 건물 파괴용 6, 방화용 17, 암살용 13) 파괴용 폭탄 뇌관 6, 동 폭탄장치시계 6개 권총 5정, 동 실탄 155발, 불온인쇄물 조선혁명선언서 361부, 「조선총독부 관공리에게」라는 제목의 문서 548매를 압수함.

(3) 9월 29일 총독부 상해파견원의 탐지로 재상해 제국영사관원은 동지 프랑스조계 포석로(蒲石路)[18] 창여리(昌餘里) 66호 정인태(鄭寅台)의 집에서 의열단용 폭탄 50개를 압수함.

(4) 12월 22일 의열단원 김재현(金在顯), 23일 동 단원 구여순(具汝淳)을 취조한 결과 자금 모집을 위해 이미 수명의 사람을 조선에 보냄. 또한 이어서 십여 명의 단원을 침입시킨 것을 판명하여 수배한 결과, 다시 오세덕(吳世悳), 강홍렬(姜弘烈), 문시환(文時煥)의 3명을 체포함. 이들은 조선 내에서 자금을 강제징수하고 일본 내지에서의 의열단의 흉포한 계획에 사용하고자 했다고 함.

---

17 쿨리(苦力, cooly)는 중노동에 종사하는 중국이나 인도의 하층 노동자를 뜻한다.

18 포석로(蒲石路, Rue Bourgeat)는 1914~1943년까지의 지명으로 현재 상해시 장락로(長樂路)이다.

5) 1924년(大正 13)

의열단원 김지섭은 상해에서 비밀리에 일본 도쿄에 잠입하여 1월 5일 오후 7시 궁성에 침입하고자 한 것을 검문당하여 휴대한 폭탄 3개를 투척했지만 결국 불발로 끝나 동인은 체포당함.

3) 독립운동과 좌익운동의 관계

〈자료 178〉 조선에서의 좌익운동

(小田川松造, 1933,「朝鮮に於ける左翼運動」,『思想警察通論』, 日本警察社, 177~182쪽)

(1) 조선의 사상운동은 우선 독립운동에서 시작한다. 다시 말하자면 민족운동으로서 성장의 제1보를 내딛었다. 1910년 한국합병과 동시에 조선독립을 기도하는 민족운동이 일어났지만 그 세력은 극히 미미한 것이었다. 그러나 1919년(大正 8)에 이르러 이른바 만세사건이 발발했다. 그 주모자는 천도교주 손병희로 천도교의 교도를 선동하고, 기독교 교단과 결탁하고, 학생단과 연락하고, 노동자를 동원하여 3월 1일 (이태왕 국장 전일) 오후 2시를 기하여 독립선언을 하고 조선 전 지역에 걸쳐 '대한독립만세'를 고창하게 하여 그 집단이 독립을 위한 집단행동에 매진하도록 하고자 하였다. 실제 3월 1일 오후 2시경, 경성을 비롯한 조선 전역에서 '대한독립만세'가 외쳐지고, 조선의 전 산하에 그 메아리가 울려 퍼졌다. 그러나 관헌의 진압으로 평정을 회복했지만, 그로 인한 검거자는 약 2만 명으로 알려졌다.

(2) 이 사건을 시작으로 조선에서의 사상운동은 급격히 활기를 띠고 각종 운동단체가 발생하게 되었다. 처음에는 조선인의 민족적 감정에 호소하고 민주주의적 사상을 계발하는 등의 색채를 중심으로 한 것이었다. 그러나 점차 마르크시즘의 유입으로 조선에서의 사상운동 주류는 공산주의 운동화가 되기에 이르렀다.

물론 조선인 일반 대중을 직접 흡인하기 위한 표면적인 명목은 현재도 민족적 감정의 호소를 앞세우고 있지만, 그러나 궁극적으로는 사회주의 사회실현을 목적으로 하고 있는 것은 사실이다. 그렇지만 그것과 반대로, 마르크시즘을 이용하여 조선민족의 자주해방(독립)

을 기도하고 있는 것으로 보이는 점도 많이 존재하는 것은 무시할 수 없는 사실이다. 이렇게 두 가지의 견해가 나뉘는 것은 무자각적인 대중은 단지 감정적으로 독립을 염원하고 지식 분자는 마르크시즘에 의한다는 두 가지 사실이 혼재되어 있는 것에 원인이 있다.

(3) 조선에서의 극좌운동을 역사적으로 표시하면 대체로 다음과 같다.

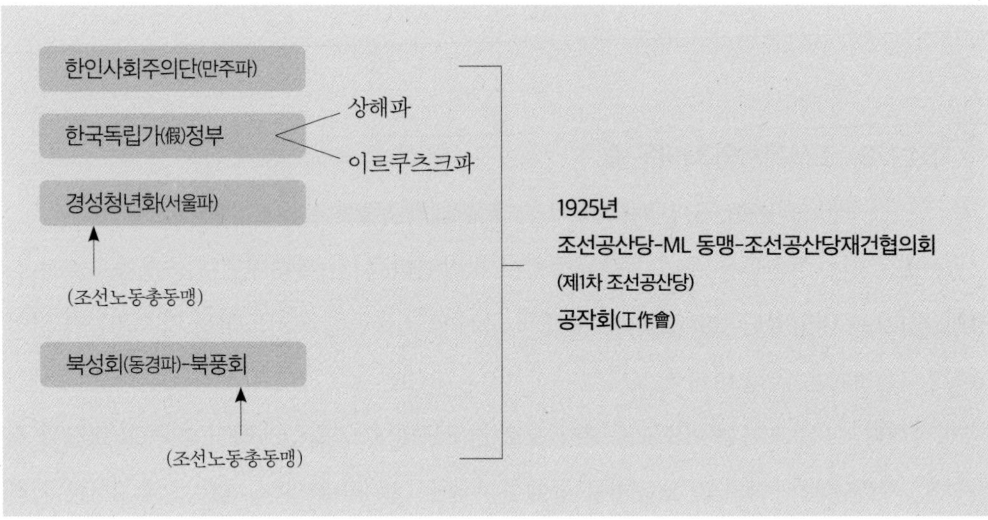

이처럼 여러 가지 파벌이 주수(株守)[19]하고, 쉽게 통일하려고 하지 않는 것은 사실인데 다소 통일된 형태를 띠게 된 것은 조선공산당 결성 이후라고 할 수 있다. 게다가 공작회(工作會)의 경우는 여전히 완고하게 독자 존재를 주장하고 있다.

(4) ① 한인사회주의단은 주로 재만조선인으로 조직되어 처음에는 독립민족운동의 방향을 취하고 있었는데, 그 후 순전한 마르크시즘적 단체가 되어 조선 극좌운동의 만주파라 불린다.

② 한국독립가정부(상해가정부)는 상해 프랑스조계에 본부를 둔 조선독립운동단체의 중심적 조직으로 만세사건 지휘에 힘쓰기도 하였지만, 이 또한 얼마 후 마르크시즘의 색채를 농

19 변통할 줄 모르고 고수함을 뜻한다.

후하게 띠어 국무원 대통령, 국무총리, 내무, 법부, 군무, 학무, 외무 각 총장 등의 조직을 갖고 있다. 한때 그 세력은 대단하였지만 곧 내부에 항쟁이 일어나 문치파와 무단파로 대립하여 통일하지 못하고 자멸하게 되었다. 문치파가 조선 민족을 교육 지도함으로써 자주적인 의식 정신을 강화하고 독립 실현으로 이끌고자 하는 데에 반해, 무단파는 러시아와 결탁하여 폭력으로 총독정치를 배제하려고 하였다.

③ 경성청년회는 전조선청년연합회의 조직결성 도중에 생겨난 극좌파 조직으로 그 후 이 방면의 지도를 담당하여 청년극좌운동의 중심단체가 되었다.

④ 도쿄에 거주하는 조선 학생 혹은 그 지식계급분자는 사회주의적 계몽단체를 조직하여 북성회(北星會)라 칭하고 있는데, 그 지도분자가 귀국하여 조선에서 북풍회를 조직했다. 선일(日鮮)무산계급의 제휴, 마르크시즘의 선전보급, 적극적인 행동단으로서의 무산계급단체 결성 등을 목적으로 하였다.

(5) 이상과 같이 조선의 사상운동은 복잡하고 각부 파벌적 대립 정태에 있는데, 그 통일을 꾀하려는 기운이 진전되고, 또 강력한 순마르크시즘적 단체의 결성이 필요하다고 하여, 1925년(大正 14) 조선공산당을 조직했다. 마산공산당도 이때 조직되었는데 양자가 합체하여 고려공산당이 되었다. 이것이 관헌에 발각되어 궤멸한 제1차 조선공산당이다. 말할 것도 없이 이들은 코민테른의 지도로 결성되었으며, 국제공산당의 한 지부로 존재하였다.

(6) 고려공산당이 궤멸한 후 그 잔류자가 활동하여 조선ML동맹을 결성했다. 마르크스의 M과 레닌의 L을 취한 약칭이다. 공산당과 그 명칭은 다르지만, 실제 활동과 목적 등은 완전히 공산당과 동일한 것이다. ML동맹의 비밀결사가 발각되어 그 기구는 파괴되었지만, 곧 조선공산당 재건협의회가 조직되어 현재는 이 비밀결사가 조선극좌운동의 중심을 이루고 있다고 간주된다. 한편 공산주의적 극좌단체로 공작회가 있다. 자파(自派)로 조선사상운동의 맹주라고 자부하는 단체이다. 그 외 화요회, 전진사(前進社) 등의 좌익단체가 있어서, 공산당 조직의 지도자를 배출하고, 단체가 되어가고 있다.

(7) 조선의 극좌적인 정치단체 중에 중요한 것은 대체로 이상과 같은데, 조합운동으로는

조선노동총동맹이 서울파청년회와 일체가 되었고, 한편으로는 조선노농총동맹이 조직되어 북풍회계의 지지운동으로 활동했다. 이러한 조합단체는 조선에서 극좌운동단의 단체를 만들어 공산당의 저수지로 평가될만하다.

(8) 현재 조선극좌운동의 중심은 조선공산당재건협의회인데, 그 지도하에 있고 외곽단체로 그 영향 아래의 단체가 많은 것은 각종 인터내셔널이 존재하고 있는 것과 같이, 그리고 일본 내지의 외곽적 영향 아래의 단체가 많은 것과 마찬가지이다. 예를 들면 조선프롤레타리아문화연맹-카프-운동의 경우는 그 중요한 단체로 봐야 할 것이다.

4) 중일전쟁기 국내외 '주의자'의 동향

〈자료 179〉 중일전쟁에 대한 주의자의 동정에 관한 조사

(〈支那事変に対する主義者の動静に関する調〉, 《思想彙報》 13, 조선총독부고등법원검사국, 1937.12, 13~36쪽)

1. 개요

이번 사변 발생 후 각 주의분자(主義分子)의 동향을 살펴보면, 과거 조선공산당과 기타 사상 사건에 관계된 실천 운동으로 광분하던 자 중에 솔선수범하여 출정 병사의 환송, 국방비 헌금, 시국 인식을 위한 강연을 비롯한 후방 지원에 진심을 다하는 이들이 상당수 있었다. 또 시국에 대한 언론에 대해서도 제국(帝國)의 태도에 전폭적인 찬동의 뜻을 표명하고 적극적으로 지원하는 자세를 보여주는 이들이 있다. 이러한 일부 주의분자의 동향은 이전에 보지 못한 바람직한 현상을 보여준다. 만주사변 당시 그들이 모두 주의사상의 선전 선동에 악용되었던 사실을 상기해 보면 그야말로 완전한 격세지감을 느끼지 않을 수 없다. 생각건대 이러한 현상은 이번 사변에서 제국의 의연한 태도와 황군의 압도적인 전승으로 인해 시국에 대한 인식이 현저히 깊어져, 자신의 미력함과 의지할 수 없는 타국의 박약함을 통감하게 되어 점차 끓어오르는 국가관념과 함께 지니고 있던 불온사상을 개혁하기에 이른 것이 그들의 사상에 끼친 바람직한 영향으로서 어쩌면 적지 않았을 것으로 여겨진다.

그렇지만 주의분자 중에는 사변에 대하여 지극히 냉담한 태도로 국제관계의 추이를 주시하거나, 사변을 도화선으로 한 제2차 세계대전을 예상하거나 또는 새삼스레 반일(反日) 반전(反戰)의 태도에 나서는 자도 있다. 또, 총후(銃後)의 적성(赤誠)[20]에 대해서도 자세히 검토해 보면 단순히 경찰 당국의 시선을 속이려거나, 혹은 도시와 농촌에 팽배한 일반 민중의 애국적 정열에 이끌려 나오거나 혹은 그것에 영합한 것에 지나지 않는 자 등도 있으니, 표면적인 평정이든 애국적인 언동이든 일부 소수를 제외하고 곧이곧대로 믿기는 어렵다.

요컨대 주의분자의 일부 중에 이번 사변을 계기로 과거의 오류를 청산하고 완전히 전향하거나 전향을 확보(確保)하는 자가 있다고 하더라도, 대부분은 제국의 힘이 두려워 굴복하거나 경계(警戒)의 중압에 위축되거나, 또 일반 반도인의 거국적인 애국 열정에 견제당하여 준동할 여지가 없어서 단지 일시 중지한 것은 아닌지 하는 의구심이 들기 때문에 섣불리 낙관할 수는 없다.

다음은 각 지방법원 검사정(檢事正)의 보고에 의한 관내 각 주의분자의 동정(11월 20일 현재)을 기록한 것이다.

2. 민족주의 분자

⊙ 경성지검 관내

관내의 민족주의계 분자는 약 262명으로 그중 전향자가 약 55명, 비전향자가 약 168명이며 나머지는 동향이 분명하지 않다.

전향 이유는 조선은 과거 독립국의 역사가 없으므로 어떤 국가의 속국이 되는 것이 조선의 운명이다. 그렇다면 어느 나라의 속국이 되는 것이 조선 민족에게 행복을 가져다줄 것인가. 이번 사변, 특히 통주(通州) 사건 때 중국군은 비전투원인 제국 신민(그중에는 다수의 조선인

---

20 '총후(銃後)의 적성(赤誠)'이란 '후방 국민의 참된 정성'을 뜻한다.

이 포함)을 학살하였다. 그런데도 제국에 재류 중인 중국인에 대하여 일본인은 무엇을 하였는가. 일본인은 그들을 애정으로 대하고 아무런 위해를 가하지 않았다. 이러한 국민성을 비교할 때 조선인은 일본제국의 일원이 되는 것이 중국과 합병하는 것보다 훨씬 행복함을 확인한 것이다. 그뿐만 아니라 일본제국의 장래는 전도양양하고 만주, 중국으로 활동시야를 넓혀 조선인에게 장래의 희망을 선사하게 된 것이 전향을 촉구시킨 듯하다. 그리하여 이번 사변으로 민족주의계 분자의 전향이 다른 주의계분자의 전향보다 적극적이어서, 자신의 전향성명을 내외에 당당하게 발표하는 자가 많았다. 전향자 중에 국방헌금을 낸 자가 10명, 시국 강연을 한 자가 2명, 방호단(防護團) 등에 가입한 자가 2명, 출정 병사 환송 및 가족 위문 12명, 감시초소 후원 1명, 그 외 1명이다(단, 위 숫자는 경기도 관내만을 조사한 것임).

비전향자 중에 조선 내에 있는 자들은 이번 사변을 내심 침략주의로 간주하지만 표면적으로는 반대 의사를 표시하거나 후방을 교란시키는 자는 거의 없다. 단 기독교이면서 민족주의계 분자로 짐작되는 자들은 미국인 선교사 앞으로 이번 일본의 출병이 세계침략을 목적으로 한 하나의 현상이다, 나아가서는 미국을 침략할지도 모르므로 미국은 중국 편에서 일본과 일전(一戰)을 해야 한다는 취지의 통신문을 보냈다.

또 이번 사변으로 민족주의계 분자의 전향자가 속출할 것을 염려하여 민족주의계 분자의 거두로서 전향을 발표한 윤치호(尹致昊)를 배신자로 매도하고 협박문을 보내 그를 저지하려는 이들이 있다. 또 중국에 거주하는 불령(不逞)조선인 단체에 가입하여 후방을 교란시킬 목적으로 조선에 들어온 이들이 있다. 현재 이 단체에 가입하고 관내에 들어온 자가 4명 있는데 그중 3명은 중국 체류에 위험을 느끼고 조선으로 돌아왔고, 1명은 적국인 중국을 이롭게 할 목적으로 간첩이 되어 조선에 들어왔지만 바로 검거되었다.

⊙ 공주(公州)지검 관내

민족주의계 분자를 살펴보면 관내의 민족주의분자 40명에 대해서 조사한 바,

(1) 제국의 위대한 실력을 신뢰하고 제국에 불평불만을 품는 일이 전혀 무익함을 자각하여 내선일체를 바라는 제국신민으로서 후방국민임을 기뻐한다. 스스로 나서 국위선양, 황군필승, 무운장구의 기원제에 참가할 뿐 아니라 출정군인의 송별, 국방, 병사위로, 가족위문, 헌금, 방호단 군사후원연맹 가입 등에 적극적으로 적성(赤誠)을 다하고, 사상전향을 하려는 자가 24명.

(2) 민족주의가 불가함을 대체로 자각하나 애국운동에 적극적이지 않고 추종하고 참가하는 자가 11명.

(3) 사변에 대해 아무 관심이 없고 사상적인 변화를 보이지 않는 자가 5명이 있다. 그중에는 구한말(舊韓國)과 현재를 비교하여 구한말의 혼란에 비해 일본은 현재 타국과 싸우고 있지만 신민은 생업에 종사하며 아무런 불안이 없는 감사한 정치이다. 우리 조선인은 이러한 은혜에 보답하기 위하여 후방에서 분투하지 않으면 안 된다고 언급하고, 또 후방의 국민에 만족하지 않고 나아가 병역의무를 희망하기에 이르렀다. 또 지방에 거주하는 내지인이 조선인에 대하여 더욱 사랑하는 마음을 가지고 우월감을 버린다면 조선인은 더욱 행복해질 것이라고 말하는 자도 있다.

◉ 함흥(咸興)지검 관내

민족주의운동은 1919년(大正 8) 이른바 독립만세사건 이후 한때 민족해방운동이 활발해져 일부 조선 독립을 꿈꾸는 이들도 있었지만, 그 후 거세게 침투한 공산주의 운동의 대두로 1932년(昭和 7)부터는 공산주의에 투합하여 민족주의운동은 자취를 감추게 되었고 민족 공산주의 운동으로 전환하였다. 현재 민족주의계 분자라고 할 만한 것은 천도교(天道教), 예수교, 대천교(待天教) 등의 종교단체에 속하는 자, 그리고 유림에 속하는 자들뿐이다. 일반민중이 민족운동에 전념하는 경우는 지극히 적으니 이들 세력은 일반 지원이 없이 위축되어 앞에서 언급한 종교계의 민족운동이 가까스로 신념을 유지하며 조선독립을 꿈꾸거나 혹은 조선인 해방을 염원하고 있으므로 이러한 동향에 대해 상당히 주의 깊게 살펴야 할 필요가 있다. 이번 사변의 발발 이래 북중국과 상해(上海)에서 황군의 활약이 뛰어나 내외로 국위를 선양하는 제국의 실력에 감복하고, 또 여러 열강이 사변에 개입하며 여러모로 암약하는 것은 모두 자국의 권익을 옹호하기 위한 술책으로 진정으로 중국을 지원하기 위함이 아니라는 것을 알게 되었다. 그들은 하나같이 조선민족 장래의 복리가 일본의 강대한 국력과 일본정신의 선양과 비호에 바탕을 두지 않으면 확보 증진할 수 없다는 자각을 촉진하기에 이르렀다. 이렇게 언동이 현저히 변화하게 되었고 현재 일반 민중은 일본을 맹주로 동아의 영원한 평화가 비로소 확립될 것이며 그것이 진정한 내선일체의 핵심이라는 여론에 영합하고 있다. 시국 인식, 전승 기원, 헌금, 시국강연회, 출정군인의 환송 등 후방에서 진심을 다하게 되었고 이러한 동향은 호전되고 있다. 대부분이 불온한 언동을 하는 일 없이 대체로 냉정을 유지하고는 있지만 그 이면(裏面)을 통찰해 보면 마음 깊이 잠재하는 민족의식은 한꺼번에 쉽게 벗어날 수 없다. 때를 만나면 나오려는 경향을 상당히 감추고 있으므로 이런 동정에 대해서는 주의 깊게 살필 필요가 있다.

◉ 청진(清津)지검 관내

사변 발생 이래 비상한 관심을 가지고 시국의 추이를 관망하고 있다. 통주(通州)와 상해(上海) 그 밖의 중국 각지에서 일어난 일본인 학살사건과 중국군의 비인도적 행위는 이들 주의계분자(?)들을 움직이게 만들어 사상전향을 하여 내선일체가 되어 악랄한 중국을 응징해야 한다며 적극적인 애국운동에 나서 일반 도민을 지도하거나 제국의 대업을 믿고 생업에 매진하고 있다. 하지만 아직 일부에 조선의 독립을 꿈꾸는 자가 있으니 전쟁 국면의 추이가 곧바로 그들의 행동에 반영될 것으로 보인다.

◉ 평양(平壤)지검 관내

민족주의계 분자는 그간 각종 민족운동에 관하여 반도 민족의식의 고조를 위해 노력해왔지만, 만주국의 독립, 제국의 국제연맹 탈퇴 등으로 동양에서 제국의 지위가 높아져 주의계 분자는 한층 제국의 진가를 인식함과 동시에 전통적으로 꿈꿔온 조선독립이 불가능하다는 것을 알게 되었고, 현재 정국 하에서 민족주의가 불리함을 깨닫게 되었다. 때마침 중일전쟁 발발로 일반 민중사상도 국가 관념이 왕성해지고 애국정신에 기초한 내선일체를 이루어, 특히 반도 동포로서 황군에 종군하여 활약하는 실정 등을 되돌아보고 제국주의 인식에 한층 박차를 가하여 제국의 군사행동을 지원하는 등 시국 인식이 점점 높아졌다. 시국인식 간담회, 국방헌금, 황군위문금, 출정가족 위문, 출정장병 환송, 환영 등 여러 방면에 걸쳐 적극적인 행동을 솔선하며 후방국민으로서 자각하여 활동한다. 사상을 전향하려는 자가 많지만, 일부는 완고하게 아직 민족주의의 미몽에서 깨어나지 못하고 관망하며 침묵을 지키는 태도로 사상 전향하지 않는 자가 있다. 시찰을 느슨히 하겠다는 것은 아니지만, 대체로 국민의 애국적인 사상에 압도되어 시국을 인식하여 전향해가고 있다고 평가된다.

◉ 신의주(新義州)지검 관내

관내 거주자 31명, 내지 거주자 26명, 국외 거주자 276명의 민족주의계 분자는 도내 주의계 분자 중 대부분을 차지한다. 이를 분류하면 기독교 신도를 중심으로 하는 구미 의존, 그리고 유학자 유생을 중심으로 하는 숭화배일사상(崇華排日思想)에 의한 민족자결주의계 분자로 나뉜다. 첨예분자[21]는 거의 한국합병 및 만세소요 전후에 만주로 건너가 무장 도적이 되거나 중국으로 가서 각종 불령단(不逞團)을 조직하여 격렬한 선전문 혹은 동지 밀파로 조선 내 거주하는 주의계분자와 연락을 취하여 기회가 있으면 소기의 목적을 달성하려고 책동하였다. 하지만 만주사변 발발 당시 필사적으로 암약하였던 외국도 제국이 취하는 엄연한 대외방침에 그들이 간섭할 여지가 없다고 하고, 만주국성립 및 치안숙정(治安肅正)공작, 이주조선농민의 보호시설을 철저히 한 일본제국의 대륙정책의 진의를 이해하게 되었다. 그리하여 조선 내 주의계분자는 마침내 미몽에서 깨어나 사상의 대전환을 보이고 있었다. 그러던 때 마침 지난해 독일에서 개최된 올림픽대회에 손기정(孫基禎) 선수가 우승했다는 보도가 전해지자 손 선수가 같은 출신이라는 이유로 일부 주의계분자는 조선인은 약소민족이 아니며 세계열강으로 손색이 없다고 일반 대중들에게 호소하고 또 청소년 단체를 이용하여 경제와 체력 방면에 실력을 키워 다가오는 기회를 준비해야 한다고 책동하는 움직임이 있었다. 하지만, 이번 사변이 발발하며 당국의 부단한 지도가 적절하게 이루어지자 대적할 적군이 없는 황군의 실력을 눈으로 확인하자 일본의 충실한 국력을 신뢰하게 되었다. 시국에 대한 인식을 깊이 하여 거국일치(擧國一致)[22]로 중국에 대한 응징을 호소하며 국방헌금, 군대환송에 적극적으로 힘을 다하고, 나아가 황군의 무운장구, 전승축하, 기념제, 그리고 강연회, 좌담회 등에 솔선하여 참가하고 있다. 그간 특이한 언동은 보이지 않는다.

관하의 선천(宣川)지방은 종래 기독교 신도를 중심으로 한 배일(排日) 구미 의존의 민족자결주의계 분자가 다수 있었다. 데라우치(寺內) 총독 암살미수, 선천(宣川)경찰서 폭탄 투척사건을 비롯하여 만세소요 당시에는 이곳이 중심적인 책동 지역이라는 느낌이 있었다. 그동안 수많은 크고 작은 불상사건이 발생했지만 만주사변을 계기로 구미의존 풍조가 일변하

---

21 어떤 단체 안에서 급진주의를 주장하는 사람.

22 온 국민이 뭉쳐 하나가 됨.

여 표면적인 운동보다 실력양성운동으로 전환하고 있다. 때마침 올봄 이 지방 유력자를 체포한 동우회사건과 파생된 기독교신도의 불온사건에 대대적인 탄압을 가하는 한편 선도공작을 펼치고 있었고, 이번 전쟁 발발을 계기로 한층 선도에 박차를 가하였다. 그들이 품고 있던 사상의 오류를 자각함과 동시에 황국신민으로서 시국에 대처하고자 선천애국(宣川愛國)의 임시단체를 조직하고 종래의 불상사건의 중심이 되어 책동하던 의식분자들도 솔선하여 이에 참가하거나 위원이 되어 출정황군 송별을 위한 활동을 하였다. 또 열성적으로 국방헌금운동을 일으키고 처음에 고공사격(高射) 기관총 헌납을 목표로 진행했던 운동은 마침내 군용기 선천호(宣川號) 헌납으로 계획이 변경될 정도로 성황을 이루었다. 11월 18일 헌납식을 거행하게 되었고 기독교 신도이기 때문에 과거 신사참배 불참을 견지해 온 그들이 돌연 황군의 무운장구, 전승축하, 기념제에 참석하기도 하였다. 또 신도 예배회 이외의 당국이 주최하는 공식회합에 출석을 꺼리던 풍조가 있었지만 지금은 시국강연회와 좌담회를 개최하면 회장이 넘치도록 참가자가 모였다. 영변(寧邊), 태천(泰川), 박천(博川) 지방은 종래 유학자, 유생(儒生)을 중심으로 숭화배일(崇華排日)의 보수적인 사상을 지닌 자가 많고 청림교(青林教)사건, 백의(白衣)정부사건, 공자교사건, 그 밖의 크고 작은 사건이 빈발하였다. 이곳에서는 여러 차례 검거와 선도 공작으로 점차 사상이 온건해졌고 마침내 이번 사변이 발발하자 유교도덕이 피폐한 중국의 불법과 부당함에서 기인하였음을 인식하게 되었다. 기존의 중화사상이 크게 변하여 단호하게 중국을 응징하자고 호소하고, 영변(寧邊) 군내에서 공자교사건 관계자가 솔선하여 원래 공자교 소유였던 재산 일체를 국방자재비로 헌금하였고 그 밖에 시국강연 및 애국운동에 참가하고 있다.

그러나 도(道) 건너에 있는 만주국의 안동(安東), 통화(通和) 두 성(省)에 준동하는 도적들의 대부분이 이곳 출신일 뿐 아니라 중국에 거주하는 각종 불령단(不逞團) 관계자 중 급진적인 분자 또한 이곳 출신이 대부분이다. 이번 사변을 계기로 한중합작(韓中合作), 반만항일(反滿抗日)을 '슬로건'으로 내걸고 만주 및 남북중국 전선에 직접 적군으로 참가하여 과감한 투쟁을 하는 한편, 조선 내 주의계분자와 연락하여 후방교란을 일으키려고 획책한다는 정보가 빈번하다. 국제정세의 추이 여하에 따라 도내의 주의계분자의 동향 또한 표변할 우려가 있으므로 엄중하게 사찰하여 단속에 힘쓰고 있다.

⊙ 해주(海州)지검 관내

사변 발생 이래 민족주의계 분자의 동향은 대체로 온건해졌으며 황군의 과감한 활동에 대해 경탄하고 있다. 이러한 칭송의 목소리는 제국의 신뢰가 되어 그들의 언사를 종합하면 "일본의 발전은 조선 민족의 행복을 증진하는 것"이라는 관찰이 대부분이다.

그러므로 기존에 예수교 간부로 민족적 편견이 깊고 신사참배에 반발하는 태도를 지니고 있던 자도 자진하여 신사에 참배하고 출정군인의 무운장구를 기원하는 등 표면적으로는 놀라운 전향을 보여준 자가 있는데, 이는 특기할만한 사항이지만 일부는 아직도 애국적 행동에 나서지 않고 소극적인 태도를 보이는 것은 유감스러운 바이다.

현재 민족주의계 분자의 동향을 총체적으로 보면 민족주의계 분자 32명 중 애국적 태도가 16명 이내이다. 특히 사변을 계기로 전향이 확실한 자는 3명이고, 계몽이 필요하다고 인정되는 자는 10명에 달하는 상황이다.

⊙ 대구(大邱)지검 관내

관내 민족주의계 분자는 최근 총독정치가 철저해짐에 따라 특히 농산어촌에 대한 갱생시설, 그리고 한 개 면(面)에 하나의 학교를 설립한다는 목표의 교육보급 등 반도동포에 대한 일시동인(一視同仁)의 혜택이 두드러지게 되었다. 한편, 만주국 건국에 뒤이어 만선일여(滿鮮一如)의 시정방침이 고조되자 점차 제국의 성의(誠意)와 제국 국력의 강대함을 이해한 듯 몇 해 동안 숨을 죽이고 노골적인 표현운동이 나타나지 않고 평온한 상태에 있다. 이번 사변 발발 이래 충성스럽고 용감한 황군의 위력에 경탄함과 동시에 중국 측이 조선민족을 매우 적대시하고 통주(通州)의 사건과 같이 수많은 반도 동포를 학살한 참사가 발생한 것에 반해, 황군은 재만주, 재중국 조선인의 보호에 여념이 없었다는 것을 보고 듣게 되어 중국에 대한 적개심과 황군에 대한 신뢰를 가지게 되었다.

지난번 제국의 권내, 특히 반도 전 지역에서 상하일치, 내선일여, 그리고 국방헌금, 응소장병의 환송, 부상병사의 위문, 무운장구 기원제, 전승축하를 위한 후방의 결속이 더욱 견고해졌다. 최근 학자, 위정자가 호소하는 내선동시동원(內鮮同視同源) 즉, 일본과 조선은 뿌리가 같다는 주장이 시국과 관련하여 매일 신문 지상에 소개되고 있는 내선일체의 눈물 어린 협력 미담이 헤아릴 수 없을 정도이다. 민족주의계 분자 중에도 종래의 주의 주장을 ■■■

■■■■■[23]

언동에 나서 시국에 대한 일정한 인식을 가진 것으로 보이는데 이를 만주사변 당시의 ■■ 변화는 참으로 경이로울 정도였다. 그러나 고루한 양반계급, 예수교 신도 중에는 지금도 과거의 태도를 고치지 않고 기회가 있을 때마다 민족적이고 반전적인 언동을 하는 자가 적지 않다. 그 주요한 것을 기록하면 관내 민족주의계 분자 사이에 중대한 대구부(大邱府) ■■정(町)에 거주하는 서상일(徐相日)은 "이번 사변에 대해서 조선 민족운동의 거두 평안남도에 거주하는 최린(崔麟), 경성부에 거주하는 윤치호(尹致昊)를 비롯한 유력 인물들이 시국인식, 내선일체에 대해서 자발적으로 또는 당국의 권유로 여러 차례 강연하고 종래의 사상을 전향하고 나아가 일본제국주의의 이상을 강조한 결과 민족주의계 분자를 비롯한 일반 조선인에게 효과가 컸음을 인정한다. 그러나 국민의 정치적 사상 추이는 시대의 흐름에 따라 좌우되므로 오늘날 반도 동포가 내지 동포에 비교해 손색없는 국민정신을 발휘하고 있다고 하지만, 향후 대세가 어떻게 변화하느냐에 대해서는 사상적 원리에 입각해서 예단할 수 없다"라고 말하였다. 예수교의 우두머리 칠곡군(漆谷郡)에 거주하는 이종락(李鍾樂)은 "중일전쟁에 대해 아무런 감흥과 흥분을 느끼지 못하고 일본은 스스로가 정당하다고 주장하고, 중국은 일본을 침략국으로 비난하며 국가와 국가 간의 전쟁도 인간 사이의 싸움과 전혀 다르지 않다. 어느 쪽이 이기든 지든 우리가 알 바 아니다. 교전국의 국민이 서로 피해를 입는 것이고 특히 패전한 국민이야말로 훨씬 더 비참한 지경에 빠질 것이다. 우리는 박애와 인류 행복을 기원하며 전쟁을 혐오하고 기피하며 평화를 기원하는 바이다"라고 말하였는데, 이러한 동향에는 극히 주의를 요한다. 요컨대 이번 사변 발발 이래 일부를 제외하고는 조선독립의 이념과 민족적 편견 등이 그들 마음속에 점차 사라지고 전향의 기운이 농후해진 것은 매우 바람직한 현상이라고 할 수 있다. 그러나 다른 한편 상세히 살펴보면 다년간 뿌리 깊게 키워온 이러한 사상과 편견이 가슴속에서 하루아침에 사라질 수는 없다. 따라서 대부분은 아직 명확한 국민적 자각에 도달했다고 판단할 수 없으며, 단지 표면적인 동향이 좋은 모습을 보이고 있다고 해서 곧바로 낙관할 수 없다. 생각건대 이번 기회에 더욱 그들을 이끌고 선도하여 국난극복과 조만간 올 전쟁 후의 경영에 함께 동고동락하게 만드는 일은 향후 민

---

23 원문 상태로 인해 3행 판독 불가임.

족사상을 근절시키는 좋은 방책이 될 것이라 믿는다.

이상과 같은 상황을 보면 관내의 민족주의계 분자는 일부를 제외하고 대체로 전향의 과정에 있다고 볼 수 있다.

⊙ 부산(釜山) 지검 관내

한국합병 이래 집요한 책동을 계속 이어오며 당국의 시정방침에 온갖 망언을 해 왔지만, 만주사변 후 국내 정세에 따라 일본제국의 국력을 인식하게 되었고 이제야 조선독립을 몽상하는 것조차 어렵다는 것을 자각하고 주의적 색채에도 약간의 동요가 일어나고 있다. 때마침 중일전쟁이 발발하여 일본제국이 동아시아에서의 사명, 중국 항일정책의 전모, 재소동포에 대한 소련의 압박과 학대, 중국에 대한 원조 등의 진상을 알게 되자 일본이 일어나는 것이 불가피함을 알게 되었다. 일본의 승리는 결정적이며 이에 따른 조선 민족의 재기도 필연적인 운명이며 시대 흐름 또한 그러하다. 현재 개최 중인 9개국 조약국 회의 또한 일본을 제재하기에는 무력하여 의지할 수 없으니 시국의 추이를 관망하면서 현 시국 하에서 어떠한 불온한 책동도 하지 않고 침묵을 지키는 상태이다.

⊙ 광주(光州) 지검 관내

1933년(昭和8) 4월 광주의 민족주의계 분자와 그런 경향이 농후한 일부 인사들에 의한 계유구락부(癸酉俱樂部)의 조직을 비롯하여 1934년(昭和9) 8월 영광(靈光)에서 갑술구락부(甲戌俱樂部)의 결성, 1936년(昭和11) 2월 목포(木浦)에서 변호사 박찬일(朴燦一) 일파의 신생구락부(新生俱樂部)의 조직, 권영례(權寧禮)(도의회, 부의회), 차남진(車南鎭)(도의회, 부의회), 박준규(朴準圭)(정치계), 서병인(徐炳寅)(노동계) 일파의 목포협회 조직 등을 보면, 모두 강령에 조선인의 문화향상과 회원 상호 간의 친목을 내걸고 있지만, 진의는 대체로 정치수단을 통하여 조선 민중의 지위 향상, 이익 옹호를 목적으로 하고 있으므로 그들의 성격에 대해서는 상당히 유의할 필요가 있다. 게다가 이들 민족주의 운동은 결국 잠행적이 되어 표면적으로는 진정세를 보이고는 있다. 하지만, 지난해 8월 올림픽 대회에서 손(孫), 남(南) 두 선수의 '마라톤'제패는 조선인의 역량을 말해 주며 또한 조선인은 결코 약소민족이 아니라고 호언장담하는 자가 속출하였다. 광주부 명치정(光州府 明治町) 광산업자 최남주(崔南周)가 조선일보사를 통하여 손(孫), 남(南) 양 선수에게 장려금으로 1,000원을 제공하였다. 광주부 호남정(光州府 湖南町)의 중추원 참의원 현준호(玄俊鎬)는 남승룡(南昇龍) 선수의 학자금을 제공했다는 설이 있다. 한편 공산주의 운동의 대두에 따라 한때 침묵하고 수세적인 태도를 취하고 있던 유림(儒林) 양반 등의 노년층은 그야말로 얕잡아볼 수 없는데 그 수는 9,811명에 이르며 뜻을 이어받은 자도 1만 483명으로 합계 2만 294명으로 다수에 달한다. 도내 각지에 복잡하게 얽혀있어 그동안 한국의 선제(先帝)와 옛 성현, 선조의 사당을 건립하거나 문집을 간행하는 등 향당(鄕黨) 유생 양반의 민족의식을 추모하는데 기여하고 있다. 얼마간 호전되는 조짐이 있지만 뿌리 깊은 민족적 편견을 끝내 청산하고 전향하기를 기대하기는 어려운 상황이다.

그렇지만 이번 사변이 발발하자 당국의 시국 인식 운동이 철저하게 관철되면서 점차 시국에 대한 인식도 올바르게 되고 국방헌금, 황군위문과 같은 활동이 나타나게 되었고 어떤 불온 언동을 일삼는 일 없어 현재는 호전되고 있으며 그들의 불온한 계획은 대부분 기우에 지나지 않으리라 생각한다. 다만, 조선인의 시국인식 및 애국정신은 어떤 내지인에게도 뒤지지 않으니 신속히 병역제도를 마련하여 내선인 모두에게 차별제도를 철폐해야 한다라고 말하는 것을 자세하게 검토할 때는 그들이 기존에 실력양성운동을 벌였던 사실에 비추어, 만에 하나 사태악화나 불온획책을 할 것에 대해서도 충분히 검토하고 예의주시해야 한다.

⊙ 전주(全州)지검 관내

사변을 통해 일반 반도민의 애국열은 놀라울 정도로 왕성하다. 조선독립이 불가능하다는 것을 확신하고 종래의 잘못된 관념을 포기하는 경우가 많다. 대체로 시국에 관해서 올바른 판단을 하여 출정병사의 환영, 국방헌금 등 후방에서 적성(赤誠)을 다하는 것이다. 그런데 그 중 불온한 언동을 적극적으로 하지는 않지만, 여전히 종래의 잘못된 사상을 고집하며 특히 무관심한 태도를 가장하는 자도 적지 않다.

3. 공산주의계 분자

⊙ 경성(京城)지검 관내

관내에 공산주의계 분자는 약 518명으로, 이 중 전향자는 약 131명, 비전향자는 약 295명,

그 밖의 동향은 알 수 없다. 전향 이유는 '러시아'의 상황을 접하고 공산주의를 실시하는 것이 불가능한 것이 아니냐는 의문이 들던 중, 이번 사변으로 일본제국이 거국일치(擧國一致)하여 '코민테른' 배격을 굳게 결의했음을 알게 되었고, 일본제국에 공산주의가 도저히 실현될 수 없을 뿐 아니라 실시하려 한다면 어떠한 철퇴가 내려질지 모른다고 하여 전향하는 자 또는 전향을 확실하게 유지하는 자가 많다고 보인다. 그래서 그들 전향자는 이번 사변을 성전(聖戰)이자 동양의 영원한 평화공작을 위한 전쟁으로 여겨 중국 응징을 주장한다. 전향자 중 국방헌금 33명, 시국 강연 2명, 방호단(防護團) 가입자 5명, 출정군인 환송과 가족위문 37명, 감시초소 응원 3명, 그 밖의 후방 수호하는 자 9명이다.(다만 위 숫자는 경기도 관내를 조사한 것이다.)

비전향자는 이번 전쟁이 일본 제국주의와 '코민테른' 결전을 위한 서막이며 일본제국의 침략주의가 드러난 것이라고 말하고 있다. 그들은 일본이 국제 위기에 빠지기를 기대하면서도 제국국민의 거국일치의 태도와 실력을 두려워하며, 은밀하게 반전(反戰)주의 사상을 유지하면서 후방교란을 목표로 하지만 조용히 관망하는 태도로 아무런 활동도 하지 않고 있다. 다만 일신상의 욕심을 위해 '러시아'를 위한 '스파이'가 1명 있다.

⊙ 공주(公州)지검 관내

공산주의계 분자 25명에 대해서 살펴보면,

(1) 이번 사변으로 제국의 위력은 열국에게 공포를 주었으며 나아가 국내가 안정되어 황위(皇威)를 더욱 선양하였다. 소련을 찬양하지 않고 후방의 애국운동에 적극 참가한 자는 16명이다.

(2) 그 밖의 추종하여 참가한 자 3명

(3) 사변에 대해 무관심한 자 4명

(4) 이전부터 이번 사변을 일본군이 유발한 것이며 제국주의의 출현이라고 왜곡하고 황군위문 및 국방헌금 등에 지극히 냉담하며 일찍이 시국 관련 제반 행사에 한 번도 출석하지 않는 자 1명.

(5) 사변의 결과로 북중국이 권익을 획득하게 되면 현재의 일본 경제조직과 사상에 일대 전환을 초래하는 것이 아닌가'라고 대화 중에 생각을 드러내고, 중일전쟁을 도리어 본인의

사상실현으로 나아가는 것이라는 잘못된 견해를 가졌다고 의심되는 자 1명.

⊙ 함흥(咸興)지검 관내

관내의 극좌(極左) 사상운동은 지금까지 철저하게 검거 탄압하여 일반민중의 생활안정과 사상선도, 자력갱생운동에 전력을 다한 결과, 종전과 같은 대중적인 테러행위와 불온행동 사건은 단절되었다. 사상전향을 맹세한 자는 상당수에 이르지만 여러 해에 걸쳐 배양된 뿌리 깊은 공산주의 운동은 쉽게 근절되지 않는다. 아직 일부 불량자는 끈질기게 지하운동을 지속하는 상황이다. 이번 중일전쟁을 계기로 동향을 살펴보니, 일부는 관헌에 접근하여 후방의 임무로 국방헌금과 사회봉사 등의 여러 미담이 있다. 나머지 대부분은 입을 다물고 함부로 망언을 하지는 않지만 중일전쟁을 스페인사변과 결부시켜 좌익동란을 일으킬 우려가 있다고 비관적인 언사를 하는 자가 있다. 또 낙토(樂土)가 되어야 할 동양에서 전쟁하게 된 것은 참으로 유감스럽다며 은밀하게 반전적인 언사를 하는 자도 있다. 또 조언비어를 퍼뜨리고 일부 무리는 전쟁의 과정을 관심 있게 주시하다 기회가 있으면 적화 선전재료로 이용하여 좌익으로 유도 획득하고 공산화 재건운동을 도모하는 자가 있다. 이상과 같은 것이 예상되므로 특히 주의하고 주도면밀한 사찰과 경계를 하고 있다.

⊙ 청진(淸津)지검 관내

사변의 추이에 대해 절대적인 관심을 가지고 있는데 황군의 압도적인 전쟁승리에 매우 놀라 점차 황군을 믿고 의지하여 적극 국방의회에 입회하거나 시국 관련, 여러 집회에 출석하고 또 국방헌금과 그 밖의 헌금을 하는 자가 많다. 그러나 아직 꺼림칙한 침묵을 지키고 있거나 반일, 반전의 언동을 하는 자도 상당히 많은데 만약의 경우 일본과 소련의 개전 등의 사태를 보게 될까 크게 동요하여 그러한 추이에 대해 우려를 금하지 못하는 자가 있다.

⊙ 평양(平壤)지검 관내

공산주의계 분자는 검거로 인해 실천해 온 자들이 대부분 직업을 구해 생활 안정을 얻고자 하는 경향이다. 1934년(昭和 9) 5월 공산당 수괴 김용범(金鏞範)과 관련한 적색노동조합사건의 검거를 마지막으로 공산주의계 분자는 거의 몰락 상태에 있다. 중일전쟁이 발발하자 중국에 대한 소련의 적극적인 원조 행위와 중국 공산군의 활약에 상당한 관심이 있었지만, 황군의 압도적 우세로 인해 제국의 실력을 인식하고 제국의 정책에 공감하고 제국의 군사 행동을 찬미하는 자가 있다. 그러나 민족주의계 분자와 같이 적극적인 행동에 나서는 자는 적으며 대체로 관망하는 태도를 유지하고 있고 대부분 전향했다고는 볼 수 없다.

⊙ 신의주(新義州)지검 관내

관내 거주자 107명, 내지 거주자 18명, 국외 거주자 44명으로 조선 전체에서 가장 많다. 1925년(大正 14)에 검거한 소위 제1차조선공산당 사건 이래, 도 내의 공산주의 운동은 돌연 지하로 숨어들었다. 새로운 것을 좋아하는 청년 학생 무리들은 이러한 신흥사상운동에 공명하여 다양한 조직을 계획하거나 새로운 전술로 각 부문에 걸친 계급투쟁을 전개하였다. 특히 1927년(昭和 2) 이래 신간회(新幹會)와 농민조합과 관련한 여러 사건들이 발생했을 뿐만 아니라 지리적으로 소련과 만주, 중국 상해방면에서 잠입한 주의계 분자들에 의한 조선 내 공작의 발판이 되는 특색이 나타났다. 1931년(昭和 6)부터 1933년까지 공산주의 운동은 사실상 내외 주의계 분자들의 합작이 되었다. 그리하여 이보다 먼저 도 출신으로 재만주 공산주의계 분자가 중국공산주의 운동 노선과 합류하거나 혹은 동변도(東邊道)에 준동하는 공산비(共産匪)와 합류하는 등 끈질긴 흉악한 운동을 지속하는 한편, 도내 주의계 분자와 호응하였기 때문에 잠시도 방심할 수 없다. 이 또한 민족주의계 분자와 마찬가지로 만주사변을 계기로 국외 주의계 분자가 오지로 이동함에 따라 연락이 끊어졌지만, 반면 내지와 조선 내 유력투사들이 연달아 전향 성명을 발표하자 이에 자극을 받아 점차 보유한 사상이 오류임을 깨닫고 언동이 온건해졌다. 이 당시 1935년(昭和 10) 7월 모스크바에서 개최된 제7회 '코민테른'대회에서 채택된 노선변경을 국외 주의계 분자의 연락으로 알게 되어 다소 소동의 조짐이 없지 않았지만 엄중한 사찰과 단속으로 평정을 되찾았다. 마침 이번 사변이 발발하자 당국의 적절한 지도 결과 시국에 대한 인식이 깊어지고 일본제국의 대륙정책 수행에 대한 필요성을 시인하여 지금까지의 망설이던 태도를 완전히 바꾸었다. 내선일체, 거국일치, 중국응징이라는 여론에 따라 국방헌금, 시국인식 강연회, 좌담회, 그 외 행사에 참가하여 황국신민으로 각성하고 있으며 그간의 불온한 언동과 불법을 획책하는 현상이 없어졌다.

그렇지만 이번 사변을 계기로 어부지리를 얻으려는 구미 열국의 책동은 물론, 특히 '코민테른'과 같은 중소(中蘇)불가침조약의 이율배반을 계기로 좋은 기회가 왔다고 여기고, 중국과 일본공산당에 지령을 내려 반전투쟁과 후방교란의 전술로 일본제국을 패전으로 몰아가고 동양 적화(赤化)의 목적을 달성하고자 획책하고 있다. 특히 이번 사변을 계기로 공산주의계 분자의 동정에 대한 시찰은 소홀히 할 수 없으므로 예의주시하며 사찰과 단속을 지속하는 중이다.

⦿ 해주(海州)지검 관내

공산주의계 분자의 동향은 민족주의계 분자와 특별히 다르지 않다. 모두 황군의 고생에 감사하며 하루라도 빨리 전승(戰勝)하기를 진심으로 기원하는 상황으로 특히 애국적인 태도를 보이는 주의계 분자는 50명 중 24명으로 많고, 또 전향이 확실하다고 보이는 자가 4명이다. 하지만 일부는 일본과 중국 어느 쪽이 승리해도 영향이 없다는 소극적인 태도를 보이는 자가 18명이다. 한층 주의와 계몽이 필요한 바이다.

⦿ 대구(大邱)지검 관내

관내의 공산주의는 몇 해 전까지 매우 치열했고 수많은 사상 사건이 발생하고 검거도 있었지만, 당국의 준엄한 탄압으로 세력을 넓히지 못하고 점차 몰락하게 되었다. 1936년(昭和11) 이병일(李秉一) 일당의 김천비밀결사사건(현재 當■공판 계류중)의 검거를 마지막으로 이 진영을 완전히 소탕하였다. 그래서 최근 이들 주의계 분자는 현재의 사회상황과 정세로 보아 어차피 자신들의 주의사상이 시대에 맞지 않음을 자각하고, 사회 일원으로 성실하게 직업에 종사하려는 경향이 두드러지고 있다.

특히 중일전쟁 발발 이래 국력이 강해지면서 파병 목적이 중국응징과 함께 코민테른의 적화사상 격멸에 있음을 알게 되었다. 게다가 시국이 진전되며 거국일치, 내선일체, 후방결속이 더욱 강화된 실상을 목도하게 되자 올바른 시국인식으로 환기하지 않을 수 없게 되었다. 아울러 자신들이 품고 있던 실천이 도저히 불가능함을 자각하고 대부분 대오각성의 영역에 도달하게 되었다. 일부는 국방헌금, 출정군인의 환영과 환송, 전승기원제 등에 자발적으로 참가하고, 일부는 방호단원으로 활약하거나 말과 식량 매수에 관해 부락민을 계몽하는 자도 있으니 일반 부민과 마찬가지로 후방국민으로서 책무를 다하고 있다. 그러므로 이들은 시국에 대해 대체로 올바른 인식을 하고 있으며 후방국민으로서의 각오도 가지고 있다. 일반 부민에 비해 전혀 손색이 없으며 이번 사변을 계기로 한층 국민적 자각을 심화시켜 진정한 내선일체를 이루고 시대적 난관을 극복하여 황국신민의 의무를 다하는 것이 영광스럽다며 "온몸으로 후방에서의 진정한 정성을 표현할 기회를 달라"고 하고 있다.

대구 부내의 공산주의계 분자 사사키 다카시(佐々木隆)는 올해 7월 14일 소집에 응했지만 신체검사 결과 소집면제가 되자 그날 금 50원을 국방비로 헌금하였다. 영주(榮州) 군의 공산주의계 분자 김동필(金東弼), 김진식(金晋植)은 거주 지역에서 소집에 응하여 하일측(下一則)이라는 신체검사 판정을 받자 표식깃발(幟幟)을 보내 그 출병을 성대하게 하였다. 청도(淸道)군의 이호우(李鎬雨)는 아무 개인적 친분도 없는 출정 병사의 출발을 역에서 기꺼이 환송하고 전별(餞別)[24]을 주어 치하하고 철도경비원에게 위문품을 보냈다. 또 군위(軍威)군의 공산주의계 분자 이목(李穆)은 군용물자를 대구로 운반할 때 자가용을 가지고 무료로 운반하는 등, 이러한 행동들이 대표적인 사례이다. 그리고 시국에 대한 언동을 살펴보면, 예천(醴泉)군의 공산주의계 분자 김상기(金相起)는 "일본과 동일한 입장에 있는 독일과 손을 잡는 것이 당연한 귀결이다. 세계 여론이 일본에 점차 불리해진 오늘날 독일 언론계가 일본을 지지하는 태도로 나오는 것은 믿음직할 따름이고 제3국을 신경 쓰지 말고 한 길로 직진해야 한다"고 하였다. 대구(大邱) 부의 공산주의계 분자 최성면(崔性冕)은 "국내의 모든 기구가 전시체제에 놓인 전쟁은 이긴다. 정의를 위해 하는 성전이다. 우리 국민은 반드시 승리한다는 굳은 신념으로 후방 강화에 더욱 박차를 가해야 한다. 조선인 동포로서 특별히 느낀 것은 이번 사변을 계기로 조선인도 일본제국신민의 일원이라는 의식이 한층 심화되었고, 특히 과거의 사상범이 의식적으로 '일본'이라는 분위기 속에서 갱생하게 되었다는 점이다. 나 역시 그러한 한 사람으로 영광스럽게 여긴다." 대구 부의 공산주의계 분자 이삼문(李三文)은 "일본은 제3국과의 관계를 고려하지 말고 전체 일본의 힘으로 포악한 중국을 응징하고 동양평화의 기초를 마련해야 한다. 하루빨리 전쟁이 끝나고 북중국의 하늘에 일장기가 영구히 휘날리고, 맑은 향기가 충만하기를 진심으로 기다린다." 대구 부 공산주의계 분자 박태흠(朴台欽)은 "이번 전쟁으로 나는 일본 민족의 진정한 모습을 보았다. 주의계 분자가 말하는 단결의 힘은 이

---

24 전쟁에 동원된 군인에게 금품을 주는 일.

번 사변에서 전 국민이 일치단결하는 것과 전혀 다르다. 프롤레타리아운동에서 말하는 단결은 너무 빈약하여 국가적 국민적인 것이 아니고 편협한 것임을 알게 되었다. 나 자신도 과거를 청산하고 후방에서 전력을 다하고 있다." 칠곡군 왜관 면 공산주의계 분자 정칠성(鄭七星)은 "나의 잘못된 신념으로 경거망동한 과거가 부끄러워 황군 환송을 위해 역에 나가고 황군의 무운장구를 비는 기원제에 나가도 대중을 만날 염치가 없어 마음이 괴롭다"고 하였다. 영덕(盈德)군의 공산주의계 분자 이기석(李基錫)은 "이번에 국방헌금 3원을 냈는데 이것은 황군의 활약에 대한 감격과 한편으로 만약 일본이 승리하지 못하면 조선인의 장래는 어떻게 될까를 생각하여 헌금했다." 이처럼 모두 시국을 바르게 인식하고 시국에 적절한 언동을 하고 있다. 하지만 일부 이른바 비전향자들은 시국에 대해 냉담하고 그저 무관심을 가장하거나 이기적인 견해로 시국에 대한 제국의 입장을 왜곡한다. 중국에서 소비에트의 책동이 주효하고 또 최근의 국제동향이 제국에게 불리하게 돌아가자 그들의 활동이 어떤 방법으로든 유리하게 전개될 것을 희망한다. 이들은 연이은 황군의 압도적 승리, 일본과 조선이 함께 열성 넘치는 후방의 적성, 확고부동한 제국의 결의, 제국의 강대한 실력 등에 대해 시기와 반감을 품지만, 그 위력 앞에 굴복하는 수밖에 없으니 적극적인 활동을 할 시기가 아니라고 여기며 침묵을 지키거나 일본 국민의 신념을 보이지 않는 언동을 하는 자들이 있다. 앞으로 한층 주의와 경계가 요구되는데 대체로 이번 사변의 진전과 함께 전향의 길로 들어서고 있는 것은 사실이다. 최근 황군이 북중국, 남중국에서 매우 빠르게 전개하여 대승을 거두는 한편 독일과 이탈리아의 방공협정(防共協定)이 성립하였다. 마침내 좌익분자가 준동할 여지가 없어진 것은 확실하다. 따라서 자신의 신념을 버리지 않고 고집하는 관내 주의계 분자도 이를 계기로 올바른 길로 복귀하여 황국신민으로서 빠르게 성인(聖仁)을 우러러 받들도록 선도하는 노력이 필요하다. 아무튼 관내는 현재 소강상태를 유지하고 있으며 점차 호조를 보이는 상황이다.

⊙ 부산(釜山)지검 관내

도내에 공산주의를 신봉하는 순수한 공산 분자라고 칭할만한 자는 없다. 대부분 민족주의적 색채가 농후한 자들인데, 과거 사상운동 상황에 비추어 봐도 분명하다. 이들 주의계 분자들은 이번 중일전쟁 발생 이래 꺼림칙한 침묵을 지키고 있다. 기존에는 제국의 대륙정책에 대해 호전적이고 제국주의 침략정책이라고 항상 비난하고 공격하는 태도를 보여 왔지만, 최근에는 국제와 국내 사회정세의 추이 변화로 인해 어떤 것도 할 수 없다. 또한 9개국 조약회의에서의 소련 철수 등 이러한 주의파에 비관적인 재료만 있는 오늘날, 반도 민중에 의한 시국적인 애국운동에 견제당하여 완전히 침묵하고 있다. 현재 준동과 모의를 획책하는 무리가 거의 없는 듯 보이지만, 제7회 코민테른대회 당시의 지령과 전술에 의한 당원획득의 결의 등이 있으므로 시국과 관련한 이들 무리의 동정에 대해서는 엄밀한 사찰을 통하여 불온 책동의 여지가 없도록 주의하고 있다.

◉ 광주(光州)지검 관내

전라도의 공산주의 운동은 2부(府) 1도(島) 21군(郡) 중에 화순(和順), 함평(咸平), 고흥(高興) 3개 군에 불과하다. 1936년(昭和 11) 말까지 도에서 검거하여 처벌한 자는 607명, 기소유예처분 705명으로 합계 1,321명이다. 이러한 운동 망은 도내 전 지역에 확대되어 1932년, 1933년, 1934년에 도의 사상운동이 최고조에 달하여 도내의 주의운동 전성시대였는데, 당국의 엄중한 단속과 적극적인 선도공작으로 점차 효과를 보고 있다. 만주사변을 계기로 제국 국운의 진전에 각성하고 또 일본공산당의 수괴 사노(佐野), 나베야마(鍋山)의 사상전향은 큰 충격을 안겨주었다. 또 농어촌·산촌의 진흥, 자력갱생운동에 따른 도내 산업, 교육과 기타 문화 방면에서 비약적인 발전에 감격한 그들은 점차 사상전향을 표명하기에 이르렀다. 한때 우려할만한 상황이었지만 도 당국의 지도알선으로 1936년 말 현재 전향자가 754명, 전향의 경향을 보이는 자가 849명으로, 합계 1,603명에 이르는 등 민심은 점차 호전되고 있다. 하지만 사변이 발발하자 대부분 시국을 관망하면서 의사표명을 보류하고 있다. 영국, 미국, 프랑스, 소련의 중국에 대한 지원을 우려하고, 또 전쟁의 지연으로 인한 경제적 파탄을 걱정하는 등 전쟁 종결의 국면에 대해 비관적인 언사를 늘어놓는 자도 있다. 이런 동향에 주의할 필요가 있어서 예의주시하며 내사 중인데, 전쟁의 확대 및 황군의 연전연승에 따라 동양에서의 제국의 지위를 자각하고 중국 측의 신뢰할 수 없는 불법행위를 비난하며 영원한 동양평화를 확보하기 위해 소련과 중국 양국을 철저하게 응징해야 한다고 주장한다. 일부는 거국일치로 후방의 수비를 굳건히 하여 반드시 승리하지 않으면 안 된다고 소리 높여 주장한다. 이처럼 점차 국민의식이 고양되고 제국에 대한 신뢰도 현저하게 높아져 관공서의 시책에 적극 협력하고 있다. 또 후방활동에 헌신하는 등 언동이 매우 애국적으로 바뀌었고 표면적으로도 평정을 유지하고 있다. 그렇지만 전쟁 지연에 따른 국제정세의 추이와 국민 생활의 궁핍을 보자면 그들이 언제 불온한 행동에 나설지 알 수 없다. 특히 코민테른이 일본 공산당에 보낸 지령을 볼 때 이들 주의계 분자의 동정에 대해 엄밀한 사찰과 경계를 할 필요가 있어 예의주시하며 진의를 파악하려고 노력 중이다.

⊙ 전주(全州)지검 관내

제국의 의연함과 황군의 위력이 위대하므로 명백하게 시국을 인식하고 공산주의가 도저히 받아들일 수 없다는 것을 자각하여 사변 이래 전향하는 자가 많아졌다. 그중에는 솔선하여 출정 병사를 환송하고 국방헌금을 하는 등 후방의 열성을 드러낼 뿐만 아니라 부민(部民)에게 사변에 대한 바른 인식을 환기시키기 위해 노력하거나, 부민을 독려하여 국방헌금을 내게 하는 자들이 있어 대략적으로 좋은 영향을 주고 있다고 생각한다. 하지만 그중에는 무관심을 가장하고 태도가 상당히 냉담한 자가 있거나, 혹은 '중일(中日)만의 전쟁이라면 일본은 승리하겠지만, 제3국이 개입하면 그 결과는 의문이다'라고 말을 흘리는 자들이 있어 아직 낙관할 수 없는 상황이다.

4. 무정부주의계 분자

⊙ 경성(京城)지검 관내

관내의 무정부주의계 분자는 약 23명으로 그중 전형한 자는 약 5명, 비전향자는 약 10명, 그 외는 동향이 불분명하다. 전향 원인은 인류사회에 무정부주의사회가 실현 불가능하다는 것을 알고 약진하는 일본의 모습을 직시하여 일본의 발전과 번영이야말로 조선 민족에게 행복을 가져와 준다고 자각한 것에 의한다. 전향자 중 시국 강연을 한 자는 1명, 출정병을 환송한 자는 1명이다.

⊙ 공주(公州)지검 관내

무정부주의계 분자 9명에 대해 보자면,

ㄱ. 제1선 장병의 충성과 용맹이 비할 데 없으니 황실의 존엄함에 의지하기로 하고, 또는 정의로운 일본의 강한 힘을 인식하고, 솔선하거나 혹은 추종하며 애국운동에 참가하여 후방에서 협력하는 자가 7명 있다.

ㄴ. 사변에 대해 무관심을 가장하고 시국 관계의 집회 등에 출석한 적이 없는 자가 2명 있다.

◉ 함흥(咸興)지검 관내

관내 무정부주의계 분자는 당국의 탄압과 공산주의, 민족주의에 압도되어 쇠퇴하였고, 지도자는 사상전향을 했거나 이주하여 그림자를 감추었다. 아직 무정부주의계 분자로 보이는 자가 잔존해 있더라도 모두 전쟁에 대해 관심이 없으며 별다른 동향을 보이지 않는다.

◉ 청진(淸津)지검 관내

민족주의계 분자보다 한층 전향자가 많고 모두 당국의 방침에 따라 난폭한 중국을 응징하자고 주장하고 솔선하여 애국운동에 분주하며 생업에 힘쓰고 있다. 현재까지 어떠한 반군적이거나 혹은 반일적인 언동을 하는 자는 없다.

◉ 평양(平壤)지검 관내

무정부주의계 분자는 소수(약 12, 3명)로 1931년(昭和 6) 이래 거의 몰락한 상태이다. 이번 중일전쟁에 의한 시국의 반영에 따라 제국주의를 인식하게 되었고 대부분 전향하여 거국일치, 애국행동을 하는 자가 많다.

◉ 신의주(新義州)지검 관내

관내 거주자 2명, 내지 거주자 1명으로 도의 무정부주의계 분자는 모두 3명인데 모두 내지 및 중국에서 무정부공산주의 운동에 종사한 자들이다. 그들은 물론 다른 자들도 우리 지역 내에서 운동을 하는 자는 없고, 전쟁 이래 아무런 특이한 점도 보이지 않지만, 이번 사변을 둘러싸고 재중국주의계 분자의 활발한 활동 상황에 비추어 그 동정과 서신왕래를 예의 주시하고 내사 중이다.

⊙ 해주(海州)지검 관내

무정부주의계 분자가 2명 있지만 모두 소극적인 태도이며 계몽이 필요하다.

⊙ 대구(大邱)지검 관내

관내의 무정부주의계 분자는 다른 주의계 분자에 비해 지극히 소수이며 현재 거의 활동이 없다. 이번 사변 발생 이래 무정부주의계 분자 신준원(申駿遠)은 이번 전쟁이 동아평화를 확립하고 인류행복을 위한 대성전(大聖戰)이라고 하면서도 이른바 제국주의 침략전쟁이라고 말하며 반전적인 불온한 언동을 일삼아 구류 25일에 처해졌다. 올해 8월 12일 석방되자 일반의 애국행동에 감격하여 국방비를 헌금하였고 매우 근신하는 태도가 되었다. 그 밖에는 주의계 분자의 동향에 특이한 점이 없으며 매우 평온한 상태이다.

⊙ 부산(釜山)지검 관내

도내 무정부주의계 분자는 매우 적다. 현재 아무런 책동이 없으며 시국에 대해서도 침묵하여 특이한 사항은 없다.

⊙ 광주(光州)지검 관내

아나키스트계 용의 인물이 13명 있지만 아무런 특기할 만한 움직임은 없다.

⊙ 전주(全州)지검 관내

시국을 바르게 인식하고 후방의 국민에 반하는 언동은 없다.

2. 해외 한인의 사상운동 분석

1) 만주사변 후 재만조선인 민족운동

〈자료 180〉만주사변 후 재만조선인의 민족주의 운동

(〈滿洲事變後の在滿朝鮮人の民族主義運動〉,《思想月報》 3권 9호, 조선총독부 고등법원 검사국, 1933.12, 31~33쪽)

과거의 재만조선인 독립운동은 격심한 파벌투쟁과 재정 궁핍으로 점차 그 세력을 잃어가는 한편, 공산주의 운동의 대두에 따라 종래 민족주의단체의 추악한 항쟁에 분개하였던 청년 대중의 대부분은 앞을 다퉈 그 밑으로 들어갔다. 1930년(昭和 5) 3월 조선공산당이 중국공산당에 합류한 후에는 조선인 당원을 주체로 한 중국공산당의 활약은 만주 전역을 풍미하기에 이르렀다. 이에 민족주의자들은 교묘히 중국 관헌의 비위를 맞추어 이를 이용하여 공산주의자를 쫓아내려 하였고, 공산주의자는 노농(勞農)러시아를 배경으로 혁명운동을 지도하려고 하여 양자 간의 항쟁이 격화되었다. 그러던 1931년(昭和 6) 9월 18일 봉천(奉天)의 교외에 있는 유조구(柳條溝)의 만철(滿鐵)폭파가 만주사변의 도화선이 되어 만주국이 독립하게 되었다. 그러자, 민족주의자 일부는 양민을 덮쳐 ■■하거나 혹은 반만항일(反滿抗日)을 표방하여 일어난 병진(兵陣)에 합류하였고, 공산당원은 무장하고 간도지방에 빈번히 출몰하기에 이르렀으니, 특히 후자의 해악은 민족운동이 왕성했던 무렵보다도 훨씬 심했다. 지금이 공산주의 운동은 잠시 접어 두고 민족단체의 개황을 논해 보자.

1930년(昭和 5) 3월 조선공산당이 중국공산당에 합류한 이래 국민부(國民府)(1929년 4월 1일 조선독립을 목적으로 정의부(正義府), 신민부(新民府), 참의부(參議府) 3부가 합동하여 조직한 결사)의 젊은 간부 고활신(高豁信), 김석하(金錫夏), 이진탁(李辰卓), 이웅(李雄), 현성경(玄成卿), 이성근(李成根), 이장청(李丈靑), 이동림(李東林) 등은 이것에 크게 공감하였다. 그래서 1930년 8월 8일 조선혁명당 집행위원회에서 (조선혁명당은 1929년 12월 국민부의 직접행동기관으로 조직한 것) '국민부 및 조선혁명당은 이미 민중으로부터 이반(離反)하여 반동기관화되었으니, 이번에 신속하게 해체하고 즉시 중국공산당에 가입하여 적위군(赤衛軍)과 농민협회군을 조직해 무산계급의 전위로서 이 투쟁을 전개해야 한다'라고 주장하니 현익철(玄益喆), 양서봉(梁瑞鳳), 고이허(高而虛), 김문거(金文擧), 양하산(梁河山) 등의 국민부 지지파와 분열하기에 이르렀다. 이들 반국민부파는 중국공산당 만주성위원회와 관계를 가지고 본계, 봉성, 관전, 환인의 각 현을 세력하에 두고 각 현에 농민동맹을 조직하여 남녀노소의 평등, 부녀자의 단발, 관혼상제 등의 구습타파를 강조하고 그 행동을 완전히 공산화하여 13세 이상 60세 이하인 자들로부터 인두세(人頭稅)를 연간 60전, 또 한 가구당 연간 8원을 징수하기에 이르자 점차 주민들의 원망과 탄식의 대상이 되었다.

마침 그때 국민부는 암살대를 밀파하여 반국민부파의 간부를 암살하고, 또 당시 공산당에게 극도로 신경을 곤두세우고 있던 중국 관헌에게 반국파(反國派)를 밀고하여 체포하게 하니 농민동맹은 완전히 갈기갈기 찢어진 사분오열 상태가 되었다.

한편 국민부에서도 국민부 소속의 조선혁명당 제5중대장 이종락(李鍾洛)은 1930년 10월 부하와 함께 국민부를 탈퇴하고 조선혁명군을 조직하여 봉천, 장춘, 하얼빈, 길림 그 외를 세력범위로 하고 중국공산당과 서로 연락하였다. 또한 전직 국민부 소속 군인이었던 김석하, 한■(韓■) 등은 1931년 7월 봉천성(奉天省) 강평현(康平縣)에서 혁신부(■홍혁명군 이라고도 한다)를 조직하여 강평, 철영(鐵嶺)■현 아래 일대에 걸쳐 혁명자금 모집을 위해 활동하였다.

그런데 만주사변 발발 후 만주 일대의 정세가 일변되자 1931년 12월 봉천 총영사관에서 국민부를 대상으로 철저하게 검거를 단행하여 다수의 간부를 체포했기 때문에 국민부원의 대부분이 무송(撫松), 안도(安圖), 장백현 등으로 도주했다. 하지만, 1932년 3월 다시 신빈현(新賓縣)에 침입하여 양하산을 중앙집행위원장으로 하고, 양서봉을 부위원장으로 추대하여 '25세 이상 35세까지의 청장년자를 모집하여 새롭게 군인을 양성하고, 이에 필요한 무기는 그 지역의 비적 부대와 연락하여 입수하도록 하고, 사변 이후 일본 관헌에게 귀순한 자는 암살하고, 또한 환인, 해룡(海龍), 통화(通化), 청원(淸源) 방면에서 주로 의무금을 징수하는 데 노력할 것' 등의 방침을 세웠지만 대체로 그들에게 불리한 헛소리로 끝났을 뿐이다.

국민부의 현 상황은 위와 같을 뿐만 아니라 이것과 이명동체(異名同體)인 관계에 있는 신빈현을 본거지로 하는 조선혁명당도 검거와 재정 결핍 등으로 대단한 곤경에 빠져 1932년 12월 중앙집행위원장인 고이허 등은 당원인 서원준(徐元俊)에게 조선 내에서 일금 5만 원

이상 모으도록 명하였다. 서원준은 안동현을 거쳐 조선에 들어가 평안북도 ■■군에서 1,600여 원을 강탈한 후 검거되어 그 계획이 실패로 돌아가자 당■■징(黨■■徵)하여 잘 돌아가지 않는 상황이다.

이보다 먼저 1929년(昭和 4) 말경에 종래 만주의 각지에서 빈출하였던 민족주의단체는 대체로 전술한 국민부 및 한족총연합회의 두 파로 통일되어 국민부는 남만 흥경(南滿興京)에, 한족연합회는 북만영안(寧安)에서 각각 불법 점거하고 있었다. 1930년 1월 남대관(南大觀)과 함께 총연합회의 우두머리를 하고 있었던 김좌진(金佐鎭)이 암살된 후 남대관 등은 중국 관헌과 ■를 통해 재만공산당의 박멸과 민족주의단체의 대동단결을 외치고, 총연합회의 본거지를 길림으로 옮겼다.

그 후 중국 관헌이 변방부사령부 내에 공비초벌대(共匪剿伐隊)를 설치하고 조선인 오인화(吳仁華)를 부대장으로 임명하자, 남대관은 부대 제2대장이 되어 간도방면을 담당하였고, 길림변방 부사령관 장작상(張作相)의 명령에 따라 1930년 12월 돈화(敦化)주둔 제7단장 왕수상(王樹常)이 간도지방에서 공산당원의 검거에 착수한 때에는 제1선에 서서 크게 활약하였다. 또한 다수의 별동대(모연대, 募捐隊)를 조직하여 각지로 파견하여 활발하게 혁명자금 모집을 위해 노력하였지만, 그 결과는 일찍부터 총연합회 내에서 대립하고 있었던 문치파(文治派), 군사파(軍事派) 양자 간의 멀어진 거리를 심화시켰다.

1931년 1월 문치파는 아성(阿城)현에서 한족자치연합회를 조직하고 이어서 이것을 '한족농무연합회'라고 고쳐 다시 한족총연합회의 해체를 성명하는 등 군사파에 도전하였다. 같은 해 4월 제1회 인민대표대회를 열어 강운산(康雲山), 윤일산(尹一山), 박래춘, 김추곡, 강복원, 윤덕산(尹德山), 이용한 등을 간부로 뽑고, 또 박래춘의 주창으로 한족농무연합회의 별동대로서 한족동맹회를 조직하여 문화, 경제, 정치, 군사, 민사, 외교의 6부를 두었다. 그중에서도 특히 군사부는 1명을 한(韓)테러단이라 칭하고 박래춘이 스스로 이것을 지휘하여 반대파의 암살회 내에 회색분자의 감시경계로 임명하였다.

당초에 한족총연합회의 불법행위를 개탄하고 일어선 그들의 행동은 일반 민중의 기대를 배신하기에 이르러 박래춘이 같은 테러단의 간부인 이백호(李白虎)와 함께 혁명자금모집을 위해 하얼빈에 잠입하고 1931년 10월 체포된 후에는 그 통제가 완전히 쇠퇴하기에 이르렀다.

한편 한족총연합회는 길림에 있는 국민부와 함께 노력하여 중국 관헌에 접근하였고, 또 국민부와의 통일운동을 시도했지만 실패로 끝났다. 만주사변의 발효 후에는 일본군의 길림 입성에 당황하여 중동선(中東線)의 산남참(山南站)으로 옮겨 그곳에서 전직 정의부 중앙집행위원위원장 이청천을 수령으로 하여 반일혁명군을 조직하였다. 그 후, 장작상의 명령에 따라 길림고등법원장인 성윤(誠允) 등이 길림성정부(反滿)를 조직하자 그 산하로 들어가 정초(丁超), 이두(李杜) 등과 함께 책동하였지만, 정초, 이두 등은 잇달아 귀순하였다.

또한 1932년(昭和 7) 2월 15일 간도 용정촌에서 간도의 재주조선인의 생존권 확립을 목적으로 민생단(民生團)이 조직된 후 종래 배일 행동을 취해 온 조선인 다수는 마침내 일본의 실력을 긍정하고 이것을 배경으로 행동하려고 민생단에 가입하기에 이르렀다. 그 후 민생단은 주요 간부의 탈퇴로 결사를 진전 또는 유지하기 어려운 상황이 되어, 같은 해 10월 16일 결국 해산하여 현재 종래의 민족운동은 거의 그 그림자를 숨기고 있는 모습이다.

본고는 함경북도 경부 나카기(仲木文市) 씨가 기술한 「과거 재외조선인의 민족주의운동」 중의 일부 요지 등을 취한 것이다.

2) 일본거주 한인의 사상운동

〈자료 181〉 해외에서 호응하는 조선인에 대한 경계(2)

[明石博隆 松浦総三 편, 1977, 「海外に呼應する朝鮮人への警戒(2)」, 『昭和特高彈壓史 6』, 太平出版社, 150~156쪽]

올림픽 육상선수 손기정, 남승룡 등의 귀국 당시 상황

1) 두 선수의 행동

손기정, 남승룡 그 외의 올림픽 육상선수 47명은, 이번 달 7일 오후 4시 고베항에 입항한 '엠플레스 오브 루시아호'로 귀국하여 오사카에서 환영회를 끝내고 다음 8일 오전 8시 30분에 도쿄에 도착하였다. 당시 두 선수는 선수대열의 맨 끝에 위치하여 일반 조선인의 접근을

<그림 2> 왼쪽부터 손기정, 서윤복, 김구, 남승룡(1947년)[25]

용이하게 하려는 듯했고, 그것은 일부 민족주의자의 뜻에 영합하려는 것처럼 보이는 행동이었다.

또한《오사카매일신문사》의 올림픽 특파원 아사모토(浅本) 기자에 따르면, 독일에 체재하던 손기정은 다수의 외국인으로부터 받은 사인 요청에 'KOREA(고려) 손기정'이라고 쓰는 등 불온한 태도가 있었다고 한다.

2) 재류조선인의 환영 상황

① 이달 7일 오후 6시 40분, 오사카시 기타(北)구 오사카빌딩 8층에서 일본육상경기연맹이 주최한 환영회의 개최에 이선홍(李善洪) 외 7명이 출석하였다. 같은 날 9시 30분 오사카

25 사진 출처: https://gendai.ismedia.jp/articles/-/78150?page=5

역발 상경에 대비하여 재오사카 조선인 수십 명의 환영회가 있었다. ② 선수 일행이 다음 8일 오전 5시 31분 느마즈(沼津)역을 통과하자마자, 그 시에 소재하는 조선인단체 가쿠난내선협화회(岳南內鮮協和會) 회원과 그 외 250명은 역의 플랫폼으로 마중 나가 화환을 선물하며 환영의 뜻을 나타내고 기념촬영을 했지만, 특이한 행동은 없었다. ③ 그런데 조선기독교청년회, 조선유학생동창회, 《재도쿄조선신문사》 관계자 그 외의 재도쿄민족주의계 조선인은 대대적인 환영회를 개최하려고 꾸미고 있다. 이달 17일에는 니혼바시(日本橋)구 하마마쓰(浜松)공원에서 개최 예정인 도쿄의 각 대학 유학생의 추계육상운동회를 양 선수의 환영운동회로 하기 위해 갖은 획책을 꾀하고 있다.

3) 단속상황

손과 남 양 선수는 제국의 대표선수로서 출장하였고 이 우승은 지도자 및 국민의 열렬한 지도와 후원에 의한 바가 크다. 따라서 이번 우승 귀국도 전 국민적으로 축복하고 환영해야 한다. 따라서 상륙한 후, 첫 번째로 일본육상경기연맹의 환영회가 있었고, 도쿄도(東京都)에서도 대일본체육협회, 도쿄 시 등 그 외의 공적 기관에서도 성대한 환영회를 개최하려는 계획이 있으므로, 조선인만의 독자적인 환영회 개최는 필요 없다고 판단된다. 한편 전술한 바와 같이 내외(內外)의 민족주의운동은 두 선수의 귀국을 계기로 상당히 고조된 상태이다. 이런 때 조선인만으로 이루어진 별개의 환영회, 위안회 등의 개최를 허락하는 것은 민족적 감정이 향하는 곳, 내선인의 대립 기운을 양성하는 바가 없다고 할 수 없음에 비추어 경시청에서는 조선인뿐인 환영회 등은 일절 인정하지 않는 방침을 취하였다. 전기한 재경조선인의 환영계획에 대해서는 타일러 중지시키고, 도쿄 내 각 대학 조선유학생의 추계육상운동회도 환영하는 분위기가 진정된 후의 개최를 위해 연기하도록 타이르는 등, 엄중한 단속을 하여 모든 불온한 책동을 저지하였다.

또한 계속해서 도쿄에 체재 중인 손기정은 마중을 위해 입경(入京)중인 경성의 보성고등학교 교사 황욱(黃澳)과 함께 이달 16일 오전 9시 하네다비행장발 여객기로 곧장 귀국하였는데, 올림픽 파견 스케이트선수 김정연(金正淵)과 그 외 《조선일보》 도쿄지국 관계자 20여 명이 전송했지만 특이한 행동은 없었다.

교토(京都) 조선유학생 학우회 최근 동향과 조선어 금지 문제에 대한 반대 책동

1) 최근 동향

본 학우회는 1931, 1932년 경 당시 지도자인 교토대학생 유향식(劉享植) 외 열 몇 명이 치안유지법 위반사건으로 검거되어, 그 후에는 겨우 연간 1회의 총회와 신입생환영회 및 졸업생송별회를 개최하는 정도의 소극적 활동으로 일관하고 있었다.

그런데 작년 11월 10일 외첩관계 요주의 미국인인 'W·토머스'의 집[우쿄구 다나카아스카이초(右京區 田中飛鳥井町)]에서 비밀리에 인도의 독립운동가인 '아이 엠 사하이[26]'를 초청하여 좌담회를 개최하는 등 그 외에도 그 집에서 자주 회합을 열고, 올해 들어 전기한 '토마스'의 집에 사무소를 설치하는 등 직접적, 간접적으로 '토머스'의 지원을 받아 활동이 점차로 활발해지고 있다.

최근에는 교토대 경제학부 3학년 임병교(林炳教), 리쓰메이칸(立命館) 법학부 2학년 임덕삼(林德三), 리쓰메이 전문부 경제학부 3학년 이득천(李得川) 등의 중심적인 지도분자는 교토에 있는 유일한 요주의단체인 조선인문제협의회의 중심인물인 정성동(鄭聖東)과 연락을 취하여, 교토에 있는 조선인의 지도계몽을 기도하였다. 또한 그 가맹단체인 교토제국대학 조선유학생 동창회는 최근 중화(中華), 조선, 대만 유학생친목회의 개최를 기도하고 있는 등 범죄의 혐의가 있는 행동이 적지 않게 있다.

2) 조선어 금지문제에 대한 반대운동

본 학우회는 이달 17일 오후 1시 30분부터 도시샤(同支社)학우회관에서 정기총회를 개최하려고 하였다(교토제국대학 유학생 이하 학생 생도 62명 출석). 교토부는 내선융화의 한 방편으로 내지어를 보급한다는 방침이다. 동시에 단속적 견지에서 특수한 사정이 있는 경우를 제외하고는 조선어에 의한 집회는 인정하지 않는 방침에 있으므로 개회에 앞서 주최자에게 주

---

26 아난드 사헤이(Anand Mohan Sahay, 1898~1991)이다. 아난드 모한 사헤이는 인도 독립 연맹의 활동가였으며 나중에 인도 국군의 군사 비서관이되었다. 그는 Subhas Chandra Bose의 Azad Hind 정부에서 장관직을 맡은 비서였다.

의를 환기시켰다. 당일 임시감독 경찰관이 다시 주의한바, 본 학우회가 친목단체인 것과 과거 30년 역사를 강조하며 끝까지 조선어에 의한 개최를 인용하도록 간청하였다. 그렇지만 임시감독 경찰관이 받아들이지 않았기 때문에 후일 위원회를 소집하여 태도를 결정한 후, 다시 총회를 재개하기로 하고 동일 4시에 유회하였다.

그 후 본회 위원장인 박병교(朴炳敎), 손용주(孫鎔舟) 2명은 2회에 걸쳐 후(府)당국을 방문하여 백방으로 이해를 얻기 위한 운동에 노력하였지만, 기정방침을 뒤집을 수 없었다. 따라서 곧 소집한 위원회에서는 지식계급에 속하는 반도출신자의 출석을 요구하여 용어문제를 다각적으로 토의한 뒤, 최후의 태도를 결정하기 위해 책동 중이지만, 여전히 조선어 사용에 의한 총회를 재개한다는 방침을 견지하고 있는 것 같아 교토부에서는 그 추이를 주의하고 있는 중이다.

민족주의운동 상황

최근의 민족주의운동은 기보(《특고외사월보》10월분 참조)한 바와 같이 내외의 객관적 정세에 자극되어 갑자기 재대두하는 기운을 끌어내게 되었고, 그 후 점점 활발하게 책동을 개시하여 점차 각종 사회층의 분야에 이 운동의 조각으로 인정되는 양상이 여기저기서 보이게 되는 상황이 되었다. 따라서 금후 본 운동의 동향은 상당히 경계할 필요가 있는 것으로 사료된다. 지금 그 후의 구체적인 사건과 상황을 적기(摘記)하면 다음과 같다.

집회에서의 조선어 금지 반대운동

1) 교토제국대학 조선유학생 동창회

앞서 교토부(京都府)에서는 내선융화의 한 방책으로 내지어의 보급을 꾀하려는 의미와 한편 경찰적 견지에서 특수한 사정이 있는 경우 외에는 집회에서의 조선어 사용을 인정하지 않는다는 방침에 따라 단속하기로 하였다.

당시에 개최된 교토제국대학 조선유학생 동창회의 총회에 이 방침에 근거하여 단속한 결과, 결국은 유회가 되어 버린 상태에 빠진 것은 기보한 대로이지만(《특고외사월보》10월 참조), 그 후 전기한 동창회는 비밀리에 재교토 조선인 문제협의회 등과 연락하여 당국의 부당한 탄압을 호소하고, 이것의 대중적인 운동을 시도하기 위해 계속해서 책동 중인 모양이다. 이달 31일 재교토 조선인 유지자 간담회라는 명의로 조선인의 내지도항 제한 그 밖의 문제와 일괄하여 내무대신, 교토부지사 앞으로 진정서를 우송하였다. 당국의 이런 방침은 헌법제29조에 위반하는 것으로 신속히 철폐해야 한다는 뜻을 누누이 기재하여 진정하였다. 금후의 동향을 주의하는 중이다.

2) 니혼대학(日本大學) 조선유학생동창회

경시청 관하에서도 종전부터 대체로 교토부와 같은 방침에 따라 단속을 하고 있던바, 마침 1935년 10월이래 재경일본대학 당국이 자발적으로 학내의 조선인 학생 집회에 대해 조선어 사용을 절대적으로 금지함으로써 당시의 그들은 상당한 타격을 받아 이에 대해 반대운동을 시도한 사실이 있다. 그렇지만 그 후 학교 당국의 태도가 지극히 강경하여 하루하루 일이 지연되어 오늘에 이르던바 최근 정세에 자극받아 그들의 운동이 다시 재연되었다. 현재 동(同)대학 조선유학생동창회는 학교 당국에게 그 해제에 관한 요구서를 제출하기 위해 학내 전교생의 조인(調印)을 구하고 있는 상황이다. 본 문제는 재경조선인학생을 중심으로 해서 장차 일반적인 운동으로 확대할 수 있기에, 금후의 동향에 상당한 주의를 기울일 필요가 있다고 사료된다.

조선유학생연학회(朝鮮留學生硏學會)의 동정

올해 6월 표면적으로 재경조선인 학생의 학문연구와 계몽을 표방하여 창립된 본 학회는, 당시 뒤에서 왕년의 민족주의 단체 재일도쿄조선유학생 학우회의 재건을 기도한 것으로 인정되어 경시청에서 주의하던바, 지난달 31일 조선기독교 청년회관 사무소에서 간부 박용칠(朴容七)이하 14명이 출석하여 정기총회를 개최하기에 이르렀다. 그리고 그들은 최근 해당 학회가 민족주의 단체인 것을 위장하기 위해 신경쓰는지 총회석상에서 "…본 학회는 단순한 학술연구회로서 학도의 인격을 향상시키기 위한 목적으로 조직하였음에도 불구하고 걸핏하면 본 학회의 목적이 달리 있다고 비판하는 자가 있는 점은 지극히 유감이다" 운운하며 열심히 변명하려 하고 "금후 이에 대한 대책으로 실천을 통해 어디까지나 순수한 학술연구 단체라는 것을 실증해야만 한다" 라고 합의한 사실이 있어 경시청에서 금후의 동향을 주의 중이다. 이에 간부를 다시 뽑은 결과는 다음과 같다.

새로운 간부

총무(대표자)	메이지대(明治大)생 박용칠
총무위원	메이지대생 김용길(金鎔吉)
서무부책임자	메이지대생 우삼흥(禹三興)
조사부책임자	주오대(中央大)생 차영희(車永禧)
조사부위원	와세다대생 강대함(姜大咸)
조사부위원	니혼대(日本大)생 노승균(盧承均)
연구부책임자	혼대생 장재성(張載性)
연구부책임자	메이지대생 박치민(朴致珉)
연구부위원	메이지대생 박태식(朴泰植)
재정부책임자	와세다대생 김형국(金炯國)
재정부위원	와세다대생 이택정(李沢貞)

3) 미주 거주 한인의 사상운동

〈자료 182〉 재미불령선인 단체와 관계한 용의가 있는 조선인 검거

(明石博隆·松浦総三 편, 1977, 「在米不逞鮮人團體と關係のある容疑朝鮮人の檢擧」, 『昭和特高彈壓史 6』 1943~1945, 太平出版社, 160~161쪽)

최근 미국 방면으로 나가서 돈을 벌고 있는 조선인이 취처(娶妻)나 그 외의 용무를 띠고 내지를 경유하여 조선으로 돌아오는 자가 상당히 다수에 이르는 상황이다. 지난달부터 가나가와(神奈川)현에서 이러한 조선인 중, 다음과 같이 해외의 불령선인단체와 관계한 용의가 있는 조선인을 발견하여 검거한 사례가 있으니 앞으로 해항경비상에 특히 엄중한 경계가 필요하다고 사료된다.

〈표 7〉 1936년 11월분

이름 / 연령	직업	본적	주소	검거일	귀국 목적	용의 사실 및 조치
윤영오/42 (尹泳五)	요리인	경남 창원군 내서면 산호리	미국 뉴욕시 서가 130	1936년 10월 20일 요코하마에 입항하는 일본우편선(郵船) 히에마루(日枝丸)로 일본에 들어오는 것을 검거함.	귀국하여 취처한 후 농업을 이어갈 목적이었다고 자백함.	재미(在米)중, 불령선인단체교민단에 가맹한 사실을 자백하였지만, 당장 범죄 사실에 대한 증거를 대기가 곤란하여 미행을 붙여 귀선(歸鮮)시킴.
변기현/49 (辺基賢)	청과물상	함남 영흥군 마산면	로스앤젤레스 멘남가	1936년 11월 1일 요코하마에 입항하는 미국기선인 프레시덴트링컨호로 돌아오는 것을 검거함.	취처와 소재 불명 중인 장남을 찾기 위한 목적이었다고 자백함.	로스앤젤레스에 있는 불령단인 흥사단과 국민회 등에 가맹한 사실을 자백하였지만, 입증하기 곤란하여 미행을 붙여 귀선시킴.

이름 / 연령	직업	본적	주소	검거일	귀국 목적	용의 사실 및 조치
박용학/32 (朴容學)	학생	경기 개성부 고려정	미국 텍사스주 메소디스트 대학 내	1936년 11월 5일 일본우편선 다이요마루(大洋丸)로 돌아오는 것을 검거함.	조선 내에서 취직할 목적이었다고 자백함.	미국에서,불령단과 연락한 사실을 자백하였지만, 직접 가맹한 사실은 없다고 함. 당장 그 사실을 입증하기는 곤란하여 미행을 붙여 귀선시킴.
박원정/32 (朴元貞)	학생	평남 평양부 하수구리	미국 시카고시 아메리카 음악학교 내		조선 내에서 취직할 목적이었다고 자백함.	
박영직/41 (朴永稷)	미술가	평남 강서군 증산면 중하방	미국 로스엔젤레스 서35번가	1936년 11월 5일 요코하마에 입항하는 다이요마루로 돌아오는 것을 검거함.	본적지에 살고 있는 병든 처자식의 문병이라고 자백함.	재미불령단인 흥사단에 입단해 보통단원으로 의무금을 부담하고 있었던 것을 자백하였지만 입증하기 곤란하여 미행을 붙여 귀선시킴.
김종환/27 (金鐘煥)	학생	평남 평양부 상수구리 55	미국 샌프란시스코 오크가	1936년 11월 12일 요코하마에 입항하는 일본우편선 치치부마루(秩父丸)로 돌아오던 것을 검거함.	올해 7월 아이오와주립대학을 졸업하여 취직할 목적으로 귀국한 것이라고 자백함°	미국에서 불령단인 국민회와 흥사단 등으로부터 기관지 배포를 받고는 있었지만, 아직 가맹하지는 않았다고 자백하여 미행을 붙여 귀선시킴. 소지품 중에 대한국애국가, 재미조선인명부 등을 소지하고 있어, 용의가 상당히 농후하니 귀선 후의 동정에 상당한 주의가 필요하다.

3. 사회주의 · 공산주의 운동 분석

1) 극좌운동의 조직원리

〈자료 183〉 극좌운동의 조직원리

(小田川松造, 1933,「極左運動の組織原理」,『思想警察通論』, 日本警察社, 91~98쪽)

(1) 대개 모든 운동 특히 그것이 사회적 운동인 경우, 효과가 있게 하기 위해서는 한 개인 단독 세력으로는 기대할 수 없으므로 항상 대중적으로, 최소한 다수의 동지를 결합하여 집단을 이룬 결사를 조직하는 것이 일반적이다. 근대적 색채를 띠는 사회운동에서는 이 경향이 필수적 조건으로 되어 있다. 기성정당도 무산정당 결성도 그리고 지금 우리들이 탐구의 주목적으로 삼는 극좌운동도 극히 교묘하게 대중적으로 다수적인 결사 결합을 이루어 운동 효과를 극대화하려고 하고, 나아가서는 그 결사체를 가능한 확대 강화하기 위해 부단히 노력하고 있다.

(2) 대중을 결합하는 기본적 형태는 최저조직부터 차례로 상급의 중간통제조직이 되고, 마침내 단일 최고통제조직이 된다. 예를 들면 다음과 같다.

최고통제조직
↕
중간통제조직
↕
최저조직

그러나 이 그림에서 보이는 중간통제조직 및 최저조직은 그 단체결사의 세력지역이 확대함에 따라 다수화한다. 즉,

최고통제조직

↓

중간통제조직 중간통제조직 중간통제조직

↓ ↓ ↓

최저 조직	최저 조직	최저 조직	최저 조직	최저 조직	최저 조직	최저 조직	최저 조직	최저 조직

와 같은 식이다.

또한 중간통제조직은 최저조직의 발전 증대에 따라 필요에 응하여 제1차, 제2차 통제조직으로 변화한다. 예를 들면 다음과 같다.

최고통제조직

↓

제2차 통제조직

↓

제1차통제조직 제1차통제조직 제1차통제조직

↓ ↓ ↓

최저 조직	최저 조직	최저 조직	최저 조직	최저 조직	최저 조직	최저 조직	최저 조직	최저 조직

(3) 이상과 같이 원칙적인 기본조직 형태가 결성되는데, 이러한 각각의 조직에는 그 조직 강화를 위해 각각 각종 기관을 구비하고 있다. 즉 조직부, 출판부, 연락부, 교육부, 선전선동부, 행동대, 기술부 등등의 기관. 이러한 기관은 그 규모의 대소는 있지만 최저조직부터 최고통제조직에 이르기까지 각 조직에 부속되어-환언하면 이러한 기관이 그 조직을 구성하고- 있는 것이 일반적이다.

① 조직부: 동지를 규합하고 이를 조직화하여 결합을 강화하는 기능을 갖는 것으로 조직부원을 조직자(약칭 오르그)라 하고 여기저기서 활동하여 동지의 가입 획득에 힘쓴다.

② 출판부: 조직의 사명을 달성하기 위해 혹은 그 선전과 선동을 위해 작성하는 문서의 인쇄·반포를 임무로 한다.

③ 연락부: 각 조직 간의 상호연락을 담당하고 각 조직의 활동 정황, 각종 정보 혹은 지령의 전달 등을 하여 전체 조직활동의 통제에 이바지하는 기관이다. 여기에는 연락원(약칭 레포)이 실제활동에 임한다.

④ 선전·선동부: 조직이 받드는 주의주장을 대중에게 선전하거나 혹은 모든 기회를 포착하여 강하게 대중의 심정에 호소하는 등의 방법으로 좌익사상의 일반화를 기도하여 동지의 규합과 확대에 이바지하는 것을 임무로 한다.

⑤ 행동대: 단체가 구체적인 행동을 하는 경우에 솔선하여 선두에 서고, 그 외 모든 선병적(先兵的)인 행동을 하는 임무를 갖는 부대이다. 시위운동의 지도, 전단지·선동삐라 등의 산포, 혹은 활동자금 조달 등이 일반적으로 행동대원의 임무이다.

⑥ 기술부: 모든 정치적 활동에서 벗어나 비합법인쇄소와 비합법문서의 보관 우송, 일상적 자금망의 설치, 무기의 모집보관, 비합법도서관의 설치, 각 조직간의 통신연락 등의 기술적 임무를 전담하는 부문이다. 가옥자금국과 같은 것은 전투적 기술부의 명목으로 만든 은가(隱家) 및 자금획득기관이다.

⑦ 교육부: 조직결성의 목적을 달성하기 위해서 당원 및 일반대중의 의식강화를 위해 활동하는 부문이며 일반적으로 좌익사상의 이해를 심화하고 혹은 현실의 사회조직, 정치기능의 결점을 강조 폭로하는 등의 방법으로 활동한다.

(4) 이러한 각종 기관이 일체가 되어 목적달성을 위해 노력하고 있다. 그러나 일반적으로 좌익운동조직의 최고통제부 지령은 하급조직에게 절대명령으로 존봉(尊奉)되기 때문에 일본에서의 좌익운동조직은 최저조직의 충실확대에 주력을 기울이고, 중간통제조직의 경우는 그다지 중시하지 않는 실정이다. 물론 최저조직은 모든 부면(部面)-공장, 가두, 학내, 그 외-에 조직되었고, 그 조직원은 사회적으로는 무명인사이지만 지도적인 지위를 갖는 자, 그 중심인물의 경우는 의외로 강한 저력을 가진 자이어서 결코 경시할 수 없다. 게다가 그 최저조직들이 좌익운동 세력의 참 세력을 구성하고 있다는 점을 생각하면, 그 중요성은 미루어 알 수 있다.

종래의 실례를 보면, 상부 조직의 주요 인물이 거의 전부 검거되어 모든 조직이 궤멸하였다고 생각되었음에도 여전히 잔류자가 곧바로 다시 활발한 활동을 개시하게 되는 것은 하부조직이 궤멸되지 않았기 때문이다. 조직이 마치 군대조직처럼 구성되어 있어, 상부지도자가 빠진 경우에는 즉시 차석자가 지도통제 지위에 올라 모든 것을 대행하는 훈련을 일상에서 계속하고 있기 때문이다. 오히려 그들은 동지부원의 검거를 예상하고 그 때문에 조직활동에 지장이 초래되지 않도록 순차적으로 통제지도 임무를 맡을 수 있도록 모든 준비를 갖추고 있는 실정이다.

(5) 좌익운동의 조직통제는 중앙상급조직의 지령은 하급조직에 대해 절대적인 강제력을 갖고, 이에 반한 자는 조직 바깥으로 배제되는 것은 물론, 종종 폭력적 제재조차 가해진다. 또한 최저조직은 다른 최저조직과 특별한 때 외에는 연락을 취하지 않는다. 특별한 경우란, 자기조직과 상부조직이 연락이 안되는 경우라던가, 비상 급속을 요하는 경우 등등이다. 예를 들면 어느 조직이 경찰력 때문에 발각 검거된 경우에는 바로 다른 이웃(鄰友)조직에게 급속히 통보하여 그 파급을 방해하는 것 같은 경우이다.

이러한 경우 외에는 조직 간의 연락통제는 원칙적으로 상급조직을 통해서 이루어지는 것이 일반적이다. 예를 들면 다음과 같다.

<table>
<tr><td colspan="3" align="center">최고조직</td></tr>
<tr><td colspan="3" align="center">↕</td></tr>
<tr><td colspan="3" align="center">중간조직</td></tr>
<tr><td colspan="3" align="center">↑</td></tr>
<tr><td align="center">↓</td><td align="center">↓</td><td align="center">↓</td></tr>
<tr><td align="center">최저 조직</td><td align="center">최저 조직</td><td align="center">최저 조직</td></tr>
</table>

그러므로 최저조직의 부원은 이웃조직의 존재 및 실체의 구체적 소재를 모르는 처지이다.

(6) 조직을 확대하는 경우에는 앞에서 설명한 조직원이 목적지에 가서 동지를 물색하여 획득하거나, 혹은 우익단체 내에 잠입하여 그 단체 내에 좌익적 일단(一團)-좌익반동파-를 구성하고 단체를 자파(自派)의 지도를 받도록 매수한다. 또는 처음에는 우익적으로 만든 조직을 점차 적화(赤化)하여 완전히 자파로 납치한다. 또는 우익단체의 쟁의를 힘껏 지지하여 우익적인 간부를 쫓아내고 그 단체를 탈취하는 것과 같은 모든 교묘한 전술로 동지 규합에 활동한다.

이상과 같은 원칙이 어떻게 구체화하는지 별도로 극좌익단체의 구체적 설명을 하는 항목에서 서술하기로 한다.

2) 좌익조직의 활동방법[27]

〈자료 183과 같음〉

1) 좌익운동조직의 활동은 말할 것도 없이 현실의 국가사회조직을 변개(變改)하려는 것이다. 따라서 그러한 조직활동은 위법행위-특히 치안유지법 위반행위-로 범죄를 구성하기 때문에 자연히 소위 잠행운동-비합법운동-이 아닐 수 없다. 따라서 그 조직도 활동도 오로지 비밀리에 이루어지는 것이 일반적이다. 예를 들면 제2차일본공산당의 경우 초기에는 그 조직의 존재조차 대중으로부터 완전히 숨겨져 단지 당원만이 침묵 속에서 알고 있을 뿐이었다. 하물며 활동은 극비리에 이루어졌다.

2) 그런데 이러한 활동으로는 활동 목적의 달성을 촉진할 수 없어서 당의 존재를 공공연히 대중 앞에 폭로하고 대중을 자신의 당으로 획득하여 그 힘으로 사회 변개를 성취하고자 하기에 이르렀다. 일본공산당의 존재가 사회의 이목을 끌게 된 것은 이 무렵(1928년 2월쯤)부터이다. 그렇지만 그 실체가 어디에 있는지, 누가 주체이며, 누가 당원인지, 또 당의 범위가 어디까지인지 파급하고 있는지의 여부를 쉽게 탐지할 수 없었다. 그것은 일본공산당(국제공

---

27 小田川松造, 1933, 「極左運動の組織原理」, 『思想警察通論』, 日本警察社, 99~116쪽.

산당 일본지부)의 이름으로 각종 선전·선동 인쇄물이 전국 각지에 산포되어 반포되었지만, 그 인쇄 장소조차도 탐지할 수 없었기 때문이다. 마르크스는 공산당선언의 서두에서, '공산당은 유럽 천지를 요괴처럼 배회한다'고 하고 있는데, 정말 그대로였다.

이것은 단지 공산당에만 한정된 것은 아니다. 학생 사이에 깊이 침투한 일본공산청년동맹(약칭 공청), 그 기관지인 《레닌청년》, 《무산청년》, 혹은 노동조합전국협의회(약칭 전협), 그 기관지인 《노동신문》, 일본반제동맹(약칭 반제), 그 기관지인 《반제신문》의 경우 등은 모두 반(半) 요괴와 같은 존재이다.

3) 이상과 같이 좌익운동조직은 극좌운동단의 조직에서 설명하는 것 같은 조직을 갖고, 일반동지 사이에도 누가 책임자이며, 누가 중심인물이며, 어디에 본부가 있는지조차 알려지지 않았다. 특히 이들 동지의 회합장소는 원칙적으로 그때마다 변경하고, 회합의 명목을 합법화하는 등 발각 검거를 피하기 위해 노력하고 있다. 예를 들면

① 회합의 명목을 신년연회라던가, 혹은 망년회, 좌담회, 그 외 합법적 상담회라던가 하는 것으로 하여 회합한다.

② 동지의 집을 회합 장소로 하는 것도 있지만, 또 동지의 친구, 아는 사람의 집을 빌리고, 혹은 요정, 카페 등을 선택하는 경우도 있다. 오색온천을 선택하여 모 회사의 망년회라고 칭하여 회합한 것은 유명한 이야기이다.

③ 산림, 들판을 선택하는 경우도 있다. 즉 야외소풍, 피크닉 등을 명목으로 모여 회합의 목적을 달성한다. 일본공산당원이 닛코(日光)의 산중이나 쓰쿠바산(筑波山) 정상 등을 회합에 이용했던 것은 누구나 잘 알고 있다.

등등, 그 때문에 일반인은 쉽게 그게 무슨 회합인지 미리 알 수 없다. 게다가 회합의 경우에는 회합 부근에 '보초'를 세워 경찰 관헌 같은 자가 배회하는 경우에는 즉시 신호 혹은 통보하여 도주 혹은 준비를 하게 한다.(여기에서 준비란 비밀문서 폐기, 회합의 합법화 등등)

그뿐 아니라 회합의 경우에는 미리 검거될 것을 예상하여 관헌의 신문(訊問)에 대비하여 회합의 목적을 담합해서 준비해두는 것도 일상적이다.

4) 예를 들어, 혈맹 동지에게도 그들은 자신의 내력, 본적, 주소, 성명의 진실을 알리지 않는다. 또 동지의 그것을 질문하거나 알려고 하는 것은 굳게 금지되어 있고. 그것을 일부러 하려는 자는 간첩으로 간주된다. 그러므로, 그들은 동일조직 사이에 있으면서도 서로 내력, 주소, 본명 등을 모른다. 게다가 그들은 서로 가명을 사용하여 한 사람이 여러 개의 이름이 있는 것도 결코 드물지 않다. 최근 전모를 폭로한 제3차공산당사건에서 당원의 거의 전부가 변명, 가명을 사용하여 동거하는 애인에게조차 진짜 이름을 알리지 않았다는 사실이 있다. 이것이 1인의 검거로 인한 전 조직부원의 검거를 미연에 방지하려는 의도에서 나온 것임은 말할 필요도 없다.

5) 거주 혹은 동지 사이의 통신도 '아지트'(비밀집합소, 안가)를 사용하고, 관헌의 눈을 속이기 위해 노력한다. 표면은 합법적인 명목의 사무소를 갖거나 혹은 지인의 주택에 동거하고 여성의 문패를 걸어놓는 등 모든 술책을 일삼는다. 또 거주를 이리저리 바꾸고 인텔리가 노동자 풍으로 생활하며 주변의 눈을 속인다.

6) 개인 동지를 획득할 때는 우선 후보자를 정하고, 좌익적인 문서를 밀송하여 사상적인 좌경을 도모하고, 일신상의 사정을 조사하고 의사를 확인하는 등의 방법으로 당회원의 소개를 거쳐 입회 입당시킨다. 그 조사와 입당 수속은 극히 엄격하게 이루어져 쉽게 입당을 허용하지 않으므로, 좌익운동자 사이에서 공산당의 정당원인 자는 일종의 큰 자긍심조차 갖는 실정이다.

그런데 최근 일본공산당은 '극형으로 추궁당하는 오늘날에 더욱 당원이 되려는 의사를 가진 혁명적인 노동자는 전부 당원으로 채용하고, 채용 후에 훈련한다'라고 채용 방법을 변경하여 대량적으로 동지 획득에 노력하고 있다는 점이 폭로되었다.

7) 동지를 확대하기 위해 항상 플랙션운동이 이루어진다. 예를 들면 어떤 우익단체를 좌파의 지배세력권 안에 획득하려는 경우에는 비밀리에 동지를 그 우익단체 내에 두거나 혹은 암입시켜 단체 안의 좌파와 연락을 취하여 단체 내에 좌익적인 플랙션(분파)을 만든다. 그리고 무언가 기회가 있을 때마다 우파와 항쟁하도록 하고 특히 단체의 우익적 지도자와 이

론과 실천으로 항쟁하여 그 단체에서 우익적 세력을 몰아내고 자파인 좌익적 지도세력의 영향 아래로 데려오는 것이다. 이름하여 참취주의(斬取主義)라 한다.

대개 노동자가 자본가와 대립하여 항쟁 상황에 있는 노동쟁의, 소작쟁의 등의 경우에는 일반 쟁의 단원은 쟁의가 격화하면 할수록 사상 행동이 과격화하는데, 책임 있는 지도자는 일정한 한도에서 사건을 해결하고자 노력하기 때문에 일면에서 보면 약해진 모습으로 비춰진다. 이런 경우 유능한 좌익분파 지도자가 개재하게 되면 그 때문에 일이 잘못되어 책임 있는 지도자의 온건한 자세에 분노하여 부지불식간에 자신과 그 단체를 좌익적인 지도자의 손에 맡기게 되는 경우가 있다. 그 때문에 이들을 단속하는 임무를 맡은 자는 좌익적인 인물이 개재하는지 여부를 특히 주의하는 것이 중요하다. 이 점은 노동단체의 내부적 항쟁 등의 경우에도 양성되고 있으니 마찬가지로 주의가 필요하다.

8) 또, 세포조직운동도 좌익세력 확대의 상투수단이다. 3·15사건에서 일본공산당 조직활동은 오로지 이 세포조직을 중심으로 이루어졌다. 즉 곳곳마다 조직자를 파견하여 4,5명을 한 팀으로 하는 공산당의 최저조직을 만들고 이 팀이 소속노동단체 혹은 공장(직장) 내에서 활동하여 점차 노동자의 좌익화를 꾀한 것이다. 최근에 이 최저조직을 '반'이라고 칭하고, 무슨무슨 공장반 무슨무슨 지구반 등으로 이름을 붙이고 있다.

이러한 최저조직은 상급조직으로부터 파견된 조직자가 만드는데, 한번 결성되면 중앙의 지령을 받으면서 독립된 조직체로서 동지 규합, 좌익사상 선전 선동, 쟁의의 지도격화 등에서 독자적 활동을 한다. 이리하여 기하급수적으로 세포수를 증대해 나간다.

9) 좌익운동단은 단순히 정식단원 획득에만 몰두하는 것이 아니라 이웃단체 혹은 지지단체의 결성확대에도 노력한다. 예를 들면 일본공산청년동맹(공청), 일본노동조합전국협의회(전협), 일본반제국동맹(반제), 일본적색구원회(적구, 또는 '모플'[28]) 등은 모두 극좌단의 맹주인

28 러시아어 M.O.P.R. 국제혁명운동자후원회라는 뜻이다. 『特高辭典』(1926)에 따르면, 제3인터내셔널에 예속된 기관이고 국제적 혁명투사를 적극적으로 원조하고, 정치범 수감자에 대한 정신적 물질적인 원조와 세계혁명에 대한 원조를 목적으로 한다. 1926년 511만여 회원과 626만 루블의 기금을 모았다고 한다.

공산당을 중심으로 하는 일신동체적 존재였고, 극좌단의 외피를 구성하고 있는 모습을 보인다. 칭하여 이를 외곽단체라 한다. 이러한 외곽단체는 대개 공산당 중앙부의 지령으로 활동하고 그 자체 지도자가 공산당원인 경우가 많다.

그 외, 일본프롤레타리아문화연맹(코프)의 이름하에 활동하는 수많은 프롤레타리아적 문화운동단체의 경우도 공산당의 영향 하에 있고, 공산당의 소위 저수지의 대표적 존재라고 불리우고 있다. 이러한 것을 피영향단체(被影響團體)라 한다.

10) 이러한 외곽의 여러 단체는 모든 장소와 기회를 이용하여 주의 선전을 감행하고 당시 세력적으로 동지 획득에 힘쓴다. 코프가 지식계급 및 노동계급에 파고들어 외곽의 여러 단체가 학생 사이에 깊게 잠입한 사실은 당국을 놀라게 했다.

11) 좌익운동이라 해도, 활동자금은 불가결한 문제이다. 제2차 일본공산당이 1928년(昭和3) 2월 제1차 보통선거에서 이를 이용한 주의의 선전·선동, 동지 획득을 위해 활발하게 활동하였고, 그 비용은 십수만 원이 들었다고 전해진다. 이러한 자금은 당원 사이의 갹출금에도 의지하고 있지만, 당시의 주된 부분은 상해, 만주, 혹은 멀리 러시아의 국제공산당으로부터 지원을 받은 것이라고 한다.

그 후 좌익운동에 이해를 가지고 동정(同情)을 가진 유산자로부터 헌금 모집에 힘썼다. 동정자란 이러한 자금 헌납자이다.

최근에 이른바 비상시공산당, 혹은 신생공산당이라 칭하는 일본공산당에서는 목적을 위해서는 수단을 가리지 않는다는 태도로 100만 원 자금조달을 목표로 모든 술책을 부리고 있다. 즉,

① 부호의 약점을 잡아 위협한다.

② 유산자의 자녀와 연애관계를 맺어 이들 자녀에게 대금을 내도록 한다.

③ 유산자의 자제, 자녀에게 일정한 사업을 개업하게 하여 이를 구실로 부모에게 큰돈을 내게 갹출시키고 이것을 당비로 한다.

④ 여성동지를 댄서 등으로 꾸며 부호 자제와 관계를 맺게 하고 자금을 인출시키다. 첩으

로 재물을 획득하는 것까지 기획하였다.

⑤ 동거 혹은 이를 명목으로 한 미인계를 통해 자금을 얻는다.

⑥은행에 난입하여 대금을 강탈하는 이른바 "갱"을 감행한다.

등등. 이러한 활동을 위해 가옥 자금국의 한 부분을 설치하고 그 지도자가 모든 자금조달 방책을 지도하고 있다.

12) 이러한 행위는 공산당에 대한 대중의 동정, 이해, 지지를 잃게 하여 공산당의 목적을 관철시키는데 방해가 된다는 맹렬한 당내 반대가 있었음에도, 일부러 이러한 난잡한 활동을 하는 것은 급박한 사회정세에 맞추어 빠르게 모든 준비를 갖춰 응하기 위해 동지를 확대하고 무기를 입수하기 위함이라고 한다.

13) 극좌운동을 하기 위해서는 비밀출판물의 인쇄 반포, 각지 조직과의 연락 통행 협의, 회합 등을 해야 하는 것은 당연한데, 그를 위해 모든 술책을 행한다. 예를 들면 다음과 같다.

① 아지트(이동본부, 비밀본부, 은신처) 등을 이용한다.

② 가두연락을 한다. 즉 미리 일정한 일시, 장소, 신호 등을 정해두고 잡다한 장소, 혹은 사람 눈을 피할 수 있는 곳에서 스치면서 비밀연락문서를 주고받고, 혹은 구두(口頭)로 연락을 취한다. 이 경우에는 모든 변장을 하는 것은 물론, 길거리에서 혹은 카페, 찻집, 정거장 대합실 등을 이용하는 것이 일반적이다. 이 경우에는 물론 상대방이 누구인지 알지 못하는 경우가 많아 그냥 일정한 신호로 상대를 알아챈다.

14) 일본에서 좌익운동의 지도이론은 몇 번 바뀌었다. 처음(다이쇼(大正) 초기)에는 좌우로 나뉘고, 게다가 공산주의, 무정부주의가 혼란스러웠지만, 다이쇼 말기에 이르러 소위 야마카와(山川)이즘이 세력을 얻고 이어서 후쿠모토(福本)이즘 시대가 되고, 나아가 '7월테제' 시대로 바뀌었다.

① 야마카와이즘은 야마카와 히토시(山川均)가 주장하는 것으로, 그에 따르면 사회혁명의 성취는 단지 첨예한 극좌분자의 활동에만 기대할 수 없다. 대중을 무산계급운동에 동원하여 그 세력으로 이루어야 한다. 그것을 위해서는 우선 대중 획득, 주의주장의 대중화를 꾀해야 한다. 그 방법으로 대중의 현실 생활에 영향을 끼치는 모든 문제에 대해 단순히 부정적인 태도를 갖는 것으로 충분하지 않고, 주도적으로 대중의 생활옹호를 위해 적극적으로 투쟁해야 한다. 또한 무산계급의 정치적 세력을 분산시키는 것은 잘못이며 무산정당을 단일정당으로 결성하여 무산계급의 정치적 세력을 한 덩어리로 만들어서 투쟁해야 한다는 단일무산정당주의를 주창했다. 요컨대, 극좌와 우익의 중간에 진정한 진로가 있다는 주장이라는 점에서 절충주의라고 질타받았다.

② 후쿠모토이즘은 후쿠모토 가즈오(福本和夫)가 주장한 것으로, 다이쇼 말기부터 쇼와(昭和) 초기에 걸쳐 세력을 차지하여 야마카와이즘을 몰아내고 극좌이론의 왕좌를 차지하였다. 이에 따르면, '발전은 대립물의 투쟁과정이다'라고 하여 진정한 마르크스주의를 철저히 하기 위해 일체의 운동에 대해 이론투쟁을 하여 반대자는 일단 분리하고, 의견·주장을 완전히 같이하는 자만이 모여 진정한 마르크스주의단체를 만들고 이를 확대·강화해야 한다. 이를 위해서는 무산계급의 경제적 투쟁을 정치적 투쟁화하여, 첨예한 혁명이론으로 우익이론을 극복하고 마르크스주의적 의식을 고양시켜 그 삼투압 현상이 일어나도록 해야 한다. '혁명이론 없이는 어떠한 혁명적 투쟁도 있을 수 없다'라고 하여 이 주장은 국내의 마르크시스트에게 심대한 자극을 부여하고, 마르크스이론의 좌익화에 이바지했는데, 이론적으로 함부로 유희화되고 또 공허한 분열, 종파적 분열주의를 조장했기 때문에 국제공산당(코민테른)에게 그 오류를 지적받아 급격히 청산, 몰락했다. 이 코민테른의 오류 지적이 즉 '7월 테제'이다.

③ 7월 테제는 일본공산당의 지도이론이던 후쿠모토이즘에 대하여 1927년 7월 러시아 국제공산당 본부에서 그 오류를 지적한 신방침 지시 강령으로, 그 이후 좌익운동의 금과옥조가 되어 지상명령으로 떠받들어졌다.

이에 따르면, 야마카와이즘은 공산당의 임무 및 세력을 과소평가했다. 또한 대중의 혁명운동 참가를 자연발생적인 성장으로 기다리려는 것은 잘못이다. 그러나 후쿠모토이즘의 경우는 함부로 이론투쟁을 강행하여 분리, 이산을 일부러 한 점은, 공산당과 대중을 유리시킨 것으로 잘못이다. 원래 각종 대중적 단체를 이용하여 무산대중과 공산당을 결합시키는 것이 올바른 길이며, 그를 위해서는 각종 대중단체에 플랙션운동을 감행하여 파고들어가, 이를 공산당 지도 영향하에 끌어들여 가능한 대중과 근접하도록 노력해야 한다고 하였다. 이 7월 테제가 일본공산당원 사이에 전해지자, 절대명령으로서 극좌운동을 지도하고 지배하게 되었다.

15) 최근 무기의 모집, 자금조달 등을 위해서 완전히 극우(極右) 단원처럼 가장하고 그 목적달성을 위해 활동한 것이 폭로되었다. 원래 극좌단원의 무기 소지는 경찰권 때문에 신변의 위협이 긴박했을 때 흉포한 폭행을 감행하여 도주에 도움이 되고자 하려던 것이다. 혹은 또 혁명수단으로서 내란 폭동 등을 야기할 때 사용하려는 것이다. 기륭(基隆) 부두에서 와타나베 마사노스케(渡辺政之助:1899~1928)[29]의 경찰관 사격, 4·16사건 후 미타무라 시로(三田村四郎:1896~1964)[30]의 경관 사격, 다나카 세겐(田中清玄:1906~1993)[31]일당의 경찰대 난사(亂射), 아타미사건(熱海事件)에서의 피스톨 사용 등은 모두 검거를 피하고자 한 폭행인데, 최근 대량적 무기 수집계획은 폭동을 위해 준비하려는 것이었다.

그 어느 것이든, 단속의 임무를 맡은 자는, 이러한 흉기 사용에 대해서 특히 충분한 준비와 경계가 중요하다는 것은 말할 것도 없다.

16) 좌익운동자 사이에는 그 활동에 관하여 극히 엄격한 비밀엄수가 강제되고, '죽음을 각오하고 비밀을 지킨다'라는 것이 공산당의 철칙으로 되어 있다. '와타나베 마사노스케가 기륭 부두에서 자살한 것은 당의 비밀 폭로를 두려워했기 때문이다'라고 전해지는 것은 그

---

29 와타나베 마사노스케(1899.9.7~1928.10.6)는 일본의 노동운동가, 정치활동가, 비합법 정당 시대의 일본공산당(제2차 공산당)의 서기장이다. 와타마사(渡政)의 통칭으로 알려졌다. 원문의 '海邊'는 '渡邊'의 오기로 추정된다.

30 미타무라 시로(1896.8.25~1964.6.20)는 노동조합 활동가·사회주의자이며, 전쟁 전 비합법 정당 시절의 일본공산당(제2차 공산당) 간부이다. 사회주의 운동가인 구즈미 후사코(九津見房子)는 두 번째 아내에 해당한다.

31 다나카 세겐(1906.3.5.~1993.12.10)은 전쟁 전 비합법 시대의 일본공산당(제2차 공산당) 중앙위원장으로, 전향 후에는 정치활동가가 되었고, 전후에는 실업가로서 미유키 건설 공업 주식회사 사장, 미쓰쇼 건설 주식회사 사장을 맡았다.

때문이다.

그러나 그들은 비밀을 지키기 위해서 항상 엄밀하고 세세한 점까지 훈련해 둔다. 예를 들면

① 문서는 읽은 후 반드시 소각하라. 의사록은 만들지 마라.

② 동일 가옥 내에 거주하는 자라도 회합 장소 이외에는 당 활동에 대해 말하지 마라.

③ 당의 존재활동 및 그 외에 대해 당원이 아닌 모든 사람, 근친 배우자에게도 말하지 마라.

④ 야간에는 될 수 있는 한 다니지 마라. 어쩔 수 없을 때는 밤에 다닐 때 모든 좌익문서를 휴대하지 마라. 경관의 불심신문을 받을 때 답변할 내용을 항상 준비하라.

⑤ 모르는 자가 부르면 모르는 체 지나가라. 어쩔 수 없을 때는 준비해둔 엉터리 성명과 주소를 말하여 다른 사람인 척하라.

⑥ 의사(議事) 사항은 회합 전에 미리 정리하여 회합 시간은 될 수 있는 한 짧게 하라. 회합 후 한 그룹으로 뭉쳐 사적 회합 등을 하지 마라. 회합 때 경찰관의 신문을 받을 때는 이를 피할 수 있는 구실을 일동이 협의해 두어라.

⑦ 언뜻 좌익운동자로 인정되는 복장, 두발, 언어, 태도는 절대로 하지 마라.

⑧ 경찰관의 신문에 대해서는 가능한 한 간단히 '모릅니다', '보지 못했습니다', '듣지 못했습니다'라고 대답하라. 어쩔 수 없이 설명하지 않으면 안되는 경우에는 합리적인 거짓말을 하라. 그 경우에는 전후 진술한 내용과 모순되지 않도록 하라. 동지의 주소를 말하지 않으면 안될 때는 '나는 간 적이 없는데, 어느 마을 몇 번지'라고 엉터리로 말하라.

⑨ 검속, 구인, 유치, 소환 등을 받고 석방되었을 때는 관헌이 무엇을 의도하고 있었는지 즉시 보고하라.

등등 정밀한 사항까지 훈련하고 있다. (후략)

3) 청소년의 좌경 원인

〈자료 184〉 청소년의 좌경 원인

[〈青少年の左傾原因〉, 《思想月報》 3권 11호, 조선총독부 고등법원 검사국, 1934.2, 51~59쪽]

(1) 학생·생도[32]의 좌경 원인

① 사회정세

ㄱ. 자본가와 노동자의 극심한 생활 격차 및 농촌의 현저한 피폐

ㄴ. 노동문제와 소작문제의 격화

ㄷ. 중산계급의 경제적 몰락

ㄹ. 졸업 후의 취직 불안

ㅁ. 정계 부패

ㅂ. 정치 및 정당에 대한 불만

ㅅ. 민중의 입헌자치에 대한 의식 부족

ㅇ. 물질 편중적인 경향

ㅈ. 다수가 결속하여 목적을 달성하려는 경향

ㅊ. 공산주의 및 그 운동에 관한 인식 부족

좌경학생 · 생도의 사회문제에 대한 관심의 원인은 주로 현 세계의 경제적 · 정치적인 정세와 자국의 경제계 및 정계 정세에 불만을 느끼고 의문을 가지는 것에서 시작된다.

---

32 일본의 학교교육법(學校教育制度の基本を定めた法律)에서 학교에서 배우는 사람을 가리키는 말이다. 대학과 대학원, 전문대 등의 고등교육기관에서는 '학생(學生)', 중학교와 고등학교에서는 '생도(生徒)'라고 나눠 부른다. 초등학교는 '아동(兒童)'이라고 한다.

경제계의 모든 문제와 정계에서의 독직(瀆職) 선거 부정행위 사실이, 때로는 신문잡지에 보도되어 논의되는 것을 보고, 때로는 직접 자기가 생활하며 체험하면서 이에 대한 의혹을 가져 점차 사회문제에 흥미를 가지게 된다. 그리고 이런 문제들을 해결하기 위한 정치의 힘이 아직 충분하지 못하고 노동자와 자본가의 협조가 아직 기대한 효과에 도달하지 못하여, 빈부 격차가 점점 심해지는 것을 보고 그들은 결국 사회 현상을 근본적으로 변혁하려는 좌경사상으로 바뀌게 된다.

또한 국민의 입헌자치에 대한 의식의 철저함 부족, 사회의 물질 편중적인 풍조는 좌경사상이 편승할 수 있는 틈을 만들고, 사회의 부화뇌동 적인 경향, 느슨한 책임 관념, 공산주의와 그 외 운동의 진상(眞相)에 관한 인식 부족은 청년을 좌경적인 행동으로 이끄는 소지를 만든다.

② 사상계의 학계경향

ㄱ. 프롤레타리아 문예(文藝)와 마르크시즘 이론의 유행
ㄴ. 신문과 잡지 기사의 좌경적 논조
ㄷ. 외국사상의 모방
ㄹ. 자연과학적 견지의 오용(誤用)
ㅁ. 국체(國體)에 관한 이론적 연구 부진
ㅂ. 우리나라 고유문화에 대한 연구 부진
ㅅ. 비판적 연구 부진

청년이 좌경에 이르는 데는 우리나라의 사상계의 현대 학계 풍조에 의해 유도되는 점이 적지 않다.

소위 프롤레타리아 문예 및 마르크시즘 이론의 유행은 감염되기 쉬운 청년을 편파된 견해와 동정심으로 이끌고 이로 인해 냉정한 사려심을 잃게 한다. 또 신문과 잡지의 좌경적인 논조는 청년에게 현재의 사회 상태에 의심스러운 마음을 품게 한다. 외국사상의 맹목적인 모방에 전념하고, 자연과학적인 견지에 기울어 우리나라 특유의 문화에 대한 연구가 더할

나위 없이 부진하고, 국체관념에 대한 명확한 인식이 부족한 이러한 결과는 마르크시즘에 대한 비판적인 연구의 부진과 맞물려 청년에게 좌경사상에 대해 정당한 판단력과 비판력을 가지지 못하도록 한다.

③ 교육 결함

ㄱ. 국체관념에 대한 교육이 철저하지 못함
ㄴ. 수양, 역사, 지리, 국어, 한문 등 모든 학과 교수의 불철저함
ㄷ. 인생관, 사회관에 관한 교육의 불충분함
ㄹ. 창조력 및 비판력 함양에 관한 교육의 불충분함
ㅁ. 정조(情操) · 의지를 다스리는 교육의 불충분함
ㅂ. 교사가 교육자로서의 자각과 식견 및 수양의 불충분함
ㅅ. 교사와 학생 · 생도의 개인적인 접촉 기회 및 설비 부족
ㅇ. 학생 · 생도의 정원수 과대로 의한 훈육의 불철저함
ㅈ. 사회 필요에 맞지 않는 교육제도
ㅊ. 가정 및 학교에서 교육관의 공리적(功利的)[33]인 경향
ㅋ. 가정에서 종교 및 도덕의 형식화

현재 학교 교육은 창조력과 비판력의 함양이 불충분하고, 또 인생관·사회관에 대한 자각·신념을 양성하는 면이 거의 없고, 특히 일본의 심원(深遠)한 국체에 대한 명확한 관념을 양성시키는데 부족한 점이 있다. 이런 교육으로는 학생과 생도에게 현재의 사회문제와 사상문제에 대한 정당한 추리력과 판단력을 육성시킬 수 없다. 또 인격 양성, 특히 우리 국민으로서의 성격을 함양시키는데 부족하다.

현재 교육제도는 실제 사회에 적응하지 못하고, 게다가 학생과 생도의 정원 수가 너무 많아 개성에 따른 훈육을 충분히 할 수 없다. 이러한 사정들은 학생과 생도로 하여금 마르크시

33 공리적(功利的)이란 어떤 일의 효과와 가치를 먼저 생각하는 것이다.

즘으로 향하게 하는 유력한 원인이 된다. 그리고 교사가 교육자로서의 자각과 식견 및 수양이 부족한 것도 이러한 결과를 낳게 하는 중대한 관계로 작용한다. 또 가정 및 학교에서 교육관이 공리적으로 치우쳐 있어 종교적인 정조 및 도덕적 관념을 키우는데 불충분한 점도 그 책임이 없다고는 할 수 없다.

④ 마르크시즘의 성질

ㄱ. 이론적 체계가 잘 정비된 느낌이 있음
ㄴ. 현대사회의 결함을 비판하는 점
ㄷ. 사회개조의 목표를 제시하는 점
ㄹ. 신흥 학설이라고 생각할 수 있는 점
ㅁ. 관념적이 아니라 실천적인 점

마르크시즘은 언뜻 보면 이론체계가 상당히 정돈된 느낌을 보이기 때문에 합리적인 것을 요구하는 청년들의 심리에 가장 적합하다. 또 그 의견이라는 것이 사회 결함을 비판하며, 게다가 그것의 개조 목표를 제시하는 있다는 점은 청년의 심정을 끌어들이는 데 충분하다. 그들은 이것을 냉정하게 비판하지 않고 학설의 신기(新奇)함에 빠지게 되고, 또 실천적이라는 점에 끌려 결국 신봉하기에 이른다.

⑤ 좌경운동

ㄱ. 좌경단체의 선전·선동
ㄴ. 좌경분자의 유혹
ㄷ. 좌경문헌의 연구
ㄹ. 학내 언론·출판물의 좌경화
ㅁ. 학내 좌경사건

학생·생도가 좌경에 가입하게 하는 직접적인 원인은 학교 내외에 있는 좌경운동의 유혹이다.

즉, 학교 밖에서 공산당과 공산청년동맹 및 그 외 단체 또는 프롤레타리아 문화단체 등이, 학교 내에서는 그들의 학내반 및 독서회, 자치학생회 등의 교묘한 조직과 집요한 선전과 선동이다. 그리고 친구와 선배 등에 좌경분자가 있을 때는 그 유혹이 가장 강하고, 또 마르크시즘이론과 프롤레타리아문예 등에 관계된 문헌의 과격한 언사가 청년을 속여 실제 운동에 임하게 하는 것이 적지 않다.

또한 학내에서 발행하는 출판물 및 학내에서 개최하는 변론회와 토론회 등의 좌경적인 경향에 자극받거나, 혹은 학내에서의 맹휴(盟休), 분요(紛擾)사건 등의 좌경적인 사건에 영향받아 좌경운동에 가담하는 자가 있다.

⑥ 청년 심리

ㄱ. 과격성	단순성
ㄴ. 경신(輕信)성	뇌동(雷同)성
ㄷ. 정의감	동정심
ㄹ. 지식욕	합리성
ㅁ. 반항성	투쟁성
ㅂ. 극단성	무모성
ㅅ. 호기심	모방성
ㅇ. 공명심	허영심
ㅈ. 지배욕	우월(優越)성

청년은 대략 경험이 아직 협애(狹隘)[34]하고 냉정하게 사려하는 여유가 없으며, 또 정의감과 동정심이 강하고, 지식욕과 합리성이 풍부하다. 따라서 사회정세를 따라 경솔하게 새로

34 협애(狹隘)는 사람의 마음보가 너그럽지 못하고 아주 좁은 것을 뜻한다.

운 신사상을 믿고, 바로 이것에 감격하여 편협한 사상을 고집하고 반항과 투쟁을 굳이 감행하여 결국에는 극단적으로 무모한 행동에 나서기에 이른다.

또 혹은 호기심에 속아 신기한 언동을 모방하고 공명심과 허영심을 채우려고 하거나 지배감과 우월감을 느끼고 싶은 경향에서 좌경하는 자가 있다.

⑦ 환경 및 자질

ㄱ. 가정이 빈곤하거나 불우(不遇)한 불화 가정, 부유하지만 절제되지 않은 가정생활 등

ㄴ. 고집이 있고 집요함·■■·편협·직정경행(直情徑行)[35]·열정, 의협(義俠) 등

ㄷ. 생리적인 허약, 질병, 불구 등

좌경인 학생과 생도 중에는 중산계급의 자제로 순조롭게 자라고 또 자질도 나쁘지 않고 신체가 건강한 자도 적지 않다. 하지만 소수는 가정의 빈곤과 불화 등과 같은 특수한 환경 및 고집·집요한 성질 등과 신체의 병약함이 이유가 되어 좌경하는 경우도 있다.

(2) 학생·생도의 좌경 대책

학생과 생도의 좌경 원인에 대해서는 별지(別紙)에서 기재한 바와 같이 ① 사회정세, ② 사상계·학계의 경향, ③ 교육 결함, ④ 마르크시즘의 성질, ⑤ 좌경운동, ⑥ 청년 심리, ⑦ 환경 및 자질 등의 여러 방면에 있으므로 그 대책도 마찬가지로 전반에 걸쳐 연구해야만 한다. 그리고 교육은 사람의 마음을 계발하고 사상을 지도하는 것이므로 넓게는 상술한 원인의 모든 항목에 관계되는 것이라고 할 수 있다.

이 점으로 보아 이에 관한 대책을 강구하는 것이 가장 중요하다. 그렇지만 사상문제는 교육만으로 해결할 수는 없으므로 동시에 정치, 행정 및 사회개선 등의 방면에서도 각각 해당하는 원인에 대응하여 적절하고 유효한 방책을 강구할 필요가 있다고 인정된다.

---

35 자신의 감정이 내키는 대로, 앞뒤 분별없이 행동하며 절제할 줄 모른다는 뜻이다.

학생·생도의 좌경 원인 중 ⑥ 청년 심리, ⑦ 환경 및 자질은 가정교육과 학교교육 및 사회교육에서 충분한 주의를 기울여 적절한 조치를 하고 동시에 개성 및 개인적인 환경에 유의하여 적합한 지도를 실시해야 한다. 또 ④ 마르크시즘의 성질에 관한 대책은 사상계, 학계에 관한 대책 ■조(條) 아래 자연스럽게 함께 고려되어야 한다. 따라서 이하는 ① 사회 정세, ② 사상계·학계의 경향, ③ 교육 결함, ⑤ 좌경운동에 관해 서술할 것이다.

① 사회정세의 개선

사회정세의 개선은 정치경제의 제도조직 및 운용의 개선과 국민정신의 작흥(作興)에 의하지 않을 수 없다. 그리고 그 근본에는 사회의 지도적인 지위에 있는 자의 반성과 자각에 기대는 점이 많다. 특히 위정자와 자본가 등이 국가 공공의 입장에 서서 행동하고 국가 공무에 진실하게 임하여 사회의 본보기인 자로서의 책임을 다해야만 한다. 일반국민도 또한 시폐(時弊)[36]를 감안하여 판단하고, 입헌자치 국민이라는 자각을 해야 한다.

특히 최근의 물질편중 및 다수의 힘을 부풀리는 위박(威迫)적인 경향을 바로잡고, 중정온건한 정신을 진작(振作)해야만 한다. 이것을 요약하면 국민 자각을 기반으로 한 건전한 정신을 진흥시키고, 그에 따라 각종 폐해를 시정할 필요가 있다.

전술한 취지에 따라 실행이 필요한 사항을 들면 다음과 같다.

ㄱ. 당쟁의 폐해를 없애고 선거를 정화(淨化)하여 의회 기능을 진작시킴으로써 의회제도에 대한 국민의 신망을 높일 것.

ㄴ. 공무에 대한 엄숙한 의무관념을 분발하여 정계의 강기(綱紀)[37]를 엄격히 바로잡고, 정치와 행정의 공정을 기할 것.

ㄷ. 우리 국정에 적합한 충실한 사회정책으로 무산자 및 소산자(小産者)의 생활 불안을 없애고, 그 외 적절한 산업정책에 의거하여 국민생활 향상을 기할 것.

ㄹ. 시대의 추이에 대해 부호(富豪) 및 유산자의 자각을 촉구함과 동시에 재력에 따른 국

36 시폐(時弊)는 그 시대(時代)의 폐단(弊端), 나쁜 풍습(風習)이다.

37 강기(綱紀)는 법과 풍속, 풍습에 대한 기율로, 사람이 지켜야 할 강상(綱常)과 기율을 말한다.

민의 경제 부담에 공정을 기할 것.

ㅁ. 학교를 졸업한 자가 적당한 직업에 취직할 수 있도록 조직적인 기관을 특설할 것.

ㅂ. 입헌자치 정신과 그 실행력을 함양시키기 위해 적당한 기회를 이용하여 정치적인 훈련의 보급을 철저하게 할 것.

ㅅ. 정치교육 혹은 정치적인 훈련을 목적으로 하는 지도기관을 신설 또는 조성할 것.

ㅇ. 다수가 결속하여 부당한 목적을 달성하려는 행동에 대해 그 처치를 엄정하게 할 것.

ㅈ. 강연·인쇄물 등으로 공산주의 운동의 목적과 방법이 옳지 못한 불법이라는 실상을 세상에 인지시켜 이것을 예방하고 경계하게 할 것.

② 사상계·학계의 경향[38]

현재 사상계와 학계의 경향은 주로 외국문화를 모방하고, 쓸데없는 신기(新奇)함을 존중하며 일본 고유의 정신문화를 잊어가는 경향이 있다. 또 자연과학적인 견지가 남용되고 이상주의적인 견지는 거의 등한시되고 물질 편중적인 풍조가 점점 조성되는 경향에 있어, 결과적으로 사상과 학문의 동요와 부진을 초래하고 그 때문에 좌경사상의 횡행을 보기에 이르렀다.

그러면 오늘날의 학계와 사상계에서 가장 필요한 것은 일본의 독립성을 자각하고 국체관념을 이론적으로 천명하여 고유문화의 연구를 활발하게 하고, 이상주의를 고조시키는 데 있다. 그리고 이에 따라 일본의 독자적인 사상과 문화 발양(發揚)에 힘쓰고, 국민 생활의 지도원리를 확립하며 동시에 외래사상, 특히 마르크시즘의 비판을 철저히 해야 한다. 또 그 결과를 널리 일반 국민에게 보급하여 건전한 학에 연구를 장려하고, 신문과 잡지 등의 논조와 기사를 적정하게 하는 것이 특히 중요하다.

전술한 취지에 따라 실행이 필요한 사항을 들면 다음과 같다.

ㄱ. 우리 국체와 국민정신의 원리를 천명하고, 국민문화를 발양하고, 외래사상을 비판하여 마르크시즘에 대항하기에 충분한 이론체계의 건설을 목적으로 하는 유력한 연구

38 제목이 원문(55쪽)에는 누락되어 있어 역자의 판단에 따라 추가함.

기관을 세울 것.

ㄴ. 시세에 적응하는 정신문화 연구에 대해 장려금을 주고, 또 사상지도에 유익한 문헌을 출판하도록 장려할 것.

ㄷ. 종교적인 정조(情操) 함양을 장려하고, 인격 도야(陶冶)와 국민정신 배양에 이바지할 것.

ㄹ. 소설, 음악, 연극, 영화, 라디오 등으로 건전한 인생관과 사회관을 보급하는데 힘쓸 것.

ㅁ. 신문잡지의 적확한 보도와 공정한 비판으로 중정온건(中正穩健)한 여론의 작흥에 이바지하도록 주의를 촉구할 것.

③ 교육 개선

오늘날의 학교 교육은 편중된 지식을 형식적으로 주입하는 방식이어서 교육 효과를 올리는 데 문제가 많다. 현재 가장 중요한 점은 교육에 관한 잘못된 견해를 바로잡아 고치고, 교육의 본질을 잘 파악하여 그 참 의의를 발휘하는 데 있다. 이를 위해서는 교육의 중심을 인격 완성에 두고 지식의 편중을 배제하고, 정조(情操)[39]와 의지(意志)[40]의 연마를 중하게 여겨 국체관념과 서로 관계하는 인생관·사회관을 기본으로 한 창조력과 비판력을 키우고, 실천을 중하게 여겨 공리적인 관념의 편중을 배척해야만 한다.

그리고 이런 교육을 시행하기 위해서는 교사는 항상 생도에게 친근하게 다가가 몸으로 계도하고, 개성에 맞춰 훈화(薰化)하는 것이 중요하다. 위의 목적을 달성하기 위해서는 학교 제도·조직·시설을 개선하는 것과 함께 교육 내용 및 그 방법을 개량하고, 나아가 교사에게 인재를 초빙하는 방책을 강의해야만 한다.

또한 가정교육은 일본 고유의 가족제도 미풍을 잘 발휘하여 인격 도야를 철저히 하도록 하는 것이 중요하다.

전술한 취지에 따라 실행이 필요한 사항을 들면 다음과 같다.

---

39 정조(情操)는 인간의 정신 활동에 따라서 일어나는 고차원적이고 복잡한 감정으로, 지적(知的), 도덕적(道德的), 종교적(宗教的), 미적(美的) 등 여러 가지로 나뉘어진다. 더불어 정조교육이란 도덕적, 예술적, 종교적 등의 사회적 가치를 가진 고차원적인 감정 내지 의지를 키우기 위한 교육이다.

40 의지(意志)는 목적과 계획을 선택하여 그것을 실현하려는 정신의 움직임이다. 지식과 감정에 대립하는 것으로 생각되어 '지정의(知情意)'라고 한다.

ㄱ. 학교 교육의 교수(教授)와 훈육 내용·방법 및 제도, 조직, 시설 등의 개선을 목적으로 하는 유력한 조사 기관을 설치할 것.

ㄴ. 학교 모든 학과의 가르치는 내용과 학생의 사상 경향과의 관계를 구체적으로 조사하고 그 결과를 ■■하게 실시할 것.

ㄷ. 학교 및 학급 당 정원수를 줄여 개별적인 계도의 성과를 올릴 것.

ㄹ. 모든 학과를 통해 국가·사회의 실상에 관한 정확한 지식을 제공하여 학생이나 생도들이 이들에 관해 피상적인 공식적 견해를 품게 만드는 폐해를 고칠 것.

ㅁ. 학교 및 직업 선택을 지도하여 학생이나 생도들이 그 자질 및 형편에 따라 적절한 진로를 정하게 할 것.

ㅂ. 교사 양성 및 검정 방법을 개선하여 교사의 식견과 교양을 높일 것.

ㅅ. 교육계 모든 인재의 대우를 개선해 줄 것.

ㅇ. 교사의 사회문제, 사상문제 등에 관한 지식을 높이고, 이에 대한 비판력과 지도력을 키우기 위해 강습회를 열고, 또는 그 외 적당한 시설을 만들 것.

ㅈ. 가정에서의 예의범절 교육을 중하게 여기고, 또 학교 교육에만 의존하는 폐해를 없애는 것과 함께 가정과 학교 간의 소통을 한층 밀접하게 할 것.

ㅊ. 자제를 허영적이고 공리적인 동기로 쓸데없이 고등교육기관에 입학시키는 폐풍(弊風)을 개선할 것.

④ 좌경운동의 방지

학생과 생도가 좌경운동에 관여하는 것은 본분에 어긋나고, 사회 및 학교 질서를 어지럽힐 뿐만 아니라 다른 선량한 학생과 생도가 장래를 그르치는 계기가 되므로 학내와 학외를 불문하고 이를 엄중히 단속한다. 그와 동시에 교육 기관인 학교의 본 취지에 비추어 지도와 훈육에도 충분한 노력을 기울여야 한다. 또 일반 학생과 생도에 대해서도 좌경운동의 진상을 알려 경계시킬 뿐만 아니라 잘못된 자유 관념을 깨고, 자중·자율 정신, 왕성한 책임 관념을 키우는 것이 지극히 중요하다. 그리고 학생·생도의 좌경 운동은 일반 좌경운동과 밀접한 관계가 있으므로 방지 실적을 높이기 위해서는 일반 좌경운동 방지에 대한 방책을 주도면밀하게 해야만 한다.

전술한 취지에 따라 실행이 필요한 사항을 들면 다음과 같다.

ㄱ. 공산당·공산청년 동맹 및 그 외곽단체, 프롤레타리아문화단체 등의 운동을 엄중하게 단속할 것.

ㄴ. 학내 및 학외의 학생·생도의 좌경운동에 대해 학교, 가정, 내무(內務) 및 사법기관이 서로 연락하여 주도면밀하게 단속할 것.

ㄷ. 학생·생도에게 좌경운동의 옳지 못함과 불법적인 실상 및 단속처분 결과 등을 알게 하여 예방적인 효과를 거두는데 노력할 것.

ㄹ. 모든 교사에게 좌경운동의 방지에 한층 노력하게 할 것.

ㅁ. 처분을 받은 학생·생도를 계도하여 반성하고 마음을 바르게 고치기 위해 적당한 시설을 만들 것.

ㅂ. 좌경적인 이론 및 문예 선전에 대해 건전한 사상을 보급하는 방법을 강구할 것.

ㅅ. 건전하고 자각(自覺)적인 청년운동 및 수양단체의 활동을 지도장려할 것.

ㅇ. 학교와 가정의 연락을 밀접하게 하여 학생·생도의 좌경방지 및 광정(匡正)을 한층 유효하게 할 것.

ㅈ. 학우회와 그 외 부대시설의 원래 취지를 잃지 않도록 노력하고, 좌경운동에 이용되는 것을 방지할 것.

- 대학, 고등, 전문학교 학생 생도의 좌경 원인

좌경 원인의 하나로 이전에는 형편, 건강 또는 성격에 무언가 결함이 있는 자가 사상적으로 중정(中正)을 잃고, 좌경하게 된다고 생각되어 왔지만, 사실은 그렇지 않았다. 보통의 생활을 하는 자, 친부모가 있는 자, 건강한 자가 대다수이고, 성격도 따뜻하고 어질고 중후한 자가 제일 많았다. 또 학교성적도 우(優), 양(良), 가(可)중 양(良)과 가(可)인 자가 대다수였다.

다음은 좌경 원인의 경로를 대학, 고등, 전문학교에서의 좌경학생과 생도의 수기와 고백 등으로 조사한 결과는 다음과 같다. (각 항의 배열순서는 나타난 숫자의 순서에 의한다.)

① 좌경의 숨은 원인이라고 할 만한 것(근본 원인)

문예적 흥미

가정 빈곤

인도주의적인 경향

사회문제에 대한 소박한 관심

좌경사상에 대한 호기심

학구적 흥미

가정에서의 정신적인 불우함

허무주의 또는 회의주의적인 경향

그 외

② 좌경의 직접 원인이라고 할 만한 것

좌경문헌의 영향

프롤레타리아문예의 영향

좌경 학생인 친구의 영향

사회의 경제적인 모순에 대한 의혹

일반사회의 상태에 대한 의혹

교사의 좌경적인 언동에 의한 영향

좌경토론의 영향

학내 좌경사건의 영향

그 외

③ 좌경 유인(誘因)이라고도 불릴 만한 것(동기)

권유

학내 좌경사상 단체의 자극

좌경적 사건의 자극

학외 좌경단체의 자극

좌경문헌의 자극
좌경토론의 자극
그 외

상기에서 가장 유력한 것은 좌경문헌과 프롤레타리아 문예의 영향이고, 이것과 함께 유력한 것은 친구의 영향과 권유이다. 즉, 처음에는 독서와 그 외의 전게(前揭)한 원인에 의해 스스로 마음이 움직여 자발적으로 좌경문헌을 구독(購讀), 차독(借讀)하게 되고, 그에 비해 친구의 유혹은 비교적 적은 편이다. 한번 좌경적인 문헌을 읽고, 또는 마르크스주의의 연구에 뜻을 두게 되면 가령 그것이 개인적인 독서 연구였더라도 곧 좌경적인 친구에게 탐지되어 유혹을 받게 되고 독서회와 그 외의 좌익조직에 관계하게 되는 것이다.

- 중등학교 생도의 좌경 원인

중등학교 생도는 대학, 고등, 전문학교의 학생과 생도보다도 좌익적인 의식 정도가 일반적으로 낮다. 또한 좌경의 원인과 동기도 오늘까지 조사한 바에 따르면 좌경한 근친(近親), 졸업생, 친구 등으로부터의 권유가 많다. 이것은 중등학교 생도의 대부분이 아직 사려심이 얕아 단순하고, 호기심이 가득하여 외부로부터 이용당하는 기회가 많기 때문으로 생각된다. 그 외 좌익운동, 특히 상급학교의 학생과 생도의 좌경사상운동의 자극, 프롤레타리아문학, 프롤레타리아예술 등에 대한 흥미, 좌익출판물의 열독(閱讀) 등도 유력한 원인과 동기로 볼 수 있다.

- 초등학교 교원의 좌경 원인

초등학교 교원의 경우에는 학생과 생도의 원인과 동기 외에 프로테스탄트교(新教), 교로(教勞) 등의 조직 및 선전, 확대 운동을 위해 끌어들여지거나, 극좌운동, 특히 교육방면에 대한 극좌운동에 관해 거의 지식 없이 따라가 경계가 충분하지 않은 것, 사회문제, 사상문제에 관한 공정온건(公正穩健)한 지식이 불충분한 것과 확고한 지조, 특히 교육자로서의 견고한 신념이 부족한 것 등을 좌경 교원의 공통된 다수의 원인으로 간주할 수 있다.

또한 초등학교 교원에게는 특수한 생활환경 등에 기반한 다양한 원인과 동기가 있다. 즉

결식아동의 증가, 아동 학부형의 실직 및 생활난에 대한 동정, 교원 대우 및 갑작스런 전근 등에 관한 불평불만, 교장과 그 외 상사에 대한 반감, 동료 간의 갈등 등이 원인과 동기가 되어 좌경하는 경우도 적지 않다.

– 여자 학생과 생도의 좌경 원인

여자 학생 및 생도의 경우에는 좌익문헌의 영향은 2차적인 것이고, 오히려 좌경한 근친 또는 남자친구의 영향이 비교적 다수를 차지하고 있다. 또 사회정세에 대한 불만, 의혹, 사회 및 학내의 좌경적인 풍조에 의한 영향 등은 남자 학생 및 생도의 경우에 비해 현저하게 적고, 프롤레타리아 문예에 의한 영향은 남자와 마찬가지로 비교적 다수를 차지한다. 요컨대 대부분의 여자는 좌경한 남자친구의 영향으로 우선 처음에는 감정적으로 움직여지고, 점차 문헌 등의 영향에 의해 깊어져 가는 것이다. 또 종래 여자의 부덕이라 치부되고 있는 허영심이 강한 자, 경박한 자, 음탕한 자, 음험한 자, 교만한 자, 지나치게 남성적인 자 등이 대부분 좌경하였다.

(위 글은 문부성 학생부 편, 『사상문제 소책자1, 교육관계에서의 좌경사상운동』 54~72쪽에 게재된 글이다.)

4. 경찰·사법당국의 사상 대책

1) 사회운동 단속의 기본원칙

〈자료 185〉 사회운동의 단속

(警察硏究會, 1931, 「第2章 社會運動の取締」, 『社會運動に直面して』, 松華堂, 77~109쪽)

(1) 사회운동 단속의 개념

① 단속의 의의

사회운동 단속은 사회운동이 국가사회에 미치는 위해를 방지하기 위한 목적으로 하는 경찰[41] 활동이다.

사회운동은 프롤레타리아 계급이라든가 피압박 민족의 이익을 위해 자연발생적인 것, 혹은 그곳에서 발생된 경제적, 정치적인 여러 제도의 변혁을 목적으로 한 대중적 외침이기 때문에 현재의 제도를 고집하여 종래의 개념적인 정의관만으로 정리할 수는 없다. 모름지기 보수와 신흥의 조화를 이루면서 안녕질서를 유지하기 위해 구체적이면서도 타당한 해결을 위한 활동이어야 한다. 따라서 현실적으로 단속은 사회운동이 다른 사람의 생활 규범을 벗어나지 않도록 그 시점, 장소, 사람, 사항에 적당한 주의, 경계 방법을 강구하고 사회질서를 문란하게 할 우려가 있는 경우에는 각각 그 성질 여하에 따라 주의, 경고, 설유(說諭), 강제처분의 방법으로 실질적인 손해를 예방하는 것에 힘쓰고, 용납할 수 없는, 이미 발생한 위해는 실력을 행사하여 제거하는 조치를 강구해야 한다. 따라서 사회운동 단속은 필요한 경우에는 법령으로 다른 사람의 자유를 제한할 수밖에 없는데 거기에는 사실 인식을 그르치는 일이 없도록 앞뒤 사정과 사태의 진상을 파악하여 판가름하는 것이 중요하므로 가능한 한 강

---

41 국가사회의 공공질서와 안녕을 보장하고 국민의 안전과 재산을 보호하는 일

제력을 사용하지 말고 경찰의 목적을 달성할 온건한 친절함이 있는 수단과 방법을 강구하는 것이 바람직하다. 예를 들어 쟁의의 경우 각 당사자가 무자각한 오해가 있는 경우 이를 간담으로, 불법불온의 책동이 있다면 경고로, 또한 경찰이 직접 간여하는 것이 부적절한 경우에는 각 당사자가 신뢰할 수 있는 제3자의 알선을 촉구하는 등 사정을 잘 납득시켜 권리 행사를 조심스럽게 한다. 단, 의무 이행은 상호를 위해 승낙을 요구하고 인격을 존중하며 자발적으로 모두 화합하고 협조하도록 인도하는 열의가 있어야 한다. 그러나 경찰이 간여할 때는 강제력을 이용하지 않더라도 오해에서나 혹은 방식의 졸렬함 때문에 당사자는 압박을 느끼고, 이것이 항간에 발표될 경우 명예와 신용을 해치는 일이 전무하지 않다는 사실에 유의해야 한다.

또한 경찰은 지공지평(至公至平)을 으뜸으로 삼아 대중의 비위나 맞추려고 해서는 안 된다는 사실에 주의해야 한다. 즉, 경찰은 조직상 하급자는 보고, 지휘를 받은 후에 활동을 해야 하고, 상급자는 각 기관과 협의하여 사태 판단과 사무 통제를 과오가 없도록 하기 위해 적절하고 타당한 훈시와 지휘로 외부적인 활동을 해야 한다.

② 특고경찰

특고경찰이란 국가사회의 안녕질서 유지를 목적으로 하며, 주로 사회운동에서 발생하는 위해를 예방, 배제하는 경찰 활동이다. 경찰은 민중의 보호를 위해 국가사회에 해가 될 만한 행위를 단속하는 데 어떠한 행위가 위해 한지를 판단할 필요가 있으며, 공공의 위해를 알기 위해서는 국가 생활과 사회제도 조직의 운용상에 대한 깊은 관심이 필요하다.

사회운동은 신흥 사상에 근거하는 외부적 활동으로, 무산계급의 해방을 주장하며 제도의 부인과 변혁·파괴를 기도하는 것이어서 법률적인 규정으로 제한하고 금지해야 한다는 점은 일단 명료하다. 그러나 이것이 어떤 법률에 해당하는지, 무엇이 공안을 해치는 것인지는 구체적인 사건이나 현상(事象)에 의해야 한다. 그리고 사회운동은 무산계급의 지배계급에 대한 투쟁으로, 확대성이 있고, 과격성이 있어 실제로 전국적인 통제와 국제적 배경이 있는 경우가 많다. 불온 과격한 경우일수록 비밀스럽고 잠행적이기 때문에 이를 단속하기 위해서는 특수한 지식과 기능이 있는 전임 종사자를 두어 특단의 통제와 연락을 유지하게 할 필요성을 느끼는 바이다. 이른바 특고경찰망이라 하여 1928년(昭和 3) 이후 내무성 보안과 도서과를 확장하고, 각 청부현(廳府縣)에 특고과의 신설 혹은 확장이 이루어진 것은 실질적인 필요에 의한 것이다. 그러나 오늘날의 사회운동은 보편화되고, 대중화되어 전임 종사자에게만 일임해서는 안 되는 모든 경찰관의 취급 필요가 있는 사무가 되었다. 다만 전임 종사자는 관할 내의 사무 취급의 중심이 되고, 관청의 참모가 되어 경찰 조직 활동의 전위(前衛)가 될 필요가 있으며, 일반 경찰관은 이들과 연락하여 지도를 받으며 활동상에서는 이를 도와 하나가 되어 직무의 완수를 기해야 한다.

③ 직무의 구분

사회운동 단속은 불온행위의 책동이 잠재적인 시기에 주의하여 이를 사찰하고 경계함으로써 위해 예방에 힘써야 하는데, 경찰이 권력을 행사할 수 있는 경우는 행정상(예를 들어 직접강제검거 등)과 사법상(예를 들어 현행범의 체포 검거, 사건 조사, 송치 등)이 있다. 어떤 경우에 강제할 수 있으며, 그 방법이 어떠한가 등의 법률상 해석은 경찰법, 형법, 형사소송법 등의 문제이기 때문에 그 분야의 연구에 맡기고 여기서는 다음의 두 가지 사항에 대해서만 고찰해 보겠다.

ㄱ. 권력행사 시에는 근거를 명료하게 밝혀야 한다.

예를 들어 쟁의 등의 경우에 다중이 공장에 몰려가 폭행을 행사하려고 할 때 단속 경찰관이 이를 제지해도 응하지 않고 오히려 이에 저항할 때 범죄 현행범으로 인정하고 체포한 것인지, 행정집행법에 의하여 검속한 것인지를 명확하게 할 필요가 있다. 또한 공안을 해치는 행위에 착수했지만 아직 범죄를 구성하지 않은 행위에 그치는 경우에 이를 보호 검속하는 것은 아무런 문제가 없으나 이를 범죄의 기수로 인정하고 형사 사건으로 검거하여 사건을 검사국으로 송치하는 경우, 현장에 있던 경찰관은 폭력행위로 체포한 것인지, 검속하고자 하는데 저항했기 때문에 공무집행방해로 체포했는지, 나아가 범죄의 현행범으로 체포한 경우에 군집과 함께 공무 집행을 방해한 것인지를 명확하게 할 필요가 있다. 이는 범죄 구성에 관계가 있을 뿐 아니라 형의 양정(量定)[42] 판단과 중대한 관계가 있기 때문이다.

---

42 양정(量定)은 헤아려 정한다는 뜻이다.

ㄴ. 항상 단속관의 책무 수행에 힘써야 한다.

범죄의 조사, 검거는 사법경찰관리의 책무인데, 단속 수단은 범죄검거만이 아니다. 특히 사회운동상의 행위가 범죄를 구성하느냐 아니냐에 전념하여 사회운동을 항상 범죄 집단시하고 이를 노려 검거하는 활동에 편중될 경우에는 대중과 적대하게 된다. 경찰은 어디까지나 위해 예방을 위해서 활동하고, 거기에 미치지 못했을 때만 검거해야 한다. 그래서 행정경찰관리가 사법의 직사(職司)[43]를 겸하여 행하는 제도의 묘미는 행정권과 사법권이 발동될 때 행사 방법의 판단을 그르치지 않도록 각각 그 직책을 나누어 단속을 효과적이게 하는 데에 있다고 생각한다. 다만 범죄검거의 주무관은 검사이며, 사법경찰관리는 그 보좌관에 불과하나 보좌관이라 하더라도 그가 취급하는 사무는 법령 규정에 근거하고, 국가기관이자 자기 책임으로 행하는 것이기 때문에 항상 수동적이 아니라 적극적으로 직책 수행을 위해 활동할 수 있고 직책에 대하여 권위를 가질 필요가 있다. 그리고 행정관으로서는 그 이상으로 행정상의 단속관 입장에서 평소의 단속 체험과 앞으로의 조치 방침에 대해서나 범죄검거의 시기 방법 및 처분에 대해 사법당국에게 충분한 의견을 개진해야 한다. (중략)

④ 단속 근거

구체적 사건의 단속을 타당하게 하기 위해서는 체험을 중시하고, 융통성 없이 사리에 어두운 것을 배척하고, 단속 근거를 명확하게 하여 신념을 가질 정도로 인식을 확실하게 한 후 실시할 필요가 있다. 권력을 행사하는 경우는 법령 근거가 필요한 것은 물론이지만 넓은 의미에서의 단속은 사무적인 실제 활동을 포함해야 하기 때문에 도덕적 조리(條理)를 깊이 고려하여, 쟁의 당사자를 접하는 경우에는 법령의 제한 규정이 없는 경우라도 권리 주장을 조심스럽게 하고 서로 인내하여 사회에 대한 의무와 책임으로 중간적인 지점에서 서로 양보하도록 유도해야 한다. 이와 같은 것은 노동자와 자본가, 지주와 소작인에게 모두 필요하지만 자본가, 지주는 견디어 주기를 바라는 경우가 많고, 노동자 소작인은 자신을 소중히 아껴 주기를 바라는 경우가 많다.

예를 들어 불황으로 공장 조업의 단축에도 1일 3교대제를 채택하여 가능한 한 직공을 해

43 직사(職司)는 책무에 따라 책임지고 맡아 하는 사무를 이르는 말이다.

고하지 않도록 궁리한다든가, 어쩔 수 없는 경우에는 해고 수당을 충분히 지불한다든가, 혹은 지주가 소작인을 상대로 무리하게 토지를 빼앗거나 토지 출입을 금지하지 말도록 하면 쟁의가 심화되는 일은 적을 것이라고 생각한다.

또한 노동자는 공장경영, 대외경제 관계, 사업의 위험부담 등을 이해하고 노사가 협조하여 국가의 경제적 발전을 도모하기 위해 자중하는 태도를 취하고 함부로 항쟁하지 않는 것이 바람직하다. 다만 쟁의 당사자의 이익은 사익이기 때문에 경찰은 원칙적으로 여기에 간섭해서는 안 되지만 계급투쟁의 격화에 따른 대중 행동은 치안유지상 밀접한 관계가 있기 때문에 도덕적인 도리로 밀고 갈 수 있는 한도에서 함께 화합하고 협조하자는 취지를 가지고 임해야 한다. 대략 소유권과 그 밖의 권리는 법이 인정한 힘이자 이익이지만 최근의 입법 사례, 예를 들어 차지차가인법(借地借家人法) 혹은 소작법안 등 사회정책적인 입법이 권리에 제한을 가하고 있는 점, 이들은 민법상의 계약은 자유이지만 대등한 힘을 가지고 있지 않으면 자유의사에 의한 계약은 하지 못하기 때문에 공익상 약자 보호라는 관점에서 강자의 권리에 제한을 가한 것이라고 생각한다. 따라서 단속상 법리적이고 도덕적인 근거로 다음 사항은 참고가 될 것으로 생각한다.

ㄱ. 사상도 단속의 대상이 될 수 있다.

"(전략) 행위를 외부행위라고 칭하면 사상은 내부행위이다. 내부행위라고 하더라도 외부행위를 예기시키는 한도에서는 역시 법률의 범위 안으로 들어오는 것이다. 그래서 사회질서를 해칠 수 있는 장래의 외부 행위를 예기하게 하는 한도에서의 내부행위, 즉 사상을 법률적으로 단속하는 것이 법률 관념상 결코 용인되지 않는 것은 아니다. 그리고 어떤 종류의 사상은 현실적으로 이를 법률로 단속할 사회적인 필요가 존재한다. '어떠한 나쁜 사상도 법률로 벌할 수 없다'라는 원칙을 인정하는 것은 원만한 사회생활을 위해 존재하는 법률의 목적을 잊고 법률의 영역을 방기하는 것이다"(구와하라 미키네(桑原幹根) 지음, 『경찰풍경』 247~248쪽)

ㄴ. 사상범죄는 단순한 정치범이 아니다.

"사상범죄는 이른바 정치범죄보다도 넓은 의미에서 현대문명국을 공통의 적으로 인정하고 진압하는 과격한 혁명사상의 실행을 의미합니다. 따라서 순수한 정치범죄는 한 나라의 정치상의 의견이 서로 다른 데서 비롯되는 개혁 또는 혁명을 위해 하는 투쟁이기 때문에 그 행위를 범죄라고 하더라도 동시에 국가를 사랑하고 국민의 행복을 위해 범한 죄로 관대하게 취급하고 있는 것에 반하여 사상범죄는 현대 문명의 파괴 및 인류가 아직 시인하지 않은 급격한 혁명을 선동하고 음모하는 것이므로 순수한 정치범죄와 구별하고 그 취급도 본질적으로 다를 수밖에 없는 것은 어쩔 수 없는 일일 것입니다. 범죄의 근원도 그 구성 사실도 양자는 전혀 다른 결과입니다. 사상범죄가 현재 각국의 헌법 및 사회질서에 대한 혁명적 음모와 선동이며, 그것이 인류의 역사적 확신 또는 일반적인 시인을 받지 않는 사회생활의 위해라는 점에서 순수한 정치범죄와 본질이 다른 것으로 평가받으니 한층 더한 엄벌주의로 탄압을 받는 것이겠지요."(이시하라 쓰네지로(石原雅二郎) 지음, 『사상경찰개론』, 60~61쪽)

ㄷ. 사상 선도는 경찰력에 의할 수밖에 없다.

"나 자신은 그러한 것들에 대해 유감스럽지만 경찰력으로 그 실행을 단속하면서 스스로 자각하는 시기를 기다리는 것 외에 어떠한 사상 선도도 효과를 거둘 수 없다고 생각한다." (야마모토 가쓰이치(山本勝市) 지음, 『막시즘을 중심으로』, 12쪽)

ㄹ. 경찰의 철학적 고찰의 필요성

"(전략) 일반적으로 우리는 사회적 현상을 연구할 때 단순히 그것이 '무엇인가'라는 것만으로 만족하지 않는다. 반드시 그것은 '무엇이어야 하는가'를 규명하지 않고서는 멈추지 않는다. 즉, 단순한 사실 판단에 만족하지 않고 가치판단으로까지 나아가려고 하는 것이다. 이는 인간이 '아는 자'일뿐 아니라 '의욕하는 자'이기 때문이다. 사물에 대한 본질 추구나 사회 이상의 부단한 욕구야말로 실제로 우리가 보다 좋은 고향을 찾아헤매는 영혼의 향수이다. 윤리학의 경우도 그러하고, 경제학에서도 그러하며, 사회학에서도 그러하고, 법률학에서도 그러하듯이 경찰학에서도 역시 그러하지 않을 수 없는 것이다. 시대는 바야흐로 우리를 몰아세워 법치국의 권리주의를 버리게 하고, 연대주의라는 새로운 문화국의 새벽의 장막이 바야흐로 걷히려 하고 있다. 경찰도 역시 낡은 옷을 벗어야 한다"(구와하라 미키네(桑原幹根) 지음, 『경찰풍경』,203쪽)

ㅁ. 제국주의는 국민운동

"(전략) 현대 세계경제의 동향은 국민적인 독점주의다. 세계경제는 단일화되지 않고 몇 개의 국민경제의 대립항쟁시대를 드러내기에 이르렀다. 마르크스는 세계자본주의가 전면적 교역과 전면적 의존의 단일기구로 발전한다고 생각했지만 그 예상을 뒤엎고 각국은 각각 자원과 시장을 완전히 독점하고자 하는 자급자족적 국민경제의 확립을 향하여 돌진하고 있다. 자원쟁탈전, 시장쟁탈전, 관세전, 금융쟁패전 등등의 기운이 전 세계 구석구석까지 매우 약동하고 있다. 이런 투쟁의 소용돌이 속에 있는 것은 제국주의 국가만이 아니다. 피압박 민족도 역시 여기에 가담하고 있다. 저들 피압박 민족의 국민운동은 정치적으로 독립하고 빼앗긴 자원을 회복함으로써 새로운 독점적인 국민경제기구를 건설하고자 하는 것이다. 중국, 인도가 그러하다. 제국주의는 자본주의적임과 동시에 국민주의이다. 왜냐하면 제국주의는 자국의 부르주아지의 부를 축적했을 뿐 아니라 자국의 국민생활 수준을 끌어올렸기 때문이다.

미 제국주의는 미국의 부르주아지에게 막대한 부를 부여함과 동시에 미국의 프롤레타리아트에게도 높은 생활 수준을 부여했다. 미국의 노동계급은 미국의 자본가 계급에게 착취당하고는 있지만 그들은 미국 국민이기 때문에 다른 어떤 나라의 노동계급보다도 높은 생활 수준을 누리고 있는 것이다. 이러한 의미에서 제국주의는 일종의 국민운동이다. 제국주의가 하나의 국민운동임과 마찬가지로 반제국주의도 하나의 국민운동이다. 제국주의는 자국의 국민생활 수준을 높였지만 반제국주의는 자국의 낮은 국민생활 수준을 높이고자 하는 것이다. 제국주의는 강대 민족의 국민주의이며, 반제국주의는 약소 민족의 국민주의이다. 국내적으로 계급과 계급의 생존 투쟁이 존재하듯이 국제적으로 국민과 국민의 생존 투쟁이 존재하는 것은 세계 역사가 우리에게 보여주는 눈앞의 사실이다. (후략)"[『개조』, 1931년(昭和6) 12월호, 아카마쓰 가쓰마로(赤松克麿) 논문 중에서]

2) 조선 출신 사상범에 대한 지도방침

〈자료 186〉 조선 출신 사상범에 대한 지도방침

(〈朝鮮出身思想犯に対する指導方針〉, 《思想彙報》 12호, 조선총독부 고등법원 검사국, 1937.9, 128~131쪽)

1) 조선통치의 근본 방침에는 두 가지가 있다.

첫째, 조선민족을 일본 민족에 동화시키는 방침 즉, 일시동인(一視同仁)[44]의 사상에 기초한 방침.

둘째, 민족 자주성을 인정하는 방침 즉, 조선민족의 특이성을 인정하고 조선민족으로서 적절한 방향으로 발전, 지도하여 일본 민족의 세계적 사명에 협력하게 만드는 방침.

2) 이상의 태도를 결정하기 위해 현재의 조선민족의 일반적인 동향을 파악할 목적으로

① 내지에 거주하는 조선인의 동향

내지에 거주하는 조선인은 현재 약 70만을 헤아린다. 도항 원인은 a) 내지가 임금이 좋다, b) 조선 본토의 실업자 증가, c) 취직곤란 등 때문이다. 그런데 내지도 실업자가 많아 도항해도 내지 취업자보다 한 단계 아래의 지위로 밖에 취직할 수 없어 생활난 문제가 여전히 조선 본토에 있을 때와 마찬가지이다. 그래서인지 한편으로는 차별철폐, 독립해방운동의 원인이 되고 나아가서는 공산주의 운동에 참가하는 자가 생겨나고 다른 한편으로 이러한 운동에 참가하지 않는 자는 절도, 밀주(密釀), 도박 등의 범죄 방면으로 치닫는 경우가 생긴다. 현재 내지의 공산주의 운동의 퇴조와 더불어 조선인의 공산주의 운동도 점차 수그러졌다고는 하지만, 그 반면 민족주의운동은 오히려 표면화하고 점점 왕성해지고 있다.

② 조선 본토의 일반적인 경향

내지와 마찬가지로 최근 공산주의 운동은 퇴조하고 표면적으로는 평온한듯한데 민족주

44 일시동인(一視同仁)은 모든 사람을 평등하게 보아 똑같이 사랑하는 것이다. 피아의 차별없이 똑같이 사랑한다.

의, 민족해방운동의 요구는 맹렬해지고 있는데 내지에 거주하는 조선인 이상이라고 한다. 예를 들어 손기정, 남승룡 선수의 우승으로 약소민족이 아님을 지적하듯이 가슴의 일장기를 지운 사진을 게재한《동아일보》, 독립운동에 참가한 이의 묘지 건설, 일본인 충혼비의 파손 등이 그것이다.

③ 국외의 정세

한때 1919년(大正 8) 즈음부터 상해 임시정부를 세우고 독립을 계획였다. 1931년(昭和 6) 만주사변 이후 소련의 힘을 빌리고 중국(支那)과 협력하여 상해, 남경을 ■하고 항일군과 제휴하여 인민전선에 가입하려는 경향이 강하다. 그러한 영향으로 사쿠라다몬(櫻田門) 사건[45], 상해 시라카와(白川) 사건, 국제연맹조사단의 조선입국 당시의 총독암살계획 등이 일어나게 되었는데, 최근에는 내지 유학생에 대한 불온 문서우송 등이 특기할만하다.

3) 이상의 현실, 객관적 사실에 당면하여 우리들은 어떻게 고려해야 하는가라는 문제에 대해서는 종래의 통치방침에 ■■하는 방침으로 해서는 안 된다고 판단한다. 즉 민족적 주의운동에 ■■하여 일본 민족의 세계적인 사명에 협력하게 하는 방침으로 (중략)[46] 이러한 입장에서 다소 타협하여 조선민족의 특이성을 인정하고 이를 포용하는 마음가짐과 자세로 보호 지도할 필요가 있을 것이다.

그렇다면 조선전향자에 대한 일반적인 지도방침은 무엇인가.

A. 조선민족의 특이성을 충분히 이해하고 적응할 필요가 있다. 특이성을 열거하면 다음과 같다.

(가) 은애(恩愛)를 당연시하며 버릇없어지기 쉽다.

(나) 사대주의 사상이 강하다.

(다) 의뢰성 의존성의 경향이 있다.

(라) 공리적 경향이 강하다.

---

45 사쿠라다몬(櫻田門) 사건은 1932년 1월 8일 한인애국단 소속 이봉창(李奉昌)의 일왕투탄 의거이다.

46 원문 훼손에 따른 판독 불가로 해당 부분 중략함.

(마) 민족적 편견이 매우 강하다.

B. 은혜와 위엄을 행할 것

은애를 당연시하고 버릇없어지기 쉬운 민족적 습관성이 있으므로 은애를 베푸는 것만으로는 좋지 않고 동시에 상당한 위엄으로 대할 필요가 있다. 즉, 은혜와 위엄을 함께 행해야 한다.

C. 야마토 민족과의 화협(和協)을 자각하게 할 것

사대주의적 경향이 있으므로 전(全)일본 민족으로서의 국제적 지위, 특히 동양에서의 지위를 확립해야 하는 사명을 자각하게 할 필요가 있다. 이를 위해 조선민족이 야마토 민족과 화협 제휴할 필요가 있다는 것을 인식하게 할 것.

D. 자력갱생의 관념을 배양할 것

의존적 경향이 있으므로 무제한적인 물질적 원조를 하고 타성을 조장하는 것은 가장 바람직하지 않으며 오히려 자력갱생의 관념을 배양하고 각고 근면의 노력을 촉진시킬 것.

E. 실제적인 지도

추상적인 이론이 아니라 실제생활을 통해 지도할 것. 예를 들어 메이지신궁 참배를 통해 국체관념을 함양하고 사이타마현 고마(高麗)신사 참배를 통해 선일(日鮮)융화의 이해를 심화시키는 것과 같다.

F. 온정으로 포용 유도할 것

민족적 감정을 제거하는 것은 곤란하지만 우월적 태도를 가지지 말고 온정으로 포용하고 유도하는 마음가짐이 필요하다.

G. 조선 특유의 인정 풍속의 인식을 심화시킬 것

내지인은 조선의 인정·풍속을 이해하고 납득하고자 노력하고, 또한 내지 거주 조선인이 내지의 인정·풍속에 통달하게 만들어 잘 융합하도록 노력할 것.

H. 재경(在東京) 전향자의 전향을 확보할 것

내지 조선인의 전향 동향은 조선사상범의 일반에게 매우 막대한 영향이 있다. 따라서 전향 확보에 나서는 것이 더욱 중요하다.

I. 종교적 신념을 배양할 것

조선인의 이기적인 관념과 봉사적인 관념의 결여는 종교적 관념이 희박한 결과라고 할 수 있으므로 이러한 관념 배양을 위한 정신적 방면의 지도도 중요하다.

3) 사상범죄 단속의 중점 변천

〈자료 187〉 사상범죄 단속의 중점 변천

[오오타케 부시치로(大竹武七郎), 〈思想犯罪取締の重點變遷〉, 《思想月報》 2권 12호, 조선총독부 고등법원 검사국, 1933.3, 42~45쪽]

사법서기관 오타케 부시치로(大竹武七郎)

1) 정치범과 좌익 사상범죄

정치범과 정치경찰이라는 단어는 전부터 있었다. 사상범죄라는 단어를 계속 사용하게 된 것은 최근의 일에 속한다. 정치범이라는 단어도 상당히 의미가 애매하여, 국가의 근본조직을 파괴하려는 범죄, 국가 치안을 어지럽히는 범죄를 시작으로 혹은 정치 요직에 있는 고위 장관(大官)을 암살하는 등의 중대한 범죄는 물론, 선거위반이나 그 외 넓게 정치와 직접 관계가 있는 범죄라는 의미로도 사용되고 있다.

좌익사상 범죄도 또 직접 혹은 간접으로 정치에 관계있는 범죄이지만, 소위 정치범이라는 것과는 취지를 달리하고 있다. 종래 사용되어 온 의미에 따라 정치범이라는 단어를 이해하면, 그것에는 계급의 대립, 무산계급의 해방을 위한 운동을 한다는 관념을 포함하고 있지 않다. 이에 반해 소위 사상범죄(정확히 말하면 좌익사상범죄)는 마르크스주의의 소위 착취하는 부르주아계급과 착취당하는 프롤레타리아계급, 그 양 계급의 대립이라는 의미에서 계급대립이라는 이론을 채택하는 것의 여부와는 별도로, 또 그저 막연히 관념되고 있는 예도 있지만, 좌우간 빈부계급의 대립과 무산계급의 해방이라는 것을 근본적인 관념으로 하고 있으므로 종래의 소위 정치범과는 완전히 입장을 달리하고 있다.

좌익사상 범죄는 광의의 사회사상에 기초한 범죄이다. 소위 사회사상에도 공산주의, 사회민주주의, 무정부주의 등 여러 가지가 있고 그 주장하는 바도 천차만별이지만, 유일하게 공통인 점은 '무산계급을 위해, 보다 좋은 생활, 보다 좋은 사회를' 이라고 말하는 것이다. 추상적, 관념적으로는 그렇게 말할 수 있지만, 그렇다면 어떤 사회가 그들이 말하는 소위 좋은, 목표로 해야 할 사회일까, 어떤 수단으로, 또 어떤 과정을 거쳐 목표로 하는 사회에 도달할 것인가, 이 점이 되면 거의 귀일(歸一)할 바를 모른다. 필시 논의는 끝이 없을 것이다.

목표하는 사회 또는 그것에 이르는 과정, 수단 여하에 따라 각 주의로 나뉘고, 그중 어느 것은 현재 국가와 완전히 함께 할 수 없는 사회를 목표로 하고, 또 그에 이르는 과정으로 현재의 국가 질서와 완전히 함께 할 수 없는 것을 상정(想定)하기에 이르렀다. 될 수 있는 한 다수의 사람들에게 보다 좋은 생활을 할 수 있게 하는 사회가 바람직한 사회인 것은 아무도 이론(異論)을 제기할 수 없을 것이다. 다만 어떤 사회가 그것이고, 또 그에 이르는 과정, 수단을 어떻게 생각하는가로 현재의 국가 생활에서 허용될 수 있는 사회운동과 전혀 허용될 수 없는 사회운동으로 구별된다. 그리고 후자는 각종 법령에 따라 금지되고, 처벌되게 되었다. 현행법령으로 이것을 금지하고, 그것을 범하는 자에게 형벌을 과하는 것을 명문(明文)[47]하여 규정한 것을 사상범죄(정확하게 말하면 좌익사상범죄)라고 한다.

47 명문(明文)은 명백하게 기록된 문구 또는 조문을 말한다.

2) 사회운동의 중점 변천

사회운동도 초기에는 개인적인 세력을 중심으로 하여 소위 '주의자', '주의인물', '요시찰인'이 중심이었다. 그 활동 양태도 중심인물 주위에 약간의 자가 모여 소위 동지가 되고 서로 의식 고양을 꾀하고, 지극히 소수의 기관지를 발행하는 정도였다. 그러나 이것들이 일단 소위 불온한 계획을 짤 때는 우선 폭발물, 총포화약, 암살이라는 것을 생각되었다.

그런데 국제공산당이 조직되고, 그 지부인 일본공산당이 조직된 후에는 운동 양태가 완전히 바뀌었다. 일본뿐만 아니라 일반적으로 공산당이 세력을 유지하고 그 영향을 널리 각 방면으로 침투할 수 있는 원인의 하나는 그것이 조직과 선전 선동에 뛰어나기 때문이라고 한다. 공산주의 운동의 실제에 비추어 보아도 조직, 선전, 선동에 대해 상당히 연구하고 그 결과에 기초하여 정말 훌륭하게 실시되고 있는 것을 볼 수 있다. 조직의 확립유지와 그 확대 강화를 주안점으로 하고, 그것을 수단으로 활발하고 교묘하게 대중을 선전·선동하고 있다.

3) 단속의 중점 변천

따라서 단속의 중점도 처음에는 소위 '주의자'와 '요시찰'의 폭발물과 암살 등에 기울었고, 법령 규정도 그 점에 중점을 두고 있었다. 예를 들면 각국 형법에서 대역죄의 규정, 정부 요직 장관의 생명·신체에 위해를 가하는 죄의 규정 등을 시작으로 그 외 특별법으로 폭발물, 총포 화약류 등의 단속에 관한 규정이 마련되어 있었다. 그런데 전술한 바와 같이 그 후 운동의 중점이 변천하여 운동 양태가 변화함에 따라, 이것을 단속하는 방향의 주력점도 조직 파괴 및 조직 유지, 확대 강화를 위한 가장 유력한 무기인 선전과 선동의 금지로 기울어, 단속 법령도 조직의 파괴 및 선전과 선동의 금지에 관한 것이 마련되기에 이르렀다.

번거로움을 피하고자 외국의 입법 예에 대한 인용은 그만두고, 일본의 입법을 보면 구 형법에서는 황실에 대한 죄, 내란에 관한 죄 등의 규정이 있었고, 현행 형법에서도 물론 이것은 존치하고, 따로 1884년(明治 17) 12월 대정관 포고로 폭발물의 단속 벌칙을 발포하여 (현재 유효), 폭발물로 치안을 방해하고 또는 사람의 신체와 재산을 해하는 것을 처벌한다고 규정하였다.

또한 1910년 4월 총포화약류 단속법을 발포하였는데 이것들은 모두 직접 결사자체 및 그것의 선전과 선동을 단속하는 규정이 아니다. 결사자체의 단속에 관한 법률로 들 수 있는 것은 치안경찰법과 치안유지법이다. 치안경찰법은 제1조에서 정치결사의 주관자에게 신고의무를 지게 하고, 제5조에서 가입자격을 제한하고, 제8조에서 안녕질서를 어지럽히는 결사에 대해 금지를 명할 수 있도록 규정하고, 제14조에서 비밀결사를 금지하고, 제28조에서 이것을 조직한 자 및 가입한 자를 처벌할 수 있도록 규정하고 있다.

치안유지법에서는 각종 결사 중, 국체변혁 또는 사유재산제도 부인을 목적으로 결사를 조직하거나 또는 이것에 가입하거나 혹은 그 결과의 목적 수행을 위한 행위를 한 자를 처벌할 것을 규정하고 제2조에서 제5조까지 상기의 목적으로

① 목적인 사항의 실행에 관해 협의하는 것(제2조)

② 목적인 사항의 실행을 선동하는 것(제3조)

③ 소요, 폭행 그 외 생명과 신체 혹은 재산에 해를 가할 수 있는 범죄를 선동하는 것 (제4조)

④ 금품 그 외 재산상의 이익 수수 및 약속과 요구를 하는 것 (제5조, 단 해석상 제1조 목적 수행죄 규정에 포함되는 것을 제외한다)

등을 처벌하기로 규정하였다.

결국 국체변혁, 사유재산제도 부인을 목적으로 한 결사에 관해서는 치안유지법을 적용하고, 그 외의 결사는 치안경찰법을 적용한다. 이 두 법률 중 특히 치안유지법은 결사에 중점을 둔 법률이다. 임시법제심의회가 결의한 형법개정 강령의 제31호에도 '법령 위반 행위를 목적으로 단결한 자를 벌하는 규정을 마련할 것'이라는 1항이 있는 것은 주의할 만하다. 1927년의 독일 형법 초안에도 반국가적인 결사, 비밀결사에 가입한 자, 이를 지지한 자를 처벌하는 규정을 마련하고 있다.

공산당 그 외 극좌의 비합법적인 결사가 활발하고 교묘하게 선전과 선동을 실시하여 조직 유지와 확대 강화를 꾀하고 있는 것은 이미 전술한 대로이다. 따라서 그 조직을 파괴하기 위해서는 가장 유력한 무기인 선전과 선동을 금지해야만 한다. 이제 와 새롭게 말할 필요도 없이 선전이란 일반 대중에게 널리 전하여 보급하게 하는 것, 선동이란 공정한 판단을 할 수 없도록 자극을 주어 어떤 일을 할 결의를 처음으로 갖게 하거나 기존 의사를 강고하게 하는

것을 말한다. 치안유지에 관한 각국 법령은 대개 선전, 선동, 유포, 문서배포 등을 금지하는 내용으로 규정하고 있는데 지금 여기에서는 번거로움을 피해 일일이 인용하는 것은 생략하겠다.

일본 법령을 보자면 1922년(大正 11) 2월 18일 정부가 의회에 제출한 과격사회 운동단속 법안 제1조 제1항 '무정부주의와 공산주의, 그 외 조헌[48]을 문란하게 하는 사항을 선전하거나 또는 선전하려고 한 자는 7년 이하의 징역 또는 금고에 처한다'라고 규정하고, 동법 제2조에는 '전조 제1항의 사항을 실행 또는 선전할 목적으로 결사, 집회, 또는 다중 운동을 한 자는 10년 이하의 징역 또는 금고에 처한다'라고 규정하고, 동법 제3조에서는 '사회의 근본 조직을 폭동, 폭행, 협박 그 외의 불법 수단으로 변혁하는 사항을 선전하고, 또는 선전하려고 한 자는 5년 이하의 징역 또는 금고에 처한다'라고 규정하고 있다. 이 법안은 귀족원에서 수정되었지만, 수정 후에도 '선전'이라는 문자는 여전히 남아 있었다. 그러나 이 법안은 결국 심의미료(審議未了)[49] 때문에 성립되지 않고 끝났다.

현행 치안유지법에서 선동이라는 문자는 제3조 및 제4조에서 사용되고 있지만, '선전'이라는 문자는 사용되고 있지 않다. 그러나 결사를 위해 선전(선동도 역시 마찬가지임)하는 것은 제1조의 '결사의 목적 수행을 위해 행위를 한 자는 운운'이라는 규정의 적용을 받는다. 결국 결사를 위한 선전선동을 처벌하는 규정은 있는 것이다.

이처럼 결사 자체와 그 조직의 유지 및 확대 강화에 가장 중요한 수단인 선전, 선동의 금지에 단속의 주력을 쏟으려는 것이 최근 입법 경향의 하나이고, 그리고 이것은 사회운동, 사상범죄의 경향에 대한 바른 인식 아래 이루어진 입법이라고 말할 수 있다.

(《범죄학잡지》 제7권 제1호 1933년 1월호 39~42쪽에 게재된 글)

---

48 조헌(朝憲)은 조정에서 세운 법규인 헌법·국헌(國憲)을 가리킨다.

49 심의미료는 회기 내에 결의되어 성립하지 않았던 의안이다. 회기불계속(会期不継続)의 원칙에 따라 계속 심의 결의가 이루어지지 않는 한 심의미료(審議未了)에 의한 폐안(廃案)이 된다.

4) 전조선 고등경찰과장 회의의 사상 대책

〈자료 188〉 전조선 고등경찰 과장 회의

(〈全朝鮮高等警察課長會議〉, 《思想月報》 1권 2호, 조선총독부 고등법원 검사국, 1931.5, 112~117쪽)

◎전조선 고등경찰 과장 회의

지난 5월 8, 9일 총독부 제2회의실에서 전조선 고등경찰과장회의가 개최되었다. 첫째날 정무총감 및 경무국장의 훈시가 있었고, 이어 다음과 같은 지시 주의사항이 있었다. 군사령부에서 간다(神田) 참모중사, 히라노(平野) 대위, 헌병대사령부에서 히라노(平野) 대위, 검사국에서는 이토(伊藤) 검사가 참석했다.

지시 주의사항 목차

보안과(保安課) 주관

- 지방선거 단속에 관한 건
- 재계 불황에 따른 민심의 동향에 관한 건
- 지방 문제에 대한 경찰 조치에 관한 건
- 학생의 사상 경향 사찰에 관한 건
- 중국인(支那人) 노동자 단속과 빈민구제에 관한 건
- 집회 단속에 관한 건
- 사상 단체의 사업 단속에 관한 건
- 좌익운동 단속에 관한 건
- 불온 선전물 산포의 배후 사찰에 관한 건
- 사찰 방법의 합리화에 관한 건

- 형평운동[50] 사찰에 관한 건
- 국외 민족운동의 영향에 관한 건
- 재만(在滿)사상운동방침의 전환과 그 영향에 관한 건
- 미행 근무에 관한 교양에 관한 건
- 수배 통보에 관한 건
- 치안 상황 및 특수 사항 조사 편찬 방법에 관한 건
- 고등경찰 자료(인쇄물)에 관한 건 - 도서과 주관
- 의원후보자의 출판물에 관한 건
- 신문기사 중 기념일에 관한 건
- 내선융화에 관한 기사 단속에 관한 건
- 통계 자료에 관한 건
- 황실 기사에 관한 건
- 신문잡지 기자에 관한 건

⦿ 지시 주의사항

- 지방선거 단속에 관한 건

이번에 개정된 부제(府制) 읍면제에 의한 제1회 선거는 가까운 시일 내에 전조선에 일제히 시행될 예정이다. 그런데 시일이 다가옴에 따라 그 운동이 나날이 격화되고 있어 이에 대한 단속에 대해서는 이전에 시달된 단속 표준에 근거하여 각 도(道)에서는 각각 상세한 사항을 정하고, 실지 단속에서는 대체로 그 상황을 적절히 알맞게 조절하여 오늘까지 사소한 사고 없이 지나왔다. 이번 선거는 이른바 지방자치제 시행 후 처음 있는 일이라 이것이 적절히 시행될지 어떨지는 앞으로의 지방행정 운용상 지대한 영향을 미치기 때문에 이에 대한 단속에는 적정하고 공평하게 관대함과 엄함을 적절히 발휘하여 올바른 민의를 표현하게 할 수 있도록 힘써야 할 것이다.

---

50 일제강점기에 형평사를 중심으로 천민 계급의 지위 향상을 위하여 전개한 혁신적 사회운동을 이르는 말이다.

- 재계 불황에 따른 민심의 동향에 관한 건

최근 재계 불황이 한층 심각해지고 쌀값 폭락에 의한 농촌의 타격도 심각하다. 요즘 수리조합(水利組合) 물세(水稅) 연납(延納) 감액(減額)운동을 비롯하여 수리조합설치 반대운동, 모든 공과(公課)[51]의 연납(延納)운동, 학교 수업료 감액 운동, 집세, 전기세 등 모든 물가에 대한 인하 운동이 각지에서 빈발하고 있다. 이에 주의자, 사상 단체 등이 이를 교묘하게 이용하여 당국에 대한 항쟁수단으로 삼아 더욱 일을 격화시키는 경우가 많다. 사회의 공공질서를 유지하고 국민의 안전을 보호하는 측면에서 보면 참으로 우려스럽기 짝이 없으므로 각 도에서는 현재의 재계 불황으로 인한 일반 민심의 동요에 주의하여 분규를 일으켜 재계를 교란시키거나 민중을 선동하여 주의 운동에 이용하려고 하는 무리를 엄중하게 단속하여 사건의 발단을 미연에 방지하도록 노력해야 할 것이다.

- 학생의 사상 경향 사찰에 관한 건

광주학생 사건은 주의자들에게 향후 이들이 운동을 펼쳐 나가는 데에 유력한 시련을 준 바 있다. 그리고 조선공산당이 학생층 획득을 위해 부심하고 있는 것은 국제공산당의 지령에 비추어 보아도 분명한데, 학생 등 역시 자진하여 이 와중에 몸을 던져 학업을 포기하고 주의운동에 전위(前衛)투사로서 활약하고자 하는 분위기가 점차 농후해지고 있어 최근 들어서는 보통학교 생도에게도 이 사조가 번져나가는 경향이 있다. 더욱이 재계의 불황이 한층 이들의 사상을 첨예화하게 하여 수업료, 월사금 폐지, 연납, 교과서 가격 인하 등을 요구하며 동맹휴업으로 나온 것이 이미 올해 들어 10여 건으로 다수에 달했으며, 여전히 증가 추세에 있다. 한편 중등 이상의 학교 생도의 경우에는 총유(総有)[52] 문제에서 반항 이유를 찾아 적극적이거나 소극적인 항쟁을 시도하고, 심한 경우에는 교사를 폭행, 협박을 감행하는 것이 실제 상황이므로 여러분은 평소 학교 당사자와 연락을 유지하여 이들 학생의 사상 경향에 유의하여 그 언동 동정에 대한 사찰 단속은 물론이거니와 주의자, 사상 단체 등과의 왕래

---

51 공과(公課)는 국가나 공공단체가 국민에게 부과하는 금전상의 부담이나 육체적인 일이다.

52 개인주의적 공동 소유 형태의 하나로, 재산의 관리와 처분의 권능은 공동체에 속하지만, 그 재산의 사용과 수익의 권능은 공동체의 각 구성원에 속한다. 우리 민법에서는 공동 소유를 공유(公有), 합유(合有), 총유(總有) 세 가지 유형을 인정하되 개인 소유권으로 분해가 가능한 공유를 가장 원칙적인 유형으로 인정한다.

및 연락 등에 대한 사찰 단속에도 부단히 힘써야 한다.

- 사상 단체 사업 단속에 관한 건

최근 각종 사상 단체, 주의자 등은 대중을 획득하는 수단으로 야학, 서당, 학원, 도서관 등을 경영하여 주의 선전의 도구로 삼고, 또한 소비조합, 협동조합 등을 경영하여 선전비 또는 지도 간부의 의식비(衣食費) 등의 재원으로 삼고 있는 경우가 적지 않다. 이들 중에는 무산계급을 대상으로 하여 노골적으로 현 정부를 부인하고 사회혁명을 칭송하는 듯한 언동을 굳이 함으로써 지방 농민 청소년의 사상을 악화시키는 일이 많으니 이런 종류의 사업 기획에 대해서는 가능한 한 착수 전에 저지하고, 실제로 경영 중인 야학, 서당, 강습소 가운데 무인가인 경우에는 지방의 정세를 고려하여 순차적으로 폐쇄를 명하고, 인가를 받은 경우에는 관계 당국과 연락하여 신속하게 적절한 조치를 강구한다.

또한 소비조합, 협동조합에 대해서는 경영 상태를 자세히 조사하여 경리적인 부분이나 그 외의 부정을 적발하는 등의 방법으로 엄밀하게 단속 시행해야 한다.

- 좌익운동 단속에 관한 건

조선에서의 좌익 사회주의 운동의 최근 추세는 제6회 코민테른 대회 및 제5회 프로핀테른 대회의 영향을 받아 현저히 악화되었으며, 동시에 신간회(新幹會), 청총(靑總)의 일부가 전향 표명을 기회로 기존 단체의 해체를 주장하여 바야흐로 분열 과정에 있다. 그리고 해체 후에는 노동조합 또는 농민조합의 조직에 의해 청년, 소년, 여성의 각 부를 확립하고 혁명의식하에 노농무산대중을 규합하고 이를 교양, 훈련하여 투쟁을 통해 한층 운동을 확대, 강화하고자 꾀하고 있다.

이러한 정세의 추이를 보면 앞으로 반드시 우려할만한 사태가 야기될 것으로 사료되므로 좌익 운동의 동향에 대해서는 세심하게 주의하고, 만일 비합법적 운동을 전개하는 경우에는 가차없이 탄압을 가한다. 또한 각 지방의 실정에 따라 각각 적절한 구체적 대책을 강구하여 단속상 충실을 기해야 할 것이다.

5) 내각 사상대책협의위원회의 사상 대책

〈자료 189〉 사상대책의 구체안

(〈思想對策の具體案〉, 《思想月報》 3권 8호, 조선총독부 고등법원 검사국, 1933.11, 46~49쪽)

사상대책 구체안 확정하다

1933년(昭和 8) 4월 11일 내각에 설치된 사상대책협의 위원회에서는 사상대책을 크게 나누어

一. 국민 중에 자칫하면 불온사상에 속아 빠지는 자가 있으므로 일본정신을 천명(闡明)하여 이것을 모든 사회층으로 철저히 보급함으로써 국민정신의 작흥(作興)에 노력하는 사상선도방책.

二. 불온사상에 관한 인적·물적 단속을 엄하게 하여 불온사상에 대한 방위와 진압을 완벽하게 하는 사상단속방책.

三. 정치·행정·경제 각 방면에서의 불온사상이 양성함에 따라 힘껏 모든 원인에 대응하고, 이것을 바로잡아 구원해야 할 '사회개선방책의 3'으로 하여 조사 심의 중인 바이다. 사상대책 견지에서 신속하게 개선을 실행해야 할 구체안에 대해 다음과 같이 결정했다.

(1) 교육, 종교에 관한 구체적인 방책안

(2) 사상선도 방책 구체안

(3) 사상단속 방책 구체안

(4) 사회정책에 관한 구체적인 방책안

⊙ 사상대책의 확정구체안

(1) 교육, 종교에 관한 구체적인 방책안

① 고등교육을 개선할 것(대학·고등전문교육을 포함)

ㄱ. 인격교육에 중점을 두어 교육의 공리화(功利化)[53]를 막을 것.

ㄴ. 대학 그 외 학교의 학교장이 한층 적임자를 뽑도록 선임 방법을 자세히 살펴 연구할 것.

ㄷ. 교원 임용은 학력에만 중점을 두지 말고 인격을 중시하고, 또 우수한 교원이 오랫동안 그 직에 머물도록 고려할 것.

ㄹ. 고등학교의 수용인원을 감소하도록 고려할 것.

② 사범교육 및 초등교육을 개선할 것

ㄱ. 사범학교 학생의 식견(識見), 덕조(德操)[54]를 높이는 방법을 강구할 것.

ㄴ. 사범학교의 기숙제도를 개선하여 훈육을 철저하게 할 것.

ㄷ. 사범학교 입학지원자의 전형에서 특히 본인의 성질과 품행, 가정 상황 등을 조사하여 교육자로 적합한 자를 채용하도록 유의할 것.

ㄹ. 사범학교 졸업자는 졸업 직후 입영(入營)하게 하고, 재영(在營)기간을 약 1년으로 연장하여 충분히 훈련시키는 방법을 고려할 것.

ㅁ. 초등학교 교원 신분을 보장할 것.

- 초등학교 교원의 봉급이 지방비에서 지급되는 것으로 생기는 신분 불안정을 제거하고, 그 외 신분 보장 방법을 고려할 것.
- 초등학교 교원의 양성과 보충 계획을 조직적으로 확립할 것.

ㅂ. 초등학교 교원의 수업 이외의 업무에 대한 과중한 부담을 피하게 하여 되도록 온 힘을 아동의 훈육에 쏟게 할 것.

ㅅ. 교원견습제도의 채용에 대해 연구할 것.

---

53 공리화(功利化)는 (기본의미) 공명(功名)과 이욕(利慾)을 생활의 궁극적 기준으로 삼으려는 생각이나 태도이다.

54 덕조(德操)는 변함없는 굳은 절개를 말한다.

③ 덕육(德育)[55]을 중시할 것

ㄱ. 수신(修身) 교육을 개선하고 동시에 각 학과목의 교육에서 한층 더 덕육에 유의할 것.

ㄴ. 국사 교육을 중시하여 단순한 사실(史実)의 교수(教授)에 그칠 것이 아니라 일본정신 천명을 위해 한층 더 노력하게 할 것.

ㄷ. 교원의 덕조(德操)를 중시할 것.

ㄹ. 교원으로서 불온사상을 가진 자는 철저하게 배제할 것.

ㅁ. 1학급의 수용인원을 줄여 철저한 덕육을 꾀할 것.

ㅂ. 각 학과목에서의 구미(欧米)직역식 교육의 폐해를 개선할 것.

ㅅ. 어학 편중의 폐해를 개선할 것.

ㅇ. 교과서 내용의 발췌에 ■■ 일관(一貫)된 정신을 빠뜨리는 폐해를 개선할 것.

ㅈ. 학교 밖에서도 학생의 덕성 함양에 유의할 것.

ㅊ. 학생 상호 간에 자발적으로 훈련하도록 장려할 것.

④ 사립학교에 대한 행정 감독을 강화할 것

ㄱ. 설립을 인가할 때 충분히 조사하고 또 설립 후에도 감독을 한층 엄중히 할 것.

ㄴ. 교장의 직무를 관장(管掌)할 수 있도록 고려할 것.

ㄷ. 기부금 모집과 그 외 이에 유사한 행위를 엄중하게 단속할 것.

ㄹ. 사상적으로 주의해야 할 교원을 채용하지 않도록 할 것.

⑤ 시학(視學)[56]제도를 개선할 것

ㄱ. 시학기관을 확충하여 학교 교육의 지도와 감독을 철저하게 할 것.

ㄴ. 시학의 지위를 향상시킬 것.

⑥ 사회교육을 진흥할 것

ㄱ. 청년훈련, 실업보습교육을 의무화하고, 중점을 일본정신의 훈련과 신체 단련에 둘 것.

ㄴ. 일본정신의 발양에 적당한 영화 제작과 상영을 장려할 것.

---

55 덕육(德育)은 교육의 3대 요소 가운데 하나로, 인격을 닦고 덕성을 기르는 교육이다. *체육(體育) · 지육(智育)

56 시학(視學)은 학교의 교육이나 경영 상태 등을 시찰하는 것이다.

ㄷ. 사회교육기관을 적당하게 지도하여 한층 활동하게 할 것.

⑦ 교육을 실제화할 것

ㄱ. 실업교육에서 이론에 편중된 종래의 폐해를 교정하고 정신적인 훈련에 중점을 둔 실습에 힘을 쏟을 것.

ㄴ. 초등교육과 중등교육에서의 교수 과목 내용과 교수 방법을 개정하여 실제 사회에서 직접적 응할 수 있는 것으로 할 것

⑧ 경제적인 능력이 부족하고 소질이 우수한 자제에게 교육받을 기회를 얻게 할 것.

ㄱ. 급비생(給費生)[57] 또는 대비생(貸費生)[58] 제도를 확충할 것.

ㄴ. 야간과 기타 보습적인 교육시설을 정비하여 그 이용을 장려할 것.

ㄷ. 박물관, 도서관에서 학습지도를 맡게 할 것.

ㄹ. 마을(町村)초등학교에 간이도서관을 부설하여 학습에 편리를 제공할 것.

⑨ 국가에 유용한 인재는 경력, 지위와 관계없이 특별히 더욱 보호하여 조성할 것.

⑩ 종교를 진작하고 종교의 각성을 촉구하여 그 활동을 적극적으로 하게 할 것.

(2) 사상선도방책의 구체안

① 국가적 지도원리인 일본정신을 천명하고 그 보급을 철저하게 할 것.

ㄱ. 경신숭조(敬神崇祖)[59]의 미풍을 더욱 진흥시켜 관계하는 모든 방면에서 분발하여 일어나도록 촉구하고, 또 그 활동을 적극적이게 할 것.

ㄴ. 국민정신문화연구소를 확충하여 그 기능을 충분히 발휘하게 할 것.

- 연구부의 연구 및 그 결과를 발표하는 시설을 완비할 것.
- 사업부에 속하는 교원연구과가 널리 초등학교, 중등학교, 고등 모든 학교의 교원, 학교행정 및 사회교육 관계자의 연구 지도를 담당하여 하게 할 것.
- 사업부에 속하는 연구생지도과를 확충하여 연구생 인원을 늘리고, 사상적인 지

---

57 급비생(給費生)은 국가, 단체, 개인 등으로부터 학비를 받아 공부하는 학생이다.

58 대비생(貸費生)은 예전에, 나라나 학교에서 학비를 빌려주어서 공부하던 학생이다.

59 경신숭조(敬神崇祖)는 신(神)을 공경하고 조상을 숭상하는 것이다.

도를 꾀할 것.

ㄷ. 지방에 국민정신문화연구소의 지소(支所)라고 할 만한 것을 설치하고 조성하여 초등학교, 실업보습학교의 교원, 청소년단 지도자 등을 대상으로 일본정신을 중심으로 한 사상적인 교양을 제공하여 철저하게 지도 감독하도록 할 것.

ㄹ. 일본정신 연구자와 연구지도단체를 옹호하고 조성을 노력할 것.

ㅁ. 일본정신의 천명 및 일반사상의 선도에 관한 서적 자료를 편찬·간행하고, 이것을 장려하며 그 보급에 노력할 것.

ㅂ. 일본정신의 천명, 보급을 철저하게 하기 위해 재향군인단, 소방조, 청소년단체, 부인단체, 교화단체 등의 활동을 장려하도록 할 것.

ㅅ. 노무자의 교육과 성인교육 등에 일본정신의 천명과 보급을 철저하게 하게 할 것.

ㅇ. 모든 기회를 이용하여 사회의 각 방면에서 일본정신의 천명과 보급을 철저하게 하도록 항구적인 운동을 일으킬 것.

ㅈ. 언론계, 흥업계(興業界) 등의 관계자와 협의하여 철저한 일본정신의 천명과 보급을 협력하고 원조하도록 요구할 것.

ㅊ. 학내(學內)와 밖에서의 사상지도와 감독을 위한 시설을 완비할 것.

ㅋ. 각 부현(府県)에 지사(知事)를 중심으로 사상문제에 관한 조사와 지도, 연락기관을 구성하고 조성할 것.

ㅌ. 사상적인 이유에 의한 피처분자의 교화지도에 힘쓸 것.

② 불온사상을 규명하고 시정을 꾀할 것.

ㄱ. 불온사상을 규명할 것.

- 현대사상을 분석하여 연구할 것.
- 불온사상의 본질을 밝혀 발생과 전파 원인을 상세히 조사하고, 불온사상에 기초한 운동 상황과 그것이 국가와 사회에 미치는 영향을 조사할 것.

ㄴ. 불온사상의 시정을 꾀할 것.

- 국가적 지도원리인 일본정신의 입장에서 불온사상을 비판하여 극복할 것.
- 불온사상의 이론적이고 실제적인 오류와 결함을 지적하여 극복할 것.

(3) 사상단속방책의 구체안

사상대책의 하나로서 사상단속방책은 최근의 불온사상운동 정세에 비추어 보면 이것이 단속 실적에 따라 나타나니 현행 단속법령의 운용을 한층 적절하게 하여 그 결함을 정비하고, 단속을 강화하여 불온사상에 대한 예방진압을 완성하게 하는 데 있다. 그 구체안은 대략 다음과 같다.

① 국체변혁에 관한 범죄와 사유재산제도 부인에 관한 범죄를 분리하여 별개로 규정할 것.

② 국체변혁에 관한 범죄에 대해서는 그 벌칙을 정비할 것.

ㄱ. 형벌을 가중할 것.

ㄴ. 소위 외곽단체에 관한 처벌규정을 세울 것.

ㄷ. 국체 변혁에 관한 사항을 선전한 자에 대해 처벌 규정을 마련할 것.

③ 국민도덕의 근본을 해치는 언론저작에 대해서는 단속을 엄중히 할 것.

④ 특별한 소송 절차를 제정할 것.

ㄱ. 수사상 필요에 따라 일정한 조건 아래 피의자를 구인 또는 구류할 수 있는 새로운 규정을 마련할 것.

ㄴ. 관할이전 규정을 세워 특정한 재판소에서 사건의 심리를 하게 할 것.

⑤ 검찰기관과 특별고등경찰기관을 충분히 정비하여 상호 조직적인 연락을 밀접하게 함으로써 그 기능을 충분히 발휘하게 할 것.

⑥ 사상범의 교화 내지는 재발 방지를 위해 특별한 제도를 마련할 것.

ㄱ. 예방구금 또는 부정기형(不定期刑) 등의 특별한 구금제도를 고려할 것.

ㄴ. 피 석방자에 대한 보호관찰제도를 확립하는 것과 함께 그 교화지도를 위해 시설된 단체를 옹호하도록 조성할 것.

ㄷ. 수형자에 대한 교화 지도 시설을 충실히 할 것.

⑦ 치안경찰법 중 결사금지와 비밀결사에 관한 규정을 개정하여 단속을 한층 더 엄밀하게 할 것.

⑧ 출판물의 납본을 철저히 이행하도록 납본제도를 정비하고, 위반자에 대한 형벌을

가중할 것.

⑨ 불온출판물에 관해서는 발매와 반포금지 및 차압 등의 처분에 대해 지방장관의 권한을 고려할 것.

⑩ 불온사상의 선전과 선동의 도구로 인정될 수 있는 신문과 잡지의 발행정지 제도를 마련하도록 고려할 것.

⑪ 출판범죄 중 실질범의 형벌을 중하게 하고, 또 출판법을 개정하여 신문과 마찬가지로 안녕질서를 어지럽히는 문서와 도화(圖画)를 출판한 경우에도 처벌한다는 규정을 마련할 것.

⑫ 신문에 의한 출판범죄 책임자 제도의 개선을 고려할 것.

⑬ 현행 제도에서 내무, 체신, 대장(大藏) 등의 모든 기관에 분장되어 있는 검열사무에 대해 통일된 방침으로 한층 긴밀하게 연락하여 신속한 처리와 통일을 기할 것.

⑭ 검열기관을 정비·확충하고 검열계관의 지위를 향상시킬 것.

⑮ 검열경찰의 집행을 한층 철저하게 하여 검열경찰의 목적이 관철될 수 있도록 노력할 것.

⑯ 현재 검열 대상인 출판물, 활동사진 필름, 연극각본, 라디오방송 등 외에도 사상발표의 수단으로 사회적으로 상당한 영향력이 있어 검열이 필요한 것이 있으면 장래 이것을 위한 검열제도를 마련할 것.

(4) 사회정책에 관한 구체적인 방책안

① 실업 방지와 구제시설의 확충을 꾀할 것.

실업에 대한 근본적인 대책은 산업 진흥, 무역 증진 등으로 노동의 수요증가를 기대해야 하는 것은 물론이지만, 다음과 같이 실업방지와 구제에 관한 각종 시설을 강구할 필요가 있다.

ㄱ. 직업소개기관의 보급과 정비를 꾀하고, 그 기능을 충분히 발휘하게 할 것.

ㄴ. 각종 관공영 사업의 시행은 될 수 있는 한 실업 방지와 구제에 유효하도록 노력할 것.

ㄷ. 실업구제를 목적으로 하는 각종 토목사업 등을 장려하도록 조성하고 또한 이것

을 보충하여 이른바 실업공제시설(失業共済施設) 조성의 길을 열어둠으로써 실업 노동자를 구제하는 데 뛰어난 성과를 올릴 것.

ㄹ. 지식계급의 실업방지와 취직난 완화를 위해 교육제도의 쇄신과 개선을 고려할 것.

ㅁ. 노동자를 해고하는 경우 실업 동안의 생활을 보장할 수 있는 시설을 고려할 것.

ㅂ. 이민을 장려할 것.

② 질병 예방과 구호시설을 보급할 것

ㄱ. 건강보험제도를 확장하여 공장과 광산 이외의 노동자도 포함한다. 또 가족의 급부도 인정할 것.

ㄴ. 중소상공업자, 농민, 급료생활자 등에 대한 질병보험제도의 창설을 고려할 것.

ㄷ. 구료(救療)[60] 또는 경비(輕費) 진료시설을 보급할 것.

ㄹ. 의사가 재주하지 않는 농어산촌 지방에 공비로 의사 설치를 장려하여 조성할 것.

ㅁ. 서민 간에 만연하여 그 위해가 상당한 질환은 특히 예방시설을 충실히 할 것.

③ 그 외의 방빈(防貧)과 구빈(救貧) 시설을 확충할 것.

ㄱ. 현행 시설로 구제할 수 없는 생활 곤궁자에게 공비에 의한 생활 구호를 고려할 것.

ㄴ. 방면(方面)위원[61]제도의 보급을 꾀하고 보호가 필요한 자에 대한 철저한 구호 및 지도교화를 기할 것.

ㄷ. 각종 사회사업단체에 지도, 감독을 더하고 지원함으로써 그 활동을 충분하게 할 것.

④ 노사(勞資)관계의 개선과 노동자의 보호시설 촉진을 꾀할 것.

ㄱ. 노사간의 융화와 협조를 촉진할 수 있는 시설을 장려할 것.

ㄴ. 노동쟁의 조정제도를 개선하여 노동쟁의의 격화를 방지할 것.

ㄷ. 노동자의 보호입법 내지 시설 확충에 노력할 것.

⑤ 인구문제를 조사, 연구하여 적절한 대책의 수립에 노력할 것

---

60 구료(救療)는 가난하여 병(病)을 치료(治療)할 힘이 없는 병든 사람을 구원(救援)하여 치료(治療)해 주는 것이다.

61 방면위원은 지역구제행정을 보완하는 명예직 위원으로 제2차 세계대전 후의 민생위원(民生委員)의 전신이다.

5. '사상범'에 대한 구형 및 양형 기준과 통계

〈자료 190〉 조선에서의 사상범 과형과 누범상황

[吉田肇, 1972,「朝鮮における思想犯科刑竝累犯狀況」,『社會問題資料叢書第1輯 思想情勢視察報告集(6)』, 東洋文化社, 1~45쪽]

도쿄형사지방재판소 판사 요시다 하지메(吉田肇)

이것은 1938년 12월 본성(本省) 명령에 따라 조선 출장을 다녀온 보고서이다. 주어진 제목이 큰 데 비해 조사관찰 기간이 너무 짧아 기록과 판결원본 등을 일일이 사열(査閱)할 여유가 없었다. 해당 기관의 후의(厚意) 덕에 간신히 수집한 재료도 단편적이고 불완전한 것이어서 이 보고서도 지극히 피상적이고 개관적인 조잡한 내용이 되어 버린 점을 미리 양해 구한다.

(1) 과형상황

① 처벌법규

조선에서의 사상범 과형 상황을 조사하기에 앞서 조선에서의 사상운동 내지 사상범죄가 어떤 법규로 단속되고 또 처벌받고 있는가를 우선 검토해 볼 필요가 있다. 조선에서의 사상운동 단속 특별법규는 내지와 마찬가지로 치안유지법을 주체로 하여 폭력행위등처벌에 관한 법률, 출판법, 신문지법, 폭발물단속벌칙, 총포화약류단속령 등이 있고, 그 외 또한 조선만의 독특한 특별법규로 1906년(明治 39년) 4월 17일 통감부령 제10호 보안규칙, 광무 11년 7월 27일 구(舊)한국법률 제2호 보안법, 1919년(大正 8) 4월 15일 제령 제7호 정치에 관한 범죄 처벌 건 등이 있다. 보안규칙은 구(舊)한국 재류의 내지인과 외국인에게 적용할 목적으로 제정하고, 보안법은 조선인에게만 적용할 목적으로 제정한 것이다.

보안법은 내지의 치안경찰법에 해당하는 것으로 그 제6조 제1항에는 '앞의 5조에 의한 명령(결사해산명령, 집회다중운동 또는 군집의 제한금지해산명령, 계기(戒器)폭발물 등의 휴대금지명령, 문서도서(圖書)의 게시 및 분포 등의 금지명령, 불온행동자의 퇴거명령 등)을 위반한 자

는 40 이상의 태형 또는 10개월 이하의 금옥에 처한다'

제7조에는 '정치에 관해 불온한 언론동작 또는 타인을 선동·교사하거나 혹은 사용(使用)하고 또는 타인의 행위에 간섭하고 그에 의해 치안을 방해하는 자는 50대 이상의 태형, 10개월 이하의 금옥 또는 2개년 이하의 징역에 처한다'라는 벌칙을 걸고, 상기의 제령 제7호 제1조에 '정치변혁을 목적으로 다수가 공동으로 안녕질서를 방해하고 또는 방해시킨 자는 10년 이하의 징역 또는 금고에 처한다. 단 형법 제2편 제2장 규정에 해당할 때는 본령을 적용하지 않는다', '전항(前項)의 행위를 하게 할 목적으로 선동을 한 자의 벌도 전항과 같다'라는 벌칙을 정하였다.

앞의 두 가지는 1910년 제령 제1호로 한국합병 후에도 제국 법령으로 효력을 가졌지만, 그 후 이것과 저촉되거나 혹은 중복하는 법령 발표가 있는 등 오늘날에는 그 적용 범위가 상당히 좁아져 보안규칙 같은 것은 적용도 드물다. 보안법은 사상운동 중 아직 정도가 치안유지법으로 처단하기에는 미치지 않는 것에 자주 적용하는 실정이고, 또 제령 제7호는 치안유지법을 시행한 결과 동법(同法)저촉이 되는 부분은 폐지되어 현재 이것이 적용되는 일은 극히 드물다.

또 사상범으로서 형법이 정한 벌칙에 관계된 행위를 한 자가 형법범으로서의 법을 적용하여 처단되는 것은 당연하지만, 조선에서는 뒤에서도 언급하듯이 사상범 중에 형법이 정한 죄를 범한 자가 상당히 많다. 또 그 종류도 살인, 방화, 강절도(强竊盜), 소요, 불경, 체포, 감금약취, 유괴 등 여러 방면에 걸쳐있어 형법 법조(法條)를 적용하여 처단되는 경우가 내지에 비해 훨씬 많은 점은 주목해야 할 특수한 현상이다.

이것을 정리하자면 조선에서의 사상운동단속 법규는 한두 개의 특별법을 빼고는 대략 내지와 같고, 대체로 내지와 같은 정도의 법정(法定)형 범위에서 과형(科刑)하고 있다.

② 과형일반

조선에서의 사상범죄는 전술한 바와 같이 내지와 거의 동일한 법규를 따르고, 같은 정도의 법정형 범위 내에서 처벌되고 있음에도 불구하고, 이전부터 조선에서의 사상범 과형은 내지보다 상당히 무겁다고 말한다. 조선의 지방법원 부장 이야기로는 사상범으로 내지에서 징역 3년에 처할 자가 조선에서는 필시 징역 5년 정도에 처하리라는 것이다. 또 다른 지방법원 부장의 이야기는 조선에서 사상범이 집행유예가 되는 것은 내지의 반 정도도 되지 않는다는 것이다. 이 이야기는 모두 단순히 직관적으로 그렇게 생각된다는 정도의 이야기로 과학적·통계적으로 조사하여 연구한 결과로 나온 이야기는 아니다. 사상범에 대한 내지와 조선의 과형에는 상당히 경중(輕重)의 차이가 있다고 인정된다. 물론 어느 과형이 무거운가에 대해서는 범죄행위를 중심으로 주관적·객관적 두 방면에 모든 조건이 동일한 구체적 사안에 대해 부과된 형(刑)을 비교하지 않으면 정확한 판단을 내릴 수 없지만, 각종 통계 등을 통해 대체로 어느 과형이 무거운지 가벼운지 정도는 추정할 수 있을 것이다.

(가) 일반상황

조선에서의 사상범 누년(累年) 과형표를 입수하지는 못했지만, 법무국 행형과(行刑課) 작성에 관계된 이하의 '사상범 수형자의 죄명과 형기별 조사'도 조선에서의 사상범 일반상황을 살피기에 충분하다고 생각한다.

〈표 1〉 사상범 수형자의 죄명 형기별 조사(1939년 9월 말 현재)

죄명 \ 형기별		6개월 이하	1년 이하	3년 이하		5년 이하		10년 이하	15년 미만	15년 이상	무기	계	
성별		남녀	남녀	여	남	여	남	남녀	남녀	남녀	남녀	여	남
형법범	황실에 대한 죄		一		四								五
	방화							13 二四	2 五	4 十	3 六		22 四五
	살인						2 二	4 一○	8 一五	8 一六	2 五		24 四八
	상해				2 二			一○	六	四			
	소요	五	一一										一六
	강도				2 二		4 四	20 二二	2 六	6 一三	8 二六		42 七三
	사기및 공갈		1 二										1 二

죄명＼형기별		6개월 이하		1년 이하		3년 이하				5년 이하				10년 이하		15년 미만		15년 이상		무기		계			
성별		남녀		남녀		여		남		여		남		남녀		남녀		남녀		남녀		여		남	
형법범	외환(外患)에 관한 죄													1	一									1	一
	약취 및 유괴							1	一															1	一
	계		五	1	一四			5	九			6	六	38	六七	12	三二	18	四三	13	三七			93	二一三
특별법범	폭발물단속벌칙 위반								一				二	2	三	3	三	2	二	1	一			8	一二
	치안유지법			3	三	1	一	163	一六三	2	二	108	一〇八	59	五九	6	六	3	三	1	一	3	三	343	三四三
	보안법		三	1	六																			1	九
	군기보호법								二				一		一										四
	폭력행위 등 처벌에 관한 건 위반											1	一											1	一
	계		三	4	九	1	一	163	一六六	2	二	109	一一二	61	六三	9	九	5	五	2	二	3	三	353	三六九
합계			八	5	二三	1	一	168	一七五	2	二	115	一一八	99	一三〇	21	四一	23	四八	15	三九	3	三	446	五八二
형기별 백분비		1.40%		3.90%		29.9%				20.20%				22.30%		7.00%		8.50%		6.80%					
전년동기(前年同期)인원		1	一	19	二一			218	二二一			121	一三〇	114	一五六	20	四二	20	四七	14	四〇			527	六五八

*비고: 아라비아숫자는 치안유지법 위반에 걸린 자의 재게재(再揭)를 나타낸다.

위 표를 언뜻 보아도 조선에서의 사상범 과형이 내지에 비해 상당히 무겁다는 것이 직관(直觀)된다. 특히 무기 또는 장기 징역형으로 선고받은 자의 숫자가 상당히 많은 점이 눈에 띈다. 즉, 위의 표에 따르면 1938년 9월 말 현재 사상범 수형자 582명 중 무기징역 39명, 징역 15년 이상이 48명, 징역 15년 미만 10년을 넘는 자가 41명, 징역 10년 이하 5년을 넘는 자가 130명으로 세어진다. 내지에서의 1928년부터 1938년 9월에 이르는 치안유지법 위반사건의 과형표(사법성 작성 1938년 10월 5일 보고 현재)에 따르면 해당 기간 유죄판결 선고를 받은 자의 총 숫자는 4,164명으로 그중 무기징역에 처한 자는 불과 1명, 징역 15년인 자가 7명, 징역 15년 미만 10년을 넘는 자가 7명, 징역 10년 이하 5년을 넘는 자가 142명에 지나지 않는다. 물론 마지막 형기(刑期)[62]는 조선 수형자가 다소 적지만, 이것은 1938년 9월 말 현재 수형자만 조사한 것이기 때문에 그때까지 징역 10년 이하 5년을 넘는 형을 선고받아 이미 형 집행을 끝내고 석방된 자가 상당히 다수 있었을 테니 이 형기에 처한 자도 조선이 내지보다 훨씬 다수라는 점은 의심할 여지가 없다.

지금 이것을 1937년으로만 한정해서 비교해도 조선에서 동년(同年) 중 사상범 판결을 확정받은 자 중에 집행유예 선고를 받은 자를 제외하고 무기징역 선고를 받은 자가 5명, 징역 15년 이상인 자가 1명, 징역 10년 이하 16명, 징역 5년 이하 28명, 징역 3년 이하 177명, 징역 1년 이하 27명, 징역 6개월 이하가 3명이라는 것이 아래의 '1937년도 사상범 신(新)수형자의 형기별 죄상 조사'로 추정할 수 있다.

그런데 전기한 과형(科刑)표에 따르면 내지(內地)에서는 1937년 중에 치안유지법 위반사건으로 유죄판결 선고를 받은 자 153명 중에 징역 5년 이상을 넘은 자가 없고 징역 5년 5명, 징역 4년 7명, 징역 3년 6개월 4명, 징역 3년 29명, 징역 2년 6개월 11명, 징역 2년 84명(그중 집행유예 49명), 징역 1년 6개월 2명(그중 집행유예 1명), 징역 1년 11명으로 되어 있어 조선에서의 과형이 단연코 무겁다는 것을 여실히 나타낸다.

---

62 여기에서의 마지막 형기란 '징역 10년 이하 5년을 넘는 자'를 뜻한다.

〈표 2〉 사상범 신(新)수형자 형명(刑名) 형기별 죄상 조사

형기별 \ 죄명			조직	간부	가입	행위	협의	선동	이익수수	그외	계
치안유지법 위반	무기징역				4					1	5
	유기징역	15년 이상			1						1
		15년 미만									
		10년 이하	7	2	5	1				1	16
		5년 이하	17	1	4	1	5				28
		3년 이하	28 △ 一		92	22	28 △ 一	4		3	177 △ 二
		1년 이하	1		8	1	11	2	1	3	27
		6개월 이하							1 △ 一	2	3 △ 一
		3개월 이하									
합계			53 △ 一	3	114	25	44 △ 一	6	2 △ 一	10	257 △ 三

위의 두 표를 비교하며 잠시 이상하게 느낀 것은 조선에서 징역 1년 이하의 형에 처한 자의 숫자가 내지보다 훨씬 많다는 점이다. 이것은 내지의 치안유지법 위반자가 거의 동법 제1조 제1항에 의해 처단되는 것에 반해, 조선에서는 위의 형기별 죄상 조사를 통해 분명해진 바와 같이 동법 제2조 이하의 협의, 선동, 이익수여 등에 의해 처단되는 경우가 많고, 또 보안법과 같이 법정형이 비교적 가벼운 특별법 위반자로 처벌된 숫자가 상당히 포함되어 있기 때문이다.

(나) 사형과 무기형

지에서 치안유지법 위반죄를 범하여 사형에 처한 자는 오늘까지 한 명도 없지만, 조선에서는 상당한 수에 이른다. 정확한 숫자는 분명하지 않지만, 유명했던 제5차 간도공산동사건만으로도 사형에 처한 자가 18명이다. 최근 1937년 7월에도 청진지방법원에서 2명이 사형

선고를 받았다. 물론 필시 조선에서도 치안유지법 위반죄만으로 사형에 처한 자는 없고, 모두 동시에 살인, 방화, 강도살인 등의 형법상의 중대범죄를 범했기 때문에 사형선고에 이른 것으로 생각된다.

무기징역에 처한 자도 내지에서는 오늘까지 겨우 1명인데 반해, 조선에서는 그 수가 훨씬 많아 앞의 1938년 9월 말 현재 '사상범 수형자 형명 형기별 조사'로도 그 당시까지 무기징역에 처한 자가 40명 이상에 이른 것이 확실하다.

(다) 집행유예

조선의 사상범인으로 집행유예가 된 자는 1928년도 기소 인원 495명 중 5명, 1929년도 443명 중 45명, 1930년도 695명 중 103명, 1931년도 659명 중 132명, 1932년도 1,022명 중 88명, 1933년도 543명 중 166명, 1934년도 520명 중 220명이다. 내지에서 1928년부터 1938년 9월까지 치안유지법 위반자로 유죄판결을 받은 자 총 4,164명 중 2,482명이 집행유예 되어, 실형 선고를 받은 자의 수보다 800명이나 많은 것과 비교하면 내지보다 집행유예된 자의 수 및 비율이 훨씬 적은 것을 알 수 있다.

조선에서도 1935년 이후는 인원과 비율은 확실하지 않지만, 점차 집행유예자 수가 증가하게 된 것은 1933년과 1934년의 인원수가 체증(遞增)[63] 한 점과 그 후의 사회정세와 사회사상이 호전되고 보호관찰제도의 확립 등으로 미루어 추정된다. 내지에서 1935년도 107명 중 75명, 1936년도 75명 중 51명, 1937년도 153명 중 50명, 1938년도 9월 현재 12명 중 9명 총계 347명 중 185명이 집행유예되어, 5할 4부를 넘어선 비율에 달한 것에 비하면 현재도 내지보다 집행유예자의 숫자와 비율이 적은 것을 상상하기가 어렵지 않다.

요약하자면, 조선에서는 이전부터 지금까지 내지보다 사상범의 집행유예자 수는 훨씬 적었고, 근래 들어 점차 증가세 경향에 있다고는 하지만 현재 아직도 그 비율은 내지에 비해 낮다고 보인다.

---

63 체증이란 '수량이 차례로 점차 늚'의 의미이다. 본문에서는 이전과 비교해 해당 시기에 집행유예자 수가 확연히 증가한 것을 뜻한다.

(라) 금고형

내지에서 치안유지법 위반자에게 금고형을 과하는 일은 거의 적어 1928년부터 1938년 9월까지 유죄판결 선고를 받은 자의 총수 4,164명 중 겨우 35명(그중, 26명 집행유예)에 불과하다. 특히 1931년 이후에는 2명에 그쳤고, 조선에서도 사상범에게 금고형 선고를 하는 것이 드문 것은 전기한 사상범 수형자의 '형명 형기별 죄상 조사' 중 금고형 수형자가 한 사람도 없는 것을 보아도 분명하다. 이 점은 내지와 조선이 모두 같은 방식을 취하고 있는 듯하다.

③ 과형이 무거운 이유

조선에서의 사상범 과형이 왜 무거운지 또 무거워야 하는지에 대한 이유는 두세 개로 끝나지 않지만, 우선 생각할 수 있는 것은 조선 사상범의 특수성과 범죄의 복잡성, 죄상의 중대성과 전향 문제 등의 여러 가지이다.

(가) 조선 사상범의 특수성

조선에서의 공산주의 운동은 조선의 독립과 조선 민족을 해방하는 목적을 관철하기 위한 하나의 수단으로 받아들여졌기 때문에 단순히 사유재산제도를 부인하는 것만을 목적으로 한 공산주의자는 거의 없고, 항상 민족의식과 병행하여 조선을 제국의 굴레에서 벗어나게 하려는 독립을 꿈꾸는 소위 민족적 공산주의라고도 할 수 있다. 따라서 내지에서의 이런 운동과 대비하면 현저하게 특이성을 가진다. 법무국 행형과의 1937년도 사상범 연말 수형자 '범죄 사실별 주의 조사'에 따르면 같은 해 연말 수형자 총수 655명 중 순수한 공산주의자는 106명, 조선 민족주의 기조(基調)인 공산주의자 321명, 민족주의자 153명, 무정부주의자 3명, 그 외 18명으로 되어 있다. 그 대부분인 474명은 민족주의를 표방하고 있고, 소위 순수공산주의자도 의식 여부에 상관없이 근본적으로 민족적인 반감을 품고 있다는 것은 의심할 여지가 없다.

따라서 조선의 사상운동이 사회에 미치는 영향은 내지의 그것보다 상당히 심각하며 중대하다는 것은 명백하다. 군민(君民)일체의 일본정신 아래 결속된 내지에서는 좌익운동이 외형적으로는 아무리 요란해도 사회에 미치는 실해(實害)와 위험성은 비교적 가벼운 것에 반해 조선에서의 사상운동이 사회에 미치는 영향과 피해는 상당히 커서 그 위험성과 확대성이 역시 매우 크다고 말하지 않을 수 없다. 이런 조선 사상범의 특수성이 과형상에 영향을 주어 일반인의 예방과 경계를 위해 엄벌로 임하게 된 것은 당연하다.

(나) 범죄의 복잡성

내지에서의 사상범 사건 대부분은 치안유지법 위반사건으로 다른 형법범과 그 외의 범죄가 부가되는 일은 극히 드물고 예외적인 데 반해, 조선 사상범은 동시에 형법범과 다른 특별법범 죄명이 부가되는 경우가 상당히 많다. 1938년 9월 말 현재 사상범 수형자의 죄명 형기별 조사에 따르면 수형자의 총수 582명 중 형법범으로 처단된 자가 213명에 달하고, 그 죄명도 방화, 살인, 상해, 소요, 강도, 사기, 공갈, 약취, 유괴 등이다. 동시에 특별법인 폭발물취급죄 즉 보안법폭력행위등 처벌에 관한 법률 위반으로 판결된 자도 있다.

또 청진지방법원에 계속(繫屬)중인 김일천(金日天)[64] 외 282명에 대한 사상범 피해사건의 죄명은 치안유지법 위반 외에 '절도 주거침입 소요 불법체포 폭력행위처벌에 관한 법률 위반', '상해 동(同) 방조 건조물 손괴 공무집행방해 상해치사 동(同) 방조 조선아편취급령위반', '출판법위반 범인 장닉(藏匿) 은피(隱避) 강간 미성년자 유괴'의 18가지에 이른다. 이렇게 죄명이 많은 것은 피고인이 많기 때문이기도 하지만, 283명 피고인 중 치안유지법 위반 죄명만으로 기소된 자는 한 명도 없고 대개 여러 개의 죄명이 부가되어 있다.

그중 현일송(玄一松)[65]과 같은 자는 치안유지법 위반 외에 주거침입 소요 불법체포 폭력행위 등 취급에 관한 법률위반, 상해·건조물손괴·공무집행방해·출판법위반 등의 죄명으로 공판에 처했다. 이것이 극단적인 예이기는 하지만, 조선에서의 사상범죄 모습이 내지와 같이 단순하지 않고 동시에 다른 특별법과 형법상의 범죄를 포함하여 매우 복잡성을 띠고 있다는 것은 의심 없는 사실이다. 이는 내지 사상범이 주로 정의관(正義觀)에서 출발하여 이론연구를 거쳐 실천운동에 몸을 던지는 데 비해 조선에서의 사상범은 민족독립 내지는 개인경제생활의 불평에서 출발하여 바로 실천 운동으로 들어가기 때문에 직접 행동에 나서 다

---

64 김일천(金日天)은 1912년 12월 26일 태어났다. 본적은 함경북도 명천군 상가면 와현동으로 치안유지법 위반으로 1939년 10년형을 언도받았다.

65 현일송(玄一松)은 1915년 2월 3일 태어났다. 본적은 함경북도 명천군 하가면 포항동으로 치안유지법 위반으로 김일천과 함께 1939년 징역 7년 6개월을 언도받았다.

른 범죄를 하는 경우가 많고, 특히 공비(共匪)의 방화, 살인, 강도 등은 의례 따라오는 것이라고 한다. 이것이 조선의 사상 범죄를 복잡하게 하고 나아가 과형을 일반적으로 무겁게 하는 이유이다.

(다) 죄상의 중대성

조선에서의 사상범 특히 치안유지법 위반사건의 범죄 정황은 내지보다 중대성을 띠고 있다. 내지에서 최근 기소된 사건은 별도로 하고, 종래 일본공산당 조직이 궤멸된 후에는 치안유지법 위반으로 기소된 대부분이 당의 목적 수행 행위를 범죄 사실로 하고 있어 결사 조직은 물론 가입행위로 기소된 것조차 지극히 적다. 그렇지만 조선에서는 결사 조직 또는 가입행위로 처벌된 자가 상당히 많아 다음 1937년 말 '사상범 수형자 형명 형기별 죄상 조사'에서도 그 사실은 명백하다.

〈표 3〉 사상범 연말 수형자 형명 형기별 죄상 조사

형기별 \ 죄명			조직	간부	가입	행위	협의	선동	이익수수	그외	계
치안유지법위반	무기징역		2		13					25	40
	유기징역	15년 이상	1		19					27	47
		15년 미만		1	18	1				21	41
		10년 이하	37	6	62	3			1	41	150
		5년 이하	59	2	43	1	18 △ 一			8	131 △ 一
		3년 이하	53 △ 一		85	23	45 △ 一	6		5	217 △ 二
		1년 이하	1		9	1	11	1	1	3	27
		6개월 이하								2	2
		3개월 이하									
합계			153 △ 一	9	249	29	74 △ 一	7	2	132	655 △ 三

즉, 위의 표에 따르면 1937년 말 사상범 수형자 655명에서 치안유지법 위반 이외의 사상범 132명을 뺀 523명 중, 목적 수행행위로 처벌된 자가 겨우 29명인데 비해 결사 조직 가입행위로 처벌된 자는 합계 402명으로 전체의 7할 6부 이상에 달하였다. 이것은 1928년 조선공산당이 국제공산당으로부터 취소된 이래 자주 기획된 재건 운동 중 조직 정도가 진행된 것은 모두 치안유지법 제1조 소정(所定)의 결사로 인정받았기 때문으로 그 결과, 범죄 정황도 무거워져 법정형이 높은 법조(法條)로 처단된 관계상 과형이 일반적으로 무거워지는 것을 피할 수 없었다. 실제 결사조직죄로 판결된 자 중에 가끔 범죄 정황이 경미하고 피고인도 완전히 전향하여 집행유예 은전을 줄 만한 사건도 처단형이 최저 2년 6개월이어서 2년 이하로 내려가지 않기 때문에 집행유예 선고를 할 수 없는 것도 있다고 들었다.

(라) 전향 문제

사상범이 판결 당시 전향하였느냐 여부가 과형상 중대한 역할을 가지므로, 진정한 완전 전향이 상당히 높게 평가받는 것은 물론이고, 준 전향도 상당한 평가를 받아야 한다는 것은 범죄 성질상 원래 당연하다. 조선에서의 사상범 전향이 곤란한 것은 그 특수성에 비추어 의심할 수 없지만, 조선에서도 내지와 마찬가지로 1933년 무렵의 사상전향 시대에 들어서면서부터는 전향자 수가 점차 증가하는 경향이다.

특히 이번 중국사변 당초부터 1938년 2월까지의 전향자는 818명(약 5할 2부), 준전향자 585명(3할 7부), 비전향자 175명(1할 1부)이라고 한다. 법무국 행형과의 조사에 따르면 1938년 3월 말 현재 사상범 수형자 총수 664명 중 미조사자 136명을 제외하고 528명 중 전향자가 272명, 준전향자 130명, 비전향자 126명으로 되어 있다. 또한 1937년도의 석방 수형자 전향상태 조사에 따르면 총수 358명 중, 미조사 3명을 제외하고 전향자 170명, 준전향자 97명, 비전향자 88명으로 되어 있다. 이러한 통계 등으로도 조선에서의 사상범 피고인 중 판결 당시 전향하지 않은 자가 상당수에 달하는 것을 알 수 있다. 이것이 일반적으로 조선에서의 사상범 과형을 무겁게 하는 동시에 집행유예자 수를 적게 하는 원인이 되는 것은 말할 필요도 없다.

또한 주목해야 할 점은 조선에서의 전향은 내지의 전향만큼 과형상 높게 평가되고 있지 않다는 것이다. 내지에서 사상범 피고인으로 전향한 자는 대부분이 객관적인 범죄행위가 상당히 광범위하고 심각한 것까지 집행유예의 은전을 받는 데 반해, 조선에서는 설령 전향을 표명하였다고 해도 실형에 처하는 자가 상당히 있는 듯하다. 왜 그렇게 차별적인 취급을 받고 있는지, 그 근본적인 이유는 내지사상범의 전향과 조선사상범의 전향이 본질적으로 내용의 실질 정도에서 차이가 있기 때문일 것이다.

즉 내지에서는 선천적, 본능적으로 일본정신을 가진 자가 국체와 국민성에 눈을 떠 궤격(詭激)한 혁명사상을 포기하고 국가를 위해 무언가 공헌하려는 데 대해 조선인 사상범은 일본의 위대한 국력과 국제적 지위에 외복(畏服)하여, 수단 여하와 관계없이 일본에 반항하며 민족해방을 기도하는 것이 불가능할 뿐 아니라 그런 운동이 조선 민족에게 행복을 가져오는 행위가 아니라는 것을, 이미 다 하고 나서 전향하는 자가 많아 소위 신념 없는 사대주의 사상에 기초한 전향이다. 마찬가지로 전향자라고 해도 내지의 전향자는 본래의 일본정신으로 돌아가는 데 반해 조선의 전향자는 돌아갈 집이 없는 형세로 혁명사상은 포기해도 이에 대신할 사상이 없으니 스스로 일본정신을 파악하고 본받아야 하지만 그것이 힘든 것은 오랫동안 키워진 민족의식을 일조일석(一朝一夕)에 없앨 수 없다는 점에 대응한다. 과연 조선 전향자 중에서 진실하게 우리 국체를 인식하고 일본정신을 이해한 진정한 완전 전향자가 얼마나 있을까. 필시 그들이 일본 국민이라는 의식을 각성하고 일본 국민이라는 자각을 가지게 된 것에 만족해야 할 현재 상태이지 않겠는가.

요약하건대 조선의 전향은 내지의 전향보다도 실질적인 내용 정도에서 뒤떨어져 많은 부동성(浮動性)을 가진다고 말할 수 있다. 이 점을 실증하는 것은 역전향의 문제이다. 조선에서의 역전향은 내지보다도 훨씬 많다고 하는데 1930년부터 1935년까지 전향한 자의 총수가 2,137명 중 220명 즉 1할이 다시 치안유지법 위반죄를 범하였다. 그 동기도 주의자의 권유와 선동이 대부분을 차지하고 있다고 한다. 그 근본 원인은 조선 사상범의 특수성에 있다고 생각되지만, 어쨌든 내지의 전향과 위와 같은 본질적인 차이가 있는 조선의 전향이 과형에서 내지(內地) 정도만큼 높게 평가될 수 없는 것은 어쩌면 어쩔 수 없는 일일 것이다.

여기에서 한마디 더할 것은 전향의 진위 또는 내용 정도의 판정이 곤란하다는 것이다. 구류되어 있어 행동으로 그 사실을 나타낼 수 없는 사상범 피고인에 의한 한 조각의 상신서로 표명된 전향이 과연 얼마나 진실이겠는가, 그 내용 정도 여하의 판정은 내지에서도 재판소의 사상범 사건처리에서 고민거리가 되고 있지만, 조선에서는 전술한 바와 같이 조선인의 국민성에 비추어 볼 때 전향의 본질 판정에 한층 더 어려움이 동반된다.

또 조선에서는 진실한 전향이라고 인정되어도 그 범행이 상당히 중대하면 내지와 같은 정도로 관대하게 취급할 수는 없어, 일반예방의 원칙에서 실형으로 엄하게 벌해야만 하는 경우도 많을 것으로 생각된다.

요약하자면 조선 사상범의 전향은 내지보다 힘들어 비전향자수도 많고, 전향자도 본질적으로 뒤떨어져 높게 평가할 수 없다는 점에서 조선 사상범의 과형이 일반적으로 내지보다 높은 하나의 원인이 되고 있다고 사료된다.

④ 구형과 과형

1932년 이래 경성지방법원에서 판결 내린 치안유지법 위반사건에 대해 1932년부터 1934년까지, 1937년부터 1938년 11월분까지 구형과 과형한 결과 일람표를 구하여 참고를 위해 게재한다.

〈표 4〉 치안유지법 위반 판결 및 형기 검사 구형 일람표(1932년부터 1934년까지)

검사 구형	판결	피고인 성명	비고
사형	무기 징역	김 근(金 槿)	소요(騷擾)
무기 징역	징역 15년	소성규(蘇聖圭)	상동
징역 10년	징역 10년	황진연(黃珍淵)	상동
징역 10년	징역 6년	장용석(張龍石)	상동
징역 6년	징역 5년	이철한(李哲漢)	
징역 5년	징역 5년	나종극(羅鍾克)	
징역 5년	징역 4년	양봉래(梁鳳來)	
징역 8년	징역 4년	소병화(蘇秉和)	
징역 6년	징역 4년	이철수(李喆洙)	
징역 3년	징역 3년	최형익(崔炯益)	
징역 3년	징역 3년	차병식(車秉植)	
징역 4년	징역 3년	김성봉(金成鳳)	방화미수

검사 구형	판결	피고인 성명	비고
징역 3년	징역 3년	홍청석(洪靑石)	상동
징역 2년 6월	징역 2년 6월	원길상(元吉常)	
징역 2년 6월	징역 2년 6월	원명희(元明喜)	
징역 2년 6월	징역 2년 6월	원용언(元容彦)	
징역 4년	징역 2년 6월	한동우(韓東宇)	
징역 2년 6월	징역 2년 6월	마금남(馬今男)	
징역 2년 6월	징역 2년 6월	이승전(李承典)	
징역 2년	징역 2년	차윤백(車輪伯)	
징역 2년	징역 2년	김하익(金夏益)	
징역 2년	징역 2년	차정균(車定均)	
징역 2년	징역 2년(4년간 집행유예)	박재정(朴在政)	
징역 2년	징역 2년	김재열(金在烈)	
징역 2년	징역 2년(4년간 집행유예)	이덕준(李德俊)	
징역 2년	징역 2년	신창영(辛昌永)	
징역 2년	징역 2년	허명구(許明九)	
징역 3년	징역 2년	구연덕(具然德)	방화예비
징역 2년	징역 1년(4년간 집행유예)	허규석(許圭錫)	
징역 3년	징역 1년	천병순(千秉舜)	소요조세(騷擾助勢)
징역 2년	징역 1년	천수복(千秀福)	상동
징역 2년	징역 1년	오이남(吳二男)	상동
징역 1년	징역 8월	강익풍(姜翼豐)	방화예비
징역 2년	무죄	최영원(崔榮元)	
징역 6년	징역 6년	이운혁(李雲赫)	
징역 3년	징역 3년	송도호(宋道浩)	
징역 3년	징역 3년	김기범(金基範)	
징역 3년	징역 3년	진옥진(陳玉振)	

검사 구형	판결	피고인 성명	비고
징역 3년	징역 3년	한귀재(韓貴才)	
징역 2년	징역 1년 6월(5년간 집행유예)	강위황(姜渭璜)	
징역 2년	징역 1년 6월	이능종(李能鍾)	
징역 3년	징역 1년 6월	강창거(姜昌擧)	
징역 2년 6월	징역 2년	조규헌(趙奎憲)	
징역 2년	징역 1년 6월	한보국(韓保國)	
징역 2년	징역 1년 6월	한이상(韓已相)	
징역 2년 6월	징역 2년	이정순(李正淳)	
징역 3년	징역 3년	신현준(愼弦重)	격문인쇄반포
징역 2년 6월	징역 2년(3년간 집행유예)	이치카와(市川朝彦)	상동
징역 2년	징역 2년(3년간 집행유예)	조규찬(曹圭瓚)	
징역 2년 6월	징역 2년(3년간 집행유예)	사쿠라이(櫻井三良)	격문인쇄반포
징역 1년 6월	징역 1년 6월(3년간 집행유예)	히라노(平野而吉)	
징역 2년 6월	징역 2년(3년간 집행유예)	최상규(崔翔奎)	격문인쇄반포
징역 1년 6월	징역 1년 6월(3년간 집행유예)	고정옥(高晶玉)	
징역 2년 6월	징역 2년(3년간 집행유예)	강약수(姜若秀)	신문저작인쇄반포
징역 2년	징역 1년 6월(3년간 집행유예)	박승민(朴勝珉)	
징역 2년	징역 1년 6월(3년간 집행유예)	차계영(車啓榮)	
징역 2년 6월	징역 2년	이형원(李亨遠)	
징역 2년 6월	징역 2년	안복산(安福山)	격문반포
징역 1년 6월	징역 1년(3년간 집행유예)	민태규(閔泰奎)	
징역 2년	징역 1년(3년간 집행유예)	구범식(具範植)	격문반포
징역 2년	징역 1년 6월(3년간 집행유예)	김종범(金鍾範)	적기(赤旗)반포
징역 2년	징역 2년(3년간 집행유예)	박현규(朴現桂)	상동
징역 2년	징역 1년 6월(3년간 집행유예)	이성학(李成學)	
징역 1년 6월	징역 1년 6월(3년간 집행유예)	김학준(金學俊)	
징역 1년 6월	징역 1년 6월(3년간 집행유예)	최기성(崔基晟)	

검사 구형	판결	피고인 성명	비고
징역 4년	징역 4년	안창호(安昌浩)	
징역 3년	징역 3년	히비노(日比野勇)	격문반포
징역 2년	징역 2년	우쓰노미야(宇都宮太郎)	상동
징역 2년	징역 2년	시교(執行裕)	상동
징역 2년	징역 1년 6월(4년간 집행유예)	김학헌(金學憲)	상동
징역 2년 6월	징역 2년 6월	조용하(趙鏞夏)	
징역 3년	징역 3년	김호종(金好宗)	
징역 2년	징역 2년	빈태문(賓泰紋)	
징역 2년	징역 2년	신몽당이(申夢棠伊)[66]	
징역 3년	징역 3년	서재옥(徐在玉)	
징역 2년 6월	징역 2년	이기석(李基錫)	
징역 3년	징역 3년	정원모(鄭元謨)	격문반포
징역 2년 6월	징역 2년(3년간 집행유예)	손명섭(孫明燮)	상동
징역 2년	징역 1년 6월(3년간 집행유예)	김봉근(金鳳根)	
징역 2년	징역 1년 6월(3년간 집행유예)	조동석(趙東錫)	
징역 2년	징역 1년 6월(3년간 집행유예)	이재규(李在規)	
징역 2년	징역 1년 6월(3년간집행유예)	박원장(朴源暲)	
징역 2년 6월	징역 2년(3년간 집행유예)	장익림(張益林)	
징역 2년 6월	징역 1년 6월	정규홍(鄭奎洪)	
징역 2년	징역 1년 6월(3년간 집행유예)	박선진(朴善鎭)	격문반포
징역 6년	징역 5년	강문수(姜文秀)	
징역 6년	징역 5년	송봉욱(宋鳳郁)	교사, 공무집행방해,상해
징역 5년	징역 5년	조덕진(趙德進)	
징역 4년	징역 4년	홍달수(洪達洙)	
징역 4년	징역 3년	정종명(鄭鍾鳴)	

66 신태민(申泰珉)의 이칭(역자 주)이다.

검사 구형	판결	피고인 성명	비고
징역 3년	징역 3년	이응수(李應洙)	
징역 2년 6월	징역 2년(4년간 집행유예)	최치준(崔致浚)	
징역 2년 6월	징역 2년(4년간 집행유예)	유기수(柳基洙)	
징역 2년 6월	징역 1년6월(4년간 집행유예)	노준철(盧俊哲)	
징역 5년	징역 4년	이금동(李金童)	
징역 3년 6월	징역 3년	김이흥(金二興)	
징역 3년 6월	징역 3년	이옥동(李玉同)	
징역 2년	징역 2년	정학출(鄭學出)	
징역 2년	징역 2년	공계득(孔啓得)	
징역 4년	징역 4년	김병구(金炳九)	
징역 6년	징역 6년	서중석(徐重錫)	격문인쇄반포
징역 3년	징역 2년(4년간 집행유예)	석경덕(石景德)	
징역 3년	징역 2년	김신규(金晨奎)	
징역 1년 6월	징역 1년 6월	김덕룡(金德龍)	
징역 1년 6월	징역 1년 6월	연태일(延台一)	
징역 1년 6월	징역 1년 6월	김복남(金福南)	
징역 1년 6월	징역 1년 6월	태명옥(太明玉)	격문반포
징역 1년 6월	징역 1년 6월	허화정(許和正)	
징역 1년 6월	징역 1년 6월	이갑길(李甲吉)	
징역 1년 6월	징역 1년 6월	손을갑(孫乙甲)	
징역 4년	징역 4년	황순봉(黃舜鳳)	격문인쇄반포
징역 4년	징역 4년	이중업(李重業)	상동
징역 3년	징역 3년	서완석(徐完錫)	
징역 3년	징역 3년	이병윤(李丙潤)	
징역 2년	징역 2년(4년간 집행유예)	김중원(金中源)	
징역 2년 6월	징역 2년(4년간 집행유예)	김수경(金壽慶)	
징역 2년 6월	징역 2년(4년간 집행유예)	이영성(李永成)	

검사 구형	판결	피고인 성명	비고
징역 2년 6월	징역 2년(4년간 집행유예)	허순영(許順榮)	
징역 2년	징역 2년(4년간 집행유예)	양창준(梁昌俊)	
징역 3년	징역 3년	김만성(金萬聲)	
징역 3년 6월	징역 3년	조동직(趙東直)	
징역 2년	징역 2년	김구현(金九鉉)	
징역 1년 6월	징역 1년 6월	강붕수(姜鵬秀)	
징역 5년	징역 4년	박원진(朴元鎭)	
징역 4년	징역 4년	박운택(朴雲澤)	
징역 3년	징역 2년 6월	최수일(崔壽日)	
징역 2년	징역 2년(4년간 집행유예)	김진호(金振浩)	
징역 4년	징역 4년	이영호(李永浩)	
징역 3년	징역 1년 6월(4년간 집행유예)	유일룡(劉馹龍)	
징역 3년	징역 2년 6월	강상욱(姜尙郁)	
징역 1년 6월	징역 1년 6월	임병노(林炳魯)	
징역 2년 6월	징역 2년	안형준(安亨俊)	
징역 2년 6월	징역 2년	주동환(朱東煥)	
징역 1년 6월	징역 1년 6월(4년간 집행유예)	이종흡(李鍾洽)	
징역 2년	무죄	이태화(李泰和)	
징역 2년	징역 1년 6월	문진영(文晋永)	
징역 1년 6월	징역 1년 6월	한희경(韓熙景)	
징역 2년 6월	징역 1년 6월	윤덕룡(尹德龍)	
징역 3년 6월	징역 3년 6월	현금득(玄金得)	
징역 3년 6월	징역 3년	김창수(金昌洙)	
징역 3년 6월	징역 2년 6월	박제영(朴濟榮)	
징역 1년 6월	징역 1년 6월	심원섭(沈遠燮)	
징역 3년	징역 2년	길경섭(吉慶燮)	
징역 1년	징역 8월(2년간 집행유예)	이고명(李高命)	증빙인멸(證憑湮滅)

〈표 5〉 치안유지법 위반 판결 및 형기 검사 구형 일람표(1937년 1월부터 1938년 11월까지)

검사 구형	판결	피고인 성명	비고
무기징역	무기징역	문갑송(文甲松)	중국공산당 입당소요(騷擾)
징역 2년	징역 2년	김우종(金宇鍾)	결사 가입
징역 2년	징역 2년	함용환(咸用煥)	상동
징역 2년	징역 1년 6월	엄주현(嚴柱賢)	상동
징역 1년	징역 1년	김홍식(金弘植)	상동
징역 1년	징역 1년(4년간 집행유예)	김홍엽(金弘燁)	상동
징역 1년	징역 1년	김홍진(金弘鎭)	상동
징역 1년	징역 1년	김점손(金点孫)	상동
징역 1년	징역 1년	김홍섭(金弘燮)	상동
징역 1년	징역 1년	김홍권(金弘權)	상동
징역 1년	징역 1년	김홍렬(金弘烈)	상동
징역 1년	징역 1년	이병렬(李炳烈)	상동
징역 3년	징역 3년	이화영(李華永)	
징역 4년	징역 3년 6월	김승훈(金承塤)	
징역 2년 6월	징역 2년	김순만(金順萬)	
징역 4년	징역 3년 6월	권우성(權又成)	
징역 3년	징역 3년	안승락(安承樂)	
징역 1년 6월	징역 1년 6월	이주몽(李柱夢)	
징역 2년	징역 2년	안창대(安昌大)	
징역 2년 6월	징역 2년 6월	정재철(鄭載轍)	
징역 1년 6월	징역 1년 6월	최성호(崔成浩)	
징역 1년 6월	징역 1년 6월	최이칠(崔利七)	
징역 1년 6월	징역 1년 6월(3년간 집행유예)	변기학(卞奇學)	
징역 1년 6월	징역 1년 6월(3년간집행유예)	정용봉(鄭龍鳳)	
징역 1년	징역 1년	강귀남(姜贵南)	
징역 2년 6월	징역 2년(3년간 집행유예)	박용철(朴容喆)	

검사 구형	판결	피고인 성명	비고
징역 5년	징역 4년	정희동(鄭喜童)	외환(外患)에 관한 죄
징역 2년	징역 2년	안재홍(安在鴻)	보안법 위반
징역 1년	징역 1년(3년간 집행유예)	김덕원(金德元)	
징역 1년	징역 1년(3년간 집행유예)	정필성(鄭必成)	
1938년도			
징역 5년	징역 5년	유광호(柳光浩)	
징역 2년 6월	징역 2년 6월	문순용(文順龍)	
징역 2년	징역 2년	한승수(韓承洙)	
징역 2년	징역 2년	우중하(禹重夏)	
징역 2년 6월	징역 2년 6월	이상린(李祥麟)	
징역 2년	징역 2년	한봉식(韓鳳植)	육군형법 위반
징역 3년	징역 3년	정수백(鄭壽百)	군기보호법 위반
징역 2년	징역 2년	최경옥(崔慶玉)	
징역 2년	징역 2년	김희진(金憙鎭)	
징역 1년	징역 2년(4년간 집행유예)	고종규(高宗圭)	
징역 8년	징역 6년	이재유(李載裕)	출판법 위반
징역 2년 6월	징역 1년 6월	변우식(邊雨植)	
징역 2년 6월	징역 2년(5년간 집행유예)	서구원(徐球源)	
징역 2년 6월	징역 2년(5년간 집행유예)	최호극(崔浩極)	
징역 1년 6월	징역 1년 6월(4년간 집행유예)	양성기(梁成基)	
징역 1년 6월	징역 1년 6월(4년간 집행유예)	민태복(閔泰福)	범인 은닉
징역 1년	징역 1년(3년간 집행유예)	고병택(高柄澤)	
징역 1년	징역 1년(3년간 집행유예)	김익환(金益煥)	
징역 1년	징역 1년(3년간 집행유예)	홍규익(洪奎益)	
징역 1년	징역 1년(3년간 집행유예)	이종국(李鍾國)	
징역 1년	징역 1년(4년간 집행유예)	문춘학(文春學)	
징역 10월	징역 10월(4년간 집행유예)	이종희(李鍾嬉)	

이 표를 보고 먼저 느끼는 것은 검사의 구형과 판결 결과 사이에 별반 차이가 없이 대부분이 일치하고 있는 점이다. 즉, 사형 구형이 무기징역이 되고, 무기징역의 구형이 징역 15년이 되고, 징역 10년의 구형이 징역 6년이 되고, 징역 8년의 구형이 징역 4년이 된 경우도 있지만 이는 예외적으로, 총수 197명 중 114명은 형기가 구형과 판결 결과가 일치하고, 서로 다른 경우도 그 형기가 6개월 또는 1년 정도 경감된 경우가 대부분이다. 이 점은 내지에서 사형 구형이 징역 15년 정도가 되고, 징역 15년 이상의 구형이 징역 5년 정도가 되고, 징역 5년 이상 구형된 경우조차 집행유예가 되는 사례가 많아 구형과 판결의 형의 양정(量定) 사이에 상당한 괴리가 있는 것과는 좋은 대조를 이루는 부분이다.

내지에서 이러한 결과가 나오는 것은 검사는 지나치게 객관적 범죄 사실에 중점을 두고, 판사는 주관적 사정, 특히 전향을 지나치게 중시하기 때문이라고 생각된다. 물론 검찰관과 재판관의 서로 다른 입장 차이로 구형과 과형 사이에 다소 차이가 발생하는 것은 어쩔 수 없지만, 이상적으로는 구형과 과형이 서로 일치하고 적어도 그 사이에 큰 괴리가 없는 것이 바람직하며, 이 점은 조선 쪽이 오히려 이상적으로 실시되고 있는 듯하다.

다음으로 검사 구형이 내지보다 가벼워 3년 이하인 경우가 대부분이고, 2년 이하의 실형 언도가 매우 많은 것이 눈에 띈다. 내지에서는 집행유예가 되는 안건도 대부분 징역 3년 정도의 구형이 보통인데, 위의 표에서는 징역 3년 이하의 구형이 197명 중 163명이 되었다. 판결에서 2년 이하의 실형을 부과한 경우도 유죄 195명 중 68명에 달하였다. 이는 본래 무거워야 할 조선 사상범의 구형 과형으로는 지나치게 가볍게도 여겨지지만, 내지의 치안유지법 위반사건은 거의 모두가 동법 제1조 제1항에 의거하여 처단될 법안인 것에 반하여 위의 표에는 법정형이 낮은 동법 제2조 이하의 법조를 적용, 처단되어야 할 안건과 보안법 위반 등의 비교적 법정형이 가벼운 사건도 상당히 포함되어 있기 때문에 무조건 그 구형이나 과형이 가볍다고 단정할 수는 없다.

검사가 징역 2년 이하의 구형을 함에 있어 집행유예를 요구하고 있는 사건이 하나도 없는 것은 내지와 마찬가지이다. 이는 범죄의 성질 또는 전향의 진위와 평가에 대한 사고방식의 차이로 검찰의 입장으로서는 어쩔 수 없는 부분일 수도 있겠지만 기소 후 실제로 전향하고 범정(犯情)도 경미한 자에 대해 오히려 검사가 자진해서 집행유예를 요구하는 것은 피고인을 감격하게 만들어 전향을 확보하는 방법이라고 생각한다.

위의 표에 따르면 경성지방법원에서만 1937년(昭和 12) 1월 이후 197명 중 무죄가 2명인데, 내지에서는 1928년(昭和 3) 이후 1938(昭和 13)년 9월까지 치안유지법 위반으로 기소된 자의 총수 4,714명 중 무죄가 24명이었지만 1930년(昭和 5) 이후에는 1933년(昭和 8)에 1명이 있을 뿐, 무죄를 내리지 않았다.

⑤ 과형의 현재와 미래

조선에서의 사상범 과형은 1933년 사상전향 시대에 들어서 이에 순응하면서 점차 가벼워졌으며, 만주사변을 거쳐 중일전쟁 발생 이후 현재는 그 경향이 더욱 농후해진 듯하다. 이러한 사실은 전술한 경성지방법원 「치안유지법 위반 판결 및 형기 검사 구형 일람표」에 기재되어 있는 판결 결과를 근거로 추측해 보더라도 인정할 수 있다. 또한 아래의 함흥지방법원 1937년 및 1938년도 '사상 사건 판결 조사'의 판결 결과를 죄명이나 적용 법조와 대조해 보아도 미루어 알 수 있는 부분이다.

〈표 6〉 사상 사건 판결 조사(함흥지방법원)

연도별	죄명	피고인수	형명 형기	범죄사실(형법범 제외)
1937년	치안유지법 위반(治維法違反)	3	무기징역 2년(유예5년)	치안유지법 제1조2항
	치안유지법 위반	1	징역 1년	치안유지법 제3조, 제2조
	치안유지법 위반	9	징역 3년 1 징역 1년 6월 4 징역 1년 4	치안유지법 제1조1항, 2항
	사기 및 치안유지법	2	징역 10월 1 징역 6월 1	치안유지법 제5조
	치안유지법 및 출판법 위반	9	징역 5년 2 징역 2년 3 징역1년 6월 2 징역 1년 2	치안유지법 제1조1항, 2항

연도별	죄명	피고인수	형명 형기	범죄사실(형법범 제외)
1937년	치안유지법 및 출판법 위반 절도,범인은닉,도주	3건 병합 49	징역 6년 2 징역 5년 1 징역 4년 2 징역 3년 9 징역 2년 6월 6 징역 2년 19 (이중 6인 집행유예) 징역 1년 6월 10	치안유지법 제1조1항,2항, 제2조
	치안유지법 위반	1	징역 3년	치안유지법 제1조제1항, 제2항,제2조
	상동 및 소요, 살인예비,방화예비	1	징역 3년	치안유지법 제1조1항,2항
	치안유지법 위반	1	징역 2년(5년간 집행유예)	치안유지법 제1조 1항후단, 2항,제2조
	상동 및 범죄 은닉	9	징역 2년 6월 2 징역 2년 4 징역 1년 6월 2 징역 1년 1	치안유지법 제1조1항,제 2조,제5조
	치안유지법 위반	7	무죄	
1938년	상동 군기보호법 위반	1	징역 5년	치안유지법 제2조,제7조 군기법제1조전단
	상동 군기보호법 위반	2	각 징역 6년(제2심 5년)	치안유지법 제2조 군기법 제1조 전단
	치안유지법 위반	1	징역 2년	치안유지법 제3조,제2조
	치안유지법 위반	2	각 징역 6월(제2심 무죄)	치안유지법 제1조2항
	치안유지법 위반	1	징역 2년	치안유지법 제1조2항
	치안유지법 위반	2	징역 1년 6월 1 징역 2년 6월 1	치안유지법 제3조
	치안유지법 위반	1	징역 2년 6월	치안유지법 제1조제1항전 단,2항
	치안유지법 위반	1	징역 2년	치안유지법 제1조2항
	상동 및 주거침입, 협박, 소요, 폭력행위 등	1	징역 2년 6월	치안유지법 제1조2항후단

연도별	죄명	피고인수	형명 형기	범죄사실(형법범 제외)
1938년	보안법	1	금고 4월(2년 집행유예)	치안유지법 제7조
	치안유지법 위반	1	징역 2년 6월	치안유지법 제1조 제1항 전단

여기 일례를 들어 설명하건대 1938년 7월 13일 자 경성지방법원 이재유 외 6명에 대한 치안유지법 위반 등 피고사건의 판결서에 따르면,

이재유는 조선을 일본 제국의 속박에서 벗어나게 하고 또 조선 내에 사유재산제도를 부인할 목적으로 1933년 12월 경성제국대학 법문학부 교수 미야케 시카노스케(三宅鹿之助)와 조선의 공산주의 운동 통일 강화에 대해서 협의했을 뿐 아니라 1933년 2월 즈음부터 1936년 12월 즈음까지 김삼룡 외 18명에게 공산주의 운동, 반파쇼운동, 적색노동조합, 적색농민조합, 적색독서회의 조직 등을 종용하고 실행을 협의했다. 또 1936년 10월 중 이관술과 공모하여 조선공산당재건 경성준비그룹의 기관지《적기(赤旗)》수십 부를 인쇄하고 서구원(徐球源) 외 1명에게 송부하여 목적사항의 실행을 선동한 사실에 대해 치안유지법 제2조 제3조 출판법 제11조 제1항을 적용하여 징역 6년.

서구원은 앞의 내용과 같은 목적으로 1936년 중 이재유 외 4명과 공산주의 운동의 실행에 관해 협의한 사실에 대해, 최호극(崔浩極)은 1935, 1936년 중 박인선(朴仁善) 외 10명과 공산주의 운동의 실행에 관해 협의한 사실에 대해 각각 치안유지법 제2조를 적용하여 각각 징역 2년 집행유예 5년.

변우식(邊雨植)은 앞의 내용과 같은 목적으로 1936년 중 이재유 외 1명과 반파쇼운동 또는 공산주의 운동의 실행에 관해 협의한 사실에 대해 치안유지법 제2조를 적용하여 징역 1년 6월.

양성식(梁成基)은 앞의 내용과 동일한 목적으로 1936년 중 최호극 외 1명과 공산주의 운동의 실행에 관해 협의한 사실에 대해, 고병택(高柄澤)은 앞의 내용과 같은 목적으로 1936년 중 박임선(朴林先) 외 1명과 공산주의 운동의 실행에 관해 협의한 사실에 대해 각각 치안유지법

제2조를 적용하여 각 징역 1년 6월, 집행유예 4년.

민태복(閔泰福)은 앞의 내용과 동일한 목적으로 1936년 중 서구원과 공산주의 운동의 실행에 관해 협의했을 뿐 아니라 1935년 중 치안유지법 위반범 이주몽(李柱夢) 외 1명을 은닉한 사실에 대해 치안유지법 제2조 형법 제103조를 적용하여 징역 1년 집행유예 3년.

이상의 각 판결을 선고받았다. 위 사안에 관해 형의 양정(量定)에 참작할 제반 사정, 특히 전향상태 등이 불분명한데, 이재유는 공산주의자의 거물답게 투쟁경력이 오래되고 활동 범위도 넓으며, 누범이 되는 치안유지법 위반죄에 의한 징역 3년 6월의 전과가 있어서 징역 6년이 반드시 중하다고 할 수 없을 것이다. 변우식 또한 이전에 기소유예처분 1회가 있을 뿐 아니라 치안유지법 위반죄로 징역 2년 집행유예 4년에 처해진 기간 중에 위의 범행에 이르렀으므로 징역 1년 6월의 실형은 불가피하다. 그 밖의 자들은 전향했다고 보이며 범죄정황에 비추어 보면 집행유예가 적당하나 서구원은 사상운동으로 인한 훈계방면 1회, 치안유지법 위반에 의한 기소유예 2회의 처분을 받은 적이 있으므로 이 자에 대한 집행유예는 그야말로 과감한 판단이 될 것이다. 요컨대 위와 같은 과형이 내지보다 결코 엄중하다고는 볼 수 없다는 것이다.

조선에서는 중일전쟁 이후 조선인의 사상상황이 급변하여 일본 국민으로 자각하는 자가 점차 많아지고, 민족주의자의 거두가 애국운동에 투신하거나 사상범 전향자가 속출하고 있는데, 1938년 7월에는 전 조선의 전향자가 자발적으로 시국대응전선사상보국연맹을 결성하여 황국신민으로서 일본정신의 고양을 위해 애쓰며 내선강화철저와 국책봉사애국활동 강화에 매진하고 있다. 전쟁 이후에는 대체로 새로운 공산주의, 조선민족주의 운동의 발생이 나타나지 않는 실정으로 사상범의 활동은 매우 미약해져, 사회에 미치는 영향 및 위험성 또한 미미한 정도에 그치고 있으므로 이러한 사회 상태의 변화와 사상적인 추이가 과형에도 자연스럽게 영향을 미치게 되어 그 결과가 앞의 경우에서 보는 과형 변화를 가져온 것이다.

나아가 1936년 12월 보호관찰제도가 실시되고 대상자의 사상선도와 생활안정에 노력함으로써 뚜렷한 실적을 올리고 있는 현 상황에 따라 재판소가 안심하고 사상범의 과형을 가볍게 하고 집행유예자의 숫자를 늘린 것이다. 이러한 추세는 사회상태가 이어지는 한 더욱 가속화되어 장래 조선의 사상범 과형은 내지와 거의 동일한 수준까지 하강하지 않겠느냐고 판단한다.

(2) 누범상황

① 누범 일반

종래의 조선은 사상범의 누범자 숫자 또한 내지보다 많다고 하였다. 《사상휘보》 제4호 게재의 치안유지법 위반자의 재범 정황 조사에 따르면 1928년에서 1934년까지의 재범자수는 총 201명(이 중 만기석방자 107명, 집행유예자 47명, 기소유예자 43명, 보석 중 4명)이다. 《사상휘보》 제11호에 1935년도 치안유지법 위반으로 기소된 자 553명 중 65명, 비율 1.17할 미만, 1936년도 동일하게 340명 중 21명, 비율 0.62할 미만이 사상범 전과자라고 기재되어 있다. 나아가 법무국 행형과 조사에 따르면 1937년 말 사상범 수형자 655명 중 누범자 71명(이 중 재범 59명, 3범 9명, 4범 이상 3명), 1938년 3월 말 현재 사상범 수형자 664명 중 누범자 78명(이 중 재범 67명, 3범 8명, 4범 1명, 5범 1명, 6범 이상 1명), 1938년 9월 말 현재 사상범 수형자 582명 중 누범자 67명(이 중 재범 58명, 3범 7명, 4범 2명)이다. 또 1937년도 사상범 신수형자 257명 중 누범자 31명(이 중 재범 26명, 3범 4명, 4범 1명)이다. 또한 1933년부터 1937년까지의 치안유지법 위반 수형자 범수(犯數)별 누적 횟수 비교는 다음 표와 같다.

〈표 7〉 신(新)수형자[67]

	초범	재범	삼범	사범 이상	계
1933년	586	52	1	2	641
1934년	458	53	7	2	519
1935년	212	19	-	-	231
1936년	236	25	3	2	265
1937년	219	25	3	-	247

67 표는 원문 그대로임(이하 동일).

〈표 8〉 연말(年末) 수형자

	초범	재범	삼범	사범 이상	계
1933년	806	78	4	4	852
1934년	732	87	7	2	828
1935년	618	75	6	2	701
1936년	545	59	6	3	613
1937년	461	53	7	2	523

이상의 각 통계를 통해 알 수 있는 것은 조선에서의 사상범 수형자 중 항상 평균 1할 이상이 누범자라는 사실이다. 재범자(이전 범죄의 처분이 집행유예, 기소유예인 것을 포함)로서 범죄정황이 경미하거나 또는 다른 이유로 재범 처분이 기소유보, 기소유예, 집행유예가 된 자도 상당수 있다고 예상되므로 실제 재범자 숫자는 이상의 통계에 나타나는 것보다 훨씬 많다고 봐야 할 것이다.

내지에서의 1928년부터 1938년 9월까지 치안유지법 위반사건 석방자의 재범 조사에 따르면 석방자의 총수 1만 1,591명 중 재범자 총수는 901명으로 8%에 미치지 못한다. 내역은 형집행종료자 1,422명 중 재범자는 96명으로 6%가 넘는 비율이고, 집행유예 2,446명 중 재범자는 167명으로 7% 미만의 비율이다. 기소유예 5,055명 중 재범자는 383명으로 8% 미만의 비율이고, 유보처분 2,668명 중 재범자는 255명, 10% 미만의 비율이다. 조선에서는 각종 석방자의 총수와 재범자의 총수가 불분명하므로 비율을 알 수 없지만, 앞의 통계에 따르면 조선의 재범자 비율이 기존의 내지보다 많음을 쉽게 짐작할 수 있다.

② 누범의 범행 숫자

조선에서의 사상범 누범자는 앞의 통계에서 나타나듯 대부분 재범자인데 3범 이상도 상당수로 특히 5범, 6범도 있다. 이것은 내지에서는 좀처럼 드문 일로 조선사상범의 사상청산이 어렵고 충분하지 못한 것과 그 운동의 뿌리 깊음을 나타내는 것이다.

③ 누범 기간

조선에서 사상범 누범 기간은 다음 표로 대략 파악할 수 있다.

〈표 9〉 과거 5년간의 치안유지법 위반자의 재범기간 조사(조선 전역)

(법무국 사무과 조사)

기간별 / 연별	2년 미만						2년 이상					합계
	3월 미만	6월 미만	1년 미만	1년 6월 미만	2념 미만	계	3년 미만	4년 미만	5년 미만	5년 이상	계	
1931년	1	1	2	-	-	4 (57%)	1	-	2	-	3 (43%)	7
1932년	3	1	3	5	2	14 (56%)	7	2	1	1	11 (44%)	25
1933년	9	9	10	11	5	44 (85%)	5	2	-	1	8 (15%)	52
1934년	3	8	20	9	7	47 (64%)	14	7	2	3	26 (36%)	73
1935년	12	6	8	8	10	44 (73%)	6	6	2	2	16 (27%)	60
합계	28 (13%)	25 (12%)	43 (20%)	33 (15%)	24 (11%)	153 (71%)	33 (15%)	17 (8%)	7 (3%)	7 (3%)	64 (29%)	217

비고:

1. 이 표는 (1) 과거 치안유지법 위반 수형자가 다시 동일 죄명으로 형을 받은 자에 대해 집행을 마쳤거나 또는 가출옥한 날로부터 재범에 이르기까지, (2) 과거 치안유지법 위반으로 형집행유예 또는 기소유예 처분을 받은 자가 다시 동일 죄명으로 기소 또는 기소유예처분을 받은 자에 대해 전범(前犯)으로 처분받은 날로부터 재범에 이르기까지의 기간을 조사한 것이다.
2. 연도별 란은 재범의 형을 확정한 연도 또는 다시 죄를 범하고 기소 또는 기소유예 처분을 받은 연도를 기초로 했다.
3. 재범 기간
   - 2년 미만 71% 2년 이상 29%

   * 참고: 일반 범죄의 재범기간
   - 2년 미만 77% 2년 이상 23%

〈표 10〉 과거 5년간의 치안유지법 위반 재입소자 재범기간 조사(조선 전역)

(법무국 법무과 조사)

기간별 / 연별	2년 미만						2년 이상					합계
	3월 미만	6월 미만	1년 미만	1년 6월 미만	2념 미만	계	3년 미만	4년 미만	5년 미만	5년 이상	계	
1931년	-	1	2	-	-	3 (100%)	-	-	-	-	-	3
1932년	2	-	-	1	1	4 (80%)	-	1	-	-	1 (20%)	5
1933년	2	-	3	1	1	7 (78%)	1	-	-	1	2 (22%)	9
1934년	1	6	13	5	3	28 (76%)	4	2	-	3	9 (24%)	37
1935년	1	1	2	1	2	7 (78%)	1	-	-	1	2 (22%)	9
합계	6 (9%)	8 (13%)	20 (32%)	8 (13%)	7 (11%)	49 (78%)	6 (9%)	3 (5%)	0 (0%)	5 (8%)	14 (22%)	63

비고:

1. 이 표는 과거 치안유지법 위반 수형자가 다시 동일 죄명으로 형을 받은 자에 대해 전범(前犯)의 집행을 마치거나 가출옥한 날로부터 재범에 이르기까지의 기간을 조사한 것이다.
2. 연도별 란은 재범의 형을 확정한 연도를 기초로 했다.

〈표 11〉 과거 5년간 치안유지법 위반자의 재범까지의 기간 조사(조선 전역)(이전 범죄가 형집행유예인 경우)

(법무국 법무과 조사)

연별 \ 재범처분별 \ 기간별		2년 미만						2년 이상					합계
		3월 미만	6월 미만	1년 미만	1년 6월 미만	2년 미만	계	3년 미만	4년 미만	5년 미만	5년 이상	계	
1931년	기소	1	-	-	-	-	1 (25%)	1	-	2	-	3 (75%)	4
	기소유예	-	-	-	-	-	-	-	-	-	-	-	-
1932년	기소	1	-	1	-	-	2 (50%)	-	1	1	-	2 (50%)	4
	기소유예	-	-	-	2	-	2 (100%)	-	-	-	-	-	2
1933년	기소	-	-	3	2	1	6 (86%)	1	-	-	-	1 (14%)	7
	기소유예	-	-	-	-	-	-	2	-	-	-	2 (100%)	2
1934년	기소	2	-	7	-	-	9 (69%)	1	3	-	-	4 (31%)	13
	기소유예	-	-	-	-	-	-	1	-	-	-	1 (100%)	1
1935년	기소	1	1	-	3	1	6 (67%)	1	1	1	-	3 (33%)	9
	기소유예	1	1	-	-	2	4 (80)	-	1	-	-	1 (20%)	5
합계	기소	5	1	11	5	2	24 (65%)	4	5	4	-	13 (35%)	37
	기소유예	1	1	-	2	2	6 (60%)	3	1	-	-	4 (40%)	10
총계		6 (13%)	2 (4%)	11 (23%)	7 (15%)	4 (9%)	30 (64%)	7 (15%)	6 (13%)	4 (9%)	-	17 (36%)	47

〈표 12〉 과거 5년간 치안유지법 위반자의 재범까지의 기간 조사(이전 범죄가 기소유예인 경우)

(법무국 법무과 조사)

연별 \ 기간별	재범처분별	2년 미만						2년 이상					합계
		3월 미만	6월 미만	1년 미만	1년 6월 미만	2년 미만	계	3년 미만	4년 미만	5년 미만	5년 이상	계	
1931년	기소	-	-	-	-	-	-	-	-	-	-	-	-
	기소유예	-	-	-	-	-	-	-	-	-	-	-	-
1932년	기소	-	1	1	-	1	3 (27%)	7	-	-	1	8 (73%)	11
	기소유예	-	-	1	2	-	3 (100%)	-	-	-	-	-	3
1933년	기소	6	2	3	6	1	18 (86%)	1	2	-	-	3 (14%)	21
	기소유예	1	7	1	2	2	13 (100%)	-	-	-	-	-	13
1934년	기소	-	-	-	4	1	5 (50%)	5	-	-	-	5 (50%)	10
	기소유예	-	2	-	-	3	5 (42%)	3	2	2	0	7 (58%)	12
1935년	기소	6	2	6	4	5	23 (74%)	3	3	1	1	8 (26%)	31
	기소유예	3	1	-	-	-	4 (67%)	1	1	-	-	2 (33%)	6
합계	기소	12	5	10	14	8	49 (67%)	16	5	1	2	24 (33%)	73
	기소유예	4	10	2	4	5	25 (74%)	4	3	2	-	9 (26%)	34
총계		16 (15%)	15 (14%)	12 (23%)	18 (17%)	13 (12%)	74 (69%)	20 (19%)	8 (7%)	3 (3%)	2 (2%)	33 (31%)	107

비고: 이 표 가운데 처분 횟수가 3차례인 자는 1명 있음.

위 표에 따르면 2년 미만이 71%, 2년 이상이 29%으로, 일반범죄의 재범기간이 2년 미만 77%, 2년 이상 23%인 것과 크게 차이는 없지만, 재범이 가장 많은 기간은 이전 형기의 집행 종료 또는 이전 처분 당시부터 1년 미만이 43명인 20%이고, 그다음은 1년 이상 1년 6월 미만이 33명으로 15%이다. 이런 점에서 석방 후 1년 전후가 재범 위험기간이라고 할 수 있다.

내지의 사상범 재범기간에 대해서는 정확하게 알 수 없지만, 도쿄 형사지방재판소 판사 도쿠오카 가즈오(德岡一男) 씨의 조사에 따르면(사법성 형사국, 『사상연구자료』 특집 제46호 기재), 형집행종료자 80명의 석방 때부터 재범에 이르는 기간은 1개월 미만 5명, 1개월 이상 3개월 미만 8명, 3개월 이상 6개월 미만 14명, 6개월 이상 1년 미만 23명, 1년 이상 2년 미만 19명, 2년 이상 3년 미만 3명, 3년 이상 3명, 기타 2명, 불명 3명이다. 형집행유예자 133명 중 판결 선고 당시부터 재범에 이르는 기간은 1개월 미만 10명, 1개월 이상 3개월 미만 12명, 3개월 이상 6개월 미만 29명, 6개월 이상 1년 미만 20명, 1년 이상 2년 미만 32명, 2년 이상 3년 미만 13명, 3년 이상 4명, 기타 12명, 불명 1명이다. 따라서 내지 역시 조선과 마찬가지로 재범 위험기간이 석방 때부터 1년 전후임을 분명하게 알 수 있다.

위 표에서 5년 이상이 지난 후 재범을 저지른 자가 7명인 것은 잠시 주의를 끄는 부분이지만, 형집행종료자와 형집행유예자 및 기소유예자의 재범기간에 대해서는 크게 차이가 없고, 전체적으로 후자가 전자의 기간보다 2년 이상이 비율이 크고, 특히 2년 이상 3년 미만의 비율이 현저하게 크다는 점이 주목되는 정도이다.

④ 누범 동기

조선사상범 누범의 동기를 밝힐 자료는 없지만 조선에서 1930년부터 1935년 사이에 치안유지법 위반 전향자로 다시 동 법을 위반한 자는 총수 222명으로 그 역전향의 동기는 다음과 같다.

주의자의 권유 108명

주의자의 압박 28명

가정의 결함 22명

환경에 대한 불만 21명

공산주의 사회 실현에 대한 재신뢰 12명

생활고 10명

출옥 후의 취직난 5명

자포자기 3명

구 동지의 유혹 2명

좌익서적 구독 2명

출옥 후 세인들의 냉대 1명

동지에 대한 책임감 1명

이러한 동기별은 준전향자와 비전향자에게도 어느 정도 인용할 수 있는 것이 아닐까 생각한다. 대부분의 동기가 주의자의 권유, 선동, 압박이라는 점은 조선 사상범의 특수성과 사상 청산의 곤란함을 나타내주는 것이다.

⑤ 누범자의 범죄 정황

사상범 누범자는 얼마간 실천 활동의 경험이 있으므로 다시 운동을 하는 경우 중요한 부서를 맡아 지도적 지위에 서서 중심적인 활동을 하게 되는 것이 당연한데, 조선에서는 다음 표에서 그것을 증명하고 있다.

〈표 13〉 범수별 범죄 정황 조사(1937년 6월 말 현재 사상범 수형자)

정황별 / 범수별	조직	가입	목적 수행	협의	선동	이익 수수	기타	계	범수별 백분비
절범(切犯) 남 여	146(146) 1(1)	251(251) 3(3)	24(24)	53(53) 4(4)	8(8)	2(2) 1(1)	129	613(484) 9(9)	90.4
재범 남 여	21(21)	17(17)	1(1)	9(9)	1(1)		5	54(49)	7.8
3범 남 여	4(4)	2(2)		1(1)	1(1)		1	9(8)	1.3
4범 남 여	2(4)							2(2)	0.3
5범 남 여		1(1)						1(1)	0.1

6범 이상 남 여									
계 남 여	173(273) 1(1)	271(271) 3(3)	25	63(63) 4(4)	10(10)	2(2) 1(1)	135	679(544) 9(9)	
전년 동기 현 인원 남 여	207(207) 2(2)	358(358) 2(2)	7 1	94(94) 3(3)	17(17)	1(1)	162	846(684) 8(8)	

비고: 괄호 안의 숫자는 치안유지법을 위반한 자가 다시 게재된 숫자를 나타낸다.

즉, 위 표에 따르면 1937년 6월 말 사상범 수형자 누범자 중에 누범자 54명 중 21명, 3범 9명 중 4명, 4범 2명 합계 27명, 전체 누범자 66명의 4할 이상이 결사조직죄를 저질렀고, 재범 중 17명, 3범 중 2명, 5범 1명 합계 20명, 전체 누범자의 3할 이상이 결사가입죄로 처벌받았으며, 누범자의 7할 이상이 결사조직자 또는 가입자로 활동한 사실이 명백하다. 누범자의 범정이 중하고 그 행위가 고도로 위험하다는 것을 나타낸다.

⑥ 누범이 많은 이유

조선사상범에 누범이 많은 근본 이유는 그 특수성에 귀결될 수밖에 없는데, 조선의 사상범 중에 비전향자도 상당히 있고 전향자라도 유동성이 다분하므로 전향을 촉진하고 확보하는 일이 곤란한 실정이다. 한번 사상범죄로 처벌을 받으면 적극 사상운동에 관여하고 아니면 권유와 선동에 쉽게 사상운동에 투신하게 되니 이것이 내지보다 누범자가 많은 중대한 원인이다.

⑦ 누범의 현재와 미래

조선사상범의 현재 누범상황은 예전보다도 그 수나 비율이 감소하고 있고 앞으로도 이런 경향이지 않을까 생각된다. 이것은 내지의 현재 상황과 오히려 반대로 이제까지 재범율이 적었던 내지는 최근 어떠한 이유인지 불분명하지만, 재범자가 점차 증가하는 경향에 있다. 1937년(昭和 12)도에는 치안유지법 위반 때문에 사법처분 받은 자 512명 중 재범자는 146명, 처리 인원의 약 30%에 가까운 인원수를 나타내고 있는데, 조선에서는 중일전쟁 이후 사회정세의 변화와 사상의 전환, 민심의 안정으로 새로운 사상운동의 움직임을 보이지 않는 현재 상황이어서, 이러한 사상운동의 진정은 필연적으로 재범자 수를 감소시켜 이후에도 사회정세에 변화가 없는 한 이 추세는 계속 이어질 것으로 보인다.

(3) 결론

조선의 사상운동은 첫 번째의 한국병합반대운동시대에서 두 번째의 민족자결운동시대가 되고, 다시 세 번째의 공산주의 운동시대를 거쳐 네 번째의 사상전향시대에 들어갔다. 현재는 그야말로 획기적인 사상전환의 시대이다. 조선에서는 중일전쟁 이후 제국의 굳건한 정신과 국제적 지위에 대한 인식이 심화되고 있으며, 중일전쟁이 일어나자 조선인의 사상 또한 급격하게 변화하여 일본 국민으로서의 자각의 목소리를 내는 자가 많다. 솔선하여 출정병사의 환송과 국방헌금 등 후방의 적성(赤誠)을 주장하고 시국에 관해 언론도 적극 지원하는 태도를 보이고 있다. 과거의 민족주의자, 공산주의자들도 적극 애국운동에 투신하기에 이르렀다. 공산주의, 조선민족주의 등의 사상운동이 표면적으로는 모습을 감추고 전향자가 속출하고 있으며 재판에도 반영되어 기존의 엄중하던 사상범 과형이 점차 가벼워지고 있다. 집행유예자의 숫자가 증가하고 재범자의 숫자도 점차 감소하는 경향에 있다. 이는 국가를 위해 매우 반가운 현상이지만, 만약 이러한 사상 호전의 상황을 지나치게 과대평가하거나 낙관함으로써 안이해지고 사상범 검찰, 재판을 느슨하게 한다면 훗날 반드시 후회하게 될 것이다.

이전에 치안유지법 위반 피고인 사상보국연맹 간사 김한향(金漢鄕)은 「우리는 이렇게 생각한다」라는 제목의 논문(《치형(治刑)》 제16권 제11호 게재)에서 "우리는 일본정신이 무엇인가를 연구하고 규명하며 또 실천을 통해 구체화해야 한다. 특히 우리 반도인은 이제 내선일체의 정신을 강고히 하고 국체관념의 명칭을 도모함으로써 공허한 개념이자 색 바랜 명제에 지나지 않는 세계국가의 이상과 민족자결의 관념에서 결정적으로 벗어나야 한다. 일본 국가는 도의적인 국가이며, 조선은 이미 일본의 식민지가 아니고 한국합병은 세계평화의 옹호와 동아의 안정을 위한 필연적인 도의적 행동이었다. 그것은 결코 구미 침략국가가 18, 19세기에 행한 식민지 쟁탈과는 근본적으로 다르다. 일본의 조선 통치는 합병 이후 많은 난관을 돌파하면서 오늘날에 이르렀고 내선일체의 결실을 거두었다. 이는 정치, 경제의 물질적 방면뿐만 아니라 감정, 윤리 등의 내면적 방면에서도 그러하다. 일본정신은 야마토 민족 특유의 창조와 동화라는 천부적인 민족성에 근원을 두고 있다. 불교를 이입하고 유교를 숭상하여 현대에는 구미사상을 취했지만 이를 모두 일본적으로 소화하고 일본정신으로 되살아났다. 일본 민족은 그만큼 창조력과 동화의 성향이 풍부한 민족이므로, 조선통치가 오늘날과 같이 실적을 거둔 것은 당연한 결과라고 할 것이다. 바야흐로 시국은 점차 엄중해지고 우리 전 국민은 물심양면으로 성전의 목적을 관철하기 위한 국민총력전의 실적을 올려야 한다. 특히 사상보국의 중대 책무를 진 우리는 우선 자신의 사상적 정화를 도모하고 자숙자계하며 황국신민의 권리와 의무를 자각함으로써 만국에 다시 없는(萬邦無比)의 국체관념을 옹호하고, 현하의 비상시국에 대한 인식을 심화시키며 황국의 운명을 위해 사상보국의 제일선에서 투쟁해야 한다"라고 주장하였다. 과거의 적색 투사가 진실로 이러한 사상으로 변했다면 매우 감명 깊은 일이다. 과연 모든 조선인이 이 같은 심경에 도달하는 것은 언제일까. 조선의 민족의식이 완전히 사라진 때라고 한다면, 그것은 100년을 기다려도 실현하기 어려운 일일 것이다.

현재 조선통치의 지도정신은 과거의 내선융화에서 한 발짝 더 나아가 내선동일체의 이상을 향하고 있으며, 지원병제도, 교학쇄신 등에서 눈에 띄는 성과를 거두고 있다. 내선동일체의 이상은 그야말로 이상으로서는 훌륭하지만, 그러한 이상이 언제 어느 정도까지 실현될지는 조선인의 민족성, 국민성에 비추어 흥미진진한 문제이다. 이는 중요한 정치문제인데 사상범 운동과 관련지어 생각해 볼 때, 전술한 바와 같이 조선의 사상운동의 근저를 이루는 것은 민족의식이다. 따라서 이러한 운동의 해소를 기다려 운동의 절멸을 기대할 수 있으리라고 볼 수밖에 없지만, 수백 년간 키워온 민족의식은 아무리 사회상태가 변화하더라도 하루아침에 사라지는 일은 있을 수 없다. 조선인이 민족의식을 버리고 일본 국민으로서의 완전한 자각을 지니고 일본정신을 획득하기까지 결국 수백 년의 세월이 걸리는 것은 당연하고, 나아가 조선의 사상운동이 일시에 사라지리라고는 도저히 생각할 수 없다. 설령 시대 상황으로 인해 외부에는 드러나지 않아도 암암리에 잠행하는 책동이 있다는 사실은, 내지에서조차 현재 상황에서 다시금 주의자의 준동이 끝없이 일어나는 점을 미루어 볼 때 충분히 알 수 있다.

게다가 현재 조선에서 일어난 거국일치의 풍조는 조선민족의 특성적인 중대사상인 자기 옹호와 시류영합으로 보이는 경향이 있으므로 일본 국민이라는 참된 자각에 기반을 둔 것인지는 다소 의심스러운 점이 없지 않다. 사상범의 전향에 대해서도 그들이 신념이 부족하고 부동(浮動)적이라는 점을 의심 없이 판단할 것이 아니라, 장차 사회상태의 변화에 따라서는 역전할 위험이 있다는 것을 상상하기 어렵지 않으니, 따라서 검찰 재판의 임무를 맡은 자는 앞으로의 사회상태 및 사상 추이에 충분히 유의하고, 표면적인 부분만이 아니라 내면적인 부분도 잘 통찰하여 진상 파악함으로써, 관대함과 엄격함을 겸비하여 적절한 조치를 취할 수 있도록 하는 것이 중요하다고 믿는다.

〈자료 191〉 최근 조선에서의 공산주의 운동에 대하여

[吉田肇, 1972,「朝鮮に於ける最近の共産主義運動について」,『社會問題資料叢書第1輯思想情勢視察報告集(6)』, 東洋文化社, 51쪽]

〈표 14〉 사상범죄 통계표

연차/건수/인원 \ 도별		경기	충북	충남	전북	전남	경북	경남	황해	평남	평북	강원	함남	함북	계
1929년	건수	39	1	8	13	14	12	3	2	6	53	16	73	13	253
	인원	179	9	24	134	346	57	15	14	25	238	280	325	95	1,743
	송치	154	2	19	111	147	42	14	14	21	210	93	208	74	1,109
	기소	94	1	4	53	11	37	14	12	8	57	77	129	26	627
1930년	건수	57	11	15	36	16	23	17	8	11	55	18	80	50	397
	인원	491	72	102	244	300	244	99	83	266	193	42	1,156	731	4,025
	송치	268	42	26	95	239	129	63	50	54	174	40	611	314	2,105
	기소	145	2	17	44	193	87	49	22	20	43	36	300	149	1,107
1931년	건수	42	4	8	26	23	16	19	3	7	45	8	121	114	436
	인원	427	31	50	216	255	111	134	52	155	123	78	949	1,078	3,659
	송치	252	23	15	83	173	56	97	23	71	53	64	521	412	1,842
	기소	189	11	10	32	105	23	59	16	24	15	26	354	242	1,106

연차/건수/인원 \ 도별		경기	충북	충남	전북	전남	경북	경남	황해	평남	평북	강원	함남	함북	계
1932년	건수	40	3	12	14	20	9	18	6	9	46	12	80	76	345
	인원	526	43	120	306	475	306	246	116	77	105	398	1184	1087	4,989
	송치	190	30	40	104	250	67	192	56	52	75	116	553	407	2,132
	기소	126	13	25	78	173	48	94	18	26	57	58	452	246	1,414
1933년	건수	15	2	7	15	11	6	9	4	4	33	4	46	57	213
	인원	245	6	133	293	218	186	121	81	75	91	29	591	572	2,641
	송치	72	6	51	144	155	41	61	40	25	37	17	283	176	1,108
	기소	45	-	34	124	44	26	44	35	21	24	8	177	123	705
1934년	건수	27	-	-	6	16	5	17	3	13	27	7	34	28	183
	인원	345	-	-	113	695	73	149	37	128	64	207	290	288	2,389
	송치	139	-	-	111	115	12	43	14	23	38	33	193	75	796
	기소	68	-	-	78	113	11	15	9	16	24	29	157	41	561
1935년	건수	32	1	4	5	11	4	12	2	6	24	14	30	27	172
	인원	332	3	40	55	76	129	136	2	96	40	178	296	357	1,740
	송치	113	1	16	38	28	58	58	-	17	19	54	93	43	538
	기소	75	-	8	37	27	47	31	-	6	15	45	81	35	407
1936년	건수	32	2	6	5	11	2	7	1	11	33	14	21	22	167
	인원	153	7	20	7	48	3	47	5	62	52	52	418	1,888	2,762
	송치	98	2	10	29	35	3	17	7	84	40	42	136	356	859
	기소	44	2	9	8	7	-	-	7	26	20	26	91	178	419
1937년	건수	28	3	2	3	16	3	6	2	12	32	5	11	11	134
	인원	340	30	2	166	219	23	8	2	114	44	58	236	395	1,657
	송치	232	6	3	12	46	4	19	1	107	52	60	127	852	1,521
	기소	109	6	3	1	26	3	8	1	63	38	44	97	494	893
계	건수	312	27	62	123	138	80	108	31	79	348	98	496	398	2,300
	인원	3,038	201	491	1,534	2,632	1,134	955	392	998	950	1,322	5,447	6,491	25,585
	송치	1,518	111	180	727	1,188	412	564	205	454	698	519	2,725	2,709	12,010
	기소	895	35	110	455	803	282	314	120	210	294	349	1,838	1,534	7,239

〈표 15〉 치안유지법 위반 최근 5년의 건수(인원, 사건의 구체적인 내용은 불명)[68]

연도 \ 죄명	치안유지법이반	1919년 제령 제7호 위반	보안법위반
1933년	217	8	18
1934년	159	10	9
1935년	145	-	6
1936년	12	-	11
1937년	91	1	1

〈표 16〉 사상 사건표[69] 함흥지방법원검사국

사상 사건표

연도	건수	수리			처분			미제
	인원	구접수	신접수	계	기소	불기소	계	
1931년	건수	3	190	193	95	91	186	
	인원	5	1,774	1,779	405	1,277	1,682	
1932년	건수	7	128	135	95	40	135	
	인원	97	2,638	2,735	635	2,100	2,735	

연도	건수	수리			처분					미제
	인원	구접수	신접수	계	기소	기소유예	그 외 불기소	그 외	계	
1933년	건수	-	72	72	41	15	13	2	71	1
	인원	-	692	692	186	238	263	4	691	1
1934년	건수	1	67	68	37	16	9	3	65	3
	인원	1	687	688	205	189	154	3	551	137
1935년	건수	3	52	55	34	11	3	3	51	4
	인원	137	409	546	202	222	104	10	538	8

68 吉田肇, 1972,「朝鮮に於ける最近の共産主義運動について」,『社會問題資料叢書第1輯 思想情勢視察報告集(6)』, 東洋文化社, 56쪽.

69 吉田肇, 1972, 위의 책, 57쪽.

1936년	건수	4	43	47	25	16	1	4	46	1
	인원	8	214	222	123	5	39	220	264	2
1937년	건수	1(1)	21(10)	22(11)	17(8)	3(2)	1	1(1)	22	-
	인원	2(2)	140(90)	142(92)	101 (45)	11(16)	24(30)	6(1)	142	-
1938년 1~10월	건수	-	20(7)	20(7)	7(6)	6(1)	3	2	18(7)	2
	인원	-	166(35)	166(35)	121 (16)	9(4)	32(15)	2	164	2

비고:

1. 1931년부터 1936년까지 치안유지법 위반, 1919년 제정 령7호위반, 보안법위반, 폭력행위 등 처벌에 관한 법률위반을 포함.
2. 1937년부터 1938년까지의 숫자는 치안유지법 위반, 괄호 안의 숫자는 보안법위반, 출판법위반으로함
3. 본 표는 관내 검사(檢事)분국(分局)을 포함.

IV

사찰과 검거

해제

제4장에서는 일제경찰에 의한 사상운동 관련 사찰과 검거가 실제로 어떻게 이루어졌는지 각 시기별 자료를 모아 배치했다. 일제강점기 독립운동이 조선을 중심으로 주변 인근 국가와 네트워크를 구축하며 전개되었기 때문에 조선인에 대한 사찰은 국내에 국한되지 않았다. 이에 제1절에서는 이러한 점을 알 수 있는 자료를 선별하여 구성했다.

먼저 일제강점 초기 보안법 위반으로 간도 용정에서 체포되어 국내로 송환된 정재면(鄭在冕, 본명 鄭秉泰) 관련 송치 문서를 소개했다. 정재면(1882~1962)은 평남 숙천 출신으로 1902년 상동교회 전덕기 목사와 만나 기독교적 민족주의사상에 공명했다. 1907년 신민회에 가입하고 간도 용정으로 건너가 김약연과 함께 명동의숙(明洞義塾)을 설립하여 교사로 활동하며 청소년들에게 민족의식을 고취한 인물이다. 정재면은 당시 잡거지구(雜居地區) 내에 살다가 재산을 처분하여 봉밀산으로 이주하려던 중, 간도총영사관 경찰에 체포되었다. 사실 일본영사관 관할구역 밖에서 정재면을 체포했기 때문에 중국경찰에 인계해야 함에도 가토(加藤) 경시는 정재면을 조선으로 송환할 것을 결정하여 경성지방법원으로 송치한 것이다.[1] 이 사건은 신민회원을 겨냥한 105인 사건의 연장에서 기독교민족주의 계열의 독립운동을 탄압하고자 한 것이었다. 이후 경성지방법원에서의 취조와 재판과정은 알 수 없다. 일제강점으로 수많은 일반 한인(韓人)들과 독립운동가들이 간도 등지로 이주했으며 이곳에서 인재를 양성하거나 무장투쟁을 통해 훗날을 도모하는 활동을 벌였다. 따라서 일제강점기의 독립운동은 조선과 그 인근 국가를 넘나들며 전개되었는데 일제 사법당국은 일제강점 초부터 이러한 점을 염두에 두고 국외의 한인들에 대한 검거와 송환을 감행하였음을 이 자료를 통해 엿볼 수 있다.

1 「保安法違反者取調送致に関する件」, 『不逞團關係雜件-朝鮮人의 部-在滿洲의 部 1』, 朝憲機 제521호, 1912. 4.13, 국사편찬위원회 한국사데이터베이스.

경계를 넘나드는 '불령한' 한인에 대한 단속실태를 보여주는 자료로서 「조선인 왕래의 건」, 「내지 거주 조선인으로 배일사상을 갖는 자 시찰단속방법」을 소개했다. 조선과 일본, 중국을 잇는 교통로나 여객선에서 조선인을 검문하여 의심스러운 자에 대한 정보를 관계당국에 보고하는 한편, 청부현(廳府縣)과 내무성에 요시찰 명부를 비치하고 조선총독부와 연락하여 관련자의 이동 상황에 대해 동태를 파악할 수 있도록 하였음을 알 수 있는 자료이다. 사찰과 감시는 조선 내에서도 예외는 아니었다. 1918년 「학교 교사의 불온 교수와 처분」은 강원도 이천의 한 서당에서 이면석 교사가 불온창가를 가르쳤다고 하여 보안법 위반 등으로 체포했다는 내용이다.

조선인의 사상을 사찰하고 체포, 신문, 재판 회부, 감옥에 격리하는 이른바 탄압의 주무기관은 조선총독부 경무국 특고과와 일선 경찰관이다. 제2절에서는 경찰의 사찰방법에 대한 지침을 이해할 수 있는 자료로 경찰연구회 편에서 편찬한 『사회운동에 직면하여』 중 「사회운동의 취체방법」, 「취조와 수배 및 공조 연락」과 함께 『사상경찰통론』 중 「사상경찰활동의 요체」를 각각 번역 소개했다.

이러한 책은 경찰관 교육자료로 편찬한 것이다. 경찰관에 대한 교육은 일본의 경우, 1919년 4월 법학박사 마쓰이 시게루(松井茂)가 경찰강습소장에 취임하면서 본격적으로 이루어졌으며, 그가 은퇴한 후에는 경보국장이 경찰강습소장을 겸했다. 강습기간은 1년이었다가 1924년부터 8개월, 1927년 10월에는 7개월로 단축, 1929년부터 다시 1년으로 늘어났다. 강습과목은 행정법, 형사소송법, 경찰법 등 각종 법령과 범죄수사법, 범죄심리학, 외사, 출판, 사회운동, 특별고등경찰 등으로, 경찰간부로서 필요한 지식 전반을 습득하도록 했다.[2] 또한 단기과정으로는 1918년 이래 고등경찰 2회, 외사고등 3회, 보안경찰 2회 등의 특별강

2 山元一雄, 1934, 『日本警察史』, 華堂書店, 369~370쪽

좌가 있다.[3] 조선에서도 경찰관강습소가 설치되어 교육을 실시했다. 입교생의 자격은 각 도지사가 추천한 도순사부장, 도경부보 등 간부급이며 9개월 과정으로 이루어졌다. 5기생의 경우는 1924년 4월 50명이 입소하였으며,[4] 교과로는 사회문제, 식민정책, 범죄수사, 범죄심리, 수사실무 등이었다.[5]

제4장에서 소개하는 자료에는 일선 경찰관이 조선인을 사찰하고 검거하기 위한 여러 가지 경험담과 방략이 망라되어 있다. 예를 들어 사상범 피의자의 사진 촬영 시 피의자가 고의로 안면을 찡그리고 정시(正視)하지 않는 자세로 사진을 찍는 것은 장래 수배되는 상황을 피하기 위한 술책이라는 점까지 지적할 정도로 자세하다. 이 부분에 대해서는 마침 1933년 아리요시 아키라(有吉明) 상해 저격미수사건으로 체포된 백정기 의사의 사진 중 이를 연상하는 사진이 있어 자료로 소개했다. 또한 위의 도서에 수록된 「검거요령」에 대해서는 구체적으로 수상한 자에 대한 불심검문 방법과 체포 방법, 가택수색, 무기 사용, 검속, 구류 등의 방법에 대한 자세한 지침을 추출하여 번역했다.

다음으로 이러한 지침에 따라 단속과 검거가 이루어진 실제현장에 대한 기록을 제3절로 구성했다. 여기에서는 1933년 경남 교육노동조합사건, 조선공산당재건 전남동맹 증거자료 압수 내용, 1933년 강원도 홍천 남궁억 등 십자가당 사건의 사찰과 검거 과정에 대한 회고담, 1939년의 조선악극단 순회공연 단속, 1936년 조선공산당의 이재유 〈체포견문기〉를 수록했다. 또한 일본에서 이루어진 검거 사례로 극좌조선인 활동에 대한 검거 과정에 대한 기록을 소개했다.

---

3 山元一雄, 1934, 앞의 책,370쪽.

4 〈경찰관강습소 제5회 본과생 입소식〉,《경무휘보》, 1924.4.

5 〈경찰관강습소 본과생의 수료식을 맞이하여〉,《경무휘보》, 1925.1.

그동안 독립운동이나 일제 측의 사법적 탄압에 대해서는 일제 관변의 송수신 문서나 관련 통계, 보고서, 재판기록 등을 활용하여 실태를 평면적으로 연구해 온 경향이 있다. 제4장에서 소개한 자료를 통해 사상 탄압에 임하는 경찰의 실질적 전술과 전략이 어떠한 것이었는지, 그 긴박한 풍경을 생생하게 상상해 볼 수 있을 것이다.

윤소영

1. 공간을 넘나드는 조선인 사찰

1) 일제강점 초 간도 거주 한인의 「보안법」 위반 국내 송환(1911)

〈자료 192〉 보안법 위반자 취조 송치의 건

(「保安法違反者取調送致に関する件」, 『不逞團關係雜件-朝鮮人의 部-在滿洲의 部 1』, 朝憲機 제521호, 1912.4.13)

문서번호: 조헌기(朝憲機) 제521호
제목: 보안법 위반자 취조 송치의 건
대상자: 전 중국 길림성 북간도 화룡현 용암촌, 농업, 일명 정재면(鄭在冕)[6]
정병태(鄭秉泰) 29세
발송처: 육군대신, 외무대신, 헌병사령관, 총독, 정무총감(총무부국장, 내무부 강관 외사국장)
군사령관, 사단장, 각 헌병대장, 관동도독부 참모장, 관동헌병대장, 간도총영사

이 자는 지난달 6일 재간도제국영사관에서 체포한 배일조선인인데 보안법 위반 피고로

---

6 정재면(1884~1962)은 일제하 북간도 용정 명동학교에서 민족교육에 힘쓴 독립운동가이며 교육자이다. 평안남도 숙천에서 출생하였다. 본명은 정병태(鄭秉泰), 호는 벽거(碧居)·일광(一光)·우산(雨山)이다. 아버지는 정학전, 어머니는 김성약(金聖約)이다. 어머니는 1883년 만주에서 입국한 서상륜(徐相崙)의 전도로 신앙을 갖게 된 초창기 개신교인이다. 1898년 순안 측량학교를 마치고 1907년 서울 상동교회 부설 상동청년학원을 졸업하였다. 졸업 후 상동교회를 거점으로 결성된 비밀결사 신민회에 가입하고 신민회에서 세운 평양 대성학교와 원산 보광(普光)학교에서 교사로 근무하였다. 이동휘의 권유로 '북간도교육단'을 조직하여 간도에서 새로운 교육사업을 모색하던 중, 1909년 용정의 명동(明東)학교 교사로 초빙되었다. 1925년부터 2년간 중국의 남경 금릉(金陵)대학 신학부에서 공부하였으며, 평양신학교에서 1년간 더 공부한 뒤 목사 안수를 받았다. 1928년부터 용정 은진중학교 교목으로 활동하다가 1930년부터는 함경북도 청진과 원산에서 종교 활동을 통한 민족운동에 매진하였다. 광복 후 독립촉성기독교 중앙협의회에 참여하고《기독공보》사장으로 활동했다. 말년에는 중앙교회에서 목회자로 활동하다가 1962년 서울에서 별세하였다.

요즘 당 부에서 취조를 완료하고 이달 13일 경성지방법원 검사정(檢事正)에게 송치하였다. 범행의 개요는 별지에 기재한 바와 같다.

이상.

별지

피고는 평안남도 숙천군(肅川郡) 우하면(右下面) 내동(內洞)에서 출생하여 소재지 학당 및 평남 순천군 학교에서 한문을 수학하고 25세에 평양상업회의소(조선인 측) 경영에 관계하여 측량학교에서 수학했다. 당시부터 야소교 신자와 교제하고 향리 숙천군에서 야소교회당에 출입하여 야소교(장로파)를 신앙하기에 이르렀다. 그 사이에 배일사상이 싹터 1909년(明治 42) 음력 6월 중에 북간도로 이주하여 이곳의 배일당 이동춘(李同春), 박무림(朴茂林), 강국전(姜國典), 윤해(尹海) 등과 교제하고 일본 대 한국의 정치관계에서 나아가 한국병합에 불평을 품고 또 미국에 거주하는 매제(妹弟) 박호빈(朴豪彬)과 관계를 맺으며 재미 샌프란시스코 신한민보 사장 최정익(崔正益)과 친밀하게 편지를 주고받기에 이르렀다.

최정익이 주재하는 신한민보 및 동맹단과 서신을 주고받으며 배일사상 고취에 힘쓰고 재블라디보스토크 배일파인 백광보(白光普), 김성무(金成武), 재러시아령 재도(齋都, 바이칼 동부) 이강(李剛), 재러시아 수도 이갑(李甲) 등과 직접 혹은 간접으로 의사를 소통하다가 작년 8월 29일 한국병합 조약이 발표되자, 우리 4,000년 국가가 멸망했음을 개탄하고 2천만 동포가 있을 곳이 없다고 탄식했다.

구한국이 멸망해도 신한국을 일으키는 것은 우리 동지의 손에 달렸다고 하며 국권회복, 한국독립을 꿈꾸며 그 목적을 달성하기 위해서는 모름지기 동지를 규합하고 청년을 양성하지 않으면 안 된다고 보았다. 미국, 블라디보스토크 등의 동지와 서로 도모하여 교육회라는 명의로 동지들의 단체를 결성하고 서로 호응하여 사립학교를 일으킨다. 또 이미 설립된 학교에서 야소교 포교에 힘쓰고, 오로지 자제를 교육하여 한국독립사상을 주입하고 최정익이 발행하는 신한민보를 간도에서 취급 판매하여 여러 방면에서 배일사상을 고취했다.

1911년 6월 중 일청 관헌의 간섭이 심해지자 그들의 행동이 종종 수포로 돌아갈 우려가 있으므로 다른 근거지를 찾아 동지를 규합하고 일을 도모하기 위해 일본 관헌의 감시가 느슨한 길림성 동쪽 벽지 봉밀산을 토지가 비옥하고 농산물이 풍부하다는 이유로 근거지로

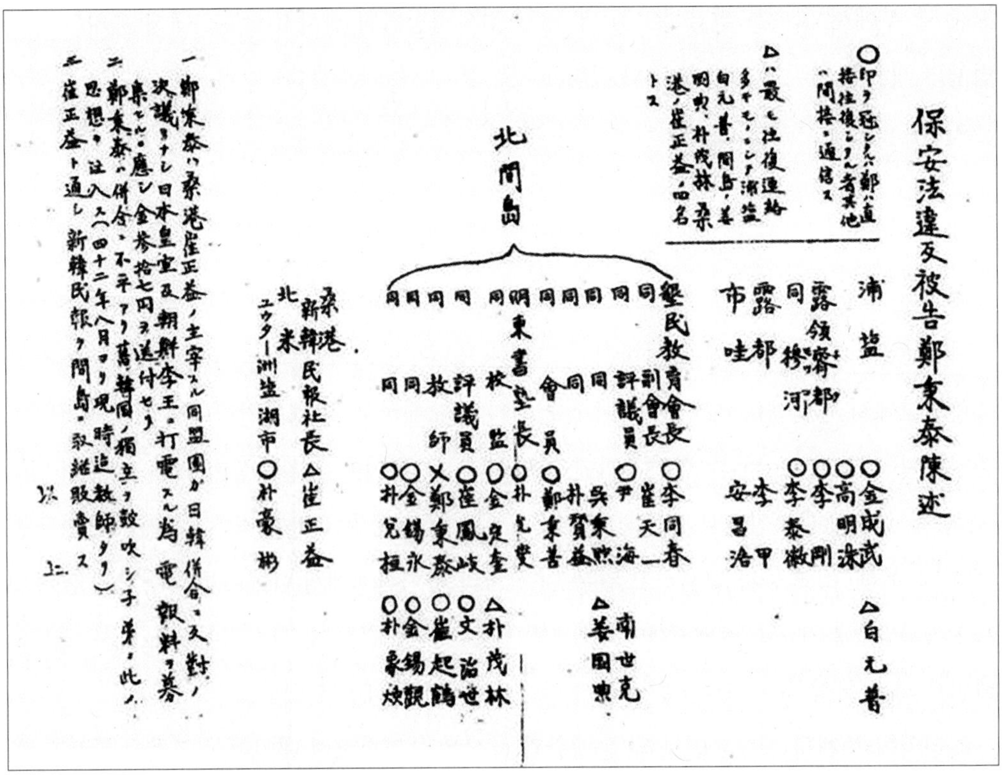

<그림 1> 보안법위반 피고 정병태 진술내용, 불령사상 유포 관련 관계도(1912)

삼으려는 논의가 있었다. 블라디보스토크에 있는 김성무가 이곳을 한 차례 시찰한 후 동지들이 호응하여 올해 1월부터 이주하려 했다. 요컨대 피고는,

(1) 1910년(明治 43) 11월 한국병합조약이 발표되자 재간도 간민교육회는 회원 전원이 병합에 반대하여 일본을 국적으로 하는 것을 거부하고 모두 청국에 귀화하려 하였으나 일본 영사관원이 조선인의 귀화에 관한 법규가 없다고 하여 외국으로의 귀화를 허가할 수 없다고 하자 본의 아니게 이를 중지했다.

(2) 피고는 1910년 음력 7월부터 동 1911년 음력 6월까지 간도 명동서숙에서 발매금지된 「유년필독」, 「대한지지」 및 「동국역사」 등을 교육하여 자제들에게 구한국의 독립을 고취하고 주입했다.

(3) 피고는 1910년 1월부터 1912년 2월에 걸쳐 미국 샌프란시스코 최정익이 발행하는 신한민보를 간도에서 취급 판매하여 격렬한 배일사상 고취에 힘썼다.

(4) 피고는 재미 최정익이 주재하는 동맹단이 한국병합에 반대하고 일본황실 및 조선왕실에 보낼 전보문을 모집하는 일에 호응하여 돈 37원을 송부했다.

2) 조선, 일본, 중국을 왕래하는 조선인 사찰(1917년)

〈자료 193〉 조선인 왕래의 건(朝鮮人往來ノ件)

[「朝鮮人往來ノ件」, 秘受5596號, 高秘特收 第1570號, 『불령단 관계 잡건 조선인의 부 재내지 2(不逞團關係雜件朝鮮人ノ部在內地二)』]

문서번호: 고비특수(高秘特收) 제1570호

일자: 1917년(大正 6) 5월 29일

발송자: 나가사키현 지사

시마다 고타로(島田剛太郎)

수신자: 내무대신 고토 신페

외무대신 혼노 이치로

경시총감

가나가와 현 지사

조선총독부 경무총장

제목: 조선인 왕래의 건

평안남도 용강군 해운면 성현리

최병룡(崔炳龍)

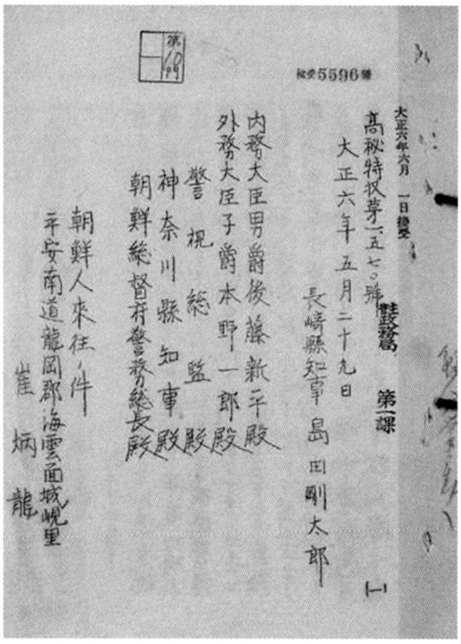
秘受5596號
大正六年六月一日接受
高秘特收第一五七〇號
大正六年五月二十九日
長崎縣知事 島田剛太郎
內務大臣男爵後藤新平殿
外務大臣子爵本野一郎殿
警視總監殿
神奈川縣知事殿
朝鮮總督府警務總長殿
朝鮮人來往ノ件
平安南道龍岡郡海雲面城峴里
崔炳龍

<그림 2> 1917년 5월 29일 나가사키현 지사 시마다 고타로(島田剛太郎)가 내무대신 고토 신페, 외무대신 혼노 이치로, 경시총감, 가나가와 현 지사, 조선총독부 경무총장에게 보낸 극비문서.

제목: 조선인 왕래의 건

평안남도 용강군 해운면 성현리 최병룡(崔炳龍) 25세

황해도 해주군 영동면 황병규(黄炳奎) 24세

위의 자는 5월 28일 오전 6시 요코하마로 입항하는 기선 박애환(博愛丸)으로 당 나가사키항에 기항하고 동일 오후 4시 상해를 향해 출발했다. 내탐한 바 최병룡은 평성(平城)의학강습회 졸업 후 향리에서 개업했으나 지난 4월 폐원(閉院)하고 의학연구를 위해 도쿄에 왔는데 영어 소양이 없어 의학교에 입학하지 못하고 하는 수 없이 소주(蘇洲) 화영(華英)중학에 입학하기 위해 그곳으로 향했다. 또 황병규는 천진 보급학관(중등정도)을 졸업하고 3개월 전 도쿄에 와서 일본대학교에 입학했지만, 영어 소양이 없어 최병룡과 함께 화영중학교에 입학하려는 한 자다. 모두 여권을 휴대하지 않았고 기항 중의 언동에는 크게 의심스러운 것이 없다. 이에 대하여 통보합니다.

3) 일본 거주 조선인의 배일사상에 대한 시찰 단속 방법(1919년)

〈자료 194〉 내지 거주 조선인 배일사상자 시찰 단속 방법

[「內地在住朝鮮人ニシテ排日思想ヲ有スル者, 視察取締ノ方法」, 『조선인에 관한 조사(朝鮮人ニ關スル調)』, 1919년(大正 8) 2월 조사, 『불령단 관계 잡건 조선인의 부 재내지 6(不逞團關係雜件 朝鮮人ノ部在內地六)』]

내지 거주 조선인으로 배일사상을 갖는 자에 대해서는 별책 요시찰조선인 시찰내규로 항상 그들의 동정을 시찰하고 불온한 행동을 미연에 방지하기 위해 노력하고, 일면 기회를 포착하여 그들에게 잘못을 깨닫게 할 방책을 취하고 그 외에 드러난 행위가 법규에 저촉될 경우에 이에 대하여 제재를 가하고 있는 상황이다. 이에 우선 시찰 단속에 관한 사무의 소속 및 시찰 취급방법의 대요를 기록하고 이어서 언론 및 간행물 단속에 대해 기술하고자 한다.

(1) 시찰 단속에 관한 사무 소속

요시찰 조선인에 관한 사무는 고등경찰사무로 처리하고 본 성(내무성-편역자)에서는 경보국 보안과, 청(廳) 부(府) 현(縣)에서는 경찰부(경시청은 총감관방總監官房)에서 주관한다.

(2) 시찰 단속 방법

청(廳) 부(府) 현(縣) 및 본 성(내무성-편역자)에는 요시찰인 전부에 대해 각 명부를 비치하고 청, 부, 현에서는 수시로 시찰한 상황을 본 성에 보고한다. 또한 필요한 사항은 다른 청부현에도 이를 통보하기로 하여 지방청 사이에 시찰단속상 연락을 확보하고, 본 성에서는 그 통일을 꾀하여 수시로 필요한 사항을 지시하여 물샐 틈이 없도록 만전을 기하고 있다.

본 요시찰인은 조선 방면과 밀접한 관계를 갖고 있으므로 요시찰인명부는 전부 조선총독부에 송부하고 또 조선에서의 상황으로 참고할 만한 사항은 통보를 받는 등 동 부(총독부-편역자)와는 특히 충분한 연락을 유지한다. 또한 요시찰인의 대만, 가라후토(華太), 관동주 또는 청도 방면으로 내왕하는 자에 대해서는 각 관헌과도 연락하고 외국에 왕래하는 자, 혹은 외국 거류자의 상황 등으로 참고할 만한 사항은 외무성과의 사이에 정보를 교환하며 주의하고 있다.

1) 언론 단속

요시찰 조선인의 언론에 대해서는 일반과 마찬가지로 치안경찰법 및 기타 법규로 단속한다. 다만, 그들은 공개연설회의 개최를 피하고 동 국인의 학술강연회, 동창회, 웅변회 등의 자리에서 언론을 이용하는 것이 상례이므로 가능한 한 간접적인 방법으로 상황을 시찰하고 있다.

2) 간행물 단속

요시찰인이 경영하거나 관계하는 간행물은 도쿄에서 《학지광(學之光)》, 《기독청년(基督青年)》, 《동아시론개혁신시보(東亞時論改革新時報)》, 《여자계(女子界)》, 《가정신보(家庭新報)》, 《농계(農界)》 등인데, 주의를 요하는 기사를 게재하는 데는 주로 《학지광》 및 《동아시론개혁신시보》이다. 그중《동아시론개혁신시보》가 가장 심각하여 거의 매호 발매배포금지처분을 하는 상황이다. 그 기사의 일부를 게재하면 다음과 같다.

> 한국은 정복되었다. 점령되었다. 소칙(詔勅)과 병합조약은 외교사령에 불과하다. 일본에 통치권 양도는 어리석고 기만적이다. …혁신사(革新社) 동인들이 일대 분투를 결행할 시기가 마침내 도래했다. 단원은 천하의 유지와 결속하여 즉시 적극 행동을 취하지 않으면 안 된다, 운운.

서술한 외에 외국 재류 배일 조선인이 발행하는 다음의 간행물은 매호 과격한 기사를 게재하여 모두 국내 수입과 이입금지 조치를 했다.

1)《한인신보(韓人新報)》블라디보스토크 발행
2)《청구신보(靑邱新報)》한족공보(韓族公報)로 개칭, 위와 같음
3)《국민보(國民報)》하와이 발행
4)《신한민보(新韓民報)》샌프란시스코 발행

4) 국경 열차 내 일본인 형사 검문과 취조, 경성 종로경찰서 조선인 형사의 감시

〈자료 195〉 이 조국 어디로 갈 것인가

(정화암, 1982,『이 조국 어디로 갈 것인가』, 자유문고, 35~43쪽)

1921년 늦겨울 매서운 추위가 기승을 부리던 날이다. 나는 가방 속에 옷 몇 벌과 일상생활에 필요한 물품 몇 가지를 챙겨 넣고 귀국길에 올랐다. 조국을 떠난 지 채 1년이 못되지만 독립운동을 완수하기 위한 원대한 계획을 수행할 자금조달을 목표로 한 모험을 건 귀국길이다.

봉천 안동을 지나 기차는 압록강을 건너고 있었다. 죄인(?)은 제 풀로 표가 난다고나 할까. 난 이등실에서 담요를 뒤집어쓰고 잠자는 척하고 앉아있었다. 물론 차 안이 추운 탓으로 담

요를 쓰기도 했다. 이등실에는 조선사람이 별로 타지 않는다. 거의 가 돈 많고 권력 있는 일본인들이 많이 탄다. 따라서 일본 관헌의 조사도 거의 없다.

기차표는 개성까지 샀다. 북경에서 경성까지 간다면 의심을 받을 것 같은 지레짐작에서다. 개성까지만 무사히 가면 거기서 서울까지 가는 것은 쉽다고 생각되었기 때문이다. 압록강도 무사히 건넜다. 신의주를 통과하여 백마역까지 얼마 남지 않은 때다. 누가 담요를 걷어제쳤다. 일본인 형사다. 걸렸구나 하는 말이 튀어나올 뻔했다.

"오! 조센징이구먼."

그가 중얼거렸다. 내가 조선 사람인 것을 바로 알아차렸다. 그의 묻는 말에 "미두(米豆)를 하다가 실패하고 다른 사업을 해보려고 여순(旅順), 대련(大連), 북경(北京) 등을 한 바퀴 돌아보고 오는 길이오" 하고 침착하게 대답했다. 그러나 내 말을 그대로 믿을 그가 아니란 것을 나도 안다.

나는 그가 가자는 대로 가방을 들고 따라갔다. 기차 안에서 취조실을 따로 만들어놓고 있었다. 또 한 사람의 형사가 있다.

"가방을 열어!"

말투가 거칠었다. 가방을 열자마자 낚아채 빼앗아갔다. 그리고는 아무렇게나 물건을 끄집어내어 바닥에 뿌려놓고는 한 가지씩 들춰본다.

"상해에도 갔었구먼!"

독립운동자에게 신경을 쓰는 것 같은 말투였다. 나는 재빨리 알아차렸다.

"상해에는 간 일이 없습니다."

상해에 갔었다면 독립운동에 관계되지 않았겠느냐 하여 더욱 불리할 것 같아서 뚝 잡아뗐다.

"거짓말!"

하면서 옆의 형사 놈이 주먹질을 했다. 두 눈에서 불꽃이 튀었다.

두 형사는 나를 가운데 놓고 주먹으로 쥐어박고, 발로 차고, 잡아당기고 하면서 얼굴이 빨개지도록 흥분했다.

"이 가방 속의 물건이 다 상해 것이고 네가 입고 있는 옷이며 구두가 모두 상해에서 만든 것인데 상해에 안 갔다고?"

또 때리고 욕질을 했다. 그러나 나는 침착하게 거듭 부인했다.

"말씀하신대로 가방 속의 물건은 상해 제품들입니다. 그러나 영국 모자가 좋아서 영국상표가 붙은 모자를 썼다고 꼭 영국에 갔다 온 것은 아니지 않습니까? 북경의 일반상점이나 고물상에는 상해 물건이 얼마든지 있습니다. 물건의 품질도 좋고 값도 싸기 때문에 사 입은 것뿐입니다."

나의 침착하고 조리 있는 대답에 그들은 자신의 무식을 느꼈는지 못된 손찌검을 멈췄다. 신의주까지 가자는 것이다. 달리는 차 중에서 반항을 할 수도 없으니 울분을 억제하고 얻어맞은 아픔도 참으면서 기차를 바꿔 타고 신의주에서 내렸다. 섣달 그믐께라 굉장히 추웠다. 형사를 따라 역 앞 파출소로 끌려갔다. 파출소에서 조서가 꾸며지고 다시 경찰서로 갔다.

경찰서에는 경부보 한사람이 난롯가에서 졸고 있었다. 파출소 형사는 조서와 나를 경부보에게 넘겨주고 가버렸다.

하품을 해가면서 조서를 훑어본 경부보가 손짓으로 나를 불렀다.

"이보시오. 이 조서가 틀림없소?"

이맛살을 찌푸리며 치켜보는 꼴이 왜 거짓말을 했느냐는 꼴이다. 입고 가진 물건들이 모두 상해 것인데 상해에 가지 않았다는 것이 말이 되느냐는 투다. 그래서 나는 순간적으로 둘러 붙였다.

"조서에는 상해에 간 일이 없다고 됐을 터인데 실은 갔었습니다."

경부보는 나의 이 말에 번쩍 고개를 들었다. 자기가 추궁하려고 했던 허점이 찔린 것이다. 잠에서 깨어나 긴장하는 표정이다.

"그럼, 왜 거짓말을 했소? 독립운동하는 사람이오?"

"아닙니다."

"아니면 그 사람들을 만난 일도 없단 말이오?"

"없습니다. 조서에 있는 바와 같이 미두(米豆)에 실패하고 무슨 장사 길이 없나하고 중국 여러 곳을 돌아보고 오는 길이오. 상해에 갔더니 물건이 싸고 품질도 좋아 옷도 사 입고 필요한 물건도 몇 가지 사가지고 오는 길이오. 장사하는 사람이라 물건에 신경이 써지지요. 독립운동 같은 것은 모릅니다."

"그럼 어째서 상해에는 가지 않았다고 했소?"

"말을 들으니 상해에 갔다 왔다고 하면 독립운동인가 뭔가 때문에 큰 벌을 받는다기에 무서워서 그랬습니다."

경부보는 이 점을 거듭거듭 추궁했다. 나는 똑같은 대답을 되풀이했다. 그리고 무주(나는 고향을 무주라고 말했다)까지 차표를 사지 않고 개성까지만 산 이유를 물었다. 나는 "내가 고향을 떠날 때 어머니의 건강이 좋지 않았는데 북경에서 모친 위독 전보를 받고 가는 길에 개성에 들러 인삼 좀 사가려고 개성까지만 차표를 끊었습니다."
라고 대답했다. 이 말이 설득력이 있었던 것 같다. (중략) 경찰서에는 많은 순사 형사들이 모여 있다. 국경경비를 하는 탓인지 그들 중에는 별스런 변장들을 하고 있는 사람들도 있다. 포수, 엿장수, 나무꾼 등 각양각색이다. (중략) 서장은 나에게 "장삿길에 고향에 돌아가다가 난처한 일을 당했다 이거군?" 하면서 나를 취조한 파출소 형사를 데려오라고 했다. 그리고는 경부보와 파출소 형사의 의견을 각각 물었다.(중략) 서장은 두 사람을 물러가게 한 후 한두 가지 더 묻고는 "당신에게 의심을 두고 싶지는 않소. 이곳은 국경이어서 더러 억울한 일도 있소. 어제저녁 일은 이해하시오. 다만 이틀간만 여관에 계시오. 고향에 조회해서 신원이 확인되면 바로 보내드리겠소" 하고 말했다.

가슴이 덜컥 내려앉았다. 그렇게까지 세밀하리라고 생각지 못했다. 내가 조사를 받을 때 불러준 주소는 무주 어디라고 생각나는 대로 불러주었는데, (중략) 신원조회를 한다니 큰일이 난 것이다. 마음을 가라앉히고 꾸며댈 말을 찾았다. (중략)

"서장님, 감사합니다. (중략) 저는 지금 모친이 위독하다는 전보를 받고 가는 사람입니다. 신원을 조사하는 것은 괜찮습니다만 병중의 모친께서 저의 신원조회 사실을 들으시면 저에게 무슨 큰일이라도 생겼구나 하시고 놀라 돌아가시기라도 하신다면 (중략)" 서장이 경부보의 의견을 물었다. 경부보는 부잣집 아들이고 효성도 지극한 것 같으니 우선 모자지간의 윤리를 생각해서 먼저 보내주는 것이 좋을 것 같다고 말했다. 이리하여 풀려났다. (중략) 경성역에서 내려 (중략) 누군가 따라오는 듯했다. (중략) 필경 정거장에 잠복해 있던 형사가 미행하고 있는 것임이 틀림없다. 그러나 한참 동안 걷다 보니 그 미행자는 보이지 않았다. (중략) 하루는 종로에 가려고 전차를 기다리고 있었다. (중략) 신변의 불안감에서 주위를 살피다가 맞은편으로 지나가는 김태석을 발견했다. 그는 종로경찰서 형사계장이다. 나는 재빨리 몸을 숨겼다. 서울에서의 활동 여하는 김태석을 어떻게 요리하느냐에 달려 있다. 먼저 김태석의 근황을 알아보기 위하여 그의 처와 가까운 기생 원보배를 찾아갔다. (중략) 내가 그 집에 들어서자마자 그녀는 "대부님 귀국하신 줄 알았습니다" 하였다. 외국에 나간 나의 뜻밖의 방문을 받고 깜짝 놀랄 줄 알았는데 태연하게 중국에서 온 줄 알았다고 하니 놀란 것은 나였다. (중략) "어떻게 내가 온 줄을 알았나?", "며칠 전에 김태석이가 다녀갔어요. 광화문에서 전차 타려다가 자기를 보고 대부님이 몸을 피하더라고 하던데요" (중략) 며칠 후 명월관 조용한 방에서 (중략) "그래, 중국생활이 어떻소. 당신들 그러면 안 좋아요. 그때 당장 잡아넣으려다가 젊은 사람들이라 앞길이 만리같아 나는 시종 성의를 다했는데 그래 감쪽같이 날 속이고 떠나가요. 온양금융조합사건도 다 알고 있어요. 중국에 있는 사람들 내가 무서워 못 들어올거요. (중략)" 그는 여전히 위세가 당당했다. 거침없이 말을 이어나갔다. (중략) 행동에 의심을 받지 않기 위해서 돈을 조금 준비하여 인천으로 왕래하며 쌀장사를 시작했다.

5) 조선 내 불온 교사에 대한 감시(1918년)

〈자료 196〉 학교 교사의 불온 교수와 처분(강원도 경무부장 보고요지)

[「學校敎師ノ不穩敎授ト處分(강원도 警務部長 報告要旨)」, 高第15735號 秘受11238號, 『불령단 관계 잡건 조선인의 부 재내지 2(不逞團關係雜件 朝鮮人ノ部在內地二)』, 1918]

학교 교사의 불온 교수와 처분(강원도 경무부장 보고 요지), 1918.6.12.

작성자: 강원도 경무부장
수신처: 총독, 정무총감, 총무국장, 육군대신, 조선군사령관, 사단장, 내각서기관장, 내무, 외무차관, 척식국 장관, 경시총감, 각 도 경찰부장

강원도 이천군(伊川郡) 웅탄면(熊灘面) 평리(坪里) 서당교사 이면석(李錦錫, 26세)이 평리 서당 생도에게 불온한 창가를 교수하고 있던 사실을 발견하여 관할 이천헌병분견소에서 취조

한 바, 본인은 1915년(大正 4) 3월경 당시 강원도 평강군(平康郡) 고삽면(高揷面) 국도동(國島洞) 서당교사 안장렬(安長烈)에게 우리는 기회를 봐서 국권을 부흥하려는 각오를 해야 한다. 이 목적을 달성하기 위해서는 청년 자제에게 조국을 잊지 않도록 해야 한다. 우리는 그 희망을 관철하기 위해 크게 노력하자는 뜻을 듣고, 안장렬의 말에 찬동하고 안장렬이 갖고 있던 불온 창가집을 빌려 이를 필사했다. 올해(1918) 1월 13일 평리서당 교사로 취직하자 불온사상 고취 목적으로 이 창가를 교수하고 있던 것이 판명되었다. 또한 본인의 가택을 수색하니 다이너마이트 1개와 도화선 7척 6촌, 뇌관 7개가 발견되어 취조하자 1917년(大正 6) 10월 강원도 평강군 고삽면 청석동 김현원(金鉉Ⅰ, 그 본적은 충청남도 이하 不祥) 김우현(金右鉉, 28세 정도)에게 어렵(漁獵)용으로 빌렸다고 한다. 김우현은 그 후 각지를 전전하다 현재 황해도 겸이포 방면에, 안장렬은 강원도 곡산군 내에 거주한 행적이 있어 수배 중이다. 화약의 출처 용도에 대해서는 김우현을 체포하지 않으면 판명되지 않는다. 이면석은 5월 18일 보안법 위반 및 총포화약단속령 위반으로 관할 검사에게 송치했다.

불온 창가 중 '감동가'를 번역하면 별지와 같다. 이상.

감동가

슬프도다! 우리 민족이여, 4천 년의 역사를 지닌 나라로
자손 대대로 전해왔는데 오늘 이 지경은 어쩐 일인가.
철사줄과 밧줄로 묶였다. 동아줄을 우리 손으로 잘라버리고
독립만세를 외치는 우리 목소리는 동해를 바꾸어 산으로 만들 것이다.
초가집 한 칸도 네 것이 아니요, 몇 마지기 땅도 네 것이 아니다.
억울한 모욕도 갚을 수 없고 무자비한 구타도 참아내며
눈을 들어 보라, 삼천리강산에 가득 찬 것은
우리 부모의 탄식이요, 우리 학도의 눈물이다.
금수강산은 빛을 잃고 광명일월은 몽롱하다.
누구의 탓인가. 탐구하라, 너의 죄와 나의 죄로 말미암은 것이다.
남산의 초목도 눈이 있다면 비참한 눈물을 흘릴 것이며

동해의 물고기도 마음이 있다면 우리와 같이 슬퍼하리라.

만약에 벌레 한 마리도 밟히면 죽기 전에 한번은 움직일 것이며

만약에 작은 벌도 네가 때린다면 반드시 너를 찌른 후 죽을 것이다.

사랑하는 우리 형제여, 잠에서 깨어나

우리 마음에 나태한 습관과 나약한 사상을 단칼에 모두 베어버리자.

사랑하는 우리 청년이여, 죽어도 살아도 우리 몸으로 와신상담을 잊지 말자.

우리 국권을 회복하자.

독립 깃발 자유종을 치는 날, 부모의 탄식은 웃음으로 바뀌리.

대한반도 광명천지 건국의 영웅은 우리들이 아니겠는가.

2. 경찰의 사상 사건 지침

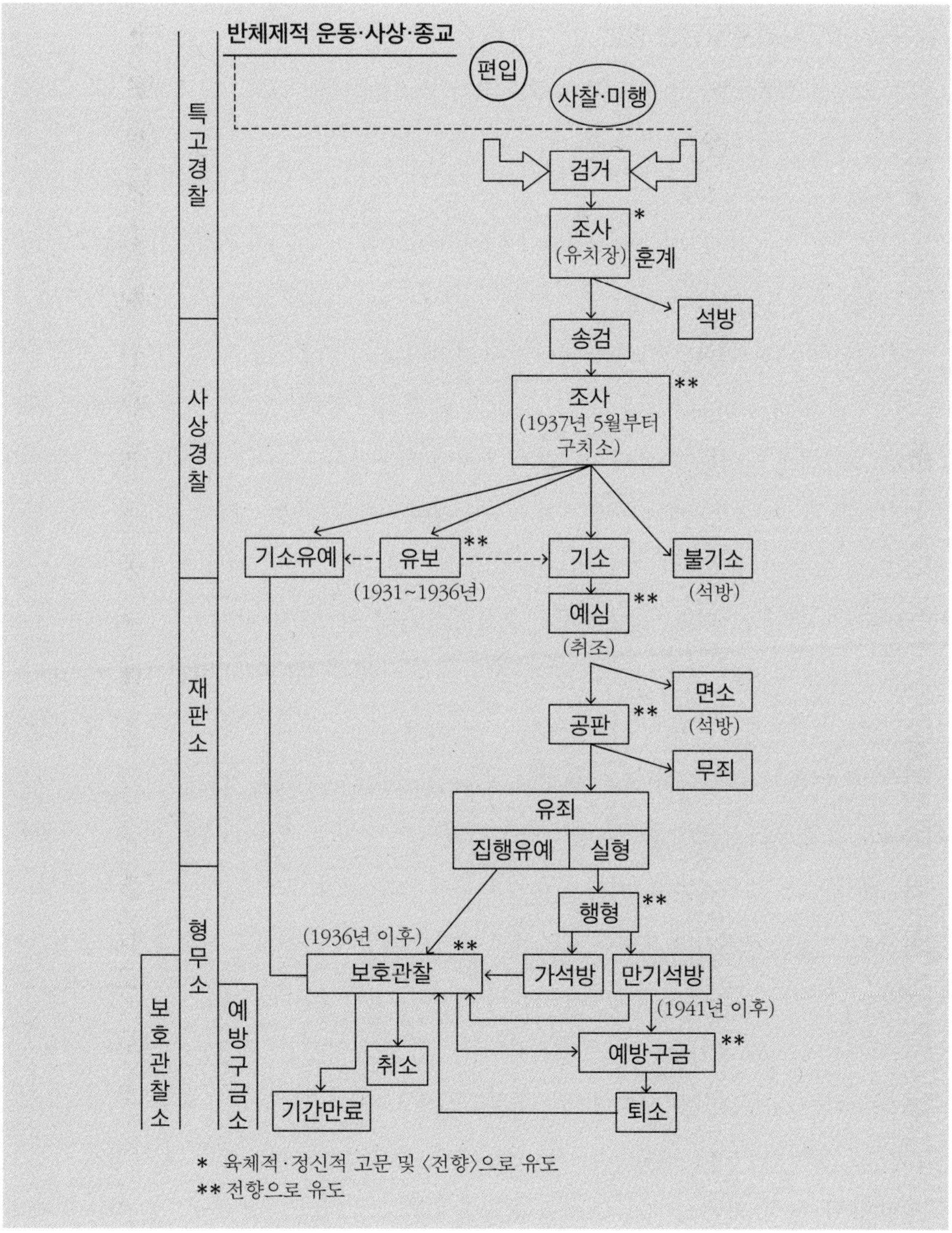

<그림 3> 사상범죄 처리 과정도 (출전: 荻野富士夫, 2000,『思想検事』, 岩波書店)

1) 사회운동을 단속하는 방법

〈자료 197〉 사회운동 단속 방법

(警察研究會 편, 1931,「社会運動の取締方法」,『社会運動に直面して』, 松華堂, 109~125쪽)

◆ 사찰

(1) 개설

사회운동에 대한 단속은 사회적 위해에 대한 예방과 진압이므로 단속 관헌은 적극적으로 예방수단을 강구함과 동시에 진압할 준비를 해 두어야 한다. 그것은 위험한 행위가 직접적으로 개인에게 미치는 피해가 아니면서 동시에 위장적이고 잠행적인 것이 많기 때문에 특고경찰의 활동이 더딜 때는 공적인 해를 조장하여 큰 사건이 표면화된 후에는 경찰의 사명을 다할 수 없기 때문이다. 그리고 단속을 요하는 정체는 사상 범죄와 폭력행위, 소요, 협박 등 투쟁의 수단 범죄이지만 그 특징은 단독으로 행해지는 것이 아니다. 반드시 사전에 공공연히 비밀리에 연락, 협의 내지는 선전, 선동이 어느 정도 드러나기 마련이다. 드러난 것이 반드시 범죄행위는 아니며, 범죄행위는 자연발생적인 노동자, 농민의 번뇌에서 발생한다고도 할 수 없고, 폭력행위, 소요 등도 혁명 사상에서만 비롯되는 것도 아니다. 그래서 사회운동은 각 경우의 실정에 의해 원인, 동기, 사태를 알 수 있는데, 단속 관헌이 그 실정을 파악하는 방법으로 행해지는 것이 정보 수집과 조사이다. 관할 지역은 관청 담당 구역 전 지역에 이르는 정보 조사가 필요한데 제일선에 위치한 경찰서 등에서도 전국적으로 중요하거나 관내에 관계가 있는 정보가 없으면 완전한 단속은 불가능하다. 사회운동의 정보 조사는 마치 고기잡이가 물고기 종류의 존재를 해조의 소재로 파악하고, 포경선이 정어리 떼의 이동에 주의하는 것처럼 어떤 사회현상, 운동행위가 고래인지 정어리인지 해조인지를 감별할 필요가 있으며, 기상대나 측후소 업무와 유사하다. 측후소는 중앙기상대 및 각지의 측후소로부터 풍위, 풍속, 기압 등 기상 보고를 취합하여 하루에 여러 차례 기상도를 만들어 관내의 일기예보와 폭풍경보를 내는데 지방의 측후소는 중앙기상대로부터 전국적인 기상통보를 받지 않으면 관내의 예보 적중은 기대할 수 없다. 현재 측후소는 중앙기상대의 부속 측후소 13곳, 지방 측후소 63곳뿐이라 여전히 수적으로 부족하고 위치적으로 적합하지 않은 경우, 즉 해상, 고산, 광야 등에도 설치하면 한층 예보가 적중할 것이라고 하는데, 사회운동 단속에 대해서도 이와 동일하게 생각할 수 있다. 즉, 중앙기상대에 견줄만한 것은 내무성 경보국이고, 그 부속 측후소 혹은 지방 측후소에 해당하는 것은 해외 사무관, 청부현(廳府縣)의 특고과이다. 그리고 부현을 단위로 하면 특고과가 중앙기상대이고, 경찰서가 지방 측후소이며, 주재소, 파출소도 역시 기상측후소와 같을 것이다. 따라서 정보기관의 첨단에서 활동하는 것은 특고경찰관 및 일반 주재소 혹은 외근 순사 제군으로 그 작용 여하에 따라 정보의 정확성과 기민함을 기할 수 있는데, 이는 최근 새롭게 부가된 경찰관의 임무이다.

(2) 시찰

시찰의 대상은 인물과 조합, 무산정당, 사상 단체 등 개인 또는 단체와 출판물(서적, 신문, 잡지), 전단지, 통신문서 및 흉기, 계구(戒具), 화학적 위험물 등의 물건과 사무소, 집회소, 인쇄소공장, 광산, 정거장, 숙소 등의 장소 3가지가 있는데 실제로 문제는 이들 활동에 의한 사항 및 두 사람 이상의 결합에 의한 변화이다. 그리고 이 변화의 위험은 폭로전술, 선전선동을 기회 원인으로 자연발생적인 경제투쟁을 일으켜 아지트(은닉처)와 비밀 어드레스(수신인명)라든가, 프랙션(분파) 운동이라든가 좌익운동 일파의 조직적 운동이 되고, 다시 그 활동으로 노동자, 농민의 계급의식 향상이 촉진되어 어떤 조건을 구비할 때는 어느 정도 수적으로도 폭발적으로 확대되어 위험성이 더해지는 경우이다. 이를 간파하기 위해서는 운동의 본체, 위험운동의 중핵은 무엇이며, 몇 명인지를 기민하게 사찰할 통찰력이 필요하다. 이렇게 하여 경찰 활동상 사실 인식이 부족함 없는 주도면밀한 주의와 과단성 있는 자료 수집을 통해 사범에 대한 재앙과 해를 방지하고 희생자를 최소한으로 할 수 있다. 따라서 시찰에는 직접과 간접의 두 방면이 있다. 직접 시찰이란 시찰자가 인물, 물체, 장소를 스스로 실험하는 것이고, 간접 시찰이란 시찰자가 타인을 매개로 물건을 통해 시찰하는 것을 말한다. 시찰은 직접 방법이 가장 정확하기는 하지만 혼자 힘으로 광범위하게 시찰을 실시하기는 어렵기 때문에 이를 보충하는 방법을 강구해야 하는데 이것이 곧 간접 시찰이며, 신문기사, 밀고, 첩보 이용 등이 그것이다.

① 직접 시찰상의 주의

(가) 시찰의 합리화

일반 시찰관은 심리적으로 기밀한 방법으로 시찰 대상자와 장소, 시간에 대하여 시찰이 필요 없는 경우, 시찰이 긴요한 경우, 어느 쪽인지 명확하지 않은 경우로 구분하여 필요한 경우에 주력을 쏟을 필요가 있다. 예를 들어 쟁의 중, 투쟁 주간, 출퇴근 시, 야간, 휴일 등등 일정한 때와 장소, 사람에게 시찰 경계를 필요로 하거나 유효한 경우가 있다. 이는 제한이 없는 사무를 제한적인 경찰관이 능률적으로 활동하기 위해 필요한 일이며, 특히 경찰의 공조 연락과 관리의 이동 시 이러한 구분을 하여 사무를 이어받아 빈틈없는 시찰을 할 필요가 있다.

(나) 주도면밀한 주의와 노력

시찰에 임할 때는 중요한 것에 신경을 집중시켜 예리한 눈으로 꿰뚫어 보는 경찰 본연의 사명을 자각하고, 업무에 대한 이해와 올바른 신념을 가지고 성실하고 끈기 있게 노력할 필요가 있다. 주의력은, 감각을 예민하게 하고 사고를 깊게 하며 의사 결정을 신속하게 하는 것을 말한다. 이른바 육감을 움직이는 것이다. 풍부한 지식과 경험, 이를 활용하기 위한 수련, 나아가 봉사와 흥미의 면에서 전력을 다해 업무에 임함으로써 주의력은 증가하고 쇠퇴와 방심은 감소한다. 대개 인간의 성과는 힘과 활동에 비례한다. 힘이 있어도 활동이 적으면 공적을 거두지 못하고, 힘이 적어도 활동이 많으면 공적을 거두는 법이다. 그래서 직무상의 수련과 궁리와 노력으로 효과를 거둔 실제 사례는 많다.

【실제 사례】

㉠ 1910년(明治 43) 6월 나가노현(長野縣) 도요시나(豊科)경찰서 관내의 산속에서 한 사냥꾼이 폭발물이 폭발하는 소리를 들었다는 소문을 들은 주재소 순사가 비밀리에 진상을 탐사한 결과, 그것은 무정부주의자 고토쿠 덴지로(幸德傳次郞) 외 23명이 폭동 행위로 급격하게 사회혁명을 수행할 준비로 당원 아무개가 산속에서 폭탄을 제조하여 위력을 시험한 폭음이었다고 한다. (중략) (『경찰독본』, 93쪽)

㉡ 1923년(大正 12) 5월 도쿄시 모처에서 혁명가를 소리 높여 부른 자를 붙잡아 조사하다 우연히 일본공산당에 있는 비밀결사에 관한 서류를 발견하게 되어 그로 인해 제1차공

산당사건이 발각되기에 이르렀다. (후략) (『경찰독본』, 94쪽)

ⓒ 1929년(昭和 4) ×월 ××일 ××× 관하에서 비상경계 중 거동이 의심스러운 자를 검문하던 ○○순사가 상대방이 종잇조각을 뭉쳐서 입속에 넣으려는 것을 발견하고 조사했더니 당원 간의 비밀통신부호였음이 판명되어 사상범 검거의 단서를 얻었다.

ⓔ 1929년 ×월 ××일 ××현 관하××사무소에 시찰을 나간 ○○순사가 약병 안에 있던 탁한 물에 주의하여 사상범죄 관계 보도(통신)에 사용하는 반수(礬水)[7]가 남아 있는 것을 발견했다.

ⓜ 1930년(昭和 5) ×월 ××현 내 임대 별장에 무직의 청년과 젊은 부인이 체류하고 있었는데 교묘하게 위장하여 아지트라는 것을 발견하지 못하다가 그들이 떠난 후 유류품으로 중요한 사상범임을 알았다.

ⓑ 1931년(昭和 6) ×월 ××현 관하 ○○경찰서 ○○순사가 모처에서 야간 순찰 중 한 청년의 거동이 수상하여 검문하는 과정에서 이 사람이 배포하려고 소지하고 있던 불온한 리플릿을 발견하여 비합법적 행위를 미연에 방지할 수 있었다.

(다) 기회를 포착할 것

시찰은 기회를 포착하는 것이 중요하다. 예를 들면 일반 범죄의 수사, 호구조사, 영업 임검, 신문기사의 보도, 상대방이 꺼내는 화제 등등 조금이라도 의심스럽거나 비합법적인 기색이 엿보일 때는 즉각 스스로 또는 타인으로 하여금 시찰의 진전 사실 파악에 대하여 활동해야 하며, 시찰에는 주저하거나 망설임은 금물이다. 이 경우 상대방의 명예, 신용 또는 재산상 손해를 입히지 말아야 하며, 얼렁뚱땅 얼버무려져 필요한 직무수행 기회를 놓치지 않도록 최대한 주의를 해야 한다. 만일 자신이 어떤 점에 대해 시찰을 했을 때 시찰 진전 및 단속상 누락된 부분이 있었다는 것을 발견했다면 통보, 수배 등으로 신속하게 다른 경찰관의 공조 연락을 도모하고 직책 수행을 기해야 한다.

---

7 반수(礬水)는 명반(明礬)을 녹인 물에 아교(阿膠)를 섞은 것으로, 종이에 입혀서 먹, 잉크(ink), 채료(彩料) 등이 번지는 것을 방지(防止)하는 데 쓰인다.

(라) 요점

시찰은 요점을 파악할 필요가 있다. 특고경찰의 핵심은 노출되지 않은 일, 호소도 밀고도 없는 일, 숨기고 있는 일을 은밀하고 신속하게 알아내는 것에 있는데, 요점은 인물, 물건, 장소, 사항, 시점에 따라 달라지겠지만 예를 들어 인물에 대해서는 시찰 당시 그 시점의 동정, 언론의 경향, 구독 서적, 신문, 잡지, 교제, 통신, 직업 또는 영업의 성실 여부, 생활비 출처 및 유흥 방면, 여행 목적, 용건, 복장, 휴대품, 함께 행동하는 인물 및 드나드는 장소 등에 일반적으로 주의해야 하는데 일단 대강을 파악하면 당사자의 비합법적인 행위를 사찰하는 방법 여부는 구체적인 경우를 고려하고 연구함으로써 비로소 대략적인 요점이 터득되는 것이다. 하지만 구체적 사안에 대한 시찰상의 요점은 마음속에 숨겨 두어야 하는데 이를 넌지시 드러내 보이게 되면 상대방이 경계하는 원인이 된다. 특히 요점은 무엇으로 파악할 것인지 그 방법 여하를 잘 숙려하고 연구한 후 적극적이든 소극적이든 효과적인 활동을 해야 한다.

② 간접 시찰

(가) 사물을 통한 시찰

뉴스 등재 출판물 및 사회운동에 관한 신간 서적, 신문, 잡지, 격문, 뉴스, 리플릿, 전단지 등은 그것 자체를 단속하는 것 외에 운동의 정세를 파악하는 데에 중요한 역할을 한다. 그 중에서도 신문지에는 매일의 사건이 전국적, 세계적으로 통신망을 타고 빠짐없이 보도되고 있으며, 합법 운동에 의한 주요 쟁의에 대해서는 물론이고, 비합법적 방면에 대해서도 발생한 일에 대해서 알 수 있을 정도로 알려져 있기 때문에 시찰에는 신문을 읽는 것이 중요하다. 다만 신문기사는 신속성을 중요시한 나머지 때때로 인식이 부족한 보도도 있거나 혹은 여러 가지 사정상 과장되거나 독단적인 것도 있기 때문에 이에 의해 시찰을 보충할 때는 그 가치판단을 잘못하는 일이 없도록 주의해야 한다. 또한 좌익 출판물의 배포는 산포하거나 붙이는 경우가 많으며, 이들 기사에는 매우 불온, 불경한 내용이 있으며, 이로써 대중행동을 선동하여 큰 사건을 일으키는 경우가 있기 때문에 이런 사물의 움직임은 사람의 사상 행동의 발현으로 시찰 단속에서 매우 중요하다.

【실제 사례】

제2차 일본공산당 검거의 동기 중에 하나는 외국 신문에 "일본에 다시 공산당이 조직되었다"라는 기사가 드문드문 보인 점과 특고의 활동으로 당에서 내린 지령, 테제, 슬로건, 《적기(赤旗)》 등의 문서를 발견한 것에서 비롯되었다고 한다.

(나) 자발적 간접 시찰

시찰하고자 하는 목적 인물의 가족, 친족, 친구, 이웃, 교사 등 생활상 밀접한 관계가 있는 자, 하숙집 주인, 고용인, 차부, 운전수, 역원, 도선부, 요리점, 음식점, 숙소, 유곽, 교통운수, 사교, 그 밖의 접객영업자 및 종업원은 다른 사람의 행동 하나하나를 알고 있기 때문에 이런 사람들에게 사상 경향, 업무 태도, 성질, 소행, 교제 인물, 일상의 행동 등을 조사하는 것은 조사 대상자의 말과 글, 면접 당시의 인상으로 판단하는 것보다 진짜 모습이나 내용을 얻는 경우가 있다. 이렇게 알아낸 것과 이미 알고 있었던 것을 서로 관련지어 정리하면 한층 합리적인 사찰이 가능하다. 특히 행선지, 행동 등을 조사하는 경우에는 간접적으로 물을 수밖에 없지만 이 경우에는 조사 대상자를 비호하는 자, 모함하려 하는 자, 무의식적으로 허위를 말하자는 자가 있기 마련인데 이런 자들에 대해서는 예비지식과 상식을 작동시키는 것이 중요하며, 동시에 함부로 다른 사람의 신분, 신용에 관한 것을 누설하거나 묻지 않도록 조심하고 주의해야 한다. 경찰이 다른 사람의 행동을 시찰하는 경우 간접적으로 허용되어야 하겠지만 이를 남용하면 음험해져 상대방의 명예와 신용을 잃고 감정을 해치는 일도 있기 때문에 상대방이 사찰상의 요점을 알아채지 못하도록 비밀을 엄수하고 선한 목적을 위한 위장 상술을 이용하는 등 원활한 사찰이 이루어질 수 있도록 힘써야 한다.

◆밀고

(다) 밀고

일반인이 관헌에 대하여 적극적으로 범죄, 그 밖에 다른 사람의 생활 규범에 반하는 행위가 있다는 사실을 몰래 신고하는 것을 밀고라고 한다. 밀고에는 문서에 의한 것과 자진 출두하여 고하는 경우가 있다. 또한 정정당당하게 기명하거나 우국의 진심을 써서 신고하는 경우도 있는데 대부분 익명이나 변명(變名), 필적을 바꾸어 제출하는 경우가 허다하다. 밀고는 시찰에서 아직 인식하지 못한 사항의 경우에는 매우 중요하며, 이것으로 중대 사건을 알게 되는 경우도 있다. 또한 그중에는 사적인 원한으로 인해 다른 사람을 모함하고자 하는 경우, 혹은 역으로 선전을 하여 경찰관을 속이려는 경우도 있으므로 그 가치 판단에는 신중하게 주의해야 한다. 그러나 경찰 활동은 교지(巧遲)보다 졸속(拙速)을 중요시하기 때문에[8] 밀고가 있었을 때는 먼저 이를 사실이라고 여기고 신속하게 대응하는 수단을 취해야 한다. 특히 국가라든가 인도(人道)를 위해 스스로 이름을 밝히는 경우는 의리나 인정으로 버티지 못하는 사정이 잠재되어 있는 경우도 있으니 취급에 신중을 기하고 비밀을 엄수해야 함은 말할 필요도 없다.

◆간첩(스파이)

(라) 간첩

수사, 내정, 조사 등을 위해 그 목표 단체로 몰래 들어가거나 공명자로 가장하여 반대로 그 단체가 비밀로 하고 있는 사항을 알아내어 어떤 방면으로 정보를 가져오는 것이 첩보이며, 그런 일을 담당하는 사람을 스파이(간첩)이라고 한다.

스파이는 정치, 경제, 군사를 비롯하여 적어도 대항하고 경쟁하는 상대방의 정보를 알아내기 위해서 동서고금을 불문하고 사용되고 있다고 한다. 스파이에도 간단한 정황을 누설하는 경우와 사무적 비밀에 참가하는 경우가 있는데 의지가 견고해야 하고, 비밀을 지킬 수 있어야 하며, 상식이 풍부해야 하고, 눈치가 빠르고, 이 방면의 기교가 뛰어나야 할 필요가 있다. 이러한 조건이 결여될 때는 폐해를 빚어 결과적으로 실패를 초래할 따름이다. 스파이를 이용하는 사람은 인물 감식을 충분히 하고, 이용 방면, 정도, 방법을 그르치지 않도록 힘써야 한다. 만일 스파이를 남용할 때는 이른바 스파이전으로 인해 밝은 사회를 어둡게 만들고 시찰이라는 목적에서 벗어나 폐해를 가져오는 사례도 외국에는 많은 것 같다. 일본에서도 메이지 시대에 형사 방면의 스파이 정책을 잘못했던 부분이 있었던 듯하다. 스파이는 관헌의 양해라든가 부정행위를 인정하고 교환 문제로 스파이를 하는 자가 독으로 독을 정복

---

8 교지(巧遲)가 졸속(拙速)이라는 말은 손자병법 작전편에 나오는 교지불여졸속(巧遲不如拙速)에서 비롯된 사자성어로, '뛰어나지만 늦는 사람'보다, '미흡해도 빠른 사람'이 더 낫다는 의미다. 따라서 교지(巧遲)가 졸속(拙速)만 못하기 때문에"는 잘하느라 속도가 느린 것보다 완성도는 떨어지지만 빠른 것이 낫다는 의미이다.

하지 못하고 오히려 독에 중독된 경우도 있다는 말을 종종 들어왔다. 그렇기 때문에 쇼와(昭和) 시대의 경찰은 진보된, 과학적이고 조직적인 경찰망의 작용에 따라 밝고 올바른 시찰을 해야 한다. 단, 경찰관은 관내 또는 담당 지구에서 진정으로 경찰정신을 이해하는 경찰응원자를 물색하여 이를 각 방면에서 지도하고 교육함으로써 간접적이면서 자발적으로 경찰을 지원하는 인물을 획득, 양성해야 한다. 그럼으로써 국가, 사회, 민중을 위해 헌신하는 수단으로 경찰의 눈과 귀가 될 인물과 특수 사항에 대해 선처하는 일은 폐해가 없을 것으로 생각한다.

◆조사

(3) 조사

사회운동은 신흥사상의 표현이므로 개개의 운동이 어떻게 연관되어 있으며, 어떠한 영향을 받고 있는지, 그 운동을 지배하는 근본의 주의, 지도정신과 단체의 강령, 정책, 규약, 선언 등 각각 그 표현이 어떻게 달라졌는지를 광범위하게 항상 새로운 사실과 연혁에 대한 자료를 수집하고, 귀납적으로 조사하여야 한다. 그렇지 않으면 형태가 복잡하고 위장이 교묘한 현대 사회운동을 정확하게 이해할 수 없다. 그리고 이 조사에서도, 예컨대 경찰의 제일선에 있는 시찰계 내지는 외근 경찰관과 그 보고를 받아 활동의 연락, 지도를 맡은 특고과와 전국적 연락, 지도를 맡은 경보국은 조사 방법과 정도가 당연히 달라야 하며, 제일선에서 활동하는 경우는 탁상공론보다는 현실적으로 중요한 자료를 가지고 오로지 외부에서 활동할 필요가 있다. 또, 이를 통일하여 연락, 지도하는 직무에 있는 경우는 제일선에서 유효한 활동을 하고 효과적 사찰, 단속을 할 수 있는 자료를 공급해야 한다.

① 이론과 현실과의 사이

사회운동 단체의 강령, 정책, 선언, 규약, 경쟁 방침과 단체 구성원의 강연, 요지 등 각각의 연락, 관계 및 마르크스주의, 레닌주의, 트로츠키 등의 사회민주주의와의 계통 관계를 열거하거나 도해하여 대조하거나 공산주의 등 비합법주의와 그 주의를 신봉하면서 투쟁 형태를 위장하여 합법단체의 보호색을 띠는 이른바 좌익분자의 내부에서의 선전, 선동에 의한 프랙션 운동의 여부 등은 계통적 조사로 추리할 수 있는 경우가 많다. 따라서 조사를 통해 확실함과 개연성을 얻을 수 있는데, 이 합리적 개연성은 조사의 진전과 사찰 활동으로 확실함이 확보되는 것이다. 따라서 점차 의문을 풀기 위해 새로운 방면의 시찰을 촉구하고 단속해야 하는 경우, 법령상 간섭할 수 없는 경우, 어느 쪽으로도 판단할 수 없는 경우를 구분해야 한다. 이 경우 주의할 점은 단속 대상이 사법사건, 쟁의, 데모, 기타 행정사건에서 이미 사회적으로 널리 알려진 경우가 많은데, 추상적으로 볼 때 비밀로 할 필요가 없는 경우와 아직 간섭해서는 안 되는 경우, 혹은 어느 쪽인지 의문스러운 경우가 있다. 이는 시점과 인물과 표현 방법 등에서 제한된 범위의 사항이므로 사찰조사가 불충분한 경우도 있고, 또한 그것들이 유기적 활동을 계속해 나가는 동안에는 비약적인 변화가 이루어질 수도 있기 때문에 이 경우에는 확실해질 때까지 내부 자료로 놓고 사찰 경계를 좁혀갈 수 있다고 생각한다.

② 인물과 단체와의 관계

단체는 대체로 인물로 형성되는데 단체의 지도 정신과 구성 분자인 각 개개인의 주의가 반드시 일치하지는 않는다. 그 이유는 단체의 의사가 양적으로 단체 구성분자의 의견을 모은 것이 아니고 질의 차이를 초래하기 때문이다. 또한 단체의 지도 정신과 전혀 다른 주의를 가지고 들어오는 경우와 연구하고 활동한 경험에서 달라지는 경우도 있다. 실제로 일찍이 공산당원이던 자가 사회민주주의로 전향한 경우, 사회민주주의 단체원 중에서 공산당원을 발견한 사례도 있었다. 또한 같은 당의 선전, 연설에서도 인물에 따라서 과격한 경우와 그렇지 않은 경우가 있기 때문에 인물의 사상 행동의 조사와 단체의 의사로서 각각의 기관의 결의를 거쳐 발표된 것을 통계적으로 도해하여 나열해 보면 양자의 사상 경향이 분명하고, 자료가 풍부할수록 증명의 가치가 높아진다. 그리고 좌익은 단체의 지도정신보다도 개개의 단체원이 과격하고, 우익은 그 반대의 경우가 많다. 예를 들어 제국주의 전쟁 반대, 토지를 농민에게, 자본가 지주의 정부 타도와 같은 슬로건에서 혹은 무신론에서도 사상 경향에 따라 설명 방법이 근본적으로 달라, 좌익은 개개의 설명은 그 정도까지는 아닌 경우라도 종합적으로 이론의 발전상 과격해지는 경우가 많다.

③ 장소

평면적으로 현재의 사상(事象)을 알기 위해 필요한 자료를 수집하여 정황 판단의 자료로 제공하고자 하는 경우이다. 그리고 이는 시찰하는 관헌의 지역 관할과 관계가 있으며, 동시에 구체적인 문제로는 담당 구역, 관내, 지역을 중심으로 하는 조사가 되는데, 사회운동에는 지역 단체 외에는 행정구획이나 국경이 없기 때문에 자기의 담당 관할 내의 조사뿐 아니라 다른 정보도 때로는 운동의 연쇄 관계 혹은 실제 사례로써 필요하다. 또한 관내의 정세를 분명히 하려면 다른 방면의 조사를 가지고 본인이 하는 조사의 확실성을 보충할 필요도 있기 때문에 서로 정보 교환을 해야 한다. 하지만 지역에는 각각 역사적으로 특수한 사정이 존재하고 인정, 이데올로기, 생산 조직, 생활 정도 등이 다르거나 혹은 사회운동 측면에서의 자극과 영향이 동일하지 않으므로 실제적인 문제로써 공식적인 고찰만으로는 실패하기 십상이다. 따라서 조사는 여러 가지의 각종 사정이 확실한 자료가 되도록 해야 한다.

④ 시간

사회운동은 하나의 조류와 같아서 변천이 있는데 그것의 기원, 동기, 활동 상황을 계통적이면서 계속적으로 조사하는 것은 현재의 운동을 이해하는 데 매우 필요하다. 즉, 사회운동에 관여하는 인물, 조합, 정당, 사상 단체의 리스트를 만들고 나아가 사찰 상황을 계속적으로 기입해 가는 등 사회운동을 시간적으로 명확하게 해가는 조사이다. 주요 사건은 종료 후 전말서를 작성하여 성공, 실패 또는 향후 처리에 대한 의견을 기록해 두어 후일의 참고로 삼는 것 또한 그중 하나로 이미 실시하고 있을 것이다.

2) 사상운동의 단속 원칙

〈자료 198〉 사상운동의 단속 원칙

[오다가와 쇼조(小田川松造), 1933, 「사상경찰활동의 요체(思想警察活動の要諦)」, 『사상경찰통론(思想警察通論)』, 日本警察社, 251~265쪽]

(1) 비합법조직운동은 조직을 대중화함으로써 조직의 강대함을 구비하는데, 그렇기 때문

에 비밀조직의 존재를 공공연히 대중 앞에 폭로하지 않으면 안 된다. 그러나 그 본체, 조직원의 경우를 명시하고 발각시키는 것은 그들에게 당연히 치명적 타격 즉, 검거를 각오하지 않으면 안 된다. 이 위기를 면하기 위해 모든 방법으로 놀랄 만큼의 치밀한 주의를 하여 곤란과 부자유와 위험을 무릅쓰고 관변의 인식을 곤란하게 만들고 있다. 이 비밀 잠행운동 조직의 실체를 정확히 파악하여 이를 궤멸함으로써 국가사회의 문란을 방위하는 것이 사상경찰의 최대의 임무이다. 그러나 사상 범죄가 이렇게 단체 결사를 조직하여 계속적으로 행하는 것이 경찰 단속상 오히려 편리하다. 왜냐하면 ① 범인이 다중인 점. 이것은 한 사람의 범인을 검거함으로써 다른 조직단원을 검거할 수 있다. ② 결사에 의한 운동의 영속성은 한순간에 일어나는 범죄보다 발견 탐사의 기회가 많다는 등의 여러 가지 점이 있기 때문이다.

(2) 사안이 불투명한 것을 규명하기 위해서는 우선 치밀한 관찰, 추리, 증명이 필요하다. 물론 이를 통한 성공의 길은 결코 평탄하지 않다. 모든 곤란을 극복하고 비로소 만날 수 있는 여정이다. 특히 사력을 다해 즉, 가능한 인력을 다해 은닉하려는 것을 밝히는 일은 보다 궁리가 필요하고 곤란함이 동반된다는 점을 각오하지 않으면 안 된다. 상대방은 가능한 물적 증거를 남기지 않으려 하고 오로지 협동의 기억만으로 조직을 만들고자 애쓴다. 예를 들어 레닌은 제정(帝政) 러시아에서 비합법운동을 감행했을 때, 동지 3,000명의 성명, 역량, 성격을 전부 파악하고 있었다고 전해질 정도로 기억력을 가지고 있었는데 그것을 밝히려고 탐지하는 것은 지극히 곤란하거나 거의 불가능할 것이다. 그러나 이것을 어떻게 해서든 가능하게 만드는 것이 사상경찰의 임무이다. 어려움을 각오해야 하지만 그 어려움을 극복하려는 것이 무엇보다 경찰정신을 유감없이 발휘하는 근본 동력이 된다.

(3) 그렇다면 우리는 그들의 잠행운동을 신속히 가능한 한 미연에 탐지하기 위해 내탐, 사찰에 전력을 기울여야 한다. 일반적으로 내탐사찰의 시작은 호구조사다. 거주자의 직업, 성행(性行), 교우, 취미, 왕래자, 내력, 가족, 통신 관계, 이웃 관계 등에 대해 잘 파악하는 것은 물론, 일정한 직업이 없는 자, 실업자, 새로 이주한 자 등에 대해서는 신속하게 필요한 사항의 진상을 파악하도록 힘써야 한다. 특히 사상운동자, 사상 범죄의 전과자에 대해서는 일체의 신변을 엄밀하게 사찰하는 것이 중요하다.

대체로 어떤 단체를 결성하는 경우에 통제력 있는 활동을 하려면 중심인물을 필요로 한다. 그를 중심으로 결성된 것은 좌우 모두 같은 경향이다. 게다가 이러한 중심인물의 사상, 행동, 경력, 성행 등의 사찰은 결코 불가능하지 않다. 만약 그의 신변, 거동, 생활 등에 관해 자세하게 사찰을 완성한다면, 그의 일상 행동, 교유, 관계 단체, 그를 둘러싼 인물 등을 알 수 있을 것이다.

게다가 과거의 사례를 보면, 어떠한 처형과 강압을 가해도 변함없이 그것을 삶의 운명처럼 집요하게 주의 주장과 행동, 혁명운동에 몰두하는 이들이 많다. 예를 들어 학교 강단에서 좌익진영의 투사였던 사노 마나부(佐野學)가 효민공산당 사건의 지도자로 처벌당했지만 3·15사건의 맹주이자 좌익 논진의 영웅이던 후쿠모토 가즈오(福本和夫)[9]가 3·15사건에 연루되었고, 또 가와카미(河上) 박사, 오츠카(大塚) 교수가 좌익 교수로 정평이 난 가운데 신생비상시 공산당과 관계한 것이 드러나 가타야마 센(片山潜)[10], 오스기 사카에(大杉榮)[11], 사카이 고센(堺枯川)[12] 등이 좌익운동에 생을 바친 것과 같다. 이것은 외국의 사례를 봐도 마르크스, 크로포트킨(무정부주의자), 레닌(공산주의자), 트로츠키, 스탈린, 카우츠키(독일 좌익 민주주의자)[13], 리브크세히트(독일 공산주의자) 등은 모두 가혹한 탄압과 박해 속에서도 좌익운동에 몰두한 사람들이다.

그러므로 이러한 사상경향을 가지는 이들을 끊임없이 사찰하는 것이 사상경찰의 가장 중요한 일이다. 인상(人相), 습성, 교유, 관계단체 등은 반드시 파악할 필요가 있다. 물론 이들이 변명(變名), 위장 등 당국의 감시에서 벗어나기 위해 온갖 술책을 부리는 것은 당연하므로 주의해야 한다.

---

9 원문에 福本一夫로 되어 있으나 바로잡음. 후쿠모토 가즈오(福本和夫, 1894~1983)는 일본의 마르크스주의 이론가이다. 돗토리현(鳥取県) 출신으로 도쿄대 법학부를 졸업하고, 1922년 독일과 프랑스에 유학하여 마르크스주의 연구에 전념했다. 1924년에 귀국하여 마르크스주의 이론을 발표하며 주목받았다. 1928년 3·15사건으로 검거되어 1942년까지 투옥되었다.

10 가타야마 센(片山潜, 1859~1933)은 일본의 노동운동, 공산주의 운동의 지도자로, 1901년 일본 최초의 사회주의 정당 '사회민주당(社会民主党)'을 창립했다. 1922년 일본공산당 창립에 참여하는 등 공산주의 운동을 선도했다.

11 오스기 사카에(大杉榮, 1885~1923)는 일본의 사상가, 저널리스트, 사회운동가이다.

12 사카이 고센(堺枯川, 1871~1933)의 본명은 사카이 도시히코(堺利彦)이다. 일본의 사회주의자, 문학자이다.

13 카우츠키(Kautsky, Karl Johann, 1854~1938)는 독일의 정치가이다. 《노이에차이트》를 창간하여 '에르푸르트강령'을 기초하였으며, 독일 사회민주당과 제2인터내셔널 지도자로서 『자본론(資本論)』 보급에 힘썼다.

사회적으로 이름이 없는 자라도 좌익사상운동에 경력이 있는 자는 우선 일상을 세밀하게 사찰해야 한다. 어떻게 생활하고 어떠한 직업을 가지고 있으며 교우, 왕래, 관계단체 등이 어떠한지를 아는 것은 필수적인 사찰 사항이다.

또 반대로 이와 같은 사상을 소유한 자는 교류, 왕래, 관계단체의 경우 그와 동일한 경향이 있는지 여부를 탐사해야 한다. 대개 사상운동을 하는 자는 다른 사람과 연락을 취하고 조직을 발전시켜 그 운동 효과를 극대화하고자 하는 것이 통례이며 사상운동의 필연적인 운명이기 때문이다.

(4) 자신의 단속 관내에 사상 단체 사무소, 본부, 지부 그 외가 있을 경우, 특히 엄밀한 주의가 요구된다. 물론 비밀 잠행운동자가 공연한 사상 단체의 사무소, 본부 등을 비밀운동의 회합장소 혹은 책동 본부로 하는 것은 드문 일이지만, 그러나 이렇게 생각하는 이면을 노려 마치 합법적 회합인 것처럼 혹은 표면적인 명목인 사무를 행하는 것처럼 위장하여 극좌운동을 하는 셀 수 없이 많은 과거의 사례가 존재한다. 말할 것도 없이 결사의 사무소는 법규상 일정한 경찰권한으로 시찰 임검을 할 수 있으므로 그들에게는 이러한 위험을 무릅쓸 준비의 이면을 칠 수 있을 만큼 기민하고 주도면밀하게 준비하지 않으면 안 된다.

근래 아지트라 부르며 당연히 거짓 명칭을 사용하거나 얼핏 보기에는 정규 직업을 갖고 있는 것처럼 위장하고, 가짜로 아내를 두어 선량한 부부처럼 위장하는 등 좌익운동가임을 감춘다. 그렇기 때문에 좌익운동가의 본명을 알고 있다고 해도 이름만으로 발견하기란 전혀 불가능하다. 수상한 점이 있다면 비밀리에 본적지에 조회를 하거나 배부한 사진(수사용)으로 한발 앞선 실험을 해봐야 한다.

또 교우, 왕래자, 관계단체, 주변 소문 등을 통해 대략적으로 추측을 할 수 있는데 그러한 활동에서 얻은 재료는 자신이 스스로 획득한 재료를 가지고 확신이 들 때까지 더욱 정밀한 조사를 할 필요가 있다.

(5) 극좌사상운동조직과 관계를 갖는 자는 검거를 통해 조직망이 파괴되는 것을 극도로 두려워하므로 신변에 위험을 느끼거나 그럴 만한 조짐에 대해 매우 민감하다. 동시에 이러한 점에 대해 항상 무척 주의를 기울이는데, 만약 그러한 조짐을 느껴지면 신속하게 다른 방

법으로 통보, 연락을 취하고 도망, 잠입한다. 그러므로 사찰 내탐할 때는 완전히 상대방이 감지하는 영역 바깥에서 해야 한다. 만약 상대방이 이를 감지한다면 모든 준비를 정비할 뿐 아니라 조직적으로 보다 깊숙이 잠입하게 될 것이다.

그러므로 상대방이 감지하기 전에 신속하게 상대방을 검거할 필요가 있다. 아니, '상대방'을 검거하는 것뿐 아니라 '상대방의 일당 전체'를 일망타진하여 검거할 필요가 있다. 만약 섣부르게 좌익조직단체의 일부를 검거한다면 단체조직의 전부가 신속하게 삼엄한 경계를 할 것이기 때문이다.

따라서 어떤 조직의 일원을 확실히 탐지했다고 하더라도 그를 도망시키지 않을 자신이 있고, 그럴 준비가 되어 있다면, 그의 신변 즉, 교유, 관계 단체, 왕래자 등에서 조직에 대한 모든 것을 탐지할 수 있을 때까지 감시하고 검거를 늦춰야 한다. 그저 서둘러 공을 세우려고 성급하게 직행했다가는 틀림없이 큰 고기를 놓치게 될 것이다.

(6) 이러한 임무를 단순히 개인적 노력으로 얻을 수 있는 것은 거의 불가능하다. 하물며 신속함을 기해야하는 점에서는 말할 것도 없다. 따라서 이 목적을 달성하기 위해서는 협력에 의하는 수밖에 방법이 없다. 일대일 승부라는 공명을 얻고자 하는 경우는 대개 오늘날 봉건적인 행동이라고 조소를 사게 될 것이다. 협동의 힘은 가속도의 효과를 얻는다. 만약 한 명의 대장 아래 빈틈없이 조직되어 수족처럼 일체가 되는 활동을 분업한다면 강한 권력으로 활동하는 경찰력은 하나로 열의 비합법을 감당하여 필승을 거둘 수 있을 것이다. 말할 필요도 없이 상대가 이미 절박한 위험을 감지한 경우에는 신속히 부분적인 검거를 단행하는 것 또한 불가피할 것이다.

(중략)

(9) 비밀회합의 경우에는 관변에 탐사 검거되는 것을 피하기 위해 일반적으로 민첩한 망꾼을 배치해서 경계하기 때문에 회합을 검거할 때에는 적당한 장소에 충분한 경찰력을 집중하여 유사시에 신속하고 맹렬하게 습격하여 포위하는 행동을 완수할 수 있는 배치와 훈련 준비를 정돈하는 것이 필요하다.

최근에는 극좌극우단체운동에 종사하는 주요 인물은 모두 상당한 무기를 휴대하여 결사적 반격을 하는 경우가 적지 않다. 그러므로 상당한 준비와 장비를 갖추고 임무에 임할 필요가 있다. 급박할 수밖에 없는 경우에는 몸을 던져 활동해야 하지만, 사태가 준비할 수 있는 시간을 확보할 수 있는 경우라면 무기 저항에 충분한 대비 수단을 갖추어 두는 것이 중요하다.

경찰관이 임무 수행에 있어 그저 안전을 바라고 불성실하게 행동하는 것도 용서할 수 없지만, 준비 없이 용감무쌍하게 저돌적으로 행동하는 것을 성실함이라고 생각하는 것 또한 큰 오산이다. 할 수 있는 방위를 준비하고 할 수 있는 경찰력을 집중시켜 최대한 안전을 확보하면서 치밀한 행동 계획을 할 때 비로소 과감한 활동력을 가질 수 있다. 이렇게 해야 최대한의 경찰력을 발휘할 수 있다는 것을 유념해야 한다. 이러한 준비를 하고 행동을 개시했는데 여전히 희생적인 결과를 낳았다면 이는 천인(天人)도 용서할 것이다.

(10) 파수꾼, 순찰, 비상경계 등으로 거동이 수상하다고 판단되는 자에게는 불심신문을 하고 수상한 점이 있을 때는 본서로 동행하는 것이 가장 초보적인 경찰의 상식인데, 특히 사상경찰이 주의할 점은

① 좌익운동자, 특히 연락원은 아닐까?

② 좌익적 출판물, 특히 비밀출판물을 휴대하고 있지 않은가?

③ 흉기를 소지하고 있지 않은가? (이 점은 경찰관 자신의 자위를 위해서도 극히 신중하고 민활한 처치를 취하지 않으면 안 된다. 특히 주머니에 손을 넣고 있는 자, 손을 상의 앞품에 집어넣고 있는 자 등의 경우는 엄중한 경계가 필요하다.)

레포(가두 연락 담당의 경우)는 일반적으로 주변을 주의하면서 상대방 발견에 노력하고 다른 한편으로 사복경관에게 경계를 하면서 일정한 거리를 왕복, 배회하는 것이다. 만약 그들이 사복 경찰관의 미행을 감지할 때는 아무것도 모르는 표정으로 도주하는 것이 보통이다.

좌익 출판물, 비밀인쇄물 그 외 비밀운동문서 등을 휴대한 자는 동행 도중에 방기, 파손, 혹은 먹어버리는 경우가 있으므로, 동행중이라도 그러한 것을 경계할 수 있는 적당한 위치를 유지하며 동행해야 한다. 만약 비밀문서 등을 소지한 것을 발견한 경우는, 상대방은 반드시 어떤 의미에서건 좌익운동, 혹은 극우운동과 관계 및 맥락을 갖는 자이므로 동행할 때에도 가능한 한 외부에 알려지지 않도록 수단을 강구해야 한다. 예를 들면 사복 경관에게 동행을 이관하는 것이다. 그리고 신속히 상대방 거주지의 가택 수사를 감행해야 한다.

(11) 시위운동에 직면했을 때 주의할 사항은

① 데모의 선두에 서서 지도자 같은 모습을 한 자가 예컨대 깃발을 든 선동자 등이 반드시 중심인물은 아니라는 점. (최근에는 데모 현장에 중심지도자가 없는 경우가 많다.)

② 데모의 제지는 그 인원에 대응하는 필요한 경찰대를 동원하지 않으면 효과가 없다는 점.

만약 데모의 정세에 응해 필요한 경찰대를 동원할 수 있는 경우는 우선 현장에서 지도자, 선동자를 검속하고 가능한 다수를 검속해야 한다. 게다가 여전히 가능하지 않은 경우는 세력을 분산시키기 위해 군중을 분리, 세분화하는 방책을 강구해야 한다.

(12) 노동쟁의 또는 사상 단체 내의 내부투쟁 등의 경우에 쟁의의 격화를 선동하고 좌익이론을 펼치는 것과 같은 상황을 발견했을 때, 이 역시 신중한 사찰이 필요하다. 왜냐하면 이러한 사태는 극좌단체의 프랙션운동의 구체적 활동의 결과로 실현되는 경우가 있기 때문이다.

또한 쟁의 중에 외부 응원자 중에 종종 프랙션운동을 목적으로 하거나 혹은 그 앞잡이로 쟁의의 격화와 선동을 기도하는 자가 있다. 좌익적인 전단을 뿌리는 자는 특히 주의하여 신중한 취조를 할 필요가 있다.

그 경우 예컨대, 우익 운동자를 가장하는 자의 경우도 반드시 낙관해서는 안 된다. 최근 국제적색노동조합 혹은 국제공산당 등이 일본좌익운동자에게 보낸 지령에 따르면 '당분간 우익단체 안에서 활동하며 사회국가의 우익적 개혁을 성취하고, 그 후 무산자독재로 나갈 방책을 강구하라'는 전술 강령이 부여되었다고 전해지고 있다. 이렇게 우리는 극우단체에 대해서도 비상한 주의를 기울이지 않으면 안 되게 되었다.

(13) 사상범 피의자의 경우 검거했을 때 지문과 사진 촬영을 하는 것이 일반적이다. 이때 특히 주의할 것은 사진 촬영인데 훈련된 피의자는 고의로 안면을 찡그리거나 머리를 덥수룩하게 하고 정시(正視)하지 않는 등의 방법으로 진짜 모습을 찍히지 않으려 한다. 그러한 사진으로 장래 자신의 검거 수배를 곤란하게 만들려는 것임은 말할 것도 없다. 이러한 일이 없도록 궁리해야 한다. 그렇지 않으면 장래 수배할 때 효과를 거두지 못하기 때문이다.

<그림 4> 백정기(1896~1934)

<그림 5> 1933년 주중일본대사 아리요시 아키라 저격미수사건으로 체포되었을 당시 백정기의 사진. 일부러 왜곡된 모습으로 촬영한다는 위 글 (13)의 지적을 연상시킨다.(편역자)

부기

최근 반격용 무기로 피스톨이 사용되는 경향이 있다. 이 피스톨에 대해 사람들은 이상한 공포심을 갖고 있는데, 그것은 피스톨의 성능을 너무 과대시하기 때문인 것 같다. 대개 멀리 떨어진 곳에서 피스톨이 효과를 발휘하기 위해서는 충분히 피스톨 사격 훈련과 실습을 해야 한다. 이러한 숙달된 솜씨는 일반인 중에서는 절대 나타날 수 없을 것이다. 거의 대부분이 미숙련자이다. 그러므로 아마 두세 칸 거리에서도 목표물에 치명적인 탄을 발사하는 것은 거의 불가능할 것이다(그보다 근거리라면 모르지만). 하물며 공포와 동란으로 혼란스러운 장소에서 정확한 사격은 거의 불가능하다고 해야 할 것이다. 역시 만약 손에 닿는 물건, 방석, 도마, 장기판 등으로 복부 윗부분을 막는다면 아무리 근거리에서 사격하더라도 치명상을 입는 경우는 거의 없을 것이다. 왜냐하면 피스톨은 대부분 한 손으로 조작하기 때문에 방아쇠를 당길 때 필연적으로 총구를 하향하여 조준하는 곳보다 아래쪽에 총탄이 도달하고, 화약장치가 소량이라 탄환 속도가 늦어 관통력이 약하기 때문이다. 따라서 방탄복, 방탄마스크, 방탄 헬멧 등을 갖추면 피스톨 공격에 대해서는 완전히 불사신이다.

3) 심문(審問) 요령과 수배

〈자료 199〉 취조와 수배 및 공조 연락

[경찰연구회(警察硏究會) 편, 1931, 「(5)取調 (6)手配及共助連絡」, 『사회운동에 직면하여(社会運動に直面して)』, 松華堂, 140~144쪽]

◆ 취조

경찰 취조를 넓은 의미로 이해하면 다음 두 가지로 나눠 생각할 수 있다. 하나는 수하(誰何)심문이고, 다른 하나는 증거, 미빙(微憑)[14], 정황 등의 재료를 활용한 사법경찰관리로서의 취조이다.

(1) 수하(誰何) 심문

이것은 순찰감시와 잠복에도 그리고 그 외 특수한 경계 임무 때도 행정경찰규칙 제24조 훈령적 규정에 입각하여 널리 실시되고 있다. 따라서 그 대조물은 형사범인과 가출인이 많지만 특고경찰에게도 공장 출근과 퇴장 시의 가두(街頭)연락, 혹은 여러 종류의 집회 행사가 있는 현장에서의 불온선전물 살포, 아지트와 거주지 등에 출입하며 연락을 위해 그 부근에서 방황하는 경우, 지하운동을 하거나 범죄 수배 중인 자로 경찰관이 판단되는 경우 등에는 안색, 동작, 복장, 휴대품, 시각, 장소의 성질 등 평범하지 않은 것을 심문하는 것이 반드시 필요하다. 수상하다고 인정되는 내용은 때와 경우와 사람에 따라, 그리고 수배사건의 예비지식과 육감(六感)의 기능으로 판단해야 해서 직업지식의 활용이 가장 중요하다.

---

14 미빙(微憑)은 범죄에 관한 주요 사실을 간접적으로 추리시키는 사실로, 이를 증명하는 증거를 간접증거라고 한다.

불심심문에서 주의해야 할 주요한 점은

① 사복인 경우에는 자신이 경찰관이라는 것을 상대에게 알릴 것

② 차분한 태도로 상대에게 상응하는 말투를 사용할 것

③ 일단은 용의(容疑) 중심 내용에 대해 말하지 말고 출발지, 행선지, 용건을 물어 추궁하고 점차로 주소, 이름, 연령, 직업에 관해 질문하고, 그에 따른 태도에 따라 의심 내용에 대해 판단할 것

④ 상대가 도주 혹은 저항할 우려가 있는지 주의하고, 특히 권총을 발사하거나 단도로 베거나 찔릴 것을 방지할 수 있는 위치에서 호신(護身)태도를 유지할 것

⑤ 의심이 제거되었으면 상응하는 인사를 하여 상대방의 기분을 해치지 않도록 노력할 것

⑥ 대략적인 심문을 통해 용의가 벗어지지 않은 경우에는 승낙을 얻어 휴대품을 조사하고 또는 소속관서(所屬署)로 동행을 요구할 것

⑦ 심문할 때는 될 수 있는 한 대중의 주의를 끌지 않는 장소와 방법을 골라야 하지만, 상대가 2명 이상 혹은 강폭(强暴)하여 힘이 아주 센 자로 인정될 때는 적당한 장소까지 미행하여 안전하게 심문할 것

⑧ 수상한 점이 해결되었거나, 동행 요구를 할 만한 정도가 아닌 경우라도 경우에 따라서는 행선지와 용건을 확인하고 또는 이것을 통보하는 등 자신의 활동을 경찰망의 연쇄작용으로서 유기적인 기능이 될 수 있도록 노력해야 한다.

(2) 사법경찰관리로서의 취조

사상범 취조에 있어 주의해야 할 것은

① 사건의 개요와 피의자의 주의계통, 주의운동에 들어간 동기, 성질, 형편, 심리상태, 운동 관계의 의식과 행위 등을 잘 이해하고 이것에 잘 적응하는 태도이다. 서두르지 말고, 지치지 말고, 마음을 가라앉히고 대하는 방법을 사용한다.

② 인정과 도리를 다하여 다정함과 친숙함으로 상대의 양심에 닿도록 노력하고, 때로는 편협, 경박, 미몽(迷夢), 오해를 지적하여 불온, 불령(不逞), 비밀의 아성을 향해 돌진할 것.

③ 쓸데없이 학구적인 공론(空論)으로 싸우거나, 파렴치죄 범인에게 대하던 태도를 보이지 말 것.

④ 한 사건에 대해 피의자가 2인 이상이 있을 경우에는 취조 주임관을 결정하여 취조로 얻은 증빙자료는 서로 교환한다. 각 피의자에 대한 인상과 취조 정황에 대해 상의하고 긴밀히 연락하여 통일되지 않은 점 등이 없게 해야 한다.

◆ 수배 및 공조 연락

여기에서 수배라고 칭하는 것은

① 일정한 곳에 범죄가 있는 경우에 범인이 몇 명인지 확실하지 않고 또는 범인이 도주한 때 자신이 담당하거나 혹은 관할지역 이외의 지역 경찰관에게나 또는 상급관청에서 하급관청에게 수사 혹은 체포하도록 명령과 조회(照會)시키는 것을 가리킨다.

② 공조 연락이란 대등한 관리와 관청 간에 서면, 구두, 경찰관 파견 등을 통해 다른 관리 관청의 사무집행을 돕고 편의를 도모하며 또는 사무집행의 개선과 진척을 도모하기 위해 사무협의를 하는 것을 말한다.

(1) 수배

수배는 범죄 정황상, 범인의 도주 방면 등을 참고하여 필요한 부분을 판단한 뒤에 신속, 간결, 확실하게 경찰 활동을 촉구하는 것이 중요한 골자이다. 따라서 먼저 전화나 전보 등을 활용하고 그것이 없을 때는 급사(急使)를 사용한다. 그리고 상세한 수배가 필요한 경우에는 사람을 파견하거나 서면조회를 실시해야 한다. 또 경비 절약, 비밀 유지를 도모하기 위해 범인의 종류와 성명, 그 외에 암호 또는 약부호(略符號)를 사용하는 것도 고려해야 한다.

수배 연락을 받은 자는 재빨리 범죄의 관계 사항, 관내 사회운동 및 운동가와의 관계를 계통적으로 조사하고, 범인 소재를 수사한다. 만일 이 소식, 단서를 탐문 또는 발견했을 때는 신속하게 수배의 주최 관청에 통보해야 한다. 이 경우에도 암호와 약부호를 사용하고 교통기관을 이용하는 것은 당연히 주의해야 한다.

(2) 공조 연락

사상범과 같이 지역적으로 널리 활동하는 범죄에 대해서는 예방검거와 함께 밀접한 공조 연락이 필요하다. 그것은 정보 교환, 검거 일시 협의 및 수배에만 한정하지 말고, 사무 본위의 책임을 중시하며 공명심을 중시해서는 안 된다.

또한 최근 사회운동에 대한 두려움은 격화된 쟁의가 대중적인 폭력소요사건을 야기하기 쉽다는 점이고, 지방 경찰같이 인원이 적은 곳에서는 담당파출소 간에 조합적으로 힘을 합쳐야 하는 것은 물론이고, 인접하는 경찰서 간의 공조 연락, 또한 인접하는 부현(府縣)간에서도 사건이 발생한 경우에는 간편하고 신속하게 조직적으로 응원을 해야 하는 것은 상당히 필요하다. 특히 경찰간부는 이 계획을 수립하여 도상전술(圖上戰術)적으로 비상시의 경찰 활동에 대한 연구와 실시훈련을 해야 한다.

〈자료 200〉 사상운동의 단속

(小田川松造, 1933, 「思想運動の取締」, 『思想警察通論』, 日本警察社, 302~318쪽)

(1) 과격한 사상운동은 좌우 무엇이든 간에 자주 치안을 문란하게 할 우려가 충분하다. 어떠한 과격한 사상이라고 해도 그것이 아직 그들의 뇌리 중에 존재하여 행동화되지 않는 것은 이를 단속할 이유가 없음은 말할 것도 없지만, 그러나 한번 한 행동이 치안을 문란하게 하고 공공질서와 좋은 풍속을 해치게 되면 단연 엄정한 단속이 필요한 것은 말할 것도 없다.

세상의 논자가 사상은 사상으로 대적해야 한다고 하고, 권력에 의한 사상적 행동의 단속은 무익하고 무모하다고 하며, 사상경찰의 활동을 탄압이라는 말로 표현해버리는 것이 현실이다. 그러나 경찰의 사명을 현실의 법규로 실현하고자 하면 단연코 시인하지 않을 수 없다. 오히려 흉포 과격한 행동을 부정하고 제압하는 것에 대해 세상 사람들의 마치 하나같이 경찰력에 의지하는 것은, 적어도 이 범주에서 민중은 늘 경찰의 편이다.

(2) 엄정한 단속이 사상적 행동의 격화를 초래하는 원인이 된다고 논하는 자가 있지만, 그러나 국법을 범하는 무리를 아무것도 하지 않고 방임해두는 것은 국가사회의 질서를 하루아침에 참담한 혼란 상태에 빠지게 하는 것이다. 그렇기 때문에 국가가 위법행위를 강권(强權)으로 단속한다. 일반 국가가 공산주의 행위, 과격한 직접행동을 엄중히 단속하는 것과 소비에트 러시아가 반소비에트적 행동을 엄중히 금지하는 것 사이에 질서유지를 필요로 한다

는 점에서는 어떠한 차이도 발견할 수 없는 것이다.

일본경찰의 사상경찰 조직망의 완성이 얼마나 과격한 사상운동의 발전을 저지하고 있는지는 누구나가 알고 있을 것이다. 예를 들면 검거에 이어지는 재건운동이 점차 이루어진다 하더라도 경찰력이 무의미하다는 말을 해서는 안되며, 그렇기 때문이야말로 보다 경찰력을 충실하게 해야 한다는 결론이 도출되는 것이다. 이하, 사상경찰권 행사에 관한 각종 경우를 법률적으로 고찰해서 참고에 이바지하고자 한다.

◆ **불심 신문**(不審訊問)

(1) 거동이 수상한 자라고 인정할 때는 불심신문을 해야 한다. 그것은 주로 심야의 통행자에 대해 이루어지는 것이 일반적인데, 주간에도 이를 하지 않을 이유는 결코 없다. 특히 근래 극좌운동자의 경우는 힘써 야간통행을 스스로 금지하고 있어서 주간 통행자라 해도 불심신문을 할 적절한 대상으로 간주해야 한다.

(2) 불심신문의 법률적 근거는 종종 문제가 되는 것인데, 그러나 행정경찰규칙 제3장 제24조 '수상한 자로 판단될 때 적발하여'라는 조항에 바탕을 둔 것이다.

(3) 피신문자는 항상 거의 예외 없이 처음에는 '의심을 살 이유가 없다'고 항의하거나 혹은 태연한 척 위장하지만, 과연 수상한 자라면 대개 말하는 단어에 자연히 모순이 포함되어 말이 궁색하고 철저함이 부족하거나, 혹은 복장, 동작, 용모 등에 비밀의 조각들을 폭로하거나, 혹은 도주를 기도하거나 하는 경우가 있다. 단지 문제가 되는 것은 직무에 열심이어서 무고한 양민에 대해 함부로 추궁을 하는 경우는 경계해야 한다. 그렇다고는 해도 실패를 두려워하여 수상하다고 생각하면서도 이를 묵과해 버리는 것은 결국 대어(大魚)를 놓치는 어리석음을 범하는 것이다. 특히 곤경에 빠진 쥐의 반격에 응할 수 있는 신중한 경계를 게을리 해서는 안 된다. 또한 검문당했을 때 도주한 경우는 준현행범으로 체포할 수 있다(체포의 항목 참조).

◆ 동행

(1) 경찰 활동상, 동행은 두 가지 종류가 있다. 강제적 동행과 임의적 동행이다. 피동행자가 의사에 반하여 동행하는 것이 전자이며, 그렇지 않은 경우가 후자이다. 불심신문으로 현실에서 수상한 점을 인정할 때는 정황에 따라 파출소, 혹은 경찰서에 동행할 수 있다. 이 경우 피동행자가 동행을 거부하는 경우에는 동행을 강제할 수 있다고 해석해야 한다.

피동행자가 경찰관의 요망을 임의로 응낙하여 동행하는 경우는 경찰권 남용에 관한 법률적 문제를 파생시킬 여지는 없다.

종종 문제가 되는 것은 강제동행이다. 게다가 이 법률적 근거는 일반에 알려져 있지 않지만, 그러나 전술한 행정경찰규칙 제3장 제24조에 이 근거를 구해야 한다. 즉 동 조에는 '수상한 자를 보고 인정할 때는 적발하여 상황에 따라 출장소에 연행하거나, 경부에 밀보하여 지시를 받아야 한다. 당황하여 거꾸로 당하는 일이 있어서는 안 된다'라고 되어 있는데, 여기에서 말하는 연행은 분명히 '동행'을 의미하기 때문이다. 경찰관으로서 이 의무 연행의 직무를 지고 이를 준행하기 위해서는 이를 거부하는 자에게 강제력을 인정하는 것은 말할 것도 없다. 그렇지 않으면 '연행'이라는 글자는 헛된 용어가 될 테니 말이다.

(2) 그렇지만 경찰관의 궁리에 의해 상황에 따라 피동행자에게 임의동행의 형식을 취하도록 하는 것이 제일이다. 실제로 모든 궁리를 하여 이 형식을 취하고 있다. 피동행자의 주거에서 동행하는 경우에 강제동행을 할 수 있는지는 문제이다. 이 경우는 임의동행(승낙 동행)의 형식을 취하지 않는 한, 형사소송법에서의 구인 또는 체포의 형식을 취하지 않을 수 없을 것이다. 그러므로 최대한 임의동행의 형식을 활용해야 한다.

(3) 동행에 임해서는 도주를 경계함과 동시에, 반격이 불가능하도록 충분한 준비와 경계가 필요하다. 갑자기 반격을 감행하여 예측하지 못한 희생이 생기는 경우도 결코 적지 않을 뿐만 아니라 놓쳐서 위신을 실추한 예도 적지 않다. 적어도 체력(혹은 실력)으로 우월한 실력을 준비해야 한다.

또한 특히 주의할 것은 동행 중이나 신문 중에 증거물을 먹거나 버리는 경우가 없지 않다. 그가 버린 사소한 물건에도 세심한 주의를 기울여야 한다. 사소한 종이조각에서 4.16사건 검거재료를 구할 수 있었던 것은 이미 설명한 바이다. 이러한 여러 가지 점에서 적어도 한 사람은 피동행자의 배후에서 감시적 동행을 시도할 필요가 있다.

◆ 구인

구인은 구인장으로 이루어지는데, 일반적으로 급박한 경우에 이 방법을 강구하는 것은 전혀 불가능하다. 다만 사상범죄의 경우 단체적 범죄에서는 기소되면서 도망하는 자가 많아 이들에 대하여 다음의 경우에 한하여 즉시 구인할 수 있다(형소 제87조 124조).

(1) 피고인(또은 피의자)이 정해진 주거가 없을 경우

(2) 피고인 또는 피의자 죄증을 인멸할 우려가 있을 때

(3) 피고인 또는 피의자가 도망했을 때, 또는 도망할 우려가 있을 때

그러나 피의자가 일정한 주거가 있고, 이미 범죄가 명료한 경우에는 재판소(예심판사) 또는 검사의 구인장 혹은 체포장을 준비하여 범인을 대해야 할 것이다. 긴급을 요하는 경우는 검사의 명령 또는 촉탁으로 사법경관이 직접 구인장을 발급할 수 있다(형소 제123조 참조).

◆ 체포

(1) 현행범 및 준 현행범인 것을 안 경우에는, 사법경찰관, 사법경찰리(吏)는 즉시 범인을 체포할 수 있다(형소 제124조).

현행범이란, 실제로 죄를 행하거나 범죄를 끝냈을 때 발각한 자를 현행범이라고 한다. 극좌운동의 협의, 실행, 그 외 비합법 회합, 보고, 연락 등은 모두 현행범이다.

준현행범이란 '흉기 칼 등의 물건-비합법 인쇄물, 인력문서 등-을 소지하고 검문했을 때 도주하여 범인으로 호명되거나 또는 신체 피복이 현저한 범죄의 흔적이 있어서 범인으로 생각되는 경우를 말한다.

(2) 체포 때는 반격, 도주 등의 우려가 있을 것을 예상하여 충분히 주의해야 한다. 특히 비합법회합의 아지트 수사와 같은 경우에는 흉기에 의한 저항도 예기해야 하는 상황이 실제로 있다는 것은 공산당 검거로 거듭 잘 알려진 바이다. 이러한 경우에는 인원에서 방위수단 준비에서 극히 만전의 경계를 필요로 한다. 그렇지 않으면 반격으로 인해 희생이 생길 위험

이 있을 뿐 아니라 범인을 도주하게 하는 일이 없다고 보장하기 어렵다.

◆ 가택 수색

(1) '주택 불가침'은 법이 보장하는 것이지만, 가택 내에 침입하지 않으면 경찰권을 행할 수 없는 경우에는 경찰권 행사가 필요한 한도에서 법령의 범위 안에서 허락되어야 하는데, 주간과 야간에서는 차이가 있다.

주간에는 직무의 성격상 가택 내에 들어가지 않으면 이를 행할 수 없는 경우에, 반드시 법문으로 그 가택에 침입할 수 있음을 명언하지 않는 경우에도 그 가택에 침입할 수 있다고 해석해야 한다. 즉 이러한 직무를 인정하는 법규에서 당연히 가택침입의 권리를 용인한 것으로 해야 할 것이기 때문이다.

야간에는 행정집행법 제2조 규정의 경우에 한하여 가택 침입을 인정받는다. 즉 생명, 신체 또는 재산에 대하여 위해 절박하다고 인정될 때 및 도박, 밀매음 현행범이라고 인정되는 경우이다.

(2) 행정집행상 개인의 가택에 강제적으로 침입할 수 있는 경우는 이상과 같지만, 그 외의 경우에 집주인의 의사에 반하여 침입하는 것은 위법이다. 그러나 집주인의 허가가 있는 경우에는 어떠한 경우라도 가택에 들어가는 것은 아무런 법률상 문제가 발생하지 않는다. 따라서 강제침입을 할 수 있는 경우에도 일단 집주인의 허락하에 들어가는 궁리를 해야 한다.

예를 들면 '경찰인데, 잠깐 조사할 수 있도록 해주세요.'라고 청하면 대체적으로 승낙을 얻을 수 있다. 게다가 계속적으로 거절하는 경우는 정당히 강제력을 발동시킬 수 있을 것이다.

(3) 사법경찰상, 사택 내에 현행범이라고 인정되는 경우에는 당연히 그를 체포해야 하며, 그러므로 가택 침입도 당연히 인정되어야 한다(형소 제124조). 이 경우에는 그 시각이 몇 시인지를 따지지 않는다. 예를 들면 비합법 회의를 행하고 있거나 혹은 그것을 미쳤을 경우의 검거 같은 것이다.

이 경우에도 반격이 있을 것을 예상해야 하거나, 도주의 우려가 있으므로 충분한 준비를 갖출 필요가 있다.

◆ 무기 사용

(1) 경찰관이 무기를 사용하는 본래의 목적은 직무 수행상 자위를 위한 것이다. 그러므로 무기를 사용하지 않고 직무 수행이 가능한 경우에 무기를 사용하는 것은 위법이다. 행정경찰규칙 제4장 제15조에는 '휴대한 무기는 자신을 옹호하는 도구라고 명심하고 함부로 타인을 공격해서는 안되는 것은 물론이나, 흉포한 사람이어서 상대하기 곤란하여 부득이한 경우에는 특별하다'라고 규정되어 있다. 그러나 어떠한 경우가 '흉포한 사람이어서 상대하기 곤란하여 부득이한 경우에는 특별'한 경우인가. 이에 대해서는 1925년 내무성 훈령 제9호 경찰관리 무기사용규정에 다음과 같이 한정되어 있다.

① 사람의 생명, 신체 혹은 재산을 방위하는 데에 정황이 절박하여 무기를 사용하는 것 외에 다른 수단이 없는 경우
② 직무상 보호하는 사람, 장소 또는 물건을 지키고 있는 상황에서 폭행을 당하거나 당할 급박한 상황에 처해 무기를 사용하는 것 외에 이를 배제할 수단이 없을 때
③ 다중이 집합하여 폭행을 하거나, 하려고 하는 급박한 상황에 처해 무기를 사용하는 것 외에 달리 이를 진압할 수단이 없을 때
④ 직무 집행에 임하여 폭행을 당하거나 당할 위기에 놓여 상황이 급박하여 자위상 무기를 사용하는 것 외에 달리 수단이 없는 경우에 경찰관은 무기를 사용하거나 이에 의해 위협하여 경찰의 목적을 달성할 수 있다.

(2) 어떠한 무기를 사용해야 하는가? 휴대하는 무기는 '관에서 지급한 호신용 물건 외에 병기를 휴대하는 것은 안 된다'(행정경찰규칙 제4장 제14조) 라고 규정되어 있으므로 관급품이면 그것이 무엇이든 문제가 없다. 대검은 말할 것도 없고, 단총, 최루탄은 경우에 따라서 경찰관 필수휴대무기가 될 수 있다. 비상시에는 기관총의 조작도 어쩔 수 없을 것이다. 더욱이 군중 퇴산을 위해서는 가솔린 펌프의 사용도 인정되어야 한다.

(3) 행정경찰규칙의 무기 제한은 일상 휴대에 관한 제한이며 비상시에는 반드시 제한을 받아야 하는 것은 아니다. 게다가 휴대를 제한한 것이어서 돌발적인 경우에 가까운 곳에서

획득한 무기로 방위에 임하고, 이를 위해 공격용으로 어떤 무기를 사용했다고 해도 이는 결코 위법일 수 없다. 이것이 직무 수행상 필요할 뿐 아니라 자위를 위한 방위이기 때문이다.

◆ 검속

(1) 검속이란 경찰력으로 사람의 자유를 제한하고 일정한 장소에 유치(留置)하는 것이다. 검속할 수 있는 경우는 두 가지가 있다. 첫째 보호검속이며, 둘째 공안을 방위할 목적으로 하는 검속(예방검속)이다.(행정집행법 제1조)

① 보호검속을 할 수 있는 조건: ㉠ 만취자, 나병·간질 환자, 자살을 기도한 자가 있는 경우. ㉡ 방임할 경우는 그 생명·신체를 위해할 우려가 있는 자가 있는 경우, 즉 타인으로부터 공격·박해당하는 자에 대한 검속과 같은 것이다.

② 공안방위를 위한 검속 · 예방검속할 수 있는 조건: 폭행, 투쟁, 그 외 방임할 때 공안을 해칠 우려가 있는 행위를 하는 자가 있는 경우

(2) 검속의 방법·수단으로서는 일반적으로 경찰서에 구금하는 것이 통례인데, 그러나 그것만이 유일한 방법이 아니라 검속 목적을 달성할 필요가 있는 한도에서 모든 방법을 강구할 수 있다. 따라서 필요한 경우에는 손발을 묶거나 진정의(鎭靜衣)같은 것을 사용하는 것도 아무런 문제가 없다.

(3) 검속은 시간적으로 다음 날 일몰 후까지 해서는 안 된다. 따라서 다음 날 일몰까지는 검속을 해제해야 한다(형정집행법 제1조). 그렇지만 해제해도 또 검속하는 원인 이유가 계속되는 상황에서 다시 재현되었을 때, 거듭 검속을 하는 것은 결코 법이 금지하는 바가 아니다. 이것을 금지하는 것은 경찰검속의 목적을 충분히 달성할 수 없을 때이기 때문이다.

(4) 검속 처분자가 피검속자에 대해 수사적 조사신문을 하는 것은 위법이라고 한다. 그러나 사실상 종종 검속 기간을 이용하여 범죄수사의 목적을 달성하고자 하는 경우가 있을 수 있는 듯하다. 논자는 이 부당한 것을 최대한 배격하고 있다. 물론 이것을 순수 법률적으로

보는 경우에는 다분히 위법성을 갖고 있다. 그러나 검속이 피검속자를 임의로 공술하도록 만드는 것은 아무런 지장이 없다는 것을 이해해야 한다. 그렇다 하더라도 경찰관 스스로가 위법행위를 해서는 안 된다. 가령 있었다고 하더라도 공연히 스스로 이를 폭로할 필요도 없을 것이다. 검속이 사상경찰상 꽤 부당하게 이용되고 있다고 듣지만, 아마 경찰당국이 검속해야 할 이유를 발견할 수 있어서 그를 위해서 합법화되어 있다고 믿는다.

◆ 구류

(1) 경찰서장 및 그 대리자는 위경죄(違警罪)에 대하여 즉결처분을 할 수 있다. 위경죄란, 구형법의 형종(刑種)으로 구류 및 과료를 부과하는 죄이다. 경찰서장 및 그 대리자는 그 관할 구역 내의 이러한 범죄에 대하여 즉결처분할 수 있다(위경죄즉결례 제1조 형법시행법 제31조).

(2) 무엇이 위경죄가 되는가? 일반에는 경찰범처벌령인데, 그 외의 규칙이나 명령으로 각종 경우에 즉결처분이 적용 가능한 경우가 있다. 그러나 사상경찰상 가장 중요한 조항은 경찰범처벌령 제1조 제1항 제3호의 '일정한 주거 또는 생업이 없이 여기저기 배회하는 자'의 명문이다. 말할 것도 없이 이 명문(明文)은 ① 일정한 주거 없이 배회하는 자, ② 생업이 없이 여기저기 배회하는 자에 대한 구류 또는 과료의 즉결처분을 한다는 것을 규정한 것이다.

(3) 즉결에 의한 구류는 물론 범죄의 수사를 위해 하는 것은 아니다. 그러므로 구류 기간에 공술을 강제하고 그 외 수사에 이용하는 것은 경찰권의 남용으로 종종 문제가 되는 경우이다. 그렇지만, 구류 기간 내라 해도 피구류자의 임의 공술을 청취하는 것은 위법이 아니라고 해석해야 한다.

(4) 즉결에 의한 구류 기간이 경과하면 당연히 석방해야 한다. 일단 석방하지만 재차 구류를 해야 할 거동·상황이 인정될 때는 다시 구류 처분에 부칠 수 있다. '뺑뺑이질', '되찌기' 등의 비난을 두려워하여 경찰력의 정예(精銳)를 둔탁하게 하는 것은 경찰의 자살 행위이다.

제59회 의회에서 위경죄즉결례 중에 일부가 개정되면서 경찰의 즉결처분이 일시적으로 완화되었다고 하는데, 이는 개정의 효과를 과대하게 여기는 오인에 의한 것이고, 직무 수행상 확신에 의해 나오는 즉결처분이 사실상 문제화되지 않은 것으로도 증명되었다는 것은 사람들이 다 아는 바이다.

(5) 상기한 개정의 중점을 즉결처분에 대한 정식 재판 청구가 개정 전보다 쉬워진 점. 차입, 면회 등이 간이화된 것 등이다.

① 개정 전에는 피처분자(피고인)만 재판 신청의 권리를 인정했지만, 개정에 따르면 피고인의 법정대리인, 보좌인, 또는 배우자가 피고인을 위해 독립하여 정식 재판청구를 할 수 있게 되었다(위경죄즉결례 제3조).

② 구류 처분으로 유치했을 때는 신속히 피고인의 법정대리인, 보좌인, 직계존속, 배우자 및 피고인이 속한 가정의 호주 및 피고인이 지정한 자에게 그 뜻을 통지하지 않으면 안 된다(동 제10조의 2).

③ 유치된 자의 접견은 이를 금지할 수 없다. 그러나 접견, 차입에 대해서는 형법 제111조, 제102조 제1항의 규정을 준용한다(동 제14조) 등이 개정된 점이다. 따라서 형법 제112조 제1항의 사태발생을 인정하지 않는 한, 접견을 금지할 수 없지만, 그렇다고 해서 무제한으로 접견을 허락할 수는 없으므로 관계관청은 접견에 관한 감옥법 및 동시행규칙을 거듭 준용하기로 결정한 것은 이미 각 경찰서에 경보국의 통첩이 발송되었다(1931년 7월 1일).

4) 검거 요령

〈자료 201〉 사회운동의 단속방법-검거요령

(警察研究會 편, 1931,「社会運動の取締方法」,『社会運動に直面して』, 松華堂, 126쪽)

◆ 검거

사상범죄가 일어나는 지역은 언제나 광범위하게 걸쳐있으니, 설령 관내에 그 범죄의 단서가 있어도 한 지역으로만 한정해서 간단히 검거하면 안 된다. 사전에 충분히 관계 방면의 정황을 조사하여 증거를 수집하고, 행정당국 및 사법당국과 미리 상의하는 등 준비를 갖추고 시기를 골라 효과적으로 행해야 한다(본서 '시찰 및 조사' 항 참조).

검거에도 준비계획, 심문, 처치 등의 경찰 활동이 있지만, 대부분은 경찰 간부의 임무이고 이것을 구체적으로 언급하는 것은 그 성질상 곤란하므로 여기에서는 생략한다. 다만 사법경찰 상의 검거는 증빙자료를 올리고, 범인 소재를 확인하여 이 자를 구인 또는 체포하고 심문하여 검사에게 송치하기 때문에 절차상은 형사소송법, 사법경찰관의 집무 규범에 따라야 한다.

그렇지만 사회운동의 범죄 검거에는 특수한 지식과 정세에 정통해 있을 것, 그리고 실력을 행사하기 위해서는 특수한 방비와 용병술이 필요하다. 만일 전문적인 지식이 없으면 범죄 구성 요소를 놓쳐 시기와 방법을 틀리고, 방비와 용병의 기술을 모르면 필요한 경우에 실력을 행사할 수 없으므로 둘 중의 하나라도 빠지면 그 작당에게 경찰력을 소모할 뿐 효과적인 단속을 하지 못하고 오히려 탄압간섭이라는 비방을 받게 된다. 또한 계획은 다음 세 가지가 필요하다.

① 구체적인 사건에 대한 계획이 가장 비밀스러워야 하는 것은 군대에서 사령부의 작전계획과 마찬가지이다. 따라서 이것을 계획하는 자는 극소수로 한정해야 한다. 그러나 그 계획은 소관 사무상 모든 지능을 모은 것이어야만 하므로 과(課), 서장(署長) 된 자는 공적인 사무에 보조 기관의 힘을 드러내는 것에 될 수 있는 한 주의가 필요하다.

② 계획을 실시할 때 각자의 임무는 정해져 있어야 한다. 실시와 활동을 담당한 자는 자신이 어떻게 계획을 실시하여 임무를 수행할 수 있는지를 생각하고, 지위 또는 임무에 따라 더욱 세부적인 계획과 준비를 생각해 보는 것이 직무에 대한 충실한 의무이다. 그것을 위해서는 실시할 때 생기는 의문도 해결하고 전례도 조사하여 독창적인 방안을 연구해 봐야 한다.

③ 계획은 그대로 실시할 수 있는 권위 있는 것이어야 하지만, 사실 인식이 부족한 경우도 없지 않다. 목표하는 사물이 변화할 때도 있고, 다양한 사물이 가진 조건도 변동하는 경우가 있으므로 2단 3단의 태세, 심모술책(深謀術策)으로 완급변통(緩急變通)한 작용을 해야 한다고 생각한다.

〈자료 202〉 사상범죄의 검거 실무

(〈思想犯罪の檢擧實務〉, 《思想月報》 3권 12호, 조선총독부 고등법원 검사국, 1934.3)

1) 사상범죄의 검거 실무-도쿄지방재판소 검사 도자와 시게오(戸澤重雄)

사상계 검사는 형사소송법, 사상계 검사의 사무분장 규준(規準), 그 외 최근의 규칙과 명령 등에 따라 사무를 처리해야 한다. 사상계 검사는 좌경사상, 치안경찰법, 폭발물 단속벌칙의 위반죄, 불경죄, 내란죄, 출판물위반죄, 반동(反動)운동, 노동운동, 노동쟁의, 농민운동, 농민쟁의, 수평운동, 수평사원의 범죄, 소요죄와 그 외 위험한 사상을 가진 자의 죄를 심문하는 임무를 가진 자로서, 평소에 참고서적을 비치하고 정리하여 지방 검사, 경찰관 등의 분포, 활동상태를 조사하고, 범죄의 개인적이고 사회적인 원인을 모두 규명한다. 그리고 그 결과는 상사에게 보고해야 한다.

1928년(昭和 3) 이후의 치안유지법 위반죄에 관한 단속 상황에 대해 이야기해 보겠다.

(1) 검거 준비

검거 준비는 경찰관에게 시찰 및 내탐(內偵)을 독려할 필요가 있다. 아나키스트계의 범죄는 개인적이어서 단순하지만 코뮤니스트계의 범죄는 대중적이어서 개인 범죄로 드러나는 일은 거의 없어 전국적으로 조사할 필요가 있다. 따라서 이것을 검거하기 위해서는 특고경찰관 및 헌병에게 시찰과 내탐을 독려하고 검사국 상호 간에 연락을 유지해야만 한다. 코뮤니스트 계열의 범죄자는 항상 증거은멸을 꾀하고 범행을 부인하기 때문에 박약한 증거와 탐문으로 검거하는 것은 금물이다. 시찰과 내탐을 지시할 때는 특히 이 점에 대해 주의를 줄 필요가 있다.

특별요시찰인은 월 2회 이상 반드시 시찰하고, 그 결과를 보고하게 한다. 보석 중인 공산당 피고는 행동을 매일 조사하게 하여 내무대신에게 그 결과를 보고하고 있는데, 요시찰인에게도 대략 이에 준하는 시찰을 하게 하고 있다. 내탐과 시찰을 지시할 때는 그 방법을 명시하지 않는다.

(2) 검거

① 검거할 때는 판검사, 형무소직원, 사법경찰관 등이 공동으로 전선을 펼쳐야 하고, 개인적인 영웅주의는 가장 금기시해야 한다. 이 점에 대해서는 특히 사법경찰관의 주의를 환기할 필요가 있다. 검거 시에는 계획적이고 조직적으로 게다가 비밀리에 준비하여 대회를 개최하는 시간과 장소 등을 내탐시킨 뒤 집중적으로 그리고 대량으로 검거해야 한다.

1932년(昭和 7) 10월 30일의 검거를 보게 되면, 같은 해 5월 코민테른의 새로운 강령이 내려왔다는 탐문이 있었다. 공산당 간부들이 이에 대해 토론하고자 같은 해 여름부터 집합할 조짐이 있었지만 경찰활동이 엄중하였기 때문에 실제로는 나타나지 않았다. 그러던 중 각지의 대표자가 속속 모여든다는 정보가 있었다. 하지만 대회를 개최하지는 않을 낌새여서 두세 명이 모인 곳을 덮치기로 방침을 정하고, 같은 해 10월 30일 아타미(熱海)에서 열 몇 명, 도쿄 시내에서 몇 명의 공산당원을 검거하였다.

1932년 10월 6일 '갱사건'은 그 날짜의 호외를 보면 이 사건을 아나키스트의 범죄로 생각하고 있었다. 그렇지만 검사국에서는 이것을 볼셰비즘파의 짓이라고 판단하고 특고경찰관에게 그 내용을 주의해 두었는데 결국 그것은 공산당 중앙부의 지령에 기반을 둔 범죄였다.

평소에 내탐이 필요한 이유는 위에서도 밝혔는데 이와 더불어 사법경찰관이 종종 대세를 그르치는 일이 있기 때문에 이 점에도 주의해 둘 필요가 있다.

② 검거한 공범자는 다른 방에 분리할 필요가 있지만, 미죄(微罪)범인과 중대(重大)범인을 같은 방에 있게 하여 중대한 범죄를 탐지할 수도 있다.

제1차공산당사건의 피고 곤도 에이조(近藤榮藏)가 상해에서 돈을 가지고 와 매일같이 여자를 데리고 역으로 가기에 이 자를 유치(留置)하여 외상판매 대금을 횡령한 상점 점원과 같은 방에 있게 하였다. 그 결과 점원에 의해 곤도 에이조와 야마카와 히토시(山川均) 사이에 연락이 있던 것이 밝혀져 제1차공산당사건을 검거할 수 있었던 것이다.

③ 1930년(昭和 5) 무렵까지는 일제(一齊) 검거주의를 취하고 있었으나, 나중에 조직이 확대되면서 객관적인 정세가 이것을 허락하지 않게 되어 일상 검거주의를 채용하게 되었다. 그에 따라 기소 후의 취조는 거의 불가능하게 되어 사법경찰관에 의지해야 할 필요성이 한층 더 커졌다.

④ 비밀이 새는 것을 방지하기 위해 행동을 시작할 때는 사법경찰관의 간부에게만 목적을 알리고, 그 외의 자에게는 이것을 알리지 않는다. 촉탁서를 발송할 때는 도착에 필요한 기간도 계산에 넣어서 도착하는 때와 행동을 개시하는 때의 시차가 발생하지 않도록 유의해야 한다.

⑤ 검거에 임할 때는 필승의 정신을 가질 필요가 있다.

⑥ 검거에 착수할 때는 담력이 필요하다.

◆ 사찰 검거 사례

〈자료 203〉 조선공산당 재건운동 사건의 발각

(小田川松造, 1933, 「朝鮮共産黨再建運動事件の發覺」, 『思想警察通論』, 日本警察社, 273~275쪽)

1932년(昭和 7) 초부터 조선공산당 재건운동이 도쿄, 상해, 경성 등을 중심으로 활발히 이루어진 것은 국제공산당의 지령 혹은 외사신문(外事新聞) 그 외 국내의 비밀출판물로 탐지할 수 있었지만, 교묘한 잠행운동으로 인해 그 당원이 몇 명인지는 쉽게 알 수 없었다. 경시청 관할 하의 특고과원은 전력을 경주하여 그 탐구 사찰에 노력하고 있었으나 여전히 그 실체는 장막에 가리워져 있었다.

1932년 11월 하순 경시청 관할 하 우시고메 와세다경찰서원이 오후 11시경 관할지역을 밀행 중 골목길에 (象)라는 기호[아사쿠사(淺草)구 기사가타(象潟)경찰서 관할하의 기호]가 있는 자전거가 가로등 아래에 있는 것을 발견했다. 만약 무심하게 지나쳤다면 그만이었는데, 그는 '이 야심한 밤에 멀리서 다른 관내의 자전거가 와있는 것은 수상하다' 라는 경찰의 육감이 발동하여 비밀리에 골목길 안으로 들어가자 역시나 어느 집 문 앞에 여러 대의 자전거가 있었는데, 모두가 다른 경찰서 관내의 것이었다. 비밀회합! 어두운 곳에 숨어서 정세 사찰 중, 한 청년이 나오는 것을 보고 불러 세워 동행을 요구하자, 갑자기 반항하여 도주를 기도했기 때문에 그를 체포해 사정을 신문한 결과, 조선공산당 재건에 관한 회합임이 판명되어, 즉시 수배하여 전기한 장소의 회합자 전원을 검거하고 이를 단서로 그 전면적으로 경찰 활동을 하게 되었던 것이다.

(중략) 이상의 사례에서 알 수 있는 것처럼 모두 대사건의 시작은 경찰 활동의 제일선에 선 자의 이목에 비치는 미세한 문제가 경찰의 육감을 발동시켜 헌신적인 탐사 노력을 통해 완성되는 것이다. 대개 계획적 범죄는 일반적으로 잠행으로 극비리에 진행되는데, 범죄 진행의 시간적 관계, 결사적 · 도당적 범죄의 경우에는 시간적으로 계속될 뿐만 아니라 범죄 지역이 넓고, 범인이 다수라는 것이 약점이다. 또한 사상적 범죄의 경우에는 저명한 중심인물을 둘러싸고 행해지는 일 등에 사찰 포인트를 집중함으로써 사상경찰의 위력을 발휘할 수 있을 것이다.

5) 청취서 작성 요령

〈자료 204〉 사상 사건 청취서 및 수기에 부쳐-지와타(千綿) 공주지방법원 검사정의 도쿄 출장보고서에서 발췌

[지와타(千綿) 공주지방법원 검사정, 〈思想事件聽取書及び手記に付て〉, 《思想月報》 4권 2호, 조선총독부 고등법원 검사국, 1934.5]

도쿄지방재판소 검사국 사상부에서는 사상 사건 조사에 임할 때 다음과 같은 청취서 요강을 만들어 이를 준거로 각 검사청취서를 작성함은 물론이고 관내 경찰서에도 배부하여 이에 입각하여 실시하게 하고 있는 상황이다. 기록해 두었다가 조선에서도 사상 사건 취조서 작성의 규범으로 삼으면 좋을 것으로 사료된다.

또한 범인 수배, 즉 신상조사서는 지난해 도자와(戶澤) 주임검사 창안으로 만들어진 것인데, 경시청과 그 외의 관하 경찰서에서 해당 사상 사건을 송치할 때 미리 본인에게 경력, 현재의 사상을 갖게 된 경로 내지 환경 상황 등을 일정한 용지에 손으로 쓰게 하여 이를 시건 기록에 첨부시킴으로써 검사가 이를 참고로 이 피의자에 대한 처분을 하고, 그 외에 각종 도표 작성을 위한 참고 자료로 제공하고 있다.

(1) 사상 사건 청취서 작성상의 주의

청취서는 다음과 같은 요령에 따라 작성한다.

① 성명

주소, 직업, 당명(黨名), 본명 이외의 이름(變名) 및 생년월일생 당시 나이를 기재할 것

② 본적지 및 출생지

③ 주소 이동 관계

④ 위기(位記), 훈공 등, 연금, 은급(恩給), 신분, 공직 관계

⑤ 병역 관계

⑥ 전과

검속, 구류, 불기소, 유보 처분도 포함한다.

또한 원인을 간단하게 기입할 것.

⑦ 건강 상태

병력을 포함한다. 또한 가계에 정신과 계통의 질병 유무를 기록할 것.

⑧ 취미, 취향

⑨ 유산 및 생활 상태

집안의 자산 상태도 포함한다.

⑩ 가정 상황

가업 및 가족의 생활 상태도 포함한다.

⑪ 학력

학업 성적, 잘하는 과목, 못하는 과목 등도 기재할 것.

⑫ 직업 경력

⑬ 독서 관계

가능한 한 연대별로 대표적인 서적명을 적기하면 됨. 전부 나열할 필요 없음.

⑭ 사상의 추이 과정

생활 환경(성장 배경)도 본문 중에 포함시킬 것.

⑮ 운동경력

노동운동, 농민운동, 수평운동 및 학생 운동 등 및 소속 단체 및 지위를 명확하게 할 것.

⑯ 일본공산당에 대한 인식

당의 존재 및 목적에 관한 인식 및 인식하게 된 경로 (예를 들어 알고 있다면 누구에게 언제쯤 어떠한 기회에 알게 되었으며, 문서를 통해서라면 언제 어떤 문서로든지) 공산주의자로서의 의식 수준 및 신념의 유무, 정도 등을 분명하게 하고자 특히 이른바 폭력 혁명의 불가피성에 대한 인식, 의회에 대한 견해 등에 유의하여 수사할 것.

⑰ 입당 관계

모두에 입당 유무를 명기할 것.

(가) 입당 동기

(나) 입당 절차

(다) 당명 및 당비(黨費)

(라) 입당 후의 지위(당력)

⑱ 당 활동

⑲ 사후 상황(현재의 심경, 장래의 방침)

이상 각항 중 비당원에 대해서는 제17항은 물론 생략한다.

또한 제1항 내지 제15항은 수기도 가능하다. 제16항 이하는 가령 수기로 기재되어 있더라도 필요한 사항을 청취서 안에 적시할 것.

주의 사항

① 수기 또는 상신서를 작성하게 하는 시점은 충분한 조사한 후에 실시할 필요가 있다. 일단 수기 또는 상신서 안에 기재한 사항은 나중에 그것이 허위임이 발각된 경우라 하더라도 여하튼 기재를 고집하여 쉽게 수정에 응하지 않는 경우가 없다고도 할 수 없기 때문이다.

② 증거물건을 최대한 이용할 것

증거 물건을 제시하고 그 내용을 가능한 한 적시하고, 증거물에 대한 의견, 변명을 청취에 기재할 것.

부기

① 신병인수신청서(身柄請書)에는 피의자와 인수인 또는 감독자와의 친척 관계, 연고 관계 등을 명확히 해 둘 것.

② 기소 보류 처분에 관한 의견은 의견서에 기재하는 것을 피하고 가능한 한 부전지 형태로 적을 것.

기록을 송치할 때는 구류 검속된 점, 유치된 경찰서명 및 그 기간을 부전지 형태로 명기할 것.

(2) 수기(기재 예)

① 본적-번지 사족(평민) 호주 아무개의 장남(또는 동생 등)

출생지-

당시-번지 자택[또는 아무개의 집 셋방, 하숙, 임시로 남의 집에서 지냄(寄寓) 등]

직업 및 학교, 학부, 학과, 학생, 학급별 등

아무개[당명, 동맹명 또는 세포(야체이카), 지구, 관계 등 각각 별도로]

본명 이외의 이름(펜네임)-아무개[반제국주의반, 지구(地區) 관계 등], 아무개(방을 빌릴 때) 등등

본명 아무개

생년월일 당시 나이

② 위기(位記), 공훈 등, 연금, 은급, 신분, 공직 관계(없는 경우는 없음이라고 기재하면 됨.)

③ 병역 관계

④ 전과(검속, 구류, 불기소, 유보 처분을 포함한다.)

해당하면 연월일, 원인, 관서명, 수사관 및 전말을 기록할 것.)

⑤ 검거년월일(이번에 검거된 일시, 장소, 원인 등을 기재할 것.)

⑥ 주소의 이동 관계

좌익과 관련된 이후의 이동을 기록하면 됨. 나열식 가능. 예를 들어 ○년 ○월 ○일부터 ○년 ○월 ○일까지-번지, 아무개의 집 셋방(본명 이외의 이름(필명), 아무개 또는 본명으로)

⑦ 건강 상태

병력도 포함한다. 또한 가계에 정신과 계통의 질병 유무를 기재할 것.

⑧ 취미, 취향

⑨ 가정의 상황(가족은 나열식으로, 그리고 그 밖에 시집을 간 자매 등도 다음과 같이 기록할 것.)

아버지: 이름 나이 현재-번지, 주거지, 직업

형: 이름 나이 현재-주거지, 출신 학교, 직업, 근무처

누나: 이름 나이 현재-주거지, 직업, 결혼 상대

나 : 이름 나이 현재-

우리 가정은 운운…으로, 자산, 생활상태, 불화 상태, 어떠어떠한 식으로 자랐는데 학자금 액수와 그에 따른 자신의 생활 상태 등을 기록한다. 특히 이 항에서는 가정생활이 자신의 성격 사상에 미친 영향에 중점을 두고 쓸 것. 따라서 계모, 양부모 등, 가정

에 복잡한 사정이 있는 경우 솔직하게 기재할 것. 또한 자택이 도쿄가 아닌 자는 마지막에 '재경(도쿄)친적, 지인'으로서 신병 인수를 의뢰할 수 있을 만한 사람의 주소, 관계,직업, 성명, 연령을 열거해 둘 것.

⑩ 학력, 결혼, 수학 목적 (장래 어떤 방향으로 진학할 방침이었나?)

학력은 각각 맨 앞에 연월일을 쓰고 소학교 이상을 나열식으로 기재하는 것이 좋다.

⑪ 직업 관계(연월을 표기하고 나열식으로)

⑫ 독서 관계

시기별 '연월 및 학교 학년별'로 읽은 책 중에 대표적인 저자 및 서적을 열거하면 된다. 좌익적인 것만을 의미하는 것은 아니며, 그 책을 통해 얻은 감명은 다음의 사상의 추이 항목에 기재할 것.

⑬ 사상의 추이 과정

사상적으로 좌경화된 원인, 과정을 생활환경 '성장 배경' 및 독서를 비롯하여 모든 견문 등에 걸쳐 시기를 표기하고 순서대로 기재할 것. 문서 (합법간행물은 물론이고 P, 깃발, Y 등, 비합법적인 것도 포함한다.) 연극 등에 대해서는 대표적인 것의 명칭을 표기하고 거기서 받은 자극, 사상의 동요 등을 기술하고, 마지막에 이리하여 언제쯤부터 공산주의사상(마르크시즘, 레닌이즘)을 어느 정도 이해하고(공산주의 이론에 근거한 사회 발전의 개략을 기재할 것.) 그리고 여기에 공명하거나 혹은 이를 신봉하게 되었는지를 기술하고 이 항을 마칠 것. 또한 기술에 나타나는 문서명, 인명 등, 중요한 점은 반드시 행을 바꾸어 기재할 것. 예를 들어

쇼와(昭和) 몇 년 몇 월경(무슨 과 몇 학년 몇 학기 말)에 아무개(당시 무슨 과 몇 학년)

이라고 하고 어떤 계기로 서로 알게 되었고 함께 책을 읽자는 권유에 의해 처음으로 무산자 정치 교과서 제 몇 부(아무개로부터 빌림.○○서점에서 구매 등)를 읽어 보았습니다. 그리고 운운… 하는 식으로 서술한다.

⑭ 운동 경력(학내 각 좌익단체 관계를 포함한다.)

공산당 및 공산청년동맹 이외 (따라서 당, 동맹 가입 후의 프락치 활동은 이 항에 포함되지 않는다.)의 전 좌익단체(노동조합을 포함한다.)에 대하여 관계가 있는 각 단체별로 항목[(1)(2)(3)]을 나누고 이것을 다시 (가)(나)(다) 또는 ABC로 세분하여 가맹의 경과부터

활동 상황, 지위의 변천 등을 상세히 기술할 것. 특히 세분한 1항으로 단체(명칭을 넣는다)에 대한 인식이라는 항을 마련하고 단체의 목적, 임무, 강령 등을 기입할 것.

학내 좌익단체에 대해서는 단순한 연구조직(그룹 서클) 등을 포함한다. 즉, RS과, 동[문연(文聯) 및 가맹 각 단체 및 서클] 자치학생회, 반제국주의 국제혁명자후원회(MOPR)[15], 그 밖에 합법단체에 대한 프락치 활동, 정치 운동 등의 활동 자금 모금을 위해 대중에게 호소하는 모금 운동 참가 등에 대하여 (1)(2)(3)이라고 항을 나누고 이것을 다시 ABC 등으로 세분하여 처음의 경과(가맹, 배포 등)부터 상세히 기술할 것. 예를 들면 반·책반대표회(班責班代会), 과도대표회(科都代会) 학내위원회 등의 참가의 경과, 구성 멤버, 회합 상황, 협의 내용, 신문, 기타 문서의 배포 상황, 부수, 종이 대금, 그 돈의 수집 상황, 활동 상황 등등 적절하게 세분하여 기술할 것.

또한 학내에서 학외로 진출한 자는 먼저 학내, 학외로 대별하여 기술하는 것도 좋다.

조직 상황에 대해서는 수시로(중요한 이동 시 마다) 적당한 곳에 도해(圖解)(각 포지션에 인명을 넣어)로 일람할 수 있도록 할 것. 모임, 연락 등은 모두 연월일, 요일, 시각, 장소(번지, 아무개의 집, 아무개의 하숙 등, 그 밖에 지도를 기입할 것), 멤버(나열식, 즉 1인 1행으로 기록하고, 성명 아래에 펜네임, 학년별 등을 기록한다. 성명 미상자에 대해서는 인상 등을 부기할 것.) 등을 기록한 후 협의 내용 등(가능한 한 조목별로 기록)을 언급할 것.

주: 이 항에서의 모임 등의 기재 방법은 이하 이에 준할 것.

⑮ 공산당 및 공산청년동맹에 대한 인식

당 관계뿐인 자의 동맹 인식은 생략하는 것도 가능. 동맹뿐인 자 및 당, 동맹의 목적, 공산주의 사회의 건설 목적 달성의 수단 방법(폭력혁명의 불가피성, 의회주의 '좌익사회 민주주의' 프롤레타리아 독재 등에 대하여 논술할 것) 및 국제적 연대성 등을 기술하고 그 후에 일본공산당(동맹)의 슬로건을 열거할 것.

마지막으로 이와 같은 당, 동맹의 존재 및 그 목적 등을 인식하게 된 경로(예를 들어 언

---

15 반제국주의 국제혁명자후원회(MOPR)는 혁명운동의 희생자를 지원하기 위한 국제기관으로 1924년에 독일에서 결성된 단체가 1932년에 여러 외국의 동종 단체를 통합한 것이다. 제2차 세계대전 중에 크게 활약했으며, 1943년에 해산되었다. 국제혁명자지원기관이다.

제 어떤 기회에 누구에게 들어 알게 되었는지 또는 어떤 문서를 통해 알았는지 등)를 명확하게 할 것.

기탄없이 솔직하게 기재하고 천황제 폐지 문제 등을 등한시하지 말 것.

또한 당원, 동맹원이 아닌 경우는 '적기(赤旗) 및 전일본무산청년동맹(全日本無產青年同盟)에 대한 인식'을 부가할 것.

⑯ 일본공산청년동맹 가맹 관계

⑰ 동맹 활동

⑱ 일본공산당 가맹 관계

⑲ 당 활동

이상 이 항에 대해서는 당, 동맹 중 한쪽에만 관계가 있는 경우에는 관계가 없는 쪽을 삭제하고 이하의 번호를 올려 매겨 쓸 것)

가맹 관계는

(가) 가맹 동기

(나) 가맹 절치

(다) 당(동맹)명 및 당(동맹)비

(라) 가맹 후의 지위, 경력

으로 구분하여 동기, 절차에서는 시기, 장소, 관계자, 담화 내용, 당시의 결의 등을 상세히 적고, 당(동맹)비는 그 금액에 대한 설명, 언제부터 누구에게 납부해 왔는지를 상세히 적는다. 지위에 대해서는 시기(취임 연월일), 포지션을 간단하게 나열하는 것으로 한다.

가맹하지 않은 자는 이 항에서 정당하다고 인정되는 이유를 붙이고 그 취지를 기술하면 된다.

당, 동맹 활동 항목은 조직 상태, 활동 상황 등에 대하여 각각 이를 다시 적절하게 종류별로 세분하여 알기 쉽고 상세하게 기술할 것.

당, 동맹에 가맹하지 않은 자도 당, 동맹의 활동에 관계가 있는 경우는 모두 이 항에 포함시킨다.

따라서 학내에서의 Y友會(구 Y), 旗友會(구 P) 자금망 등은 이 항에 기술하는 것으로 하고, 당, 동맹 관계 문서를 받기 시작한 이후의 일을 상세히 기술하는 것으로 한다.

⑳ 소지품(증거품)에 대한 설명

먼저 종류별로 명칭 또는 표제를 적고 다음 행부터 설명을 부가할 것.

㉑ 현재의 심경, 장래의 방침(자아비판)

검거 후의 심경의 변화, 과거의 조직 활동에 관한 비판 등을 서술한 후 장래의 방침을 제시하고 마지막으로 서약을 할 것.

장래에 대해서는 연구 및 행동을 모두 그만둘 것인지, 행동은 그만두지만 연구는 계속하겠다고 하는 경우에는 어떤 이유에서인지(이론과 실천의 통일에 관한 비판) 등에 대해 그것을 이론적(이론의 옳고 그름 및 실현 가능성에 대한 고찰)으로 서술하고 결론을 내린 후 다시 가정적 사정 등을 기술할 것.

년 월 일

장소 …경찰서

3. 검거 현장

1) 교육노동조합사건 증거 압수

〈자료 205〉 최근 사상 사건 압수 문서 번역문

(〈最近思想事件押守文書譯文〉, 《思想月報》 4권 2호, 조선총독부 고등법원 검사국, 1934.5)

교육노동조합의 강령, 행동 강령

교육노동조합은 경상남도 공립보통학교 훈도(訓導)[16]였던 김두영(金斗榮) 등이 1933년(昭和8) 3월 28일 마산 해상에 배를 띄우고 노를 저어가며 배 안에서 조직한 단체로, 공산제도의 실현을 목적으로 하는 비밀결사이다. 피고 21명 중 13명은 모두 훈도였던 자들로, 사건은 현재 부산지방법원에서 공판심리 중이다.

一. 강령

1. 생활권 옹호
2. 언동집회의 자유, 언론집회, 출판결사의 자유 획득
3. 제국주의 교육 타도, 프롤레타리아 교육 건설, 조선인 본위의 교육제 실시
4. 무산계급의 완전한 해방

二. 행동 강령

조선 독자적 문화 건설의 자유

1. 아동의 혁명성 조장(특히 담임 학급 아동의 계급 훈련과 반의 조직)
2. 지방 무산교육기관의 적극적 지지
3. 계급적 가정 방문 이행

---

16 훈도(訓導)는 보통학교의 교원을 이르는 말이다.

4. 조회 훈화 및 교장의 교육 방침을 계급적 입장에서 해설

5. 교육노동자의 강제 출금제도 폐지

6. 결식아동의 조사 및 대책 강구(점심밥 및 모든 학용품 무료 제공)

7. 교내 독서회의 완전한 자유 획득

8. 제반 행동의 반동성을 폭로함과 동시에 반대 투쟁으로

9. 아동을 통한 산업장려의 반동성을 폭로 및 보이콧

10. 시사문제의 계급적 비판과 계급의식의 함양

11. 조선교육회 해소와 '문교의 조선' 보이콧

12. 정각을 힘써 행하기를 장려(定刻勵行)(규약)

13. 비밀 엄수(규약)

14. 독서회 및 휴가, 그 밖에 모든 기회를 이용하여 주의를 선전하고 동지를 획득, 규합할 것(조합의 확대, 강화에 힘씀).

15. 도서를 구입하여 각자의 단계적 수양에 힘쓸 것.

16. 계급적 아동에게 읽을거리 제공 및 지도

◯조선인과 일본인과의 월급 차별 철폐(조선인 월급을 인상하여 일본인과 동일하게)

◯국가 부담에 의한 의무교육제도 실시

17. 직업과(職業科)를 주로 하는 노예적 근로 교육을 비판, 폭로하고 반대할 것.

18. 각 축제일,기념일 등의 계급적 이용

19. 아동 수업료의 계급적 비판과 전면 폐지로

20. 수신 및 철자법 그 외의 학과의 계급적 비판 폭로와 지도

21. 진보 교육노동자의 해고 절대 반대

22. 희생 동지 및 그 가족 적극적 원조

23. 아동 일시 총동원에 대한 지도

24. 반동 교원 몰아내기

25. 부르주아적 조기회(朝起會) 수양■의 반대

26. 종교, 미신, 숙명론 등 비과학적 모든 관념 타파

27. 반전사상 고취

28. 아동의 계급적 친애

29. 아동 등의 민족 관념 선도

30. '교내의 국어(일본어)화' 반대, 조선어 사용의 완전한 자유(집요하게 투쟁하자)

31. '국민정신작흥(國民精神作興)[17]' 반대, 조선역사 및 조선지리 수업의 자유(투쟁이 격렬하게 일어나게 하자.)

32. 교내에서의 교육 만능의 전제주의를

33. 평소 반동 교원의 비인간적 행동을 아동에게 폭로하고 몰아낼 것.

34. 아동에게 적절한 운동을 지도하여 거동을 날쌔고 활발하게 만들자.

35. 아동의 집단성을 재촉하여 빨리 자라나게 하자.

조선공산당재건 전남동맹 강령 압수

일찍이 도쿄에서 조선공산당 일본총국사건에 관계하여 검거된 이기택(李起澤), 정■■ 두 사람은 보석 출소중 1931년(昭和 6) ■월 도쿄에서 조선공산주의자협의회 도쿄연락부를 조직하였다. 정■■은 조선으로 돌아와 서로 연락을 취하며 활동중 1932년(昭和 7) 봄 대구에서 조선공산주의자협의회 사건으로 검거되었다. 그 후 이기택도 조선으로 돌아와 다시 동지를 모아 1933년(昭和 8) 3월 5일 경상남도 ■천군 ■명면 ■■ 등에서 조선공산주의 운동 통일동맹을 조직하고 전라남도, 전라북도, 경상남도의 공산주의 단체를 통일하고자 먼저 전라남도에서는 이기택의 지도하에 같은 해 5월 조선공산당재건 전남동맹을 조직하였다. 다음에 게재하는 것은 전남동맹의 강령이다.

우리 동맹의 임무와 강령 초안

일본제국주의는 절대적 전제지배자로 조선노농 대중의 머리 위에 군림하고 있다. 정치적으로 인민의 기본적 권리를 완전하게 박탈하고 일체의 정치적 자유를 속박하고, 경제적으로는 거대한 기본적 생산수단 – 토지, 공장, 광산, 교통수단, 신용기관 등을 수중에 독점하고 민족적 대중적 수탈을 강행하고 있다. 조선에 일본제국주의로 완전하게 종속시키는 식민지

---

17 국민정신작흥(國民精神作興)은 제1차 세계대전 후 개인주의와 민주주의 풍조, 사회주의 대두에 대처하여 관동대지진 후의 사회적 혼란을 진정시키고자 1923년 11월 10일에 발포된 「국민정신작흥에 관한 칙서(國民精神作興ニ関スル詔書)」를 근거로 국민정신을 강화하고, 진흥을 목적으로 전개한 운동이다.

적 상품시장, 원료자원으로서만 중요한 경제적 의의가 부과되어 있는 만큼 근대적 공업의 발전은 매우 미미한 것이며, 농업 관계의 봉건적 체제는 변혁되지 않고 토지의 대부분은 일본제국주의와 소수의 토착지주의 소유가 되어 토지를 박탈당한 다수의 농민층에게 봉건적 제국주의적 기근시대에 신음하고 있다. 또한 농업의 극단적 위기와 강도 같은 조세제도는 소경영 농민대중을 제국주의의 상업적, 고리대금적 착취의 대상으로 전락시키고 있다.

토지를 빼앗기고 초근목피도 채취할 자유가 없는 영락한 농민은 고향을 버리지 않을 수 없다. 도시와 농촌에는 방대한 인민대중이 실업군을 형성하고 있다. 토지를 빼앗긴 농민과 공장에서 쫓겨난 수천 수백의 노동자는 실업과 빈곤과 기아로 연결되어 있다.

소비에트 동맹과 중국 혁명을 묵살하고 전 동양에 독점적 식민지를 형성하고자 하는 일본제국주의의 전쟁정책은 노동의 살인적 강화, 인플레이션으로 인해 물가 상승과는 반비례적인 연쇄적 임금 인하, 대중적 고용을 강제하고, 빈곤, 아사 등 온갖 잔혹한 상태를 초래하고 있다. 노동자, 농민은 죽음이 아니고서는 싸울 수밖에 다른 방법이 없다는 사실을 깨닫고 있다. 그리고 대중의 삶을 위한 모든 투쟁과 조직은 제국주의의 잔학한 군사적, 경찰 테러로 탄압을 당하여 보다 더한 투쟁의 확대-모든 일상적, 경제적 투쟁이 광범위한 전면적, 정치적 투쟁으로의 발전은 난관에 봉착하고 있다. 그러나 모든 공장과 농촌으로부터 부단히 일어나는 일상적 경제투쟁은 조선에서의 대중의 혁명적 앙양의 유일한 형태임과 동시에 쌀과 토지와 자유를 위한 사회주의적, 민족적 정치 투쟁의 중요한 순간이다.

직면해 있는 조선 혁명은 반제국주의 농업혁명이다. 이는 절박한 세계혁명의 일환으로, 선진프롤레타리아 국가의 물질적, 정신적 원조에 의해 급속하게 사회혁명으로 전화될 수 있는 부르주아 민주혁명이다. 우리는 이러한 전략적 예측을 가지고 당면한 혁명기의 일반적 행동 강령을 다음과 같이 규정한다.

1. 일본제국주의의 군사적, 경찰적, 관료적 전제정치기구의 완전한 전복, 조선의 완전한 독립
2. 조선노동자, 농민 소비에트공화국 수립
3. 일본제국주의 및 금융재벌의 조선에서의 전 산업기관, 은행, 철도, 해운, 광산, 공장 및 일체 시설 몰수, 몰수물에 대한 노동소비에트국가의 통제 실시

4. 일본제국주의 회사, 교회, 사원 및 일체의 기생적 지주 소유 토지의 몰수, 일하는 농민에게 교부, 지주, 은행, 금융조합, 고리대금, 기업자의 채권 무효
5. 8시간 노동제 실시, 노동자 생활 상태의 근본적 개선
6. 제국주의 전쟁 반대
7. 소비에트 동맹, 중국 소비에트 혁명 옹호, 이제는 혁명의 준비기다. 혁명의 역사적 성질은 혁명에 프롤레타리아트의 헤게모니를 절대적으로 요구하는 혁명을 성공적으로 달성시키기 위해서는 일체의 제국주의 세력, 농민, 소상인, 수공업자를 프롤레타리아 전위당(前衛黨)의 지도에 결집해야 한다. 먼저 근로인민의 다수자 획득을 위해서 파시스트적 민족개량주의자, 그들은 민족의 완전한 해방을 위해서 혁명적 투쟁을 하는 대신에 일본제국주의와 야합을 기도하고 제국주의 전쟁 정책을 미화하고 일본의 만주 침략전쟁이 조선인민대중에게도 어떤 이익을 가져오는 것이라는 환상을 퍼뜨리는데 그들의 영향 아래 있는 인민대중을 혁명적 진영에 끌어들여 사회민주주의의 변종인 사회개량주의자, 개량주의적 합법단체의 간부 지도하에 있는 무분별한 대중을 그들로부터 분리시켜야 한다.

이와 같은 광범위한 정치적 활동과 맞물려 긴급 초미한 임무, 진영의 재건, 혁명적 조직의 확립을 막는 장해와 어려움을 돌파하여 영웅적으로 수행해야 한다.

(1) 당 재건 투쟁 강화
(2) 혁명적 노조, 농민조합(農組)의 산업별적 확립, 일체의 개량주의 조합 내의 혁명적 반대파 결성
(3) 반제국주의 공동전선의 조직적 형태에 따라 반제국 동맹 창설, 이 조직으로 혁명적 민족주의자를 적극적으로 끌어들이라

이상의 정치적, 조직적 임무는 광범위한 일상적 선동(agitation), 프로파간다(propaganda) 활동을 통해서만 유효하게 수행된다. 우리는 이 선동, 선전 활동을 대중의 부분적, 구체적 이익 옹호의 슬로건과 밀접하게 결부시켜야 한다. 혁명을 준비하는 시기에는 대중이 이 부분

적, 구체적 요구에 보다 많은 관심을 갖게 하기 위해 우리는 항상 모든 일상 투쟁의 선두에 서는 것을 게을리해서는 안 된다. 대중을 일반적, 전략적 강령에 접근시키기 위해서는 부분적, 구체적 요구, 강령을 내걸어야 한다.

1. 파업 및 농민행동에 대한 군사적, 경찰적 억압 반대, 동맹파업 및 농민행동의 자유, 노조, 그 밖에 근로자의 소유, 조직, 형태의 무한한 자유, 자본가, 지주에 대한 노동자, 농민의 투쟁에서의 관헌(경찰, 행정기관, 재판소)의 간섭 조정 반대
2. 경찰의 횡포에 의한 일체의 희생자 및 일체의 정치범-노동농민의 지도자, 동맹파업 소작쟁의의 참가자 공산주의자, 민족혁명가 즉시 해방, 고문치사한 경찰관 사형.
3. 근로자의 언론, 출판, 집회의 무제한의 자유, 대중적, 정치적 집회와 데모의 완전한 자유, 신고 의무 없이 일체의 경영에는 경영위원회, 농촌에 농민위원회 창설, 공장, 광산, 농촌에 적색자위단 창설, 단체교섭권 확립
4. 일체의 노동자, 농민을 억압하는 제 법령 및 민족을 억압하는 제 법령(치안유지법, 치료법, 집회단속령, 보안법, 제령 제7호, 출판법, 신문지법, 소작조정령 등) 철폐, 조선의 자주적 산업 발전을 저해하는 모든 제도 및 농회(農會)산업조합, 미곡통제법, 면, 누에고치, 공동판매제도, 주세령(酒稅令), 삼림령 등 모든 악법 철폐.
5. 일체의 봉건적 구속 소탕, 민족적 문화 억압 반대, 일본국수문화 강제 반대.
6. 소작료 감세, 지주, 은행, 금융조합, 고리대금에 대한 농민의 채권 탕감, 이들의 책무 및 체납조세 지불 거절.
7. 반노예적 노동 조건 절대 반대, 기숙사제도의 무자유 반대, 노동자의 노예적 고용 계약제도 반대, 일본인과의 노동 조건 차별대우 반대, 조선인 청소년 및 중국인의 이중 착취 반대, 동일 노동에 대한 동일 노임, 여성, 아동의 공공연하거나 혹은 은연한 매매에 대한 법률적 처벌.
8. 자본주의적 합리화 반대, 성년에 대한 8시간 노동제, 18세 이하의 청년에 대한 6시간제, 16세 이하의 소년에 대한 4시간 제한, 소년 노동 금지 주 46시간제(현재 노동 시간이 특히 길어 소공업 부문에서는 당분간 50시간제) 1주 1회, 1년 2주의 임금 지급에 의한 휴일, 임금 전액 지불에 의한 생리 휴가.(월경 시 및 산전 산후)

9. 임금의 전반적 인상, 기혼 노동자의 최저 생활비 규준에 의한 의무적 최저임금 제정, 임금 관련 모든 착취 반대, 임금 미지급에 대한 법률적 처벌.
10. 자본가 부담에 의한 관영, 실업, 상해, 질병, 양로보험 즉시 실시, 일체의 사회보험기금을 공장주가 관리하는 것에 대해 반대하고 그에 대한 노동자의 관리권 획득, 노동자에 대한 집값, 수도료, 전기료 할인, 실업자에 대해서는 전액 면제할 것, 실업자 동맹, 임차인 동맹 창립, 명실상부한 실업구제 공사 실시.
11. 근로 인민 대중을 상업적으로 수탈하고자 하는 미쓰이(三井), 미쓰비시(三菱) 등 제국주의 금융재벌의 조선산업 강제 반대(고무업, 수산업, 식료, 농촌부업 등), 인플레이션에 의한 물가 인상 반대, 수천, 수억의 조선인 민중의 혈세에 의한 일본인 자본가 보조(사설철도(私鐵), 기타 기업에 대한 국고 보조), 일본인 고급관리의 생활비 유용, 경찰비, 감옥비 등에 대한 낭비 중지, 은행, 자본가, 지주에 대한 고율 과세, 노농빈민에 대한 조세 면제, 투기 이득의 전액 몰수 및 그 자금에 의한 실업자, 도시와 농촌의 빈민 부조.
12. 중국 침략전쟁 즉시 중지, 조선, 만주와 기타 중국 각지에서 일본군대 즉시 철수, 소비에트동맹, 중국 혁명 옹호.

1933년 5월 일

조선공산당 재건 전남동맹중앙위원회

부기

6.에 대하여 다음 조목을 부기할 것

국고 부담으로 비료, 종자, 농구, 기타 농촌 생산 요구의 무료 대여, 농산물 가격 하락 및 감수(減收)에 위한 농민의 손실에 대하여 국고 보조.

부

지방조직으로서의 우리 동맹

(2) 조선공산당 재건 전남 동맹의 기관지《적기(赤旗)》창간호(1933년(昭和 8) 7월 15일)에 실림.

우리는 지난번 창립선언에서 우리 동맹은 조선공산당을 재건하기 위해 일개 지방조직체라는 것을 대담하게 표명했는데 여기에 다시 한층 더 부연하여 구체화함으로써 일반 근로 대중에게 우리 동맹에 대한 보다 정확한 인식을 제공할 필요가 있다고 생각된다.

공산주의자의 지방조직체-이는 실천에서 분리되어 있는 일부 소수의 분자에게는 참으로 이상하게 들릴지도 모른다.

즉, 조선공산주의자의 긴급한 당면 문제는 전선의 통일임에도 불구하고 같은 종교 속에서의 분파(宗派) 성질을 가질 위험이 다분히 있는 지방적 조직체를 먼저 갖겠다고 하는 것이다. 그러나 진리는 투쟁으로 일어나는 구체적 실현에 있다. 감성적인 희망만으로는 절대적으로 정당한 전략, 전술은 나오지 않는다. 실제로 현재 공산주의자의 당면 임무는 전선의 전국적 통일이다. 그러나 그 통일을 어떤 방법을 가지고 성공적으로 수행할지 정당한 전술은 우리들의 객관적, 주관적, 모든 정세와 구체적 현실을 주도면밀하게 분석, 규명할 때만 표출되는 것이다.

우리의 전선은 극도로 분산되어 있다. 아니 단순히 분산되어 있는 것만이 아니라 노동조합, 농민조합 등 대중단체조차도 확립되어 있지 않으며, 지방적 혹은 대경영내의 단독조합도 볼만한 것이 없는 상태에 있다.(이 점은 특히 중요한 계기이므로 우리들이 고려해야 한다) 그리고 적의 교묘한 스파이 정책과 침략전쟁 강행에 의한 광폭한 테러 정책은 극도로 야만성을 발휘하고 있다. 이와 같은 우리들의 내외 정세는 1900년경의 러시아당의 전선 통일이 문제가 된 때와는 전혀 다르고, 1924년경의 일본당 재건 당시와도 분명히 동일하지 않다는 것을 알아야 한다. 그러므로 우리가 지금 여러 명의 동지들이 목소리를 높여 성급하게 전국적 조직체를 만들어 각 지방에 정당·노동조합 등의 조직책을 배치함으로써 득의양양하게 말하기를 이를 당이라고 명명하지만, 그것은 당이 아니다. 왜냐하면 "소수자가 긴밀하게 대중과 연락하여 이를 지도할 수 없다면 그때는 만약 당이라고 해도 당이 아니다. 또한 그것은 아무 쓸모도 없는 것"(레닌)이기 때문에 당이 아닐 뿐 아니라 역시 그것은 재건 당의 준비조직체도 되지 않는 것이다. 왜냐하면 대중의 토대가 없는 조직체는 내부에 스파이 침입을 용이하게 하여 당도 확립되기 전에 조직의 전모를 적의 칼날 위에 세우기 쉽기 때문이다. 물론 그렇다 하더라도 단순하게 지방적으로 조직체에 만족한다는 것은 오히려 반동적 이론 이외에 아무것도 없다는 것은 두 번 다시 말할 필요가 없다.

이상의 견지에서 볼 때 우리는 전국조직체의 확립을 목표로, 먼저 지방조직체의 통일과 확립을 주장한다. 이 공산주의자의 지방조직체는 항상 대중의 선두에 서서 과감한 투쟁을 수행해야 한다. 그리고 조직의 주위에 대중을 결집시켜 정치적, 조직적 훈련을 가함으로써 광범위한 대중 속에 견고한 뿌리를 내려야 한다. 각 지방조직체의 이와 같은 정치적, 조직적 역량이 충분히 발전할 때 필연적으로 전선의 통일이 촉진될 것이다. 이와 같은 투쟁 과정을 통한 전선 통일이 비로소 명실 공히 총화의 시련을 받은 완전한 볼셰비키당이 될 것이다. 그렇다고 조선 13도 전 지역에 지방단체가 확립, 강화되었을 때 비로소 통일적 당이 결성됨을 의미하는 것은 결코 아니다. 전국적인 당 결성의 기준은 어디까지나 전략적으로 중요한 몇 개의 지역을 경영함에 있어 조직의 뿌리가 확실한 시기가 아니면 안 된다. 그리고 지방조직의 발전 자체는 상호 아무런 연관이 없는 전혀 개별적이고 독립적인 것이 되어서는 안 된다. 지방과 지방 사이에 조직이 엄연히 독립되어 있더라도 국사(國士)의 교환, 기관지 뉴스 등의 교환은 반드시 이루어져야 한다. 이와 같이 상호 간의 투쟁을 직간접적으로 서로 배양하고 전진시켜 이것이 역시 지방적 조직체이기 때문에 여러 가지 종파적 위험성을 제거할 중요한 지렛대가 될 것이다.

이상과 같은 우리의 조직이론에 대하여 어떤 동지는 실제로 아나키스트적이라고 우리를 비난할지도 모른다. 그러나 동지들이여! 우리의 혁명운동의 곤란성-조직의 비합법, 전선의 분산, 투지의 결핍, 재정의 어려움 등등은 파란 하늘에 떠 있는 구름과 같이 저절로 일시에 삭감되는 것이 아니다. 현실에 적합한 융통성 있는 끈질긴 투쟁, 고난에 넘치는 잡다한 투쟁 조건을 견뎌내며 한 걸음 한 걸음 싸워 나아갈 때만 제거된다. 따라서 이제 우리들의 투쟁에서 수많은 어려움 중의 하나인 약간의 지방적 분산성만을 들어 우리를 비난하는 것은 타당하지 않다.

동지 여러분! "한 번에 전국적, 조직적", "한 번에 아무런 곤란, 장애 없는 투쟁"을 꿈꾸지 말라! 확고한 이론적 목표 아래 한시도 쉬지 말고 용감하게 싸우라.

투쟁을 통하여 전선을 통일하라

공산주의 지방조직체를 확대, 강화하라.

당파 기회주의를 분쇄하라.

조선공산당 재건 전남 동맹 만세.

조선공산당 재건 만세.

8·1 국제 적색 데이를 동맹 파업, 데모로 투쟁할 것.

2) 1933년 남궁억 등 십자가당 사건 검거

〈자료 206〉 1933년 남궁억 등 십자가당 사건

[김세한, 1960, 『한서(翰西) 남궁억 선생의 생애』, 한서남궁억선생 기념사업회, 278~311쪽]

감시를 위한 돌이소 주재소

행정 조치상으로 생각해 볼 때 어느 도(道)이던 그 소재지에 경찰국이 있고 군(郡)이면 그 소재지에 경찰서가 있으며, 면(面)이면 그 소재지에 경찰관 주재소가 병치되어 있는 것이 통례이었으나, 강원도의 홍천군의 서면만은 특별한 조치를 했던 것이다. 한서(翰西) 선생이 은거하시는 보리울(牟谷里)에서 약 1킬로미터의 지점의 돌이소(都利沼)라는 곳에 경찰관 주재소가 파견되어 있는 것이다. (중략) 일본 경찰은 한서 선생이 모곡으로 낙향하신 후 호시탐탐하여 체포할 기회를 얻고자 노력했던 것이다.

잡지 《시조》 사원을 가칭하고 독립사항을 탐정

1932년 1월 8일 애국단원 이봉창이 일본천황을 죽이려고 궁성 앵전문 밖에서 폭탄을 투하했으나 실패로 돌아갔고 그해 4월 29일에는 상해의 홍구공원에서 열린 만주사변 전승축하회 마당에서 윤봉길 의사가 폭탄을 던져, (중략) 연거푸 일어나는 한국인의 의거에 자극을 받고 놀란 일본정부는 혈안을 부릅뜨고 민족주의자를 색출함에 서울, 시골 할 것 없이 수

사망을 펴며 검거의 제일봉이 강원도 홍천 모곡에 떨어졌던 것이다. 농촌에서는 벼가 한창 익을 때였다.

선발대로서 홍천 경찰서원 신현규(申鉉奎)[18]는 시조(時兆) 사원을 가칭하고 한서 남궁억 선생을 방문했다.《시조》잡지를 팔면서 비록 안식교와 감리교는 그 교리가 다르지만 나라의 독립을 위한 심정은 교인으로서 같았던 것이다. 더구나 안식교는 종교적 탄압이 어느 교파보다도 가혹했던 것이다. 이제 두 사이에는 이야기가 깊어가고 차츰 흉금을 터놓고 독립사상의 본격적인 노선으로 들어가 이야기는 노골화되었던 것이다.

"일본이 아무리 기세를 부려도 구미(歐美)의 문명을 따를 수 없지요" 하는 신현규의 유도 탐문하는 말에 "그렇지요. 일본이 한국에 대하여 동화정책을 쓰지마는 이는 오산이고, 우리나라가 자고로 남의 나라 침입이 있기는 하였으나 오래지를 못했으며 뱉고야 말았던 것이다. 현재 한국이 일본에게 침탈되었으나, 굳세게 나아가면 독립이 불가능한 것이 아니요" 하였다. 신현규는 이 말에 대답하여 "지금 같아서는 언제 그럴 상 싶지 않습니다" 하였다. 한서 선생은 신현규의 얼굴을 쳐다보며 젊은 사람들이 낙심해서는 안 되오. "머지않아 태평양이 가마에 물 끓듯할 것인데 나는 못 보나 당신들은 볼 것이요" 하였다. 이야기가 끝나자 무궁화를 사러왔다고 하니 선생은 신현규를 무궁화 묘포(苗圃)로 데리고 나가서 무궁화는 우리나라의 국화라는 것을 설명하며, 무궁화 시에 대한 이야기까지 하고, 사쿠라는 활짝 피었다 곧 지지마는 무궁화가 면연(綿連)히 피어나는 것처럼 한국의 역사가 면연할 것을 역설했다.

---

18 신현규(1907~ ?)는 1939년 5월 영월경찰서에 근무 발령을 받았다(〈강원도 사령〉,《매일신보》, 1939.5.13). 1940년에는 도경부로 승진하여 원주경찰서 근무 발령(《매일신보》 1940.2.10 〈각 도 경관 대이동〉), 1949년 친일행위로 검거되었다(〈강원도 지위 신현규 검거〉,《동아일보》 1949.3.25). "강원도 반민특위지부에서는 지난 16일부터 활동을 개시하여 전 홍천경찰서 고등계주임 신현규를 체포하여 춘천형무소에 수감하였으며 자진 자수하여 온 전 중추원참의 이근수는 소환 문초 중이라고 한다."《경향신문》(1949.3.23) 〈고등형사 등 각지서 10명 체포〉에서 "중앙 김동만(40) 군사령부 밀정, 신현규(고등계 형사), 김병기(고등계 형사) 체포함"을 보도하였다. 1942년 11월 4일자《조선일보》의 〈벙어리도 낀 소위 의용차〉는 3일 마상수용소에서 석방되어 고향으로 돌아가게 된 민간인 억류자 명부를 보도했는데 강원도에 신현규가 있었다. 1958년 강원 인제에서 무소속으로 출마하였으나(53세, 한문 수료, 전 헌병중령〈《조선일보》,1958.4.11. 각 도 소속별 입후보 상황 집계) 낙선하고 선거에 부정이 있다고 하여 대법원에 선거 무효소송을 제기하였다(《경향신문》, 1958.5.21. 〈인제구 신현규 씨 선위장 걸어 고소〉). 게다가 후보 나상근이 신현규에 대해 과거에 대한 허위사실을 공표했다고 하여 서울 고법에 나 씨를 고소, 춘천지검은 혐의 없음을 이유로 불기소처분하였다(《경향신문》, 1958.7.30. 〈고법에 재정신청, 인제의 신현규 씨〉).《조선일보》(1963.2.14) 기사에는 〈민정당지구당 조직위원 선정〉에 강원도 홍천에서 신현규가 임명되었다고 보도했다.

이리하여 한국독립의 확고한 남궁억 선생의 민족주의 사상을 탐정했던 것이다.

[참고: 최종태(崔鍾泰) 씨의 기록에서/남궁경숙(南宮敬淑) 여사의 일기에서/남궁주(南宮柱) 씨의 기록에서, 307~309쪽]

11월 4일 검거되다

1933년 11월 4일 홍천경찰서의 사법주임이요, 이틀 전에 시조사원을 가칭하고 한서 선생의 독립사상과 무궁화 이야기의 비밀을 탐정한 신현규가 선두에 서고, 사복경관 8명이 따르고 있었으니, 고등계 주임인 나카노(中野廣中)와 그 차석인 다카다케(高武)와 고등계형사 특무계 최언환(崔彦煥)과 사법형사 곽을룡(郭乙龍)[19]과 돌이소 주재소 수석인 기다니(木谷正一)와 동 형사 정도일(鄭道逸) 외에 두 명으로 이들은 담당수사자인 신현규의 지휘에 따라 남궁 교장과 교사들의 집마다 잠복시켜 대기하게 하고 신현규는 학교마당에 섰고 정도일은 직원실에 나타났던 것이다. 교직원들이 모두 조회 마당으로 나갔으나 정도일은 이상하게 이날은 나가지 않고 있어 직원들의 책상 서랍을 들춰내어 프린트한 노래책과 종이장과 책을 모아서 한 아름 책상 위에 놓았던 것이다. 그날 오후 10시경에 감시하고 대기했던 서원(署員)은 남궁 교장과 교사들의 집을 급습하여 체포하는 동시에 가택수색을 시작했고 방안의 천정을 찢고 벽을 뚫으며 옷장과 책궤에서 다음과 같은 증빙물을 압수할 뿐만 아니라 집안 식구들의 몸까지 수색했던 것이다. 그때 압수된 증빙물은 무궁화 선전문, 선생이 지은 한국역사(조선이야기), 영문으로 된 독립노선, 태극을 박은 체경(體鏡)과 수저, 한서 선생이 지은 노래모음, 동국사기와 삼국사기, 선생이 지은 동사략 서한, 일기장.

(참고: 최종태 선생의 기록에서/남궁경숙 여사의 일기에서, 309~311쪽)

---

19 곽을룡(郭乙龍)은 생몰년 미상의 강원도 출신으로 1928년 강원도 홍천경찰서 순사, 1929년부터 홍천경찰서 남면경찰관주재소에서 근무했다. 1932년부터 홍천경찰서 순사, 1934~1937년까지 고등계 형사를 지냈다. 1940년 홍천경찰서 내촌주재소 순사였다. 친일인명사전편찬위원회 편, 『친일인명사전』 1, 민족문제연구소, 180쪽.

3) 조선악극단 순회공연 단속

〈자료 207〉불온 무대장치 사용한 조선악극단 순회공연의 단속

(〈不穩舞臺裝置使用した朝鮮樂劇團巡廻公演の取締〉, 《特高月報 原稿用紙》, 1939.4[20])

경성부 남대문통 1정목 104 소재 제국축음기주식회사 조선어판 OK레코드회사(통칭 조선악극단)는 3월 12일부터 5월 10일까지 오사카시 미나미(南)구 히가시이즈미(東淸水)정 소재 요시모토(吉本)흥행회사와 계약을 체결하고 문예부 책임자 이철(李哲)을 지도통솔자로 악극부원 28명을 일본에 파견하였다. 이후 도쿄, 나고야, 오사카, 교토 등 각지를 순회공연 중인데 연극 중 무용 '승무'는 무대배경에 구 한국기를 담은 그림을 장치하여 교묘하게 조선인 관객의 이른바 민족의식의 낌새를 살피는 바 주의를 요한다. 그리고 이번 달 21일부터 오사카시 소재 난카이가게쓰(南海花月)극장에서 같은 장치로 연출하는바, 앞의(先之) 오사카 부(府)에서는 관할 지역 거주조선인이 24만 여에 이르고 관객도 상당하였기에 전술한 구 한국기를 내건 연극을 관람하면 특히 잠재적 민족의식을 환기시키는 분위기를 만들기 때문에 그것을 고려하여 현하 내선일체를 강조하는 시국에서 이를 간과할 수 없다고 간주하였다. 해당 공연의 연출 후 곧바로 경고를 주고 해당 무대장치를 철거하도록 유도하는 한편, 연출 책임자인 이철 35세, 김용활(金用活) 32세, 김상진(金尙鎭) 34세 등을 초치하여 해당 무대장치를 실행한 영위에 대하여 조사하였다. 그 결과, 이번 흥행에서 요시모토흥행 측의 '농후한 조선 색채의 묘사를 희망'한다는 요구에 대하여 협의를 하였다. 그래서 1919년 감상적인 소년 시절 이른바 조선독립만세소요사건 당시 가두데모를 하는 군중이 종이, 천에 구 한국기를 그린 깃발을 흔들면서 독립만세를 외치며 행진하는 것을 목격하고 감격한 일이 있었는데 이를 떠올리고 구 한국기를 내걸 때 조선색채를 강하게 표현하고 또 관객 즉 조선민중에게 잠재적인 민족의식을 고취할 수 있다고 여겨 해당 장치를 만든 사실이 판명되었다. 또한 이 연

---

20 아카시 히로타카(明石博隆), 마쓰우라 소조(松浦総三) 편, 1975, 『昭和特高彈壓史6 朝鮮人にたいする彈壓』 上, 太平出版社.

극을 관람한 관객이 극단에게 다음에 첨부하는 글과 같은즉, "우리 조선 동포에게 위안을 주는 연극은 수십 편의 일본연극보다 다름 아닌 단 한 편이라도 이런 연극을 감상하는 것"이라는 다수의 격려문을 보낸 것에도 나타나듯 이러한 종류의 연극이 조선인 민중에게 미치는 영향이 매우 심각하다는 점을 인식하고 장차 단속을 함에 있어 충분히 주의를 기울여야 한다.

니시나리(西成)구 양(梁)

(전략) 우리 반도의 동포는 고국 삼천리를 떠나 현해탄 넘어 수만 리 떨어진 타향의 산업도시 오사카를 제2의 고향으로 삼아 전혀 위안이 삼을 것도 없는 불철주야의 노동에 종사하고 있습니다. 일본 거주 동포에게 위안이 되는 것은 오로지 고국 삼천리강산의 풍물입니다. 수백 수천 편의 영화와 연극보다 동포가 만든 삼천리강산의 풍속과 4,000년을 이어온 예술입니다. 소박해도 동포가 만든 것보다 좋은 것은 없습니다. 열정적인 여러분의 공연 모습을 통해 잊고 있던 삼천리강산의 풍물을 눈앞에 보고 4,000년의 역사가 떠올랐습니다. 아, 삼천리강산의 장래는 어디인지, 다만 오늘 여러분의 열정적인 모습을 접하고 고국 삼천리에 이렇게 건재하다는 것, 또 장차 모든 박해를 이겨내고 더욱 조선 예술을 위해 싸워줄 것을 바라마지 않습니다. (후략)

미야케 시게오(三宅重夫) (조선인)

(전략) 이러한 공연을 좋든 나쁘든 타향에서 보는 일은 매우 감격스럽습니다. 자신의 과거가 숨겨진 감상과 회고에 젖어들게 되어 절실하게 흥행이 성공하기를 기도하지 않을 수 없는 기분이 됩니다. 일본의 사람들에게 (객관적으로) 어떻게 비춰질지 여러 가지로 걱정하면서 자기 일처럼 마음이 쓰입니다. 부디 삼천리강산의 유구한 4,000년 역사를 더욱 강호에 펼치길 바라마지 않습니다. (후략)

김영수(金永銖)

(전략) 여러 선생들이 도쿄에 와 목적을 달성하고 우리 삼천리 동포의 유일한 악단으로 크게 명예를 떨칠 것을 기도합니다. 우리들도 조선인인 이상 뭐니 뭐니 해도 고향의 아름다움을 여러분들이 접하게 되어 감격스럽습니다. 두루 잘 갖추어진 간결하고 아름다운 의상

이 친구들 사이에 자랑스럽습니다. 특히 중간 막과 마지막에 함께 노래 부를 때 무대에 선 백의의 여사의 여신다운 모습은 삼천리 전체의 광명과도 같아서 문득 잊고 있던 우리나라의 것들이 떠올랐습니다. 우리 조선인에게는 당연하게도 감격이었습니다. 삼천리강산을 위해 크게 힘써주세요. (후략)

4) 이재유(李載裕) 검거

〈자료 208〉 이재유(李載裕) 체포견문기

[나가사키 유조(長崎祐三), 〈이재유체포견문기(李載裕逮捕見聞記)〉, 《思想彙報》 10호, 조선총독부 고등법원 검사국, 1937.3, 291~305쪽]

이 글은 경성지방법원 사상계 검사 나가사키 유조(長崎祐三) 씨가 쓴 것이다.

(1) 머리말

1934년 이후 경성지방법원이 언도한 치안유지법 위반 판결문에는 이재유가 자주 등장한다. 특히 그가 유명해진 것은 경성제국대학교수 미야케 시카노스케(三宅鹿之助)[21]를 적화전선에 뛰어들게 했으며 미야케 교수의 관사 마루 밑에 30여 일간 숨어 지낸 사실이 세상에 알려졌기 때문이다. 그가 체포된다면 경성 인근의 사상범은 전멸이라 말할 정도였다. 화제의

21 미야케 시카노스케(三宅鹿之助, 1899~1982)는 1927년 4월 경성제국대학 법문학부 조교수로 부임했다. 1929년 2월부터 1931년 4월까지 독일, 프랑스, 영국, 미국에서의 재외연구를 계기로 일본의 저명한 공산주의자이자 유럽 등지에서 활동하던 가타야마 센 등과 교유하게 되었고, 1929년 7월 말에는 이들과 함께 제2회 국제반제동맹대회에 일본대표의 일원으로 참석하였다. 1931년 4월 경성제국대학으로 돌아온 이후에도 공산주의 운동을 실천하다 1934년 5월 21일에 경찰에 검거되었고 1935년 1월 9일 자로 면직되었다. 미야케는 경성제국대학 교수로서 식민지 반제운동과 민족해방운동이라는 이른바 '사상 사건'에 관여하여 투옥된 유일의 경성제국대학 교수였다. 김경일, 2015.3, 「지배와 연대의 사이에서-재조 일본인 지식인 미야케 시카노스케(三宅鹿之助)」, 『사회와 역사(구 한국사회사학회논문집)』 105권, 287~318쪽.

주인공 이재유는 1936년 12월 25일 경기도 경찰부 고등과 직원에게 체포당했다. 이재유를 체포한 제군의 노고를 치하하며 견문기를 남기고자 한다.

(2) 이재유가 공산주의자가 되기까지

이재유는 함경남도 삼수군(三水郡) 별동면(別動面) 선소리(船所里)에 태어나 올해 서른셋이다. 부친은 이강범(李玒範) 삼수군청의 직원이었고, 세 살 때 모친이 작고했다. 그 후 부친은 이재유보다 열 살 많은 젊은 부인을 맞았다.

"나는 아버지의 후처를 어머니라고 부를 수 없었다. 어머니라고 부르기엔 너무 젊었기 때문이다. 그래서 아버지와도 떨어져 살게 되었다. 나는 가족애라는 것을 모른다. 아버지가 젊은 후처를 맞은 일이 내가 공산주의자가 된 이유 중 하나가 될 것이다"라고 이재유는 말했다.

보통학교에 거의 다니지 않은 이재유는 일본어와 산술을 독학으로 배웠다. 1923년 조선인들 사이에는 '조선인은 반드시 지식이 있어야 한다'는 생각이 만연했었다. 이재유도 고학 목적으로 그해 본적지에서 경성으로 상경했다. 장래에 정식 학교를 졸업하여 정치가가 되려는 야망을 품었다. 그러나 조선 최고의 내실 있는 학교 경성중은 조선인 자제의 입학을 거절하였고 경성고등상업학교와 같은 관립학교는 입학시험에서 일본인과 조선인의 성적이 동점일 경우 일본인에게 입학권을 준다는 사실에 화가 났다. 그러한 차별대우는 조선이 일본의 속국이기 때문이므로 조선의 독립을 바랐다. 사립보성고등보통학교 2학년의 편입시험에 합격했지만 재학 3개월 만에 학자금이 부족하여 퇴학할 수밖에 없었던 그는 세상을 원망했다. 수재라도 진학을 못하는 것은 가난 때문이라고 생각하고 당시부터 좌익서적을 읽었다. 1924년 개성 사립송도고등보통학교 4학년에 편입시험으로 입학했지만 좌익서적만 탐닉하고 학교 수업을 받지 않았다. 그리고 스트라이크 주모자가 되어 퇴학을 당한다. 1925년 도쿄에 나와 신문배달을 하면서 니혼대학(日本大學) 전문부에 재학하지만, 역시 학비를 내지 못하고 두세 달 만에 퇴학한다. 그 후 일본노동조합평의회 계열의 도쿄합동노동조합에 가입하여 노동운동에 뛰어들었고 70여 차례 검거된다. 후에 실전에 뛰어난 것은 이 당시의 운동 경험 덕분이다. 1928년 4월 공산주의자 인정식(印貞植)의 권유로 고려공산청년회 일본총국에 가입하고 선전부 책임자가 되는데, 이 일이 발각되자 도쿄에서 경기도 경찰부에 검거되어 조선으로 호송되었다. 1928년 9월 28일 경성지방법원 검사국이 예심에 넘겼다. 1930년 1월 5일 해당 법원은 징역 3년 6월(미결 통산 500일)의 판결을 내리고 곧바로 해당 판결은 확정되었다.

이재유는 "내가 진정한 공산주의자가 된 것은 이 판결을 받았기 때문이다. 전과자의 앞날은 암흑과도 같다. 전과자로 사느니 평생 공산주의자로 살고 후세에 혁명가라는 명예로운 이름을 남기기로 결심했다. 당시는 형무소에 자유가 아직 남아 있었다. 마르크스 자본론 번역본 차입을 신청했는데 허가를 받고 자본론을 독파했다. 형무소는 내게 공산주의 대학이었다"라고 말했다.

그는 출소 후의 적화방침에 대해 생각했다. 조선공산당이 제대로 된 활동도 못하고 실패로 끝난 것은 어째서인가, 그것은 당 조직을 서둘렀기 때문이다. 레닌이 조선 내 공산당을 조직하라는 지령을 내렸지만 당장 조직하라는 의미가 아니다. 학교에서 일상투쟁을 이끌어 가는 가운데 우수분자를 획득하고 일정 수준에 도달한 의식분자를 얻은 후 당을 조직하자, 그러려면 유력 멤버로 당을 조직하는 것이 아니라 협의회의 형식을 가지고 회원 전원이 각자 자유롭게 선전하고 투쟁해야 한다. 마치 세 마리의 말이 자유롭게 마차를 끌듯이 하는 것인데 이러한 운동방침을 트로이카라고 이름 붙였다. 1932년 12월 22일 이재유는 가슴에 뜨거운 것을 품고 출소했다.

(3) 서대문경찰서를 탈출하기까지

출옥 날 이재유를 마중나온 이는 공산주의자 이성출(李星出)이었다. 그는 본적지 양평군(楊平郡)에서 공산주의자 안병춘(安炳春)과 함께 적농(赤農)을 계획하고 있었다. 두 사람은 이 계획을 합법적으로 할 것인지 비합법적으로 할 것인지를 두고 대립하고 있었다. 이를 안 이재유는 출옥 3일 후 적농을 지도한다. 출옥 후 그의 활약은 대단했다. 1933년 8월 공산주의자 변홍대(卞洪大), 안병춘, 이현상(李鉉相), 최소복(崔小福)을 멤버로 구성하는 경성 트로이카는 경성부 내의 공장과 학교에 적화의 마수를 뻗쳤다. 그 결과 불과 1년 사이에 스트라이크를 한 곳이 가타쿠라제사(片倉製絲) 외 8개 공장, 맹휴 또는 교사배척운동을 한 곳이 동덕여학교 외 6개 학교에 달했다. 한편 경성대 법문학부 조수 정태식(鄭泰植)은 전문학교 이상의 학교에 대한 적화작업을 맡겨 경성대 교수 미야케 시카노스케에게 접근하게 하였다.

"나는 미야케 교수가 좌경 교수라고 듣고 있었다. 정말 좌경인지 아닌지 여러 가지 질문을 했다. 그러는 도중에 자기 말에 흥분했는지 학생시절부터 좌경사상에 흥미를 가지고 있었고 독일 유학 당시 다른 일본 유학생과 함께 좌익 그룹을 조직했다, 독일에서 열린 반제동맹 대회에 출석하여 독일 메이데이를 목격한 후 더욱 좌경화되었다, 자신은 공산주의 운동을 위해 대학교수를 그만두어도 좋다고 생각할 정도라고 말했다. 미야케가 상당한 좌경이라고 생각하고 ① 세계정계 ② 조선정세 ③ 조선의 과거 운동 비판 ④ 장래의 운동방침 등에 관해 토론했고 그 결과, ① 세계정세 ② 조선정세에 관한 의견이 일치했으므로 미야케에게 집필을 의뢰했다"고 말했다. 미야케의 관사를 가택 수색했을 당시 난방 화로에 뚜껑을 덮고 숨겨 놓은 원고가 미야케가 집필한 세계 및 조선 정세이다. 여기저기 재에 그을려 있었지만 교수다운 명석함을 드러내는 논문이었다.

이재유는 남을 설득하는 데 천부적인 재능이 있었다. 지도 학생에게 전수한 그의 동지 획득에 관한 주의사항을 잠시 살펴보겠다.

가) 자신이 획득하려는 자에게 친절한 태도를 취하고, 신뢰를 얻기 위한 말과 행동에 주의해야 한다. 상대방의 태도를 살피고 그에 호응하는 태도를 취해야 한다.

나) 처음부터 좌익적 언동을 하고 자신을 자랑하거나 적극적으로 가족관계를 묻거나 해서는 안 된다. 상대가 하는 말을 귀담아 듣고 응대하면서 선전선동(아지프로)하도록 주의해야 한다.

다) ■■정도에 따라 좌익서적을 읽히고 언제나 열정적으로 응대하고 세심한 태도를 취해야 한다. 토론할 때 자신의 오류를 상대 앞에서 자인하도록 주의해야 한다.

이재유는 용의주도한 사람이다. 아지트에서 압수한 투지(鬪志) 함양을 위한 메모에서 이를 보여주는 부분을 발췌해 보겠다.

가) 가두에서의 주의

① 도보 시. 큰 물건 예컨대 책을 들고 걸을 때, 겨울에는 두루마기 외투 또는 목도리 속에 감추고 여름에는 옷 속에 감출 것. 작은 물건 예컨대 종이쪽지 등은 양말 속에 숨길 것.

② 전차를 탈 때. 전차를 타면 곧바로 표를 사고 반드시 뒤쪽으로 타서 앞쪽에 가서 설 것.

단 소지품이 있을 시 앞쪽 좌석에 앉고 앉을 때는 소지품을 엉덩이 밑에 둘 것. 정거장 등에 주의하고 개(형사)가 전차를 타면 곧바로 전차를 떠날 것.

나) 가두연락

① 정한 장소 근처에 정각 2, 3분 전에 도착하여 주변을 살핀 후 현장으로 갈 것.

② 상대와 시선을 주고받고 만나기로 한 사람의 뒤편에서 따라갈 것. 밝은 뒷골목에서는 서로 떨어져서 걷고 도로에 들어갈 때는 시선을 주고받고, 길을 건널 때는 눈을 맞춘 후 따라가는 사람이 먼저 길을 건널 것.

다) 아지트 사용 시

① 타인의 주의를 끌지 않도록 자연스럽게 행동하고 낮은 목소리로 대화할 것.

② 실내에서는 책상 위에 부르주아적 문학서를 나열해 두고, 책은 실외에 둘 것. 낙서 특히 이름 낙서는 엄금할 것. 글자를 쓴 종이는 틈에 끼워둘 것.

이렇게 주의 깊은 이재유도 1934년 1월 22일 경성 서대문경찰서에 검거되었다. 항상 도망치려고 하면 도망칠 수 있다, 단념하면 안 된다고 동지들을 일깨웠다. 그날부터 도주를 계획했다. 검거 후 각기병에 걸렸고 경찰서 2층 형사실에서 두 명의 순사의 감시를 받으며 기거하고 있었다. 어느 비오는 날 밤이었다. 연이은 격무로 피곤한 두 명의 순사는 실컷 자고 싶다며 교대 시간까지 한 명은 잠이 들었고 다른 한 명은 이재유를 감시하고 있었는데, 새벽 2시쯤 변소에 간다며 숙면 중인 다른 순사를 깨웠다. 잠에서 깬 순사는 침대에서 일어났지만 곧 쓰러져 잠들고 말았다. 이때를 노려 이재유는 재빠르게 뒷문으로 도주했다. 이튿날 아침 서대문서에는 비상소집이 내려지고 출발하려 할 때 미국 영사관에서 수상한 자가 정원에 쓰러져있다는 전화 통지가 왔다. 인사불성이 되어 쓰러진 이재유였다. 조선일보사 서창(徐昌)에게 가려고 도주했는데 각기병 때문에 심장이 쇠약해진 그는 어딘지도 모르고 쓰러졌다고 둘러댔다. 경찰은 러시아 영사관에 가려다가 그 옆에 위치한 미국 영사관으로 잘못 들어갔다고 보았다. 사실 여부는 아직 판명되지 않았다.

이 일로 서대문서는 감시가 엄중해졌다. 그는 경찰서 2층 훈시실에 다른 범인과 함께 손발에 수갑을 채워 순사의 감시하에 놓였다. 그러나 틈만 나면 탈출을 포기하지 않는다.4월 1일 손 수갑만은 풀게 되었다. 그러자 또 탈출을 시도한다.4월 10일 식사 때 밥알을 으깬 후 종이를 꼬아 만든 끈의 끝을 둥글게 만들어 족쇄 열쇠 구멍에 집어넣고 끌어올렸다. 그것은 삼각형이 되고 열쇠 내부 모양도 삼각형인 것을 알았다. 모양이 들어맞도록 급식받은 우유캔의 꼭지를 이빨로 구부려 그것을 족쇄 구멍에 집어넣은 후 뾰족한 것을 넣어 비틀자 열쇠가 열렸다. 그리고 조선옷의 안감을 찢어 변장용 마스크를 만들었다. 문제는 감시 순사의 눈을 피하는 일이었다.4월 13일 저녁 식사를 일부러 남겨 같은 방에 있던 설사 환자 김찬규(金燦奎)에게 주었다. 김은 기꺼이 받아먹었고 이 일은 계획대로 되었다. 밤 12시쯤 김은 순사에게 변소에 가게 해달라고 애원했다. 순사는 들어주지 않았다. 다음 날 아침 4시 김찬규는 울면서 변소에 가게 해줄 것을 호소했다. 순사는 날이 새기를 기다리라고 했다. 날이 새면 만사 끝이다. 이재유는 순사에게 대변을 참으라는 것은 무리한 일이라며, 밤 12시부터 내내 투정을 부려 한숨도 못 잤다, 데려가 달라고 한다. 순사는 하는 수 없이 김찬규를 아래층 변소로 데리고 간다. 이재유는 재빨리 발수갑을 풀고 마스크를 쓴 후 침대 밑에 있던 자신의 오버코트를 입고 모자를 깊게 눌러쓴 후 당당히 정문으로 나갔다. 문 앞에서 다른 순사가 변장한 그를 형사로 잘못 알고 "지금 갑니까" 인사를 건네자 "그렇소" 하고 대답하며 정문 앞 택시 회사에 들어가 택시를 탄다. 경성부 황금정 2정목에 왔을 때 차를 멈춘 후 운전수에게 "■■정 전차 정거장에 젊은 여자가 기다리고 있을 걸세. 이 차에 태워 오게"라고 한 후 1엔 20전을 건네고 내렸다. 물론 운전수에게 들키지 않기 위해 위장하기 위함이다. 황금정 3정목에서 다시 택시를 타고 경성 시내 동소문에서 차를 내려 낙타산(駱蛇山)을 지나 동숭정에 있는 미야케 시카노스케의 관사 정문을 넘었다.

이재유는 자동차 요금을 어떻게 소지하고 있었는가, 그는 오버코트 깃에 언제든 도주할 수 있도록 1엔 지폐 두 장을 숨겨두고 있었다. 범인의 소지품을 제대로 확인했더라면 하는 생각이 들었다.

(4) 미야케 교수의 관사를 탈주하기까지

이재유는 밤이 샐 때까지 관사 정원에 숨어 있었다. 동이 터 올 무렵 현관 벨을 눌러 안내를 청했다. 미야케가 그를 응접실로 들어오게 했다. 이재유는 서대문서 탈출의 경위를 알리고 방에 숨겨달라고 부탁했다. 미야케는 아내 히데가 하세가와정(長谷川町) 다케다(武田)병원에 입원 중이어서 도쿄에서 모친이 와있었다. 그래서 적당한 방이 없으니 응접실에 있으라고 했다.4월 16일 순사가 춘계 청결검사가 있다고 알리러 왔다. 미야케는 청결검사라는 이름을 빌어 자네를 찾고 있을지 모르니 응접실 마루 밑에 숨어들어가게 했다. 모친과 아이, 하녀를 아내의 병문안에 보내고 그 사이에 이재유는 마루 밑에 숨었다. 마루 밑은 낮고 비좁았다. 이재유는 미야케에게 삽을 빌려 오전 10시부터 밤 12시까지 파 들어가 폭 3척, 길이 5척 깊이 4척의 공간을 만들었다. 바닥에 짚과 담요를 깔고 침구를 놓고 그 위에 커버를 씌워 마룻바닥에서 떨어지는 탄가루를 막았다. 이렇게 동굴 생활이 시작되었다. 지겨우면 사적유물론을 읽으라며 회중전등과 함께 넣어주었다. 미야케는 정성을 다해 이재유의 각기병이 악화되지 않도록 노연(勞硏)만두[22]와 여름귤도 넣어주었다. 히데가 퇴원했다. 하녀를 해고하고 모친은 일본으로 돌아갔다. 어느 날 미야케는 이재유에게 대학의 명령으로 만주시찰에 가게 되었는데 내가 없을 때에는 아내가 자네 식사를 가져다주게 할 것이다, 아내는 나와 함께 베를린에 유학할 때부터 공산주의에 호감을 가지고 있어서 자네를 배신할 일은 없으니 염려 말라고 했다. 미야케 부재중에 그녀는 남편의 말을 거역하지 않고 좁은 출구로 하루분의 식사를 넣어주고 어느 날은 대담하게도 마루 밑에서 나오게 해서 목욕탕에도 들어가게 했다. 그리고 응접실 마룻바닥에 작은 구멍을 뚫어 마루 밑에 있는 조선인과 외부의 주의자가 연락을 취하게 해주었다. 대단히 투사답다. 필자는 어느 날 그녀가 미야케가 투옥 중에 자활을 위해서 경영하는 가메야라는 중고서점에 간 적이 있다. 그녀는 열심히 책을 읽고 있는 아이가 뭔가를 조르면 손님이 왔으니 조용히 하라며 책에서 눈을 떼지 않았다. 그녀를 떠올리면 당시의 투사다운 모습을 보는 것 같다.

여담은 이만하기로 하고, 미야케가 만주에서 돌아왔다. 그는 모스크바에서 돌아온 공산주의자 권영태(權榮台)와 운동에 관한 협의를 한다. 그리고 5월 22일 이재유와 만나게 할 예정이었다. 그러나 5월 17일 법문학부 조수 정태식(鄭泰植)이 검거되고 이어 5월 21일 미야케도 검거된다. 이재유는 이 날이 올 것을 예견하고 있었다. 결국 그들은 인텔리다. 이재유를 입밖에 낼 것임에 틀림없다. 그는 정태식 검거일부터 언제든 탈출할 수 있도록 미야케에게 받

22 1929년에 구라시키노동과학연구소(倉敷勞働科學硏究所)에서 주식대용으로 연구개발하여 탄생한 찐빵 모양의 과자이다. 밀가루를 반죽하여 타원형이나 원반형 모양 등으로 만들어 효모로 발효시켜 찐 것으로, 무게 60그램 전후, 직경 10센티미터 전후의 찐빵이다.

은 양복을 입고 구두도 신은 채로 있었다. 미야케의 회중시계와 현금 35엔을 받아두고 있었다. 미야케가 경찰관과 동행하게 되었는데 히데는 어떻게 할지 구멍으로 통신을 했다. 이재유는 꺼내달라고 답신했다. 좁은 방 다다미를 걷어내고 그녀가 망을 보는 가운데 30여 일간의 동굴 생활에서 벗어나 미야케의 관사를 탈출했다. 미야케의 자백을 받아 체포에 나섰을 때는 마루 밑의 주인공을 발견할 수 없었다. 먹다 남은 귤이 근처에 뒹굴고 있었다.

(5) 양주군 노해(盧海)면에 아지트를 만들기까지

경성부 서사헌(西四軒)정 경찰관 파출소에서 서쪽으로(西) 2정(町)[23] 떨어진 곳에 박 아무개가 메이지(明治)생명보험회사 외판원이라며 방을 빌린 남자가 있었다. 그는 미야케의 관사에서 탈출한 이재유였다. 외판원은 회사에 출근해야 하므로 신설정(新設町)에 방을 빌렸다. 사흘마다 양쪽 아지트에 얼굴을 내밀어 주인을 속였다. 그러다 소지금이 바닥이 났다. 같은 해 6월 용두산정(龍頭山町) 인부의 우두머리 유(柳) 아무개 집에 기거하며 도로공사 인부가 되어 약 2개월간 노동을 하였다. 그러는 가운데 관헌의 추적이 느슨해졌다. 미리 알던 여성 공산주의자 박진홍(朴鎭洪)과 신당정(新堂町) 불산동(不山洞)에서 동거했다. 그녀를 통해 집행유예 중이던 공산주의자 이관술(李觀述)과 연락이 닿고 또 공산주의자 박영출(朴英出)과도 연락을 취하게 되었다. 박영출도 한 여성을 얻어 가정부로 삼고 하왕십리정(下往十里町)에 아지트를 마련했다.

이재유, 박관술, 박영출 세 사람은 이재유의 경성 트로이카를 비판했다. 경성 트로이카는 처음에는 하부에서 상부로의 통일전선까지는 성공적이었다. 그러나 이미 하부조직이 생겼음에도 상부에 조직을 갖지 않은 것은 잘못임을 지적하고 3인은 조선공산당개건 경성준비그룹을 조직했다. 1935년 1월 10일 동지를 획득하러 간 박진홍이 예정 시간까지 돌아오지 않았다. 이재유는 신당정 아지트를 버리고 박영출의 하왕십리 아지트로 갔다. 그곳에 박영출, 이관술이 있었다. 이튿날 11일 박영출은 이재유의 부탁으로 신당정의 아지트에 박진홍의 안부를 확인하러 갔는데 그곳에 기다리던 경찰관에게 체포되었다. 이를 안 이재유, 이관술은 하왕십리 아지트를 버리고 도주했다.

---

23 거리를 나타내는 단위이다. 60간(間), 곧 곡척(曲尺)으로 360척(尺), 약 109.1m이다.

1935년 1월 12일 목에는 솥을 걸고 한 손에 삼태기를 든, 낚시꾼 차림의 남자와 석유통을 등에 지고 계란 봉지를 든 남자가 있었다. 이재유와 이관술이다. 그들은 여러 곳을 돌아다니며 약 20일 후 양주군 노해면 공덕(孔德)리에 당도했다. 경남 김해군에서 왔는데 수해로 전답 피해를 입어 약간의 돈으로 이곳에서 토지를 사서 정착하고 싶은데 적당한 토지가 있으면 도와달라고 사정했다. 그리고 술을 사며 부락사람들의 환심을 샀다. 그러다 김평삼(金平三)이라는 남자에게 황무지를 개간하는 조건으로 3년간 25엔에 빌렸다. 해빙기를 기다려 황무지 부근에 8척 4■의 온돌 한 칸의 집을 지었다. 반 평 정도의 돼지우리와 4평 남짓의 닭장도 만들었다. 두 사람은 노동을 했다. 2년간 만평의 황무지를 개간했다. 그곳에 참외와 후추나무를 심고 2년간 750엔의 수입을 얻었다. 돼지 2마리, 닭 60마리, 토끼 2마리도 키웠다.

부락민에게 무이자로 돈을 빌려주고 야학으로 언문과 산술을 가르쳤다. 학문이 깊은 형제라고 신뢰을 얻었다. 누가 봐도 공산주의자로는 보이지 않는다. 주재소의 호구조사 명부에는 경남 김해군 대저(大渚)면 맥도(麥島)리 김대성(金大成), 김소성(金小成)이라고 되어 있다. 각각 이관술, 이재유의 세상을 속인 별명이다.

1935년 가을부터 운동을 시작한 공산주의자 이종국(李鍾國), 서구원(徐球源), 최호극(崔浩極)과 연락을 취하고 공장, 학교의 적화를 도모했다. 그리고 전술은 문서에 의거한다.

1936년 10월 20일 경성준비그룹 기관지를 《적기(赤旗)》라고 하고 제1호를 발행하여 다음과 같은 내용을 걸었다. 또한 수해하사금을 기만적 정책이라고 비평하였다.

1) ① 군사, 경찰, 파쇼적 일본제국주의 조선통치권력의 근본적 괴멸
   ② 조선의 절대독립
   ③ 노동농민의 소비에트정부 수립

2) 조선 내 일본제국주의회사, 관공서, 이왕직, 사원, 교회, 기타 모든 기생 지주의 토지소유 소탕

3) ① 조선 내 일본제국주의 및 금융재벌의 산업기구 특히 자본주의적 대경영 은행트러스트, 콘체른 외 생산의 노농소비에트정부에 의한 관리 실시
   ② 하루 7시간 노동제의 실시

《적기》의 원고는 이재유가 집필하면 이관술이 축음기 바늘로 원지에 긁고 이재유가 다시 유리판에 종이를 붙여 등사판 대용으로 자전거 바퀴에 부기봉(簿記棒)을 넣어 롤러 대신에 사용하여 등사를 하였다. 《적기》는 1호에서 3호까지 합계 60부 출판했고 서구원, 최호극에게 교부된 것은 1호와 2호뿐이다.

1936년 12월 23일 갑자기 주재소 순사가 아지트를 찾아왔다. 밭에 나가 있던 김소성 즉 이재유에게 본적을 조회하니 대저면 맥도리에 해당 인물이 없다는 회신이 도착했는데 뭔가 잘못된 것이 아닌가 물었다.

대저면 덕도리(德島里)에 오래 살아서 그 쪽에 본적이 있을 지도 모르겠다고 태연하게 대답했다. 순사가 그럴지도 모르겠다며 다시 한번 조회하겠다고 돌아가려 했다. 이재유는 경찰에서 우리 형제에게 뭔가 혐의라도 두고 있는가 물었다. 순사는 그런 일은 없다고 말하고 갔다. 두 사람은 여기에 있다가는 위험하다. 다른 곳으로 이주하기로 의논한 후 빌려준 돈을 찾고 돼지와 닭을 처분하기 시작했다.

12월 25일 오전 11시 아지트에서 10리밖에 떨어진 노해면 창동(倉洞)리 산에서 최호극과 만나기로 되었다. 그에게 최근 만든《적기》3호를 건네고 난 후 아지트를 떠나기로 결심하고 그날이 오기를 기다리고 있었다.

(6) 이재유 검거의 단서

이재유와 연락을 취하던 서구원은 지병 치료를 위해 본적지 함남(咸南)에 귀향해 있다가 체포되었다. 그의 입을 통해 최근까지 이재유와 연락을 하다 최호극에게 넘긴 사실이 밝혀졌다.

이 일을 알게 된 경기도 경찰부 고등과는 곧 최호극을 체포했다. 그는 12월 18일 오후 6시 동소문정 낙타산(駱駝山)에서 이재유를 만나기로 했다고 자백했다. 약 100명의 경찰관이 그날 낙타산을 에워쌌지만 6시가 되어도 이재유는 모습을 드러내지 않았다. 일동은 불어오는 겨울바람에 비웃음을 당한 듯한 마음으로 철수했다.

고등과 다카무라(高村) 경부는 최호극을 방으로 불러 며칠간 간곡하게 잘못을 타이르자, 12월 22일 비로소 25일 오전 11시 양주군 노해면 창동리 부근 산야에서 이재유와 만나기로 한 사실을 자백했다. 사실이라면 증거를 대라고 추궁했다. 이재유에게 받은《적기》1호가 보성고등보통학교 뒷산에 2호는 자택 온돌 굴뚝 근처에 묻어 두었다고 자백했다. 형사를 보내니 《적기》 1호와 2호가 나왔다. 또 회합장소의 약도를 그리도록 하여 이튿날 23일 다카무라 경부가 이를 주머니에 넣고 조선복장으로 갈아입고 단신으로 자동차를 달려 현장을 충분히 시찰한 후 나카무라(中村) 고등과장에게 그 내용을 보고했다. 그날 밤 고등과는 과장을 중심으로 다카무라, 미와(三輪), 다케쿠마(竹隈) 각 경부의 간부가 이재유 체포를 위한 대책을 마련했다. 당시의 메모를 보자.

① 회합예정일시 1936년 12월 25일 오전 11시
   회합장소 양주군 노해면 창동리 부근 산야
② 실물을 만나게 한다. (최호극을 현장에 두고 이재유를 유인한다.)
③ 실물 감시를 위해 경찰관 한 명이 '지게꾼'으로 변장하여 미행한다. 25일 오전 9시 자동차로 동소문 밖 길음(吉音)리 근처에서 실물을 풀어준다. 실물이 도주하면 권총 두 발을 공중에 대고 쏠 것.
④ 회합현장을 중심으로 부근에 포위 대형을 갖추고 다카무라 경부가 지휘하는 12명의 경찰관을 배치한다.
⑤ 미와 경부 지휘 소대, 다케쿠마 경부 지휘 소대는 회합현장으로 통하는 길목을 지킬 것.
⑥ 다카무라 소대는 청량리역에서, 미와, 다케쿠마 소대는 경성역에서 승차하고 창동역에서 하차. 모두 오전 7시 30분까지 배치 완료할 것. 전원 32명.
⑦ 각 배치 반은 최호극 도주의 신호 권총 두 발, 이재유 출현의 신호 권총 세 발을 들으면 잠복장소를 나와 각 소대와 연락을 취하며 범인을 포위 대형으로 흩어져 ■■할 것.
⑧ 복장은 전부 조선복으로 변장하고 휴대품은 단장(短杖)을 의복 안에 숨기고 권총은 각 소대에 2정, 실물 감시 1정, 권총 발사는 소대장의 지휘를 받는다.

이렇게 전투준비는 금방이라도 출동할 만반의 준비가 끝났다.

(7) 이재유 체포되다.

1936년도 겨울이 따뜻했다고 해도 추운 나라 조선의 겨울이다. 아침 7시 반부터 가벼운

차림의 조선복을 입은 경찰관들은 소나무 가지를 꺾어 머리에 꽂아 엎드리고 이재유를 기다리고 있었다. 땅 위의 서리가 체온에 녹아 발끝에서부터 추위가 스며든다. 북풍이 사정없이 귓등을 스치니 얼어붙을 지경이다. 게다가 담배를 피우지도 말을 하지도 못한다. 폭풍전야의 고요함이었다.

이재유는 혹시 오늘 위험하다는 예감이 들었는지 낮은 목소리로 이관술에게 오후 3시까지 돌아오지 않으면 아지트를 떠나라고 말하고 오전 10시 회합장소를 향했다.

오전 11시가 다가왔다. 이재유가 나타나지 않는다. 최호극도 보이지 않는다. 최호극에게 무슨 일이 있는 것은 아닌지 다카무라 경부가 일어났다. 전방 400미터에 최호극이 다가오고 있고 다카무라 경부를 이재유라고 생각했는지 양손으로 들어 신호를 보냈다. ■■순사가 그 신호를 보고 공중에 3발 발사했다. 다카무라 경부가 일어서려는 부하를 가까스로 막으며 감시에게 아니라고 신호를 보냈지만 뜻이 전달되지 않는다. 가슴에 권총을 들이댄다. "나는 다카무라다"라며 모자를 벗자 비로소 알아준다. 나중에 알게 되었지만 다카무라 경부의 그날 변장이 이재유와 매우 비슷했기 때문이다. 난센스라고 치부할 수 없는 주의 깊은 이재유는 어쩌면 도망쳤을 지도 모른다고 비관하던 찰나 탕, 탕, 탕 세 발의 권총 소리가 울렸다. 이어 호루라기 소리가 들렸다. 오전 11시를 지나고 20분 경과했다. 산은 험악했다. 이재유는 욕을 내뱉으며 원숭이처럼 재빠르게 도망친다. 앞으로 나간 순사가 그를 잡으려고 뛴다. "강도야, 강도야" 외치며 쫓아간다. 부락민이 도주자를 동정하여 추적을 방해하지 못하도록 할 뿐 아니라 추적자를 지원하도록 하려고 준비한 대사였다. 이 말은 효과가 있었다. 부락민이 몽둥이를 들고 달려와 도망치는 이재유를 쫓았다. 도주하기를 약 10정(町) 이재유는 철도선노선 건널목에서 돌을 주워 던지며 강도가 아니라 공산주의자라고 말한다. 용감한 가네야(金谷) 순사부장이 뛰어들어 장기인 던지기로 바닥에 눕혀 잡았다. 그런데 그곳이 경사진 곳이라 거꾸로 바닥에 깔리게 되었다. 그래도 이재유를 잡고 놓지 않는다. 가네야 부장의 얼굴을 잡았다. 그때 추적하던 경찰관이 달려와 덮치고 그를 체포했다.

그때가 1936년 12월 25일 오전 11시 40분이다. 같은 날 오후 3시 미야케 시카노스케는 가석방 혜택을 받고 출옥했다. 생각해 보면 두 사람은 매우 신기한 인연으로 연결되어 있었다.

"체포되더라도 24시간 아지트를 자백해서는 안 된다" 이것은 이재유가 동지에게 항상 말한 가르침이었다. 그는 엄중한 취조에도 아지트를 말하지 않았다. 간혹 말하는 곳에 가보면 집도 아무것도 없는 곳이었다. 실컷 놀린 후 이튿날 26일 오후 6시가 되어서 겨우 양주군 노해면 공덕리 산 92번지 2가 아지트이고 이관술과 함께 살았음을 자백했다. 이튿날 아침 일찍 아지트를 쳤지만 이미 이관술은 도주하고 증거품은 거의 불태워 버려져 있었다. 처분하지 못한 두 마리의 토끼와 밭에는 말라붙은 검붉은 후추가 남아 있었다. 근처에 사는 착해 보이는 윤학연(尹學然)이라는 남자에 따르면 "동생은 자주 밖에 나오고 형은 집 안에 틀어박혀 있었다. 야학교에 가는 일이 있는데 두 사람이 함께 가는 일은 없었지. 12월 23일 오후 3시 형이 내게 와서 어머니가 돌아가셔서 본적지로 돌아가야 한다, 장남에게 빌려준 돈 2엔을 달라고 해서 돌려줬다. 그리고 혹시 다른 데서 편지가 오면 본적지로 보내달라고 주소를 적고 돌아갔다"고 한다. 또 부락 사람에 따르면 "23일 밤 12시까지 학교에서 놀았다"고 한다.

그는 지금 어디에 있는가. 이재유는 모른다고 한다. 다카무라 경부에게 취조를 받고 있다.

이재유만큼 유물론에 철저한 사람은 없을 것이다.

당신으로 인해 제국대학 교수의 영예로운 직업을 잃은 미야케에게 어떤 마음인지를 묻자, 그는 잠시 비꼬는 듯한 웃음을 지으며 "미야케가 공산주의에 충실하다면 운동을 위해 지위를 잃더라도 만족할 것이다. 우리들 동지는 인간적 동정심은 없소"라고 대답했다.

공산주의자에게 인간적 동정심은 없어도 부부애, 부모애는 있을 것이다. 잠시라도 박진홍과 동거하며 아이까지 낳지 않았는가. 그녀와 아이에게 어떤 마음인가 묻자, 박진홍과 관계를 맺은 것은 주의를 위한 수단이다, 그 결과 아이가 태어났지만 이 또한 물리적 현상에 지나지 않는다, 유물론자에게 연애와 효심은 없다고 대답했다.

앞으로 공산주의를 버리지 않겠는가 라고 묻자, 나는 객관적 정세에 따라 움직인다. 전향은 생각하지 않는다. 공산주의야말로 조선인을 구할 유일한 것이라고 확신한다고 대답했다.

5) 일본 내 조선인의 사상운동 검거

〈자료 209〉 경시청 관하의 극좌 조선인 활동과 검거 개요

(明石博隆·松浦総三 편, 1977, 「警視廳管下に於ける極左朝鮮人活動と檢擧概要」, 『昭和特高彈壓史6』, 太平出版社, 166~167쪽)

(1) 경시청 관하의 극좌 조선인 활동과 검거 개요

개설(槪說)

경시청에서는 관하에 잠재하고 있는 당과 전협(全協)의 영향 아래에 있는 조선인의 검거를 속행하여 그 잔존분자를 청소하는 것과 동시에 일파의 재(再) 대두에 제압을 가해 왔다. 그런데 1935년 8, 9월에 이르러 코민테른 제7회 세계대회 결의가 합법적 출판물과 그 외의 것을 통해 일본에 소개되기에 이르자 일찍이 전향을 표명하고 기회주의적인 입장에 있던 출옥자와 그 외의 의식분자도 합법적인 장면으로 진출하는 경향이 갑자기 농후해졌다.

즉, 이운수(李雲洙), 박태을(朴台乙), 김학의(金鶴儀) 그 외는 1935년 12월 말, 언문《조선신문》을 발행하고, 그 배부망을 통해 분산된 좌익분자의 규합과 통일을 꾀하기에 이르렀다. 또 이창정(李昌鼎), 김무영(金武英), 김창하(金昶夏) 등의 출옥조선인은 위와 별개로 1935년 5월경부터 출옥자위안회 그 밖의 명목으로 비밀리에 회합하여 6월 중순 이후 강동(江東)방면 소재 유리, 대장장이 그 외 중소공장에 취업 중인 조선인 노동자를 목표로 단독노동조합의 조직활동을 전개하기에 이르렀다. 그리고 그 활동은 표면적으로 표방하는 개량주의적 노동조합의 결성이 아니고, 당 또는 전협의 재건을 목표로 한 코민테른 제7회 대회의 결의방침을 실천하고 있었다.

구(舊) 플롯가맹 31극장의 후신인 조선예술좌는 1934년 10월 과거의 극좌편중주의적 활동의 청산을 선언하고, 합법 극단을 표방하여 간신히 그 명맥을 유지해 왔지만, 작년 1월 이래 내부적 활동이 활발화되어 공연활동에서도 계급적 민족적 색채가 농후해졌다. 명실공히 31극장을 재현하기에 이르러 경시청에서는《조선신문》관계자의 검거(《특고외사일보》1936년

9월분 참조)에 이어, 위의 단독노동조합 관계자인 이창정외 12명, 조선예술좌위원장 김두용(金斗鎔) 외 15명을 검거하였다. 취조 결과 전자에서 이창정, 김무영, 김창하의 3명, 후자에서 김두용외 5명을 일본공산당의 목적 수행을 위해 하는 행위를 한 것으로 송국(送局)하였다.

◆ 조선예술좌

(1) 검거 전 정세

조선예술좌는 구(舊)플롯가맹 31극장의 후신으로 이전에는 플롯의 직접 지도하에 활발한 연극활동을 전개하였다. 그런데 1934년 7월 당시의 객관적 정세의 중압을 받아 그 지도 모체가 해체하자, 표면상 그에 순응하여 이제까지의 극좌편중주의의 청산을 선언하고 고려극단으로 개조하였다. 그 후 조선예술좌와 도쿄신연극연구회로 분열하여 전자는'신연극의 창조수립'을, 후자는 '기술중심의 순연한 흥행 극단'을 표방하여 별개의 활동을 전개하며 간신히 그 명맥을 유지하고 있었다.

1935년 중엽부터 다시 대두하는 경향을 띠기에 이르렀지만, 다음 1936년 1월 양극단이 합체하여 상당히 활발한 활동을 전개하기에 이르러 명실공히 31극장을 재현하였다.

(2) 활동개황

중심분자 김두용, 김봉원(金鳳元), 김삼규(金三奎) 등은 31극장의 혁명적 전통을 계승하고, 일본공산당의 대중화를 목표로

① 연극활동을 통해 미조직된 조선 대중의 계몽과 전선(戰線)통일의 역할을 담당하게 한다

② 현재 객관적인 모든 정세는 비합법적인 활동에 의한 피압박계급의 해방은 불가능하니 합법적인 범위 안에서의 민족연극을 통해 민족적 계급적 의식의 고양에 노력함과 동시에 전선통일을 꾀하고 조선인 해방운동의 목적을 달성하게 하는 역할을 한다(문예부원 김봉원).

③ 공산주의 사상을 기조로 하는 진보적인 민족연극을 통해 재일본 조선민중에게 비판적 정신을 지도하고 고양시킨다. 자본주의에 의한 착취와 억압을 여실히 이해시켜 그들을 해방전선으로 유도하는 바이다(재정부장 김삼규).

라는 인식 아래 다음과 같은 모든 활동을 전개하였다. 한원래(韓遠來), 안정호(安禎浩), 박찬봉(朴贊鳳), 이호종(李浩鐘) 등은 극단의 중심으로서 모든 활동에 참가하였다.

(ㄱ) 조선예술좌와 도쿄신연극연구회의 합동

고려극단의 분열은 극단의 생명인 연극기술을 저하시켰고, 그 때문에 대중의 지지를 잃기에 이르러, 나아가서는 경영상의 곤란을 가져왔다. 이 극복책으로 관계자 간에 다시 합동하자는 뜻이 대두되어 오던 바, 1935년 7월 하순, 연극잡지《테아트로》사의 무라야마 토모요시(村山知義)의 알선으로 합동의 기운이 갑자기 촉진되었다. 1936년 1월 5일 도쿄 우시고메(牛込) 클럽에서의 조선예술좌 임시총회에 도쿄신연극연구회에서 최병한(崔丙漢) 외 8명이 참가하여 합동을 실현하였다.

그리고 표면으로는 '재일본조선민족의 연극운동을 수행하여, 일본에 있는 조선인의 문화적(연극)요구를 충당하고, 동시에 조선의 진보적 연극의 수립'을 표방하였다.

(ㄴ) 공연활동

① 중앙공연 구조선예술좌는 1935년 11월 25, 6일 쓰키지(築地)소극장에서 중앙공연을 개연하였다. 게다가 연극 각본 「서화(鼠火)」(이기영 원작)는 조선에서의 봉건적 유습을 타파하고, ■■■■■(원문 1행 누락)을 묘사하였다.

② 지구(地區)공연 합동 전 구조선예술좌는 1935년 3월 3일 시바우라(芝浦)회관에서의 창립준비의 제1회 공연이래, 도쿄 시내, 가나가와현에서 4회의 공연을 가지고, 도쿄신연극연구회는 같은 해 3월 16일 이래 도쿄 시내에서 2회의 지구공연을 개최하였다.

합동 후에는 1936년 1월 29일 가마타코지야(蒲田糀屋)극장(관객 약 100명), 30일 가나가와 쓰루미이와토마에(鶴見岩戸前)(관객 약 100명), 31일 가나가와 타마가와 다카쓰(玉川高津)관(관객 약 300명), 2월 4일 시바우라(芝浦)청년회관(관객 약 400명)의 4곳에서 전기한 「토성곽(土城廓)」 및 유치진(柳致真)작의 「소(牛)」 3막(반지주 이데올로기와 마름이라 칭하는 중간착취에 대한 울분을 묘사한 것)을 상연하였다.

③ 제2회 공연준비활동 1936년 2월 초순 총회의 결정에 따라 문예부원이 제2회 중앙공연용 각본 작성에 착수하였다.4월 중순 최병한작 「춘향전」 5막, 동(同)「아리랑고개」

5막, 김두용작「농촌의 봄」에 대한 비판회를 개최하여 여러 가지로 토의하였는데, 모두 그 내용이 적당하지 않아 이 상연을 중지하였다.

④ 연구회활동

김두용, 김삼규는 각 멤버에게 계급적 민족적 연극활동가로서의 의식을 체득하게 하기 위해 1936년 6월 중순 이후부터 같은 해 9월 초순에 이르는 동안 전후 16, 7회에 걸쳐 연구회를 개최하였다. 연구회는 문예, 연기의 2부로 나누어 전자는 작가의 작품을 중심으로 연극의 이론적 연구를 주로 하고 (매월 수요일), 후자는 작품 낭독, '메이크업', 발성법 등 연극기술의 향상을 목적으로 하였다.

(2) 언문신문《도쿄조선신보》관계자의 검거상황

1934년 11월 1일 이래, 언문신문으로서 특이한 존재였던《도쿄조선신보》는 날이 갈수록 합법적인 신문의 틀을 일탈하여 민족적 반감을 유발하도록 조직하고, 민족해방운동의 기초 구축을 목표로 다양하게 책동하기에 이르렀다. 따라서 경시청에서는 이런 시기이니만큼 그 존속을 허가하지 않고 이달 20일 발행인 김호영(金浩永)을 검거하였다. 그 상황은 다음과 같다.

Ⓐ 발행 경과

공산주의 운동의 투사인 김호영은 사상전향을 맹세하고, 5개월 기소유예라는 은혜를 입었지만, 그 후 항만노동자들 무리에 들어가 조선인노동자와 하층생활을 함께 하며 서서히 민족적, 계급적인 반감을 일으켜 결국 다시 해방을 바라고 염원하였다. 그 수단으로 1934년 11월 1일 언문신문인《도쿄조선민보》를 창간하기에 이르렀다. 처음에는 매달 2회 정기발행을 하고 있었지만, 얼마 지나지 않아 자금난에 빠져 끊어지고 이어짐을 반복하게 되었다. 1936년 9월《동아일보》도쿄지국장 신호균(申浩均),《조선일보》도쿄지국장 김동진(金東進) 등 재경선인 유력자 20명의 후원과 출자를 얻어 조합으로 조직하여, 9월 15일부로 제33호부터《도쿄조선신보》로 개제하여 오늘에 이르렀다. 그리고 표면상 취지로 하고 있는 것은

① 동포의 공동이익과 도덕적, 문화적인 생활의 향상을 위해 투쟁할 것,

② 확고한 독립불편(獨立不偏)이라는 입장에서 정의를 위해 투쟁할 것,

③ 정확한 보도와 공정한 비판이라고 하면서도, 언문신문을 통해 옛적 추모하던 기억을 상기시키고, 나아가 민족적 반감을 유발하여 이것의 조직화를 기도하고 있었던 것이다.

Ⓑ 발행 상황

매달 2번 정기적으로 2천 부 내외를 발행하고 있고 주로,

① 총독시정의 비판

② 내지도항문제

③ 조선어 폐지문제

④ 조선인 사상운동자의 소식

⑤ 재외불령조선인의 소식

등을 다루어 완곡하게 민족적 반감을 유발하고 선동하는데 힘썼다. 1936년 11월 1일 오사카에 있던《민중시보(民衆時報)》의 폐간 후에는 내지에서 유일한 언문신문으로서 특이한 존재를 계속해 왔다. 그러므로 필치(筆致)는 상당히 규칙을 벗어나, 그 제5호(1935년 2월 15일 자), 제12호(1935년 6월 10일 자), 제23호(1936년 1월 1일 자), 제48호 (이달 10일 자)는 모두 발금처분을 받았다. 올해 1월 10일 자 제37호는 주의처분을 받았지만, 특히 이달 10일 자의 제48호는 '김구 등은 중국인에게 합류'라고 제목을 달고, 불령선인 일당이 이번 중일전쟁에서 조선의 독립실현을 위해 활동하고 있는 것 같이 풍자하여 무지한 재주조선인의 민족의식을 유발하려 하는 등, 날이 갈수록 서서히 그 본질을 드러내기에 이르렀다.

Ⓒ 검거취조상황

경시청에서는 신문의 본질과 폭로로 돌아보아 이런 시기에 일반 조선인에게 악영향을 미치는 점이 적지 않다고 판단하여 이달 20일 발행인 김호영을 검거하였다. 취조한 결과 이 자는 민족적 편견에서 조선민족이 제국의 압박 하에 있다고 생각하고, 그 해방을 의도하여 상기의 신문을 통해 재류조선인에게 민족적인 자각을 촉구함으로써 민족해방의 기초를 만들려고 편집발행에 임해 온 사실을 판명하였다.

그렇지만 이 자는 이번 검거로 자기의 잘못된 견해를 깊이 자각하여 앞으로는 위의 신문

을 폐간하고 제국신민으로서 갱생할 것이라는 것을 서약하는 등, 개전의 정이 상당히 인정할 만하고, 동시에 아직 이면적(裏面的)인 조직 관계이었기에 특별히 석방하고 한 건의 기록만 치안유지법으로 송치하였다.

(1937년 8월분)

(3) 중일전쟁에 관한 낭설을 유포한 조선인 검거[24]

도쿄시 조토구(城東區) 가메이도마치(龜戶町) 6의 78번지 윤병환(尹炳煥) 집의 라디오부품 제작공 조인제(趙仁濟) 당시 24세는, 공산주의 운동에 참가한 전력이 있고 검거 후에도 여전히 공산주의적인 사상을 청산하지 못하여 그 동향을 주의 중이던 자였다. 그런데 중일전쟁 발생이후 동료인 김복식(金福植) 외 여러 명에게 "앞으로의 전쟁은 일본이 북지(北支)[25]를 뺏기 위해 벌인 일로, 일본이 침략을 멈추지 않는 한 중국은 끝까지 저항할 것이다", "일본도 중국 한 나라가 상대라면 이기겠지만, 중국에게는 러시아가 붙어 있고, 소련의 군사 장비는 대단하기 때문에 최후에 결국 일본은 진다. 그때 우리 조선인은 러시아와 함께 움직여야만 한다. 그러면 러시아는 조선을 독립시켜 줄 것이다" 그 외 군의 행동에 관해 낭설을 유포하고 있던 것을 경시청에서 검거하여 이달 25일 육군형법 제95조 위반으로 송치하였다(1938년 1월분).

24 明石博隆·松浦総三 편, 1977, 「警視廳管下に於ける極左朝鮮人活動と檢擧概要」, 『昭和特高弾壓史6 朝鮮人にたいする彈壓』 1943~1945, 太平出版社, 198쪽.

25 중국의 화북(華北)지방을 가리키는 말로, 중일전쟁 초기에 일본 쪽에서 부르는 명칭이다.

V

신문(訊問)과 고문(拷問)

해제

제5장은 경찰서에 체포되어 어떤 취조와 고문을 당했는지의 실화를 중심으로 구성했다.

먼저 『사상경찰통론』에 수록된 특고경찰이 신문하는 법을 번역 소개했다. 사상 관련 혐의자에게는 본적, 주소, 성명을 정확히 질문하고, 자백에 대한 실증 확보가 중요하다고 지적한다. 중점사항을 일부러 회피하여 외곽적 신문(訊問)을 자세히 함으로써 혐의자가 모순을 드러내도록 유도하라고 조언하고 있다. 그리하여 애매하고 모순된 부분을 강하게 압박하여 중심 목적을 관철하라는 것이다. 또한 처음에는 피신문자가 경계하지 않도록 분위기를 조성하는 것도 하나의 기술이라고 일러준다. 또한 공산주의자의 경우, 경찰의 신문이나 비공개재판에서는 엉터리로 진술하고 공개재판이 되면 대중 앞에서 당당하게 공개투쟁을 하는 것이 이들의 철칙임을 명심하고 대처해야 한다는 것이다.

자료 〈고문과 자백〉(《경무휘보》 309호, 1932)은 1932년 당시 경성복심법원 부장인 고마쓰 히로미(小松博美)가 쓴 글이다. 이 사람은 1891년생으로 교토제국대학 법과대학을 졸업하고 1915년 평양지방법원 사법관 시보로 조선에 건너왔다. 이후 해주지방법원 판사 등을 역임했다. 〈고문과 자백〉은 신문자가 자백을 받아내기 위해 폭행과 구타로 자백을 강요하기 쉬운데 이는 '산을 보지 못하고 사슴을 쫓는 사냥꾼과 같다'고 경계하는 글이다. '고문을 당하고 자유를 빼앗긴 채 나오는 자백은 현행법상 아무런 증거효력이 없다'고 지적하고 있다. 그러나 실제 재판정에서 피의자가 취조과정에서 고문이 있다고 고발을 해도 담당판사는 '그것을 인정할 만한 형적이 없다'고 하여 눈앞에 고문 흔적을 보여주어도 이를 수용한 이는 전혀 없는 것이 식민지 법정의 현실이었다. 이 글은 이러한 점을 감안하여 독해해야 할 것이다.

일제강점기에 고문의 실태를 소개하기 위해 직접 고문을 당한 이들의 체험담과 고문을 당한 이로부터 직접 전해들은 전문(傳文)을 소개했다. 먼저 1911년 데라우치총독 암살미수사건에 연루되어 투옥되었던 김구의 회고를 소개했다. 그리고 3·1운동 당시 서대문형무소에 투옥되었던 김성숙(金星淑)의 회고, 3·1운동 당시 매테 노블 선교사의 증언, 독립운동가 이회영의 아들로 1935년 의열투쟁 미수로 국내로 송환되어 옥고를 치른 이규창의 회고담, 무정부주의운동가 정화암의 회고, 제2차 조선공산당 사건(1927) 당시 송덕만이 법정에서 한 고문 증언, 화가 김주석이 자서전에 묘사한 고문 장면 그림을 수록했다.

신문 과정에서 극심한 고문이 있었다는 점에 대해서는 일본에서도 관련 증언이 다수 전한다. 예를 들어 잔인한 고문과 관련하여 홋카이도 하코다테에서 피검되어 고문을 당한 노동자 후쿠쓰 마사오(福津正雄)의 증언이 있다. 그는 하코다테경찰서에서 콘크리트가 덮인 욕실풍의 공간에서 겨울철 알몸으로 벗겨져서 바닥을 기어다니도록 하면서 취조를 당했다. 우선 형사는 노동운동을 한다고 하여 엎드려뻗쳐 놓고 죽도(竹刀)로 때리고 콘크리트 바닥 위를 기어다니게 했다. 그리고 "이제 말하라, 말하라"고 하고, 혹은 그 바닥을 핥게 했다. 그리고 30~40회 혼절할 때까지 죽도로 청년의 엉덩이를 때리고 나서는 뜀박질을 하게 했다는 사례가 하코다테의 재판에서 드러났다고 한다.[1] 처음에 무작정 죽도로 몇십 분에서 한두 시간씩 줄곧 매질을 했다는 보고는 흔하다. 연필을 손가락 사이에 끼워 압박하고 혹은 삼각뿔 위에 앉게 한다, 무릎 위에 돌을 올려놓는다, 혹은 발을 묶고 거꾸로 천정에 매달아 놓고 얼굴에 혈액이 역류하게 한 다음 까무라칠 때까지 때린다, 혹은 머리에 방석을 감고 죽도로 때린다, 혹은 손으로 늑골 위쪽을 끊임없이 가격하여 혼미하게 한다, 혹은 생손톱을 뽑는다[2]는 것 등이다.

특고경찰에 의한 고문의 실상을 소설로 고발한 이는 고바야시 다키지이다. 그는 1928년 《전기(戰旗)》 11월호와 12월호에 실린 〈1928년 3월 15일〉에서[3] 일본공산당 제1차 검거사건

1 荻野富士夫, 1984, 『特高警察体制史』, せきた書房, 208쪽.

2 『衆議院委員會議錄』 제56의회, 예산위원회 제2분과회, 1929.1.8, 33쪽.

3 이 단편소설은 1928년 일본공산당 탄압사건인 3·15사건을 소재로 하여 홋카이도에서 일어난 일본공산당 검거를 다룬 작품이다. 1928년 6월부터 집필하여 8월에 완성시키고 구레하라 고레히토(藏原惟人)에게 보내 《戰

당시 홋카이도에서 있었던 고문장면을 생생하게 그려냈다. 검속되거나 감옥에 가는 것을 '별장에 간다'는 은어로 표현했다. 제5장에서는 실제 체험에 바탕을 둔 이 소설을 번역하여 소개했다. 이 글에서 고바야시 다키지는 "고문이야말로 무산계급이 자본가에게 당하는 압박, 착취를 그대로 드러내고 있다"고 말한다. 프롤레타리아작가동맹원인 고바야시 다키지는 1933년 2월 20일 교바시(京橋) 쓰키지경찰서에 체포되어 그날 밤 모진 고문 끝에 사망하고 말았다. 이 사건에 대해《특고경찰월보》에는 고바야시가 심장마비로 사망했으며 부검을 하고자 했으나 응하는 의사가 없다고 변명했다.[4] 고바야시 다키지의 시신은 고문의 흔적이 역력했고 양쪽 허벅지는 검게 변하고 바늘로 찔린 자국이 무수히 있었다. 무고한 죽음의 사인을 밝히고자 검속을 피한 문인들이 부검을 실시하고자 했지만 특고경찰의 압력으로 인해 아무도 응하는 의사가 없었다.

이러한 자료는 일제강점기 사상 탄압이 조선뿐 아니라 일본에서도 자행되었고, '일본제국' 운영이 정신뿐 아니라 육체에 더할 수 없는 고통과 모멸을 가하는 압제로 점철되었음을 가감없이 폭로하고 있다.

윤소영

旗》, 1928년 11월호와 12월호에 실렸지만 두 잡지 모두 발매금지되었다. 그러나 전기사(戰旗社)가 비밀리에 유포하여 큰 반향을 불러일으켰다. 梁喜辰, 2016.3,「失われたテクスト「一九二八年三月十五日」の伏せ字と削除の問題を中心に」, 國際日本文學研究集会会議録, 國文學研究資料館.

4 〈プロレタリア文化運動の状況〉,《特高月報》, 1933.3, 25~26쪽.

1. 신문(訊問)

〈자료 210〉 사상경찰활동의 요체

[오다가와 쇼조(小田川松造), 1933, 「사상경찰활동의 요체(思想警察活動の要諦)」, 『사상경찰통론(思想警察通論)』, 일본경찰사(日本警察社), 251~265쪽]

1) 특고경찰이 신문하는 법[5]

◆ 명백한 실증을 갖는 자에 대해서는 처음부터 중심목적에 대한 신문(訊問)을 개시해도 되지만, 그러나 사상적 범인에 대해서는

(1) 본적, 주소, 성명을 정확히 알 것.
(2) 자백에 대한 실증을 파악할 것.
(3) 신문(訊問)의 중심목적에 대해 중점을 두는 모습을 보이지 말고, 그 외곽적 신문을 가능하면 자세하게 할 것.
(4) 신문(訊問)할 기회가 무르익었을 때는 재빠르고 맹렬히 추궁적, 공격적 신문을 해서 중심목적으로 삼은 사항을 효과적으로 공술(供述)하도록 할 것.

신문(訊問)에 대한 답변에 애매한 점 혹은 모순을 발견하도록 힘쓰고, 만약 이를 발견했을 때는 즉시 그 점을 추궁하여 진상 규명에 힘쓰는 것도 가능하다. 그러나 그것은 아직 반드시 졸렬하지 않으리라는 것을 보장하기 어렵다. 일단 그 모순을 알아채지 못한 것처럼 흘려듣는 것처럼 공술을 마치고, 그 후에 애매하고 모순된 부분을 강하게 압박하여 구명하는 방법은 종종 예상외의 효과를 거두는 경우가 있다.

또한 만약 처음부터 중심목적 사항을 솔직히 추궁할 때는 피신문자에게 강하고 의식적으

---

5 日本警察社 편, 1933, 「思想警察活動の要諦」, 『思想警察通論』, 日本警察社, 251~265쪽.

로 경계하도록 하는 위험을 양성한다.

◆ 신문(訊問)에 임하여, 특히 극좌운동자일 때는 공연히 경찰관에 반항하고 완강하게 신문에 응답하지 않는 경우가 있지만, 완급관엄(緩急寬嚴)[6]을 적절히 궁리하여 '진심은 마침내 이성을 이긴다'는 진리를 체득하는 것에 도달하면, 한편 외부의 증거를 굳히는 데에 힘써 내외 호응하여 사안에 임하면, 진상 규명은 결코 불가능할 수 없다. 단지 주의해야하는 점은 검거 때 신립(申立)[7]을 정밀하게 준비하는 것이 보통이므로, 일단 표면상 신뢰할 수 없는 공술-다음 날 모순이 없는 공술-을 했다고 하여 반드시 그것이 진실이라고 가볍게 믿는 것은 매우 모험이다. 특히 '경찰의 신문 혹은 비공개재판 등에서는 가능한 자신과 조직 방위를 위해 엉터리로 도망가려 하는 법이며 마침내 공개재판이 되면 대중 앞에서 당의 권위를 지키기 위해 자신의 경험이 어떠하던지 간에 당당하고 이상론을 주장하여 항쟁-공개투쟁-을 해야 한다'는 것이 공산당의 철칙임을 생각해 두어야 한다.

---

6 완급관엄(緩急寬嚴)은 느리고 빠르고, 관대하고 엄격함을 말한다.

7 신립(申立)은 당사자가 재판소에 일정한 주장을 포함한 특정 소송행위를 요구하는 것이다.

2. 고문(拷問)과 피해자 증언

1) 고등법원 판사의 고문(拷問)에 대한 인식

〈자료 211〉 고문과 자백

[고마쓰 히로미(小松博美), 〈고문과 자백〉, 《경무휘보(警務彙報)》 309호, 조선총독부 경무국 경찰협회, 1932년 1월호, 28~31쪽]

고등법원 판사 고마쓰 히로미(小松博美)

(1)

세상 속담에 '사슴을 쫓는 사냥꾼은 산을 보지 않는다'(한 가지 일에 열중하여 다른 것을 돌보지 않는다)는 말이 있다. 사물에 크고 작음이 있고 사안에 경중이 있으니 일에는 반드시 존재하는 의의와 목적이 있는 법이다. 결국 사물은 목적에 따라 의의가 있고 가치가 매겨지는 것인데, 목적 달성에 급급하여 열중한 나머지 수단과 방법을 가리지 않은 채 돌진하여 목적만을 주력하고 다른 것을 돌아보지 않으니 이른바 오로지 소기의 것에만 성급하게 매진한 나머지 의외의 낭패를 부르는 일을 가르치는 말이다. 일에 열중하고 집착하는 것은 치하할 일이지만 지나치게 얽매여 눈앞의 차질을 망각하고 예기치 못한 붕괴를 피하기 어렵다는 점을 주의해야 한다. '목적은 수단을 신성하게 만든다'는 것은 이른바 간도(間道), 즉 샛길을 가는 권도(權道), 즉 임기응변의 방편은 외나무다리일 뿐이므로 상법(常法), 즉 정도(正道)라고 볼 수 없다. 대도(大道)에는 비상(飛翔)도 없거니와 도약(跳躍)도 없다. 의연하게 정석(定石)은 필연과 인과의 원칙에 귀추를 구하여 목적의 도달을 꾀함에 있다. 범죄검거의 길 또한 이러한 범주를 벗어나지 않는다. 그렇지만 검거 수사에 종사하는 자가 왕왕 이러한 이치를 알지 못하고 이른바 맹목적으로 멸법(滅法)의 경지에서 산을 보지 않고 사슴을 쫓는 사냥꾼과 같은 경향이 적지 않으므로 참으로 유감스럽기 그지없다. 범죄수사관이 형벌법규에 밝지 않고 그날그날의 사법 사무에 쫓겨 우선 사람을 잡은 후 법문을 검토하고 연구하는 일이야말로 이에 비견되는 맹목적인 전법(戰法)이다. 이는 형벌법의 사명을 이해하지 못하고 사법사무의 본질을 인식하지 못하는데 머무는 것이므로 그야말로 한심하기 그지없다. 무릇 형벌의 목적은 그 위력으로 범인의 비위(非違)를 규탄하고 회오(悔悟)하게 만들어 개과천선에 들게 함과 동시에 다른 한편 사회에 경계를 펼침으로써 일반이 공안을 침해하지 않도록 도모하는데 있다. 그러므로 이른바 형의 목적이 교육에 있다고 함은 이러한 취지를 규정하는 것이다. 그렇다면 범인을 괴롭히고 냉혹하게 다루어 과오에 대한 응당한 보복(科應報)을 반치(反致)함은 분명 취지와 다른 것이므로 이러한 일은 공권(公權) 남용의 죄를 수반한다고 할 것이다. 하물며 죄가 없음에도 사람을 잡아 벌(罰) 조(條)에 의한 검색(檢索)을 하는 일이야 두말할 필요 없다. 근대법 사조는 "백 가지 죄과를 면하더라도 하나의 무고함을 벌해서는 안 됨"을 말한다(Better hundred guilty escape than one innocent suffer). 과거 단죄에 대한 관념은 종종 백 가지 죄 때문에 하나의 무고함을 희생했지만, 이제 잘못된 것임을 이미 근대문화에 대한 형벌법의 본질과 기능에 비추어 굳이 논증할 필요도 없다. 그러나 좋은 것은 금방 사라지고 나쁜 것은 언제나 남는다는 비유도 어김없이 맞으니 여전히 시대착오적인 구사상은 사실상 여세를 유지하며 세력을 이어가고 최근에는 타성에 이끌리는 암담한 그림자를 보게 된다. 범인의 자백을 범죄 검거와 단죄의 유일한 재료이자 방책이라고 이해하는 사상이야말로 이에 필적하는 것이다.

(2)

형사증거법이 범인의 자백을 중심으로 발전해왔음은 증거사(證據史)의 연혁으로 볼 때 상당히 오래된 역사가 있다. 범인의 자백 즉 실토가 단죄를 위한 증거 방법의 중핵을 이루고 이른바 증거의 왕좌를 차지했다고 해도 과언이 아니다. 하지만 오랜 옛날에는 단죄가 오로지 권력자의 의지에 따라 범인 체포의 정황만으로 죄를 결정하거나 종교적 사상을 기준으로 하늘의 명령, 신의 명령에 따라 죄를 벌하였고, 범인의 자백을 고려하지 않았다. 그러나 점차 권력의 분열, 세력의 균형, 사회의 합리화에 따라 법적 증거법의 시대가 오고 마침내 범인의 자백을 단죄의 유일한 자료로 삼기에 이르렀다. 아울러 이것이 없으면 죄를 단죄할 수 없다는 사상이 생기고 반면 이유여하를 막론하고 죄를 자백하지 않는 자는 결백하다는 이른바 정의로운 자라는 관념을 일으키게 되었다. 그렇다면 당시의 검찰 법집행관(檢察執法官)이 범인의 자백을 받고자 비상한 고심과 노력을 하고 이를 위해 상당히 애쓰고 심혈을 기울이는 연구를 게을리하지 않았다. 그리하여 범인의 신문(訊問)은 그 자체로 고통이 되고 가혹해지며 협박, 공갈을 한다. 거짓말을 늘어놓으며 범인의 자백을 얻으려 백방으로 애쓰고 공연히 고문의 방법을 사용하기에 이르니 고문제도의 확립을 보게 되었다. 자백을 얻지 못하면 죄를 단죄할 수 없다고 하는 제도 아래서, 어떻게든 죄를 자백 받으려는 것은 어쩔 수 없는 일인데 자백을 받지 못하면 죄가 없다고 하여 방면할 수밖에 없기 때문이다. 그렇지만 단죄의 유일한 자료인 자백을 얻기 위한 고문제도는 검찰 법집행관으로 하여금 때때로 산을 보지 못하는 사냥꾼이 되게 하여, 목적에 충실한 나머지 고문의 폐해를 유감없이 발휘하고 남용하게 만들어 오히려 무고한 이를 형장으로 보내고 완미 불령한 악당을 놓치는 사례가 있다. 생각건대 위정권력자의 위압은 완미 불령한 악당이 아닌 한 고문의 남용과 이치를 따지는 전법(戰法)에 완전히 위축되어 끝내 진실에 부합하는지 여부를 떠나 신문하는 대로 자백하지 않을 수 없게 만드는 위력을 가진다. 고문제도가 가진 폐단의 무서움은 쉽게 상상할 수 있다.

현행법 또한 범인의 자백을 단죄의 자료로 제공하는 증거의 하나로 간주한다. 그렇지만 현행법은 이것을 단지 하나의 증거방법으로 볼 뿐이다. 단죄에 관한 유일한 증명방법이라고 간주하는 것이 아니다. 따라서 단죄에 있어 범인의 자백에만 의거하지 않고 다른 증거를 참작하고 의거할 수 있음은 당연하며, 범인의 자백에 의하지 않고 이를 배척하여 다른 증거만으로 죄를 처단할 수 있음은 물론이다. 그리고 범인에게 범죄의 수사검찰행위에 관해 자신을 방어할 권리를 허용하며 자백의 의무를 지지 않는다. 즉 범인은 자신의 불이익에 속하는 범행의 자백을 해야 할 법률상의 의무를 부과하지 않으며 동시에 자신의 형사 사건의 증거를 인멸하고 증빙위조변조를 하더라도 이 또한 문책당하지 않는다는 것이 현행법의 사상(觀念)이다. 현행 형사소송법 제135조는 피고인에 대해 정중함을 취지로 삼고 이익이 되는 사실을 진술할 기회를 제공해야 한다고 명시하며, 피고인 신문에 공갈, 협박, 거짓을 말해서는 안 된다고 하는 구(舊)법 제94조와 동일한 취지로 피고인의 지위를 확보하고 있다. 이는 원래 당연한 것을 명문화한 것이지만 이에 따라 피고인에 대한 공명정대하고 무리하지 않도록 절충하였으며 부당하고 불온한 행동을 법이 허용하지 않음을 천명한 것이다. 그렇다면 검거수사의 목적을 이루기 위해 본인의 동의를 얻을 수 없을 뿐 아니라 반대를 배척하고 무리하게 동행인치(同行引致)한 것을 승낙동행이라고 주장하고 또 법률상 아무런 보호의 필요가 없음에도 불구하고 인치(引致) 및 유치(留置)하여 이를 보호유치라고 하는 기존의 취급방식은 명백하게 법문의 취지에 저촉되는 것이다. 그럼에도 어찌된 셈인지 아직도 구태를 탈피하지 못하고 법문의 취지에 반하여 여전히 구태를 엄수하고 불합리 몰이해의 과거를 꿈꾸며 이로 인해 부당한 조치를 행하는 경향이 있음은 매우 유감스러운 일이다. 고문제도 하에서의 자백과 현행법 하에서의 그것은 동일한 가치 내용의 것이라고 생각하며 동일한 사상하에서 동일한 태도로 응대하고 조치하는 구습이 아직 잔존하는 것은 특기할 만한 일례로 고려하지 않으면 안 된다. 따라서 범인을 신문할 때 공갈 협박하고 거짓을 꾸미며 감정에 호소하여 착오를 개입시키고 또는 폭행과 구타로 범인의 자백을 강요로 획득하려고 하는 이른바 자백을 받기 위한 일종의 고문 방법을 사용하는 것이다, 그러한 사상은 잘못된 고문사상에 출발한 것이므로 범인이 한번 죄를 자백하면 진상을 말한 것인지 아닌지를 고려하지 않고 금방 마음을 놓고 이를 지지할 다른 증거 수집을 소홀히 한다. 나중에 자백을 뒤집게 되면 모처럼의 노고와 고충이 물거품이 되고 남는 것은 백일하에 드러난 부당한 신문의 흔적으로 끝나는 사례가 전혀 드물지 않다. 혹은 범인의 자백을 얻었다고 다른 증거수집의 수고를 생략하는 묘법이라고 곡해하여 애써 자백을 강요하는 교활한 부류에 대해서는 더욱 교활한 범인이 일부러 허위 자백을 함으로써 모든 노력이 수포로 돌아가고 놀아나는 일 또한 드물지 않다.

이렇게 결과가 매우 불철저하고 불확실하고 부당한 것은 사상의 전제가 잘못되었기 때문이다. 고문제도하에서의 자백의 가치는 이미 몰락했고 사실 인정은 일반 증거로 행하고 증거의 효력은 자유 심증에 맡겨진 현행법(336, 337)하에서 모름지기 검찰수사를 하는 자는 범인의 자백을 중시하지 말고 오히려 크게 고려하지 말고, 심증 판단의 자료인 일반 증거수집에 노력해야 함을 잊지 말아야 한다.

이것은 자백도 하나의 증거에 지나지 않기 때문이다. 범인에 대해 "실토하지 않으면 좋을 게 없다"고 하는 것은 자백을 중시하는 고문제도의 사상이 배태한 것이고 그것의 부당함은 논할 필요없이 명료하다. 고문을 당하고 자유를 빼앗긴 채 나오는 자백은 현행법상 아무런 증거 효력을 가지지 못하는 것은 당연하고 그것이 진실에 부합하는지 여부와 상관없다. 형사보상법의 적용에 대해서도 고문에 의한 자백은 다른 협박 유도에 의한 자백과 마찬가지로 보상을 받는 데 지장이 없다.

특히 범인의 자백은 단죄의 목적도 아니요, 형(刑)의 수단도 아니다.

단지 단죄의 자료로 심증 판단의 한 가지 기초를 이루는 증거에 불과하다. 원래 사실인정에 이것을 채용할지 여부는 온전히 사실 심판관의 전권에 속한다. 그리고 고문으로 이루어진 자백은 진실 여부와 상관없이 증거능력을 전혀 인정받지 못하고 죄로 단정하는(斷罪의/죄를 판가름하는) 자료가 될 수 없다. 그뿐만 아니라 수많은 부정문제가 이러한 고문을 중심으로 독직죄(瀆職罪)의 형태로 나타나거나 인권유린의 형태로 드러난다. 담당자는 깊이 유념해야 할 것이다.

(1932년 1월 5일)

2) 고문 피해자의 증언

〈자료 212〉 백범 김구의 증언

(백범김구선생전집편찬위원회, 1999, 『친필 백범일지, 도왜실기』, 백범 김구전집 1권, 대한매일신보사, 448쪽)

왜놈의 신문하는 방법이 대략 3종의 수단으로 한다. 첫째, 혹형이니 채찍과 몽둥이로 난타함과 두 손을 등 뒤로 묶고 밧줄로 결박하여 천정의 쇠갈고리에 (등 뒤로 묶인-편역자) 밧줄을 걸고 수형인을 디딤대 위로 끌어올려 밧줄의 한쪽 끝을 한편에 잡아매고 발판을 제거하면 전신이 공중에 매달린다. 질식된 후에 풀어주고 냉수를 전신에 뿌려 의식이 돌아오게 하고, 화로에 쇠꼬챙이를 늘어놓고 열을 가한 후에 그 쇠꼬챙이로 함부로 지진다. 손가락 크기의 능목 3개를 세 손가락 사이에 끼우고 나무토막 양 끝을 끈으로 단단히 묶는다. 거꾸로 매달아 콧구멍에 냉수를 붓는 것이다. 둘째 굶기는 것인데 신문할 때는 보통 수인이 먹는 식료를 절반으로 줄여 겨우 생명유지만 할 수 있게 해놓고 친척이 사식을 청원해도 신문 주임의

허가를 득치 못하면 사식을 도로 보낸다.[8]

〈자료 213〉 3·1운동 당시 고문(1)

(이정식 면담, 편집해설 김학준, 1988, 『혁명가들의 항일회상-김성숙,장건상,정화암, 이강훈의 독립투쟁』, 민음사, 48쪽)

독립만세를 부른 다음 우리는 지방에 내려가 동포들을 선동해 만세운동을 확산시키기로 결정했습니다. 나는 경기도 양주군과 포천군을 맡아 독립선언서를 돌리고 또 그 설명서를 프린트해 돌렸지요. 그리고는 사람들을 모아 만세를 불렀지요. 그러다가 잡혀 (공범) 7명 속에 끼어 서울 서대문형무소에 갇혔지요. 때마침 경기도 수원에서 만세를 부르다 잡혀온 사람들이 많았는데 얼마나 심하게 맞았는지 어떤 사람은 궁둥이뼈가 다 튀어나왔고 어떤 사람은 피가 썩어가더군요. 나는 여기서 2년 있다가 가출옥했습니다.

〈자료 214〉 3·1운동 당시 고문(2)

(매티 윌콕스 노블 지음, 강선미·이양준 옮김, 2010, 『노블일지 1892~1934』, 이마고, 283쪽)

경찰서에서 그들은 몸수색을 하기 위해 옷을 벗으라는 명령을 받았다. 그것은 굴욕감을 주기 위한 것이었다. 잠시라도 머뭇거리면 금줄 세 개를 단 네다섯 명의 남자들로부터 매를 맞았다. 감옥에서도 그들은 벌거벗겨진 채 지내며 간부들의 사무실로 불려가서 심문을 당하고 매를 맞았으며, 다시 알몸을 감방으로 돌아와야 했다. 한번은 한 소녀가 알몸으로 돌아왔는데 손에 옷이 들려 있었다. 그들은 방금 감옥에 잡혀 온 일군의 청년들을 지나가야 하는 그녀의 처지를 보고 옷을 줘서 팔에 두르도록 허용했지만 입지는 못하게 했다.

감옥에 아직도 남아 있는 두 소녀는 고문을 당해야 했다. (출옥한 소녀들의 증언이다.) 한 소

---

8 『친필 백범일지, 도왜실기』(백범 김구전집 1권), 대한매일신보사, 448쪽에서 현대문으로 고쳤다.

녀는 양쪽 엄지손가락을 한데 묶여 매달렸다. 다른 소녀는 이화학당에서 가장 총명하고 예쁜 여학생으로 진남포에서 내 (매티 윌콕스 노블)가 시작한 최초의 여학교 출신인 박인덕이다. 그녀는 옷을 벗기우고 심한 채찍질을 당했다. 그녀는 또한 무릎을 꿇고 앉아 무거운 의자를 들고 있어야하는 고문도 당했다. 만일 떨려서 손이 내려오면 팔을 맞아야했다. 풀려나온 한 소녀는 두 손을 쳐들고 무거운 판대기를 들고 한 시간가량 있어야 했는데 더 이상 그렇게 할 수 없어서 팔을 떨게 되면 팔을 얻어맞았다고 했다.

〈자료 215〉 의열투쟁 이규창[9] 선생 1935년 옥중기

(이규창, 1992,『運命의 餘燼』, 寶蓮閣, 214~224쪽)

인천부두에 당도하니 선내로 왜놈의 형사 2~3명이 자기네끼리 말을 하더니 한 놈이 나한테로 와서 (중략) 자기소개를 하기를 미와(三輪) 경부라고 하며 자기는 우리 집을 잘 안다고 하며 너의 가문은 조선의 유명한 양반의 집이라고 한참 우리말로 유창히 하며 우리 집의 내력을 자기네 동료에게 소개하는 것이다. 그러고 나서 우리 둘(이규창과 엄순봉-편역자)을 자동차에 태워 서울로 향하여 드디어 종로경찰서로 와서 서장에게 인계하고 미와라는 자는 나보고 서장 말을 잘 듣고 잘 있으라하며 갔다. (중략) 사실 우리가 상해에서 한 사건에 대하여 취조를 완전히 하여 진술 서류를 완결하였고 그 외 아리요시(有吉) 공사 암살사건도 관련된 분들이 다 일본 내에서 판결을 받고 형의 언도까지 받았던 관계로 (중략) 조선 내에 와서 또 그 사건에 대하여 심문이나 취조할 필요가 없는 것이다.

그러나 그 당시 국내에서 또 한 사건이 발생하여 이정규(李丁圭), 채은국(蔡殷國) 두 분이 제일루(第一樓) 사건이라고 명명하고 두 분을 근 1년간 심문 취조하다가 조사를 종결짓고 서

---

9 이규창(1913~2005)은 독립운동가 이회영의 아들로 중국 통화현(通化縣)에서 출생했다. 그 후 부친 이회영을 따라 북경, 상해 등지에서 살며 부친을 보필했다. 1932년 이회영이 피체되어 옥중 순국한 후, 상해에서 남화한인청년연맹에 가입하여 백정기, 정화암, 이강환 등과 독립운동에 본격적으로 투신했다. 1933년 주중공사 아리요시 아키라(有吉明) 처단 계획에 참여하고 군자금 모집 활동을 전개했다. 1935년 상해 조선인거류민회 부회장을 역임한 친일파 이용로를 사살하여 도피하다가 체포되어 조선으로 압송되었고 1936년 징역13년형을 선고받았다. 1945년 광복으로 출옥했다. 1968년 건국훈장 독립장을 추서받았다.

대문구치로 송치하였다. 그러나 우리 사건이 발생하자 왜놈들이 억지로 국내 동지들과 연락지어 사건을 확대 날조하여 전국의 동지가 우리와 관련된 것으로 조작 근 10여 명을 체포하여 각 경찰에 수용하고 우리 두 사람과 억지 사건을 조작하려고 갖은 고문과 악형을 자행했다. (중략) 엄선생이 취조를 받고 온 후 내 차례가 되어 취조실로 가니 7~8명의 왜놈인지, 조선놈인지 알 수 없으나 여하튼 나를 포위하다시피하고 나를 위협하며 공포를 주는 것이다. (중략) 내가 인천에 오자마자 이을규 선생을 동대문 서로 잡아다가 유치장에 가두고 그간 우리와 무슨 연락을 하였으며 무슨 음모를 하여 항일독립운동을 하였느냐고 갖은 악독한 고문을 하기도 하고 동대문서에 있는 동안 30여 번 실신을 할 정도로 악형을 당했다는 것을 훗날 안 일이다.

그러니 엄선생도 더 말할 수 없이 악독한 물고문을 당하였고 나도 그만 못지않게 물고문을 당한 것이다. 내가 당한 물고문은 이런 것이다. 종로서 지하실에 고문실이 따로 있다. 수도가 있고 수도꼭지에 고무호스를 달아놓고 나를 목상(木床)에 뉜 뒤에 손하고 발을 목상에 매어놓고 왜놈 형사 사쿠라다(櫻田)라는 놈이 내 배에 타고 앉아 수도를 틀어 호스로 내 면상에서 물을 쏟는 것이다. 이렇게 되니 내 얼굴이 물에 빠진 것이나 다름없이 호흡이 불가능하니 별 수 없이 물을 있는 대로 먹고 기절을 하면, 배에 타고 앉아있던 왜놈이 나를 인공호흡을 하여 물을 토하게 하고 정신을 차리게 한 후 좀 있다가 또다시 그런 짓을 반복하는 것이다. 그러니 그런 고문을 수십 일 동안 당하니 모르는 일도 안다고, 안 한 일도 하였다고 하게 되는 것이다. 그렇게 고문 앞에는 장사가 없다는 말이 왜정 치하에 유행하였다.

고문을 하는데 "너는 네 어미와 붙어먹었지" 하는 패륜적인 욕을 먹으며 혹독한 고문을 당하면 별수 없이 어미와 붙어먹었다고 한다는 것이다. 이것이 하나의 비유에 속하는 말이지만 왜놈 치하에 어떻게 혹독한 고문을 당하였기에 이런 유행어가 있겠는가.

(중략) 종로서의 서장은 구로누마(黑沼)라는 왜놈으로 조선 여인과 살며 고등경찰보는 사이카(齋賀)라는 왜놈으로 (중략) 사상범이라고 칭하는 사람에 대하여서는 제일 먼저 그 사람의 사상적 지식이 어떠한가와 이론에 대한 경중을 판단하여 A급 B급 C급으로 구분하여 넣은 위험한 인물로 장래 요주의할 것을 정한다. 그러므로 사이카 같은 놈과 같이 공산주의 이론이나 아나키 이론에 능통한 놈도 드물 것이다. (중략) 사이카가 나를 취조할 때도 내 사상과 민족의식에 대하여 여러 각도로 질문을 하였는데 민족의식에 대하여 말 몇 마디의 대

화에서 확정하였다. 나를 보고 묻기를 "국어"를 할 줄 아느냐고 하기에 할 줄 안다고 하니, 그러면 말해 보라고 하기에 내가 지금 하는 말이 우리나라의 국어가 아니고 무엇이며 또 따로 무슨 국어가 있느냐고 반문을 하니, 사이카 놈이 발끈 화를 내며 "빠가야로" 왜놈의 말로 하며 피우던 담배를 수갑을 찬 내 손등에다 비비며 "빠가야로"라는 말을 연발한다. 나는 내 손등에 담뱃불로 지글지글 타서 참으로 참기가 어려웠다. 지금도 내 손등에는 그때 사이카가 담뱃불로 지진 흔적이 남아 있다.

사이카 놈이 말한 국어는 왜놈의 말을 국어라 하고 혹은 내지어라고도 하는 것을 내가 알리도 없고 생전 첨 듣는 말이니 나로서야 우리나라 말이 국어지, 왜놈의 말이 무슨 국어란 말인가. 이 몇 마디 대화로 너는 골수에 박힌 민족의식을 가진 놈이로구나 하며 다시는 그 문제를 더 논하지 않고 사상에 대하여 무슨 서적을 보았느냐고 묻는 것이다. 나는 나이가 어려서 사상에 대한 서적을 본 게 그리 없다고 하니, 그래도 무엇을 보았느냐고 말을 하여보라기에, "아나키"에 대한 서적으로 상호부조론, 경제학의 면포론(麵麭論), 윤리학 청년에게 고함, 혁명가의 생각 등이라고 하니, 너는 나이는 어리지만 책은 많이 보았구나 하며(중략) 검사국에 송치 때 사이카의 취조서 후면에 자기의견서를 쓰는데 이 놈은 민족의 의식이 강고하여 동화가 어렵다고 생각한다고 썼다. 사이카가 그렇게 의견을 단 것을 검사가 나를 다 심문하고 나서 사이카의 의견에 대해 말해 보라고 하기에 서(署)에서 취조할 때 주고받은 말을 자세히 검사에게 말을 하니, 검사가 신중히 듣더니 네가 해외에서 생장하여 불순한 생각만 하게 되었으나 장차 너도 내선일체라는 사적(史的) 인식을 하여 개과천선하여 훌륭한 황국신민이 되라고 말을 하는 것이었다. (중략) 서대문형무소에 수감되어 잡방(雜房)으로 입감하였다. 14~15명으로 정원이 되어 있다. 입는 옷은 왜놈의 '하오리'라는 옷인데 하절(夏節)이라 '훈도시'(기저귀 같은 것)를 아래에 차는 것이다. 하오리에는 오비(허리띠)로 맬 뿐이다. 아주 간단한 왜놈의 의복을 입는데 색깔은 미결수는 감색(監色)이며 기결수는 적색의 수의를 입으며 미결수에게는 자기 집에서 차입이라고 하여 허락을 받아 사복을 입는다. 그러나 기결수는 사복 착용을 일절 불허한다. 그리고 미결수의 3시 밥은 콩밥으로 형(型)에 찍힌 콩밥 덩어리인데 7등급 밥이다. 밥 덩어리에 7자가 배겨있다. 이 7등이 최하위로 일을 하지 않고 먹는 밥이다. 그리고 미결수는 자기 집에 여유가 있는 사람은 사식도 대어 먹는다. (중략) 검열이 엄격하다. 혹시나 외부하고 음식 속에 연락이 되는 암호와 여러 가지 수단으로 사건의 문제를 연관하는가 하여 심하게 주의를 받으며, 사식을 먹는 미결수가 관식(官食)을 먹는 사람에게 사식을 나눠 먹는 것을 발견만 하면 양편을 다 혹독한 벌을 주며, 절대로 나눠먹지 못하게 하며, 만약 간수에게 들키고 먹지를 않았다고 부인할 때는 지독한 간수 놈은 사식을 아니 먹었다는 미결수[10]를 감방 밖으로 끌어내어 비눗물을 강제로 먹여서 음식을 토하게 하여 사식을 토하게 될 경우 부인한 것을 확인하고 혹독한 온갖 벌을 준다.

그러는 곳은 조사실 "시라베소"라고 한다. 미결수나 기결수 전부가 번호로 성명을 대신한다. 나는 661호였다. 감방에 좌정하는 것은 번호 순위로 좌정하며 감방 내에서는 절대로 잡담을 못하며 잡담을 하다가 들키면 벌을 받는 것이다. 앉는 형식은 반드시 "세이자(正坐)"를 한다. 즉 꿇어앉는 것이다. 이렇게 세상에도 없는 혹독한 방법으로 죄수를 다룬다. 이렇게 당하면서도 미결, 기결 할 것 없이 10년 근 20년을 이런 별천지에서 생명을 유지하고 살아서 세상에 나오게 되니 참으로 인간은 어떠한 동물인가 하고 다시 생각하게 된다. 아무도 감옥에 대한 기록은 후일 더 자세히 하겠기에 이만한다. (중략)

전연 관련도 없는 우리가 국내에 와서 우리가 모든 사건을 국외로부터 비밀연락이 되어 제일루사건이 됐다고 연루를 조작하려고 우리를 무수히 고문하여 자백을 강요하였으나 우리는 사실 모르는 일이었다. 검사도 나의 말을 듣고 별 이의를 않고 우리와는 관계가 없다는 것을 제일루사건 기소문에 확정하여 기소송치하고 종결을 짓고(중략) 미결 통산 250일, 이렇게 왜놈들의 가혹한 압박 치하에는 사건도 사건 같지 않은 일로 각 연루자를 옭아매려고 갖은 수단과 고문과 강제로 사건을 만들어 징역을 3, 4년씩 살게 하는 것이 왜놈들의 식민지 정책이었다.

(중략)

3동 5호실의 감방에 수용되었다. 그 당시 서대문구치소는 구(舊) 구치소와 신축된 구치소가 있었다. 구소(舊所)는 목조 2층 건물로 연조(年條)가 오래되었고 교수대도 있으며 기결수도 수용되어 있고 신건물은 간도공산당 사건으로 피검자가 7~8백명이나 되므로 국내로 송치하여 수용이 불가능하므로 급히 콘크리트 2층 건물로 지어 수용하였었다. 내가 들어간 3동 5호실 감방은 독방으로 한 사람을 수감하는 방에 들어가 보니 나까지 3명이 있었다. 그

---

10 원문 그대로임. 기결수의 오자이다.

중 한 사람은 수갑을 차고 쇠줄로 수갑 찬 손을 매서 허리에다 자물쇠로 잠그고 있다. (중략) 수갑을 찬 사람은 김광묵(金光默)이라고 하며 간도공산당 사건의 한 사람으로 1심에서 사형언도를 받고 상고(上告) 중이라 하며 미결로 이렇게 전부 5년간이 되는 것이라 한다. (중략) 그리고 나를 소개하니 참 고생하였다고 위로를 하여준다. 그러니 내가 어이가 없었다. 사형을 받고 수년을 지내는 사람이 나를 되려 위로를 하니 참으로 어이없어서 무슨 말을 할지 묵묵부답하였다. 그런데 옆 감방에서 벽을 탁 치는 것이다. 그러니 김광묵 씨가 입을 창에다 대고 옆방에다 가만히 말을 하기를 새로 온 사람은 이규호(李圭虎)라 하고 상해에서 살인을 하고 이곳으로 송치되었다고 하니, 그쪽 방에서 말을 듣던 사람이 반갑게 응답, 내가 이정규(李丁圭)라고 하며(중략) 그리고 벽을 사이에 두고 통방(通房)을 하는 통신법이 돼 있다. 통방하는 사람이 한 손에 책을 들고 독서하는 체하고 한 손으로 벽에다 신호를 보내는 것이다. 그 방법은 이렇다. "간다"를 통할 때 "가"자를 칠 때 한번 딱 치면 "가"요, 또 연거푸 딱딱 치면 받침 "ㄴ"이 된다. 그러면 "간"이 되고, 그다음에 "다"를 할 때는 딱딱딱 세 번을 치면 "다"가 되어 "간다"는 말로 통하게 된다. (중략)

내가 종로경찰서에 수감하였을 때 내 유치장을 지키는 순경이 나에게 너의 죄명이 살인이니, 서대문구치소에 가면 예심을 거쳐 장구한 세월을 지내게 되니 내가 너에게 통방하는 법을 알려줄 테니 잘 배워서 사용하라며 그 방법을 일러주는 것이다. (중략) 그 순경은 (중략) 성명은 채(영)증식(蔡(榮)增植)이라고 하였다. 그래서 유치장에 있는 사람들이 다 채씨를 가리켜 생각이 다르다고 모두 말을 하였다. 해방 후 내가 이정규 선생 댁에서 머물 때 성북경찰서장이 우리를 찾는다고 하여 만나니 그 서장이 바로 내가 13년 전 종로서 유치장에서 서대문구치소 통방을 알려준 바로 그분이었다. 어찌나 반가운지 눈물이 날 지경이었다. (중략) 이것도 한 고사(故事)가 되었다.

3) 제2차 조선공산당 사건 당시 고문

〈자료 216〉 송덕만[宋德滿, 일명 송봉우(宋奉瑀)]의 고문 증언

[「高允相 外九十三名 公判調書(第五回)」, 경성지방법원 검사국 문서, 1927.9.22, 국사편찬위원회]

사건명: 高允相(고윤상) 外 100名 (治安維持法違反等), 1927.9.22.

京城地方法院刑事部裁判長 朝鮮總督府判事 矢本正平

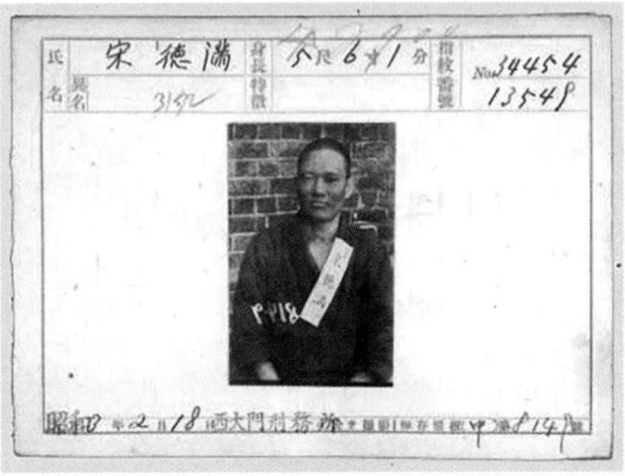

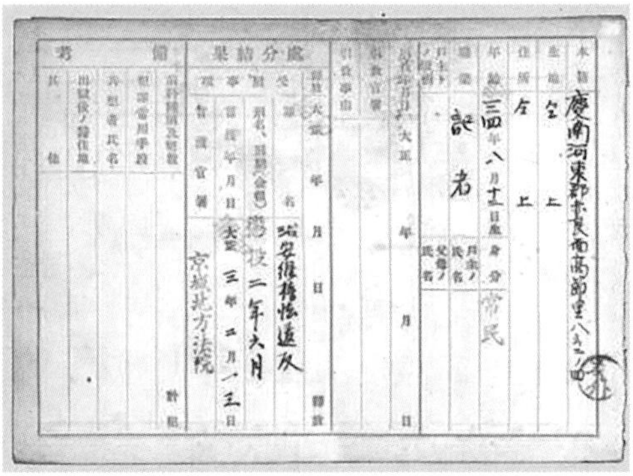

<그림 1> 송덕만(1901~ ?)의 서대문형무소 수형인카드(직업: 기자, 치안유지법 위반 징역2년6월형)

문: 피고(송덕만-편역자)는 당원 예심판사에게 자신이 공명하는 공산주의라는 것은 생산기관을 사회의 공유로 하고 이윤을 사회 각원이 평등하게 분배하는 주의인데 조선은 여전히 일본제국의 식민지가 되어 있으므로 공산제도의 실현은 불가능하다고 진술했는데 어떤가?

답: 나는 예심판사에게도 오늘 진술한 대로 진술했으며 그런 말을 한 사실이 없습니다. 조서가 어떻게 되어 있는지는 모르지만 경성의 고이(五井) 예심판사는 취조할 때 고문을 했습니다.

재판장은 변호인 김병로의 질문 요청에 의해 피고인 송덕만에게

문: 고이 예심판사는 어떤 식으로 고문을 했는가?

답: 그 판사는 취조할 때 길이 5촌(약 15cm-편역자) 정도 엄지손가락 크기의 쇠꼬챙이로 내 머리를 여러 차례 때리며 찌르려고 하는 것을 나는 흥분하여 반항하려 하자 동 판사는 의자에 앉아 상반신을 좌우로 흔들며 나에게 머리를 좀 더 앞으로 내라고 하며 때리려고 하면서 시종 나를 위협했습니다. 또한 신의주경찰서에서도 처음에 나는 사실대로 본건 공산당에 관계한 적이 없다고 말했더니 경부는 나를 죽도로 때리고나서 굵은 밧줄로 나의 양손을 꽉 결박하고 약 50분간 그대로 두었습니다. 나는 그 사이에 고통을 참지 못하고 엉엉 울어버렸습니다. 그리고 또 세 번째 신문 때였다고 생각합니다. 경부는 형사에게 보내 고문하겠다고 하고 사법실에서 조선인 순사와 둘이서 나를 운동장 수돗가로 연행하고, 그때는 마침 겨울이었습니다. 내 상의를 벗기고 판자 위에 내가 하늘을 향해 눕도록 하고 손발을 결박하고 경부는 국경의 명물을 구경시켜주겠다고 하며 수도의 고무관을 잡아 내 코에 대고 수돗물을 틀어 부었습니다. 나는 고통과 추위로 얼마되지 않아 기절해버렸습니다. 그리고 정신을 차리고 보니 옷은 전부 젖어버려서 추위에 덜덜 떨렸습니다. 이것은 모두 낮에 일어난 일입니다. 나는 그런 고문을 받았지만, 공산당과 관계가 있다면 깨끗이 자백하라고 했지만 나는 전혀 관계가 없었으므로 아무리 고문을 해도 거짓을 자백할 수는 없었습니다.

〈자료 217〉 송덕만의 제6회 공판

[「高允相 外九十三名 公判調書(第6回)」, 경성지방법원 검사국 문서, 1927.9.23, 국사편찬위원회]

사건명: 高允相 外九十二名 公判調書(第六回), 1927.9.23.

京城地方法院刑事部裁判長 朝鮮總督府判事 矢本正平

문: 또한 피고는 신의주경찰서 제2회 신문 때 공산제도는 만인이 생산을 평등하게 하는 것이 주안으로 가령 현재의 소비에트공화국과 같이 하려고 하는 것이므로 이는 러시

아와 같이 혁명을 일으켜 공화정체로 하는 목적이라고 진술하고 있는데 어떤가?

답: 경찰서에서는 고문을 당하여 괴로워서 엉터리를 진술해서 무어라고 말했는지 기억나지 않습니다. 신의주 예심에서 취조를 받았을 때도 경찰서의 취조대로냐고 신문을 받고 나는 조금이라도 빨리 예심을 종결해 주기 바라는 마음으로 이를 인정했지만, 그 후 구류기간 갱신 결정이 있고 언제 끝날지 모르게 되었습니다. 지금 갑자기 기억나지 않지만 4, 5월경부터 신문에서는 종전의 진술을 번복하여 사실대로 말했습니다. 그러나 질문과 같은 공술을 했던 기억은 절대로 없습니다. 그리고 미리 경성의 예심에서의 상황을 진술하고 싶습니다만, 작년 7월 중 경성 예심으로 회부되어 본년 2월 하순 초 예심판사가 형무소에 와서 취조를 했습니다. 그리고 아서원 회합 및 조선공산당 조직에 대해 5분간 신문받고 공산당 조직의 목적을 조선을 일본의 통치권의 굴레에서 이탈시킬 것을 주안으로 하는 것이 아닌가? 김재봉 등도 그렇게 진술했다고 신문을 받았지만 나는 그런 것은 모른다고 답변했습니다. 그런데 예심판사는 "너, 이쪽으로 와!"라고 말하여 발로 차고 머리를 구타하고 다시 "너 같은 놈은 사형에 처하겠다"고 했으므로 나는 법률로 사형에 처해지는 것은 어쩔 수 없지만 어떻게요? 라고 질문했습니다. 그러자 예심판사는 자신의 목을 손으로 두드리면서 "이거야!"라고 말했습니다. 그리고 점심 후에 다시 불려가서 서기가 무언가 적게 하고 지우게 하여 나에게 공산제도가 실시되면 통치권은 누가 갖느냐고 물어서 그런 것은 생각한 적이 없다고 대답했을 뿐 그것이 어떻게 조서에 기재되었는지 모릅니다.

〈자료 218〉 송덕만의 제9회 공판

[「高允相外九十三名 公判調書(第9回)」, 경성지방법원 검사국 문서, 1927.10.4, 국사편찬위원회]

사건명: 高允相外九十一名 公判調書(第九回), 1927.10.4.

京城地方法院刑事部裁判長 朝鮮總督府判事 矢本正平

문: 또한 예심판사에 대해 신의주사건 발발 전에 자신은 검사위원의 한 명이었다고 진술

했는데 어떤가?

답: 처음에 경찰에서 거짓말을 하지않으면 안 되게 되어 거짓 진술을 했고 그것은 지금 새삼 예심 재판정에서 부인해도 믿어주지 않을 것이라고 생각하여 그렇게 신용할 수 있을 정도의 거짓말을 했습니다. 또한 경찰에서 거짓을 말하지 않으면 안 되게 된 이유는 처음에 나는 사실대로 부인했더니 거짓말하지 마라, 사실대로 말하라고 하여 사실을 말해도 들어주지 않았습니다. 그리고 고문하고 모두 아서원에서 회합한 자는 몇 명인지 신문하므로 할 수 없이 수십 명이었다고 거짓을 말했더니 그것은 너무 막연하게 말하므로 대시 20여 명이었다고 엉터리로 말했습니다. 경찰에서 말한 것은 전부 거짓말입니다. 아무튼 4월 17일 나는 조선일보사에 출근했습니다. 그것에 대해 증인도 있습니다. 평소 나는 조선일보사에는 매일 오전 9시나 10시경 출근하고 지방에서 온 많은 통신을 검열하고 그것을 각 부 담당에게 전달합니다. 그리고 오후 1시경부터 편집에 착수하여 완성한 원고를 인쇄로 돌립니다. 그리고 각 담당자가 각 담당사무가 10분간 늦으면 그만큼 그날의 신문 발간이 늦어지고 각 담당자가 근무를 하지 않으면 그날의 신문은 완전히 발간할 수 없습니다.

4) 1931년 베이징에서 체포되어 조선으로 압송, 재판을 받은 장지락(張志樂)이 당한 고문

〈자료 219〉 장지락(張志樂)이 당한 고문

(님 웨일즈·김산 지음, 송영인 옮김, 1984 초판, 2005 개정판,『아리랑』, 동녘, 368~371쪽)

여섯 차례의 '물고문'

나는 작은 배로 다렌(大連)으로 압송되어 (중략) 다음 날 아침 경찰 두 명의 호위를 받아 남만주철도로 3등열차를 타고 조선국경에 있는 안둥까지 갔다. 그곳에서 우리는 하룻밤을 묵었다. 다음 날 왜놈 병사 몇 놈이 나를 오토바이에 태워 압록강을 건넜다. (중략) 나는 경찰 본서에 있는 초라한 작은 방에 끌려들어갔다. 그곳에서 다시 보통학교 이래의 기나긴 이야기를 되풀이해야 했다. 놈들은 베이징과 톈진에서 온 이 건에 대한 충분한 기록을 가지고 있었다.

그러고 나서 첫 고문이 시작되었다. 왜놈 한 명이 입과 코로 물을 들이부었고, 다른 놈이 자백을 얻기 위하여 연필과 종이를 들고 곁에 서 있었다. 놈들은 입과 코로 가는 관을 집어넣고 머리카락을 끌어당겨서 머리를 낮게 만들었다. 압력이 너무나 거세서 위장이 부풀어 터질 것만 같았다. 놈들은 내가 의식을 잃을 때까지 목을 조르기도 하였다. (중략) 내가 의식을 잃자 놈들은 나를 감방으로 돌려보냈다. 그곳은 습기가 차고 더럽기 짝이 없는 곳이었다. (중략) 나는 이 감방에 40일 동안 있었다. 여섯 차례나 놈들은 내가 정신을 잃을 때까지 폐와 코로 물을 주입시키는 '물고문'을 실시하였다. 몇 차례나 나는 장시간 동안 의사의 치료를 받고서야 겨우 의식을 회복했다. 체력이 약했고 병에 걸려 있었기 때문이다. 약간씩 숨을 쉬는 편이 물이 더 쉽게 흘러나가기 때문에 숨을 꼭 참으려고 하는 거보다 낫다는 것을 알았다. 어느 일요일 날 다른 간부들이 비번이었을 때 왜놈 형사 한 놈이 들어오더니 게다짝을 가지고 살이 터져 뼈가 드러날 때까지 정강이를 마구 때렸다. (중략) 정강이의 얻어맞은 곳이 썩어들어가 몹시 쑤셨다. 폐와 코에서도 출혈이 계속되어 끊임없이 나를 괴롭혔다. 이 물고문이 계속되었더라면 폐가 완전히 망가져버렸을 것이다. 때로는 동맥이 터지지만 그래도 죽지는 않는다. 그 이후에 오랫동안 폐에서 픽 나오는 끊임없는 고통으로 괴로워했다.

대개 왜놈들은 지식인을 정신적으로 고문할 뿐 육체적으로는 고문하지 않는다. 형사 두 명이 피의자를 3일 밤낮을 계속해서 한자리에 서 있게 만든다. 피의자가 지쳐서 잠이 들면 형사들이 머리를 두들겨패고 소리를 지른다. 이런 일을 오랫동안 계속하고 있노라면 머리가 멍해지고 의지가 사라진다. 그러면 심문관이 질문을 할 때, 피의자는 아무런 의지도 없이 아무것이나 자백할 수밖에 없게 된다. 이렇게 하여 심문관은 자백과 또 수많은 허위자백을 얻게 되는 것이다. 이런 경험을 당하게 되면 몇 년이 지나도 회복되지 못하는 경우가 종종 있다. 그리고 정신착란이 일어난다. 내가 알고 있는 수많은 조선사람들이 이런 식의 고문으로 고통을 받았다. 이것은 가장 위험한 고문이었다. 그렇지만 의사가 보더라도 아무런 표시가 남지 않는다. 고문으로 생긴 육체적 증거에 대해서는 여론이 분분하지만, 이러한 정신질

환의 경우는 그다지 많은 주의를 끌지 못했다. (중략) 일주일 뒤 나는 출정(出廷)하였다. (중략) 내 공판이 열릴 때까지 나는 비둘기집에서 대기하였다. 벽에는 앞서 다녀간 사람들이 써놓은 글귀들이 많이 있었다. (중략) 일본천황이나 재판관, 그리고 모든 왜놈에 대한 저주도 많이 있었다. 그리고 '아리랑' 가사도 많이 있었다. 많은 이름들이 사형선고를 받은 날짜와 함께 새겨져 있었다. 단어 하나하나마다 우리 가난한 동포의 피눈물이 아로새겨져 있었다. 그것은 마치 지옥 속에 있는 방 같았다.

5) 화가 괴암 김주석 자서전에 묘사된 고문 장면

〈자료 220〉 김주석이 당한 고문

(〈진해 출신 독립운동가… 보고 겪은 고문 내용 그림으로 남겨-괴암 김주석 선생은 누구〉 《경남신문》, 2020.8.14, 〈독립운동가 괴암 김주석 선생 항일운동 울분을 예술로 승화시키다〉, 데일리 《월간조선》, 2020.5, 김주석기념사업회 등)

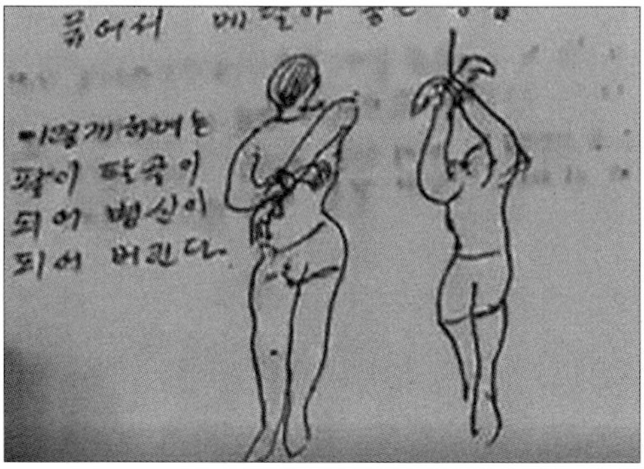

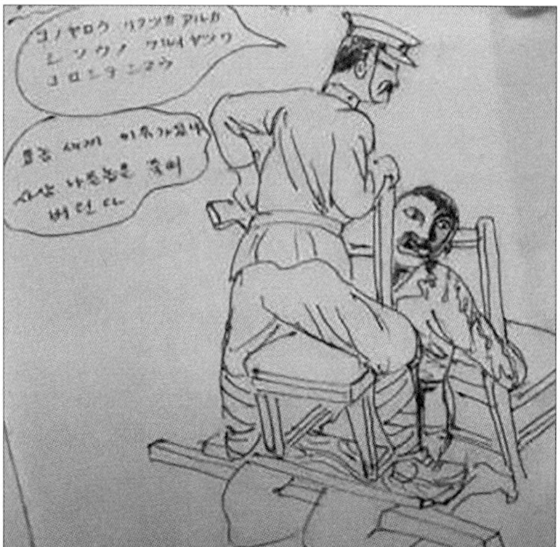

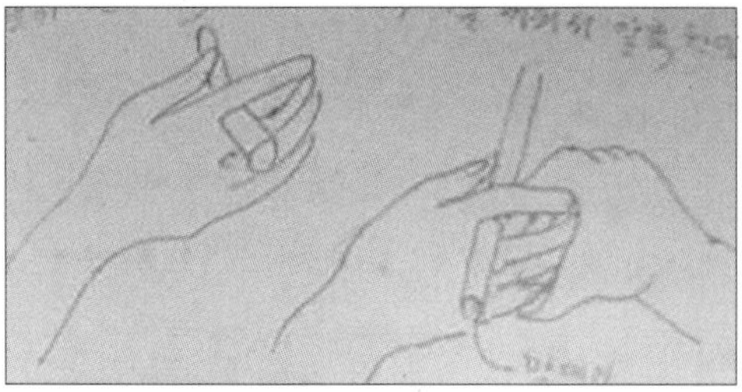

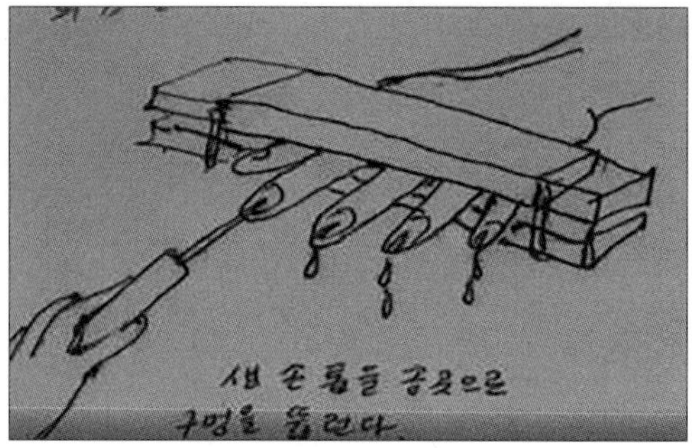

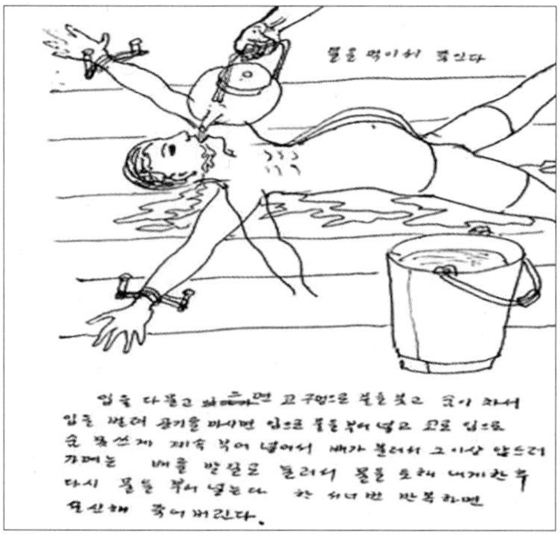

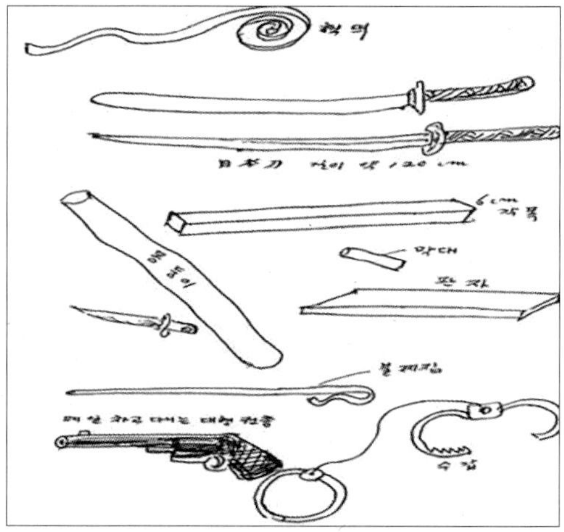
日本刀 길이 약 120 cm
6cm 각목
막대
판자
수갑

3. 고바야시 다키지의 고문 고발 소설

〈자료 221〉 고바야시 다키지의 고문 고발 소설

[고바야시 다키지(小林多喜二)[11], 〈1928年3月15日〉, 《戰旗》, 1928년 11월호, 전일본무산자예술연맹본부][12]

경찰서는 일주일 사이에 노동운동가, 노동자, 관련 인텔리를 200명이나 마구잡이로 돼지처럼 몰아넣었다. 사식을 넣어주러 온, 전혀 운동과는 무관한 동생을 잡아넣어 두들겨 패고는 일주일이나 돌려보내지 않았다. 그러나 이런 일은 에피소드의 100분의 1에 지나지 않는다.

취조가 시작되었다. 와타리에 대해서는 이 공산당 사건이 없었어도 경찰에서는 '억지를 써서라도' 해치우지 않으면 안 된다고 생각했다. 합법적인 당, 조합의 운동에 쐐기처럼 무리하게 쑤시고 들어가서 와타리를 솎아 내려고 했다. 평소에도 벼르고 있었다. 그런 와중에 그는 문자 그대로 표범처럼 분주히 돌아다녔다. 그러다가 붙잡힌 것이어서 "이 녀석, 반 죽여 줄 테다" 하고 기뻐했다.

와타리는 취조를 받아도 한마디도 입을 열지 않았다. "자, 마음대로 하시오"라고 했다.

"무슨 뜻이냐?" 사법주임과 특고(特高)가 점차 당황하기 시작했다.

"무슨 뜻이든 간에."

"고문할 테다."

"하는 수 없지."

"아마노야(天野屋)[13]라도 되는 양 굴다가 나중에 파랗게 질리지나 마."

---

11 고바야시 다키지(小林多喜二 1903~1933)는 일본의 문학가이자 사회주의자이다. 『蟹工船』(1929) 등의 프롤레타리아문학을 발표하였으며 고문의 실상을 생생하게 묘사하고 고발하는 소설 「1928年3月15日」를 잡지에 발표했다. 치안유지법 위반으로 여러 차례 체포 투옥되었고 1933년 특별고등경찰에 체포되어 고문으로 사망했다.

12 고바야시 다키지(小林多喜二), 〈1928年3月15日〉, 《戰旗》, 1928년 11월호, 전일본무산자예술연맹본부. 일본어 원문은 aozora.gr.jp에 실린 텍스트를 참조함. 한국어번역문의 출처는 『고바야시 다키지 선집 1』(황봉모, 박진수 역, 이론과 실천, 2012)에 실린 〈1928년 3월 15일〉임.

13 아마노야(天野屋)는 에도시대 오사카의 협객 상인으로, 본명은 아마노야 리헤에(天野屋利兵衛, 1661~1733)이다. 아코 로시(赤穗浪士)에게 무기를 조달하다가 적발되어 고문을 당했으나 일이 성사될 때까지 자백하지 않고 견뎠다.

"당신들도 의외로 사람을 잘 못 보는군. 내가 고문을 당한다고 해서 어떻다느니 반쯤 죽인다면 어떻다느니 그런 거에 휘둘릴 남자인지 아닌지 정도는 벌써 알고 있어야 하는 것 아니야."

그들은 '정말로' 당황했다. '와타리라면' 정말 그럴 수도 있다는 생각에 내심 걱정이 되었다. 왜인가? 그들이 만약 이 공산당의 '원흉'으로 부터 한마디도 '조서'를 얻어 내지 못한다면, (하지만 여하튼 원흉이므로 죽일 수는 없지만) 역으로 자신들의 '목'이 달아날 위험이 있었다. 무엇보다 그것이 문제였다.

와타리를 발가벗기더니 갑자기 말도 하지 않고 뒤에서 죽도로 후려갈겼다. 있는 힘껏 내려치니 죽도가 휘이, 휘이 소리를 내며 그때마다 끝부분이 찰싹 감기면서 반동으로 튀어 올랐다. 그는 응, 응 하며 몸에 힘을 주면서 견뎌 냈다. 그것이 30분이나 계속되었을 때, 그는 그만 바닥에 쓰러져 마치 불에 구운 오징어처럼 뒤틀려 있었다. 마지막 일격(?)이 억! 하고 가해졌다. 그는 독을 먹은 개처럼 손발이 경직되어 벌렁 나자빠졌다. 부들부들 경련이 일어났다. 그러고는 곧바로 그는 정신을 잃었다.

그러나 와타리는 오랜 동안의 고문 경험에서 마치 차력사가 아무렇지도 않게 자신의 팔에 바늘을 찔러 넣거나 달군 부젓가락을 손으로 잡는 것과 같은 일을 터득했다. 그래서 고문이다! 할 때 그 긴장-그것은 모르는 사이에 저절로 알게 된 것인지도 모른다-이 찾아오면 비교적 견뎌 낼 만했다.

여기서는 이시카와 고에몬(石川五右衛門)[14]이나 아마노야 리헤에(天野屋利兵衛)가 받은 잔학한 고문이 수백 년 전의 옛날이야기가 결코 아니었다. 그것은 현실이었다. 그러나 물론 이런 것은 있다. 형법 135조 "피고인을 공손하고 친절하게 대하고 그 이익이 될 만한 사실을 진술할 기회를 주어야 한다."

물을 끼얹자 숨을 다시 쉬었다. 이번에는 꾀어내는 듯한 전술로 말을 걸어왔다. "아무리 고문을 당해도 너희들만 배고플 뿐이야. -절대로 아무 말도 하지 않을 테니까."

"우리는 벌써 너희들에 대해 알고 있어. 말하면 그만큼 가벼워진다니까."

"알고 있으면 그걸로 된 것 아니오. 내 죄까지 걱정해 주지 않아도 돼"

"와타리 군, 그럼 곤란해."

14 아즈치모 모야마(安土桃山) 시대의 유명한 도적 두목으로 생몰년 미상이나 1594년 잡혀서 죽었다.

"나도 그래. -나는 고문에는 면역이 되어 있으니까."

뒤에 서너 명의 고문 기술자들(!)이 서 있었다.

"이 새끼가!" 그중 하나가 와타리 뒤에서 팔을 비틀고 목을 졸랐다.

"이 새끼 하나 때문에 오타루가 시끄러워 견딜 수 없단 말이야."

그래서 와타리는 또 한 번 정신을 잃었다.

와타리는 경찰서에 올 때마다, 항상 이런 자들을 '순경 아저씨'라고 부르며 동네에서는 사람들의 '안녕'과 '행복', '정의'를 지켜주는 훌륭한 사람처럼 여기고 있는 것을 생각하곤 쓴웃음을 지었다. 부르주아적 교육법의 근본은 -그 방법론은 '착각법'이다. 안과 밖을 교묘하게 바꿔치기해서 보급하는 데에는 그야말로 감동적일 정도로 능숙하기도 했고 실수도 없었다.

"어이, 이봐. 아무리 네놈이 고문이 면역이 되었다고 버텨도, 도쿄에서 지시가 내려왔는데 만약 여차하면 때려죽여도 상관없대."

"그것 참 좋은 이야기로군. 그래, 죽일 테면 죽여 봐. 그걸로 무산계급운동이 없어지기라도 하는 거라면 나도 생각해 보겠지만, 웬걸 천만에 연달아 계속될 거요. 난 죽는 건 전혀 개의치 않으니까."

그러고 나서 와타리는 발가벗겨져 발부리가 마룻바닥과 2, 3치 정도 떨어지게 거꾸로 매달렸다.

"어이, 적당히 좀 하면 어때?"

밑에서 유도 3단인 순사가 공중에 매달려 있는 와타리의 발을 자신의 손등으로 툭툭 건드렸다.

"이 정도로 되겠어?"

"바보 같군. 이번에는 새로운 거야."

"뭐든 상관없어."

"우훗"

그러나 와타리는 이번 것에는 꽤 충격을 받았다. 다다미 가게에서 쓰는 굵은 바늘을 몸에 꽂는 방법이다. 한 번 찌를 때마다 강력한 전기에 감전된 듯이 순간 몸이 구두점처럼 조그맣게 줄어드는 것 같았다. 그는 매달려 있는 몸을 비틀고 또 비틀며 어금니를 꽉 깨물고는 큰 소리로 절규했다.

"죽여, 죽여-어, 죽여-어!"

그것은 죽도, 손바닥, 철봉, 가는 줄로 얻어맞는 것보다 더 많이 힘들었다.

와타리는 고문당하고 있을 때야말로 비로소 이치를 따질 것도 없이 자본가에 대한 적개심과 증오심, 반항심이 불같이 일었다. 고문이야말로 무산계급이 자본가에게 받는 압박, 착취가 생생하게 표현된 것이라 생각했다. 와타리는 자신의 '투지'에 이상하게 자신감이 없어져서 약해지기 시작한다 싶으면 언제나 고문을 생각했다. 부당하게 검거당해 걸을 때에 현기증이 날 정도로 고문당하고 돌아오면, 와타리는 스스로 느낄 수 있을 만큼 '신선한' 계급적 증오가 마구 용솟음치는 것을 깨달았다. 이러한 감정은 특히 와타리를 비롯한, 마르크스나 레닌의 이론을 공부하고 '정의로운' 마음에서 운동에 뛰어든 인텔리나 학생이 꿈에도 가져볼 수 없는 것이라 생각했다. "벼룩이 튀는 것처럼 진정한 증오가 이론에서 치솟을 수 있을까?" 와타리와 류키치는 이 문제로 언제나 큰 논쟁을 벌였다.

바늘을 한 뜸 뜰 적마다 와타리의 몸은 튀어 올랐다.

"엣, 어째서 신경 따위가 있는 거야."

와타리는 이를 꽉 문 채 풀썩 자신의 머리가 앞으로 꺾인 것을 의식 어딘가에서 깨달았다. "기억해 둬!" 그것이 마지막 말이었다. 와타리는 세 번 죽었다.

세 번째로 의식이 돌아왔다. 와타리는 몸이 종잇장처럼 불안정해졌다. 그리고 의식 위에 단지 가죽이 한 꺼풀 덮여 있는 것처럼 그저 멍한 느낌이었다. 이런 상황에 이르자 이제는 '아무래도 좋다'는 식이 되었다. 이런 식으로 변화된 의식은 신체적 타격에 대해 마취제 같은 효과를 주기 때문이었다.

사법주임이 경찰서에서 만든 공산당의 계보를 꺼내, "그러니까 이렇게 된 거지?"라고 하면서 그의 표정을 읽으려고 했다.

"오, 제법이군 과연." 술에 취한 듯이 말했다.

"어이, 그렇게 감동하고 있으면 곤란해."

담당은 이미 엄청나게 애를 먹고 있었다.

결국 경관들은 마구잡이로 두들겨 패거나 아래쪽에 쇠를 박은 구둣발로 차기도 했다. 이를 한 시간이나 계속했다. 와타리의 몸은 감자 자루처럼 제멋대로 뒹굴었다. 그의 얼굴은 '오이와'가 되었다. 그렇게 세 시간 연속된 고문이 끝나고 와타리는 감방 안으로 돼지 내장처럼 내던져졌다. 그는 다음 날 아침까지 그대로 움직이지 못하고 신음소리만 냈다.

이어서 구도(工藤)가 취조를 받았다.

구도는 비교적 순순히 취조에 응했다. 이런 일에는 객기를 부리지 않았다. 여러 가지 그때그때 방법을 구사하며 잘 적응하도록 자신을 조절할 수 있었다.

구도에 대한 고문은 대체로 와타리에게 한 것과 같았다. 다만 그가 갑자기 펄쩍 뛰어오른 것은 그를 맨발로 세워 놓고 뒤에서 구둣발로 힘껏 뒤꿈치를 걷어찼기 때문이다. 그 충격은 머리끝까지 벼락이 치는 것처럼 울렸다. 그는 취조실을 두 번 세 번 빙글빙글 뛰어다녔다. 발목 아래는 뻣뻣해질 정도로 저려 왔다. 발꿈치에서 흘러내린 피가 방 전체에 원을 그렸다. 구도는 쉿소리(그의 목소리는 항상 그랬다)를 내면서 망아지처럼 펄쩍펄쩍 뛰어다녔다. 결국 비슬비슬 주저앉고 말았다.

이것이 끝나자 양손 손바닥을 위로 향해 테이블 위에 올려놓고는 연필로 그것을 힘껏 찍어 댔다. 그리고 자주 했던 것처럼 손가락 사이에 연필을 끼우고 꽉 비트는 것이었다. 이런 것들을 계속해서 하면, 번갈아 오는 강렬한 자극으로 신경이 극도로 피로해져서 일시적인 '치매 상태'(!)가 되어 버린다. 용수철이 늘어져 탄력을 잃듯 멍하게 '아무래도 좋다'는 기분이 되어 버리고 만다. 이런 상태를 틈타서 경찰은 적당히 꿰어맞춘 자백을 받아내는 식이었다.

그 바로 직후에 취조를 받은 스즈모토의 경우도 같은 수법이었다. 그는 어떤 면에서 보면 더욱 위험한 고문을 받았다. 그는 얻어맞거나 발로 채이지 않았지만, 다만 여덟 번이나(여덟 번이나!) 계속해서 질식시키는 고문을 당했다. 처음부터 끝까지 경찰 소속 의사가(!) 그의 손목을 잡고 진맥을 했다. 목을 졸라 기절시킨다. 곧바로 숨이 돌아오게 한 후 1분도 채 되지 않아서 다시 질식시키고, 숨이 돌아오게 한 후 또 …. …그것을 여덟 번 반복했다. 여덟 번째에 스즈모토는 완전히 술 취한 사람처럼 흐늘흐늘한 상태가 되었다. 그는 자신의 머리가 있는 것인지 없는 것인지 완전히 마비되어 알 수 없었다. 다만 사법주임도 특고도 고문계의 순사도, 방도 기구도, 표현주의 회화처럼 해체되었다. 가 구성되어 눈에 비쳤다. 그런 몽롱한 의식 상태로 마치 어른에게 어깨를 붙들려 흔들리는 아이처럼 계속 취조를 당했다. 스즈모토는 이건 위험하다고 생각했다. 하지만 자신이 취조에 어떻게 하나하나 대답하고 있는지, 스스로도 알지 못했다.

사타가 들어간 유치장에는 여러 이유로 끌려온 네다섯 명이 있었다. 그것은 유치장 복도 가장 끝부분에 있었고 취조실은 거기서 조금 떨어져 비스듬한 방향으로 앞에 있었다.

그는 경찰에 끌려왔을 때, 자신들은 위대한 역사적 사명을 진정 용감하게 수행하려고 했기 때문에 이렇게 된 것이라고 거듭 반복해서 생각하며 스스로를 납득시키려 했다. 그러나 그의 기분은 이와는 완전히 반대로 마음속에서부터 약해지고 말았다. 그리고 유치장에 들어왔을 때, 그는 자신의 일생이 돌이킬 수 없을 만큼 암울해졌다고 생각했다. 낭떠러지로 돌진해 가는 자동차를 이제 어떻게도 운전할 수 없어 앗, 하고 생각하며 손으로 얼굴을 감싸는 그러한 순간과 비슷한 기분을 느꼈다. 그러한 거의 절대적인 기분 앞에서는 그가 지금까지 읽은 레닌 도 마르크스도 없었다. '돌이킬 수 없다. 돌이킬 수 없어' 이런 생각만 이 고부마키처럼 그의 전부를 몇 겹이나 에워싸고 말았다.

더욱이 이 쓰레기통 속 같은 유치장은 그의 절망적인 기분을 제곱, 세제곱으로 암울하게 했다. 방은 낮이나 밤이나 구별 없이 시종 어두컴컴하고 왠지 눅눅해 걸레 조각 같은 다다미가 중앙에 두 장 깔려 있었다. 이것을 들어 올리면 그 아래에서 구더기나 벌레, 썩어 후끈해진 쓰레기 등이 우글우글 나올 것 같았다. 공기가 움직이지 않고 후끈거리며 변소 냄새가 났다. (생략)

가슴이 메슥거리고 썩은 도랑물 같은 공기였다.

그는 은행에 근무하는 관계로 항상 마음속에서부터이긴 했지만 진정으로 혁명적인 이론을 붙들고 모두와 똑같이 실천에 참가하고 있었는데, 여러 가지 환경과 생활면에서 말하자면 낮은 생활수준에 있는 노동자와는 역시 다를 수밖에 없었다. 평소에는 그것을 모르고 있었다. 물론 그 자신만 노력하면 거기서 오는 문제는 조금도 운동에 방해가 되지 않았다. 유치장의 공기가 이틀도 지나기 전에 품위 있는 그의 신체에 배어들어 역겹게 확 밀려왔다. 그는 때때로 가슴이 아파 웩웩거렸다. 그러나 토하지도 않았다. 집에 있으면 매일 아침 가는 변소에도 가지 않았다. 변변치 않은 음식과 운동 부족이 곧 몸에 이상을 가져왔다. 나흘째 아침 무리하게 변소에 갔다. 그러나 30분이 나 힘껏 버텼지만 바짝 마른 쥐꼬리만 한 똥이 딱 세 덩이밖에 나오지 않았다.

유치장 안에서는 그 혼자 오도카니 섬처럼 떨어져 있었다. 그는 아무리 생각해도 그들이 이런 곳에 들어와서 자유롭고 속 편하게 (그렇게 보였다) 서로 여러 가지 일을 이야기하는 것을 이해할 수 없었다. 그렇다고 해서 아무것도 하지 않고 가만히 꾹 참고 있는 것도 곧 괴로워졌다. 이윽고 그는 일어나서 방 안을 아무 생각 없이 걸어 다녔다. 하지만 갑자기 판자벽에 다가가서는 그대로 한참을 생각에 빠지고 말았다. 자신보다는 틀림없이 더 슬퍼하고 있을 어머니를 생각했다. 어머니가 말한 '소박하지만 행복한 생활'을 누리고 있지 않았던가, 그런데 그것을 나 자신이 스스로 짓밟았다. 그리고 앞으로의 긴 생애, 자신은 감옥에서 싸워야 한다! 그 사이를 얼마나 쉼 없이 푹 고꾸라지고 휘청 휘청 비틀거리고 어둡게 살아가야만 하는 것일까. 그에게 있을 앞으로 자신의 일생이 생생하게 비춰 보였다. 불필요한 참견을 나는 하고 말았다, 이런 생각조차 들었다. 그리고 그는 물을 가득 머금은 해면동물처럼 마음속에서 감상에 빠져 있었다. 30년간 좀도둑을 해 왔다는 눈이 날카로운 예순에 가까운 남자가, "쯧쯧, 여긴 너 같은 사람이 올 데가 아닌데" 하고 그에게 말했다.

사타는 그 말에 자신도 모르게 가슴이 뭉클하고 뜨거워지며 자칫 울음이 나올 뻔했다. 게다가 그는 이러한 기분을 억누르는 것이 아니라 오히려 한쪽에서 훌쩍훌쩍 울며 어리광부리는 면조차 있었다. 그렇지 않으면 견딜 수 없었다.

처음으로 그것도 갑자기 닥친 이번 일은 그에게 너무 강한 충격이었다. 그러나 시간이 지나 조금 익숙해지자 사타는 그런 생각에서 조금씩 빠져나올 수 있었다. 약간의 희생도 없이 자신들의 운동이 가능할 리가 없었다. 아무것도 하지 않고 한달음에 곧(분명 다른 누군가가 달성해 준) 혁명을 성취해 버린 세계만을 생각하며 흥분하고 있는 자에게는 이런 경험이야말로 좋은 교훈이다. 사타는 스스로 거기까지 생각할 수 있는 여유를 회복했다. 남의 일이다, 쓸데없는 참견만 하지 않으면 자신들은 소박하게 살 수 있다는 중간계급의 의식이 언제나 밖으로 튀어나온다. 노동자가 이 운동을 하는 것은 스스로의 현실적 고통 때문이며 따라서 그것은 다른 누군가를 위한 일이 아니라 스스로를 위한 일이다. 그런데 사타 같은 사람들은 언제나 다른 사람을 위해라는 생각이 조금만 방심하면 사슬을 끊고 달아나려는 개와 같이 곧바로 고개를 쳐들었다. 늘 전부터 경계해 오던 생각에 빠질 위험에 처해 있다는 것을 알고 사타는 그 수치스런 자신의 모습에 놀랐다.

하지만 사타는 그러한 생각에 익숙하지 않았다. 매일같이 -또 하루 중에도 그 반대의 생각이 번갈아 가며 일어났다. 그는 그때마다 우울해지기도 하고 쾌활해지기도 했다. 무섭고 오랜 시간 동안, 그것도 아무 하는 일 없이 좁은 방에 갇혀 있어야 하는 그에게는 이런 것 외에는 달리 생각할 것이 없었다.

저녁 12시가 지난 무렵일까. 사타는 옆에서 자고 있던 '불량소년'이 몸을 치대는 바람에 잠을 깼다. "이봐, … 이봐, 안 들리나?" 어둠 속에서 이상하리만치 소리를 낮춘 목소리가 그의 바로 옆에서 들렸다. 사타는 처음에는 무슨 일인지 몰랐다. "가만히 있어."

두 사람은 숨을 잠시 멈췄다. 전신이 귀에만 집중되었다. 심야인 듯 지잉, 지잉, 지잉 하고 귀가 울리는 소리가 들렸다. 사타는 점차 졸음에 서 멀어졌다. "들리지?"

멀리서 검술을 하고 있는 듯한 죽도 소리(분명 죽도 소리였다.)가 그의 귀에 들어왔다. 그뿐만이 아니라 그 사이사이에 육성 같은 소리도 섞여 들렸다. 그러나 확실히는 알 수 없었다. "거봐, 들리지? … 들리지, 맞지?" 그 소리가 높아질 때마다 불량소년이 이렇게 주의를 줬다. "뭘까요?" 사타도 소리를 낮추어 그에게 물었다. "고문이야", "…!?" 갑자기 목구멍으로 철봉이 들어간 것 같았다. "더 잘 들어봐. 어때? 거봐, 들리지? 저건 당하는 놈이 쥐어짜는 소리야. 맞지?" 사타는 그것이 뭐라고 말하는 것인지 알 수 없었지만, 한 번 들으면 마음에 그대로 파고들어 분명 평생 잊을 수 없는 기분 나쁜 비통한 절규였다. 가만히 그것에 귀를 기울이고 있으니, 밤중에 으스스한 경종 소리를 들으며 화재를 보고 있는 때처럼 몸이 떨려 왔다. 아무리 해도 이가 떨려 가만히 입을 다물 수 없었다. 그는 자기도 모르는 사이에 깔아 놓은 이부자리 한쪽 끝을 한 손으로 꼭 쥐었다. "알겠어, 알겠다고! 그래, 죽여 어, 죽여 엇"하고 말하는 것 같다.

"죽여 어, 라고?", "응, 잘 들어 봐" 두 사람은 또 가만히 숨을 죽였다. 비명소리는 멀리서 바이올린의 가장 높은 음처럼 가늘고 날카롭게 바늘 끝같이 두 사람의 고막을 울렸다. 죽여 어, 죽여 엇! 그래, 분명히 그렇게 말하고 있어. "그렇지, 안 그래?"

사타는 귀를 양손으로 덮고 땀 냄새 나는 끈적끈적한 이불에 얼굴을 파묻고 말았다. 그러나 그의 귀는, 그리고 그의 머릿속은 그 소리를 아직 듣고 있었다. 잠시 후에 소리가 멈췄다. 취조실 문이 열리는 소리가 들렸다. 두 사람은 작은 창문에 얼굴을 갖다 대고 복도를 봤다. 한쪽에서 질질 끌려오는 뒤섞인 발소리가 들리고 두 사람이 앞쪽으로 오는 것이 보였다. 어슴푸레한 전등으로는 그것이 누군지 알 수 없었다. 응, 응, 응 하는 소리와, 그것을 누르는 낮지만 강한 숨소리가 쥐 죽은 듯 조용한 복도에 들려왔다. 그들 앞을 통과할 때 순사가, "네놈은 고집이 좀 세구나" 그렇게 말하는 것이 들렸다. 사타는 그날 밤 결국 잠들지 못하고, 욱신욱신 아픈 머리로 일어났다.

그는 '고문' 그것을 생각하자, 생각을 한 것만으로도 등의 근육이 경련을 일으킬 것처럼 아팠다. 무릎이 저절로 덜덜거리고 푹 주저앉을 것만 같았다. 금세 목이 말라 견딜 수 없었다.

그리고 이틀 정도 지났다. 서서 망을 보는 순사가 사타를 깨웠다. 왔구나! 하고 생각했다. 일어나기는 일어났다. 그러나 그의 몸은 통나무처럼 자신의 의지로는 움직이지 않았다. 그는 순사에게 뭔가 말하려고 했다. 그러나 그의 턱이 축 처져서 자신도 모르게, "아후와, 아후와, 아후와…" 하며 갓난아이가 내는 듯 한 소리가 나왔다.

순사는 잘 모르겠다는 얼굴로 지금까지 후우후우 뿜어내고 있던 담배 연기를 멈추고, "무슨 일이야?"라고 물었다.

류키치의 취조는 그는 학교에 근무하던 시절 세 번 정도 검거된 적이 있었다. 그것이 처음이었다. 그렇지만 그때는 그가 보기에는 이쪽 이 오히려 황송해 할 정도였다. '너'라든가 '새끼' 같은 말도 하지 않았다. '당신'이었다. 게다가 그들이 류키치에게서 오히려 여러 가지 것을 배우는, 그런 태도조차 보였다. 그러나 그랬던 것이 류키치가 학교를 나오고 운동의 표면으로 나오게 되면서부터 점차 변해 갔다. '새끼'와 '너'를 마구 섞기도 하고 또 노골적으로 지금까지와는 태도를 바꾸었다. 그러나 그래도 인텔리인 그에게는 와타리나 스즈모토, 구도 등에게 대하는 것과는 달리 훨씬 정중했다. 이런 것을 보며 류키치는 쓴웃음을 지었다. 와타리는 "오가와 씨는요, 경찰서에서 한 번 흠씬 얻어맞으면 훨씬 더 유망해질 텐데요"라고 말한 적이 있었다. 와타리는 이런 말에는 언제나 직설적이었다. "자네보다 감수성이 예민하니 결국 마찬가지야."

류키치는 지금까지 그저 작은 협박 정도로 뺨을 맞았을 뿐이었다. 하지만 이번 사건에서는 와타리 등과 거의 마찬가지로 경찰에서 주시하고 있었다. 그것이 무섭게 그에게 닥쳐왔다.

취조실 천장을 가로지르는 들보에 도르래가 붙어 있고 그 양쪽에 로프가 매달려 있었다. 류키치는 그 한쪽 끝에 두 발을 묶여서 거꾸로 들어 올려졌다. 그러고는 절구질하듯이 바닥에 머리를 꽝꽝 찧었다. 그럴 때마다 봇물이 터지듯 피가 머리에서 폭포처럼 가득 넘치게 흐르는 느낌이었다. 그의 머리와 얼굴은 문자 그대로 불덩어리처럼 시뻘겋게 되었다. 눈은 새빨갛게 부풀어 올라 튀어나왔다.", "살려 줘!" 그가 소리쳤다. 그것이 끝나자 열탕에 손을 집어넣었다. 류키치는 경찰에서 심한 고문을 당한 결과 살해된 몇 명의 동지를 알고 있었다. 직접적으로는 자신의 주위에서 보았고, 신문이나 잡지를 통해서 보았다. 그들이 비참한 시체가 되어 인도될 때, 경찰에서는 어김없이 그들이 자살했다고 발표했다. 그럴 리가 절대로 없다는 것을 알고 있어도, 그러나 그렇다고 해서 어디에 대고 하소연해야 한다는 말인가? 재판소? 외견은 어떨지 몰라도 그곳도 경찰과 완전히 한 통 속이 되어 있지 않은가. 그래서 경찰 내에서 무슨 일을 당하든, 아무것도 할 수 없었다. 이것 참 재미있지 않은가.

"이분이 이번의 주요인물이야" 고문 기술자가 말했다. 그는 어질어질한 머리로 이런 이야기를 듣고 있었다.

다음으로 류키치는 입고 있는 옷이 벗겨졌다. 세 자루를 묶어 하나로 만든 채찍으로 후려쳤다. 몸 전체가 얼얼하게 오그라들었다. 그리고 그 끝이 반동으로 가슴 쪽 옷자락을 힘껏 걷어 올리고 들어와서 살을 파고들었다. 그것이 오히려 더 아팠다. 그의 신축성 있는 겨울셔츠가 갈기갈기 자잘하게 찢겼다. 그가 거의 기진맥진한 상태에서 간신히 순사의 어깨에 절반은 기대고 비틀거리며 복도를 걸어 돌아갈 때 이렇게 생각했다. 한 번도 '고문'을 받아본 적이 없었던 때에 이를 생각하고 무서워하며 그 참혹함에 마음속으로부터 비참해진 적이 있었는데, 실제로 당하고 보니 조금도 그렇지 않다는 것을 알았다. 자신이 마침내 그 당사자가 되어 그것이 지금 나에게 가해진다. 이렇게 생각하자 이상한 저항력? 이 사람 몸에 있다는 것을 알았다. 죽여다오, 죽여다오, 라고 말했다. 그러나 정말로 그 순간에는 참혹하다든가 괴롭다든가 그런 것은 조금도 생각나지 않았다. 말하자면 그것은 극도로, 그래, 극도로 팽팽한 긴장감이었다. 좀처럼 죽지 않는다. 이는 그야말로 사실이었다. 류키치는 그렇게 생각했다. 그러나 그가 깡패 부랑자 나 거지 등이 들어가는 유치장에 집어넣어졌을 때 집어넣어졌다고 문득 의식했을 뿐, 그는 정신을 잃고 말았다. 다음 날 아침, 류키치는 심하게 열이 났다. 옆에 있던 나이 많은 순사가 이마를 젖은 수건으로 식혀 주었다. 시종 잠꼬대를 했다. 열은 하루 지나 나았다. 깡패 부랑자가, "너 이 새끼, 잠꼬대 굉장하더군."

류키치는 깜짝 놀라서 상대방이 말을 다 하기 전에, "뭐? 뭐라고 했는데?" 하고 급히 물었다. 그는 옆에서 치다꺼리를 하던 순사가 있을 때 터무니없는 말을 해 버린 것이 아닌가 하고 덜컥했다. 외국에서는 취조 시 헛소리를 하는 액체 주사를 놔 이로써 증언을 받아낸다는 말도 안되는 방법조차 행해지고 있다는 사실을, 류키치는 어떤 책에서 읽어 알고 있었다.

"그, 쉽사리 죽겠소?-잠시 후에 다시, 쉽사리 죽겠소? 하던데, 뭔지 모르겠지만 몇십 번이나 그 헛소리만 해 댔다니까."

류키치는 어깨에 힘을 실어 자신도 모르게 숨을 죽이고 있었는데, 안도의 한숨을 쉬고 갑자기 부자연스럽게 큰 소리로 웃기 시작했다. 하지만 "아파, 아파, 아파…" 하며, 웃음소리가 몸에 울려 자신도 모르게 소리쳤다.

연무장에서는 사이토가 고문 때문에 정신이 이상해지는 것 같다고 했다. 사이토가 취조를 받고 '정해진 순서대로' 고문이 시작되려고 하던 참에 갑자기 "왓!!" 하고 일어나 방 안을 손과 발, 몸뚱이를 마구 흔들며 "와, 와, 왓~!!" 하고 큰 소리로 외치면서 뛰기 시작했다. 순사들은 처음에 넋을 잃고 말뚝처럼 우두커니 서 있었다. 모두 이상하리만치 으스스한 기분이 들었다. 고문, 이것이 머리에 떠오른 순간, 확 핏기가 올라왔다. 미쳐 버린 것이다. 그렇게 생각하자 누구도 손을 대지 않았다. "속임수다. 얼른 해!" 사법주임이 연필을 거꾸로 들고 조서 위에 바삐 써넣으며 낮고 냉랭한 목소리로 말했다. 순사들은 서투른 무대의 병졸들처럼 날뛰는 말 같이 미쳐 버린 사이토를 에워쌌다. 구타를 시작했다. 한번 시작하고 나니 다들 다시 고문 모드로 돌아왔다. 누군가가 사이토의 얼굴 한가운데를 죽도로 가로질러 후려갈긴 것 같았다. 불꽃놀이라도 하듯이 멋지게 코피가 터져서 팍 튀었다. 그러던 중 옷 앞부분이 빨갛게 물들었다. 그는 와아, 와아 - 하고 (하지만 어딘가 공허해 보이는) 비명을 지르며 나가떨어졌다. 그의 얼굴이 시뻘겋게 되었다. 피로 물든 채로 얼굴을 들었다. "이건 이제 안되겠어" 사법주임이 "관둬, 관둬, 그다음"이라고 했다.

그리고 뒤에 증거를 남기지 않으려고 순사는 피가 범벅이 된 옷을 벗겼다.

사이토는 그렇게 해서 열흘이나 취조를 받지 않았다. 그 사이 사흘 정도 연무장에 있다가 감방으로 옮겨졌다. 그런데 고문이 있고 나서 사이토는 지금까지보다는 눈에 띄게 건강해졌다. 그러나 그 건강함에 어딘지 보통이 아닌 자연스럽지 않은 부분이 있었다. 뭔가 이야기를 걸어 봐도 멍하니 있을 때가 많고, 드물게 조용히 있을 때는 혼자서 중얼중얼 혼잣말을 했다.

많은 노동자가 연달아 작업장 옷차림 그대로 연행되어 왔다. 매일 계속해서 열흘이고 스무날이고 대검거가 계속되었다. 비번 순사는 예 외 없이 하루에 50전으로 사냥몰이에 동원되었다. 그리고 아침부터 한밤중까지 몸이 파김치가 될 정도로 분주하게 뛰어다녔다. 순사는 과로 때문에 옆에서 감시하는 일을 맡으면 곧 앉아서 졸곤 했다. 그리고 또 자신들이 검거해 온 자들을 향해서조차 순사의 생활이 괴롭다는 것을 흘렸다. 그들에 의해 고문당하거나 또 그들이 얼마나 반동적인 사람인지 여러 기회에 확실히 알게 된 자들이 이런 순사에게 맡겨지는 것은 의외의 일이었다. 아니, 그렇다. 역시 그 지점에서는 일치하고 있는 것이다. 다만 그들은 여러 방법으로 눈이 가려지고 그 위에 최면술이 걸려 있는 것이다. 그럼 어떻게 하면 좋은가? 누가 도대체 이 눈가리개를 없애 주고 그들을 최면술에서 깨어나게 해준다는 말인가? - 이들은 의외로 꼭 우리의 적이 아닐 수도 있어. 류키치도 다른 사람들과 마찬가지로 그렇게 생각했다.

종국에는 검거된 사람들 쪽에서 혹사당하고 있는 순사가 불쌍해서 보고 있을 수 없을 정도였다. 아무리 낡은 공장이라도 이렇게 심하게 짜내지는 않았다.

"이제 아무래도 좋으니까 아무튼 결정하면 될 거라고 생각하오" 머리숱이 적은 순사가 파란 가시 돋친 얼굴을 하고 류키치에게 말했다. "이봐, 당신, 생각해 보라구. 오늘로 아이 얼굴을 스무날이나, 스무날 이라니까요, 못 본 지가. 농담이 아냐", "아, 정말로 죄송하군요", "비번에 나오면 아니 끌려나오면 50전이야. 그건 낮과 밤 식사로 다 없어지고 결국 공짜로 일하고 있는 격이라니까. 실제로는 밥값으로도 부족한 거지. 누굴 바보로 알아."

"저기, 미토베 씨. (류키치는 이름을 알고 있었다.) 당신에게 이런 것을 말하는 것이 어떨까 망설였지만, 우리들이 하고 있는 일이 모두 바로 그 지점에서 나오는 것이라오" 미토베 순사는 갑자기 목소리를 죽였다. "그 지점이에요, 우리들 도 당신들이 하고 있는 일이 어떤 일인지 정도는 사실은 잘 알고 있는데 …" 류키치는 농담하듯이 "그 있는데는 필요 없는 데에", "그래" 순사는 잠시 생각에 잠겨 가만히 있었다. "어쨌든 우리 도 겉보기와는 달리 비참한 생활이야. 그러니까, 당신은 선생 노릇도 했던 사람이니까 내 얘기해 드리지. (류키치는 쓴웃음을 지으며 고개를 끄덕여 보였다.) 어제 말이야, 아무래도 몸이 견디질 못 하겠는거야. 그래서 그냥 눈 딱 감고 자 버렸어. 그래서 딱 좋았는데 웬걸 또 검거 명령이야. 엄청 실망했지. 그래도 뭐 어쩌겠어. 넷이서 그냥 나갔지. 근데 도중에 파업하자는 얘기가 나왔다니깐."

"그래요? 순사들 파업" 그러나 순사가 의외로 진지한 얼굴로 말하는 것을 보고 그는 문득 농담을 하려던 마음이 싹 가셨다. "파업이라면 그 방면에 선생들이 많이 있으니까 배우면 되지. 게다가 이번 사건은 전국적이라서 어디서나 바빠서 쩔쩔매는 판에 했다 하면 틀림없이 만만세지, 그런 거죠." 류키치는 그 이야기에 푹 빠져 매료되었다.

"그중에는, 그저 서장을 때려눕히고 두 팔다리 쭉 뻗고 한 번, 단 한 번이라도 좋으니까 실컷 잠이나 잤으면 좋겠다, 하는 사람이 있는가 하면, 서장 새끼가 저렇게 펄펄 뛰는 것은 이번 사건으로 시내의 대지주나 부자들로부터 특별히 응원금 조로 두둑이 받아 처먹었기 때문이라는 둥 …."

류키치는 귀를 기울였다. "대단하지. 다들 이제 질렸다 해서 일부러 천천히 걸어갔지. 그러고는 어딘가 가서 쉬었다 가자, 그래서 가는 김에 파출소에 들러서 잡담을 하고 왔지.", "그래서?", "그것뿐이지, 뭘"

"비밀인데, 속을 갈라 보면 어느 순사든지 다 똑같애. 다만 그저 순사라고 해서 게다가 오랫동안 순사노릇 하다가 보니까 근성이 배어서 그러지 못할 뿐이지."

류키치는 분명 흥분해 있었다. 이런 일들이야말로 중대한 일이라고 생각했다. 그는 지금 처음으로 보는 것처럼 미토베 순사를 봤다. 밀감 상자를 세워 놓은 받침대 위에 복도 쪽을 향해 앉았다. 두텁고 폭이 넓은, 그러나 동그랗고 앞으로 기울어진 어깨를 하고 있는 순사에게 손을 꽉 잡아 주고 싶은 친밀함이 느껴졌다. 머리 비듬인지 먼지인지 구 분이 안 되는 것이 눈에 띄는 견장을 찬 오래된 양복의 어깨를 두드리며, "어, 자네" 이렇게 말을 걸고 싶은 충동을 그는 두근두근 마음 가득 느꼈다.

9) 조선인 고문 살해 사건과 일본 순사에 대한 판결 사례

〈자료 222〉 시대와 고문

[사쿠마 미쓰구(佐久間貢), 〈시대와 고문(時代と拷問)〉, 《경무휘보(警務彙報)》 334호, 1934년 2월호, 조선총독부 경무국 경찰협회, 82쪽]

변호사 사쿠마 미쓰구(佐久間貢)

이와 같은 연혁의 고문제도는 글로 쓰는 것조차 소름끼치는 일인데 오늘날 아직도 왕왕 고문 사건을 접하게 되는 것은 매우 유감스럽다. 다음에 고등법원 판례로 나타난 최근의 일례를 소개한다.

1933년(昭和 8) 형상(刑上) 제78호

본적: 사이타마(埼玉)현 이리마(入間)군 아즈마(吾妻)촌 오아자(大字) 구메(久米) 1402 번지

주소: 함경○도 ○○군 파도(波道)면 서상(西上)리

무직 전 조선총독부 도 순사

이름: 데즈카 가네이치(手塚金一) (가명) 당 35세

앞의 독직(瀆職) 피고 사건에 부쳐 1933년 5월 18일 경성복심법원이 언도한 판결에 대해 피고인이 상고의 신상(申上)을 함에 따라 조선총독부 검사 다마나 도모히코(玉名友彦) 관여(關與) 판결하기를 다음과 같다.

주문(主文)

본건 상고는 이를 기각함.

판결이유 (상고이유는 생략)

그럼에도 원판결 거시(擧示)의 제 증거를 참작하면 피고인이 金○國을 사기 피고 사건의 피의자로 취조함에 있어 원판 시 의자에 눕혀 원판 시 가는 밧줄과 줄로 동인의 두 팔의 관절 및 손목, 양다리 무릎 관절을 의자에 ○○한 후 주전자에 ○○○을 채우고 이것을 동인의 코 ○입 등의 안면에 끼얹는 등 약 20분간에 걸쳐 학대 행위를 하였기에 金○國은 사지의 ○○에 의한 자가 중독을 일으켜 끝내 사망하기에 이르렀음을 충분히 인정하기에 족하다. 동인의 포박된 부위에 함몰의 흔적이 없었다고 하지만 이 한 가지 일로 결박한 사실이 없다고 속단하기 어려운 점은 전현(前顯) 증거에 비추어 명료하고 본건 기록을 정사한 것으로도 원판결의 사실인정에 부쳐 중대한 오인이 있다고 의심할만한 현저한 사유가 전혀 없으므로 논지는 이유 없음. 그럼에도 소론 감정서를 열람함에도 피해자 김○국은 특이체질성의 사람이라고 인정할 수 없으므로 이를 전제로 원심의 과형을 운위하는 것은 부당함은 물론 본건 기록을 정사하고 제반 정황을 참작하더라도 원심이 본건 죄에 대해 피고인을 징역 2년에 처한 것

은 합당하며 해당 양형을 심각하게 부당하다고 사료할 만한 현저한 사유 또한 전혀 없으므로 논지 이유 없음. 따라서 형사소송법 제46조를 바탕으로 주문과 같이 판결한다.

1933년 7월 13일

고등법원 판사부(판사 서명 생략)

이 피고는 결국 징역 2년의 형이 확정하여 현재 복역 중이다. 아무리 직무에 열심이라고 해도 이 지경에 이르러서는 경찰의 위신을 떨어뜨리고 사법권의 존엄을 해치고 자신은 인생을 헛되이 영어의 몸이 되어야 한다. 수사의 제일선에 선 사법경찰관리는 항상 명심해야 할 것이다(12월 10일).

VI

사상검사의 사상 사건 대응

해제

사상 사건으로 검거된 사람이 경찰에서 조사를 마치고 혐의를 확정하면 다음으로 사건 송치서와 의견서를 작성하여 지방법원 검사국으로 송국한다. 사상검사의 본격적 등장은 1927년이다. 사상 탄압을 체계화하기 위해 1927년 5월, 사상운동을 단속하는 전문 검사 설치가 계획되고, 1928년 초에 고등법원 검사국에 사상계 전임 검사로 이토 노리오(伊藤憲郎)가 임명되었다.[1] 제6장에서는 이러한 상황에서 검사국의 사상검사가 사상 사건에 어떻게 대응하는지를 엿볼 수 있는 자료를 모아 구성했다.

첫 번째로 소개하는 자료는 사상검사 도입 초기에 고등법원 검사국에서 펴낸 『조선사상검찰제요』이다. 이것은 사상 사건에 대해 어떻게 대응해야 하는지 사상검사의 매뉴얼에 해당한다. 이 책은 시가현립대 교수 고(故) 박경식이 소장했던 자료로 현재 국사편찬위원회에 기증되어 있다. 이 책에서는 무엇보다 사상검사가 사회사상에 대해 깊이 연구해야 한다고 역설하고 있다.

> 특히 조선에서는 아직 한국병합에 기초한 공존공영의 진의를 깨닫지 못하고, 이에 더하여 소위 민족주의적 독립운동을 기도하는 자가 빈발하고 있다. 생각건대, 국가의 법률을 관장하는 자로서 이러한 사상에 배태한 여러 종류의 범죄를 검거하고 처벌함으로써 사회 민중의 안녕 행복을 꾀하고자 애당초 이미 충분한 대책을 강구해 왔다고 해도, 최근 이와 같은 소위 사상적 범죄는 질적·양적 모두 한층 험악성을 띠고 그 방법이 교묘해지는 것은 물론, 다중적(多衆的)으로 또 장기에 걸쳐 이 범죄를 감행하기에 이르렀다. 우리 고등법원 검사국은 깊이 우려할 만한 이 사회의 경향에 착목하여 이러한 범죄의 근저인 여러 사상을 철저히 연구 조사하고자 한다.[2]

1 水野直樹, 2008,「植民地朝鮮の思想検事」,『日本の朝鮮台湾支配と植民地官僚』30巻, 387쪽.

2 고등법원 검사국, 1928,「一. 사회사상연구 조사에 관한 강요(綱要)」,『조선사상검찰제요』제1책.

그리하여 조선에서는 여전히 민족적 독립운동이 기승을 부리고 있고 사상범죄는 질적·양적으로 더욱 '험악성'을 띠고 있다고 위기감을 토로하며, 이에 대응하고자 그 근저의 여러 사상을 철저히 조사·연구해야 한다고 지적하고 있다. 그 대상이 되는 사상은 공산주의, 사회주의, 무정부주의, 독립운동이며, 그 발생의 근원과 전파 관계, 매년마다 관련 사건의 맥락을 분석한 역사적 연구를 수행해야 한다고 하였다.

사상계 검사가 담당할 사건은 치안유지법 위반, 1919년(大正 8) 제령 제7호 위반, 보안법 위반, 황실에 대한 죄, 내란에 관한 죄, 소요죄, 신문지법 위반, 출판법 위반, 폭력행위 등 처벌에 관한 건, 폭발물 취체벌칙, 그 외 사상운동에 관한 범죄라 하였다.[3] 또한 사상계 검사는 사상문제에 대한 기본적 연구를 함과 동시에 관내의 사상 단체 계통을 정밀 조사하고 특히 그 운동의 방향에 주의해야 하며, 형무소를 순시하고 수감 중인 사상범의 행형 상황을 관찰하고 그 사상의 추이를 주의해야 한다고 하였다. 그뿐 아니라 사상계 검사는 관내 요시찰인, 단체, 신문, 잡지 등에 대한 명부 작성과 그 관리를 담당해야 한다. 연말에는 관내 사상 단체에 대한 계통도, 통계표, 명부 등을 작성하여 보고해야 한다고 명시되어 있다. 그 외에 사상 동향을 알 수 있는 국내외 발간 신문과 잡지, 관계기관의 각종 보고서를 분석하는 일도 중요했다. 또한 이른바 '주의자'들이 애독하는 사상도서에 대한 윤독회를 통해 관련 지식 함양에도 힘을 쏟아야 했다. 이 자료를 통해 사상운동(독립운동)을 단속하기 위해 사상검사제도 도입 직후에 얼마나 체계적으로 정보를 수집하고 분석했으며, 관련 자료를 비치하여 대응했는지를 알 수 있다.

두 번째는 사상계 검사가 사상 범죄를 어떻게 다루어야 하는지에 대해 《사상월보》에 소개된 〈사상범죄의 검거 실무〉를 번역하여 실었다. 사상계 검사는 특고경찰관, 헌병을 지휘하

3 고등법원 검사국, 1928, 「지방법원 사상 사건 검찰사무 장정」, 『조선사상검찰제요』 제1책.

여 사찰과 내탐을 독려해야 하며, 다른 지역의 검사국과의 연락을 긴밀히 유지해야 한다고 하였다. 특히 공산주의계의 인물들은 항상 증거 인멸을 꾀하고 범행을 부인하기 때문에 증거확보가 중요하다고 지적하고 있다. 특별요시찰인의 경우 월 2회 이상 반드시 시찰하고 그 결과를 보고하도록 지시해야 함을 강조했다. 실제 검거에서는 판검사, 형무소 직원, 사법경찰관 등이 공조를 취하는 것이 중요하고 검거할 때는 현장을 급습하여 집중적 대량으로 검거해야 한다고 하였다. 피의자들 중 미죄와 중죄가 있을 때 일부러 같은 방에 수감시켜 중죄를 염탐시키는 방법에 대해서도 지적하고 있다. 또한 말미에 "검거에 임할 때는 필승의 정신을 가질 필요가 있다"거나 "검거에 착수할 때는 담력이 필요하다"는 지적은 사상운동을 탄압하는 측에서도 절체절명의 마음가짐으로 임하고 있었음을 알 수 있게 한다.

조선총독부 고등법원 검사국 사상부은 1930년부터 매월 《사상월보》를 발간하여 관계자끼리 공람하며 국내외에서 벌어지는 사상 상황을 파악했던 데에서 알 수 있듯이 사상검사는 자신의 관할 이외 지역의 경찰, 검사국, 재판소, 형무소 등 관계 당국과의 공조가 중요한 업무였다. 일선 경찰서의 경찰은 관내에서 일어난 요주의인물의 사상 동향과 동정에 대해 검사국에 참고자료를 보고했다. 국외에서 일어난 독립운동 관련 보고는 조선총독부 파견 특고경찰이 직접 경무국으로 보고하였다. 국외 일본영사관 공사관이 일본외무대신에게 보고하는 내용 역시 조선총독부 경무국에도 전달되었다. 이러한 정보는 다시 검사국으로 전달하여 공유하였다. 국내외에서 벌어지는 조선인 사상 사건은 일본 내외의 관계 당국이 정보를 공유하여 공조를 취하는 시스템을 갖추고 있었다.

이러한 조건 위에서 검사들은 각각이 당면한 문제점에 대해 의견을 교환했다. 제3절에서 소개하는 재판 실무 관련 자료가 이에 해당한다. 여기에서는 〈사상범의 심리와 과형에 대한 실무자의 견해〉(《思想月報》 2권 6호, 1932.9)와 〈최근의 사상운동 정세에 비추어 재판 및 검찰상 고려할 점, 그 외〉(《思想彙報》 12호, 1937.9) 등을 번역하여 검사들이 사상 사건에 대해 검찰과 재판과정에서 부딪치는 현안에 대해 설문과 자문을 구한 내용을 모았다. 전자의 자료는 사상 사건의 수사, 예심, 공판에 이르는 취조에서 특히 고려해야 할 점에 대해 각 지방법원 검사국 검사에게 설문형식으로 답변을 받아 정리한 것이다. 과형에 대한 질문에 대해서는 야마모토(山本) 부장[와카야마(和歌山)지검]이 치안유지법은 국가주의를 기초로 한다는 점을 지적하며 엄벌주의를 주장했고 이에 대해서는 다른 검사들도 대체로 동의했다. 또한 공개와 비공개 재판을 어떻게 선택할 것인가에 대해서는 국체변혁과 사유재산제를 부인하는 사안은 반드시 공개금지를 해야 한다는 의견이 많았다. 당시 치안유지법을 다루는 검사들의 의식세계를 알 수 있는 자료로 유용하다.

제4절에서는 신문(訊問)의 여러 사례에 대해 《경무휘보》에 연재된 〈특이한 신문(訊問の異相)〉을 모았다. 각 사례를 통하여 검사와 판사들이 어떤 신문 '기술'을 구사했는지 살펴볼 수 있을 것이다.

제5절은 검사국에서 신문에서부터 예심종결까지 어떤 절차로 이루어지는지를 간략 소개하고 경찰 단계에서부터 검사국 단계까지의 과정을 남궁억의 십자가당 사건을 예시로 들어 상세히 살펴보았다.

남궁억의 십자가당 사건은 이봉창, 윤봉길 의거 후 이것이 국내의 민심을 고양시킬 것을 두려워하여 전국의 요시찰인에 대한 사찰을 강화하던 중 강원도 홍천 모곡학교 교장인 남궁억이 그 표적이 된 사건이다. 사건의 흐름을 살펴보면 먼저 홍천경찰서의 순사부장 신현규가 「범죄보고」를 하고 이어 남궁억의 자택과 학교를 수색하기 위한 「수색조서」를 발급받는다. 이에 따라 1933년 11월 4일 오전 8시에 남궁억의 침실을 압수 수색하여 18점을 압수하였다. 경찰 신문의 순서는 남궁억부터 신문을 진행하지 않고 제일 먼저 모곡학교 학생 등 관계자를 불러 신문을 진행한다. 이것은 주변의 증거를 확보한 다음 본인을 추궁하기 위한 목적이다. 경찰은 김순이 학생을 신문하여 남궁억에게 무궁화 창가 등을 직접 배웠다는 진술을 확보하였다. 그 후에 1933년 11월 7일 홍천경찰서에서 사법경찰관 강원도 일본인 순사를 입회하고 남궁억에 대한 신문이 이루어진다. 그리고 추가 증거를 확보하고자 모곡학교에 대한 2차 수색을 시행하고 교과서 등을 압수했다.

혐의에 따른 증거자료가 확보되었다는 결론하에 홍천경찰서는 남궁억의 「소행조서」를 작성하는데 그 안에는 '범죄 사실'이란 제목하에 학생들에게 독립정신을 고취한 사실을 적는다. 그리고 증거를 첨부하여 경성지방법원으로 「사건송치서」를 작성하여 발송한다. 이 사건이 1933년 12월 14일 경성지방법원 검사국 사사키 히데오 검사에게 인계되어 신문이 시작된다. 2회 신문을 거쳐 12월 22일에 검사는 「예심청구서」를 작성하고 예심을 종결하는 과정을 거쳤다.

제6장에서 구성한 내용의 흐름을 따라가 보면, 독립운동이 치열했던 것만큼 이를 도려내기 위해 사상검사들이 얼마나 치열하게 대응했는지를 알 수 있다. 그들은 독립운동가에 대한 무수한 자료를 축적하고 관련 연구를 하면서 대응했던 것이다. 그리고 그 목적이 오로지 일본의 국체라 불리는 '천황제'라는 허상을 사수하기 위함이었다는 사실은 식민지체제의 파수꾼이 일제강점기 검사의 본질이었음을 엿보게 한다.

윤소영

1. 사상검사의 관할 업무

〈자료 223〉 조선사상검찰제요(朝鮮思想檢察提要)

[고등법원 검사국, 1928, 『조선사상검찰제요(朝鮮思想檢察提要)』 제1책, 일본 시가현립대 박경식문고, 현 국사편찬위원회 소장]

서언

이 책은 사상계 검사 집무상 참고가 될 만한 문서를 수록했다.

1. 사회사상연구 조사에 관한 강요(綱要)

이것은 고등법원 사상계 검사의 집무 방침을 정한 것인데, 이 책 중 「2. 연구조사 범위」는 사상문제의 기본적 연구의 개요를 말한 것이라고 할 수 있다. 즉 이에 따르면 기본적 연구는 다음과 같이 구별할 수 있다.

(1) 일반적 연구 ① 장소적 연구 ② 종별(種別)에 관한 연구 ③ 국체에 관한 연구 ④ 역사적 연구

(2) 사법적 연구 ① 총람적 연구 ② 개별적 연구

구체적 실례로서는 이미 고등법원 검사국에서 각각 팸플릿으로 나와 있다(후첨 고등법원 검사국 기간 팸플릿표 참조). 또한 참고로 사법성 조사 방침 등을 수록했다.

2. 지방법원 사상 사건 검찰 사무 장정

이 장정은 제1조부터 제12조까지이다. 제1조부터 제10조까지는 사상계 검사의 집무규정인데 각 조의 요지를 들면 다음과 같다.

제1조 사상 사건의 개념 및 담임

제2조 사상문제에 대한 기본적 연구 및 사상 단체의 계통 정밀 조사

제3조 사상수(思想囚)의 행형 상황 시찰

제4조 사상운동의 원인 및 범위 규명

제5조 제반 명부 작성 및 색인

제6조 서적 잡지 신문지 및 정보 비치 자료 정리

제7조 법정 심리 상황서 등 팸플릿 작성

제8조 계통도 작성

제9조 통계월표 및 집계연표 작성

제10조 근본개념 또는 사상계통 조사 협의

제11조, 제12조는 사상계 검사가 없는 검사국 사상 사무 집무에 관한 규정이다.

내지(일본) 사상계 검사 사무 분장 규준을 첨부했다.

3. 고등법원 검사국 사상계 서기 사무 장정

내지에서는 지방재판소 사상계 검사와 지방재판소 사상계 서기와의 직무상 범위에 대해 특별히 정해져 있지만, 조선에서는 별도로 정해져 있지 않다. 그러나 지방법원 사상계 서기의 사무에 대해서는 이 장정 규정을 참고해야 할 것으로 생각한다.

4. 일본공산당사건 조사

이것은 고등법원 검사국에서 간단히 일본공산당사건의 경과를 조사한 것이다. 전기한 검찰사무 장정 제4조의 참고로 작성했다.

5. 독서회 조직 및 행동

이것도 마찬가지로 제4조의 사례이다.

6. 법정 심리상황서

이것은 나고야지방재판소 검사국 사상계검사가 작성한 것이다. 검찰장정 제7조의 사례이다.

7. 그 외 계통표

이 장정 제8조의 사례이다. 이외에 참고가 될만한 것을 추가했다.

一. 사회사상연구 조사에 관한 강요(綱要)

1. 방침

오늘날 일본 국가는 입헌군주정체를 조직하여 널리 국민에게 그 생활의 안정을 부여하고 경제상으로는 각자에게 생산소비 및 노동의 자유를 인정하고 이에 간섭을 하지 않으며, 이로써 각인에게 생활 향상심을 조장하고 생산을 증대하고 사회에서의 물자 수요공급을 원활히 하여 경국제민(經國濟民)의 실적을 거두는 것으로 정하고 있다.

그렇지만 그동안 경제조직은 자유를 전제로 하기 때문에 추세는 각인 사이에 격렬한 경쟁을 야기하고, 이로 인해 유산(有産) 무산(無産)의 격차가 심하게 되어 국가는 이에 대해 극력 각종 사회정책을 시행하여 그 사이의 폐해를 제거하고자 노력한다. 그런데 이에 함부로 구미의 풍조를 모방하여 현재 국가조직 및 경제조직을 부정하는 주의 즉 공산주의적, 사회주의적, 무정부주의적 사상을 품고 사회의 공안을 파괴하려는 자가 적지 않다. 특히 조선에서는 아직 한국병합에 기초한 공존공영의 진의를 깨닫지 못하고, 이에 더하여 소위 민족주의적 독립운동을 기도하는 자가 빈발하고 있다.

생각건대, 국가의 법률을 관장하는 자로서 이러한 사상에 배태한 여러 종류의 범죄를 검거하고 처벌함으로써 사회 민중의 안녕 행복을 꾀하고자 애당초 이미 충분한 대책을 강구해왔다고 해도, 최근 이와 같은 소위 사상적 범죄는 질적 양적 모두 한층 험악성을 띠고 그 방법이 교묘해지는 것은 물론, 다중적(多衆的)으로 또 장기에 걸쳐 이 범죄를 감행하기에 이르렀다. 우리 고등법원 검사국은 이 사회의 깊이 우려할만한 경향에 착목하여 이러한 범죄의 근저인 여러 사상을 철저히 연구 조사하고자 한다. 이에 조선에서의 상황은 원래 조선에 대해 아무튼 사상적 선배인 일본 내지, 중국, 만주, 러시아에서의 사상 상태 또는 총독정치 반대, 사법 부인(否認) 운동 및 각종 계급투쟁의 실제 또는 각종 결사, 집회, 불온행위로서 학생, 신문기자 및 직업단체 등의 경향, 또한 구체적으로 사법사건에 대한 통계적, 죄별적(罪別

的), 개별적 관찰을 하고자 각 항목에 걸쳐 연구조사자료를 수집하고 여러 종류의 도서 문서 보고서를 분류 정리하고 이로써 순차적으로 연구조사결과를 관계 방면과 나누어 향후 일반 형사정책의 참고에 이바지하고자 한다.

2. 연구 조사 범위

제1. 사회사상의 일반연구조사

(1) 장소적 연구

1) 조선 내 ① 경성 ② 지방 2) 조선 외 ① 내지 ② 중국 ③ 러시아 ④ 그 외

(2) 종별(種別) 연구

1) 정치반대: 공산주의, 사회주의, 무정부주의, 독립운동

2) 사법 부인: 법정 폭행, 항의문

3) 계급투쟁: 노동운동, 소작쟁의, 형평운동

(3) 단체적 연구

1) 결사: 비밀결사, 각종 청년회 등, 각종 연맹

2) 집회: 기념운동, 토론회, 추도회 등

3) 불온행동: 동맹휴교, 동맹파업, 선전비라

(4) 역사적 연구

1) 중대사건의 획기적

2) 매년마다

(5) 발생적 연구

1) 근원 관계

2) 전파 관계

제2. 사회사상의 사법적 연구

(1) 총람적 연구

1) 통계적: 감거, 판결 등

2) 죄별적(罪別的): 치안유지법 위반, 신문지법 위반, 제령 위반, 소요죄 등

(2) 개별적 연구

1) 흑기연맹

2) 공산당사건 등

3. 연구조사 자료

내지 사상문제 공구(攻究) 조사 방침 및 현황

내지 사상문제 공구 정리에 관한 사무 강요(綱要)

二. 지방법원 사상 사건 검찰 사무 장정

제1조 사상계 검사 지방법원 검사국에 둘 때는 주로 다음 사건을 담당할 것.

1) 치안유지법 위반

2) 1919년(大正 8) 제령 제7호 위반

3) 보안법 위반

4) 황실에 대한 죄

5) 내란에 관한 죄

6) 소요죄

7) 신문지법 위반

8) 출판법 위반

9) 폭력행위 등 처벌에 관한 건

10) 폭발물 취체벌칙

11) 그 외 사상운동에 관한 범죄

제2조 사상계 검사는 사상문제에 대한 기본적 연구를 함과 동시에 관내의 사상 단체 계통을 정밀 조사하고 특히 그 운동의 방향에 주의할 것.

제3조 사상계 검사는 형무소를 순시하고 사상수(思想囚)의 행형 상황을 고찰하고 특히 그

사상 추이에 대해 주의할 것.

제4조 사상계 검사는 관내에서 사상운동이 발생했을 때는 그 원인 및 범위를 구명하고 필요하다고 생각되면, 이를 검사정에게 보고할 것.

제5조 사상계 검사는 관내 요시찰인, 단체, 신문, 잡지 등에 대해 각각 명부를 작성하고 동시에 적당한 색인을 첨부할 것. 만약 그 후에 이동(移動)이 생길 때는 이를 보정할 것.

제6조 사상계 검사는 검사국에 송치된 서적, 잡지, 신문지 및 정보 중 사상에 관한 것을 선택하고 이를 비치 정리할 것.

제7조 사상계 검사는 사상 사건을 처리 중 다른 검사국과 연락 협조할 필요가 있다고 생각하는 사실을 발견했을 때는, 예를 들어 신문조서 또는 그 일절 혹은 압수문서 사본 또는 법정심리 상황서를 작성하여 검사정에게 보고할 것.

제8조 사상계 검사는 관내 사상 단체에 대해 연도말에 1회 계통서를 작성할 것.

제9조 사상계 검사는 담임 사건에 대해 통계월표를 작성하고 또한 집계연표를 작성할 것.

제10조 사상계 검사는 사상 사건 처리중 근본개념 또는 사상계통에 대해 조사 불능한 점이 생겼을 때에는 직접 고등법원 검사국 사상계 검사와 협의할 것.

제11조 사상계 검사를 두지 않는 검사국에서도 제5조, 제7조, 제9조, 제10조의 규정이 적용되도록 하고 가능한 한 그 외의 사무를 처리할 것

제12조 검사정은 사상계 검사로부터 본 장정에서 정한 보고를 수리한 경우, 필요하다면 고등법원 검사장에게 이를 보고할 것. 또한 본 장정에서 정한 명부, 계통도, 통계표의 사본을 작성하여 고등법원 검사장에게 송부할 것.

○ 내지 사상계 검사 사무분장 규준(規準)

제1. 통칙

사상계 검사는 주로 다음 사상범죄 사건 및 궤격(詭激) 사상 회포자(懷抱者)가 범한 보통범죄사건을 담임함.

1) 좌경사상운동에 기초한 범죄 특히 치안유지법 및 치안경찰법, 폭발물 취체벌칙 등

의 범죄

2) 형법 제2편 제1장 제2장의 범죄

3) 출판범죄(조헌문란, 질서 괴란, 존엄모독, 사상에 입각한 풍속 괴란)

4) 반동운동에 기초한 범죄 및 반동단체원의 범죄(특히 폭력행위 등 처벌에 관한 법률위반죄)

5) 노동운동 및 노동쟁의에 기초한 범죄

6) 농민운동 및 소작쟁의에 기초한 범죄

7) 수평운동에 기초한 범죄 및 수평사원의 범죄

8) 소요죄

1. 사상범 사건을 처리하기 위해서는 특히 그 사건에 관한 압수서류 등을 숙독 정사(精査)에 입각하여 범인의 사상적 악화 동기 및 정도, 사상상 제반 환경을 밝히고 사건의 적절한 처리에 대해 위산(違算)이 없도록 할 것.
2. 사상계 검사는 항상 사상 문제의 기본 관념 특히 본국의 국체 및 고유의 도의 관념을 명백히 하고 사회과학, 프롤레타리아예술 등을 공구(攻究)하고 겸하여 정신병리, 형사정책학 등을 연구하여 사상범의 원인을 상세히 밝히고, 근본적으로 예방대책을 세우도록 노력할 것을 요함.
3. 사상계 검사는 사상범죄의 일반 예방을 위해, 학교, 청년훈련소, 군인회, 처녀회, 교화단(이상 교육방면), 형무소, 교정원, 감화원, 사법보호단체 등(이상 개선방면)과의 연락 협조를 도모하는 것에 주의할 것.
4. 사상계 검사는 참고서적, 잡지, 신문지 비치 및 정리를 해야 함.

제2. 지방재판소 사상계 검사

지방재판소 검사국에서의 사상계 검사는 제1항에 의해 사건을 담임하고 또한 기본관념 연구를 하는 것 외에 다음 사항을 처리함.

1. 좌경적 반동적 궤격(詭激)사상을 품은 개인 및 단체의 분포 및 활동상황 조사
2. 관내에서의 각종 쟁의 단결 및 해방운동 등으로 장래 사범을 일으킬 우려가 있는 자의 조사 이상 1 및 2의 조사를 할 때는 청부현(廳府縣) 특별고등과, 헌병대와의 연락 협조를 유지하고 여러 종류의 정보를 수집할 것을 요함.

3. 사상범의 원인 조사

갑) 개인방면

① 정신상태 ② 교육 직업 등의 경력 ③ 사상악화 경로 및 직접 동기 ④ 가정 자산, 직업, 범죄, 경력 등 ⑤ 그 외 개성 조사상 참고할만한 사항

이상의 조사를 할 때는 주로 형무소 수용 중의 사상범인을 직접 만나고 또는 재판기록, 「사상연구자료」 등으로 개별적 연구를 할 것을 요함.

을) 사회방면

관내의 ① 공업, 광업 그 외 산업기관 ② 출판기관 및 오락기관 ③ 경찰, 검찰, 재판, 행형, 감화기관 ④ 교육 및 종교기관 ⑤ 사회사업기관 ⑥ 그 외 사상범과 관계있는 제반 시설의 실황 시찰

4. 보고

조사 결과에 대해 통계 및 적요를 작성하고 이를 인쇄하여 소속 검사장에게 보고하고 여러 관계처에 배포할 것.

제3. 공소원(控訴院) 사상계 검사

공소원 사상계 검사는 제1항(통칙)의 사무를 담당하는 외에 다음 사항을 처리함

1. 특히 사상계 검사를 두지 않는 지방재판소 검사국에서의 사상범 사건 처리상 필요할 때는 검사장의 명으로 그 사무를 담당할 것.
2. 관내 사상관계사무의 연락 통일
3. 관내 사상계 검사의 지도(때때로 사상계 검사를 검사장 휘하에 소집하여 협의 의논할 것.
4. 관내 보고서류의 적요 편찬
5. 보고

조서 결과에 대해 통계 및 적요를 작성하고 이를 인쇄하여 사법대신 및 검사총장에게 보고하고 관내 검사국 및 관계 각청에 배포할 것.

三. 고등법원 검사국 사상계 서기 사무장정

1. 문서(사상 관계)의 발송 접수는 검사국 주임서기가 행함.

(1) 접수 문서 중

갑) 사상계에서만 필요한 것

을) 그 외 사상계도 공람이 필요하다고 생각하는 것

이 문서는 모두 사상계에서 보관함. 단 미완결의 것은 완결까지 검사국 주임서기가 보관함.

(2) 발송문서 중

갑) 정식 발송의 경우는 기안하여 검사국 주임 서기에게 보냄

을) 약식인 경우 수의(隨意) 사상계에서 행함.

2. 접수 문서의 정리 : 접수문서의 종류는 아래와 같다.

(1) 제(諸) 정보류

① 관내 각 검사국 정보 ② 경무국 정보 ③ 조선헌병대 정보 ④ 각 도 정보 ⑤ 조선군참모 정보 ⑥ 경시청 정보 ⑦ 내지 사상계 검사 정보 ⑧ 그 외 정보

(2) 언문신문 초역류

(3) 사상연구 조사기록

(4) 신문잡지 행정처분에 관한 기록

(5) 차압 등에 관한 신문잡지기사 기록

(6) 통계에 관한 문서(사상사범에 관한 것만)

(7) 잡문서(사상관계)

3. 계획문서의 정리

4. 사상계 발행 팸플릿 정리

5. 도서류 정리

(1) 사법협회도서(사상관계만)

(2) 고등법원 도서(동상)

(3) 차수(借受) 도서(동상)

(4) 통계 도서

(5) 사상관계 지도류

(6) 사상계통도

(7) 색인류

6. 신문잡지류의 정리

(1) 신문(현재 사상계에서 구독 중인 것)

내지: 《시사신보》, 《오사카 아사히신문》, 《제대(帝大)신문》

조선: 《경성일보》, 《조선신문》, 《조선사상통신》

간도: 《간도일보》

만주: 《만주일보》, 《봉천신문》

중국본부: 《천진일보》, 《상해일일신문》

시베리아: 《하얼빈일보》

러시아: 《러시아통신》

이 외에 절취(切抜) 통신사 발행 《사상》에 관한 신문 절취 기사

(2) 잡지(현재 사상계에서 구독 중인 것)

《개조》, 《중앙공론》, 《아등(我等)》, 《경제왕래》, 《민족》, 《조선》, 《외교시보》, 《경제논총》, 《조선공론》, 《조선급만주》, 《조선사회사업》, 《동아법정신문》, 《아관(我觀)》, 《전기(戰旗)》, 《노농(勞農)》, 《경무휘보》, 《사회문제연구(河上)》, 《신민(新民, 언문)》

7. 장부류 정리

(1) 부책(簿册) 보존부

(2) 도서 차람부(借覽簿)

(3) 도서목록

8. 리스트(명부)류 정리

(1) 인원 명부

(2) 단체 명부

(3) 신문잡지명부

9. 신문절취첩 작성

10. 사상 관계 범죄 통계표 및 통계도표 작성

11. 사상계통도 작성

12. 사상 관계 문서 기안, 정서(淨書), 등사

13. 사상계 작성 팸플릿류의 등사

14. 사상연구조사 보조 사무

15. 사상취체 관헌과의 연락 절충 등 보조

16. 그 외 사상관계 서무 잡무 일체

◉ 독일노동법원론(獨逸勞働法言論)

〈표 1〉 비밀문헌 목록(고등법원 검사분실 비치 도서)

번호	저자 편자	도서명	발행소
1	베 마타이 저	독일노동법원론(獨逸勞働法言論)	사법성
2	토마스 카캅	사회주의서론	사법성
3		국제노동조합연합과 적색노동조합 인터내셔널	사법성
4		레닌주의의 이론 및 실제	사법성
5	마르크스, 엥겔스	공산당선언	사법성
6	N 부하린	공산주의ABC	사법성
7	니콜라이 부하린	공산당강령	사법성
8	사법성 형사국	사상부보(思想部報) 제1집	사법성
9	사법성 형사국	사상부보 제2집	사법성
10	사법성 형사국	사상부보 제3집	사법성
11	사법성 형사국	사상부보 제4집	사법성
12	사법성 형사국	사상조사 제5집	사법성
13		학생사회운동 진상	사법성

번호	저자 편자	도서명	발행소
14		교토 학생사건 신상 조사	사법성
15		붉은 선전 선동 지침	육군성 조사반
16	마쓰이 다쿠로(松井太久郎) 소좌(少佐) 강연 필기	소비에트 사회주의 공화국연맹 연구	고등법원 검사국
17	경기도경찰부 편	치안개황	경기도
18		사회주의의 제분파 약설 - 사상노동문제에 관한 참고서	도쿄지방재판소 검사국
19		조선공산당 사건 증빙서류 사본	경기도 경찰부
20		비밀결사 조선공산당 사건 검거	경기도 경찰부
21		노농러시아의 현상	경무국
22		노농운동 개황	경무국
23		현하 조선총독부의 경제책(經濟策)	경무국
24	블라디보스토크 연해현 학무국 역찬(譯纂)	문맹퇴치 성인독본	경무국
25		이왕전하 홍거에 즈음하여 언문신문을 통해 본 조선인의 사상경향	경무국
26		조선공산당 사건 형사기록 사본	경성지방법원
27	경성종로경찰서조사	사상요시찰인명부 사본	경성종로경찰서
28	사법서기관 다키가와 히데오(瀧川秀雄) 작성	절식(絶食) 조사에 관한 보고서	사법성
29	이즈미 아키라(泉哲) 저	조선을 어떻게 해야할까 - 외교시보 1928년 제1호 수록	외교시보사
30		고등법원 검사장 훈시 통첩류찬	고등법원 검사국
31		만몽의 미작과 이주 선농(鮮農) 문제	경무국
32	이마무라 리키사부로(今村力三郎) 저	2회의 법정에 열(列)하여	경무국
33		농촌진흥책 여하	경무국
34		러시아(俄國)공산당의 죄악 역문	경무국

번호	저자 편자	도서명	발행소
35		노동계급의 사업을 위해 투쟁을 준비하라 - 비오네르(지도자)독본	경무국
36	조선헌병대사령부 조사	신간회 및 그 수뇌 간부 조서	조선헌병대사령부
37		일본의 정치적 추세(《조선일보》 수록)	경무국
38		치안상황(1923년)	경무국
39		치안상황(1911년 국외)	경무국
40		치안상황(1922년, 鮮內)	
41		치안상황(1924년)	경기도 경찰부
42		태평양회의이래 최근까지 재외불령운동의 상황	경무국
43		사상조사(제6집)	사법성 형사국
44		조선의 언론과 세상	총독부
45		조선의 범죄와 환경	총독부
46	조선헌병대사령부 조사	근우회 및 수뇌간부 조서	조선헌병대사령부
47	다카하시 사다키(高橋貞樹) 저	특수부락 1천년사 - 수평운동의 경계표	갱생각(更生閣, 교토)
48		조선인의 사상과 성격	총독부
49	사법성 형사국 편	사상연구자료(제7집)	사법성 형사국
50		조선의 독립사상 및 운동	총독부
51		내선문제에 대한 조선인의 목소리	총독부
52		최근 선내(鮮內) 사상운동의 정세	조선헌병대사령부
53		공산운동 연구자료집(제1권)	외무성
54	도쿄지방재판소검사국 조사	사상 및 노동단체 략표(略表)	도쿄지방재판소 검사국
55	도쿄지방재판소검사국 조사	무산정당 략(略) 명부	도쿄지방재판소 검사국
56	도쿄지방재판소검사국 조사	일본공산당사건 압수물건 사본	도쿄지방재판소 검사국

◉ 사상 문헌(윤독용)

평양 가키하라(柿原) 검사장이 〈검사국 및 형무소 간부 직원에게 사상 문제 개요를 연구, 회득(會得)시키기 위해 윤독용 서적 선정의 건〉에 대한 의뢰가 있어서 우선 다음 문헌이 적당하다고 생각됨. 널리 참고해 주기 바람

〈표 2〉 윤독용 사상 서적 목록

번호	저자 편자	도서명	출판사
1	문학박사 후카사쿠 야스후미(深作安文) 저	사상문제연구(228쪽)	山海堂출판부
2	경제학박사 나가이 도루(永井 亨) 저	사회독본(276쪽)	일본평론사
3	다세 스케시게(田制佐重) 저	사회사상독본(261쪽)	문교서원
4	가미나가 분조(神永文三) 저	마르크스독본(259쪽)	資文堂 서점

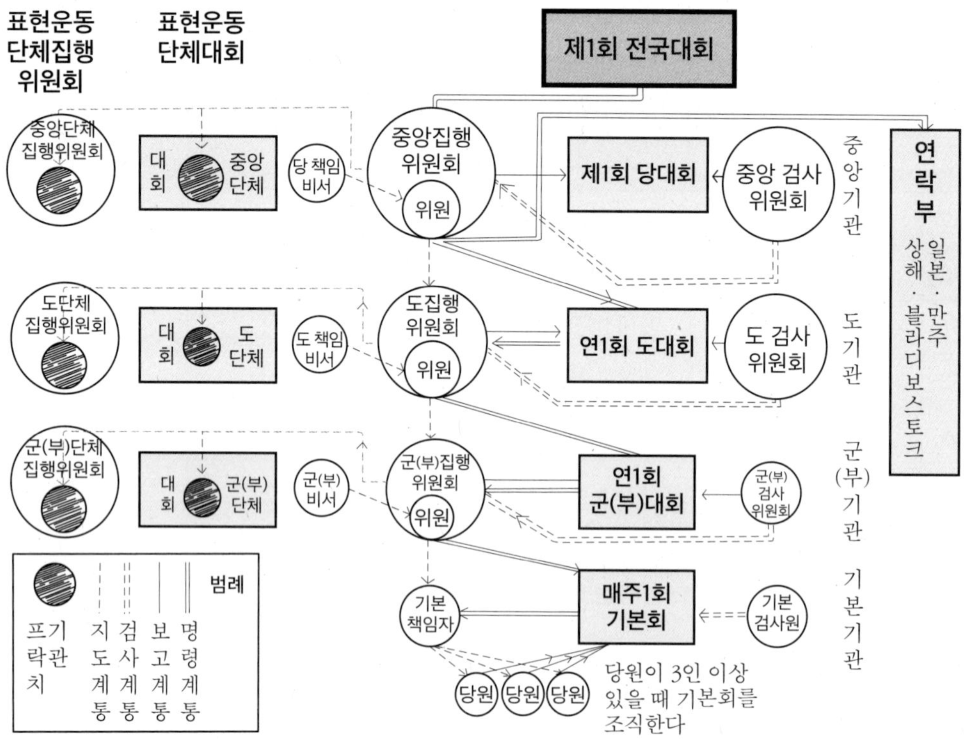

<그림 1> 제1차, 제2차 조선공산당 기관 계통 일람표

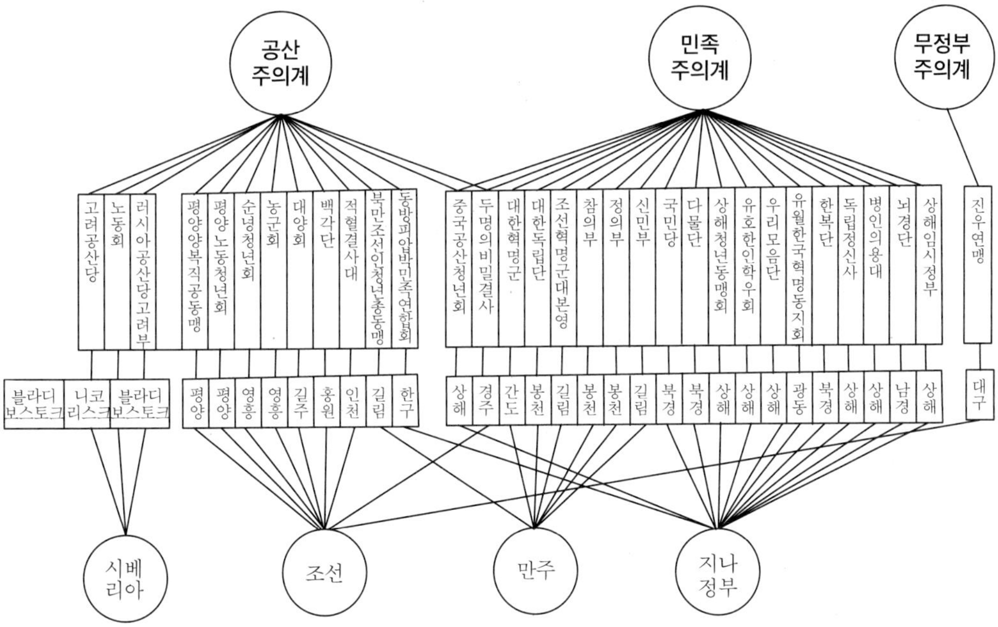

<그림 2> 전 조선 치안유지법 위반 사건 확정 판결에 의한 비밀결사 계통일람표(1)
-1925년 5월 12일 시행일로부터 1928년 2월 말일까지-

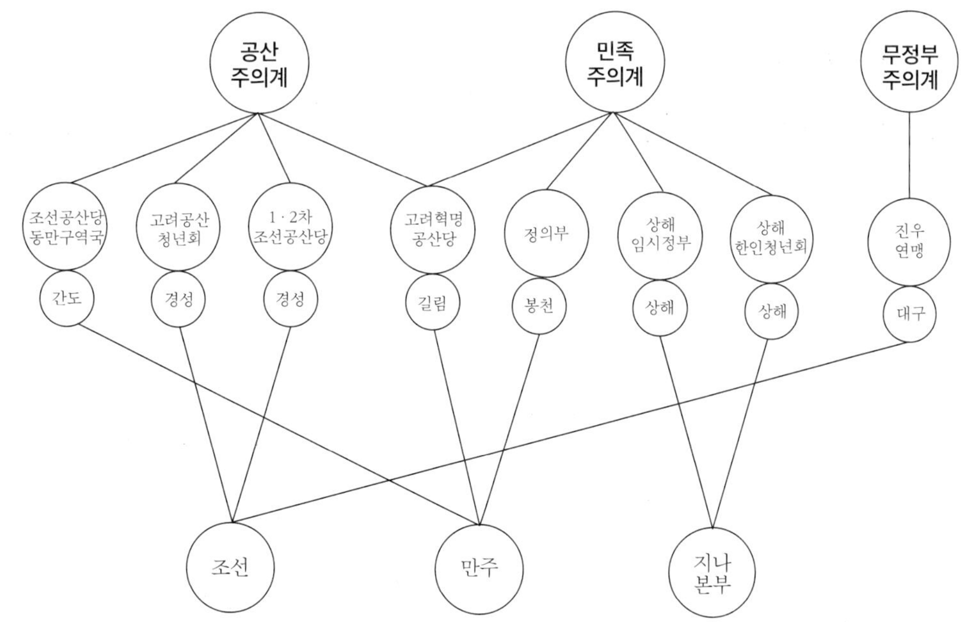

<그림 3> 전 조선 치안유지법 위반 사건 확정 판결에 의한 비밀결사 계통일람표(2)
-1928년 3월 1일부터 같은해 8월 말일까지-

2. 사상검사의 검거 실무

〈자료 224〉 사상범죄의 검거 실무

(〈思想犯罪の檢擧實務〉, 《思想月報》 3권 12호, 조선총독부 고등법원 검사국, 1934.3)

문헌
다음 2편은 모두 1933년(昭和 8) 10월 사법성 주최의 사상 실무가 회동에 출석한 전주지방법원 판사 미소노(御園生忠男) 씨의 회동 방청기의 일부이다.

1) 심문

(1) 아나키스트는 개인주의 시대의 유물로 개인 만능, 지방분권적이고 권력 분배의 불공평을 주장한다. 코뮤니스트는 사회주의를 신봉하며 국가 만능, 중앙집권적이고 부의 분배의 불공평을 주장한다. 아나키스트는 남성적이며 정열적이어서 때로는 범죄를 자백할 때가 있지만, 코뮤니스트는 범죄에 관계 없는 것만 진술하며 조직이나 동지에 대해서는 쉽게 입 밖에 내지 않는다.

아나키스트는 자유로이 결합하지만 연결되어 있지 않고 일시적이며, 계승자도 적고 국가라는 존재를 부인하며 폭탄 등을 마음대로 다룬다. 코뮤니스트는 조직적이고 국가라는 존재를 부인하지 않고 그 제도를 부인한다. 평소에는 선전과 선도에 종사하고 범죄 원인은 사회 결함에 있다고 하며 순교심이 있기 때문에 양심의 가책을 받는 일이 없다. 그리고 사건과 사건의 사이에는 연결이 있다. 그래서 심문 시에는 이 사실을 염두에 둘 필요가 있다.

(2) 범죄의 사회적인 원인을 알 필요가 있다. 범죄 원인과 동기를 자세하게 조사하는 것이 필요하다. 세세한 불평불만도 간과해서는 안 된다.

(3) 심문은 정공법으로 해야만 하고, 유도적이거나 혹은 고압적이어서는 안 된다. 범인에게 절대적인 신뢰와 인정을 얻을 필요가 있다. 공적(功)을 서둘러서는 안 된다. 서두르면 공판을 소란하게 하는 원인을 제공하거나 혹은 유언비어 재료를 제공하게 된다. 친절하고 집요한 정공법의 자세가 필요하다.

심문의 간략함을 기하기 위해서는 사법경찰관에게 청취서 작성이나 수기(手記)를 명령할 때 높은 수준이 되도록 요구해야 한다. 3·15사건의 간부 피고를 심문할 때 그들이 청취서 기재에 불만을 제기하기에 수기하도록 하였는데, 수기를 하게 되면 다소 연화(軟化)되는 듯하다.

수기는 훌륭한 증거로, 예심에서 부인하는 것을 방지하기 위해 중요한 점은 수기하게 해야 한다. 수기와 청취서와의 사이에 계인(契印)을 날인하면 수기는 청취서의 일부분이 되기 때문에 계인을 찍어서는 안 된다. 상신서라고 하면 딱딱해지는 느낌이 있어 상신서라기보다는 수기라고 하는 편이 좋다. 그렇지만 예심에서 수기를 그대로 인용하는 것은 조금 더 생각해야 한다.

중요한 사건은 사법경찰관이 범인에게 신상 조사 용지에 여러 가지를 직접 쓰도록 요구하고 있다.

2) 처리

(1) 기소, 불기소는 ① 폭력 혁명에 의한 국체변혁과 사유재산제도의 파괴에 대한 신념 유무 ② 공산제도 사회를 실현하기 위한 열의 유무 ③ 행위의 위험성 정도 ④ 운동에서 이탈한 유무 등을 표준으로 결정해야 한다.[검사총장의 훈시 1927년(昭和 2) 3월 27일 차관통첩 참조]

(2) 범죄 후의 정황에 의해 기소유예로 하지 않고 기소, 불기소의 결정을 유예하는 유보처분을 할 때가 있다. 이것은 중간결정으로 범죄는 인정되지만, 조금 더 범인의 용태를 지켜봐야 할 필요가 있는 경우에 하는 결정이다. 그 기간은 보통 5, 6개월로 한 달에 한 번 조사하게 되어 있다. 시찰이 필요할 때는 사법경찰관에게 간접 시찰을 명령한다. 직접시찰을 명령할 때는 본인에게 나쁜 자극을 줄 염려가 있기 때문이다. 통계상 유보처분은 기소유예와 동일시되고 있다[1932년(昭和 7) 12월 26일 비밀(秘) 2, ○○6호 검사정에게 보낸 법무대신 훈령].

(3) 동일한 범인이 2개 이상의 사건으로 예심과 공판에서 계속(繫屬)[4] 중일 때는 가벼운 죄로 확정시키지 않도록 유의해야만 한다.

(4) 기소장 작성은 가입 후 활동한 사실이 있을 때는 먼저 가입 사실을 적시한 후, 내역에

4 계속(繫屬)은 형사 소송법에서 형사 사건이 특정한 법원의 재판 대상으로 되어 있는 상태를 이르는 말이다.

서 그 후의 활동을 적시하고, 활동 후에 가입한 사실이 있을 때는 우선 활동한 사실을 적시하고, 그 후에 가입한 사실을 적시하는 것이 합당하다. 전협(全協)[5]을 통해 일본공산당의 목적을 수행했다고 적시하면 틀리지는 않는다.

3) 공판 관계

필요한 증거자료는 수집하여 공판에 회부할 것, 개정 전 공판에 대한 피고의 태도와 진술하려는 것을 미리 알아둘 것, 경관과 헌병이 필요할 때는 법정 단속에 관한 규칙에 따라 요구할 것, 형무소와 협조를 유지할 것, 피고가 다수인 경우에는 공판을 비공개로 심리하게 할 것 등은 검사가 유의해야 할 점이다.

형량을 정할 때 3·15사건, 4·16사건에서 일본공산당의 가입은 5년, 일본공산당의 목적 수행은 3년, 공산주의 청년동맹 가입은 4년이고 목적 수행은 2년 내지 3년으로 결사를 조직한 자, 결사의 간부 그 외 지도자의 임무에 종사한 자는 법정형의 범위 내에서 알맞게 양형하였다.

형의 집행유예는 전향이 확정적인 경우를 제외하고는 가급적 피해야 하며, 미결구류일수를 통산하거나 또는 가출옥이라는 은전을 베푸는 것이 적절하다고 생각된다. 또 1년, 2년 단기형은 보안처분적인 입장에서 보아도 좋지 않다.

동일계통에 속하는 2인 이상의 피고를 심리할 때 지위가 높고 전향한 자가 있을 때는 우선 이자를 먼저 심문하여 전향에 대해 말하게 하면 다른 피고에게 좋은 영향을 줄 때가 있다.

4) 보석, 책부(責付)[6] 등

보석과 책부 등의 신청이 있으면 형무소 내의 피고 상태를 조사시켜 계호(戒護)계, 발수신

---

5 일본노동조합전국협의회(日本勞働組合全國協議会)의 약칭으로, 1928년 일본공산당의 지도 아래 결성된 좌익노동조합이다. 프로핀테른에 정식 가맹했지만 1934년 이후 자연 소멸했다.

6 책부(責付)는 피고인을 친족이나 특정한 사람 또는 단체에 맡기고 구속 집행을 정지하던 제도이다.

계, 접견계, 교회사(教誨師)[7], 보건기사 등의 의견을 듣고, 또 외부 정세를 조사한 후에 결정해야 한다. 보건기사의 의견은 특히 중요시해야 한다. 그리고 보석과 책부를 받은 피고가 지하운동에 참가했을 때는 도주 위험이 있다고 보고 해당 허가를 취소해도 문제없다.

5) 전향

공산당의 퇴치는 흉악한 도적을 토벌하는 것이며 그들의 귀순을 촉구하는 것은 필요한 일이다. 교■사를 수신 리포터로 하여 전향을 촉진시켜야 한다. 전향 효과를 확보하고 확대하도록 노력하는 것이 가장 필요하다. 피고가 자신의 부하에게 전향 편지를 보내도록 하여 부하를 자수시킨 사례도 있다. 피고를 전향시키기 위해서는 피고의 자존심이 불필요하게 상처받지 않도록 하며, 자기비판을 하게하고, 피고가 가족과 자주 회견할 수 있도록 하는 것은 효과적이다.

6) 단식투쟁

피고가 단식투쟁을 한다고 해도 절대 당황하지 않아도 된다. 먹어도 먹지 않아도 밥과 반찬 모두 준비해 주고, 한편에서는 보건기사가 설득시키도록 하면 된다. 이치카와(市川正一)와 같이 건강진단을 받고 나서 단식투쟁을 실행한 자도 있다.

7) 경찰관의 교양훈련

신상조사 용지의 말미(양식 생략)에 심문 주임관의 의견을 기재하도록 훈련하여, 심문할 때 좋은 점은 지적해 주고 욕은 하지 않도록 명심할 필요가 있다.

---

7 교회사(教誨師)는 죄수를 교화하는 직무를 담당하는 사람으로 교정관을 뜻한다.

3. 사상검사의 검찰·재판 실무

1) 수사·예심·공판에서의 주의사항

〈자료 225〉 사상범의 심리와 과형에 대한 실무자의 견해

(〈思想犯の審理と科刑に対する實務者の見解〉, 《思想月報》 2권 6호, 1932.9)

본문은 《사법연구》 제16호에 게재되어 있는 사법성(司法省) 1931년(昭和 6)의 〈실무가 회동 자문사항 토의〉에 관한 것이지만, 이 부분은 사상 사무에 관한 것이므로 편의상 본지(本誌)에 수록하였다.

사상 사건의 수사, 예심, 공판에 이르는 취조에서 특히 고려해야 할 점은 어떤 것인가.
사상범 사건을 다룰 때 특히 다음 사항에 대한 취급은 어떻게 균형을 맞춰야 적당한가.

a. 예심에서의 심리 진척
b. 공판투쟁 방지의 방책
c. 공개 금지
d. 사건의 병합과 분리
e. 기록 등사에 관한 단속

이노우에(井上) **검사**[**우라와**(浦和)**지검**]

(1) 심리[8] 부분에 대해서는 거의 같은 문제가 제3회 회동 때도 자문되었는데 그때의 답신과 마찬가지로 판검사가 미리 이런 사상 문제를 연구하여 사상 단체의 계통과 분맥(分脈) 및

8 심리는 사실관계 및 법률관계를 명확히 하려고 법원이 증거나 방법 따위를 심사하는 행위를 말한다.

전문용어 등을 숙지해 둘 필요가 있다.

또한 공개, 비공개에 대해서는(치안유지법 위반을 취조할 때는 변호인이 법정을 변론의 중지, 해산 등을 명령받을 우려가 없다는 주의의 선전서와 같이 취급하여 교격한 언사를 지껄이는 경우가 많다. 도쿄, 오사카 등의 대도시는 모르지만, 지방에서는 나아가서는 민중으로 하여금 재판소의 위엄조차도 의심하게 하므로) 되도록 공개를 금지해 주길 바란다.(특히 상기의 공개된 법정의 진술변론이 신문잡지에 게재되었을 때 이것을 제지하는 것이 곤란하므로 이 점으로 봐도 공개 금지할 필요가 있다).

다음 단순히 무신(無新), 무청(無青) 등이 한두 번 배포된 것을 경찰과 검사의 예심에서 증인으로 취조할 때는 되도록 세상 사람들에게 알려지지 않도록 하고 그 호출 등을 삼가고, 신문 등에 게재되지 않도록 주의한다. 특히 배부자를 기소유예처분으로 부칠 경우에는 원칙적으로 배부받는 것에 그친 자는 취조하지 않을 수 있다고 믿는다.

(2) 과형상 고려해야 할 점에 대해서는

기소를 적절하게 멀리하여 반성할 여지가 있는 자는 되도록 기소유예 처분에 부치며, 동시에 만약 기소된 자가 극좌 사상이 깊게 침투하여 그 사상의 잘못을 깨닫지 못하는 자라면 그에 맞는 엄벌이 필요하다고 믿는다. 이런 범인은 상당히 장기에 걸쳐 형무소 안에서 수양하고 건전한 서적과 친하게 한다. 또한 거물인 감화자로 하여금 개인 교화의 길을 연구하여 천천히 개심할 수 있도록 하고, 개전의 정이 현저한 자는 가출옥과 그 후 취직의 길 등도 강구해 주도록 해야 한다.

기노시타(木下) 검사[도요하시구(豊橋區)]

(1) 심리

ㄱ. 재판장은 법정의 위엄을 해치는 언동을 금지해야 한다.

ㄴ. 법정경찰권 행사를 용이하게 하기 위해 우선 재판장이 착석하고 다음에 피고인, 대중의 순서로 입정하게 한다. 퇴정 시에는 그 반대 순서로 퇴정할 수 있다.

ㄷ. 공판 준비 기일에는 피고인이 서로 이해할 수 있는 기회를 줄 수 있도록 한다.

ㄹ. 사상부를 설치할 필요가 있다.

(2) 과형

ㄱ. 특별한 사정이 없는 한 징역형을 부과할 수 있다.

ㄴ. 반성하는 태도가 현저한 피고인에게는 검사가 집행유예를 구형할 수 있다.

ㄷ. 미결 구류를 전부 계산한 결과, 집행형이 짧은 피고인에게는 교육 목적을 달성하지 못하였으므로 오히려 집행유예 선고를 할 수 있다.

가키모토(柿本) **부장**[아사히카와(旭川)지검]

(1) 원칙적으로 공개해야 한다.

(2) 이론투쟁은 필요하다.

(3) 절대 탈당하기 어려운 자에게는 극형을 부과해야 한다.

(4) 환경이 좋은 자에게는 상응하는 집행유예를 할 수 있다.

야마모토(山本) **부장**[와카야마(和歌山)지검]

(1) 심리의 공개와 비공개, 병합과 분리의 가부 여하는 크게 논의할 바가 있으니 한마디로 단정할 수 없다. 치안유지법은 국가주의를 기초로 하고, 형사소송은 인도박애주의를 기초로 한다. 이 둘의 조화 문제가 용이하지 않기에 학문상의 논의는 하지 않고 실제 경험상의 소견을 말한다.

사건, 피고인의 성질, 외부와의 관계상 비공개와 분리가 타당하다고 본다. 재판은 이론이 아니고 세상을 다스리는 기술이다. 따라서 소송은 가장 신속하게 그리고 가장 정확함을 기해야만 한다. 신속하고 정확한 것은 재판의 위신을 지키는 방법이다. 또 우리 실무가는 평소 사무를 처리하는데 있어 항상 경제적인 것을 염두에 두어야만 한다. 심리를 공개하면 피고인은 사건과 전혀 관계없는 일까지 진술하여 소송의 진행을 방해한다. 또 병합하면 진실로 회개하거나, 바야흐로 회개하려고 하던 피고인도 남을 꺼리어 충분히 진술하지 않을 것이다.

심리를 지연시키는 것은 경제적인 문제와도 관계있는 것은 물론이다. 또 피고인으로 하여금 사건과 전혀 관계없는 일까지 진술하게 하여 법정을 혼잡하게 하는 것은 재판의 위신을 해치는 바가 아주 크다. 따라서 소송의 진행을 신속하고 원활하게 하고 피고인으로 하여금 충분히 진술하게 하는 것은 전기한 바와 같이 비공개와 분리하는 것이 가장 타당하다고 본다.

(2) 과형에 대해서는 이노우에검사와 완전히 같은 의견이다. 다른 일반적인 범죄보다 엄벌하는 것을 찬성한다. 집행유예 같은 것을 손쉽게 내줘서는 안 된다. 뉘우쳤느냐 아니냐를 공판에서 두세 번 취조하는 것으로 판단할 수 있는 것은 아니다. 적절히 엄벌하고 형무소에서의 그 품행을 보고, 그런 후에 진실로 뉘우치는 것이 분명하면 가출옥하는 제도를 활용하면 된다. 각 지방의 판결을 보면 과형이 가볍고 집행유예가 너무 많다는 느낌이 있다. 헛되이 개인을 지키는 데만 중점을 두고 일반인을 지키는 데는 등한시하고 있는 듯한 느낌이 있다. 옛 법을 개정하게 된 취지를 상상하고도 남는다.

마쓰모토(松本)**검사**[다카마쓰(高松)지검]

사상사범의 심리는 피고인의 질에 따른다. 또 사범(事犯)에 따라서는 때로 병합심리를 찬성하는 경우가 없지 않다고는 하지만, 원칙적으로 개별로 심리해도 좋다고 사료한다. 하나는 법정의 분쟁 지연을 피하고, 또 다른 것은 피고 개인으로 하여금 다른 견제를 받지 않고 뜻대로 진술하게 한다는 이익이 있다.

과형에 관해서는 의식이 강하지 않고 기소 후에 방향을 전환할 뜻이 명백한 자에 대해서는 집행유예를 주는 것을 아까워하지 않을 필요가 있다. 반대로 의식이 강하여 기소 후에도 방향을 전환할 의향이 보이지 않는 자에 대해서는 마땅히 상당한 엄벌로 임할 필요가 있다. 상기의 결과로 잘못을 뉘우치고 마음을 고친 자를 얻을 기회는 많을 것이다. 가석방이라는 신묘한 용법을 발휘할 수 있는데, 이에 대해서는 실례가 오사카 항소원 검사국 관내에 적지 않다.

가지무라(梶村)**판사**(나고야지검)

사상범죄에 대한 심리와 과형에 대해서는 일정한 표준을 세우는 것이 곤란하다.

종래 각 재판소에서의 공산당사건 판결을 보면 그 과형과 구형이 현저히 서로 달라, 검사국과 재판소와의 사이에 이런 종류의 사안에 대한 근본 관념을 달리하고 있는 것이 아니냐고 생각되는 점이 있다. 양쪽 각자의 연구와 함께 수시로 양자가 회동하여 함께 연구할 필요가 있다고 생각한다.

재판소에도 사상부 혹은 사상계 판사가 갖춰지길 바란다.

공산당과 그 밖의 사상 사건에 대한 특별심리 절차를 제정할 필요가 있지 않겠는가.

쓰타야(蔦谷) **검사**[오이타(大分)지검]

공개를 금지하고 사건을 분리하여 심리하는 것을 찬성한다. 그 이유는 이미 진술되었으므로 더 진술하지는 않겠지만, 그들은 공판투쟁을 획책하고 법정 전술을 실행하는 자들이므로 공판심리를 공개하느냐 하지 않느냐에 따라 그들의 심리(心理) 상태가 달라진다. 또 사건을 병합하여 다수를 집합시키느냐 아니냐는 군중 심리와 관계가 있다는 점을 고려해야만 한다.

또한 여기에서 한마디 하고 싶은 것은 사법과 완전히 관계없는 소위 초심자인 지인이 전에 신문을 보고 도쿄 공산당사건 재판은 왜 그들에게 제멋대로 하고 싶은 대로 말하게 하고 또 그 방자함을 용납하여 주는 것일까 라고 분개하고 있었다. 이런 하나의 사건이 국민들한테 재판의 위엄에 대해 어떻게 생각하게 만드는지, 원래부터 그 지인이야 그 외의 사정에 대해 아무것도 모르기 때문이기는 하지만 크게 고려해야 한다고 생각한다.

시미즈(清水) **부장**(요코하마지검)

사상범죄에 대한 심리는 병합심리와 공개심리를 상당히 피하는 것이 적당하다고 생각한다.

사상범인은 우월적이고 과장적인 심리상태에 있는 자가 많아서, 다수의 피고인을 병합하여 심리하거나 공판을 공개할 때는 논쟁을 좋아하여 그저 쓸데없이 심리를 시끄럽게 만들 우려가 없지 않다. 따라서 재판소의 노력이 배가된다고 해도 과언이 아니라고 생각한다.

다누마(田沼) **부장**[우쓰노미야(宇都宮)지검]

(1) 공판심리는 되도록 공개를 정지하고, 분리할 것.

(2) 실형을 부과할 경우에는 중처분해야 하지만, 조금이라도 뉘우치는 모습이 보일 때는 연령, 가정, 그 외의 정황과 상태를 참작하여 되도록 형 집행을 유예하는 것이 적당하다.

■■검사[시모노세키구(下関區)]

(1) 사상범죄에 대한 심리

ㄱ. 공판을 개시할 때 좌경 인물의 방청이 많을 때는 판검사, 서기가 먼저 입정하고, 다음에 피고인을 입정시키고, 마지막에 방청인을 입정시킬 것.

ㄴ. 검사의 공소사실 진술은 상고이유로 할 수 없을 정도로 가장 간략하게 하고, 예심결정서 그대로 읽지 않을 것.

ㄷ. 검사가 공판 금지 청구를 하지 말고, 재판소에 위탁할 것. 단 재판소에서 안녕질서를 어지럽히는 정도에 이르러서도 금지하지 않을 때 요구할 것, 이것은 법정의 파란을 방지하는데 효과있음.

ㄹ. 재판소에서도 바로 공개 금지를 하지 말고 심문 및 진술이 재판소에서 공개할 수 없는 것이라는 느낌이 있는 경우, 공개를 금지해야 한다. 신문(新聞)의 단속은 경찰관서와 검사국이 미리 상의한 뒤에 해야 한다.

(2) 사상범죄에 대한 과형

기소유예에 대해서는 우라와(浦和)에 찬성한다. 개전의 정이 있는 자는 경찰관과 그 밖의 자들에 의해 이후의 행동을 조사하여 집행유예 처분하는 것을 찬성한다. 죄태(罪態)가 크다는 이유로 헛되이 집행유예를 아끼지 않을 것. 단, 집행유예를 부과할 때는 본인의 성품과 행실, 공산주의를 연구한 정도, 실천한 정도 등을 충분히 조사할 것. 또 나이가 어린 자는 따라한 자가 많으므로 이와 같은 자들은 집행유예가 적당하다고 생각한다.

요컨대 개전의 정이 있는 자는 온정주의, 전혀 반성하지 않는 자는 엄벌주의를 원칙으로 한다.

(이상은 대체로 히로시마(広島)항소원의 의견으로서, 본 관내에서의 취급 양상을 부가한다.)

이상의 의견은 주로 다음 표의 결과에 입각한다.

		반성하고 뉘우치는 자	뉘우치지 않는자
히로시마항소원 관내의 〈치안유지법〉위반으로 기소유예자	85명	55명(65%)	30명(35%)
히로시마항소원 관내의 〈치안유지법〉위반으로 수형 중인 자	10명	5명(50%)	5명(50%)
히로시마항소원 관내의 〈치안유지법〉위반으로 형집행유예자	25명	14명(56%)	11명(44%)
히로시마항소원 관내의 〈치안유지법〉위반으로 형기종료자	■3명	전부 뉘우치지 않음	

이케다(池田) **부장**(도쿄지검)

(1) 사상범 사건의 심리에 관해서는 종래와 같은 개별주의적인 형사소송제도로는 심리가 곤란하기에 범인을 단체적으로 다루는 새로운 특별한 운용법을 마련할 필요가 있다.

(2) 예심 및 공판 모두 이런 범죄에 대한 특별전문부를 설치할 필요가 있다.

에토(衛藤) **부장[사가**(佐賀)**지검]**

치안유지법 위반 사건의

(1) 기소는 가급적 분할받고, 심리는 (분할된) 1건마다 하는 것을 원칙으로 하고 지극히 예외인 경우에 개별적으로 하는 것으로 한다.

(2) 그리고 공판을 심리할 때는 재판장 전단에 의한 처치를 피하고, 가급적 합의를 거듭하는 신중한 태도로 임하는 것에 동의한다. 다음, 사안의 내용에 따라서는 반드시 공개 금지를 할 필요가 있는 것은 아니지만, 만약 국체 변혁 또는 사유재산제를 부인하는 내용으로 하는 사안에 대해서는 반드시 공개를 금지해야 한다.

(3) 또 마음을 바꾸지 않는 피고인에게는 그에 상응하는 중형을 부과할 필요가 있으므로 치안유지법에 부정기형(不定期刑) 제도를 설치할 필요가 있다.

(4) 또한 예심에서는 형의 양을 정할 때 가장 중대한 관계가 있는 가정 관계, 사상의 추이 과정, 범죄 후의 개심(改心)한 경과 등에 대해 한층 상세하게 신문하는 것을 찬성한다.

마쓰시마(松島) 판사[가나자와(金澤)지검]

(1) 사상범죄에 대한 심리는 신속하게 하여 피고인의 부형과 그 외의 근친자가 가진 사상 경향과 그 외 반성할 수 있는 여부를 결정할 자료 수집에 노력한다. 공판심리 시에 안녕질서 또는 풍속을 해할 우려가 있을 때는 공개를 정지하고, 심문을 방해하거나 또는 부당한 행위와 태도를 하는 자가 있는 경우에는 엄하게 법정경찰권을 행사할 필요가 있다.

(2) 과형은 뉘우칠 가능성이 있는 자에게는 특히 관형(寬刑)으로 임하고, 실형을 부과할 필요가 있는 자에게는 특히 중형을 부과할 필요가 있다.

시노하라(篠原) 검사[시즈오카(靜岡)지검]

(1) 심리상 고려해야 할 점

ㄱ. 분리적인 심리를 찬성하는가 또 통일적인 심리를 찬성하는가

어느 것이나 일득일실(一得一失)이 동반되지만 재판상에서 나타난 실제 상황에서 보자면 분리적인 심리가 공정(公廷)의 평정을 지키고, 심리를 통한 뜻을 다하는 데 있어 편리하고 진척상으로도 좋다고 믿는다.

ㄴ. 공개를 할 것인지, 또는 비공개를 할 것인가

사안이 비교적 경미하거나, 또는 사유재산제도를 부인하는 것뿐인 사건에는 물론 공개를 금지할 필요가 없다. 하지만, 국체변혁을 목적으로 하는 사상 사건은 원칙적으로 공개를 금지해야 하고, 공개를 금지해야 하는 경우는 이런 사안을 빼고는 달리 거의 없을 것이다.

(2) 과형상 고려해야 할 점

이런 종류의 범죄는 다른 일반 범죄에 비해 사상의 전환이 죄를 처단하는 주된 목적이라는 점에서 그 특성을 가지고 있다고 생각하기 때문에 반성 기회를 줄 필요성의 여부에 따라 과형의 양을 정할 필요가 있다. 이 견지에서 보자면 부정기형을 부과해도 좋다고 믿는다.

(단, 현행법에는 부정기형은 인정하고 있지 않지만). 이상.

2) 재판·검찰상 고려사항

〈자료 226〉 최근 사상운동의 정세에 비추어 재판 및 검찰 상 고려할 점

(〈最近に於ける思想運動情勢に鑑み裁判並検察上考慮すべき点其の他〉, 《思想彙報》 12호, 조선총독부 고등법원 검사국 사상부, 1937.9, 124~127쪽)

[이 글은 올해(1937년) 6월 사법성에서 개최된 제10회 사상 실무자 회동에 참석한 청진(淸津) 지방법원 검사 사가라 하루오(相良春雄)의 보고와 각 실무자의 답신을 기재한 내용의 일부를 요약한 것임.]

제7회 코민테른 대회에서 확정된 신방침에 기초하는 운동이 종래의 공산주의 운동과 다른 점은 기존 당 중심의 중앙집권주의에서 자주독립적인 비합법그룹의 결성 및 개인적인 활동 중심으로 전환하였고, 또 비합법조직 제일주의보다 합법 이용주의로 전환한 것이다. 이러한 운동 형태는 문예잡지의 동인조직을 만들고 합법출판물을 이용한 계몽을 도모하는 방법을 취하고, 또 대중과세반대, 노동조합법 제정, 퇴직수당법 개정 등의 전혀 비합법이 아닌 슬로건으로 대중을 획득하고자 하는 것이다. 과거 이러한 사업의 검거 취조에서 수사의 유효한 단서가 되거나 적절한 증거가 되는 일이 거의 청산되었고 반면 이면에 숨겨진 불령한 의도를 부인하는데 상당히 유리한 방법을 취하게 되었다.

따라서 이러한 종류의 운동의 위험성은 종전과 달리 직접적으로 대중을 보다 유인하므로 매우 우려스럽다. 특히 최근 국내 정세를 돌아보면 국민들 사이에 여전히 존재하는 반파쇼적 기운에 편승하여 급속하게 발전 확대할 여지가 충분하다. 이에 최근 정세에 대처하기 위해 다음과 같은 방책을 고려해야 한다.

1) 특고와의 연락을 한층 긴밀하게 유지하고 평소의 사찰 내정을 엄격하게 함으로써 실제 합법적인 것과 합법을 가장한 것을 명확하게 구별하여 검거단속에 누락됨이 없도록 기할 것.
2) 치안유지법 제1조의 결사 인정에 대해 기존과 같이 당, 공청(共青), 전협(全協) 외에 인정할 지를 망설여서는 안 되며, 조직의 크고 작음에 구애되지 말아야 한다. 그러므로 결사의 인정은 기존보다 널리 해석할 필요가 있음.
3) 기존의 조직활동으로 보면 상당히 중요한 부서에 위치하고 범죄 정황 또한 위중하다고 인정될 정도의 열의와 활동이 이루어져도 이른바 신방침에 기초한 운동은 표면적으로는 매우 경미한 느낌을 주기 때문에 기소 불기소의 재량을 완화시킬 필요가 있음.
4) 최근의 운동은 대부분이 재범을 중심으로 이루어지기보다 형행 당국과의 연락을 보다 강화시켜 수형 중인 상태에서 잘 대처할 필요가 있음.
5) 당원에는 실제 입당한 자, 후보자, 실질 당원의 세 종류가 있다. 합법무대에서 합법성을 확보하기 위해 입당하는 형식적 절차를 취하지 않았을 뿐 즉, 실질 당원 혹은 외곽(원문 黨外) 당원이라고 칭하는 이는 입당 당원과 동일하게 취급해야 함.
6) 공장, 기타 직장에서 인민전선 통일전선 운동을 하고 혹은 좌익 분열에 반대하며 반동 지도자의 고립을 도모하는 자가 있다면 동향을 엄중하게 감시할 필요가 있음.
7) 당 활동의 주력 부대를 위장하여 일개 분대가 본대인 것처럼 속이고 하나의 그룹을 검거 목표로 할 때, 배후에 큰 조직체를 두는 활동방침, 이른바 공산주의 학생들의 '게릴라전술'에 주의할 것.
8) 운동 양상과 관련하여 기소 정도에 도달하지 않는 사실, ■■■■■■■■■■■ 경향이 있음. 이러한 사안을 되도록 광범위하게 범죄로 인정하고 보호관찰시 ■■ ■■■■■■ 보호관찰처분으로 전향을 촉진하고 확보하여 재범 방지의 수단을 강구할 것.

9) 문예운동, 영화감상회 등의 합법 출판물에 대해 이념적 활동의 ■■■■■■■■■할 것.

〈첨부〉

조선인 사상범죄에 있어 특히 고려할 점

1) 조선인은 내지에 도항하면 곧바로 이동하여 경찰의 신세를 지게 되는데 직업 등에서 차별적 대우를 받기 때문에 이것이 원인이 되어 공산화한다. 우리는 그들에 대해 일본인으로서 나아갈 바를 가르치고 야마토(大和) 민족에 동화되도록 노력해야 한다.
2) 그들은 다수가 각 공사장 합숙소 등에 나눠 거주하며 무비판적으로 공산주의에 공명한다. 특고를 편달(鞭撻)하여 사찰과 내정(內偵)을 엄히 해야 한다. 그들은 이동성이 강하고 가명을 당연시한다. 그로 인해 사건 검거 후 당국에서 사건을 가볍게 처리하는 일이 있으므로 주의를 요한다.
3) 그들은 사상 전향이 매우 어렵다. 장기간에 걸쳐 처벌하고 전향을 촉진시키는 것이 긴요하다.
4) 조선인의 사상운동의 정세를 포괄적으로 파악하고 유효하고 적절한 조치를 취하기 위해 내지와 외지의 관계당국 간 연락을 긴밀하게 할 필요가 있다.

비합법 문서의 국내 반입 방지에 관한 대책

1) 세관 및 수상경찰의 협력에 의한 선내 또는 상륙 시 소지품 검사 및 감시 동작의 강화
2) 세관 및 중앙우편국 협력에 의한 소포 서신 등의 검열 이행 강화
3) 해상노동자단체 및 해상노동대중에 대한 사찰 내정의 이행 강화

사상전향 ■■에 관한 대책

사상전향을 표명했을 때 상세히 내용을 검토해야 한다. 단지 공판정에서 구두로 전향의사를 표명한다고 진정한 전향자라고 단정하는 것은 성급하다. 재범자에게 전향 문제에 관한 생각을 물었을 때 자신은 지금까지 전향을 표명했지만 그것은 그저 빨리 사회에 나와 주의자로서 활동하고 싶은 마음에서 했다고 공공연히 말하는 자가 있다. 전향표명서를 허위

로 제출하고 예심공판을 마친 후 예상한 대로 집행유예 판결을 받아 형무소를 나서면 곧바로 공산주의 운동을 시작하고 다시 검거된 자가 적지 않다. 이들은 비전향자라 하지 않을 수 없는데 그들이 집행유예와 같은 관대한 언도를 받게 된 데에는 형무소, 검사국, 재판소 간의 연락이 부족하기 때문에 그러하다. 나아가 형무소 당국의 조치가 피고인에게 어떻게든 빨리 전향하면 출소할 수 있다는 관념을 주었기 때문이 아닌가 하는 판단이 든다. 전향을 억지로 강요해서는 안 된다.

사상범에 대해 형의 집행유예 판결을 내린다면 전향의 진위를 가리는 검토를 엄중하게 할 필요가 있다.

그 기준을 열거하면,

1) 본인의 자연스러운 의사에 맡겨 전향을 강요하지 말 것

2) 판검사가 충분하게 범인의 ■■를 주의할 것

3) 전향의 진위 여부를 검토할 것

4) 형무소에서 범인이 외부인과 면회를 할 때의 언동에 주의하고 서신의 내용을 검토할 것

3) 사상실무 자문 및 협의 사항

〈자료 227〉 사상 실무가 회동 자문 사항과 협의 사항

(〈思想實務家會同諮問事項と協議事項〉, 《思想月報》 제2권 8호, 1932.11)

올해[9] 10월 10일부터 14일까지 5일간 사법성에서 상기의 제목으로 회동이 열렸고 그때 다음과 같은 사항에 대해 협의가 있었다. 조선에서는 마스나가(增永)부장, 이토(伊藤)검사, 사케미(酒見)사무관, 이토(伊藤)부장, 야마시타(山下)판사, 사사키(佐々木)검사가 참석하였다. 상세한 것은 그들의 보고서에 의한다.

9 1932년이다.

◆ 자문사항

제1. 사상범죄 경향으로 보아 사상 사무에서 개선해야 할 점은 어떤 것인가.

예를 들어

1. 사무 취급상의 개선

 예를 들어

  1) 사상계 판사 설치

  2) 사상계 검사 증설

  3) 사상사무에 종사할 재판소서기 양성

  4) 특별고등 경찰관리의 양성과 훈련

  5) 통보와 정보 및 그 외 자료의 수집, 배포, 보존

2. 물적 설비의 개선

3. 법규 운용상의 개선

 예를 들어

  1) 구류, 보석에 관한 점

  2) 형사변호에 관한 점

  3) 공판준비 절차에 관한 점

〈참고〉

자문사항 제1에 관한 것

1. 사무 취급상의 개선

1) 사상계 판사 설치

(1) 사상계 판사의 (예심, 공판 모두) 설치를 빨리 실현할 필요가 있다.(고베지검, 히로시마지법)

(2) 지방재판소와 항소원에 사상계판사를 설치하는 것이 어떻겠는가.(삿포로공법)

(3) 사상계 검사가 배치되어 있는 재판소에는 가급적 빨리 사상 사건 전문 예심판사를 배치할 필요가 있다.(후쿠오카지검)

(4) 가장 중요한 지역의 지방재판소에 사상판사를 배치하는 것이 어떻겠는가.(후쿠오카지법)

2) 사상계 검사 증설

(1) 사상사무가 아주 빈번하고 많은 검사국에는 되도록 빨리 사상계 검사를 증치할 필요가 있다.(후쿠오카지검)

(2) 각 지방재판소 검사국에 사상계 검사를 배치받고 싶다.(후쿠시마지검)

3) 사상사무에 종사할 재판소서기 양성

4) 특별고등 경찰관리의 양성과 훈련

(1) 특고계 경찰관을 지도, 훈련하는데 구체적으로 좋은 방법.(센다이지검)

(2) 특고경찰관리의 능률을 한층 올릴 방법.(도쿄지검)

예를 들어

① 사람을 보낼 때 소속 검사국의 의견을 존중한다

② 교양

(3) 특고과장 회의 석상에서 검사총장의 훈시를 철저하게 하는 방법.

예를 들어 검거에 대한 표창을 유보처분인 경우와 기소처분인 경우를 똑같이 취급해야 할 것.(도쿄지검)

5) 통보와 정보 및 그 외 자료의 수집, 배포, 보존

(1) 사상검찰 사무의 통제연락과 다른 관청과의 연락 교섭을 원활하며 긴밀하게 하는 방법은 어떤 것인가.[도쿄공검(控検), 도쿄지검]

(2) 도쿄지방재판소 검사국과 오사카지방재판소 검사국에 다른 지방과의 연락 담당자를 배치할 것.(삿포로공검)

(3) 사회운동 정세에 대해서 매달 1회 일정한 시기를 정해 검사정이 검사장에게 월보(月報)로 보고하고, 검사장은 관내 월보를 편찬하여 본성(本省)에 제출하는 것은 어떤가.(나고야지검)

(4) 사범수사의 검사국은 적어도 범인의 관계지, 예를 들어 본적지, 전 주소, 출신학교의 지역, 빈번한 왕복 지역 등을 관할하는 검사국과 처분 전에 미리 연락하여 협의할 필요가 있다.(아오모리지검)

(5) 사상 사건 피의자가 다른 관내로 간 형적이 있을 때는 피의자의 사진, 필적, 가명과 행동 개요를 관계지 검사국에 통지하고 실행한다. 그 지역의 현재 및 장차 발각될 운동과 연락 유무를 조사하는데 도움이 되지 않겠는가.(센다이지검)

(6) 사상운동 정세에 관한 통보 범위는 더욱 확장할 필요가 있다. 단, 원청(原聽)보다는 각 항소원 검사국에 통보하고 각 항소원 검사국 사상계는 소관 검사에게 통보하되, 인쇄 배포는 통제할 것.(나가사키지검)

통보처가 너무 광범위한 것은 싫지 않은가.(고베지검)

(7) 종래 각 검사국 간에 참고하기 위해 서로 교환한 사상 사건에 관한 자료, 중앙 또는 지방에서 일어난 특수하고 참신한 사항에 대해서는 될 수 있는 한 통보를 받고 싶다. 반면에 그 나머지 통보는 종전보다 더욱 간략화시키고 혹은 생략하여 그 요지를 적기하는 정도로 받고 싶다.(미야기공검)

(8) 예심 청구의 통보는 공소 사항과 함께 피고인의 본적지, 주거지, 직업, 연령 등을 기입하고, 공판청구서 그대로 베끼지는 않도록 한다. 또한 관계 지방이 있는 경우는 특히 그 관할 검사국명을 첫머리에 빼두길 바란다.(요코하마지검)

(9) 예심종결 결정서와 판결서 사본의 상신과 통보는 그 내용이 전국적이거나 또는 지방적인 특색이 있으며 동시에 법률문제가 있는 경우 또는 공소사실과 서로 다른 경우에 한하고, 그렇지 않고 기소와 부합하는 사실을 공판으로 보낸 내용의 판결에 대해서는 주문과 구형 정도에 그치길 바란다.(요코하마지검)

(10) 공판 개황의 보고와 통보도 또한 앞의 취지에 따라 특히 참고될만한 것을 골라내도록 하고, 공판조서의 초본(抄本)적인 것은 피하길 바란다.(요코하마지검)

(11) 치안유지법 위반사건은 그 사안의 크고 작음에 상관없이 각 심에서 판결 선고할

때마다 그 결과와 검사의 구형 및 피고인의 반성 여부를 전국적으로 통보하면 어떤가.(히로시마공검)

(12) 1927년(昭和 2)년 8월 형사국 비(秘) 제163호 제1항 제4호의 죄 '존엄모독, 조헌문란, 안녕질서문란의 출판범죄'에 관한 사안은 기소, 불기소를 불문하고 각 검사국에 통보해야 하지 않을까.(나가사키지검)

2. 물적 설비의 개선

3. 법규 운용상의 개선

1) 구류, 보석에 관한 점

(1) 사상 사건 피고인에게 보석책부(責付) 또는 구류집행을 정지하거나 혹은 취소할 때 특히 고려해야 할 점은 어떤 것인가.(나고야공법, 나고야지법, 히로시마지법)

(2) 사상 사건 피고인에게 보석책부를 허가하는 정도는 어떤 것인가.(돗토리지법)

(3) 치안유지법 위반 피고인의 보석에 대해서는 구체적인 사실을 제시하여 재판소에게 한층 신중하게 고려하도록 요구하는 것이 어떠할까.(나가노지검)

(4) 중요한 역할을 가지지 않은 사상범죄 피고인이 그 후 방향을 전환하여 개전의 정이 현저하고, 동시에 그 보호자 등이 성의를 가지고 피고인을 감독할 것을 서약한 경우에는 가급적 보석허가 방침을 취하는 것의 가부(可否).(요코하마지법)

(5) 예심 계속(繫屬)[10] 중 사상 전환한 자에 대해서는 도주나 증거 인멸할 위험이 없다고 인정하고 우선 보석을 허가해야 할 것인가.(오카야마지법)

2) 형사변호에 관한 점

(1) 사상 사건에 관여한 변호사에 대해 특히 고려해야 할 대책은 어떤 것인가.(나고야공법, 나고야지법)

(2) 사상 사건 변호인의 언동에 대해 취체를 위한 대책을 강구할 필요가 있지 않은

10 계속(繫屬)은 어떤 사건이 소송 중인 일이다. 소송 계속.

가.(후쿠오카지검)

(3) 사상사범에 대해 변호인이 변론 시에 이름을 빌려 주의를 선전한다고 인정될 경우 이에 대해 검사는 어떤 태도로 임해야 할까.(나고야공검)

(4) 변호사 중 구원회 소속 변호사의 부당한 언동에 대한 취체상의 대책은 어떤 것인가.(후쿠오카지법)

3) 공판준비절차에 관한 점

(1) 치안유지법 위반 피고사건에 대해 공판기일 전에 피고인을 신문하는 것의 찬성 여부.(나고야공법, 나고야지법)

(2) 재판소 구성법의 규정을 개정하여 치안유지법을 위반한 피고의 사건은 대심원이 제1심이자 종심이 되어 심판하도록 하거나 제1심은 공소원, 종심은 대심원으로 하여 심판하도록 한다. 그리고 특별 소송 절차를 제정하는 것의 찬성 여부.(나고야공법, 나고야지법)

제2. 사상범인의 교정과 보호에 대해 고려하고 개선해야 할 점은 어떤 것인가.

예를 들어

1. 사상전향에 관한 점
2. 수형자의 지도 교화에 관한 점
3. 석방자의 보호에 관한 점

〈참고〉

자문 사항 제2에 관한 것

1. 사상 전향에 관한 점

사상범인에게 방향 전환을 시킬 대책은 어떤 것인가.(히로시마지법)

사상사범의 심리(審理)에 육친관계를 적당하게 이용하는 것은 범인의 사상전향을 꾀하는

데 효과가 큰 것 같다. 이 점에 대해 더욱 고려해야 할 것은 없는가.(후쿠오카지법)

2. 수형자의 지도 교화에 관한 점

치안유지법 위반 수형자에 대해 1931년(昭和 6) 5월 사법관 회동 석상에서 대신으로부터 판사, 검사가 이런 자들을 수용하는 형무소를 열심히 순시하여 지도 교화를 위해 협력해야 한다는 내용의 훈시가 있었다. 또한 같은 해 7월 본성(本省)에서 열린 각 공소원 관내에 있는 사상계검사의 사무회합에서는 상기의 훈시에 따라 형무소를 순시하고, 검사가 직접 수형자를 면접하여 교화를 위해 노력하고, 형무직원과 협력하여 개선 방법을 강구해야 한다는 협정이 있었다. 또한 행갑(行甲) 제1578호 1931년 8월 14일 자에 형사국장으로부터 같은 취지의 통첩(치안유지법 위반 수형자의 행형 성적을 형무소가 검사에게, 동 수형자의 행형상 참고자료를 검사가 형무소에 각각 통지하는 건)이 있었다. 수형자와 면접하여 교화와 개선을 수행하기 위한 구체적인 방책은 어떤 것인가.(나가사키지검)

3. 석방자의 보호에 관한 점

사상범죄에 의한 기소유예자, 집행유예자 및 출옥자의 지도방법에 대해 적절한 대책은 없는가.[후쿠오카지검, 마쓰에(松江)지검]

학생 사상사범에 대한 사법처분과 학교당국이 하는 행정처분이 어긋나는 경우가 많다. 이와 같은 어긋남이 없도록 하기 위한 적당한 방책은 어떤 것인가.[미토(水戶)지검, 나고야공법, 나고야지법]

사상 사건으로 기소유예처분을 받은 소년의 취급에 대해 고려해야 할 점은 어떤 것인가.(요코하마지검)

제3. 출판범죄의 사법처분 시에 고려해야 할 점 여하.

예를 들어

1. 사법처분의 전국적인 통제

2. 기소장과 판결서의 범죄 사실 적시 방법

◆ 협의사항

제1. 사상 사건의 예심 처리에서 고려해야 할 점 여하.

제출청: 돗토리지법, 히로시마지검.

예를 들어

협의 원인의 고지 방법에 관한 점.(나고야공법, 나고야지법)

공소 수리 후, 먼저 피고인에게 후일 신문하려는 사실을 제시하고, 그 수기(手記)를 쓰게 하는 것 의 가부에 관한 점.(히로시마지법)

공조에 관한 점.(나가노지법, 히로시마지법)

수속의 촉진 방법에 관한 점.(나가사키공법, 히로시마지법, 와카야마지법, 도쿠시마지검)

증거조사의 정도와 범위에 관한 점.(나고야공법, 나고야지법)

증인신문의 조사서에 해당 증인의 사상계통, 투쟁경력 등을 명기해 둘 필요 여부에 관한 점.(나고야공법, 나고야지법)

분리 병합에 관한 점.(히로시마공법, 요코하마지법, 도쿠시마지검)

사상전향한 피고인의 감상문을 초안으로 쓰게 하여 이것을 기록으로 편철하는 것의 가부에 관한 점.(오카야마지법)

제2.

1. 예심 계속 중인 피고인에게 증인 신문의 촉탁이 있는 경우에는 촉탁청과 협의한 뒤, 그 신문과 교환으로 신문 사항 전부를 포함한 해당 피고인의 신문조서 등본을 송부하게 하는 것의 적합 여부.

제출청: 오사카지법, 오카야마지법

2. 검사는 예심판사의 양해를 얻은 뒤, 소속 재판소 서기에게 예심 계속 중인 피고인의 신문조서 등본을 작성시켜 이것을 공판 계속 중인 다른 피고 사건의 증거로 공판에 제출할 수 있을까.

제출청: 오카야마지법

제3. 사상 사건의 공판심리에 고려해야 할 점 여하.

제출청: ■■공법, 오카야마지법, 마에바시(前橋)지법, 도쿠시마지검, 후쿠시마지법

예를 들어

법정 안팎의 경계에 관한 점.(나고야공법, 나고야지법, 도쿠시마지검)

입정과 퇴정의 순서에 관한 점.(나고야공법, 나고야지법)

피고인의 기립에 관한 점.]야마구치(山口)지법]

법정에서의 질서유지에 관한 점.(나가사키공법, 도쿠시마지검)

심리 공판의 비공개에 관한 점.(나고야공법, 나고야지법, 요코하마지법, 오카야마지법, 마쓰에지법, 야마구치지법, 사가(佐賀)지법, 도쿠시마지검, 사가지검)

공개정지 결정에 관한 점.(고베지법)

방청자 허용 정도에 관한 점.(도쿠시마지검)

심리의 통일에 관한 점.(나고야공법, 나고야지법)

심리의 정도에 관한 점.(도쿠시마지검)

공판투쟁[11]에 관한 점.[도쿄공검, 나고야공검, 후쿠오카지법, 고후(甲府)지법]

지부(支部) 사건의 심리에 대한 판결을 본청에서 하는 것의 가부에 관한 점.(야마구치지법)

재판서 작성에 관한 점.(나고야공법, 나고야지법, 나가사키지법)

제4.

당 또는 동맹이 존재하고 또한 그들의 결사 목적이 변혁과 사유재산제도 부인에 있다면, 이것을 재판할 때는 현저한 사실로서 취급하는 것이 어떤가.

제출청: 나고야공법, 나고야지법, 나고야공검, 히로시마공검, 나가사키지법

제5.

치안유지법 위반 피고사건으로 제2심에서 심리를 받고 있는 피고인이, 같은 사건의 보석

11 공판투쟁은 형사사건의 재판이 열리는 법정에서 피고인 측이 자기의 주장이나 요구를 내세우며 선전 및 선동 목적을 이루려고 하는 일을 이르는 말이다.

중에 다시 치안유지법의 죄를 범했다고 하여 이에 대해 다른 재판소에서 그에 대해 예심 청구가 있고 실제 예심 취조 중에 관련이 되었을 때는 제2심재판소는 어떻게 처리해야 할까.

제출청: 나고야공법, 나고야지법

제6. 사상 사건 피고인에 대한 과형에서 고려해야 할 점은 어떤가.

제출청: 야마구치지법, 오카야마지법, 후쿠오카지법, 모리오카(盛岡)지법, 도쿠시마지검.

예를 들어

엄벌주의 원칙의 가부에 관한 점.(오카야마지법)

개전의 정이 있는 자에 대해 관대한 은혜를 베푸는 것의 가부에 대한 점.(오카야마지법)

극좌인 자에 대한 과형과 극우인 자에 대한 과형과의 판단에 대한 점.(후쿠오카지법)

학생에 대한 과형에 관한 점.(모리오카지법)

제7.

치안유지법 위반 피의자에 대해서는 바로 기소유예 처분을 내리기보다 일정 기간 반성 여부, 이후의 행동 등을 시찰하는 것이 적당하다고 인정되는 경우가 많다. 도쿄지방 재판소 검사국에서는 이미 유보처분 제도를 적용하고 있는데 이 제도를 전국적으로 채용해야 하지 않을까.

제출청: 모리오카지검

제8. 치안유지법 제1조인 목적 수행죄와 동법 제5조인 자금공여죄와의 관계 여하.

제출청: 도쿄지검

제9.

1. 당 또는 동맹의 가입 기수시기(旣遂時期)[12]는 언제로 인정해야 할까.

ㄱ. 피고인이 당원 또는 동맹원에게 가입을 권유받아 이것을 승낙한 때인가.

12 기수시기(旣遂時期)는 어떠한 행위가 범죄의 구성 요건으로 완전히 성립하는 시기를 말한다.

ㄴ. 피고인이 가입을 승낙하여 이력서를 제출한 때인가.

ㄷ. 이력서를 제출한 후 당 또는 동맹의 중앙기관으로부터 가입을 승낙한다는 뜻의 지령이 있었을 때인가.

ㄹ. 권유를 받지 않았음에도 불구하고 피고인이 가입을 신청했을 때는 그때를 가입이라고 인정해야 할까.

ㅁ. ㄴ의 경우에 만일 이력서를 제출한 후, 가입을 승낙하지 않는다는 지령이 있을 때는 가입하지 않았다고 인정해야 하나.

제출청: 와카야마지법

2. 당 또는 동맹에 가입했다고 인정하기 위해서는 당 또는 동맹 조직의 일원으로 채부(採否)의 권한이 있다고 사료되는 자가 승낙했다는 내용의 피고인의 자백만으로도 충분한가.

제출청: 오카야마지법

4. 신문(訊問)의 여러 가지 사례

〈자료 228〉 경성지방법원 판사 가토 노리오(加藤昇夫)의 피의자 신문(訊問)의 회상

[加藤昇夫, 〈특이한 신문(訊問の異相)〉, 《警務彙報》 299~303호, 조선총독부 경무국 경찰협회, 1931.3~8]

◆ 신문(1)

"야 거기!"

라고 한번 큰소리로 꾸짖은 후 "당신 어디 가"라고 소리친 것이 아마도 옛날 경찰관 제군들의 모습이었을 것이다.

"가두의 민중지도자"이어야 할 오늘날의 경관 제군이 이런 난폭한 언사를 하는 것은 상상도 하고 싶지 않다. "야 거기!"는 인격자를 대상으로 한 말 치고는 너무나도 형편없다.

메이지 유신 무렵의 경찰은 거의 모두가 영락한 무사의 말로였다. 그렇기 때문에 무사시대의 도시상공업자, 농민에게 관용적으로 사용되었던 말이 자연스럽게 나오는 것으로도 생각할 수 있다. 또한 관료만능시대였기 때문에 순찰하는 거리의 경관도 '관원 나리'로 상당히 위세등등했던 시대라 "야 거기!" 정도의 말은 자연스레 나오고 역시 그런 소리를 들은 쪽도 그다지 화가 나지도 않았을 것이다.

내가 어렸을 때 본 연극에 나오는 경관은 다른 사람에게 말을 할 때는 반드시 "이봐 거기(야 임마)!"라는 말로 시작했다. 흉적 시미즈 사다키치(清水定吉)[13]의 연극을 보았을 때도 그러했던 기억이 남아 있다. 그래서 나의 아버지가 시골 경관이었던 시대부터 "이봐 거기!"와 경관은 도저히 따로따로 생각할 수 없었다. 아버지의 경관 모습에는 충분히 익숙해져 있던 내가 길에서 낯선 경관을 만나자 잘못을 한 것도 없는데도 "야 거기!"라는 소리를 들을 것만

13 시미즈 사다키치(1837~1887)는 일본범죄사상 최초의 권총강도범이다. 안마사였던 시미즈가 일으킨 권총에 의한 강도사건은 80건 이상에 달했고, 5명을 살해하여 결국 사형에 처해졌다.

같아 기분이 좋지 않았다. 경관이 뚫어져라 내 얼굴이라도 쳐다볼 것 같으면 뱃속까지 얼어붙는 듯한 기분이 들었다. 그 당시 아이들이 경관에 대해 느끼던 감정과 내 느낌은 크게 다를 바 없었던 모양이다. “야 거기!”가 경관과 민중의 사이에 놓인 커다란 장벽이었다.

어릴 적 이 느낌에서 아직도 완전히 벗어나지 못했는지 지금도 파출소 앞에 서 있는 경관 앞을 지날 때 친근감같은 것을 느끼지 않는다. 오랫동안 재판소에 근무하면서 경관 제군과는 공적으로나 사적으로나 지인이 많고 접촉할 기회도 적지 않다. 따라서 지인인 경관 중에는 상당히 친한 친구도 있으나 낯선 경관에게는 도저히 친근감을 느끼지 못한다. 모든 것이 얼어붙는 매우 추운 요즘같은 밤에 순찰을 돌고 있는 경관 제군의 모습을 보면 정말로 “추울텐데 고생이 많구나”라고 생각하지만 역시 그저 이성적으로 느끼는 감사의 마음이지 거기에 따뜻한 친근감이 일지는 않는다. 때로는 경관에 대한 나의 선입관이 나쁘다는 생각을 해보지만 그뿐이지 그 이상으로 친근감이 생기지는 않는다.

경관에 대한 나의 느낌은 “야 거기!”에서 비롯된 듯하다.

나는 여기서 나의 경관에 대한 느낌을 말할 생각은 없다. 나에게 이러한 뿌리 깊은 감정을 가지게 한 “야 거기!”를 오늘날의 경관에게 듣고 싶지 않기 때문이다.

여기서 미리 말해 두고 싶은 것은 내가 말하는 친근감이라는 것이다. 내지의 시골에 가면 농민이 파출소를 찾아가 “순사 나리 이건 말이죠. 오늘이 명절날이라 떡을 좀 만들었기에 좀 가져왔구먼요”라고 낡은 찬합에 담은 떡을 들고 오는 그런 따뜻한 친근감을 의미하는 것이라고 생각해 주었으면 좋겠다. 마음속에서 배어 나오는 따뜻한 친근감이다. 하지만 경성같은 도회지에서는 이러한 정경은 기대할 수 없을지 모르겠지만 순찰 도중에 “수고하십니다. 차라도 한잔 드시고…”라는 마음을 갖는 사람이 없지는 않을 것이라고 생각한다.

경관에게 차가움을 느끼게 하는 무언가가 있다면 “야 거기!”가 멈춰진 오늘날에도 이와 비슷한 신문 방법이 존재하고 있는 것은 아닐까 하고 의심해 보고 싶어진다.

본론에서 상당히 벗어나 버렸다.

“야 거기!”라는 신문의 가치는 어떠한가?

경찰관 제군들 중에 만일 이러한 방식으로 신문을 하고 있는 사람이 있다면 한번 스스로 신문을 받아보든지 적어도 스스로를 신문을 받는 자의 입장에 두고 생각해 보면 그 가치를 운운할 것까지도 없을 것이다. 관원 나리가 하시는 말씀이라고 생각하던 시대는 차치하더라도 위력이나 권력 같은 것을 배경으로 삼고 있는 자에 대해서는 무엇이든 반항해 보고 싶은 기분을 갖게 된 오늘날에는 신문을 받는 자의 마음이 이 "야 거기!"에서 갑자기 반항하는 마음이 든다. "야 거기!"라고 했을 때 "왜? 뭐!"라는 대답이 돌아오는 것은 벽에 던져진 고무공이 강하게 던지면 강하게 되돌아오고 약하게 던지면 약하게 되돌아오는 것과 마찬가지다.

상대방에 대해 난폭한 말을 사용하는 것이 신문을 받는 자의 기분을 상하게 할 뿐 아니라 말하려고 목구멍에까지 나오던 말도 쑥 들어가 버리는 일이 있을 수 있다고 생각한다. 작년인가 민사 법정에 나왔던 저당권 말소 등기 사건의 피고가, "피고의 답변은?"이라고 내가 답변을 재촉했을 때 새파랗게 질려 "피고라고 부르는 것은 당치 않습니다. 나는 정당하게 토지를 담보로 돈을 빌려준 것인데 법정에서까지 피고라고 불리다니 정말로 어이없는 일입니다"라고 분개하며 중요한 답변을 하지 않아 난처한 적이 있었다. 민사 사건에서 고소를 당한 상대방이 피고라고 불리는 것은 민사소송법에서 분명히 허락된 호칭이다. 그럼에도 형사 사건의 피고인을 피고라고 줄여서 부르는 경우와 동일한 호칭을 하기 때문에 형사 사건의 피고와 혼동한 것이었기 때문에 내가 그에 대한 사정을 충분히 설명을 하고 나서야 겨우 띄엄띄엄 답변을 시작한 일이 있었다. 내가 "피고는…"이라고 한 것이 허락된 당연한 호칭이었다 하더라도 피고가 느낀 감정은 모욕을 당했다는 것이었기 때문에 쉽게 말을 할 수 없었던 것이리라.

에도마치부교(江戶町奉行)[14]의 경찰, 서무를 담당한 관리를 지휘하던 요리키(與力)를 역임한 사쿠마 오사히로(佐久間長敬)라는 사람이 쓴 〈피의자 조사에 관한 구전(吟味の口傳)〉은 지금의 책으로 하면 7쪽 정도의 짧은 글이지만 거기에 기록되어 있는 신문 방법에는 상당히 훌륭한 면이 있다. 그 책에 "잡인(雜人)일지라도 큰소리로 욕설을 퍼붓는 말투로 피의자 조사를 해서는 안 된다. 그 상대가 되어 말을 하고 싸우는 형국이 되면 좋지 않다. 내가 담당하는 직무 분담의 범위를 지켜 위엄과 품위를 잃지 않되 자비의 마음이 저절로 그 사람의 마음에 느껴지게 하여 비난을 하지만 어쩔 수 없다고 느껴지게 하는 것이 가장 중요하다. 그 사람이 나를 적대시하고 나를 원망하게 해서는 안 된다", "죄수에 대해서는 말을 올바르고 적

---

14 마치부교(町奉行)는 에도막부(江戶幕府)의 직명이다. 에도, 오사카 등지에 마치부교를 두어 시중의 행정·사법·소방·경찰 따위의 직무를 맡아보게 하였다.

절하게 사용하고 불공평함이 없도록 유의해야 …"라고 되어 있다.

신문을 받는 자에게 반감을 느끼게 하는 것은 가장 엄중히 경계해야 한다. 특히 자극이 많은 도회지에 사는 사람은 관헌에 대하여 일종의 반감이라고 해도 형태가 제대로 갖추어져 있는 것은 아니지만 초조해하는 마음이 키워온, 매사에 부딪혀보고 싶은 심정이 위력을 배경으로 가진 관헌에 대하여 한층 더 어떤 식의 형태가 되어 나타난다. 신문을 받는 자에게 반감을 가지게 하는 것은 마침 풀리기 시작한 실마리를 분규(紛糾) 속으로 밀어넣는 듯한 일이다.

우리가 증인을 신문할 때는 신문의 첫 마디에 충분히 주의를 기울여야 한다. 반감을 갖지 않도록 가능하면 일종의 편안함을 느끼게 하도록 노력한다. 그러기 위해서는 난폭한 말을 사용하지 않는 것은 물론이고 내 쪽에서 너무 많은 말을 하지 않고 신문을 받는 사람에게 가능한 한 많은 말을 하게 한다. 우리의 일상생활에서 친구를 방문했다가 재미있었다고 느끼는 때는 대부분의 경우 자기가 많은 말을 했을 때이다. 그럴 때는 반드시 방문한 친구에게 특별한 친근감을 느끼는 법이다. 이러한 심리를 신문에도 이용할 수 있을 것 같다. 신문하는 사람이 맞장구를 쳐주고 열심히 들어준다고 생각하면 신문하는 사람이 자신에게 무언가 따뜻한 감정을 가져줄 것 같아진다.

이런 일이 있었다. 양모와 양자가 싸움을 한 끝에 양자 파양 소송을 냈다. 그 원인이 양자 부부에 대한 일종의 질투에서 비롯된 듯해서 원고와 피고 당사자를 불러 화해를 권했다. 이러한 사건의 화해는 쌍방 당사자와 무릎을 맞대고 권하지 않으면 성립하지 않기 때문에 먼저 원고인 양자의 명분을 듣고 그 후 양모를 불러 사정을 들었다. 그런데 그 양모가 상당히 말하는 것을 좋아하길래 나는 한두 마디 묻기만 하고 가능한 한 그 양모에게 말을 하게 했다. 약 1시간 반에 걸쳐 양자 부부의 욕에서 시작하여 일상생활 상태, 재산에서 죽은 남편의 인격까지 늘어놓았다. 나는 그저 "그렇다", "지당하다"라고 하며 맞장구를 쳐 주기만 했다. 그리고 마지막에 화해 조건을 내고 삼사일내로 고려해 보라고 말했다. 삼사일 후에 양모 측 변호사에게 화해에 대해 양모는 "판사님이 내 이야기를 충분히 들어주셔서 마음이 후련해졌습니다. 이제는 판사님이 말씀하시는 어떠한 조건으로도 화해하겠습니다"라고 말하는 것이었다. 그래서 쉽게 화해할 수 있었다. 나에 관한 이야기를 하는 것은 좀 쑥스럽지만 양모는 아마도 나에게 일종의 친근감을 느꼈던 모양이다. 그렇게까지 자신의 이야기를 들어 주었는데 자신에게 불이익이 될 일을 하지는 않을 것이라는 안도가 있었던 것이리라. 그때 나는 신문을 받는 사람에게 친근감을 느끼게 하여 반감을 일으키지 않도록 하는 것이 진실을 말하게 하는 하나의 중요한 방법이라는 것을 절실히 느꼈다.

"야 거기!"

는 결코 이러한 친근감을 느끼게 하는 말은 아닌 듯하다.

◆ 신문(2)[15]

특이한 신문

신문은 자연스러워야 한다. 물레로 솜으로 실을 잣듯이 실 끝이 어디에 있을지 모르지만 자아지는 실은 면면히 계속되어 끊기지 않는다. 돌아가는 물레는 부드럽고 희미한 소리를 낸다. 물레에 무리한 힘이 가해지면 실은 끊어진다. 신문도 이와 같이 적절히 서두르지 않고 하나하나 끝에서 잡아당겨 나가야 한다. 잡아당겨 나갈 때 무리한 힘이 가해져 "이런 거지?", "분명히 이런 걸거야"라고 소리치면 모처럼 끌어낸 단서도 끊어지고 만다. 신문에 익숙하지 않은 사람은 걸핏하면 소리를 지르기 쉽다. 자신이 상상하고 있는 바와 다른 답이 나오면 바로 흥분해서 소리치고 싶어한다. 서너 살 아이를 야단치는 것이라면 소리를 지르는 것도 상당히 효과가 있겠지만 아이도 일곱 살이나 여덟 살 이상이 되면 이미 소리를 지르는 것이 진실을 말하게 하는 최선의 방편이 아니다. 특히 이것이 성인이라면 소리를 지르는 것은 완전히 스스로 자아낸 실을 자르는 듯한 행위이다. 소리를 지르면 위축되어 버린다. 말하고 싶었던 것도 결국 입밖으로 낼 수 없어진다. 또한 상대방이 여러 번의 전과가 있는 만만치 않은 자일 경우 소리를 지르는 정도는 아무렇지도 않게 생각한다. "이 풋내기가…" 정도로밖에 생각하지 않는다.

내가 한 재판소에서 예심을 했을 때의 일이다.

피고인은 사기죄라는 죄명으로 기소된 마흔 대여섯 정도의 남자로, 전과 3범이었는데 모두 사기죄로 처벌을 받은 만만치 않은 자였다. 그런데 또다시 2만 수천 원을 사기를 친 상당히 큰 사건으로 당시 세간의 주목을 끈 사건의 피고인이었다. 그 당시 겨우 29살의 풋내기

---

15 《警務彙報》(300), 1931.4.

였던 내가 이런 만만치 않은 자를 상대로 신문을 해야 했으니 여간 고생이 아니었다. 이렇게 저렇게 신문을 하면서 어딘가에서 꼬리를 잡으려고 해도 쉽게 잡히지 않았다. 단서가 좀 있나 해서 끌어당겨 보면 내가 끌려다닌 것이었거나 중요한 부분이라고 생각해 캐물어 신문하면 미꾸라지처럼 빠져나갔다. 겨우 도로 잡아다가 "그렇지?"라고 하면 "옛날 일이라 기억이 나지 않습니다"라고 한다. 마치 장어와 씨름을 하고 있는 것 같았다. 더욱이 내가 씨름판에 끌려 나와 이리저리 끌려다니고 있는 형국이었다. 그래도 끈기 있게 신문을 이어가다 보니 사건도 어느 정도 윤곽이 드러났다. 그러던 중 어떤 계기로 피고의 뻔뻔한 거짓말에 화가 나서 "거짓말 하지마"라고 4평 정도 되는 신문실 유리창이 흔들릴 정도로 큰소리로 소리를 질렀다. 이 모습을 본 나는 내 목소리의 위력에 스스로도 놀라 앞으로의 신문이 원활하게 이루어질 것이라고 기대해 마지않았다. 그러나 사실은 완전히 반대였다. 그 후로는 무슨 말을 해도 절대로 대답을 하지 않게 되었다. 달래고 어르고 해도 신문에 응하지 않는 것은 물론이고 말도 하지 않게 되었다.

나는 결국 그날의 신문을 중단할 수밖에 없었다. 간수에게 데려가라고 하고 내가 자리에서 일어섰을 때, 피고가 "판사님" 하며 창백해진 얼굴을 들고 "너무 흥분하시면 안 됩니다"라고 하며 불쾌한 듯 입을 삐죽였다.

피고인은 완전히 나를 얕잡아 본 것이었다.

신문을 자연스럽게 하기 위해서는 피고에게 충분히 진술하게 해야 한다. 자백할만한 충분한 마음의 여유와 시간을 주어야 한다. 그러기 위해서는 신문하는 자가 많은 말을 해서는 아무것도 되지 않는다. 형사사건의 신문조서에는 경찰관이 작성한 것과 검사의 신문조서를 구분하지 않고 종종 신문이 여러 페이지에 달하는 경우가 있다. 그 답이 또한 대단히 간단해 "틀림없이 그렇습니다", "그런 일은 없습니다"로 정리되어 있다. 이것은 아마도 조서상 그러한 것뿐이지 실제로 이와 같은 신문을 하고 있으리라고는 생각하지 않지만 판사의 피고인에 대한 신문에서도 이런 식의 신문을 하고 있는 사람도 있어서 경찰관, 검사의 경우에도 이런 식의 신문을 하고 있는 사람이 없다고는 할 수 없을 것이다.

"피고인은 몇년 몇월 몇일 밤 몇 번지 아무개의 집에 이유 없이 침입하여 무엇 무엇 외에 몇 점의 물품을 절도했다고 하는데 이 사실은 틀림이 없나?"

"그렇습니다. 틀림없습니다."

라는 식의 조서를 보고 피고인이 완전히 자백했다고 생각하는 것은 속단이기도 하거니와 또 사실 위와 같은 신문을 하여 "그렇습니다. 틀림 없습니다"라고 대답했다고 해서 범죄 사실을 자백한 것으로 생각하는 것도 위험하다. 특히 신문 사항이 조서로 하면 여러 페이지에 달하는 긴 것인 경우에는 특히 그 자백의 신빙성에 의문이 생긴다.

피고인이 긴 신문 사항에 대하여 신문을 받은 경우에 그렇습니다 라는 말은 신문 사항에 포함되어 있는 모든 사항을 긍정한 경우에 한해서만 사용될 것이라고 한정할 수 없다. 앞서 말한 선례의 경우에 피고인이 수많은 절도를 범했을 때 신문을 받은 절도가 몇일이었는지 기억하고 있지 않은 경우가 많다. 특히 피해 장소가 몇 번지이고 피해자 누구 누구라는 부분은 도둑에게는 전혀 무용한 지식일 것이다. 따라서 이 부분까지 긍정하는 듯한 답변을 신용할 수 없는 것은 물론이다. 다만 신문을 받은 절도품을 절도한 기억이 있다면 그렇습니다 라고 답변하는 것이 보통이다. 그러니 긴 신문 사항- 그 속에 수많은 사실을 포함하고 있다-을 제시하고 신문하는 것이 위험할 뿐 아니라 신문조서에 이러한 체제로 쓰는 것은 사실상 신문이 그렇지 않았던 경우라도 상당히 신빙성을 해치는 것이다.

사실은 적어도 하나 하나 정성껏 확인하고 신문을 진행할 필요가 있다.

또한 신문관은 스스로가 많은 말을 해서는 안 된다. 피고인에게 보다 많이 진술하게 해야 한다. 따라서 질문은 간단하게 하고 답변이 길어질 것이다.

신문을 받는 자의 자백-이것이야말로 사실의 진상을 파악할 수 있는 열쇠다. 그 진술중에서 불합리한 점, 모순된 점을 적시하고 파고들어 질문한다. 답변에서 그 자체의 신빙성을 얻으면 사실의 진상을 파악해 낼 수도 있다.

이런 점에서 말이 많은 사람을 신문하기는 쉽다. 자칫 말이 많은 사람 중에는 거짓말쟁이가 많다. 그래서 답변을 완전히 신용할 수 없지만 거짓말은 처음부터 끝까지 일관된 －바꿔 말하면 전후에 모순이 없이 완전한 거짓말을 할 수 있는 자는 거의 존재하지 않는다. 어딘가에 모순이 있거나 불합리한 점을 발견할 수 있을 것이다. 그 지점을 찔러 규명하면 거짓말이었다고 자백하지는 않을지언정 그 심증은 충분히 얻을 수 있다.

말이 많은 사람은 많은 사실을 열거한다. 물론 진위를 섞어서 말하기는 하지만 그중에서 진실이라고 생각되는 진술을 자유롭게 취사선택할 수 있다. 거짓말을 하는 사이에 엉겁결에 진실을 말한다. 그것을 포착해서 심증을 구성할 수 있을 것이다.

어느 퇴직 관리가 상당한 지위에 있는 분의 아내가 다른 사람과 간통을 하고 있다고 떠들어 그 아내와 남편이 이로 인해 명예를 훼손당했다고 명예훼손에 의한 손해배상과 신문에 사죄문을 게재하라며 민사소송을 제기한 적이 있다.

원고가 된 그 아내와 남편의 주장에 따르면 그 퇴직 관리가 한 현직 관리에게 모처에서 간통한 사실-더욱이 완전히 사실 무근한 일을 말하는 바람에 마을 전체에 소문이 나서 얼굴을 들고 다닐 수 없게 되었다는 것이다. 피고가 된 퇴직 관리는 소송대리인에게도 의뢰하지 않고 스스로 법정에 출두하여 답변했다. 답변하는 모습을 보고 있자니 상당히 말하는 것을 좋아하는 사람인 듯했다. 말이 많은 사람은 거짓말이 많다고 앞에서도 말했지만, 말이 많은 것이 바로 원고의 주장을 확인하는 자료가 되지는 않는다. 무슨 말을 하는지 말하게 두자. 그 속에 무언가 얻을 것이 있을 지도 모른다고 생각해 말하는 것을 가만히 듣고 있었다. 처음으로 법정에 서서 소송당사자로서 혹은 증인으로서 진술할 때는 10명 중 거의 9명이 떨기 마련인데 그 퇴직 관리는 그런 모습이 전혀 없이 마치 봇물이 터지듯이 끊임없이 말을 했다. 소송에 직접 관계가 있든 없든 상관없이 마구 떠들어댄다고나 할까. 입을 통해 말이 분출했다. 저 정도면 벽을 상대로도 수다를 떨 것 같은 생각이 들었다. 처음부터 원고의 주장을 부인하고 원고의 말이 완전히 거짓임을 재삼 역설했다. 원고의 주장과 같은 소문이 있었다는 것도 알지 못했고, 애시당초 자기는 전혀 말했던 일조차 없다고 말했다. 그러나 현직 관리 아무개의 집에서 어떤 이야기가 나왔냐는 질문에 대하여 그때 말했던 이야기의 내용을 말하다가 어떤 계기로 그만 헤어질 무렵에 원고 아무개의 "부인이 …"라고 말하고 귀가했다고 말하고 말았다. 피고는 자신의 말에 깜짝 놀라 당황했다. 하지만 어쩔 수 없다. 나는 그 말꼬리를 잡았다. "부인이 이라고만 말하고 그 뒷 말은 하지 않았나"라고 묻자 아무 말도 하지 않았다고 대답했다. "그럼 상대방에게 아무개의 부인이 이라는 말만으로 통하는가"라고 묻자 상대방은 모를 것이라고 말했다. 상대방에게 통할 때가 아니면 도중에 말을 멈출 리가 없지 않나. 아니면 그때보다 먼저 상대방에게 말한 것이 있어서 그것과 조합하면 상대방이 이해할 수 있었는지를 다시 캐물어 보니 그런 사실은 없다고 말했다.

"없다면 부인은…라는 말만으로는 무슨 말인지 알 수 없으니 당신이 그런 말을 꺼낼 리가 없지 않은가. 또한 상대방도 무슨 소리냐고 반드시 물어볼 것이다. 그냥 막연히 그 부인이 …라고만 말해서는 이야기가 되지 않는다."

"아니 원고의 부인이… 라고만 하고 특별히 아무 말도 하지 않았습니다. 상대방도 되묻지 않아서 그대로 돌아왔습니다."

"그럼 그때 당신의 생각으로는 원고의 부인에 대해 어떤 말을 할 작정이었나?"

"무슨 말을 하려 했었는지 기억이 나지 않습니다."

"중요한 것은 기억하지 못하면서 그 당시 원고의 부인이…라고만 말하고 귀가한 사실을 기억하고 있는데 그 후에 무슨 말을 할 생각이었는지는 기억할 수 없다는 것은 이상한 말이지 않나?"

"도저히 생각이 나지 않습니다."

자백을 강요할 필요는 없다. 자백이 모두 진실일 수는 없다. 부인하고 있어도 그 말에서 자백 이상으로 강한 심증을 얻을 수 있는 법이다. 이 이상의 신문은 인정하지 않았다.

한 민사사건에서 증인이 피고의 이익이 되는 허위 진술을 하고 있다는 것이 진술 태도나 모습에서 엿보인다. 그래도 진술 자체가 거짓인지 어떤지 확실히 알 수 없어서 여러 방면에서 신문하자 그 증인도 말이 많은 사람이라 엉겁결에 그만 지금까지의 진술과 반대되는 사실의 존재를 전제로 하지 않으면 불가능한 사실을 말했다. 그것을 파고들어 꼬치꼬치 캐묻자 지금까지의 진술과 완전히 반대의 결과가 될 수밖에 없었다. 증인의 머리에서 진땀이 흐르고 있었다. 손등으로 닦아내면서 횡설수설하다가

"판사님 물 한 잔 마시게 해주세요…"

라는 말을 한 채 책상을 꽉 붙잡고 엎드려 버렸다. "물 한 잔 마시면서 앞뒤 조리를 맞춰보려고 하느냐"고 비아냥거리고 싶어졌다.

거짓말은 어딘가에 모순이 있거나 불합리한 부분이 있기 마련이다.

때마침 신문을 받는 자가 여러 가지 말을 많이 하는데 그 답변이 신문에 대응하는 답변 이상의 것이라고 도중에 말을 못하게 하는 사람이 있다. 예를 들어 어느 범죄 사실에 대하여 신문을 할 때 범죄의 구성요소만 들으면 된다고 하여 그 당시 범인의 주변 사정, 그 밖에 직접적으로 범죄 구성요건이 아닌 것까지도 상당히 중요한 진술을 하고 있는데 그것을 못하게 막는 것을 자주 본다. 진술자에게 끌려다니는 것도 곤란한 일지만 어떤 사실을 말하는데 그 사실의 일부-범죄 사실-만을 이야기하고 그 밖의 진술 사실을 진술에서 제외해 버리면 모처럼 심증을 얻어도 그것은 인삼 진액처럼 무미건조하다. 생생함이 없는 심증에 불과하

다. 또한 그 진술 자체가 진실인지 어떤지, 바꿔 말하자면 진술의 신빙성 여부의 문제에 대해서는 전혀 심증을 얻지 못한다.

논쟁이 있는 어떤 사실에 대하여 진술자가 그 유무를 진술할 필요가 있다면, 그 진술의 진위 여부도 필요하다. 진술을 제한하면 진술의 신빙성의 유무에 대해서는 전혀 파악하지 못하고 만다. 젊은 신문관의 신문에는 이런 폐해가 많은 듯하다.

◆ 신문(3)[16]

특이한 신문

"피고인은 금년 5월 15일 아무개의 집 뒷문을 부수고 이유 없이 가택 내에 침입했다고 하는데 그러한가?"

"아닙니다. 저는 그날은 하루종일 집에서 일을 하고 있었습니다."

"그게 아니라 그 사람은 집에 들어가 장롱을 열어 의류를 꺼냈다고 하는데 그런가?"

"아까도 말씀드린 것처럼 하루종일 집에 있었는데요."

"그리고 양복 장롱에 걸려 있던 양복 주머니에서 시계와 6원 80전이 들어 있던 지갑을 훔쳤다고 하는데 그러한가?"

"농담하시는 거죠? 저는 그날 종일 집에 있었고요."

"그리고 …"

제군들 이것이 내가 재판소에서 근무하게 되고 처음으로 들은 기발한 대화-신문이라고 하기에는 너무나 어이없다-였다. 이 일은 재작년의 일이었던가 경성일보지상에 발표한 〈화석의 눈〉에 썼으니 여기서는 자세하게는 쓰지 않겠다.

그러나 이런 신문으로 무언가를 잡아낼 수 있을까? 신문이 진실의 사실을 도려내는 메스이어야 한다면 이런 신문은 무딘 칼로 부스럼 위를 문지르는 듯한 것이다. 하지만 민사 사건의 증인 신문의 경우에는 이와 오십 보 백 보의 방법으로 신문을 하고 있는 것을 종종 보는데 정말 부끄러운 일이다. 이미 퇴직한 판사 중에 민사 사건의 증인 신문을, 그 증인의 신문

---

16 《警務彙報》(301), 1931.5.

을 신청한 당사자가 제출한 신문 사항으로만 신문해야 하고, 그 당사자의 이익을 위해서만 신문이 전개되어야 한다는 그릇된 관점에서 형식적으로 신문 사항을 읽어주고 그저 답변을 듣고 있던 사람이 있었다. 이런 신문을 할 거라면 판사는 소학생이라도 좋을 것이다. 아니 학문도 필요 없을 것이다. 신문도 필요 없을지도 모른다. 조선과 같이 위증이 많은 곳에서는 당사자가 제출한, 더욱이 증인에게도 미리 발송되는 신문 사항대로 신문을 진행한다면 거의 대부분의 증인의 답변은 들을 필요가 없을 것이다.

지금까지의 우리의 경험으로 보아 신문 사항의 순서를 변경하여 신문해도 우물쭈물하느라 충분히 대답하지 못하는 증인이 꽤나 있다. 그리고 신문 사항에 기재되어 있지 않은 관련된 사항을 물으면 명백히 위증하고 있음을 알 수 있는 경우가 적지 않다.

증인 신문은 단순히 그것을 통해 사실이 어떠했는지를 아는 것뿐 아니라 그 증인의 진술이 진실인지 어떤지를 꿰뚫어 보지 않으면 사실의 진상이 어떠한지는 알 수 없을 것이다. 따라서 신문 사항에 의해서만 신문하는 결과는 진술의 진실 여부에는 전혀 언급하고 있지 않기 때문에 그 진술에서 사실의 진상을 손에 넣을 수 있을 리 만무하다. 이런 진술을 통해 날조된 심증은 오래된 표현이지만 '사상누각'이다.

내가 재판소에 들어가 가까이에서 신문을 경험하기 시작한 것도 그럭저럭 13-4년이 되는데 최근에 겨우 "증인을 춤추게 한다"라는 것이 무엇인지를 조금씩 알게 된 듯 한 기분이 든다.

일본 무용이 표현하는 곡선미는 어느 정도의 경지에 달한 무용수라면 상당히 맛볼 수 있다. 하지만 정말로 그 무용이 무용으로써 가치가 있는지 어떤지, 바꿔 말하자면 그 무용이 진실로 마음이 담긴 것인지 어떤지는 무용수의 시선의 행방, 손끝과 발끝으로만 판단하는 것이라고 한다.

신문에 의해 서술되는 증인의 진술이 진실인지 어떤지는 단순히 양자가 서로 다투는 사실에 관한 진술만으로는 엿볼 수 없다. 야담에서는 옛날의 재판관이 관상가이기도 했다고 하지만 인상으로 진술의 진위를 판단한다면 좋지 않은 인상으로 태어난 사람은 재난이다. 다만 우리도 신문이 진행됨에 따라 바뀌어 가는 증인의 표정의 변화에 충분히 주의를 기울이면 역시 진위를 판단하는 데에 얼마간의 표준이 되기는 한다. 그러나 표정의 변화는 신문을 받는 자의 태도 변화와 마찬가지로 각자에 따라 강약의 차가 있는가 하면 변화의 동기도 다르기 때문에 이것으로만 판단하는 것은 매우 위험하다. 내지인 중에 증인으로 출두한 증인의 대부분은 설사 민사사건의 증인이라도 대체로 약간 떨고 있는 듯하다. 그에 반해 조선인 증인은 왜 그런지 떨고 있는 사람은 거의 없다고 해도 될 것이다. 그렇다고 해서 내지인은 거짓말을 하고 조선인은 진실을 말하는가 하면 유감스럽게도 결과는 반대인 듯하다.

증인의 진술이 진실인지 어떤지는 증인 신문이 이루어지는 동안에 조성되는 분위기, 즉 증인의 진술 자체의 전후의 관련성, 모순, 사실에 대한 지식의 정도, 우리의 경험으로 판단되는 사실 여부의 가능성과 같은 것-지나치게 추상적이라 판단하기 어려울지도 모르겠지만 구체적으로 기술할 수 없는 부분이고, 또한 추상적으로 말해도 요령부득의 막연한 것이지만- 이질적인 것이 융합되어 만들어진 분위기를 통해서만 획득되는 것인 듯하다.

이러한 분위기를 만들어내기 위해 취해야 할 신문 방법은 완전히 신문을 한 경험에서 얻어지는 이른바 '비법'에 의한 것인데 굳이 말하자면 위에서 열거한 사항을 판단하기 위해 자세히 신문하는 수밖에 별 뾰족한 방법은 없을 것이다. 오로지 신문에 의해 배어 나오는 느낌의 문제이기 때문에 이 이상의 기술은 내게는 무리이다.

사실에 관한 진술이 긍정이냐 부정이냐가 아니라 그 가장자리의 미세한 부분에 진술의 진위를 판별할 수 있는 요점이 있다. 무용수의 눈, 손끝, 발끝에 해당하는 부분에서 결정적인 것을 찾아낸다.

신문이 이상 기술한 바와 같이 완벽하게 이루어졌을 때 증인은 신문관의 손바닥 위에서 춤추고 있는 것과 같다. 그 춤의 끝자락에서 진위를 감별하는 광선이 저절로 발사된다.

"증인을 춤추게 하는"것이 신문의 최종적인 기술이다.

◆ 신문(4)[17]

특이한 신문

범죄를 수사할 때는 고소에 의한 수사를 개시한 사건이라면 고소인의 신문을 하는 것은 당연히 필요하지만 고소 사건, 인지 사건을 통해 가장 필요한 수사 개시는 피의자 신문에 있

17 《警務彙報》(302), 1931.6.

다. 즉 수사의 중심을 이루는 것은 피의자의 신문이어야 한다.

피의자를 심문할 때 왕왕 도중에 신문관이 말참견을 하여 진술을 끊는 경우가 있는데 이를 가장 경계해야 한다고 생각한다. 피의자의 진술은 신문관이 생각하고 있는 것과 같이 질서 정연하게 이루어지는 것은 아니다. 어수선하게 이야기의 앞뒤가 바뀐다거나 내용이 어긋나 있거나 모순이 있는 경우가 일반적이다. 그러나 그것을 충분히 마음에 담아 두고 신문관은 "그래서 어떻게 했나?", "그리고…" 라고 피의자에게 충분히 말을 시켜야 한다. 우리의 테크닉으로 말하자면 피의자의 첫 신문은 영역을 가능한 한 충분히 넓혀서 사건에 관련한 사실에 대하여 모든 것을 스스로가 말하게 한다. 약간 옆길로 새도 상관없다. 장황해도 상관없다. 인내하며 충분히 말하게 한다. 이리하여 피해자에게 실컷 말할 수 있도록 하면 그러는 사이에 진술 자체에 모순이 있고, 불합리한 점이 있다는 것을 깨닫게 되고 아울러 사건 전체의 아우트라인이 마음 속에 그려진다. 피의자의 진술이 불합리한 점이나 혹은 전후가 어긋나 있거나 하는 점을 통해 피의자가 일부러 숨기려고 하는 사실이 오히려 명료해져 물을 것도 없이 피의자의 거짓말이 저절로 드러나게 된다. 언제고 신문관이 피의자를 자백시키거나 사실을 긍정하게 할 필요는 없다. "그렇지 않다"는 진술 속에서 "그렇습니다"라는 자백 이상의 진정성을 가진, "그렇다"라는 결론을 얻을 수가 있다. 자백은 나중에 종종 취소될 뿐 아니라 지나치게 순조로이 자백한 것이 오히려 사실을 시인하는 것을 어렵게 만드는 경우가 종종 있을 수 있다. 자백은 강요하는 것이 아니라 피의자 스스로가 범죄 사실을 쉽게 긍정했을 경우에는 오히려 그 진술이 의심스럽지는 않은지 반문해 보아야 한다. 내지의 노름꾼 살상 사건에서는 부하가 두목의 죄를 떠맡아 자신이 저지른 것이 아닌 범죄 사실까지 자백하는 경우가 있다. 또한 강도, 절도 상습범이 되면 무거운 강도죄 처형을 면하기 위해 이와 연속범이 되는 작은 절도 사실만을 자백하는 경우 등도 경험하게 된다. 또한 일종의 범죄인의 허영으로 인해 세간을 떠들썩하게 만든 사건의 주인공이 거드름을 피우며 하지도 않은 거짓 자백을 하는 경우도 적지 않다. 피의자가 곧바로 자백한 경우는 오히려 신문관 쪽에서 경계를 해야 한다. 그러나 전술한 바와 같이 피의자가 자백한 것이 아니라 감추려고 하는 부분에서 오히려 감추고 있는 사실이 판명되는 경우나 혹은 피의자가 진술한 내용의 모순점에서 드러나는 사실에 대한 심증은 그 후의 진술에서 그 진술이 취소되는 경우가 있어도 쉽게 심증을 변경할 수 있는 것이 아니다. 이러한 점에서 생각하면 피의자의 자백보다 반대

사실의 진술에서 솟아오르는 심증 내지 진술의 모순, 불합리에서 들추어낸 심증이 보다 더 가치 있는 것이라고 할 수 있다. 따라서 피의자의 첫 신문 시 신문관은 지나치게 사건의 핵심을 벗어나지 않도록 피의자의 진술의 방향을 지시하는 정도로만 관여하고 나머지는 최대한 진술을 진전시켜나가는 촉진기 역할을 하는 정도에 그치도록 주의해야 한다.

피의자는 사건 전체에 대해 충분히 말하게 한 다음 진술이 불명확한 부분을 명확하게 하고 불충분한 진술에 대해서는 보충을 하게 하여 시간적 관계 혹은 지리적 관계를 상세히 진술하게 하고 마지막으로 전후의 자백 내용에 모순되는 점이나 불합리한 점을 지적하여 변명을 하게 하고 나아가 의심스러운 점은 예리한 메스로 수술을 하듯이 깊이 파헤쳐 추궁해야 한다. 거기서 다시 새로운 사실에 대한 심증을 잡아내는 경우가 있다. 이 때의 피의자의 외형상 일어나는 변화, 예를 들어 안색이 변한다거나 이마에 비지땀이 난다거나 사법경찰관 조서에 자주 나오는 "이때 피의자는 침묵하고 대답하지 않았다"와 같은 정황은 이것을 가지고 바로 단죄의 자료로 삼을 수는 없지만 심증을 형성하는 유력한 자료는 될 수 있다고 생각한다. 과거의 명 재판관은 창호지문 너머로 피의자를 심문했다고 하지만 피의자의 용모, 외형에 따라 심증에 영향을 받아서는 안 된다는 것은 알지만 전술한 바와 같이 불합리한 점이나 모순된 점을 추궁하며 신문을 할 때는 창호지문 너머로는 소정의 목적을 달성하기 어렵다. "자", "자", "자" 하며 신문관과 피신문자가 서로를 궁지로 몰아넣고 "자 빨리 빨리 대답해…"라고 연극조로 짐짓 자기를 과시하는 태도를 취하는 것은 정말로 어이없는 일이지만 어느 정도는 여유를 주지 않고 신문할 필요가 있는 경우도 적지 않다. 그리고 그때 피의자의 변화를 오감을 관장하는 감각기관을 통해 감별하는 것도 상당히 중요한 일이다.

물적 증거-예를 들어 범죄 현장에 유실되어 있는 흉기라든가 손수건 등과 같은 것을 피의자에게 제시하며 답변을 요구할 필요가 있는 경우는 물론이고 이 물적 증거를 피의자에게 제시할 때는 공판에서 제시하는 것과는 다소 방법을 달리해야 한다. 범죄수사관은 먼저 피의자가 해당 범인인지 아닌지 가늠하기 위해 피의자 심문실에 혈흔이 묻어 있는 흉기를 진열해 두거나 피해자를 데려다 둔다거나 시체를 앞에 놓아둔다거나 하여 피의자를 입실시키고 그때 외모상의 변화를 관찰하는 것도 중요한 단서를 잡아내는 한 방법일 것이다. 그러나 이 방법은 피의자의 성격을 고려하여 실시해야 한다. 전혀 범죄와 관계가 없는 사람이라도 마음이 약한 성격의 소유자일 때는 물론 보통 사람도 전술한 바와 같은 물건을 보면 그 물건 자체가 드러내는 처참한 광경에 충격을 받아 얼굴색이 달라지는 경우도 있는가 하면 자신이 이러한 무서운 범죄 사건의 피의자가 되었다는 것을 알게 되어 외모상의 변화를 일으키는 경우도 있을 수 있기 때문에 이 방법을 사용할 경우에는 이러한 경우 등을 고려해 두어야 한다.

또한 증거 물건을 "이건 뭐지?"하는 식으로 제시하여 해명을 요구하는 경우도 있는데 때로는 신문 도중에 진범이라면 틀림없이 놀랄 증거물을 갑자기 피의자 앞에 내밀어 해명을 요구하며 외견상의 변화를 관찰하는 경우도 있다. 미국의 한 유명한 탐정은 이 방법을 자주 사용하여 성공했다고 한다. 때로는 진범이 가장 발각을 두려워하고 있는 중요한 사실을 신문 도중에 갑자기 피의자에게 물어 해명하게 하는 방법도 사용한다고 한다.

5. 신문에서 예심 종결까지

1) 정재달, 이재복 제령 제7호 및 치안유지법 위반 사건(1925)의 경우

〈자료 229〉 신문조서

[訊問調書(鄭在達外 四名, 大正八年制令第七號違反), 1924, 국회도서관]

<table>
<tr>
<td>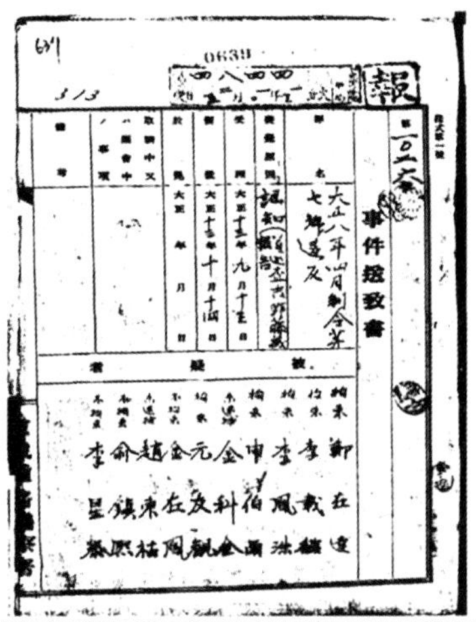
事件送致書</td>
<td><그림 4> 정재달 사건 송치

죄명: 제령 제7호 위반
발각원인: 인지(도순사 요시노 도조(吉野藤藏) 보고)
수리:1924.9.13.)
유치: 1924.10.14.
피의자: 구속 정재달 외 9명

위는 1919년(大正 8) 4월 제령 제7호 위반피의사건으로 송치함.

1924년
경성종로경찰서장
경시 모리(森六治)

경성지방법원 검사국
검사정 가키하라(柿原琢郎) 귀하</td>
</tr>
<tr>
<td>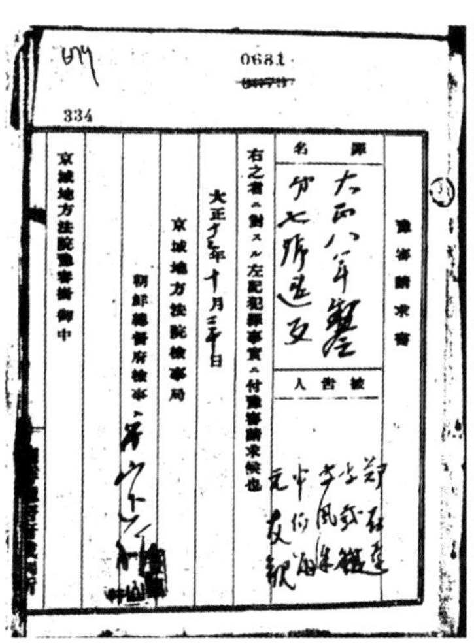
豫審請求書
右之者ニ對スル左記犯罪事實ニ付豫審請求候也
京城地方法院檢事局
朝鮮總督府檢事
京城地方法院豫審掛御中</td>
<td><그림 5> 정재달 예심청구서

예심청구서

죄명: 1919년(大正 8) 제령 제7호 위반
피고인: 정재달 등

위의 자에 대한 다음의 범죄 사실에 대하여 예심을 청구합니다.

1924년 10월 30일
경성지방법원 검사국
조선총독부 검사

경성지방법원 예심계 귀중</td>
</tr>
</table>

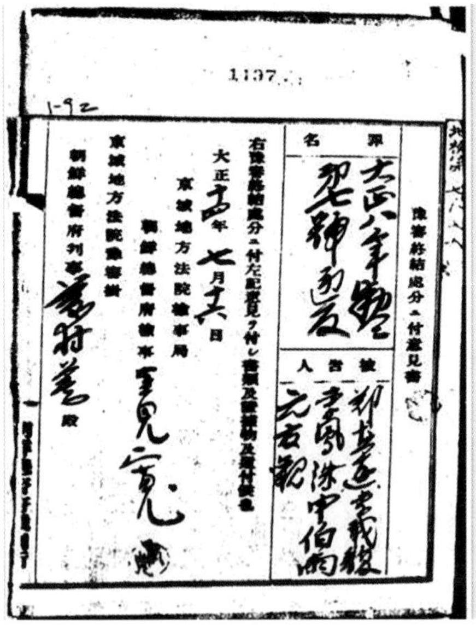	<그림 6> 예심종결처분에 대한 의견서 죄명: 1919년(大正 8) 제령 제7호 위반 피고인: 정재달 등 위 예심종결처분에 대하여 다음과 같은 의견을 첨부하여 서류 및 증거물을 회부합니다. 1925년 7월 16일 경성지방법원 검사국 조선총독부 검사 사토미(里見寬二) 경성지방법원 예심계 조선총독부 판사 후지무라(藤村善)
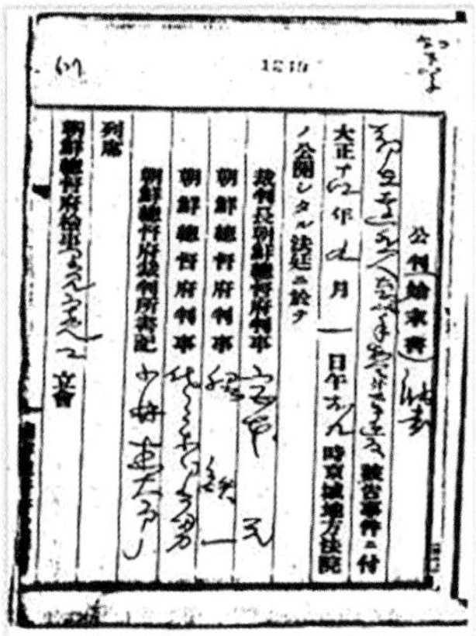 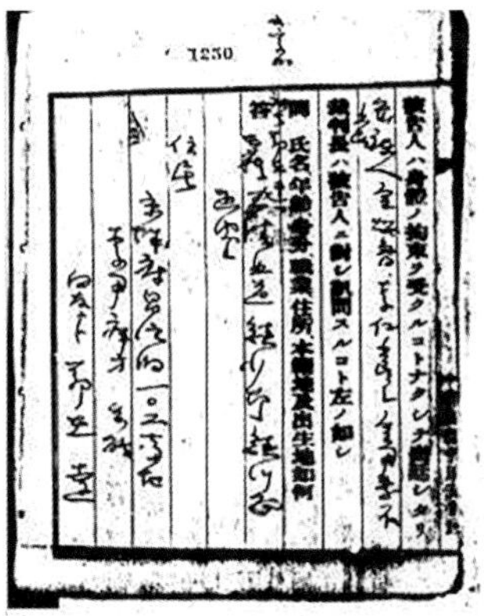	<그림 7> 공판조서 정재달 외 인 1919년(大正 8) 제령 제7호 위반 피고사건에 대해 1925년(大正 14) 9월 1일 오전 9시 경성지방법원이 공개한 법정에서 재판장 조선총독부 판사 조선총독부 판사 조선총독부 판사 조선총독부 재판소 서기 열석 조선총독부 검사 입회 피고인은 신체 구속을 받는 일 없이 출정함. 변호인 김병로, 이인 출석하고 김■ 불출석 재판장은 피고인에 대하여 신문하기를 다음과 같음. (이하 하략)

2) 여운형 제령 제7호 및 치안유지법 위반사건의 경우

〈자료 230〉 신문조서

[訊問調書(呂運亨(二) : 大正八年制令第七號及治維持法違反), 1929, 국회도서관]

<table>
<tr><td>
刑事第一審訴訟記錄
大正八年制令違反及治安維持法違反
中野
呂運亨
京城地方法院</td><td><그림 8> 형사 제1심 소송기록

사건 표목: 1919년(大正 8) 제령 제7호 및 치안유지법 위반
피고인: 여운형
주임 검사: 나카노(中野俊助)</td></tr>
<tr><td>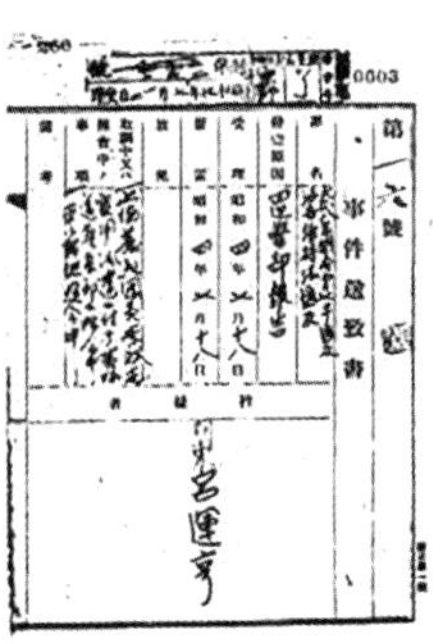
事件送致書
呂運亨

京城地方法院
檢事正長尾戒三殿</td><td><그림 9> 사건송치서

죄명: 1919년(大正 8) 제령 제7호 위반 및 치안유지법 위반
발각 원인: 다나베(田邊孝) 경부 보고
수리: 1929년(昭和 4) 7월 18일
유치: 1929년(昭和 4) 7월 18일
취조중 또는 조회중 사항:
피의자: 구속 여운형

위 1919년(大正 8) 제령 제7호 및 치안유지법 위반 피의사건■■
■■ 송치합니다.

1929년(昭和 4) 7월 29일
경기도경찰부장
조선총독부 도사무관 다나카(田中武雄)

경성지방법원
검사정 나가오(長尾戒三) 귀하</td></tr>
</table>

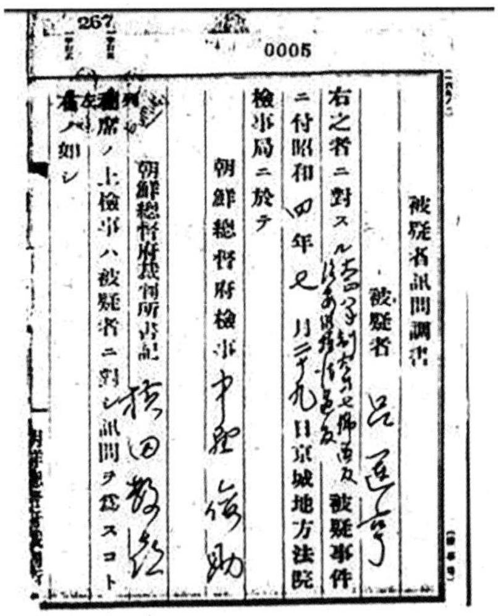

被疑者訊問調書
被疑者 呂運亨
右之者ニ對スル大正八年制令第七號及治安維持法違反被疑事件
ニ付昭和四年七月二十九日京城地方法院
檢事局ニ於テ
朝鮮總督府檢事 中野俊助
朝鮮總督府裁判所書記 横田數喜
列席ノ上檢事ハ被疑者ニ對シ訊問ヲ爲スコト
左ノ如シ

<그림 10> 피의자 신문조서

피의자: 여운형

위의 자에 대한 1919년(大正 8) 제령 제7호 및 치안유지법 위반 피의사건에 대해
1929년(昭和 4) 7월 29일 경성지방법원 검사국에서
조선총독부 검사 나카노(中野俊助)
조선총독부 서기 요코타(横田數喜)
열석 위에 검사는 피의자에게 신문을 한 것이 다음과 같다.
(하략)

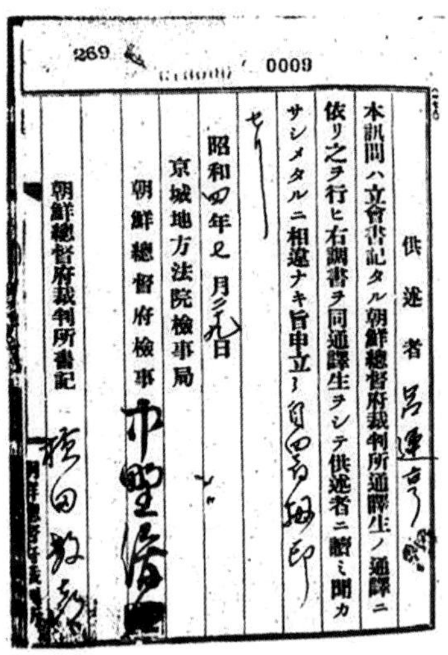

供述者 呂運亨
本訊問ハ立會書記タル朝鮮總督府裁判所通譯生ノ通譯ニ依リ之ヲ行ヒ右調書ヲ同通譯生ヲシテ供述者ニ讀ミ聞カサシメタルニ相違ナキ旨申立ヽ自署拇印セリ
昭和四年七月二十九日
京城地方法院檢事局
朝鮮總督府檢事 中野俊助
朝鮮總督府裁判所書記 横田數喜

<그림 11>

공술자: 여운형
본 신문은 입회서기인 조선총독부 재판소 통역생의 통역으로 이를 행하고 다음 조서를 동 통역이 공술자에게 읽어주고 틀림없음을 진술한 후 날인하였다.

1929년(昭和 4) 7월 29일
경성지방법원 검사국
조선총독부 검사 나카노(中野俊助)
조선총독부 서기 요코타(横田數喜)

◆ [상세 탐구] 남궁억의 십자가당 사건의 경우

〈자료 231〉 경찰 단계의 범죄보고, 수색조서, 신문조서, 소행조서, 의견서

[「十字架黨事件 裁判記錄 十字架黨事件(一) 警察訊問調書 南宮檍 訊問調書」, 『韓民族獨立運動史資料集』 47권, 국사편찬위원회, 2001]

① 홍천경찰서 [범죄보고]

작성일: 1933년(昭和 8) 11월 5일

발송자: 홍천경찰서 근무 순사부장 신현규(申鉉奎)

발송자: 순사부장 고타케(高武五十二)

수신자: 홍천경찰서장 강원도 경부 도미타(富田乙松) 귀하

관하 서면 모곡리 소재 사립 모곡(牟谷)학교를 수사하라는 명령을 받고 이달 2일 오후 5시에 본서를 출발하여 3일 서면 경찰관 주재소에 도착하여 동소 직원을 지휘하여 수사를 개시하였던 바, 그 결과 하기와 같이 보안법 및 치안유지법 위반에 해당할 사안이 발각되었으므로 보고함.

남궁억 등 12인을 임의동행함

② 홍천경찰서 [수색조서]

남궁억(南宮檍)에 대한 치안유지법 및 보안법 위반사건에 대하여 다음과 같이 수사처분을 하다.

수사 장소: 홍천군 서면 모곡리 448번지 남궁억의 집

입회인: 거주자: 남궁억

수사의 부분 물건 및 결과: 장소는 집안 전부

물건은 불온한 교재

그 집의 남궁억 침실(서재)에서 불온한 교수 교재와 기타를 발견하고 별지 목록과 같이 압수하다.

수사한 시간　착수: 1933.11.4. 오전 8시 분

종료: 1933.11.4. 오전 9시 분

작성일: 1933년(昭和 8) 11월 4일

발송자: 홍천경찰서

사법경찰관 사무취급 조선총독부 강원도 순사 신현규

〈표 4〉 차압 목록

물건 번호	품목	권수	소지자 또는 보관자
1	연려실기술	8책	남궁억
2	조선말(니약이)	11	
3	동사략(東史略)	2	
4	택리지	1	
5	무궁화 선전비라	2426매	
6	삼한지도	73	
7	남궁억 이력서	8매	
8	동국역대연역고	5매	
9	조선말(니약이)	1책	
10	관동각군공함(關東各郡公函)		
11	무궁화도안		
12	편지	1매	
13	주일학교 교가	1매	
14	조선반도 나의 사랑	2매	
15	1930년도(昭화 5) 일기수첩	1책	
16	무궁화시	1매	
17	무궁화가 든 액자	1매	
18	구한국 태극기가 들어 있는 장방형 거울	1매	

가 환부 청서

좌기 물건은 치안유지법 및 보안법 위반사건에 대한 증거로 귀 경찰서에 압수되어 있는바, 이번에 가 환부해 준다면 선량한 관리자로서의 주의로 보관하고 일체의 처분행위를 하지 않음은 물론 필요한 경우에는 언제라도 제출할 것이니 이번에 가 환부를 청하는 바입니다.

작성일: 1933년(昭和 8) 11월 4일

발송자: 강원도 홍천군 서면 모곡리 446번지 남궁억

수신자: 홍천경찰서 사법경찰관

강원도 경부 도미타(富田乙松) 귀하

좌 기

一, 증 제1호 연려실기술 8책

一, 택리지 1책

③ 홍천경찰서 서면 경찰관 주재소에서[증인 김순이(金順伊) 신문조서] 1933.11.5.

위 남궁억에 대한 보안법 위반 피의사건에 대하여 1933년(昭和 8) 11월 5일 홍천경찰서 서면 경찰관 주재소에서 사법경찰리 강원도 순사 정도일(鄭道逸)을 입회시켜 다음과 같이 신문하다.

문: 주소, 직업, 성명, 연령을 말하라.

답: 주소는 강원도 홍천군 서면 모곡리 372번지

직업은 모곡학교 5학년생

연령은 당 15세

여기에서 형사소송법 제186조 제1항에 기재된 자에 해당하는지 아닌지를 묻고 해당하지 않음을 확인하고 증인으로서 신문한다는 것을 말해 주다.

문: 증인은 언제부터 모곡학교에 다니는가.

답: 9세 때부터 시작하여 현재에 이르고 있다.

문: 교수과목을 말하라.

답: 수신, 일본어, 이과, 조선어, 조선어 보충, 농업, 수공, 일본어 실습, 지리, 역사, 창가, 체조 등이다.

문: 교장 남궁억의 교수과목은 무엇인가.

답: 조선어, 조선어 보충, 창가이다.

문: 조선어 보충이란 무엇인가.

답: 조선 역사의 중요한 것을 명목상 조선어 보충이라고 하여 교수하는 것이다.

문: 모곡학교에는 무궁화를 많이 재배하고 있는데 그 이유를 알고 있는가.

답: 나는 깊은 뜻은 모른다. 교장선생이 언제나 생도에게 무궁화는 조선 민족성을 대표하는 국화이므로 이것을 널리 선전하고 보급하여 민족사상을 환기하게 한다고 했다.

문: 교장 남궁억은 조회 때 생도에게 조선을 잊어서는 안 된다고 했다는데 사실인가.

답: 조회 때에 가끔 지각하는 일이 있었는데 혹시 내가 없을 때에 그런 말을 했을지도 모른다. 그러나 조선어 보충 수업 시간에 조선역사를 말하면서 현재 조선은 일본과 합병되었는데, 형식은 합병되었는지 모르나 사실상으로 진정한 정신만은 그대로 남아 있으므로 너희들도 결코 조선이란 것을 잊어서는 안 되는 것이니 정신만은 차리고 있으라고 때때로 말해 준 일이 있다.

문: 몇 번쯤 그런 말을 했는가.

답: 조선어 보충은 매주 한 번 있는데 그런 말을 할 때도 있지만 하지 않을 때도 있으므로 결국 한 달에 한 번 정도이다.

문: 그것은 생도 전부에 대해서 했는가.

답: 조선어 보충은 5·6학년에만 있으니 전부는 아니다.

문: 무궁화 창가는 현재도 하고 있는가.

답: 최근에는 하지 않지만 약 1개월 전까지는 언제나 했었다.

문: 그 창가는 누가 가르쳐 주었는가.

답: 우리들은 직접 교장에게서 배웠고, 1·2학년들은 남궁경숙(南宮敬淑)이라는 여교사가 가르쳐 주었다.

문: 그 창가를 기장한 것이 있는가.

답: 기장한 것은 없고 여교사가 등사판으로 찍어서 한 장씩 주었는데 그 뒤 그 창가는 재미 없다는 것을 경찰이 말했으므로 약 1주일 전에 태워 버려서 현재는 가지고 있지 않다.

조선말로 본인에게 읽어서 들려주었더니 틀림이 없다고 진술하고 서명하였으나 도장이 없으므로 무인하였다.

작성일: 1933년(昭和 8) 11월 5일

홍천경찰서

신문자: 사법경찰관 사무취급

조선총독부 강원도 순사 신현규

입회인: 입회 사법경찰리

강원도 순사 정도일(鄭道逸)

④ 홍천경찰서에서 [남궁억 신문조서] 1933.11.7.

신문자: 사법경찰관 사무취급 조선총독부 강원도 순사 신현규

피의자: 남궁억

위 보안법 위반 피의사건에 대하여 1933년(昭和 8) 11월 7일 홍천경찰서에서 사법경찰리 강원도 순사 네모토(根本義雄)을 입회시키고 다음과 같이 신문하다.

문: 본적, 주소, 신분, 직업, 성명, 연령을 말하라.

답: 본적은 강원도 홍천군 서면 모곡리 446번지

주소는 본적지와 같다.

신분은 양반

직업은 서면 사립 모곡학교 교장

성명은 남궁억

연령은 당 71세

문: 작위, 훈장, 기장을 가지고 연금, 은급을 받거나 또는 공직을 가지고 있지 않은가.

답: 아무 것도 해당되는 것이 없다.

문: 지금까지 형사처분, 기소유예 또는 훈계방면 등을 받은 일이 없는가.

답: 없다.

문: 자산은 얼마나 되는가.

답: 동산, 부동산 합하여 약 4·5,○○○원 정도 있다.

문: 가족 및 생활 정도는 어떤가.

답: 가족은 3명이고 생활은 중류쯤의 생활을 하고 있다.

문: 교육은 어떤가.

답: 8·9년간 한문서당의 교육을 받고 경성관립영어학교를 1년간 다녔을 뿐이다.

문: 종교 관계는 어떤가.

답: 24년 전부터 예수교를 믿어 현재에 이르고 있다.

문: 경력은 어떤가.

답: 22세 때부터 조선정부에서 경영하는 경성총해관(京城總海關) 서기에 임명되어 그 뒤 별군직(別軍職), 칠곡군수, 내부 토목국장, 성주군수, 양양군수, 황성신문사 사장 등을 역임하고, 약 10년 전에 현재의 서면 모곡학교를 설립하고 그 학교의 교장을 하면서 오늘에 이르고 있다.

여기에서 피의사건을 말하고 이 사건에 대하여 진술할 것이 있는지 없는지를 물었더니 다음과 같이 대답하다.

답: 나는 별로 악선전을 하여 치안을 방해한 일을 한 적이 없고 다만 생각이 낡아서 일반 사람에게서 오해를 받기 쉽지만 결코 그렇게 무리한 일은 한 적이 없다.

문: 모곡학교를 설립한 이유는 무엇인가.

답: 현재 서면에는 보통학교가 없고 교육기관으로는 다만 한문서당이 몇 개 있을 뿐이므로 지방 청년에게 적게나마 시대에 적응하는 교육을 하고, 지방을 발전하도록 함과 동

시에 나는 원래 예수교 신자이므로 학교를 설립하여 학교에 다니는 아이들이 그 부모 형제에게 예수교의 취지를 보급하도록 하여 교도를 획득하는 것이 주된 목적이었다.

문: 그렇다면 그대는 예수교도를 획득한다는 정신 아래서 학교를 설립했는가.

답: 그렇다.

문: 그러면 예수교 신도가 아니면 그 학교에 다닐 수 없다는 것인가.

답: 다니는 생도에게는 가급적으로 예수교를 믿도록 권유하고 있으니 거의 예수교를 믿지 않는 사람은 없다. 그러나 본인이 절대로 반대한다면 강청하지는 않는다.

문: 생도에게는 어떤 과목을 가르치고 있는가.

답: 보통학교의 과목은 전부인데 다만 조선어 보충으로 조선역사의 주요한 것을 가르친다.

문: 조선역사는 생도 전부에게 가르치는가.

답: 어린 아이들에게는 가르쳐도 모르므로 5학년부터 가르친다.

문: 조선역사를 가르치는 이유는 무엇인가.

답: 조선인으로서는 조선의 사정을 모르면 안되므로 조선역사 중에서 중요한 것만 골라서 가르친다.

문: 각별하게 조선역사는 보통학교 과목에는 들어 있지 않음에도 불구하고 그것을 가르치는 것은 어떤 이유인가.

답: 별로 깊은 뜻이 있는 것은 아니지만, 알아 둘 필요가 있다고 생각해서 가르친다.

문: 누가 담당해서 가르치는가.

답: 내가 담당하고 있다.

문: 당신은 조회 때 충신은 두 임금을 섬기지 않는다고 되어 있으므로 자기는 결코 이 세상에서는 출세하지 않음은 물론, 조선은 일본에 합병되었다고는 하지만 그것은 다만 형식에 지나지 않는다. 자신은 조선이라는 두 글자는 죽어도 잊을 수가 없으니, 나에게서 가르침을 받은 너희들도 조선을 잊어서는 안 된다고 했다는데 사실인가.

답: 나는 나이가 많으므로 어제 한 일도 오늘은 잊어버릴 정도이므로 확실한 기억은 없지만 물론 내가 말했을 것으로 생각한다. 왜냐하면 나는 죽더라도 그 일만은 잊을 수가 없는 것이다. 진정으로 말하면 한국시대에 상당한 관직에 있던 사람으로 조선이 망해 버렸으니 소위 망국대부라고 한다. 그러니 그런 경우에는 당연히 자살이라도 하지 않

으면 안되는 데에도 불구하고 아직까지 살아 있으니 민족적 사상이라든지 조선독립을 생각하는 것은 순간이라도 생각하지 않은 때가 없으므로 당연히 그런 정도의 말은 했을 것으로 생각된다.

문: 조선어 보충 수업시간에 생도에게 우리는 현재 일본에 합병되어 왜장의 노복이 되어 있지만 조선이 아무리 쇠약해 있더라도 너희들 청년이 용감한 힘을 길러 어떠한 천신만고의 일을 당하더라도 결코 굴복하지 않고 이를 쉽게 물리치겠다는 정신만 있으면 조선독립은 그렇게 어려운 문제가 아니고, 또한 전연 가망이 없는 것도 아니니 먼저 용감한 정신을 만들어 나가라고 한 것은 사실인가.

답: 방금도 말한 바와 같이 나는 취조관 앞에서 이런 말을 하는 것은 외람될지 모르나 죽더라도 민족운동이라든지 그 사상을 버릴 수 없으므로 이야기를 하다가 그런 말을 한 모양이다. 그러나 늘 그렇게 말한 것은 아니다. 나는 다만 여생이 얼마 남지 않았으니 내가 말한 것이 법에 저촉된다면 어떤 처분이라도 달게 받겠다.

문: 그런 것을 말한 연월일을 말하라.

답: 나는 지금 한 일도 곧 잊어버리니 언제 했는지 그런 것은 모르나 말한 것은 사실이다.

문: 몇 번쯤 말했는가.

답: 혹은 조회 때에, 혹은 조선어 보충시간에 말하곤 했으니 그런 것은 모른다.

문: 장소는 어디인가.

답: 역시 모곡학교이다.

문: 학교에는 많은 무궁화를 재배하고 있는데 그 동기는 무엇인가.

답: 무궁화는 알고 있는 바와 같이[18] 조선민족을 대표한다는 국화이므로 그 꽃을 재배하여 많이 보급시켜 놓으면 자연 민족적 감정이 달라질 것은 당연한 이치이므로 그 목적 아래 재배하여 보급하는 것은 사실이다.

문: 생도에게 무궁화를 나누어줄 때 이 나무는 반드시 도로 주변이나 정원에 심어서 일반인의 민족사상을 환기하도록 하라고 하면서 나누어주었다는데 어떤가.

답: 원래 그것이 나의 주의이고 나아가야 할 방향이므로 그렇게 말한 것은 사실이다.

---

18 신현규 순사도 조선인이니, 이렇게 말한 것으로 보인다.

문: 그대는 무궁화라는 불온한 창가를 만들어 생도와 함께 부르곤 했다는데 어떤가.

답: 몇 번이고 말한 바와 같이 내 주의가 그것이므로 한 적이 있다. 그러나 최근에는 경찰에서 주의를 받기도 하여 그 창가만은 부르지 않는다.

문: 무궁화를 재배해서 팔았다고 하는데 어떤가.

답: 무궁화의 묘포를 만들어 생도의 실습시간 등을 이용하여 가꾸어 그것을 판 일도 있으나 그 수량은 약 1만 개 정도이다.

문: 얼마에 팔았는가.

답: 내 취지가 영리를 목적으로 하는 것이 아니고, 다만 널리 선전하는데 있으므로 실비로 송달료와 함께 1전 5리씩 받았다.

문: 판매 대상은 어디인가.

답: 주로 우리 도와 경기도, 함경남북도, 전라남북도였다.

문: 그러면 무궁화나무를 판 대금은 어떻게 했는가.

답: 생도에게 주는 상품이라든지 연필 등을 사서 주든지, 기타 학교의 비용에 충당했다.

문: 그대는 조선역사를 많이 필사하여 팔았다는데 어떤가.

답: 조선역사는 전부 5책으로 되어 있는데 5책에 11원에 팔았다.

문: 판 부수는 얼마나 되는가.

답: 잘 기억하지 못하는데 약 14부 정도 된다고 생각한다.

문: 산 사람은 누구인가.

답: 나는 몇 번 말한 바와 같이 어제 한 일도 오늘은 잊어버릴 정도이므로 누구에게 팔았는지 그 성명은 모른다.

문: 판 대금은 어떻게 했는가.

답: 그것도 종이값이라든지 필사한 사람의 보수를 주고 남은 돈은 무궁화나무를 판돈과 마찬가지로 생도에게 또는 학교비용으로 사용하고, 나는 한 푼도 이익을 취한 것은 없다.

문: 왜 그런 불온한 역사를 팔았는가.

답: 내가 경성에 있을 때에는 시골의 실상을 잘 몰랐었다. 그런데 현주지로 와서 보니 실로 불쌍한 사람은 조선민족이란 것을 자각했다. 첫째로 세계에서 중국을 웃음거리처럼 취급하지만 중국은 점점 발전해 가고 있다. 그런데 조선은 아직 꿈속에서 헤매고

있는 것처럼 조선의 정신을 모르고, 다만 막연히 당장 입에 풀칠하는 방책만 얻으면 그것으로 만족하는 듯이 생각하고 있었다. 자신이 미국이나 프랑스처럼 전연 관계가 없는 나라의 사람이라면 굳이 신경쓰지도 않을 것이나 같은 인종, 더구나 같은 민족이면서 무관심하게 있으니 그것을 보고 가만히 있을 수는 없었다. 어떤 방법이라도 취해서 조선민족은 이렇게 언제까지나 꿈에서 깨어나지 않고 있을 때가 아니라는 것을, 조금이라도 이야기하지 않으면 안 된다는 것을 통절하게 느꼈던 것이다. 그 뿐만 아니라 현재의 조선민족이 우리나라의 고유한 훌륭한 정신을 모르고, 지금의 중국을 대국이라 하고 있으니 그것을 들을 때에는 실로 불쌍한 생각이 들었다. 그래서 이 정신을 타파하고 조선이란 나라는 이렇게 훌륭한 고유 역사가 있으므로 함부로 모화주의, 이른바 중국을 대국이라 한다든지, 다른 나라를 부러워한다든지 하는 생각을 고치도록 하기 위해서 조선역사를 발행했던 것이다.

문: 등사판으로 찍었는가.

답: 등사판으로 찍으면 현행 법규에 위반된다고 하므로 복사지를 사용하여 골필로 필사했다.

문: 누가 필사했는가.

답: 김춘국(金春國)과 남궁록(南宮錄)이라는 사람이 주로 필사했다.

문: 불온한 역사라는 것을 알면서 필사했는가.

답: 물론 현재의 정치방침에는 적합하지 않을지도 모르지만 나로서는 불온하지도, 문제 삼을 만한 일도 아니다.

문: 그 밖에 이익이 될 것은 없는가.

답: 별로 없는데 나는 다만 조선민족의 고유한 정신을 발휘하게 하는 것이, 또는 조선민족을 위하여 내가 한 일이 다소라도 효과가 있다면 그것으로 족하므로 이해관계가 되는 그런 것은 없다.

위를 조선말로 본인에게 읽어서 들려주었더니 틀림이 없다고 진술하고 서명 날인하였다.

공술자: 남궁억

작성일: 1933년(昭和 8) 11월 7일

홍천경찰서

신문자: 사법경찰관 사무취급

조선총독부 강원도 순사 신현규

입회인: 입회 사법경찰리

조선총독부 강원도 순사 네모토(根本義雄)

⑤ [2차 수색 조서] 모곡학교 1933.11.21, 오전 9~12시

남궁억 등에 대한 치안유지법 및 보안법 위반 등 사건에 대하여 다음과 같이 수색 처분하다.

수색 장소: 홍천군 서면 모곡리 번지 불상

사립 모곡학교 안

입회인: 사립 모곡학교 교사 정윤환(鄭允煥)(교장 대리)

수색한 부분 및 물건 결과

一, 부분은 사립 모곡학교 교사 내외 전부

一, 물건은 치안유지법 및 보안법 위반 피의사건에 관한 증거 물건

一, 모곡학교 교장 남궁억 전용 책상 및 서장 안에서 조선어 보충, 역사 외 33점을 발견하고 별지 목록과 같이 그것을 압수함.

수색한 시간　착수: 1933년 11월 21일 오전 9시 분

종료: 1933년 11월 21일 오전 12시 분

작성일: 1933년 11월 21일

발송자: 홍천경찰서

사법경찰관 사무취급

조선총독부 강원도 순사 네모토 요시오(根本義雄)

압수목록(모곡학교): 조선역사부도, 모곡학교 교가, 최신창가집, 창가집, 타골, 니체철학,
과격파 운동과 반과격파 운동, 조선어, 우리의 조선 등

⑥ [남궁억 소행조서], 홍천경찰서

(해설) 홍천경찰서에서 남궁억의 [범죄 사실]에 대한 의견서를 작성하여 경성지방법원 검사국으로 발송함[첨부문서 : 소행조서(1933.11.13.)].

발송자: 사법경찰관 강원도 경부 도미타(富田乙松)

수신자: 경성지방법원 검사국 검사정 미즈노(水野重功)

남궁억 소행 조서

一, 본적, 주소, 직업, 성명, 연령

본적: 강원도 홍천군 서면 모곡리 446번지

주소: 위와 같다.

양반, 농업 남궁억

당 71세

一, 성질

성질이 강하여 항상 민족사상을 가지고 있어 총독정치에 불만불평을 품고 있다.

一, 소행 및 본인에 대한 세평

사립 모곡학교를 경영하여 사재를 내어 스스로 그 학교의 교장이 되고, 관헌의 눈을 피하여 항상 민족사상의 보급 선전에 힘쓰고 있다. 본인에 대한 세평은 본인의 경력 및 지주 등의 관계로 나쁘지 않다.

一, 가정 및 생활상태

가정은 장녀(시집을 갔다가 돌아온 자)와 본인 두 사람이 살고 장남은 미국으로 건너가 있어서 쓸쓸한 가정이다. 자산은 약 5,000원을 가지고 있으며 시골에서는 상류의 생활을 하고 있다.

一, 자산 및 수입상황

동산, 부동산을 약 5,000원을 가지고 소작미에 의하여 상당한 수입이 있다. 중류 이상의 생활을 하고 있다.

一, 교육의 정도 및 본인의 경력

8·9세경부터 14세경까지 한문을 경성에서 습득하고 계속하여 경성관립 영어학교에 1년간 다녔다. 경력으로도 22세 때 구한국정부가 경영하는 경성에 있는 총해관(總海關) 서기로 임명되고 1907(明治 40)년경에는 내무부 토목국장을 역임했다. 병합 후에는 본 도의 양양군수를 약 1년간 봉직하고 사직 후에 황성신문 사장이 되어 신문사를 경영했다. 동시에 이미 농후한 민족사상을 가지고 있었던 모양이다. 1920년(大正 9) 본적지에 사재 약 2,000원을 투자해서 사립 모곡학교를 세우고 계속해서 그 교장으로 재직 중이다.

一, 노쇠자 또는 폐질자인 경우에는 부양자의 주소, 성명

본적지에 장녀 남궁경숙

一, 개전의 가망성 유무

전적으로 민족사상에 굳어져 있어서 개전의 가망이 없다.

一, 비고

이 조서는 순찰 때에 찰지한 것 및 평판을 종합하여 작성하다.

위와 같음.

작성일: 1933년(昭和 8) 11월 13일

발송자: 홍천경찰서 서면경찰관 주재소

사법경찰관 사무취급

강원도 순사 구로사와(黑澤福松)

⑦ 경찰서 사법경찰관이 작성한 [의견서]

남궁억, 경숙 즉 남궁경순(南宮庚順), 자훈(子勳) 즉 유복석(劉福錫), 천우(天祐) 즉 남천우(南䅘祐), 이윤석(李胤錫), 춘강(春岡) 또는 선혈(鮮血) 즉 김복동(金福童), 이기섭(李起燮), 이병구

(李炳球), 김경환(金慶煥), 김재인(金在仁), 남궁근(南宮槿) 즉 남궁식(南宮植), 송원식(宋元植), 어인손(魚寅孫), 유진복(兪鎭福), 남궁현(南宮現), 남궁창(南宮鋹), 조경제(趙敬濟), 이봉근(李鳳均)

一, 형사처분, 기소유예 또는 훈계방면을 받은 사실의 유무

1. 피의자 이윤석은 1919년(大正 8) 9월 25일 경성지방법원에서 정치에 관한 범죄 처벌에 관한 건 위반에 의하여 징역 2년을 수형한 일이 있다.
2. 기타 피의자는 해당사항 없다.

一, 범죄 사실

1. 남궁억의 범죄 사실

피의자 남궁억은 구한국 시대에 재경 총해관(總海關) 서기, 궁내별군직(宮內別軍職), 칠곡(漆谷) 군수, 토목국장, 황성신문 사장, 성주(星州) 및 양양(襄陽) 각 군수 등을 역임하여 상당히 고위에 있었는데, 1910년 8월 29일 한국병합이 되자 그것에 불평을 품고 퇴관과 동시에 현 주소지에 정착하여 「충신은 두 임금을 섬기지 않는다」 하고 자기는 대한국의 공신이므로 한국병합 후에는 이른바 망국의 대부이니 무슨 면목으로 세상 사람을 대할 것인가 하고, 또 눈앞에 비치는 도시문화의 발달은 모두 자기의 적이다. 왜장의 노복이 되어 울 수 없는 닭이 되는 것보다는 차라리 산간유곡에 칩거하고, 자기의 주의인 구한국의 왕정복고를 도모하려고 이곳에 이주함과 동시에 이곳에 서당을 개설하고 오로지 자제의 교양에 힘쓰고, 자기주의의 기초를 구축하려고 뜻하여 미국 예수교 선교사들과 친교하여 명예 전교사라는 직함을 받고, 1922년 9월에는 예수교 선교부에서 10분의 9 보조를 받아 스스로 교장이 되어 자제의 교양에 힘씀과 동시에 조선독립의 기초를 굳히면서 오늘에 이르고 있는데, 1929년 2월부터 1933년 8월까지 전후 수회에 걸쳐 현재의 정치에 극도의 불만을 품고 조선을 독립시키기 위해서는 우선 민족사상을 고조시켜야 한다고 자각하고 그런 사상을 환기하고 동지를 획득하려고 불온한 조선역사 약 16부를 자기의 감화를 받아 상당히 농후한 민족주의 사상을 가지고 있는 같은 피의자 김복동(金福童) 및 남궁창(南宮鋹)에게 골필, 탄산지를 사용하여 복사하게 하여 한 부에 11원씩으로

매각하여 민족주의를 선전하고 이어서 1933년 9월에 모곡학교 교실에서 자기가 담당한 5·6학년 생도의 조선어 보충 시간에 조선역사를 가르칠 때, 생도 일반에게 '우리들은 현재 일본에 병합되어 왜장의 노복이 되어 있지만 너희들 청년이 용감한 힘을 양성하여 어떤 간난신고를 겪더라도 그것을 이길 정신과 용기만 있으면 조선독립은 그렇게 어려운 것이 아니므로 너희들은 우선 용감한 정신을 양성해야 한다'고 강조하여 조선독립을 선동하고, 또 무궁화, 시절을 잃은 나비, 무궁화동산이 그립다 등의 불온한 창가를 개교 이래 계속해서 천진무구한 생도에게 가르쳐 민족사상을 주입함과 동시에 치안을 방해하고, 1929년경부터 현재에 이르기까지 자기가 경영하는 모곡학교에 무궁화나무의 묘포를 만들어 벌써 1만 본이 넘는 무궁화 묘목을 조선 각지에 배포하여 민족사상을 환기시킴과 동시에, 그 외 기회가 있을 때마다 현재 조선 내 노동자의 일본 도항과 북간도(北間道) 방면으로의 이주자가 해마다 증가하고 있는 것은 조선민족에게 압박을 가하여 우리 민족을 조선 밖으로 쫓아내려는 현 정치의 방침에 바탕한 것이라고 주장하여 정치에 관한 불온한 선동을 함과 동시에 일본제국의 정치에서 이탈하여 조선의 독립을 획책하고, 1933년 4월 5일에 서면(西面) 모곡예배당에서 수요예배에 참여한 같은 피의자 김복동 외 14명에게 조선민족처럼 비참한 사람은 전 세계에 없는 것은 물론, 이 민족의 장래를 생각하면 심신의 전율을 느낀다. 어떤 방법으로 이것을 구원할 것인가. 앞길이 암담하다고 역설하고 비분의 눈물을 흘려 참여한 사람에게 많은 충동을 주었고, 또 기회 있을 때마다 조선 총독정치는 조선민족의 고혈을 다 착취하고 경제에 압박을 가하여 조선인을 조선 밖으로 내어 쫓고 일본인으로 하여금 조선 안에 세력을 부식하고 한반도의 부동산 소유권 등도 모두 자기들의 손바닥 안에 넣는 정책이니 이것을 타도하고 조선의 왕정복고를 꾀하지 않으면 조선민족은 자멸할 것이라고 하면서 조선독립의 실행과 정치에 관한 불온한 선동을 한 자이다.

(중략)

작성일 1933년(昭和 8) 12월 14일

발송자 홍천경찰서

사법경찰관 강원도경부 도미타(富田乙松)

수신자 경성지방법원 검사국

검사정 미즈노(水野重功) 귀하

⑧ 홍천경찰서에서 경성지방법원으로 보내는 [사건송치서]

죄명: 보안법, 치안유지법, 출판법, 황실에 대한 죄 위반 피의자. 별지와 같음.

발각 원인: 강원도 순사 고다케(高武五二)가 인지

수리: 1933년(昭和 8) 11월 4일

유치: 1933년 12월 10일

방면

취조 중 또는 조회 중의 사항: 증인을 취조하도록 촉탁 중

비고

위 피의사건에 대하여 증거품을 첨부하여 송치함.

작성일: 1933년 12월 14일

발송자: 홍천경찰서장

조선총독부 강원도 경부 도미타

수신자: 경성지방법원 검사국

검사정 미즈노 귀하

별지

남궁억, 남궁경순, 유복석, 남천우, 이윤석, 김복동, 이기섭, 이병구, 김경환, 김재인, 남궁식, 송완식(宋完植), 어인손, 유진복, 남궁현, 남궁창, 조경제, 이봉균

⑨ 추송서

서류 물건 표목: 별지 목록과 같음.
사건 송치 연월일: 1933년 12월 14일

사건 송치 번호: 제299호
사건명: 보안법, 출판법 및 치안유지법 위반
피의자의 성명: 남궁억 외 17명
위 추송함.

작성일: 1933년 12월 22일

발송자: 홍천경찰서장
조선총독부 도경부 도미타
수신자: 경성지방법원 춘천지청 검사분국
조선총독부 검사정 미즈노 귀하

〈별지〉

서류표목	정수	비고
一, 피의자 남천우에 대한 수색조서		
一, 증인 홍은표(洪銀杓) 신문조서		
一, 증인 이해득(李海得) 신문조서		
一, 증인 이인용(李仁用) 신문조서		
一, 증인 이병구(李炳球) 신문조서		
一, 증인 정태근(鄭泰根) 신문조서		
一, 증인 한명수(韓明洙) 신문조서		
一, 증인 이홍직(李弘稙) 신문조서		

一, 증인 이창성(李昌成) 신문조서

一, 증인 남궁현(南宮現) 신문조서

一, 증인 송유식(宋裕植) 신문조서

一, 증인 박정규(朴貞圭) 신문조서 一통

◆ 검사국 단계의 신문조서

〈자료 232〉 신문조서

[「十字架黨事件 裁判記錄 2 十字架黨事件(二)(日文) 檢事訊問調書 南宮檍 訊問調書」, 『韓民族獨立運動史資料集』 48권, 국사편찬위원회, 2001]

① [남궁억에 대한 검사 신문조서] 제1회

1933년 12월 14일
장소: 경성지방법원 검사국
신문자: 조선총독부 검사 사사키(佐佐木日出男)
기록: 조선총독부 재판소 서기 요코타(横田數喜)

남궁억 신문조서

피의자 남궁억

위 사람에 대한 보안법 위반 피의사건에 대하여 1933년(昭和 8) 12월 14일 경성지방법원 검사국에서

조선총독부 검사 사사키

조선총독부 재판소 서기 요코타

열석하고 검사는 피의자에 대하여 다음과 같이 신문하다.

문: 성명, 연령, 신분, 직업, 주소 및 본적지를 말하라.

답: 성명은 남궁억

연령은 71세

신분은

직업은 사립 서면 모곡학교장

주소는 강원도 홍천군 서면 모곡리 446번지

본적은 위와 같다.

문: 작위, 훈장, 기장을 가지고 연금, 은급을 받거나 또는 공직에 있는 것은 아닌가.

답: 없다.

문: 지금까지 형벌을 받은 일은 없는가.

답: 없다.

여기에서 검사는 피의사건을 말하고 이 사건에 대하여 진술할 것이 있는지 없는지를 물으니 피의자는 신문에 응하여 진술할 것이라고 대답하다.

문: 그대가 본건에 대하여 경찰에서 진술한 것은 틀림없는가.

답: 사실대로 틀림없다.

공술자: 남궁억

이 신문은 입회서기인 조선총독부 재판소 통역생의 통역에 의하여 행하고 위 조서를 그 통역생으로 하여금 공술자에게 읽어서 들려주었더니 틀림없다고 진술하고 자서 무인하다.

작성일: 1933년 12월 14일

경성지방법원 검사국

신문자: 조선총독부 검사 사사키
서기: 조선총독부 재판소 서기 요코타

② [남궁억에 대한 검사신문조서] 제2회[19]

1933년 12월 22일 서대문형무소에서 신문자 조선총독부 검사 사사키(佐佐木日出男).

피의자: 남궁억
위 사람에 대한 보안법 위반 피의사건에 대하여
1933년 12월 22일 서대문형무소에서
조선총독부 검사 사사키
조선총독부 재판소 서기 요코타
열석하고 검사는 전회에 이어서 피의자에 대하여 다음과 같이 신문하다.

문: 그대는 남궁억인가.
답: 그렇다.
문: 그대의 가족 및 생활상황은 경찰에서 진술한 바와 같이 틀림없는가.
답: 틀림없다.
문: 그대의 경력을 말하라.
답: 나는 10세부터 18세까지 한문서당에서 한문을 수학하고, 그 뒤 반년쯤 영어학교에서 배운 뒤에 해관(海關)의 서기로 임명되고, 3년 후에 궁내 별군직(宮內別軍職)으로 전임되어 4·5년을 거쳐 칠곡군수에 임명되었다. 2년 후에 내부(內部) 토목국장으로 전임되고었고, 약 6년 후에 성주군수로 전임되었다가 반년 정도만에 퇴관하여 황성신문사 사장이 되었다. 2년 후에 그 신문이 폐간됨과 동시에 양양군수로 임명되었다가 2년 후에 퇴직하고 그 뒤 경성으로 와서 4·5년간 기독교에 관계하여 남감리교회의 전도사

19 『韓民族獨立運動史資料集』 48, 「十字架黨事件 裁判記錄」 2, 十字架黨事件(二)

가 되었고, 한국병합 2·3개월 전에 현주소로 전거하여 서당을 경영하면서 교육 사업에 종사했는데, 십수 년 전에 모곡학교를 설립한 이래로 그 학교의 교장을 하고 있다.

문: 모곡학교는 그대가 경영하고 있는가.

답: 그렇다. 내가 13·4년 전에 기독교회로부터 10분의 9의 보조를 받고 내가 10분의 1을 출연하여 학교를 설립했다. 설립 당시는 아동 100여 명을 수용하고 교사 4명을 채용했는데, 현재는 수용 아동이 7~80명으로 교원은 6명이다. 동교는 6년 전에 총독부의 인가를 받아 6년제의 보통학교령에 의하여 보통학교의 교과서를 가르치고 있다. 별로 종교는 가르치지 않지만, 일요일 등에 약 1시간쯤 5·6학년생에게 가르치는 일도 있다.

문: 그대는 민족사상이 농후하여 일본 통치하에 있는 것을 좋아하지 않아서 산간에 은거하여 학교를 설립하고 생도에 대하여 민족사상을 주입하여 민족의식을 앙양시키고, 또 일본이 조선에서 하는 정치를 비난하고 조선독립을 선동했다는데 어떤가.

답: 그런 의사는 없다. 나는 산간의 농촌 사람이 지식에서 뒤떨어져 있으므로 그것을 구제하려고 학교를 설치하고 교육할 생각이었다.

문: 그대는 모곡학교 생도에게 조선역사를 가르쳤다는데 어떤가.

답: 그렇다. 내가 5·6학년 생도에게 매주 1시간쯤 씩 조선어 보충의 의미에서 조선역사를 이야기로 가르친 일은 있다.

문: 그대가 조선역사를 가르친 것은 언제부터 언제까지인가.

답: 삼년 전부터 현재까지 내가 담당하고 있다.

문: 그대가 역사를 가르칠 때 생도에 대하여 조선은 이전에 광휘 있는 나라였으나, 현재는 일본에게 병합되어 왜장의 노복이 되었는데 너희들 청년이 용감력을 길러 어떤 간난신고를 만나더라도 그것을 배제하는 정신과 용기만 있으면 조선독립은 그렇게 어려운 일이 아니니 너희들은 크게 용맹심을 양성하지 않으면 안 된다고 말하여 암암리에 조선독립을 선동했다는데 어떤가.

답: 그런 일은 없다. 다만 조선은 그런 역사를 가진 나라라고 말한 일은 있다.

문: 그대는 그 무렵에 조선역사 16부를 저술하여 그것을 김복동, 남궁창에게 복사시켜서 1부를 11원씩으로 타인에게 매각했다는데 그런가.

답: 그렇다. 3년 전에 반년쯤 걸려서 여러 문헌에서 조선역사를 적출하여 김복동 등에게

복사시켜 조선의 이야기라는 제목을 붙여 4책을 11원 50전에 매각했는데 그 부수 및 상대 사람은 기억하지 못한다.

문: 그 역사에는 조선인에 대하여 민족적 의식을 주입하고 조선독립을 선동하는 내용이 쓰여 있는데, 이와 같이 선동을 목적으로 했는가.

답: 그런 의미는 조금도 없었다. 이전의 조선역사를 이야기체로 만든 것에 불과했다.

문: 이것이 그대가 저술한 역사인가.

이때 증 제2·3·28호의 각호를 보이다.

답: 그렇다.

문: 왜 정식으로 출판하지 않았는가.

답: 실은 그 역사에 3·1운동의 기사가 있으므로 그 기사는 재미가 없는 것이 많이 있었으므로 정식으로 허가를 얻을 수 없다고 생각하였으므로 복사하게 했었다.

문: 이 역사 중에는 3·1운동의 기사는 물론 기타 조선인의 독립사상 또는 조선의 무단정치의 가혹성 등의 제목으로 여러 가지 불온한 문장이 쓰여 있는데 어떤가.

답: 나는 당시에 목사 등이 비판한 문헌에서 옮겨 적었는데 불온한 문장이라고는 생각하지 않았다.

문: 이것들은 조선인의 민족적 의식을 앙양시켜 조선독립을 선동하기 위하여 쓴 것이 아닌가.

답: 그런 의미에서 쓴 것은 아니다.

문: 그대는 모곡학교 5·6학년 생도에게 창가를 가르치고 있었는가.

답: 그렇다. 매주에 1시간씩 가르치고 있었다.

문: 위 창가 수업시간에 무궁화, 철 잃은 나비, 무궁화동산이 그립다 등의 불온한 창가를 가르쳤다는데 어떤가.

답: 무궁화는 경성 지방에서 유행한 노래라고 해서 경성 사람에게서 베껴 가르친 일이 있다. 철 잃은 나비는 조선인이 북간도 방면으로 이주하여 곤경을 겪고 있다고 들었으므로 동포애에서 부르게 되었다는 것으로써 가르쳤고, 무궁화동산이 그립다 라는 창가

는 모른다.

문: 그대는 직접 또는 다른 교사를 시켜서 그런 불온한 창가를 순진한 생도에게 가르쳐서 민족사상을 주입했던 것이 아닌가.

답: 그런 의미에서 가르친 것이 아니다. 보통 창가라고 생각하고 가르쳤다.

문: 이것이 그대가 가르친 무궁화 창가인가.

이때 증 제31호를 보이다.

답: 무궁화 창가는 기억하지 못하겠지만 그것은 아니라고 생각된다.

문: 무궁화 가사는 이것이 아닌가.

이때 증 제13호를 보이다.

답: 이것은 무궁화 시로 창가는 아니다. 내가 지은 시를 내가 적어놓은 것으로 이것을 가르친 일도 없다.

문: 이것이 철 잃은 나비라는 창가인가.

이때 증 제16호의 해당 부분을 보이다.

답: 그렇다.

문: 이것들을 불온한 것이라고는 생각하지 않는가.

답: 나는 조금도 불온한 것이라고는 생각하지 않았다.

문: 그대도 소화 4년경부터 현재에 이르기까지 모곡학교에 무궁화 묘포를 만들고 이미 一만 본 이상의 무궁화 묘목을 재배하여 조선 각지에 배포하여 이식하게 했다는데 그런가.

답: 그렇다. 무궁화는 조선의 국화라고 듣고, 이것을 많이 번식시키는 생각에서 했었다.

문: 그것은 민족의식을 선동하여 간접적으로 조선독립의 의식을 고양시키기 위한 것이 아닌가.

답: 그런 의미는 아니다.

문: 그대는 평소부터 다른 사람에게 조선민족이 북간도 방면으로 이주하는 것은 조선민족을 일본정부가 압박하기 때문에 조선민족은 생활할 수가 없어서 가게 되는 것이라고 말했다는데 그런가.

답: 그런 일은 없다. 나는 북간도 또는 만주 방면으로 조선민이 이주하는 것을 만류하고 있었을 정도이다.

문: 그리고 금년 4월 5일 서면의 모곡예배당에서 수요예배에 모인 김복동 외 14명에게 그대는 조선민족처럼 비참한 것은 전 세계에 없다. 이 민족의 장래를 생각할 때는 심신의 전율을 느낀다. 어떤 방법으로 이것을 구원할 것인가. 전도가 캄캄하다고 설유하고 비분의 눈물을 흘렸다는데 그런가.

답: 그런 일은 없다. 다만 나는 남선 지방의 수해에 대한 이야기를 신문 또는 현장을 보고 온 사람에게서 듣고 그 비참한 상황을 알고, 매우 딱하다고 생각하여 그런 말을 한 일은 있다.

문: 그리고 기회 있을 때마다 조선총독 정치는 조선민족의 모든 고혈을 착취하고 경제적으로 압박을 가하여 조선인을 조선 바깥으로 구축하고, 일본인이 조선 안에 세력을 부식하여 반도의 부동산 등도 모두 자기의 손바닥 안으로 모으는 정책이므로 이것을 타도하고 조선의 왕정복고를 도모하지 않으면 조선민족은 자멸한다고 설유했다는데 어떤가.

답: 그런 말을 한 일은 없다. 다만 일본인 또는 조선인 지주가 소작인을 착취하고 있으니 총독부는 그것을 어떻게든지 구조하지 않는다면 소작인은 생활할 수가 없다고 말한 일은 있었다.

공술자: 남궁억

이 신문은 입회서기인 조선총독부 재판소 통역생의 통역으로 했고 위 조서를 그 통역생으로 하여금 공술자에게 읽어서 들려주었더니 틀림없다고 진술하고 자서 무인하다.

작성일: 1933년 12월 22일

서대문형무소에서

신문자: 경성지방법원 검사국

조선총독부 검사 사사키

서기: 조선총독부 재판소 서기 요코타

〈자료 233〉 검사국 단계의 예심청구서

[「十字架黨事件 裁判記錄 2 十字架黨事件(二)(國漢文)」, 1933, 『韓民族獨立運動史資料集』 48권, 국사편찬위원회, 2001]

예심청구서

남궁억, 자훈(子勳) 곧 유복석, 이윤석, 천우 곧 남천우, 춘강, 선혈 곧 김복동, 이기섭

위 사람에 대한 좌기 범죄 사실에 대하여 예심을 청구함.

작성일: 1933년(昭和 8) 12월 26일

발송자: 경성지방법원 검사국

조선총독부 검사 사사키(佐佐木日出男)

수신자: 경성지방법원 예심계 귀하

범죄 사실

제1, 피고인 남궁억은 구한국 시대에 궁내별군직(宮內別軍職) 및 군수 또는 토목국장 등을 역임한 자인바, 1910년(明治 43) 한국병합이 되자 그것을 기쁘게 생각하지 않고 퇴관하여 강원도 홍천군 서면 모곡리에 은둔하여 기독교를 믿고 미국 감리파 기독교회에서 명예전도사라는 직위를 받고, 또 그 교회 선전부에서 보조를 받아 모곡학교라고 하는 기독교적 초등학교를 설립하여 아동에 대하여 기독교의 전도를 하는 동시에 민족적 의식을 주입하고 있었던바,

1929년 2월경부터 동 1933년 8월경까지 동네에서 우리 일본의 조선에서의 정치를 곡해하고 민족적 의식을 앙양시키고, 나아가서는 조선의 독립을 선동하는 내용의 조선역사 5권을 편찬하여 피고인 김복동 및 남궁창으로 하여금 탄산지를 사용하여 약 16부를 복제하게 하여 그것을 그 무렵에 다수의 조선인에게 매각하여 열람하도록 함으로써 민족의식의 앙양을 도모하였다. 이어서 1933년 9월경에 그 학교 교실에서 5·6학년 생도에 대하여 조선어 보충으로 조선역사를 가르치면서 우리들은 일본에 병합되어 왜장의 노복이 되었지만 너희들 청소년이 어떠한 어려움을 만나더라도 그것을 배제하는 불요불굴의 정신을 함양하면 조선의 독립은 그렇게 어려운 일이 아니라고 설유하고, 또 그 무렵에 창가를 가르치는데 가끔 무궁화(벚꽃을 일본에 비유하고 무궁화를 조선에 비유하여 두 꽃의 우열을 비교하고 암암리에 일본을 배척하는 뜻을 나타냄), 철 잃은 나비(조선인이 조선 안에서는 살 수가 없어서 간도나 기타 지역으로 이주하는 것은 우리 일본의 조선에 대한 정치가 온당하지 못하다는 뜻을 나타냄) 등이란 제목으로 민족적 의식을 앙양하는 가사의 창가를 부르게 함으로써 정치에 관한 불온한 언동을 하여 따라서 치안을 방해하였다.

제2, 피고인 유복석은 어렸을 적에 부모를 따라서 노령 블라디보스토크로 건너가 중등교육을 받은 뒤 조선으로 돌아와 경성에 있는 경성기독교청년회 학교 영문과에 입학하여 20세 때 졸업하였다. 그 후 다시 경성 감리파 기독교회 신학교에 입학하여 28세의 봄에 동교를 졸업하고, 동 교파의 전도사로 블라디보스토크에 파견되었다가 1930년(昭和 5) 1월 '게·페·우'[20] 때문에 추방되어 조선으로 돌아온 뒤에 동 교파의 강원도 홍천군 서구 담임의 목사가 된 자이다. 피고인 이윤석은 1919년(大正 8) 3월에 있은 만세 소요사건에 관련되어 동년 9월 25일에 당법원에서 소요죄로 징역 2년의 판결을 받은 자인 바, 출옥 후에 기독교를 믿고 전기한 교파(감리파)의 전도사가 된 자이다. 피고인 나천우는 경성 휘문고등보통학교 제2학년을 수료한 뒤 20세쯤부터 헌병보조원 또는 군청 고원 등을 봉직했다가 그 뒤에 기독교를 믿고 전기한 교파의 전도사가 된 자이고, 피고인 김복동은 전기 모곡학교를 졸업한 자

20 옛 소련의 비밀경찰인 국가 정치 보안부(G.P.U)를 말한다. 1922년 체카를 개편한 것으로 반혁명 인사를 적발하고 체포하고 처벌하는 일을 하였다. 1934년에는 내무인민위원회로 바뀌었다.

이다. 피고인 이기섭은 전기 모곡학교를 졸업한 뒤 동교의 교원이 되고, 그 뒤에 전기한 교파(감리파) 기독교 주일학교(일요학교)의 교장이 된 자로서 모두 강렬한 민족적 의식을 가지고 있는 자인바, 1932년(昭和 7) 12월경부터 1933년(昭和 8) 4월 하순경까지의 동안 가끔 강원도 홍천군 또는 춘천읍내 등에서 회합하여 기독교 전도라는 이름을 빌어 조선인에 대하여 민족적 의식을 주입하고 그들을 선동하여 조선의 독립을 기도할 것을 목적으로 그 실행에 관하여 협의를 하였다.

제3, 그리고 피고인 김복동은 피고인 남궁억의 범죄 사실에 기재되어 있는 바와 같이 동인의 부탁으로 동인이 편찬한 조선역사를 복제함으로써 동인의 보안법 위반 행위를 방조한 자이다.

VII

주요 사상 사건의 공판 기록

해제

제7장에서는 주요 사상 사건의 공판 기록 중 1925년 치안유지법 시행 이후의 사상 사건을 중심으로 구성하되, 재판의 적용 법률이 어떻게 변화하는지를 유념하면서 공산주의 계열과 민족주의 계열, 무정부주의 계열로 나누어 대표적 재판기록을 소개하였다.

공산주의 탄압사건 공판 기록으로는 먼저 정재달(鄭在達, 田友), 이재복(李載馥, 李成, 블라디보스토크 발행《선봉》신문기자) 등 고려공산당 사건에 대한「예심청구서」,「예심종결서」,「경성지방법원 판결문」(1925.9.12)의 3건을 소개했다. 이 사건은 조선에서 치안유지법 적용이 최초로 논의된 사건으로 기록되고 있다.[1]

정재달은 충북 진천 출신으로 러시아 블라디보스토크에서 고려공산당 위원으로 활동하다가 조선에 공산당 조직을 목적으로 입국했는데, 1924년 9월 경성 종로경찰서에 이재복과 함께 검거되었다. 그러나 국내의 공산주의 비밀결사 가담 혐의를 끝까지 부정하여 '범죄 사실'은 해외공산당에 가입하고 연락을 주고받은 사실에 한정되도록 했다.[2] 경찰 측은 검거 당시 제령 제7호 위반 사건으로 판단하고 1924년 10월 경성지방법원 검사국 검사 히라야마 마사요시(平山正詳)의 예심청구서도 이에 따랐다. 그러나 1925년 7월 24일 경성지방법원 예심판사 후지무라(藤村英)의 예심종결서에는 제령 위반 외에 치안유지법 제1조 위반이 추가되었다.[3] 9월 12일 선고된 경성지방법원 재판에서는 피고의 행위가 일어난 시점은 제령 7호에 해당하지만 재판을 진행하고 있는 시점은 치안유지법에 해당한다는 입장을 드러냈다. 이 점으로 치안유지법 도입 이후 그 적용을 국내에서 최초로 검토한 사례로 꼽히고 있다. 이 재판은 최종적으로는 신구법을 비교한 결과 형량의 변화가 없다고 하여 제령 7호를 적용,

1 전명혁, 2019,「1920년대 '사상 사건'의 치안유지법 적용 및 형사재판과정」,『역사연구』37, 410쪽.

2 임경석, 2014. 겨울호,「두 밀사-경성지방법원 정재달 이재복 사건기록과 그 실제」,『역사비평』109호, 384쪽.

3 오기하라 후지오 지음, 윤소영 역, 2022,『일제강점기 치안유지법 운용의 역사』, 51쪽.

징역 3년형을 선고했다.[4]

다음은 정재달의 1933년 고려공산청년회 활동으로 두 번째로 체포된 사건의 예심종결서를 소개했다. 정재달은 1927년 12월 서대문 감옥에서 출옥한 후 1928년 4월 화요파 공산주의자들과 고려공산청년회를 결성하고 1929년 12월에는 모스크바 동방노력자공산대학에 입학하여 1931년 봄에 졸업했다. 그 후 11월에 조선으로 귀국하여 남해(南海)에서 어장 서기로 일하며 적색노동조합을 조직하려다 1932년 12월에 일제에 다시 체포되어 5년형을 받았다. 「예심종결서」에는 정재달이 제령 제7호 위반으로 1929년 12월 21일에 만기 출감했음을 명시하고 고려공산청년회 임원 임무에 종사했다고 하여 치안유지법 제1조에 해당한다고 하였다.

1926년 인천 출신 이영재 등에 의한 비밀결사 적혈결사대 사건은 치안유지법 실시 이후 충남에서 일어난 관련 사건으로는 처음이라고 신문은 보도했다.[5] 이영재 등은 비밀결사 적혈결사대를 조직하여 총기를 소지하여 사유재산제도를 부정하고 공산주의 사상에 입각한 활동을 계획하다 체포되었다. 공주지방법원은 치안유지법 제1조 위반을 중심으로 삼으며 절도 총포화약취체령 시행규칙 위반죄를 병합죄로 가중하여 2년형을 선고했다.

간도공산당 사건은 1928년 치안유지법이 개정된 후 적용된 첫 사건이었다. 1925년 치안유지법은 최고형이 10년 이하의 징역 또는 금고형이었지만 개정 치안유지법은 사형을 최고형으로 구형할 수 있도록 했다. 또한 1925년 치안유지법이 목적 실행 단계를 대상으로 처벌한 것과 달리, 개정 치안유지법은 목적 수행을 의도한 단계도 처벌할 수 있도록 한 것이다.[6]

---

4 최종길, 2008, 「식민지조선과 치안유지법의 적용」, 『한일관계사연구』 30집, 512쪽; 오기하라 후지오 지음, 윤소영 역, 앞의 책, 52쪽.

5 〈예산의 권총사건, 최고 2년 언도〉, 《시대일보》, 1926.3.4

6 홍선영 외 편역, 2021, 『사상통제(1)-사상통제 관련 법규와 통제주체』, 동북아역사재단, 261쪽.

간도공산당 사건은 일제강점기 국외 사건을 국내로 이송하여 재판, 처벌한 사건으로는 최대 규모이다. 1927~1930년까지 5차에 걸쳐 일어났다. 조선공산당 만주총국은 1926년 5월 길림성 영안현 영고탑(寧古塔)에 설립되었는데, 1927년 10월 2일 조선공산당 사건으로 체포된 동지의 석방과 반일 시위를 계획했다가 간도 일본총영사관 경찰에 체포되어 이곳에서 예심종결 후 29명의 간부가 경성으로 압송되었고 1928년 말에 개정 치안유지법 위반으로 재판을 받았다(제1차 간도공산당 사건).[7] 제2차 간도공산당 사건은 1928년 9월에 85명이 검거되었고, 제3차 간도공산당 사건은 1930년 4월에 68명이, 1930년 6월에 다시 67명이 검거되어(제4차 간도공산당 사건) 모두 조선으로 압송되었다.[8]

이어 1930년 5월 30일에는 간도 용정촌, 두도구 등지에서 발전소 파괴, 전선 절단, 천도(天圖) 경편철도 교량 훼손 등 조선인 공산주의자들의 무력투쟁이 일어났고 참가자는 500명으로 알려졌다. 이들 중 총 329명이 조선으로 압송되었다. 이를 제5차 간도공산당 사건이라고 한다.[9] 간도는 조선과 국경을 접하고 있는 데다가 1929년 당시 총인구 50만 명 중 80%에 해당하는 약 40만 명이 조선인이었다.[10] 수차례에 걸친 간도공산당 탄압에도 불구하고 1929년 6월 돈화(敦化)에서 ML파, 상해파, 서울파 등이 연합하여 조선공산당재건준비위원회를 설립했으며 그 실천이 1930년 5·30 봉기로 표출된 것이었다.[11] 이에 대해 일제 측은 식민지배의 근본적 위기로 인식할 수밖에 없었고, 참여자를 경성으로 압송하여 그 처벌 또한 매우 엄중하게 다루었다. 그런 점에서 일제강점기 사상 탄압의 대표적 양상을 알 수 있는 사

7 전명혁, 2019, 앞의 책, 419~422쪽.

8 오기하라 후지오 지음, 윤소영 역, 2022, 앞의 책, 169쪽.

9 오기하라 후지오 지음, 윤소영 역, 2022, 위의 책, 176쪽.

10 이성환, 2006, 「시데하라 외교와 간도 5.30 사건」, 『일본문화연구』 18, 137쪽.

11 이성환, 2006, 위의 논문, 138쪽.

건이다. 제7장에는《사상월보》 1931년 7월호에 수기(手記)로 기록된 제5차 간도공산당 사건 예심종결서의 총론 부분을 번역하여 실었다. 원문 훼손 등으로 식별이 곤란한 글자는 복자(■)로 표시했다. 그동안의 간도공산당 사건을 일제 사법당국이 어떻게 인식했는지를 알 수 있는 내용이다. 또한 치안유지법만으로 사형선고를 받은 주현갑 관련 판결문과 사형선고에 불복하여 올린 재심청구서 관련 자료를 번역하여 실었다. 간도 5·30 사건은 사형수가 18명에 달했으며 1936년 7월 22일에 이들에 대한 사형집행이 서대문형무소에서 이루어졌다.

그 외에 공산주의 단체 관련 사상 사건 판결은《사상월보》에 실린 〈최근 전조선 치안유지법 위반사건 확정판결〉에 수록된 조선공산당 사건 중 조동호, 이형구, 임종환 판결문과 평안북도 출신으로 대한독립단 천마대 김인형의 판결문을 번역 소개했다. 김인형의 경우 치안유지법 외에 강도 상해죄 등이 병합되어 징역 10년형을 받았다. 사상 사건은 단순히 사상적 범주에 국한되지 않고 실제 무력을 동원한 실천으로 나타나는 경우가 많았던 사례로 소개했다.

다음으로는 여운형이 상해에서 체포되어 국내로 압송되어 재판을 받았던 1930년 사건 관련 기록을 소개했다. 여운형은 1920년대에 공산주의 사상에 경도하여 조동호, 조봉암 등을 지원했으며 조선공산당에서 모스크바 동방노력자공산대학에 유학생을 파견할 때도 많은 조력을 했다.[12] 여운형은 1929년 7월 8일 상해에서 야구 경기를 관람하다가 일제 경찰에 처음으로 체포되어 국내로 압송되어 1930년 4월 26일 경성지방법원에서 제1심 재판을 받았다. 검사의 항소로 1930년 6월 9일에 경성복심법원에서 제2심 재판을 받아 3년형이 확정되어 서대문형무소와 대전형무소에서 3년간 옥고를 치렀다. 여운형의 죄목은 대한민국 임시정부에 금원을 제공한 점, 조선 독립을 도모하기 위해 신한청년당 결사 조직, 1920년 조선에

12 변은진, 2018,『여운형』, 독립기념관 한국독립운동사연구소, 108쪽.

서 사유재산제도 부인, 공산제도 실현을 목적으로 조직되었음을 '알고' 고려공산당에 가입한 점, 그 후 공산주의 관련 책자를 한글로 번역하여 배포한 것이 공산당의 목적 수행에 해당한다고 하여 치안유지법과 제령 7호 위반으로 처벌받았다.

그 외에 장순명(張順明 또는 張淳明)을 중심으로 한 회령공산청년동맹 및 공산주의자 지방협의회 조직사건, 홍남적색노동조합 사건, 남해공산주의자 전위동맹 사건, 토요연구회 사건의 판결문을 수록했다. 1900년에 원산에서 태어난 장순명은 한학을 배우고 회령에서 보통학교를 졸업한 후 간도 명동촌의 명동중학교를 졸업한 다음 경성에서 1920년에 개교한 전문학교 예비학교의 성격을 지닌 한성강습원에서 수학했다. 그다음에는 북경 세계어전문학교에서 에스페란토어 등을 배우고 귀국한 다채로운 이력을 가진 인물이었다. 무정부주의, 공산주의 사상에 공명하고 조선공산당 사건 당시 옥고를 치르기도 했다. 그 후 1932년에 함북공산당재건협의회 사건으로 체포되었으나 경성(鏡城)경찰서 유치장에서 탈옥하여 1년 반 동안 숨어 있다가 1933년 9월 23일에 웅기 하송현에서 체포되었다.[13] 이 판결문은 이 사건에 대해 청진지방법원에서 재판을 받은 경과와 범죄 사실과 법률 적용을 어떻게 했는지를 정리한 보고이다.

《조선중앙일보》 1933년 12월 15일 자에 보면 남해공산주의자 전위동맹 사건에 대한 보도가 있다. 경남 지역 비밀결사 교육노동조합사건의 검거자를 통해 발각된 것으로 교사 등이 노동자 농민등을 규합하여 반전반제(反戰反帝)운동을 벌이려다 미연에 발각된 사건이었다. 《사상월보》에 실린 경과를 보면 1934년 1월에 부산경찰서에 송치되어 부산지방법원 검사국을 거쳐 부산지방법원, 대구복심법원에서 판결이 진행되었음을 알 수 있다. 일제는 치안유지법과 출판법, 보안법 위반으로 한인식과 최봉기에게 2년에서 2년 6월을 구형했다.

13 〈함북공산당 주요인물 장순명 등 드디어 피체〉, 《조선중앙일보》, 1933.10.19

민족주의 사상 탄압사건으로 신간회 판결문, 상해임시정부 안창호 사건 판결문, 조용하 사건, 이유필 사건, 재조 일본인 사상 사건으로 토요연구회 사건과 신흥교육회 사건, 그 외 국외 사상 사건 판결문을 소개했다.

신간회의 경우 좌우합작의 민족협동전선운동에 속한 단체이지만 민족주의 좌파가 주도권을 장악한 가운데 다양한 민족주의 세력이 다수 참여했기 때문에 민족주의 계열의 사상 사건으로 분류했다. 1927년 창립된 신간회는 전국에 지회가 설치되고 정우회 선언 후 사회주의 세력이 대거 참여함으로써 통일적 운동단체로 발전하는 모습을 보였다. 그러던 중 광주학생운동 이후 민중대회 개최를 준비하다가 허헌, 이관용, 홍명희 등 중심세력이 검거되어 정치에 관한 불온한 언론 행위를 했다고 하여 제령 제7호 위반에 회부되었다. 제7장에는 1931년 4월 24일 경성지방법원에서 열린 판결문을 수록했다. 사건을 담당한 검사는 이토 노리오(伊藤憲郎)인데 그는 1928년에 조선 최초로 사상 전문 검사로 부임한 인물이었다.

이어 1932년 4월 29일 상해 홍구(홍커우) 의거를 일으킨 윤봉길과 관련하여 일본 상해총영사관 경찰이 프랑스 조계를 수색했을 때 체포당해 조선으로 송환되어 재판을 받은 안창호 판결문을 수록했다. 이 판결문에는 안창호가 미국 샌프란시스코에서 창립한 공립협회 활동에서부터 대한인국민회 활동, 대한민국임시정부 활동, 흥사단 활동, 1931년 만보산사건 후 항일 집회에서 연설을 한 것 등이 열거되어 있으며, 치안유지법 위반으로 징역 4년형을 선고받고 서대문형무소를 거쳐 대전형무소에 투옥되었다.

조용하 사건은 하와이에 거주하며 한국독립당을 조직하여 대한민국임시정부 후원 활동을 벌이고 있던 조용하[조소앙(조용은)의 형]가 하와이에서 상해로 향하던 중 1932년 10월 12일 고베에서 체포된 후 경성으로 압송되어 재판을 받은 사건이다. 《동아일보》 1933년 1월 12일자에는 조용하가 구한국시대의 프랑스공사관 참사관을 지냈고 1914년 하와이로 건너가 이후 20여 년간 민족운동에 종사한 '해외민족운동 거두(巨頭)'라 하였다. 그는 고베수상서(水上

署)에 체포되어 취조를 받았는데, 경성지방법원 검사국의 요청으로 조선으로 압송되어 경기도 경찰부 미와(三輪) 경부의 취조를 받고 경성지방법원에 송국되었다.[14] 1933년 3월 31일 재판에서 징역 2년 6월형을 선고받았다. 검사는 사사키 히데오가 담당했다.

이유필은 상해에서 대한민국임시정부 내무총장, 국무위원을 지냈고 한국독립당 창당에 참여했다. 유호(有滬)한국독립운동자동맹에서 활약하다가 안창호가 상해에서 체포된 후 1933년 3월 상해에서 일본영사관 경찰에 체포되어 조선으로 압송되었고 1933년 12월 15일 신의주지방법원에서 3년형을 선고받았다.

무정부주의 계열 사상 사건으로는 1920년대 국내의 의열투쟁을 주도했던 이종암과 상해에서 무정부주의 사상 활동을 벌이다가 국내로 압송되어 재판을 받은 이정규, 상해에서 아리요시 아키라 주중공사 암살 및 밀정 처단 등을 주도하여 국내로 압송되어 재판을 받은 엄순봉의 판결문을 실었다.

이종암은 경상북도 대구 출신으로 1918년 초 중국으로 망명하여 양건호라는 가명으로 활동하며 신흥무관학교를 졸업하고, 김원봉과 함께 의열단을 창단한 인물이다. 이종암은 국내로 돌아와 박재혁의 부산경찰서 폭파, 최수봉의 밀양경찰서 폭파 등을 지원하였고, 1922년 오성륜, 김익상과 함께 일본육군대장 다나카 기이치(田中義一) 처단 의거를 단행한 후 피신하였는데, 국내로 잠입하여 활동을 도모하다 1925년 여름, 경상북도경찰부에 체포되었다.[15] 이종암, 배중세 등은 1926년 11월 2일 예심이 종결되어 대구지방법원 공판에 회부되었다. 수록한 판결문이 바로 예심종결 결정서이다. 예심종결 결정서에는 이종암에게 제령 제7호 위반 및 폭발물 취체규칙 위반을 적용했다. 이종암은 1926년 12월 28일 대구지방법원에서

---

14 〈해외민족운동거두 조용하 금일 押來〉,《동아일보》, 1933.1.12.

15 이동언, 2012.8,「이종암의 생애와 의열투쟁」,『한국독립운동사연구』 42집 참조.

징역13년형을 받고 항소하였으나 1927년 1월 대구복심법원에서 '항소이유 없음'으로 징역 13년이 확정되었다. 그는 1930년 5월 옥중 병고로 인해 형 집행정지로 석방되었으나 석방된 지 10일 만에 1930년 5월 29일 35세의 나이에 순국했다.

이정규는 경기도 부천 출신으로 1915년 일본에 건너가 게이오의숙 이재학과에 입학하고, 사회주의 사상 및 아나키즘을 접했으며 1919년 3월 말 상해로 망명하여 대한민국임시정부 임시의정원 충청도대표를 지냈고 이후 아나키즘을 수용했다. 1922년에는 북경대학 경제학부 2년에 편입했고, 1924년 이회영, 유자명, 백정기, 정화암 등과 재중국 조선무정부주의자연맹을 결성해서 활동 중, 1928년 말 상해에서 일본영사관에 체포되어 한국으로 압송되었다.[16] 이정규는 1929년 3월 18일 경성지방법원 제4호 법정에서 예심 검사인 모리우라 후지오가 관여한 가운데 스에히로(末廣) 재판장에 의해 치안유지법 위반으로 징역 3년형을 선고받았다.[17] 이 자료집에는 당시의 판결문을 번역하여 실었다. 판결문에는 1921년부터 상해에 망명하여 여러 동지들과 무정부주의운동을 했던 과정에 대해 적었는데, 특히 일본, 중국, 베트남, 인도, 필리핀 등 각국의 무정부주의자와 함께 국제적인 연대를 통해 운동을 펼치고자 했던 내용이 담겨 있다. 1929년의 시점인 만큼, 개정 치안유지법이 발효된 가운데 어떤 법률적 적용을 받았는지를 살펴보면, 구 치안유지법과 신 치안유지법을 비교하여 형량이 가벼운 구 치안유지법의 적용을 받고 있다. 한편, 이정규는 1934년 10월 초에 출옥하지만 곧바로 이른바 '제일루(第一樓) 사건'으로 다시 투옥되어 3년형을 받게 된다.

엄순봉은 남화한인청년연맹의 회원으로 이회영의 3남인 이규창(이규호)과 함께 1935년 밀정 상해거류민회장 이용로(李容魯)를 살해한 직후, 중국경찰에 체포되어 곧바로 상해 일본

---

16 황동연, 2010.11, 「이정규, 초국가주의적 한국아나키즘의 실현을 위하여」, 『역사비평』 93 참조.

17 〈이정규 공판 4년 구형〉, 《매일신보》, 1929.3.12; 〈이정규 언도 징역 삼년에〉, 《매일신보》, 1929.3.19.

영사관경찰에 인계된 후 조선으로 압송되었다.[18]

두 사람은 1936년 2월 18일 경성지방법원에서 유죄 판결(이규창은 징역 13년형에, 엄순봉은 사형선고)을 받는데, 엄순봉은 형이 무겁다고 항소했고, 피고 이규호에 대해서는 원심검사가 형이 가볍다고 항고함으로써 제2심이 진행되었다. 수록한 판결문은 1936년 4월 24일 경성복심법원에서 이루어진 판결문이다. 이 판결문에는 엄순봉이 경상북도 영양 출신으로 가난하여 초등교육도 받지 못하고 18세에 만주로 건너가 여기저기를 전전하다가 1931년에 상해에서 유자명과 이규창을 만나 남화한인청년연맹에 가입하여 활동했던 점, 엄순봉과 이규창이 상해에서 아리요시 아키라 공사 살해 미수, 친일인사 조상섭의 집을 습격하여 독립자금을 탈취한 일, 1935년 상해거류민회장 이용로(李容魯)를 살해한 사건 등이 언급되어 있다. 엄순봉에 대해서는 국체 변혁을 목적으로 한 결사인 남화한인청년연맹에 가입한 점과 사유재산제도를 부인한 점은 치안유지법 위반으로 보고, 그 외 강도 미수, 살인 미수, 살인 예비를 연속적으로 주도함으로써 살인죄의 일종으로 무겁게 처단해야 한다고 하여 항소를 기각했다. 엄순봉은 이에 다시 경성고등법원에 상고했지만,[19] 1936년 10월 15일 경성고등법원의 기토(喜頭) 재판장은 상고를 기각하여 사형을 확정했다.[20]

재조 일본인 사상 사건으로는 신흥교육연구소사건(1930)과 토요연구회 사건(1932)을 소개하였다. 신흥교육연구소사건은 1930년에 '교원공산당사건'으로 언론에 보도되었다. 경남 사천 곤명공립보통학교 교장이자 교사인 재조 일본인 죠코 요네타로(上甲米太郎)를 중심으로 일어난 사건으로, 일본에서 간행된 좌익잡지《신흥교육》을 구독하며 자신의 제자인 경성

18 황민호, 2014.9,「일제하 재중 한인아나키스트 이규창의 민족운동」,『한국민족운동사연구』80 참조.

19 〈이규호는 복역하고 엄순봉은 또 상고〉,《매일신보》, 1936.5.10.

20 〈엄순봉 사형 확정〉,《매일신보》, 1936.10.17.

사범학교 출신 조판출 등과 단체를 조직하여 불온사상을 연구했다는 것이다. 특히 죠코 요네타로는 조선민족해방을 지지하고 조선인 아동을 참사랑으로 지도한 교사로서 이채를 띤 인물이었다.[21] 소개한 내용은 1932년 9월 30일 고등법원에서 이루어진 사실심리 결정문이다. 사건 담당 검사는 이토 노리오였다. 검사는 죠코 요네타로가 스스로 좌경화했을 뿐 아니라 감수성이 예민한 초등아동을 적화시키고자 했다고 규정했다. 1932년 12월 치안유지법 위반으로 징역 2년에 집행유예 4년을 선고했다.[22]

토요연구회 사건은 '사회주의청년동맹 경성지구위원회 결성준비회 사건'으로 명명된 것이다. 특이한 점은 관계자가 조선총독부의 일본인, 조선인 직원이 조직한 단체였다는 점이다. 경무국 도서과 직원 히비노 오사무(日比野勇), 학무과 직원 우쓰노미야 타로(宇都宮太郎), 경무국 직원 시교 유타카(執行裕) 등 재조 일본인과 경무국 도서과 급사 김학헌이 마르크스 레닌주의를 연구하는 토요연구회를 조직한 데 이어 이를 발전시킨 형태로 사회주의청년동맹을 조직하고자 했다는 것이다. 이들은 치안유지법과 출판법 위반으로 판결을 받았다.

윤소영

21 이준식, 2006.12, 「재조 일본인 교사 죠코(上甲米太郎)의 반제국주의 교육노동운동」, 『한국민족운동사연구』 49.

22 이준식, 2006.12, 위의 논문, 27쪽

1. 공산주의 계열 사상 사건 공판 기록

1) 고려공산당 사건(정재달 등)

〈자료 234〉 정재달 예심종결결정서

(「鄭在達豫審終決決定書 1925.7.24」, 경성지방법원, 1925; 『독립운동 관련 판결문』, 국가기록원)

본적: 충청북도 진천군 진천면 읍내리 421번지
주거: 경성부 창신동 120번지[23]
당시 서대문형무소 재감, 무직
피고: 정재달(鄭在達), 31세

본적: 불상(不祥)
주거: 러시아 블라디보스토크 신한촌
당시 서대문형무소 재감, 신문기자
피고: 이재복(李載馥), 38세

본적: 함경남도 홍원군 주익면(州翼面) 창대리(倉垈里) 18
주거: 경성부 재동 45번지
신문기자
피고: 이봉수(李鳳洙), 34세

23 판결문에는 102번지로 적혀 있다.

본적: 충청북도 청주군 은성면(琅城面) 궁정리(宮井里)

주거: 경성부 익선동 28번지

신문기자

피고: 신백우(申伯雨)

본적: 함경남도 함흥군 주서면(州西面) 상동(上洞)

주거: 경성부 견지동 88번지

무직

피고: 원우관(元友觀), 38세

위의 자에 대한 1919년(大正 8) 제령 제7호 위반 피고 사건에 대해 예심을 거쳐 결정한 것은 다음과 같다.

주문

본건에 대해 피고 정재달, 이재복을 경성지방법원 합의부 공판에 회부한다.

피고 이봉수, 신백우, 원우관을 면소한다.

이유

피고 정재달, 이재복은 모두 공산주의 선전에 의해 조선에서의 정치변혁을 기도하고,

피고 정재달은 1922년(大正 11) 9월 동 주의의 연구 및 동지 규합을 목적으로 러시아에 가서 재러조선인 주의자의 수령 이동휘, 한명서(韓明瑞) 등과 함께 모스크바 제3국제공산당대회의 내의를 받아 조선인 주의자를 통일함으로써 조선을 적화할 것을 목적으로 고려공산당을 조직하고 그 본부를 블라디보스토크에 두었다. 국제공산당 대표자 보이친스키 감독 아래에서 위원이 되고 오로지 조선인 주의자 사이에 있던 당파적 감정을 타파하여 이를 통일시킬 것을 노력하였다. 그 수단으로 우선 러시아령 거주 조선인 주의자의 명부를 만들고 이어 조선내 주의자의 성명, 경력, 자산, 행동 등을 조사하기 위해 피고는 위친스키의 뜻을 받아 1923년(大正 12) 5월 블라디보스토크를 출발하여 관헌의 눈을 속이기 위해 일부러 상해,

고베, 부산을 거쳐 7월 상순 경성에 와서 다옥정(茶屋町)의 이소홍(李小紅), 숭삼동(崇三洞)의 김찬(金燦) 집에 머물렀다.

그 사이에 여러 번 경성에 사는 주의자 원우관, 신백우, 이봉수 등과 회견을 거듭하여 조선내 주의자의 성명, 행동 등을 조사한 다음, 9월 블라디보스토크로 돌아갔는데, 피고 부재중에 이동휘, 한명서 등 사이에 내홍이 일어났기 때문에 국제공산당 본부에서 해산을 명받았다. 다시 1924년(大正 13) 4월 국제공산당에서 조선인 주의자 등에 대해 조선내 적화를 목적으로 하는 통일된 결사를 조직하라는 명을 받고 국제공산당 대표자 인텔슨 감독 아래에서 이 목적을 갖는 결사 고려공산당의 조직에 착수했다. 러시아, 중국, 조선에 거주하는 조선인 공산주의자의 대표자를 소집하여 준비대회를 블라디보스토크에서 개최하기로 하고, 러시아령 대표자로 남만춘(南萬春), 이형운(李亨運), 중국 대표자로 김철훈(金哲勳), 박응칠(朴應七), 조선 대표자로 이봉수, 신백우, 김약수를 선정 소집했다.

러시아 및 중국의 대표자가 이에 응하여 모였지만, 조선 대표자만 참가하지 않아서 피고는 대표 파견 독촉의 요무를 띠고 동년 6월 15일 블라디보스토크를 출발하여 동월 24일 경성에 와서 고양군 숭인면 성북동(城北洞) 신성녀(申姓女), 경성부 창신동 박정빈(朴貞彬), 같은 곳의 이용상(李用庠) 집에 잠복한다. 김약수, 이봉수, 신백우 등과 회합하여 신속히 조선 대표로 블라디보스토크 준비대회에 출석할 것을 권유하였으나 동인 등의 승낙을 얻지 못하고 그 일이 발각되어 인치되었다.

피고 이재복은 1920년(大正 9) 말, 러시아령 옴스크에서 발간하는 주간신문《새벽종》에 입사하여 조선인 공산당원 이인섭, 안경억(安京億), 이(李) 쿠루무 등과 협력하고 러시아공산당의 보조를 받아《새벽종》이라는 명칭의 주간신문을 발행한다. 재러조선인 사이에 공산주의를 선전하고 있었는데 1921년(大正 10) 여름, 러시아령 이루크츠크에 해당 신문사를 옮기고《경세종(警世鐘)》이라 개칭한다. 김철훈, 한규선, 남만춘 등과 힘을 합하여 이와 같은 선전을 하고 있었는데, 1921년 5월 재외 조선인 등에 대한 공산주의 선전을 위해 러시아 거주 조선인 공산주의자대회를 남만춘, 한규선, 김철훈 등과 힘을 합하여 이루크츠크에서 개최하고 안병찬, 한명서, 조도선, 김춘선 등 여러 명과 회합하여 공산주의 실행 선전 등에 대하여 협의를 거쳤다.

피고는 안병찬, 남만춘, 한규선 등과 함께 집행위원이 되어 북경으로 향하여 동 지역을 중심으로 중국 거주 조선인에게 공산주의 선전을 하게 되었다. 안병찬과 함께 북경에 갔지만, 내홍으로 인해 그 목적을 실현하지 못하고 되돌아와 1922년(大正 11) 8월 이래 블라디보스토크에서 발행하는 공산당기관지 《선봉(先鋒)》의 편집주임이 되어 동 주의의 선전에 종사한다. 한편 정재달 등과 함께 인텔슨의 산하에서 고려공산당의 조직에 관여하고 있던 차, 1924년(大正 13) 6월 상기한 바와 같이 정재달이 준비대회 대표 파견 독촉의 요무를 띠고 경성으로 출발한 채 수십 일이 경과해도 아무런 소식이 없자 피고는 인텔슨의 명을 받고 7월 9일 블라디보스토크를 출발하여 동월 23일에 경성에 와서 익선동 58의 3 조동호 집에서 정재달과 만난다. 이래 동인과 함께 창신동 박홍빈 집에 잠복 체재하고, 서로 협조하여 재경(在京) 주의자 이봉수, 김약수, 신백우 등과 회견하여 대표 파견의 필요를 설명하고 승낙을 받고자 노력했다.

모두 사유재산제도의 부인을 목적으로 하는 고려공산당 조직 실현에 관여, 진력하여 안녕질서를 방해하고자 한 자이다.

이상의 사실은 이를 인정할 만한 범죄 혐의가 충분하며 피고 등의 행위는 1919년(大正 8) 제령 제7호 제1조, 치안유지법 제1조, 형법 제6조를 적용·처단해야 함을 인정함에 따라 형사소송법 제312조에 의거하여 공판에 회부해야 하며,

피고 이봉수, 원우관, 신백우가 이 범행에 모두 가담했다는 공소사실은 이를 공판에 회부할 만한 혐의가 없으므로 형사소송법 제313조에 따라 면소하기로 한다. 이에 주문과 같이 결정한다.

1925년(大正 14) 7월 24일

경성지방법원

예심계 조선총독부 판사 후지무라(藤村)

〈자료 235〉 정재달, 이재복 판결문(1925)

(「鄭在達 李載馥 判決文 1925.9.12」, 경성지방법원, 1925; 『독립운동 관련 판결문』, 국가기록원)

1925년(大正 14) 형송 제830호

판결

본적: 충청북도 진천군 진천면 읍내리 421번지
주거: 경성부 창신동 102번지 이용상(李用庠) 집
무직
전우(田友), 즉 정재달(鄭在達), 31세

본적: 불상(不祥)
주거: 러시아 블라디보스토크 신한촌
신문기자
이성(李成), 즉 이재복(李載馥), 38세

위 두 사람에 대한 1919년(大正 8) 제령 제7호 위반 피고 사건에 대해 당 법원은 조선총독부 검사 사토미(里見寬二) 관여 심리를 거쳐 판결하니 다음과 같다.

주문
피고 두 명을 각 징역 3년에 처함

이유
피고인 두 명은 모두 공산주의 선전에 의해 조선에서 정치 변혁을 기도하고
피고인 정재달은,
(중략)

증거를 살피니, 피고인 정재달이 판시일(判示日) 판시(判示)한 목적으로 러시아에 들어가 이동휘, 한명서 등과 함께 제3국제공산당대회의 내의를 받고 판시한 목적을 갖는 고려공산당을 조직함. 본부를 블라디보스토크에 두고, (중략) 5월 블라디보스토크를 출발하여 판시한 지방을 거쳐 판시한 무렵 입경하고 판시한 이소홍, 김찬 집에 체재하고 판시한 주의자와 회견한 사실은 피의자 원우관에 대한 제1회 사법경찰관 신문조서 및 피의자 이봉수에 대한 제2회 사법경찰관 신문조서에서 피고인은 각각 이 두 명에 대해 조선내 주의 단체의 활동 상태를 묻자 동인 등이 개요를 알려주었음은 각 공술 기재에 의한다.

동년 9월 상순 블라디보스토크에 돌아간바, 판시한 내홍(內訌)으로 전기한 고려공산당이 국제공산당본부에서 해산을 명받은 사실은 피고인의 당 법정에서 그 내용을 진술함에 의한다. 판시한 무렵 국제공산당에서 조선인 주의자 등에 대해 판시한 결사 조직을 명받고 판시한 인텔슨 감독하에서 그 목적을 갖는 고려공산당 조직에 착수하고, 판시한 준비대회를 블라디보스토크에서 개최하기로 하고 판시한 대표자를 선정했다.

이 사실은 피고인 이재복에 대한 제4회 사법경찰관 신문조서 중 1924년 5월 국제공산당이 인텔슨으로 하여금 고려공산당을 다시 조직하기 위해 러시아령 대표 남만춘, 이경건, 중국 대표 박응칠, 김철훈, 조선 대표 3명 합계 7명으로 준비대회를 조직하게 했다는 내용을 공술 기재한다.

피고인 정재달에 대한 제5회 사법경찰관 신문조서 중 1924년 3월 국제공산당의 인텔슨 감독 아래에서 블라디보스토크 고려공산당 준비위원회를 개최하는 내용을 공술 기재한다. 피의자 김약수(金若水) 즉, 김두전(金枓全)에 대한 사법경찰관의 신문조서 중 동인은 피고인 정재달에게 이봉수, 신백우, 자신이 조선 대표로 선정됨을 들었다는 내용의 공술 기재를 종합한 바 이를 인정할만하다.

판시한 바와 같이 조선 대표자 등의 대회에 참가하기 위해 출석을 촉구할 목적으로 피고인 정재달이 조선에 온 사실은 피고인 이재복에 대한 제6회 사법경찰관 신문조서 중의 정재달의 조선 내 대표자 3명이 블라디보스토크에 출석하지 않았기 때문에 파견 운동을 하러 왔다고 공술 기재한 것에 의한다. 판시한 무렵 블라디보스토크를 출발하여 입경하고 판시한 장소에 잠복하고 판시한 3명과 회견한 점은 피고인 정재달의 당 법정에서의 내용 공술에 의한다. 판시한 출석 권유의 점은 피의자 김약수 즉, 김두전에 대한 사법경찰관 신문조서, 피의자 신백우에 대한 제3회 사법경찰관의 신문 조서 중 각자가 판시한 바와 같이 권유를 받았지만 응하지 않았다는 내용 공술 기재에 의거해 이를 인정하기에 충분하다.

그리고 피고인 이재복이 판시한 무렵, 판시한 신문사에 들어가 이인섭 등과 힘을 합하여 (중략), 한편, 인텔슨 하에서 고려공산당의 조직에 관여한 사실은 피고인 이재복에 대한 제7회 사법경찰관 신문조서 중 인텔슨으로부터 피고인이 정재달을 따라 입선하라는 명을 받았을 때 일단 거절했지만, 당의 명령이라는 말을 듣고 마침내 승낙했다는 내용은 공술 기재에 의한다. 피고인 정재달이 판시한 목적으로 입경 후 아무런 소식이 없자 판시일 판시한 인텔슨으로부터 입선(入鮮) 명을 받은 사실은 앞의 조서 중의 그 내용 공술기재에 의한다.(중략)

법률에 비추어 피고인 두 명의 행위는 범죄시의 법전에 따르면 1919년 제령 제7호 제1조, 제1항 본문에 해당하고, 신법에 따르면 치안유지법 제1조 제2항, 제1항에 해당하는 범죄이므로 형법 제6조 제10조에 의거하여 각각 소정의 형을 비교하면 조금도 경중이 없기 때문에 제령 제1조 제1항 본문 소정의 징역형을 선택하고 그 형기 범위 내에서 피고인 두 명을 각각 징역 3년에 처한다.

이에 주문과 같이 판결한다.

1925년(大正 14) 9월 12일

경성지방법원형사부

재판장 조선총독부 판사 미야모토(宮本元)

조선총독부 판사 와키(脇鐵一)

조선총독부 판사

〈자료 236〉 정재달 예심종결서

(〈정재달의 예심종결서〉, 《조선중앙일보》, 1933.8.14)

본적: 충청북도 진천군 진천면 읍내리 421번지

주거: 경상남도 남해군 삼동면 송정리

어장 서기 정재달(鄭在達)

당년 39세

위에 대한 치안유지법 위반 피고 사건 예심을 거치고 결정하기를 다음과 같다.

주문

본건은 이것을 부산지방법원 공판에 회부함.

피고는 1925년(大正 14) 9월 12일 경성지방법원에서 1919년 제령 제7호 위반죄로 징역 3년에 처분되어 복역 중 은사로 인하여 징역 2년, 3월 1일에 감형되어 1927년(昭和 2) 12월 21일 만기 출감한 자로서

제1. 1927년 12월 하순부터 1928년 3월까지 경성부내에서 앞서 1921년(大正 10) 4월 18일 경성부 훈정동(薰井洞) 4번지 박헌영의 집에서 조선 독립 및 조선에서 사유재산제도를 폐지하는, 두 목적으로 조직되어 이래 존속하고 있던 비밀결사 고려공산청년회에 당해 결사의 앞서 제시한 목적을 알고 가입하고

제2. 1928년(昭和 3) 8월 경성부 천연동 120번지 김한(金翰) 집에서 김연배(金連培), 박세영(朴世榮), 장규정(張奎晶), 김완식(金完植), 박봉길(朴奉吉) 등과 회합하고 피고인의 발의에 기초하여 앞서 제시한 고려공산청년회 임시 간부를 결성한 후, 피고인은 책임자가 되고 김연배는 연락부, 박세영, 박봉길은 조직부, 장규정, 김완식은 교양부로 각각 담당하도록 하고, 동년 9월 하순 경성부 관훈동 희문관 인쇄소에 집합하여 간부회를 개최하고 동 인쇄소 직공

해고 문제에 대하여 논의한 이후 김연배를 동 간부회 책임자가 될 것을 정한 등 앞서 제시한 비밀결사 고려공산청년회 임원된 임무에 종사한 자인데, 이 사항 중 결사 가입 행위는 치안유지법 제1조 제1항 후단 및 제2항에, 결사 임원 된 임무에 종사한 점은 동법 제1조 제1항 전단에 각각 해당되고 또 형법 제54조 등도 적용 처단될 것으로 공판에 회부하기에 족한 범죄의 혐의 있으므로 형사소송법 제312조에 의거하여 주문과 같이 결정한다.

1933년(昭和 8) 8월 10일

부산지방법원
예심계 조선총독부 판사 요시카와(吉川圓平)

2) 이영재 적혈결사대

〈자료 237〉 이영재 적혈결사대

(〈예산의 권총 사건, 최고 2년 언도〉, 《시대일보》, 1926.3.4)

【예산】 권총과 실탄 백여 발을 가지고 사회제도의 불공평함에 불평을 품고 유산계급을 파괴할 목적으로 계획하던 중 예산경찰서에 체포되어 심문을 마치고 일건 서류와 함께 1월 4일 공주지방법원 검사국으로 송치하였다 함은 기보와 같거니와, 지난 25일 오전 10시에 동 법원 제7호 법정에서 개정되어 아래와 같이 판결 언도가 되었다는데 치안유지법 실시 이후 충청남도에 처음 일어난 범죄 사건이라 한다.

이영재(李英宰) 2년, 이민휘(李玟輝) 1년 6개월,
하세창(河世昌) 1년 6개월, 서동화(徐東和) 1년 6개월

판결문 1926.2.15

1926년(大正 15) 형공(刑公) 제146호

판결

본적: 인천부 외리(外里) 240번지

주소: 경성부 입정정(笠井町) 26번지

무직, 이영재(李英在), 당 23세

본적, 주소: 충청남도 예산군 예산면 예산리 156번지

이민휘 즉, 신문사 지국장 이성린(李聖麟)

음력 8월 4일생, 당 20세

본적: 경기도 부천군 영종면(永宗面) 운서리(雲西里)[24] 405번지

주소: 인천부 외리 240번지

학교 생도 서동화(徐東和)

음력 2월 21일생, 당 20세

본적, 주소: 경기도 부천군 영종면 운서리

농업, 하세창(河世昌)

음력 8월 10일생, 당 20세

위 피고인 이영재에 대한 절도, 피고인 이영재, 피고인 이성린에 대한 총포화약류취체령 시행규칙 위반 및 위 피고인 4명에 대한 치안유지법 각 위반, 각 피고 사건에 대해 조선총독부 검사 야나기하라(柳原茂)가 간여 심리를 거쳐 판결한 바 다음과 같다.

24 원문에는 서운리(西雲里)로 되어 있으나 바로잡음. 이하 동일.

주문

피고인 이영재를 징역 2년에, 피고인 이성린, 피고인 서동화, 피고인 하세창을 각 징역 1년 6월에 처한다.

압수 물건 중 증 제8호의 결사대 조직 기사 부분은 피고인 이영재, 동 이성린, 동 하세창에 대해 몰수하고, 증거 제1호의 권총, 증거 제2호의 탄환, 증거 제13호의 대피(帶皮) 및 증거 제14호의 주머니(sack) 파편은 피해자에게 환부한다.

이유

제1. 피고인 이영재는 경성부 봉래정 덕본(德本) 총포점에 고용되어 있던 중, 1924년(大正 13) 10월 일자는 불상(不祥). 집주인의 빈틈을 노려 모젤 권총 32형과 함께 부속품(증 제1, 제13, 제14 각호) 및 동 실탄 108발을 절취한다.

제2. 피고인 이영재, 피고인 이성린은 함께 총포, 화약류를 소지할 수 있는 법령상의 자격이 없는 자임에도 불구하고, 경찰서장의 허가를 받지 않고, 피고인 이영재는 경성부 입정정(笠井町) 자택에서 앞서 제시한 총포 및 실탄을 판시일 이래 7일간을 제외하고 이어서 소지할 의사를 계속 가지고 은닉 소지하였다. 피고인 이성린은 동년 6월 상순 이영재로부터 동 권총을 빌려 7일간 경성부 관철동 경호여관내에 은닉 소지하였다.

제3. 피고인 이영재 등 4명은 모두 사유재산제도를 저주하고 공산주의를 품고 있는 자인바, 피고인 이영재는 인천풋볼 단장으로 단원 인천 거주 피고인 서동화, 동 하세창과 서로 왕래함. 시세를 ■■■■ 각 피고인은 1925년 12월 상순 인천 송현리 신흥준이라는 피고인 하세창의 숙소에서 작금의 유산자 무산자의 격차가 너무 심하여 빈자는 점점 가난해지고 부자는 더욱 부유해지는 세태를 분개한 나머지, 사유재산제도를 타파함으로써 공산주의를 확립하여 물자의 분배를 도모하자는 목적을 달성하기 위해 죽음을 마다하지 않는다는 취지의 강령 규약(증 제8호)을 정하고 적혈결사대(赤血決死隊)라는 결사(結社)를 조직했다. 피고인 이성린은 1925년 5월 이래 피고인 이영재와 교류가 돈독하고 서로 의형제의 의를 맺은바, 동년 12월 위 피고인 두 명은 경성부 종로 임화여관에서 미리 동인 등이 품은 공산주의의 실행 방법으로 비교적 단속이 느슨한 중국 상해로 가서 조선 내 각종 사상 단체 및 세계 각국의 공산당과 연락을 취하여 사유재산제도 붕괴를 도모하고, 조선 내에서는 공산제도를 확립하고 사유재산제도의 붕괴를 협의했다. 피고인 이영재의 치안유지법 위반은 범의(犯意)가 계속된 가운데 이루어진 것이라고 할 것이다.

법에 비추어, 피고인 이영재의 행위 중 절도의 점은 형법 제235조에, 권총 및 탄환 소지의 점은 총포화약류취체령 시행규칙 제19조 제50조 제1호 형법 제55조에 해당한다. 위의 가운데 징역형을 선택하여 피고인 이성린의 동 행위는 동 규칙 제19조 제50조 제1호에 해당하고, 그 징역형을 선택한다.

피고인 이영재, 동 서동화, 동 하세창 등의 사유재산제도 부인을 목적으로 한 결사를 조직한 행위는 치안유지법 제1조 제1항에 해당하고, 이 중에 징역형을 선택함. 피고인 이영재, 동 이성린이 앞서 제시한 목적으로 그 목적인 사항 실행에 관해 협의한 행위는 동 법 제2조에 해당하여 그 징역형을 선택한다. 피고인 이영재의 치안유지법 제1, 제2 각조 위반은 형법 제55조에 의해 무거운 동법 제1조의 1죄로 한다. 동 피고인의 절도 총포화약취체령 시행규칙 위반죄 및 치안유지법 위반죄 및 피고인 이성린의 동 시행규칙 위반죄와 치안유지법 위반죄는 모두 병합죄에 관계하므로 형법 제45조 제47조 및 제10조에 의해 피고인 이영재에 대해서는 무거운 절도죄, 피고인 이성린에 대해서는 무거운 치안유지법 위반죄의 각 형에 각각 법정(法定)을 가중하기로 한다. 앞서 제시한 각 소정의 형(刑)의 범위 내에서 피고인 이영재를 징역 2년에, 그 나머지 피고인 3명을 각각 징역 1년 6월에 처한다. 압수 물건 중 증 제8호의 문서는 그 물건이 범인 이외의 자에게 속하지 않고, 범죄로 생긴 물건이므로 형법 제19조 제1항 제3호 제2항에 의해 이를 몰수한다. 증 제1호 권총, 제2호 탄환 증 제13호의 대피 및 증 제14조 주머니 파편은 형사소송법 제373조 제1항에 의해 피해자 덕본(德本)에게 환부해야 한다.

이에 주문과 같이 판결한다.

1926년 2월 15일

공주지방법원

조선총독부 판사

3) 제5차 간도공산당 사건

〈자료 238〉 간도 5·30사건 예심종결 결정서

(〈間島5·30事件豫審終決す〉, 《思想月報》 1권 4호, 조선총독부 고등법원 검사국, 1931.7)

간도 5·30사건 예심 종결하다

간도에는 현재 약 40만의 조선인이 있다. 이 지역은 중국령이지만 경비가 삼엄하지 않고 일본경찰관도 적어서 종래 조선인 공산주의자의 소굴이 되고 있는 상황이다. 그런데 조선공산당 붕괴 후 만주총국 재설치를 구체화하면서 길림성(吉林省), 영안현(寧安縣) 동경성(東京城)은 1927년(昭和 2) 11월에 그 근거가 되었고, 1929년(昭和 4) 11월 광주학생 사건의 여파가 간도에도 전해지게 되어 1930년(昭和 5) 3월 1일 시위운동을 하고 전(全) 동만(東滿)폭동위원회를 조직했다. 그런데 1930년 5월 중국공산당이 만주에서 맹렬히 활약함에 따라 이에 영합하여 1930년 5월 30일 간도 용정촌(龍井村) 부근에서 폭동을 일으켰다. 5월 30일은 1925년(大正 14) 상해에서 반제국주의 시위운동이 도화선에 불을 당긴 날이었다. 중국에서의 공산주의 운동은 이 사건 이후 급격하게 전국으로 확대되었다. 본건 5·30사건은 1930년 9월 16일 경성복심법원의 관할 지정, 같은 해 10월 14일 예심 청구 39명, 혐의 없음 23명, 공소권 없음 1명, 유예 3명, 기소 중지 1명.1931년(昭和 6) 6월 27일 예심 종결이 결정되었다. 본문은 해당 결정서 중 총론 부분만 게재한 것이다.[기록 이토(伊藤)]

제1. 조선을 일본 제국의 굴레에서 벗어나게 하고 동시에 조선에서 사유재산제도를 부인하고 공산제도를 실현하게 하는 것을 목적으로 하는 비밀결사 조산공산당이 1925년(大正 14) 4월 17일 경성부 황금정 1정목 중국요리집 아서원(雅敍園)에서 김재봉(金在鳳), 조봉암(曺奉岩), 최원택(崔元澤) 등 15명이 조직하였다. 또한 이와 동일한 목적을 가지는 비밀결사 고려공산당청년회가 그다음 날인 18일, 경성부 훈정동(薰井洞) 4번지 박헌영(朴憲永)의 집에서 박헌영, 권오설(權五卨), 김찬(金燦), 조봉암, 김동명(金東明)과 회견하고 당 중앙집행위원회의 결의에 근거하여 이들과 의논을 거듭한 결과 같은 해 4월 말 최원택, 조봉암, 김동명은 중국 만주에 조선공산당 지부를 설치하라는 임무를 띠고 만주로 건너가 같은 해 5월 16일, 김철훈(金哲勳), 김하구(金河球), 윤자영(尹滋英)과 함께 길림성(吉林省) 위사현(葦沙縣) 일면파(一面坡) 들판에서 설치에 관한 총회를 열었다. 이에 조선공산당의 지부로 이와 동일한 목표를 가진 만주총국을 설치하고 그 본거를 길림성 영안현(寧安縣) 영고탑(寧古塔)에 두고 이후 당 중앙부의 지령을 받아 조직을 갖추어 당원을 모집하고 착착 그 기초를 다져왔다. 또한 고려공산청년회에서는 같은 해 가을, 전술한 김동명 및 박윤서(朴允瑞)에 의해 동만(東滿)에서 지부로써 이와 동일한 목적을 가지고 만주총국(만주비서부라고도 칭함)을 조직하였다. 이 역시 점차 그 기초를 다져왔으나 1927년(昭和 2) 10월 마침내 발각되어 핵심 세력 등은 더러는 체포되거나 더러는 도망가 조직이 거의 괴멸했다.

원래 조선공산당은 주로 화요파 공산주의자가 조직하여 중앙간부도 거의 화요파가 독점해 왔는데 1925년(大正 14) 11월의 이른바 신의주 사건을 발단으로 그 후 수차례 이루어진 검거로 화요파에 속하는 당원의 대다수가 체포되거나 피신하여 그 세력이 완전히 약화되었다. 1926년(大正 15) 말부터 일월회 계열 및 서울 계열에 속하는 공산주의자 등이 연달아 입당하여 1927년(昭和 2) 봄에 이루어진 중앙간부 검거에 즈음하여 위의 일월회 계열에 속하는 안광천(安光泉) 등이 중앙간부를 인정하지 않아 이들 사이의 알력이 도저히 수습될 수 없는 지경에 이르렀다.

그러므로 전술한 바와 같은 중앙부에서의 파벌투쟁은 필연적이며, 또 그 지부인 만주총국도 그 영향을 받아 점차 파벌투쟁이 일어나게 되었는데 위와 같이 1927년 10월의 검거로 각 파를 초월해 하나가 된 만주총국이 붕괴하면서 수면 아래에 있던 파벌투쟁이 표면화되었다. 결국 화요파, 상해파, 서울파, ML파 등으로 분열하였고 이들의 관계의 골은 더욱 깊어져 오래도록 합동(合同)의 기운을 잃게 되었다.

그 사이에 화요파에서는 1927년 11월 중 중국 길림성, 영안현, 동경성에서 전술한 김찬, 이동산(李東山), 김백파(金白波), 강철(姜哲), 이우영(李又影), 김홍선(金洪善), 최충호(崔忠浩), 진허(陳墟) 등이 조선공산당 지부로 전술한 바와 동일한 목적을 가지는 만주총국을 재설치하고 책임비서에 이동산, 조직부장에 김백파, 선전부장에 김홍선이 취임하였다. 그리고 고려공산청년회 지부이자 전술한 바와 동일한 목적을 가지는 만주총국도 같은 곳에서 같은 시기에 당 총국의 지령에 근거하여 최충호, 석면산(石錦山), 한별(韓別) 등이 재설치하였고, 책임비서에 최충호, 조직부장에 석면산, 선전부장에 한별이 취임하여 함께 본거지를 영안현 부근에 두었다. 그 조직으로 여러 명의 당원 또는 회원으로 이루어진 '야체이카'[25]를 만들고 이를 말단 기구로 삼아 순차적으로 군(郡)간부회, 도 간부회, 총국 집행위원회 등의 기관을 마련하여 야체이카는 당 또는 회의 정책을 실행하는 행동 기관으로 삼아 그 밖의 것은 순차적으로 이를 통제, 지도하는 것을 그 임무로 하였다.

그 밖의 당원 및 회원에게 당 또는 회 이외의 사람와 함께 조선의 독립운동자, 공산주의 운동자 및 그 가족 등에 대하여 물질적 및 정신적인 원조를 하게 함으로써 이들의 운동력을 강대하게 만들고, 그 결과 조선의 독립 및 공산화를 도모하는 것을 목적으로 하는 '모플'의 결사를 조직하게 하였다. 이 조직계통으로 처음에는 말단기관으로서 각 지방 모플이 있고, 그 위에 도 간부 및 총국이 있는데 순차적으로 이를 통제 지도하고, 동 총국은 당의 총국과 연락을 취하여 지도를 받아왔으나 그 후 점차 해당 조직 계통이 쇠퇴하여 결국에는 각 지방 모플 별로 독립결사로서 존속해 왔다. 또한 재만(在滿) 각 군중 단체 중에 당원 또는 회원으로 하여금 '프락치'[26]를 구성하게 하여 이들의 조직적 활동으로 상하좌우 서로 호응하여 그 목적 수행에 광분해 왔다.

그런데 1929년 11월 광주학생 사건을 도화선으로 하여 전조선 각지에서 학생들이 시위운동을 일으켰고 그 형세가 삽시간에 파급되는 상황이었기 때문에 총국에서는 1930년(昭和 5) 3월 1일의 조선독립선언소요기념일을 기하여 조선독립 및 공산화운동의 원조 아래 소속 당원, 회원으로 하여금 동만주 및 북만주에 3·1폭동 11주년 기념준비위원회를 만들어 각 1개 단체를 설치하게 하고 동 위원회의 선동, 지도 아래 재만 농민, 학생 등으로 하여금 시위운동을 일으키게 하려고 하였으며, 북만주에서는 만주총국 조직부장 강주환(康柱煥)을, 동만주에는 만주총국 선전부장 장주련(張周璉)을 지도원으로 파견했다.

동만주에서는 1930년 1월 말 길림성 연길현 수신향(守信鄕) 내풍동(來豐洞) 유태순(兪泰順)

25 야체이카(러시아어로 ячéйка)는 공산당 등의 조직 구성원, 즉 세포라는 뜻이다.

26 프락치(러시아어로 fraktsiya)는 특수한 사명을 띠고 어떤 조직체나 분야에 들어가서 본래의 신분을 속이고 몰래 활동하는 사람을 이르는 말이다.

일명 류태순(劉泰順)의 집에서 상기 장주련의 지도 아래 동만도(東滿道) 책임비서 김창일(金昌一) 일명 윤복송(尹福松), 동 선전부장 강석준(姜錫俊), 당원 이동선(李東鮮) 등이 모여 위의 총국 지령에 입각하여 재동만의 각 군집 단체 대표자들로 상기 준비위원회를 조직하고 이들의 선동 방법으로 격문을 인쇄, 산포할 것, 실제 조직은 이동선이 담당할 것 등을 결정한다. 같은 해 2월 20일 상기 이동선이 연변학생연맹(延邊學生聯盟), 재동만조선인청년총동맹(在東滿朝鮮人青年總同盟) 등 대표자 5명으로 이루어진 동 위원회를 조직하고 동 위원회 지도 하에 수십만 장의 격문을 산포하였다. 그리고 수백 명의 농민들로 하여금 같은 해 2월 28일에는 소오도구(小五道溝) 방면에서 두도구(頭道溝)를 향해 각자 타도 일본제국주의, 만세 조선독립 등의 검은색 글씨를 쓴 빨강 또는 흰색 깃발을 흔들며 만세를 소리 높여 외치고 시위 운동을 하도록 하였다.

이어 3월 1일에는 개척촌(開拓村)에서 같은 방법으로 이 마을 부근에서 대오를 지어 돌며 시위 운동을 하여 매우 어지러웠는데, 당시 동만의 상황은 선동, 지도 등의 대처가 시의적절하여 연달아 이상과 같은 시위운동이 일어나고 한층 확대되는 경향이었다. 그리하여 같은 해 3월 5일 상기(上記)한 유태순의 집에 상기한 자들이 모여 전술한 목적 하에 서술한 바와 같은 시위운동을 선동, 지도하기 위해 3·1폭동 11주년 기념준비위원회를 전동만폭동위원회(全東滿暴動委員會)로 개칭하고 하나의 비밀결사를 만들어 존속시킬 것, 동 위원회 내에 책임, 조직, 선전, 규찰대, 경리, 출판의 각 부를 설치하고, 이동선을 책임 및 조직, 당원 전상근을 규찰대, 당원 이철한(李哲漢)을 선전, 당원 이병식(李秉植)을 경리, 당원 안평(安平)을 출판의 각 부 책임으로 삼을 것을 협의 결정하였다.

(가) 그 무렵 상기 협의에 근거하여 길림성 연길현 수신향 평강(平崗) 소오도구(小五道溝) 중촌(中村) 상기 이병식의 집에서 이동선, 이병식, 이철한, 전상근 등이 모여 상기와 같이 각 부서를 결정하고 이에 실제로 동만의 학생, 농민 등을 선동, 지도하고 시위 운동을 일으키고 나아가 이를 폭동화함으로써 동만의 적화(赤化)를 도모함과 동시에 조선의 독립 및 공산화를 원조하는 것을 목적으로 하는 전동만폭동위원회라는 비밀결사 조직이 이루어져 그 목적을 수행하기 위해 매진해 왔다.

다음으로 ML파에서는 1927년(昭和 2) 10월의 검거 이후 전술한 박윤서(朴允瑞)는 앞서 게재한 안광천(安光泉)으로부터 지부인 만주총국의 조직위원에 지명되었다. 1928년(昭和 3) 1월경 러시아령 블라디보스토크에서 조선공산당 지부로써 이와 동일한 목적을 갖는 만주총국을 설치하고 이윽고 그 본부를 길림성 반석현(磐石縣城)으로 이전했는데 같은 파인 고려공산청년회(高麗共産青年會) 지부로써 이와 동일한 목적을 가지는 만주총국도 같은 무렵 설치되었다. 그리고 그 조직에서는 거의 화요파(火曜派)와 큰 차이 없이 오로지 목표는 조선의 독립과 공산화라는 목적을 관철하기 위해서 군사적 행동을 하는 경우도 있다고 하며 당원에게 필요한 군사적 교련을 할 목적 하에 1929년(昭和 4)부터 당 총국 내에 군사부라는 것을 마련함으로써 착착 그 목적 달성을 위해 활동하며 화요파와 함께 동만에서의 조선공산주의자의 2대 그룹을 형성해 왔던 것이다.

그리고 상해파에서는 전술한 제1차 검거 후 바로 용정촌(龍井村)에서 같은 파의 주건(朱健)[27], 이인영(李麟永), 박창익(朴昌益), 김일수(金一洙), 여남수(呂南壽) 등이 모여 조선독립 및 공산화를 목적으로 하는 재만조선공산주의자 단체라는 것을 조직하고 책임자에 주건, 그 밖의 간부에 김희창(金希昌), 오산세(吳祘世) 및 강문수(姜文秀) 4명을 선출하여 본부 아래 숭례향(崇禮鄕), 국자가(局子街), 화룡현(和龍縣), 구수하(九水河), 용정의 각 구(區)를 두고, 그 아래 '야체이카'를 설치했다. 또 '서울파'의 경우에는 조선공산당 및 고려공산청년회 서울파라는 명칭 하에 동만주지방에 도, 군 '야체이카'의 여러 기관을 설치하고 각각 그 목적 수행을 위해 활동하고 있던 때에 1928년(昭和 3) 8월부터 모스크바에서 개최된 코민테른 제6회 대회에 중앙부 'ML파'에서는 양명(梁明), 한빈(韓斌)[28] 2명, 상해파와 '서울합작파'에서는 이동휘(李東輝), 김규열(金圭烈) 2명이 모두 조선공산당 대표로 출석했으나 동 대회에서는 어느 쪽도 대표로 인정받지 못했다. 그 뿐만 아니라 같은 해 12월 7일 제3국제공산당 집행위원회 정치서기국이라는 이름으로 "종래의 조선공산당은 인텔리겐차 및 부르주아를 토대로 했기 때문에 파벌 싸움이 끊이지 않아 종종 당의 비밀을 폭로해 왔다. 따라서 이들 지부 노동자 및 빈농을 토대로 하여 재건설해야 한다" 등 조선 문제에 대한 결정서를 발표했다. 상기 두 파의 대표는 모두 러시아령 블라디보스토크에 거주하는 각파의 동지에게 이를 보고했으

27 원문은 朱建으로 되어 있으나 바로잡음. 이하 동일.

28 원문은 韓武로 되어 있으나 바로잡음.

나 당시 (중략) ■■■■■(판독불가) 상해파의 김철수(金錣洙), 최동욱(崔東旭), 오산세(吳祘世), 김일수(金一珠), 윤자영(尹滋英) '서울파'에 속하는 김영만(金榮萬) 등은 상기 합작파가 보낸 사자(使者) 이동휘, 김규열로부터 전술한 결정 내용을 듣고, 화요파의 잔당 안상훈(宋相勳), ML파의 불평분자 김영식(金泳植)을 꾀어내어 상기 결정서와 같이 조선공산당을 재조직하고자 하였다. 본거지는 조선 내에 설치하는 것을 원칙으로 하지만 관헌의 경계가 엄중하여 계속해서 충분히 활동할 수 없음을 우려하여 비교적 그러한 염려가 없으면서도 조선 내 지역에 가까운 길림성 돈화현성(敦化縣城) 부근을 근거지로 선택하고 이곳에서 여러 가지 재건설에 관하여 협의하기로 하였다. 1929년(昭和 4) 1월경부터 순차적으로 전술한 자 등이 돈화현성으로 와서 동문 밖 상해파 주건의 집을 이들의 근거지로 하여 종종 모여 협의한 결과, 안상훈을 먼저 조선으로 파견하여 동지를 규합시키고 상기 결정서의 취지와 같이 조선공산당을 재조직할 결사를 조직하도록 했다. 그러나 당시 이미 '서울파'의 동만주 지방에서의 전술한 기관은 해소되고 또한 위에서 서술한 협의, 결정이 있음과 동시에 전술한 상해파의 재만조선공산주의자 단체는 해체되었다.

그리고 안상훈은 상기 협의에 의거하여 같은 해 2월경 조선으로 들어가 경성 방면에서 여러 활동을 했는데 결국 관에 발각되어 같은 해 5월 말에 검거되어 갑자기 계획이 좌절되었다. 이에 따라 같은 해 6월 말경 전술한 김철수, 주건, 최동욱, 김일수, 윤자영, 김영만, 김규열, 김영식, 강문수 등의 경우 전술한 주건의 집에 모여 협의를 한 끝에 위에서 서술한 바와 같은 결사는 오히려 이를 만주에 조직하는 것이 상책이라고 하여 중앙간부 김철수(상해파), 김규열(서울파), 윤자영(상해파), 김영식(ML파에 반대하는 자), 김영만(서울파)을 선임하였다.

이에 상해파 및 서울파가 중심이 되어 재래 조선공산주의 간에 발생한 각 파를 부인하고 파벌끼리의 다툼을 청산하고 노동자, 농민을 토대로 조선의 독립 및 공산화에 매진할 조선공산당을 조직하고 이들 조선공산당재건설준비회(朝鮮共産黨再建設準備會)(이하 당준비회라고 약칭한다)라고 명명했다.

그리하여 그 본부는 가까운 장래에 조선에 설치해야 하지만 당분간은 이를 만주에 두기로 하고 일단 상기 주건의 집으로 정했다. 그러나 1930년 9월경 함경남도 함주군 홍남면에서 오산세, 윤자영, 조덕진(趙德進), 홍만(洪萬), 김일수 등이 모여 본부를 함흥부 하동리 조덕진의 집으로 옮기고 중앙간부를 다시 뽑아 책임비서에 김일수, 선전부위원에 윤자영, 조직부 책임에 조덕진, 공청부(共青部) 책임에 오산세 등이 취임하여 그 세력 확대에 힘써왔다. 그리고 동 준비회는 그 기본 단위로 '야체이카' 및 '프락치'를 두고 그 상부 기관으로 순차적으로 구(區) 지방간부회가 있다. 그리고 그 최상부에 중앙간부회가 있으며 준비회 최고 결의기관인 전국대표대회의 결의를 집행하는 상기 중앙간부회 이하의 집행기관에는 다시 상임간부회를 설치하고 그 상임간부회 중에 일반 서무를 담당하는 비서부, 준비위원의 유인(誘引), 가입을 담당하는 조직부, 출판부과 그 외의 방법으로 주의 선전을 담당하는 선전부, 고려공산청년회재건준비회(高麗共産青年會再建設準備會)를 지도하는 공청부(共青部)를 설치하고 나아가 검사원을 두어 이를 감독하게 하고 각부에 책임자를 임명하여 그 실무를 담당하도록 했다.

그리고 이 준비회에서는 1929년 9월 중앙간부회에서 지부로서 만주부라는 것을 설치해야 한다는 것을 결의하고, 이 결의에 입각하여 같은날 전술한 주건의 집에 주건, 마건(馬建), 김용대(金容大), 송상하(宋相夏), 최문호(崔文浩), 김중환(金重煥), 오산세, 강문수(姜文秀)가 모여 열성자대회를 개최하였다. 중앙부에서 윤자영, 김영식이 이들의 지도원으로서 참석하여 당준비회 만주부 설치를 협의하고 책임비서 주건, 조직부 책임 송상하, 선전부 책임 김중환, 검사부 책임 마건, 공청부 책임 오산세로 결정하고 이에 동 준비회 지부로서 이와 동일한 목적을 가지는 만주부가 창설하게 되었다. 그런데 이 아래 다시 동만, 남만, 북만의 각 지방부를 설치하기로 하고 동만주 지방부는 같은 해 12월에 설치되어 책임비서로 김진세(金振世), 공청부 책임자로 한준(韓俊)이 각각 취임하였고 이어 이듬해 1월 말까지의 사이에 북만, 남만 각 지방부가 조직되었다. 전자의 경우에는 책임비서에 김용대, 공청부 책임자에 김현(金炫), 후자의 경우에는 책임비서에 장서상(張瑞相), 공청부 책임자에 한일광(韓一光)을 취임시켰다.

이보다 앞서 1929년 8월 당 준비회 중앙부로부터 오산세, 최문호, 강문수 3명에 대하여 고려공산청년회 재건준비회(이하 회 준비회라고 약칭한다)를 조직하라는 지령이 있어 같은 달 말에 최문호, 강문수 및 김규열 3명은 길림성 연길현 상의향(尙義鄕) 세린하(細麟河) 김 아무개의 집에서 30일 피고 나종극(羅鍾克)을 만나 동인(同人)의 추천으로 임호(林虎)를 조선으로 들어가게 하여 동지를 규합하고 준비회 조직 활동 임무를 담당하게 하였다. 이에 같은 해 9월 19일 길림성, 연길현, 상의향 마래구(馬來溝) 김형준(金亨俊)[29]의 집에 피고 이철수(李喆

29 원문은 김향준(金享俊)으로 되어 있으나 뒤에서는 '金亨俊'으로 기록되어 있어 '김형준'으로 통일함.

洙) 및 이용무(李龍武), 강문수 등이 모여 강문수로부터 동인(同人) 등에 대하여 동만에 있는 각 파의 고려공산청년회 회원 중 파별적 색채가 없는 자들을 규합하여 바야흐로 조직되려는 회(會) 준비회 회원으로 하기 위한 노력이 있어야 한다는 취지의 말을 하고 이를 위해 협의하였으며, 1930년 7월경에는 거듭 오산세가 이를 조직하는 임무를 띠고 은밀히 조선으로 들어가 여러 가지 활동을 계속해왔던 것이다.

그리하여 만주에서의 조직에 대해서는 당시 만주 일대에서는 이미 이들 회원이 될 만한 자격을 가진 자가 각지에 산재해 있어 편의상 이를 흡수하기 위해 단체 하나를 조직해야 할 상황이었기 때문에 당준비회 중앙부에서는 회준비회가 아직 조직되지 않았으나, 그 지부로서의 역할을 할 만주부를 먼저 설치하고 회준비회가 조직될 때까지 당준비회 만주부에 예속시키기로 하고 그 설치에 관한 일체를 전술한 당준비회 만주부에 일임함에 따라 만주부에서는 1929년 9월 공청부 책임자인 오산세에게 다시 이를 일임했다.

이에 따라 (나) 오산세는 동년 10월 22, 23일경 길림성 돈화현 황니하자(黃泥河子)에 있는 허산(許山)의 집에서 고원(高園), 최치수(崔致秀), 김현(金顯) 및 피고 이철수 등과 회준비회 만주부 설치에 관한 열성자대회를 열고 중앙간부로서 책임비서에 오산세, 조직부 책임에 고원, 선전부 책임에 김진국(金振國)을 결정하고 파벌 다툼을 청산하고 노동자 농민을 토대로 하여 조선의 독립과 공산화에 매진할 고려공산당청년회 조직을 목적으로 하는 회준비회의 지부로서의 역할을 담당할 수 있는, 이와 동일한 목적을 가지는 만주부를 설치하고, 일단 당준비회 만주부에 예속시켰다. 계속해서 그 아래에 동만, 남만, 북만에 각각 지방부를 설치할 것을 결의하고 그 이튿날 전술한 주건의 집에서 상기 간부회를 열고 각 지방부 설치에 관한 책임자 각 1명씩을 결정하여 이들에게 열성자대회를 열게 하여 설치되도록 하고, 동만 지방부에 대하여 한준(韓俊), 남만 지방부에 대하여 고원, 북만 지방부에 대하여 김현을 각각 그 책임자로 결정했다.

그리하여 (다) 동만 지방부는 같은 해 11월 19일경 강청현(江淸縣) 도무구(卜厶溝) 정윤보(鄭允甫)의 집에서 한준이 사회를 진행하고 피고 이철수, 피고 소병화(蘇秉和), 피고 양봉래(梁鳳來), 최문호 외 3명이 지방부 설치에 관한 열성자대회를 열어 이를 설치하고 한준이 책임자로 취임하였다. 남만 지방부는 1930년 3월 길림성 내 모처에서 고원의 사회 아래 강명근(姜明根), 한일광, 장서상(張瑞相) 등이 개최한 지방부 설치에 관한 열성자대회에서 이를 설치하고 한일광이 책임자로 취임했다. 그런데 그 후 상기 동만 지방부 아래 수많은 야체이카를 두게 되었고 남만 지방부 아래 반석구(磐石區), 개하구(改河區), 돈화구(敦河區) 등에도 설치되었고, 상기 구 아래에도 역시 수많은 야체이카를 두는 등 점차 조직을 갖추고 그 목적을 수행하기 위해 활동해 왔던 것이다.

제2. 1927년(昭和 2) 10월 이른바 간도 제1차 공산당 검거 이후부터 1930년(昭和 5) 5월에 이르기까지 그동안 재만주 조선공산주의자들은 대부분 이상과 같다. 지난날 전원 한마음이 되어 단결했던 만주총국의 모습은 한 단면조차 찾아볼 수 없을 만큼 여러 파로 분열되었으며, 더욱이 거쳐 온 과정을 자세히 검토해 보면 파벌투쟁을 하느라 본래의 목적하는 바는 좀처럼 수행된 것이 없는데, 유일하게 화요파가 3·1기념 시위운동을 도모하여 전동만폭동위원회를 조직함으로써 겨우 기세를 올린 것이 전부인 상황이었다. 한편 중국공산당은 만주에 만주 성(省) 위원회를 지부로 설치하고, 동만지방에는 다시 연변당부를 지부로 두었으며 동만주는 물론이고 만주 전체의 적화 공작을 위해 차근차근 진행해 가고 있는 상태였다. 그러므로 점차 조선공산주의자의 각 그룹 내에서는 중국의 일부분인 만주에 조선공산주의자가 조선의 직접혁명을 목적으로 하는 조선공산당 지부를 설치함으로써 당을 지지하거나 또는 조선공산당을 재건하는 결사의 지부를 유지하는 일은 '국제공산당의 1국 1당주의' 원칙에 어긋나고 반혁명적 태도라고 하였다. 그러한 이유로 오히려 조선공산당의 지부인 총국 혹은 조선공산당을 재건하는 결사의 지부를 해체하고, 중국공산당에 입당하여 중국혁명에 참가하기에 이르렀다. 1930년 4월 중에 ML파 만주총국의 해체가 시작되었고 다른 파도 역시 연이어 해체하거나 혹은 곧 해체하려 함으로써 마찬가지로 중국공산당에 입당할 기회를 엿보게 되었다.

이에 중국공산당에서는 1930년 5월 30일을 기해 이른바 5·30기념일을 기념하면서 중국 전 지역에서 폭동을 일으킬 계획이었는데, 재만조선공산주의자의 생각이 전술한 바와 같은 상황임을 알고 상기 만주성위원회에서는 "중국공산당은 오는 5월 30일을 기하여 폭동을 일으킬 것이다. 그러나 어떤 투쟁을 거친 후에 재만조선공산주의자를 흡수할 것이다"라는 취지의 정책을 발표하고 암암리에 중국공산당원의 자격을 획득하고자 하는 조선공산주의자를 규합하고 지도함으로써 동만주 지방에서 일본제국주의 및 중국국민당 군벌세력을 몰아내고 적화(赤化)를 완성하기 위하여 동 지방에 일대 폭동을 일으키기로 했다.

그리하여 ML파(동 파 만주총국은 동년 4월 중 해체했으나 동만도(東滿道)에서는 구 당원을 중국공산당에 입당시키는 잔무(殘務)를 수행하기 위해 여전히 구체제가 존속하고 있음)는,

(가) 1930년 4월 중 원래 ML파 만주총국 간부이자 당시 중국공산당원이 된 박윤서(朴允瑞)의 경우 만주성위원회의 특파원으로서 용정촌(龍井村)으로 와 그달 말 길림성 화룡현(和龍縣) 용신사(勇新社) 동양어구촌(東良於口村) 오원서(吳元瑞)의 집에서 ML파 동만도(東滿道) 책임비서였던 김권(金權), 당원이었던 김철(金喆) 일명 김창민(金昌旻) 및 연변당부 책임비서 이■용(李■龍) 동 당 간부 윤 아무개와 회합하고 오는 5월 30일을 기하여 중국공산당 만주성위원회에서 결행할 폭동 중 동만에서의 폭동에 종래의 ML파 동만주 간부 아래의 소속원을 참가하게 하여 연변당부의 지도를 받기로 협의, 결정하였다.

① 위의 폭동은 (ㄱ) 용정촌, (ㄴ) 두도구(頭道溝), (ㄷ) 천도철로연선(天圖鐵路沿線)을 중심으로 행할 것

② 일본제국, 중국국민당 군벌의 시설을 파괴하거나 혹은 방화함으로써 전멸시킬 것

③ 위의 파괴용과 이를 방해하는 일본과 중국의 관헌의 살육(殺戮)용으로 폭탄과 권총 등을 사용할 것

④ 본건 폭동의 모든 책임자를 김권, 직접 폭동의 총지휘자를 김철, 용정촌의 폭동지휘자를 황진연(黃珍淵), 두도구의 폭동지휘자를 김윤봉(金允鳳), 천도철로연선의 폭동지휘자를 고하원(高河原), 한영섭(韓永燮)으로 할 것

⑤ 폭동에 필요한 일체의 비용은 연변당부에서 출자하고 김철이 교부받을 것

⑥ 전술한 폭탄, 권총의 사용 장소, 사용 방법과 사용자 등은 김철에 일임할 것을 결정하고 그 자리에서 김철은 상기 폭동 비용으로 일금 500원을 수령하였으며, 이윽고 같은 자리에서 김권, 김철과 박윤서 3명이

㉠ 폭동에 관한 구체적 사항은 김철이 전술한 각 지방의 폭동지휘자와 타협한 후 정할 것

㉡ 연변당부로부터 수령한 폭동 비용은 김철이 각각 상기 지휘자에게 분배할 것 등을 결정했다.

(나) 같은 무렵 상기 박윤서 및 모임의 동만도 책임비서였던 소성규(蘇聖圭)는 용정촌 제4구 정림(鄭林)의 집에서 회합하고 결의한 후, 종래의 평강군(平崗郡) 관하의 회원을 상기 폭동에 참가하게 하도록 처리하기로 했다.

(다) 같은 해 5월 초순 상기 용정촌 제사구(第四區) 지영두(池永斗)의 집에서 김권 및 소성규가 회합, 협의한 후 소성규는 당의 평강군 책임비서였던 김윤봉과 협력하여 평강군 관하의 당원들의 폭동 참여 방법에 대해 진력하기로 함.

(라) 같은 무렵 상기 소성규는 평강군 중평리(中坪里) 이주헌(李周憲)의 집으로 가서 모임(會)의 평강군 책임비서였던 동인과 전술한 김윤봉과 회합하고 직접 상기 네 명으로 하여금 종래의 관하 '야체이카'를 순회하게 하여 야체이카 구성원들에게 중국의 현 상황과 폭동의 의의 등을 설명하고 폭동에 참가할 것을 권유하게 하는 것으로 협의, 결정하고 상기 협의에 근거하여 이주헌, 김윤봉은 바로 상기 순회를 떠났다.

(마) 동월 15일 김권은 다시 종래의 동만도 하의 각부 책임비서였던 자들 앞으로 "중국공산당에서는 오는 5월 30일을 기하여 5·30기념 폭동을 일으키기로 결정했다. 따라서 우리가 가까운 장래에 중국공산당에 입당할 것이라면 상기 폭동에 참가하여 연변당부 지도하에 활약하는 것이 좋을 것이다. 또한 상기 폭동 참가에 대한 구체적인 사항에 대해서는 김철이 각 지방을 돌며 직접 지도할 것이므로 이에 따르라"라는 취지의 지령을 보냈다.

(바) 전술한 바와 같이 폭동의 직접 지휘자가 된 김철은 전술한 모의에 근거하여 먼저 5월 11일경 길림성 연길현 용지향(勇智鄕) 수칠구(水七溝) 이창혁(李昌赫)의 집에서 용정촌의 폭동지휘자 황진연과 회합하여 용정촌 방면에서는 동척(東拓) 출장소[구제회(救濟會)], 천도철로(天圖鐵路) 기관고(機關庫), 전등공사(電燈公司), 신문사, 전선(電線)과 부호의 저택을 방

화, 파괴할 것, 폭동방화용으로 도끼, 곤봉, 알코올, 성냥 등을 준비할 것에 대하여 협의하였다. 또한 폭동 시의 인원 배치 등에 대해서는 황진연에게 일임했으나 황진연은 동월 17일경 용정촌 제사구 지영두(池永斗)의 집에서 다시 전술한 박윤서와 회합하고 폭동 참가자는 5월 30일 오후 11시 용정촌 동산의 대륙고무 간판 아래에 이들을 집합시킬 것, 그리고 상기 장소에 집합하는 인원으로 천도철로 기관고와 전등공사를 습격해 파괴, 방화하는 것을 협의했다.

(사) 한편 김철(金喆)은 같은 달 말 전술한 모의에 근거하여 상기 이창혁의 집에서 천도철로연선 폭동지휘자 한영변(韓永燮)과 회합하여 천도철로, 교량의 파괴, 방화 및 화룡현 방면의 폭동 방화에 대하여 협의를 마치고,

(아) 같은 달 30일 길림성 연길현 상의향(尙義鄕) 세린하(細鱗河) 와룡동(臥龍洞) 김윤봉의 집에 동 인물 및 전술한 소성규, 이주헌, 장용우(張龍右), 손철운(孫哲云) 외 4~5명은 회합하여 두도구(頭道溝)에서의 폭동 참가자를 파괴, 방화, 응원 세 단위로 나누었다. 먼저 파괴부대는 루루추[30] 두도구에서 이두구(二頭溝), 삼도구(三道溝) 및 용정촌 방면으로 통하는 전신전화선을 절단하고 통신기관을 두절시킨다. 그리고 방화부대는 동 시내의 조선인민회, 보통학교, 민가 등을 방화하고, 응원부대는 두도구 남단을 내려가는 해란하(海蘭河)를 중심으로 수남(水南), 수북(水北)으로 무리로 나누어 수북대(水北隊)는 두도구 시외 서북방 토기막가(土器幕街) 및 사립신흥학교의 뒷산 방면에 수남대(水南隊)는 두도구교(頭道溝橋) 부근에 집합하여 폭죽을 터뜨리고 함성을 지르며 일본과 중국 관헌의 출동을 견제함으로써 방화 부대의 행동을 용이하게 할 것 등을 협의 결정하였다.

(자) 이상 협의 후 계속하여 이 지방에서 왕래하는 당원 또는 회원들 중에서 완강한 자 약 15명을 모아 김철이 각각 분담을 명령하고 다시 그들이 대체로 왕래하는 당원, 회원, 기타 농민들을 모아 각각 집단을 조직할 것, 이날 오후 12시를 기해 신흥학교 뒷산에 회중전등을

---

30 원문 るるつ. 지명으로 보임.

가지고 신호를 보내면 방화부대는 일제히 활동을 개시하고, 그다음 회중전등 신호에 따라 응원부대가 폭죽을 터뜨리고 함성을 질러 응원할 것을 명령하고, 그들에게 김철이 직접 폭동도구 구입비를 약간씩 배분, 교부했다.

ML파의 본건 폭동의 획책은 이상과 같다. 그렇다면 화요파의 경우에는 어떠한가. 화요파는 1930년 4월의 이른바 간도 제3차 공산당 사건으로 인해 동만의 당원 및 회원 대부분이 도주하거나 검거, 혹은 망명하여 겨우 평강(平崗), 삼도구 방면에서 그 명맥을 유지하고 있는 상태이기 때문에 ML파처럼 다수가 여기에 참가하기 어려운 측면이 있었다. 그러나 1930년 5월 중순 만주총국으로부터 김 아무개라는 사람이 동만으로 와서 당의 동만도 책임비서 김창일과 연변당부의 간부 사이를 연결하여 이따금 용정촌 등지에서 김창일 혹은 연변당부 간부와 회합을 가졌다. 그 결과 전술한 지방의 당원 및 회원들이 용정촌 및 삼도구(三道溝) 방면의 폭동에 참가하도록 결정하고 그달 29일 김창일은 당원 이동선(李東鮮)을 전술한 길림성 연길현 수신향 내풍동(來豊洞) 유태순(劉泰順) 집으로 보내 평강군 책임비서에게 "오는 5월 30일을 기하여 중국공산당 연변당부 지도 아래 용정촌에 폭동을 일으키는데 우리 화요파도 참가하기로 한 것에 대해 평강군 관하의 야체이카는 여기에 참가하게 하라. 그리고 각 야체이카 별로 도끼 한 자루씩을 들고 오는 20일 오전 11시까지 평강군에 각 회원이 집합하여 동 장소에서 지도를 할 것이므로 지휘에 따르라"라는 취지를 전달하게 했다. 상기한 유태순이 곧 내풍동, 소오도구(小五道溝), 수평동(水坪洞), 청지하(青芝河), 남태성(南泰星)의 각 야체이카에 그러한 취지를 전달하는 한편, 김창일은 차병식(車秉植)에게 그 취지를 포함하여 이튿날 30일 오전 11시까지 전술한 평강군으로 향하게 했다. 유태순의 지휘로 폭동에 참가하기 위해 동 장소에 집합한 사람들은 그날 오후 9시까지 용정촌 동산 대륙고무 간판이 있는 곳에서 남쪽으로 약 7정(町)[31] 떨어진 곳에 있는 공동묘지에 집합하도록 전달했다. 그리고 삼도구 방면에 대해서는 이미 시기가 급박한 관계로 그달 27일, 28일 김 아무개 및 김창일이 협의한 끝에 당의 삼도구군 책임비서 안학선(安學善)에게 연변 당부가 직접 폭동 참가 건 및 일체의 사항을 통지하게 했다.

---

31 거리의 단위. 1정은 1간(間)의 60배로 약 109m이다.

(차) 그동안 전술한 황진연은 김권의 명령으로 같은 달 29일 용정 시외 해란(海蘭) 하안(河岸)에서 화요파 김일성(金一星)과 회견하고 용정촌에서의 폭동 참가 건에 대하여 다음 날 오후 11시에 동산 대륙고무 간판 뒤 움푹 팬 땅에 집합할 것, 두 파가 서로 일치 협력할 것, 흉기는 두 파에서 준비할 것 등에 대하여 협의를 마쳤다. 용정촌 방면의 폭동에 즈음하여 두 파의 연락이 순조롭게 이루어지도록 하고 폭동 준비를 완료하고 오로지 기일이 도래하기를 기다렸다가 결국 5월 29일 밤부터 이튿날 30일 미명에 걸쳐 먼저 삼도구(三道溝) 충신장(忠信場) 방면에 봉화를 올리고 이튿날 31일의 미명까지 간도 전역이 폭동의 장소가 되었다.

제3. (가) 길림성 연길현 명신사(明新社) 삼도구 충신장 방면에서는 1930년 5월 29일 오후 9시경부터 화요파에 속하는 당원 및 회원 등 삼삼오오 삼도구 충신장에서 동쪽으로 약 20정 떨어진 단■동(檀■洞)의 구릉지에 집합하여 오후 12시경 그 수가 약 30명에 달했다. 이에 충신장 또는 그 근교에서 미리 일본과 중국 관헌의 앞잡이로 간주되는 자, 또는 부르주아의 저택에 방화하기로 결정하고 당원 최용화(崔龍化) 등에게 이를 5조로 나누고 각 조 모두 석유, 성냥, 헌솜 또는 신문지 등을 준비하여 같은 시각 무렵 각자 그 목적지를 향해 출발했다.

(ㄱ) 이튿날 30일 오전 1시경 삼도구 충신장 남단 김주■(金周■)이 사는 주택 서쪽 모퉁이 지붕에 방화하여 사방 한 자를 불에 태워 없애고

(ㄴ) 같은 날 오전 2시경 삼도구 충신장 ■명찬(■明燦)의 집 주택 정면 좌측 지붕 밑에 방화를 하여 이곳을 사방 약 두 자를 불태워 없앴다.

(ㄷ) 같은 시각 무렵 충신장 서남단 김일노(金一怒)의 집 주택 서쪽 지붕에 방화를 하여 이곳을 사방 약 한 자를 불태워 없앴다.

(ㄹ) 같은 시각 무렵 같은 장소(同所) 평양여관 일명 임봉주(林鳳周)의 집 주택 및 삼도구 동주간지방(東酒間地方) 최택(崔澤)의 집 주택을 방화하고자 신문지에 석유를 묻혀 지붕으로 던졌으나 그 집 사람이 발견하는 바람에 목적을 이루지 못함.

(나) 길림성 연길현 수신향 두도구 방면에서는 5월 30일 일몰경부터 수북(水北) 수남(水南)의 각 응원 부대에 소속하는 자들이 삼삼오오 지정장소인 사립신흥학교(私立新興學校) 뒷산 및 두도구교 부근에 집합하여 4~50명에 달했다. 오후 11시가 지난 무렵 먼저 시내에 잠

입한 방화부대는 상부지(商埠地) 서남구 소재 두도구조선인민회(頭道溝朝鮮人民會)에 방화한 것을 신호로 각 응원 부대는 소지하고 있던 폭죽을 일제히 터뜨리고 함성을 질러 매우 혼란한 가운데 일부는 영사관 분관 정문에 발포하여 경관의 출동을 견제했다. 특히 동 30분경 상부지 동북구 제10호 간도인쇄소 천태성(千泰星)의 집과 역시 동북구 12호 이용무(李容懋)의 집의 창문 유리 17-18장, 옥내 진열장 유리 1장, 서양식 등 1개, 앞의 천태성의 집 앞문 유리 16장, 옥내의 선반 유리 1장 및 천장, 동남구 17 김관식(金寬植) 앞문 유리 8장, 같은 구 19호 모리카와 이토(森川イト) 집의 창문 유리 6장을 각각 파손하고, 방화부대는

(ㄱ) 11시가 지날 무렵 상부지 서북구 구인숙(丘仁淑)의 집 서남쪽 지붕에 방화하여 그 초가지붕의 짚을 평방 약 2자를, 또

(ㄴ) 서북구 박봉녀(朴鳳女)의 집 서쪽 지붕에 방화하여 초가지붕의 짚을 평방 1자를 태웠으며

(ㄷ) 서북구 안기언(安基彦)의 집 지붕에 방화하여 초가지붕의 짚을 평방 1자를 태웠다. 또,

(ㄹ) 상부지 서남구 이희성(李喜成)의 집 앞마당에 있는 건물에서 약 2간(間)[32] 떨어진 곳에 쌓아둔 약 열 지게 분량의 땔감용 나무로 쓰는 풀에 방화하여 전소시킴으로써 공공의 위험을 발생시켰을 뿐 아니라,

(ㅁ) 31일 오전 0시경 연길현 수신향, 사도구(四道溝) 중평촌(仲坪村), 두도구보통학교(頭道溝普通學校)(숙직 직원 없음) 천정에 방화하여 학교 교사의 천정 및 지붕 전체를 태워 훼손하였고, 폭행과 협박을 일삼던 자들이다.

(ㅂ) 전술한 두도구 조선인민회 사무소(아연판 지붕의 일본식 목조 단층 건물 1동)는 당시 수위 강영길(姜榮吉) 일가가 이곳에 거주하고 있었으나 앞에서 언급한 방화로 전소했다.

(다) 길림성 연길현 용지향(勇智鄕) 용정촌 방면에서는 당원, 회원 등이 오후 9시경부터 동산에 있는 대륙고무 간판 부근에 속속 모여들었다. 결국 그 수가 수십 명에 달하여 전원을 두 개의 무리로 나누었는데 약 십 수명으로 이루어진 한 무리는 양재풍(楊在豊)이 이를 지휘하여 용정촌 정거장 서북쪽 약 5정(町) 떨어진 지점에 있는 용정촌전등공사(龍井村電燈公司)

32 길이의 단위이다. 한 간은 여섯 자로, 1.81818m에 해당한다.

를, 또 한 무리의 약 20명은 김일성(金一星)이 지휘하여 동 정거장내 천도철로기관고(天圖鐵路機關庫)를 파괴하고 방화하러 가기로 하고 대원들이 각자 도끼, 곤봉, 성냥, 맥주병에 든 알코올 등을 준비하여 11일 오전 0시가 지난 무렵 먼저 전등공사 파괴부대가 출발하고 이어 기관고 파괴대가 출발했는데 후자는 용정촌 정거장 부근까지 다다랐으나 발각될 것을 염려하여 전원이 도중에 도망치는 바람에 그 목적을 이루지 못한 것에 반해

(ㄱ) 전자는 순식간에 동 공사 정문에 이르러 그중에 수 명은 문밖에서 망을 보고 나머지는 저마다 "쳐부숴라"고 성이 나서 고함치면서 휴대하고 있던 도끼 또는 곤봉을 가지고 벽돌 기둥에 달려 있는 폭이 열 자 되는 판으로 만들어진 정문 남쪽 문과 폭 4자짜리 판으로 만들어진 작은 문을 파괴하고 구내로 밀고 들어갔다. 그리고 그중 7~8명은 구내 북쪽에 있는 발전소내로 침입하여 이곳에 비치되어 있는 배전반의 저항기, 전류계, 조절기, 누전계 등을 파괴하여 용정촌 전체를 암흑가로 만들었다. 다른 수 명은 이곳 남쪽 유리창에 석탄 등을 던져 이를 모두 파괴하는가 하면 이들 중 어떤 이들은 구내 정문에서 동북쪽 약 1간 정도 되는 지점에 있는 송전 전주에 방화를 하여 지상 2자 되는 부분을 길이 25촌(寸)[33] 중 3촌 정도를 태워 훼손했다.

(ㄴ) 한편 이들과 별동대(別動隊) 사람들은 같은 날 0시 20분경부터 오전 1시가 지날 무렵까지의 사이에 용정시내 우장리(牛場里) 김취항(金聚恒) 일명 동점복철공장(董占福鐵工場)(이 철공장은 지붕이 연결되어 점원의 주택이 있음) 북쪽 판자벽에 방범용으로 덮어둔 멍석에 방화를 하여 그 중앙부를 깊이가 판자벽에 달할 정도로 태워 훼손했고, 이어 같은 장소에 있는 김명희(金明熙)의 주택의 지붕에 불을 질러 서남쪽 모퉁이에서 약간 동쪽으로 간 지점에 있는 지붕을 인 짚을 폭 5촌, 길이 3촌, 깊이 처마 5.30 달하는 정도와 동남쪽 모퉁이에서 북쪽으로 3자 되는 곳의 지붕을 인 짚을 폭 7촌, 길이 1자 3촌에 달하는 정도로 태워 훼손했다.

(ㄷ) 그리고 또 다른 무리는 5월 31일 오전 2시가 지난 무렵 용정촌 제2구 동양척식주식회사 출장소 북쪽 뒷문으로 구내로 침입하여 이 사무소에 폭탄을 투척하고 서북 모퉁이 종업원실 외벽에서부터 서쪽으로 4자 떨어져 있는 곳에 있는 쓰레기통

---

33 길이의 단위이다. 1촌은 한 자의 10분의 1 또는 약 3.03cm에 해당한다.

의 동쪽 3촌 지면에 낙하시켜 종업원실 서쪽에 뒷유리창의 유리를 모두 파괴하고 쓰레기통의 동쪽과 종업원실 서쪽에 있는 굴뚝 외부에 무수한 구멍을 낸 후 다시 같은 장소에서 약 3간 반 떨어진 남쪽 숙직실 창문유리를 일부 파괴함으로써 심한 폭행, 협박을 자행했다.

(라) 천도철로 연선에서는,

(ㄱ) 5월 31일 오전 3시 전후 용정촌 서방 약 5정 해란하(海蘭河)에 가설되어 있는 길이 525 피트(呎)[34], 폭 3피트의 천도철로 목조 교량 동쪽 끝 중앙에 있는 둥근 기둥, 강 바닥 약 2자 되는 곳에 방화를 하여 그 제3단 대목(臺木)의 대부분과 교량 직하의 궤도를 떠받치는 최상단 대목의 일부를 태우고 동 교량 서단부 최하단 중앙 기둥 상단 대목에 접속되어 있는 지상 2자 되는 부분에 방화를 하여 이곳을 평방 약 3자를 태우고 교량 대부분이 추락한 상태에 빠지게 했다.

(ㄴ) 같은 날 오전 3시경부터 4시경까지 사이에 길림성 화룡현 삼개사자동(三開社子洞) 통칭 자동천(子洞川) 가설 천도철로 교량 중 교대(橋臺)[35] 1곳과 교각 8곳에 방화를 하여 가장 우측 끝쪽에 있는 교대와 교각은 거의 전소시켰다.

이로써 모두 공공을 위태롭게 하여

(마) 화룡현 방면에서는

(ㄱ) 동일 오전 3시 반경 길림성 화룡현 삼개사 호천포(湖泉浦) 소재 사립 동호학교(東湖學校)(당시 숙직 직원 없음)(조선식 함석지붕의 단층 건물)에 방화를 하여 전소시켰다.

(ㄴ) 동일 오전 5시 반경 길림성 화룡현 덕신사(德新社) 남양평(南陽坪) ■■ 동산 소재 사립중흥학교(中興學校)(당시 숙직 직원 없음)(조선식 함석지붕의 단층 건물)에 방화하여 건물 서쪽 입구 나무바닥 및 판자벽 일부를 태워 훼손했으며,

(ㄷ) 동일 오전 3시경 길림성 화룡현 월신사(月新社) 걸만동(傑滿洞) 조선인민회(당시 숙

---

34 1피트는 3분의 1야드로, 12인치, 약 30.48cm에 해당한다.

35 교대(橋臺)는 교량의 양쪽 끝을 받치는 부분이다.

직직원 없음)에 방화하여 남측 볏짚지붕 1평과 지붕의 횡목(橫木) 5개를 태워 훼손했다.

(ㄹ) 5월 30일 오후 11시 30분경 길림성 연길현 용지향 재암동(財岩洞) 어구(於口)의 전봇대 1개를 지상 약 1척 5촌되는 장소로부터 톱으로 잘라 넘어뜨리고, 다시 그 전선 2개를 절단하고, 같은 시각 무렵 길림현 동양사(東良社) 신명촌(新明村)에서 대불동(大佛洞)으로 통하는 도로의 북쪽 전선 1개를 절단하였고, 이어 5월 31일 오전 1시경 용정촌의 서쪽 약 20정 떨어진 두도구 가도 좌우의 전신선 1개, 전화선 4개를 절단하였다.

이상과 같이 간도 전역에 걸쳐 온갖 폭행, 협박이 난무했다.

4) 주현갑 간도공산당 사건

〈자료 239〉 주현갑 고등법원 판결문[36]

(「주현갑 등 고등법원 판결문 1936.6.18」, 경성고등법원, 1936; 『독립운동 관련 판결문』, 국가기록원)

(상략)

제1. 치안유지법 제정 이유에 따르면, "국체라는 것은 주권 소재, 환언하면 통치권의 총람자가 누구인가의 문제이다. 대일본제국은 만세일계의 천황이 이를 통치한다. 천황은 통치권의 총람자이다. 이와 같이 우리 대일본제국의 국체는 만세일계의 천황이 통치하는 군주국체로, 통치권은 하나로 천황이 총람하는 바이다"라고 설명하였다. 즉 입법자는 국체를 매우 협의로 해석하여 오로지 주권 존재 형태의 이동으로 구별하는 것이 명백하다. 따라서 대

36 1936년 6월 18일 고등법원은 주현갑 등의 상고를 기각했는데 이 고등법원 판결문에는 변호인의 변호요지와 기각 이유가 명시되어 있다.

심원에서도 입법자와 동일한 해석을 취하여 "우리 제국은 만세일계의 천황이 군림하고 통치권을 총람하는 것을 국체로 한다. 치안유지법 제1조의 소위 국체의 의의는 이것이다"라고 설명한다.(1929년 5월 31일 판결)

요컨대 치안유지법에 이른바 국체란 통치권이 만세일계의 천황의 손에 있다는 것을 의미한다. 따라서 국체의 변혁은 국체를 변경한다는 뜻이다. 즉 통치권이 만세일계의 천황의 손에 있다는 것을 변경하는 것 이외에 있을 수 없다고 하겠다. 따라서 사이고 다카모리(西鄕隆盛)[37]가 세이난(西南) 반란을 일으켰다고 해서 이것이 국체 변경이 아니다. 왜냐하면 사이고의 의사는 그 통치권 소재에 대해 반항한 것이 아니고 정부에 대한 반항이기 때문이다. 그리하여 본건 피고인 주현갑, 이동선은 공산당원으로 이들 주의는 원래 조선내에서 일본제국주의를 구축하고 사유재산제도를 부인하려는 것에 불과하다(물론 중국공산당은 이와 관계없음). 따라서 통치권의 총람자인 만세일계의 천황 즉, 국체총람 운운은 조선공산당 또는 중국공산당의 강령 목적에 전혀 들어 있지 않다. 그런데 조선내에서 일본제국주의를 구축하고 사유재산제도를 부인하는 것을 곧바로 국체 변경이라고 해석한다면, 만일 이 피고인 등이 내지의 어느 부현 내에서 현재 정부의 권력에 반항하고 공산혁명을 일으키려고 하면 이것도 국체 변혁이라고 할 수 있는가? 극단적으로 말해 여러 명의 분자가 사유재산제도 부인을 목적으로 정촌(町村)에서 적화운동을 하고, 또는 현 정부의 행정권에 대해 반항한다면 이 또한 국체 변혁이라고 할 수 있는가? 요컨대 국체 변경은 일본제국의 전신민, 전판도에 대하여 통치하는 천황의 통치권에 대하여 변혁을 의미하는 것이므로 제국 내의 어느 부분에서 현 정부에 대해 반항한다고 하는 것이 곧바로 국체 변경이 되지는 않는다는 것은 명백하다. 그런데 본건에 대해 원심이 즉시 치안유지법 제1조 제1항을 적용하는 것은 법률 적용에 착오가 있다고 하지 않을 수 없는 것이다.

그렇지만 원판결은 피고인 두 명이 원 판시한 바와 같이 관계한 결사가 조선을 제국 통치에서 이탈시키고 이에 공산제도를 실시할 목적을 갖는다는 것을 인정했다는 것은 명백하

---

37 다카모리(西鄕隆盛, 1827~1877)는 일본의 정치가이다. 메이지 유신의 중심인물로 1873년 정한론을 주장하였다가 실각하고 1877년 세이난(西南) 전쟁을 일으켰으나 패배하고 자결하였다.

다. 이렇게 조선을 제국의 통치에서 이탈시키고자 하는 것은 일본제국 영토의 일부를 참절하여 그 통치 내용을 실질적으로 축소시키고 이를 침해하려는 것임에 틀림없으므로, 치안유지법에 소위 국체의 변혁을 기도하는 것에 해당한다. 소위 국체는 단지 통치권의 소재에 관한 것만이 아니라 통치권 그 자체의 내용도 포함하는 개념이라고 해석하기 때문이다.(1931년 6월 25일 당원 형사부 판결 참조) 따라서 원판결이 피고인 등의 원 판시 사실에 대해 원 판시 법률을 적용한 것은 당연하며 조금도 논할 바 없이 위법이 아니다. 논지는 이유 없음.

제2. 피고인 주현갑은 1928년(昭和 3) 10월 조선공산당에 가입한 사실, 또 1930년(昭和 5) 8월 23일 중국공산당에 가입하고 장인강 지부 대표자 또는 동만 연화현 평강구 책임자에 선임된 사실 이외에는 달리 극형에 처하지 않으면 안 될 현저한 범죄 사실이 없고, 따라서 다른 피고인들과 비교하여 그 범죄 정황이 가벼운 것이 명백하다. 또한 종래 일본공산당의 최고 간부 사노 마나부(佐野學)[38] 등과의 사정을 비교할 때(그 장소가 제국판도 외부일 뿐 아니라 또 그 범죄 사실에서도 극히 경미함), 범죄의 내용이 지극히 경정이 있음에도 불구하고, 주현갑보다 극히 관대한 처분을 받은데 그쳤다. 피고인 주현갑이 단지 공산당원이 되어 상부의 지령에 입각하여 얼마간 활동한 사실만으로 극형에 처하는 것은 어떤 의미에서 조선인인 동 당원의 감정만을 첨예화할 우려가 있을 뿐 아니라 양형의 면에서 매우 부당하다고 주장하는 것이다.

그렇지만 양정은 당해 범죄 사실 및 이와 관련된 제반 정상(情狀)에 의해 결정해야 하므로 주장하는 바와 같은 관점 표준만에 국한될 것이 아니다. 기록을 정밀히 조사하고 제반 양상을 참작 고려해도 피고인 주현갑의 원 판시 범죄에 대한 원 판결의 양형이 매우 부당하다고 생각할 만한 현저한 사유가 존재하지 않는다. 논지는 이유 없음.

(중략)

이상 피고인들은 모두 가난한 집안에서 태어나 정규 교육을 받지 못한 채 성장하여 ■■

---

38 사노 마나부(佐野學, 1892~1953)는 오이타(大分)현 출신의 사회운동가, 역사학자이다. 일본공산당중앙집행위원장, 코민테른상임집행위원을 역임하였다. 1929년 4·16사건으로 투옥되었고 옥중에서 전향을 표명했으며, 제2차 세계대전 후에는 반공운동을 전개했다.

■■ 공산주의자의 선전에 빠져 인간 생활의 안부가 오로지 빈부격차에 있다고 맹신하고 공산주의 사회 실현으로 모두 평등 행복한 생활을 할 수 있다는 망상에 사로잡힘으로써 청년의 미숙한 사고에 의해 본건 범행을 한 것이므로 오히려 그 행위를 긍휼히 여김과 동시에 너그러운 법률의 혜택이 필요하다. 이 견지에서 고려하면 원심 판결은 형의 양정이 매우 부당하다고 생각할만한 현저한 사유가 있다고 판단함을 주장하는 것이다.

하지만 원판결 판시의 증거에 따르면 피고인들은 각 원판시와 같이 범정을 감행한 것을 인정하며, 기록을 자세히 살펴 모든 증거자료를 살펴보아도 원판결의 중대한 사실의 오인이 있음을 의심할만한 충분하고도 현저한 사유가 존재하지 않는다. 제반 정상을 참작 고려해도 피고인들의 각 원판시 범죄에 대하여 내린 원판결의 양형에 대해 현저히 부당하다고 생각할만한 현저한 사유가 존재하지 않는다. 논지는 이유 없음.

이에 형사소송법 제446조에 따라 주문과 같이 판결한다.

1936년 6월 18일
고등법원 형사부
5명의 판사

〈자료 240〉 주현갑의 재심청구에 관한 의견서

(「再審請求に対する意見書」, 경성지방법원 검사국, 1936; 국사편찬위원회 전자사료관)

서대문형무소 치안유지법 위반 사형 주현갑(38세)

1936년(昭和 11) 6월 18일 상고를 기각한 판결 언도에 대하여 동월 26일부로 재심을 청구한바, 먼저 이 재심결정(요구)의 취지를 가지고 의견서를 제출하게 되었기에 별지의 의견서를 제출합니다.

1936년 7월 4일

주현갑(周現甲)

경성복심법원장 귀하

의견

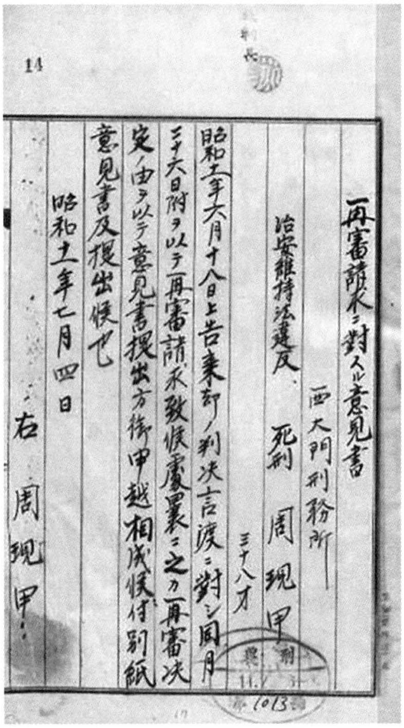
再審請求ニ對スル意見書

西大門刑務所

治安維持法違反 死刑 周現甲 三十八才

昭和十一年六月十八日上告棄却ノ判決言渡ニ對シ同月
三十日附ヲ以テ再審請求致候處曩ニ之カ再審決
定ノ由ヲ以テ意見書提出方御申越相成候付別紙
意見書及提出候也

昭和十一年七月四日

右 周現甲

<그림 1> 주현갑의 재심청구에 대한 의견서(국사편찬위원회 전자사료관 소장)

제1. 나는 확정판결을 받을 때까지 자신의 범죄 사실을 모두 정직하게 진술했기 때문에 두세 가지 점을 제외하고는 결정사실에 대해 이견이 없습니다. 그러나 결정사실이 문서상에는 막연하게 나타나있습니다. 따라서 그 내용 여하에 따라 범죄 사실의 정도가 크게 차이가 날 것입니다. 즉, 나의 범죄 사실 중 여러 군중 단체를 결성하게 했다는 점, 격문을 작성했다는 점 등에서 과연 어느 정도의 활동 내용을 말하는 것인가, 또 그 활동은 창의적인가, 아니면 수동적인가, 그 활동기간은 어느 정도인가 하는 점에 있어 크게 다릅니다. 실제 나의 활동 내용은 상고취의서에서 그 외의 비슷한 성격의 사건의 피고 등과 비교해서 상세하게 진술한 것처럼 빈약함에도 불구하고ㅡ물론 다른 사건이 나의 범죄 사실을 결정하는 절대적 표준이 되지는 않는다는 것은 말할 것도 없습니다만ㅡ극형에 처한다는 것은 너무나 과중한 처벌이 아닌가 생각하지 않을 수 없습니다. 아전인수 격으로 생각하는지도 모르지만, 내가 범한 치안유지법 위반의 범죄 사실만으로 최초의 극형에 처해진다는 것은 실로 유감으로 생각합니다. 그러나 전체를 살펴보면, 우리들 사건이 살인, 방화 등과 같이 생각만 해도 떨리는 여러 사건이 있기 때문에, 이 사건의 관계자로서 연대책임상 상당한 벌을 받아야 한다고 자각하고 있습니다. 그러나 제1심에서 판검사가 언명한 것처럼, 나를 이 사건의 지도자로 간주하여 극형에 처하는 것은 절대 어떤 착오에 의한 것이라 믿고 있습니다. 이 점을 상고취의서에 상술했는데, 특히 나의 행동 모든 것이 현(縣) 위원회, 또는 책임자 배동건(裵東健)의 직접 지도에 따라 그의 수족으로 수동적으

로 활동한 것이 사실인지 아닌지 재심하여 밝혀주길 바랍니다. 이 사실은 재심청구서에 상술했습니다만, 배동건이 1930년(昭和 5) 9월 상순 중국공산당에 가입하고 동년 10월 10일 연화현 위원회 책임자가 된 일시가 사실과 일치하지 않는 점, 검거 당시 압수된 서류가 모두 배동건이 내 거처에서 동거한 관계로 나에게 맡겨진 것이라는 점을 명백히 조사한다면, 배동건이 나를 직접 지도하지 않은 것으로 판단하는 모든 것이 부정될 것입니다. 무엇보다 증인 배동건 및 그 밖의 증인을 신문하면 나의 모든 행동이 어떻게 배동건의 지도로 결정되었는지가 명료해질 것입니다. 그리고 배동건이 직접 지도자라는 사실이 명확해진다면—물론 나의 직접 지도자라고 해서 나보다 무거운 처형을 받아야 한다는 것이 아닙니다—나는 배동건의 지도로 그의 수족으로 활동했기 때문에 사건 전체의 연대책임과 또 구(區) 책임자로서의 책임으로 봐도 배동건보다 가볍게 처벌되는 것이 정상이라고 생각합니다. 또 설령 배동건보다 중벌에 처해진다고 해도 극형에까지 처해지는 것은 너무나 과중한 처벌이 아닌가 생각합니다. 그리고 그 원인은 재심청구취의서에서 상세하게 서술한 사실들이 분명하지 않은 점에 있다고 생각합니다. 따라서 부디 재심이 이루어져 내가 주장하는 여러 사실을 확인해줄 것을 절실하게 희망하는 바입니다.

제2. 애당초 우리 사건은, 민중의 사회생활을 유익하게 만드는 것을 목적으로 하면서 그 수단과 결과는 오히려 해독을 끼치는 주의, 사상이라는 점에 그 원인이 있습니다. 나는 이전 자신이 옳다고 생각한 이 주의 사상에 대해 또 자신의 장래에 대해, 지난 7년간의 긴 시간 동안 실제 사회와 격리되어 모든 것을 숙고하는 삶을 보내고 오늘, 특히 제1심 이후 자신의 심중에 모순이 있음을 발견한 후, 항상 자신의 행동을 반성하고 현재 어떤 생각을 갖고 있는지를 간단히 밝히고 이에 동정을 바랍니다. 우선 이른바 중국공산당원으로 행동한 모든 것이 타인의 선전을 그대로 자신의 것으로 삼아 사리분별 없는 맹목적 행동을 한 것을 통렬하게 자각하고 있습니다.

다음으로, 제1심에서 재판장의 심문을 거절하고 오히려 매우 불경한 행동을 하여 신성한 재판을 모독한 점은 이전에 범한 범죄 사실보다 더 증오할 행동임을 깨닫고 후회하고 있습니다. 제2심에서는 이미 과거를 참회하고 자기수양에 노력했음에도 불구하고 여전히 예기치 못한 형을 언도받은 순간, 근신해야함을 완전히 잊고 무의식적인 행동에 몸을 맡겨버렸습니다.

그러나 오늘 죽음의 문턱에 서서 과거의 반생(半生)을 돌아보며 자신의 과오를 완전히 청산하고 혹여 여생이 남아 있다면 위안과 희망의 생활, 달리 말하면 과거의 죄를 보상할 수 있는 삶에 온몸을 바치고 싶습니다. 이상 간단하지만 현재의 나의 심경을 진심으로 밝혔습니다만, 지난번에 진정한 것도 함께 참고해 주시기를 바랍니다.

전술한 바와 같이 의견을 말씀드렸습니다만, 국가를 위해 가장 기피해야 할 죄를 지어 중형에 처해진 상황에서 자신이 주장하는 제 사실에 대해 재심을 받고 그럼에도 저의 범죄가 사형에 해당한다고 한다면, 그때는 유감없이 처형에 복종할 각오입니다. 부디 재심을 해주셔서 상세히 조사해 주실 것을 간절히 바랍니다.

5) 조선공산당 사건

〈자료 241〉 최근의 전조선 치안유지법 위반 사건 확정 판결집

[〈最近全鮮治安維持法違反事件確定判決集(第八輯)〉, 《思想月報》 1권 4호, 조선총독부 고등법원 검사국, 1931.7]

〈표 1〉 최근의 전조선 치안유지법 위반사건 확정 판결집(제8집)

순서	피고인 성명	선고청	선고 연월일	범죄 사실 개요	비고
1	조동호(趙東祜)	경성지방	1928.6.18	이른바 제1차조선공산당을 조직하고 중앙집행위원이 된 후 선전부를 담당하며 결사목적을 수행하기 위해 책동함.	
2	이형구(李亨逑)[39]	신의주지방	1931.4.13	재만불령단 국민부(國民府)에 가입하고 간부가 되어 조선독립자금 모집이라는 미명하에 금품을 강탈함.	

39 원문대로임. 뒤에 이어지는 판결문에는 이형술(李亨述)로 표기되어 있다.

3	임종환 외 15인	(생략)			
4	임종환(林宗桓)	경성복심	1931.6.18	조선공산당에 가입하고 전라북도에서 '야체이카'를 조직하여 조선민족해방에 관한 격문을 비밀 인쇄함.	
5	김승려(金承麗)	신의주지방	1930.5.20	재만불령단 통의부(統義府)[40], 참의부(參議府)에 가입하여 권총, 장총 등을 휴대하고 평북에 잠입하여 강도, 살인을 함.	

◆ 1928년 형공(刑公) 제177호

판결

본적: 충청북도 옥천군 청산면 백운리 번지 미상

주소: 중국 상해 불란서 조계 개평로 제149호

무직

조동호(趙東祜) 당시 36세

위 사람에 대한 치안유지법 위반 피고 사건에 대하여 조선총독부 검사 나카노 슌스케(中野俊助)가 관여하여 심리를 마쳐 다음과 같이 판결한다.

주문

피고인을 징역 4년에 처한다.

다만 미결구류일수 중 50일을 상기 본형에 산입한다.

이유

피고인은 일찍이 조선독립을 열망해 오던 중 때마침 1919년(大正 8) 러시아 모스크바에 제3인터내셔널(국제공산당)이 창립되자 강령에 담긴 과격한 공산주의에 공명하였다. 후에 경

40 원문에는 統議府로 되어 있으나 바로잡음.

성에 조직된 사상 단체 신사상연구회에 입회하여 공산주의자 등과 교류를 거듭하며 더욱 공산주의에 심취하였다. 마침내 숙원 실행을 기획해 1925년(大正 14) 4월 17일 오후 1시 김재봉(金在鳳), 김두전(金枓全), 유진희(兪鎭熙), 김상수(金尙洙), 진병기(陳秉基), 주종건(朱鍾建), 윤덕병(尹德炳), 송봉우(宋奉瑀), 독고전(獨孤佺), 홍덕유(洪悳裕), 조봉암(曺奉岩), 김찬(金燦) 등과 함께 경성부 황금정 1정목 중국요리점 아서원(雅敍園)에 모여 조선에서 사유재산제도를 부인하고 공산주의를 실현시키고 아울러 조선을 일본제국의 속박에서 벗어나게 할 목적을 가지고 조선공산당이라고 칭하는 비밀결사를 조직하였다. 김재봉, 김두전, 유진희, 주종건, 김찬, 정운해(鄭雲海)와 함께 당의 중앙집행위원에 선임되어 당의 직제 및 당칙 제정을 맡자마자 이튿날 18일 경성부 가회동에 있는 김찬의 은신처에 상기 6명의 위원과 만나 제1회 중앙집행위원회를 열고, 비서부, 인사부, 정경부, 조사부, 조직부, 노농부, 선전부 7부를 설치하여 중앙집행위원 7명을 여기에 분속하였다. 피고인은 상기 선전부에 배속되어 사무를 담당하게 되었으며, 이후 다시 수 차례 위원회를 거듭 열어 여러 가지 일들을 논의한 끝에 전술한 제3인터내셔널이 조선공산당을 승인하도록 동지 조봉암에게 사명을 부여하여 같은 달 말일 경성을 출발하여 러시아의 수도 모스크바로 향했고, 같은 해 9월 결국 그 승인을 얻었다. 그 사이에 피고인은 같은 해 6월 먼저 상해에 도착해 여운형(呂運亨)과 그 외의 동지와 만난 점, 여러 달 동안 블라디보스토크를 돌며 동지 이동휘(李東輝), 남만춘(南萬春) 등과 만나 이들에게 조산공산당 조직의 경과를 보고함과 함께 당을 위한 원조를 구하는 등 결사의 목적 실행에 관하여 책동한 바 있다.

이상의 사실은 피고인이 본 법정에서 한 자백에 의해 증명된 것으로 한다. 법에 비추어 피고인의 소행은 치안유지법 제1조 제1항에 해당하므로 소정의 징역형을 선택하여 그 형기 범위 내에서 피고인을 징역 4년에 처한다. 또한 형법 제21조를 적용하여 미결구류일수 중 50일을 상기 형기에 산입하는 것으로 한다.

이에 주문과 같이 판결한다.

1928년 6월 18일

경성복심지방법원

경성지방법원 조선총독부판사 와키(脇鐵一)

◆ 1931년(昭和 6) 형공(刑公) 제26호

판결

본적: 평안북도 초산군 성면 내연동

주소: 중국 요녕성(遼寧省) 환인현(桓仁縣) 후수하자(响水河子)

무직: 이형술(李亨述) 당시 39세

상기 치안유지법 위반 피고 사건에 대하여 다음과 같이 판결한다.

주문

피고인을 징역 5년에 처한다.

이유

피고인은 1912년(大正 1)부터 약 4년간 초산 헌병대 내연 출장소와 그 밖에서 헌병보조원을 지냈고, 그 후 약 2년간 면서기로 근무하다가 1919년(大正 8) 음력 정월 농업을 경영하러 중국으로 건너가 1921년(大正 10) 음력 3월 환인현 이차구(裡岔溝)에서 재만조선인에 의한 조선독립이라는 목적으로 조직된 결사 대한독립단(大韓獨立團)에 상기 목적을 가지고 제반 취지를 알고 가입했다. 환남지단(桓南支團) 서기(書記)에 임명되어 이 지단(支團)의 문서 및 장부를 정리하고, 1922년(大正 11) 음력 2월, 조직의 검무감(檢務監)에 임명되어 부하 검무원 2명에서 4명을 지휘하며 이 지단의 관할구역 환인현 이차구, 대래피구(大夾皮溝), 소래피구(小夾皮溝), 노흑첨자(老黑尖子)에 거주하는 조선인의 민형사 사건의 수색 및 재판을 진행하여 벌금 및 태형(笞刑)을 과형하였다. 이 독립단원 다수와 공동으로 지역의 안녕질서를 방해하고 1922년 7월 이차구에서 대한독립단 대한광복군총영광(大韓光復軍總營光) 한국군정서(韓團軍政署) 등의 단체를 모아 재만조선인에 의한 조선독립을 목적으로 조직된 결사 대한통의부에 해당 목적으로 취지를 알고 부원이 되었다. 상기 환남지단을 개칭한 통의부 환안(桓安)지방 총감소의 검무감이 되어 전술한 바와 같은 임무를 맡음으로써 통의부원 다수와 공동으로 이 지역의 안녕질서를 방해하였다. 1924년(大正 13) 2월 통의부가 분열되었고 재만조선인에 의한 조선독립을 목적으로 조직된 결사 정의부 및 참의부, 2개의 단체가 되었을 때 이차구에서 상기 목적을 가지고 취지를 알고 참의부에 소속하여 참의부 환안 지방 총감소 검무감이 되어 전술한 바와 동일한 임무를 맡아 참의부 부원 다수와 공동으로 이 지역의 안녕질서를 방해했다. 1926년(大正 15) 11월 이 지역에서 취지를 알고 참의부에 계속 가입한 상태로 상기 총감소의 총관(總管)이 되어 관할구역 환인현 및 집안현 일부에서 행정사무를 총괄하고 부하 검무감, 검무원, 서기, 백가장(百家長), 십가장(十家長) 등을 지휘감독하고, 의무금 징수, 민형사사건 처리 및 지방경찰사무, 참의부 경영학교 등을 관리하였다. 1927년(昭和 2) 음력 4월 중 관내 이주 조선인 1,200호로부터 조선독립자금으로 춘계 의무금이라는 명목 아래 합계 팔백 여원을 징수하여 참의부 참의장 김희산(金希山)에게 교부하였다. 같은 해 음력 9월 중 관내 이주 조선인 1,200호로부터 전술한 바와 마찬가지로 추계의무금으로 봉표(奉票)[41] 1,220원(元)을 징수하였다. 1928년(昭和 3) 음력 2월 중순 참의부 중앙학무위원이 되어 관하에 있는 조선인학교를 관리하고 교과서를 편찬함으로써 상기 참의부 결사의 목적 수행을 위한 행위를 하였다. 이와 동시에 1928년 음력 7월 상순 참의장 김희산이 길림에서 개최된 참의부, 정의부, 신민부의 3부 통일회의에 참석하고 그의 부재중에 참의부 간부회의 결과, 참의부 간부인 참의장 대리에 선출되어 관전현(寬甸縣) 만하(滿河)에서 취임하고 상기 간부로서의 임무를 수행하였다. 1929년(昭和 4) 음력 4월과 같은 해 음력 4월, 참의부, 정의부, 신민부 3단체가 합병하여 재만조선인에 의한 조선독립을 목적으로 국민부라는 결사가 조직되자 국민부 중앙집행위원에 선출되었다. 같은 해 음력 5월, 참의부를 해체하고 국민부를 조직하는 취지의 선언서를 참의부 관내에 산포하고 신빈현(新賓縣) 왕청문(旺清門)에서 상기 국민부를 조직한 목적을 알고, 간부에 해당하는 중앙집행위원장 1명, 중앙집행위원 14명 중 중앙집행위원이 되어 국민부의 총무부, 재무부, 공안부, 교양부, 지방부 5부중 총무부에 속하여 외무부 집행위원이 되어 부민의 교양, 생업 장려, 의무금 징수 등의 임무를 담당했다. 1929년 음력 11월, 국민부 중앙집행위원장의 명령으로 의무금 징수 및 혁명군 군인의 채무 조사 및 국민부의 운동인 농민동맹 조직을 장려하기 위해 환인현을 방문, 이호래(二戶來), 대아하사자(大雅河沙子), 이차구 등지에서 백가장(百家長)에게 농민동맹조직을 독려

---

41 봉표(奉票)는 중화민국 초기에 장쭤린이 중국산업을 지원하고 재원을 마련하기 위해 발행한 독자적 화폐로, 봉천성(奉天省)에서 통용된 지폐이다.

하고 혁명군인의 책무를 조사함. 이 지방에서 징수할 의무금 은대양(銀大洋) 4천원(元)과 상기 채무액 4천원을 상쇄하기로 하고 1930년(昭和 5) 음력 정월 왕청문으로 돌아와 주로 이 지역에서 상기 외무집행위원을 맡으며 임원의 임무를 맡았다. 같은 해 음력 9월 초순 이 지역에서 재만조선인에 의한 조선독립을 목적으로 조직된 결사 중, 국민부와 연락이 닿은, 이 단체와 별개로 조선독립 반대자의 단속 및 경계를 하는 혁명군에 그 취지를 알고 가입했다. 3소대 20명 내외의 인원을 1부대로 편성하는 4개 부대의 혁명군의 제4대장이 되어 소대장 이하 20명의 부하 군인을 지휘감독하고 대원 약 20명을 이끌고 환인현 사첨자(四尖子)로 출발하여 상기 임원으로서의 임무를 수행했다. 같은 해 음력 11월 21일 환인현 마권자(馬圈子), 요자구(鬧子溝)에서 중국공안대에 체포되었다. 당시까지 국민부 중앙집행위원 및 혁명군 제4대장의 임무에 종사했으므로 피고인의 판시 범행은 계속 범의(犯意)하에 행해진 것이다.

증거를 살펴보건대, 판시 범죄 사실은 피고인이 본 법정에서 그 취지를 자백함에 따라 이를 인정하기에 충분하므로 그 범죄 사실이 증명되는 바이다.

법에 비추어 피고인의 판시 소행 중 결사가입 및 결사목적을 수행하기 위한 행위를 한 점은 1928년 6월 25일 칙령 제129호로 개정된 치안유지법 제1조 제1항 후단에 해당하고, 결사의 임원으로서의 임무에 종사한 점은 같은 조항 제1항 전단에 각각 해당한다. 상기는 연속범이므로 형법 제55조에 의거하여 결사의 임원으로서의 임무에 종사한 죄로 인정하여 치안유지법 제1조 제1항 전단에 있는 소정의 형 중에 유기징역을 선택하고 그 형기 범위 내에서 피고인을 징역 5년에 처하기로 한다. 이에 주문과 같이 판결한다.

조선총독부 검사 하시모토(橋本恒) 본명 쓰네고로(恒五郎) 관여

1931년(昭和 6) 4월 13일

신의주지방법원 형사부

재판장 조선총독부 판사 호리베(堀部廣)

조선총독부 판사 와타나베(渡邊彌美)

조선총독부 판사 야마다(山田義磨)는 귀임하여 서명 날인을 못함.

◆ 1931년(昭和6) 형공(刑控) 제245호

판결

본적: 전라북도 익산군 익산면 이리 7번지

주소: 상동

농업 임종항(林宗恒) 임표(林豹) 일명 임종환(林宗桓) 47세

상기자에 대한 치안유지법 위반 피고 사건에 대하여 1931년 5월 14일 경성지방법원에서 선고한 판결에 대하여 피고인으로부터 항소 신청을 함에 따라 본원은 조선총독부 검사 사카미(酒見緻次) 관여 심리를 마치고 다음과 같이 판결한다.

주문

피고를 징역 3년에 처한다.

단 원심에서의 미결구류일수 중 300일을 상기 본 형에 산입한다.

이유

피고인은 1927년(昭和 2) 10월 전라북도 익산군 익산면 이리 7번지 피고인의 집에서 조선공산당원 김병숙(金炳璹)의 권유에 응하여 조선공산당은 조선을 일본제국의 속박에서 벗어나게 하고 동시에 조선에서 사유재산제도를 부인하고 공산제도를 실시할 목적으로 조직된 결사라는 취지를 알고 이 공산당에 가입하였다.

상기 사실은 원심 공판 조서 중 피고인의 진술로써 김병숙과는 십수년 전부터 친한 사이이며 동인이 1927년 10월경 판시 장소인 피고인의 집으로 찾아온 취지와 그 무렵 조선공산당이 존재한다는 것은 신문 등을 통해 알고 있었고, 그 목적이 신문에 ○○이라고 되어 있어서 판시와 같은 목적이라는 것은 추측하고 있었다는 내용이 기재됨. 검사의 피고인에 대한 신문조서[기록 제3책의 28정(丁) 이하] 중 진술로써 1927년 10월경 사택(판시 이리 7번지)에서 김병숙의 권유로 조선공산당에 가입한 적이 있음이 기재됨. 피고인에 대한 제3회 예심 신문조서(기록) 제1차 검거가 있었을 당시 조선공산당은 화요회 사람들이 조직한 것을 알고 그

무렵부터 조선공산당은 조선의 독립 및 조선에 공산제도를 실시하는 것을 목적으로 조직한 것임을 알고 있었다는 취지의 기재가 있으므로 증명된 것으로 한다.

법에 비추어 볼 때 피고인의 행위는 행위 당시의 법령에 따르면 구치안유지법[1925년(大正 14) 4월 22일 법률 제46호] 제1조 제1항에 해당하며, 신치안유지법[1928년(昭和 3) 6월 29일 칙령 제129호]에 따르면 이 법 제1조 제1항 뒷부분에 해당함과 동시에 제1조 제2항 뒷부분에 해당하여 1개의 소행이 여러 개의 죄명에 저촉되는 경우이므로 형법 제54조 제1항 전단 제10조에 의해 죄가 중한 국체 변혁을 목적으로 하는 결사가입죄의 형에 따라 처단해야 하나, 범죄 후 법률에 따라 형이 변경된 경우이므로 이 법 제6조, 제10조에 의해 그 형을 비교, 대조하여 가벼운 구치안유지법 제1조 제1항의 형으로 처단해야 한다. 이에 소정의 형 중 징역형을 선택하여 그 형기 범위 내에서 피고인을 징역 3년에 처하고, 이 법 제21조에 의해 원심에서의 미결구류일수 중 300일을 상기 본 형에 산입하기로 한다. 이에 형사소송법 제401조 제1항을 바탕으로 주문과 같이 판결했다. 따라서 피고인의 항소는 이유 없다.

1931년(昭和 6) 6월 18일

경성복심법원형사부

재판장 조선총독부 판사 스에히로(末廣淸吉)

조선총독부 판사 마스무라(增村文雄)

조선총독부 판사 다나카(田中誠一)

◆ 1930년(昭和 5) 형공(刑公) 제159호

판결

본적: 평안북도 영변군 태평면 조산동 938번지

주소: 중화민국 요녕성 집안현 서문내

무직: 김인형(金仁炯) 일명 김승려(金承麗) 당시 33세

상기는 치안유지법 위반, 강도상해, 훼기(毁棄), 공갈 살인 및 살인미수 피고 사건에 대하여 다음과 같이 판결한다.

주문

피고인을 징역 10년에 처한다.

또한 미결구류일수 중 650일을 상기 본 형에 산입한다.

이유

제1. 피고인은 1926년(大正 15) 음력 10월 중 중국 관전현(寬甸縣) 상누하(上漏河)에서 재만조선인 다수가 조선 독립을 목적으로 조직한 결사 대한독립단(大韓獨立團) 천마대(天摩隊)에 그 취지를 알고 가입했다. 이 부대 병졸이 되어 1922년(大正 11) 음력 4월 중 이 부대 소대장 김상옥(金尚沃)의 부하가 되어 그 무렵 김상옥 외 여러 명과 함께 공모하여 부대의 군자금을 얻을 목적으로 각자 권총 또는 장총을 휴대하고 조선 내로 들어간다. 평안북도 영변군 태평면 조산동 오봉산 백학사(白鶴寺)를 근거지로 삼고 ① 같은 해 5월 8일 밤 조산동 양우준(梁禹俊) 일명 양택주(梁澤柱)의 집에 침입하여 동생 양린주(梁麟柱)에 대하여 "군자금을 제공하라. 응하지 않을 시에는 살해하겠다"고 하며 양린주를 협박하여 일금 4원을 강탈하였다. ②같은 날 밤 태평면 상서동 강의도(康義道) 일명 강윤홍(康允洪)의 집에 침입하여 전술한 바와 동일한 방법으로 강의도를 협박하여 일금 70원을 강탈하였다. ③5월 9일 태평면 조산동 임문일(林文日)의 집에 침입하여 전술한 방법으로 임문일을 협박하고 동시에 소지한 곤봉으로 임문일의 장남 임봉덕(林鳳德)의 안면 및 볼기를 구타하여 전치 약 1개월을 요하는 표피박리의 상처를 입히고 임문일에게 일금 10원을 강탈하였다. ④같은 달 13일 밤 태평동 남송면 귀두동 오흘현(吳屹賢)의 아버지 오자화(吳子華)의 집에 침입하여 전술한 바와 동일한 방법으로 오자화를 협박하여 일금 80원을 강탈하였다. ⑤같은 날 밤 귀두동 오경화(吳京華)의 집에 침입하여 전술한 방법으로 오경화를 협박하여 일금 20원, 백미 5되, 짚신 4켤레를 강탈했다. ⑥같은 해 6월 19일 밤 평안북도 운산군 위연면 온정리 온정경찰관 주재소를 습격하여 경찰간부를 살해하고 총기를 강탈하고자 기도하였다. 주재소 북쪽 옆 온정우편소 전방 약 200보 지점에서 우편소를 주재소로 오인하고 사무실의 점등을 노리고 권총 및 장총으로 실탄을 난사하여 사무실 및 북쪽에 있는 소장 숙사에 여러 발의 탄환을 명중시켜 사무실에서 집무 중이던 조선인 사무원 1명 아무개, 숙사 앞에서 더위를 피하고 있던 당시 우편소 소장 하부 사다시치(羽生定七), 그리고 부근에 거주하는 가토(加藤) 아무개를 살해하고자 했으나 주재소원의 반격을 받아 상기 목적을 달성하지 못하고 도주하였다. ⑦같은 해 8월 25일 밤 평안북도 영변군 태평면 하서동 김문보(金文甫) 일명 김문보(金文寶)의 집에 침입하여 군자금을 제공하라, 그렇지 않으면 살해하겠다고 김문보를 협박하여 일금 50원을 강탈하였다. 모두 천마대의 목적 수행을 위한 행위이며 지역의 안녕질서를 방해한 것이고 같은 해 10월 중순까지 천마대에 계속 가입해 있었다.

제2. 피고인은 그 무렵 상누하(上漏下)에서 재만조선인 다수가 조선의 독립을 목적으로 조직한 결사 대한총의부에 그 취지를 알고 가입하여 1923년(大正 12) 음력 4월 대한총의부 군인 김득성(金得成) 외 3명과 함께 공모하고 대한총의부 군자금을 얻을 목적으로 각자 권총 또는 장총을 휴대하고 조선 내로 들어가 ① 같은 해 6월 11일 김문보의 집에 침입하여 우리는 작년에 왔던 독립단원인데 군자금을 제공하라 그렇지 않으면 주택에 방화하겠다고 하며 김문보를 협박하여 일금 65원을 강취하였다. ② 같은 해 음력 7월 17일 밤 관상동 김적현(金玓鉉)의 집에 침입하여 군자금을 제공하라, 그렇지 않으면 사살하겠다고 하고 김적현을 협박하여 일금 310원을 강취하였다. 각각 대한총의부의 목적 수행을 위한 행위를 하여 지역의 안녕질서를 방해하며 같은 해 음력 11월 10일까지 대한총의부에 계속가입해 있었다.

제3. 피고인은 1927년(昭和 2) 10월 10일 중국 통화현(通化縣) 육도구(六道溝)에서 재만조선인 다수가 조선 독립을 목적으로 조직한 결사 참의부에 그 취지를 알고 가입하여 참의부 병졸이 되어 중국 집안현(輯安縣) 내 이주조선인 약 150명에게 봉천동대양(奉天東大洋) 합계 153매를 징수하여 참의부에 납입하고 그 목적 수행을 위한 행위를 하며 1928년(昭和 3) 1월까지 참의부에 계속 가입해 있었다.

피고인의 상기 주거 침입 및 강도, 강도상해, 강도살인미수 및 1, 2, 3의 치안유지법 위반의 소행은 각각 계속적 범의(犯意) 하에 행해진 것이다.

(증거 설명 생략)

법에 비추어 보면 피고인의 판시 행위 중 1, 2, 3의 치안유지법 위반은 이 행위 당시의 법인 1925년(大正 14) 4월 22일 법률 제46호 치안유지법에 따르면 제1조 제1항, 형법 제55조에 해당한다. 그 후 개정된 1928년(昭和 3) 6월 29일 칙령 제129호 치안유지법에 따르면 제1조 제1항 후단, 형법 제55조에 각각 해당하므로 형법 제6조, 제10조에 의거하여 신구법을 비교, 대조하여 가벼운 행위 시의 법인 1925년 4월 22일 법률 제46호 치안유지법 제1조 제1항 형법 제55조에 따른다. 주거 침입은 형법 제130조에, 강도는 형법 제236조 제1항에, 강도상해는 형법 제240조 전단에, 강도살인미수는 형법 제240조 후단, 제243조에 각각 해당한다. 주거 침입 및 강도, 강도상해, 강도살인미수 행위는 모두 연쇄범으로, 주거 침입과 강도 및 강도상해와는 서로 수단, 결과의 관계이며, 주거 침입 및 강도, 강도상해, 강도살인미수와 관계되는 상기 치안유지법 위반 행위는 각 1개의 행위가 여러 개의 죄명에 저촉되는 경우이므로 이들 관계에 대하여 형법 제54조 제1항 전단, 후단, 제55조를 적용하여 가장 무거운 강도살인미수형에 따라 소정의 형 중에 무기징역을 선택하고 형법 제43조, 제68조 제2호에 의거하여 미수 감경을 하여 그 형기 범위 내에서 피고인을 징역 10년에 처하며, 형법 제21조에 의거하여 미결구류일수중 650일을 상기 본 형에 산입하기로 한다.

이에 주문과 같이 판결한다.

조선총독부 검사 하시모토(橋本恒五郎) 관여

1931년(昭和 6) 5월 20일

신의주지방법원 형사 제2부

재판장 조선총독부 판사 와타나베(渡邊彌美)

조선총독부 판사 문승모(文昇謨)

조선총독부 판사 야마나카(山中忠太)는 귀임하여 서명 날인을 못함.

조선총독부 판사 와타나베

6) 여운형 판결문

〈자료 242〉 1930년 여운형 제령 제7호 및 치안유지법 위반 사건 판결문

(「昭和5年 刑控 第206號」, 경성복심법원, 1930; 『독립운동 관련 판결문』, 국가기록원)

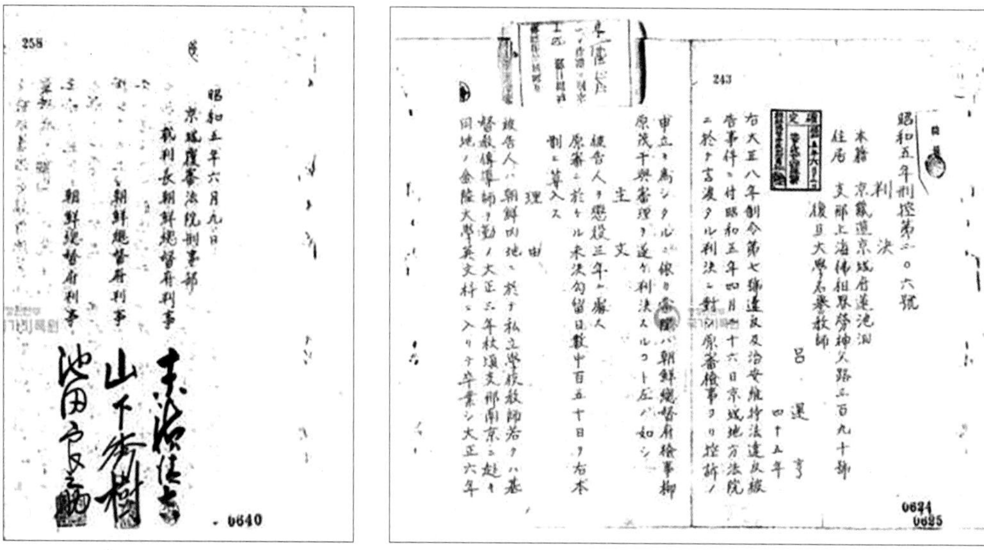

<그림 2> 경성복심법원 여운형 판결문, 1930.6.9.

◆ 1930년(昭和 5) 형공(刑控) 제206호

판결

본적: 경기도 경성부 연지동

주거: 중국 상해 프랑스 조계 노신부로(勞神父路) 390호

복단대학 명예교사

여운형(45세)

위는 1919년(大正 8) 제령 제7호 위반 및 치안유지법 위반 피고 사건에 대해 1930년(昭和 5) 4월 26일 경성지방법원에서 언도한 판결에 대해 원심 검사로부터 항소 신청을 하였으므로 당 법원은 조선총독부 검사 야나기하라(柳原茂)의 간여심리를 거쳐 판결하기를 다음과 같다.

주문

피고인을 징역 3년에 처함.

원심에서 미결구류일수 중 150일을 이 본 형에 산입함.

이유

피고인은 조선 각지에서 사립학교 교사 또는 기독교 전도사로 근무하고 1914년(大正 3) 중국 남경으로 가서 금릉대학 영문과를 졸업하고 1917년(大正 6) 중국 상해에서 서점, 철공장, 잡지사 등에서 근무했다. 그 후 사립동방대학 영어교사 및 통신으로 일을 했으며 1928년(昭和 3) 봄 상해 복단대학 명예교사에 취임하여 현재에 이른다. 남경 금릉대학 재학 중 모국(조선)에 대한 사랑이 깊어진 결과, 1910년(明治 43)에 일어난 한국병합을 매우 유감으로 여기고, 한국병합은 동양평화를 교란하고 조선민족의 복리를 저해하는 것이라고 하였다. 이후 다수의 동지와 공동으로 조선을 일본제국의 굴레에서 벗어나는 독립을 꾀하고 그 목적 달성의 의도 아래 범의(犯意)를 계속 가짐.

제1. 1918년(大正 7) 11월 중 장덕수, 김철, 선우혁, 한진교, 조동호(확인 중) 등과 함께 중국 상해 프랑스 조계 패륵로(貝勒路) 길익리(吉益里) 장덕수의 집에서 모의한 결과, 조선독립을 목적으로 신한청년당이라고 칭하는 결사를 조직하였다. 동 청년당은 서무부, 교제부, 재무부 3부가 있으며 피고인은 교제부 이사에 취임하였다. 당시 유럽대전이 막바지에 이르러 일본, 프랑스, 영국, 미국, 독일 등의 교전국 사이에 유럽전란의 휴전조약을 체결하기 위해 각국의 대표자가 프랑스 파리에 모여 만국평화회의를 개최하기로 하였다. 피고인은 호기를 놓쳐서는 안 된다고 하여 장덕수, 기타 신한청년당 간부와 함께 동 청년당의 목적인 조선독립 목적을 관철하기 위해 만국평화회의 및 미국 대통령 윌슨에게 조선독립청원서를 제출하고, 또 조선에서 당원을 대표하여 만국평화회의에 파견함으로써 조선독립을 애원할 것을 협의하고, 신한청년당 총무 여운형의 이름으로 조선독립에 관한 청원서 2통을 작성하여 미국의 중국파견사절 크레인에게 교부함으로써 만국평화회의와 미국대통령 윌슨에게 제출할 것을 위탁하였다. 또한 당원 김규식을 대표자로 하여 1919년(大正 8) 1월 초순 상해를 출발하여 프랑스 파리를 향하게 하고, 동시에 피고인은 위 간부와 함께 널리 조선 내외에서 활동자금 10만 원을 모금하고 이를 자금으로 삼아 영미잡지를 발간하고 조선을 세계 각국에 소개함으로써 세계의 조선이 되도록 협의하였다. 이 협의에 입각하여 그 달 하순 피고인은 러시아령 블라디보스토크로, 장덕수는 조선 내지로 향한다. 이들은 서로 시기를 전후하여 상해를 떠나 각각 목적지에 도착하였고 자금조달에 동분서주한다. 제3국제공산당이 주최하는 러시아 수도 모스크바에서 1922년(大正 11) 1월 중순 극동피압박민족대회(원동민족대회)가 개최된다고 하자, 청년당 간부와 협의하여 피고인은 김규식과 함께 1921년(大正 10) 10월 중 신한청년당 대표로 상해를 출발하여 1922년 1월 초순 러시아 수도 모스크바에 도착하여 해당 대회에 참가하였다. 일본, 중국, 러시아, 몽고, 자바 등의 각 사회운동단체 파견 대표자 사이에서 해당 대표자와 함께 조선독립에 관한 계획을 협의하고, 그 결과 각 대표자들로 하여금 신한청년당의 목적인 조선독립의 계획에 찬동하게 함으로써 청년당의 목적 수행을 위해 책동하였다.

제2. 1919년 4월 1일 윤현진, 현순, 신익희, 최창식, 이시영, 이동녕, 이광수, 조성환, 신석우, 조동호, 김철, 신규식, 조용하 외 5명과 함께 중국 상해 프랑스 조계 하비로 모 외국인 소유 가옥을 빌어 해당 가옥에서 회합하고 숙의하였다. 당시 조선 내 각지에서 조선독립을 위한 만세소요가 일어나 소요가 절정에 이른 것을 구실로, 임시정부를 조직하고 조선 내와 호응하여 조선독립의 달성을 계획하였다. 상해 거주 조선인 중에서 조선 각 도의 의원을 뽑아 임시의회를 마련하고, 임시정부 조직 관제의 제정 및 기타 일체의 거사를 맡긴다. 피고인은 의원의 한 사람으로 추대되어 다른 의원 일동과 함께 그달 10일, 차가(借家)에서 회합하고 대한민국임시의정원(大韓民國臨示議政院)이라는 결사를 조직하였다. 이어서 대한민국임시정부(大韓民國臨時政府)라는 결사를 조직하고 이와 동시에 임시헌장을 제정하고 외무부, 내무부, 재무부를 설치하여 각 부의 부서를 정하였다. 아울러 피고인은 동 정부의 간부와 함께 동 정부의 목적인 조선독립의 목적 달성 방법으로써 당시 상해 주재 프랑스 영사 윌튼에게 대한민국 임시정부의 보호 방법을 간청하고 프랑스 정부에 타전하여 동 취지의 간원을 할 것을 협의하였다. 피고인은 동 임시정부의 명령을 받아 위의 윌튼을 방문하여 임시정부의 보호를 이어서 프랑스 정부에 전보로써 동 취지의 각 간원을 하고, 다음으로 같은 해 5월 중순 미국에서 안창호가 달려와 가담하여 관제의 개편을 제창하자 피고인을 비롯한 의원 일동은 같은 해 6월 하순 앞의 차가(借家)에 모여 대한임시의정원 회의를 개최하고 이를 협의한 결과, 임시헌장에 수정을 가하여 그 명칭을 임시헌법이라 바꾸고 대통령, 국무총리를 임명하고 외무부, 재무부, 군무부, 법무부, 학무부. 교통부를 설치하였다. 1920년(大正 9) 1월 초순 동지 한형권(韓馨權)을 노농 러시아에 사절로서 파견하고 수호를 맺고 조선독립자금 원조를 요구하여 그 원조를 승낙하게 하였다. 그 후 미국 의원단이 그해 8월 하순 동양시찰을 위해 북경에 오자 피고인은 대한민국 임시정부의 명령에 따라 북경호텔에서 이 의원단 외교위원장 포터와 회견하고 그 사람을 움직여 미국정부로 하여금 조선독립에 원조를 해 주도록 설득하는데 힘썼다. 그 후 임시정부 내에 내홍을 일으켜 두 파로 나뉘어 서로 반목하게 되었는데, 그로 인해 피고인은 안창호, 김위택(金偉宅), 박건병(朴健秉), 윤현진, 이진산(李震山) 등과 함께 1921년(大正 10) 5월 하순 상해 프랑스 조계 포석로(蒲石路) 14호 서병호 집에서 회합하고 협의한 다음, 조선 내외의 민족운동단체에게 격문을 띄워 114(140 확인요) 명의 대표자를 소집하여 상해 프랑스 조계 민국로(民國路)의 침례당에서 회합하고 국민대회를 개최하여 대한민국임시정부의 분우(分憂)를 청산하고 조선독립운동에 힘을 쏟을 것을 꾀했으나 무산되었다. 다시 이유필, 조상우(趙尙祐), 송병조(宋秉祚), 이강(李綱), 윤기섭, 조완구, 조덕률(趙德律), 김명준, 이규홍, 윤자영, 현정건, 김철 등과 함께 1923년 7월 중순 상해 프랑스 조계 포석로 20호 안창호 집에서 대한민국임시정부의 국무총리 노백린 총장, 이동녕, 이시영, 김구 등과 만나 분란의 조정을 시도했으나 결렬되었다. 그 후 임시정부는 재정난에 허덕이게 되었다. 1926년(大正 15) 7월 안창호의 발의로 동 인과 그 밖의 사람들은 상해 프랑스 조계 삼일당(三一堂)에 의연금을 모급하는 회합이 열려 이곳에서 모은 자금으로 임시정부의 재정난을 구제하고, 동 정부의 목적인 조선독립을 달성하게 할 것을 꾀하였다. 합계 2백여 원을 모아 동 정부에 헌금했는데 피고인은 그 일에 찬동하여 금 5원을 동 정부에 헌금 공여하고 이상 동 정부의 목적인 조선독립 수행을 위해 노력하였다.

제3. 1920년(大正 9) 5월 상순 중국 상해 프랑스 조계 내 김만겸 집에서 제3국제공산당의 중국 파견위원 러시아인 보이친스키의 권유로 고려공산당이 조선을 일본제국으로부터 독립시키고 조선에서 사유재산제도를 부인하여 공산제도를 실현하게 할 목적으로 조직한 결사라는 사정을 알면서 이에 가입하였다. 또 이동휘, 조동호 등과 함께 공산당의 목적달성을 위해 다른 사람과 함께 선전 활동을 협의하고 부하린 『공산주의ABC』[42], 영국인 아무개 『직접행동(直接行動)』[43], 마르크스 『공산당선언』[44] 등을 조선어로 번역하여 500부~1000부 작성한 다음, 대한민국임시정부 교통위원으로서 중국 안동현에 주재하는 양헌(梁憲)에게 부탁하여 만주 및 조선 내에 산포하고, 동 공산당의 목적 수행을 위해 노력하였다.

제4. 1922년(大正 11) 11월 상순 나창헌, 조동호, 최석순, 이유필, 조상섭, 김구 외 20여 명과 함께 중국 상해 프랑스 조계 하비로 보강리 24호 조상섭의 집에서 모의한 결과, 10년 동안 1만 명 이상의 노병(勞兵)을 양성하고 백만 원 이상의 전비(戰費)를 조성함으로써 조선독립을 꾀할 목적으로 한국노병회(韓國勞兵會)라 하는 결사를 조직하였다. 1923년(大正 12) 4월 1일 상해 교외 우원로(愚園路) 범왕(梵王) 도화원(渡花園)의 다정(茶亭)에서 다수 회원이 모여 총회를 개최하고 회헌(會憲)을 제정하고 경리부, 교육부, 노공부(勞工部), 군무부 등 4부를 설치하였다. 또 위의 노병회의 목적 실현을 위해 전시군사의 양성, 전비 마련 등을 협의, 결정하여 동 회의 목적이 조선독립 달성에 노력함으로써 안녕질서를 방해하고 또는 방해하려 한 자이다.

증거를 살펴보니, 범의(犯意) 계속이라는 점을 제외한 나머지 사실 중 모두(冒頭)에서 기재한 사실은 피고인이 당 법정에서 한 취지의 공술에 의거하여 이를 인정할 만하다. 그러므로

---

42 니콜라이 이바노비치 부하린(Nikolai Ivanovich Bukharin, 1888~1938)은 소련의 정치가이다. 1905년부터 혁명 운동에 참가하고 1917년의 혁명 후, 러시아 사회민주노동당 중앙위원, 《프라우다》의 주필 등을 역임했다. 1937년 트로츠키파로 제명되고 1938년 사형되었다. 원문에서 언급한 부하린의 저서는 『The ABC of communism』(1919)을 가리킨다.

43 윌리엄 멜러(Mellor William) 저, 시마나카 유조(島中雄三) 역, 1923, 『直接行動論』, 文化學會出版部 이라고 추정되는데, 다만 원문에서 언급한 저작은 이보다 앞서 일본의 사회주의자 고도쿠 슈스이(幸德修水)가 번역한 책이라고 짐작할 뿐 제목을 파악하기는 어렵다.

44 카를 마르크스와 프리드리히 엥겔스가 공동집필한 선언문. 1848년 런던에서 독일어로 처음 출간되었다.

판시 제1의 사실은 피고인이 당 법정에서 판시 동 취지의 공술 및 검사의 증인 조동호에 대한 신문조서 중 "나는 1916년(大正 5) 경 중국 상해로 건너갔는데, 1918년(大正 7) 중 상해에서 여운형, 장덕수, 김철, 선우혁, 한진교 등과 함께 신한청년당을 조직했다. 그 목적은 조선독립을 도모하기 위함이고 상해에서 청년학생을 교양하고 당원을 독립운동에 이용할 의도였다. 그리고 동 당의 간부는 이사장 1인과 이사 4인을 두고 김규식이 이사장에 취임하고 그를 당의 대표자로서 파리에서 개최하는 만국평화회의에 파견하여 조선독립 청원을 하게 하였다. 또한 1922년(大正 11) 동 당은 여운형을 대표자로 러시아 수도 모스크바에서 개최된 극동피압박민족대회에 파견했는데 동 대회의 목적은 압박을 받고 있는 조선, 중국, 러시아, 몽고, 자바 등의 각 민족이 집합하여 압박에서 해방하기 위함이고, 동 대회에서 조선에 관해서는 민족운동이 조선독립운동을 후원한다는 내용의 결의를 했으므로 그 당시 여운형에게 듣고 알았다는 내용의 공술 기재로 이를 인정한다.

판시 제2의 사실(중략) 원심 공판조서 중 피고인이 공술하여 각 내용의 기재에 의해 명백하다. 그 나머지 판시 사실은 피고인이 당 법정에서 판시 동 취지의 공술 및 검사의 증인 조동호에 대한 신문조서 중(중략) 공술 기재로 이를 인정할 수 있다.

판시 제3의 사실 중 고려공산당의 목적이라는 점 및 번역한 판시 저서를 반포한 점을 제외한 그 나머지 사실은 피고인이 당 법정에서 판시 동 취지의 공술 및 검사의 증인 조동우에 대한 신문조서 중(중략) 원심 공판 조서 중 피고인의 공술로써 그 취지의 기재로 각 이를 인정할 수 있다.

판시 제4의 사실은 피고인이 당 법정에서 판시 동 취지의 공술 및 검사의 증인 조동호에 대한 신문조서 중 한국노병회는(중략) 공술 기재로 이를 인정할 수 있다. 그리고 계속 범의라는 것은 같은 종류의 행위를 거듭 반복한 사실을 바탕으로 이를 인정한다.

그러므로 판시 범죄 사실은 그 증명이 충분하다.

법에 비추어 판시(判示) 제2의 대한임시정부에 금원 공여 행위는 그 행위 당시의 법령에 따르면 구치안유지법 제5조에 해당하고 현행 치안유지법에 따르면 동법 제1조 제1항 후반에 해당하는 바, 범죄 후의 법률로 형의 변경이 있는 경우이므로 형법 제6조 제10조에 의해 그 형을 비교하니 범죄시 법은 현행법에 비해 그 형이 가벼우므로 범죄시의 법인 구치안유지법 제5조 소정의 형에 따라 처단해야 함.

이 금원 공여 행위를 제외한 나머지의 판시 제1에서 제4의 행위는 그 행위 당시의 법령에 따르면, 1919년 제령 제7호 정치에 관한 범죄 처벌의 건 제1조 제1항에 해당한다. 중간법인 구치안유지법에 따르면, 판시 제1, 제2, 제4의 결사조직의 점은 동법 제1조 제1항, 형법 제55조에 해당하고, 제3의 결사 가입의 점은 동 치안유지법 제1조 제1항에 해당한다. 제1에서 제4의 협의의 점은 동법 제2조 형법 제55조에 해당한다.

그리고 위 결사의 조직 및 가입 협의는 연속범이므로 형법 제55조를 적용하여 무거운 결사조직의 한 가지 죄로 하여 처분해야 한다. 현행법인 개정 치안유지법에 따르면 판시 제1, 제2, 제4의 결사조직의 점은 동 법 제1조 제1항 전단, 형법 제55조에 해당하고, 제3의 결사 가입의 점은 동 치안유지법 제1조 제1항 후단에 해당함과 동시에 동조 제2항 후단에 해당한다.

한 개의 행위에 여러 개의 죄명에 저촉되는 경우이므로 형법 제54조 제1항 전단, 제10조에 의거하여 무거운 국체변혁(조선독립)의 목적으로 하는 결사가입죄의 형에 따라야 한다. 제1, 제2, 제4의 결사 목적 수행을 위한 행위를 한 점은 치안유지법 제2조 제1항 후단에 해당하며 제3의 동 행위를 한 점은 동법 제1조 제1항 후단에 해당함과 동시에 동 조 제2항 후단에 해당한다. 한 개의 행위로 여러 개의 죄명에 저촉되므로 형법 제54조 제1항 전단, 제10조를 바탕으로 무거운 국체변혁(조선독립)을 목적으로 하는 결사의 목적 수행을 위한 행위죄의 형에 따라야 한다.

위 목적 수행을 위한 행위 사이 및 위 결사의 조직 및 가입은 각 연속범인데 각각 형법 55조를 적용하고, 결국 무거운 결사조직의 한 죄로써 처분해야 하는바, 범죄 후의 법률로 형의 변경이 있는 경우이므로 형법 제6조 제10조를 따라 그 형을 비교 대조함에 범죄시 법 및 중간법 모두 현행법보다 그 형이 가볍고 범죄시 법과 중간법과는 그 형이 동일하므로, 범죄시법인 1919년 제령 제7호 정치에 관한 범죄 처벌의 건 제1조 제1항에 따라 처단해야 한다.

그리고 이와 앞에서 제시한 치안유지법 제5조 처단의 판시, 제2의 금원 공여 행위와는 연속범이므로 형법 제55조를 적용하여 무거운 제령 제7호 제1조 제1항의 죄의 한 가지 죄로써 처단한다. 그 소정의 형 중 징역형을 선택한 다음, 그 형기 범위 내에서 피고인을 징역 3년에 처한다. 형법 제21조에 따라 원심에서 미결구류일수 중 150일을 이 본 형에 산입해야 한다. 따라서 형사소송법 제401조 1항에 따라 주문과 같이 판결하므로 원심 검사의 항소(공소)는 이유 있다.

1930년(昭和 5) 6월 9일

경성복심법원 형사부

재판장 조선총독부 판사 말

조선총독부 판사 야마시타(山下秀樹)

조선총독부 판사 이케다(池田良之助)

7) 회령공산청년동맹 및 공산주의자청년지방협의회 조직 사건

〈자료 243〉 조선사상 사건 판결(1)

[〈朝鮮思想事件判決(一)會寧共産青年同盟及共産主義者青年地方協議會組織事件〉, 《思想月報》 제4권 제4호, 조선총독부 고등법원 검사국, 1934.7]

사실 개요	1930년(昭和 5) 12월 함북 회령에서 조선독립, 공산사회 실현이라는 목적의 비밀결사 '회령공산청년동맹'을 조직하고, 1932년(昭和 7) 4월 함북 웅기에서 공산사회 실현이라는 목적의 비밀결사 '공산주의자청년지방협의회'를 조직한다.

(1) 경과

	연월일		인원
수리	1934년(昭和 9) 1월 17일	함남경찰서 송치 청진지방법원 검사국	2명
처분	동년 동월 20일	청진지방법원 검사국	구공판(求公判) 2명
제1심 재판	동년 3월 13일	청진지방법원	유죄 2명

비고: 1934년 3월 14일 확정

(2) 판결 결과

죄명	형명 형기	미결구류일수	형집행유예기간	직업	성명	연령
치안유지법 위반	징역 5년	40일		무직	장순명(張淳明)[45]	35
치안유지법 위반	징역 2년		5년	농업	전홍면(全泓勉)	■4

(3) 범죄 사실

제1. 피고인 장순명은 어렸을 때 수년간 본적지에서 한학을 배우고 1912(明治 45)년 4월 13세의 나이로 가족과 함께 회령읍으로 이주하여 1916년(大正 5) 3월 이 지역 사립 보통학교를 졸업하였다. 같은 해 4월 간도 화룡현 명동촌으로 건너가 2년간 이 지역 명동중학교에서 수학한 후 1921년(大正 10) 9월 경성으로 나와 2년간 공부하여 경성한성강습원(京城漢城講習院) 중학과 및 사립 중등학교 고등과를 졸업하였다. 그 후 중화민국 북평(北平)으로 건너가 세계어전문학교(世界語專門學校)에서 약 6개월간 중국어, 에스페란토어, 영어 등을 배우고 조선으로 돌아왔다. 그 무렵 크로포트킨(Pjotor Alekseevich Kropotkin) 연구와 무정부주의에 관한 서적을 탐독하여 이 주의를 체득하게 되었으며, 경성, 인천 방면에서 사회운동에 몰두하던 중 1925년(大正 14) 6월 경성지방법원에서 보안법 위반으로 징역 8월에 처해져 1926년(大正 15) 2월에 형을 마쳤다. 이어 1925년 4월의 고려공산청년회사건에 연루되어 1928년(昭和 3) 2월 경성지방법원에서 치안유지법 위반으로 징역 2년 6월에 처해졌다가 은사(恩赦)에 의해 형이 감형되어 1929년(昭和 4) 5월 13일 형 집행이 종료되어 출감한 후 회령읍으로 돌아와 중앙일보 지국을 경영하며 지냈다. 그러나 같은 해 11월 20일 관할 법원에서 출판법 및 보안법 위반으로 징역 1년의 처벌을 받고 형 집행이 종료되었는데,

① 1930년(昭和 5) 12월 초 밤에 회령군 회령읍 9동 지■연(池■淵)의 집에서 전영준(全永俊), 박봉갑(朴鳳甲), 김택룡(金澤龍), 박병균(朴秉均)과 협의한 결과, 조선을 일본제국의 굴레에서 벗어나게 하여 조선에서 사유재산제도를 부인하고 공산주의 사회를 실현하는 것을 목적으로 하는 비밀결사 회령공산청년동맹을 조직함과 동시에,

책임 김병균

---

45 장순명은 한자명을 張順明이라고도 했다.

조직 김택룡

선전 박응갑(朴應甲)[46]

지도자 전영준

으로 결정하였다.

② 이어 그해 같은 달 중순 회령군 회령읍 오산동에 있는 당시 피고인의 집에서 이의봉(李儀鳳)을 만나 온성 방면에서 공산주의 의식이 있는 청년을 모아 공산주의 청년회를 조직하고 공산주의 운동을 해야 한다고 권유했다.

또한 이듬해 1931년(昭和 6) 2월 하순경 청진부 신암동 청진노동회 사무실에서 채경(彩炅) 일명 장병철(張炳喆)과 만나 그에게 "기존의 신간회 및 청년동맹은 각 계급을 망라한 탓에 각자가 대표하는 이해관계가 일치하지 않아 사상운동에 많은 지장이 있으므로 장차 이를 해소하고 노동자 또는 농민을 기초로 하여 각 직업별로 조직을 만들어 공산주의 운동을 할 필요가 있으니 자네는 거주하는 마을의 농촌 청년을 모아 공산주의 그룹을 조직하고 이를 지휘, 훈련해야 한다"고 권유하고 동인 등의 승낙을 얻어 위의 결사목적을 수행하기 위해 노력했다.

제2. 피고인 전홍면은 공립보통학교 졸업 후 1926년(大正 15) 4월 공립 경성(鏡城)고등보통학교에 입학했으나 불온격문 작성을 이유로 학교에서 퇴학 처분을 받은 후 농업에 종사하면서 『사회주의대요(社会主義大要)』[47], 『비판』 등을 탐독하여 점차 공산주의에 공명하게 되었다. 1932년(昭和 7) 4월 12일 경흥군 웅기읍 상송현 최죽엽(崔竹葉)의 집에 서승원(徐承元), 박봉헌(朴鳳憲), 문기환(文基煥)과 함께 만나 조선에서 사유재산제도를 부인하고 공산주의 사회를 실현할 목적으로 공산주의자청년지방협의회를 조직하고 피고인은 가두부(街頭部) 책임자가 되었다.

46 원문대로임.

47 일본의 사회주의자 사카이 도시히코(堺利彦)가 1922년 출간한 책으로 원래 제목은 『社會主義學說の大要』이다.

(4) 법률 적용

법률에 비추어 피고인 장순명의 소행은 치안유지법 제1항 전단 및 제3항 전단에 해당하는데 이는 하나의 소행이 여러 개의 죄명에 저촉되므로 형법 제54조 1항 전단, 제10조에 따라 가장 무거운 치안유지법 제1조 제1항 전단의 죄에 대하여 정해진 형에 따라 유기징역형을 선택하고, 누적범이므로 형법 제56조, 제59조, 제57조에 따라 법정 가중을 하여 동법 제14조의 제한에 따른 형기 범위 내에서 피고인을 징역 5년에 처한다. 또한 형법 제21조를 적용하여 미결구류일수 중 40일을 본형에 산입한다.

피고인 전홍면의 소행은 치안유지법 제1조 제2항 전단에 해당하므로 소정 형기 범위 내에서 피고인을 징역 2년에 처하고, 형법 25조에 의거해 5년간 그 집행을 유예하는 것으로 한다.

8) 흥남적색노동조합 사건

〈자료 244〉 조선사상 사건 판결(2)

[〈朝鮮思想事件判決(二) 興南に於ける赤色勞働組合組織運動協議事件〉, 《思想月報》 제4권 제4호, 조선총독부 고등법원 검사국, 1934.7]

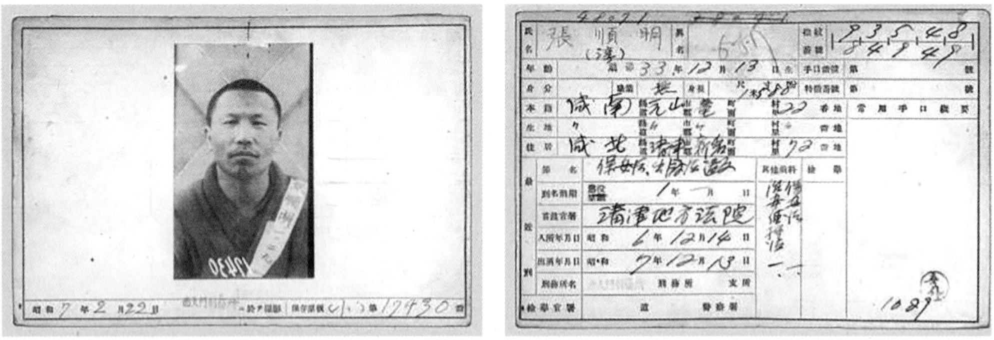

<그림 3> 장순명[張順(淳)明] 서대문형무소 수형인카드(출처: 국사편찬위원회 한국사데이터베이스)

사실 개요	1930년(昭和 5) 8월 이후 흥남에서 조선독립, 공산사회의 실현을 목적으로 이문홍(李文弘), 이종희(李種熙), 한사빈(韓士斌) 등의 지도를 받아 적색노동조합조직운동에 대해 동지 획득을 위해 활동하고 제휴 활동을 위해 협의함.

(1) 경과

	연원일	관청명	인원
수리	1934(昭和 9) 1월 6일	홍남경찰서 송치 함흥지방법원 검사국	2명
처분	동년 동월 12일	홍남지방법원 검사국	구공판 2명
제1심 재판	동년 동월 26일	함흥지방법원	유죄 2명

비고: 피고 2명 모두 항소 신청했으나 5월 12일 취하 확정.

(2) 판결 결과

죄명	형명 형기	직업	성명	연령
치안유지법 위반	징역 5년	무직	강제리, 김명남(金明南) 일명 손명룡(孫明龍)	24
상 동	징역 3년	상 동	궁남호(弓南浩), 김응순(金應順) 일명 김채형(金采亨)	24

(3) 범죄 사실(제1심)

제1. 피고인 손명룡은 가난한 집에 태어나 함경남도 영흥군 요덕면(耀德面)에서 사립 요덕학교를 졸업하고 문천군 천내리에서 약 2년간 시멘트공장의 단야공(鍛冶工)으로 일하다 19세 나이에 간도 용정촌 사립 대성중학교에 입학했다. 그러나 약 4개월 후 중도 퇴학하고 1930년 여름부터 홍남에서 자유노동에 종사했다. 같은 해 9월 하순 조선질소비료주식회사 홍남공장 직공으로 취직했다가 국체변혁(조선독립) 및 사유재산제도를 부인할 목적을 가지고,

① 1930년 8월 하순 최몽린(崔夢獜)의 소개로 홍남읍내 호해(湖海) 부두에서 함경남도의 사상운동의 거두 이문홍과 만나 그로부터 무산자의 이익을 획득하고 자본가와 투쟁을 위해서는 농민조합 또는 노동조합 등의 비합법결사를 조직하고, 그 정예분자로 조선공산당 또는 공산청년회 등의 비밀결사를 조직해야 한다는 설명을 듣고 이에 공명하여 위의 비밀결사조직을 위해 노력할 것을 맹세하였다. 그 무렵 앞에서 전술한 장소에서 전술한 두 명과 김태엽(金兌燁)을 만나 이문홍의 지도를 받아 홍남의 자유노동자를 동지로 포섭하는 것에 대하여 협의하고, 같은 해 9월 하순 김태엽과 함께 전술한 홍남공장 직공으로 취직하자 공장 및 직장의 동지 획득을 위해 활동하기에 이르렀다.

② (가) 1931년 1월 중순 홍남읍 천기리(天機里) 하숙 현 아무개의 방에서 피고 김채형에

게 전술한 이문홍의 결사조직이론을 설명하고 공감을 얻어 김채형을 동지로 획득하여 전술한 목적을 위해 제휴활동을 협의하고,

(나) 같은 해 2월 중순 앞서 전술한 동일 장소에서 박기호(朴基浩) 이재섭(李栽燮) 등에게 전술한 바와 같이 각별하게 설명을 하고 공감을 얻어 동지로 획득하여 전술한 목적을 위한 제휴활동을 협의하였다.

③ 1931년 5월 10일 함주군 운남면 운중리 하숙 이동격(李東格)의 방에서 중국공산당 동만특별위원회(中國共產黨東滿特別委員會) 파견원이라는 김병구(金炳九)가 방문하고, 이 사람의 소개로그 무렵 흥남읍 구룡리 산에서 이창주(李昌周)를 만나 이 사람으로부터 각각 조선운동에서의 과거파벌투쟁을 청산하고 조선무산자를 토대로 하는 비합법단체를 조직하고 정예분자를 발탁하여 전조선의 통일조직을 결성하여 국제무산당의 승인을 얻어 조선공산당을 조직해야 한다는 권유를 받았다. 일찍이 스스로 품어 왔던 사상과 합치함에 따라 실제 운동전선에서 서로 대면할 것을 맹세하였다. 그 후 동지 이창주가 검거를 피해 도피하고 있을 때 그의 지휘 아래 있던 동지 부기남(夫己男), 이원석(李源錫), 김봉선(金鳳善), 권원석(權元錫) 등을 자신의 지휘 아래 인계할 것을 승낙한다.

④ (가) 1931년 6월 하순 앞서 전술한 이동격의 방에서 이문홍의 소개로 이종희와 알게 되어 동 인의 지도를 받기에 이르렀다.

(나) 같은 해 8월 초순 흥남읍 동흥리 한흥성(韓興成)의 집에서 이종희 및 한사빈 등으로부터 신조직이론을 들었다. 조선공산당 또는 공산청년회는 국제공산당으로부터 승인 취소를 받았으나 우리는 1928년 12월 테제의 지시에 따라 일반 무산노농대중에게 혁명적 의식을 주입하여 산업별 노동조합 또는 농민조합 등의 비합법단체를 조직하여 전조선의 통일조직으로 이끌고, 조직과정에서 정예분자가 공산주의자 그룹을 조직하여 국제무산당의 승인을 얻어 지부로서의 조선공산당을 결성함과 동시에 국제적색노동조합의 지부, 조선노동조합을 결성해야 한다는 취지의 설명이었다. 이에 공명하여 그들과 흥남공장을 중심으로 흥남적색화학노동조합 및 흥남읍 동흥리 한흥성의 집 등에서 이원석, 이금선(李金善), 김영제(金榮湜), 이재섭 등에게 전술한 이종희 등의 조직 이론을 설명하고 그들의 공명을 얻어 동지로 획득하고 흥남적색화학노동조합 및 흥남공산주의자그룹운동에 제휴하기로 모의하였다.

⑤같은 해 2월 초 이종희, 한사빈의 추천으로 공산대학 입학 및 흥남 상황 보고 등을 위해

태평양노동조합 블라디보스토크 연락부에 파견되었다. 같은 해 11월 27일 러시아의 수도 모스크바에 도착하여 공산대학 속성과(速成科)에 입학하여 공산주의 이론과 운동이념 등을 연구하고 1932년(昭和 7) 12월에 졸업한 후 1933년(昭和 8) 5월 28일 블라디보스토크의 여관에서 블라디보스토크 연락부원 러시아인 오시모프에게 조선의 공산주의 운동은 종래 당 건설에만 주력하여 기초공작을 등한시해왔기 때문에 항상 실패로 끝났는데, 당은 기초공작이 완성되면 강력한 기초 위에 자연스럽게 완성되는 것이므로 조선으로 돌아가 경성을 중심으로 산업별 좌익노동조합조직을 위해 활동하라는 내용의 지령을 받고 동의하였다.

따라서 모든 것이 앞머리에 게재한 목적실행에 관하여 협의한 것으로, 그리하여 1933년 6월 8일 경성으로 돌아와 동지와의 연락담당원으로 분주했으나 곧 검거되었다.

제2. 피고인 김채형은 문천군 구산면(龜山面)에서 사립 진명학교(進明學校)를 졸업하고 1927년(昭和 2) 8월 조선질소흥남공장(朝鮮窒素興南工場) 직공으로 취직하여 황호준(黃豪駿), 박재훈(朴載勳) 등의 주의자와 교류하였다. 1930년 7월 고려공산청년동맹사건에 관여해 검거되었으나 불기소 석방되어 이후 흥남에서 자유노동에 종사하며 지내던 중,

국체변혁(조선독립) 및 사유재산제도 부정이라는 목적을 가지고,

① 1931년 1월 중순 흥남읍 천기리 피고인 손명룡의 하숙 현 아무개의 집에서 동 인으로부터 전술한 바와 같이 이문홍의 조직이론 설명을 듣고 공명하여 조선공산당 조직의 기초로 흥남좌익노동조합을 조직하기 위해 동지 획득에 관한 제휴 활동을 모의함.

② 그즈음 피고인 손명룡의 소개로 앞서 전술한 동일 장소에서 이문홍과 만나 전술한 조직 이론에 대한 설명과 활동원의 권유를 받고 이에 공명하여 노력하기로 맹세함.

③ 같은 해 6월 말 흥남읍 동흥리 하숙 채원영(蔡源永)의 방에서 강진(姜進)과 만나 전술한 바와 동일하게 설명과 권유를 받아 동의함.

④ (가) 같은 해 6월 말 흥남읍 동흥리 하숙 채원영의 방에서 강진의 소개로 이종희와 만나 이후 동 인의 지휘 아래 들어가 같은 해 8월 초 전술한 동일 장소에서 동인 및 한사빈 등이 전술한 바와 같이 조직이론의 설명을 듣고 이에 공명하여 흥남공장을 중심으로 흥남적색화학노동조합 및 흥남공산주의자그룹을 조직하기 위해 동지 획득을 위해 제휴하기로 모의함.

(나) 같은 해 8월 중순 천기리 이겸진(李謙鎮)의 집에서 동 인에 대하여 같은 해 12월 앞에서 제시한 조선질소비료주식회사 흥남공장 내에 김창민(金昌岷)에 대하여 앞서 제시한 신조직이론을 설명하고 공명을 얻어 동지로 획득하여 전술한 바와 같이 모의함.

⑤ 1932년 3월 25일 함경북도 명천군 서면 삼향동 영안 탄광으로 이주하면서 이종희로부터 이 지역의 동지 황운한(黃雲漢), 황창한(黃彰漢) 등과 제휴하여 적색노동조합운동에 힘쓰라는 내용의 지령을 받고, 같은 해 4월 초 삼향동 황창한의 집에서 동 인 및 황운한 등과 만나 이 지역에서 적색노동조합조직에 제휴하기로 모의함.

따라서 모든 것이 앞머리에서 전술한 목적사항에 관하여 협의한 것이다.

또한 이상 피고인 등의 각 소행은 모두 계속 범의에 의해 나온 것으로 간주한다.

(4) 법률 적용

법률에 비추어 피고인 등의 소행은 모두 치안유지법 제2조, 형법 제55조에 해당하므로 소정 형 중에 징역형을 선택하여 그 형기 범위 내에서 피고인 손명룡을 징역 5년에 처하고, 피고인 김채형을 징역 3년에 처하기로 한다.

9) 남해공산주의자전위동맹 사건 판결

〈자료 245〉 조선사상 사건판결(3)

[〈朝鮮思想事件判決(三) 南海共産主義者前衛同盟組織事件〉, 《思想月報》 제4권 제4호, 조선총독부 고등법원 검사국, 1934.7]

사실 개요	1933년(昭和 8) 5월 경남 남해군에서 공산사회실현을 목적으로 상기 비밀결사를 조직하고 같은 해 7월'제5회 국제반전데이에 즈음하여 노동자, 농민, 근로 형제 제군에게 호소한다'라는 제목의 치안을 방해하는 격문을 등사 인쇄함.

(1) 경과

	연원일	관청명	인원
수리	1934년(昭和 9) 1월 26일	부산경찰서 송치 부산지방법원 검사국	8명
처분	1934년 2월 3일	부산지방법원 검사국	구예심 2명 기소유예 3명 기소중지 1명 이송 2명
예심종결	1934년 3월 ■일	부산지방법원	공판 회부 2명
제1심 판결	동년 5월 2일	부산지방법원	유죄 2명 (이 중 1명 항소)
제2심 판결	동년 6월 9일	대구복심법원	유죄 1명

비고: 1. 유죄 판결 중 1명은 1934년 5월 2일, 나머지 1명은 1934년 6월 9일 모두 판결 확정.
2. 중지된 1명은 재기소되어 집행유예, 이송된 2명은 전주지방법원 검사국에서 기소 중지.

(2) 판결 결과

죄명	형명 형기	직업	성명	연령
치안유지법 위반	징역 2년 6월	무직	한인식(韓麟植)	24
치안유지법 위반, 출판법 위반 및 보안법 위반	징역 2년	농업 (전직 교사)	최봉기(崔鳳基)	22

비고: 한인식은 제1심 판결 확정, 최봉기는 제2심 판결 확정(제1심대로)

(3) 범죄 사실(제1심)

제1. 피고인 한인식은 1930년(昭和 5) 3월 경성제2공립고등보통학교(京城第二公立高準普通學校) 제5학년을 중도 퇴학하고 이후 고향에서 가업인 주류 제조업에 종사하였다. 피고 최봉기는 1925년(大正 14)부터 1931년(昭和 6) 4월까지 경상남도 내에서 공립보통학교 교사로 봉직했다. 그러나 병을 얻어 고향에서 지내며 농업에 종사하면서 교우의 감화와 사회과학에 관한 서적을 탐독하다가 점차 공산주의 사상을 마음에 품게 되었고 결국 조선에서 무산자가 독재하는 공산제도의 실현을 열망하게 되었다. 그 무렵 피고인 두 명은 피고인 한인식의 주창 아래 동지인 박태권(朴泰權), 박종환(朴鍾丸), 김장은(金漳殷), 유한주(柳漢柱) 등과 함께 1933년(昭和 8) 5월 3일 밤 피고인 최봉기 명의의 집에서 회합하고 조선에서의 사유재산제도를 부인하고 공산주의 사회제도를 실현할 목적으로 '남해공산주의자전위동맹'이라는 비밀결사를 조직하였다. 그리고 강령으로 조선공산당 재건운동을 적극적으로 지지하고, 농민의 계급적 계몽 및 봉건적 인습 타파를 행동강령으로 삼아 농민 일상생활의 이익 옹호와 기타 6항을 정하고 중앙 및 지방에서의 부서 및 책임자를 결정함으로써 결사의 목적 수행에 힘씀.

제2. 피고인 최봉기는 같은 해 7월 27일 오후 7시 본인 명의의 집에서 앞서 말한 박종환이 관할 관청의 허락을 받지 않고 '제5회 국제반전데이를 즈음하여 노동자, 농민, 근로하는 형제 제군에게 호소한다'라는 제목으로 "동지여, 심각한 경제적 공황이 전세계 자본주의의 안정을 파괴하여 프롤레타리아혁명이 새로운 단계로 이행하고 있으며 제국주의전쟁은 제국주의 붕괴를 조장하기 위한 강도 전쟁으로 일본제국주의는 국내 무산계급으로부터 군사비를 폭력적으로 착취하고 그들의 생활을 유린하는 것이다. 동지여, 세계혁명전선에서 우리에게 부과된 역사적 사명은 중대하다. 우리들 무산계급은 이러한 사명을 수행하기 위해 결속을 확대 강화하고 반전데이를 맞이해야 할 것이다. 일본제국주의 및 세계제국주의 강도 전쟁 절대반대. 중국혁명, 소비에트동맹의 적극적인 지지, 조선공산당 재건, 확대, 강화, 만세"라는 내용의 치안을 방해하는 문서(증제6호는 그 일부)를 배포할 목적으로 등사 출판함에 즈음하여 박종환의 의뢰를 받아 피고 한인식이 소유하고 있는 등사판(증제7호)을 사용하여 박종환과 함께 약 30부를 등사 인쇄했다.

(4) 법률적용(제1심)

법률에 비추어 피고인 한인식에 대해 판시한 소행은 치안유지법 제1조 제2항에 해당하므로 징역을 채택하여 소정 형기 범위 내에서 동 피고인을 징역 2년 6월에 처한다. 피고인 최봉기의, 판시 제1의 소행은 치안유지법 제1조 제2항에 해당하므로 소정형 중 징역형을 채택하고, 판시 제2의 소행은 융희 3년 법률 제6호 출판법 제11조 제2항, 제1항 제3호에 해당하므로 조선형사령 제42조에 의해 그 형명을 변경하여 치안유지법 위반 및 출판법 위반 소행은 형법 제45조 전단(前段)의 병합죄이므로 이 법 제47조 제10조를 적용하여 무거운 치안유지법 위반형에 법정 가중을 한 형기 범위 내에서 동 피고인을 징역 2년에 처한다. 또한 압수한 제6호 격문 1장은 피고인 최봉기의 판시 제2의 범죄 행위에 의해 발생한 것으로 범인에게 속하므로 형법 제19조를 적용하여 이를 몰수하기로 한다.

부기: 최봉기에 대한 제2심 범죄 사실, 법률적용은 제1심과 동일하여 게재는 생략한다.

2. 민족주의 계열 사상 사건 공판 기록

1) 신간회 사건 판결문

〈자료 246〉 신간회 음모 사건 판결

(〈新幹會陰謀事件判決〉, 《思想月報》 제1권 제3호, 조선총독부 고등법원 검사국, 1931.6)

판결

본적: 경성부 관철동 119번지

주거: 경성부 북미창정 65번지 변호사

허헌(許憲)(당시 47세)

본적: 경성부 종로 6정목 12번지

주거: 경성부 종로 6정목 13번지 신문기자

이관용(李灌鎔)(당시 40세)

본적: 경성부 계동 38번지

주거: 경성부 종로 4정목 101번지 저술업

홍명희(洪命憙)(당시 45세)

본적: 경성북도 안동군 예안면 부포동 140번지

주거: 경성부 장사동 199번지 4 출판업

이원혁(李源赫)(당시 41세)

본적: 충청남도 천안군 동면 용두리

주거: 경성부 중림동 331번지 13 잡지기자
조병옥(趙炳玉)(당시 38세)

본적: 충청남도 공주군 장기면 대교리
주거: 경성부 계동 100번지 5 중성사(衆聲社) 영업국장 이명(異名) 김무림(金武森)
김동준(金東駿)(당시 26세)

이상 1919년(大正 8) 제령 7호 위반 피고 사건에 대하여 조선총독부 검사 이토(伊藤憲郎)의 간여심리를 거쳐 판결한 바는 다음과 같다.

주문

피고 허헌, 이관용, 홍명희를 각각 징역 1년 6월에 처한다.

피고 이원혁, 조병옥, 김동준을 각각 징역 1년 4월에 처한다.

이상 피고 등(6명 전원)에 대하여 미결구류일수 중에 100일을 본 형에 산입한다. 압수물건 중 '중학사건 대연설회'라는 제목의 불온 전단지 4통(1929년 압(押) 제2085호 1), '본부와 동일 행동을 취하라'고 기재되어 있는 통지문 21통(1929년 압(押) 제2085호 2), 결의문 1통(1929년 압(押) 제2085호 3), 봉투 30장(1929년 압(押) 제2085호 4), 철필 1자루, 복사지 6장(1929년 압(押) 제2085호 5-1 및 5-2), 우표(銭切手) 38매(1929년 압(押) 제2085호 6), 결의문 1통(1929년 압(押) 제2085호 7 및 8)은 모두 몰수한다.

이유

피고 등은 모두 조선독립을 갈망하는 자들로, 피고 허헌은 한국 변호사 시험에 합격하고 도쿄로 건너가 메이지(明治)대학 법학과에서 수학한 후, 1927년(昭和 2)에 조선으로 돌아와 변호사를 개업했다. 한편, 《동아일보》 등 두세 개의 회사 중역을 맡으면서 그동안 구미 여러 나라를 만유하였다.

피고 이관용은 도쿄부립제4중학교에서 수학하다 중도 퇴학하고 조선으로 돌아와 법학교(법학전문학교의 전신)를 졸업하였으며, 이후 유럽으로 건너가 옥스포드대학 역사과, 스위스

취리히대학 심리과, 베를린대학 및 프랑스국립행정학원(ENA대학) 등에서 수학한다. 조선으로 돌아와 월간잡지 현대평론사를 경영했으나 실패로 끝났고, 1928년(昭和 3) 2월 이후 조선일보사 촉탁으로 오늘에 이른다.

피고 홍명희는 유년기에 도쿄로 나가 사립대성(大成)중학교를 졸업한 후 조선에 귀국해 있는 중에 한국병합을 겪고 통분(痛憤)을 금치 못하여 방랑 여행을 떠났는데 7년간 정처 없이 중국 각지와 남양(南洋) 등을 전전하며 유랑생활을 했다. 그러나 망향의 마음을 억누르지 못하고 조선으로 돌아와 동아일보사 기자, 편집국장 등을 역임한 후 연희전문학교 교사, 사립오산고등보통학교 교장 등을 역임하였다.

피고 이원혁은 1922년(大正 11)에 도쿄로 가서 일진(日進)영어학교에 입학했으나 곧바로 퇴학하고 경성으로 돌아와 시대일보사를 경영하며 잡지《조선의빛》을 간행하다 오늘에 이른다.

피고 조병옥은 1914년(大正 3) 1월 미국으로 건너가 펜실베니아주 킹스턴의 와이오밍대학 예과, 컬럼비아대학 등에서 주로 경제학을 전공하고 졸업한 후 조선에 돌아와 연희전문학교 교사가 되었다.

이어 잡지《조선의빛》사장 피고 김동준은 도쿄에 가서 일본대학 경제과, 와세다대학 경제과 등에서 고학을 하다 중도 퇴학하여 알루미늄 공장 직공으로 일하면서 조선노동총동맹 위원이 되었다. 이들 모두 경성부내에 본부를 두고 조선 내 백여 개의 지회와 수만 명의 회원을 보유한 조선인단체 신간회에 소속되어 있었다. 특히 피고 허헌은 신간회의 중앙집행위원장, 피고 이관용, 홍명희, 조병옥, 이원혁은 각각 중앙집행위원으로 신간회 내에서 중요한 위치에 있는 존재이다.

신간회는 1927년(昭和 2) 2월 15일 경성부 종로 2정목 중앙청년회관에서 피고 이관용, 홍명희의 발기로, 이른바 자의적 해석이 가능한 '우리는 정치적 경제적 각성을 촉진한다', '우리는 단결을 공고히 한다', '우리는 기회주의를 일체 부인한다'라는 강령을 내걸고 조직한 표현단체이다. 그럼에도 그 이면에는 현 정치에 대한 맹렬한 불만과 민족자결이라는 굳은 신념을 바탕으로 활동했다. 그런데 중간에 다수의 사회주의 운동자를 회원으로 확보하면서 점차 그들 세력이 견고해졌고, 수차례 사회주의자 검거 사건이 있은 후 다시 민족주의운동자의 세력이 강해졌다. 이후 민족의 특수 입장에서 정치에 대한 반항적 태도를 종종 드러내왔다. 1929년(昭和 4) 10월 이후 전라남도 광주에서 광주고등보통학교 생도와 광주중학교 생도 사이에 갈등이 일어났고 같은 해 11월 3일 광주역 앞에서 두 학교 생도 사이에 싸움이 일어난 후, 광주고등보통학교 생도 다수가 시위운동을 감행했다. 그리하여 관헌이 주모자를 검거하자 당국이 민족감정으로 싸움의 상대방인 일본인 생도들은 제외하고 조선인 생도만 엄중하게 처벌한다고 선전하는 자가 있었다. 이러한 왜곡은 더욱 유언비어를 낳아 민심의 동요가 심각한 상황에 이르렀다. 피고 허헌은 다른 신간회 간부와 함께 직접 광주로 향하여 정황을 조사하고 사건의 진상을 살피고 있었는데, 여전히 왜곡과 오해는 풀리지 않고 분개하였다. 피고 이관용, 홍명희, 조병옥 등은 당시 일반 조선인의 민족감정이 고조되자, 사태의 불온함을 틈타 당국의 조치에 대한 반항적 태도를 취하고자 1929년 12월 10일 경성부 광화문통 25번지에 위치한 피고 허헌의 사무소에서 신간회 검사위원장 권동진(權東鎭), 동아일보사 사장 송진우(宋鎭禹), 《조선일보》 부사장 안재홍(安在鴻), 《중외일보》 사원 이시목(李時穆) 등과 회합하였다. 광주학생 사건과 관련한 관헌의 조치를 비난하고 규탄하는 연설회를 광고하는 격문을 인쇄 산포하고 청중을 모아 대로변에서 공개 연설회를 개최함으로써 청중을 이끌어 시위운동을 감행하기로 계획했다. 전술한 피고 등과 기타 사람들은 이에 응하지 않았으나 전술한 피고 등이 협의를 거친 끝에 결국 그러한 계획을 결행하기로 공모한다. 광고 격문을 인쇄 산포하는 일은 피고 허헌이 담당하고 연사는 피고들이 직접 하거나 피고 조병옥이 물색하기로 하였다. 그 결과 동 피고는 연사로 다수인들에게 권유한 끝에 전 신간회 경서지회장 한용운(韓龍雲), 《동아일보》 사원 주요한(朱耀翰)의 승낙을 얻는다. 피고 허헌, 피고 김동준에게 전술한 계획을 전하고 격문의 인쇄와 산포를 하겠다고 하자 동 피고가 찬동하므로 함께 그 일을 담당하기로 모의하였다. 피고 허헌은 비용으로 일금 50원을 피고 김동준에게 공여하였으며 격문의 내용 및 표어를 지시하였고 2만 장의 방문(榜文)과 격문을 인쇄하기로 협의하였다. 그 후 같은 달 13일 피고 이관용, 홍명희, 조병옥, 김동준은 이상의 계획에 찬동하였고 피고 이원혁은 이들과 경성부 관훈동 조선주점 승춘원(勝春園)에 모여 신속하게 위 격문을 작성한 후 경성부내 각 신문사에 배포하였다. 또 '본부와 동일 행동을 취하라'는 통지문을 작성하여 조선 내 신간회 지회에 배포함으로써 전 조선에서 일제히 당국을 공격하여 민중을 선동하기로 한다.

회합 석상에서 피고 김동준의 집필 아래 피고 허헌의 지시에 따라 "(1) 민중대회를 개최할 것, (2) 시위운동을 할 것, (3) 다음 표어로 민족적 여론을 환기할 것, (가) 광주 사건의 정체를 폭로할 것, (나) 구금된 학생을 무조건 석방케 할 것, (다) 경찰의 학교 유린을 배격할 것, (라) 포악한 경찰정치에 항쟁할 것"이라는 결의문 6통(1929년 압 제2085호 37, 38은 그 일부)을 작성하고, 당일 3장을 피고 이원혁이 먼저 경성부내《동아일보》,《조선일보》및 중외일보 각 사에 배포하였다. 다시 그 자리에서 피고 허헌의 지시에 따라 피고 김동준이 구매한 철필 및 복사지 6장(1929년 압 제2085호 5의 1 및 2)을 사용하여 "오라! 들으라! 형제여! 자매여! 광주사건 대연설회, 우리 아이들이 희생되고 있는 것을 묵시할 수 없다"는 전술한 4항의 표어를 게재한 격문 약 60매(1929년 압 제2085호 1은 그 일부) 및 "본부와 동일 행동을 취하라"라는 통지문 80매(1929년 압 제2085호 2는 그 일부)를 작성하였다. 또한 피고 허헌으로부터 교부받은 자금으로 봉투 100매(1929년 압 제2085호 4는 사용하고 남은 것) 3전짜리 우표 100매(1929년 압 제2085호 6은 사용하고 남은 것)를 구매하고 이를 사용하여 전술한 통지문을 봉투에 넣고 겉봉을 봉한 편지 62통을 작성하여 같은 날 경성부 황금정 4정목에 있는 우편함에 투입하여 조선 전역의 신간회 지회로 각각 발송하였다. 같은 날 밤 격문을 들고 경성부 인사동 조선극장에 당도하였는데 때마침 극장에서 관람 중이던 다수의 관람객에게 큰소리로 "제군은 들으라"고 외치며 해당 격문 20장을 산포하였다.

이상 피고 등은 정치에 관하여 불온한 언론 행위를 함으로써 치안을 방해한 것이다. 증거를 살펴보건대 판시 신간회에 관한 사실에 대해서는 피고 이관용의 예심 신문조서 중에 관련 진술 내용이 기재되어 있음에 따라 이를 인정한다. 또한 그 밖의 사실 중 피고 허헌의 경우는 격문을 작성, 배포한 것에 대하여 피고 김동준에게 일금 50원을 자금으로 제공한 것이 아니라 단순히 대여한 것에 불과하므로 따라서 판시 격문은 피고 김동준의 소행에 불과하다고 하지만 그것은 그렇지 않다. 그 돈이 격문 작성, 배포 비용으로 교부한 것임은 피고 김동준이 본 법정에서 인정한 바 일 뿐만 아니라 이 돈을 가지고 격문 작성 재료를 구입했으며, 또한 방문, 격문의 배포를 위해 판시한 바와 같이 봉투, 우표 등을 구입하고 이를 사용하여 격문을 배포한 것도 역시 피고 김동준이 본 법정에서 인정한 바이므로 피고 허헌이 상술한 바와 같이 그 행위를 부인하는 이유가 전혀 될 수 없다. 그리고 이외의 판시 사실에 대해서는 피고 등이 각각 본 법정에서 그 내용을 인정한 바이다.

그러므로 판시 사실은 충분히 증명되었다고 하겠다.

법에 비추어 보건대 판시 피고 등의 소행은 1907년(光武 11년) 7월 법률 제2호 보안법 제7조에 해당하며 조선형사령 제42조에 의거하여 처단해야 할 사항이므로 소정 형벌 중 각각 징역형을 선택하여 각 피고 등에 대하여 각각 주문에 기록한 형량을 정하고 형법 제21조를 적용하여 미결구류일수 중에 100일을 피고 등 전원의 각 형에 산입한다. 또한 압수 물건 중 주문에 기록한 봉투, 우표를 제외하고 그 밖의 물건은 범죄 과정에서 발생했거나 범죄에 제공된 것이며, 봉투 및 우표는 범죄에 쓰려고 준비한 것이므로 모두 피고 등의 소유지만 동법 제19조에 따라 이를 마땅히 몰수하기로 한다.

이에 주문과 같이 판결한다.

1931년(昭和 6) 4월 24일

경성지방법원 형사 제1부

재판장 조선총독부 판사 가나가와(金川 廣吉)

조선총독부 판사 강철환(姜哲煥)

조선총독부 판사 야나기하라(柳原幸雄)

2) 상해임시정부 안창호사건 판결문

〈자료 247〉 상해가정부 안창호 사건 판결(확정)

[〈上海假政府安昌浩事件判決(確定)〉, 《思想月報》 2권 11호, 조선총독부 고등법원 검사국, 1933.2]

◆ **1932년(昭和7) 형공(刑公) 제2021호**

판결

본적: 불상

주소: 중화민국 상해 프랑스조계 하비로(霞飛路) 1014호 골목(弄) 30호

무직

안상호(晏祥昊) 안도산(安島山) 안창호(安昌浩)

당시 55세

위의 치안유지법 위반 피고 사건에 대해 본 원(院)은 조선총독부 검사 사사키(佐々木 日出男)가 관여하여 심판하기를 다음과 같다.

주문

피고인을 징역 4년에 처한다.

미결구류일수 중 50일을 위의 본 형에 산입(算入)한다.

압수 물건 중 증거 제5호 한보(韓報) 1부와 증거 제7호 한국독립당 제5차대회 선언1부, 증거 제9호 깃발 2기, 증거 제10호 대일전선통일동맹 계획안 1부, 증거 제11호 제1기 사업항목 및 예산안 1부, 증거 제12, 13호 각 대일전선통일동맹 요강 각1부, 증거 제16호 대일전선한인동맹 도장(印) 1개, 및 증거 제17호 대일전선한인동맹 상임위원회의 규정 1개는 모두 몰수한다.

공소사실 중 제1은 기소를 면한다.

이유

피고인은 평안남도 대동군(당시 평양군) 초리면(草里面) 봉상리(鳳翔里)에서 농업과 함께 서당 교사로 근무하던 안흥국(安興國)의 셋째 아들로 태어났다.8세부터 수년간 서당교육을 받고 17세 무렵 경성으로 나가 미국인이 경영하는 기독교 소학교(언더우드학교)에 입학하였다. 초등교육을 졸업하고 귀향할 무렵 경성에 설립된 충군애국(忠君愛國)을 목적으로 하는 독립협회에 가입하여 평양지부를 맡았다. 얼마 지나지 않아 해당 협회가 괴멸하자 직접 평안남도 강서군 동율면 고일리에 '점진학교(漸進學校)'라는 초등학교를 설립하였다. 그리고 자제들의 교육에 몰두하다 불과 1년 만에 다른 이에게 경영을 넘기고, 22세 무렵 교육학과 기독교 연구를 위해 처 이혜련(李惠鍊)과 함께 미국으로 건너갔다.

샌프란시스코에 도착하여 미국인 가정에서 잡무를 보며 남은 시간에는 그곳의 공립 소학교에 다녔다. 2년 후에는 생활과 면학 편의를 위해 로스앤젤레스로 향하였다. 미국인의 가정에 고용되는 한편 야간강습소에 다니며 고학을 계속하던 중 도미 조선인 이주노동자가 점점 늘어나는데 대부분 교양이 부족하여 종종 추태를 보이는 것을 안타깝게 여겨 뜻있는 자들과 상의하여 종래의 친목회를 '공립협회(共立協會)'로 개칭하였다.

피고인은 협회 이사로 발탁되었는데 다시 샌프란시스코로 돌아가 해당 협회의 주최로 동포이민자들의 지도교화에 힘쓰는 업적을 보였다. 그러던 중 한국정부의 이민대책을 확인하고 내외적으로 서로 연대하여 한인이민의 지도교화를 도모해야 한다는 목소리가 공립협회 내에서 높아지던 차, 1905년(明治 38) 8월 22일 한일보호조약에 대한 미국 거주 조선인들 사이에 반대 여론이 들끓고 혼란스러운 시기를 맞이하게 되었다.

1906년(明治 39) 초 피고인은 공립협회 대표로서 한국정부의 이민대책과 보호조약에 따른 한국 내 실정을 조사할 사명을 띠고 귀국하였다. 그런데 예상과 달리 당시 한국에서는 위에서 말한 안건에 관해 국시(國是)와 여론은 이렇다 할 것이 없이 그저 소란스러운 상황이었다. 그래서 피고인은 이런 상황을 지나칠 수 없어 지방을 순회하며 조선민족의 자립과 자존을 고취시키고자 했다.

또한 1907년(明治 40)에는 동지 이갑(李甲), 유동설(柳東說), 이동휘(李東輝), 전덕기(全德基), 이동녕(李東寧), 양기탁(梁起鐸) 등과 함께 경성에 신민회(新民會)라는 비밀결사를 조직하고 집문원(執門員)이라는 임원이 되었다. 또 평양에 대성학교(大成學校)를 설립하여 교장대리를 맡아 자제들의 교육에 종사함으로써 조선민족의 실력양성과 자립자존을 도모하고자 획책하였다. 이 무렵 이토(伊藤) 전 통감 암살사건이 일어나자 당국의 단속이 엄중해지고 조선 내에서는 활동할 여지가 없음을 깨달았다. 당시 친일파를 가장하고 정권쟁탈을 도모하는 최석하(崔錫夏) 일당이 그를 종용했지만 그 음모를 간파하고 거절했다.

정부 당국의 주목을 받아 신변에 위험을 느끼자 1910년(明治 43) 봄 조선을 탈출하여 만주로 가서 농촌을 개척, 경영하는 모범을 만들어 조선민족의 자립자존을 위한 정신함양에 공헌하고자 했다. 북경(北平), 청도(淸島)를 돌아다녔지만 안주할 곳이 없어 같은 해 9월 초순 블라디보스토크에 도착하였는데 그때 비로소 한국병합 사실을 알고 크게 낙담하였다. 그러나 그곳에서도 결국 뜻을 펼치지 못하고, 1911년(明治 44) 초순 블라디보스토크를 출발하여 시베리아, 뉴욕을 거쳐 로스앤젤레스로 돌아왔다.

그 후 1914년(大正 3) 로스앤젤레스에서 피고인은 강영소(姜永昭), 홍언(洪焉), 송종익(宋鍾翼), 이일(李一) 그 밖의 사람들과 함께 조선민족의 실력을 양성하고 훗날의 비약을 기약한다는 취지 아래 만 18세 이상의 재외조선인 유지를 규합하여 흥사단(興士團)이라는 단체를 조직한다. 뉴욕, 시카고, 샌프란시스코, 멕시코 등에서 단원을 모아 지방단우회를 만들어 활동하였다. 이후 1924년(大正 13)에는 중국, 연해주, 시베리아에 거주하는 단원을 포괄하는 원동부(遠東部)를 신설하고, 자신이 위원장에 취임하여 조직의 발전에 온 힘을 다하였다. 이에 앞서 유럽전란이 종결하자 1918년(大正 7) 1월 18일 미국대통령 윌슨이 제창한 평화강령 14칙 중 소위 민족자결의 원칙은 조선독립을 학수고대하던 이들에게는 매우 고무적이었다.

재미조선인은 드디어 조선독립의 기운이 돌아왔다며 샌프란시스코 소재 대한인국민회(大韓人國民會)에서는 위원회를 개최하고 피고인의 발의로 1918년 12월 무렵 이승만, 정한경(鄭翰卿)을 대표로 워싱턴에 파견하였다. 이들은 직접 파리강화회의에 조선독립청원서를 송부하는 결의를 하는 등 대책에 광분하고 있었다. 때마침 조선 내에서 1919년 3월 1일 소위 조선독립만세소요사건이 발발하였고, 내외로 소란스럽던 차에 상해에 있는 조선독립운동자들이 조선 국내 및 해외 각지의 대표를 망라하여 동시에 독립운동을 통일할 조직을 결성하고 조선독립이라는 목적을 달성하자는 기획이 무르익었다. 1919년 4월 중 상해 프랑스조계 하비로(霞飛路) 협평리(協平里)에서 그 목적을 위한 '대한민국임시정부'라는 결사를 조직하였다. 피고인은 재미대한국민회 대표로 선발되어 1919년 5월 25일 상해로 건너와 해당 정부의 내무총장에 취임하였다. 재직 중 임시정부의 직제를 개정하였고 또 조선 내외의 조선인과 임시정부와의 정치적 연락을 위해 연통제(聯通制)라는 제도를 처음 만들었다. 법규를 제정하고 독립운동에 이바지하기 위해 한국병합의 원인·결과, 조선독립운동의 상황에 관한 자료를 수집 편찬하는 사료편찬위원회를 설치하여 자신이 위원장이 되었으며, 또 국무총리 대리를 겸임하거나 노동 총변(總辨)이 되기도 하였다.

그 밖에 미국인 신문기자 '페버'를 조선에 파견하여 각지에서 일어나는 독립운동 상황을 비밀리에 탐사하고 신문 기사에 게재하도록 하여 선전 활동을 꾀하였다. 또 1920년(大正 9) 8월 무렵 임시정부를 대표하여 북경으로 건너가 미국의원이자 동양시찰단원 '보터' 와 회견을 갖고 조선독립에 대해 미국의 동정을 애원하는 등 정부의 목적 달성을 위해 활약하였다.

하지만 당시 해당 정부에는 내홍이 일어나고 재정도 극도로 핍박하여 활동이 뜻대로 되지 않자 임시정부에 계속 남아서는 소기의 목적을 달성하기 어렵다고 생각하였으므로 1921년(大正 10) 말 임시정부 임원을 사임하고 관계를 단절하였다.

이에 앞서 1920년 무렵 임시정부의 존재에 만족하지 않던 원세훈(元世勳), 안병찬(安秉瓚), 옥삼덕(玉三德), 신숙(申肅), 박은식(朴殷植) 일파는 해외에서의 조선독립운동을 통일한다는 야망 아래 각지의 대표를 상해로 초빙, 국민대표회의 개최를 계획, 주비위원회를 설치하였다. 그 후 이동휘(李東輝), 김규식(金奎植), 남형유(南亨裕), 노백린(盧伯麟)의 반(反)이승만파가 함께 임시정부에서 탈퇴하고 주비(籌備)위원회파에 합류하자, 피고인도 독립운동단체의 통일을 희망하고 있던 차에 그들의 행동에 찬동하였다.

1922년 상해 민국로 기독교 예배당인 침례당에 김동삼(金東三), 김이대(金履大), 원세훈, 옥삼덕, 피고인 등 각지의 대표 2백여 명이 모여 조선독립운동을 통제하기 위해 각지의 독립운동단체를 통일해야 한다는 의견은 일치하였지만, 이와 관련하여 현재의 임시정부를 어떻게 할 것인가라는 안건에 대해서는 창조, 개조, 중립의 세 갈래로 나뉘어 시끄러웠기 때문에 회의가 결렬되었다.

피고인은 조선민족의 실력양성을 위해 평생 노력을 기울이고 점진적으로 숙원을 관철할 수 있도록 하는 방책을 찾아 나섰다. 1928년(昭和 3)까지 중국 본부에서는 북경 부근의 서전(西田) 일대, 남경(南京) 부근의 하촉(下蜀) 일대, 만주에서는 길림성의 송화강 연안 일대를 물색하여 답사하고 농촌의 개척과 경영의 후보지로 정하였지만 비적들의 전란으로 인해 가로막혀 착수하지 못하고 있었다.

이보다 앞서 피고인은 1924년 흥사단의 상황을 시찰하고 농촌경영에 관한 소회를 동지들에게 피력하며 의견을 듣고 자금 조달을 청하려고 미국으로 건너갔다. 1926년(大正 15) 다시 상해로 돌아오니 대한민국임시정부는 재정상 궁핍에 빠져 재기할 수 없을 만큼 침체되고 쇠약해져 예전의 모습이 남아 있지 않았다. 구성원 중에는 해당 정부의 배후에서 세력을 만들어 조선독립운동을 목적으로 하는 새 단체를 조직하려고 획책하는 무리가 있었다. 가뜩이나 상해로 망명해 오는 조선인 공산주의자가 잇따르는 상황에서 그들 세력을 무시할 수 없었기에 미리부터 순수 민족운동의 입장에서 조선독립운동의 통일을 기대하던 피고인은,

제1. 1929년(昭和 4) 겨울 무렵 상해 프랑스 조계 마랑로(馬浪路) 보경리(普慶里) 4호에 있는 대한민국임시정부의 사무소에서 민족주의자인 이동휘, 이시영, 김구, 조소앙, 김철, 조완구, 이유필, 최석순, 김붕준, 윤기섭, 옥성빈, 정태희, 안공근, 김갑, 박찬익 등이 집합하여 협의한 결과, 조선독립을 완성하고 민주공화국을 세울 것을 목적으로 하는 결사 한국독립당을 조직하였다. 조소앙, 조완구, 피고인은 당헌 기초위원으로 선출되었고, 그 후 1개월이 지나 임시정부사무소에서 앞의 동지와 재회하여 당헌기초위원의 기안으로 제작된 (중략) 내용의 초안을 가결시켜 당헌을 정비하였다. 피고인은 추천을 받아 이사로 취임하고 1931년(昭和 6) 9월까지 그 지위에 머물렀다. 그동안 《한보(韓報)》를 발행하는 등 여러 가지로 당의 목적 수행을 위해 활동하였다.

제2. 1931년 7월 중 중국 만주에서 소위 만보산 사건이 발발하여 조선 각지에서 소위 보복 사건이 빈발하였다. 그에 따라 조선인과 중국인 간의 감정이 악화하자 서로의 감정을 융화시키고 중국인의 항일정신을 고무하기 위해 재상해교민단 주최 즉, 상해조선인단체 대표를 망라한 한인단체연합회를 조직하였다. 피고인은 흥사단 대표로 그 연합회에 자주 출석하여 방법을 강구하였다.

또 같은 해 9월 만주에서 발발한 만주사변을 계기로 전술한 연합회가 개최한 '상해한인대회' 및 '재상해중국인신문기자초대회'에서 피고인은 항일선전의 연설을 하였다. 또 항일사상의 고취를 내용으로 하는 격문을 작성하여 중국국민당 본부와 지부, 유력 사회단체에 송부하는 등 조선독립이라는 평소 소신에 따른 책략에 힘썼다.

그러던 1931년 11월, 그해 봄 무렵부터 조선을 일본제국의 속박에서 이탈시키는 목적으로 민족주의자를 규합하여 통일된 대독립당을 조직하려고 제휴 획책하던 권국빈(權國彬)의 방문을 받고, 서로 결사 조직에 대한 협의를 진행하였다. 또 그 무렵 그곳에 동지 이동녕, 최동흔(崔東昕), 조성환을 불러들여 피고인이 위의 결사조직에 관한 전말을 상세하게 말하고 찬동을 얻은 후, 동석한 권국빈의 제안에 따라 결사의 명칭을 '대일전선통일동맹'이라고 협의 결정하였다.

이후 피고인은 권국빈과 자주 회합하여 대일전선통일동맹의 상임위원회 설치 등을 협정하고, 또 본인이 대일전선통일동맹의 간략한 규정인 규약을 기안하는 등 결사 조직에 힘썼지만, 아직 그 목적을 달성하는데 이르지 못했다.

이상 제1의 결사조직 및 제2의 결사조직 미수는 범의계속(犯意繼續)[48]과 관계되는 것이다.

증거에 대해서는 범의계속을 빼면 그 외의 판시 사실은 모두 피고인이 본 공판정의 판시와 같은 취지로 한 진술로 이를 인정할 수 있을 것이고, 범의계속인 점은 단기간 내에 같은 종류의 범행을 반복해서 이행한 사실을 증거로 하여 인정할 수 있을 것이다.

따라서 판시 사실은 증명된 것으로 한다.

법률에 비추어 피고인의 판시 행위 중 제1의 점은 치안유지법 제1조 제1항 전단(前段)에, 제2의 점은 동(同) 법 제1조 제1항 전단 제3항에 각각 해당하는 바이다.

이상은 연속범에 관련되므로 형법 제55조를 적용하여 전자의 한 가지 죄로 소정형(所定刑) 중 유기징역형을 선택하고, 범죄에 이르는 사정에 긍휼히 여길 만한 것이 있어 동(同)법 제66조, 제71조, 제68조 제3호를 적용하여 작량감경(酌量減輕)하였다. 형기 범위 내에서 피고인을 징역 4년에 처할 것이고, 동 법 제21조에 의거하여 미결구류일수 중 50일을 위의 본형에 넣어 계산한다. 주문에 게재된 압수 물건 중 증거 제5호와 제7호 물건은 판시 제1의 범죄 행위를 조성한 물건, 제9호 물건은 동 범죄 행위에 제공한 물건이다. 그 외의 각호 물건은 판시 제2의 범죄 행위에 제공한 물건으로 모두 범인 이외의 자에게 속하지 않으므로 동 법 제19조에 의해 몰수하기로 한다.

그리고 피고인이 1926년(大正15) 7월 중에 동지 홍진(洪震), 여운형(呂運亨), 최창식(崔昌植)과 공모한 뒤 상해 프랑스 조계 기독교 예배당 31당에 그곳에 사는 조선인 백여 명을 불러들여 찬동을 받아 대한민국임시정부 경제후원회를 조직하였다. 그 자리에서 회원으로부터 의연금 합계 200여 원을 거출하여 임시정부의 재무위원에게 교부함으로써 그 정부의 목적 수행을 위한 행위를 했다는 공소사실은 피고인이 당 공판장에서 스스로 인정하였으므로 명료하다.

하지만 위 행동은 그 행위를 한 당시의 법령에 따르면 구(舊)치안유지법 제5조에 해당하

---

48 범의계속(犯意繼續)은 범죄행위가 된다는 점을 알면서도 그 행위를 하려는 의사가 일정 기간 계속된 상태라는 의미이다.

고, 현행 치안유지법에 따르면 해당 법 제1조 제1항 후단에 해당한다. 범죄 후의 법률에 의해 형이 변경된 경우이므로 형법 제6조 제10조에 의해 그 형을 비교 대조하니 범죄시의 법은 현행법에 비해 형이 가볍다. 그에 따라 범죄 때의 법인 구치안유지법 제5조의 정해진 형에 따라 판단을 내려야 하므로 형사소송법 제281조 제4호에 의해 해당 행위는 이미 공소시효 기간이 완료되었음에 동(同)법 제363조 제4호에 의거하여 면소 선고를 하기로 한다.

이에 주문과 같이 판결한다.

1932년 12월 26일

경성지방법원 형사제2부

재판장 조선총독부 판사 야마시타(山下秀樹)

조선총독부 판사 야나기하라(柳原幸雄)

조선총독부 판사 가와사키(川崎猛)는 여행 중이므로 서명과 날인을 못 함.

재판장 조선총독부 판사 야마시타(山下秀樹)

3) 조용하 사건 판결

〈자료 248〉 재하와이 조용하 사건 판결문

(〈在布哇趙鏞夏事件判決〉, 《思想月報》 3권 2호, 조선총독부 고등법원 검사국, 1933.5)

◆ 1933년(昭和 8) 형공(刑公) 제93호

판결

본적: 경기도 연천군 남면 황방리(篁芳里)

주거: 일정하지 않음

무직 조용하(趙鏞夏) 52세

상기인의 치안유지법 위반 피고사건에 대해 본 법원은 조선총독부검사 사사키(佐々木 日出男)가 관여하여 심판한바 다음과 같다.

주문

피고인을 징역 2년 6월에 처한다.

미결구류일수 중 30일을 상기의 본형에 산입한다.

이유

피고인은 16세에 한성관립 불어학교에 입학한 뒤 구(舊) 한국관립법무학교로 옮겼는데, 19세에 중도 퇴학하고 1902년(明治 35) 2월 독일 주재 한국공사관 소속 서기로 부임하였다. 이어서 3등서기관이 되지만 러일전쟁 후 1905년 11월 17일 한일 양국 사이에 보호조약이 체결되자 해당 공사관이 폐지되어 귀국하였다. 1906년 7월 무렵 경기도 죽산 군수로 부임했고 이어 경기도 이천 군수, 마전(麻田, 현재의 연천군) 군수 등을 역임하였다. 그 사이 한국병합이 되자 새로운 정부에서 녹을 먹는 것이 떳떳하지 못해 병약해졌고, 1913년(大正 2) 8월 관직을 그만두고 낙향하여 고향에서 뜻을 세우지 못함을 한탄한다. 결국 해외로 나가 생활자금을 얻고 조선독립을 위한 활약을 기대하며 1916년(大正 5) 10월 상해로 건너갔다. 같은 해 12월 하와이로 도항한 이래 그곳에서 조선인학교 교사를 하거나 외국인에 고용되어 생활하고 있었다.

제1. 1929년(昭和 4) 말에서 1930년 1월에 걸쳐 이동녕, 조완구, 안창호, 김철, 김구와 피고인의 친동생인 조소앙 즉 조용은 등은 상해에서 조선을 제국의 속박으로부터 이탈하게 할 목적의 결사 한국독립당을 조직하고, 조선인들에게 독립의지를 주입하기 위해 기관지《한보(韓報)》를 발행하였다. 피고인에게도 제1호에서 제17호까지 매호 약 10부씩 송부하여 왔는데 피고인은 전술한 목적으로 이것을 하와이 거주 조선인들에게 반포하여 민족의식을 고양하는 결사의 목적 수행을 위해 활동하였다.

제2. 1930년(昭和 5) 2월 9일 김진호(金振鎬), 이원순(李元淳), 이윤배(李潤培), 이정주(李廷疇), 이정근(李正根) 등 백여 명과 함께 호놀룰루시 파라마거리 기독교교회당에서 만나 재하와이조선인단체인 대한교민단, 대학독립단, 국민동지회 등을 하나로 모아 상해대한민국임시정부(소위 임시정부)를 후원함으로써 조선을 제국의 속박에서 벗어나게 한다는 목적의 결사 한인협회를 조직하여 위원장이 되었다. 또 선전문서를 인쇄하고 반포하여 전술한 바와 같이 민족의식을 고양하며 결사의 목적 수행을 위해 활동하였는데 약 한 달 만에 내홍 때문에 해산하기에 이르렀다.

제3. 1932년(昭和 7) 3월 말 전술한 임시정부의 외교부장 조용은에게 이들은 중일전쟁의 발발을 기화로 그곳에서 한국과 중국 양 민족을 결합하여 항일운동을 일으키고 이로써 조선을 제국의 속박에서 벗어나게 할 목적으로 조직한 한중동맹의 선언서와 입회신청서를 송부했다.

그러자 같은 해 4월 중순 무렵 호놀룰루시 이오라니 거리의 당시 피고인 자택에서 전술한 목적으로 태병선(太炳善)과 김경준(金敬準)에게 가입을 권유하여 태병선을 가입하게 하고 또 입회금으로 10달러를 수령하였다. 또한 그 무렵 태병선, 김경준, 최영기(崔永基), 김학수(金學洙), 안원규(安元奎), 지인영(池仁永), 그 외로부터 전술한 임시정부로의 납부금(소위 인구세) 합계 22달러를 징수하여 전기한 입회금과 함께 하와이은행 어음으로 상해에 있는 아들 조이제(趙利濟)에게 송부하였다. 이를 통해 조용은의 손을 거친 어음은 각각 전술한 각 결사의 재무계에 내주게 되었으니, 결사의 목적 수행을 위해 활동한 것이 된다.

그리고 제1, 제2의 범행은 범의계속에 관계되는 것이다.

증거에 대해서는 범의계속인 점을 뺀 이외의 판시 사실은 피고인이 본 공판정에서 같은 취지로 자백한 것에 의해 이를 인정할 수 있고, 범의계속인 점은 단기간 내에 동종의 범행을 여러 번에 걸쳐 행한 사실의 흔적에 비추어 이를 인정할 수 있다.

그리하여 판시 사실은 증명된 것으로 한다.

법률에 비추어 피고인의 판시 소위 중 제1과 제3은 각각 치안유지법 제1조 제1항 후단에, 제2는 동법조 동항 전단에 각각 해당하는 바이다. 제1, 제2는 연속범에 관계되므로 형법 제55조를 적용하여 국체 변혁을 목적으로 한 결사를 조직한 죄로 하는 바, 정형(定刑) 중 유기

징역형을 선택한다.

제1, 제2, 제3의 행위는 병합죄(倂合罪)이므로 형법 제45조, 제47조, 제14조를 적용하여 법정 가중을 하고 또 정상을 참작할 만한 점이 있으므로 동법 제66조, 제71조, 제68조 제3호에 의해 작량감경을 한 형기범위 내에서 피고인을 징역 2년 6월에 처하고, 동법 제21조에 따라 미결구류일수 중 30일을 위의 본 형에 산입하기로 한다.

이에 주문과 같이 판결한다.

1933년(昭和 8) 3월 31일

경성지방법원 형사제2부

재판장 조선총독부 판사 야마시타(山下秀樹)

조선총독부 판사 모리모토(森本正)

조선총독부 판사 가와사키(川崎猛)

4) 대한민국임시정부 이유필 사건

〈자료 249〉 상해임시정부 이유필 사건 판결문

(〈朝鮮思想事件判決 上海假政府李裕弼事件〉, 《思想月報》 3권 11호, 조선총독부 고등법원 검사국, 1934.2)

조선사상 사건 판결

상해임시정부 이유필 사건(판결확정)

◆ 1933년(昭和 8) 형공(刑公) 제114호

판결

본적: 평안북도 의주군 의주읍 서부동 31번지

주거: 동(同)도 신의주부 하정(霞町) 8번지

무직 이춘갑(李春甲) 또는 이춘산(李春山) 이유필(李裕弼)

현재 49세

상기 자가 관련된 치안유지법 위반 피고 사건에 대해 본 원은 조선총독부 검사 사이토(斎藤 榮治)가 관여하여 심판하기를 다음과 같다.

주문

피고인을 징역 3년에 처한다.

압수한 증거 제1호에서 7, 10, 11, 14, 15, 21호까지의 물건은 몰수한다.

이유

피고인은 1919년 3월 평안북도 의주군에서 서기로 재직하던 중 소위 만세사건이 발발하자 해당 사건에 관계한 독립운동 측으로부터 참가를 권유받았다. 그러던 차에 관헌의 감시가 엄중해지고 자신이 혐의를 받고 있음을 알고 우려한 나머지 멀리 남양제도(南洋諸島)로 도피하여 그곳에서 실업(實業) 방면으로 진로를 개척하려고 결심하였다. 같은 해 4월 ■■을 출발하여 중국 상해로 건너갔지만 전후 사정에 비추어 여권 신청을 주저하다 그곳에서 하는 일 없이 지내던 중, 우연히 미국에서 온 안창호라는 자와 알게 되었다. 그의 설득과 권유로 점차 조선 독립이라는 희망을 품게 되었고, 전술한 만세사건으로 인해 상해로 망명한 조선의 독립운동가와 규합하여 협의하였다. 그리고 임시헌장을 작성하고 이에 기초하여 그곳에서 조선독립을 목적으로 한 대한민국 임시정부와 정부의결기관인 대한민국 임시의정원이라는 두 결사가 조직되었다.

제1. 그해 10월 프랑스 조계에서 당시의 정부 내무총장인 안창호의 권유를 받아 이 정부의 목적을 앞서 전술한 바와 같은 것을 알고 가입하여 내무부의 비서국장으로 취임하였다. 1920년(大正 9) 1월까지 그 부서 서무로 있었는데 같은 해 4월 해당 운동자금을 모집하기 위해 정부 내에 임시공채관리국을 설치하여 독립공채를 발행하였을 때 이 관리국의 공채모집위원으로 임명되어 모집구역으로 평안북도를 담당하였다.

다음 달 5월 중에 상해임시정부에서 당시의 봉천성 관전현(寬甸縣) 향로구(香爐溝)에 거주하고 있던 안병찬(安秉讚)이라는 자를 평안북도 독변(督辯)으로 임명하기 위해 피고인이 해당 사령서(辭令書)를 들고 출발하여 안동(安東)에 도착하였다. 정부의 안동교통국 사무소로 쓰고 있던 안동 구시가지의 이륭양행에서 며칠간 잠복하였고, 그동안 정부에서 액면 30만 원의 독립공채권을 송부받아 그 후 안병찬 집을 방문하였다. 그에게 사령서를 교부하여 독변 취임을 승낙받은 후 그와 협력하여 공채모집에 착수하려고 하였으나, 안병찬은 당시 한인청년연합회 총재로 이미 그 지역에서 활동 중이라는 이유로 쉽게 취임을 승낙하지 않았다. 할 수 없이 그곳에 체재하고 있었는데 얼마 뒤 안병찬이 일본 관헌에 체포되자 이에 놀라 재빨리 안동의 이륭양행으로 돌아왔다. 하지만 관헌 수사가 더욱 엄중해져 도저히 공채모집이라는 목적을 달성할 수 없다는 것을 깨닫고, 모집위원 송병조(宋秉祚)라는 동지에게 공채권 보관을 부탁하고 같은 해 6월 상순 무렵에 상해로 돌아가 정부 재무총장인 이시영(李始榮)에게 공채모집이 성공하지 못하고 끝났음을 보고하였다.

그 후 1921년(大正 10) 5월 이시영의 추천을 받아 정부의 재정차장으로 취임하였고, 같은 해 10월까지 재임하며 재정사무를 관장하였다. 이어 1924년(大正 13) 12월 대통령 이승만의 대리 박은식(朴殷植)의 추천으로 내무총장에 취임하였지만, 당시 이승만은 미국 영토인 하와이에 체류하며 상해에 온 적이 없었다. 따라서 대통령으로서 실무를 하지 않았기에 이 사람에 대한 신망이 점차 약해지고 나아가 정부 신용에도 나쁘게 작용했다. 만주의 독립운동단체 간부는 정부 산하에 규합되는 것을 반기지 않았고 또 통제에 복종하지도 않는 상황에 있었으므로, 정부기구를 쇄신하고 이승만을 멀리하기 위해 대통령제를 폐지하였다. 동시에 독재제(獨裁制)를 합의제(合議制)로 개혁하고 전기한 각 독립운동단체 간부를 정부로 모아 운동전선 통일을 도모해야 한다고 의논해 왔다. 정부와 대한민국임시의정원이 비공식적으로 협의한 결과, 헌법개정위원에 정부 측에서는 피고인과 재무총장 이규홍(李奎弘), 그 외 의정원 측은 2명을 임명하고, 서로 협력하여 개정 초안을 작성하였다. 같은 해 4월에 개최한 의정원회의에서 이것을 가결시켜 7월 시행을 결정함으로써 헌법 개정 취지를 관철하고자 했다.

실적을 올리기 위해 피고인은 같은 해 5월 무렵부터 정부 대표로서 우선 봉천성(奉天省) 유하현(柳河縣) 삼원보(三源浦)로 건너가 정의부 위원장인 이탁(李沰), 위원인 김동삼(金東三), 오동진(吳東振) 등과 만나 정부의 헌법개정 취지를 전하고 임시정부 임원으로 정부에 가입할 것을 설득하였다. 또한 북만주에서의 독립운동단체인 신민부에게 전달할 것을 부탁하고, 봉천성 통화현(通化縣) 대천안(大泉眼)으로 향해 참의부 간부인 박응백(朴應白) 등과 만나 같은 의견을 개진하여 양해를 얻음으로써 만주에서의 독립운동단체 전선통일에 성공하였다.

같은 해 6월 중순 무렵 상해로 귀임(歸任)하여 대통령대리 박은식(朴殷植)과 의정원에 위 내용을 보고하고, 7월 전술한 헌법 개정 시행과 동시에 피고인 등의 임무도 새롭게 바뀌었다. 의정원에서 정의부 간부 이상용(李相龍)을 국무령으로, 그 아래 국무원으로는 정의부, 참의부, 신민부의 간부를 각각 임명했는데, 전술한 3파의 분쟁이 근절되지 않았기 때문에 피임명자 전원의 취임을 이루지 못하고 와해하였다.

1926년 4월 국무총령 홍진(洪震)을 수반으로 한 정부가 조직되자 피고인은 재무장(국무원)으로 임명되어 같은 해 12월 무렵까지 재임하며 정부의 재무 관련 업무를 맡아 처리함으로써 해당 결사의 목적 수행을 위해 활동하였다. 또한 정부 재정이 극도로 핍박해진 것을 우려한 안창호 등이 앞장서 주창한바, 같은 해 7월 중에 상해 프랑스 조계 서신교(西新橋) 31당(堂)에 재상해조선인 약 200명을 초빙하여 협의하였다. 임시정부를 경제적으로 후원해야 한다는 취지 아래 후원회를 창설하자 피고인도 입회하여 회원으로 소정의 회비를 납부하고, 그 무렵 후원회에 합계 200원 내외를 임시정부에 갹출하게 함으로써 임시정부의 목적 수행을 원조하였다.

제2. 모두(冒頭)에 기록한 1920년 3월에 상해에서 임시의정원 의원으로 선출되었을 무렵, 임시의정원은 임시정부의 예산과 결산 심의법률안의 의결, 국무원의 임면(任免) 등 조선독립운동에 관한 근본방침을 결정하는 기능을 하고 있었다. 임시의정원이 임시정부와 함께 조선독립이라는 목적을 위해 조직된 결사라는 것을 알고 가입하고, 의원으로 취임하여 1922년 4월 무렵까지 그 자리에서 독립운동에 관한 계획 방침과 완성 시기 등에 대해 정부에 질문하거나 혹은 의원 자격 심사위원으로 근무하는 등 결사 행동을 지도편달하고 격려하기 위해 애쓰며 목적달성을 위해 활동하였다.

제3. 1922년(大正 11) 10월 28일 피고인과 여운형이 앞장서서 상해 프랑스 조계 하비로(霞飛路) 영경리(寗康里)[49] 조상섭(趙尙燮) 집에서 동지인 김구, 조상섭, 김인전(金仁全) 등 19명이 협의하여 조선독립을 목적으로 한 결사 한국노병회(韓國勞兵會)를 조직하였다. 그리고 이사로 취임한 후 1924년(大正 13) 3월 무렵 이사장으로 승격하여 취임하였다. 조직 후 10년 이내에 노병(勞兵) 만 명을 육성하고, 군자금 100만 원 이상을 만들어 낸다는 계획을 세운 한국노병회의 방침에 근거하여 광동(廣東)에 있는 중국 군관학교에 여러 번에 걸쳐 20여 명을 입학시켰다. 그 외에도 노병 육성에 힘을 기울이고, 또 헌금 모집 등 군비를 만들어내기 위해 활동하였지만, 실적이 전혀 오르지 않아 1927년(昭和 2) 3월 사임하고 한국노병회를 탈퇴하였다.

제4. 상술한 바와 같이 대한민국 임시정부는 결국 쇠퇴가 극에 달하여 1927년 봄 무렵에 김구, 이동녕 등으로 구성된 소위 기호파 정부가 성립했지만 대세를 만회할 수 없었다. 이들은 미봉책으로 공산분자와 합동하여 '한국유일독립당촉성회'라는 것을 결성하였는데, 얼마 지나지 않아 공산계 분자가 분리하여 새롭게 '유호한국독립운동자동맹(留滬韓國獨立運動者同盟)'이라는 것을 조직하였다. 이들의 정세에 자극받은 순민족(純民族)계 동지들은 종래의 파벌적 감정을 일소하고 순민족계 분자만 대동단결하여 운동진영을 쇄신하고자 계획하였다.

1930년(昭和 5) 초 무렵 피고인은 이동녕으로부터 가맹을 권유받고 임시정부의 재무장(財務長)을 사임한 이래 운동에 대한 희망이 희박해지고 재기하고 싶지 않았으나, 당시의 환경이 여의치 않아 매몰차게 거절하지 못하고 승낙한다. 같은 해 1월 중순 상해 프랑스 조계 마랑로(馬浪路) 보경리(普慶里) 4호 대한교민단 사무소에서 이동녕, 김구, 안창호 등 20여 명과 함께 협의하여 조선독립을 달성하고 민주공화국으로 한다는 목적의 결사 한국독립당을 조직하였다. 피고인은 그 자리에서 총무이사에 선임되었지만 곧 그만두었고, 또 같은 해 4월 15일 당대회에서는 이사로 선임되었지만 이 또한 여러 번 사의를 표명하였으나 이사회가

49 원문대로임.

용인하지 않았다. 그래서 결사의 목적 수행에 직접 관련된 이사회에서의 협의 사항에는 전혀 참여하지 않고, 단순한 평당원으로 의연금 납부와 구회(區會) 등에 출석하는 정도로 당과의 관계를 유지해오다가 1933년(昭和 8) 2월 9일 체포되기에 이르렀다.

제5. 1933년 3월 1일 상해 프랑스 조계 선교(仙橋) 중국 기독교 청년회관에서 대한교민단의 주최 아래 상해 거주 조선인 약 90명이 집합하여 3·1기념제를 거행하였는데 피고인은 당시 민단장으로 재임하던 중이므로 사회자로서 식장에서 대중을 향해,

"우리는 14년간 조국독립을 위한 운동에 종사해 왔지만 오늘에 이르기까지 그 목적을 달성하지 못하고 해외에서 오늘을 맞이한 것은 참으로 유감이다. 장차 우리는 그 운동에 전심을 다해 종사하여 하루빨리 조국을 독립시켜 이날을 우리나라에서 맞이하도록 활동해야 한다"

라는 취지의 식사(式辭)를 고하였다. 또, 피고인이 선창하기를,

"민중조직을 강화하라, 전선 통일을 확고하게 하라, 혁명투사를 가속화 시켜라, 군사운동을 적극적으로 수행하라, 한중합작을 절실하게 하라"

라고 외치며 상해에 소재한 각 운동단체가 만세를 외치도록 하였다. 그에 따라 조선독립운동의 기세를 올림으로써 다수가 공동으로 안녕질서를 방해한 것이다.

판시 내용 중 제1에서 제3까지는 의사 계속으로 행한 것으로 압수 물건 중 증거 제4에서 6호까지는 판시 제1의 범행에 의하고, 증거 제 ■■와 21호는 판시 제3의 범행에 의한다. 증거 3, 7, 10, 11, 14, 15호는 판시 제4의 범행에 의해 생긴 것이다.

증거를 파악해 보면 범의계속인 점과 한국독립당 조직에 피고인이 관여한 점을 뺀 이외의 판시사실은 전부 본 공판정에서 피고인이 자인하였다. 이것과 피고인의 제3회 예심조서에서 판시한 한국독립당조직에 본인도 관여했다는 내용의 공술이 기재되어 있고, 단기간에 같은 종류의 행위를 반복한 사실은 현존하는 판시 압수 물건을 종합하면 본건 범죄는 증명된다.

법에 비추어 행위시법(行爲時法)[50]에 의해 판시 제1에서 제3까지의 소행 중 결사를 가입하

---

50 행위시법주의(行爲時法主義)란 행위시와 재판시 사이에 형법 법규의 변경이 있는 경우에는, 행위시의 형법 법

고 조직한 점은 구(舊)치안유지법 제1조 제1항에, 임시정부에 금전을 공여한 점은 구(舊)치안유지법 제9조에 각각 해당한다. 이상은 연속범(連續犯)이므로 형법 제55조에 의한다.

결사조직죄를 처단하기 위해 1928년(昭和 3) 칙령 제129호로 개정된 현행 치안유지법에 따라 판시한 제1에서 제3까지 결사 간부로 취임한 점과 결사를 조직한 점은 제1조 제1항 전단(前段)에, 금전을 공여한 점은 동(同)조 제1항 후단(後段)의 소위 결사의 목적 수행 행위에 해당한다. 이상은 연속범이므로 형법 제55조에 의하여 결사조직의 죄(罪)로 논해야 하지만, 할 수 있는 여러 가지 형(刑)이 있지만, 그중 형법 제6조 제10조를 적용■■■■■■■■■■■■■■. 판시 제4의 소행은 현행 치안유지법 제1조 제1항 전단에, 판시 제5의 소행은 1919년 제령 제7호 제1조 제1항에 각각 해당하므로 상기의 각 죄에 대해 모두 유기징역형을 적용한다.

판시 제1에서 제3까지의 죄와 그 나머지 죄는 형법 제45조의 병합죄(倂合罪)이므로, 형법 제47조와 제10조를 적용한다. 무거운 현행 치안유지법의 제1조 제1항 전단의 형에 법정(法定) ■■를 하고 형법 제14조의 제한 형기 범위 내에서 ■■하는 것으로 한다. ■■■■피고인은 ■■에 이르러 민족사상을 ■■하고 개전의 정으로 참작할 만하여 범죄행위에 관한 사정을 딱히 여겨 형법 제66조, 제71조, 제68조 제2호를 적용하여 작량감경한다.

주문 제1항 형(刑)의 양정(量定)을 처리하기 위해 압수한 판시 물건은 모두 판시 범죄행위에 의해 생긴 것으로, 범인 외의 소유가 아니라고 판단하고 형법 제19조에 의거하여 몰수하기로 한다. 따라서 위와 같이 판결한다.

1933년 12월 15일

신의주지방법원 형사부

재판장 조선총독부 판사 기쿠치(菊地壽助)

조선총독부 판사 다케이시(竹石德太郎)

조선총독부 판사 쓰카모토(塚本富士男)

규를 적용하여야 한다는 원칙을 말한다.

3. 무정부주의 계열 사상 사건 공판 기록

1) 이종암 판결문(1926)

〈자료 250〉 이종암 판결문

(『독립운동 관련 판결문』, 국가기록원, 1926)

1925년(大正 14) 예(豫)제54호

1926년 예(豫)제6호

예심종결정

본적: 경상북도 대구부 남산정 621번지

주소: 일정치 않음 무직

이종암(李鍾岩) 31세

본적: 경상남도 창원군 상남면 토월리 993번지

주소: 경상북도 대구부 서내정 18번지

신고주소: 경상북도 대구부 경정 2정목 99번지

농업

배중세(裵重世) 32세

본적과 주소: 경상남도 밀양군 밀양면 가곡동 558번지

농업

한봉인(韓鳳仁) 29세

본적: 경상남도 상주군 상주면 인봉리 77번지

주소: 경상남도 부산부 초량면 981번지의 9

신고주소: 경상북도 대구부 명치정 2정목 143번지 김창기댁

어업

김재수(金在洙) 39세

본적: 경상남도 밀양군 밀양면 가곡동 367번지

주소: 경상남도 밀양군 밀양면 가곡동 817번지

운송업

이병태(李丙泰) 28세

본적과 주소: 경상남도 밀양군 밀양면 가곡동 367번지

농업

이병호(李丙浩) 31세

본적과 주소: 경상남도 밀양군 밀양면 내이동 848번지

신문기자

김병환(金鉼煥) 37세

본적: 경상북도 대구부 수정 131번지

주거: 경상북도 대구부 서내정 18번지

농업

이기양(李起陽) 38세

본적과 주소: 경상남도 밀양군 밀양면 내이동 1009번지

농업

고인덕(高仁德) 40세

피고인 이종암에 대한 폭발물 단속 벌칙 위반 살인 및 1919년(大正 8) 제령 제7호 정치에 관한 범죄 처벌의 건 위반, 피고인 배중세, 한봉인, 김재수에 대한 폭발문 단속 벌칙 및 1919년(大正 8) 제령 제7호 정치에 관한 범죄 처벌의 건 위반, 피고인 이병태, 이병호, 이기양, 고인덕에 대한 폭발물 단속 벌칙 위반, 피고인 김병환에 대한 1919년(大正 8) 제령 제7호 정치에 관한 범죄 처벌의 건 위반 피고사건에 대해 예심 취조를 마치고 결정함이 다음과 같다.

주문

피고인 이종암, 배중세, 한봉인, 고인덕에 대한 다음의 범죄 사실을 대구지방법원의 공판에 부친다.

피고인 김재수, 이병태, 이병호, 김병환, 이기양에 대한 본건 공소 및 본건 공소에 인용된 1925년(大正 14) 12월 7일부 사법경찰관 나리도미 분고(成富文五)가 작성한 의견서에 기재된 공소사실 중 피고인 배중세에 대한 제1 사실 및 동 제2 사실 중 동 피고인이 조선의 독립을 목적으로 한 의열단이라는 단체의 활동 자금으로 김재수와 공모하여 1만 원을 1925년(大正 14) 10월 15일까지 이종암에게 교부하게 하여 안녕질서를 방해했다는 사실, 피고인 한봉인에 대한 제3, 제4의 공소사실은 이를 면소한다.

이유

제1. 피고 이종암(李鍾岩)은 1917년(大正 6) 12월 중에 22세 때 당시 근무 중이던 대구은행으로부터 1만 900여 원을 꺼내 만주(滿洲) 방면으로 가서 마침내 그곳에서 군사를 얻어 조선독립운동에 종사하고자 하였다. 1918년(大正 7) 2월 중 당시 조선청년에게 군사를 교육하여 조선독립운동에 종사하게 할 목적으로 봉천성(奉天省) 통화현(通化縣)에 설립된 무관학교에 들어가 동교(校)에 재학 중이던바, 약 1년이 지나 1919년(大正 8)에 들어서 조선 내에서 조선독립운동이 일어나자 피고인은 공허하게 무관학교에 있기보다는 실제 운동에 종사하는 것이 급선무라 하고 서상락(徐相洛), 강세우(姜世宇), 이성우(李成宇) 등과 뜻을 같이하여 무관학교를 나와 길림(吉林)으로 향하였다. 그곳에서 김원봉(金元鳳), 한봉근(韓鳳根), 신철휴(申喆休) 등과 함께 조선 내로 들어와 폭탄을 투척하여 관청(官衙) 등의 건물을 파괴하고 관리를 살해함으로써 정치를 문란하게 할 것을 협의하고 우선 이 준비로 1919년(大正 8) 6월경 김원봉과 함께 상해(上海)로 가서 그 지역 불조계(佛租界) 내 김성근(金聲根) 집에서 약 3개월 동안 폭탄제조법을 습득한 후 다시 길림으로 돌아왔다. 그 후 같은 해 9월경 피고인은 곽재기(郭在), 김성근과 함께 폭탄제조용 재료를 휴대하고 길림으로 돌아와 그곳에 사는 동지와 함께 약 2, 3일 동안 폭탄제조 방법을 전습(傳習)하고 다음 해 1920년 1월에 이르러 조선독립이라는 평소의 뜻을 이루기 위해 김원봉, 윤소룡(尹小龍), 김옥(金玉), 서상락, 이성우, 강성우(姜成宇), 한봉근, 곽재기 등과 함께 김원봉을 단장으로 추천하여 조선 내에서 제국의 관청, 기타 건조물을 폭파하고 관리를 암살하여 조선 독립 도모를 목적으로 하는 의열단(義烈團)이라는 단체를 조직하였다.

이어 위 의열단의 목적 수행을 위해 피고인은 단장 김원봉 및 기타 각 단원과 공모하였다. 김원봉은 총지휘를 맡고 동인 및 곽재기, 이성우, 이병철(李丙) 등은 폭탄의 입수 및 조선으로의 수입을, 이일몽(李一夢) 곧 이수택(李壽澤)은 조선 내에서 폭탄의 관리, 투척의 지휘를, 김원봉, 강세우 및 피고인은 만주 방면에 잔류하여 이후의 계획에 종사할 것을 각각 분담했다. 폭탄의 투척 실행은 조선 내로 수입한 후 1개월로 정하고 1920년 3월부터 4월에 이르기까지 김원봉, 이성우, 곽재기 등이 상해에서 폭탄 합계 16개, 권총 2자루, 동 탄환 100발을 입수하고 동인 등과 이병철은 하나하나 조선 안으로 수입하여 상○○기의 폭탄 중 3개는 경상남도(慶尙南道) 밀양군(密陽郡) 밀양면 내일동 김병환의 집에 숨겨 두었고, 나머지 폭탄, 권총 및 탄환은 배중세가 경남 창원군(昌原郡) 진영역 앞 강원석(姜元錫) 집 창고 안에 숨겨 두었다. 피고인은 그 후 김원봉과 협의하여 조선 내에서의 폭탄 투척 계획 상황을 시찰하고 그 계획 실행을 재촉하기 위해 그 해 7월경 입선(入鮮)하였다. 그러던 도중 안동(安東)현에서 이병철로부터 밀양군 밀양면 김병환의 집에 숨겨 둔 폭탄이 관헌에게 발각되었으며, 조선 내에서 폭탄을 관리한 이일몽의 소재는 경상남도 창원군 진영역 앞 배중세가 잘 알고 있다는 이야기를 듣고 한걸음에 바로 배중세를 찾아가 폭탄을 손에 넣은 후 당시 체포를 면하고 있던 서상락, 김옥, 기타 동지와 함께 폭탄 투척 계획을 결행하기로 하고 배중세에게 폭탄 교부를 요구했다. 그러나 동인이 담당자인 이일몽과 교섭해야 한다고 거절하였기 때문에 피고인은 그 결의를 행하지 못하였다. 그동안 피고인은 대구은행에서 꺼내 온 1만 900여원 중에서 한봉인, 서상락, 김원봉 등의 생활비, 폭탄 제조법 연구를 위해 상해로 왕복한 여비, 1920년(大正 9) 말경 신철휴, 서상락 등이 의열단의 목적 수행을 위해 입선한 여비 등으로 합계 약 2,000여 원을 공급하며 그 행동을 도와 왔지만 끝내 이루지 못해서 다시 김원봉, 서상락 등과 다음 계획을 이루고자 1921년(大正 10) 11월경 은밀히 북경(北京)으로 떠났다. 이후 1922년(大正 11) 3월경 피고인은 의열단장 김원봉의 초대로 김익상(金益相)과 함께 상해로 가서 그 지역 불조계(佛租界) 주가교(朱家橋) 한 중국인 이발소 2층에 기거하며 그곳에서 김원봉, 김익상, 오성륜(吳成崙)과 함께 머지 않아 필리핀(比律賓)에서 돌아와 상해에 상륙할 육군 대장 다나카 기이치(田中義一)는 군벌의 거두로서 조선과 같은 약소 국민의 적이므로 이를 암살해야 한다고 협의하였다. 처음에는 위 3명이 다나카 기이치의 여행길을 따라 우선 김익상이 상해에서 이를 저격하고, 그곳에서 목적을 이루지 못하면 오성륜이 남경(南京)에서 요격하고 만약 다시 이를 이루지 못하면 피고인이 천진(天津)에서 폭탄을 던져 공격하기로 정했는데 그 후 다나카 기이치가 상해로부터 바로 조선으로 돌아가게 된 것을 알게 되었다. 이에 따라 다시 계획을 수정하여 다나카 기이치의 상해 상륙에 맞춰 잔교(棧橋) 혹은 상해 당국 영사관저에서 연회를 할 때 관저 부근에서 암살하기로 결정하였다. 그해 3월 28일 오전 6시경 피고인은 위 암살에 사용할 폭탄 1개, 권총 1자루를 가지고 김익상, 오성륜 등과 함께 먼저 잔교 부근으로 향했으나 그날 오전 11경이 되어 다나카 기이치가 상해 세관 부두로 상륙할 것이라는 것을 알고 다시 피고인 등 3명은 모두 그곳으로 모였다. 그때 피고인은 다나카 기이치 한 사람을 암살하는데 다른 두 사람의 힘만으로 넉넉할 테니 자기까지 들어갈 필요는 없다고 생각하고 자기는 홀로 돌아와 살인의 목적을 이루지 못했다. 이어서 피고인은 1922년(大正 11) 7월경 상해 불조계(佛租界) 윤안리(潤安里) 주거지에서 예전 의열단이 계획한 목적을 이루기 위하여 다시 김원봉(金元鳳), 강성우(姜成宇), 오성륜(吳成崙) 등과 협의하고 올해 안으로 조선 안에서 폭탄과 권총으로 관청을 파괴하고 관리를 암살할 것을 협의하여 그 계획을 진행시켰다. 동년 말이 되어 김원봉은 당시 조선 내의 독립을 달성하는 수단으로 조선 안의 관청 파괴, 관리 암살을 기획하고 있던 김시현(金始顯)과 만나 동인 및 그 동지자도 피고인 등의 계획에 가담하여 드디어 파괴, 암살을 결행하기 위해 폭탄을 조선 내로 수송할 것을 의논하고 유석현(劉錫鉉), 남녕득(南寧得), 이현준(李賢俊), 한봉근, 최용득(崔用得) 등을 그 계획의 실행자로 하였다. 그 이듬해인 1923년(大正 12) 3월 중에 다수의 폭탄과 권총을 중국 지방으로부터 경성부(京城府) 내로 수입하게 되었으나 끝내 사건이 발각되어 폭파와 암살을 결행치 못하게 되었다. 다시 1923년(大正 12) 7월경 피고인은 조선에서 당시 자금이 빈핍에 빠져 있던 의열단의 활동 자금을 조선 내에서 모집하기로 하고 이에 사용할 혁명선언서, 신임장 및 상해 임시정부(上海臨時政府) 교통총장이라 칭하고 있던 장건상(張建相)이라는 자의 위임장이라는 서면과 권총을 가지고 구여순(具汝淳)과 함께 입선하려고 상해에서 북경으로 갔는데 그곳에서 피고인은 그 초심을 뒤집고 위 물품을 구여순에게 주고 동인으로 하여금 위 자금모집을 위해 입선하게 하였다. 이에 따라 피고인은 정치변혁을 목적으로 하고 치안을 방해하고 인명, 재산을 해할 목적으로 동지와 공모하고 폭발물을 조선 내로 수입하고 혹은 스스로 이를 소지하여 안녕질서를 방해한 자이다.

제2. 피고인 배중세는 당시 권택건(權宅建)이라고 칭하던 이종암에게 양건호(梁建浩)라고 칭하였다. 앞에서 제시한 제1에서 기재한 바와 같이 1920년(大正 9) 3월부터 4월까지 동안에 조선 안의 각 관청을 폭파하고 관리를 암살하려고 의열단 동지들과 함께 폭발탄과 권총과 탄환 등을 조선 안에 밀수하여 그것을 밀양과 진영(進永)에 은닉한 범죄자인 것을 알면서도 동인을 1925년(大正 14) 9월 16일부터 동년 12월 5일까지 경상북도(慶尙北道) 달성군(達城郡) 달성면(達城面) 노곡동(魯谷洞)에 있는 이기양(李起陽)의 산장 속에 숨겨 주었다.

제3. 피고인 한봉인은 1919년(大正 8) 5월 중에 중국 길림성(吉林城)에서 김원봉으로부터 현재 조선 내에서는 만세운동이 일어나고 있는 중이므로 지금 조선독립운동비를 모집하기가 용이하니 조선에 들어가 군자금 모집에 종사하라는 명령을 받고 이를 승낙하고 조선독립을 도모하는데 쓰일 운동자금을 얻을 목적으로 바로 입선하였다. 대구부(大邱府) 내 칠곡군(漆谷郡) 임천면(林川面) 신동(新洞) 이명건(李命健), 곧 이명근(李命根)에게 김원봉의 뜻을 전하고 수천 원을 내라고 하였으나 거절당하게 되어 그 목적을 이루지 못했다.

제4. 고인덕(高仁德)은 1920년(大正 9) 12월 27일 최경학(崔敎學)이 경상남도 밀양군 밀양경찰서에 폭탄을 던져 이를 파괴하고 동 서원(署員)을 살해함으로써 인심을 동요케 하여 조선 독립의 기운을 기르고자 할 때 동인 등과 공모하고 피고인이 당시 가지고 있던 폭약과 폭탄제조 기구를 공급하여 폭탄 2개를 제조하였다. 결국 전술한 날짜에 최경학으로 하여금 상기의 경찰서에 그중 1개를 던지게 하기에 이르렀다. 또한 피고인 배중세는 1921년(大正 10)

6월 21일에 폭발물취체규칙 위반죄로 경성지방법원에서 징역 2년의 언도를 받고 이 사건 범행 전에 그 형의 집행을 마친 자이다.

법률에 비추어 보건대 상기 피고인 중, 이종암의 소행은 1919년(大正 8) 제령 제7호 정치에 관한 범죄 처벌의 건 제1조 제1항 본문 및 동 제3조, 형법 제201조, 폭발물 단속 벌칙 제3조, 제12조, 피고인 배중세의 소행은 폭발물 단속 벌칙 제9조, 형법 제56조, 제57조, 피고인 한봉인의 소행은 1919년(大正 8) 제령 제7호 정치에 관한 범죄의 건 제1조 제1항 본문에, 피고인 고인덕의 소행은 폭발물 취체 벌칙 제5조에 따라 각각 처단할 자로 공판에 부치기에 충분한 범죄 혐의가 있다.

그리고, 피고인 김재수(金在洙), 이병태(李丙泰), 이병호(李丙浩), 김병환(金鈝煥), 이기양(李起陽)에 대한 미결 공소사실은 피고인 김재수는 이종암이 파괴, 암살의 목적으로 폭탄을 수입하고 이것을 밀양 및 진영에 은닉한 범죄자라는 것을 알면서도 1925년(大正 14) 9월 15일 동인을 자택에 은닉하고 또 의열단의 활동 자금으로 부산(釜山) 금융조합에서 자신의 예금 5,000원 및 어업 공동 경영 자금으로 박종원(朴宗原)에게 5,000원을 제공하게 하여 합계 1만 원을 그해 10월 15일까지 이종암에게 교부하기로 약속하였다. 피고인 이병태는 이종암이 전술한 바와 같은 범죄자임을 알면서도 1925년(大正 14) 9월 11일부터 그달 14일까지 자택에 은닉시켰다. 피고인 이병호는 마찬가지로 이종암이 이상과 같은 범죄자라는 사정을 알면서 1925년(大正 14) 9월 11일 이를 이병태 집으로 안내하여 은닉하게 하였다. 피고인 김병환은 1924년(大正 13) 봄 피고인이 출옥한 후부터 경상남도 밀양군 지방에서의 의열단의 연락기관이 되어 독립운동에 종사하였다. 피고인 이기양은 배중세의 의뢰에 따라 이종암이 전술한 것과 같은 범죄자라는 사정을 알면서도 1925년(大正 14) 9월 17일부터 그해 11월 5일까지 자기 소유의 달성군 달서면 노곡동에 있는 산장에 은닉시켰다고 말하고 있다. 하지만 이러한 각각 사실과 피고인 배중세에 대한 동 피고인이 1920년(大正 9) 11월 중 한봉인 집에서 이종암, 김옥과 함께 폭탄을 제조하고 최경학을 투척자로 하여 밀양경찰서에 이것을 투척하는 것을 기획하였다. 그해 12월 27일 상기의 투척을 실행시키고 또 의열단 활동 자금으로 김재수 등과 함께 경영하는 어업자금 중에서 2만 원을 이종암에게 교부하게 한 사실, 피고인 한봉인에 대한 동 피고인이 이종암이 전술한 것과 같은 범죄자라는 사정을 알면서

1925년(大正 14) 9월 11일 이를 이병태 집으로 주선하여 은닉하게 한 사실은 모두 이를 인정하기에 충분한 증빙이 없어 공판에 부칠만한 충분한 범죄 혐의가 없다.

따라서 피고인 이종암, 배중세, 한봉인, 고인덕에 대해 형사소송법 제312조, 피고인 김재수, 이병태, 이병호, 김병환, 이기양 및 피고인 배중세, 한봉인은 위와 같은 범행의 증빙이 없어 각 공소사실에 대해서는 동법 제313조를 적용하여 모두 주문과 같이 결정했다.

또한 피고인 이종암과 한봉인에 대한 공소사실 중 피고인 이종암이 1920년(大正 9) 12월 중 김옥, 배중세와 공모하고 밀양군 상남면 고산리에서 크고 작은 2개의 폭탄을 제조하여 그달 27일 최경학으로 하여금 이를 밀양 경찰서에 투척하게 했다는 점 및 피고인 한봉인이 1925년(大正 14) 9월 14일 이종암이 부산으로 여행하는데 10원을 공급하고 또 이종암에 대한 피고인 한봉인 앞 이환(李煥)으로부터의 서신을 1925년(大正 14) 9, 10월 중 두 차례에 걸쳐 배중세를 중개로 송부했다는 점은 모두 이를 인정할 증빙이 없으나 이것은 앞에서 제시한 각 피고인의 동일 범죄의 일부이므로 특별히 주문에서 면소의 언도를 하지 않는다.

1926년(大正 15) 11월 2일

대구지방법원

2) 이정규 판결문(1929)

〈자료 251〉 이정규 판결문

(『독립운동 관련 판결문』, 국가기록원, 1929)

◆ 1928년(昭和 3) 형공(刑公) 제1602호

판결

본적: 경기도 고양군 용강(龍江)면 상수일(上水溢)리 199번지

주거: 중국 상해 불조계 이매로(李梅路) 화광의원(華光醫院)가옥

무직

이정규 32세

위 사람에 대한 치안유지법 위반 및 피고 사건에 대해 조선총독부 검사 모리우라 후지오(森浦藤郎)가 관여한 심리를 마치고 다음과 같이 판결한다.

주문

피고인을 징역 3년에 처한다.

이유

피고 이정규(李丁圭)는 1921년(뫐맽10) 여름에 고학을 목적으로 중국 상해로 도항한 후 천진(天津), 하문(厦門), 북경(北京)지방을 방랑하였다. 그러던 중 북경에 체재중인 러시아인 에로센코와 교류하며 무정부 또는 공산주의에 관한 서적을 탐독하고 특히 해당 주의에 몰입한 결과 마침내 무정부, 공산주의에 공명하기에 이르렀다.

제1. 1928년(昭和3) 3월경 중국 상해에서 동 지역에 체재하고 있는 조선인 유서(柳絮), 한일원(韓一元), 윤호연(尹浩然) 등이 조선을 일본의 압제에서 벗어나게 하고, 또한 조선에서의 사유재산제도를 부인하고 공산주의를 실현할 목적으로 조직한 재(在)중국조선무정부주의자연맹이 기관 잡지인《탈환(奪還)》의 창간호 증간을 같은 해 6월 15일 발행할 즈음 그 무렵 피고인은 상기 연맹의 일원인 유서로부터 발행하는 잡지에 기고를 의뢰받았다. 연맹과 같은 목적으로 그 잡지에 우관(又觀)이라 칭하여 〈탈환의 제일성(第一声)〉이라는 제목으로, '탈환은 보복적인 행동으로 이론이 아니다. 우리 전 민중은 단결하여 철저히 탈환을 실행하자. 자유 및 의식주 등의 생활 조건을 탈환하자. 탈환 운동 즉 혁명 운동을 실제적으로 고취함과 동시에 탈환 후 신(新)조선 건설의 원리 및 방책을 연구함으로써 이 실현을 촉진, 완성할 것을 기대한다. 왜노(倭奴)에게 빼앗긴 것은 왜노로부터 탈환하라' 운운하였다. 또 〈혁명원리와 탈환〉이라는 제목으로 '권력계급은 높은 자리에서 손 하나 움직이지 않고 우리들을 혹사시키고 사기적인 수단과 위협적 방법으로 우리를 강제하고, 자본계급은 우리의 모든 생활

조건을 빼앗는다. 이러한 경우에 처한 우리들은 자유연합조직으로 탈환하지 않으면 안 된다. 경제사회 방면에서 개개의 자유를 되찾는 것이 혁명의 이상이자 정신이라면 이를 실현시키기 위해서는 자유연합조직으로 빼앗긴 권리를 권력계급으로부터, 빼앗긴 경제 조건을 자산 계급으로부터 각각 되찾아 탈환을 실행하는 것 외에는 아무것도 없다'고 운운하는 두 편의 글을 기고함으로써 해당 잡지의 독자에게 상기 목적의 실행을 고취하여 선동하였다.

제2. 같은 해 6월 14일 피고 이정규는 중국 상해 이매로 화광의원에서 조선인 유서, 일본인 진희동(秦希同) 즉 아카가와 게라이(赤川啓來), 중국인 모일파(毛一波), 왕수인(汪樹仁), 등몽선(鄧夢仙), 역자기(易子琦), 오극강(吳克剛) 외 여러 명과 회합하고 일본제국의 국체를 변혁(무정부주의 실현 즉 권력부인) 할 것을 목적으로 하여 동방무정부주의자연맹이라는 결사를 조직하였다.

그리하여 상기 제1, 제2는 모두 의사계속 하에 행해진 것이다.

증거를 통해 보건대 판시 모두에 있는 사실은 피고인이 당 법정에서의 공술에 의해 이를 인정한다. 그리고 판시 제1 사실 중 판시 연맹이 판시와 같은 사람 등으로 조직되어 있다는 것 및 그 연맹에서 판시일에 발행한 판시 기관 잡지 《탈환》의 창간호, 증간(增刊)에 판시 유서의 의뢰를 받아 그 잡지에 우관(又觀)이라 칭하고 판시한 바와 같은 제목의 기사를 기고한 것은 피고인이 당 법정에서 그 취지로 공술함에 따라 이것을 인정해야 한다. 그리하여 위 연맹이 판시 무렵 판시 유서 등에 의해 조직된 것은 검사의 피고인에 대한 제2회 신문 조서 중 '내가 천주(泉州)에 거주했던 1928년(昭和3) 3월경 상해에서 조직된 것이라고 생각한다는 취지의 공술 기재에 따른다. 또 그 연맹이 판시와 같은 취지의 목적으로 조직된 것이라는 점은 피고인이 당 법정에서 판시 연맹은 무정부주의를 준봉(遵奉)함과 동시에 사유재산제도를 부인한다' 는 내용의 공술 및 검사의 피고인에 대한 제2회 신문 조서 중 판시의 연맹은 판시와 같은 목적을 갖고 있다는 내용의 공술 기재에 의해 각각 이것을 인정한다. 또 피고인이 판시한 잡지에 우관(又觀)이라 칭하고 판시한 제목 아래 기고한 기사가 판시한 바와 같은 취지의 기사라는 것은 피고인이 그 기고 기사와 동일한 것임을 인정하는 증제16호의 판시 제목의 번역문에서 판시 동취지의 문의(文意)가 있다는 것에 의해 명백하고, 피고인이 판시 기관 잡지에 그 기사를 기고한 사실과 그 기사 내용 및 피고인이 당 법정에서 '나는 정부 뿐 아니라 인간 위에 인간이 서서 인간을 지배한다고 말하는 것은 인간 본래의 본능을 손상하고 인간의 자유에 지장을 초래한다고 믿고 있어 공산제도에 공명하고 사유재산은 부적당하다고 사료되기 때문에 유서 등이 조직한 재중국조선무정부주의자 연맹에 찬동하고 있다는 취지의 공술에 따라 이것을 고려하면 피고인이 판시의 목적으로 유서(柳絮)의 의뢰에 응하고 판시 연맹의 발행되는 판시 잡지에 판시와 같은 기사를 기고한 것이라고 인정한다. 그리고 그 기고 기사가 판시와 같이 그 목적 실행의 선동이라 함은 그 기사의 내용 자체에 의해 그 잡지의 독자에게 판시 목적 실행의 결의를 창조시키고 또는 그 독자가 갖고 있는 결의를 조장시키고 자극을 주는 것은 물론인 것이다. 다음으로 판시 제2의 사실 중 피고인이 판시 일과 판시 장소에서 판시의 사람 등과 함께 판시의 동방무정부주의자연맹이라는 결사를 조직한 것은 피고인이 당 법정에서 그 내용을 자백함에 따라 이를 인정한다. 피고인은 그 결사 조직은 단지 무정부주의에 관한 수많은 이론을 통일, 연구할 것을 목적으로 하여 조직된 것으로 판시와 같이 무정부주의의 실현(권력부인) 즉 일본 제국의 국체를 변혁하는 것을 목적으로 하는 것이 아니라는 취지의 주장을 한다고 해도 사법경찰관 사무 취급의 피고인에 대한 제5회 청취서 중 우리 동방무정부주의자연맹은 각자가 마음에 지닌 무정부주의를 실현하기 위해 민중을 각성시킬 필요가 있기 때문에 각성 촉구 방법으로 우리가 주장하는 무정부주의의의 선전을 해야 하는데 그를 위해서는 출판물에 의한 선전이 가장 적당하다고 생각하여 잡지 《동방》을 출판했다.

그리고, 위 연맹은 일본, 조선, 중국, 안남(베트남), 인도, 필리핀 등의 각지 동방 여러 나라의 동지를 연락하기 위해 조직한 것인데 현재 가맹해 있는 사람은 중국, 일본, 조선의 동지뿐이다'라는 뜻의 공술 기재 동년 8월 20일 발행한 위 연맹의 기관 잡지 동방에 〈동방무정부주의자 제군에게 알린다〉라고 제목 붙인 기사를 게재한 것은 피고인이 당 법정에서 이를 자백하고 또 그 기사의 논문임을 자백하는 증제15의 그 논문은 판시와 같은 취지이므로 그 논문의 취지와 위 공술 기재를 종합하여 고려하면 판시 연맹이 피고인 주장과 같이 단순히 무정부주의에 관한 다양한 이론통일의 연구를 목적한 것이 아니라 판시와 같이 그 실현을 목적으로 조직된 것이라는 점이 명료하다. 그리하여 판시 행위가 범의계속하에 행해진 것이라는 점은 단기간 내에 동종 행위를 반복 누행한 사실에 따라 이를 인정한다. 따라서 판시 범죄는 그 증명이 충분하다.

법률에 비추어 보니 판시 제1의 행위는 그 행위 당시의 법령에 따르면 구 치안유지법 제3조에 1928년(昭和3) 칙령 제129호에 따르고, 개정된 치안유지법에 따르면 동 법 제3조에 각 해당하고, 판시 제2의 소행은 당시의 구 치안유지법 제1조 제1항에, 개정 신법인 치안유지법에 따르면 동법 제1조 제1항 전단에 각각 해당하는 바, 범죄 후의 법령에 따라 형의 변경이 있는 경우이므로 각 형법 제6조, 제10조에 의해 그 형을 대조하여 제1에 대해서는 그 형을 동일하게 하고, 제2에 대해서는 범죄 당시의 법인 구법의 형이 가벼우므로 모두 그 범죄 당시법인 구 치안유지법을 적용한다. 그리고 제1, 제2는 연속범으로 사법 제55조를 적용하여 무거운 제2의 결사조직죄의 한 죄로 처단하여 징역형을 선택하고 그 형기 범위 내에서 피고인을 징역 3년에 처하기로 한다. 따라서 주문과 같이 판결한다.

1929년(昭和4) 3월 18일
경성지방법원 형사부

3) 엄순봉 판결문

〈자료 252〉 엄순봉 판결문

(『독립운동 관련 판결문』, 국가기록원, 1936)

◆ 1936년(昭和 11) 형공(刑控) 제95호

판결
본적: 경상북도 영양군 영양면 대천동 962번지
주거: 중화민국 상해법계 채시(菜市)로 순양리 12호
무직
여평흔(余萍痕) 또는 엄형순(嚴亨淳) 즉 엄순봉(嚴舜奉) 31세

위 엄순봉에 대한 치안유지법 위반, 강도미수, 살인, 동 예비 및 동 미수 및 이규호에 대한 치안유지법 위반, 강도미수 및 살인 피고사건에 대해 1936년(昭和 11) 2월 18일 경성지방법원이 한 각각의 유죄 판결에 대해 피고 엄순봉으로부터 공소 신청이 있고, 피고인 이규호에 대해서는 원심 검사로부터 공소 신청이 있었으므로 당 법원은 조선총독부 검사 미야이 지카조(宮井親造)가 관여한 후 다시 심리를 마치고 판결함이 다음과 같다.

주문

피고인 엄순봉을 사형에 처한다.

피고인 이규호를 징역 13년에 처한다.

압수 물건 중 증 제1호 권총 1정, 동 제2호 불발탄 1개, 동 제3호 약협(藥浹) 2개, 동 4호 명중 탄환 2개, 동 제5호 명중 탄환 금속 조각 2개, 동 제6호 권총 1정, 동 제7호 탄환 3개는 모두 피고인 두 명에 대해 이를 몰수한다.

이유

피고인 엄순봉(嚴舜奉)은 빈궁하여 초등교육도 받지 못하고 18세에 만주(滿洲)로 건너가 수년간 만주 각지에서 때로는 스스로 농업을 경영하거나 때로는 농업 또는 농장 등을 전전하며 농업노동에 종사하며 어렵게 생계를 이어오던 중 소위 만보산사건(寶山事件) 돌발로 인해 생업이 불안정해졌다. 다른 곳으로 안주할 지역을 구하기 위해 1931년(昭和 6) 10월 초순경 지인인 의사 홍(洪) 아무개의 소개로 북평 민립 모 중학교 생도 이영욱(李永旭)을 소개받아 북평(北平)에 갔으나 그 농장도 역시 도적들의 피해로 안주할 수 없음을 알고 다시 이영욱의 소개로 1931년(昭和 6) 11월경 상해(上海) 부근 남상(南翔)에 있는 입달농업학원의 교사 유자명(柳子明)의 연줄로 남상에 가서 유자명과 그 학교 생도 상이강(常爾康)의 알선으로 남상에서 5리 떨어진 남당(南塘)이라는 곳에서 농업에 종사하게 되었다. 앞서 서술했듯이 어려운 생활환경에서 생활한 피고는 무정부주의자인 위의 두 사람과 교류하는 동안 점차 무정부주의에 동감하여 개인의 자유는 절대로 존중받아야 하며 자유를 인정받기 위해서는 정치적으로 모든 지배계급을 타도하여 민중의 자유연합의사로 사회통제를 하고 경제적으로는 일체의 재산을 사회 공유로 할 필요가 있다고 생각하기에 이르렀다. 그리고 피고인 이규호

(李圭虎)는 남만주(南滿洲) 통화현(通化縣)에서 무정부주의자인 고(故) 이회영(李會榮)의 3남으로 출생한 이후 아버지와 함께 북평, 천진(天津), 상해 등을 전전하며 그동안 북평, 천진 등에서 초등 및 중등초보 교육을 받았다. 성장함에 따라 점차 아버지 사상에 경도되어 전기한 무정부주의에 공감하기에 이르렀다.

제1. 피고인 엄순봉은 1932년(昭和 7) 12월 중순경 상해 불조계(佛租界) 복리이로(福履理路) 정원방(亭元坊) 6호 백구파(白鳩波)의 집에서 백구파, 원심창(元心昌) 등으로부터 당시 백구파의 집을 본부로 하여 전술한 무정부주의를 표방하여 일본제국의 국체 변혁과 사유재산제도 부인을 목적으로 한 결사 남화한인청년연맹(南華韓人青年聯盟)에 가입하라는 권유를 받고 위와 같은 목적을 가진 결사인 것을 알고도 이에 가입하였다.

제2. 피고인 이규호는 1933년(昭和 8) 2월경 상해 불조계 영인리(榮仁里) 16호 원심창의 집에서 그의 권유로 전술한 남화한인청년연맹이 위와 같은 목적을 가지고 있는 결사라는 사실을 알고도 이에 가입했다.

제3. 결사의 목적 수행을 위해서

(1) 피고인 엄순봉은 소화 8년 3월 5일경 백구파의 집에서 결사의 맹원(盟員)인 백구파, 원심창, 이달(李達), 이수현(李守鉉), 전리방(田理芳), 정해리(鄭海理), 정화암(鄭華岩), 김지강(金之江), 이강훈(李康勳), 양해주(楊海州)와 만나 원심창이 제창한 '일본정부의 아라키육군대신(荒木陸相)의 명령에 의하여 국민정부 군사위원장 장개석(蔣介石)을 4,000만 원에 매수한 아리요시 공사(有吉公使)가 머지않아 보고를 위해 귀국할 것이고, 공사가 보고를 마치고 다시 중국으로 돌아올 때는 시국은 급전하여 우리 무정부주의자들은 이 운동의 발판을 잃어버리게 되므로 공사가 귀국하기에 전에 기회를 보아 살해할 필요가 있다'라는 말에 찬동하여 상기의 이들과 함께 공사의 살해를 공모하였다. 임무 실행을 위한 적임자라고 나서는 자가 속출하여 다음 날 3월 6일 같은 곳에 모여 추첨에 의해 이강훈, 백구파로 결정하였다. 두 사람은 3월 9일경 공사의 사진을 입수하고 승용차 번호조사 등을 준비하였다. 공사가 3월 19일 저녁 상해 공동조계문로(共同租界文路) 요정 63정에서 개최되는 연회에 참석할 예정임을 미

리 알고, 앞서 모의한 내용을 토대로 공사가 연회장에서 귀가하는 길에 살해하기로 하였다. 3월 13일경 대삼정(大三亭) 및 그 부근의 정황을 시찰하고 당일 만나는 장소를 상해 무창로 271호 요정 '송강춘'으로 정하였다. 그 밖에 만반의 준비를 하고 3월 17일 오후에는 피고인 엄순봉 그 밖의 동지들이 모여 이강훈, 백구파를 위해 송별연회를 열었다. 17일 오후 8시경이 되어 공사가 17일 오후 9시 30분경에 연회장에 참석한다는 통보를 접하자마자, 두 사람은 바로 권총 등의 흉기를 들고 자동차로 전술한 '송강춘'으로 달려가 그곳에서 하차하여 해당 요정에서 대기하였다. 상기의 흉기를 사용하여 공사를 살해하려 하였으나 미연에 발각되어 아직 이 실행행위에 착수하지 못한 채 체포되어 살인 예비가 되었다.

(2) 피고인 두 사람은 1935년(昭和10) 1월 20일경 당시 거주하던 상해 복이리로(福履理路) 보고리(步高里) 194호에서 이달, 김지강, 정화암 등과 만나 결사의 운동자금 조달을 위해 상해 불조계 하비로(霞飛路) 보강리(寶康里) 24호 조선인 조상섭(趙尙燮)의 집을 습격하여 협박하고 금품을 강탈하기로 협의하였다. 다음 날 1월 21일 오전 8시경 피고인 엄순봉은 이달, 김지강과 함께 각각 정화암으로부터 받은 권총 한 자루씩을 들고 피고인 이규호는 이들을 안내하며 같이 출발하여 오전 9시경 조상섭의 집에 도착하였다. 피고인 이규호, 김지강은 계단 아래에서 망을 보고, 피고인 엄순봉은 이달과 함께 2층으로 올라가 조상섭을 습격하였지만 당시는 이미 사실을 눈치채고 도주한 후였다. 손에 권총을 가진 이달과 함께 그곳에 있던 조상섭의 처에게 반항하면 바로 그녀의 신변에 위해를 가할 것 같은 기세를 보이며 그녀를 협박하여 실내를 탐색했으나 값나가는 금품은 없었기에 강탈의 목적을 달성하지 못했다.

(3) 피고인 엄순봉은 1935년(昭和 10) 3월 17일경 자신의 거주지에서 이달과 전리방과 함께 전기한 정화암이 제창한 '전 상해조선인거류민회 부회장 이용로(李容魯)는 일본총영사관과 연락하여 우리 혁명가의 동정을 보고할 뿐 아니라 우리 주소를 밀고하여 체포를 도왔으며 상해 주재 조선인을 모두 거류민회에 입회시켜 우리의 활동 범위를 더욱더 축소시키고 있으므로 장래의 화근을 자르기 위해 이자를 살해할 필요가 있다.'라고 말하자 이에 찬동하여 3월 18일 오후 1시경 다시 엄순봉, 이달, 전리방, 김지강은 상해 중국 조계 내 황포강 반

어가만산(黃浦江畔魚家灣山)에서 이용로 살해를 위한 구체적 방법 등에 대해 협의하였다. 그 결과 실행 담당자를 2명으로 정했는데, 그중 1명은 엄순봉이 스스로 맡았고, 다른 1명은 동지 중에서 물색하기로 하였다. 암살용 권총 탄환 등은 정화암이 준비하기로 결의하였다. 피고인 이규호는 18일 저녁 전기한 거주지에서 이달로부터 이용로 살해에 관한 모의 계획을 듣고, 망보기 담당을 종용받자 곧바로 이를 승낙하였다. 피고인 두 사람은 상기한 자들과의 사이에 이용로 살해 모의가 정리되어 피고 두 사람은 살해계획 결행 후 당국의 조사를 피하기 위해 3월 22일 상해 불조계 채시로 순양리(菜市路順陽里) 12호를 아지트로 거주지를 이전하였다. 피고인 엄순봉은 다음 날 23일 같은 장소에서 정화암으로부터 실탄을 장전한 권총 2정을 받고, 23일 저녁 피고인 2명은 상해 추사위로(秋思威路) 유신리(裕新里) 16호의 이용로의 집 부근에 가서 그 주거 모양과 부근 상황 등을 자세히 조사한 후, 같은 날 밤 다시 아지트에서 정화암을 가세시켜 세 명이 이용로 살해의 구체적 방법에 대해 협의한 끝에 엄순봉은 집안으로 들어가 이용로를 살해하고, 이규호는 현장 부근에서 망을 보기로 하였다. 결행 일시는 이달 25일 오전 7시 30분경으로 결정하고 그 모의를 토대로 마침내 25일 오전 6시경 실탄을 장전한 권총 한 자루(증 제1호는 엄순봉, 증 제6호는 이규호가 각각 소지)를 가지고 아지트를 출발하여 오전 7시 30분경 이용로의 집에 도착하였다. 피고인 이규호는 부근에 있는 채소시장 광장에서 망을 보고, 피고인 엄순봉은 그대로 2층으로 올라가 이용로의 집 거실 북쪽 입구 부근에서 이용로의 처 박성신(朴聖信), 옆방 거주자 박승복(崇福)과 두세 문답을 나눈 후 오른쪽 발로 오른쪽 문을 열고, 문의 동쪽 북측 벽에 붙여 놓은 침대 위에 두부를 오른쪽 입구로 향해 수면 중이던 이용로를 향하여 권총을 2발 발사하여 이용로의 후두부 등을 명중시켰다. 그 후 바로 아래층으로 도주하던 중 박성신, 박승복이 "강도다, 강도다"라고 연신 외쳐대는 바람에 바로 추적되어 체포당할 위기에 처하자 이들도 살해해야 한다고 인식하였다. 그래서 계단을 내려와 상기 피고인에게 다가서고 있던 이들을 향해 2발 발사하여 박성신의 후두부에 명중시켰다. 그러나 이들이 이에 굴하지 않고 피고인에게 바싹 다가가 끝내 계단 부근에서 그들에 의해 체포될 지경이 되자 다시 박승복을 향해 권총을 발사하려고 했으나 불발로 끝났기 때문에 이 권총으로 동인의 두부, 견부(肩部) 등을 난타하고 주춤하는 사이에 추사위로 큰길로 향해 도주했다. 그러나 결국 동인과 중국 경찰에 의해 체포되어 위 두 명에 대해서는 살해의 목적을 달성하지 못하였다. 이때 피고인 이규호는 망을 보던 곳에서 피고인 엄순봉이 위와 같이 추적당하고 있는 것을 보고 이를 원조하려고 현장으로 갔다가 그 역시 중국 순경에 의해 체포되었다. 이상의 폭행으로 인해 이용로는 후두 중앙부에서 두개강내 뇌질(腦質)이 관통되어 후두골이 파쇄되었고, 좌이각(左耳殼) 하부에 이르는 맹관(盲管)에 권총창(拳銃創)을 입어 그날 오후 0시 20분경에 결국 상해 북사천로 142호 복민의원에서 사망하였다. 박성신은 그 후 두부에 피하 관통 총창 등 치료 약 1개월을 요하는 창상을, 또 박승복은 그 두부에 좌상(傷) 등 치료 약 3주간을 요하는 창상을 입었으므로 피고인 엄순봉의 살인, 동 미수 및 동 예비한 소행은 범의계속에서 나온 것이다. 증거를 조사해 보니 판시 모두(冒頭)에 게기한 사실 중 피고인 엄순봉에 관한 부분은 동 피고인이 당 법정에서 행한 공술에 의해 이것이 인정된다. 또 피고인 이규호에 관한 부분은 동 피고인이 당 법정에서, 자신은 죽은 이회영(李會榮)의 삼남으로 태어나 아버지를 따라 북평, 천진, 상해 등을 전거하면서 그동안 북평, 천진 등에서 판시와 같은 학교 교육을 받았다는 내용의 공술에 증인 이은숙(李銀淑)에 대한 예심신문조서 중의 공술에 증인은 피고인 이규호의 어머니이고, 1913년(大正 2) 남만주 통화현에서 이회영과의 사이에서 피고인을 낳았는데 동 피고인은 증인과 함께 북평에 거주하고 있었으나 그 후 천진, 상해로 이사했다는 내용의 기재, 동 피고인에 대한 예심 제1회 신문조서 중 그 공술에서 무정부주의는 모두 평등하게 생활하는 것을 주장하는 것으로 상해에 거주할 당시 이에 공명했다는 내용의 기재, 동 피고인에 대한 검사 제2회 신문조서 중 그 공술에서, 아버지 이회영이 무정부주의자와 교유하고 있던 것은 틀림없는 사실이라는 내용의 기재, 동 피고인에 대한 사법경찰관의 제1회 피의자 신문조서 중 그 공술에서 무산계급을 압박하는 현대 자본주의 사회제도를 타도하고 만민평등의 무정부주의 즉 자유연합의 사회를 창설할 필요가 있고, 이러한 의미에서 아버지 이회영이 주장하는 무정부주의의 이론을 시인하게 되었다는 내용의 기재를 종합하면 이를 인정할 수 있다. 이어서 피고인 엄순봉의 판시 제1 사실은 동 피고인이 당 법정에서 자백하는 바이며, 동 피고인에 대한 검사 제2회 신문조서 중 그 공술에서 판시 결사의 목적은 조선에서 운동하는 경우에는 조선을 일본제국의 굴레로부터 이탈시키고 정치적으로는 지배계급을 타도하고 민중의 자유의사의 결합에 의해 조직한 자유연합의 의사로서 통제하고, 경제적으로는 모든 재산을 민중의 공유로 하는데 있었다는 내용의 기재가 있음에 의해 이를 인정할 수 있다. 피고인 이규호의 판시 제2 사실에 대해서는 동 피고인은 당 법정에서 판시 원심창의 권유에 의해 판시 결사에 가입한 것 만을 인정하고, 동 결사의 목적을 인식했다는 점을 부인하나 동 피고인에 대한 검사 제2회 신문조서 중 그 공술에서 위 결사가 판시와 같은 목적을 가지고 있음을 알고도 이에 가입했다는 내용의 기재가 있음에 따라 그 증명이 충분하다. 판시 제3 사실 중 피고인 엄순봉에 관한 (1)의 사실은 동 피고인에 대한 사법경찰관의 제2회 피의자 신문조서 중 그 공술에서 자신은 1933년(昭和 8) 3월경 남상을 떠나 상해로 이사하고 그 며칠 후 불조계 복이리로 정원방 6호에서 판시의 사람들과 판시와 같은 아리요시 공사 살해 협의를 하고 직접 행동할 자를 뽑은 결과 처음부터 강하게 주장한 이강훈, 백구파 두 명이 이에 뽑혔는데 결행 당일인 그달 17일 오후 중국요리점 삼화루에서 우리 동지가 모여 위 두 명을 위해 송별회를 열고 두 명이 시종 목적을 달성하여 무사히 생환할 것을 격려하고 그 집 앞 도로 위에서 헤어져 집으로 돌아와 좋은 소식을 기다리고 있었다. 그날 오후 11시경 양해주가 돌아와 말하기를 일은 실패로 끝나고 백구파, 이강훈 등은 현장에서 무장 경관 등에게 체포되어 영사관으로 구인되었다는 내용과 아리요시 공사 습격 방법은 동 공사의 연회장에서 돌아오는 길을 노려 결행할 계획이었다는 취지의 기재, 증 제9호 형사기록 중의 제1회 공판조서에서 원심창, 백정기(白貞基, 즉 백구파) 및 이강훈의 공술로써 판시 동 취지의 기재가 있으므로 이를 조합해 보면 인정할 수 있다. 또 판시 제3의 (2)의 사실은 피고인 이규호가 당 법정에서, 자신은 판시 일시 무렵 안내역으로 이달, 김지강 등을 판시 조상섭 집으로 안내한 것은 틀림없다는 내용의 공술, 피고인 엄순봉에 대한 검사 제3회 신문조서 중 그 공술에서 판시 동 취지의 기재, 피고인 이규호에 대한 검사 제2회 신문조서 중 그 공술에서 엄순봉이 조상섭의 아내를 협박했다는 점을 제외하고 판시 동 취지의 기재를 종합하여 이를 인정하기에 족하다. 그리고 판시 제3의 (3)의 사실 중 피고인 엄순봉이 1935년(昭和 10) 3월 23일 오후 4시경 그 전날 이전한 판시 아지트에서 판시 정화암으로부터 실탄을 장전한 권총을 받고, 이어서 그달 25일 오전 6시경 피고인 이규호와 함께 위 권총 중 각 1정(증 제1호 및 동 제6호)을 휴대하고 위 아지트를 출발하고 그날 오 전 7시 30분경 판시 이용로 집에 이르러 피고인 이규호는 그 부근인 채소시장의 광장에서 대기하고 피고인 엄순봉만은 그대로 그 집 3층으로 올라가고 이용로의 거실 입구 문짝 부근에서 판시 박성신 및 박승복과 두 세 문답을 나눈 후 동 이용로의 거실에서 동인에게 위 권총을 발사한 것은 피고인 엄순봉의 당 법정에서의 동일한 취지의 공술과 피고인 이규호가 당 법정에서 판시 일시, 판시 장소로 주거를 이전하고, 이어서 그달 25일 오전 6시경 엄순봉에게 받은 실탄을 장전한 권총을 가지고 동인과 함께 동 주거를 출발하여 그날 오전 7시 30분경 판시 이용로 집에 이르러 피고인은 판시 장소에서 대기한 것이 틀림없다는 내용의 공술 및 증 제1호 및 제6호가 각 현존하는 사실에 의해 이를 인정한다. 피고인 등의 위 행동은 판시와 같은 이용로 살해 모의에 나가, 판시한 경위로 피고인 두 명이 실행 담당자가 되어 판시와 같이 준비 조사를 한 후 실행의 구체적 방법에 대해 판시와 같이 협의 결정을 한 것과 상기 모의의 실행으로써 피고인 두 명이 전술한 바와 같이 이용로 집을 습격하였다. 피고인 이규호는 판시 장소에서 망을 보고, 피고인 엄순봉은 이용로의 거실에서 판시와 같이 들어가 취침 중인 동인에 대해 판시와 같이 권총을 발사하고 동인의 후두부 등에 명중시킨 것은 피고인 엄순봉에 대한 검사 제2회 신문조서 중 그 공술에서 자신 등은 판시 결사의 목적 수행을 위해 무정부주의의 방해가 되는 재상해거류민단 부회장인 이용로를 이규호와 함께 살해한 것은 틀림없다는 내용의 기재, 위와 같은 제3회 신문조서 중 그 공술에서 위 판시와 동일한 취지의 기재, 피고인 이규호에 대한 사법경찰관의 제1회 신문조서 중 그 공술에서 위 판시 관계 사실과 동일한 취지의 기재, 증인 박성신에 대한 예심 신문조서 중 그 공술에서 판시 일시 무렵 범인은 증인 집 거실문 밖에서 증인 및 박승복과 두세 문답을 나눈 끝에 갑자기 위 문을 열고 증인의 집 거실로 들어가 남편 이용로가 자고 있는 침대의 난간을 넘어 권총을 두 발 발사했는데 당시 남편은 아직 수면 중이었다는 내용의 기재에 의해 이를 인정할 수 있다. 이어서 피고인 엄순봉이 판시와 같이 박성신, 박승복 두 명에 대해서도 살의(殺意)에 의해 판시 소행이 나온 것은 동 피고인이 당 법정에서 살의를 가진 점 및 박승복에 대해 권총을 발사했다는 점을 제외하고, 판시와 동일한 취지의 공술, 동 피고인에 대한 검사 제3회 신문조서 중 그 공술에서 자신은 위 두 명에 대해 판시와 같이 틀림없이 권총을 발사했고, 물론 권총이 동인 등에게 맞으면 죽게 될 것을 알고 있었다는 내용의 기재, 증인 박성신에 대한 예심신문조서 중 그 공술에서 전술한 것과 같이 범인이 남편에게 권총을 발사하고 바로 나갔기에 증인은 그 뒤를 쫓아 범인에게 접근했는데 범인은 계단의 맨 위 부근에서 권총을 두 발 발사했다. 그러나 증인은 범인과 실랑이하면서 계단을 내려가고 박승복도 곧 뒤쫓았다. 범인은 또다시 권총을 1발 발사하였지만 증인은 박승복과 협력하여 범인을 체포하고 그가 도망가지 못하도록 열심히 노력했으나 범인은 끝내 증인을 밀치고 실외로 도망갔다는 내용의 기재, 증인 박승복에 대한 사법경찰관의 신문조서 중 그 공술에서 판시 일시 무렵 판시와 같이 박성신과 협력해서 범인을 체포하려고 범인 및 박성신의 뒤를 쫓아 계단 아래로 내려갔는데 범인은 권총의 방아쇠를 당겼으나 불발로 끝나고, 또 격투 중 범인은 권총으로 증인의 머리 부분을 마구 구타했다는 내용의 기재 및 전술한 증 제1호 권총이 현존하는 사실을 종합하여 이를 인정한다. 피고인 등이 각각 판시와 같이 체포된 것은 피고인 등이 당 법정에서의 각 해당 취지의 공술에 비추어 명백하다. 또 피고인 엄순봉에 의한 위 폭행으로 이용로가 판시 창상으로 사망에 이르고, 또 박성신 및 박승복 두 명에 대해 각 판시 상해를 입힌 것은 의사 돈구 유타카(頓宮寬)의 각 감정서에 그 취지의 기재가 있음에 따라 이를 인정할 수 있다. 피고인 엄순봉의 범의계속이라는 점은 이상과 같이 단시간 내에 동종 행위를 반복 누행한 사적에 비추어 명백하다. 따라서 판시 사실은 모두 증명되었다. 법률에 비추어 보니 피고인 엄순봉의 행위 중 국체 변혁을 목적으로 하는 결사에 가입한 점은 치안유지법 제1조 제1항 후단에, 사유재산제도의 부인을 목적으로 하는 결사에 가입한 점은 동법 제1조 제2항에 각각 해당하고, 위는 한 개의 행위로 여러 개의 죄명에 저촉되는 경우이므로 형법 제54조 제1항 전단, 제10조에 의해 무거운 전자의 형에 따라야 한다. 강도미수인 점은 동법 제243조, 제236조 제1항에, 살인한 점은 동법 제199조에, 살인미수인 점은 동법 제203조, 제199조에, 살인예비인 점은 동법 제201조에 각각 해당하고, 뒤의 세 가지는 연속범이므로 동법 제55조, 제10조를 적용하여 가장 무거운 살인죄의 일종(一種)으로 처단해야 한다. 이 죄 및 강도미수죄와 전기한 치안유지법 위반죄는 한 개의 행위로 여러 죄명에 저촉되는 경우이므로 동법 제54조 제1항 전단, 제10조에 의해 가장 무거운 살인죄, 형에 따라 소정의 형 중 사형을 선택하여 위 피고인 엄순봉을 사형에 처한다. 이어서 피고인 이규호의 행위 중 국체변혁을 목적으로 하는 결사에 가입한 점은 치안유지법 제1조 제1항 후단에, 사유재산제도의 부인을 목적으로 하는 결사에 가입한 점은 동법 제1조 제2항에 각각 해당하고 위는 한 개의 행위로 여러 개의 죄명에 저촉되는 경우이므로 형법 제54조 제1항 전단, 제10조에 의해 무거운 전자의 형에 따라 처한다. 강도미수한 점은 동법 제243조, 제236조 제1항에, 살인한 점은 동법 제199조에 각 해당하고 이 양자와 전술한 치안유지법 위반죄는 한 개의 행위로 여러 개의 죄명에 저촉되는 경우이므로 동법 제54조 제1항 전단, 제10조에 따라 가장 무거운 살인죄 형에 따르고 소정형 중 유기징역형을 선택하여 위 피고인 이규호를 징역 13년에 처한다. 주문에 게기한 각 압수 물건은 판시 제3의 (3)에서의 범죄행위의 공용물건이고, 또 범인 이외의 사람에게 속하지 않으므로 동법 제19조 제1항 제2호 제2항을 적용하여 피고인 두 명에 대해 이를 몰수하기로 하고 형사소송법 제401조 제1항에 따라 주문과 같이 판결한다.

각 공소 이유 있음.

1936년(昭和 11) 4월 24일

경성복심법원 형사 제1부

4. 재조 일본인 사상 사건

1) 토요연구회 사건

〈자료 253〉 토요연구회 사건 판결문

[〈土曜硏究會事件判決(確定)〉, 《思想月報》 2권 12호, 조선총독부 고등법원 검사국, 1933.3]

◆ 1932년(昭和 7) 형공(刑公) 제2366호

판결

본적: 기후시(岐阜市) 가스가초(春日町) 1정목 11번지

주거: 경성부 삼판통(三坂通) 105번지 와다(和田喜次郎)의 집

무직(전직 경무국 고용직 공무원)

히비노 오사무(日比野勇) 25세

본적: 기후시 가스가초 1정목 11번지

주거: 경성부 원정(元町) 1정목 27번지

무직(전직 경성부 학무과 고용직 공무원)

우쓰노미야 타로(宇都宮太郎) 23세

본적: 가라쓰시(唐津市) 오아자가라쓰(大字唐津) 1445번지

주거: 경성부 청엽정(青葉町) 2정목 75번지

무직(전직 경무국 고용직 공무원)

시교 유타카(執行裕) 23세

본적: 경기도 용인군 기흥면 신갈리 62번지

주거: 경성부 통동(通洞) 110번지 이춘식(李春植)의 집

무직(전직 조선총독부 경무국 도서과 급사)

김학헌(金學憲) 21세(1913년 1월 22일생)

상기 피고인 히비노(日比野勇), 우쓰노미야(宇都宮太郎), 시교(執行裕)의 치안유지법과 출판규칙 위반, 피고인 김학헌의 치안유지법과 출판법 위반의 피고사건에 대해 본 원은 조선총독부 검사 사사키(佐々木 日出男)의 간여 심리를 거쳐 다음과 같이 판결한다.

주문

피고인 히비노 오사무를 징역 3년에 처한다.

피고인 우쓰노미야 타로와 시교 유타카를 각 징역 2년에 처한다.

피고인 김학헌을 징역 1년 6개월에 처한다.

단, 피고인 김학헌에 대해서는 4년간 형의 집행을 유예한다.

압수 물건 증(證) 제1, 2, 3, 9, 10, 26, 27, 40호의 각 문서와 제32호와 제39호의 각 물건은 몰수한다.

이유

피고인 히비노는 1928년(昭和 3) 경기도립 경성상업학교를 졸업하고 다음 해 1929년 9월에 조선총독부 경무국 도서과의 고용직 공무원이 되었다.

피고인 우쓰노미야는 1925년(大正 14) 4월 용산중학교에 입학하고 같은 해 10월 오이타현 구니사키(國東)중학교로 전학하였지만 1926년 10월에 퇴학하고 조선으로 돌아왔다. 같은 해 11월 경성부청의 급사로 근무하고 1929년 11월 경성부 학무과 고용직 공무원이 되었다.

피고인 시교는 1929년 3월 용산중학교를 졸업하고 같은 해 4월 제6고등학교 이과에 입학하였으나 3학년 재학 중에 교내의 사회과학연구회사건에 연루되어 제명처분을 받았다.

피고인 김학헌은 보통학교 졸업 후에 1929년 9월 조선총독부 경무국 도서과의 급사가 되었고, 피고인 등은 모두 병으로 양친 혹은 아버지, 어머니와 사별하였다. 특히 피고인 히비노, 우쓰노미야, 김학헌은 어려서부터 생활고를 겪었다. 또 피고인 시교는 드물게 부유한 가

정에서 태어났지만, 사유재산제도에 대한 불만스러운 생각을 버리지 못하고 편향된 좌경 문헌을 탐독하고 그러한 환경과 더불어 결국 공산주의 사상을 탐닉하게 되었다.

제1. 피고인 히비노, 우쓰노미야, 시교는 1932년 5월 하순 피고인 히비노의 주거지에 모여 제국 내의 사유재산을 부인하고 공산제도 실현을 목적으로 하는 비밀결사의 결성을 숙의하고, 그 결사를 '토요연구회'라 칭하였다.

'마르크스레닌주의' 연구와 무산청년동맹원의 양성을 당면 과제로 삼아 조직, 선전, 정치의 각 부 직제를 새롭게 정하였다. 통제기관으로 책임자(1인), 사무기관으로 상임 서기(1인)를 각 1명씩 두고, 회원 자격은 별도로 정하지 않고 2명 이상의 추천을 얻으면 누구든 입회할 수 있게 하고 회원이 5명을 초과하면 분리하여 새로운 반(班)을 조직한다. 책임자는 임시 토론회를 소집하고 그 밖에 매주 토요일 정시연구회를 개최한다는 내용을 포함한 강령과 규약의 대강(大綱)을 결정함으로써 상기의 목적 아래 비밀결사 토요연구회라는 조직을 완성하였다.

호선(互選) 결과, 피고인 히비노가 책임자, 피고인 우쓰노미야가 상임 서기가 되고, 피고인 히비노는 조직부, 피고인 우쓰노미야는 선전부, 피고인 시교는 정치부를 각각 담당하도록 기구를 정비했다.

① 피고인 우쓰노미야(宇都宮太郎)는 같은 해 6월 하순 호사카(穗坂壽惠)에게 권유하여 모임에 가입시켰다.
② 피고인 히비노(日比野勇), 우쓰노미야와 시교(執行裕)는 1932년 7월 22, 23일 피고인 히비노의 상기 주거지에서 회합하여 협의한 끝에, 오는 8월 1일 국제적색데이를 기해 불온격문을 인쇄하여 배포할 것을 결정하였다.
   같은 달 26일, 27일 무렵 같은 곳에서 재회하여 피고인 시교(執行裕)가 즉석에서 기안한 초안에 대해 토론을 거친 후 성규(成規) 절차를 거치지 않고 토요연구회 명의 아래 '8·1데이에 어떻게 투쟁할 것인가'라는 제목으로,
   "올해 제4회째 투쟁의 날을 맞으면서 오는 8월 1일은 다음과 같이 결정적으로 역사적인 의의가 있음을 인식해야 한다. 첫째, 제국주의 일본은 자본주의 국가의 반동적이고

일시적인 블록의 선두에 서서 프롤레타리아의 조국인 영농소비에트와 중국소비에트에 대한 공격에 동참하려고 적극적인 행동과 의도를 드러내고 있다.

둘째, 신시장 획득을 위해 만주뿐만 아니라 중국 또한 이미 포화 속으로 들어가게 되었다.

셋째, 일본 부르주아는 최후의 저항인 파시스트적인 지배와 기만으로 노동자와 농민에게 경제적 압박을 전가시키고, 또 전위(前衛)에게 포악한 강압과 비인간적인 고문으로 위협하고 있다. (중략) 8·1데이를 혁명적 집회로 투쟁하라. 정치범의 즉각적인 무죄 석방 (중략) 조선공산당 만세"

라는 국헌을 어지럽히는 원고를 작성하여 저작하고, 격문 인쇄와 반포에 대해서는 피고인 히비노에게 일임하였다.

같은 달 하순 무렵 피고인 히비노는 성규(成規) 절차를 거치지 않고 조선총독부 경무국 숙직실에서 위 원고를 기초로 미농지 크기[51]의 종이 2장에 격문을 20부 등사하여 인쇄했다. 그 무렵 조선총독부 경무국 도서과에서 피고인 김학헌에게 15부를 교부하였고, 김학헌의 손을 거쳐 조선총독부 내에서 임금복(林今福)에게 4, 5부를, 강준원(姜駿遠)에게 한 부를, 경성부 수송동 노상에서 이재수(李在洙)에게 5부를, 경성부 창성동의 노상에서 최익권(崔翼權)에게 2부를 각각 교부하여 반포하였다.

③ 피고인 히비노(日比野勇), 우쓰노미야(宇都宮太郎), 시교(執行裕)는 토요연구회를 조직한 이래 후단에서 서술하는 해산 시까지, 전술한 피고인 히비노의 집과 그 밖의 장소에서 만나 여러 차례 공산주의 연구회를 개최하고 토요연구회의 목적 수행을 위해 활동하였다.

제2. 이미 1932년 7월 초순부터 피고인 히비노, 우쓰노미야, 시교의 사이에 토요연구회의 활동이 침체하는 징조가 보여 자신들의 숙원에 부합하지 않는 아쉬움이 있었는데, 이들의 지도 아래 여러 개의 마르크스주의연구회를 조직하여 핵심분자를 뽑고 대동단결하여 견고한 새로운 기구를 결성한다는 계획을 세우고 그 실현 기회를 얼마간 기다리는 중이었다.

---

51 원문은 美濃版. 종이의 크기가 273×394mm.

① 1932년 8월 7일 피고인 히비노, 우쓰노미야, 시교는 경성부 원정(元町) 1정목 18번지에 있는 피고인 우쓰노미야의 집에서 모였다. 피고인 김학헌도 피고인 히비노의 초빙으로 계획에 가담하여 함께 깊이 의논한 결과, 토요연구회를 없애고 이 모임의 멤버를 기반으로 전술한 마르크스주의연구회 회원 중에서 핵심분자를 포괄하여 사유재산제도를 부인하고 공산제도 실현을 목적으로 하는 비밀결사 '사회주의청년동맹'을 결성하였다. 이 동맹의 당면 활동 구역인 경성에서 과도적인 지도통제기관으로 조직부, 정치부, 편집부의 3부로 구성된 경성지구위원회결성준비회를 조직하고, 피고인 히비노, 우쓰노미야, 시교는 차례로 각 부서를 통괄하였다. 피고인 김학헌이 다른 한 명과 함께 편집부에 소속할 것, 그리고 편집부는 기관지 《노동청년》을 인쇄하고 배포할 것을 결정한 후, 그 자리에서 피고인 시교가 맡아 집필한 성명서 초안을 가지고 회의를 거듭하여 성규(成規) 절차를 거치지 않고 경성지구위원회 결성준비회 명의 아래 '조직의 새로운 전환에 대한 성명서'라는 제목으로,

"(전략) 조선에서의 프롤레타리아혁명은 일본과 조선의 프롤레타리아의 굳은 단결에 의해서만 수행될 수 있는 것이므로 우리들의 금후 투쟁은 일선(日鮮)프롤레타리아의 혁명적인 제휴 아래 투쟁해야 한다. (중략) 이제 그중 우수한 멤버를 가장 비합법적인 단일 조직(사회주의청년동맹)으로 통일하여 직장 단위로 아래로부터의 단단하고 튼튼한 조직을 만들어 우리가 인식하는 범위 내에서 독자적인 활동을 하고 이쪽에서 적극적으로 연락을 해나가야 한다는 것을 인식하고 사회주의청년동맹을 결성하였다. (중략) 사회주의청년동맹은 정세 격화와 조직 확대에 따라 당연히 적색노동조합, 반제(反帝)동맹, 적색구원회 등을 결성하고 지도하기 위해 노력해야 한다. (중략) 조선의 완전한 자치독립 만세, 조선공산당 만세"

라는 국헌을 어지럽히는 원고를 작성하였다. 그 자리에서 상기의 원고를 기초로 힘을 합쳐 미농지 크기의 종이 2장을 한 부로 한 동일 내용의 격문 10부를 등사하여 인쇄하였다. 그리고 배포 방법을 피고인 히비노에게 맡기고 성규(成規) 절차를 거치지 않고 같은 달 10일 조선총독부 내에서 피고인 김학헌의 손을 거쳐 임금복에게 1부를, 경성부 창성동의 노상에서 최익권에게, 또 경성부 수송동 노상에서 이재수에게 각 2부를 배포했다.

② 피고인 시교, 김학헌은 1932년 8월 12, 13일 피고인 우쓰노미야의 거주지에서 만나 편집

부 회의를 열어 공모한 뒤 기관지《노동청년》의 창간호를 인쇄 반포할 것을 계획하던 바, 우연히 참가한 피고인 히비노도 그 계획을 숙지하고 가담하여 공모하기에 이르렀다.

이어 같은 달 20일 피고인 시교와 김학헌 등은 피고인 히비노의 전기한 거주지에서 재회하고 성규(成規) 절차를 거치지 않고 피고인 히비노가 그곳에서 집필한 '창간사'라는 제목으로,

"일본제국주의의 최후는 파시즘 형태로 표면화하여 만주를 식민지화하고 또 자국 내의 혁명적 단체에 폭압을 가하였다. 하지만 대중의 혁명적인 조류를 막지 못한 채 헛되이 미쳐 날뛰면서 스스로 자신의 무덤을 깊이 파고 있는 것이다"

라는 국헌을 어지럽히는 원고와 시교가 자신의 등록 거주지에서 집필하고 저작한 '지진재해(霧災)기념일과 국제청년데이를 맞이하여'라는 제목으로,

"(전략) 1.1932년은 5개년 계획이 완성된 해이고, 자본주의와 사회주의의 결정적인 대립의 해이다. 2. 제국주의 열강의 일시적인 반동 블럭의 전위부대인 일본제국주의가 조선반도를 자신의 발판으로 삼아 소비에트 러시아를 포화 속으로 불러들였다"

라는 국헌을 어지럽히는 원고와 피고인 김학헌이 등록 거주지에서 권태선이라는 가명으로 조선문(朝鮮文)으로 '잊을 수 없는 9월 1일'이라는 제목으로,

"미친 오랑캐 일본제국주의의 처참한 유린이 시작된 이래 20여년, 우리 식민지 무산계급은 피와 눈물로 얻은 곡물과 공업 원료를 일언반구의 불평과 반항도 없이 매년 그들에게 제공해 왔다. 또 혁명적 동지는 개돼지와 같이 학살당했다. 또 그들은 도쿄대지진 때 일본 대중을 기만하고 선동하여 헌병, 군대, 경찰, 청년단 등을 총동원하여 무고한 조선인을 형용하기 어려운 야만적인 방법으로 대대적으로 학살하였다. 조선인 학살사건을 전국적으로 선전하라! 조선총독 무단정치를 절대 반대한다. 조선공산당 강화 만세"

라고 집필하여 국헌을 어지럽히는 원고를 등사 원지에 모두 기재하였다.

같은 달 말 피고인 시교는 피고인 우쓰노미야의 전술한 거주지에서 등사원지에 기초하여 미농지 크기의 종이 4장을 한 부로 동일 내용의 격문을 10부 등사 인쇄하였다. 그 무렵 조선총독부 내에서 피고인 김학헌의 손을 거쳐 임금복에게 1부를, 경성부 통동 13번지에서 최익권에게 2부를, 또 피고인 히비노는 경성부 청진동 88번지 노원숙(盧元淑) 집에서 이재수에게 2부를, 후술하듯이 조직에 관한 방침서와 함께 배포하였다.

③ 이보다 먼저 피고인 히비노와 시교는 같은 해 8월 중순 무렵에 피고인 우쓰노미야의 거주지에 모여 공모한 뒤 조직에 관한 방침서라는 격문을 인쇄하여 배포할 것을 계획하고, 성규(成規) 절차를 거치지 않고 동일 장소에서 '조직에 관한 방침서'라는 제목으로,

"(전략) 우리들은 공격이 가장 좋은 방법이라는 표어로 적을 향해 전면적인 투쟁을 감행해야 한다. 연구회로는 일반 대중의 일상적인 경제투쟁을 우리들의 정치투쟁에까지 연결시킬 수 없다. 이런 결함 때문에 탄생한 것이 사회주의청년동맹이다. (중략) 조선공산당 만세"

라는 국헌을 어지럽히는 원고를 작성하고, 같은 달 말 피고인 시교는 그곳에서 상기의 원고에 기초하여 미농지 1장을 1부로 한 동일 내용의 격문 10부를 등사하여 인쇄했다. 피고인 히비노는 같은 해 8월 하순 경성부 청진동 88번지 노원숙 집에서 이재수에게 2부를, 또 피고인 김학헌의 손을 거쳐 조선총독부 내에서 임금복에게 1부, 경성부 통동 113번지인 최익권 집에서 그 자에게 2부를 모두 앞에서 기술한 바와 같이 《노동청년》 창간호에 첨부하여 배포하였다. 따라서 사회주의청년동맹의 목적달성을 위해 활동한 것이다.

또한 피고인 히비노, 우쓰노미야, 시교가 결사를 조직하고 해당 결사의 목적 수행을 위한 행위인 해당 피고인 등과 피고인 김학헌이 저작·인쇄·반포한 국헌문란 문서는 모두 범의계속에 해당한다.

증거를 보건대, 본 공판정에서 판시 사실 중 피고인 등은 각 관계 부분에서 판시한 결사의 목적과 범의계속의 두 가지를 부인하는 것 외에 전부 인정하였다. 각 피고인 모두 판시한 결사는 단순히 사회과학 연구에 그치고 공산주의 실현을 목적으로 한 것이 아니라고 하였다.

피고인 김학헌은 판시 결사조직에 참가한 적이 없고, 기존에 설립된 결사에 가입한 것이라고 하여 모두 변론하고 있지만 판시한 2개의 결사가 판시 목적을 가진 것은 피고인 히비노에 대한 예심 제2회 신문조서 중 판시 제1의 토요연구회의 목적을 자신은 공산주의 실현을 꾀하는 것도 포함된다고 생각한다고 하였다. 또 판시 제2의 결사는 판시 목적을 가졌다고 각각 공술하여 기재되었다. 해당 피고인에 대한 사법경찰관 제3회 신문조서 중 판시 제2의 결사목적은 단순한 마르크스레닌주의의 서적 연구에 그치지 않고 일반대중과의 접

촉으로 주의의 지도 및 보급을 꾀하는 데 있다고 공술기재 하였다.

피고인 시교에 대한 예심신문조서 중에는 각 결사의 목적을 자인하는 공술이 기재되었고, 피고인 김학헌에 대한 예심 제2회 신문조서 중에는 판시 제2의 결사 목적은 마르크스레닌주의의 실현을 위한 것이라고 상상하고 있었다는 내용이 공술기재 되어 있어 이것을 종합하여 인정할 수 있을 것이다. 위에서 서술한 인정 사실로 피고인 우쓰노미야 또한 상기의 목적을 가진 결사 조직에 참가한 것이라고 인정할 수 있다.

그리고 피고인 김학헌이 판시한 결사 조직에 참가한 것은 이 피고인의 예심 제2회 신문조서 중에 판시한 취지의 공술이 기재되어 있음에 따라 인정할 수 있다. 또한 범의계속인 점은 단기간 내에 동종의 범행을 거듭 반복한 행적에 비추어 인정할 수 있다. 그러므로 위에서 서술한 각 증거에 비추어 판시 사실은 증명된 것으로 한다.

법률에 비추어 피고인 등은 판시한 소행 중 결사를 조직하고 그 목적 수행을 위해 행위한 점은 각 치안유지법 제1조 제2항과 형법 제55조(피고인 김학헌에 대해서는 55조를 뺀다)에, 피고인 김학헌 이외의 피고인 등이 국헌문란 문서의 저작, 인쇄, 반포에 대한 점은 각 1910년(明治 43) 통령(統令) 제20호 출판규칙 제1조와 제3조 그리고 출판법 제26조에 해당한다. 피고인 김학헌의 국헌문란 문서의 저작·인쇄·반포에 대해서는 각 1909년(隆熙 3) 법률 제6호와 출판법 제11조의 제1항 제1호(인쇄 부분에 대해서는 같은 조 2항을 추가한다) 형사령 제42조에 각각 해당하는바, 각 문서의 저작·인쇄·반포는 모두 연속범이면서 동시에 상기의 모든 소행 사이에는 순차적으로 수단과 결과의 관계가 있다. 이상의 각 반포와 결사의 목적 수행을 위해 한 행위는 한 개의 행위로 여러 개의 죄명에 관계되는 경우이므로 각 형법 제54조 제1항 전단, 후단, 제55조 제10조를 적용하여 결국 가장 무거운 형인 '결사를 조직하여 목적 수행을 위해 실행한 죄'의 형에 따른 소정의 형 중 유기징역형을 선택하였다. 그 형기 범위 내에서 피고인 등에 대해 각 주문(主文)의 형량을 정할 것인 바, 피고인 김학헌에 대해서는 정상 형의 집행을 유예하기에 상당하다고 인정한다. 동법 제25조에 의해 4년간 전기 형의 집행을 유예한다. 주문에 기록된 각 문서는 (증거 제32호 종이휴지 포함) 범죄행위에서 생긴 물건이고, 그 외의 주문에 게재된 물건은 범죄 용도로 제공한 물건으로 모두 범인 이외의 자에게 속하지 않으므로 동법 제19조에 의해 이것을 몰수하기로 한다.

따라서 주문과 같이 판결한다.

1933년 2월 6일

경성지방법원 형사제2부

재판장 조선총독부 판사 야마시타(山下秀樹)

조선총독부 판사 모리모토(森本正)

조선총독부 판사 가와사키(川崎猛)

2) 신흥교육연구소 사건

〈자료 254〉 신흥교육연구소사건 사실심리 결정문

[〈新興教育硏究所事件(事實審理決定)〉, 《思想月報》 2권 7호, 조선총독부 고등법원 검사국, 1932.10]

신흥교육연구소 사건(사실심리[52] 결정)

◆ 1932년(昭和 7) 형상(刑上) 제86호

결정

본적: 가고시마현(鹿兒島県) 가고시마시(鹿兒島市) 다카시정(鷹師町) 43번지

주거: 도쿄부 나카노정(中野町) 쇼와통(昭和通) 1정목 5번지

---

52 사실심리(事實審理)는 구(舊) 형사소송법 당시의 상고심에서 형의 양이 현저하게 부당하거나 혹은 현저하게 사실의 오인 등이 인정될 때, 상고재판소가 사실심리 개시 결정을 하여 스스로 사건에 대해 실시한 심리이다.

자유학원교사 야마시타 도쿠지(山下德治) 당시 41세

본적: 에히메현(愛媛県) 니시우와군(西宇和郡) 센조무라(千丈村) 가와노우치(川之内)

주거: 경상남도 사천군 곤명면(昆明面) 송림리(松林里)

전(前) 곤명보통학교장 죠코 요네타로(上甲米太郎) 당시 31세

상기의 자에 대한 치안유지법 위반 피고 사건에 대해 1932년 6월 23일 경성복심법원이 선고한 판결에 대해 동(同) 복심법원 검사장대리 조선총독부 검사 야나기하라(柳原茂)가 상고 신청을 함에 따라 조선총독부 검사 이토(伊藤憲郎)의 의견을 듣고 다음과 같이 결정한다.

주문

본건에 대해 사실 심리를 한다.

이유

경성복심법원 검사장대리 조선총독부 검사 야나기하라(柳原茂)의 상고 취지는,

피고인 야마시타는 1929년(昭和 4) 3월 독일, 러시아 등의 교육 상황을 시찰하고 외유하다 귀국하여 도쿄 시외의 나카노정(中野町)의 나카노(中野)에 소재한 프롤레타리아 과학연구소에 들어가 교육부를 담당하였다.

1930년(昭和 5) 3월 전일본교원조합 준비회가 조직되자 곧바로 조직의 위원으로 가입하여 각처에서 강연회를 개최하였는데, 결국 당국의 감시를 견디지 못하고 같은 해 8월 말 동(同) 준비회는 자연스럽게 해체하기에 이르렀다. 피고인 야마시타는 일찍부터 현재의 사회제도 및 조직에 불만을 품고 사유재산제도에 기반을 둔 자본주의 생산방법의 모순과 자본주의 경제조직의 비합리성, 자본주의 정치기구의 비사회성, 자본주의 문화의 비과학성 등을 주장하였다. 이 사회는 유물론적 변증법 이론에 의해 필연적으로 몰락하는데 우리는 계급적 대중운동으로 공산주의 사회 건설을 기약해야 하며, 이를 위해 교육 분야에서 널리 이 이론을 가르치고 사회주의, 계급, 정치, 노동, 종교의 교육을 연구하고 건설하도록 선전하였다. 다른 한편, 혁신적인 교육노동자조합의 결성을 촉진함으로써 프롤레타리아 혁명을 실현시

키고 이 목적을 달성하기 위한 방책으로 1930(昭和 5)년 8월 중순 아사노 겐신(淺野研真)[53] 외 여러 명이 함께 '신흥교육연구소'라는 것을 창설하였다. 기관지 월간 《신흥교육(新興教育)》을 발행하고 각지에 반포하여 사상 선전에 힘쓰던 중, 1930년 10월 하순 원심의 상피고인(相被告人)[54]인 니시무라(西村節三)를 동 연구소원으로 채용하여 해당 조직의 부원이 되게 한 후 도쿄시 간다구(神田區) 진보초(神保町) 빌딩에 위치한 신흥교육연구소 사무소에서 피고인 니시무라에게 "현재 세계의 교육 상황을 보면 프랑스, 독일, 러시아, 중국 등의 여러 나라에서는 교원좌익단체인 교육노동자조합이 결성되어 있는데 일본에는 아직 이런 단체가 없으므로 일본 교육자의 공산주의적 자각을 촉구하기 위해 신흥교육연구소를 세우고 잡지 《신흥교육》을 발행하여 교육노동자조합을 결성하려 한다. 머지않아 이 조합이 공산혁명의 성공에 기여하게 할 것이다. 가까운 시일 안에 잡지 《신흥교육》을 전국에 보급하고 앞으로 그러한 생각으로 애써주길 바란다. 자네는 신흥교육연구소의 조직부를 담당해 달라"고 말하였다. 이에 니시무라의 찬동을 얻어 사유재산제도를 부인하고 공산주의 사회를 건설한다는 목적 아래 그 목적사항의 실행을 협의하였다. 한편, 피고인 야마시타는 잡지 《신흥교육》 창간호에서 〈창립선전〉, 〈신흥교육의 건설로〉, 그리고 같은 해 10월호 이하에 〈××와 교육〉 등 여러 제목으로 과격한 어조로써 일반 독자에게 자신들의 사상을 전달하고 공산주의 의식함양을 위해 노력하였다고 한다.

그런데 당 법정에서 피고인 야마시타는, "이론과 실제에 입각한 교육의 진정한 모습을 실현하고 싶은 염원에서 '상호교육연구소'라는 것을 창설하려 했는데, 그것을 조직하는 과정에서 고민을 하던 차에 아사노 겐신 등과 만났다. 이때 신흥교육연구소라는 것을 설립하였는데 신흥교육연구소는 순수한 문화단체이고 그 운동도 문화운동일 뿐이다. 공산주의적 자각을 촉구하고 교육노동자조합 결성을 조성한다는 것은 전혀 의식한 바 없고 그러한 말을 한 적조차 없다. 유물론을 연구하여 일반 교육자를 계몽하려 한 이상주의자에 지나지 않는

---

53 아사노 겐신(淺野研真, 1898~1939)은 승려이자 교육운동가. 중학 졸업 후 교토에 위치한 다이도쿠지(大德寺)의 승려가 되었고 형무소 교화사로 활동한 후 1925년에는 도쿄노동학교를 개설 교육운동에 전념하였다. 1930년 신흥교육연구소 창립에 참가하여 중앙위원을 역임, 프롤레타리아교육의 이론화에 집중하였다. 저서에 『프롤레타리아 교육의 제문제(プロレタリア教育の諸問題)』(1931) 등이 있다.

54 상피고인(相被告人)은 두 명의 피고인 중 한 사람의 피고인에 대한 나머지 다른 피고인을 이르는 법률 용어이다.

다"라고 주장하는 변명을 하였다. 또 현재의 사유재산제도를 부인하고 공산주의 사회의 건설과 실현을 목적으로 의식해서 어떤 행동에 나서려고 하였거나 이것을 협의한 적이 없다고 부인하였다. 하지만 사법경찰관에 의한 니시무라의 제1회 신문조서에는 신흥교육연구소의 목적이 공산혁명투사를 양성하기 위한 교원그룹을 만들고 장래 혁명의 목적달성에 도움이 될 자, [원문 누락]

또 니시무라의 제2회 신문조서에서 피고인 야마시타는, "일본 교육은 부르주아가 자신들의 성과 요새를 지키는 교육제도이다. 신흥교육연구소는 이러한 부르주아교육을 타파하고 완전한 프롤레타리아교육을 수립하기 위해 행동하기로 하고 이의 건설을 위해서 혁명은 필연적으로 동반되어야 한다. 이때 교육자는 혁명이라는 정치행동에 관여하는 중요한 역할을 맡고 있기에 각각의 교육자는 이러한 의식을 가져야 한다. 그런 의미에서 우리가 주재하는 신흥교육은 중요한 역할이 있다"라고 말했다고 한다.

전술한 니시무라(西村節三)의 예심 제2회 신문조서에서 신흥교육연구소의 목적이 프롤레타리아교육의 연구 및 건설을 선전하고 공산주의 사회 실현에 기여하는 것이라는 점은 야마시타의 말을 통해 알 수 있다. 또 마찬가지로 제3회 조서에서 야마시타가 말한 신흥교육연구소가 주축이 되어 일본교육자의 공산주의적 자각을 촉구하고 교육노동자조합의 결성을 조성함으로써 교육노동자조합이 공산혁명의 성공에 기여하게 한다는 내용을 알 수 있다. 신흥교육연구소의 입장은 현재 러, 독, 프, 영의 여러 나라의 상황을 보면 각국의 교원좌익단체가 교육노동자조합의 이름으로 조직되어 있는데 일본에는 이런 단체가 없으므로 장래 혁명에 맞춰 행동하기 위해 교육자의 공산주의적 자각을 촉구할 필요가 있어서 연구소를 창설하였다.

오다 히데오(織田秀雄)의 예심촉탁 신문조서에는, "1930년(昭和 5) 7월 피고인 야마시타와 알게 되었고, 그에게 잡지《신흥교육》의 편집을 도와달라는 의뢰를 받고 승낙하였다. 그리고 신흥교육연구소는 교육노동자조합이 필요함을 인식하고 피고인 야마시타 등과 더불어 이를 지원해야 한다고 이야기를 나눈 적이 있다. 자신도 교육노동자조합에 대해 매우 중시하고 있었는데, 요컨대 프롤레타리아교육의 확립은 공산주의 사회가 실현되지 않으면 기대할 수 없으므로 공산주의 사회 실현을 목적으로 하는 실제 운동과 제휴해야 한다. 피고인 야마시타와 니시무라 등은 잡지에 교육노동자조합의 결성목적에 관한 논문을 게재하였고 또 이를 숙지한 자들이기 때문에 굳이 그들과 토의한 적은 없었다"라는 내용으로 기재된 진술이 있는데, 이를 종합적으로 살펴보면 피고인 야마시타가 일찍이 공산주의를 품은 자임을 알 수 있을 것이다.

니시무라와 함께 공산주의 사회를 건설한다는 목적 아래 그 목적 사항의 실행에 관해 협의한 사실이 인정됨에도 불구하고 법원은,

"위의 니시무라가 아직 어린 연령이므로 사상문제를 바르게 이해할 수 있는 소양이 없이 이전부터 본인이 빠져 읽던 《전기(戰旗)》[55]와 그 밖의 좌익잡지에 의해 공산주의 또는 혁명사상에 알 수 없는 흥미를 느끼고 있었다. 그러던 중 논조가 비교적 과격한 잡지 《신흥교육》에 현혹되어 피고인 야마시타의 단편적인 언사를 자의적으로 단정지어 위와 같은 진술을 했다는 의심이 드는 바이므로, 이것을 채택하여 피고인 야마시타를 단죄할 자료로 할 수는 없다"

고 하여 피고인 야마시타에게 무죄를 언도하였다.

그러나 상기의 니시무라가 연령이 어리다고는 하나 이미 26세 청년으로 한때 도쿄 아오야마(青山)사범대에서 수학하다 병약하여 귀향하였다. 교원검정시험 준비를 하면서 《전기(戰旗)》와 그 외 좌익잡지를 탐독하고, 피고인 야마시타를 방문하여 아는 사이가 되기에 이르렀다. 판시한 바와 같이 니시무라가 사상적으로 전부 이해하지 못하고 변별할 수 있는 능력이 없다면 피고인 야마시타가 니시무라를 면접하고 선택하여 신흥교육연구소의 조직부원이 되게 한 점도 이해되지 않는다. 게다가 니시무라가 피고인 야마시타에 대한 예심 제7회 신문조서 중, 피고인 야마시타와의 대질신문 및 원심공판에서의 진술은 앞에 나온 야마시타에 관한 진술을 번복하고 부정하였다. 이것은 니시무라의 두뇌가 미숙하고 유치하며 명석함이 없이 기억이 불확실하다는 것을 엿볼 수 있는 바이고 니시무라의 진술을 채택하여 판정 자료로 하는데 신뢰할 수 없는 점이라고도 할 수 있다. 하지만 그것은 어쩌면 위의 니시무라가 일찍이 야마시타를 스승으로 여겨 배우고 야마시타를 '선생님'이라고 존칭하던 그들의 관계는 마치 가족 같거나 용돈을 받는 관계에 있었으므로, 피고인 야마시타의 앞에

---

55 잡지 《전기(戰旗)》는 1928년에서 1931년 사이에 전 41호 발행된 일본의 문예잡지로 당시 프롤레타리아문학 작품을 발표하는 중요한 지면이 되었다.

서 뻔뻔하게 상대에게 불이익이 되는 진술을 하는 것은 인정상 니시무라가 결코 할 수 없는 일임은 니시무라의 여러 차례의 신문조서에서도 나타난다. 이전에 나온 적시(摘示) 진술, 즉 사실을 사실이라고 한 진술은 앞의 오다 히데오의 증언과 합치한다는 점에서도 알 수 있다. 대질 진술이 이처럼 사사로운 정이나 관계로 인해 허위로 한 진술임을 미루어 알 수 있다.

니시무라의 불확실한 기억 혹은 자신의 맹목적인 판단에 의한 진술이므로 말과 행동이 일치하지 않고 이렇게 저렇게 매번 바꾸는 것이라고 이해할 수는 없다. 설령 판시한 바와 같이 니시무라의 진술을 신뢰할 수 없다고 해도 피고인 야마시타가 주재한 잡지《신흥교육》을 보면 각 권마다 호(號)를 더해가며 기사를 자주 게재했는데 공산주의 좌익 논문이 아닌 것이 없다. 특히 피고인 야마시타는 〈신흥교육의 건설로〉라는 제목으로 다음과 같이 주장했다.

"우리의 정치실천의 현실적 모습을 보면 직접 생산과 노동에 종사하는 노동자, 농민을 주체로 하는 프롤레타리아운동과 동일한 진영 내에서 일익을 담당할 교육노동자조합의 결성이라는 제도 앞에서 고립되고 말았다. 분산된 개인의 힘은 절대적으로 무력하다. 제도에는 제도로, 조직에는 조직으로 현실 투쟁에 대비하는 것이 정치의 구체적인 실천이다. 교육노동자조합의 결성은 절대적으로 필요하다. 신흥교육의 본질은 사회교육이다. 부르주아 문화는 본질적으로 개인주의다. 아무리 그럴싸하게 꾸며댄다 한들 자본주의제도 아래 사회교육은 절대 존재할 수 없다. 오로지 프롤레타리아만이 정치적인 XX를 X 얻은 후 자본주의조직 안에 숨겨져 있던 사회성을 외부로 드러낼 수 있다. 신흥교육은 프롤레타리아교육이다. 신흥교육 건설을 위한 과도기적 임무는 자본주의 조직 안에 숨겨져 있던 교육의 사회성을 외부로 드러내기 위한 정치투쟁이다. 정치적 자유의 획득만이 인간해방에 이르는 유일한 수단이다."

또 해당 잡지의 창간호에 피고인 야마시타가 집필한 창립선언에는 다음과 같은 구절이 있다.

"현실의 사회문제에 대한 구체적인 분석 및 모든 과학적 진리를 향한 교육노동자의 눈은 지배계급의 계획적이고 정치적인 소외로 인해 매우 애매모호해졌다. 이는 현재와 같은 반동

(反動)교육의 강화를 초래한 이유가 된다. 정치가 사회생활을 지배하는 한 교육이 목표로 삼는 인간해방은 정치적 자유의 획득 없이는 모두 환상일 수밖에 없다.

조직에는 조직으로 맞서는 교육자의 정치실천의 현실적 형태는 XX적 교육노동자의 단결에 의한 교육노동자의 조합운동이다. 교육노동자조합은 우리들의 성이자 요새이며, 신흥교육은 우리들의 무기이다. 신흥교육연구소에 의해 달성할 당면한 계급적 임무는 반동적인 부르주아 교육에 대한 극명한 비판과 실천적인 배격이요, 다른 한편으로는 신흥교육의 과학적 건설과 선전이다. 친애하는 전국의 교육노동자 제군!! 신흥교육의 깃발 아래 모두 모이라!"

이를 보아도 피고인 야마시타가 품고 있는 주의 및 사상이 어떠한 것인지 분명하게 알 수 있을 것이다. 또 피고인 야마시타는 본 법정에서 신흥교육연구소가 교육노동자의 조합 결성과 아무런 관계가 없고 고차원적인 순수이론을 연구하는 순수한 문화단체라고 변명하지만, 그렇지 않다. 그들이 진정 지향하는 바인 문화혁명은 곧 사회적 변혁의 결과이자 산물이며 또 문화혁명은 곧 사회혁명의 조건이 되어야 한다는 마르크스레닌주의 입장에 서 있다. 그리고 사회운동과 연결하여 실천하는 운동의 일부로서 문화운동을 하는 것이 그 최종 목적이다. 위와 같은 논설을 통해 피고인 야마시타가 공산주의 사상을 품은 자라는 것과 아울러 주의(主義)의 실현을 위해 목적 사항을 실행하는 것에 대해 협의한 사실을 인정하지 않을 수 없다.

설령 백 보 양보하여 피고인 야마시타가 공산주의자가 아니라 하더라도 그가 신흥교육 잡지에서 누차 주장한 전술한 제목의 각 기재 사항을 보면 적어도 불특정 다수의 구독자에게 공산주의 사상을 고취하고 묘하게 자극하여 공정한 판단을 그릇되게 하기에 족하다. 이것을 객관적으로 보아도 그러하며, 혹은 원심 상피고인(相被告人)인 조판출(趙判出), 기쿠이케(菊池輝郎) 등을 보아도 분명하므로, 적어도 치안유지법이 규정하는 선동의 죄책(罪責)은 도저히 피할 수 없다고 할 것이다. 과연 그렇다면 본심이 내린 무죄 판결은 중대한 사실의 오인(誤認)이 있다고 해야 할 것이다.

다음으로 피고인 죠코 요네타로에 대한 본건 공소 사실은,

1927년 4월부터 경상남도 곤명 공립 보통학교 교장 겸 교사로 종사해 오던 차에 특히 사

회과학에 흥미를 가지고 현재의 사회제도 및 조직에 대해 불만을 품었다. 1927년 무렵부터 한때 크로포트킨의 무정부주의에 심취한 적이 있었는데 그 후 현재의 사유재산제도는 불합리하므로 혁명으로 이것을 파괴해야 하며 또 현재의 교육은 자본주의 교육이기 때문에 이것을 배제하고 공산주의 이론에 기반을 둔 프롤레타리아 교육을 시행해야 한다고 하였다.

그러던 차에 1930년 9월 좌익 잡지《신흥교육》을 구독하게 되고 자신이 품고 있던 공산주의 사상과 합치하자 곧바로 공감하게 되었다. 당시 경성사범학교 연습과(演習科) 학생으로 원래 피고인의 제자였던 원심 상피고인 조판출과 동급생 기쿠이케(菊池輝郎)는 함께 잡지《신흥교육》을 구독하고 피고인과 같이 좌경사상에 빠졌다. 피고인 조코와 비밀리에 왕래하며 공산주의 의식을 고양시켜 가던 차에 1930년 10월 26일 상기의 두 사람은 경성사범학교 수학여행단에 참가하였다. 경남 진주읍에 오는 그들을 마중한 피고인 조코는 두 사람과 함께 진주 읍내에 있는 욱(旭)여관에 투숙하였다. 그리고 이전부터 품고 있던 주의(主義)에 관한 이야기를 나눈 뒤, 피고인 조코가 그들에게 "이듬해 졸업 후 피고인과 서로 제휴하여 조선 각지에서 공산주의로 아동을 교육하자. 교원 동료 중에 동지를 획득하여 사유재산제도의 부인을 목적으로 하는 교육노동자조합을 결성한다. 수학여행에서 학교로 돌아간 뒤에는 동급생 중에 동지를 물색하여 포섭해야 한다"라고 말하자 곧 이에 찬동하였다. 그들이 졸업 후 경상남도에 부임하여 상기 조합조직운동을 위해 제휴한다면 안성맞춤일 것이라고 생각하여 알린 것으므로 이는 사유재산제도를 부인하고 공산주의 사회를 실현시킬 목적으로 그 목적 사항의 실행에 관해 협의하였다고 할 수 있다.

상기의 사실은 본심에서 피고인의 예심법정(豫審廷)에서의 진술, 원심 상피고인인 조판출과 기쿠이케의 각 예심 및 원심 공판에서의 진술에 의해 이것이 인정됨에도 불구하고 피고에게 실형을 부과하지 않고 형의 집행유예를 부여한 것은 어떠한 정상(情狀)이 참작되어 그러한 것인가.

피고인 조코는 본 법정에서 사실을 부인할 뿐만 아니라 사유재산제도의 부인 및 공산주의에 대해 그것이 무엇인지 진위 파악과 이해를 못한다고 말하니 도무지 개전의 정이 없다. 게다가 원심 판검사의 조사에 따르면 피고인에게 압수한 일지에 기재된 것을 검토하고 또 그가 동지를 획득하기 위해 동료에게 보낸 서한과 조판출과 주고받은 서신으로 볼 때, 전혀 피상적이거나 얄팍한 것이 아니라 그 주의에 매우 충실함을 알 수 있다.

여기에서 잊어서는 안 되는 것은 과형(科刑)의 목적은 응보에 있지 않고 범인이 과오를 깨닫도록 만드는 데에 있다. 그렇다고 범인의 개과천선이 과형 목적의 전부는 아니다. 과형은 특별한 경우와 일반적인 훈계가 필요해서 하는 경우가 있다.

피고인 조코의 경우 스스로를 좌경화, 적화(赤化)하는 데에 그치지 않고 감수성이 예민한 초등아동을 교육하는 직책에 있으면서 때 묻지 않은 초등아동을 적화시키려 한(압수한 피고인의 일지에 '나의 학교를 나의 색으로 바꿔 칠한다' 등의 기재를 통해 알 수 있음) 책임은 무겁고, 또 그것이 미치는 영향은 우려할 만하다. 듣자하니 소비에트 러시아의 제3인터내셔널이 일본적화방책에 대해 일본을 적화하는 가장 핵심은 먼저 초등학교 교원을 물들이는 데에 있다고 하였다. 애초에 제3인터내셔널이 이 방책에 나선 이유는 일본 초등학교 교원 사이에 적색사상이 농후하게 번지고 있음을 알고, 지식층을 기반으로 적화에 매진하는 것이 현명한 방책이라 본 것이다. 게다가 국민교육에 종사하는 초등학교 교원을 적화시키는 일이 이른바 국민적화의 씨앗을 배양하는 근본책으로 채택된 것인지는 잘 모르지만, 적어도 민감한 아동을 매일 가르치고 키우는 초등학교 교원을 적화의 대상으로 목표로 삼은 것은 크게 주목할 만한 일이다. 내지에서는 1930년(昭和 5) 7월 니가타현(新潟縣)에서의 초등학교 교원 적화사건을 시작으로 각지에서 손에 꼽을 정도로 비슷한 사건이 빈발하였지만, 현해탄을 넘어 조선에서 이런 종류의 본건이 발생하기에 이르렀으니 앞으로 동종의 사건이 속출할 우려가 있다고 본다면 전반적인 경계의 필요에서라도 피고인에게 상응하는 중형인 실형을 부과해야 할 것이다. 하물며 피고인에게는 개전의 정과 그 밖의 어떠한 정상을 참작하여 동정할 이유가 없으므로 피고인에 대한 집행유예는 형의 양정(量定)에 있어 지극히 부당하다고 사료되므로 상고하게 되었다.

본건의 기록을 자세히 조사하니 피고인 야마시타 도쿠지에 대해서는 원판결에 중대한 사실의 오인이 있다고 의심되기에 충분하고도 현저한 사유가 있다. 또 여러 가지 사정을 참작하여 피고인 죠코 요네타로는 형의 양정이 지극히 부당하다고 사료할 만한 현저한 사유가 있다고 인정되기에 논지(論旨)는 이유가 있다.

이에 형사소송법 제414조, 제412조, 제443조에 따라 주문과 같이 결정한다.

1932(昭和 7)년 9월 30일

고등법원 형사부

재판장 조선총독부 판사 마스나가(增永正一)

조선총독부 판사 기토(喜頭兵一)

조선총독부 판사 미야모토(宮本元)

조선총독부 판사 가네코(金子秀顯)

조선총독부 판사 고이(五井節藏)

VIII

각종 통계

1. 3·1운동 관련 통계표

〈출전〉 조선총독부 법무국,『妄動事件處分表』, 1920년 1월.

3·1운동 관련 검사처분피고인 현황(1920년 1월 조선총독부 보고)

<table>
<tr><th rowspan="3">지방법원</th><th colspan="7">1919년 3월 1일~6월 30일</th><th colspan="5">1919년 3월 1일~12월 31일</th></tr>
<tr><th rowspan="2">구속 여부</th><th rowspan="2">피고 인원</th><th colspan="3">검사처분</th><th rowspan="2">미결</th><th rowspan="2">피고 인원</th><th colspan="3">검사처분</th><th rowspan="2">미결</th></tr>
<tr><th>기소</th><th>불기소</th><th>이송</th><th>기소</th><th>불기소</th><th>이송</th></tr>
<tr><td rowspan="2">경성지법</td><td>구속</td><td>2,756</td><td>1,670</td><td>511</td><td>574</td><td>1</td><td rowspan="2">4,141</td><td rowspan="2">1,905</td><td rowspan="2">1,496</td><td rowspan="2">727</td><td rowspan="2">13</td></tr>
<tr><td>불구속</td><td>927</td><td>64</td><td>726</td><td>131</td><td>6</td></tr>
<tr><td rowspan="2">공주지법</td><td>구속</td><td>652</td><td>571</td><td>48</td><td>25</td><td>8</td><td rowspan="2">1,266</td><td rowspan="2">619</td><td rowspan="2">557</td><td rowspan="2">88</td><td rowspan="2">2</td></tr>
<tr><td>불구속</td><td>486</td><td>5</td><td>466</td><td>1</td><td>14</td></tr>
<tr><td rowspan="2">함흥지법</td><td>구속</td><td>1,293</td><td>902</td><td>210</td><td>181</td><td>-</td><td rowspan="2">2,314</td><td rowspan="2">1,008</td><td rowspan="2">994</td><td rowspan="2">310</td><td rowspan="2">2</td></tr>
<tr><td>불구속</td><td>838</td><td>61</td><td>679</td><td>96</td><td>2</td></tr>
<tr><td rowspan="2">평양지법</td><td>구속</td><td>1754</td><td>1,566</td><td>139</td><td>49</td><td>-</td><td rowspan="2">2,938</td><td rowspan="2">1,739</td><td rowspan="2">1,124</td><td rowspan="2">50</td><td rowspan="2">25</td></tr>
<tr><td>불구속</td><td>732</td><td>44</td><td>687</td><td>1</td><td>-</td></tr>
<tr><td rowspan="2">해주지법</td><td>구속</td><td>1,618</td><td>1,032</td><td>222</td><td>352</td><td>12</td><td rowspan="2">2,358</td><td rowspan="2">1,097</td><td rowspan="2">808</td><td rowspan="2">431</td><td rowspan="2">22</td></tr>
<tr><td>불구속</td><td>666</td><td>44</td><td>550</td><td>57</td><td>15</td></tr>
<tr><td rowspan="2">대구지법</td><td>구속</td><td>1,507</td><td>1,008</td><td>282</td><td>215</td><td>2</td><td rowspan="2">2,322</td><td rowspan="2">1,207</td><td rowspan="2">775</td><td rowspan="2">279</td><td rowspan="2">61</td></tr>
<tr><td>불구속</td><td>495</td><td>88</td><td>357</td><td>50</td><td>-</td></tr>
<tr><td rowspan="2">부산지법</td><td>구속</td><td>909</td><td>748</td><td>137</td><td>18</td><td>6</td><td rowspan="2">2,318</td><td rowspan="2">889</td><td rowspan="2">1,370</td><td rowspan="2">58</td><td rowspan="2">1</td></tr>
<tr><td>불구속</td><td>1,135</td><td>69</td><td>1,018</td><td>40</td><td>8</td></tr>
<tr><td rowspan="2">광주지법</td><td>구속</td><td>843</td><td>706</td><td>127</td><td>10</td><td>-</td><td rowspan="2">1,397</td><td rowspan="2">791</td><td rowspan="2">588</td><td rowspan="2">10</td><td rowspan="2">8</td></tr>
<tr><td>불구속</td><td>297</td><td>30</td><td>266</td><td>-</td><td>1</td></tr>
<tr><td rowspan="3">합계</td><td>구속</td><td>11,332</td><td>8,203</td><td>1,676</td><td>1,424</td><td>29</td><td rowspan="3">19,054</td><td rowspan="3">9,255</td><td rowspan="3">7,712</td><td rowspan="3">1,953</td><td rowspan="3">134</td></tr>
<tr><td>불구속</td><td>5,576</td><td>405</td><td>4,749</td><td>376</td><td>46</td></tr>
<tr><td>계</td><td>16,908</td><td>0</td><td>0</td><td>0</td><td>0</td></tr>
</table>

1919년 3월 1일~12월 31일 피고인원의 활동 시기(1920년 1월 조선총독부 법무국 보고)

	3월	4월	5월	6월	7월	8월	9월	10월	11월	12월	합계
피고 인원	12,522	5,357	257	203	173	137	168	129	37	71	19,054

3·1운동 참여자 재감(在監) 인원 현황(1919년 6월 30일 현재 조선총독부 보고)

	수형자	형사피고인	합계	총인원	3·1운동 참여자 재감 비율
경성감옥 관내	238	-	238	2,241	10.62
서대문감옥 관내	244	1,771	2,015	3,955	50.95
공주감옥 관내	195	130	325	977	33.27
함흥감옥 관내	121	272	393	1,233	31.87
평양감옥 관내	336	1,148	1,484	3,194	46.46
해주감옥	12	129	141	601	23.46
대구감옥	603	530	1,133	2,541	44.59
부산감옥 관내	255	140	395	1,343	30.75
광주감옥 관내	183	111	294	1,695	29.41
합계	2,187	4,231	6,418	17,780	36.10

3·1운동 참가자의 유죄 확정 판결 현황(1919년 3월 1일~12월 31일)

형량	소요	방화	살인	협박	보안법	출판법	대정8년 제령 제7호	경찰범 처벌규칙	기타	합계
무기형	-	-	5	-	-	-	-	-	-	5
15년 이상	-	-	10	-	-	-	-	-	-	10
10년 이상	-	10	1	-	-	-	-	-	-	11
7년 이상	5	2	-	-	-	-	-	-	-	7
5년 이상	30	2	2	-	-	-	-	-	2	36
3년 이상	149	1	-	-	-	32	7	-	2	191
2년 ↑	267	1	-	-	163	42	6	-	-	479
1년 6개월 이상	163	-	-	2	344	48	17	-	3	577
1년 이상	249	-	-	1	749	36	15	-	2	1,052
10개월 이상	79	-	-	1	319	3	6	-	2	410
8개월 이상	151	-	-	3	606	25	16	-	2	803
6개월 이상	264	-	3	1	1,610	61	45	-	8	1,992
3개월 이상	64	-	-	-	347	16	14	-	0	441
3개월 미만	2	-	-	-	8	-	-	-	-	10
벌금	75	-	-	-	15	-	-	-	3	93
구류	-	-	-	-	6	-	-	2	-	8
과료(科料)	-	-	-	-	6	-	-	1	-	7
태형	202	-	-	1	1,428	13	25	-	5	1,674
소계	1,700	16	21	9	5,601	276	151	3	29	7,806
형기 내 집행유예	104	-	-	-	434	8	18	-	1	565
합계	1,804	16	21	9	6,035	284	169	3	30	8,371

2. 보안법 위반 검사국 통계

〈출전〉 고등법원 검사국 편, 『思想檢察提要(1)』 1928년.

연도	구분 / 건수·인원	수리			직결						미결
		전년 이월	본년	계	구예심 (求豫審)	구공판 (求公判)	불기소	이송	기타	계	
1917	건수	2	40	42	2	16	21	2	-	41	1
	인원	*	*	*	19	22	115	3	-	159	*
1918	건수	3	197	200	3	83	101	13	-	200	-
	인원	*	*	*	6	129	291	31	-	457	-
1919	건수	-	2540	2540	26	1549	734	222	-	2531	9
	인원	-	*	*	770	5582	5522	1035	-	12909	*
1920	건수	8	357	365	3	107	211	34	-	355	10
	인원	*	*	*	11	236	582	63	-	892	*
1921	건수	8	261	269	3	58	177	28	-	266	3
	인원	*	*	*	4	64	435	44	-	547	-
1922	건수	4	46	50	1	7	40	2	-	50	-
	인원	*	*	*	2	7	87	2	-	98	-
1923	건수	-	48	48	-	8	36	4	-	48	-
	인원	-	*	*	-	8	73	5	-	86	-
1924	건수	-	23	23	2	2	14	4	-	22	1
	인원	-	79	79	5	2	66	4	-	77	-

3. 제령 제7호 위반 제1심 형사죄명별 판결인원(1919~1926)

〈출전〉 고등법원 검사국 편, 『思想檢察提要(1)』, 1928년

연도	판결 피고 인원	판결 구분									
		사형	징역	금고	벌금	구류	과료	태형	무죄	면소	기타
1919	222	-	163	-	-	2	-	36	2	-	19
1920	1050	-	973	1	-	-	-	8	33	1	14
1921	1491	-	1430	3	2	-	-	-	48	4	4
1922	134	-	124	-	-	-	-	-	9	1	-
1923	71	-	64	1	-	-	-	-	5	-	1
1924	71	-	65	-	-	-	-	-	5	1	-
1925	51	-	42	-	-	-	-	-	9	-	-
1926	32	-	32	-	-	-	-	-	-	-	-
계	3122	-	2893	5	2	2	-	44	131	7	38

4. 제령 제7호 위반 검사국 통계(1919~1926)

〈출전〉 고등법원 검사국 편, 『思想檢察提要(1)』, 1928년

연도	구분 건수 인원	수리			직결					미결
		전년 이월	본년	계	구예심(求豫審)	구공판(求公判)	불기소	이송	계	
1919. 4.15 시행	건수	-	291	291	24	95	124	35	278	13
	인원	-	*	*	131	228	754	112	1225	*
1920	건수	14	948	962	57	407	415	45	924	38
	인원	*	*	*	399	1071	4026	281	5777	*
1921	건수	38	1465	1503	28	478	888	89	1483	20
	인원	*	*	*	173	1316	5833	633	7955	*
1922	건수	19	417	436	12	45	350	23	430	6
	인원	*	*	*	27	93	1159	58	1337	*
1923	건수	6	291	297	6	44	226	21	297	-
	인원	*	*	*	25	52	640	24	741	-
1924	건수	-	213	213	12	35	155	8	210	3
	인원	20	506	526	44	60	401	18	523	3
1925	건수	3	100	103	2	10	85	6	103	-
	인원	3	247	250	17	22	198	13	250	-
1926	건수	-	97	97	3	19	71	4	97	-
	인원	-	353	353	19	32	293	9	353	-
계	건수	80	3822	3902	144	1133	2314	231	3822	80
	인원	*	*	*	835	2874	13304	1148	18161	*

5. 사상 사건 통계(1919~1929)

〈출전〉 조선총독부 법무국 편,『朝鮮重大事件判決集』, 1930년

연도	죄명	구분	수리			직결				미결
		건수 인원	전년 이월	본년	계	기소	불기소	이송	계	
1919	1919년 제령 제7호 위	건수	-	291	291	119	124	35	278	12
		인원	-	-	-	359	754	112	1225	-
	보안법 위반	건수	-	2540	2540	1569	754	222	2551	9
		인원	-	-	-	6352	5522	1035	12909	-
	계	건수	-	2831	2831	1694	858	257	2809	22
		인원	-	-	-	6711	6276	1147	14134	-
1920	1919년 제령 제7호 위반	건수	13	949	962	464	429	49	924	58
		인원	-	-	-	1470	4026	281	5777	-
	보안법 위반	건수	8	357	365	110	211	34	555	10
		인원	-	-	-	247	582	63	892	-
	계	건수	21	1306	1327	574	626	79	1279	48
		인원	-	-	-	1717	4608	344	6669	-
1921	1919년 제령 제7호 위반	건수	38	1465	1505	506	888	89	1483	20
		인원	-	-	-	1489	5859	635	7955	-
	보안법 위반	건수	8	261	269	61	177	28	266	5
		인원	-	-	-	69	435	43	547	-
	계	건수	46	1726	1772	967	1065	117	1749	2■
		인원	-	-	-	1558	6268	676	8502	-

1922	황실에 대한 죄	건수	-	7	7	-	4	3	7	-
		인원	-	-	-	-	4	3	7	-
	소요	건수	2	24	26	8	16	2	26	-
		인원	-	-	-	41	201	7	249	-
	1919년 제령 제7호 위반	건수	19	417	436	57	350	23	430	6
		인원	-	-	-	120	1159	58	1337	-
	보안법 위반	건수	4	46	50	8	40	2	50	-
		인원	-	-	-	9	87	2	98	-
	신문지법 위반	건수	-	3	3	2	0	-	3	-
		인원	-	-	-	2	10	-	12	-
	출판법 위반	건수	-	14	14	5	8	-	13	1
		인원	-	-	-	8	27	-	35	-
	폭발물 단속 벌칙 위반	건수	-	8	8	2	6	-	8	-
		인원	-	-	-	2	16	5	23	-
	계	건수	25	519	544	82	425	30	537	7
		인원	-	-	-	182	1504	75	1761	-
1923	황실에 대한 죄	건수	-	8	8	2	5	1	8	-
		인원	-	-	-	2	6	1	9	-
	소요	건수	-	26	26	13	12	1	26	-
		인원	-	-	-	151	466	10	627	-
	1919년 제령 제7호 위반	건수	6	291	297	50	226	21	297	-
		인원	-	-	-	77	640	24	741	-
	보안법 위반	건수	-	48	48	8	36	4	48	-
		인원	-	-	-	8	73	5	86	-
	신문지법 위반	건수	-	6	6	4	2	-	6	-
		인원	-	-	-	5	5	-	10	-

1923	출판법 위반	건수	1	8	9	4	4	1	9	-
		인원	-	-	-	9	23	13	45	-
	폭발물 단속 벌칙 위반	건수	-	8	8	2	5	1	8	-
		인원	-	-	-	10	12	1	25	-
	계	건수	7	395	402	83	290	29	402	-
		인원	-	-	-	262	1225	54	1541	-
1924	황실에 대한 죄	건수	-	2	2	-	2	-	2	-
		인원	-	8	8	-	8	-	8	-
	소요	건수	-	12	12	5	5	1	11	1
		인원	-	216	216	73	109	17	199	17
	1919년 제령 제7호 위반	건수	-	213	213	47	155	8	210	7
		인원	20	506	526	104	401	18	523	3
	보안법 위반	건수	-	23	23	4	14	4	22	1
		인원	-	79	79	7	66	4	77	2
	신문지법 위반	건수	-	1	1	-	1	-	1	-
		인원	-	1	1	-	1	-	1	-
	출판법 위반	건수	-	22	22	5	17	-	22	-
		인원	-	82	82	24	58	-	82	-
	폭발물 단속 벌칙 위반	건수	-	3	3	1	2	-	3	-
		인원	-	3	3	1	2	-	3	-
	계	건수	-	276	276	62	196	13	271	5
		인원	20	895	915	209	645	39	893	22
1925	황실에 대한 죄	건수	-	2	2	-	1	1	2	-
		인원	-	2	2	-	1	1	2	-
	소요	건수	1	23	24	11	10	3	24	-
		인원	17	371	388	129	252	7	388	-

1925	치안유지법 위반	건수	-	12	12	10	2	-	12	-
		인원	-	87	87	33	54	-	87	-
	1919년 제령 제7호 위반	건수	3	100	103	12	85	6	103	-
		인원	3	247	250	39	198	13	250	-
	보안법 위반	건수	1	27	28	9	19	-	28	-
		인원	2	78	80	29	49	2	80	-
	신문지법 위반	건수	-	8	8	8	-	-	8	-
		인원	-	12	12	11	1	-	12	-
	출판법 위반	건수	-	22	22	4	15	2	21	1
		인원	-	90	90	5	80	2	87	3
	폭발물 단속 벌칙 위반	건수	-	7	7	-	7	-	7	-
		인원	-	26	26	-	26	-	26	-
	계	건수	5	201	206	54	139	12	205	1
		인원	22	813	935	246	661	25	932	3
1926	황실에 대한 죄	건수	-	8	8	-	7	1	8	-
		인원	-	9	9	-	8	1	9	-
	소요	건수	-	28	28	22	3	3	28	-
		인원	-	707	707	180	486	41	707	-
	치안유지법 위반	건수	-	47	47	28	17	2	47	-
		인원	-	360	360	159	198	3	360	-
	1919년 제령 제7호 위반	건수	-	97	97	22	71	4	97	-
		인원	-	353	353	51	293	9	353	-
	보안법 위반	건수	-	38	38	17	21	-	38	-
		인원	-	90	90	27	63	-	90	-
	신문지법 위반	건수	-	3	3	1	1	1	3	-
		인원	-	5	5	3	1	1	5	-

1926	출판법 위반	건수	1	21	22	10	12	-	22	-
		인원	3	64	67	17	50	-	67	-
	폭력 행위 등 처벌에 관한 건 위반	건수	-	2	2	-	2	-	2	-
		인원	-	20	20	-	20	-	20	-
	폭발물 단속 벌칙 위반	건수	-	10	10	7	3	-	10	-
		인원	-	28	28	12	16	-	28	-
	계	건수	1	254	255	107	137	11	255	-
		인원	3	1636	1639	449	1135	55	1639	-
1927	황실에 대한 죄	건수	-	6	6	2	4	-	6	-
		인원	-	22	22	3	19	-	22	-
	소요	건수	-	26	26	14	9	2	25	1
		인원	-	650	650	268	289	35	592	58
	치안유지법 위반	건수	-	48	48	32	10	4	46	2
		인원	-	279	279	135	136	6	277	2
	1919년 제령 제7호 위반	건수	-	42	42	10	30	1	41	1
		인원	-	107	107	24	75	7	106	1
	보안법 위반	건수	-	18	18	-	14	3	17	1
		인원	-	49	49	6	30	3	39	10
	출판법 위반	건수	-	16	16	9	7	-	16	-
		인원	-	45	45	11	34	-	45	-
	폭력 행위 등 처벌에 관한 건 위반	건수	-	59	59	21	32	1	54	5
		인원	-	444	444	79	295	6	380	64
	폭발물 단속 벌칙 위반	건수	-	5	5	2	3	-	5	-
		인원	-	25	25	2	23	-	25	-
	계	건수	-	220	220	90	109	11	210	10
		인원	-	1621	1621	528	901	57	1486	135

1928	황실에 대한 죄	건수	-	19	19	7	6	4	17	2
		인원	-	26	26	10	10	4	24	2
	소요	건수	1	28	29	17	11	1	29	-
		인원	58	458	516	222	254	40	516	-
	치안유지법 위반	건수	2	170	172	99	53	14	166	6
		인원	2	1418	1420	496	704	147	1347	73
	1919년 제령 제7호 위반	건수	1	67	68	8	51	5	64	4
		인원	1	151	152	14	124	6	144	8
	보안법 위반	건수	1	42	43	19	21	2	42	1
		인원	10	215	225	42	180	2	224	1
	신문지법 위반	건수	-	2	2	1	-	-	1	1
		인원	-	5	5	3	-	-	3	2
	출판법 위반	건수	-	64	64	21	38	3	62	2
		인원	-	197	197	60	127	8	195	2
	폭력 행위 등 처벌에 관한 건 위반	건수	5	69	74	36	38	-	74	-
		인원	64	822	886	147	759	-	886	-
	폭발물 단속 벌칙 위반	건수	-	4	4	2	2	-	4	-
		인원	-	9	9	6	3	-	9	-
	계	건수	10	465	475	210	220	29	459	16
		인원	155	3301	3456	1000	2141	207	3348	88
1929	황실에 대한 죄	건수	2	17	19	8	9	1	18	1
		인원	2	36	38	10	15	1	26	12
	소요	건수	-	9	9	8	1	-	9	-
		인원	-	216	216	98	118	-	216	-
	치안유지법 위반	건수	6	206	212	106	71	32	209	3
		인원	73	1275	1348	443	766	132	1341	7

1929	1919년 제령 제7호 위반	건수	4	54	58	18	33	5	56	2
		인원	8	167	175	46	86	27	159	16
	보안법 위반	건수	1	33	34	18	13	2	33	1
		인원	1	240	241	52	178	5	235	6
	신문지법 위반	건수	1	-	1	1	-	-	1	-
		인원	2	-	2	1	1	-	2	-
	출판법 위반	건수	2	46	48	25	21	1	47	1
		인원	2	167	169	62	97	1	160	9
	폭력 행위 등 처벌에 관한 건 위반	건수	-	126	126	48	72	5	125	1
		원인	-	585	585	93	470	9	572	13
	폭발물 단속 벌칙 위반	건수	-	9	9	3	5	1	9	-
		인원	-	40	40	5	20	15	40	-
	계	건수	16	500	516	235	225	47	507	9
		인원	88	2726	2814	810	1751	190	2751	65

6. 여자 치안유지법 위반자 통계

여자 치안유지법 위반에 관한 조사

〈출전〉〈女子治安維持法 違反に関する調査〉,《思想彙報》11호, 조선총독부 고등법원 검사국, 1937.6

1928년(昭和 3)부터 1936년(昭和 11)까지 9년간 조선의 치안유법위반 기소 및 기소 유예 처분을 받은 여자에 관한 조사

(1) 인원 및 청별

◆연도별 기소 인원

연도별	1928	1929	1930	1931	1932	1933	1934	1935	1936	합계
기소 인원	0	2	2	7	9	3	11	11	1	46명

◆청(廳)별 인원

청별	경성	함흥	청진	평양	신의주	부산	광주	전주	합계
기소 인원	15	14	6	2	1	1	3	4	46명

- 경성이 가장 많으며 다음은 함흥이다. 공주, 청주, 대구는 없다.

◆연도별 기소 유예 인원

연도별	1928	1929	1930	1931	1932	1933	1934	1935	1936	합계
기소 유예 인원	0	20	0	9	23	34	32	49	6	173명

- 기소 인원의 약 4배이다.

◆청(廳)별 인원

청별	경성	함흥	청진	평양	신의주	해주	대구	부산	광주	전주	합계
기소 유예 인원	26	39	14	5	4	4	15	15	11	40	173명

- 공주에는 한 명도 없다.
- 1930년 광주 기소 1명, 1922년 경성 기소유예 3명은 내지인이며, 그 밖에는 모두 조선인이다.

(2) 죄 유형별(罪態別)

기소 및 기소유예 처분을 받은 총 219명의 죄 유형별 구분

① 국체변혁을 목적으로 하는 결사조직

국체변혁을 목적으로 결사조직 책임자

국체변혁을 목적으로 결사조직에 가입

국체변혁을 목적으로 결사조직의 목적 수행

② 사유재산제도 거부를 목적으로 하는 결사조직

사유재산제도 거부를 목적으로 하는 결사조직에 가입

사유재산제도 거부를 목적으로 하는 결사조직의 목적 수행

③ 실행에 관한 협의

④ 실행의 선동

⑤ 이익공여

◆ 죄 유형별 연도표

죄 유형 / 연도	국체변혁 (제1조1항)				사유재산제도 거부 (제1조 제2항)			실행에 관한 협의 (제2조)	실행의 선동 (제3조)	소요 기타 위해범 폭동 (제4조)	이익 공여 (제5조)	합계
	결사 조직	결사 책임자	결사 가입	결사 목적 수행	결사 조직	결사 가입	결사 목적 수행					
1928												
1929					1	20	1					22
1930				1	1			1				3
1931	2	2	10	1	3	9	1		1			29
1932	1		2	1	2	8	9	8	2		3	45
1933	5	2	8	2	3	10	12	4				45
1934	4		17	1	6	26	1	5	3			63
1935	2	2	3	3	7	22	5	23	4			74
1936	1	1	1		2	3	2					10
합계	15	7	41	9	25	108	31	41	9	-	7	219

비고: 1명이 여러 죄를 범한 자에 대해서는 각 해당란에 각각 게재함.

(3) 직업별

앞의 219명을 직업별로 보면 다음과 같다. 무직자가 112명으로 가장 많으며 학생 41명, 방직여공 21명 순이다.

직업 / 연도	학생	방직여공	농업	고무공장여공	간호부	노동	우편국사무원	사립학교교원	교사	산파	유치원보육	직공	■■	■■조수	보육견습	간호부견습	製綿여공	여급	버스차장	저술업	점원	무직	합계
1928																							
1929	22																						22
1930	1																						2
1931			2	6					1	1												7	16
1932	8	1	2	1	2									1								16	32
1933	7	3	2	1			2	1				1			1							19	37
1934	2	3	4	1		1		1	1		1		1									27	43
1935	1	10	2						1			1	1									40	60
1936		4	1																			2	7
합계	41	21	12	9	2	2	2	2	3	1	1	1	2	1	1							112	219

(4) 연령

◆ **연령별표**

연령별	소년		청년		장년	
	17세 이하	20세 이하	20세 이상 25세 이하	26세 이상 30세 이하	31세 이상 35세 이하	36세 이상 40세 이하
인원	21	93	87	14	3	1
	114		201		4	
비율	52%		46%		2%	

이에 따르면 18세이상 20세 이하의 소년이 93명으로 가장 많으며 20세 이상 25세 이하의 청년은 87명으로 그다음이다. 즉 여성으로 치안유지법 위반자는 18세 이상 25세 이하가 합계 180명으로 전체의 82% 이상을 점하여 거의 대부분이다. 더욱이 17세 이하가 21명이나 된다는 점을 주의할 필요가 있다.

(5) 환경별

① 전과(前科)의 유무: 앞에서 언급한 기소 46명에 대해서 치안유지법 위반의 전과를 조사해 보면 1934년에 기소된 3명만이 전과가 있으며 나머지 43명은 전과가 없다.

② 교육 정도: 앞의 기소 및 기소유예 처분을 받은 219명에 대한 교육 정도 조사

교육 정도별	무교육자	초등 교육을 받은 자	중등 교육을 받은 자	고등 교육을 받은 자
인원수 비율	17명 8%	93명 43%	104명 47%	5명 2%

교육을 받은 자가 92% 이상이며, 무교육자는 8%가 안 된다. 교육을 받은 자 중에서도 중등 교육을 받은 자가 다수를 차지한다. 이에 따르면 여자 사상범에는 우선 소위 인텔리계급이라 할 만한 자가 많다는 사실을 알 수 있다.

③ 자산 및 생활 정도

앞의 219명에 대한 조사

자산 및 생활 정도별	부유	보통	빈곤	알 수 없음
인원수 비율	30명 14%	82명 37%	99명 45%	8명 4%

④ 건강 상태

위의 표에 따르면 건강한 자 160명, 건강하지 못한 자 4명, 알 수 없는 자 55명이다. 건강한 자의 비율이 73%이상, 건강하지 못한 자는 2%가 안 된다. 이로 보아 건강이 양호한 편이다.

⑤ 가정 관계

앞의 219명에 대한 가정 관계 조사

양친 모두 생존한 자 136명

부친이 없는 자 46명

모친이 없는 자 14명

양친 모두 없는 자 9명

알 수 없음 14명

배우자를 조사해 보니 남편이 있는 자가 54명이었다.

⑥ 사회운동 등의 경력 유무 : 앞의 219명에 대한 조사

유경력자 92명

무경력자 121명

알 수 없음 6명

여자 치안유지법 위반자에 대해서 사회운동 등의 전력이 있는 자가 상당히 많음을 알 수 있다. 그리고 유경력자 92명에 대해 상세하게 분류하면 다음과 같다.

경력별	농민운동	노동운동	반제국주의 운동	학생 데모	만보산사건에 관한 격문 살포	여성해방운동	그 외 좌익운동
인원수	11명	23명	2명	4명	1명	1명	50명

(6) 범행의 동기

범행 동기는 다음 표에 나타난 바와 같다. 가장 많은 것은 좌익주의자와 교류 및 감화에 의한 것이다. 좌익 문헌의 탐독, 좌익주의자의 권유에 의한 자가 그다음이다. 남자와 비교했을 때 특수한 것은 남편의 지도 감화에 의한 자, 애인의 감화에 의한 자, 나이 어린 남편에 대한 불만에 의한 자, 남성이 노예시하는 것에 대한 불만에 의한 자 등을 들 수 있다. 이를 보면 범행동기에는 상당히 감정적인 경향이 있다는 사실을 간과할 수 없다.

[1]

범죄 동기별 / 연도	1928	1929	1930	1931	1932	1933	1934	1935	1936	합계
좌익주의자와의 교류 및 감화		1		8	16	19	21	45	6	116
좌익문헌 탐독				1	9	13	14	5	1	53
좌익주의자의 권유		20	2	2	6	5	12	5		52
남편의 지도 감화				4	4		3	6	1	18
빈곤-생활고				1	1		1	13		16
주위 환경		2		1	3		2	12		20
사상 단체 및 야학교 등의 영향					6	1	3	1		11
근친의 감화		2			3		5	2		12
사회과학의 연구				1	4	1	2			8
사회제도에 대한 불만		1			1			3		5
내선인의 차별대우						3				3
좌익주의자의 선동					1	1				2
소작료착취에 대한 불만						2				2
애인의 감화							2			2
호기심								2		2
남성의 노예시에 대한 불만		1			1					1
부인문제에 관한 연구						1				1

1 표는 원문 그대로임(이하 동일).

기독교에 대한 신앙						1				1
나이 어린 남편에 대한 불만							1			1
그 외				1		1	1			3
합계		27	2	19	55	48	67	103 (94)	8	329

참고: 1인에게 여러 동기가 있을 자에 대해서는 각 란에 계상함.

(7) 기소 후의 결과

기소된 46명에 대한 결과

현재 구속 중 1명

기소면죄(免訴), 공소기각, 무죄 9명

그 밖의 36명은 유죄 언도를 받아 확정되었고 다음과 같다.

징역 1년 미만 3명

징역 1년 이상 2년 미만 12명

징역 2년 이상 3년 미만 17명

징역 3년 이상 4명

이 중 15명은 형 집행유예

7. 고등경찰에 의한 범죄검거 표

〈출전〉朝鮮総督府警務局 편, 『最近に於ける朝鮮治安状況』, 1933

	1926		1927		1928		1929		1930		1931		1932		1933		합계	
	건수	인원	건수	인원	건수	인원	건수	인원	건수	인원	건수	인원	건수	인원	건수	인원	건수	인원
황실에 관한 죄	6	4	6	26	19	28	24	27	7	11	6	5	5	22	5	14	78	137
소요죄	18	604	24	518	22	384	2	342	26	580	199	1141	25	849	5	75	320	4294
보안법	28	66	19	52	59	201	56	272	141	1069	127	547	71	401	24	85	552	2693
보안규칙	2	2	9	9	2	2	1	1	-	-	7	7	-	-	-	-	22	22
치안유지법	41	412	45	198	194	794	165	1088	331	1888	176	445	269	1628	294	2796	1615	10251
정치에 관한 범죄 처벌건	128	406	111	160	287	309	78	242	67	215	22	78	19	69	9	109	741	1518
폭력행위 등 처벌에 관한 건	11	27	126	605	107	904	129	1081	201	1430	466	2822	126	1435	76	974	1254	9278
폭발물 취체규칙	15	23	8	34	9	12	18	32	4	3	5	6	-	5	-	5	59	120
출판법	25	56	27	50	75	180	68	126	80	202	66	93	21	74	14	57	376	848
출판규칙	6	8	-	-	6	10	-	-	-	-	-	-	1	1	-	2	13	21
신문지법	3	1	1	1	-	2	2	1	1	2	2	15	2	4	-	1	11	18
신문지규칙	2	2	1	1	1	1	-	-	-	-	-	-	3	6	-	-	7	10
청원령	1	5	1	1	-	-	1	3	-	-	-	-	-	-	-	-	2	9
지방선거 취체규칙	-	-	-	-	-	-	12	106	66	358	178	478	-	-	-	-	256	942
공선투표위조죄	-	-	-	-	-	-	2	18	-	-	-	-	-	-	-	-	2	18
합계	308	1616	378	1654	782	2821	578	2350	924	5558	1264	6637	642	4494	427	4048	5203	20188

| 자료목록

연번	소분류	편저자	문건명(호수 일자 등)	자료(책명)	발행처	발행일	본문 쪽수
1~9	단행본	松田利彦	內部警務局, 押收 新聞記事 摘要	韓國「併合」期警察資料 제1권	ゆまに書房	2003	38~43
10	신문기사		尹致昊의 월교(越交)-재판소로 넘어갔어	매일신보		1912.3.3.	44
11	신문기사		중대범의 전 기소, 총계 124인	매일신보		1912.6.6.	44
12	신문기사		중대사건 공판의 설비	매일신보		1912.6.28.	44
13	신문기사		조선의 정치범	매일신보		1912.9.7.	45
14	신문기사		음모사건(陰謀事件) 판결	매일신보		1913.3.23.	45
15	신문기사		총독 음모사건 방면자를 훈계함	매일신보		1913.10.5.	46
16	신문기사		조선민족관(朝鮮民族觀)(12) 전염병의 유행	매일신보		1914.12.9.	47
17	신문기사		鮮人 비밀결사	매일신보		1918.6.5.	50
18	신문기사		작년의 조선(사법)	매일신보		1920.2.9.	51
19	신문기사		불온사상 선전, 필경 잡혀 처형	매일신보		1921.3.24.	52
20	신문기사		불온사상 고취, 교사가 생도에게 그리하다가 해직	매일신보		1921.3.27.	52
21	신문기사		불온사상 고취, 정치변혁을 목적으로 하고 군중을 선동	매일신보		1921.4.16.	53
22	신문기사		사회주의, 조선은 즉 사회주의를 모르는 터-야마구치(山口) 경찰과장 담(談)	매일신보		1921.6.3.	53
23	신문기사		'만필(漫筆)' 사회주의의 해부 (최영택)	매일신보		1921.6.29.	54
24	신문기사		불온문서 배포, 종로서에 잡힌 홍영전의 취조	매일신보		1921.9.23.	54
25	신문기사		월성단(月星團) 박창수(朴昌壽) 등 체포, 종로경찰서의 대활동으로 체포해	매일신보		1921.9.23.	55

연번	소분류	편저자	문건명(호수 일자 등)	자료(책명)	발행처	발행일	본문 쪽수
26	신문기사		사회주의자 이시일(李時一) 체포, 조선으로 건너오다가 연락선에서	매일신보		1921.9.23.	55
27	신문기사		박동근(朴東根)의 종적(踪跡), 불온사상을 품은 자, 돌연히 부내에 잠입	매일신보		1922.5.4.	55
28	신문기사		의용결사대 공소(控訴), 이전 안중근과도 단지동맹자, 고려공산당에도 가맹하였다	매일신보		1922.5.4.	56
29	신문기사		검사, 서기의 활동으로 박희도 씨 집을 수색한 후에 그 부인을 불러 장시간 심문,《신생활》사건의 점점 확대(益擴大)	매일신보		1922.12.3.	56
30	신문기사		전례에 없는 심야의 심문(審問),《신생활》사건 오후 심문 8시 반까지 심문한 일, 판결은 오는 16일 언도	매일신보		1923.1.10.	57
31	신문기사		《신생활》판결 언도, 박희도 이시우 양인은 징역 2년 6개월, 기타는 2년에	매일신보		1923.1.17.	57
32	신문기사		일망 검거된 동아공산당, 전율할 적화선전의 음모, 경기도 경찰부의 대활동으로 한 그물에 검거한 중대범인들의 범죄한 내막은 이와 같은 것이다.	매일신보		1923.5.1.	58
33	신문기사		동아공산당원 기소, 공판에 부친 것은 황돈과 김대선 두명이오, 다른 피고는 불기소로	매일신보		1923.5.6.	58
34	신문기사		동아공산당 언도, 지난 16일에 황돈은 8년, 김대선은 6년에 각각 언도	매일신보		1923.5.17.	59
35	신문기사		사회주의 취체	매일신보		1923.7.16.	59
36	신문기사		사회주의자 검속-경시청 고등계에서 경계 엄중	매일신보		1923.9.3.	59
37	신문기사		정재달 씨 등 검사국에 송치, 22일에	매일신보		1924.10.23.	60
38	신문기사		고문(拷問)을 비난하여 편지를 써 가지고 다니다가 잡혀 닷새 동안을 구류	동아일보		1920.9.8.	60
39	신문기사		고문 중 사망한 남편의 앙갚음으로 주재소를 습격한 여자 허만적 외 여덟 명은 불법 체포죄로 각각 징역	동아일보		1921.5.24.	60
40	신문기사		고문 문제에 대하여 사법 당국과 변호사계에 바라노라	동아일보		1921.11.27.	61

연번	소분류	편저자	문건명(호수 일자 등)	자료(책명)	발행처	발행일	본문 쪽수
41	신문기사		경찰의 2대 두통, 과격 선전원의 잠입설과 도쿄 유학생의 귀국으로	동아일보		1922.7.10.	63
42	신문기사		고문을 당한 동맹휴학 학생, 유혈 낭자한 경중상, 성천보교(成川普校)의 불상사	동아일보		1924.6.22.	64
43	신문기사		푸른 하늘이 파사의 칼이 될 뿐	동아일보		1924.7.11.	65
44	신문기사		혁명적 조합주의, 4천의 신문과 2만의 잡지	조선일보		1920.6.22.	66
45	신문기사		조선경찰의 자격과 직권(職權) (상)	조선일보		1921.5.27.	66
46	신문기사		조선경찰의 자격과 직권(職權) (하)	조선일보		1921.5.28.	68
47	신문기사		경찰 당국의 사상단체 취체설	조선일보		1923.5.12.	70
48	신문기사		시내에 출장 활동, 종로 고등계원이 변장을 하고	시대일보		1924.10.15.	72
49	신문기사		공산당사건 4명 기소, 예심에 넘어와	시대일보		1924.11.5.	72
50	신문기사		불온사상 선전으로 징역 8개월	朝鮮新聞 (일본어신문)		1924.12.9.	73
51	신문기사		음모 중 발각 체포된 공산당원 공판, 방청석은 주의자로 만원, 정사복 경관대가 법정을 옹위	매일신보		1925.9.2.	74
52	신문기사		공산당원 판결, 정재달, 이재복 두 명은 모두 징역 3년에 언도	매일신보		1925.9.13.	74
53	신문기사		전중(田中)대장을 저격하던 의열단사건 공판, 산같이 밀리는 방청객, 장내 장외는 인산인해,수범(首犯)에게 무기징역형 구형	매일신보		1926.12.20.	75
54	신문기사		요시찰인(要視察人) 이(李氏) 씨 조사, 즉시 돌아가	매일신보		1927.9.22.	76
55	신문기사		공산당공판(共産黨公判) 변호사단에 일언(一言) 함	매일신보		1927.12.7.	76
56	신문기사		작년 겨울 간도폭동사건 주현갑 일파 기소, 44명 중에 두 명은 불기소, 42명 예심 회부	매일신보		1931.3.1.	77
57	신문기사		상해폭탄사건 전후 진상 판명, 범죄내용 - 해금부(解禁部)	매일신보		1932.5.8.	78

연번	소분류	편저자	문건명(호수 일자 등)	자료(책명)	발행처	발행일	본문 쪽수
58	신문기사		안창호 이하 12명, 사변 후 계속 검거, 6일 육군성 발표	매일신보		1932.5.8.	78
59	신문기사		심리 거절하던 피고 등 갱신결정을 청구, 주현갑 등 네명은 아직도 거절, 간도 공산당 공판 속행	매일신보		1933.10.27.	79
60	신문기사		간도사건 공판, 15일 속개, 주현갑의 태도를 따진 후 사실심리 종료 결정	매일신보		1933.11.15.	79
61	신문기사		간도사건의 첫 구형, 3명 중 1명 사형, 심리를 완강히 거절하여 오던 주현갑(사형) 외의 2명	매일신보		1933.11.18.	80
62	신문기사		간공(間共) 최후 판결, 오는 18일에 언도, 고등법원에서 열릴 예정, 사형수의 운명 어떻게?	매일신보		1936.6.17.	80
63	신문기사		간공사건 최후심, 상고기각 언도, 사형 18명 무기 2명 유기 2명, 신재판제도 후 초유사	매일신보		1936.6.19.	80
64	신문기사		간도공산당 사형수 18명 전부 형 집행	매일신보		1936.7.24.	82
65	신문기사		극히 대량의 중형수(重刑囚)를 내어, 법원 공전(空前)의 살벌한 모습, 재판소 창시 후 희유의 사실, 11년 송연(悚然)한 통계	매일신보		1936.12.13.	82
66	신문기사		이재유(李載裕)에 6년 선고, 구형보다 모두 관대	매일신보		1938.7.13.	83
67	신문기사		이재유 복역	매일신보		1938.7.21.	83
68	신문기사		최고 5년을 구형, 오늘, 수양동우회(修養同友會) 사건 논고(論告)	매일신보		1941.10.8.	83
69	신문기사		전 피고 무죄 언도, 오늘, 수양동우회 사건 종심 언도	매일신보		1941.11.18.	84
70	신문기사		고문에 대한 엄정한 처벌, 우리는 이러한 것을 알아두자	동아일보		1925.10.10.	86
71	신문기사		의열단원 '양건호(梁建鎬)' 경북 경찰부에 피착(被捉), 모모 중대한 계획을 실행하려든 중에 필경 대구부 외 달서면에서 잡혔다, 무기도 압수 사건 확대	동아일보		1925.11.11.	87

연번	소분류	편저자	문건명(호수 일자 등)	자료(책명)	발행처	발행일	본문 쪽수
72	신문기사		사상범 독감방 백여 개 증설, 주의자 중범은 감옥에서도 선전 서대문 부근에 독거방을 증설해	동아일보		1926.12.3.	87
73	신문기사		의열단 이종암 13년 언도,어제 대구법원의 판결	동아일보		1926.12.19.	88
74	신문기사		의열단 공범 고인덕(高仁德)은 옥사(獄死), 재작일밤 중에 돌연이 죽어, 재작일밤 대구형무소에서	동아일보		1926.12.23.	88
75	신문기사		전조선 옥중에 독방 수감수 오백, 이것도 부족하다 하여 독방을 증설, 간수 더 늘려서 배치	동아일보		1927.10.10.	89
76	신문기사		고문 경관 사건【고소 이유는 충분히 성립】	동아일보		1927.10.18.	89
77	신문기사		고문(拷問) 경관 고소로 경찰측 물의 분분, 괄목할 이 사건의 전개 여하, 사회 각 방면 주목 환기	동아일보		1927.10.18.	90
78	신문기사		천하의 이목을 집중시킨 고문경관 고소사건의 전개,『도로 돌려받은 피고 의복 중 내의와 양말에 혈흔』,【증인으로 신문을 받은 강형순 씨 이야기】, 2차, 3차 증인 신청	동아일보		1927.11.12.	92
79	신문기사		종로서를 떠난다는 삼륜(三輪), 길야(吉野) 두 사람, 삼륜 경부는 경무국으로 가게 되고, 길야 경부보는 재판소 통역생으로, 요로(要路) 경관의 대이동	동아일보		1928.3.7.	93
80	신문기사		사상단체 집회금지 과연 득책일까?	동아일보		1928.7.17.	93
81	신문기사		독방 수감 늘이고 판정은 축소, 법원 안 구치감의 독방을 늘이고 공판정 줄여 방청을 적게 시킬 것, 낙성된 법원 신청사	동아일보		1928.10.7.	95
82	신문기사		고문의 악습을 근절하라, 경무당국에 한마디	동아일보		1929.7.21.	96
83	신문기사		호송된 여운형은, 경찰부에서 신문하기로, 십일간 유치명령을 하고, 다나베(田邊) 경부의 주임으로	동아일보		1929.7.20.	97
84	신문기사		사상범을 격리하고자 천여 개의 독방 증축 계획, 주의를 선전할까봐 사상범은 격리, 비용문제로 우선 백여개의 독방을 신축중, 비용문제로 두통중	동아일보		1929.9.28.	98

연번	소분류	편저자	문건명(호수 일자 등)	자료(책명)	발행처	발행일	본문 쪽수
85	신문기사		다시 경찰 고문(拷問)에 대하여	동아일보		1929.10.18.	98
86	신문기사		격증한 사상범 사건, 부지하시(不知何時)의 공판기(公判期)	동아일보		1930.2.2.	100
87	신문기사		감옥 확장비 60만 원 계상, 사상범 등 격증 관계로, 서대문형무소만 반액(半額)	동아일보		1930.9.5.	101
88	신문기사		요시찰인 등 행동을 감시, 경찰수뇌부에서 밀의, 3월 1일 경계	동아일보		1931.2.28.	101
89	신문기사		메이데이 경계, 사상단체와 주의 인물 감시, 시내 각 서(署)에서 활동	동아일보		1931.5.1.	102
90	신문기사		출옥 후 재투족(再投足) 염려 사상범엔 중형 방침? 경찰, 사법 당국에 유력한 의견, 더욱 준엄한 사상 탄압	동아일보		1932.11.6.	102
91	신문기사		사상수(思想囚)와 보통수(普通囚)의 분리 집형(執刑)을 결정. 도산 안창호 이하 사상수 속속 이감, 사상수 감옥은 대전 형무소로	동아일보		1933.3.28.	103
92	신문기사		두 명(兩名) 압송	동아일보		1933.10.17.	103
93	신문기사		사상범 격증으로 전임 판검사 증원, 15명 예산이 7명으로, 총독부의 사상 취체책	동아일보		1934.1.7.	103
94	신문기사		장순명(張淳明) 사건, 최고 5년 언도	동아일보		1934.3.16.	104
95	신문기사		사상부 신설	동아일보		1935.1.13.	104
96	신문기사		수양동우(修養同友) 사건 확대, 이광수(李光洙) 등 7명을 인치	동아일보		1937.6.9.	104
97	신문기사		사상범죄 취체 구체적 방책	동아일보		1938.3.16.	105
98	신문기사		고문은 진저리가 난다, 황애덕(黃愛德)(53세) 씨 이야기	동아일보		1946.3.3.	105
99	신문기사		옥중에서 영면한 의열단원 고인덕, 40세를 일기로 삼아 지장명단(志長命短)한 그 일생	조선일보		1926.12.24.	106
100	신문기사		〈평단만필〉 양구 고문사건	조선일보		1927.3.1.	108
101	신문기사		고등요시찰인(高等要視察人), 사진표 5천여 장, 한 시간에 백여 장을 구워내는 정교한 사진기계 노코작구 제작【나날이 면밀해지는 경계망】	조선일보		1927.5.17.	109

연번	소분류	편저자	문건명(호수 일자 등)	자료(책명)	발행처	발행일	본문 쪽수
102	신문기사		보석지연의 희생, 공산당사건의 실제 사례를 보고	조선일보		1928.1.21.	109
103	신문기사		2차, 3차 압송된 재감자가 또 60, 24명 불기소 중에 우선 15명만 출옥해, 향후 모리우라(森浦) 검사의 태도 여하	조선일보		1928.12.3.	111
104	신문기사		검거와 불기소	조선일보		1929.8.20.	111
105	신문기사		광주학생 사건의 심리(審理)	조선일보		1930.2.23.	113
106	신문기사		형사범 증가의 사회상(社會相)	조선일보		1930.4.8.	115
107			의열단원이던 이종암은 장서(長逝),형의 집행을 정지한 중 대구에서 요양 중에	조선일보		1930.6.1.	116
108	신문기사		전쟁유발혐의 불온출판물 단속, 승낙 없이 기사 작성한 서책 등도, 육군과 관계 당국의 방침	조선일보		1934.1.25.	117
109	신문기사		사상범의 취조방식과 검찰당국의 '딜레마', 검거독려로 고문사건이 거듭나타나고 고문으로 독직(瀆職)사건이 빈발함	조선일보		1934.4.13.	117
110	신문기사		사상단속의 전환, 차라리 그 근원을 개선하라	조선일보		1935.11.29.	118
111	신문기사		간도공산당 사건 공판, 인도적인 면에서 본 대량 사형	조선일보		1936.2.21.	120
112	신문기사		한명씩 호출 선고, 피고 소동, 간수 6,7명이 합력하여 겨우 제지, 방청인도 도중에서 눈물을 흘리며 퇴정	조선일보		1936.2.25.	121
113	신문기사		사형수의 최후원(最後願), 착오 투성이인 조서 부인, 우선 7명 피고는 재심을 청구	조선일보		1936.6.27.	122
114	신문기사		사형수 유해, 고향에 운반	조선일보		1936.7.25.	123
115	신문기사		치안유지법 최초 적용, 정재달 외 1명 예심종결, 내월 1일에 공판 개정해	시대일보		1925.8.25.	123
116	신문기사		공산당 공판 보고 연설, 이동재 씨가 도쿄에 가서	중외일보		1927.11.16.	123
117	신문기사		형사 요시찰인 취체 내규, 경무국에서 제정중이다.	중외일보		1927.12.23.	124

연번	소분류	편저자	문건명(호수 일자 등)	자료(책명)	발행처	발행일	본문 쪽수
118	신문기사		사상취체(思想取締)에 따른 요시찰인 정리안, 정치, 보통, 노동등의 3종으로 분류하여 사회, 민족을 다시 세별(細別), 정치쪽에 한층 치중함.	중외일보		1928.8.4.	124
119	신문기사		요시찰인 행동을 조사하란 비밀통첩(秘密通牒)	중외일보		1929.4.11.	124
120	신문기사		요시찰인물의 사진 수집, 사진첩을 만들어 둔다, 박람회 경계 일단	중외일보		1929.8.3.	125
121	신문기사		집회금지와 신간회 대책, 철저한 해결을 얻고자, 집행위원 김병로(金炳魯) 씨 이야기	중외일보		1929.9.7.	125
122	신문기사		통신문(通信文) 검사하며 요시찰인을 감시, 새학기 개학 임박으로 만일을 염려하여 초조	중외일보		1930.1.2.	125
123	신문기사		〈성격은 호방 진실한 사람〉, 여운형을 담임 취조한 오정(五井) 예심판사 담화	중외일보		1930.3.12.	126
124	신문기사		전북경찰 돌연 긴장, 각지 요시찰인 검거, 남원, 운봉, 김제, 익산 각지에서 형사대(刑事隊) 출장 맹활동	중외일보		1930.5.22.	126
125	신문기사		의열단 이종암 폐병으로 형 중지	중외일보		1930.5.24.	127
126	신문기사		수배 〈카드〉제 전조선에 실시, 행위불명 신요시찰인과 미체포 범인 카드를 작성, 5월 1일부터 실시	중앙일보		1932.4.27.	127
127	신문기사		죄수 급증	중앙일보		1932.11.18.	128
128	신문기사		도산 안창호에게 구형대로 4년 선고, 26일 경성지방법원에서, 이른 아침부터 방청객 운집하다	중앙일보		1932.12.27.	129
129	신문기사		형사대 동분서주, 학생 하숙 대수사, 중앙고보생(中央高普生) 16명 검거, 검거 바람 점차 확대	중앙일보		1933.2.8.	130
130	신문기사		심각해지는 사상범의 취체정책(取締政策)에 대변환, 적극(積極) 탄압책(彈壓策)이 효과가 적어 기소유보 정책 적용을 준비, 효과 여하가 주목할 대목	중앙일보		1933.2.15.	130
131	신문기사		원동(遠東)소식 이유필 씨 체포설	중앙일보		1933.4.27.	131

연번	소분류	편저자	문건명(호수 일자 등)	자료(책명)	발행처	발행일	본문 쪽수
132	신문기사		국제당과 연락 활동한 정재달 등 사건 내용, 적색노조 조직이 사명	조선중앙일보		1933.4.16.	131
133	신문기사		○○운동하던 이유필 예심종결	조선중앙일보		1933.10.23.	133
134	신문기사		전(前) 황성신문 사장 남궁억 씨 피검, 모곡(牟谷)학교장으로서 '육영사업에 종사하던 중'	조선중앙일보		1933.11.8.	133
135	신문기사		심리 거부한 세 명 중 주현갑은 사형 구형, 나머지 두 명은 5년과 4년, 간도공산당 구형 개시	조선중앙일보		1933.11.18.	134
136	신문기사		남궁억 등 사건 경성법원으로 송국, 관계자 11명이 서류와 함께 14일 홍천을 출발	조선중앙일보		1933.12.15.	134
137	신문기사		남해 청년 중심 공산전위동맹 사건 [관계자 8명 송국 눈 앞에(在眉)]	조선중앙일보		1933.12.15.	135
138	신문기사		정재달의 공판, 징역 5년을 구형, 21일 부산지방법원에서, 언도는 오는 28일(부산)	조선중앙일보		1933.12.23.	135
139	신문기사		정재달에게 징역 4년을 언도, 예정대로 28일에 공판 열고 부산지방법원에서	조선중앙일보		1933.12.30.	136
140	신문기사		십자가당 남궁억 등 최고 1년 반 구형, 판결선고는 31일	조선중앙일보		1935.1.19.	136
141	신문기사		간공(間共) 사건 계속 공판 제3일엔 7명 심리, 중국공산당 가입 동기를 신문, 심리 불응 피고가 문제	조선중앙일보		1935.12.6.	136
142	신문기사		사형수 20명의 '간공(間共)' 복심판결일 오는 24일로 결정	조선중앙일보		1936.2.23.	137
143	신문기사		사형 받은 간공(間共) 피고 18명, 생을 단념? 재심청구는 아직 한 명도 없다. 우울한 침묵이 계속	조선중앙일보		1936.6.26.	138
144	신문기사		주현갑(周現甲) 등 7명이 일제히 재심을 청구, 26일 경성복심법원에, 간도 사형 피고의 동정	조선중앙일보		1936.6.27.	138
145	신문기사		사형 판결이 격증, 작년에 비해 벌써 두 배	조선중앙일보		1936.6.27.	139
146	신문기사		김광묵 등 3명도 재심청구서 제출, 간공(間共) 사형판결 후문	조선중앙일보		1936.6.28.	139

연번	소분류	편저자	문건명(호수 일자 등)	자료(책명)	발행처	발행일	본문 쪽수
147	신문기사		하루에 신문(訊問) 25명, 여하튼 대사건이었다. 이쓰이(五井) 예심판사 담화	京城日報 (일본어신문)		1927.9.13.	140
148	신문기사		거두(巨頭)를 한 덩어리로 하여 중대음모를 획책, 미연에 발각검거한 수완	京城日報 (일본어신문)		1928.10.23.	140
149	신문기사		조선공산운동 거괴 정재달 자백, 마침내 전모를 파악	朝鮮時報 (일본어신문)		1933.3.19.	141
150	신문기사		여운형 송국(送局)되다	朝鮮新聞 (일본어신문)		1929.7.30.	141
151	신문기사		안창호 체포의 순간	朝鮮新聞 (일본어신문)		1932.5.8.	142
152	신문기사		18명에게 사형 집행, 반도 희유의 사건, 간도공산당 사건의 최후의 막, 어제 서대문형무소	朝鮮新聞 (일본어신문)		1936.7.24.	142
153	신문기사		이재유(李載裕) 일당 1일 오전 송국(送局)	朝鮮新聞 (일본어신문)		1937.5.2.	143
154	잡지기사	一記者	寺内総督暗殺陰謀団の公判傍聴記	朝鮮及滿洲 54호 (일본어잡지)		1912.8.	153
155	잡지기사		현 사회의 성적 전람—작년 중 전(全)조선의 죄인 통계를 보고—	개벽제49호		1924.7.1.	156
156	잡지기사		언론 집회 압박 보고	개벽 제49호		1924.7.1.	159
157	잡지기사		국궁진췌(鞠躬盡瘁而已)할 뿐	개벽 제60호		1925.6.1	162
158	잡지기사	이인, 한국종, 권승렬	우리와 세 가지 법령(我等과 三法令)	삼천리 제6호		1930.5.1.	164
159	잡지기사		옥중만총(獄中滿悤)	별건곤 32호		1930.9.1.	172
160	잡지기사		여러분 아십니까, '조선의 현실' 연구실	삼천리 8호		1930.9.1.	176
161	잡지기사	안재홍, 이주연	언론집회, 결사자유 확장운동	삼천리 제13호		1931.3.1.	178
162	잡지기사	김두백 (金枓白)	철창리(鐵窓裡)의 거물들	동광 제21호		1931.5.1.	182
163	잡지기사	김동진 (金東進)	대사건의 발각 단서, ML당의 검거 선풍	삼천리 16호		1931.6.1.	186
164	잡지기사	황강(黃崗)	新幹會解消와 運動線의 望展	동광 제23호		1931.7.5.	190

연번	소분류	편저자	문건명(호수 일자 등)	자료(책명)	발행처	발행일	본문 쪽수
165	잡지기사	여운홍 외	눈물의 감옥 면회실	삼천리 3권 제9호		1931.9.1.	194
166	잡지기사	홍종인(洪鐘仁)	여운형(呂運亨) 사건과 검사와 나, 예심 결정서(豫審決定書) 얻으려 쓰레기통에	삼천리 제3권 제10호		1931.10.1.	199
167	잡지기사	박윤석	이수흥(李壽興) 사형집행일의 탐보-검사국에서 알기까지의 고심 경쟁기-	삼천리 제3권 제10호		1931.10.1.	204
168	잡지기사	홍종인	법정에서 본 그들, 무언의 최윤숙(崔允淑)	동광 제26호		1931.10.4.	208
169	잡지기사	김동진	조선경찰의 해부—연 3천만 원의 용도 검찰—, 행정전반에 관여 절대적인 역량 발휘	동광 제30호		1932.1.25.	209
170	잡지기사	채만식	이수홍(李壽興) 사건의 기억	제일선 제2권 제5호		1932.5.2.	215
171	잡지기사	백구학인	간도공산당 24명 대량 사형설과 사형대 실견기(實見記)	삼천리 제6권 5호		1934.5.1.	217
172	잡지기사	김정실	간도 공산당사건 활동 이면기	별건곤 73호		1934.6.1.	222
173	잡지기사		기밀실, 우리 사회의 제 내막	삼천리 제12권 제8호		1940.9.1.	228
174	잡지기사		옥중의 계명성(鷄鳴聲)-왜정시(倭政時) 혁명가의 옥중생활(淸烈)	신천지		1947.9.	229
175	문서류	國友尙謙	本府警務總監部調査ニ係ル不逞事件ニ依テ得タル朝鮮人ノ側面觀(總督官房送第59號 受第18727號)	不逞團關係雜件 朝鮮人의 部 在內地1	국사편찬위원회 한국사데이터 베이스	1911.7.24.	243
176	잡지기사	善生永助	朝鮮の思想運動	思想月報 1권 2호	조선총독부 고등법원 검사국	1931.5.	257
177	문서류	朝鮮事情研究會	不逞團關係雜件朝鮮人ノ部-別册 義烈團行動 附 金元鳳	極秘朝鮮事情	일본외무성 외교사료관	1924.7.	262
178	단행본	小田川松造	朝鮮に於ける左翼運動	思想警察通論	日本警察社	1933	269
179	잡지기사		支那事変に対する主義者の動静に関する調	思想彙報13	조선총독부 고등법원검사국	1937.12.	272
180	잡지기사		滿洲事變後の在滿朝鮮人の民族主義運動	思想月報 3권 9호	조선총독부 고등법원 검사국	1933.12.	293
181	단행본	明石博隆, 松浦総三	海外に呼応する朝鮮人への警戒(2)	昭和特高彈壓史 6, 1943~1945년	太平出版社	1977	296
182	단행본	明石博隆, 松浦総三	在米不逞鮮人團體と關係のある容疑 朝鮮人の檢擧	昭和特高彈壓史 6	太平出版社	1977	303

연번	소분류	편저자	문건명(호수 일자 등)	자료(책명)	발행처	발행일	본문 쪽수
183	단행본	小田川松造	極左運動の組織原理	思想警察通論	日本警察社	1933	305
184	잡지기사		青少年の左傾原因	思想月報 3권 11호	조선총독부 고등법원 검사국	1934.2.	318
185	단행본	警察研究會	第2章 社會運動の取締	社會運動に直面して	松華堂	1931.	332
186	잡지기사		朝鮮出身思想犯に対する指導方針	思想彙報 12호	조선총독부 고등법원 검사국	1937.9.	339
187	잡지기사	大竹武七郎	思想犯罪取締の重點變遷	思想月報 2권 12호	조선총독부 고등법원 검사국	1933.3.	342
188	잡지기사		全朝鮮高等警察課長會議	思想月報 1권 2호	조선총독부 고등법원 검사국	1931.5.	347
189	잡지기사		思想對策の具體案	思想月報 3권 8호	조선총독부 고등법원 검사국	1933.11.	351
190	단행본	吉田肇	朝鮮における思想犯科刑竝累犯狀況	社會問題資料叢書第1輯 思想情勢視察報告集(6)	東洋文化社	1972	359
191	단행본	吉田肇	朝鮮に於ける最近の共産主義運動について	社會問題資料叢書第1輯 思想情勢視察報告集(6)	東洋文化社	1972	395
192	문서류		保安法違反者取調送致に関する件,朝憲機 제521호	不逞團關係雜件 -朝鮮人의 部-在滿洲의 部 1	국사편찬위원회	1912.4.13.	404
193	문서류	島田剛太郎	朝鮮人往來ノ件,高秘特收第1570號, 秘受5596號	不逞團關係雜件 朝鮮人의 部 在內地2	국사편찬위원회	1917.	407
194	문서류		內地在住朝鮮人ニシテ排日思想ヲ有スル者,視察取締ノ方法,『朝鮮人ニ關スル調』	不逞團關係雜件 朝鮮人의 部 在內地 6	국사편찬위원회	1919.2.	408
195	단행본	정화암	이 조국 어디로 갈 것인가	이 조국 어디로 갈 것인가	자유문고	1982.	410
196	문서류		學校教師ノ不穩教授ト處分(江原道警務部長報告要旨)高第15735號 秘受11238號	不逞團關係雜件 朝鮮人의 部 在內地2	국사편찬위원회 한국사 데이터베이스	1918	414
197	단행본	警察研究會 편	社会運動の取締方法	社会運動に直面して	松華堂	1931	418
198	단행본	小田川松造	思想警察活動の要諦	思想警察通論	日本警察社	1933	427

연번	소분류	편저자	문건명(호수 일자 등)	자료(책명)	발행처	발행일	본문 쪽수
199	단행본	警察硏究會 편	(5)取調 (6)手配及共助連絡	社会運動に直面して	松華堂	1931	435
200	단행본	小田川松造	思想運動の取締	思想警察通論	日本警察社	1933	438
201	단행본	警察硏究會 편	社会運動の取締方法	社会運動に直面して	松華堂	1931	447
202	잡지기사	戸澤重雄	思想犯罪の檢擧實務	思想月報 3권 12호	조선총독부 고등법원 검사국	1934.3.	448
203	단행본	小田川松造	朝鮮共産黨再建運動事件の發覺	思想警察通論	日本警察社	1933	450
204	단행본	千綿	思想事件聽取書及び手記に付て	思想月報 4권 2호	조선총독부 고등법원 검사국	1934.5.	452
205	잡지기사		最近思想事件押守文書譯文	思想月報 4권 2호,	조선총독부 고등법원 검사국	1934.5.	460
206	잡지기사	김세한	1933년 남궁억 등 십자가당 사건	翰西 남궁억 선생의 생애	한서남궁억선생 기념사업회	1960	469
207	단행본	明石博隆, 松浦総三	不穩舞臺裝置使用した朝鮮樂劇團巡廻公演の取締(特高月報 原稿用紙)	昭和特高彈壓史 6	太平出版社	1975	472
208	단행본	長崎祐三	李載裕逮捕見聞記	思想彙報 10호	조선총독부 고등법원 검사국	1937.3.	474
209	단행본	明石博隆, 松浦総三 편	警視廳管下に於ける極左朝鮮人活動と檢擧概要	昭和特高彈壓史 6	太平出版社	1977	487
210	단행본	小田川松造	思想警察活動の要諦	思想警察通論	日本警察社	1933	497
211	잡지기사	小松博美	拷問と自白	警務彙報 309호	조선총독부 경무국 조선경찰협회	1932.1.	499
212	단행본	백범김구선생 전집 편찬위원회	백범 김구의 증언	친필 백범일지, 도왜실기(백범 김구전집 1권)	대한매일신보사	1999	503
213	단행본	이정식 면담, 편집해설 김학준	3·1운동 당시 고문(1)	혁명가들의 항일 회상-김성숙,장건상, 정화암, 이강훈의 독립투쟁	민음사	1988	504
214	단행본	매티 윌콕스 노블저, 강선미·이양준 역	3·1운동 당시 고문(2)	노블일지 1892~1934	이마고	2010	504

연번	소분류	편저자	문건명(호수 일자 등)	자료(책명)	발행처	발행일	본문 쪽수
215	단행본	이규창	의열투쟁 이규창 선생 1935년 옥중기	運命의 餘燼	寶蓮閣	1992	505
216	문서류		송덕만[宋德滿, 일명 송봉우(宋奉瑀)]의 고문 증언	高允相外九十三名 公判調書(第五回)	국사편찬위원회	1927.9.22.	510
217	문서류		송덕만의 제6회 공판	高允相外九十三名 公判調書(第6回)	국사편찬위원회	1927.9.23.	511
218	문서류		송덕만의 제9회 공판	高允相外九十三名 公判調書(第9回)	국사편찬위원회	1927.10.4.	512
219	단행본	님 웨일즈·김산 저, 송영인 역	장지락(張志樂)이 당한 고문	아리랑(초판 1984년)	동녘	2005	513
220	신문기사		진해 출신 독립운동가… 보고 겪은 고문 내용 그림으로 남겨 - 괴암 김주석선생은 누구	경남신문	경남신문사	2020.8.14.	515
221	단행본	고바야시 다키지(小林多喜二)	1928年 3月15日	戰旗	전일본무산자 예술연맹본부	1928.11.	517
222	잡지기사	佐久間貢	時代と拷問	警務彙報 334호	조선총독부 경무국 조선경찰협회	1934.2.	529
223	잡지기사	조선총독부 고등법원 검사국 사상부	朝鮮思想檢察提要	朝鮮思想檢察提要 제1책	국사편찬위원회	1928	539
224	잡지기사	조선총독부 고등법원 검사국 사상부	思想犯罪の檢擧實務	思想月報 3권 12호	조선총독부 고등법원 검사국	1934.3.	554
225	잡지기사	조선총독부 고등법원 검사국 사상부	思想犯の審理と科刑に対する實務者の見解	思想月報 2권 6호	조선총독부 고등법원 검사국	1932.9.	558
226	잡지기사	조선총독부 고등법원 검사국 사상부	最近に於ける思想運動情勢に鑑み裁判並檢察上考慮すべき点其の他	思想彙報12호	조선총독부 고등법원 검사국 사상부	1937.9.	566
227	잡지기사	조선총독부 고등법원 검사국 사상부	思想實務家會同諮問事項と協議事項	思想月報 제2권 8호	조선총독부 고등법원 검사국	1932.11.	569

연번	소분류	편저자	문건명(호수 일자 등)	자료(책명)	발행처	발행일	본문 쪽수
228	잡지기사	加藤昇夫	訊問の異相	警務彙報 299호~303호	조선총독부 경무국 조선경찰협회	1931.3.~8	580
229	문서류	경성지방법원 검사국	訊問調書(鄭在達外 四名, 大正八年制令第七號違反)	訊問調書 (1924년)	국회도서관 소장	1924	595
230	문서류	경성지방법원 검사국	訊問調書(呂運亨(二) : 大正八年制令第七號及治維持法違反)	訊問調書 (1929년)	국회도서관 소장	1929	597
231	단행본	경성지방법원 검사국	十字架黨事件 裁判記錄 十字架黨事件(一)	韓民族獨立運動史資料集 47권	국사편찬위원회	2001	599
232	단행본	경성지방법원 검사국	十字架黨事件 裁判記錄 2 十字架黨事件(二)	韓民族獨立運動史資料集 48권	국사편찬위원회	2001	616
233	단행본	경성지방법원 검사국	예심청구서 (十字架黨事件 裁判記錄 2 十字架黨事件(二)(國漢文), 1933)	韓民族獨立運動史資料集 48권	국사편찬위원회	2001	623
234	문서류	경성 지방법원	鄭在達豫審終決決定書 1925.7.24.	독립운동 관련 판결문	국가기록원	1925	638
235	문서류	경성 지방법원	鄭在達 李載馥 判決文 1925.9.12	독립운동 관련 판결문	국가기록원	1925	642
236	신문기사		정재달의 예심종결서	조선중앙일보		1933.8.14	645
237	신문기사		예산의 권총사건, 최고 2년 언도	시대일보		1926.3.4	646
238	잡지기사	조선총독부 고등법원 검사국 사상부	間島5·30事件豫審終決す	思想月報 1권 4호	조선총독부 고등법원 검사국	1931.7.	650
239	문서류	경성 고등법원	주현갑 등 고등법원 판결문 1936.6.18.	독립운동 관련 판결문	국가기록원		667
240	문서류	경성지방 법원 검사국	再審請求に対する意見書		국사편찬위원회 전자사료관	1936	670
241	잡지기사	조선총독부 고등법원 검사국 사상부	最近全鮮治安維持法違反事件確定判決集(第八輯)	思想月報 1권 4호	조선총독부 고등법원 검사국	1931.7.	673
242	문서류	경성 복심법원	昭和5年 刑控 第206號(1930년 여운형 제령제7호 및 치안유지법 위반 사건 판결문)	독립운동 관련 판결문	국가기록원		684
243	잡지기사	조선총독부 고등법원 검사국 사상부	朝鮮思想事件判決(一) 會寧共産青年同盟反共産主義者青年地方協議會組織事件	思想月報 제4권제4호	조선총독부 고등법원 검사국	1934.7.	691

연번	소분류	편저자	문건명(호수 일자 등)	자료(책명)	발행처	발행일	본문 쪽수
244	잡지기사	조선총독부 고등법원 검사국 사상부	朝鮮思想事件判決(二) 興南に於ける赤色勞働組合組織運動協議事件	思想月報 제4권제4호	조선총독부 고등법원 검사국	1934.7.	694
245	잡지기사	조선총독부 고등법원 검사국 사상부	朝鮮思想事件判決(三) 南海共産主義者前衛同盟組織事件	思想月報 제4권제4호	조선총독부 고등법원 검사국	1934.7.	698
246	잡지기사	조선총독부 고등법원 검사국 사상부	新幹會陰謀事件判決	思想月報 제1권 제3호	조선총독부 고등법원 검사국	1931.6.	702
247	잡지기사	조선총독부 고등법원 검사국 사상부	上海假政府安昌浩事件判決(確定)	思想月報 2권 제11호	조선총독부 고등법원 검사국	1933.2.	707
248	잡지기사	조선총독부 고등법원 검사국 사상부	在布哇趙鏞夏事件判決	思想月報 3권 2호	조선총독부 고등법원 검사국	1933.5.	714
249	잡지기사	조선총독부 고등법원 검사국 사상부	朝鮮思想事件判決 上海假政府李裕弼事件	思想月報 3권 11호	조선총독부 고등법원 검사국	1934.2.	717
250	문서류		이종암 판결문	독립운동 관련 판결문	국가기록원		724
251	문서류		이정규 판결문	독립운동 관련 판결문	국가기록원		731
252	문서류		엄순봉 판결문	독립운동 관련 판결문	국가기록원		735
253	잡지기사	조선총독부 고등법원 검사국 사상부	土曜研究會事件判決(確定)	思想月報 2월 12호	조선총독부 고등법원 검사국	1933.3.	745
254	잡지기사	조선총독부 고등법원 검사국 사상부	新興教育研究所事件(事實審理決定)	思想月報 제2권 7호	조선총독부 고등법원 검사국	1932.10.	753

| 참고문헌

〈자료〉

《매일신보》《동아일보》《조선일보》《경향신문》《조선중앙일보》《시대일보》《중외일보》《京城日報》《朝鮮新聞》

『朝鮮出版警察月報』『警務彙報』『特高月報』『思想彙報』『思想月報』『朝鮮及滿洲』

『삼천리』『신천지』『개벽』『별건곤』『동광』『제일선』

『帝國議會衆議院委員會議錄』, 東京大學出版會

국가기록원, 『독립운동관련 판결문』

경성지방법원, 1924, 『訊問調書(鄭在達外 四名, 大正八年制令第七號違反)』,국회도서관

경성지방법원, 1929, 『訊問調書(呂運亨(二) : 大正八年制令第七號及治維持法違反』, 국회도서관

『不逞團關係雜件 - 朝鮮人의 部 - 在滿洲의 部 1』, 국사편찬위원회 한국사데이터베이스

『不逞團關係雜件 - 朝鮮人의 部 - 在內地 2』, 국사편찬위원회 한국사데이터베이스

국사편찬위원회 편, 『韓民族獨立運動史資料集』 48(十字架黨事件 裁判記錄 2)

국사편찬위원회 편, 『韓民族獨立運動史資料集』 51(동맹휴교사건 재판기록 3)

국사편찬위원회 한국사데이터베이스 한국근현대인물자료

제국지방행정학회, 1920, 『조선법령집람』

고등법원 검사국, 1928, 『조선사상검찰제요』 제1책, 일본 시가현립대 박경식문고본, 현 국사편찬위원회 소장

小林多喜二, 〈1928年3月15日〉, 《戰旗》, 1928년 11월호

橫溝光暉, 1929, 『新特高辭典』, 松華堂書店

조선총독부법무국 편, 1930, 『조선중대사건판결집』

警察研究會編, 1932, 『社會運動に直面して』, 松華堂書店

朝鮮総督府警務局編, 1933, 『最近に於ける朝鮮治安状況』

日本警察社編, 1933, 『思想警察通論』, 日本警察社

山元一雄, 1934, 『日本警察史』, 松華堂書店

「功績調書(松井茂)」, 1939, 『警保局長決裁書類』, 일본 아시아역사자료센터.

近藤釼一編, 1964, 『萬歲騷擾事件(3·1운동)』(1), 友邦協會

社会問題資料研究會編, 1972, 『社會問題資料叢書第1輯 思想情勢視察報告集(6)』, 東洋文化社

明石博隆, 松浦総三編, 1975, 『昭和特高彈壓史6』 上, 太平出版社

정화암, 1982, 『이 조국 어디로 갈 것인가』, 자유문고

김세한, 1960, 『翰西 남궁억 선생의 생애』, 한서남궁억선생 기념사업회
김주석, 『자서전』, 김주석기념사업회 소장본
『친필 백범일지, 도왜실기』(백범 김구전집 1권), 대한매일신보사
松田利彦 감수, 2003, 『韓國併合期警察資料』1(松井茂 박사 기념문고 소장), ゆまに書房
我妻 榮 외, 1969, 『日本政治裁判史錄(大正)』, 第一法規
정진석 편, 『일제시대 민족지 압수기사 모음 2』, LG상남언론재단.
친일인명사전편찬위원회 편, 『친일인명사전』1, 민족문제연구소.

〈연구서〉
荻野富士夫, 1984, 『特高警察体制史』,ゆまに書房
荻野富士夫, 2000, 『思想檢事』,岩波新書
황봉모 · 박진수 역, 2012, 『고바야시 다키지 선집1』, 이론과 실천
변은진, 2018, 『여운형』, 독립기념관 한국독립운동사연구소
홍선영 외 편역, 2022, 『사상통제(1) - 사상통제 관련 법규와 통제주체』, 동북아역사재단
오기노 후지오 지음, 윤소영 옮김, 2022, 『일제강점기 치안유지법 운용의 역사』, 역사공간

〈논문〉
梁喜辰, 2016.3, 「失われたテクスト「一九二八年三月十五日」の伏せ字と削除の問題を中心に」, 國際日本文學硏究集会会議録, 國文學硏究資料館
장신, 2018, 「연세대 소장 『조선신문』 '한글판' 해제」, 『근대서지』 18
한영학, 2011.12, 「광무신문지법과 일본 신문지법의 비교」, 『한국언론학보』 55 - 1
황민호, 2002, 「1910년대 조선총독부의 언론정책과 매일신보」, 『식민지조선과 매일신보(1910년대)』, 신서원
이준식, 2006, 「재조일본인 교사 죠코(上甲米太郞)의 반제국주의 교육노동운동」, 『한국민족운동사연구』 49
이성환, 2006, 「시데하라 외교와 간도 5.30 사건」, 『일본문화연구』 18
최종길, 2008, 「식민지조선과 치안유지법의 적용」, 『한일관계사연구』 30집
水野直樹, 2008, 「植民地朝鮮の思想検事」, 『日本の朝鮮台湾支配と植民地官僚』 30
윤소영, 2010, 「일본어 잡지 『조선급만주』에 나타난 1910년대 경성」, 『지방사와 지방문화』 9권 1호
황동연, 2010.11, 「이정규,초국가주의적 한국아나키즘의 실현을 위하여」, 『역사비평』 93
이동언, 2012.8, 「이종암의 생애와 의열투쟁」, 『한국독립운동사연구』 42집
임경석, 2014, 「두 밀사 - 경성지방법원 정재달 이재복 사건기록과 그 실제」, 『역사비평』 109호(겨울호)
황민호, 2014.9, 「일제하 재중 한인아나키스트 이규창의 민족운동」, 『한국민족운동사연구』 80
김경일, 2015.3, 「지배와 연대의 사이에서 - 재조일본인 지식인 미야케 시카노스케(三宅鹿之助)」, 『사회와 역사』 105
전명혁, 2019, 「1920년대 '사상사건'의 치안유지법 적용 및 형사재판과정」, 『역사연구』 37

찾아보기

ㄷ

ㄹ

ㅁ

ㅂ

ㅅ

ㅇ

ㅊ

동북아역사재단 일제침탈사 자료총서 55
사회·문화편

사상통제(2)

사상통제의 실제: 사찰과 탄압 양상

초판 1쇄 인쇄 2022년 12월 20일
초판 1쇄 발행 2022년 12월 30일

기획 | 동북아역사재단 일제침탈사 편찬위원회
편역 | 홍선영·윤소영·박미경·복보경
펴낸이 | 이영호
펴낸곳 | 동북아역사재단

등록 | 제312-2004-050호(2004년 10월 18일)
주소 | 서울시 서대문구 통일로 81 NH농협생명빌딩
전화 | 02-2012-6065
팩스 | 02-2012-6186
홈페이지 | www.nahf.or.kr
제작·인쇄 | 니케북스

ISBN 978-89-6187-785-5 94910
978-89-6187-720-6 (세트)